Riscos no Direito Privado e na Arbitragem

Riscos no Direito Privado e na Arbitragem

2023

Giovanni Ettore Nanni
Aline de Miranda Valverde Terra
Catarina Monteiro Pires
Coordenadores

ALMEDINA

RISCOS NO DIREITO PRIVADO E NA ARBITRAGEM

COORDENADORES: Giovanni Ettore Nanni, Aline de Miranda Valverde Terra e Catarina Monteiro Pires

DIRETOR ALMEDINA BRASIL: Rodrigo Mentz
EDITORA JURÍDICA: Manuella Santos de Castro
EDITOR DE DESENVOLVIMENTO: Aurélio Cesar Nogueira
ASSISTENTES EDITORIAIS: Larissa Nogueira e Letícia Gabriella Batista
ESTAGIÁRIA DE PRODUÇÃO: Laura Roberti

DIAGRAMAÇÃO: Almedina
DESIGN DE CAPA: FBA

ISBN: 9786556279190
Setembro, 2023

Dados Internacionais de Catalogação na Publicação (CIP)
(Câmara Brasileira do Livro, SP, Brasil)

Riscos no direito privado e na arbitragem / coordenadores Giovanni Ettore Nanni, Aline de Miranda Valverde Terra, Catarina Monteiro Pires. – São Paulo, SP : Almedina, 2023.

Vários autores.
Bibliografia.
ISBN 978-65-5627-919-0

1. Arbitragem (Direito) 2. Cláusulas (Direito) 3. Contratos (Direito civil) 4. Direito constitucional I. Nanni, Giovanni Ettore. II. Terra, Aline de Miranda Valverde. III. Pires, Catarina Monteiro.

23-160577 CDU-347.918

Índices para catálogo sistemático:

1. Arbitragem : Direito civil 347.918

Tábata Alves da Silva - Bibliotecária - CRB-8/9253

Este livro segue as regras do novo Acordo Ortográfico da Língua Portuguesa (1990).

EDITORA: Almedina Brasil
Rua José Maria Lisboa, 860, Conj.131 e 132, Jardim Paulista | 01423-001 São Paulo | Brasil
editora@almedina.com.br
www.almedina.com.br

SOBRE OS COORDENADORES

GIOVANNI ETTORE NANNI

Livre-Docente, Doutor e Mestre em Direito Civil pela PUC-SP. Professor de Direito Civil nos Cursos de Graduação e de Pós-Graduação *Stricto Sensu* na PUC-SP, na qual também atua em atividades ligadas à Arbitragem e à Mediação. Foi Presidente do Comitê Brasileiro de Arbitragem – CBAr (2018-2021) e do Instituto de Direito Privado – IDiP (2010-2017). Advogado, atua como árbitro e consultor jurídico.

ALINE DE MIRANDA VALVERDE TERRA

Doutora e Mestre em Direito Civil pela UERJ. Master of Laws em International Dispute Resolution pela Queen Mary University of London. Professora de Direito Civil da graduação e pós-graduação *Stricto Sensu* da UERJ e da PUC-Rio. Coordenadora adjunta do Mestrado Profissional em Direito Civil Contemporâneo e Prática Jurídica da PUC-Rio. Atua como árbitra, parecerista e consultora jurídica em Direito Privado.

CATARINA MONTEIRO PIRES

Mestre e Doutora, é Professora da Faculdade de Direito da Universidade de Lisboa, ensinando, na graduação e na pós-graduação, Direito das Obrigações e Direito Comercial, nacional e internacional, entre outras matérias. É jurisconsulta e árbitra, em procedimentos em diferentes jurisdições e em diferentes línguas. Tem anterior experiência de vinte anos de advocacia, dez dos quais em resolução de litígios, os demais em operações societárias, de aquisição de empresas e de mercado de capitais.

SOBRE OS AUTORES

ALINE DE MIRANDA VALVERDE TERRA

Doutora e Mestre em Direito Civil pela UERJ. Master of Laws em International Dispute Resolution pela Queen Mary University of London. Professora de Direito Civil da graduação e pós-graduação *Stricto Sensu* da UERJ e da PUC-Rio. Coordenadora adjunta do Mestrado Profissional em Direito Civil Contemporâneo e Prática Jurídica da PUC-Rio. Atua como árbitra, parecerista e consultora jurídica em Direito Privado.

ANA CAROLINA WEBER

Doutora em Direito Comercial pela Universidade de São Paulo. Mestre em Direito Internacional pela Universidade do Estado do Rio de Janeiro. Atua como Advogada e Árbitra.

ANDRÉ BRANDÃO NERY COSTA

Doutor pela Universidade de Roma "La Sapienza". Mestre pela Universidade de Paris I Panthéon-Sorbonne. Mestre e graduado pela Universidade do Estado Rio de Janeiro – UERJ. Sócio do Escritório Gustavo Tepedino Advogados – GTA e habilitado à advocacia na França.

ANTÓNIO MENEZES CORDEIRO

Professor Catedrático e Decano da Faculdade de Direito da Universidade de Lisboa.

BRUNA VILANOVA MACHADO

Mestranda em Direito Civil pela Universidade do Estado do Rio de Janeiro (UERJ). Advogada do escritório Gustavo Tepedino Advogados.

CAITLIN MULHOLLAND
Professora Associada do Departamento de Direito da PUC-Rio. Professora Pesquisadora do Núcleo Legalite PUC-Rio. Doutora em Direito Civil (UERJ).

CARLOS NELSON DE PAULA KONDER
Doutor e mestre em direito civil pela Universidade do Estado do Rio de Janeiro (UERJ). Especialista em direito civil pela Universidade de Camerino (Itália). Professor do Departamento de Direito Civil da UERJ e do Departamento de Direito da Pontifícia Universidade Católica do Rio de Janeiro (PUC-Rio). Advogado.

CATARINA MONTEIRO PIRES
Mestre e Doutora, é Professora da Faculdade de Direito da Universidade de Lisboa, ensinando, na graduação e na pós-graduação, Direito das Obrigações e Direito Comercial, nacional e internacional, entre outras matérias. É jurisconsulta e árbitra, em procedimentos em diferentes jurisdições e em diferentes línguas. Tem anterior experiência de vinte anos de advocacia, dez dos quais em resolução de litígios, os demais em operações societárias, de aquisição de empresas e de mercado de capitais.

CRISLEINE YAMAGI
Doutora (duplo doutorado) em Direito Privado pela Universidade de São Paulo (USP) e pela Università degli Studi di Roma Tor Vergata; Mestre em Direito Privado Europeu e da Cooperação Pela Università degli Studi di Roma Sapienza; Bacharel em Direito pela USP. Professora de Direito Privado do IBMEC-SP.

DAYANA DE CARVALHO UHDRE
Doutoranda pela Universidade Católica de Lisboa. Mestre em Direito pela Universidade Federal do Paraná. Membro Associada da BABEL-Blockchains and Artificial intelligence for Business, Economics and Law (Universidade de Firenze). Professora convidada em inúmeros cursos de pós-graduações. Membro da Comissão de Direito Tributário da OAB/PR. Diretora Acadêmica da Comissão de Inovação e Gestão da OAB/PR. Procuradora do Estado do Paraná. E-mail: contato@dayanauhdre.com.br

DIOGO COSTA SEIXAS
L.L.M London School of Economics and Political Science. *E-mail*: diogo.seixas@asf.com.pt Jurista na Autoridade de Supervisão de Seguros e Fundos de Pensões. As opiniões expressas neste artigo são da responsabilidade do autor, não coincidindo necessariamente com as da Autoridade de Supervisão de Seguros e Fundos de Pensões.

ELSA DIAS OLIVEIRA
Professora Associada da Faculdade de Direito da Universidade de Lisboa
Investigadora do Centro de Investigação de Direito Privado
ORCID ID: 0000-0001-6584-5096

GIOVANA BENETTI
Doutora em Direito Civil pela Universidade de São Paulo. Especialista em Processo Civil pela Universidade Federal do Rio Grande do Sul. Advogada. Professora.

GIOVANNI ETTORE NANNI
Livre-Docente, Doutor e Mestre em Direito Civil pela PUC-SP. Professor de Direito Civil nos Cursos de Graduação e de Pós-Graduação *Stricto Sensu* na PUC-SP, na qual também exerce atividades ligadas à Arbitragem e à Mediação. Foi Presidente do Comitê Brasileiro de Arbitragem – CBAr (2018-2021) e do Instituto de Direito Privado – IDiP (2010-2017). Advogado, atua como árbitro e consultor jurídico.

GIUDITTA CORDERO-MOSS
Professor at the Department for Private Law, University of Oslo, Norway, specialising in International Commercial Law, Private International Law and Contract Law.

GUILHERME BERNARDES
Mestre em Direito e Ciência Jurídica pela Faculdade de Direito da Universidade de Lisboa. Professor da Escola de Negócios e Seguros e da Pós-Graduação do Centro de Estudos e Pesquisas no Ensino do Direito da Universidade do Estado do Rio de Janeiro (CEPED – UERJ). É também advogado e sócio de Chalfin, Goldberg & Vainboim Advogados.

GUILHERME CARNEIRO MONTEIRO NITSCHKE

Doutor em Direito Civil pela Universidade de São Paulo, Mestre em Direito pela Universidade Federal do Rio Grande do Sul, Diretor do Comitê Brasileiro de Arbitragem, Secretário-Executivo da Comissão de Arbitragem e Mediação da ICC Brasil, Sócio de Contencioso e Arbitragem de TozziniFreire Advogados, professor de direito civil e arbitragem em cursos de Pós-Graduação, autor de livros e artigos nas áreas do direito civil e da arbitragem.

GUSTAVO TEPEDINO

Professor Titular da Faculdade de Direito da Universidade do Estado do Rio de Janeiro (UERJ). Sócio do escritório Gustavo Tepedino Advogados.

HENRIQUE STECANELLA CID

Mestre em Direito Civil pela Universidade de São Paulo. LL.M. em Direito Civil pela Universidade de Munique (*Ludwig-Maximilians-Universität*). Advogado em São Paulo.

ILAN GOLDBERG

Ilan Goldberg é advogado e parecerista. Doutor em Direito Civil pela Universidade do Estado do Rio de Janeiro – UERJ. Mestre em Regulação e Concorrência pela Universidade Cândido Mendes – Ucam. Pós-Graduado em Direito Empresarial LLM pelo Ibmec. Professor convidado da FGV Direito Rio e da FGV Conhecimento, responsável pela disciplina Direito do Seguro e Resseguro. Também leciona na Escola de Magistratura do Estado do Rio de Janeiro – EMERJ e na Escola de Negócios e Seguros (ENS-Funenseg). Membro do Conselho Editorial da Revista de Direito Civil Contemporâneo – RDCC. Sócio fundador de Chalfin, Goldberg & Vainboim Advogados Associados. e-mail: ilan@cgvadvogados.com.br.

JOÃO MARQUES MARTINS

Licenciado (2004) e Doutor (2016) em Direito pela Faculdade de Direito da Universidade de Lisboa, na qual é professor. Atualmente, leciona na licenciatura e no mestrado disciplinas de Direito Processual Civil. É Advogado desde 2006, desenvolvendo a sua atividade, sobretudo, na área da litigância cível.

JOÃO VICTOR PORTO JARSKE
Advogado, graduado em Direito pela Universidade Federal da Paraíba. Coach do Grupo de Estudos de Arbitragem e Comércio Exterior do Centro Universitário de João Pessoa – GEACE Unipê.

JULIO NEVES
Advogado e Doutor em direito civil.

JUDITH MARTINS-COSTA
Presidente do Instituto de Estudos Culturalistas. Livre Docente pela Universidade de São Paulo. Foi Professora de Direito Civil na UFRGS. Membro da Academia Brasileira de Direito Civil, dentre outras instituições e autora de livros de doutrina jurídica.

MANOELA MEDEIROS SALES
Mestranda em direito civil pela Pontifícia Universidade Católica do Rio de Janeiro (PUC-Rio). Especialista em direito processual civil pela PUC-Rio. Advogada.

MARCELA KOHLBACH DE FARIA
Doutora e Mestre em Direito Processual pela Universidade do Estado do Rio de Janeiro. Advogada.

MIGUEL PESTANA DE VASCONCELOS
Juiz Conselheiro do Tribunal de Contas
Professor Catedrático da Faculdade de Direito da Universidade do Porto.

MILENA DONATO OLIVA
Professora de Direito Civil e do Consumidor da Universidade do Estado do Rio de Janeiro – UERJ. Sócia do Escritório Gustavo Tepedino Advogados – GTA.

NAPOLEÃO CASADO FILHO
Advogado, Pesquisador visitante da Société de Législation Comparée de Paris. Mestre e Doutor em Direito Internacional pela PUC-SP. Fellow e membro da Faculty List do Chartered Institute of Arbitrators de Londres. Presidente do Chartered Istitute of Arbitrators, Brazilian Branch.

OTÁVIO YAZBEK
Doutor em Direito Econômico pela Faculdade de Direito da USP. Advogado. Ex--Diretor da Comissão de Valores Mobiliários (2009-2013). Professor do Insper.

PAULA COSTA E SILVA
Professora Catedrática da Faculdade de Direito da Universidade de Lisboa.

PAULA GRECO BANDEIRA
Professora Adjunta da Faculdade de Direito da Universidade do Estado do Rio de Janeiro (UERJ). Sócia do escritório Gustavo Tepedino Advogados.

PEDRO GUILHARDI
Doutorando em Direito Comercial pela PUC-SP. Mestre em Direito Comercial pela PUC-SP. LL.M em *Comparative and International Dispute Resolution pela Queen Mary, University of London.* FCIArb. Advogado, atua como árbitro.

PETER CHRISTIAN SESTER
Doutor em Direito Universidade de Heidelberg (Alemanha). Doutor em Economia Humboldt Universidade Berlim (Alemanha). Livre-docência em Direito Privado e Econômico Universidade Marburg (Alemanha). Professor da Fund. Getúlio Vargas Rio - Direito. Professor Visitante (2023) da Universidade CA Berkeley Law Shcool. Sócio de Warde Advogados.

RENATA C. STEINER
Professora de Direito Civil nos cursos de graduação e de pós-graduação da Fundação Getúlio Vargas – FGV SP. Doutora em Direito Civil pela Universidade de São Paulo. Mestre em Direito das Relações Sociais pela Universidade Federal do Paraná. Árbitra independente e parecerista.

ROBERTA MAURO MEDINA MAIA
Doutora e Mestre em Direito Civil pela UERJ. Professora dos cursos de graduação e pós-graduação stricto sensu da PUC-Rio. Professora dos cursos de pós--graduação do CEPED-UERJ. Advogada com capacitação em negociação pela Universidade de Harvard e em mediação pelas Universidades de Harvard, Pepperdine e pelo Centro Brasileiro de Mediação e Arbitragem (CBMA).

RODRIGO COGO
Advogado. Mestre em Direito Civil pela Faculdade de Direito da Universidade de São Paulo.

THIAGO JUNQUEIRA
Doutor em Direito Civil pela Uerj, mestre em Ciências Jurídico-Civilísticas pela Universidade de Coimbra, pesquisador visitante do Instituto Max-Planck de Direito Comparado e Internacional Privado (Hamburgo, Alemanha), professor da FGV Direito Rio, da FGV Conhecimento e da Escola de Negócios e Seguros, diretor de relações internacionais da Academia Brasileira de Direito Civil, parecerista, advogado e sócio do escritório Chalfin, Goldberg & Vainboim Advogados.

TIAGO DA COSTA ANDRADE
Advogado e Assistente Convidado da Secção de Ciências Jurídico-Criminais da Faculdade de Direito da Universidade de Coimbra.

WANDERLEY FERNANDES
Doutor em Direito pela Universidade de São Paulo (2011); Mestre em Direito pela University of Illinois at University of Illinois at Champaign-Urbana – College of Law (LLM –1997); Programa de desenvolvimento de executivos pela Harvard Business School (PMD 76, 2001), Graduado pela Universidade de São Paulo (1986). Professor da FGV Direito SP, nos programas de graduação e pós graduação. Árbitro e advogado em São Paulo.

YURI MACIEL ARAUJO
Mestre em Direito Processual pela Universidade do Estado do Rio de Janeiro (UERJ). Advogado.

SUMÁRIO

PARTE ESPECIAL

PARTE 2 – ARBITRAGEM

INTRODUÇÃO

A presente obra nasce de uma razão salientada no texto de Judith Martins Costa: a "inexistência, na doutrina civilista, de estudos que tratem em uma *perspectiva global* desse fenômeno multiforme que chamamos de *o risco*". Com efeito, conhecem-se textos alemães sobre risco, como a obra de Christian Lau, *Der juristische Risikobegriff* (2010), procurando recortar um conceito desde os tempos medievais e notando o acolhimento da ideia (económica) de "risco" pelo Direito ou, num âmbito limitado, mas de consagrado fôlego, a obra já tornada clássica de Henssler, *Risiko als Vertragsgegenstand* (1994). Contudo, no espaço lusófono, que saibamos, não há uma obra de vocação universal que se proponha a tratar do "risco" ou dos "riscos" no Direito Privado.

Acresce a essa razão a curiosidade, senão mesmo perplexidade, que a diversidade de emprego do termo "risco" reveste nos dias de hoje. Uma leitura dos Códigos Civis, português e brasileiro, revela-o. Na doutrina, é cada vez mais frequente a convocação de ideias de risco, no domínio do negócio jurídico, muitas vezes como tentativa de superação do dogma da vontade em zonas em que os critérios legais disponíveis faltam, ou não se revelam suficientes. Alude-se, então, ao risco de obtenção do bem (sempre que o devedor tenha de obter o objeto da prestação de terceiro), ao risco de maiores despesas, às "esferas de risco do credor", à teoria do "risco empresarial", entre várias outras.

Não ficamos por aqui. Com efeito, além da polissemia do conceito de risco, tanto no Direito Privado brasileiro, como no Direito Privado português, o termo está longe de lograr consenso. Na definição de João Baptista Machado, o risco surge como realidade objetiva, enquanto "perigo de um prejuízo que alguém suporta como titular de uma posição jurídica"[1].

[1] *Risco contratual e mora do credor*, em *Obra Dispersa*, I, Scientia Juridica, Braga, 1991, (p. 257 ss), p. 275.

Salienta-se que a distribuição do risco é uma matéria central do Direito privado[2]. O "risco" surge no título de várias obras lusófonas no campo do Direito Civil, em Portugal[3] e no Brasil.

Contudo, questiona-se amiúde a utilidade do recurso a ideias de "atribuição de risco" ou a critérios de prevenção ou superação do risco, enquanto formas de distribuição de riscos contratuais. Nessa lógica, o risco seria uma expressão emprestada da Economia, tornada vaga ou esvaziada quando transplantada para o terreno jurídico, e pouco útil, uma vez que sempre o jurista teria de recorrer à indagação do sentido de declarações negociais ou a critérios acolhidos no Direito objetivo para dotar tal expressão de relevância útil, enquanto bitola de decisão. Debate-se ainda a diferenciação entre risco e perigo na responsabilidade civil e entre risco e álea no domínio contratual, não faltando quem proponha uma diferenciação dogmática para contratos de riscos.

O panorama geral afigurou-se impulso suficiente para lançar mãos à obra, propondo a um conjunto de especialistas que refletissem sobre valências e perturbações ligadas a "riscos" nas relações jurídico-privadas, em vários domínios, gerais e particulares. A amplitude do tema fez com que tivessemos também ponderado incluir uma parte dedicada à emergência e gestão de riscos em procedimentos arbitrais.

Nasce, assim, esta obra, dividida em duas partes: uma parte primeira dedicada a temas de direito substantivo privado – por seu turno dividida entre parte geral e parte especial –, uma segunda parte compreendendo temas de arbitragem. Através de um percurso de trinta e três estudos, vários Autores discorrem acerca de conceitos de risco e mecanismos de prevenção ou de reação a certos riscos, desde o domínio negocial geral,

[2] Martin Henssler, *Risiko als Vertragsgegenstand*, p. 12 s e 23 ss

[3] Por exemplo, *Risco contratual e mora do credor*, em *Obra Dispersa*, I, Scientia Juridica, Braga, 1991, (p. 257 ss), Paulo Mota Pinto, *O contrato como instrumento de gestão do risco de "alteração de circunstâncias"* em *Direito Civil. Estudos*, Gestlegal, 2018 ou, mais recentemente, Catarina Monteiro Pires, *Tutela da autonomia privada em cenários disruptivos: riscos, crédito e garantias*, AAFDL, 2021 (disponível on-line no site da AAFDL) ou "Cláusulas de preço fixo, de ajustamento de preço e de alteração material adversa e cláusulas de força maior. Revisitando problemas de riscos de desequilíbrio e de maiores despesas em tempos virulentos", ROA 2020, (p. 73 ss), disponível on-line no site da Revista da Ordem dos Advogados.

até domínios especiais de certas formas particulares de contratação mercantil, terminando na resolução de litígios por meio da arbitragem.

Não terão ficado esgotados os temas, mas depositamos esperanças que estudos posteriores encontrem nesta obra coordenadas centrais orientadoras ou, pelo menos, inspiradoras.

São Paulo, Rio de Janeiro, Lisboa

Os Coordenadores
GIOVANNI ETTORE NANNI
ALINE DE MIRANDA VALVERDE TERRA
CATARINA MONTEIRO PIRES

PARTE 1

DIREITO PRIVADO

PARTE GERAL

1. O RISCO CONTRATUAL (E OS SIGNIFICADOS DO RISCO)[1]

JUDITH MARTINS-COSTA

Introdução

O Código Civil refere, ao menos em cinquenta vezes, a expressão *risco* – num perfeito exemplo de algaravia conceitual e eficacial –, ora para aludir a risco de vida, ora ao risco como "dano" ou "prejuízo" ou ainda, "desvantagem" a recair sobre o objeto da prestação. O leitor encontrará ainda, em cinco oportunidades, a palavra *álea*, sempre conotada a contrato (artigos 458, 661 e 483)[2], para indicar um gênero e, por antinomia, uma classificação contratual, a que discerne entre contratos aleatórios e contratos comutativos. O Código não emprega o substantivo *incerteza*, mas sim, por seis vezes, o adjetivo incerto, ou incerta. Por 17 vezes alude à palavra *perigo* e em 133 enunciados utiliza o termo *dano*. Essas cinco palavras – risco, álea, incerteza, perigo, dano – por vezes empregadas umas pelas outras, tocam o fundo da função do Direito: como "viver é muito perigoso"[3], ao Direito cabe dar, aos seus destinatários, a segurança possível contra riscos, contra a lesão de certos interesses e a frustração de certas expectativas juridicamente qualificadas.

[1] Trabalho concluído em 10 de abril de 2022. A autora agradece a revisão e as contribuições de Fernanda Mynarski Martins Costa.

[2] Todos os enunciados legais referidos neste texto são do Código Civil brasileiro.

[3] GUIMARÃES ROSA, João. *Grande Sertão*: Veredas. Rio de Janeiro: Companhia das Letras, 2019.

De fato, é a técnica jurídica, em larga medida, um mecanismo de regulação da alocação de riscos (a quem cabe o ônus do risco); de formatação de garantias contra riscos (como prevenir o risco, ou os efeitos adversos do risco); de previsão dos efeitos de riscos que afetam a prestação contratual (como garantir que a prestação não tenha o seu valor alterado extraordinariamente, de modo a causar "desvantagem exagerada" ao obrigado; como assegurar que ao obrigado não seja imposto o cumprimento de prestação "excessivamente onerosa", assim tendo se tornado em razão das vicissitudes trazidas pelo tempo, o qual é sempre instável), além dos riscos que podem tornar impossível o prestar.

Ademais, a algaravia se estende ao *objeto do risco*. Há riscos da coisa, riscos da prestação e, especificamente, riscos do preço. Pode ainda o risco ser fator de imputação de responsabilidade civil, a determinar o seu regime jurídico; e desempenha a função de pressuposto da alteração dos contratos, por revisão, ou de sua extinção, via resolução, em razão de fatos supervenientes, imprevisíveis e extraordinários, que venham a gerar excessiva onerosidade superveniente. Pode, inclusive, ser o risco "o objeto de uma paixão", e não de uma "aversão" (causa da busca de garantia contra o risco), como observa Joséphine Hage Chaine[4], o que explica certos contratos cujo objeto é a pura especulação com o risco, como os contratos de jogo e aposta.

Diante de tantos e tão díspares fenômenos indicados por um mesmo e único termo, o que é o risco para o Direito? Qual é o significado, ou quais são os significados para essa palavra, quando relacionada ao Direito das Obrigações? Como pôr ordem nessa algaravia, tarefa tanto mais necessária quando vivemos na *sociedade do risco*[5], talvez mesmo numa *civilização do risco*[6], conformadora de "uma outra modernidade"[7] na qual o risco se tornou uma inerência às interações sociais?

[4] Chahine, Jósephine Hage. Les Contrats de Transfert de Risque: une nouvelle catégorie juridique? Paris: LGDJ-Pont Delta, 2016.p. 17.

[5] Beck, Ulrich. *Sociedade do risco*: rumo a uma outra modernidade. Tradução de Sebastião Nascimento. São Paulo: Editora 34, 2011.

[6] Lagadec, Patrick. *La civilisation du risque – Catastrophes technologiques et responsabilité sociale.* Paris: Seuil, Coll. Science Ouverte, 1981.

[7] Beck, Ulrich. *Sociedade do risco*: rumo a uma outra modernidade, cit.

A primeira constatação apontará à inexistência, na doutrina civilista, de estudos que tratem em uma *perspectiva global* desse fenômeno multiforme que chamamos de "o risco"[8], embora existam valiosos estudos a versar aspectos parcelares e manifestações pontuais da alocação dos riscos contratuais e do risco como fator de imputação na responsabilidade civil.

De uma perspectiva diacrônica avultará, de imediato, a relatividade dos significados da palavra risco: os tempos arcanos indicam a sua indistinção de termos correlatos; hoje ressalta a sua plurivocidade no Direito das Obrigações, conforme esteja conotada aos institutos da impossibilidade de prestar, da responsabilidade civil e do equilíbrio contratual.

Já a perspectiva sincrônica fará recordar, quando relacionadas entre si as palavras "risco" e "contrato", a observação segundo a qual servem os modelos contratuais justamente como *um plano de distribuição dos riscos*[9], para o qual importam, dentre outros elementos, as disposições contratuais (pois os contratantes têm relativa liberdade na alocação do risco[10]); a modalidade das obrigações em causa; e o tipo legal ou social do contrato, elementos que, dentre outros, permitirão alcançar tanto os efeitos da distribuição dos riscos entre um ou outro dos contratantes quanto a distinção entre riscos normais e extraordinários.

Esses temas serão versados de modo muito pontual e até mesmo esquemático no texto que segue a essas linhas que, pela vastidão da matéria, não se ocupará de algumas espécies, como, exemplificativamente, os

[8] Exceção é, no Direito Civil, Voidey, Nadège. *Le Risque en Droit Civil.* Aix-en-Provence: Puam, 2005, cuja atenção está voltada, para além da fixação dos sentidos da palavra risco, aos efeitos jurídicos do risco na impossibilidade de prestar, e dos "novos riscos", com atenção aos riscos da chamada "álea terapêutica". Como núcleo de estudos voltados ao exame global do risco, em perspectiva interdisciplinar, há valiosos trabalhos produzidos pelo Centro interdipartimentale di Studi sul Rischio, da Università degli Studi di Salento, Italia (https://www.unisalento.it/-/centro-interdipartimentale-di-studi-sul-rischio).

[9] Flume, Werner. *Rechtsgeschaft und Privatautonomie,* 1960, p. 147, citado por Gabrielli, Enrico. I. Contratti in Generale. In: Rescigno, Pietro (org.) *Trattato dei Contratti.* Tomo II. Torino: UTET, 1999, p. 1574. Também Scognamiglio, Claudio. *Interpretazione del contratto e interessi dei contraenti.* Pádua: CEDAM, 1992, p. 138.

[10] A extensão dessa liberdade variará, naturalmente, quer o contrato esteja ou não inserido em relação paritária; quer o tipo escolhido o permita, ou não, devendo, em qualquer caso, obedecer ao limite do art. 425 do Código Civil.

riscos da evicção, os contratos de "pura transferência do risco" (como os contratos de derivativos[11]), e certas cláusulas de transferência convencional de riscos ou de ajustamento dos efeitos do risco, como as cláusulas de garantia autônoma e as de *hardship*[12].

No universo aqui recortado, começarei por distinguir, no emaranhado semântico traçado desde os tempos mais arcanos, entre risco, perigo, incerteza e álea, apontando, depois, aos diferentes significados que a palavra risco tem quando conotada a institutos integrantes do Direito Contratual. Na sequência, me ocuparei em assinalar a ligação entre o *risco e o tipo contratual*, exemplificando com os contratos de compra e venda e de seguro e, finalmente, entre *risco e tempo*, tentando oferecer critérios para a detecção do "risco normal do negócio".

1. Risco, uma palavra polissêmica.

Conforme a área do saber na qual empregada – economia, finanças, atuarial, probabilística, medicina, engenharia, epidemiologia, sociologia, psicologia, antropologia, filosofia –, a palavra *risco* apresentará distintos significados. Mesmo se voltarmos nossos olhos exclusivamente ao Direito e, dentro deste, ao Direito das Obrigações, o significado não será unívoco, assim como não será um só o fenômeno que a palavra designa.

Mas como observou Carnelutti, "se os juristas devem compreender-se entre si, é necessário que usem ao menos certas palavras fundamentais com um mesmo significado"[13]. Seguindo esse sábio conselho, começarei por deslindar, na polissemia da palavra risco, os significados com os quais trabalharei.

[11] Tratou-se do tema em: Martins-Costa, Judith. Parecer. Contratos de derivativos cambiais. Contratos aleatórios. Abuso de direito e abusividade contratual. Boa-fé objetiva. Dever de informar e ônus de se informar. Teoria da imprevisão. Excessiva onerosidade superveniente. *Revista de direito bancário e do mercado de capitais*. São Paulo: V. 55, jan./mar. 2012, pp. 321-381.

[12] Tratou-se do tema em: Martins-Costa, Judith; Silva, Paula Costa e. *Crise e perturbações no cumprimento da prestação*: estudo de direito comparado luso-brasileiro. São Paulo: Quartier Latin, 2020, pp. 111-116.

[13] Carnelutti, Francesco. *Diritto e processo nella teoria delle obbligazioni*. Milano: Giuffrè, 2006, p. 209. No original: "Se i giuristi debbono capirsi tra di loro, bisogna che usino almeno certe parole fondamentali con uno stesso significato".

1.1. A construção das distinções: risco, perigo, incerteza, álea.

Retomo a pergunta acima lançada: o que é o risco para o Direito e, mais especificamente, o Direito das Obrigações? Que coisa é o risco? Quais os traços distintivos do (ou dos) fenômeno(s) assim designado(s), comparativamente a outros, indicados pelas palavras que lhe são habitualmente conotadas, tais quais álea, perigo, incerteza, dano?

No início, era a indistinção. Numa sociedade de escassos riscos e de escassas possibilidades técnicas de previsão de riscos, as palavras "risco", "perigo", "dano", "álea" e "incerteza" eram assimiláveis.

Risco vinha etimologicamente amarrado às ideias de perigo (*danger*) e acaso ou fatalidade (*hazard*)[14], sendo o acaso uma forma de incerteza. Os romanos não elaboraram uma teoria do risco, embora tenham lançado as bases de uma teoria da impossibilidade superveniente cujos reflexos se fazem sentir ainda hoje no Código Civil, e para a qual é central a noção de *risco da coisa*, assim entendida a consequência da impossibilidade de entregar a coisa tal qual prometida no contrato. Então o significado do que hoje chamamos "risco" era indicado com as palavras *periculum* e *damnun*[15].

A construção mais relevante – porque ainda transparece, informa e, de certo modo, conforma algumas de nossas instituições relativas ao risco – é a do *ius commune*, direito intermédio, em que se criaram as fórmulas (axiomas) tradicionalmente associadas ao tratamento jurídico do risco:

[14] Para a etimologia, referências em: Voidey, Nadège. *Le Risque en Droit Civil*. Cit., p. 12-13. Referências, ainda, em Lima Rego, Margarida. *Contrato de Seguro e Terceiros*: estudo de Direito Civil. Coimbra: Wolters Kluwer: Coimbra Editora, 2010, p. 68. Anotam-se as raízes: *Rixicare*, latim = rixa, combate, conotando perigo; *resecare*, latim = cortar; *rescare*, latim, = ruptura de um equilíbrio relativamente a uma situação esperada; *rhizikon*, grego = acaso ou, em "imagem de recife", assim tendo sido utilizada pelos marinheiros de Bizâncio; ainda: *resegue*, ancien provençal = risco sofrido por uma mercadoria no mar. Até os séculos XIV-XV, a conotação é a *perigo*. O termo "risque" entra no vocabulário jurídico francês em 1690, mais ou menos. A palavra "fatalidade" surge em 1724 (Diderot, Denis. *Jacques, le Fataliste*), cuja mensagem é: só o acaso comanda. Tudo é fatal e não é dominável nem prevenível pela ação humana. No idioma português, anota-se a sua "etimologia obscura" e o emprego de *risquo*, no século XV (Cunha, Antonio Geraldo da. *Dicionário Etimológico Nova Fronteira da Língua Portuguesa*. 2. ed. Rio de Janeiro: Nova Fronteira, 1968, p. 686).

[15] Sargenti, Manlio. Rischio (dir. Rom.). In: *Enciclopedia del Diritto*. Vol. XL. Milano: Giuffrè, 1989, p. 1132.

res perit domino; *res perit creditori*; *res perit debitori* –, iniciando-se um tratamento genérico e relativamente sistematizado do risco. Risco é palavra então primariamente conotada à impossibilidade de prestar (*casus*) e à consequente responsabilidade, no caso da impossibilidade imputável, pelo risco de deterioração ou perda da coisa, bem como à garantia contra o risco da evicção.

Essa primeira construção de um modelo relativamente sistemático de atribuição de riscos tinha como paradigma os contratos comutativos: *do ut des*, ônus e bônus, vantagem e desvantagem. De modo geral, diz Birocchi, o encargo de suportar o risco estava vinculado à vantagem que as partes traziam da relação contratual. Foi ensaiada, então, notadamente pelos juristas da Escola de Bolonha, uma tipicização do risco, vinculada às espécies contratuais[16]. Daí em diante, os passos andaram no caminho da abstração, até que na Idade Moderna – cujo centro da construção do raciocínio jurídico residia na lógica do sujeito proprietário[17] – ampliou-se a ideia de ligação entre o encargo de suportar o risco e a titularidade da propriedade sobre a coisa (*res perit domino*[18]). Esse princípio, que antes era próprio da compra e venda, expandiu-se, pois, para todos os contratos sinalagmáticos.

Essa generalização não resultou, como se observou acima, numa Teoria Geral do Risco, nem na uniformidade no emprego da palavra, como se vê ainda hoje no Código Civil, que não apenas por vezes unifica o significado de risco e palavras correlatas, como emprega o vocábulo com sentidos diversos: há risco de perda da coisa, ou dessa não vir a existir; há risco de vida; risco de dano, que conforma uma das espécies do contrato de seguro.

Qual seria a razão desta polissemia?

[16] Birocchi, Italo. Rischio (dir. interm). In: *Enciclopedia del Diritto*. Vol. XL. Milano: Giuffrè, 1989, p. 1134-1135.

[17] Grossi, Paolo. *La propiedad y las propiedades*: un análisis histórico. Tradução e "prólogo para civilistas" de Angel M. Lópes y López. Madrid: Civitas, 1992.

[18] Também "*casus sentit domino*", expressão que designa, no âmbito do contrato de compra e venda, a regra de o risco da coisa ser transferido para o comprador quando ele se torna proprietário. A regra está ligada aos sistemas de transmissão de propriedade, que variam conforme o sistema examinado. Antes da transmissão da propriedade, o prejuízo decorrente da impossibilidade da prestação é suportado pelo vendedor e depois pelo comprador.

A maior parte das instituições jurídicas relativas ao risco foi formatada nos Códigos Civis do século XIX sobre a base da tradição do *ius commune*. O século XIX foi descrito por Stefan Zweig como "o mundo da segurança" – o mundo tão estável que gerava em seus habitantes "a comovedora certeza de poder proteger sua vida até a última fresta contra as intervenções do destino"[19]. O risco não era um tema premente. Com os vários sentidos do risco confinados em regras específicas nos Códigos Civis, o grande "tema teórico" do risco cingia-se ao contrato de seguro, que é um contrato de garantia: garante-se contra a possibilidade da ocorrência de danos[20], e essa possibilidade (melhor dizendo: probabilidade) é "o risco".

Mas *possibilidade* pode ser tudo ou, como expressa Margarida Lima Rego, "possibilidade é toda probabilidade situada entre 0 (possibilidade) e 1 (certeza)"[21]. Distintamente, *probabilidade* corresponde a um juízo de frequência relativa. Só quando o risco deixa de ser algo excepcional e a ciência sistematiza os cálculos de probabilidade, será possível traçar a distinção entre risco e perigo, hoje usual, embora por vezes contestada[22], mas antes inconcebível.

Perigo é um *dano concreto*, associado ao que conhecemos, como catástrofes naturais, e às dificuldades que o ser humano encontra para satisfazer suas necessidades; risco é a *probabilidade de um dano futuro*, sugerindo uma ameaça abstrata, isto é, uma potencialidade ou uma eventualidade

[19] Zweig, Stefan. *O mundo que eu vi*. Tradução de Lya Luft. Rio de Janeiro: Record, 1999, p. 17. O título original é, literalmente, "o mundo da segurança" (*Die Welt von Gestern*) que, na tradução brasileira, encima o primeiro capítulo.

[20] Rigorosamente: garante-se o segurado contra a possibilidade de ocorrência de um evento predeterminado que lese o interesse garantido (Tzirulnik, Ernesto; Cavalcanti, Flávio de Queirós; Pimentel, Ayrton. *O Contrato de Seguro, de acordo com o Código Civil brasileiro*. 3. ed. São Paulo: IBDS/Roncarati, 2016, p. 57).

[21] Lima Rego, Margarida. *Contrato de Seguro e Terceiros*: estudo de Direito Civil. Coimbra: Wolters Kluwer: Coimbra Editora, 2010, p. 70.

[22] Reporta diferentes significações desse par: Saraiva, Pery Neto. Incertezas sobre os riscos ambientais e a necessidade de delimitação dos riscos pelos seguros: algumas aproximações conceituais para o desenvolvimento dos seguros ambientais. In: TZIRULNIK, Ernesto; Blanco, Ana Maria; Cavalcanti, Carolina; Xavier, Vitor Boaventura (org.). *Direito do Seguro Contemporâneo:* edição comemorativa dos 20 anos do IBDS. Tomo II. São Paulo: Roncarati – Contracorrente, 2021, p. 237-268.

de causação de um dano[23], o qual constitui lesão a um interesse juridicamente protegido. Fundamentalmente, risco é a probabilidade de um dano futuro – podendo haver inclusive o risco da ocorrência de um perigo – e um desvalor, isto é: o risco não contempla apenas um elemento descritivo, correspondente à possibilidade de um resultado, mas agrega um *elemento normativo*. Esse é o "juízo de (des)valor que consiste numa convicção da inconveniência, para um determinado sujeito, desse mesmo resultado, ou de apenas um aspecto determinado desse resultado"[24], é dizer: não é toda possibilidade que interessa, nem sequer toda a probabilidade, mas "apenas a que não é indiferente ao sujeito do risco, que de algum modo o afeta"[25], tendo alguma projeção em sua vida ou em seu patrimônio.

Como *probabilidade* que são, riscos podem ser calculados e, em certa medida, controlados e reduzidos[26], o que foi de tardia percepção, se considerarmos a História das Ideias, pois a Ciência demora a incubar o Direito[27]. Em passos que se estendem do século XIV ao século XVIII prepara-se a ambiência que resultará na configuração da probabilidade como o núcleo matemático da Teoria do Risco[28], prepara-se a *quantificação do risco*. Só quando é "inventada" a estatística – que, assim como os estudos demográficos, foi produto do século XVII[29] –, percebe-se ser possível

[23] Voidey, Nadège. *Le Risque en Droit Civil*. Cit., p. 43.

[24] Lima Rego, Margarida. *Contrato de Seguro e Terceiros*: estudo de Direito Civil. Cit., p. 75.

[25] Lima Rego, Margarida. *Contrato de Seguro e Terceiros*: estudo de Direito Civil. Cit., pp. 75-76.

[26] Nesse sentido, seria mais rigoroso falar-se em "perigos do desenvolvimento" e não em "riscos do desenvolvimento", para aqueles que não podem sujeitar-se a um cálculo de probabilidade.

[27] Há, submersa aos conceitos jurídicos, uma longa história, composta pela descoberta, a teorização, o cálculo e o controle da probabilidade; mais recentemente, o fenômeno da incorporação do risco à dinâmica da sociedade de nossos dias, a consideração da inerência da incerteza (Teoria do Caos) e da complexidade (Teoria da Complexidade) à natureza e à espécie humana.

[28] Bernstein, Peter L. *Desafio aos deuses:* a fascinante história do risco. Tradução de Ivo Korytowski. Rio de Janeiro: Campus, 1997, p. 3.

[29] No século XVII, Blaise Pascal e Pierre de Fermat (advogado e matemático) trabalharam na criação de uma Teoria das Probabilidades utilizando o método indutivo; e ainda, John Graunt (um mercador que pensava que, se conhecesse as características do mercado

mensurar o risco e então, distingui-lo do perigo, pois é pela técnica que se torna possível a apropriação, o domínio e a exploração do risco[30].

Como probabilidade de um dano futuro, o risco se põe no tempo. Risco e futuro são noções conexas. "O risco e o tempo são as faces opostas da mesma moeda", diz Bernstein, pois sem amanhã não haveria risco. O tempo transforma o risco, e a natureza do risco é moldada pelo horizonte de tempo: o futuro é o campo de jogo[31]. E daí decorre outra distinção mais difícil e muito nuançada, qual seja, entre risco e *incerteza*.

Por estar situado no tempo futuro, o risco repousa sobre uma parte, ao menos de incerteza[32]. A incerteza é, portanto, elemento do risco. O futuro é incerto. Mas o elemento futuridade não retira, de todo, a previsibilidade. Nenhum risco é "certo", mas grande parte dos riscos pode ser objeto de um *juízo de probabilidade,* que é um acontecimento esperado com certo grau de certeza. Podem ser prováveis "danos" (probabilidades de perdas) e vantagens (probabilidades de ganhos). Justamente pelo juízo de probabilidade que podemos alcançar as noções de previsibilidade/imprevisibilidade do risco e a distinção entre acontecimentos certos previsíveis e acontecimentos incertos imprevisíveis. Quanto maior

consumidor, poderia incrementar substancialmente as suas vendas); Leibniz (que associa a probabilidade à evidência e à razão e pensa em aplicar a probabilidade a problemas jurídicos); e foi criada a lógica de Port Royal que exigiu a demonstração e, com isso, permitiu a criação de controles do risco, por exemplo, a sua pulverização: Antônio, o Mercador de Veneza de Shakespeare, pulverizou o risco de seu negócio enviando vários navios para portos distintos. Já na virada para o século XVIII, o matemático Daniel Bernoulli desenvolve a noção de que as pessoas atribuem valores diferentes ao risco, o que foi fundamental para a sua aplicação bursátil. O risco poderia então ser medido, como defende Lapace, com a sua *Théorie analitique des probabilités*, de 1812, possibilitando, durante o séc. XIX e, exponencialmente no séc. XX, com a informática, os métodos de administração de riscos. (Para esses dados, Bernstein, Peter L. *Desafio aos deuses*: a fascinante história do risco. Cit., pp. 57-132).

[30] Saraiva, Pery Neto. Incertezas sobre os riscos ambientais e a necessidade de delimitação dos riscos pelos seguros: algumas aproximações conceituais para o desenvolvimento dos seguros ambientais. In: Tzirulnik, Ernesto; Blanco, Ana Maria; Cavalcanti, Carolina; Xavier, Vitor Boaventura (org.). *Direito do Seguro Contemporâneo:* edição comemorativa dos 20 anos do IBDS. Tomo II. Cit., p. 239.

[31] Bernstein, Peter L. *Desafio aos deuses*: a fascinante história do risco. Cit., p. 15.

[32] Voidey, Nadège. *Le Risque en Droit Civil*. Cit., p. 69.

a possibilidade de antecipar, menor a incerteza, e, por consequência, menor o risco.

A incerteza – isto é, a dúvida sobre um fato ou uma ação futura – pode residir na ocorrência, ou não, do evento que causará o dano; na data de realização do evento; ou nas consequências e/ou a extensão das consequências do evento causador do dano[33]. Todo risco comporta algum grau de incerteza; pode haver previsão, maior ou menor, ou imprevisão, sobre a existência, o modo de ser, a extensão, o comportamento, a direção, os efeitos do que é incerto. Os chamados "riscos do desenvolvimento" comportam altíssimo grau de incerteza, pois não é possível sua antecipação (e, portanto, a possibilidade de controle), o que pode ser bem exemplificado com a inteligência artificial: como se comportará um robô capaz de autodesenvolvimento? A previsão e o controle sobre o seu comportamento futuro são impossibilitados justamente em razão do desconhecimento geral sobre as possibilidades de sua ação. É certo que pode haver maior ou menor grau de controle sobre o acontecimento imprevisível. Mas quando o grau de controle é escasso, ou inexistente, se costuma dizer que há uma *álea*, outra noção confundida com a de risco.

Álea remete-nos, *prima facie*, à sorte, consistindo no futuro *sem controle*. Durante muito tempo a palavra *aleae* referia-se aos jogos de dados e *aleatorius*, aos jogos de azar em geral. Na raiz romana, "jogo" e "incerteza" estavam associados. A noção empírica de álea é genericamente referida a um sujeito e à possibilidade de verificar-se, no futuro, um acontecimento favorável ou desfavorável (o acontecimento é futuro, ou, também, o conhecimento do sujeito sobre o acontecimento é que está projetado no futuro). Esse acontecimento é fundamentalmente incerto e mais ou menos dependente apenas da mera sorte.

No Direito, álea indica, a rigor, o acontecimento incerto e imprevisível, embora, ao adjetivar os *contratos aleatórios*, a palavra adquira significados mais complexos e sutis: contratos aleatórios não são aqueles cujo resultado é incerto, pois todos podem assim sê-lo; também não é o "tamanho" da álea o critério adequado para a individuação do contrato aleatório (mesmo nos comutativos a álea normal pode ser mais ou menos extensa),

[33] Voidey, Nadège. *Le Risque en Droit Civil*. Cit., p. 69.

assim como não o é a mera contraposição aos contratos comutativos, ou a incerteza sobre os efeitos econômicos do contrato (= relação entre vantagem/ônus), ou o desequilíbrio entre vantagens e ônus (pode, ou não, haver mas é inidônea para uma classificação jurídica[34]). O critério para a individuação do contrato aleatório não está, portanto, na incerteza sobre os efeitos econômicos do contrato (= relação entre vantagem/ônus), nem no desequilíbrio entre vantagens e ônus (esta pode, ou não haver, mas é inidônea para uma classificação jurídica).

A caracterizar o contrato aleatório está algo mais do que a mera existência de um evento incerto a impedir que se determine, no momento da conclusão contratual, o saldo final das vantagens e ônus patrimoniais entre os contratantes[35]. A álea típica dos contratos aleatórios encerra um evento incerto do acaso que, por sua natureza (loteria, jogo e aposta) ou por escolha das partes (compra e venda de coisa futura que possa não vir a existir ou possa existir em qualquer quantidade), passa a integrar a economia do contrato, assumindo força constitutiva e conformando decisivamente a equação contratual. O que os caracteriza é a aleatoriedade da própria prestação. A prestação é determinada pelo evento externo incerto, previsto pelas partes ou extraído do contrato, de modo que a relação da "troca contratual" se dá entre duas prestações incertas ou entre uma prestação incerta e uma certa[36]. A ênfase se desloca, pois, para a prestação como "resultado útil" do contrato[37]. O contrato, prevendo explicitamente a álea, ou permitindo a sua extração por via hermenêu-

[34] Giandomenico, Giovanni di. *Il contratto e l'alea*. CEDAM, Pádua, 1987, PP. 228 e 229, transcrito e citado por Junqueira de Azevedo, Antonio. Parecer. Contrato de Opção de Venda de participações societárias. Variação imprevisível do valor da coisa prometida em relação ao preço do mercado. Possibilidade de revisão por onerosidade excessiva, com base nos arts. 478 a 480 do Código Civil em contrato unilateral. In: *Novos Estudos e Pareceres de Direito Privado*. São Paulo, Saraiva, 2009, p. 208 e 209.

[35] Scalfi, Gianguido. *Corrispettività e alea nei contratti*. Milano: Instituto Editoriale Cisalpino, 1960, p. 112 e ss.

[36] Nicolo. Rosario. Alea. In: *Enciclopedia del Diritto*. Vol. I. Milano: Giuffrè, 1954, p. 1029.

[37] Para prestação como "resultado útil": Scalfi, Gianguido. *Corrispettività e alea nei contratti*. Cit., p. 189.

tica, disciplina a forma como as partes hão de suportar os efeitos da sua realização[38].

Portanto, distinguem-se risco (probabilidade de um dano futuro); perigo (dano certo, concreto); incerteza (dúvida sobre um fato ou ação futura, elemento do risco); álea (incerteza não suscetível de controle prévio) e dano (lesão a interesse juridicamente tutelado, que pode resultar da concretização de um risco).

Há importância prática nessas distinções porque, no Direito, a elas estão ligadas, por vezes, diferentes eficácias, e essas eficácias se ligam, por sua vez, aos diferentes campos semânticos em que essas palavras são utilizadas. Para além dos sentidos que as distinguem das palavras conexas, é preciso estar atento às diferentes conotações que podem revestir a própria palavra *risco.*

2. Risco, uma palavra conotada.

Conotar é associar, em busca de significar. A polissemia da palavra risco diminuirá se a relacionarmos aos diferentes campos normativos aos quais vem referida no Direito das Obrigações. Fundamentalmente, estará conotada ao Direito dos Contratos, de modo especial aos institutos da impossibilidade superveniente (inclusive caso fortuito e força maior) e da revisão e da resolução por alteração superveniente das circunstâncias (teorias da excessiva onerosidade, base do negócio, imprevisão); e à responsabilidade civil, na qual o risco constitui um dos fatores de imputação de responsabilidade e do consequente dever de indenizar.

2.1. Risco na responsabilidade civil.

Num texto notável de meados do século XX, Ruy Cirne Lima[39] buscou apoio na filosofia estoica, fundamento do tratado *De Finibus*, de Cícero,

[38] Giandomenico, Giovanni di. *Il contratto e l'alea*. Pádua: CEDAM, 1987, p. 228 e 229, transcrito e citado por Junqueira de Azevedo, Antonio. Parecer. Contrato de Opção de Venda de participações societárias. Variação imprevisível do valor da coisa prometida em relação ao preço do mercado. Possibilidade de revisão por onerosidade excessiva, com base nos arts. 478 a 480 do Código Civil em contrato unilateral. In: *Novos Estudos e Pareceres de Direito Privado*. São Paulo: Saraiva, 2009, p. 208 e 209.

[39] Cirne Lima, Ruy. Rebelião das Cousas. *Revista Jurídica*, vol. 4, n. 21, p. 50-54, mai./jun. 1956, p. 54.

para distinguir entre a responsabilidade pela culpa e a responsabilidade pelo risco. "O mundo está dividido entre homens e deuses. Esta é a tese fundamental da teoria do risco: o mundo dividido entre homens e deuses. Verificado o fato danoso, se ele não pode ser atribuído aos deuses, há de ser, por força, atribuído ao homem. Alguém há de responder por ele. Se aquele que operou a fábrica, que conduziu o veículo ou fez funcionar o elevador não pode provar que o fato ocorreu por culpa dos deuses, então responde ele".

Trata-se da chamada imputação objetiva de responsabilidade civil. A fim de determinar a quem cabe o dever de indenizar, não se indaga se o responsável é *culpado*, isto é, se foi negligente ou desidioso no manejo ou na guarda da coisa ou no desempenho de uma atividade. Simplesmente se atribui a alguém a responsabilidade pelo dano causado pela coisa – um automóvel ou um robô, um alimento industrializado ou a prestação de um serviço. O risco é fator de imputação, é dizer, *fator de atribuição de uma consequência* (no caso, o dever de indenizar), é pura *imputatio iuris*, fator determinado pelo Direito, nos casos e nos limites traçados pelo Direito[40]. Pelo fator de imputação se dirá se uma determinada conduta foi negligente ou arriscada, caso se esteja perante um caso de responsabilidade subjetiva – o que é a regra[41] no Direito Privado – ou objetiva que, no Direito Privado comum, é exceção[42].

Mas não basta falar em "risco" na responsabilidade civil. Há polissemia na palavra também quando conotada a esse instituto, cabendo distin-

[40] Em nosso sistema, os principais fatores de imputação são a culpa, reitora da responsabilidade subjetiva, o risco, critério geral da responsabilidade objetiva, e a segurança, para alguns tipos de responsabilidade profissional. (Serpa Lopes, Miguel Maria de. *Curso de Direito Civil*. Vol. V. 2. ed. Rio de Janeiro: Freitas Bastos, 1962, p. 252).

[41] Para a responsabilidade contratual, Código Civil, art. 392, segunda parte. Para a responsabilidade extracontratual, assim decorre da remissão ao art. 186, alusivo à ação negligente ou imprudente e da conjugação entre o *caput* e o parágrafo único do art. 927: ao referir esse parágrafo a hipótese de nascimento do dever de reparar o dano "independentemente de culpa", conclui-se que a regra, constante no *caput*, supõe a culpa como fator e imputação.

[42] Referi esse fator de imputação no texto: Martins-Costa, Judith. A linguagem da responsabilidade civil. In: Bianchi, José Flávio; Mendonça Pinheiro, Rodrigo Gomes de; Arruda Alvim, Teresa (Coords.). *Jurisdição e Direito Privado*: estudos em homenagem aos 20 anos da Ministra Nancy Andrighi no STJ. São Paulo: Revista dos Tribunais, 2020, p. 402-406.

guir entre as espécies de responsabilidade pelo risco: o "risco mitigado", subdividido em risco proveito e risco criado, que constituem a regra da responsabilidade pelo risco e, como exceção, o risco integral, pelo qual é imputado àquele que o cria a obrigação de ressarcir todos os danos causados por fato do empreendimento ou do produto "haja o que houver", sem excludentes.

Todos esses riscos, adjetivados, constituem fatores de imputação de responsabilidade, indicados por, "etiquetas" que as técnicas jurídicas apõe a fim de fixar determinado regime jurídico, determinando, *a priori*, a quem incumbe suportar as consequências desvantajosas de uma lesão a interesse juridicamente protegido de outrem. As diferenças estão no plano da justificação e, quanto ao risco integral, também no plano da eficácia.

Mas os significados da palavra risco quando referida à responsabilidade civil não se comunicam aos demais institutos do Direito Contratual, campo em que risco ora significará uma alocação de desvantagens que possam vir a atingir o objeto do contrato, ora indicará o acontecimento que desencadeará a eficácia típica de um dever de garantia, ora delimitará a área de isenção do contrato, ainda que se torne excessivamente onerosa a prestação, à possibilidade de revisão ou de resolução por força da lei. Deixemos, pois, de lado, a responsabilidade civil pelo risco e voltemos os olhos aos contratos.

2.2. Risco na impossibilidade de prestar na compra e venda e como elemento do contrato de seguro.

Comecemos esse exame apontando à relação entre *risco e objeto contratual*, por meio de dois exemplos de contratos legalmente típicos nos quais a palavra risco indicará fenômenos distintos: o contrato de compra e venda, no tocante ao risco da perda ou da deterioração da coisa (impossibilidade superveniente de prestar), e o contrato de seguro, no qual o risco é elemento nuclear do tipo.

2.2.1. O risco da perda ou da deterioração da coisa, na compra e venda.

A entrega (*traditio*), real ou ficta, constitui ato de adimplemento do contrato de compra e venda. Se a coisa prometida em compra e venda não puder ser entregue tal qual o prometido, caberá perguntar: por que não foi entregue? E, depois: a quem cabe o risco da impossibilidade de entregá-la? Risco, então, é a consequência de uma falta que vem atingir o objeto indireto da prestação de dar inserta nesse tipo contratual.

Três respostas podem ser oferecidas à primeira pergunta: ou a coisa não foi entregue por causa atribuível (imputável) ao devedor, que há de ser tido como inadimplente; ou porque o credor se recusou a recebê-la, caracterizando-se a *mora creditoris*; ou porque a coisa se perdeu, ou se deteriorou de tal forma que é impossível entregá-la, hipótese que caracteriza impossibilidade superveniente não imputável ao devedor. Para todas essas hipóteses há o regramento do Código Civil que é matriz de um articulado sistema de alocação de riscos conforme as modalidades das obrigações e consoante se trate de contratos unilaterais ou bilaterais. Distingue-se, também, em se tratando de contrato bilateral, aquela prestação que exige a transferência da coisa mediante a tradição e a que ela não carece, como a transferência de direitos não relacionados diretamente com a propriedade ou posse[43]. Tomemos a compra e venda como paradigmática do sistema legal[44].

Perda da coisa significa, para os efeitos legais, uma hipótese de impossibilidade superveniente de adimplir a prestação. O sentido não é naturalista: a "perda da coisa" abrange o seu desaparecimento físico, mas, igualmente, a destituição de suas qualidades essenciais ou a perda da utilidade para o fim a que se destinava[45]". No direito brasileiro vigente", diz Francisco Medina, "risco da coisa" designa a consequência da impossibilidade da entrega da coisa tal como estabelecido no contrato por fato não imputável a nenhuma das partes (impossibilidade "casual" ou libe-

[43] Couto e Silva, Clóvis. *A Obrigação como Processo*. São Paulo: Bushatsky Editor, 1976, p. 137.

[44] Trata-se efetivamente de um exemplo. A par das regras gerais, que seguem o critério da modalidade de prestação (dar, fazer, não fazer, restituir, arts. 234, 235, 237, 238, 240, 248 e 250) e de suas espécies (*v.g*, obrigações alternativas, arts. 253 e 256), há regras sobre alocação de risco vinculadas aos tipos contratuais. Assim, *e.g*, no contrato de empreitada (art. 611) e no contrato de transporte (art. 734).

[45] Pereira, Caio Mário da Silva. *Instituições de Direito Civil*. Rio de Janeiro: Forense, 2003, p. 35. Tepedino, Gustavo; Schreiber, Anderson. *Direito das Obrigações*. Artigos 233 a 420. In: Azevedo, Álvaro Villaça (coord). *Código Civil Comentado*. Vol. IV. São Paulo: Atlas, 2008, p. 41.

ratória). As hipóteses mais típicas são as de impossibilidade total (fala-se em "perda" ou "perecimento" da coisa, art. 234) e de impossibilidade parcial qualitativa (há "deterioração", art. 235) ou quantitativa (art. 235, por analogia), mas "risco da coisa" também abrange outros casos de impossibilidade não relacionadas à coisa em si, como a desapropriação[46]. Ou, como está em Nanni, há perda, quer no sentido jurídico, quer em sentido fático, quando a coisa deixa de existir, ou perece, ou se deteriora, ou por motivo jurídico, quando, *v.g.*, a coisa a ser entregue tem o uso e a circulação proibidos por lei. O objeto indireto da prestação deixa de ter, em razão da perda, as suas características essenciais, seja estrutural, seja física para sejam estruturais, sejam físicas e/oi o seu valor econômico, em tal proporção que inviabilize o cumprimento da prestação[47].

Para o contrato de compra e venda, a transferência do risco da coisa para o comprador significa que, embora a impossibilidade do dever de prestação não seja imputável a nenhuma das partes, o vendedor poderá exigir o preço (contraprestação) e o comprador está obrigado a pagá-lo, ou seja, o dever de prestação do vendedor extingue-se, mas o do comprador subsiste [48].

O problema estará em determinar, diante do sistema de transmissão do domínio vigorante no Direito brasileiro, quem é o proprietário, para o que determinante é o ato-fato da tradição, real ou ficta. Se a impossibilidade sobrevier antes de realizada a tradição, o vendedor perde o direito de exigir o pagamento do preço, pois, até então é o *dominus*. Se já recebeu o preço, terá de restituí-lo. Mas se a coisa perecer ou se deteriorar depois que houver sido posta à disposição do comprador, ou no caso de estar este em mora de a receber, os riscos devem ser por ele suportados – o *dominus*

[46] Medina, Francisco Sabadin. *Compra e venda de coisa incerta no direito civil brasileiro*: uma análise do dever do vendedor no Código Civil de 2002 – concretização e distúrbios da relação jurídica. Rio de Janeiro: Lumen Juris, 2021, Tomo II, p. 214 (grifos do autor).

[47] Nanni, Giovanni Ettore. Arts. 233 a 420. In: Nanni, Giovanni Ettore. *Comentários ao Código Civil*: Direito Privado Contemporâneo. 2. ed. São Paulo: Saraiva Educação, 2021. Acesso Minha Biblioteca UFRGS.

[48] Medina, Francisco Sabadin. *Compra e venda de coisa incerta no direito civil brasileiro*: uma análise do dever do vendedor no Código Civil de 2002 – concretização e distúrbios da relação jurídica. Cit., p. 214.

é, então, o comprador[49]. Do mesmo modo, quando o comprador ordena a expedição da coisa para lugar diverso, desde o momento da entrega ao transportador, pois a entrega equivale à tradição. É a regra do art. 494. Nesse caso, os riscos da coisa recaem sobre o comprador justamente porque já se operou a tradição: o vendedor entregou a coisa objeto do contrato de compra e venda não ao próprio comprador, mas sim à pessoa por ele designada (o transportador) que age como mandatário, de modo que essa regra não excepciona o *res perit domino*[50]. Quando os riscos devem ser suportados pelo comprador, fica ele obrigado a pagar o preço sem receber a coisa[51].

Em outras palavras: o vendedor suporta o risco desde a conclusão do contrato até que entregue a coisa. Se essa perece antes de ser entregue, o comprador não tem de pagar o preço. Se o perecimento foi só em parte, há diminuição do preço, proporcionalmente. O risco passa ao comprador se houve entrega, ou se o comprador incorreu em *mora accipiendi*, ou se houve cláusula em contrário[52].

Na análise do "risco da coisa", nessa modalidade de prestação, na definição de quem suporta o risco, "dois tratamentos devem ser evitados: primeiro, o de considerar apenas a relação de direito real subjacente (direito de propriedade sobre o bem), pois nessa hipótese a coisa sempre se perderá para o dono (*res perit domino*); e o de considerar estritamente a relação de direito obrigacional, desvinculando completamente a presta-

[49] Leciona Pontes de Miranda: "Se o vendedor entregou o bem vendido, não há pensar-se em responsabilidade pelos riscos. Se por outra razão não cessou a sujeição do vendedor aos riscos, só a transmissão da posse tem tal conseqüência. Não importa se já houve, ou não, a transmissão da propriedade. (...). Discute-se se, em caso de cessão da pretensão à entrega contra terceiro, ainda ficam ao vendedor os riscos. A solução acertada é a que vê, aí, adimplemento quanto à entrega, pois que o comprador a admitiu" (Pontes de Miranda, Francisco Cavalcanti. *Tratado de Direito Privado*. Tomo XXXIX. Rio de Janeiro: Borsoi, 1959, § 4.321).

[50] Guerra, Alexandre. Arts, 481 a 692. In: Nanni, Giovanni Ettore. *Comentários ao Código Civil*: Direito Privado Contemporâneo. 2. ed. São Paulo: Saraiva Educação, 2021. Acesso Minha Biblioteca UFRGS.

[51] Gomes, Orlando. *Contratos*. Atualizado por Edvaldo Brito e Reginalda Paranhos de Brito. 27. ed. Rio de Janeiro: Forense, 2019, item 183. Acesso Minha Biblioteca UFRGS.

[52] Pontes de Miranda, Francisco Cavalcanti. *Tratado de Direito Privado*. Tomo XXXIX. Rio de Janeiro: Borsoi, 1959, § 4.321.

ção do seu objeto (*periculum obligationis* em sentido estrito). Incluirentre preciso e verificar: como diz, Couto e Silva, qual é o efeito do desaparecimento do bem sobre a relação obrigacional, qual a repercussão no direito material, no direito, pretensão e ação[53].

O alerta de Couto e Silva é relevante porque, muito embora ocorra a coincidência entre *periculum rei* e *periculum obligationis* como regra nas coisas móveis ("porque a tradição e a aquisição da propriedade andam de parelha"[54]) há exceções na venda com reserva de domínio e nas mercadorias que se recebem pesando e examinando "a contento". E na compra e venda de imóveis, embora o risco se transfira com a transcrição é preciso examinar se a prestação foi adimplida. Se o vendedor se mantiver na propriedade, obstando a posse imediata do comprador, o perigo ainda corre, *in medio temporis,* contra o vendedor[55].

Essa disciplina, se sintetizada, apontará: quando não há imputação pela culpa ou por uma obrigação de garantia, em que o obrigado responde substantivamente, por perdas e danos, na impossibilidade não imputável o risco é, como regra, para o proprietário (*res perit domino*)[56], com os alertas, todavia, acima registrados. Nesse caso, a prestação resta extinta, sem que haja o dever de indenizar. Mas as disposições legais não são imperativas. As partes podem adotar outra regra, pois, neste particular, as regras do Código Civil são supletivas.

Diverso modelo é o seguido quando incidente a CISG – Convenção das Nações Unidas sobre Contratos de Compra e Venda Internacional de Mercadorias. O seu art. 30 atribui ao vendedor a obrigação de entregar e de transferir a propriedade, aí estando acolhida, na abalizada opinião de Peter Schlechtriem e Claude Witz, a "obrigação clássica de transfe-

[53] Couto e Silva, Clóvis. *A Obrigação como Processo.* São Paulo: Bushatsky Editor, 1976, p. 138.

[54] Couto e Silva, Clóvis. *A Obrigação como Processo.* Cit., p. 138.

[55] Couto e Silva, Clóvis. *A Obrigação como Processo.* Cit., p. 140.

[56] Como ainda se lê em Medina: "Logo, o direito civil brasileiro adota, como regra geral, a regra res perit domino, mas pela interpretação sistemático-valorativa com os arts. 399, 667 § 1º e 1218, ela é em grande parte mitigada e, no resultado, aproxima-se da regra res perit possessori". (Medina, Francisco Sabadin. *Compra e venda de coisa incerta no direito civil brasileiro*: uma análise do dever do vendedor no Código Civil de 2002 – Concretização e distúrbios da relação jurídica. Cit., p. 214).

rir a propriedade à cargo do vendedor"[57]. E no art. 66, regra-se o efeito da transferência de riscos, ao estabelecer-se que a perda ou a deterioração das mercadorias sobrevinda à transferência de riscos ao comprador não o libera da obrigação de pagar o preço, salvo se os eventos danosos forem atribuíveis a um fato do vendedor. Todavia, advertem os especialistas, "as modalidades segundo as quais se opera a transferência estão fora do campo de aplicação da Convenção e concernem ao direito nacional designado pelas regras de conflito de leis. Trata-se, em regra geral, da *lex rei sitae*"[58].

Há quem distinga o "risco da coisa" do "risco da prestação" e do "risco e preço", em vista do enunciado no art. 492, *caput*: "Até o momento da tradição, os riscos *da coisa* correm por conta do vendedor, e os [riscos] *do preço* por conta do comprador"[59]. A distinção tem pertinência ao alerta de Clóvis do Couto e Silva, acima reproduzido. Há casos em que, embora realizada a tradição, as circunstâncias do caso apontam à permanência do risco com o vendedor. Assim, exemplificativamente, a lide julgada pelo antigo TACiv-SP na qual, por falta de funcionários na loja na qual realizada a compra de bens móveis, o próprio comprador teve que embalá-los, momento em que um vaso de cristal recém adquirido resvala de suas mãos e se espatifa no chão. Conforme o Relator "a tradição é uma operação jurídica que pode apresentar complexidade não vislumbrada com a simples leitura" do texto legal. No caso, considerou-se que, embora a tradição tivesse sido efetuada no momento do pagamento do preço e entrega do objeto, o problema fora com o transporte do objeto, aí residindo a causa da inversão do risco"[60].

Há grande dissenso na doutrina a respeito da expressão "risco do preço" que, segundo a literalidade do enunciado legal, é suportado pelo comprador entre a conclusão do contrato e a tradição, momento em que

[57] Schlechtriem, Peter; Witz, Claude. *Convention de Vienne sur les Contrats de Vente Internationale de Marchandises*. Paris: Dalloz, 2008, p. 184.

[58] Schlechtriem, Peter; WITZ, Claude. *Convention de Vienne sur les Contrats de Vente Internationale de Marchandises*. Cit., p. 185.

[59] Destaquei.

[60] TACSP 81/49, citado e comentado por Rodrigues Jr., Otávio Luiz. Compra e venda. Troca. Contrato Estimatório. Artigos 481 a 537. In: Azevedo, Álvaro Villaça (coord). *Código Civil Comentado*. Vol. IV. São Paulo: Atlas, 2008, p. 138-139.

é transferido para o vendedor. Para Medina, "a única forma de atribuir significado à segunda parte do art. 492, *caput*, é compreender "preço" como dinheiro vivo, ou seja, *como quantia de notas ou moedas separadas* pelo comprador para *entregar ao vendedor como pagamento* do contrato de compra e venda"[61]. Portanto, "enquanto o risco da coisa pode fazer com que o vendedor seja liberado de seu dever de entregar a coisa e, consequentemente, o dever do comprador de pagar pode ser extinto (art. 234), o risco do preço em regra não libera o comprador do dever de pagar nem extingue o dever do vendedor de entregar a coisa"[62]. A distinção não está presente na doutrina majoritária que endereça a regra à hipótese de haver riscos e cômodos (isto é, frutos, benfeitorias) a acompanhar a coisa vendida. Nessa hipótese, antes da tradição, a responsabilidade é do vendedor, quanto à coisa, e do comprador, quanto ao preço; operada a tradição, a perda, deterioração ou a melhoria da coisa serão suportados pela parte que receber o preço, ou a coisa[63].

Em todas essas situações, a palavra "risco" está conotada à perda, desaparecimento, deterioração, do objeto (indireto) da prestação contratualmente acordada. Um diverso sentido é alcançado quando se conota "risco" a "contrato de seguro".

2.2.2. O risco no contrato de seguro.

Outro significado da palavra risco no contrato de seguro, do qual é um dos cinco elementos nucleares (art. 757[64]). A centralidade do elemento

[61] Medina, Francisco Sabadin. *Compra e venda de coisa incerta no direito civil brasileiro*: uma análise do dever do vendedor no Código Civil de 2002 – Concretização e distúrbios da relação jurídica. Cit., p.263.

[62] Medina, Francisco Sabadin. *Compra e venda de coisa incerta no direito civil brasileiro:* uma análise do dever do vendedor no Código Civil de 2002 – Concretização e distúrbios da relação jurídica. Cit., p. 264.

[63] Rodrigues Jr., Otávio Luiz. Compra e venda. Troca. Contrato Estimatório. Artigos 481 a 537. In: Azevedo, Álvaro Villaça (coord). *Código Civil Comentado.* Cit., p. 137.

[64] Cinco são os elementos nucleares do contrato de seguro: garantia, interesse, risco, prêmio e empresarialidade. Na lição de Comparato, os elementos essenciais são a garantia, o interesse, o risco e o prêmio (Comparato, Fábio Konder. Notas explicativas ao substitutivo ao capítulo referente ao contrato de seguro no Anteprojeto de Código Civil. *Revista de Direito Mercantil,* ano XI, n. 5, 1972, p. 147). O elemento empresarialidade é acrescentado por: Tzirulnik, Ernesto; Cavalcanti, Flávio de Queirós; Pimentel, Ayrton. *O Contrato*

risco, nesse tipo contratual, "extravasa o simples facto de este ser a nota necessária (...) dado que o risco é, de entre as notas necessárias, porventura a mais significativa – a que mais contribui para conferir um significado, como um todo, ao todo que qualificamos como seguro"[65]. A mesma percepção está em nossa doutrina: "A ideia segundo a qual o seguro é negócio que provê garantia para um interesse é nuclear para a teoria jurídica do seguro", dizem Tzirulnik, Cavalcanti e Pimentel[66], já que a garantia, objeto de um contrato de seguro, é sempre um interesse submetido a um risco. E o risco é a probabilidade de um dano futuro. No contrato de seguro, é o acontecimento que desencadeará o dever da seguradora de arcar com as consequências da garantia prestada, a qual, por sua vez, constitui o objeto do contrato, ou mais propriamente, o fato futuro e incerto (ou de data incerta), não derivado da vontade das partes, que representa a existência de um potencial dano.

O risco no contrato de seguro supõe ser percebido como tal. Não há risco sem percepção, mas não se trata, de modo algum, de uma percepção individual, de um "sentimento de incerteza". Embora dependendo de processos e de fatores perceptivos e contextuais, a percepção e a definição do risco dependem de um contexto compreensivo delimitado pela técnica seguradora, o que envolve a avaliação da natureza do risco, a probabilidade de sua ocorrência em face da população a ele exposta e a magnitude de sua ocorrência[67]. Trata-se de um dado social objetivo, ou

de Seguro, de acordo com o Código Civil brasileiro. 3. ed. São Paulo: IBDS/Roncarati, 2016, p. 43. Na mesma linha: Aguiar Jr., Ruy Rosado de. Teoria do Interesse, *Engineering* e o Dano Físico no Seguro de Danos. In: *VI Fórum de Direito dos Seguros José Sollero Filho*. São Paulo: IBDS/Roncarati, 2015, p. 187.

Art. 757, *in verbis*: "Pelo contrato de seguro, o segurador se obriga, mediante o pagamento do prêmio, a garantir interesse legítimo do segurado, relativo a pessoa ou a coisa, contra riscos predeterminados".

[65] Lima Rego, Margarida. *Contrato de Seguro e Terceiros*: estudo de Direito Civil. Cit., p. 67.

[66] Tzirulnik, Ernesto; Cavalcanti, Flávio de Queirós; Pimentel, Ayrton. *O Contrato de Seguro, de acordo com o Código Civil brasileiro*, Cit., p. 44. Na mesma linha, Theodoro Jr., Humberto. Seguro de Danos. Despesas de Salvamento e Despesas de Contenção. Regime Jurídico. In: *VI Fórum de Direito dos Seguros José Sollero Filho*. São Paulo: IBDS/Roncarati, 2015, p. 157.

[67] Saraiva, Pery Neto. *Incertezas sobre os riscos ambientais e a necessidade de delimitação dos riscos pelos seguros*: algumas aproximações conceituais para o desenvolvimento dos seguros

objetivável e, fundamentalmente mensurável ou avaliável, uma vez que, para que possa ser segurado, "o risco deve ser efetivo e predeterminado nas condições contratuais, como forma de delimitar as obrigações do segurador e o correspondente direito à cobertura contratada"[68]. Supõe, ainda, a referência ao futuro, podendo o fato ser passado, mas o risco reportado a esse fato devendo ser presente ou futuro[69].

Como elemento nuclear do seguro, o risco, quando conotado a esse tipo contratual, concomitantemente, demarca o objeto da garantia constituída pelo seguro e, uma vez realizado, deslancha o dever da seguradora de responder pelos prejuízos gerados pelo sinistro. Como está em Tzirulnik: "É o risco que torna assegurável o legítimo interesse do segurado. Se o risco predeterminado não incide, nem pode incidir sobre o interesse, falta um elemento essencial ao contrato. Não se garante se não há risco"[70]. E a garantia é dever de prestação da seguradora: o seguro veicula uma obrigação de garantia, nos limites da cobertura estampada na apólice. Logo, quem responde pela realização do risco é a seguradora, salvo a excepcional hipótese de dolo do segurado quando, pelo desvio no nexo causal, este perde o direito à garantia (arts. 762 e 768).

Ainda um outro e diverso significado à palavra risco é oferecido quando a conotamos aos contratos destinados a durar no tempo, como aqueles cujo adimplemento se dá de modo duradouro, ou de modo sucessivo. As vicissitudes trazidas pelo tempo, mormente nesses *tempos de calamidade*[71], podem vir a provocar uma quebra insuportavelmente injusta na relação de equilíbrio relativo existente nos contratos comutativos. Mas mesmo nos contratos aleatórios, nos quais não há que pensar na metáfora

ambientais. In: Tzirulnik, Ernesto; Blanco, Ana Maria; Cavalcanti, Carolina; Xavier, Vitor Boaventura (org.). *Direito do Seguro Contemporâneo:* edição comemorativa dos 20 anos do IBDS. Cit., p. 250.

[68] Gravina, Maurício Salomoni. *Direito dos Seguros*. Coimbra: Almedina, 2020, p. 354.

[69] Lima Rego, Margarida. *Contrato de Seguro e Terceiros*: estudo de Direito Civil. Coimbra: Wolters Kluwer – Coimbra Editora, 2010, p. 125.

[70] Tzirulnik, Ernesto *et al. O contrato de seguro de acordo com o Código Civil brasileiro*. Cit., p. 59.

[71] Aludo ao texto de PIRES, Catarina Monteiro. *Direito das Obrigações em Tempos de Calamidade*: reflexões durante um ano de pandemia. Coimbra: Almedina, 2021.

da balança grega, é possível traçar a distinção entre o risco que foi contratado expressa ou implicitamente, e o que o extrapola.

3. Risco e transcurso do tempo nos contratos: critérios para averiguar o "risco normal do contrato".

Conquanto o Código Civil não expresse a existência de um "princípio geral de adaptação entre o contrato e as circunstâncias supervenientes", a ordem jurídica fornece alguns meios, seja ao ensejar sua revisão do contrato, seja para dar fim à relação em face do descolamento, no momento da execução, entre o contrato e a realidade. Então, a acurácia do intérprete é especialmente requerida a fim de indicar qual é o *risco normal* – já que todo contrato comporta riscos – e qual é o *risco excepcional* (isto é, extraordinário) que poderá resultar na revisão ou na resolução do contrato.

Porém, o que é *risco normal* não vem, e não poderia vir, definido em lei. Na sua perquirição, esforço vão estaria em buscar uma listagem taxativa, peremptória, do que o integra e do que dele escapa. Como todo contrato duradouro no tempo se volta para o futuro, certo é que, "ao contratar, as partes ignoram as vicissitudes que podem atingir o contrato e desconhecem se seu desfecho lhes será favorável ou não"[72]. Essas vicissitudes caracterizam, numa aproximação muito geral, o risco "inerente a toda iniciativa econômica, que não pode ser evitado, se bem que as partes possam circunscrever os seus limites com os instrumentos que o direito lhes propicia"[73]. Critérios podem auxiliar a concreção do seu significado.

Os limites derivam, primeiramente, da autonomia privada, por meio da pactuação de cláusulas de alocação de riscos, de revisão e de resolução contratual, a fim de permitir a adaptação do contrato às novas circunstâncias. Mas a Lei Civil também oferece instrumentos para tanto, na hipótese de as adversidades advindas com o transcorrer do tempo gerarem ou

[72] "Por isso mesmo, a materialização dos riscos que orbitam o negócio assombra diuturnamente os contratantes, que podem ter seus interesses não satisfeitos por razões alheias à sua conduta" (Terra, Aline de Miranda Valverde. Execução pelo equivalente como alternativa à resolução: repercussões sobre a responsabilidade civil. *Revista Brasileira de Direito Civil*, vol. 18, out./dez. 2018, p. 51).

[73] Leães, Luiz Gastão Paes de Barros. A álea normal do contrato e o momento do exercício das opções. Revista de Direito Bancário e do Mercado de Capitais, vol. 39. São Paulo: *Revista dos Tribunais*, janeiro-março de 2008, p. 101-115 (RT Online).

"desproporção manifesta" (art. 317) ou "onerosidade excessiva" (artigos 478 a 480) para o obrigado a prestar.

A esses enunciados legais subjazem, implícitas, duas noções chave: a de base contratual e a de risco normal do contrato. Vejamos uma e outra.

Muitas são e têm sido ao longo do tempo as formulações teóricas enucleadas na ideia de base contratual, de modo que o emprego da expressão exige explicitar o seu significado. Aponta ao núcleo do que aqui se estará a referir Pontes de Miranda, ao escrever: "Base do negócio jurídico é o elemento circunstancial ou estado geral de coisas cuja existência ou subsistência é essencial a que o contrato subsista, salvo onde o acordo dos figurantes restringiu a relevância do elemento ou do estado geral de coisas"[74]. Muito embora a formulação mais conhecida, de Karl Larenz[75], não pareça ter sido acolhida em sua inteireza no Direito positivo brasileiro (o qual adota também a Teoria da Imprevisão e da Excessiva Onerosidade Superveniente), força é reconhecer sua valia teórica para iluminar o relevo a ser dado aos momentos da conclusão do negócio e do seu desenvolvimento, ou execução, nos contratos diferidos no tempo.

Situado em suas circunstâncias está cada concreto contrato como programa de distribuição de riscos.

Nos contratos já tipicizados pela lei ou pelos usos, mais facilitada é a tarefa do intérprete chamado a investigar o risco próprio do contrato, quer por estar legalmente indicado, como, exemplificativamente, no contrato de empreitada ao referir o Código Civil as "dificuldades imprevisíveis resultantes de causas geológicas ou hídricas"[76], quer por força da tradição

[74] Pontes de Miranda, Francisco Cavalcanti. *Tratado de Direito Privado*. Tomo XXV. Rio de Janeiro: Borsoi, 1959, § 3.073, 2, p. 257. Note-se que, muito embora a obra fundamental acerca da concepção de base objetiva do negócio seja a de Karl Larenz, do ano de 1963, a noção fora exposta por Pontes de Miranda no Tomo XXV do Tratado de Direito Privado, cuja primeira edição é de 1959.

[75] Larenz. Karl. *Base del negocio jurídico y cumplimiento de los contratos*. Trad. Carlos Fernández Rodríguez. Granada: Comares, 2002.

[76] Art. 625, *caput* e II, *in* verbis: "Poderá o empreiteiro suspender a obra: (...) II – quando, no decorrer dos serviços, se manifestarem dificuldades imprevisíveis de execução, resultantes de causas geológicas ou hídricas, ou outras semelhantes, de modo que torne a empreitada excessivamente onerosa, e o dono da obra se opuser ao reajuste do preço inerente ao projeto por ele elaborado, observados os preços".

ou mesmo de presunções e, ainda, de construção, doutrinária e jurisprudencial, sobre o "risco do fortuito"[77]. Como bem aponta Scognamiglio, "em cada tipo negocial está já presente uma determinada repartição do risco contratual", a qual, uma vez considerado, permitirá resolver o problema da eventual quebra do sinalagma originário em razão de circunstâncias supervenientes que venham a impactar o contrato, desde que as partes não tenham disposto de outro modo. Portanto, afirma o mencionado Autor, "a escolha do tipo pelos autores da operação econômica [instrumentalizada pelo contrato] implica a aceitação do plano de divisão dos riscos e dos custos neles contido, o qual deverá ser considerado pelo juiz como base de sua decisão"[78]. Certo é, porém que, embora o tipo contratual (legal ou social) possa ser de auxílio para a consideração, *in abstracto*, dos riscos ordinários do contrato, é preciso verificá-los *in concreto*, averiguando "as circunstâncias de fato, de ordem geral, que condicionaram o negócio e, principalmente, os interesses por eles concretamente regulados, avaliados segundo os cânones fundamentais do art. 112 do CC/2002 (intenção) e art. 113, do CC/2002 (uso do lugar e boa-fé)"[79].

Nos contratos atípicos ou naqueles que, embora socialmente tipicizados, não encontram nos usos o respaldo firme de uma disciplina, maior atenção será exigida ao intérprete. Nos modelos atípicos podem as partes programar com liberdade inocorrente nos contratos típicos o "programa de riscos". E tanto mais acurada há de ser a análise da base contratual objetiva, no sentido que lhe foi conferido por Pontes de Miranda, quando mais liberdade tiverem as partes para dispor sobre o "programa de ris-

[77] Acerca do risco do fortuito externo no contrato de transporte vide, por todos, CORREA, André Rodrigues. *Solidariedade e Responsabilidade.* O tratamento jurídico dos efeitos da criminalidade violenta no transporte público de pessoas no Brasil. São Paulo: Saraiva – FGV, 2009.

[78] SCOGNAMIGLIO, Claudio. *Interpretazione del contratto e interessi dei contraenti.* Cit., p. 137, em tradução livre. No original: "in ciascun tipo negoziale è già presente una determinata ripartizione del rischio contrattuale, (...). Pertanto, la scelta del tipo da parte degli autori dell'operazione implica l'accettazione del piano di divisine dei rischi e dei costi in esso contenuto, che dovrà essere posto dal giudice alla base della sua decisione".

[79] LEÃES, Luiz Gastão Paes de Barros. A álea normal do contrato e o momento do exercício das opções. *Revista de Direito Bancário e do Mercado de Capitais.* V. 39, São Paulo: Revista dos Tribunais, jan./mar. 2008, p. 101-115.

cos". Então, deve o intérprete "conferir atenção ao perfil individual do ato de autonomia", para tanto empregando "uma renovada atenção pela operação negocial, considerada em sua essência como instrumento para a realização dos interesses de seus autores"[80], coligando, num permanente ir e vir, texto e contexto, é dizer: o texto contratual e as circunstâncias objetivas que emolduram o ato de autonomia privada.

É em vista do contrato e de sua "moldura", isto é, da base contratual concreta, de cada contrato singularmente considerado, que poderão ser minudenciados os riscos normais aos quais o contrato está sujeito, tanto aqueles expressamente disciplinados pelos contraentes, quanto os que, fazendo parte da normalidade ou da habitualidade da operação econômica em causa, não foram especialmente disciplinados de outra forma.

Por definição, o *risco normal* é o *não extraordinário*. Mas, como já se anotou, as palavras são ambíguas, o seu significado devendo ser alcançado, dentre outros fatores, pelo fenômeno da conotação. Se o risco normal, por definição, é o não extraordinário, cabe ainda perquirir: a extraordinariedade é do *risco*, é do *evento* ou de ambos?

O prefixo *extra* designa "o que está de fora de", de modo que o adjetivo extraordinário indica o que está de fora do ordinário, isto é, do que se verifica no comum dos casos, do que é "normal" relativamente a certo fenômeno ou situação. Pode-se, assim, falar em extraordinariedade tanto para indicar um risco que não é o ordinário (normal) quanto para designar uma qualidade do evento causador do desequilíbrio do contrato ou da "desvantagem manifesta" para uma das partes.

A normalidade ou a extraordinariedade do *risco* não atende a critérios puramente naturalistas, mas a critérios normativos e objetivos. O que o integra, constituindo o risco normal, não poderia, evidentemente, ficar ao alvedrio de critérios puramente subjetivos, "pois, caso contrário, qual-

[80] Sconamiglio, Claudio. Interpretazione del Contratto e Interessi dei Contraenti. CEDAM, Pádua, 1992, p. 35. No original: "(...), *rinnovata attenzione per l'operazione negoziale, considerata nella sua essenza di strumento per la realizzazione di interessi propri degli autori di essa*". É objeto da interpretação, conforme a lição de Betti transcrita e endossada por Miguel Reale, "a declaração ou o comportamento, enquadrados na moldura das circunstâncias que lhes conferem significado e valor" (Reale, Miguel. Diretrizes de Hermenêutica Contratual. In: *Questões de Direito Privado*. São Paulo: Saraiva, 2010, p. 2).

quer juízo particular dos fatos serviria de respaldo ao não cumprimento da avença"[81]. Na valoração do risco o *standard* deve ser o "subjetivo-objetivo", isto é: combinam-se a qualidade dos contratantes e o que se deduz da objetividade da operação econômica instrumentalizada pelo contrato, consideradas as circunstâncias.

Subjetivamente, não relevarão os motivos, em regra desimportantes, salvo quando expressos como razão determinante do ato (Código Civil, art. 140), mas importará o fato da empresarialidade ou não do contrato. Se os sujeitos contratantes se qualificarem como empresários, a presunção é a de que, por sua *expertise* profissional, assumem riscos por profissão, estando aptos a melhor mensurar o risco do negócio, pois o profissional que exerce com habitualidade, continuidade e *expertise* uma atividade econômica em mercado, conhece, ou deve conhecer, os riscos inerentes à sua atividade[82]. Sendo assim, é ou deve ser capaz de identificar, com clareza, os riscos ordinários e previsíveis do negócio que opera. Aos profissionais, há dever de conhecimento dos riscos, a gerar o ônus de se proteger das consequências adversas de sua materialização[83]. Objetivamente, além das disposições contratuais, do tipo contratual e das características do mercado no qual se situa o contrato, importarão as demais circunstâncias que possam ser objetivadas como integrantes da margem de risco daquele concreto ajuste de interesses.

Sendo assim, o risco extraordinário – isto é, o que não é o "risco normal do contrato" – é alcançado por exclusão. É aquele que deriva de outras

[81] Leães, Luiz Gastão Paes de Barros. A álea normal do contrato e o momento do exercício das opções. *Revista de Direito Bancário e do Mercado de Capitais*. V. 39, São Paulo: Revista dos Tribunais, jan./mar. 2008, p. 101-115.

[82] Pela, Juliana. Risco e Contratos Empresariais. A aplicação da resolução por onerosidade excessiva. In: Stajn, Rachel; Salles, Marcos Paulo; Teixeira, Tarciso. *Direito Empresarial*: estudos em Homenagem ao Professor Haroldo Malheiros Duclerc Verçosa. São Paulo: IASP, 2015, p. 493; Zanetti, Cristiano de Sousa. O Risco Contratual. In: Lopez, Teresa Ancona et al. Sociedade de Risco e Direito Privado: Desafios normativos, consumeristas e ambientais. São Paulo: Atlas, 2013, p. 455-468.

[83] Pela, Juliana. Risco e Contratos Empresariais. A aplicação da resolução por onerosidade excessiva. In: Stajn, Rachel; Salles, Marcos Paulo; Teixeira, Tarciso. *Direito Empresarial*: estudos em Homenagem ao Professor Haroldo Malheiros Duclerc Verçosa. São Paulo: IASP, 2015, p. 493.

causas, extrínsecas aos contratantes, objetivas, ou não compreendidas no risco normal, ou que o extrapolam gravemente, de modo que o contrato pactuado, como "ato de previsão" e veículo de alocação e de regulação objetiva de riscos, não mais poderia ser considerado enquanto tal[84].

Mas o adjetivo "extraordinário" também tem sua dose de ambiguidade: assim se pode entender, primeiramente, o *risco normal extraordinariamente aumentado*, porque derivado de acontecimentos extraordinários, mas compreendidos na área de risco próprio do contrato. Cogite-se de um contrato de compra e venda de grãos para exportação no chamado "mercado futuro" (prometendo-se em abril de 2022 vender, por exemplo, a safra de soja do ano de 2023), cuja referência de preço é o valor do dólar. Essa moeda pode vir a sofrer um aumento extraordinário do valor, em virtude de turbulências no câmbio advindas do "evento guerra da Ucrânia", mas as variações da moeda em virtude de turbulências na geopolítica estão em sua área de risco ordinário. O que poderá ser extraordinário é a extensão, o *quantum* da variação cambial.

Mas a mesma expressão "risco extraordinário" pode indicar um *risco cuja causa seja em si mesmo completamente excepcional* se contrastada com o risco normal. Se há de discernir, ainda, no âmbito dos contratos aleatórios, entre os contratos especulativos e os não especulativos, como, por exemplo, aqueles destinados a pactuar uma proteção, *i.e.*, um *hedge*, em que se busca a "cobertura contra os riscos inerentes às operações com execução diferida no tempo"[85]; ou os que se destinam a propiciar a saída de um investidor do investimento, tendo destino certo; e ainda, os que definem, pela vontade das partes, apenas certos riscos, apondo, por exemplo, restrições à completa aleatoriedade, ao enunciar os riscos e sua alocação. Se as partes contratam uma proteção, de forma a gerir riscos operacionais numa dimensão financeira, decorrentes da variação de

[84] Em outras palavras, a "álea normal" é o "grau de variação da prestação previsível quando da contratação, considerando o seu tipo (...) e as disposições particulares que as partes inseriram no contrato" conforme aponta Jorge Cesa Ferreira da Silva na obra: *Adimplemento e extinção das obrigações*, cit., p. 172.

[85] LEÃES, Luiz Gastão Paes de Barros. Liquidação compulsória de contratos futuros. *Revista dos Tribunais*, vol. 675, 1992, p. 44. Acerca dos contratos de transferência de risco financeiro, vide, ainda CHAHINE, Jósephine Hage. *Les Contrats de Transfert de Risque*: une nouvelle catégorie juridique? Paris: LGDJ-Pont Delta, 2016.

preço dos ativos (razão de ser do *hedging*[86]) esses riscos podem ser altos, mas são inconfundíveis com aqueles outros, "verdadeiramente" extraordinários, porque extrapolam o risco normal de ocorrer variação para mais ou para menos em consequência do funcionamento do mercado.

Há situações, por certo muito raras, mas existentes, em que assim se verifica mesmo em contratos marcados por altas doses de aleatoriedade. Por exemplo, cogite-se de contrato de opção de venda de ações (*put option*) ajustado especificamente para permitir a retirada de sócio de um determinado investimento (disposição conhecida no jargão como *right to walk away)* e no qual se verificasse a perda do valor das ações, não porque esse valor seja invariável, obviamente – é ínsito aos negócios de mercado a constante variabilidade – , mas porque os ativos a que fazem referência tivessem sido impactados negativamente por atos de corrupção que vieram prejudicar gravemente o seu rendimento[87]. O ilícito não pode ser qualificado como "normal", como se fosse tolerável e concorde à moralidade subjacente à ordem jurídica (isto é: uma ordem deontologicamente orientada) a existência de um "dever" (ou ônus jurídico) de contar com a ilicitude penal na previsão dos riscos contratuais, como se a ilicitude fizesse parte das regras do "dever ser". Logo, nesse caso, o risco seria qualificável como extraordinário, estranho *por sua natureza* à álea normal e, sendo assim, poderia ensejar, conforme o caso, ou a revisão ou a resolução contratual.

A adequada compreensão do que é o "risco normal" e dos critérios permissivos de sua concreção conduz a admitir que mesmo nos contratos aleatórios pode haver "desvantagem exagerada" na prestação, considerado o transcurso do tempo entre o momento de sua conclusão e o de sua execução (art. 317), ou "excessiva onerosidade" superveniente (artigos 478 e 480). E assim ocorrerá quando sobre a prestação do obrigado passa

[86] Martins, Marcos Antonio Madeira de Mattos. A função social do contrato de hedge. *Revista de direito privado*, vol. 43, jul./set. 2010, p. 232-259.

[87] Em outro contexto, o dos fundos de investimento, a hipótese foi referida em: Martins-Costa, Judith; Martins-Costa, Fernanda Mynarski. Responsabilidade dos Agentes de Fundos de Investimentos em Direitos Creditórios ("FIDCs"): riscos normais e riscos não suportados pelos investidores. *Revista da Faculdade de Direito da Universidade de Lisboa*. n. 2, ano. LXII, 2021, p. 352-353.

a recair o peso de riscos desbordantes do risco normal. É o pensamento que subjaz ao Enunciado n. 440 da V Jornada de Direito Civil, segundo o qual cabe a "revisão ou resolução por excessiva onerosidade em contratos aleatórios, desde que o evento superveniente, extraordinário e imprevisível não se relacione com a álea assumida no contrato".

Conclusões

Muito embora essas considerações possam oferecer critérios, não fornecem, e não poderiam fornecer, um rol taxativo dos riscos concernentes à esfera de normalidade e os que dela escapam. Essa seria tarefa tão inesgotável quanto inútil, pois o risco é também (embora não apenas) uma *construção social*, sua percepção sendo suscetível de contínua transformação e modificação. Trata-se de tarefa dificultosa, mas imprescindível à correta aplicação dos remédios adaptativos do contrato às circunstâncias verificadas no momento de sua execução.

Mas discernir e propor critérios para a apreensão das distinções é, por essência, o trabalho da doutrina. Antes de apontar "varinhas mágicas" para resolver os problemas gerados pelo fenômeno das vinculações contratuais, é preciso perceber e disciplinar as distinções entre os fatos e suas valorações pela ordem jurídica e as muitas e muitas camadas de significados que revestem um mesmo termo linguístico. Com o risco, e relativamente ao risco há, pois, um incessante trabalho do pensamento a realizar.

As considerações até aqui desenvolvidas apontam, ao fim e ao cabo, à relevância do trabalho hermenêutico na detecção do risco. Por seus elementos já antes sublinhados – possibilidade, probabilidade, desvalor – o risco é, mais do que um dado naturalista, o produto de uma construção social para a qual é inevitável a mediação humana. E, sendo assim, embora necessária pareça ser uma apreensão globalizante do "problema do risco", é igualmente oportuno rejeitar uma ideia de risco como um "conceito objetivo e unidimensional cuja quantificação corresponda a um simples produto de probabilidade e consequência"[88]. No Direito das Obrigações, mais importa a conotação do que a denotação da palavra *risco*.

88 Lima Rego, Margarida. *Contrato de Seguro e Terceiros*: estudo de Direito Civil. Cit., p. 91.

2.
A CLÁUSULA RESOLUTIVA EXPRESSA COMO INSTRUMENTO PRIVILEGIADO DE GESTÃO DE RISCOS CONTRATUAIS

Aline de Miranda Valverde Terra
Giovanni Ettore Nanni

Introdução

Contratar é arriscar-se.

Compreendido como a plausibilidade de prejuízo financeiro proveniente de acontecimentos incertos, o risco é inerente a qualquer operação econômica, e pode impactar diretamente o resultado projetado dos pactos. Ao contratar, os agentes ignoram a totalidade dos riscos a que se sujeitam e, ainda que – e na medida que – os conheçam, ignoram se e quando se concretizarão, a tornar duvidosa a efetiva obtenção do resultado útil programado. Por isso mesmo, a possível materialização dos riscos inquieta os contratantes, que podem ter seus interesses não satisfeitos por razões alheias à sua conduta.

O cenário se torna ainda mais incerto diante da escalada de complexidade das operações econômicas que, não raro, envolvem diversas partes com interesses contrapostos, a potencializar as intercorrências passíveis de atingir o negócio e afetar negativamente os proveitos financeiros esperados. Em contexto marcado por incertezas, as partes devem procurar gerir, por meio do livre exercício da autonomia privada, os riscos do negócio, alocando-os entre si de modo a minimizar os impactos adversos da sua concretização.

Evidentemente, a racionalidade limitada dos agentes não lhes permite antever todos os eventos capazes de repercutir de forma desfavorável sobre a operação, o que lhes impede de disciplinar, *ex ante*, os efeitos deles decorrentes. É possível, no entanto, que os riscos sejam previsíveis e as partes efetivamente os prevejam, mas decidam não os gerir contratualmente, seja em razão dos altos custos de transação envolvidos, da improbabilidade de sua ocorrência, ou mesmo da ausência de consenso quanto à sua alocação. Nesses casos, uma vez concretizado o risco, aplicar-se-á o regime jurídico estabelecido em lei, salvo se as partes houverem expressamente postergado para este momento a gestão dos efeitos adversos, estabelecendo contratualmente um dever de renegociar os termos do contrato ou atribuindo a um terceiro a incumbência de fazê-lo.

Seja como for, fato é que a crescente sofisticação das relações econômicas e, consequentemente, dos contratos que as disciplinam, abre à autonomia privada maior espaço de atuação, sendo franqueado às partes lançar mão de todos os mecanismos oferecidos pelo ordenamento jurídico para minorar os riscos negociais. Entre tais instrumentos, destaca-se a cláusula resolutiva expressa, cuja utilidade vai além da gestão do risco de inadimplemento absoluto, e alcança outros eventos capazes de comprometer, igualmente, o interesse de uma das partes no vínculo contratual, autorizando-a a resolvê-lo de pleno direito.

Este artigo se propõe, justamente, a analisar as potencialidades da cláusula resolutiva expressa enquanto instrumento privilegiado de gestão de riscos contratuais, investigando aqueles passíveis de integrar o seu suporte fático, bem como a forma pela qual se opera a resolução.

1. A complexidade contratual, a multiplicidade de obrigações e a gestão do risco

É sabido que os contratos hodiernos, particularmente os empresariais, são dotados de marcante complexidade. Não se pretende investigar no que consiste tal complexidade nem a variedade de acepções que suscita[1], mas apenas frisar que, entre os elementos que assim se permite qualifi-

[1] No tema, consultar: Forgioni, Paula A. *Contratos empresariais*: teoria geral e aplicação. São Paulo: Revista dos Tribunais, 2015, p. 61-63; Gomes, Susete. *Paradigmas para a interpretação dos contratos complexos*. São Paulo: Editora IASP, 2018, p. 77-144; Coelho, Francisco

car, estão o pacto de duração – pois, em geral, são contratos continuados, cujo cumprimento perdura no tempo –, a multiplicidade de obrigações contrapostas e as altas cifras envolvidas nos interesses em jogo.

A compra e venda de pequeno utensílio no comércio é decerto simples, cujo trato se cumpre e se extingue de imediato, com o pagamento do preço pelo comprador e a entrega da coisa pelo vendedor. Já o contrato de construção de usina hidrelétrica, por exemplo, requer largo período para sua execução, em que se verifica acentuado número de prestações e de contraprestações a serem adimplidas de parte a parte. Do mesmo modo, o contrato de fornecimento de energia elétrica ou de gás, ambos frequentes no cenário de mercado cativo de grande porte; igualmente intrincado, o contrato societário de compra e venda de ações ou de quotas de certa empresa.

Salvo o primeiro exemplo, nos demais, complexos por excelência, a despeito das prestações principais contrapostas, cujo núcleo reside, no primeiro, na conclusão da edificação e na quitação do preço, no segundo, no fornecimento da energia elétrica ou do gás e no pagamento – geralmente periódico – do preço e, no terceiro, na transferência das ações ou das quotas e no adimplemento do preço, constata-se que são estipuladas inúmeras outras obrigações entre os contraentes, próprias da respectiva operação levada a efeito.

Em referidos contratos, além das obrigações nucleares acima expostas, há indiscutível diversidade de valores e extensões de prestação e de contraprestação, garantias, toda variedade de cláusulas particulares do trato, cláusulas penais, convenções sobre a forma de resolução de disputas, acordos de confidencialidade, cláusulas de não concorrência, responsabilidade sobre contingências, ajustes concernentes a direitos de propriedade industrial, ampla gama de cláusulas de declarações e garantias, entre outras, conforme o caso e o tipo de negócio encetado, bem como diversas convenções negativas, ligadas não só ao próprio objeto do negócio, mas também a aspectos reputacionais, por exemplo, não praticar atos de corrupção nem outros tipos criminais, não violar boas prática ambientais, sociais e de governança corporativa.

Manuel de Brito Pereira. *Contratos complexos e complexos contratuais*. Coimbra: Coimbra Editora, 2014, p. 11-21.

Isso mostra que os deveres principais de prestação, embora consubstanciem o centro do negócio, não são os únicos que reclamam ampla atenção dos contraentes no momento da celebração do contrato e no de sua execução. Tal fisionomia, por conseguinte, não representa mera estrutura estática, porém evidencia a dinamicidade do conjunto de obrigações que irradia de citada vertente contratual, o que suscita o conhecido problema da relação obrigacional complexa, como um todo ou como um processo, haja vista que abrange prestações principais, secundárias e acessórias, marcadamente plurais, inerentes ao seu nascimento, desenvolvimento e extinção.

Longe do intuito de esgotar sua exposição, os *deveres principais ou primários* de prestação constituem o fulcro ou o núcleo dominante, a "alma" da relação obrigacional em ordem ao conseguimento de seu fim. Daí que sejam eles que definem o tipo de contrato, sempre que se trate de uma relação dessa natureza. Há também *deveres secundários ou acidentais* de prestação, que se mostram suscetíveis de revestir duas modalidades. Distinguem-se, na verdade, dos *deveres meramente acessórios* da prestação principal, os quais se destinam a preparar o cumprimento ou a assegurar a sua perfeita realização (assim, na compra e venda, o dever de conservar a coisa vendida até a entrega ou o dever de embalá-la e transportá-la), os *deveres secundários com prestação autônoma*. Nesta última categoria, por seu turno, o dever secundário pode revelar-se *sucedâneo do dever principal de prestação* (o caso da indenização resultante da impossibilidade culposa da prestação originária, que a substitui) ou *coexistente com o dever principal* de prestação (o caso da indenização por mora ou cumprimento defeituoso, que acresce à prestação originária). Além disso, existem os *deveres laterais*, derivados de uma cláusula contratual, de dispositivo da lei ou do princípio da boa-fé. Esses deveres se relacionam ao exato processamento da relação obrigacional, ou, dizendo de outra maneira, à exata satisfação dos interesses globais envolvidos na relação obrigacional complexa[2].

O mosaico de prestações envolvidas nessa dinamicidade contratual, como é natural, implica riscos – episódios posteriores que se perfazem, com impacto negativo no sinalagma programado – a serem sopesados

[2] Costa, Mário Júlio de Almeida. *Direito das obrigações*. 7. ed. Coimbra: Almedina, 1999, p. 63-64.

pelas partes, que usualmente se esmeram na sua distribuição no acordo de interesses concluído.

Malgrado a questão do risco contratual seja difusa, polissêmica, não permitindo definição unívoca, parece fora de dúvida que alude, de um lado, à eventualidade ou às circunstâncias que possam tornar mais dificultosa ou mesmo obstar a execução do contrato; de outro, ao grupo de mecanismos que operam sobre o próprio risco, transferindo-o de um contraente ao outro, ou, propriamente, ao externo do contrato[3].

Nesse sentido, a relação entre contrato e risco é ambivalente: de um lado, o contrato, consentindo à autonomia privada regular os interesses no tempo, é considerado um dos instrumentos mais consonantes à gestão dos riscos; de outro, próprio à estipulação contratual, vinculando as partes a determinado arranjo de interesses, as expõe a novos riscos, suscitados de eventos que não foram exatamente regulados e que incidem, às vezes de maneira determinante, na atuação do programa negocial ou, ao menos, nas expectativas de cada um dos contraentes[4].

Nas relações contratuais cujo cariz se distancia da simplicidade, invariavelmente há altos investimentos em jogo e relevantes expectativas quanto ao êxito da negociação, apesar, sempre, da presença de certo grau de incerteza – maior ou menor, a depender do caso – quanto à materialização das projeções. Tal semblante faz com que seja praticamente inevitável a sopesada *distribuição dos riscos* entre as partes e a sua subsequente *gestão*. Segundo Paula Forgioni[5], é indisputável que quanto maior a complexidade do contrato, maiores as cautelas que as partes tomarão quando de sua celebração, até mesmo porque valerá a pena arcar com os maiores custos para diminuir as contingências futuras.

Para tanto, o conteúdo do regulamento contratual pode ser o mais variado e ter em consideração os riscos que as partes são capazes de

[3] ALPA, Guido. Rischio contrattuale. In: AZARA, Antonio; EULA, Ernesto (Dir.). *Novissimo Digesto Italiano*: appendice, v. 6. Torino: UTET, 1986, p. 863.

[4] SALANITRO, Ugo A. Rischio contrattuale. In: D'AMICO, Giovanni (Diretto da). *Enciclopedia del diritto*: i tematici: 1: contratto. Milano: Giuffrè Francis Lefebvre, 2021, p. 1051.

[5] FORGIONI, Paula A. *Contratos empresariais*: teoria geral e aplicação. São Paulo: Revista dos Tribunais, 2015, p. 61-62.

prever e de regular[6]. Entabula-se, consoante as peculiaridades do caso concreto, a específica alocação que se revela adequada, maior ou menor para um ou outro contratante, conforme as partes foram hábeis a negociar. Não obstante a amplitude que a matéria comporta, tanto no Direito quanto na Economia, não se pretende ingressar no seu debate, porém apenas chamar a atenção para os seus desdobramentos no contexto da patologia, em que se verifica incumprimento da avença, imputável ou não ao obrigado. Fala-se aqui, com amparo na doutrina[7], de *perturbações das obrigações*, expressão que, adotada expressamente na reforma do Código Civil alemão de 2001/2002 ("Direito das Perturbações da Prestação"), é aproveitável no Direito brasileiro para sistematizar a ideia de figuras que vêm alterar o curso regular de uma prestação entre o seu nascimento e a sua extinção pelo seu fim natural, que é o adimplemento satisfatório. A noção se afigura, ainda, útil para responder à questão de saber *qual o destino da prestação* quando o curso normal para o adimplemento sofre alguma perturbação. Trata-se, assim, de terminologia funcional, que compreende também outras vicissitudes além do inadimplemento[8].

Porém, mais particularmente, entre as circunstâncias que intuitivamente se atrelam ao risco, está o inadimplemento propriamente dito[9], o qual é também ponderado pelos contratantes para se cercarem de garantias e remédios, além dos legais e dos próprios a alguns tipos contratuais, para minimizar perdas e repercussões adversas, assim como otimizar a sua solução e eventual reparação.

Contudo, tendo em consideração o quanto acima dissertado acerca da multiplicidade de prestações e contraprestações que grassa os con-

[6] Salanitro, Ugo A. Rischio contrattuale. In: D'Amico, Giovanni (Diretto da). *Enciclopedia del diritto*: i tematici: 1: contratto. Milano: Giuffrè Francis Lefebvre, 2021, p. 1051.

[7] Martins-Costa, Judith; Silva, Paula Costa e. *Crise e perturbações no cumprimento da prestação*: estudo de direito comparado luso-brasileiro. São Paulo: Quartier Latin, 2020, p. 64.

[8] Pires, Catarina Monteiro. *Contratos*: I: perturbações na execução. Coimbra: Almedina, 2019, p. 11; Terra, Aline de Miranda Valverde: Siqueira, Mariana. A impossibilidade superveniente da prestação e os remédios aplicáveis. In: Barboza, Heloisa Helena (coord.). *20 anos do Código Civil:* perspectivas presentes e futuras. Rio de Janeiro: Processo, 2022, p. 212.

[9] Sobre o tema: Paraiso, Fall. *Le risque d'inexécution de l'obligation contractuelle.* Aix-en-Provence: Presses Universitaires d'Aix-Marseille, 2011.

tratos complexos, regular os efeitos da não realização de todas conjuntamente, de uma ou de algumas particularmente, é tarefa que cada vez mais reclama desvelo. Se, antes, na conjuntura em que se examinava a obrigação de forma estática, apenas era avistada a prestação nuclear e, por conseguinte, os impactos negativos que sua inexecução operava no programa contratual, hoje, no quadro da relação obrigacional complexa, o ambiente é bem diverso. Compete aos celebrantes, na determinação de seus interesses, definir – inclusive como forma de atribuição de riscos – quais prestações [aqui, em princípio, não se refere aos deveres primários de prestação] são essenciais, dotadas de preponderância a ponto de estipular a implicação na própria manutenção ou não do vínculo contratual.

A delimitação desse perímetro tem importantes consequências, de pronto, comumente, na convenção de garantias e de cláusulas penais e, no que concerne ao presente artigo, na identificação das obrigações que, caso inadimplidas, são aptas a propiciar a resolução de pleno direito da relação contratual, se assim decidir e, à vista disso, manejar a parte lesada. Portanto, a amplitude e a função da cláusula resolutiva expressa são pontos de atenção.

2. A cláusula resolutiva expressa para além do inadimplemento absoluto

Produto da autonomia privada, a cláusula resolutiva expressa permite que o credor, diante da verificação do evento nela contemplado, opte entre resolver o contrato extrajudicialmente mediante simples notificação do devedor, desvinculando-se de relação jurídica incapaz de promover sua função econômico-individual[10], ou seguir o caminho alterativo facultado pela lei, que será, no mais das vezes, a execução da prestação pelo equi-

[10] De acordo com Ferri, a função econômico-individual concebida como causa do contrato indica o valor e o alcance que as partes deram à operação econômica globalmente considerada. Conceber a causa como função econômico-individual importa em ressaltar que, se o negócio expressa uma regra privada, a causa é o elemento que conecta a operação econômica objetiva com os sujeitos da relação, a indicar como o concreto regulamento de interesses expressa objetivamente as finalidades subjetivas (Ferri, Giovanni Battista. *Causa e tipo nella teoria del negozio giuridico*. Milano: Giuffré, 1966, p. 371-372).

valente[11], tendo em vista a corriqueira previsão do inadimplemento absoluto como suporte fático[12].

De fato, a cláusula resolutiva expressa permite que as partes já especifiquem, quando da celebração do contrato, as situações que configurarão inadimplemento absoluto, valorando, *ex ante*, a relevância de cada obrigação no concreto regulamento de interesses e estabelecendo as consequências de sua inexecução. Ao fazê-lo, reduzem-se sensivelmente as discussões futuras acerca da qualificação de eventual inexecução – se inadimplemento absoluto ou mora – bem como do desfecho dela decorrente, a conferir maior segurança jurídica à relação negocial. E, como aponta Guido Alpa, "mesmo nesses casos, o problema a resolver é um problema de distribuição dos riscos"[13].

Tal perspectiva coincide com a própria função da cláusula resolutiva expressa, que encerra mais uma ferramenta à disposição dos contratantes

[11] Sobre a execução pelo equivalente, seja consentido remeter a Terra, Aline de Miranda Valverde. Execução pelo equivalente como alternativa à resolução: repercussões sobre a responsabilidade civil. *Revista Brasileira de Direito Civil – RBDCivil*, Belo Horizonte, v. 18, out./dez. 2018, p. 49-73.

[12] Não há que se cogitar, aqui, de execução específica, ao contrário do que leitura apressada do art. 475 poderia fazer supor. Pela execução específica, o credor recebe a exata prestação contratada, satisfazendo plena e integralmente seu interesse com a obtenção da mesma utilidade, de igual resultado prático que teria obtido caso o devedor tivesse cumprido espontânea e pontualmente a prestação – excluídos, obviamente, os custos e desgaste do processo de execução. De outro lado, haja vista a definitividade da inexecução e a inutilidade da prestação para o credor – suportes fáticos do inadimplemento absoluto –, a execução específica se afigura inapropriada, já que incapaz de conferir ao credor aquilo a que se propõe: a própria prestação. Com efeito, diante de inadimplemento absoluto, outros instrumentos de tutela serão disponibilizados ao credor, que poderá optar entre resolver a relação obrigacional, com o retorno do *status quo ante* – no que for aplicável –, ou exigir o cumprimento, não *in natura*, mas pelo equivalente pecuniário da prestação, isto é, o seu valor em dinheiro, sem prejuízo, em ambas as hipóteses, da indenização pelas eventuais perdas e danos experimentados. (Sobre o tema: Terra, Aline de Miranda Valverde. Execução pelo equivalente como alternativa à resolução: repercussões sobre a responsabilidade civil. *Revista Brasileira de Direito Civil – RBDCivil*, Belo Horizonte, v. 18, out./dez. 2018, p. 51-55; Nanni, Giovanni Ettore. *Inadimplemento absoluto e resolução contratual*: requisitos e efeitos. São Paulo: Thomson Reuters Brasil, 2021, p. 401-406).

[13] Alpa, Guido. *Manuale di diritto privato*. 8. ed. Padova: CEDAM, 2013, p. 540, tradução livre.

destinada à alocação e (ou) disciplina dos efeitos dos riscos do negócio, os quais não se circunscrevem ao inadimplemento absoluto. A gestão de riscos, identificada a partir da vontade declarada pelos contraentes, impacta, decisivamente, sobre o equilíbrio econômico do ajuste. Imperativa, dessa forma, a observância da equação econômica durante todo o desenrolar da execução do contrato, em homenagem aos princípios da obrigatoriedade dos pactos e do equilíbrio contratual. Tudo isso potencializa sua vocação de instituto voltado à autotutela[14]. E mais, tendo em consideração a análise econômica do direito, Filippo Sartori[15] expõe que o instituto é concebido como mecanismo de alocação de recursos escassos.

Em suma, aos contratantes é atribuída a faculdade de avaliar, no momento genético da relação, quais resultados contratuais são considerados essenciais relativamente à economia global do contrato, pelo que podem subordinar a eficácia do pacto como um todo à realização de tais resultados[16].

A despeito do difundido emprego da cláusula resolutiva como mecanismo de gestão do inadimplemento absoluto, restringi-la à disciplina desse particular risco apequena a sua utilidade e retira dos contratantes a possibilidade, tendencialmente ilimitada, de gerir tantos outros riscos capazes de frustrar o programa contratual, em especial em razão da complexidade que os pactos empresariais assumem atualmente. Com efeito, há de se reconhecer às partes o poder de se valer da cláusula resolutiva expressa para gerir os riscos de outros eventos que, à semelhança da inexecução irremediável, comprometam o seu interesse na manutenção do vínculo. Reforça a abordagem expansiva da cláusula a sua posição topográfica no Código Civil: o art. 474 está inserido no Capítulo II do Título V, designado "Da Extinção dos Contratos", em sua Seção II, intitulada "Da Cláusula Resolutiva". Nada há, aí, a denotar suposta vinculação ontológica entre a cláusula resolutiva expressa e o inadimplemento absoluto que afastasse a inserção de outros eventos em seu suporte fático. O que se

[14] TERRA, Aline de Miranda Valverde. *Cláusula resolutiva expressa*. Belo Horizonte: Fórum, 2017, p. 53, 54, 55.

[15] SARTORI, Filippo. *Contributo allo studio della clausola risolutiva espressa*. Napoli: Edizioni Scientifiche Italiane, 2012, p. 79.

[16] DISTASO, Nicola. *I contratti in generale*. 2. ed. Torino: UTET, 1980, v. 3, p. 2162.

extrai da topografia do Código é apenas a indissociabilidade entre cláusula resolutiva expressa e extinção do contrato, que se implementa por meio da resolução.

Ademais, na esfera de relações contratuais empresariais, é pertinente frisar que a Lei de Liberdade Econômica (Lei nº 13.874/2019) reforça a livre iniciativa (arts. 1º, *caput*, e 2º, I), realça a intervenção subsidiária e excepcional do Estado sobre o exercício de atividades econômicas (art. 2º, III) e evidencia a autonomia privada (art. 3º, V), restando assentado que os negócios jurídicos empresariais paritários serão objeto de livre estipulação das partes pactuantes, de forma a aplicar todas as regras positivadas apenas de maneira subsidiária ao avençado, exceto aquelas de ordem pública (art. 3º, VIII). Em outros termos, mesmo que a cláusula resolutiva expressa já não fosse passível de intervenção jurisdicional, a não ser em hipóteses extraordinárias – como ocorre em relação a qualquer contrato simétrico – a realidade é que a Lei de Liberdade Econômica ratificou a deferência que se deve ter à autonomia privada. Nesse sentido, note-se que a referida lei incluiu o artigo 421-A no Código Civil[17], o qual traz a presunção de paridade e de simetria em contratos civis e empresariais, assegurando que as partes estabeleçam pressupostos próprios de resolução, uma vez que ferramenta típica para alocação de riscos.

O inadimplemento absoluto encerra apenas um dos possíveis suportes fáticos da resolução (art. 475, CC), que também pode ocorrer diante de onerosidade excessiva (art. 478, CC) ou de impossibilidade da prestação superveniente (arts. 234, 248, 250 do CC). No primeiro caso, o evento resolutivo é imputável ao devedor, enquanto nos dois outros, inimputável.

A cláusula resolutiva expressa consente ao contratante não inadimplente transferir ao devedor o risco de sua insatisfação. Não obstante se

[17] "Art. 421-A. Os contratos civis e empresariais presumem-se paritários e simétricos até a presença de elementos concretos que justifiquem o afastamento dessa presunção, ressalvados os regimes jurídicos previstos em leis especiais, garantido também que:
I – as partes negociantes poderão estabelecer parâmetros objetivos para a interpretação das cláusulas negociais e de seus pressupostos de revisão ou de resolução;
II – a alocação de riscos definida pelas partes deve ser respeitada e observada;
III – a revisão contratual somente ocorrerá de maneira excepcional e limitada."

afirme, usualmente, que a cláusula se destina a regular tão só o inadimplemento absoluto, não há óbice à inclusão, em seu suporte fático, de riscos diversos, desde que sua verificação conduza à disfuncionalização da relação obrigacional. Embora, em sua origem, o instituto estivesse ligado, de fato, ao inadimplemento absoluto, sua percepção histórico-relativa impõe a ampliação de seus confins, a permitir a gestão de outros riscos que, uma vez implementados, impeçam a promoção da função econômico-individual do negócio[18].

Nessa direção, considerando-se que: (i) a cláusula resolutiva expressa é fruto da autonomia privada; (ii) a cláusula resolutiva expressa faculta a resolução da relação contratual; e (iii) a resolução pressupõe a verificação de evento que comprometa a realização do programa contratual, impõe-se reconhecer às partes o poder de gerir, por meio da cláusula resolutiva expressa, quaisquer riscos que, sendo consumados, obstem a consecução do resultado útil programado.

Portanto, de antemão, os contraentes avaliam as vantagens e os sacrifícios intrínsecos ao caso concreto, averiguando os eventos que, na extensão de seus interesses, são aptos a autorizar a incidência da cláusula resolutiva expressa – mesmo que, rigorosamente, aconteça de ser, *verbi gratia*, episódio que, no âmbito de outra relação contratual, pudesse ser qualificado como mora ou outra conduta, mas que, no contexto da concreta relação negocial, se revele imprópria –, autorizando a resolução. Por isso, pactuam no contrato as hipóteses de incidência do instituto, permitindo seu acionamento na contingência de se perfazer algum dos fatos prefixados[19].

Desse modo, faculta-se às partes, valendo-se da cláusula resolutiva expressa, redistribuir os riscos de caso fortuito e força maior, ou de qualquer outro evento que incida diretamente sobre a relação, inviabilizando a atuação do programa contratual; para tanto, esses riscos, quando externos ao negócio, devem ser a ele internalizados. Ou então, podem também

[18] Terra, Aline de Miranda Valverde; Bandeira, Paula Greco. A cláusula resolutiva expressa e o contrato incompleto como instrumentos de gestão de risco nos contratos. *Revista Brasileira de Direito Civil*. Belo Horizonte. v. 6, out./dez. 2015, p. 15.

[19] Nanni, Giovanni Ettore. *Inadimplemento absoluto e resolução contratual*: requisitos e efeitos. São Paulo: Thomson Reuters Brasil, 2021, p. 482.

os contratantes manter a alocação do risco feita pelo legislador e alterar somente os efeitos de sua superveniência, a exemplo do que ocorre quando se incluem os vícios redibitórios no suporte fático da cláusula[20]. À vista do exposto, examinam-se sucintamente quatro hipóteses em que se identifica o emprego da cláusula resolutiva expressa, em cujo bojo é constatado o mecanismo de alocação de riscos entre os celebrantes: (i) inadimplemento absoluto; (ii) caso fortuito e força maior alocado a uma das partes; (iii) vícios redibitórios; e (iv) outros eventos e condutas definidos pelas partes que comprometem o interesse na manutenção da relação contratual.

2.1. Inadimplemento absoluto

O direito brasileiro distingue o inadimplemento em absoluto e relativo. No primeiro caso, ocorre o descumprimento definitivo e a inutilidade da prestação para o credor; no segundo, a despeito da inobservância do tempo, modo ou forma da prestação, o devedor ainda pode cumpri-la utilmente em favor do credor.

A obrigatoriedade dos contratos impõe às partes adimplir as suas obrigações, cumprindo o programa contratual por elas mesmas projetado. O desfecho natural e esperado é, pois, a extinção do contrato pelo exaurimento dos seus efeitos com o adimplemento das prestações, pela satisfação das partes com a obtenção do resultado útil programado. A interrupção abrupta desse fluxo natural só se justifica diante de patologia incurável, de obstáculo irremediável à satisfação do interesse concreto e objetivo de uma das partes. E a cláusula resolutiva expressa deve seguir na mesma direção, contemplando inexecuções de obrigações que se qualifiquem, no âmbito da específica relação contratual, como inadimplemento absoluto, em teoria não já como mora.

Nesse cenário, a elaboração da cláusula resolutiva expressa pressupõe a avaliação livre e consciente das partes sobre a relevância das obrigações assumidas no contexto do escopo econômico do contrato. A obrigação passível de constar do suporte fático da cláusula resolutiva expressa é, pois, aquela que, no entender das partes, considerando os seus concre-

[20] Terra, Aline de Miranda Valverde. *Cláusula resolutiva expressa*. Belo Horizonte: Fórum, 2017, p. 54.

tos e objetivos interesses, afigura-se imprescindível para a realização da função econômico-individual do negócio. Os contratantes, de comum acordo, reconhecem que a sua inexecução fere, irremediavelmente, o interesse do credor na prestação[21].

Apesar de a avaliação a respeito da relevância da obrigação caber prioritariamente às partes, que são as conhecedoras qualificadas dos termos em que a prestação deve ser adimplida para que seja capaz de satisfazer aos seus interesses, ela não pode ser arbitrária. Se a resolução é remédio extremo, a cláusula resolutiva expressa não pode ser colocada a serviço de caprichos de um dos contratantes.

A redação da cláusula deve observar o "requisito de especificidade"[22], entendido como a exigência de menção expressa à(s) obrigação(ões) cujo inadimplemento poderá ensejar a resolução da relação obrigacional. A cláusula resolutiva expressa deve indicar pontualmente a(s) obrigação(ões) cujo descumprimento autorizará sua atuação, a refletir de maneira inequívoca os riscos objeto de gestão.

Nesse sentido, não basta à pactuação da cláusula resolutiva expressa disposição consoante a qual "o contrato poderá ser resolvido por inadimplemento"; "o contrato poderá ser resolvido por inadimplemento de qualquer obrigação legal ou contratual"; "em caso de descumprimento de qualquer obrigação contratual, a parte não inadimplente poderá resolver o contrato". Cláusulas genéricas e imprecisas, que não observem o requisito da especificidade, equivalem, de regra, à mera cláusula de estilo, sem valor resolutório[23]. Por isso, ela deve se referir a uma ou mais obrigações

[21] Por outro lado, reconhece-se também aos contratantes a possibilidade de estabelecer que o inadimplemento de uma determinada obrigação, normalmente considerada essencial para a produção do resultado útil programado, não ensejará a resolução da relação obrigacional. Admitindo a possibilidade no direito italiano, ROSSETTI, Marco. *La risoluzione per inadempimento*. Milano: Giuffrè, 2012, p. 97.

[22] ROPPO, Vincenzo. *Il contratto*. 2.ed. Milano: Giuffrè, 2011, p. 905, tradução livre.

[23] BESSONE, Darcy. *Do contrato*. Rio de Janeiro: Forense, 1960, p. 325. No mesmo sentido: TERRA, Aline de Miranda Valverde. *Cláusula resolutiva expressa*. Belo Horizonte: Fórum, 2017, p. 81-82; NANNI, Giovanni Ettore. *Inadimplemento absoluto e resolução contratual*: requisitos e efeitos. São Paulo: Thomson Reuters Brasil, 2021, p. 484-486; BIAZI, João Pedro de Oliveira de. A cláusula resolutiva "de estilo". *Revista Brasileira de Direito Contratual*. Porto Alegre: Lex Magister, v. 2, n. 7, abr./jun. 2021, p. 94; TRIMARCHI, Pietro. *Il contratto*:

exatamente individuais. É precisamente tal individualização que constitui o *conteúdo específico* da cláusula[24].

Justifica-se que essa limitação à liberdade contratual das partes radica na própria razão de ser e função da cláusula resolutiva. Se as partes valoram, elas mesmas, no momento em que estipulam a cláusula, as obrigações e modalidades de incumprimento que conferem o direito de resolução, impõe-se que o façam conscientemente, com pleno conhecimento de causa, o que só acontece se especificarem e determinarem as obrigações e as modalidades de inexecução[25].

Excepcionalmente, contudo, interpretação sistemática do contrato, que coteje a cláusula resolutiva genérica com cláusulas que permitam identificar precisamente as obrigações essenciais, poderá autorizar a resolução de pleno direito da relação obrigacional, sobretudo no âmbito de relação entre partes sofisticadas. Considerando-se que não há fórmula predeterminada para a redação da cláusula, imprescindível, ao menos, que haja a clara manifestação de vontade das partes no sentido de conferir ao credor o direito potestativo de resolver a relação diante do inadimplemento de obrigação essencial, e que reste evidente quais obrigações, no âmbito do concreto contrato, se qualificam como essenciais para a realização do programa negocial.

2.2. Caso fortuito ou força maior alocado a uma das partes

A impossibilidade superveniente e inimputável da prestação é aquela provocada por caso fortuito ou força maior[26], caracterizada, funda-

inadempimento e rimedi. Milano: Giuffrè, 2010, p. 69; Mosco, Luigi. *La risoluzione del contratto per inadempimento*. Napoli: Jovene, 1950, p. 198-199; Oliveira, Ana Perestrelo de; Oliveira, Madalena Perestrelo de. *Incumprimento resolutório*: uma introdução. Coimbra: Almedina, 2019, p. 114-115; Machado, João Baptista. Pressupostos da resolução por incumprimento. In: ______. *Obra dispersa*. Braga: Scientia Ivridica, 1991, v. 1, p. 187.

[24] Colagrosso, Enrico. *Teoria generale delle obbligazioni e dei contratti*. 3. ed. Roma: Casa Editrice Stamperia Nazionale, 1948, p. 404.

[25] Silva, João Calvão da. *Cumprimento e sanção pecuniária compulsória*. 4. ed. Coimbra: Almedina, 2002, p. 322; Baptista, Daniela. Da cláusula resolutiva expressa. In: Gonçalves, Luís Couto; Brito, Wladimir; Monte, Mário Ferreira; Morais, Fernando de Gravato; Calheiros, Clara; Dias, Cristina Araújo (Coord.). *Estudos em homenagem ao professor doutor Heinrich Ewald Hörster*. Coimbra: Almedina, 2012, p. 201.

[26] Utilizam-se as expressões como sinônimas, na esteira do entendimento predominante

mentalmente, como se depreende do parágrafo único, do artigo 393 do Código Civil, pela *inevitabilidade* e *necessariedade* do acontecimento, não já por uma suposta imprevisibilidade.

A classificação da superveniência como caso fortuito é feita em concreto, e requer análise dos elementos exteriores ao obrigado e das peculiaridades de sua atividade econômica, tomando como parâmetro a possível conduta de outros indivíduos em condições objetivas análogas[27]. Tudo depende, então, das específicas circunstâncias de fato em que se verifica o evento: um raio que atinge uma moradia particular é um acontecimento inevitável; entretanto, já não se caracterizará como fortuito o raio que atinge um grande estabelecimento, "que a mais elementar prudência aconselhasse prover de para-raios"[28].

A ocorrência de um fortuito não faz surgir para o credor o direito potestativo de resolver a relação obrigacional: a lei incide diretamente sobre o fato, resolvendo a relação obrigacional automaticamente[29], independentemente de notificação do devedor, liberando ambas as partes dos deveres prestacionais[30].

A despeito das regras oferecidas pela teoria legal de alocação do risco, podem as partes gerir os acontecimentos inevitáveis e necessários por meio de uma "cláusula de caso fortuito", predeterminando, por exemplo,

na doutrina nacional. Sobre a identidade dos conceitos, confira-se FONSECA, Arnoldo Medeiros da. *Caso fortuito e teoria da imprevisão.* 3.ed. Rio de Janeiro: Forense, 1958, p. 129 et seq.

[27] FONSECA, Arnoldo Medeiros da. *Caso fortuito e teoria da imprevisão.* 3.ed. Rio de Janeiro: Forense, 1958, p.149. A esse respeito, Agostinho Alvim destaca que "a necessariedade do fato há de ser estudada em função da impossibilidade de cumprimento da obrigação, e não abstratamente" (ALVIM, Agostinho. *Da inexecução das obrigações e suas conseqüências.* 5. ed. São Paulo: Saraiva, 1980, p. 326).

[28] FONSECA, Arnoldo Medeiros da. *Caso fortuito e teoria da imprevisão.* 3.ed. Rio de Janeiro: Forense, 1958, p. 151.

[29] MARTINS-COSTA, Judith. *Comentários ao novo Código Civil*: do inadimplemento das obrigações. Rio de Janeiro: Forense, 2004, v. 5, t. 2, p. 271.

[30] Como lembra Ruy Rosado de Aguiar Júnior, "apesar da impossibilidade superveniente sem culpa do devedor determinar extinção imediata da relação, nem por isso o devedor fica desde logo liberado de todos os seus deveres. Se for o caso, deve notificar o credor da existência da própria impossibilidade" (AGUIAR JÚNIOR, Ruy Rosado. *Extinção dos contratos por incumprimento do devedor*: resolução. 2. ed. Rio de Janeiro: Aide, 2003, p. 103).

quais desses eventos consideram capazes de impossibilitar a execução da prestação. Em verdade, torna-se cada vez mais frequente encontrar semelhante previsão, sobretudo em contratos dotados de maior complexidade, em esforço voltado a reduzir as chances de discussões futuras a respeito da qualificação do evento superveniente e seu impacto sobre a prestação[31].

A gestão do fortuito permite às partes, ainda, disciplinar os efeitos da impossibilidade parcial e da impossibilidade temporária da prestação. Diz-se parcial a impossibilidade que compromete apenas uma certa parcela da prestação, e temporária aquela que está limitada no tempo, sendo fadada a desaparecer. No plano dos efeitos, na impossibilidade parcial, mantem-se a relação obrigacional, posto reduzida, enquanto na temporária, suspende-se a exigibilidade da prestação, que fica postergada para o momento em que a execução se tornar possível novamente. Apenas a impossibilidade total e definitiva resolve a obrigação.

No entanto, pode acontecer de a impossibilidade parcial acabar por comprometer o interesse do credor na prestação: apenas a prestação em sua inteireza promove o resultado útil programado. Da mesma forma, ainda que a impossibilidade esteja limitada no tempo, pode ser que o credor não possa aguardar a sua cessação porque o retardamento na execução da prestação a tornará inútil. Em ambos os casos, a fim de evitar discussões acerca da qualificação da impossibilidade e dos efeitos dela decorrentes, as partes podem ajustar contratualmente em que situações a impossibilidade da prestação estruturalmente parcial ou temporária deverá ser qualificada como funcionalmente total e definitiva, a autorizar a resolução do contrato.

Especialmente relevante se afigura a disciplina do fortuito quando ele atinge não a prestação-objeto, mas sim a prestação-utilidade. Nesses casos, embora a execução da prestação pelo devedor se afigure plenamente possível, ela será estéril, pois a utilidade que dela se buscava originalmente extrair já não pode mais ser alcançada. É o que ocorre quando o

[31] TERRA, Aline de Miranda Valverde. *Cláusula resolutiva expressa*. Belo Horizonte: Fórum, 2017, p. 88. Ver também: ALMEIDA, Carlos Ferreira de. *Contratos IV*: funções, circunstâncias, interpretação. Coimbra: Almedina, 2014, p. 218; ANTUNES, José A. Engrácia. *Direito dos contratos comerciais*. Coimbra: Almedina, 2014, p. 311-313.

barco encalhado é desencalhado por forte onda antes de o reboque contratado executar o serviço (impossibilidade por perda de sentido prático da prestação); o paciente morre antes da cirurgia (impossibilidade por desaparecimento do fim); ou, no clássico caso amplamente conhecido, o rei Eduardo VII é acometido por apendicite e o desfile da coroação é suspenso após a locação de imóveis localizados na rua em que passaria o cortejo (impossibilidade por frustração do fim). Referidas hipóteses não encontram solução expressa no Código Civil, que se manteve, salvo algumas exceções, fiel à concepção estrutural de relação obrigacional adotada pelo legislador de 1916.

Ao que parece, embora se reconheça, em larga medida, a possibilidade de resolução do contrato nesses casos[32], há viva controvérsia acerca de quem deverá arcar com eventuais gastos já incorridos pelo devedor para a execução da prestação antes de configurada a sua inutilidade. Diante da ausência de norma expressa e das consequentes incertezas suscitadas

[32] "Nessa esteira, a impossibilidade da prestação deve ser compreendida como fenômeno abrangente, apto a contemplar não apenas a impossibilidade da prestação-objeto, mas também a impossibilidade da prestação-utilidade. Aliás, é precisamente por isso que o inadimplemento absoluto resta configurado não apenas quando a prestação se torna impossível, mas também quando se torna impossível satisfazer o interesse útil, concreto e objetivo, por fato imputável ao devedor. De fato, se no inadimplemento absoluto o credor fica *impedido* de buscar a execução específica porque ela não é mais factível diante da impossibilidade da prestação-objeto, ou fica *dispensado* de buscá-la simplesmente porque a prestação se lhe tornou inútil, raciocínio semelhante deve ser aplicado no âmbito da teoria das impossibilidades: o credor fica *impedido* de pleitear a execução específica porque ela já não se afigura mesmo viável diante da impossibilidade da prestação-objeto, ou então o credor fica *dispensado* de persegui-la diante da impossibilidade de se realizar a prestação-utilidade, voltada ao atingimento do *fim do contrato*. Assim, conquanto possível a execução da prestação-objeto, tornando-se impossível a prestação-utilidade por evento superveniente, resolve-se igualmente a relação obrigacional" (TERRA, Aline de Miranda Valverde; SIQUEIRA, Mariana Ribeiro. A impossibilidade superveniente da prestação e os remédios aplicáveis. In. BARBOZA, Heloisa Helena. *20 anos do Código Civil:* perspectivas presentes e futuras. Rio de Janeiro: Processo, 2022, p. 221-222). Em sentido semelhante: MARTINS-COSTA, Judith; SILVA, Paula Costa e. *Crise e perturbação da prestação: estudo de direito comparado luso-brasileiro*. São Paulo: Quartier Latin, 2020, p. 168-169. A favor da resolução, mas por fundamentos diversos: COGO, Rodrigo Barreto. *A frustração do fim do contrato*. Rio de Janeiro: Renocar, 2012; e MARINHO, Maria Proença. *Frustração do fim do contrato*. Editora Foco: Indaiatuba, 2020.

pelo tema, torna-se ainda mais recomendável a gestão de semelhantes riscos pelas partes, que devem indicar precisamente os fortuitos capazes de impossibilitar a prestação-utilidade bem como os efeitos daí decorrentes.

Admite-se, outrossim, que, por meio da cláusula de caso fortuito, uma das partes assuma o risco da impossibilidade (da prestação-objeto ou mesmo da prestação-utilidade, da impossibilidade estrutural ou funcionalmente definitiva e total) causada por evento irresistível e inevitável. O próprio Código Civil permite, no *caput* do artigo 393, que os contratantes convencionem o deslocamento do risco do fortuito em favor do credor, fazendo com que persista a responsabilidade do devedor mesmo se a inexecução decorrer de evento inevitável, para o qual este não tenha concorrido. Homenageia-se a autonomia privada, reconhecendo-se que a solução adotada como regra pela lei pode não se coadunar com os interesses concretos envolvidos no negócio.

Por se tratar de exceção, a assunção do risco deve ser expressa[33]. Daí a ressalva de Agostinho Alvim, para quem, na dúvida se houve ou não a assunção do risco, "resolve-se em sentido negativo; se se questiona acerca da sua extensão, corta-se a dúvida a favor do devedor"[34]. Imprescindível, ainda, a indicação, um por um, de todos os fatos inevitáveis pelos quais o contratante assume a responsabilidade[35].

Comprometendo-se o devedor a prestar mesmo que sobrevenha o risco assumido, a impossibilidade decorrente do evento indicado na cláusula de caso fortuito não o exonera da obrigação, mas configura, em vez disso, ina-

[33] Não se admite a assunção tácita do risco relativo à superveniência de caso fortuito e força maior, conforme destaca Fonseca, Arnoldo Medeiros da. *Caso fortuito e teoria da imprevisão*. 3.ed. Rio de Janeiro: Forense, 1958, p. 180, nota de rodapé n.º 8.

[34] Alvim, Agostinho. *Da inexecução das obrigações e suas conseqüências*. 5. ed. São Paulo: Saraiva, 1980, p. 335.

[35] Agostinho Alvim observa que "para que se entenda assumido o risco do caso fortuito extraordinário, é necessário referência expressa" (Alvim, Agostinho *Da inexecução das obrigações e suas conseqüências*. 5. ed. São Paulo: Saraiva, 1980, p. 335.). Em sentido contrário, Arnoldo Medeiros da Fonseca não exige a indicação de cada um dos riscos assumidos pelo contratante: "Só os riscos decorrentes de casos fortuitos que *foram ou podiam ser previstos* na data da obrigação consideram-se assumidos pelo devedor, no caso de dúvida, pois as exceções devem ser interpretadas restritivamente" (Fonseca, Arnoldo Medeiros da. *Caso fortuito e teoria da imprevisão*. 3.ed. Rio de Janeiro: Forense, 1958, p. 181, grifos no original).

dimplemento absoluto. A alocação a uma das partes do fortuito transforma um risco econômico extraordinário em um risco de inadimplemento no âmbito do concreto regulamento de interesses. O inadimplemento, nesse caso, não decorre de inexecução culposa, mas da assunção contratual do risco: embora o caso fortuito exclua o nexo de causalidade entre a conduta do devedor e a inexecução da prestação, a assunção expressa do risco estabelece um nexo de imputação entre o evento inevitável e o devedor, a atribuir-lhe a responsabilidade pela inexecução[36].

De todo modo, o que releva neste momento são os efeitos do deslocamento convencional dos riscos: enquanto, pela teorialegal de alocação do risco, a impossibilidade da prestação causada por caso fortuito resolve automaticamente o contrato e afasta qualquer responsabilidade do devedor pelos prejuízos sofridos pelo credor, havendo assunção expressa do risco, sua concretização conduz ao inadimplemento absoluto, e abre para o credor a possibilidade de optar entre resolver a relação obrigacional, ou manter o contrato e exigir o equivalente pecuniário, sem prejuízo, em ambos os casos, das perdas e danos[37].

Nesse cenário, a cláusula resolutiva expressa participa decisivamente da gestão do risco do caso fortuito, disciplinando os efeitos dele decorrentes: apenas mediante sua aposição, o contrato poderá ser resolvido, não de forma automática, mas mediante declaração do credor[38]. Indispensável, para tanto, a concomitância da assunção do risco e da atribuição, ao credor, do direito potestativo de resolver de pleno direito o liame contratual. Essas duas declarações podem mesmo constar da cláusula resolutiva; impreterível, contudo, que constem, de fato, expressas no contrato.

[36] TERRA, Aline de Miranda Valverde. *Cláusula resolutiva expressa*. Belo Horizonte: Fórum, 2017, p. 89.

[37] TERRA, Aline de Miranda Valverde. *Cláusula resolutiva expressa*. Belo Horizonte: Fórum, 2017, p. 89.

[38] Aurora Martínez Flórez admite a possibilidade no âmbito do ordenamento jurídico espanhol: *"Desde nuestro punto de vista, sin embargo, y sin perjuicio de que las consecuencias sean distintas en una y otra hipótesis, no existe obstáculo en nuestro ordenamiento para que por la vía de la cláusula resolutoria las partes estén distribuyendo o transmitiendo el riesgo a la medida de sus intereses"* (FLÓREZ, Aurora Martínez. *Las cláusulas resolutorias por incumplimiento y la quiebra*. Madrid: Civitas, 1999, p. 23, nota de rodapé n.º 9).

2.3. Vícios redibitórios

Vício redibitório é o defeito oculto que torna a coisa imprópria ao uso a que se destina ou que lhe diminui o valor de tal modo que, se o credor soubesse da sua existência, não realizaria o negócio pelo mesmo preço (art. 441, CC). Tais defeitos são designados *redibitórios* justamente porque, quando descobertos, conferem ao credor a possibilidade de redibir a coisa, resolvendo a relação obrigacional, a tornar ineficaz o negócio com a restituição da coisa defeituosa ao antigo dono[39]. Para tanto, deverá o adquirente recorrer ao Poder Judiciário, ajuizando a ação redibitória, cujo efeito é exatamente aquele da ação de resolução: a extinção do vínculo obrigacional[40].

A disciplina dos vícios redibitórios se fundamenta, conforme destaca Caio Mário da Silva Pereira, no "*princípio da garantia* sem a intromissão de fatores exógenos, de ordem psicológica ou moral"[41], e se insere no âmbito da teoria legal do risco[42]. Tal garantia visa assegurar a posse útil da coisa ao credor e, por ser consequência da própria natureza jurídica do contrato comutativo, que pressupõe relativa equivalência entre as prestações, independe da culpa ou má-fé do alienante[43] – a relevância do conhecimento, ou não, do vício oculto pelo alienante se restringe à imposição, ou não, do dever de indenizar.

Assim como o inadimplemento absoluto, o vício redibitório retira a utilidade do bem para o adquirente, havendo uma espécie de incumpri-

[39] É o que também observa Arnoldo Wald: "A própria etimologia do adjetivo 'redibitório' explica a finalidade do instituto, que assegura a devolução do objeto ao seu titular anterior" (WALD, Arnoldo. *Direito civil*: direito das obrigações e teoria geral dos contratos. 18. ed. São Paulo: Saraiva, 2009, v. 2, p. 321).

[40] "Os vícios redibitórios são inerentes à coisa vendida; são chamados redibitórios porque podem dar lugar à resolução do contrato" (CARVALHO SANTOS, João Manoel de. *Código Civil brasileiro interpretado*. 6. ed. Rio de Janeiro: Freitas Bastos, 1958, v. 15, p. 335).

[41] PEREIRA, Caio Mário da Silva. *Instituições de direito civil*. 19.ed. rev. e atual. Rio de Janeiro: Forense, 2015, v. 3, p. 107.

[42] Para Orlando Gomes, trata-se de garantia de natureza especial, pelo que não se aplicam as regras da teoria geral dos riscos (GOMES, Orlando. *Contratos*. 23. ed. Rio de Janeiro: Forense, 2001, p. 95).

[43] BEVILAQUA, Clovis. *Código Civil dos Estados Unidos do Brasil comentado*. 11.ed. São Paulo: Livraria Francisco Alves, 1958, v. 4, p. 215.

mento do devedor[44] e frustração do escopo econômico perseguido. Não é, por outra razão, que, nas duas situações, o ordenamento jurídico oferece ao credor instrumentos de tutela que, embora diversos, produzem igual resultado: a extinção da relação obrigacional.

O artigo 1.102 do Código Civil de 1916[45] autorizava o alienante eximir-se da responsabilidade por cláusula expressa, se não conhecia os vícios, assim como o adquirente podia assumir o risco do vício oculto[46]. Atualmente, ao disciplinar a evicção, o artigo 448 do Código Civil é expresso ao conferir às partes a possibilidade de reforçar, diminuir ou excluir a garantia legal. O fato de não haver dispositivo semelhante na seção atinente aos vícios ocultos não autoriza concluir pela natureza cogente das normas nela constantes. Isso porque o artigo 460 do Código Civil permite que o adquirente assuma até mesmo o risco de o objeto da prestação não existir ao tempo da celebração do contrato. Se o outorgado pode arcar com risco dessa extensão, certamente pode correr por sua conta o perigo de a coisa se tornar imprópria ao uso ou ser desvalorizada em razão da existência de defeitos ocultos. Nada impede, ainda, que as partes decidam reforçar a tutela legal, ao pactuar, por exemplo, que o outorgante garantirá o outorgado contra quaisquer vícios ocultos, mesmo que não tornem o objeto da prestação impróprio ao uso, nem lhe acarretem diminuição do valor[47].

Nesse cenário, mostra-se igualmente possível que os contratantes, valendo-se da alocação de riscos previamente determinada pelo legislador, pactuem, de antemão, na cláusula resolutiva expressa, quais os tipos de vícios ocultos que comprometem irremediavelmente a utilidade da prestação para

[44] É o que também reconhece, no direito argentino, Wayar, Ernesto C. *Evicción y vicios redhibitorios*. Buenos Aires: Astrea, 2001, v. 3, p. 59-60.

[45] "Art. 1.102. Salvo clausula expressa no contrato, a ignorância de tais vícios pelo alienante não o exime à responsabilidade (art. 1.103)".

[46] Bevilaqua, Clovis. *Código Civil dos Estados Unidos do Brasil commentado*. 8. ed. Rio de Janeiro: Francisco Alves, 1950, v. 4, p. 266.

[47] Zanetti, Cristiano de Sousa. In: Nanni, Giovanni Ettore (Coord.). *Comentários ao Código Civil*: direito privado contemporâneo. São Paulo: Saraiva Educação, 2019, p. 731. No mesmo sentido: Roisin, Christopher Alexander. *Vícios redibitórios*. São Paulo: YK Editora, 2018, p. 85; Gorla, Gino. Azione redibitoria. *Enciclopedia del Diritto*. Milano: Giuffrè, 1959, v. 4, p. 882.

o credor, a dispensar o ajuizamento da ação redibitória para a resolução do negócio[48].

A exigência de que a redibição se processe judicialmente decorre da necessidade de o juiz verificar se a alegação de perda de utilidade da prestação é, de fato, procedente. Dessa forma, para que seja extrajudicial a resolução, é imprescindível que os contratantes indiquem, *ex ante* e de comum acordo, em que circunstâncias a prestação não terá mais a utilidade necessária à promoção da função econômico-individual do contrato[49], não bastando a simples referência a vícios redibitórios na cláusula resolutiva. Do contrário, considerar-se-á a previsão contratual mera cláusula de estilo, remetendo o credor à via judicial.

2.4. Outros eventos e condutas definidos pelas partes que comprometem o interesse na manutenção da relação contratual

A resolução convencional assenta na liberdade contatual, podendo apresentar-se com distintos conteúdos, sendo também os respectivos pressupostos livremente conformáveis pela vontade das partes. Em suma, as cláusulas de resolução baseiam-se no princípio da autonomia privada, tanto quanto à inclusão da cláusula como à determinação do respectivo conteúdo, razão pela qual as partes poderão estabelecer diferentes acordos de resolução, com pressupostos e efeitos diversos[50].

Os contraentes, eles próprios, valorando seus interesses na avença, têm a aptidão de, por ocasião de sua celebração, predeterminar quais *eventos* ou *condutas*, se concretizados, serão considerados disruptivos do programa contratual. São fixados *fatos* que, em teoria, não fosse a cláusula resolutiva, não autorizariam a extinção da relação contratual, já que não se enquadram perfeitamente na definição de inadimplemento absoluto ou não preenchem todos os seus requisitos, mas consolidam lícitas

[48] Terra, Aline de Miranda Valverde. *Cláusula resolutiva expressa*. Belo Horizonte: Fórum, 2017, p. 95.

[49] Não é necessário, portanto, que a prestação já não tenha qualquer utilidade em abstrato, mas apenas que o defeito lhe retire a idoneidade de promover o concreto escopo econômico do contrato. Nesse sentido, confira-se Garofalo, Luigi. Garanzia per vizi e azione redibitória nell'ordinamento italiano. *Rivista di Diritto Civille*, Padova, v. 47, jan./fev. 2001, p. 249.

[50] Martinez, Pedro Romano. *Da cessação do contrato*. 2. ed. Coimbra: Almedina, 2006, p. 81-82.

convenções de distribuição e gestão do risco, por intermédio do instituto em estudo. Reputam as partes que tais circunstâncias são, a seu juízo, suficientemente relevantes a ponto de comprometer a viabilidade de manutenção do vínculo, de tal sorte que buscam obter certeza e segurança quanto ao expediente de regular especificamente no contrato os casos resolutórios.

Em tal conjuntura, a prática negocial costuma apresentar, em especial naquelas complexas, amplo rol, cujos episódios muitas vezes não consubstanciam inadimplemento absoluto nem mora, mas outros institutos jurídicos, eventualmente nem sequer imputáveis às partes, que elas preveem na cláusula resolutiva como fato típico para, caso consumado, acionar o expediente resolutório. Além do mais, há ocasionalmente previsões de eventos distintos para cada contratante, ou, ainda, de termo considerado essencial, fatal[51].

Segundo Carlos Ferreira de Almeida[52], são previstas cláusulas sobre o âmbito do descumprimento, em cujo grupo se integram disposições que contêm o elenco, exaustivo ou exemplificativo, de fatos considerados como inadimplemento ou a ele equiparados (*events of default*, como se diz na linguagem financeira), designadamente para o efeito de conferir a uma das partes ou a ambas o direito de resolução (convencional) da relação contratual. Nesse elenco podem figurar indicações específicas sobre os desvios das circunstâncias de cumprimento (de tempo, de lugar, de fim) que são avaliados como inexecução.

São especificadas obrigações do contrato que, se descumpridas, ensejam a aplicação da cláusula resolutiva, sendo que, algumas ou muitas delas, a depender da concretude, não consistem em prestações primárias da avença, mas secundárias ou, ainda, autônomas, ou que digam respeito a práticas ou conduta do contratante e vice-versa, mas que, nem por isso, são de menor relevância naquele contexto sinalagmático. Isso porque a ocorrência de qualquer uma das hipóteses de incidência confere a resolubilidade.

[51] NANNI, Giovanni Ettore. *Inadimplemento absoluto e resolução contratual*: requisitos e efeitos. São Paulo: Thomson Reuters Brasil, 2021, p. 487.

[52] ALMEIDA, Carlos Ferreira de. *Contratos IV*: funções, circunstâncias, interpretação. Coimbra: Almedina, 2014, p. 218.

À guisa de ilustração, é possível verificar, a partir do exame randômico de contratos empresariais, alguns eventos previstos pelos contratantes em cláusulas resolutivas (cuja enumeração não significa qualquer juízo de valor quanto às respectivas hipóteses): *a)* pedido e/ou decretação de recuperação judicial e/ou falência da parte; *b)* qualquer evento que revele o comprometimento da solvabilidade ou a incapacidade financeira para cumprir as obrigações decorrentes do contrato; *c)* não apresentação, não contratação, não renovação ou perda de garantias e seguros devidos; *d)* atraso injustificado ou paralisação da execução do contrato superior a *x* dias; *e)* descumprimento de obrigação assumida por prazo superior a *x* dias, após o recebimento de notificação; *f)* não pagamento de valor devido em razão do contrato, desde que não sanado o descumprimento no prazo de *x* dias, a contar do recebimento de notificação; *g)* perda de licenças, concessões ou autorizações necessárias à execução do contrato; *h)* cessão parcial ou total a terceiros dos direitos e obrigações do contrato, sem a prévia autorização da contraparte; *i)* subcontratação, no todo ou em parte, do escopo do contrato, sem a prévia autorização da contraparte; *j)* mudança de controle societário da parte, sem a prévia anuência da outra, exceto para o caso de empresas do mesmo grupo econômico; *k)* não cumprimento de metas estabelecidas no contrato; *l)* emprego de mão-de-obra ilegal, em desrespeito à legislação vigente; *m)* não pagamento dos empregados utilizados na execução do contrato ou não recolhimento nas épocas próprias dos encargos trabalhistas, previdenciários ou fiscais; *n)* não cumprimento das regras de segurança e de medicina do trabalho; *o)* inadimplemento ocasionado por caso fortuito ou força maior, que impeça a continuidade da execução do contrato ou gere sua paralisação por período superior a *x* dias; *p)* decisão judicial ou administrativa proferida pelo Poder Público que interrompa a execução do contrato por prazo superior a *x* dias; *q)* prática de atos de corrupção ou consumação de condutas criminais[53].

Além de prestações positivas e negativas, comumente atreladas à execução do objeto do contrato, é cada vez mais frequente a inserção de disposições ligadas exclusivamente à *conduta* do contraente, às vezes de

[53] Nanni, Giovanni Ettore. *Inadimplemento absoluto e resolução contratual*: requisitos e efeitos. São Paulo: Thomson Reuters Brasil, 2021, p. 487.

seus sócios ou acionistas, se pessoa jurídica, cujo comportamento contrário à previsão implica a incidência da cláusula resolutiva, independentemente da adimplência do escopo principal da avença. Também atuais são as disposições, em contratos de prestação de serviços, publicitários e de patrocínio de atletas, artistas e personagens públicos, de executivos em grandes companhias, conhecidas na prática anglo-saxã como *moral clauses* ou *morality clause*, entre outras intitulações, a exemplo daquelas que estabelecem expressamente a obrigação de não violar princípios éticos e códigos de conduta, não praticar atos de corrupção nem outros tipos criminais, não realizar ações discriminatórias, não se envolver em questões de assédio sexual e de pedofilia, não fazer uso de drogas nem abusar do consumo de produtos alcoólicos, não utilizar substâncias que incrementem o desempenho (*doping*) etc[54].

Outrossim, merece particular atenção o acrônimo ESG (*environmental, social and governance*), no Brasil ASG (ambiental, social e governança), que espelha as boas práticas da empresa em questões ligadas ao meio ambiente, ao social e à governança corporativa, cuja definição não é objeto do presente artigo. De todo modo, o tema é alvo presente de preocupação. Cada vez mais se quer contratar não só com quem pratica o melhor preço ou gera mais lucro, mas também com quem implementa ações de acordo com os parâmetros ESG[55]. Ter e manter a linha de atuação ESG permite inclusive a atribuição de índices específicos. E, mais particularmente ao que interessa ao texto em tela, materializar conduta incompatível com a pauta ESG, se assim previsto na cláusula resolutiva, igualmente autoriza a resolução da relação contratual.

[54] Nanni, Giovanni Ettore. *Inadimplemento absoluto e resolução contratual*: requisitos e efeitos. São Paulo: Thomson Reuters Brasil, 2021, p. 488.

[55] Os fatores de sustentabilidade ESG ganham importância crescente na sociedade contemporânea, e passam a ser considerados por todos os agentes do mercado, inclusive investidores, a suscitar a criação de produtos diversos, a exemplo das *green bonds*. Trata-se de "valores mobiliários com um resultado fixo, com as quais se pretende angariar capital para financiamento de um ou mais projetos (futuros ou já existentes) com específicos benefícios ambientais. Pense-se, por exemplo, na hipótese em que A emite determinadas obrigações com o objetivo de financiar um projeto de energia renovável ou de transporte coletivo de baixo carbono" (Barbosa, Mafalda Miranda. *Green Bonds:* riscos e responsabilidade. *Revista de Direito da Responsabilidade*. a.1, 2019, p. 838).

É cabível ainda mencionar a paulatina implementação de cláusulas contratuais ligadas à proteção de dados pessoais, anticorrupção e antidiscriminação, tanto como obrigações dos contraentes quanto como fator apto a acionar o remédio resolutório.

Percebe-se a amplitude que a tipologia citada apresenta. Em princípio, muitos são os *eventos* e as *condutas* que não dizem respeito ao núcleo do negócio em si, isto é, não corporificam *prestações primárias*. De todo modo, partindo da presunção de que se trata de contrato paritário e simétrico (art. 421-A, *caput*, CC), não se verificando relação de consumo nem de adesão, infere-se que os celebrantes tiveram a ocasião de, na sua circunferência de vantagens e sacrifícios, ponderar quais deles, se infringidos e/ou consumados, seriam suficientemente relevantes para tornar inviável a continuidade do pacto, dado que comprometem categoricamente o programa entabulado, o risco assumido, a crença depositada na contraparte, aniquilando o interesse creditório.

Nessa direção, constata-se que, conquanto tais eventos, na maior parte, não se conectem à inexecução definitiva da prestação principal do contrato, não é só o *risco de inadimplemento* ou corolários ligados à solvabilidade do devedor, manutenção do negócio em si, cumprimento da legislação etc., que os contraentes almejam tratar e distribuir convencionalmente, mas também outras vertentes, já que o *risco* é amplificado a questões reputacionais, de credibilidade, de postura, de imagem e de bom nome no mercado econômico.

Note-se que em tempos de plena consolidação da conformidade com o ESG, ele representa mais do que boas práticas, realização de uma cultura ou simples selo de qualidade, mas se consolida como modelo de gestão de risco e vetor importante na tomada de decisões negociais. A partir disso, em escala crescente, um dos fatores que leva a parte a contratar – ou não – com aquela contraparte, seja o acordo de investimento de capital em determinada empresa ou fundo de investimento, seja a prestação de um serviço, seja algum empreendimento comum ou *joint venture*, ou, ainda, qualquer outro ajuste empresarial, é justamente as ideias de credibilidade e sustentabilidade ostentados pela contraparte e que decorrem dos preceitos ESG, que, no final das contas, não deixa de ser uma métrica do risco contratual. Nesse contexto, contemporaneamente, com quem se contrata é tão relevante quanto o que se contrata. Por isso mesmo, agir contrariamente aos ditames ESG suscita, se assim previsto na cláusula resolutiva, o comprometimento do interesse da parte na relação contratual, permitindo a sua cessação.

3. Operatividade da cláusula resolutiva expressa

A gestão levada a cabo por partes paritárias, de forma livre, informada e consciente, revela exercício legítimo da autonomia privada, e deve ser tutelada e executada pelos contratantes, pelo juiz ou pelo árbitro. Em verdade, a alocação dos riscos pelas partes integra o sinalagma, e sua eventual alteração pode comprometer o equilíbrio das posições contratuais. Não por outro motivo, a Lei de Liberdade Econômica expressamente reconheceu – embora sequer precisasse fazê-lo, já que outra não era a conclusão extraída da interpretação sistemática do Código Civil – que "a alocação de riscos definida pelas partes deve ser respeitada e observada" (art. 421-A, II, CC).

Por conseguinte, concretizado o risco, deve ser assegurado ao credor o direito potestativo de resolver a relação obrigacional mediante simples declaração receptícia de vontade ao devedor.

Dispõe o artigo 474 do Código Civil que a cláusula resolutiva expressa opera de pleno direito, o que impõe ao credor lesado pelo inadimplemento que movimente o expediente resolutório, declarando ao obrigado o exercício de referido direito. *Operar de pleno direito* não significa que a relação contratual é mecanicamente extinta, independentemente de qualquer outra providência. Na realidade, representa, a partir da consumação de seu suporte fático, isto é, do inadimplemento do que arrolado na cláusula resolutiva, que à parte inocente é conferido o direito potestativo de decidir, segundo o seu interesse, se aciona ou não o dispositivo em epígrafe. A resolução do liame contratual não se perpetra automaticamente. Depende de ser colocada em funcionamento, por ato do credor, que deve manifestar ao devedor a decisão[56].

A iniciativa de definir a continuidade ou não da relação entre as partes cabe ao credor, comunicando ao devedor que tem o contrato por extinto. A assertiva legal de que a cláusula resolutiva expressa atua de pleno

[56] A respeito: NANNI, Giovanni Ettore. *Inadimplemento absoluto e resolução contratual*: requisitos e efeitos. São Paulo: Thomson Reuters Brasil, 2021, p. 489-493.

direito não quer dizer que seja automática, e sim que dispensa intervenção judicial, mas não dispensa a deliberação do credor em extinguir[57]. Haja vista a interdependência funcional das obrigações, subsiste ensinamento determinante: a resolução de pleno direito por inexecução não existe[58].

Em suma, o efeito produzido a partir do que dispõe a lei (art. 474 CC) é, consumado o fato objeto da convenção, fazer nascer, de pleno direito, a opção de o credor resolver o liame contratual, o que se aperfeiçoa por intermédio de declaração unilateral receptícia, fazendo referência à cláusula resolutiva expressa e à ocorrência do suporte fático nela previsto, ou seja, precisando a ocorrência do fato que se amolda à hipótese de incidência ajustada consensualmente na cláusula resolutiva.

Sendo prescindível a obtenção de qualquer tutela de cunho jurisdicional para acionar o expediente em exame, ele obtém eficácia a partir do momento em que, tendo o credor optado pelo remédio resolutório e expedido a declaração unilateral receptícia, o devedor é interpelado acerca da resolução levada a efeito.

A notificação resolutiva não se confunde com a interpelação para constituição em mora; cuida-se de declarações baseadas em suportes fáticos distintos e que desempenham funções absolutamente diversas: enquanto a declaração resolutiva pressupõe o inadimplemento absoluto ou a concretização de algum outro risco contemplado na cláusula e tem a função de resolver a relação obrigacional, a interpelação para constituição em mora requer a simples inobservância do modo, tempo ou lugar ajustados para a prestação, sem, todavia, impossibilitar ou tornar inútil o

[57] Aguiar Júnior, Ruy Rosado de. *Comentários ao novo Código Civil*: v. 6, t. 2, da extinção do contrato. Rio de Janeiro: Forense, 2011, p. 378, 381, 399, 404-406. Igualmente: Terré, François; Simler, Philippe; Lequette, Yves; Chénedé, François. *Droit civil*: les obligations. Paris: Dalloz, 2019, p. 858; Neves, José Roberto de Castro. As "imperfeitas" cláusulas resolutivas. In: Terra, Aline de Miranda Valverde; Guedes, Gisela Sampaio da Cruz (Coord.). *Inexecução das obrigações*: pressupostos, evolução e remédios: v. 1. Rio de Janeiro: Processo, 2020, p. 300-305.

[58] Genicon, Thomas. *La résolution du contrat pour inexécution*. Paris: LGDJ, 2007, p. 116.

seu recebimento pelo credor, além de ter em mira inaugurar a mora do devedor[59].

Por certo, a interpelação para constituição em mora será necessária, antes da declaração dirigida à resolução, quando não houver termo previamente ajustado para o cumprimento da prestação. Nesse caso, inclusive, pode o credor, naquela interpelação, já manifestar o seu propósito de resolver a relação, como lhe autoriza a cláusula resolutiva, caso o devedor não execute a obrigação constante da cláusula no prazo assinalado, dispensando-o de nova declaração[60]. Por outro lado, havendo termo contratualmente fixado, a mora é *ex re* e dispensa qualquer interpelação[61], a autorizar a imediata declaração dirigida à resolução.

Algumas leis especiais exigem a interpelação do devedor para a conversão da mora em inadimplemento absoluto, inclusive em presença de termo de adimplemento. É o que se passa, por exemplo, no âmbito de promessa de compra e venda de imóveis loteados (Lei nº 6.766/1979)[62] e não loteados (Decreto-Lei nº 745/1969)[63]. Assim, apenas se configura o

[59] TERRA, Aline de Miranda Valverde. *Cláusula resolutiva expressa*. Belo Horizonte: Fórum, 2017, p. 151-152.

[60] AGUIAR JÚNIOR, Ruy Rosado de. *Comentários ao novo Código Civil*: da extinção do contrato. Coordenação Sálvio de Figueiredo Teixeira. Rio de Janeiro: Forense, 2011, v. 6, t. 2, p. 381.

[61] É o que se consta expressamente do art. 397 do Código Civil: "O inadimplemento de obrigação, positiva e líquida, no seu termo, constitui de pleno direito em mora o devedor. Parágrafo único. Não havendo termo, a mora se constitui mediante interpelação judicial ou extrajudicial".

[62] Lei nº 6.766/79, "Art. 32. Vencida e não paga a prestação, o contrato será considerado rescindido 30 dias depois de constituído em mora o devedor. §1º Para fins deste artigo o devedor adquirente será intimado, a requerimento do credor, pelo oficial do registro de imóveis, a satisfazer as prestações vencidas e as que se vencerem até a data do pagamento, os juros convencionados e as custas de intimação".

[63] Decreto-Lei nº 745/69, "Art. 1º Nos contratos a que se refere o art. 22 do Decreto-Lei nº 58, de 10 de dezembro, de 1937, ainda que deles conste cláusula resolutiva expressa, a constituição em mora do promissário comprador depende de interpelação, judicial ou por intermédio do cartório de Registro de Títulos e Documentos, com 15 (quinze) dias de antecedência". De acordo com Darcy Bessone, "não explica o texto o fim a que se destina o prazo, mas subentende-se que foi estabelecido para a purgação da mora" (BESSONE, Darcy. *Da compra e venda, promessa, reserva de domínio e alienação fiduciária em garantia*. 4. ed. rev. e ampl. São Paulo: Saraiva, 1997, p. 191).

inadimplemento absoluto se, uma vez interpelado o devedor para purgar a sua mora, deixar correr o prazo *in albis*. De todo modo, por se tratar de exceção ao regime geral, há que se restringir a necessidade de interpelação às hipóteses legalmente previstas.

Embora seja incontestável que a eficácia da cláusula resolutiva expressa dispensa pronunciamento jurisdicional[64], há julgados que a privam desta eficácia, ora com fundamento na finalidade social, ora na ampla defesa, ora na boa-fé[65], o que é acertadamente objeto de crítica pela doutrina[66]. Isto é, encontram-se decisões que exigem a prévia manifestação judicial para que se opere a resolução mesmo diante de cláusula resolutiva expressa. Trata-se, em sua maioria, de ações cujo objeto é a reintegração de posse do bem objeto de promessas de compra e venda de imóveis. Ao que parece, outra deve ser a solução. Embora se reconheça que semelhantes contratações envolvam, muitas vezes, especial interesse

[64] Bevilaqua, Clovis. *Código Civil dos Estados Unidos do Brasil commentado*. 9. ed. Rio de Janeiro: Francisco Alves, 1951, v. 1, p. 395; Aguiar Júnior, Ruy Rosado de. *Comentários ao novo Código Civil*: v. 6, t. 2, da extinção do contrato. Rio de Janeiro: Forense, 2011, p. 378; Rabello, José Geraldo de Jacobina. Cláusula resolutória expressa nos contratos. *Revista Síntese de Direito Civil e Processual Civil*. Porto Alegre: Síntese, v. 38, nov./dez. 2005, p. 7; Franco, António Celso Pinheiro; Franco, José Roberto Pinheiro. Cláusula resolutiva expressa: o exato sentido do art. 119 do CC/1916 e dos arts. 128 e 474 do Diploma Substantivo Civil de 2002. *Revista do Instituto dos Advogados de São Paulo*. São Paulo: Revista dos Tribunais, v. 25, jan./jun. 2010, p. 80-81; Garcia, Rebeca. Cláusula resolutiva expressa: análise crítica de sua eficácia. *Revista de Direito Privado*. São Paulo: Revista dos Tribunais, v. 56, out./dez. 2013, p. 80, 84; Loureiro, Francisco Eduardo. Extinção dos contratos. In: Lotufo, Renan; Nanni, Giovanni Ettore (Coord.). *Teoria geral dos contratos*. São Paulo: Atlas, 2011, p. 636. Igualmente perante o Superior Tribunal de Justiça: REsp nº 64.170/SP, Rel. Min. Eliana Calmon, julg. 15/08/2000.

[65] Zanetti, Cristiano de Sousa. A cláusula resolutiva expressa na lei e nos tribunais: o caso do termo de ocupação. In: Lotufo, Renan; Nanni, Giovanni Ettore; Martins, Fernando Rodrigues (Coord.). *Temas relevantes do direito civil contemporâneo*: reflexões sobre os 10 anos do Código Civil. São Paulo: Atlas, 2012, p. 360.

[66] Zanetti, Cristiano de Sousa. A cláusula resolutiva expressa na lei e nos tribunais: o caso do termo de ocupação. In: Lotufo, Renan; Nanni, Giovanni Ettore; Martins, Fernando Rodrigues (Coord.). *Temas relevantes do direito civil contemporâneo*: reflexões sobre os 10 anos do Código Civil. São Paulo: Atlas, 2012, p. 360-377; Garcia, Rebeca. Cláusula resolutiva expressa: análise crítica de sua eficácia. *Revista de Direito Privado*. São Paulo: Revista dos Tribunais, v. 56, out./dez. 2013, p. 85, 95-99.

do promitente comprador – aquisição da casa própria –, revestindo-se de relevância social justificadora da intervenção protetiva do Estado, é preciso considerar que a própria lei já flexibilizou o rigor da disciplina do Código Civil ao exigir a notificação do devedor para purgar a mora antes de se configurar o seu inadimplemento absoluto, pelo que referidas decisões acabam por exceder a proteção que a lei já conferiu ao contratante.

Ademais, a exigência do ajuizamento da ação de reintegração de posse pelo promitente vendedor para a recuperação do bem não torna necessário que a resolução também se processe judicialmente: resolve-se o contrato extrajudicialmente e recupera-se o imóvel judicialmente. Conquanto, não raro, se faça necessário recorrer ao Judiciário para que se produzam os efeitos materiais da resolução e seus corolários, isso não significa que a própria resolução tenha que se processar judicialmente.

Ante a resistência à efetividade da cláusula aposta em promessas de compra e venda, editou-se a Lei nº 13.097/2015, que alterou o artigo 1º do Decreto-Lei nº 745/69, cujo parágrafo único passou a reconhecer expressamente a possibilidade de resolução extrajudicial[67]. Importante destacar, todavia, que a referida lei não *autorizou* a resolução extrajudicial em presença de cláusula resolutiva expressa. A Lei nº 13.097/2015 apenas *ratificou* a regra geral constante do art. 474 do Código Civil, o que significa que mesmo contratos celebrados antes da modificação legislativa podem ser resolvidos extrajudicialmente.

Em 10 de agosto de 2021, a 4ª Turma do STJ proferiu decisão pioneira, confirmando o que se sustenta. Na ocasião, negou-se provimento ao Recurso Especial nº 1.789.863/MS e se reconheceu "a possibilidade de manejo de ação possessória fundada em cláusula resolutiva expressa decorrente de inadimplemento de contrato de compromisso de com-

[67] "Art. 1º Nos contratos a que se refere o art. 22 do Decreto-Lei nº 58, de 10 de dezembro de 1937, ainda que não tenham sido registrados junto ao Cartório de Registro de Imóveis competente, o inadimplemento absoluto do promissário comprador só se caracterizará se, interpelado por via judicial ou por intermédio de cartório de Registro de Títulos e Documentos, deixar de purgar a mora, no prazo de 15 (quinze) dias contados do recebimento da interpelação. Parágrafo único. Nos contratos nos quais conste cláusula resolutiva expressa, a resolução por inadimplemento do promissário comprador se operará de pleno direito (art. 474 do Código Civil), desde que decorrido o prazo previsto na interpelação referida no *caput*, sem purga da mora."

pra e venda imobiliária, sem que tenha sido ajuizada, de modo prévio ou concomitante, demanda judicial" para resolução da relação obrigacional. Tratava-se de compromisso de compra e venda de imóvel rural livremente negociado entre partes paritárias, no âmbito do qual o promitente comprador inadimplira mais de 95% do preço ajustado.

Em voto paradigmático, o Relator, Ministro Marco Buzzi, propôs a alteração da jurisprudência do Tribunal Superior "para declarar prescindível o intento de demanda/ação judicial nas hipóteses em que existir cláusula resolutória expressa e tenha a parte cumprido os requisitos para a resolução da avença".

De acordo com o Ministro Relator, a exigência de que a resolução se processasse judicialmente a despeito da presença de cláusula resolutiva expressa decorreu, na origem, de especificidades dos casos concretos, mas acabou estendida injustificadamente a casos que não ostentavam referidas características. Ademais, o Ministro destacou que a literalidade do art. 474 do Código Civil e da legislação especial sempre admitiu a resolução extrajudicial, o que foi apenas confirmado pela alteração promovida pela Lei nº 13.097/2015 no art. 1º do Decreto-Lei nº 745/69. O Ministro também ressaltou que a única exigência específica da legislação especial para que o promitente vendedor resolva extrajudicialmente a promessa de compra e venda é a interpelação do promitente vendedor e o decurso *in albis* do prazo legal conferido para a purgação da mora; ultrapassada a formalidade, o contrato está resolvido, a posse se torna injusta e resta configurado o esbulho possessório.

Conclusões

O risco é intrínseco a qualquer relação contratual, em variados aspectos. Particular atenção merece sua atuação no contexto de perturbações das prestações, em que, por fato imputável ou não ao obrigado, a satisfação do interesse útil do credor não ocorre conforme o programa estabelecido pelos contraentes. Portanto, há sempre alguma porção de incerteza, motivo pelo qual procuram, muitas vezes, definir, por ocasião da celebração do pacto, como melhor geri-la.

A cláusula resolutiva expressa é privilegiado instrumento para que as partes dimensionem a atribuição dos riscos envolvidos no contrato, uma vez que, no âmbito de sua autonomia privada, tal convenção proporciona ambiente negocial mais seguro e previsível aos contratantes: permite-lhes preestabelecer, conjuntamente, em que situações a relação poderá ser resolvida por não ser capaz de promover os interesses concretamente perseguidos, e faculta à parte lesada se libertar imediatamente da relação disfuncional, imprestável à finalidade a que se dirigia, o que se aperfeiçoa independentemente de providência jurisdicional.

Tal panorama detém maior relevância e emprego nos contratos empresariais contemporâneos, caracterizados como complexos, visto que são pactos de longa duração, dotados de múltiplos débitos contrapostos e relevantes valores envolvidos. Os celebrantes assumem diversas obrigações, positivas e negativas, todas ligadas à satisfação do interesse útil da contraparte e vice-versa. Dessa maneira, além das prestações primárias, são adicionadas secundárias e outras autônomas, bem como deveres laterais decorrentes da boa-fé, estes, no mais das vezes, impostos às partes de forma heterônoma. Incrementam-se, assim, os riscos quanto à perturbação da prestação, que não se limitam à inexecução propriamente dita da dívida principal, mas abarca diversos aspectos igualmente relevantes, como aqueles reputacionais e econômicos.

O contrato exsurge, nesse cenário, como o instrumento mais adequado para a distribuição dos riscos entre os celebrantes. E, mais particularmente, a cláusula resolutiva expressa viabiliza que os contraentes definam quais prestações, além das nucleares, são essenciais, dotadas de predominância a ponto de estipular a implicação na própria manutenção ou não do vínculo contratual.

Nesse enredo, a cláusula resolutiva expressa não mais se circunscreve ao desígnio estático de abranger a inexecução definitiva de prestações e contraprestações primárias, porém amplifica seu escopo para viabilizar a gestão de outros riscos imanentes ao negócio, que também são capazes de frustrar a realização do programa contratual, de tal sorte que, se materializados, fulminam o interesse na manutenção do vínculo e dão ensejo à resolubilidade. Assim é que ela resta do mesmo modo empregada como mecanismo de alocação de riscos em episódios de caso fortuito e força maior, vícios redibitórios e outros eventos e condutas definidos pelas partes que comprometem o sinalagma convencionado. Na última hipótese, é cada vez mais frequente a preocupação – e consequente estipulação como fato típico em cláusula resolutiva – com questões ligadas à *conduta* da contraparte, incluindo, se o caso, seus sócios ou acionistas, caso se trate de pessoa jurídica, impondo-se-lhes obrigações de não violar princípios éticos e códigos de conduta, não praticar atos de corrupção nem outros tipos criminais, não realizar ações discriminatórias, não se envolver em questões de assédio sexual e de pedofilia, não fazer uso de drogas nem abusar do consumo de produtos alcoólicos, não utilizar substâncias que incrementem o desempenho (*doping*) etc., tudo, evidentemente, a depender das particularidades do caso concreto. Da mesma forma, cresce a atenção dada aos parâmetros ESG (*environmental, social and governance*), no Brasil ASG (ambiental, social e governança), que espelha as boas práticas da empresa em questões ligadas ao meio ambiente, ao social e à governança corporativa.

Se o fato previsto na cláusula resolutiva expressa é consumado, nasce, de pleno direito, a opção de a parte lesada resolver o liame contratual, que é manejada por meio de declaração unilateral receptícia, da qual conste referência ao ajuste resolutivo e à ocorrência do suporte fático nela previsto, o que é o bastante para extinguir o vínculo, sendo desnecessária a obtenção de qualquer tutela de cunho jurisdicional para seu aperfeiçoamento. Sua eficácia surge a partir do momento em que, tendo o credor decidido pelo remédio resolutório e expedida a respectiva comunicação, o devedor é interpelado acerca da resolução levada a efeito.

3.
RISCOS EM COMPLEXOS CONTRATUAIS

Carlos Nelson Konder
Manoela Medeiros Sales

Introdução

A dinamicidade característica das relações firmadas pela sociedade contemporânea tem fomentado novas práticas contratuais e, nessa toada, é verificável uma gradativa demanda por contratos que fogem às modalidades tipicamente estabelecidas pelo legislador, dentre as quais merecem destaque os complexos contratuais. De fato, no mercado negocial é crescente a organização de diferentes negócios jurídicos para a realização de uma única operação econômica, entretanto, é bastante desafiador proceder com a gestão de riscos diante de tal estruturação, já que a interpretação dos complexos contratos merece uma análise ampla da situação concreta e de sua função prática e econômica.

Para além da fonte legal, a fonte negocial é um vasto terreno a ser explorado para alocar os riscos oriundos de complexos contratuais, de modo que as partes, gozando de sua autonomia privada, podem se valer de valiosos instrumentos capazes de conferir maior previsibilidade, eficiência e celeridade à relação. Ao se autorregulamentarem, os contratantes, norteados pelos ditames do princípio da boa-fé, podem efetivamente compor os seus interesses e suscitar efeitos reconhecidos e tutelados pela ordem jurídica.

O presente artigo tem como objeto analisar justamente alguns instrumentos oriundos da fonte negocial que possuem o condão de promover uma gestão de risco das relações firmadas no âmbito dos complexos contratuais, já que as normas jurídicas protetivas da confiança podem não ser suficientes para a mitigação dos riscos envolvidos. Assim, a partir de uma análise acerca da alocação de riscos em complexos contratuais, serão exploradas a cláusula resolutiva de *cross default*, a cláusula de *hardship* e a cláusula de não indenizar no âmbito dessas operações plurinegociais.

1. Complexos contratuais e alocação negocial de riscos

A busca por uma adequada autorregulamentação de interesses muitas vezes conduz as partes, diante da insuficiência dos modelos típicos singulares oferecidos pelo ordenamento, à utilização de distintos negócios jurídicos para a realização de uma operação econômica unitária. Cada contrato guarda seu próprio objeto, com relativa individualidade, mas todos se vinculam funcionalmente, para o atendimento de certa finalidade, dita supracontratual ou pluricontratual. Trata-se do que se costuma chamar contratos conexos, coligados, em grupo ou em rede.[1]

Essa opção pela estruturação de um complexo contratual, contudo, acentua os riscos envolvidos.[2] A complexidade resultante da fragmentação do quadro normativo que rege a operação coloca desafio adicional à

[1] A terminologia sobre o tema é bastante controversa, tanto no direito alienígena – v. TEYSSIÉ, Bernard. *Les groupes de contrats*. Paris: L.G.D.J., 1975; LENER, Giorgio. *Profili del collegamento negoziale*. Milano: Giuffrè, 1999; e Frías, Ana López. *Los contratos conexos*. Barcelona: Bosch, 1994; ITURRASPE, Jorge Mosset. *Contratos conexos*: grupos y redes de contratos. Argentina, Rubinzal-Culzoni Editores, 1999 – como entre nós – v. BELO, Emilia. *Os efeitos decorrentes da coligação de contratos*. São Paulo: MP, 2014; Marino, Francisco Paulo De Crescenzo. *Contratos coligados no direito brasileiro*. São Paulo: Saraiva, 2009; LEONARDO, Rodrigo Xavier. *Redes contratuais no mercado habitacional*. São Paulo: Revista dos Tribunais, 2003; KATAOKA, Eduardo Takemi. *A coligação contratual*. Rio de Janeiro: Lumen Juris, 2008; e KONDER, Carlos Nelson. *Contratos conexos*: grupos de contratos, redes contratuais e contratos coligados. Rio de Janeiro: Renovar, 2006.

[2] Explica Rodrigo Xavier Leonardo: "Ao fugir do tradicional modelo societário, que introniza os diferentes aportes dos participantes para organizar uma determinada atividade, o modelo de organização de negócios em rede produz outras externalidade negativas não menos graves, decorrentes, v.g., de uma assimetria de poder econômico ou de poder tecnológico entre os participantes, de uma assimetria informacional, de uma transferência excessiva de riscos para determinados integrantes desta rede ou para seus destinatários, etc." (LEONARDO, Rodrigo Xavier. Contratos coligados. In: BRANDELLI, Leonardo (Org.).

atividade do intérprete, que não pode mais se refugiar exclusivamente nos limites da alocação de riscos que lhe seria oferecida pelo legislador por meio dos tipos contratuais legais. Afirma-se que, diante disso, o intérprete deve levar em conta não apenas a função de cada negócio singular, mas sim ter por norte hermenêutico a referida finalidade supracontratual, que garante unidade sistemática ao conjunto de contratos.[3] Ou seja, diante do implemento de riscos não expressamente alocados, cumpre observar não apenas o instrumento específico em que as cláusulas se inserem, mas o objetivo almejado pela coligação entre os distintos negócios.[4]

A complexificação das relações envolvidas, combinada à exigência de celeridade e eficiência nas relações empresariais onde esse tipo de conexão é frequente, impõe priorizar a proteção da confiança, valor jurídico cuja relevância se torna mais acentuada quanto maior o grau de complexidade técnica, e a mitigação dos riscos demanda de comportamento colaborativo pelas partes envolvidas. A demanda de confiança entre as partes nesse contexto atende não apenas a imperativos éticos, mas a exigências econômicas, já que a sua frustração, ou mesmo a mera desconfiança, aumenta custos, dificulta trâmites contratuais e desacelera a atividade comercial, o que inviabilizaria a complexidade demandada pelos novos arranjos de interesses.[5]

Estudos de Direito Civil, Internacional Privado e Comparado: Coletânea em homenagem à professora Vera Jacob de Fradera. São Paulo: LEUD, 2014, p. 4).

[3] Como explica Ricardo Luis Lorenzetti: "*El interés en la conexidad no es intracontractual, sino supracontractual. Se sitúa más allá del contracto, en el plano de la finalidad perseguida; los contractos son un instrumento para la realización del negocio global o del sistema ideado*" (LORENZETTI, Ricardo Luis. *Tratado de los contratos*, tomo I. Buenos Aires: Rubinzal-Culzoni, 1999, p. 61).

[4] Afirma Pietro Perlingieri: "*Mediante l'utilizzo di piú negozi, ognuno con una funzione tipica o atipica che sia, si persegue non la realizzazione degli effetti a loro individualmente attinenti, ma un unico scopo, e ciò in virtú della sequenza logica e cronologica con la quale vengono a prodursi questi atti collegati tra loro: risultato finale non realizzabile altrimenti in mancanza anche di uno soltanto di essi. [...] L'atto, dunque, non può essere piú valutato nella sua individualità, poiché assume una sua funzione soltanto nel collegamento con gli altri atti, destinato insieme agli altri a produrre l'effetto finale*" (PERLINGIERI, Pietro. In tema di tipicità e atipicità nei contratti. *Il diritto dei contratti fra persona e mercato: problemi del diritto civile.* Napoli: ESI, 2003, p. 408).

[5] Nas palavras de Gerson Branco:"O valor confiança é um dos pilares centrais de todo o direito. Somente existe a possibilidade de convivência social se o valor confiança está

A proteção da confiança por parte do ordenamento, em sua atuação heterônoma, veicula-se principalmente por meio do princípio da boa-fé, guiando a intepretação dos diversos contratos coligados entre si, de modo a limitar o exercício de direitos e impor a satisfação de deveres, em nome do estabelecimento de padrões de conduta compatíveis com a cooperação necessária para o alcance da função perseguida pela conjunção daqueles negócios.[6] Entretanto, a atuação heterônoma das normas jurídicas protetivas da confiança – entre as quais se destaca o princípio da boa-fé – pode não se revelar suficiente para a mitigação dos riscos envolvidos, em razão da incerteza envolvendo a sua aplicação. Torna-se fundamental exercício cuidadoso da autonomia negocial, para que as partes possam, na medida do possível, se antecipar aos riscos mais comuns a esses arranjos complexos, por meio de cláusulas contratuais que são especialmente relevantes para esse fim.

2. Cláusula resolutiva e *cross default*

O risco primordial presente em qualquer contrato – o inadimplemento de determinada obrigação que acaba por inviabilizar o negócio como um

presente. Os mecanismos de proteção deste valor são muitos e, regra geral, existem leis e procedimentos para sua proteção. E, justamente em razão da crescente valorização da confiança e da consciência do fenômeno, o valor confiança passou a ser considerado como um valor econômico, em razão de grandes investimentos realizados no mercado de consumo após os anos setenta, por meio de 'estratégias de confiabilidade'" (BRANCO, Gerson Luiz Carlos. A proteção das expectativas legítimas derivadas das situações de confiança: elementos formadores do princípio da confiança e seus efeitos. *Revista de direito privado*, n.12, out./dez. 2002, p. 177). Em sentido similar, "A confiança – e sua preservação – são fundamentais para o adequado fluxo de relações econômicas. A confiança, ligada à tutela da boa-fé e da proteção das legítimas expectativas, atua como fato de *redução e custos nas transações econômicas*, pois poupa os contratantes de maiores dispêndios na seleção de seus parceiros comerciais" (FORGIONI, Paula A. *Contratos empresariais: teoria geral e aplicação*, 2. ed. São Paulo: Revista dos Tribunais, 2016. p. 73).

[6] Dessa forma, nas palavras de Judith Martins-Costa, para a execução dos contratos, cabe ao contratante: "o cumprimento da prestação devida, presente a realização dos deveres derivados da boa-fé que se fizeram instrumentalmente necessários para o atendimento satisfatório do escopo da relação, em acordo ao seu fim e às circunstâncias concretas" (MARTINS-COSTA, Judith. *Comentários ao novo Código Civil*, vol. V, tomo I: do direito das obrigações, do adimplemento e da extinção das obrigações. Rio de Janeiro: Forense, 2003, p. 67).

todo – alça novo patamar nos complexos contratuais: a extinção de um dos diversos contratos pode acabar por frustrar toda a operação plurinegocial. A delimitação das hipóteses em que esse efeito cascata efetivamente deve ocorrer, entretanto, pode revelar-se bastante problemática, especialmente se não identificada a função perseguida globalmente pela operação, conforme a composição de interesses estabelecida negocialmente entre os envolvidos.

A jurisprudência nacional por vezes não aborda o fenômeno com a precisão e o cuidado que ele demanda, resolvendo-se, no mais das vezes, em mera aferição de eventual acessoriedade entre os distintos negócios, modelo que não costuma atender às especificidades dos interesses envolvidos nos casos mais complexos.[7] Em especial, quando os negócios envolvem partes distintas, a incidência do princípio da relatividade dos efeitos de cada contrato pode trazer maiores dificuldades, como ocorre no âmbito do financiamento de operações por terceiros: trata-se de definir em que hipóteses o descumprimento dos termos do negócio financiado poderia vir a atingir a instituição financeira.[8]

[7] Tome-se como exemplo o caso do "Jardim Belvedere", em que as partes convencionaram a alienação de um terreno por meio de dois negócios distintos, apenas porque um dos lotes que o compunha (onde estava a construção da casa) encontrava-se sob financiamento, razão pela qual sua transmissão teve que se operar por cessão de direitos e não por compra e venda, como ocorreu com o restante (onde estava a área de lazer da casa): inadimplido o pagamento do preço somente da compra e venda, o STJ determinou a sua resolução, mas mantendo a eficácia da cessão de direitos, ao argumento de que a extinção do acessório não atinge o principal, o que resultou na transmissão da casa sem a área de lazer (STJ, 4ª Turma, REsp 337040, rel. Min. Ruy Rosado de Aguiar, julg. 02.05.2002, publ. DJ 01.07.2002). Para uma análise da decisão, seja consentido remeter a KONDER, Carlos Nelson. Qualificação e coligação contratual. *Revista forense*, v. 406, 2010, p. 55-86.

[8] No âmbito do crédito ao consumo, a jurisprudência do Superior Tribunal de Justiça ainda não se uniformizou. Por três votos a dois, já decidiu que "o banco não está obrigado a responder por defeito de produto que não forneceu tão-somente porque o consumidor adquiriu-o com valores obtidos por meio de financiamento bancário", vencido o entendimento que, na linha da legislação europeia, impunha avaliar a existência de vínculo de exclusividade entre o fornecedor e o financiador (STJ, 4ª T., REsp 1014547/DF, Rel. Min. João Otávio de Noronha, julg. 25/08/2009). De outro lado, também por maioria de três a dois, já se decidiu pela "responsabilidade solidária da instituição financeira vinculada à concessionária do veículo ("banco da montadora"), pois parte integrante da cadeia de

Justifica-se, portanto, que as partes se precavejam, predeterminando expressamente nos próprios instrumentos quais descumprimentos podem gerar o efeito *simul stabunt, simul cadent*, isto é, quando a inexecução de um contrato atinge os demais negócios que integram o complexo contratual.[9] Sem prejuízo do necessário controle de legitimidade da autonomia negocial nesses casos, reconhece-se, em princípio, a possibilidade de as partes estipularem tanto cláusulas que sirvam à desconexão entre negócios, buscando afastar o risco de contágio entre eles, como cláusulas que, ao contrário, destaquem a conexão, intensificando o vínculo entre eles.[10]

No primeiro grupo encontramos cláusulas que ressaltam a independência de cada contrato, por vezes buscando estabelecer verdadeira abstração. Nesse grupo encontramos o exemplo das chamadas garantias autônomas, que asseguram a posição do credor independentemente da validade ou eficácia do negócio que deu origem à dívida garantida.[11] A figura tem origem no contexto das contratações internacionais, em que a coligação e o risco de contágio da garantia pelos vícios do negócio de base imporia ao contratante conhecimento significativo da legislação aplicável àquele negócio, inserida em ordenamento distinto do seu.[12] Entretanto, a figura se expandiu para os contratos internos de cada ordenamento, em

consumo" (STJ. 3ª T., REsp 1379839/SP, Rel. Min. Nancy Andrighi, Rel. p/ Acórdão Min. Paulo de Tarso Sanseverino, julg. 11/11/2014).

9 Em crítica à generalização do *simul stabunt, simul cadent*, afirma Marino: "essa 'regra geral', tal como formulada, é de pouca ou nenhuma prestabilidade, pois destituída de fundamentação dogmática aparente, excessivamente genérica e, como se verá, equivocada quanto à solução apontada" (Marino, Francisco Paulo De Crescenzo. *Contratos coligados no direito brasileiro*. São Paulo: Saraiva, 2009, p. 190).

10 Konder, Carlos Nelson. *Contratos conexos: grupos de contratos, redes contratuais e contratos coligados*. Rio de Janeiro: Renovar, 2006, p. 184-185.

11 Leitão, Luís Manuel Teles de Menezes. *Garantias das obrigações*, 6. ed. Coimbra: Almedina, 2018, p.139-140. Pablo Rentería sustenta que isso não afastaria sua caracterização como acessória, se lida a acessoriedade como instrumentalidade à relação principal, o que seria corroborado pela existência de posterior direito de regresso do garante em face do devedor (Renteria, Pablo. *Penhor e autonomia privada*. São Paulo: Atlas, 2016. p. 108-109).

12 Mendes, Eduardo Heitor da Fonseca. A garantia autônoma no direito brasileiro. *In* Guedes, G. S. C.; Moraes, M. C. B.; Meireles, R. M. V. (coord.). *Direito das garantias*. São Paulo: Saraiva, 2017, p. 106.

razão de sua eficiência e da segurança para o sistema de crédito como um todo.[13] Dessa forma, dentro dos limites do exercício legítimo da autonomia negocial, é ilustrativo o exemplo da idoneidade de cláusulas voltadas a desconectar negócios que a princípio estariam vinculados entre si.

No segundo grupo encontramos as disposições que, ao inverso, estabelecem a vinculação entre negócios aparentemente autônomos, seja revelando o nexo funcional que os une na persecução de um fim comum, seja criando uma ligação que não se apresentaria ao intérprete. Nesse grupo encontramos como exemplo as chamadas cláusulas *cross default*, "cláusulas presentes em contratos que determinam que o devedor estará em situação de falha (*default*) no contrato em questão toda vez que deixar de cumprir quaisquer outras obrigações em outros contratos".[14] Dessa forma, a marca distintiva da cláusula de *cross default* parece residir em prever que se considera violado o contrato também por meio do descumprimento de deveres constantes de outros contratos, isto é, ultrapassando as fronteiras do princípio da relatividade dos efeitos do contrato.[15] Embora originada exclusivamente de contratos bancários internacionais, sua utilização vem se expandindo para outros negócios.[16]

No tocante ao seu efeito, a cláusula costuma determinar que o descumprimento dos demais contratos somente acarretaria a antecipação do vencimento das obrigações daquele contrato, comumente referida pelo

[13] Tepedino, Gustavo; Peçanha, Danielle Tavares. Contornos das garantias autônomas no direito brasileiro. *Revista Brasileira de Direito Civil – RBDCivil*, Belo Horizonte, v. 28, p. 275-290, abr./jun. 2021, p. 279-280.

[14] Giffoni, Adriana de Oliveira. As cláusulas "cross default" em contratos financeiros. *Revista de Direito Mercantil, Industrial, Econômico e Financeiro*, n. 121. São Paulo: Malheiros, jan./mar. 2001, p. 148. Na *Common Law*, "*A cross-default is a contractual provision that establishes that an Event of Default under the agreement if a party defaults under other specified agreements, obligations or types of obligations*" (Kruft, Stephen R. Cross-default provisions in financing and derivatives transactions. 113 Banking L.J. 216 (1996), p. 216).

[15] Sbrissia, Henrique. A cláusula *cross default* na perspectiva da análise econômica do direito. *Revista jurídica luso-brasileira*, ano 6, n. 3. Lisboa, 2020, p. 905. Em sentido contrário, a qualificação como *cross default* de cláusula restrita ao descumprimento de obrigações previstas no próprio instrumento em TJSP, 23ª C.D.Piv., Ap. Cível 1005314-40.2015.8.26.0597, Rel. Des. Sebastião Flávio, julg. 27/07/2016.

[16] Kataoka, Eduardo Takemi. *A coligação contratual*. Rio de Janeiro: Lumen juris, 2008, p. 111.

anglicismo "aceleração".[17] Entretanto, é possível que a *cross default* predetermine que, ocorrido qualquer dos descumprimentos ali previstos, caracteriza-se inadimplemento também naquele contrato, que autoriza ao credor a própria resolução do negócio ("*termination*"), caso em que ela constituirá também cláusula resolutiva expressa, ou mesmo que os eventos listados, por si só, produzem o efeito extintivo, atuando então como condição resolutiva do contrato.[18]

Da mesma forma, a função mais comum da cláusula é assegurar, de forma ampla, a capacidade financeira do devedor, referindo-se a eventos que possam ser indicativos de risco de ele não ter condições econômicas de adimplir as obrigações daquele contrato.[19] A cláusula funcionaria, assim, como garantia da *par conditio creditorum*, para evitar que aquele credor ficasse para trás perante outros credores contra quem o devedor comum já tivesse sinalizado sua iminente insolvência.[20] A redação da cláusula, contudo, pode permitir abarcar obrigações de outros negócios que sejam funcionalmente interligadas àquele de que consta, justamente como forma de indicar que os negócios visam juntos a perseguir uma função comum, que restaria inviabilizada sem o adimplemento de certos

[17] Simões, Diogo Cruz. *A cláusula de cross default: da admissibilidade ao controlo societário.* Dissertação (Mestrado em direito). Lisboa: Universidade de Lisboa, 2016, p. 34.

[18] Kataoka, Eduardo Takemi. *A coligação contratual.* Rio de Janeiro: Lumen juris, 2008, p. 109. Sobre a distinção entre cláusula resolutiva e condição resolutiva v. Terra, Aline de Miranda Valverde. *Cláusula resolutiva expressa.* Belo Horizonte: Fórum, 2017, p. 67-73.

[19] Nesse ponto, a cláusula *cross default* costuma ser aproximada de outras com função de "garantia e segurança" financeira, como a *pari passu* e a *negative pledge* (Leitão, Luís Manuel Teles de Menezes. *Garantias das obrigações*, 6. ed. Coimbra: Almedina, 2018, p. 315).

[20] Ressalva, contudo, Sbrissia: "a pretexto de garantir uma igualdade entre os credores a aposição do *cross default* pode, paradoxalmente, ocasionar uma flagrante violação da *par conditio creditorium.* Ora, basta pensar na posição de um credor quirografário anterior que não conte com tal cláusula em seu contrato e cuja pretensão que possua contra o devedor não esteja vinculada como falha em nenhum dos outros contratos do verdadeiro cipoal obrigacional criado por posteriores previsões de *cross default.* Esse sujeito estará completamente desassistido da garantia patrimonial que contava (quando firmou seu contrato) na hipótese de os outros credores forçarem este cipoal em uma aceleração que pode consumir com todos os bens do mutuário a benefício apenas de alguns" (Sbrissia, Henrique. A cláusula *cross default* na perspectiva da análise econômica do direito. *Revista jurídica luso-brasileira,* ano 6, n. 3. Lisboa, 2020, p. 915-916).

deveres dos distintos negócios. Nesses casos, a preocupação recai menos sobre a solvabilidade do devedor e mais sobre a viabilidade da operação plurinegocial. Assim, enquanto no primeiro cenário ela desempenha função similar à exceção de inseguridade, somente no segundo ela realmente atua como índice de conexão funcional entre contratos.[21]

A validade da cláusula de *cross default* parece demandar sensibilidade a essas e outras peculiaridades a serem aferidas em concreto, inviabilizadas afirmações generalizantes. De modo geral, ela demanda atenção especial do intérprete, pois, em virtude do efeito dominó que pode deflagar, pode ensejar efeitos desproporcionais para o devedor, inclusive sua falência, funcionando como verdadeiro *doomsday device*, cujo objetivo é primordialmente a ameaça que impele o devedor, nesses casos, a se submeter a renegociação em posição desfavorável, e não exatamente seu acionamento, que poderia ser mesmo contraproducente.[22] Nesse sentido, frequentemente o credor se reserva o poder de renunciar à aceleração se lhe forem atendidas algumas demandas (*waiver*), como a oferta de novas garantias ou o aumento de taxas de juros.[23]

Não obstante eventuais restrições, para realmente evitar os riscos de discussão sobre eventual abusividade, a claúsula *cross default* deve ser

[21] A exceção de inseguridade tem por base o art. 477 do Código Civil: "Se, depois de concluído o contrato, sobrevier a uma das partes contratantes diminuição em seu patrimônio capaz de comprometer ou tornar duvidosa a prestação pela qual se obrigou, pode a outra recusar-se à prestação que lhe incumbe, até que aquela satisfaça a que lhe compete ou dê garantia bastante de satisfazê-la".

[22] Rosa, Diana Serrinha. As cláusulas *cross default* no ordenamento jurídico português. *Revista de Direito das Sociedades*, n. 1. Lisboa, 2016, p. 222-223. Em imagem significativa: "o efeito dominó investe os mutuantes numa posição de força, uma vez que ambas as partes sabem que o exercício de um direito de exigibilidade antecipada ou de um direito de resolução poderá ser o suficiente para 'acender o rastilho de pólvora'. Este facto poderá ser bastante para atribuir aos demais credores, beneficiários de uma idêntica cláusula de *cross default*, um direito similar. Isto vai fazer com que um devedor razoável e sensato encete todos os esforços possíveis para evitar a 'explosão do barril de pólvora, procurando satisfazer as exigências de um credor que tem o "fósforo aceso nas mãos' (Simões, Diogo Cruz. *A cláusula de cross default: da admissibilidade ao controlo societário*. Dissertação (Mestrado em direito). Lisboa: Universidade de Lisboa, 2016, p. 16).

[23] Sbrissia, Henrique. A cláusula *cross default* na perspectiva da análise econômica do direito. *Revista jurídica luso-brasileira*, ano 6, n. 3. Lisboa, 2020, p. 911.

redigida de forma específica, indicando precisamente quais descumprimentos a deflagra e evitando as recorrentes previsões amplas e genéricas, como "descumprimento de obrigações deste contrato ou de quaisquer outros, por parte da devedora ou de qualquer integrante de seu grupo empresarial". Se nas relações de consumo esse tipo de cláusula parece configurar abusividade mais frequentemente, mesmo nas demais relações a sua validade pode ser questionada, em especial quando formulada em contrato de adesão, no qual é nula a renúncia a direito resultante da própria natureza do negócio.[24]

3. Equilíbrio contratual e cláusula de *hardship*

Nas palavras de Judith Martins Consta[25], cada contrato é "um ato de comprometimento do futuro" e, partindo desse racional, é possível consentir que o tempo é um elemento verdadeiramente relevante à prática contratual. De fato, ao contratar, as partes estipulam a antecipação dos seus direitos e deveres, mas, é no tempo que efeitos da avença se concretizam e é o tempo o elemento que reflete a dinamicidade das relações, bem como a base sobre a qual ocorrem alterações circunstanciais capazes de distanciar a expectativa dos contratantes da realidade dos fatos.[26]

Assim, considerando a estrita relação entre o direito contratual e o tempo, apresenta-se como um árduo desafio ao intérprete o fato de ter que lidar com as alterações das circunstâncias em que as partes fundaram a sua decisão de contratar, mormente no que tange ao âmbito dos complexos contratuais. Se, por um lado, é notória a relevância do princípio do *pacta sunt servanda* na esfera do direito contatual, não é possível fechar os olhos à ocorrência de fatos extraordinários que põem em xeque o equilíbrio entre as obrigações pactuadas.

[24] Código Civil, art. 424: "Nos contratos de adesão, são nulas as cláusulas que estipulem a renúncia antecipada do aderente a direito resultante da natureza do negócio".

[25] Martins-Costa, Judith. A cláusula de *hardship* e a obrigação de renegociar nos contratos de longa duração. *Revista de Arbitragem e Mediação*, vol. 7, n. 25. São Paulo: abr.-jun./2010, p. 1.

[26] Pereira, Fábio Queiroz. A obrigação de renegociar e as consequências de seu inadimplemento. *Revista de Direito Civil Contemporâneo*, v. 15. São Paulo: abr./jun. 2018, p. 7.

No ordenamento jurídico brasileiro, em que pese o princípio do equilíbrio contratual não seja explicitamente previsto no Código Civil, este é tratado, ao lado da boa-fé objetiva e da função social do contrato, como princípio emergente que aponta para uma ordem jurídica renovada.[27] Ainda, a partir da vedação à lesão trazida no artigo 157 do Código Civil e da possibilidade de resolução contratual por onerosidade excessiva prevista nos artigos 478 e seguintes do mesmo diploma, constata-se que o desequilíbrio contratual originário e superveniente são combatidos pelas normas vigentes.

Especialmente no que tange aos complexos contratuais, é possível afirmar que as partes podem se valer do princípio do equilíbrio para coibir o desequilíbrio da relação e, com base nos dispositivos mencionados, valer-se do Poder Judiciário ou das Cortes Arbitrais para rediscutir a relação jurídica firmada. Todavia, as partes podem também optar por adotar outro caminho, – o mais das vezes mais proveitoso, mais diversificado e mais célere –, para assegurar o equilíbrio da relação: a fonte negocial.[28]

No bojo de uma relação em que as partes elegem estruturar um complexo contratual para tratar sobre as suas múltiplas obrigações e direitos, a via negocial torna-se um valioso mecanismo para lidar com a alteração das circunstâncias e para preservar a relação firmada. Considerando a dinamicidade das relações contemporâneas e a constante construção de cadeias de contratos que regem as relações jurídicas, não se pode estatizar a vontade das partes estabelecida unicamente quando da celebração do contrato, mas sim da manifestação de vontade que realmente ecoa no tempo e que se verifica quando da execução das obrigações pactuadas.[29]

[27] Mattietto, Leonardo. O princípio do equilíbrio contratual. *Revista de Direito da Procuradoria Geral do Estado do Rio de Janeiro*, v. 64, 2009, p. 183-191.

[28] Martins-Costa, Judith. A cláusula de hardship e a obrigação de renegociar nos contratos de longa duração. in *Revista de Arbitragem e Mediação*, vol. 7, n. 25. São Paulo, abr.-jun./2010, p. 1-2.

[29] Lamy, Miguel Maria Miranda Alves de Moura. *O sector eléctrico em Portugal – A alteração das circunstâncias em contexto de mercado liberalizado:* Os Custos de Manutenção do Equilíbrio Contratual e a Hardship sob o Memorando de Entendimento sobre as Condicionalidades de Política Económica. 2013, p. 24-26. Dissertação de Mestrado. Universidade Católica Portuguesa. Disponível em: <https://repositorio.ucp.pt/bitstream/10400.14/13399/1/

Assim, gozando de sua autonomia privada, as partes podem utilizar-se de mecanismos de gestão de risco para, diante de complexos contratuais, se prevenirem de um cenário de desequilíbrio contratual mediante a estipulação de cláusulas que prevejam adaptações automáticas ou semiautomáticas, bem como que antevejam situações nas quais se obrigam a renegociar a relação de modo a reestabelecer o seu equilíbrio.[30]

Inquestionavelmente, ao se utilizarem de disposições que preveem o dever de reorganizar o contrato ou o grupo de contratos que celebraram na hipótese de advento de situações que alterem fundamentalmente a base circunstancial existente, as partes privilegiam a conciliação de seus interesses e optam por distribuir, entre elas, os prejuízos decorrentes do desequilíbrio contratual para preservar a relação.

Trata-se de uma manifestação ao autorregramento da vontade que demonstra, portanto, extrema utilidade à preservação de complexos contratuais. Considerando a celebração de distintos negócios jurídicos empregados para realização de uma operação econômica unitária e o patente risco de desequilíbrio de algum eixo da relação por eventos supervenientes inerente à complexidade desta, a definição de mecanismos de renegociação torna-se um valioso instrumento apto à manutenção da relação jurídica. A cláusula cuja eficácia consiste em provocar uma renegociação do contrato na hipótese de desequilíbrio superveniente ocorrer, é denominada pela doutrina como cláusula de *hardship*[31] ou cláusula de renegociação.[32]

Disserta%C3%A7%C3%A3o%20Final%20-%20Miguel%20Lamy%20Word%20TESE%20COMPLETA.pdf>. Acesso em: 20 set. 2021.

[30] Segundo Judith Martins Costa, as cláusulas de adaptação automática se verificam quando um determinado evento previsto se realiza (como exemplo, a Autora menciona as cláusulas de reajuste de preço por ato das partes, indexadas a tal ou qual valor). Quanto às cláusulas, leciona a Autora que estas preveem uma adaptação semiautomática, como as que estipulam a "resolução-salvaguarda" ou chamadas "cláusulas de alinhamento". (MARTINS-COSTA, Judith. A cláusula de hardship e a obrigação de renegociar nos contratos de longa duração. in *Revista de Arbitragem e Mediação*, vol. 7, n. 25. São Paulo, abr.-jun./2010, p. 1-2).

[31] Segundo Judith Martins-Costa, são imputadas à cláusula de *hardship* quatro funções: "(a) assegurar a preservação do equilíbrio econômico e a continuação do contrato, impedindo que o princípio da intangibilidade do pactuado conduza a um rigor excessivo no momento da execução contratual; (b) atuar como meio de repartição, entre os contratantes, dos custos resultantes do evento superveniente e incerto, de modo que a etapa da renegociação

A cláusula de *hardship*[33] teve sua origem no Direito Internacional Privado e a sua criação neste âmbito do direito se dá em razão da inexistência de padronização de leis entre as mais variadas ordens jurídicas internacionais para um eventual processo de revisão e renegociação de conteúdos avençados na seara do comércio internacional.[34] De fato, por meio da *hardship*, busca-se esgotar, pelo próprio instrumento contratual, uma solução para eventual controvérsia na execução do contrato mediante o estabelecimento de um dever de renegociação diante de modificação substancial de conjunturas.[35]

permite às partes acordar sobre essa repartição dos ônus, por si mesmas, ou através de um terceiro, que a arbitrará; (c) impedir a extinção contratual devida à resolução por excessiva onerosidade de um contrato que ainda pode ser útil, atendendo aos mútuos interesses das partes; (d) encontrar um novo regime adaptado aos mútuos interesses (*self tailored rule*), viabilizando-se, nos limites do princípio da atipicidade contratual (art. 425 do CC/2002 (LGL\2002\400)), uma reorganização do pactuado, sendo essa, precipuamente, a função "adaptativa" da autonomia privada" (Martins-Costa, Judith. A cláusula de *hardship* e a obrigação de renegociar nos contratos de longa duração. *Revista de Arbitragem e Mediação*, vol. 7, n. 25. São Paulo, abr.-jun./2010, p. 3).

32 Pereira, Fábio Queiroz. A obrigação de renegociar e as consequências de seu inadimplemento. *Revista de Direito Civil Contemporâneo*, v. 15, São Paulo: abr./jun., 2018, p. 3-4.

33 Orlando Gomes, em parecer transcrito por Luiz Olavo Batista, define a cláusula de *hardship*, como: "uma cláusula que permite a revisão do contrato se sobrevierem circunstâncias que alterem substancialmente o equilíbrio primitivo das obrigações das partes. Não se trata de aplicação especial da teoria da imprevisão à qual alguns querem reconduzir a referida cláusula, (...). Trata-se de nova técnica para encontrar uma adequada reação à superveniência de fatos que alterem a economia das partes, para manter... sob o controle das partes, uma série de controvérsias potenciais e para assegurar a continuação da relação em circunstâncias que, segundo os esquemas jurídicos tradicionais, poderiam levar à resolução do contrato". (Baptista, Luiz Olavo. *Dos Contratos Internacionais* – Uma Visão Teórica e Prática. São Paulo: Saraiva, 1994. p. 143-144).

34 Sala, Martha Gallardo. Os princípios propostos pelo Unidroit: Relação com a lex mercatoria e sua utilização na esfera do comércio internacional. *Revista do IBRAC – Direito da Concorrência, Consumo e Comércio Internacional*, vol. 25, p. 241-273, Jan.-Jun./2014, p. 1-2.

35 Pereira, Fábio Queiroz. A obrigação de renegociar e as consequências de seu inadimplemento. v. 15, p. 209–237, São Paulo: *Revista de Direito Civil Contemporâneo*. abr./jun., 2018, p.2.

Normalmente, a cláusula de *hardship* estabelece mecanismos de proposta e contraproposta, com o intuito de conjugar a vontade das partes,[36] mas também pode dispor sobre parâmetros de equidade.[37] A cláusula de renegociação acarreta às partes uma dupla obrigação: primeiramente, as partes devem se reunir para rediscutir a execução do contrato e, uma vez reunidas, deverão atentar-se à boa-fé quando das negociações.[38]

A previsão jurídica da cláusula de *hardship* decorre dos Princípios dos Contratos do Comércio Internacional elaborados pelo Instituto Internacional para a Unificação do Direito Privado (UNIDROIT).[39] Os artigos 6.2.2 e seguintes dos Princípios da UNIDROIT regem especificamente a situação de *hardship* e suas implicações.[40]

Trata-se, pois, de um mecanismo que se coaduna com as normas vigentes e que é capaz de trazer implicações positivas à preservação dos complexos contratuais. Com efeito, no âmbito dos complexos essa predeterminação negocial se torna ainda mais relevante, tendo em vista que o equilíbrio econômico é estabelecido não internamente a cada contrato,

[36] Sobre o tema, Anderson Schreiber assim leciona sobre as cláusulas de renegociação: "Tais cláusulas, operando uma espécie de distribuição convencional dos riscos de desequilíbrio contratual, com base em critérios e parâmetro estabelecidos pelas próprias partes, ou indicando o método a ser seguido na busca de uma solução consensual para a readequação do contrato desequilibrado, exprimem o que os franceses sintetizaram na fórmula '*le contract as propre révision*' ('o contrato organiza sua própria revisão')". (Schreiber, Anderson. *Equilíbrio contratual e dever de renegociar.* São Paulo: Saraiva Educação, 2020, 2ª d., p.400-401).

[37] Pereira, Fábio Queiroz. A obrigação de renegociar e as consequências de seu inadimplemento. *Revista de Direito Civil Contemporâneo*, v. 15. São Paulo: abr./jun. 2018, p. 4.

[38] Martins-Costa, Judith. A cláusula de *hardship* e a obrigação de renegociar nos contratos de longa duração. in *Revista de Arbitragem e Mediação*, vol. 7, n. 25. São Paulo, abr.-jun./2010. p.4-5.

[39] Gama Jr, Lauro. Os Princípios do UNIDROIT, relativos aos contratos do comércio internacional: uma nova dimensão harmonizadora dos contratos internacionais. *In* Direito, C. A. M.; Trindade, A. A. C.; Pereira, A. C. A. (coord.). *Novas Perspectivas do Direito Internacional Contemporâneo: estudos em homenagem ao Professor Celso D. de Albuquerque Mello.* Rio de Janeiro: Renovar, 2008, p. 102-103. Disponível em: <https://www.oas.org/dil/esp/95-142%20Gama.pdf>. Acesso em: 20 set. 2021.

[40] Rodrigues, Gabriela Wallau; Giannakos, D. B. S.. A Cláusula *hardship* como forma de mitigação da assimetria de informação nos contratos internacionais. *Revista Electrónica de Direito*, v. 2, p. 1-14, 2017, p. 5-6.

mas entre os diversos negócios apreendidos de maneira geral. Dessa forma, a cláusula de *hardship* deve atuar para resguardar esse equilíbrio pluricontratual, da mesma forma que se aponta a peculiaridade da atuação, nos complexos contratuais da exceção do contrato não cumprido, da qualificação de cada contrato como gratuito ou oneroso e, especialmente, dos casos de lesão e onerosidade excessiva.[41]

Certamente, o estabelecimento da obrigação de renegociar a complexa relação que se rege por uma rede de contratos, mediante a estipulação de uma cláusula que vincule os pactos e elenque a necessidade de rediscussão da relação na hipótese de desequilíbrio tem o condão de preservar a relação e atenuar a litigiosidade neste tipo de arranjo contratual. Anderson Schreiber, ao tratar sobre a temática das cláusulas de renegociação, dispõe que estas consistem na "via mais simples e imediata" para resolver a problemática do desequilíbrio contratual e pontua que representam o caminho mais seguro capaz de afastar os receios que gravitam em torno das intervenções heterônomas na relação contratual.[42]

A utilização de cláusulas que especifiquem claramente as etapas do procedimento de renegociação a serem observadas pelas partes, que delimitem, de forma mais cristalina possível, as situações que possam ensejar o desequilíbrio e considerem a lógica de toda a relação jurídica firmada por trás dos complexos contratuais, torna-se, então, um aspecto fundamental à sua utilização e aos seus efeitos práticos.

4. Cláusula de não indenizar

Aliada aos instrumentos tratados nos tópicos acima, a cláusula de não indenizar também se apresenta como um valioso instrumento à gestão de risco em complexos contratuais, que pode ser utilizado como mecanismo de minoração ou redistribuição de prejuízos.[43] Referido instituto é reputado por alguns um corolário do princípio da autonomia da von-

[41] Lener, Giorgio. *Profili del collegamento negoziale*. Milano: Giuffrè, 1999, p. 63.

[42] Schreiber, Anderson. *Equilíbrio contratual e dever de renegociar*. São Paulo: Saraiva Educação, 2020, 2ª d., p.400-401.

[43] Marinho, Maria. A validade da cláusula de não indenizar relativa à obrigação principal. *Revista CEJ*, Brasília, ano XX, n. 70, set/dez 2016, p. 114.

tade[44] e se destina a, antecipadamente, afastar as normais consequências da inexecução.[45] Nas palavras de José de Aguiar Dias a cláusula de não indenizar é conceituada como a estipulação prévia "pela qual a parte que viria a obrigar-se civilmente perante outra afasta, de acordo com esta, a aplicação da lei comum ao seu caso. Visa anular, modificar ou restringir as consequências normais de um fato da responsabilidade do beneficiário da estipulação".[46] Trata-se, portanto, de um instrumento por meio do qual as partes optam por distribuir os riscos decorrentes do inadimplemento de modo distinto daquele efetuado pelo legislador e consiste em uma exceção à regra da reparação integral constante no artigo 927 do Código Civil.[47]

Embora proibida no âmbito das relações consumeristas, por meio do artigo 51, I, do Código de Defesa do Consumidor, nas relações paritárias referido mecanismo possui a louvável função de garantir maior previsibilidade às partes e permitir aos contratantes procederem com a alocação ou exclusão de riscos contratuais segundo os seus melhores interesses, e é de uso recorrente em complexos contratuais.[48] Nessa seara, a cláusula

[44] Ana Prata leciona que o origem histórica moderna da cláusula de não-indenizar remete ao início do Século XIX e assim dispõe sobre o contexto de sua criação: "o desenvolvimento econômico determinou, pois, numa época em que o seguro não constituía ainda solução para ocorrer a todos os riscos empresariais, que os empresários procurassem este instrumento de auto-proteção que era a exclusão da sua responsabilidade pelos danos causados no exercício de atividades, cujos meios técnicos eram incipientes e que os homens controlavam com dificuldade, a esforço do desenvolvimento tem, pois, um custo que se redistribui socialmente por esta forma, tornando os beneficiários e utentes (mas não só: também os próprios trabalhadores) dos bens e serviços produzidos partícipes no risco criado, até que tal redistribuição seja viabilizada, como regra, pelo mecanismo do seguro" (PRATA, Ana. *Cláusulas de Exclusão e Limitação da Responsabilidade Contratual*, Coimbra, Livraria Almedina, 1985, p. 26).

[45] CAVALIERI FILHO, Sérgio. *Programa de responsabilidade civil*. São Paulo: Malheiros, 2006. p. 530.

[46] DIAS, José de Aguiar. *Da Responsabilidade Civil*, Rio de Janeiro, Forense, 7.ª ed., vol. 2, p .774.

[47] OLIVA, Milena Donato; CASTRO, Diana Loureira Paiva. As Cláusulas de Não Indenizar nas Relações de Consumo e nos contratos de adesão em relações civis. *Revista de Direito do Consumidor*, v. 129, 2020. p. 1-2.

[48] SCHUNCK, Giuliana Bonanno. Cláusula de limitação e exoneração de responsabilidade e sua aplicação no Direito Civil e Empresarial. *Revista Direito Empresarial* (Curitiba), v. 9, 2012. p. 803.

de não indenizar se coaduna perfeitamente ao disposto no artigo 421-A do Código Civil, que foi incluído pela Lei da Liberdade Econômica (Lei nº 13.874, de 2019) e estipula que a alocação de riscos definida pelas partes deve ser respeitada e observada.[49]

De fato, considerando as peculiaridades de arranjos contratuais complexos e interligados, a cláusula de não indenizar é elemento que pode vir a fazer com que a negociação assuma contornos distintos.[50] Sua estipulação pode, exemplificativamente, promover a obtenção de vantagens em contrapartida, bem como facilitar a contratação de seguros mediante a redução do custo de seu prêmio.[51] Sobre esse aspecto, António Pinto Monteiro ressalta que eventual impedimento das partes em alterar convencionalmente a alocação de riscos poderia até mesmo inviabilizar determinadas operações econômicas, na medida em que a parte interessada em contratar poderia não encontrar uma contraparte disposta a assumir integralmente o risco que lhe caberia na operação segundo as regras do regime geral de responsabilidade civil.[52]

Apesar da existência de relevante discussão jurisprudencial que permeia a validade das cláusulas que excluem o dever de indenizar, pre-

[49] Ainda, cabe mencionar o Enunciado nº 631 da VIII Jornada de Direito Civil, promovida pelo Centro de Estudos Judiciários do Conselho da Justiça Federal – "Art. 946: Como instrumento de gestão de riscos na prática negocial paritária, é lícita a estipulação de cláusula que exclui a reparação por perdas e danos decorrentes do inadimplemento (cláusula excludente do dever de indenizar) e de cláusula que fixa valor máximo de indenização (cláusula limitativa do dever de indenizar). Disponível em: <https://www.cjf.jus.br/enunciados/enunciado/1205>. Acesso em: 20 set. 2021.

[50] Sobre o tema, Vinícius Martins Pereira pontua que deve haver um equilíbrio e justiça entre a vantagem que foi realmente proporcionada ao contratante que aceitou a exoneração do dever de indenizar e o risco assumido no ajuste. Ainda, ressalta que em caso de grave desequilíbrio entre o benefício do contratante ao não aceitar a mitigação do dever de indenizar os danos que eventualmente vier a sofrer e os riscos por ele assumidos, careceria a cláusula de não indenizar de eficácia. (Pereira, Vinícius Martins. *Exoneração e limitação do dever de indenizar: entre riscos e equilíbrio* Dissertação (Mestrado em direito). Rio de Janeiro: Universidade do Estado do Rio de Janeiro, 2014, p. 47-48).

[51] Dal Pizzol, Ricardo. Cláusulas de Exoneração e Limitação de Responsabilidade: Relações Paritárias e não Paritárias. *Revista De Direito Civil Contemporâneo*, v. 14, 2018, p. 4.

[52] Monteiro, António Pinto. *Cláusulas limitativas e de exclusão de responsabilidade civil.* Coimbra: Almedina, 2003 p. 251.

domina o entendimento de que a validade dessas cláusulas deve ser analisada em concreto, levando-se em consideração as especificidades da relação.[53] Além dos requisitos de validade de qualquer negócio jurídico dispostos no artigo 104 do Código Civil (agente capaz, objeto idôneo e forma prescrita ou não defesa em lei), Diana Loureiro Paiva de Castro e Milena Donato de Oliveira[54] pontuam que também seriam requisitos de validade das cláusulas de não indenizar: (i) a não incidência da convenção sobre a obrigação principal do negócio jurídico; (ii) a impossibilidade de referência ao dolo ou à culpa grave e (iii) o respeito à ordem pública.[55]

No que diz respeito aos requisitos de validade trazidos no artigo 104 do Código Civil, bem como aqueles que se referem à ordem pública e à inexistência de dolo ou culpa grave, não há maiores discussões sobre a sua aplicação no tocante aos complexos contratuais, todavia, nessa seara torna-se desafiador ao intérprete analisar o limite da incidência da cláusula de não indenizar sobre a obrigação principal. De fato, os contratos complexos não se resolvem com o cumprimento de uma simples obrigação principal[56], de modo que tal requisito merece uma análise mais ampla.

Nesse âmbito, a cláusula de não indenizar sofre desafios adicionais. Além do estabelecimento de um equilíbrio econômico pluricontratual, nos complexos contratuais abre-se comumente a possibilidade – ou risco – de ações diretas entre partes de diferentes negócios que compõem o mesmo complexo.[57] Assim, coloca-se a peculiar situação de o terceiro naquele negócio que contém a cláusula de não indenizar (mas que a parte de outro negócio daquele complexo) poderia acionar o devedor pedindo

[53] Dal Pizzol, Ricardo. Cláusulas de Exoneração e Limitação de Responsabilidade: Relações Paritárias e não Paritárias. *Revista de direito civil contemporâneo*, v. 14, 2018. p. 3.

[54] Oliva, Milena Donato; Castro, Diana Loureira Paiva. As Cláusulas de Não Indenizar nas Relações de Consumo e nos contratos de adesão em relações civis. *Revista de Direito do Consumidor*, v. 129, 2020. p. 2.

[55] O Superior Tribunal de Justiça entendeu que seria possível a exclusão do dever de indenizar quando recair sobre direito disponível e não ferir a ordem pública quando do julgamento do Recurso Especial 13.027-RJ, 3ª Turma, Relator Waldemar Zveiter, 22.10.1991.

[56] Marinho, Maria. A validade da cláusula de não indenizar relativa à obrigação principal. *Revista CEJ*, Brasília, ano XX, n. 70, set/dez 2016, p. 117-120.

[57] Frías, Ana López. *Los contratos conexos*. Barcelona: Bosch, 1994, p. 306.

uma indenização superior àquela que o credor direto poderia demandar, pois se encontraria livre já que a cláusula não constava do instrumento que ele próprio subscrevera.[58] Tendo em vista esse risco, é especialmente importante que as partes atentem para a previsão da cláusula nos diversos instrumentos que fazem parte do complexo.

Considerando a autonomia das partes e a relevância do instrumento de gestão de risco, uma verificação mais abrangente dos limites da validade da cláusula de não indenizar nos complexos contratuais se mostra como uma alternativa interpretativa mais adequada. Analisar pontualmente a relação contratual, a fim de verificar exatamente quais são os pontos cruciais não é uma tarefa fácil, mas merece a atenção do intérprete para que limitações exacerbadas e de cunho ampliativo não firam o poder de autorregramento das partes.[59]

Conclusões

Ao organizarem a relação jurídica mediante a celebração de complexos contratuais, as partes criam ao intérprete um desafio adicional para lidar com a gestão de riscos inerentes a tal estruturação. Apesar de ser a confiança um elemento norteador à interpretação ao negócio, o qual possui sua raiz no princípio da boa-fé, este nem sempre se demonstra capaz de dirimir todas as questões que envolvem a alocação dos riscos envolvidos na relação, de modo que se demonstra adequado aos contratantes explorar a fonte negocial para estipular mecanismos capazes de mitigá-los. Pautadas na autonomia privada, as cláusulas resolutivas de *cross default*, de *hardship* e de não indenizar ora estudadas ostentam enorme utilidade para o âmago dos complexos contratuais.

58 Bacache-Gibeili, Mireille. *La relativité des conventions et les groupes de contrats.* Paris: L.G.D.J., 1996, p. 13.

59 Sobre o tema, cabe a lição de Caio Mário "em qualquer caso, a declaração volitiva da não-indenização encontra fundamento na mesma razão determinante da força cogente das obrigações convencionais. E, enquanto permanecer neste estado, e dentro destes limites, é lícita, pois legítimo será que um contrato, regulador de interesses pecuniários entre particulares, desobrigue o devedor das consequências de sua responsabilidade, sem lesão à ordem pública". Pereira, Caio Mario da Silva. *Instituições de Direito Civil.* Vol. II. 19ª ed. Rio de Janeiro: Forense: 1999, p. 224.

No âmbito dos complexos contratuais, o inadimplemento de uma única obrigação pode ter o condão de inviabilizar o negócio como um todo e ocasionar um verdadeiro efeito cascata. Justamente visando a regular tal cenário, a cláusula de *cross default* transpõe as fronteiras do princípio da relatividade dos efeitos do contrato e se dedica a especificar situações nas quais o descumprimento de deveres constantes de outros contratos são capazes de violar determinado pacto e acarretar a antecipação do vencimento de obrigações ("*acceleration*") ou a própria resolução do negócio ("*termination*"). Trata-se de instrumento que demanda atenção especial do intérprete em razão dos efeitos desproporcionais que pode causar e que não é recorrentemente analisada com a devida precisão pelo Poder Judiciário, de modo que cabe às partes redigi-las de forma específica para evitar risco quanto à sua efetiva aplicação.

Visando lidar com as alterações das circunstâncias e prezar pelo equilíbrio contratual, a cláusula de *hardship* ou cláusula de renegociação também possui ampla aplicabilidade no âmbito dos complexos contratuais e consiste em mecanismo de gestão de risco que tem como ideal esgotar, pelo próprio instrumento contratual, uma solução para eventual controvérsia na execução do contrato mediante o estabelecimento de um dever de renegociação. Para tanto, também se torna imperiosa a necessidade de trazer uma redação clara, que especifique etapas do procedimento de renegociação, delimite as situações que possam ensejar o desequilíbrio e considere a lógica de toda a relação jurídica firmada por trás dos complexos contratuais. Trata-se de um mecanismo que se coaduna com as normas vigentes capaz de trazer implicações positivas à preservação dos complexos contratuais, em que o equilíbrio econômico se estabelece plurinegocialmente, e atenuar a litigiosidade neste tipo de arranjo contratual.

Quanto à cláusula de não indenizar, esta consiste instrumento por meio do qual as partes, antecipadamente e calcadas na autonomia privada, afastam as normais consequências da inexecução e criam uma exceção à regra da reparação integral constante no artigo 927 do Código Civil. No âmbito dos complexos contratuais, tal mecanismo permite aos contratantes procederem com a alocação ou exclusão de riscos contratuais segundo os seus melhores interesses e pode vir a fazer com que a negociação assuma contornos distintos, sendo, portanto, um valioso meio de gestão de riscos.

A partir do exposto, constata-se que, no âmbito dos complexos contratuais, o uso dos instrumentos jurídicos acima abordados permite aos contratantes a redistribuição o risco da relação contratual e possui o condão de incrementar a atividade produtiva. Cabe às partes, contudo, o cuidado ao estipulá-las contratualmente, sendo essencial uma redação clara, delimitada e condizente com as peculiaridades inerentes ao complexo contratual onde serão aplicadas.

Referências

BACACHE-GIBEILI, Mireille. *La relativité des conventions et les groupes de contrats.* Paris: L.G.D.J., 1996.

BAPTISTA, Luiz Olavo. *Dos Contratos Internacionais* – Uma Visão Teórica e Prática. São Paulo: Saraiva, 1994, p. 143-144.

BELO, Emilia. *Os efeitos decorrentes da coligação de contratos.* São Paulo: MP, 2014.

BRANCO, Gerson Luiz Carlos. A proteção das expectativas legítimas derivadas das situações de confiança: elementos formadores do princípio da confiança e seus efeitos. *Revista de direito privado*, n.12, out./dez. 2002, p. 73.

BRASIL, STJ, 4ª T., REsp 1014547/DF, Rel. Min. João Otávio de Noronha, julg. 25/08/2009.

BRASIL, STJ. 3ª T., REsp 1379839/SP, Rel. Min. Nancy Andrighi, Rel. p/ Acórdão Min. Paulo de Tarso Sanseverino, julg. 11/11/2014.

BRASIL, STJ. Recurso Especial 13.027-RJ, 3ª Turma, Relator: Min. Waldemar Zveiter, 22.10.1991.

BRASIL, TJSP, 23ª C.D.Piv., Ap. Cível 1005314-40.2015.8.26.0597, Rel. Des. Sebastião Flávio, julg. 27/07/2016.

BRASIL. STJ, 4ª Turma, REsp 337040, rel. Min. Ruy Rosado de Aguiar, julg. 02.05.2002, publ. DJ 01.07.2002.

CAVALIERI FILHO, Sérgio. *Programa de responsabilidade civil.* São Paulo: Malheiros, 2006.

DAL PIZZOL, Ricardo. Cláusulas de exoneração e limitação de responsabilidade: relações paritárias e não paritárias. *Revista de Direito Civil Contemporâneo*, v. 14, p. 207-236, 2018, p. 3-4.

DIAS, José de Aguiar. *Da Responsabilidade Civil*, Rio de Janeiro, Forense, 7.ª ed., vol. 2, 1997, p. 774.

FORGIONI, Paula A. *Contratos empresariais: teoria geral e aplicação*, 2. ed. São Paulo: Revista dos Tribunais, 201, p. 73.

FRÍAS, Ana López. *Los contratos conexos*. Barcelona: Bosch, 1994.

GAMA JR, Lauro. *Os Princípios do UNIDROIT*, relativos aos contratos do comércio internacinal: uma nova dimensão harmonizadora dos contratos internacionais. *In Novas Perspectivas do Direito Internacional Contemporâneo: estudos em homenagem ao Professor Celso D. de Albuquerque Mello*. Rio de Janeiro: Renovar, 2008, p. 102-103.Disponível em: <https://www.oas.org/dil/esp/95-142%20Gama.pdf>. Acesso em: 20 set. 2021, p. 102-103.

GIFFONI, Adriana de Oliveira. As cláusulas "cross default" em contratos financeiros. *Revista de Direito Mercantil, Industrial, Econômico e Financeiro*, n. 121. São Paulo, jan./mar. 2001, p. 148.

ITURRASPE, Jorge Mosset. *Contratos conexos*: grupos y redes de contratos. Argentina, Rubinzal-Culzoni Editores, 1999.

KATAOKA, Eduardo Takemi. *A coligação contratual*. Rio de Janeiro: Lumen Juris, 2008.

KONDER, Carlos Nelson. *Contratos conexos*: grupos de contratos, redes contratuais e contratos coligados. Rio de Janeiro: Renovar, 2006.

KONDER, Carlos Nelson. Qualificação e coligação contratual. *Revista forense*, v. 406, 2010, p. 55-86.

KRUFT, Stephen R. Cross-default provisions in financing and derivatives transactions. 113 Banking L.J. 216 (1996), p. 216.

LAMY, Miguel Maria Miranda Alves de Moura. *O sector eléctrico em Portugal – A alteração das circunstâncias em contexto de mercado liberalizado:* Os Custos de Manutenção do Equilíbrio Contratual e a Hardship sob o Memorando de Entendimento sobre as Condicionalidades de Política Económica. 2013, p. 24-26. Dissertação de Mestrado. Universidade Católica Portuguesa. Disponível em: <https://repositorio.ucp.pt/bitstream/10400.14/13399/1/Disserta%C3%A7%C3%A3o%20Final%20-%20Miguel%20Lamy%20Word%20TESE%20COMPLETA.pdf>. Acesso em: 20 set. 2021.

LEITÃO, Luís Manuel Teles de Menezes. *Garantias das obrigações*, 6. ed. Coimbra: Almedina, 2018, p. 108-109.

LENER, Giorgio. *Profili del collegamento negoziale*. Milano: Giuffrè, 1999.

LEONARDO, Rodrigo Xavier. Contratos coligados. In: BRANDELLI, Leonardo (org.). *Estudos de Direito Civil, Internacional Privado e Comparado: Coletânea em homenagem à professora Vera Jacob de Fradera*. São Paulo: LEUD, 2014, p. 4.

—. *Redes contratuais no mercado habitacional.* São Paulo: Revista dos Tribunais, 2003.

LORENZETTI, Ricardo Luis. *Tratado de los contratos,* tomo I. Buenos Aires: Rubinzal-Culzoni, 1999, p. 61.

MARINHO, Maria. A validade da cláusula de não indenizar relativa à obrigação principal. *Revista CEJ*, ano XX, n. 70. Brasília, set./dez. 2016, p. 114-120.

MARINO, Francisco Paulo De Crescenzo. *Contratos coligados no direito brasileiro.* São Paulo: Saraiva, 2009.

MARTINS-COSTA, Judith. A cláusula de hardship e a obrigação de renegociar nos contratos de longa duração. *Revista de Arbitragem e Mediação,* vol. 7, n. 25. São Paulo, abr.-jun./2010, p. 1-7.

—. *Comentários ao novo Código Civil,* vol. V, tomo I: do direito das obrigações, do adimplemento e da extinção das obrigações. Rio de Janeiro: Forense, 2003, p. 67.

MATTIETTO, Leonardo. O princípio do equilíbrio contratual. *Revista de Direito da Procuradoria Geral do Estado do Rio de Janeiro,* v. 64, p. 183-191, 2009.

MENDES, Eduardo Heitor da Fonseca. A garantia autônoma no direito brasileiro. *In* GUEDES, G. S. C.; MORAES, M. C. B.; MEIRELES, R. M. V. (coord.). *Direito das garantias.* São Paulo: Saraiva, 2017, p. 106.

MONTEIRO, António Pinto. *Cláusulas limitativas e de exclusão de responsabilidade civil.* Coimbra: Almedina, 2003, p. 251.

OLIVA, Milena Donato; CASTRO, Diana Loureira Paiva. As cláusulas de não indenizar nas relações de consumo e nos contratos de adesão em relações civis. *Revista de Direito do Consumidor,* v. 129, 2020, p. 1-2.

PEREIRA, Caio Mario da Silva. *Instituições de Direito Civil.* Vol. II. 19ª ed. Rio de Janeiro: Forense: 1999, p. 224.

PEREIRA, Fábio Queiroz. A obrigação de renegociar e as consequências de seu inadimplemento. *Revista de Direito Civil Contemporâneo,* v. 15. São Paulo, abr./jun. 2018, p. 1-7.

PEREIRA, Vinícius Martins. *Exoneração e limitação do dever de indenizar: entre riscos e equilíbrio* Dissertação (Mestrado em direito). Rio de Janeiro: Universidade do Estado do Rio de Janeiro, 2014, p. 47-48.

PERLINGIERI, Pietro. In tema di tipicità e atipicità nei contratti. *Il diritto dei contratti fra persona e mercato: problemi del diritto civile.* Napoli: ESI, 2003, p. 408.

PRATA, Ana. *Cláusulas de Exclusão e Limitação da Responsabilidade Contratual,* Coimbra: Almedina, 1985, p.26.

RENTERIA, Pablo. *Penhor e autonomia privada.* São Paulo: Atlas, 2016, p.108-109.

RODRIGUES, Gabriela Wallau ; GIANNAKOS, D. B. S. . A Cláusula Hardship como forma de mitigação da assimetria de informação nos contratos internacionais. *Revista Electrónica de Direito*, v. 2. Porto, 2017, p. 5-6.

ROSA, Diana Serrinha. As cláusulas *cross default* no ordenamento jurídico português. *Revista de Direito das Sociedades*, n. 1. Lisboa, 2016 p. 222-223.

SALA, Martha Gallardo. Os Princípios propostos pelo unidroit: relação com a *lex mercatoria* e sua utilização na esfera do comércio internacional. *Revista do IBRAC – direito da concorrência, consumo e comércio internacional*, vol. 25. Porto, p. 241-273, jan.-jun./2014, p. 1-2.

SBRISSIA, Henrique. A cláusula *cross default* na perspectiva da análise econômica do direito. *Revista jurídica luso-brasileira*, ano 6, n. 3. Lisboa, 2020.

SCHREIBER, Anderson. *Equilíbrio contratual e dever de renegociar.* São Paulo: Saraiva Educação, 2020, 2ª ed., p.400-401.

SCHUNCK, Giuliana Bonanno . Cláusula de limitação e exoneração de responsabilidade e sua aplicação no Direito Civil e Empresarial. *Revista Direito Empresarial*, v. 9. [Belo Horizonte], p. 189-210, 2012, p. 911.

SIMÕES, Diogo Cruz. *A cláusula de cross default: da admissibilidade ao controlo societário.* Dissertação (Mestrado em direito). Lisboa: Universidade de Lisboa, 2016.

TEPEDINO, Gustavo; PEÇANHA, Danielle Tavares. Contornos das garantias autônomas no direito brasileiro. *Revista Brasileira de Direito Civil – RBDCivil*, v. 28. Belo Horizonte, abr./jun. 2021, p. 275-290.

TERRA, Aline de Miranda Valverde. *Cláusula resolutiva expressa.* Belo Horizonte: Fórum, 2017, p. 67-73.

TEYSSIÉ, Bernard. *Les groupes de contrats.* Paris: L.G.D.J., 1975.

4. RISCO E LACUNOSIDADE CONTRATUAL: O CASO DAS LACUNAS POR EXPRESSA DELIBERAÇÃO DAS PARTES

Guilherme Carneiro Monteiro Nitschke

Introdução

Ao principiar seu *bestseller* sobre a história do risco, o economista Peter L. Bernstein era categórico: "[a] ideia revolucionária que define a fronteira entre os tempos modernos e o passado é o domínio do risco", o que permitiu abandonar a percepção de que o futuro é "um capricho dos deuses" ou de que os seres humanos são meramente "passivos diante da natureza"[1]. No direito, o par dessa "ideia revolucionária" é o contrato, um dos instrumentos convocados para o "domínio do risco" e não por acaso identificado como "essencial peculiaridade material da vida jurídica moderna"[2]; uma modernidade que se edifica na dobra do tempo – do futuro no presente – e na doma das tecnologias, das rotas oceânicas, da circulação de mercancias e pessoas. O contrato não é uma criação da modernidade, mas uma de suas metáforas e um de seus utensílios; um dos meios para lidar com o risco de viver em uma sociedade cada vez mais mutante, cada vez mais globalizada.

[1] Bernstein, Peter L. *Against the Gods. The remarkable story of risk.* New York: John Wiley & Sons, Inc., 1998, p. 1.

[2] Weber, Max. *Economia y Sociedad. Esbozo de sociologia compreensiva* (trad. José Medina Echavarría, Juan Roura Parella, Eugenio Ímaz, Eduardo García Máynez e José Ferrater Mora). 2 ed. México: FCE, 2004, p. 534.

Por outro lado, ainda que "risco" e "contrato" sejam dimensões interpenetradas a partir da modernidade, nota-se certa hiperutilização da primeira palavra no campo jurídico, "pagando-se hora extra" por fazer um mesmo vocábulo significar tantas e muitas coisas ao mesmo tempo[3]. Fala-se de riscos da atividade e riscos do desenvolvimento na responsabilidade civil, riscos do pagamento (Código Civil, art. 344), riscos típicos do negócio como descrição de álea contratual (Código Civil, art. 421-A, inc. II), riscos da evicção (Código Civil, art. 449), a autonomia patrimonial como instrumento para "alocação e segregação de riscos" (Código Civil, art. 49-A, Parágrafo Único), risco nos contratos aleatórios (Código Civil, arts. 458 a 461), risco nos contratos de compra e venda (Código Civil, arts. 492 a 494) – dentre tantas outras invocações que não estão presentes, apenas, na legislação, mas empregadas em abundância pela doutrina.

Particular exemplo dessa hiperutilização é a que tem correlacionado lacunosidade e "gestão da álea contratual" sob a por vezes sub-reptícia, por vezes declarada tentativa de importar e aclimatar a teoria norte-americana dos "contratos incompletos", nem sempre, contudo, atentando para as peculiaridades da linguagem, que apenas aparentemente faz coincidir significados indicados por semelhantes expressões, pertencentes a diferentes idiomas (como "incomplete contracts" e "lacunosidade")[4]; e nem sempre procedendo à verificação prévia da necessidade e utilidade do movimento de transplantação, levado a sobrepor retalhos estrangeiros por sobre o tecido jurídico local. O resultado disso tem sido a produção

[3] Expressão que remete ao célebre diálogo entre Alice e Humpty Dumpty, em que este dá alongada definição da palavra "impenetrabilidade", ao que redargui a menina: "- Mas isso é fazer com que uma só palavra signifique muitas coisas – disse Alice, em um tom de voz bastante meditativo. – Quando faço uma palavra trabalhar assim desse jeito – explicou Humpty Dumpty –, sempre pago hora extra" (CARROLL, Lewis. *Alice no País do Espelho* (trad. William Lagos). Porto Alegre: L&PM, 2009, p. 115).

[4] Valendo, ainda hoje, as observações de Walter Benjamin a respeito: "a relação entre conteúdo e linguagem no original é inteiramente diferente do que na tradução. No original, conteúdo e linguagem constituem certa unidade, como a existente entre um fruto e sua casca, ao passo que a tradução envolve seu conteúdo como se com as grandes dobras de um manto real" (BENJAMIN, Walter. The translator's task (trad. Steven Randall). *TTR: Traduction, Terminologie, Rédaction.* [s.l.]: Association Canadienne de Traductologie, 1997, n. 2, p. 158).

uma série de inexatidões e inconsistências, de pouca utilidade e algum perigo para a prática jurídica.

É bem verdade que tal tentativa de transplante não chega a surpreender, uma vez que se tem, de um lado, prática contratual que torna cada vez mais frequente a ocorrência de lacunas contratuais, especialmente – mas não limitadamente – aparecidas em contratos de adimplemento duradouro[5], *de per se* distendidos no tempo longo, complexificados, submetidos a áleas de toda sorte (políticas, econômicas, técnicas, de execução) e à potencial insuficiência de sua disciplina, face ao devir mutante[6]; e, de outro lado, timidez da lei no trato da lacunosidade e raros exercícios de doutrina que se tenham voltado a orientar a prática. O recurso fácil à transplantação tem, por isso, encontrado algum lugar, à revelia do olhar que se volta para dentro e recava nas fontes locais soluções insuspeitas, e que vê a tradição como necessário "ponto de partida" – às vezes, também "de chegada" – na identificação, sob retrabalho, de modelo jurídico apto à patologia.

Daí que o objetivo deste trabalho seja avaliar a proposição de transplantação que se tem feito para as hipóteses de lacunosidade contratual, e que, sob uma visão que assimila "lacunosidade" e "gestão dos riscos" do contrato, reduz a patologia à hipótese em que as próprias partes deliberam sobre a lacuna e seu preenchimento. Primeiro, flagrar-se-á a impropriedade de tal correlação (Cap. 1), seja por examinar sua premissa que é a adoção, com adaptações, da "teoria dos contratos incompletos" (Cap. 1.1), seja por flagrar as imprecisões derivadas de tal premissa para o assunto da lacunosidade (Cap. 1.2). Feita a crítica, restará o exercício de proposição (Cap. 2): a um, pela mais adequada conceituação e *distinguo*

[5] Para a descrição da categoria dos contratos de adimplemento duradouro, remete-se a MARTINS-COSTA, Judith; NITSCHKE, Guilherme Carneiro Monteiro. Contratos duradouros lacunosos e poderes do árbitro: questões teóricas e práticas. *Revista de Arbitragem – GEARB. Edição Especial: Arbitragem – Questões polêmicas* (coord. do número: Lucila de Oliveira Carvalho). Belo Horizonte: Del Rey, 2012, pp. 63-113.

[6] Assim já detectavam: GALGANO, Francesco. *La globalizzazione nello specchio del diritto*. Milano: Giuffrè, 2005, p. 16; e OPPETIT, Bruno. L'arbitrage et les contrats commerciaux à long terme. *Revue de l'Arbitrage*. Paris: Gaignault, 1977, n. 2, pp. 91-92. Aqui, mesmo diagnóstico está em NANNI, Giovanni Ettore. Interpretação: uma visão entre o passado e o futuro. In: *Direito Civil e Arbitragem*. São Paulo: Atlas, 2014, pp. 216-218.

da hipótese de lacuna por expressa deliberação das partes (Cap. 2.1); e, a dois, pela sumária exposição de como – por que meios, por que critérios – se preenchem tais incompletudes (Cap. 2.2).

1. Imprecisões de vincular "gestão da álea contratual" e lacunosidade

O trabalho de análise e reconstrução do modelo jurídico principia pela limpeza e terraplanagem do baldio, entulhado pela proposição de importações irrefletidas e a consequente mistura entre figuras jurídicas. Isso porque o tema da "incompletude" contratual tem sido tratado, nas raras ocasiões que abordado no Brasil, sob o viés da "teoria dos contratos incompletos", de procedência norte-americana, e que vem produzindo algumas imprecisões relevantes. A principal delas é sustentar que a lacunosidade seja fenômeno decorrente da "gestão negativa da álea contratual"[7], isto é: a incompletude passa a ser vista como consequência de uma deliberada escolha dos contratantes, que, na disciplina *ex ante* de sua relação, "acordam acordar sobre algumas coisas depois", na expressão de Oliver Hart e John Moore que se popularizou para resumir a transplantação[8]. Tal relação entre gestão da álea e lacunosidade, porém, é imprecisa por variados motivos, sendo o caso de se destacarem as inexatidões de sua premissa (Cap. 1.1) e, ato seguinte, das quatro decorrências que dela derivam (Cap. 1.2).

1.1. A premissa: tentativas de aclimatação da "teoria dos contratos incompletos"

Há imprecisões decorrentes da importação do modelo jurídico-econômico norte-americano dos "contratos incompletos" quando procedida para explicar e dar solução às situações de lacunosidade contratual no direito brasileiro. Sobre tal modelo estrangeiro há de se falar antes (Cap.

[7] Assim defende, e.g., Bandeira, Paulo Greco. *Contrato Incompleto*. São Paulo: Atlas, 2015, p. 117 e ss.

[8] Hart, Oliver; Moore, John. Agreeing now to agree later: contracts that rule out but do not rule in. *NBER Working Paper Series. Working Paper nº. 10397* (disponível em http://www.nber.org/papers/w10397). National Bureau of Economic Research, Cambridge, 2004, p. 2 ("The parties agree some things now and agree to agree other things later").

1.1.1) para, depois, avaliar-se quanto à *necessidade* e *utilidade* dessa aclimatação (Cap. 1.1.2).

1.1.1. A "teoria dos contratos incompletos"

Gestada nos Estados Unidos a partir da década de 1980, foi a análise econômica do direito e, depois, a chamada "New Institutional Economics"[9] que fez vicejar a "teoria dos contratos incompletos" enquanto derivação da chamada "teoria dos incentivos" ("Incentives Theory", ou somente "IT"), e que, justamente por isso, tem, na origem, pretensões omnicompreensivas: de explicar a realidade contratual como um todo, e não apenas trabalhar um grupo específico de contratos ou uma anomalia destes. Daí sustentar serem os contratos sempre soluções subótimas ("second best solutions") àquilo que seria o ideal ("first best solutions"), sendo, assim, incompletos ao que preferencialmente seria desejável fosse totalizante. Seus autores canônicos foram Oliver Hart, John Moore e Sanford Grossman, a que sucederam abordagens diversas, de economistas de cepas distintas, acerca da aplicação da noção de "contratos incompletos" a diferentes setores da economia e com desdobramentos variados, tais como as sutilezas da governança em contratos de financiamento incompletos[10], ou a conveniência de, em certos casos, celebrar-se um contrato de menor escopo para testar a confiança na contraparte e só depois seguir ao negócio maior[11], dentre outras reflexões.

[9] A "New Institutional Economics" (NIE) é um conjunto de instrumentos analíticos advindos de uma variedade de disciplinas das ciências sociais, dos negócios e do direito, que, "when put together properly form a wheel of analysis capable of addressing a broad variety of issues". Seu foco é analisar a interação entre instituições e performance econômica à luz de certos critérios como "transaction costs, property rights, credible commitment, and agenda control that determine the simultaneous casual links between institutions and economic performance" (ALSTON, Lee J. New Institutional Economics. In: DURLAUF, Steven N.; BLUME, Lawrence E. (eds.). *The New Palgrave Dictionary of Economics*. 2. ed. London: Palgrave Macmillan Ltd., 2008, v. 6, pp. 32-39).

[10] AGHION, Philippe; BOLTON, Patrick. An incomplete contracts approach to financial contracting. *The Review of Economic Studies*. London: Blackwel, 1992, v. 59 *passim*.

[11] AGHION, Philippe; DEWATRIPONT, Mathias; REY, Patrick. On partial contracting. *European Economic Review*. Amsterdam: Elsevier, 2002, v. 46, pp. 745-747. Os autores exemplificam com contratações de TI entre grandes empresas americanas e pequenas empesas indianas: "when a big US computer firm starts contracting with a small Indian software

A noção se antagonizou à da "teoria do contrato completo", que, na descrição de seus críticos, entende ser possível falar de um contrato completo (*completely specified* ou simplesmente *complete*) quando "a lista de condições em que as ações das partes se baseiam é *explicitamente exaustiva*", no sentido de o contrato prever "toda e qualquer possível condição em um certo universo relevante de condições"[12].

A variedade de abordagens sobre o "contrato incompleto" indica o desenvolver da percepção de início e flagra que o dispositivo teórico foi aplicado para evidenciar problemas diversos sob o prisma econômico, sem a preocupação, via de regra, de fazer o enlace com o direito de fundo e sem a preocupação de centrar foco em dada situação-problema. Disso deriva, a um, que muitos dos temas versados pelos economistas, sob o guarda-chuva dessa linhagem teórica, são igualmente versados no campo jurídico, dando ensejo a proposições jurídicas de resolução (*rectius* a "modelos jurídicos"[13]). São lentes diversas nem sempre deitadas sobre um mesmo fenômeno, daí derivando também, a dois, alguma confusão que se tem feito entre as noções de "contratos incompletos" sob o prisma dos estudos econômicos e de "lacunosidade contratual" sob o prisma dos estudos jurídicos. É o que em frente se verá, a título de *distinguo*, sendo pertinente marcar desde logo, porém, que alguma incompreensão

firm without reputation, it signs a contract which allows the small firm to start building a reputation, while nonetheless imposing a significant share of the risk on the small firm. Once the previous contracting relationships have led to enhance the reputation of the small firm, the parties then move to contracts where the big firm takes more of the risk" (idem, p. 747).

[12] SHAVELL, Steven. *Foundations of Economic Analysis of Law*. Cambridge: The Belknap Press, 2004, p. 292.

[13] A noção aqui adotada de "modelos jurídicos", em largas linhas, é a desenvolvida por Miguel Reale, que os tem como "realidades ou objetos culturais, estruturas normativas típicas com que o pesquisador representa e sintetiza distintos aspectos da experiência jurídica, em função das fontes de que promanam", sendo, por isso, projeção dessas fontes mesmas (REALE, Miguel. *Fontes e Modelos do Direito. Para um novo paradigma hermenêutico*. São Paulo: Saraiva, 2002, p. 47; a noção de "modelo jurídico" foi apresentada por Miguel Reale, por primeiro, em seu REALE, Miguel. *O direito como experiência (introdução à epistemologia jurídica)*. 2. ed. São Paulo: Saraiva, 1992, pp. 147-234) – a legal, a consuetudinária, a jurisdicional, a negocial e, em acréscimo à elaboração de origem, também a dogmática.

decorre da tradução que se faz, para o campo jurídico, daquilo que é o foco de preocupação dos trabalhos de economia.

Basta exemplificar com certo estudo que tem por enfoque a incompletude contratual em contratos de financiamento, produzido por Philippe Aghion e Patrick Bolton em 1992, dentro da cepa teórica de Oliver Hart, John Moore e Sanford Grossman[14]. Nele, seus autores evocam o conceito de "contratos incompletos" para identificar as repercussões econômicas que certos mecanismos de governança do contrato de financiamento e da subjacente empresa geram ao empresário e ao investidor, sugerindo, assim, esquemas *ex ante* de compensação e controle que potencializem a eficiência da governança, tornando-a menos custosa. Sua proposição transita, portanto, pela estruturação *econômica* do negócio de investimento, cujo enfoque está em fazê-lo menos dispendioso aos envolvidos, não se relacionando diretamente, assim – ao menos, não nos escritos da análise econômica que seguem a linhagem canônica da teoria –, aos temas jurídicos da colmatação de lacunas ou da resolução/revisão do contrato por alteração superveniente de circunstâncias.

É bem verdade, de toda sorte, que referido exemplo desnuda trabalhar-se com uma noção mais ou menos constante de incompletude contratual, que se repete nos estudos sequenciais que os economistas produziram sobre o tema geral. Ela – a incompletude – é vista como naturalizada à realidade contratual, decorrendo tanto do fato de os contratos envolverem altos custos de elaboração e execução, fazendo com que as partes não prevejam *ex ante* todas as dimensões de coordenação dos problemas que surgirão *ex post*[15]; quanto do fato de que certos custos *ex post*

[14] Aghion, Philippe; Bolton, Patrick. An incomplete contracts approach to financial contracting. *The Review of Economic Studies*. London: Blackwel, 1992, v. 59, especialmente pp. 490-492, onde se encontra a suma do exame e algumas proposição práticas.

[15] Esta é a conhecida definição que lhe atribuíram Oliver Hart e John Moore: "In the case of contractual incompleteness, on the other hand, the parties may have the same information; what prevents the use of a complete contingent contract is the cost of processing and using this information in such a way that the appropriate contingent statements can be included and implemented" (Hart, Oliver; Moore, John. Incomplete contracts and renegotiation. *Working Paper, Department of Economics*, Massachusetts Institute of Technology, 1985, n. 367, p. 1). Para os autores, um contrato *completo* – que seria o "first-best" –, por envolver altos custos, "is infeasible" (idem, p. 7).

são capazes de superar os benefícios a serem alcançados, o que faz com que as partes excluam, ou deixem de incluir, determinada previsão[16]. Noutras palavras, o debate dos economistas sobre completude e incompletude coloca-se no plano dos contratantes, a bem dizer, em sua habilidade de implementar *ex ante* mecanismos de coordenação que garantam a eficiência *ex post*[17], tendo em vista que "a elaboração e a execução de um contrato tende a tornar-se mais dispendiosa quanto mais extensos são os riscos que pretende recobrir"[18].

Ainda que com algumas variações[19], há que se entender que essa teoria vê os contratos incompletos como aqueles em que as partes, no momento da negociação, deixam o negócio insuficiente sob o ponto de vista da disciplina de seus riscos, por razões de custos *ex ante* ou *ex post*[20].

[16] Brousseau, Éric. Contracts: from bilateral sets of incentives to the multi-level governance of relations. In: Brousseau, Éric; Glachant, Jean-Michel (eds.). *New Institutional Economics. A Guidebook*. Cambridge: Cambridge University Press, 2008, pp. 37 e 42. Essas também são premissas dos autores de *law and economics* que analisam a incompletude contratual, como destaca Posner, Eric. Economic analysis of contract law after three decades: success or failure? *Yale Law Journal*. New Haven: Yale University, 2003, pp. 858-859.

[17] Brousseau, Éric. Contracts: from bilateral sets of incentives to the multi-level governance of relations. In: Brousseau, Éric; Glachant, Jean-Michel (eds.). *New Institutional Economics. A Guidebook*. Cambridge: Cambridge University Press, 2008, p. 40.

[18] Araújo, Fernando. *Teoria Económica do Contrato*. Coimbra: Almedina, 2007, p. 149. E complementa: "Um contrato mais incompleto aproximar-se-á do mercado "pontual", seja na flexibilidade seja na exposição a riscos; um contrato mais completo, ao invés, perderá em flexibilidade o que pode ganhar em erradicação ou cobertura de riscos – mas fá-lo-á, ao menos, a partir de certo ponto, a custos crescentes, a "custos de transação" que, neste contexto, podemos designar como "custos de governo", custos de especificação de formas de partilha e gestão do risco" (idem ibidem).

[19] Para o resumo dessas teorias, veja-se: Araújo, Fernando. *Teoria Económica do Contrato*. Coimbra: Almedina, 2007, p. 158 e ss.; e Brousseau, Éric. Contracts: from bilateral sets of incentives to the multi-level governance of relations. In: Brousseau, Éric; Glachant, Jean-Michel (eds.). *New Institutional Economics. A Guidebook*. Cambridge: Cambridge University Press, 2008, pp. 44-45.

[20] A doutrina nacional que encampa a teoria diz que "o contrato incompleto é uma técnica de decisão presente no ato de gerir as relações contratuais" (Caminha, Uinie; Lima, Juliana Cardoso. Contrato incompleto: uma perspectiva entre direito e economia para contratos de longo termo. *Revista Direito GV*. São Paulo: GV, 2014, n. 10, p. 162). No mesmo sentido, Sztajn, Raquel. *Supply chain* e incompletude contratual. *Systemas – Revista de Ciências Jurídicas e Econômicas*. Campo Grande: Contemplar, 2009, n. 1, p. 14.

Há percepção de *normalidade* dessa incompletude[21], o que não deve ser confundido com apologia pura e simples da incompletude: os mesmos autores destacam que "se as partes sabem que alguns aspectos do futuro – o preço ou a natureza da música, por exemplo, [em um contrato de prestação de serviços] – estarão limitados a uma determinada extensão, o contrato deve dizer isso. Para dizer de outro modo, soltura [looseness] é desejável apenas até o limite de que haja genuína incerteza quanto ao que deverá acontecer"[22].

A essa lacunosidade os economistas recomendam que se acresça um mecanismo de renegociação (esta a originalidade que os teorizadores atribuem a si próprios), que outorgaria a uma das partes o poder de restabelecer as condições do contrato[23]. Noutras palavras, um con-

[21] Hart, Oliver; Moore, John. Agreeing now to agree later: contracts that rule out but do not rule in. *NBER Working Paper Series. Working Paper nº. 10397* (disponível em http://www.nber.org/papers/w10397). National Bureau of Economic Research, Cambridge, 2004, p. 2 ("The parties agree some things now and agree to agree other things later").

[22] Hart, Oliver; Moore, John. Agreeing now to agree later: contracts that rule out but do not rule in. *NBER Working Paper Series. Working Paper nº. 10397* (disponível em http://www.nber.org/papers/w10397). National Bureau of Economic Research, Cambridge, 2004, p. 4.

[23] Hart, Oliver; Moore, John. Incomplete contracts and renegotiation. *Working Paper, Department of Economics,* Massachusetts Institute of Technology, 1985, n. 367, pp. 2-3. Segundo esses autores, a simples possibilidade de que as partes revisem o contrato "will affect the form of the initial contract" (idem, p. 3). Diga-se de passagem, esta é a diferença fundamental entre os teóricos da economia e os estudiosos de "Law and Economics", pois enquanto aqueles focam nos mecanismos que as partes podem implementar para terem contratos mais eficientes, estes analisam normas jurídicas alternativas que possam prestar maior eficiência aos negócios (Posner, Eric. Economic analysis of contract law after three decades: success or failure? *Yale Law Journal.* New Haven: Yale University, 2003, p. 856). Não por acaso boa parte da literatura sobre o tema está cingida a tratar das *default rules* como estratégia eficiente para combater a incompletude, como se pode ver dos seguintes exemplos: Ayres, Ian; Gertner, Robert. Filling gaps in incomplete contracts: an economic theory of default rules. *The Yale Law Journal.* New Haven: Yale University, 1989, v. 99; Ayres, Ian; Gertner, Robert. Strategic contractual inefficiency and the optimal choice of legal rules. *The Yale Law Journal.* New Haven: Yale University, 1991-1992, n. 101; Bellantuono, Giuseppe. *I contratti incompleti nel diritto e nell'economia.* Padova: CEDAM, 2000, p. 103 e ss.; Goetz, Charles J.; Scott, Robert E. The limits of expanded choice: an analysis of the interactions between express and implied contract terms. *California Law Review.* Berkeley: University of California, 1985, v. 73.

trato incompleto de preferência deve conter um mecanismo subótimo ("second best") de renegociação, razão que faz esses teóricos também distinguirem entre "contratos soltos" ("loose contracts") e "contratos justos" ("tight contracts"). Os primeiros são caracterizados por uma lista aberta de opções, que produz flexibilidade mas reduz os incentivos a investimentos *ex ante*. Os segundos descrevem uma lista curta de opções e protegem de maneira mais eficiente os investimentos das partes, ainda que à custa de ineficiências *ex post*[24].

A Teoria dos Contratos Incompletos segue em franco desenvolvimento teórico em sua ambiência de origem, a partir das duras críticas que passou a sofrer, e hoje encontra sobrevivência na chamada "Teoria do Design Contratual" ("Theory of Contractual Design")[25]. É elaboração que procura expandir os mecanismos subótimos para a lida com a imprevisão, reconhecendo a importância das cláusulas de renegociação mas ampliando o foco para outras estratégias de desenho contratual, como, por exemplo: o emprego deliberado de expressões vagas (e.g. *best efforts*), a escolha por meios alternativos de resolução de controvérsias (e.g. arbi-

[24] Hart, Oliver; Moore, John. Agreeing now to agree later: contracts that rule out but do not rule in. *NBER Working Paper Series. Working Paper nº. 10397* (disponível em http://www.nber.org/papers/w10397). National Bureau of Economic Research, Cambridge, 2004, pp. 2-3.

[25] A "Teoria do Design Contratual" é elaboração principiada pelos trabalhos de Robert Scott e George Triantis, e abordada sobretudo nos seguintes estudos: Triantis, George. Financial contract design in the world of venture capital. *John M. Olin Law & Economics Working Paper No. 115 (2d Series)*. Chicago: University of Chicago, 2001; Scott, Robert E.; Triantis, George G. Incomplete contracts and the theory of contract design. *Case Western Reserve Law Review*. Cleveland: Case Western Reserve University, 2005, v. 56; Scott, Robert E.; Triantis, George G. Anticipating litigation by contract design. *Yale Law Journal*. New Haven: Yale Law School, 2005-2006, v. 115; Triantis, George. Exploring the limits of contract design in debt financing. *University of Pennsylvania Law Review*. Philadelphia: University of Pennsylvania, 2013, v. 161; Gilson, Ronald J.; Sabel, Charles F.; Scott, Robert E. Text *and* context: contract interpretation as contract design. *Cornell Law Review*. Ithaca: Cornell University, 2014, v. 100; Scott, Robert E. Contract design and the shading problem. *Columbia LawSchool Public Law & Legal Theory Working Paper Group. Paper Number 14-472*. New York: Columbia Law School, 2015.

tragem), a disposição sobre regras de produção e ônus de prova[26], dentre outras estipulações *ex ante* para prevenir questões *ex post*.

A isso se soma a tentativa de quebrar com a dicotomia "text versus context", típica da história jurídica norte-americana e que varia entre tendências mais textualistas (isto é, o intérprete detido aos *four corners* do contrato) e tendências mais contextualistas (isto é, permitindo-se ao intérprete acessar o contexto para interpretar o contrato). Para o que interessa a este trabalho, os autores da Teoria do Design Contratual procuram relativizar essa dicotomia por destacar que nenhuma das posturas é capaz de dar conta de todas as variações que o caso concreto apresenta, em considerando as variáveis "incerteza" (*uncertainty*) e "escala" (*scale*)[27]. As estratégias interpretativas dependerão do grau dessas variáveis, em interação à sofisticação que os contratantes apresentarem para com o desenho contratual, sendo, portanto, de derivar combinações das mais diversas a respeito, conforme tipologia proposta pelos referidos autores. Isso justifica que se tenha, por exemplo, um regime interpretativo menos contextualista em situações de alta sofisticação das partes e grau baixo de incerteza e saturação do mercado (hipótese de contratos *bespoke*), tanto quanto um regime interpretativo mais contextualista quando se tratar de partes com baixa sofisticação e alta uniformidade do mercado (hipótese de contratos por adesão)[28].

[26] Scott, Robert E.; Triantis, George G. Incomplete contracts and the theory of contract design. *Case Western Reserve Law Review*. Cleveland: Case Western Reserve University, 2005, v. 56, pp. 197-201; Scott, Robert E.; Triantis, George G. Anticipating litigation by contract design. *Yale Law Journal*. New Haven: Yale Law School, 2005-2006, v. 115, p. 856 e ss.

[27] "The starting point of our analysis is the recognition that how contracting parties deal with interpretation issues in designing their contracts, and how courts optimally respond to the parties' efforts, depends on two critical characteristics of the particular contracting environment. The first is the level of uncertainty – whether commercial practices are stable and predictable, or disrupted by unforseeable changes in technical possibilities and market conditions. The second is the scope, thickness, or scale of the market – whether there are many traders or few engaged in a particular class of transaction using similar contracting strategies" (Gilson, Ronald J.; Sabel, Charles F.; Scott, Robert E. Text *and* context: contract interpretation as contract design. *Cornell Law Review*. Ithaca: Cornell University, 2014, v. 100, p. 29).

[28] Gilson, Ronald J.; Sabel, Charles F.; Scott, Robert E. Text *and* context: contract inter-

Apesar desses desenvolvimentos, nem sempre o que se tenta transplantar à ambiência de destino é atual com o desenvolvimento observado na origem, por vezes fazendo-se circular fotografia datada e amarelecida, noutras focando-se apenas no verniz discursivo do "estrangeirismo", no chavão que encapsula muito mais conteúdo do que a aparência revela. Há quem se espante e, como o Felício da peça de Martins Pena, diga ao inglês maquinista, que trazia ao Brasil bugigangas estrangeiras mas sem utilidade alguma: "Excelente ideia! Bela e admirável máquina!"[29]. Mas há quem resmungue, duvidando da necessidade e da utilidade do invento, e, casmurro, torça o nariz para o que vem de fora. E questione: é necessária e é útil para o direito brasileiro a "Teoria dos Contratos Incompletos"?

1.1.2. A transplantação é necessária ou útil?

A transplantação da "teoria dos contratos incompletos" tem sido proposta no Brasil, dentre outros fins, para explicar as situações de lacunosidade contratual. Tal tem produzido, como se adiantou acima, uma identificação entre "risco" e "incompletude", e uma espécie de redução das hipóteses de lacunosidade à figura da incompletude deliberada. Tal proposição impõe indagar quanto à sua *necessidade* e *utilidade* (ou *oportunidade*), conforme advertências ainda atuais de Rudolph von Jhering quando tratava do *método* de se proceder à transplantação de um modelo[30]. A cautela que se deve ter não é com as transplantações *de per se*, que por vezes se mostram úteis ou, mesmo, necessárias (quando diante da insuficiência ou

pretation as contract design. *Cornell Law Review*. Ithaca: Cornell University, 2014, v. 100, p. 54 e ss.

[29] Lido em: Martins Pena, Luís Carlos. Os dois ou O inglês maquinista. In: *Comédias (1833-1844)*. São Paulo: Martins Fontes, 2007, p. 139 e ss.

[30] "L'adoption d'institutions juridiques étrangères n'est point une question de nationalité, mais bien d'opportunité et de nécessité. Personne n'ira chercher au loin ce qu'il peut rencontrer à un degré de perfection égal ou même supérieur chez lui. Un fou seul refusera des oranges, sous prétexte qu'elles n'ont pas mûri dans son jardin" (Jhering, Rudolph von. *L'Esprit du Droit Romain dans les diverses phases de son développement* (trad. O. de Meulenaere). 3. ed. Paris: A. Marescq, 1877, t. 1, p. 9). Adotam-no: Zweigert, Konrad; Kötz, Hein. *Introduction to Comparative Law* (trad. Tony Weir). Oxford: Clarendon Press, 1998, p. 17.

deficiência do sistema de destino)[31], mas com o *modus* como, incidentalmente, se as processa; com o descuido, noutras palavras, que se plasma na importação do que é estrangeiro pelo mero estrangeirismo do engenho, pela *label* que contêm – muitas vezes exigida em ambientes acadêmicos, noutras por mero hedonismo, e ainda noutras ocasiões para empacotar trivialidades sob uma etiqueta aparentemente sofisticada[32] –, e que faz enxertar soluções inúteis ou desnecessárias (inclusive corrompidas no seu significado de origem, em certas ocasiões), porque sobrepostas ao que já se tem na ambiência de destino.

Comece-se pela indagação quanto à *necessidade* da transplantação para as situações de lacunosidade contratual. Tal não se mostra presente por uma série de razões.

A um, porque o conceito de incompletude, na "teoria dos contratos incompletos", não é exatamente o mesmo que o de "lacunosidade contratual" no direito brasileiro.

Antes, porque a noção de "incompletude" trabalhada pela análise econômica, ainda que ampla e omnicompreensiva, conota não diretamente a insuficiência de regras contratuais (*rectius* de sua disciplina, de seu conteúdo), mas a não deliberação *ex ante* acerca de todos os custos (e, mais amplamente, dos riscos) que ambas as partes, ou uma delas, podem ter

[31] Monateri, Pier Giuseppe. Black Gaius. A quest for the multicultural origins of the "Western Legal Tradition". *Hastings Law Journal*. San Francisco: University of California, Hastings College of the Law, 1999, v. 50, pp. 30-33; Watson, Alan. *Legal Transplants. An approach to comparative law*. 2. ed. London: The University of Georgia Press, 1993, pp. 95-101, pp. 98-114; Watson, Alan. *The Evolution of Law*. Baltimore: The Johns Hopkins University Press, 1985, pp. 117-119; Zweigert, Konrad; KÖTZ, Hein. *Introduction to Comparative Law* (trad. Tony Weir). Oxford: Clarendon Press, 1998, pp. 16-17. Na tradição brasileira, são as clássicas lições de Oliveira, Candido Luiz Maria de. *Curso de Legislação Comparada*. Rio de Janeiro: Jacintho Ribeiro dos Santos, 1903, p. 7.

[32] Há quem mostre que, muitas vezes, os movimentos de transplantação, no Brasil, respondem ao mero "amor e reverência aos modismos intelectuais, à procura de obter a última ideia", às vezes via *name dropping* ("fulano *dixit*"), noutras por imitações que se desejam cosmopolitas mas sem enraizameno no "Brasil profundo" (Lima Lopes, José Reinaldo de. *Naturalismo no Pensamento Jurídico Brasileiro*. São Paulo: Saraiva, 2014, pp. 27-28 e 82-83). Esse diagnóstico já vinha posto por Clóvis Beviláqua em obra do final dos oitocentos, o que indicia uma certa perenidade da prática (Beviláqua, Clóvis. *Resumo das Licções de Legislação Comparada sobre o Direito Privado*. 2. ed. Bahia: José Luiz da Fonseca Magalhães, 1897, p. 33).

de incorrer durante a execução do contrato[33]. Sob o ponto de vista geral, apenas em sentido lato seria possível falar que as partes desejam "assumir o risco" da ausência de disciplina contratual nos casos de lacunas por expressa deliberação das partes, e mesmo assim tal seria *flatus vocis*: dizer que as partes "assumiram o risco" de tal incompletude é nada dizer, a não ser quanto à necessidade de, no futuro, se proceder à sua colmatação. Se ambas "assumiram o risco", o risco não releva para determinar o conteúdo a se preencher, pois quando se fala de risco em sentido jurídico no direito contratual e de teoria dos riscos neste campo, geralmente se quer identificar quem arca com as consequências da impossibilidade superveniente ou se quer medir se dado fato superveniente que desequilibra um contrato pertence ou não à sua álea ordinária[34].

Mas, depois, o conceito de incompletude, na "teoria dos contratos incompletos", não é exatamente o mesmo que o de "lacunosidade contratual" no direito brasileiro porque, na análise econômica, a incompletude em seu sentido mais amplo não se manifesta, apenas, quando da ausência de regra (a que alguns autores chamam de *literal gaps*), mas também quando de sua ambiguidade, contradição, obscuridade, vagueza[35] – o que não é de surpreender, tendo em vista a pregação de que a incompletude é uma característica de todos os contratos, e não uma patologia de alguns.

Ocorre que, aqui, não há sinonímia entre as situações (a dizer, entre a noção de "incompletude" da análise econômica e a de "lacuna contra-

[33] Araújo, Fernando. *Teoria Económica do Contrato*. Coimbra: Almedina, 2007, p. 149; Brousseau, Éric. Contracts: from bilateral sets of incentives to the multi-level governance of relations. In: Brousseau, Éric; Glachant, Jean-Michel (eds.). *New Institutional Economics. A Guidebook*. Cambridge: Cambridge University Press, 2008, pp. 37 e 42; Hart, Oliver; Moore, John. Incomplete contracts and renegotiation. *Working Paper, Department of Economics*, Massachusetts Institute of Technology, 1985, n. 367, p. 1; Shavell, Steven. *Foundations of Economic Analysis of Law*. Cambridge: The Belknap Press, 2004, p. 339. No Brasil: Caminha, Uinie; LIMA, Juliana Cardoso. Contrato incompleto: uma perspectiva entre direito e economia para contratos de longo termo. *Revista Direito GV*. São Paulo: GV, 2014, n. 10, p. 162; Sztajn, Raquel. *Supply chain* e incompletude contratual. *Systemas – Revista de Ciências Jurídicas e Econômicas*. Campo Grande: Contemplar, 2009, n. 1, p. 14.

[34] Veja-se a tal respeito o texto de Martins-Costa, Judith. O risco contratual (e os significados do risco), publicado neste livro.

[35] Shavell, Steven. *Foundations of Economic Analysis of Law*. Cambridge: The Belknap Press, 2004, pp. 303-304.

tual" da ordem jurídica brasileira), uma vez que o conceito de lacuna é circunscrito, não se identificando com patologias que demandam não a colmatação, e sim o exercício da revelação do significado. Há lacuna em contrato quando ausente parcela do regulamento contratual, isto é, quando o *conteúdo* do contrato se apresentar lacunoso, o que significa dizer, a um, que há lacuna quando falta regra jurídica necessária à relação subjacente; e, a dois, que, em sendo o conteúdo contratual informado por conjunto diverso de fontes (autonomia privada, lei, costumes e boa-fé objetiva), lacuna haverá apenas quando o conteúdo *total* do contrato não apresentar disciplina[36].

Diante de antinomias, ambiguidades, obscuridades e vaguezas, a atividade do intérprete é radicalmente distinta. Estas não suscitam verdadeiro exercício de completamento (ou colmatação) do aplicador, mas de interpretação propriamente dita, por buscar dentro dos quadrantes do contrato o que deve prevalecer[37]. Se é bem verdade que, vez ou outra, a eliminação do que é ambíguo ou contraditório pode ocasionar o surgimento de lacuna, também é verdade que essa é situação incidental, e que não mistura a patologia inicial com a que lhe é sucessiva (do mesmo modo que a nulidade de uma cláusula contratual, com sua consequente extirpação, não transforma a nulidade em espécie de lacuna, só porque o ato subsequente do intérprete será por sua colmatação). Do mesmo modo, a vagueza apenas impropriamente pode ser assimilada à situação de lacunosidade, a que alguns autores da filosofia do direito chamam de "lacuna de reconhecimento" (*gap of recognition*), e que consiste na "indeterminação semântica dos conceitos que caracterizam um certo caso geral"[38]. São aquelas situações a que H. L. A. Hart chamou como de "penumbra"[39], e

[36] NITSCHKE, Guilherme Carneiro Monteiro. *Lacunas Contratuais e Interpretação. História, conceito e método.* São Paulo: Quartier Latin, 2019, *passim.*

[37] Como bem resume Claudio Luzzati, "no caso das antinomias o direito não tanto cala, mas fala com várias vozes" (LUZZATI, Claudio. *La Vaghezza delle Norme. Un'analisi del linguaggio giuridico.* Milano: Giuffrè, 1990, p. 412).

[38] ALCHOURRÓN, Carlos E.; BULYGIN, Eugenio. *Normative Systems.* Wien/NewYork: Springer-Verlag, 1971, p. 33.

[39] HART, H. L. A. *The Concept of Law.* 2. ed. Oxford: University Press, 1997, pp. 124-136.

que "nada têm a ver com o problema tradicional das lacunas no direito, i.e. o problema da incompletude normativa"[40].

Lacunosidade é, portanto, falta de disciplina, falta de norma, e não oposição entre normas existentes, ou dúvida sobre seu sentido. Por isso, mostra-se impreciso sustentar que a "teoria dos contratos incompletos" se preocupe com a semelhante patologia invocada por situações de lacunosidade contratual, como tentam construir, na tentativa de transplantação, alguns estudiosos brasileiros[41]. Desidrata-se de necessidade, deste modo, teoria geral que se quer específica, seja pela corrupção de seu significado de origem, seja porque trabalha com premissas fático-jurídicas distintas.

A dois, e mesmo no caso de se querer aplicar teoria geral para resolver problemas específicos, é possível escavar nas próprias fontes brasileiras modelo jurídico para a colmatação de lacunas contratuais, havendo antiga tradição entre nós, transfigurada em direito positivo desde, pelo menos, o Código Comercial de 1850, a reproduzir – ampliando, limitando, modulando – regras de interpretação e de preenchimento de lacunas atreladas à disciplina geral da interpretação negocial. Não se vai revisitar o que, de outra feita e aprofundamento, já se tratou, bastando concluir aqui que há uma antiga tradição nas fontes jurídicas brasileiras em tratar de situações de lacunosidade contratual, faltando-lhe, apenas, a narrativa que demonstre a presença de modelos jurídicos próprios, o que se tentou levar a cabo de outra feita[42].

[40] Alchourrón, Carlos E.; BULYGIN, Eugenio. *Normative Systems*. Wien/NewYork: Springer-Verlag, 1971, p. 34.

[41] Assim: Bandeira, Paula Greco. *Contrato Incompleto*. São Paulo: Atlas, 2015; Caminha, Uinie; LIMA, Juliana Cardoso. Contrato incompleto: uma perspectiva entre direito e economia para contratos de longo termo. *Revista Direito GV*. São Paulo: GV, 2014, n. 10, pp. 155-200; Penteado, Luciano de Camargo. *Integração de Contratos Incompletos*. Tese de Livre Docência. Faculdade de Direito de Ribeirão Preto, 2013; Sztajn, Raquel. Sociedades e contratos incompletos. *Revista da Faculdade de Direito da USP*. São Paulo: USP, 2006, v. 101, pp. 171-179; SZTAJN, Raquel. *Supply chain* e incompletude contratual. *Systemas – Revista de Ciências Jurídicas e Econômicas*. Campo Grande: Contemplar, 2009, n. 1, pp. 1-27 disponível em http://cepejus.libertar.org/index.php/systemas/article/view/10/11.

[42] Nitschke, Guilherme Carneiro Monteiro. *Lacunas Contratuais e Interpretação. História, conceito e método*. São Paulo: Quartier Latin, 2019, *passim*; e, sobre a antiga tradição luso-brasileira a respeito, vejam-se as pp. 51-172 de mesma obra.

A três, porque, mesmo se houvesse necessidade de recurso à comparação jurídica de modo a suprir a insuficiência de modelos locais, é de se cogitar que outras experiências, mais afins à brasileira, devessem ser revolvidas antes de se partir para modelos desenvolvidos na tradição anglo-americana[43]. Não que este seja um impeditivo *a priori*, mas não se pode negar que, pelos vínculos de precedência histórica e de similitude normativa, o mais recomendável seja acessar, com prioridade, outros sistemas de *civil law* e neles verificar a presença de modelo apto a dar conta do fenômeno. Tal invoca o secular debate sobre "direito subsidiário", presente na tradição luso-brasileira desde as Ordenações e encorpado quando da legislação pombalina, que tratava de tema semelhante ao aqui suscitado: que lei estrangeira se deve acessar subsidiariamente para suprir eventuais lacunas do sistema local? Dentre as tantas vicissitudes e os tantos legados desse debate, encontra-se em autores brasileiros do final dos oitocentos e do início dos novecentos a percepção de que se deve acessar, com prioridade, o sistema que "mais se aproxima das leis e costumes patrios, quanto á instituição do direito, a cujo respeito versa o ponto da questão"[44], sendo "grave erro romper, de chofre, com as tradições juridicas de uma sociedade, para n'ella introduzir reformas precipitadas"[45].

Isso se dá também por conta de diferenças marcantes em tema de "desenho contratual" se comparados, grosso modo, os ambientes de *civil law* com os de *common law*, uma vez que, nos primeiros, a existência de tipos legais é compressiva e balizadora da redação dos contratos, opor-

[43] Tal não significa dizer que a transplantação entre sistemas radicalmente diferentes seja uma impossibilidade apriorística, havendo exemplos em que o contrário operou com sucesso, como cita Alan Watson, sendo o caso de advertir, porém, quanto ao mais complexo esforço de aclimatação que tal demanda (Watson, Alan. *Legal Transplants. An approach to comparative law*. 2. ed. London: The University of Georgia Press, 1993, pp. 55-56).

[44] Ribas, Antonio Joaquim. *Curso de Direito Civil Brasileiro*. 2. ed. Rio de Janeiro: Garnier, 1880, t. 1, p. 196.

[45] Oliveira, Candido Luiz Maria de. *Curso de Legislação Comparada*. Rio de Janeiro: Jacintho Ribeiro dos Santos, 1903, p. 182. E prossegue: "[...] seria illudir o pensamento do legislador pôr de parte os codigos e leis, com que o nosso direito tem intimidades e pontos de contacto, para buscar textos e regras, que nenhuma cohesão mantêm com a lei nacional" (idem ibidem).

tunizando instrumentos mais enxutos e menos minuciosos; ao passo que, nos segundos (especialmente nos Estados Unidos, tendo em vista que na Inglaterra há alguma mitigação a respeito), a ausência de tipos legais tradicionalmente incentivou instrumentos mais alongados e inovações de toda sorte[46]. Em síntese, priorizar a transmigração para um ambiente de *civil law* de determinado modelo que tenha sido elaborado para o ambiente de *common law*, especialmente quando o pano de fundo prático e institucional é diverso – e, em certa medida, antagônico –, é movimento potencialmente injustificável, inconsistente e, mais grave, de corrompimento do significado de origem (por desajuste ou incompreensão), voltado a fazer caber o círculo na quadratura.

Dificultoso notar, portanto, a *necessidade* da transplantação da "teoria dos contratos incompletos" para lidar com situações de lacunosidade no Brasil. Mas, apesar de desnecessária, a transplantação pode vir a se mostrar *útil* para lidar com as situações de lacunosidade contratual. Tal não ocorre com o tema ora em análise por, pelo menos, duas razões.

A um, por conta das observações críticas feitas na própria ambiência de origem da teoria, e que batem, e batem forte, contra sua utilidade – o que é crucial na análise da oportunidade de se adotar modelo estrangeiro[47]. Autores como Eric Posner revelam que, para o direito, é teorização que não traz nada de muito novo, motivada mais por uma "curiosidade descritiva" dos economistas sobre contratações privadas, a resultar em um simplificado tratamento do direito contratual, do que pelo enfrentamento

[46] Essa diferença vem bem analisada, em chave comparatista, por PARGENDLER, Mariana. Desenho contratual em perspectiva comparada: reflexões sobre a relação entre tipificação legal e inovação contratual. *Revista da Faculdade de Direito – UFPR*. Curitiba: UFPR, 2016, v. 61, n. 1, pp. 219-245. Vejam-se, também, as observações de LANGBEIN, John H. Comparative civil procedure and the style of complex contracts. *Faculty Scholarship Series. Paper 537*. New Haven: Yale Law School, 1987, que atribui as diferenças na redação dos contratos ao sistema judicial dos respectivos países, especialmente se em contraste ao norte-americano (idem, pp. 385-386).

[47] "Whenever it is proposed to adopt a foreign solution which is said to be superior, two questions must be asked: first, whether it has proved satisfactory in its country of origin, and secondly, whether it will work in the country where it is proposed to adopt it" (ZWEIGERT, Konrad; KÖTZ, Hein. *Introduction to Comparative Law* (trad. Tony Weir). Oxford: Clarendon Press, 1998, p. 17).

de complicados nós jurídicos[48]. Se alguma utilidade resta é quanto ao seu potencial descritivo, carecendo, porém, de implicações normativas, sobrando, apenas, uma óbvia e estéril defesa da liberdade contratual[49].

Seu importacionismo, a dois, suscita problemas adicionais, uma vez que, mesmo enquanto mecanismo explicativo, a descrição difere da tradição jurídica brasileira, que não trabalha (ou trabalhou) com o paradigma inverso dos "contratos completos". Em verdade, o exame das fontes jurídicas luso-brasileiras revela que implícita sempre esteve a "incompletude" (ou melhor dizendo: a insuficiência) da disciplina contratual *declarada*, suprida, em caso de não previsão das partes, primeiro, pelas regras dispositivas derivadas da lei, dos costumes e da boa-fé (hipótese em que não há lacuna, uma vez que presente regra); e, segundo, se efetivamente presente a lacunosidade, pelos critérios específicos e gerais de preenchimento. Tal remete, respectivamente, à noção de "conteúdo contratual" aqui vigente, a dizer, o complexo de regras informado por um conjunto de fontes, em autorregulação (fonte: declaração de vontade) e heterorregulação (fontes: lei, costumes e boa-fé)[50]; e à subsequente

[48] Posner, Eric. Economic analysis of contract law after three decades: success or failure? *Yale Law Journal*. New Haven: Yale University, 2003, p. 855. Para além das específicas críticas de Eric Posner, há quem tenha ido mais longe e sustentado a imprestabilidade da abordagem de *law and economics* como um todo, como e.g. Horwitz, Morton J. Law and economics: science or politics? *Hofstra Law Review*. Hempstead: Hofstra University School of Law, 1980, v. 8, p. 905 e ss.

[49] Posner, Eric. Economic analysis of contract law after three decades: success or failure? *Yale Law Journal*. New Haven: Yale University, 2003, p. 863.

[50] Esta é a definição partilhada por uma série de autores, conforme analisado de outra feita: Nitschke, Guilherme Carneiro Monteiro. *Lacunas Contratuais e Interpretação. História, conceito e método*. São Paulo: Quartier Latin, 2019, pp. 212-272. Formalmente, o conteúdo é o "conjunto das cláusulas negociais" e das regras que se agregam por derivação de fontes heterônomas; substancialmente, é a própria auto e hetero "regulação de interesses", no sentido de ser uma combinação de "elementos normativos" e "elementos voluntários" (Menezes Cordeiro, António. *Tratado de Direito Civil. II. Parte Geral. Negócio Jurídico. Formação. Conteúdo e Interpretação. Vícios da Vontade. Ineficácias e Invalidades*. 4. ed. Coimbra: Almedina, 2017, pp. 538-539, indicando que os primeiros correspondem ao derivado da heteronomia (sejam injuntivos, sejam supletivos) e os segundos, ao que vem da autonomia).

"interpretação completativa", que se processa a depender de se ter *in casu* hipótese de lacuna típica ou hipótese de lacuna atípica[51].

Isso desnuda não haver na tradição local um paradigma de contratação "completa" contra o que se justificaria, ou seria útil, antepor um novo paradigma de "incompletude" contratual. Daí dizer que o importacionismo cria certo "espantalho" ao aludir, criticamente, ao arquétipo de contratações *completas*, tentando justificar a transplantação de modelo que, supostamente, descreve e prescreve melhor a realidade.

1.2. As consequências: cinco imprecisões para o tema da lacunosidade contratual

Da desnecessidade e inutilidade da importação da "teoria dos contratos incompletos" para tratar da lacunosidade contratual no direito brasileiro decorrem, ao menos, cinco imprecisões quando se defende a transplantação; imprecisões, estas, que, retomando o fio proposto no início deste trabalho, resultam por desvelar o equívoco de vincular "lacuna contratual" e "gestão negativa da álea", tanto quanto resumir o que é incompletude na noção de lacunosidade por expressa deliberação.

Primeiro, porque as lacunas por expressa deliberação das partes plasmam apenas uma das hipóteses de lacunosidade contratual. Já se viu que a preocupação de quem transplanta a "teoria dos contratos incompletos" é com as situações em que a incompletude vem desejada pelas partes e inserida enquanto cláusula contratual, que disciplina (ou idealmente deve disciplinar) mecanismos de seu preenchimento futuro. Essa identificação, derivada do modelo estrangeiro, entre incompletude e lacunosidade deliberada se reproduz quando autores locais defendem que esta deriva da gestão negativa da álea contratual, i.e. uma gestão que *quer* deixar o contrato incompleto e que desdobra esse *querer* em uma disciplina do completamento também *quista*.

Tal produz flagrante imprecisão. As lacunas por expressa deliberação não exaurem todas as hipóteses de lacunosidade e sequer são a mais comum delas: as situações mais recorrentes são as de lacunas não deliberadas, que se revelam ou por desatenção dos contratantes quanto ao

[51] Nitschke, Guilherme Carneiro Monteiro. *Lacunas Contratuais e Interpretação. História, conceito e método*. São Paulo: Quartier Latin, 2019, pp. 295-298.

ponto carente de disciplina, ou por vicissitudes da execução do contrato que tornam seu conteúdo insuficiente, conforme abaixo se explorará com maior detalhamento. Isso vai demonstrado exemplificativamente por uma consulta que se faça em jurisprudência nacional. Dos casos pesquisados, a grande maioria concernia a casos de lacunas não deliberada[52], sendo raros aqueles em que as partes dispunham sobre a incompletude e sua colmatação[53].

A isso se soma que várias das situações de lacunosidade são de natureza derivada, isto é, decorrentes da atuação do aplicador quando extirpa uma cláusula abusiva, fazendo nascer uma lacuna, ou reequilibra o contrato por razão de excessiva onerosidade superveniente, incidentalmente produzindo a incompletude a ser preenchida. Nestes a lacunosidade, por ser derivada (da atuação do aplicador), e não originária (do conteúdo contratual), é sempre não deliberada.

A autonomia privada se sobrepõe, via de regra e dentro da moldura de cogência legal, àquilo que dispositivamente a lei estabelece em tema de disciplina da interpretação. É o que veio declarado, por sinal, pelo novo §2º do art. 113 do Código Civil, ainda que enunciando incontroversa

[52] E.g.: TJDFT, 3a Turma Cível, Apelação Cível no 3282894, Rel. Desa. Nancy Andrighi, julgado em 21/11/1994; TJRS, 13a Câmara Cível, Rel. Des. Breno Pereira da Costa Vasconcellos, AC no 70022784284, julgado em 27.03.2008; TJES, 2a Câmara Cível, Agravo de Instrumento no 00417661120138080024, Rel. Des. Carlos Simões Fonseca, julgado em 16.12.2013; TJSP, 9a Câmara de Direito Privado, Apelação Cível no 0001249-75.2006.8.26.0066, Rel. Des. Piva Rodrigues, julgada em 29/04/2014; TJMG, 17a Câmara Cível, Apelação Cível no 0172834-32.2012.8.13.0525, Rel. Des. Eduardo Mariné da Cunha, julgada em 26/02/2015; TJSP, 11a Câmara de Direito Privado, Apelação Cível no 4001151-80.2013.8.26.0032, Rel. Des. Marino Neto, julgada em 09.11.2015; TJPE, 1a Câmara Cível, Apelações Cíveis nos 0052824-31.2013.8.17.0001, 0061696-35.2013.8.17.0001 e 0080685-89.2013.8.17.0001, Des. Rel. Roberto da Silva Maia, julgadas em 01/03/2016; TJSP, 23a Câmara de Direito Privado, Apelação Cível no 0147087-73.2008.8.26.0100, Rel. Des. J. B. Franco de Godoi, julgada em 26.04.2017; TJSP, 23a Câmara de Direito Privado, Embargos de Declaração no 0147087-73.2008.8.26.0100/50001, Rel. Des. J. B. Franco de Godoi, julgado em 23.08.2017;

[53] TJSC, 2a Câmara de Direito Civil, Apelação Cível no 2000.023920-8, Rel. Des. Jaime Luiz Vicari, julgada em 17/07/2008 (caso de venda de supermercado em que os vendedores se comprometeram a apresentar, *a posteriori* à celebração do contrato, o balanço com o passivo total da sociedade, mas não o fizeram).

obviedade. Priorizar o que as partes estabelecem para o fito de preencher as lacunas de seus contratos, porém, não transforma em corriqueiro o que é raro: a prática mostra que a grande maioria das situações de lacunosidade contratual é solvida não com recurso a critérios estabelecidos pelos contratantes, e sim com base nas regras advindas da lei, sejam elas decorrentes de serem lacunas típicas (i.e. vinculadas a tipos contratuais específicos: Código Civil, arts. 485, 596, 628, Parágrafo Único, 658, Parágrafo Único, 701 e 724), sejam elas decorrentes de serem lacunas atípicas (i.e. preenchidas pelos critérios gerais, extraídos da disciplina geral da interpretação)[54].

A segunda imprecisão repousa no fato de que os casos em que as partes relegam para o futuro o preenchimento de lacuna são, em geral, decorrentes de dissenso ou da impossibilidade circunstancial de se ter clareza quanto ao conteúdo a ser aposto (e.g. incerteza quanto ao patrimônio total transacionado, necessidade de cálculo do preço por contador, avaliação técnica das especificações da mercadoria, medição do imóvel, etc.). É irreal sustentar que as partes trocaram a segurança pela insegurança por conveniência ou por preferência à incompletude, senão em razão da necessidade concreta[55].

Não toma a prática como pano de fundo quem sustenta que se possa dizer ao cliente, no *front* das negociações: "não se preocupe; deixe seu contrato incompleto e durma tranquilo". Ou o advogado perderá o cliente, ou o cliente perderá a tranquilidade. Nas negociações, busca-se

[54] Para a distinção entre lacunas típicas e lacunas atípicas, remetemos a Nitschke, Guilherme Carneiro Monteiro. *Lacunas Contratuais e Interpretação. História, conceito e método.* São Paulo: Quartier Latin, 2019, pp. 295-298; com atualização à luz da Lei da Liberdade Econômica em Nitschke, Guilherme Carneiro Monteiro. Colmatação de lacunas contatuais: insuficiências do Código Civil, deficiências da Lei da Liberdade Econômica e o trabalho de doutrina. In: Barbosa, Henrique; Ferreira da Silva, Jorge Cesa (Coords.). *A Evolução do Direito Empresarial e Obrigacional. 18 anos do Código Civil. Volume 2. Obrigações & Contratos.* São Paulo: Quartier Latin, 2021, pp. 374-384.

[55] Sendo de anotar que tal contraria até mesmo noções tradicionais da economia de *risk management*, resumidas por Peter L. Bernstein com as seguintes palavras: "The essence of risk management lies in maximizing the areas where we have some control over the outcome while minimizing the areas where we have absolutely no control over the outcome and the linkage between effect and cause is hidden from us" (Bernstein, Peter L. *Against the Gods. The remarkable story of risk.* New York: John Wiley & Sons, Inc., 1998, p. 197).

a maior segurança possível para as partes, de modo a reduzir o mais que possível, por meio da clausulação, as áreas de incerteza (muitas vezes, inclusive, em afastamento das regras legais dispositivas, que se prefere não aplicáveis). Não há conforto na conclusão trivial de que os contratos são *de per se* incompletos, sendo, antes disso, e em sua trivialidade, um dado de realidade que os contratantes procuram reduzir o mais que possível. Eis o paradoxo que os fatos impõem: ainda que algum grau de incompletude seja inexorável, o que as partes buscam nas negociações é a maior completude possível, amarrando previsibilidade e segurança.

É, por isso, relativamente ingênua a defesa de que há uma prática disseminada de incompletude contratual como produto da deliberação das partes. Ainda que haja situações de lacunosidade, elas estão localizadas em elementos específicos do negócio jurídico (como o preço, por exemplo, deixado por completar), não configurando, em verdade, um modelo de "contratos soltos", ao contrário do que Oliver Hart e John Moore percebiam[56]. A premissa de que as partes são suficientemente racionais e, por isso, capazes de modelar contratos complexos, antecipando inclusive zonas de incompletude, é uma visão otimista em demasia, que não coincide com a realidade[57]. A realidade mostra cenário bem diferente deste, em que as incompletudes deliberadas são as exceções, revelando na prática que o mais costumeiro é a lacunosidade sobre a qual as partes não têm consciência quando da celebração do negócio, seja por desatenção quanto a um aspecto de sua relação, seja porque superveniências fizeram insuficiente o conteúdo.

A propósito, essa premissa já foi bastante criticada na ambiência de origem tanto sob o ponto de vista prático quanto sob o ponto de vista ideológico. Pragmaticamente, está a crítica já antecipada de não se contar, na maioria das contratações, com o modelo ideal de "contratante" com que a teoria trabalha. Ideologicamente, está a crítica de que tal viés tende a privilegiar, de modo subreptício, a parte mais proeminente face à

[56] Essa postura crítica também está em Posner, Eric. Economic analysis of contract law after three decades: success or failure? *Yale Law Journal*. New Haven: Yale University, 2003, p. 859.

[57] Posner, Eric. Economic analysis of contract law after three decades: success or failure? *Yale Law Journal*. New Haven: Yale University, 2003, p. 863.

mais enfraquecida, seja sob o verniz da "eficiência" (eficiência que serve ao *status quo*)[58], seja quando sustenta uma hiperbolia do valor "liberdade" em detrimento do valor "igualdade". Tal vem não apenas como estrato subjacente da "teoria dos contratos incompletos" que ora se analisa[59], mas como movimento mais geral, a ganhar outro exemplo recente na chamada "Lei da Liberdade Econômica", em que, por vários dispositivos, se tentou implodir o dirigismo contratual protetivo do polo circunstancialmente mais fragilizado em prol de um discurso de *liberdade a todo custo*. Esquece-se (ou secundariza-se) a função das regras positivas e do excepcional dirigismo por elas ensejado, que é o de limitar, excepcionalmente, a liberdade contratual para promover a igualdade material[60].

Em terceiro lugar, o equívoco de vincular lacunosidade contratual e gestão negativa da álea contratual gera também a distorção de tratar dos "meios de colmatação de lacunas" como se "hipóteses de lacunosidade" fossem[61]. As lacunas – deliberadas ou não deliberadas, típicas ou atípicas, originárias ou derivadas, contemporâneas ou supervenientes, jurídicas

[58] Assim: KELMAN, *A Guide to Critical Legal Studies*, pp. 151 e ss.; HORWITZ, Law and economics: science or politics? *Hofstra Law Review*, 1981; HORWITZ, Morton J. Law and economics: science or politics? *Hofstra Law Review*. Hempstead: Hofstra University School of Law, 1980, v. 8, especialmente pp. 911-912 ("And once it has been realized that efficiency is, by definition, a function of a particular distribution (invariably the *status quo*), the inherently conservative bias of the definition of efficiency becomes clear").

[59] Sobre o substrato de compreensão que se tem acerca de "mercado" e do papel do Estado como relevante para a Teoria dos Contratos Incompletos e a vários dos autores da Análise Econômica do Direito, veja-se: BIX, Brian. *Diccionário de Teoría Jurídica* (trad. Enrique Rodríguez Trujano e Pedro A. Villarreal Lizárraga). Cidade do México: UNAM, 2009, p. 9 e ss.

[60] Sobre isso, remete-se ao escrito em NITSCHKE, Guilherme Carneiro Monteiro. Comentário ao artigo 113, §§1º e 2º do Código Civil: interpretação contratual a partir da Lei da Liberdade Econômica. In: MARTINS-COSTA, Judith; NITSCHKE, Guilherme Carneiro Monteiro (Coords.). *O Direito Privado na Lei da Liberdade Econômica. Comentários*. São Paulo: Almedina, 2022, *passim*.

[61] Assim, e.g., BANDEIRA, Paula Greco. *Contrato Incompleto*. São Paulo: Atlas, 2015, pp. 56-83, em que a autora sustenta serem "modalidades de contratos incompletos" o preenchimento da lacuna por terceiro, a determinação unilateral, a atuação de cláusulas de *hardship* e de outras cláusulas de renegociação, e a determinação da lacuna por fatores externos. O desacerto parece derivar de uma leitura da doutrina que cita, e que ao tratar dessas hipóteses, não fala de "modalidades de contratos incompletos", e sim de "modali-

ou extrajurídicas – se preenchem por meio da atuação das próprias partes, do juiz, do árbitro, do arbitrador ou mesmo de um *board*, mas tal não faz com que estes eclipsem àquelas. Da mesma maneira que o profissional responsável pela intervenção de cura não se confunde com a doença, o mecanismo que as partes escolhem para fazer frente às situações de lacunosidade não se confunde com estas.

Também não se podem misturar "meios" com "critérios" de colmatação de lacunas, do mesmo modo que não se identificam – para dar prosseguimento à metáfora clínica – os remédios ou as terapias aplicadas com a doença a que se destinam. Quando se faz referência aos "meios" de colmatação, não se quer aludir aos "critérios" para o preenchimento de lacunas: trata-se dos sujeitos a que se incumbe a tarefa de colmatar. Os critérios, de outro turno, são os instrumentos substantivos por estes manejados, plasmados em regras, princípios e postulados normativos (e.g. as previsões legais típicas de preenchimento, os usos do tráfico, a legislação em atuação analógica para contratos mistos, a boa-fé objetiva, a equidade em excepcional atuação, etc.), que, de sua vez, terão tratamento abreviado em itens subsequentes (Cap. 2 *infra*).

A este equívoco se relaciona a perigosa noção muitas vezes embutida em estudos de análise econômica que diz respeito ao escopo que se atribui à interpretação contratual quando diante de incompletudes. Esta é sustentada por alguns autores como tendo por objetivo consolidar o que os contratantes teriam inserido "se eles tivessem gasto tempo e esforço para especificar termos mais detalhados"[62]. Tal garantiria uma "interpretação ideal" (a que alguns autores chamam de *correct interpretation*) e, assim, que as partes "possam omitir termos mais explícitos e se dedicar à redação e negociação dos custos"[63]. O perigo sobre o ponto está em adotar a noção de "intenção hipotética" ou de uma interpretação "puramente objetiva", incompatível com a disciplina do direito brasileiro, que

dades de *determinação* do contrato incompleto" (FICI, Antonio. *Il Contratto "Incompleto"*. Torino: Giappichelli, 2005, pp. 45 e ss.).

62 SHAVELL, Steven. *Foundations of Economic Analysis of Law*. Cambridge: The Belknap Press, 2004, pp. 301-302.

63 SHAVELL, Steven. *Foundations of Economic Analysis of Law*. Cambridge: The Belknap Press, 2004, pp. 301-302.

se centra em torno e em razão da intenção comum das partes (Código Civil, art. 112), enquanto postulado normativo[64].

Em quarto lugar, é suscetível de críticas a compreensão de que só os chamados "contratos de duração" seriam vulneráveis à incompletude, ou melhor, que estes são todos incompletos[65]. Por "contratos de duração" (ou, na denominação mais precisa, "contratos de adimplemento duradouro") quer-se conotar aqueles cujo adimplemento não se encerra em um ponto fixo, mas se dá na própria duração, isto é: o adimplemento se situa duravelmente, uma vez que só se realiza "interimisticamente". Daí sua execução se dar por períodos (trato sucessivo) ou continuadamente, não sendo a amplitude da duração, portanto (ou seja, o fato de ser de *longa* ou *curta* duração a execução do contrato), o que conota a categoria[66]. São exemplos tradicionais o contrato de locação, o contrato de distribuição, o contrato de comodato, dentre outros. Deles se distinguem os "contratos de adimplemento fixo" (ou "pontual"), em que a *solutio* se dá em um único momento, ainda que a execução se possa diferir ou fracionar, sendo seu exemplo tradicional a compra e venda; e os "contratos de adimplemento preparado", em que este precisa do tempo e dos atos que nele o preparam, sendo seu máximo exemplo a empreitada.

Pois – retome-se o fio do novelo – há quem sustente que somente nos "contratos de duração" se poderia cogitar da presença de incompletude. Tal não sobrevive a um exame mais atento.

Primeiro, porque a prática mostra haver situações de lacunosidade não apenas em contratos de duração, mas também nos de adimplemento

[64] Veja-se NITSCHKE, Guilherme Carneiro Monteiro. Comentário ao artigo 113, §§1º e 2º do Código Civil: interpretação contratual a partir da Lei da Liberdade Econômica. In: MARTINS-COSTA, Judith; NITSCHKE, Guilherme Carneiro Monteiro (Coords.). *O Direito Privado na Lei da Liberdade Econômica. Comentários.* São Paulo: Almedina, 2022, *passim.*

[65] CAMINHA, Uinie; LIMA, Juliana Cardoso. Contrato incompleto: uma perspectiva entre direito e economia para contratos de longo termo. *Revista Direito GV.* São Paulo: GV, 2014, n. 10, p. 164; SZTAJN, Raquel. *Supply chain* e incompletude contratual. *Systemas – Revista de Ciências Jurídicas e Econômicas.* Campo Grande: Contemplar, 2009, n. 1, p. 2.

[66] MARTINS-COSTA, Judith; NITSCHKE, Guilherme Carneiro Monteiro. Contratos duradouros lacunosos e poderes do árbitro: questões teóricas e práticas. *Revista de Arbitragem – GEARB. Edição Especial: Arbitragem – Questões polêmicas* (coord. do número: Lucila de Oliveira Carvalho). Belo Horizonte: Del Rey, 2012, pp. 63-113.

fixo, como é o caso previsto pelo próprio Código Civil de contratos de compra e venda deixados com o preço em aberto (art. 485); e nos de adimplemento preparado, sendo vários os casos de grande construção, apreciados sobretudo por tribunais arbitrais e "Dispute Boards", com lacunas carentes de preenchimento durante a execução das obras contratadas. Ter-se contrato de adimplemento duradouro não é premissa para a incompletude.

Segundo, a percepção é inexata também porque não necessariamente os contratos duradouros terão lacunosidade, nada obstante a maior frequência com que neles o fenômeno se pode apresentar. Quando se diz que um contrato é incompleto, quer-se conotar que seu conteúdo é insuficiente para prever *ex ante* todas as situações que surgirão *ex post*, assim necessitando da auto ou hetero-intervenção para seguir operacional. Sem risco de erro, há que se declarar que *a maior parte dos contratos de duração* terá seu ciclo vital sem que as partes se deparem com problemas ocasionados por incompletudes de sua disciplina. Por óbvio que um contrato jamais é capaz de antecipar *ex ante* todas as superveniências que poderão ou não surgir no futuro, mas isso *de per se* não torna um contrato incompleto. Sua incompletude – *rectius* sua lacunosidade – se faz presente quando ausente regra concreta e quando tal falta se torna relevante para a execução do contratado. Queremos dizer: a falta de disciplina não é um inacabamento *em teoria*, mas *na prática* e na *concretude*; e que não decorre, apenas, das "possibilidades abertas por um específico quadro de custos de transação" de um específico negócio[67], mas da disciplina que

[67] Araújo, Fernando. *Teoria Económica do Contrato*. Coimbra: Almedina, 2007, p. 161. É bem verdade que o trecho a que se faz alusão procura atenuar a noção "clássica" de "contrato completo", deslocando seu facho de luz para a concretude e, assim, sustentando que a completude se avalia a depender da totalidade de custos de transação que as partes podem assumir, ou poderiam ter assumido, quando da negociação contratual, de modo que, se todos forem assumidos com um "máximo de acabamento", poder-se-ia cogitar de um contrato completo. A definição diminui a amplitude da inexatidão aqui sustentada mas não a afasta, seja porque segue por trabalhar com um modelo de "contrato completo" que é irreal, assim hiper-inflando o conceito de "contrato incompleto"; seja porque não atenta para a circunstância de que, mesmo sem um "máximo de acabamento", o contrato construído só será incompleto e, assim, lacunoso quando faltar disciplina *in concreto*, a invocar, dessa feita, a *necessidade* de completamento. Do contrário, sustentar que há incompletude,

se mostra carente à relação subjacente *em específico*, e que invoca, assim, a também *específica necessidade* de completamento.

Por último, em quinto lugar, um dos efeitos colaterais da adoção irrefletida da "teoria dos contratos incompletos", por vezes, é vincular lacunosidade e casos de desequilíbrio contratual superveniente, como se estes gerassem aquela; ou como se houvesse "incompletude contratual" porque as partes não foram capazes de antever o fato superveniente que desequilibrou o negócio, a exemplo da pandemia de Covid-19, da disparada no índice do IGP-M ou da guerra entre Rússia e Ucrânia. Há que se desfazerem essas incidentais confusões.

A um, porque as hipóteses de desequilíbrio contratual superveniente e lacunosidade são distintas. Ainda que uma situação de excessiva onerosidade superveniente possa vir a gerar uma lacuna derivada, por decorrência da intervenção do aplicador, um contrato em desequilíbrio não contém *de per se* uma lacuna "de origem", e sim a *presença* de um regulamento produtor de excessiva onerosidade. É bem verdade que o desenvolvimento das teorias permissivas à intervenção no contrato quando por consequência de desequilíbrios supervenientes é do mesmo tronco que a crescente outorga de liberdade interpretativa-integrativa ao aplicador por doutrina e jurisprudência, que encontraram terreno fértil para se desenvolver a partir da depressão mundial dos anos 1920, oportunizando uma majorada intervenção estatal[68]. Em verdade, o embalo produzido

maior ou menor, pelo simples fato de não terem as partes antecipado todas as possíveis contingências, ainda que dentro do quadro de possibilidades que o negócio concreto oferta, é conclusão de pouca eficácia jurídica.

[68] O grande choque na economia brasileira foi produzido pela depressão mundial do final dos anos 1920, que teve início em 1928 com a "política monetária restritiva dos Estados Unidos, justificada pela tentativa de controlar a bolha que se formava em Wall Street", a resultar na "interrupção dos significativos fluxos de capital iniciados em 1926". Essa falta de recursos, somada à diminuição da atividade econômica mundial, afetaram especialmente o café a partir de 1929, o que foi deveras grave para o equilíbrio econômico brasileiro: em 1929, o café respondia por mais de 70% das exportações totais do Brasil, sendo que em 1932 seu preço chegou a um terço do encontrado três anos antes. Aliaram-se, portanto, um cenário de desmedido estímulo interno à produção de café (pela via de adiantamentos aos cafeicultores por parte do Governo) e a safras recordes (de 1928 a 1930), a uma incapacidade de o mercado internacional absorver a produção e mesmo de financiar a saída do produto do país, tendo em vista o *crash* de 1929. As intervenções que

pelo "dirigismo contratual" frutificou mais expressivamente nas doutrinas das cláusulas abusivas, da lesão e da *rebus sic stantibus* (depois, excessiva onerosidade superveniente), ficando a reflexão sobre hermenêutica contratual, e de modo muito especial sobre a colmatação de lacunas, relegada a um silêncio que era (e é) eloquente. Seja como for, a patologia não se define pela intervenção médica: o fato de um desequilíbrio contratual superveniente e uma lacuna suscitarem, ambos, intervenções de um terceiro não faz equivalentes as patologias. Estas são diversas, tanto quanto é diverso o remédio aplicado e distinta sua posologia.

E a dois, uma patologia não decorre da outra, senão em situações excepcionais: é possível, em raros casos, que o reequilíbrio contratual imponha verdadeira *construção* por parte do aplicador, ocasião em que se terá de remediar ambas as patologias de uma só tacada. Isso aconteceu, por exemplo, em caso apreciado pelo Tribunal de Justiça do Rio Grande do Sul, em que determinado produtor rural ingressou com demanda revisional em face do banco financiador requerendo a realocação das datas de vencimento de algumas parcelas do empréstimo, tendo em vista que sua produção fora castigada por secas intensas entre os anos de 2004 e 2005. O Tribunal reconheceu a presença de excessiva onerosidade superveniente e, desfazendo do prazo de vencimento originalmente

o Governo Provisório teve de levar a cabo, então, para controlar esse cenário de crise são representativas de uma mentalidade que passava a aceitar a modificação de circunstâncias como dado importante para a afetação dos contratos, tanto que certas práticas foram justamente no sentido de possibilitar o reequilíbrio econômico da situação do Estado e mesmo dos privados: de um lado, respectivamente, teve-se o *funding-loan* de 1931 a 1934, pelo qual o Governo buscou o refinanciamento de juros dos empréstimos via emissão de novos títulos; e de outro, em 1933, o mesmo Governo "procedeu ao resgate parcial das dívidas dos cafeicultores, por meio do programa de Reajustamento Econômico", que deu ensejo à redução de suas dívidas em cerca de 50%, "compensou os bancos com a entrega de títulos públicos" e possibilitou, assim, o surgimento de "condições para a retomada do crescimento" (Abreu, Marcelo de Paiva. O processo econômico. In: Schwarcz, Lilia Moritz (org.). *História do Brasil Nação: 1808-2010. Volume 4. Olhando para dentro. 1930-1964*. Rio de Janeiro: Objetiva, 2013, pp. 181-187; Abreu, Marcelo de Paiva. *O Brasil e a economia mundial, 1930-1945* (trad. Eduardo Loyo e Mário Mesquita). Rio de Janeiro: Civilização Brasileira, 1999, pp. 31 e 73-74).

fixado, estipulou nova data de pagamento por parte do produtor rural, assim *revisando* e *colmatando* a lacuna surgida de sua atividade[69].

Sumarizando: a tentativa de adoção dos parâmetros da "teoria dos contratos incompletos" para o tema da lacunosidade contratual, via transplantação, produz imprecisões relevantes, advindas já da conclusão de que tal intenção de aclimatação carece de necessidade e utilidade para o sistema de destino. Correlacionar incompletude contratual e "gestão de riscos" de um contrato é caminho que leva à incompreensão do fenômeno da lacunosidade, promove a sobreposição de dimensões diversas do fenômeno contratual, eclipsa e confunde hipóteses de lacunas, critérios e meios de seu preenchimento, e, na melhor das hipóteses, oferece conclusões algo triviais. Um olhar que se dirija para dentro e, assim, aos situados modelos jurídicos construídos para lidar com as situações de lacunosidade é suficiente, como se tratará a seguir (Cap. 2).

Cabe uma última palavra sobre a crítica que aqui se faz, ainda que desnecessária ao olhar do leitor mais atento. Ela não se dirige à análise econômica do direito enquanto tal, mas ao que se faz dela (ou melhor: de parte dela) na ambiência brasileira para o trato da lacunosidade contratual. Daí a conclusão pela desnecessidade e inutilidade da específica transplantação intentada, e não ao manejo da lente econômica para o estudo interdisciplinar do direito, cujas virtudes e potencialidades, tanto quanto limites e cautelas de seu manejo, vêm sendo bem flagrados por parte da doutrina local[70].

[69] TJRS, 13ª Câmara Cível, Rel. Des. Breno Pereira da Costa Vasconcellos, AC N. 7002278284, julgado em 27.03.2008.

[70] E.g. PARGENDLER, Mariana; SALAMA, Bruno. Direito e economia no direito civil – o caso dos tribunais brasileiros. In: POMPEU, Ivan Guimarães; BENTO, Lucas Fulanete Gonçalves; POMPEU, Renata Guimarães (Orgs.). *Estudos sobre Negócios e Contratos. Uma perspectiva internacional a partir da análise econômica do direito.* São Paulo: Almedina, 2017, p. 39 e ss., nada obstante vincularem análise econômica e progressivismo no Brasil, e estabelecerem antítese daquele ao conservadorismo, o que nem sempre tem se mostrado se o caso tanto em certos estudos brasileiros a respeito, quanto mesmo em alterações legislativas recentemente levadas a efeito (como é o caso da assim chamada Lei da Liberdade Econômica, que uniu conservadorismo e discurso ultraliberal, com tinturas fortes da análise econômica do direito). Confira-se, também, já flagrando as vinculações entre conservadorismo e análise econômica, SILVA FILHO, Osny da. *Fundamentos do Direito Contratual. Doutrina, teoria e empiria.* São Paulo: Almedina, 2022, pp. 188-195.

2. As lacunas por expressa deliberação das partes: conceito, distinção e método de preenchimento

Feita a crítica aos entendimentos que tratam da lacunosidade contratual como se fosse um fenômeno decorrente da gestão dos riscos de um contrato, é hora de passar à reconstrução a partir dos escombros. Essa reconstrução passa por entender com maior clareza, a um, o que é uma "lacuna contratual" e, em específico, as "lacunas por expressa deliberação das partes" no quadro geral das hipóteses diversas de lacunosidade que a prática apresenta (Cap. 2.1); para, ato seguinte, passar a tratar sumariamente dos meios e critérios de seu preenchimento (Cap. 2.2).

2.1. Lacunas por expressa deliberação das partes no quadro geral das hipóteses de lacunosidade

Inicie-se por firmar o conceito geral.

Lacuna contratual se tem quando ausente parcela do regulamento contratual[71], isto é, quando o *conteúdo* do contrato se apresentar lacunoso, o que significa dizer, a um, que há lacuna quando faltar regra jurídica necessária à relação subjacente; e a dois, que, em sendo o conteúdo contratual informado por um conjunto diverso de fontes (autonomia privada, lei, costumes e boa-fé objetiva), lacuna haverá apenas quando o conteúdo *total* do contrato não apresentar disciplina. O conteúdo, enquanto "complexo de regras"[72], versa sobre o objeto contratual, isto é, sobre o conjunto de prestações que compõem o objeto, e, por isso, um não eclipsa no outro: o conteúdo versa sobre o objeto, ainda que o

[71] Rodotà, Stefano. *Le fonti di integrazione del contratto.* Milano: Giuffrè, 1970, p. 93 ("[...] un "vuoto" del regolamento contrattuale, tale da impedire l'operatività di questo").

[72] Cataudella, Antonino. *Sul Contenuto del Contratto.* Milano: Giuffrè, 1966, p. 18. Formalmente, o conteúdo é o "conjunto das cláusulas negociais" e das regras que se agregam por derivação de fontes heterônomas; substancialmente, é a própria auto e hetero "regulação de interesses", no sentido de ser uma combinação de "elementos normativos" e "elementos voluntários" (Menezes Cordeiro, António. *Tratado de Direito Civil. II. Parte Geral. Negócio Jurídico. Formação. Conteúdo e Interpretação. Vícios da Vontade. Ineficácias e Invalidades.* 4. ed. Coimbra: Almedina, 2017, pp. 538-539, indicando que os primeiros correspondem ao derivado da heteronomia (sejam injuntivos, sejam supletivos) e os segundos, ao que vem da autonomia).

segundo, por sua eventual indeterminação, possa fazer surgir lacunas no primeiro.

Em um esforço de abstração – porque *in concreto* o conteúdo é um só, indiviso, sem distinções –, lacuna haverá quando faltar ao contrato elemento de seu conteúdo expresso, de seu conteúdo implícito ou de seu conteúdo presumido. Ausente estará, noutras palavras, a disciplina da autonomia privada ou de qualquer das fontes jurídicas heterônomas (lei, costumes, boa-fé objetiva) que pudessem informar e conformar o conteúdo contratual com elementos acidentais, categoriais essenciais ou categoriais naturais, inderrogáveis ou derrogáveis[73]. A lacuna, portanto, é sempre de conteúdo – não apenas do *texto* contratual e não somente da declaração negocial –, e este há de ser sempre entendido como a disciplina total que autonomia e heteronomia geram para o contrato, considerado concretamente.

Estabelecido o conceito de lacuna, pode-se partir para seu ensaio classificatório a partir de, pelo menos, cinco critérios: quanto à previsão legal, que secciona entre lacunas típicas e lacunas atípicas; quanto ao momento de seu surgimento, distinguindo entre lacunas contemporâneas à conclusão do contrato e lacunas supervenientes a esta; quanto à matéria não regulada, por ser jurídica ou extrajurídica; quanto à origem da lacuna, i.e. se originárias ou derivadas; e quanto à escolha das partes, neste último caso distinguindo entre lacunas por expressa deliberação das partes e lacunas não deliberadas. De todas as hipóteses decorrentes de tal exercício classificatório – que é sempre a construção de "uma tipologia da realidade social em função da aplicação da norma"[74], contendo, assim, um condimento de aplainamento voltado a facilitar a realização do direito –, a que interessa a este trabalho é a última. Vê-la no conjunto das

[73] De maneira aproximada ao que aqui destacamos está MENEZES CORDEIRO, António. *Tratado de Direito Civil. II. Parte Geral. Negócio Jurídico. Formação. Conteúdo e Interpretação. Vícios da Vontade. Ineficácias e Invalidades.* 4. ed. Coimbra: Almedina, 2017, p. 768, ao destacar que a "verdadeira lacuna negocial" necessariamente apresentará "os seguintes requisitos: – representar um ponto que, pela interpretação, devesse ser regulado pelo contrato; – sendo inaplicáveis regras supletivas, existentes ou a encontrar nos termos do artigo 10º; – e mantendo-se, não obstante, válido o negócio".

[74] ASCARELLI, Tullio. Antigone e Porzia. In: *Problemi Giuridici*. Milano: Giuffrè, 1959, t. 1, p. 156.

demais possibilidades de classificação, porém, é didático para reforçar a distorção que seria perceber apenas as situações de lacunas por expressa deliberação das partes como hipótese de incompletude contratual.

Seja como for, e adentrando na distinção que interessa a este texto, há lacunas que são deliberadas pelas partes, em que os contratantes "acordam não acordar"; e há lacunas que não são deliberadas pelas partes, presentes no contrato por desatenção ou imprevisão, ou, então, surgidas de maneira superveniente. O critério classificatório repousa na intencionalidade da omissão, podendo-se também falar, por isso, em "lacunas intencionais" e "lacunas não intencionais"[75], ou de "lacunas previstas" e "lacunas imprevistas"[76].

As lacunas por expressa deliberação são aquelas em que, amiúde, as partes inserem "cláusulas de abertura" ou de "reabertura" no corpo da disciplina contratual, de maneira a permitir um "gerenciamento estratégico" dos interesses que ao contrato subjazem[77]. As partes admitem, assim, a insuficiência da disciplina, aludindo-a expressamente, porque estratégica seja para fins de que a celebração do contrato seja possibilitada, relegando-se para momento conseguinte o suprimento de questões a que as partes não quiseram ou não puderam consensar; seja porque, vez ou outra, a inserção do elemento pressupõe avaliação técnica de que as partes não dispõem (como na avaliação especializada do patrimônio imobiliário transacionado, da exata medida da área para o cálculo do valor do arrendamento, do tipo e da qualidade dos grãos para a correspondente atribuição de preço), ou a superveniência de condição que ainda não se operou (como em atribuição de valor ao patrimônio pertencente a grupo empresarial a ser dividido em negócio de reorganização societária cujas novas pessoas jurídicas ainda não foram criadas).

[75] Martins-Costa, Judith. *A Boa-Fé no Direito Privado. Critérios para a sua aplicação.* São Paulo: Marcial Pons, 2015, pp. 520-521.

[76] Farnsworth, E. Allan. *Contracts.* 3. ed. New York: Aspen Law & Business, 1999, p. 495.

[77] Fici, Antonio. *Il Contratto "Incompleto"*. Torino: Giappichelli, 2005, p. 22. Trata-se, noutras palavras, de um "decidere di non decidere", ou "un "decidere di decidere successivamente" che i contraenti addotano al fine di realizzare propri particolari interessi" (idem, p. 25). No mesmo sentido, Bower II, Charles H. Mind the gap. *International Council for Commercial Arbitration – Miami, 2014* (Conference Paper), p. 5.

Comumente, essas lacunas por expressa deliberação não se estruturam, apenas, como aberturas na tessitura contratual, somando-se à falta de regra alguma previsão quanto a "meios" e/ou "critérios" que se haverão de seguir para o seu preenchimento. Daí ser correto dizer que boa parte dessas lacunas por expressa deliberação contém alguma dose de disciplina – i.e. disciplina de como preenchê-las –, disso derivando o entendimento de Francesco Carnelutti de só reconhecer lacunas propriamente ditas quando a omissão for voluntária[78]. Não se há de chegar ao limite do célebre jurista italiano, uma vez que a presença de coordenadas sobre como suprir uma lacuna não faz com que esta deixe de existir: a falta de regra concreta persiste, ainda que os caminhos para seu preenchimento estejam pré-fixados. Fosse prevalecente o entendimento de Carnelutti, em nenhuma hipótese se poderia falar de lacuna contratual, uma vez que a ordem jurídica sempre haverá de oferecer critérios específicos ou gerais para o preenchimento da falta.

Ainda que se vá tratar dos meios e critérios na sequência deste texto (Cap. 2.2 infra), basta antecipar exemplificando, quanto aos meios, que as partes podem aludir a um arbitrador, a um "Dispute Board" ou, mesmo, apor, elas próprias, dispositivos de adaptação que criem mecanismos de autointegração independentes da heteronomia, tal sendo o caso das chamadas "cláusulas de adaptação do contrato"[79]; e quanto aos critérios, que os contratantes podem fixar as coordenadas materiais que deverão ser levadas em conta para o suprimento da lacunosidade (e.g. valor de mercado, qualidade da matéria-prima, prazo usualmente concedido, etc.), nesses casos prevalecendo por sobre eventuais regras dispositivas que a lei contenha.

[78] CARNELUTTI, Francesco. *Teoria Geral do Direito* (trad. A. Rodrigues Queiró e Artur Anselmo de Castro). Coimbra: Âmbito Cultural, 2006, p. 174.

[79] Há cláusulas de adaptação automática, semi-automática e não automática, como resume MOUSSERON, Jean Marc. Les clauses d'adaptation dans la pratique contractuelle. *Richterliche Rechtsfortbildung: Fetschrift der Juristischen Fakultät zur 600-Jahr-Feier der Ruprecht-Karls-Universität Heidelberg*. Heidelberg: [s.n.], 1987, pp. 189-202. Advirta-se, contudo, que apenas as cláusulas de adaptação semi-automática e não-automática se edificam como instrumentos para o suplemento de lacunas, uma vez que as cláusulas de adaptação automática (e.g. cláusulas de reindexação) eliminam qualquer hipótese de lacuna contratual, por sua autônoma aplicação.

Ocorre suscitar, para ainda maior clareza, a distinção que parte da doutrina estabelece entre "negócios formalmente *per relationem*" e "negócios substancialmente *per relationem*"[80]. Os primeiros têm conteúdo determinado externamente, disciplina que está noutro lugar que não no instrumento que estão a celebrar (e.g. um contrato de resseguro facultativo com *slip policies* e cláusula de *terms and conditions as original*, um *Put/Call Option Agreement* prevendo opção de compra de outra das sociedades do mesmo grupo empresarial a ser exercida em prazo especificado e, se assim feito, regida pelos termos do mesmo SPA), apenas não vindo repetido no instrumento do negócio "por economia", de modo que não configuram, portanto, situação de lacuna contratual. Já os segundos plasmam caso de lacuna *tout court*, uma vez que, nestes, o que existe é apenas a deliberação das partes em deixá-lo incompleto, relegando ao futuro sua colmatação[81]. Por isso, diz-se ser disciplina não autônoma, mediata, indireta e acidental, porque o conteúdo depende de uma situação estranha a ele próprio, de um meio de colmatação, que é externo aos contratantes e que a ele agregará elementos não essenciais[82].

Se nas lacunas deliberadas há a intenção das partes em deixar o contrato com uma lacuna, admitindo sua posterior colmatação, nas lacunas não deliberadas estas surgem como indesejadas patologias, que podem decorrer do lapso das partes quanto à matéria que deveriam ter disciplinado, do entendimento de que a circunstância era desimportante e não merecia disciplina ou, ainda, da mudança de circunstâncias que tenha afetado o contrato, tornando seu conteúdo insuficiente. Por isso, é mais comum que as lacunas não deliberadas sejam também supervenientes,

80 Tal distinção vem trabalhada no clássico texto de Di Pace, Pasquale. *Il Negozio Per Relationem*. Torino: Giappichelli, 1940, p. 32 e ss.; resgatou-a recentemente Marino, Francisco Paulo De Crescenzo. Arbitramento, arbitragem e *dispute boards*: o papel do terceiro na determinação do preço em opção de venda de ações. *Revista Brasileira de Arbitragem*. São Paulo: CBAr, 2017, v. 14, n. 57, p. 16 e ss.

81 Por isso, "este pode ser definido como o negócio jurídico cujo conteúdo é, no momento da celebração, deixado parcialmente "em branco", para que seja determinado no futuro" (Marino, Francisco Paulo De Crescenzo. Arbitramento, arbitragem e *dispute boards*: o papel do terceiro na determinação do preço em opção de venda de ações. *Revista Brasileira de Arbitragem*. São Paulo: CBAr, 2017, v. 14, n. 57, p. 17).

82 Di Pace, Pasquale. *Il Negozio Per Relationem*. Torino: Giappichelli, 1940, p. 32.

uma vez que nestas, apesar de o conteúdo contratual apresentar falta de disciplina sobre o ponto em questão desde seu início, a omissão só se torna relevante *a posteriori*, quando passar a ser *necessário* disciplinar sobre o que as partes não disciplinaram. O fato posterior "faz surgir" para as partes a lacunosidade, que antes era omissão irrelevante, e que, pelas novas circunstâncias, deve ser suprida para permitir a operação contratual e a realização de seu fim. Trata-se do que, no direito alemão, se chama de "necessidade do suprimento da lacuna" (*Ausfüllungsbedürftigkeit*)[83], ou do que, no direito inglês dos *implied terms*, se alude simplesmente como "necessity"[84]: a disciplina que falta é *necessária* para o contrato, e a omissão, portanto, passa a ser *relevante* para as partes.

A peculiaridade dessas situações em que a falta não vem deliberada pelas partes é de que os meios de suprimento, via de regra, serão os fixados genericamente pelo contrato, que não ligados em específico à situação de lacunosidade que não se conseguiu antecipar; e os critérios para colmatação serão ou os previstos especificamente pela lei, quando se tratar de "lacunas típicas", ou serão os previstos genericamente no sistema, quando se tratar de "lacunas atípicas"[85].

Tornando às situações de lacunosidade deliberada, é possível flagrar exemplo em caso julgado pelo Superior Tribunal de Justiça em 2016, e que gerou, com razão, algumas críticas de doutrina. Referido Recurso Especial trazia debate acerca de cláusula de fixação do preço de ações por arbitramento (meio), em considerando o valor de mercado (critério). Tal descrição não coincidiu, porém, com o entendimento sufragado pelo STJ, que interpretou típica cláusula de arbitramento para preenchimento de lacuna como se convenção de arbitragem fosse[86]. À revelia do enten-

[83] Kornet, Nicole. *Contract Interpretation and Gap Filling: comparative and theoretical perspectives*. Oxford: Intersentia Antwerpen, 2006, pp. 132-133.

[84] Atiyah, P. S. *An Introduction to the Law of Contract*. 5. ed. Oxford: Clarendon Press, 1995, p. 206.

[85] Para a distinção entre lacunas típicas e lacunas atípicas, remetemos a Nitschke, Guilherme Carneiro Monteiro. *Lacunas Contratuais e Interpretação. História, conceito e método*. São Paulo: Quartier Latin, 2019, pp. 295-298.

[86] STJ, Recurso Especial N. 1.569.422/RJ, Rel. Min. Marco Aurélio Bellizze, julgado em 26.04.2016. Remete-se aqui às críticas de Marino, Francisco Paulo De Crescenzo. Arbitramento, arbitragem e *dispute boards*: o papel do terceiro na determinação do preço em

dimento do Tribunal, o caso permite exemplificar situação de lacuna deliberada, em que os contratantes previram "que, exercida a Opção e, caso as partes não chegassem dentro do prazo de 30 (trinta) dias a um consenso quanto ao valor de mercado da Norsul quando do exercício da Opção pelo Sr. Hugo ou sucesso, o seguinte procedimento seria seguido: seriam nomeados dois avaliadores – cada parte indicaria um –, para que estes, em caráter definitivo, fixassem o valor de mercado das ações. A partir de tal arbitramento haveria um prazo de 90 (noventa) dias para o pagamento em favor do Sr. Hugo do valor apurado das ações pela OLSA e pelos Srs. Erling e Haakon" (trecho do Relatório). Trata-se de típico exemplo, assim, de lacunosidade antevista pelas partes, com menção expressa a meio (i.e. arbitramento) e a critério (i.e. valor de mercado das ações) para seu preenchimento.

2.2. Como preencher as lacunas por expressa deliberação

Situada e distinguida a hipótese de "lacunas por expressa deliberação", cabe dar três passos seguintes, que consistem, a um, em deixar flagrados as possibilidades e os limites do exercício da autonomia privada na fixação de "meios" e "critérios" de preenchimento de lacunas (Cap. 2.2.1); a dois, em tratar dos meios de seu preenchimento, desfazendo alguma confusão, também patrocinada por autores que correlacionam lacunosidade e "gestão da álea", entre "meios" e "critérios" de preenchimento (Cap. 2.2.2); e a três, tratar propriamente dos critérios de colmatação das lacunas por expressa deliberação, e que são organizados pela disciplina que se extrai da autonomia privada e das fontes heterônomas do direito brasileiro (Cap. 2.2.3).

2.2.1. Possibilidades e limites para o exercício da autonomia privada

De per se, as lacunas por expressa deliberação se consolidam enquanto produto do exercício da autonomia privada, que antevê a incompletude e, frequentemente, dita o meio e/ou o critério de seu preenchimento. As partes são livres para estipular os critérios de interpretação e preenchimento de lacunas, como veio reconhecido pelo prosaico §2º inserto

opção de venda de ações. *Revista Brasileira de Arbitragem*. São Paulo: CBAr, 2017, v. 14, n. 57, pp. 7-27.

ao art. 113 do Código Civil pela Lei da Liberdade Econômica, cujo texto dita: "As partes poderão livremente pactuar regras de interpretação, de preenchimento de lacunas e de integração dos negócios jurídicos diversas daquelas previstas em lei". O dispositivo não faz mais do que declarar que "o sol brilha" e "a chuva cai": não há registro na tradição jurídica brasileira de se negar aos contratantes a liberdade de dispor sobre regras de interpretação ou preenchimento de lacunas, isso derivando do fato de que a autonomia privada é uma das fontes (*rectius* a fonte por excelência) do conteúdo contratual[87].

Sua ancoragem mais genérica está no art. 425 do Código Civil, que dita ser "lícito às partes estipular contratos atípicos". Se há permissão à celebração de contratos sem tipicidade legal, o "mais" abrange o "menos": há autorização para que as partes estabeleçam disciplina interna que não coincide com as regras legais típicas. Quando presente, a autonomia se sobrepõe à heteronomia, pois "a possibilidade de modelação do conteúdo contratual e a liberdade de forma" – como lembra Judith Martins-Costa ao tratar da sobreposição dos critérios estabelecidos em cláusula de *hardship* sobre aquelas estabelecidas legalmente para a excessiva onerosidade superveniente – são "concreções do princípio da liberdade contratual"[88].

Quando o fazem, tais critérios se sobrepõem àqueles previstos em lei, exceto quanto à disciplina cogente desta. A cogência a tal respeito se resume, a um, no postulado normativo da disciplina interpretativa, que é a intenção comum das partes, situando-se em um "metanível" e, desta posição, orientando a aplicação dos princípios e das regras sem conflituosidade necessária com outras normas"[89]. Admitir a derrogabilidade da intenção comum das partes, noutras palavras, representaria solapar a

[87] Flume, Werner. *El Negócio Juridico* (trad. José María Miquel González e Esther Gómez Calle). Madri: Fundación Cultural del Notariato, 1998, pp. 35-36.

[88] Martins-Costa, Judith. A cláusula de *hardship* e a obrigação de renegociar nos contratos de longa duração. In: Mota, Maurício; Kloh, Gustavo (orgs.). *Transformações contemporâneas do direito das obrigações*. Rio de Janeiro: Elsevier, 2010, p. 266. Comparativamente, também é assim no direito português, como assinala Pires, Catarina Monteiro. *Contratos. I. Perturbações na Execução*. Coimbra: Almedina, 2020, p. 297 ("Nestes casos, será aplicável o regime contratualmente fixado, o qual pode ser mais amplo ou mais restritivo do que o regime legal").

[89] Ávila, Humberto. *Teoria da Segurança Jurídica*. 5. ed. São Paulo: Malheiros, 2019, p. 143.

inteira disciplina local da interpretação, em prol de "um outro direito" na matéria que não o brasileiro. A dois, há cogência, também, quanto aos princípios da ultraliteralidade (art. 112 do Código Civil), que manda dar-se mais atenção ao sentido subjacente do que à *littera* da regra[90]; e da boa-fé (art. 113 e §1º, inc. III, do Código Civil), que atua complessivamente aos demais critérios[91]. E a três, há cogência em certas regras de interpretação, como a que refere aos usos e costumes (art. 113 e seu §1º, inc. II, do Código Civil), ao comportamento das partes (art. 113, §1º, inc. I, do Código Civil), ao objeto e fim do contrato (art. 113, §1º, inc. V, do Código Civil)[92].

Todo o mais é composto por disciplina dispositiva, portanto derrogável pelas partes. Para além do caso do art. 113 §1º, inc. IV, que estipula a interpretação *contra proferentem*, essa é a situação de todas as regras de preenchimento de lacunas previstas em atrelamento a contratos típicos, quais sejam: os arts. 485, 596, 628, Parágrafo Único, 658, Parágrafo Único, 701, 721 e 724. Os próprios dispositivos legais sempre pressupõem, em seu texto, a ausência de estipulação específica dos contratantes[93], de modo que, aqui, a liberdade negocial que se exercer estará sobreposta às regras legais de interpretação.

[90] O direito brasileiro não adota a *parol evidence rule*, de modo que a interpretação contratual não apenas pode, como deve, cogentemente, ir para além dos "quatro cantos" do contrato.

[91] Silva, Luis Renato Ferreira da. A interpretação contratual e sua sistemática no Código Civil de 2002 após o advento da Lei 13.874/2019. In: Barbosa, Henrique; Ferreira da Silva, Jorge Cesa (coords.). *A Evolução do Direito Empresarial e Obrigacional. 18 anos do Código Civil. Volume 2. Obrigações & Contratos*. São Paulo: Quartier Latin, 2021, pp. 405-406.

[92] Para uma abordagem mais minudenciada a tal respeito: Nitschke, Guilherme Carneiro Monteiro. Comentário ao artigo 113, §§1º e 2º do Código Civil: interpretação contratual a partir da Lei da Liberdade Econômica. In: Martins-Costa, Judith; Nitschke, Guilherme Carneiro Monteiro (Coords.). *O Direito Privado na Lei da Liberdade Econômica. Comentários*. São Paulo: Almedina, 2022, *passim*.

[93] O art. 485, por exemplo, dispõe que a fixação do preço "*pode* ser deixada ao arbítrio de terceiro"; o art. 596 indica que o critério legal só se aplica quando não houver estipulação ou acordo das partes; os arts. 628, Parágrafo Único, e 658, Parágrafo Único, fazem aplicáveis as orientações da lei se a retribuição não "resultar de ajuste"; o art. 701 faz pressuposto não ter havido estipulação pelos contratantes; e o art. 724, por fim, só incide em seu critério se a remuneração do corretor não constar do ajuste das partes.

Seja como for, a disciplina da interpretação aplicável ao caso é sempre e invariavelmente cogente ao aplicador: o que é dispositivo para as partes é sempre cogente para o intérprete, de modo que, se os contratantes dispuserem sobre como as lacunas de seu contrato haverão de ser preenchidas, o intérprete é obrigado a seguir tais diretrizes. Do mesmo modo, caso as partes nada prevejam e as regras legais dispositivas incidam ao contrato *in concreto*, compondo, assim, seu conteúdo, o intérprete é igualmente obrigado a segui-las, pois é da natureza das regras dispositivas se somarem ao conteúdo contratual, integrando-o por incidência, em caso de não previsão[94]. Para o intérprete, então, não há regras de interpretação que sejam dispositivas; elas serão sempre injuntivas, sendo-lhe vedado derrogá-las em benefício de outras que entenda mais apropriadas ao caso, ou deixar de observá-las em seu exercício aplicativo[95].

2.2.2. Os meios de preenchimento: partes, arbitrador, juiz, árbitro

Houve tempo em que se discutiu sobre a possibilidade de o aplicador colmatar lacunas contratuais. Tal ocorreu, por exemplo, no célebre "caso Sun Printing & Publishing Ass'n v. Remington Paper & Power Co.", julgado em 1923 pela Corte de Apelações de Nova Iorque, e que colocou em polos decisórios contrários os célebres juízes Benjamin Cardozo e Frederick Crane. Naquele conflito, que dizia respeito a uma cláusula de renegociação do preço para o fornecimento de papel-jornal e ao critério para tanto (i.e. os valores praticados pela Canadian Export Paper Company), Cardozo assumiu a posição de que a Corte não poderia suprir a vontade das partes e, assim, completar a lacuna, substituindo-as nas negociações falidas; ao passo que Crane concluiu pela possibilidade de o

[94] Como já pontuava Darcy Bessone, ainda que considerando dispositivas, todas, as regras de interpretação: "as disposições legais sobre interpretação dos contratos não são imperativas *para as partes*, que podem substituí-las por outras, mas, *para o juiz*, são obrigatórias. E, se as partes não concordam em derrogá-las, também elas sofrem a sua incidência" (ANDRADE, Darcy Bessone de Oliveira. *Do Contrato*. Rio de Janeiro: Forense, 1960, p. 226).

[95] Tal é ensinado PONTES DE MIRANDA, F. C. *Tratado de Direito Privado*. 4. ed. São Paulo: RT, 1983, t. 1, pp. 64-65. No mesmo sentido, CARVALHO DE MENDONÇA, J. X. *Tratado de Direito Comercial Brasileiro*. 6. ed. Rio de Janeiro: Freitas Bastos, 1960, v. 6, 1ª Parte, p. 209.

tribunal "spell out a binding contract", ante o insucesso dos contratantes nas negociações intentadas[96].

Semelhante discussão se teve no cenário internacional a partir da figura do árbitro[97], mas jamais no direito brasileiro. Aqui – em razão do silêncio decorrente da ausência de aprofundamento na matéria – a ampla admissibilidade é implícita, a abranger o labor de qualquer dos meios escolhidos pelas partes para tanto. Nesse sentido, basta enunciar a fundamental divisão entre "autogestão" e "heterogestão" da lacunosidade.

No primeiro caso, as partes dirigem regra contratual para si próprias, estabelecendo mecanismo interno para o suprimento da lacuna. Tal pode se dar por via de uma série de possibilidades, tais como as cláusulas de adaptação "não-automática" ou de "renegociação"[98]; ou, em exceção, as cláusulas que delegam a apenas um dos lados da relação, desde que não plasme situação de "postestatividade pura"[99], que é vedada pelos

[96] Veja-se Sun Printing & Publishing Ass'n v. Remington Paper & Power Co. In: *High Court Case Summaries. Contract Law. Keyed to Burton's Casebook on Contract Law, 3rd Edition.* Saint Paul: Thomson/West, 2006, pp. 51-52.

[97] Remete-se a Nitschke, Guilherme Carneiro Monteiro. Lacunas contratuais e arbitragem. In: Nascimbeni, Asdrubal Franco; Bertasi, Maria Odete Duque; Ranzolin, Ricardo Borges (Coords.). *Temas de Mediação e Arbitragem IV.* São Paulo: LEX, 2020, p. 413 e ss.

[98] Advirta-se que as cláusulas de adaptação são técnicas que podem servir para a autointegração, mas não são por natureza instrumentos para tanto: no geral, elas servem para outros desígnios, em especial os de reequilibrar contratos afetados por superveniências que os tenham desajustado para além do "limite do sacrifício" de um dos contratantes, e que, na prática internacional, receberam o nome de "cláusulas de *hardship*" (Oppetit, Bruno. L'adaptation des contrats internationaux aux changement de circonstances: la clause de *hardship*. *Journal du Droit International,* 1974, n. 4, pp. 796-797. No Brasil: Martins-Costa, Judith. A cláusula de *hardship* e a obrigação de renegociar nos contratos de longa duração. In: Mota, Maurício; Kloh, Gustavo (Orgs.). *Transformações Contemporâneas do Direito das Obrigações.* Rio de Janeiro: Elsevier, 2010; Nanni, Giovanni Ettore. A obrigação de renegociar no direito contratual brasileiro. *Revista do Advogado.* São Paulo: AASP, 2012, v. 32, n. 116, pp. 88-96; Nery Júnior, Nelson; Rodovalho, Thiago. Renegociação contratual. *Revista dos Tribunais.* São Paulo: RT, 2011, v. 906, pp. 113-156).

[99] Aqui aludindo-se à distinção entre "potestatividade pura" e "potestatividade simples" explicitada por Agostinho Alvim (Alvim, Agostinho. *Da Compra e Venda e da Troca.* Rio de Janeiro: Forense, 1961, pp. 45-46). O proibido pela lei é a "potestatividade pura", o que é fixado "*quantum velis, quanti aequum putaveris, quanti aestimaveris*" (Rodrigues Júnior, Otávio Luiz. *Código Civil Comentado. Compra e venda. Troca. Contrato estimatório.* São Paulo:

arts. 122 *in fine* e 489 do Código Civil[100]. A autogestão do contrato, para ter sucesso, deverá apoiar-se em um consenso, que se plasma ou *ex ante*, quando o contrato admite o completamento unilateral, ou *ex post*, quando a colmatação só puder ser procedida com a participação de ambos os contratantes. A parte discordante sempre terá à sua disposição o recurso ao Poder Judiciário ou a qualquer dos outros meios de colmatação de lacunas contratuais para contestar o suprimento feito unilateralmente ou proposto pela contraparte.

Na heterogestão, as partes podem delegar o suprimento da lacuna a um juiz ou a um árbitro, que avaliará ou a discordância quanto à colmatação providenciada por uma das partes, quando for de um dos polos a excepcional tarefa de fazê-lo (como, por exemplo, por aplicação modulada do art. 489 do Código Civil), ou a discordância das partes quanto ao suprimento em si (isto é, se é necessário suprir ou mesmo se o suprimento da lacuna deve se dar num ou noutro sentido).

Na primeira hipótese – isto é, caso se trate de discutir a colmatação unilateralmente procedida por uma das partes porque autorizada pelo contrato –, a delegação ao magistrado estará restrita à avaliação da legalidade do completamento procedido, isto é: se feito dentro das balizas legais, em observância à boa-fé, sem desbordar para a "potestatividade pura". É por isso que aqui, portanto, a eficácia sentencial haverá de ser prioritariamente declaratória, caso o intérprete reconheça que a colmatação foi procedida de maneira hígida; mas sucessivamente constitutiva,

Atlas, 2008, v. 6, t. 1, p. 110); queremos dizer: se não houver exclusividade no arbítrio de uma das partes, tendo ela "de fixar o preço atendendo a êstes ou aquêles elementos, ou circunstâncias, não será nula a venda" (Alvim, Agostinho. *Da Compra e Venda e da Troca*. Rio de Janeiro: Forense, 1961, p. 46).

[100] Referida restrição, contudo, deve ser lida *cum granus salis*, por ter enquanto núcleo a expressão "arbítrio exclusivo", só havendo por considerar-se como nulo o negócio jurídico, assim, que conferir a um dos figurantes fazer "o que entendesse, com arbítrio exclusivo", como ensina Pontes de Miranda (Pontes de Miranda, F. C. *Tratado de Direito Privado*. 3. ed. São Paulo: RT, 1984, t. 38, p. 61). No mesmo sentido, Azevedo Júnior, José Osório de. *Compra e Venda. Troca ou Permuta*. São Paulo: RT, 2005, pp. 42-43. Apenas a título comparativo, também no direito italiano há doutrina que destaca certa "demonização injustificada" do mecanismo de colmatação unilateral do contrato, chamando a atenção para uma série de contratações em que tal não é apenas possível, mas essencial para o negócio (FICI, Antonio. *Il Contratto "Incompleto"*. Torino: Giappichelli, 2005, p. 55).

pois, caso o aplicador verifique que houve ilegalidade no suprimento, procederá à extirpação do elemento e, dando ensejo a lacuna derivada, procederá ao seu suprimento.

Na segunda hipótese – qual seja, a de não haver previsão de colmatação unilateral, havendo simples litígio sobre como suprir a lacuna ou mesmo sobre a existência de uma lacunosidade –, a contenda pode levar a que uma das partes ingresse com demanda pedindo ao aplicador que decida sobre o suplemento, ocasião em que haverá "completação judicial do conteúdo do negócio jurídico", sendo constitutiva a carga eficacial da decisão[101].

Perceber a qualidade eficacial constitutiva da sentença que determina a colmatação de uma lacuna é importante para fins de mora, pois esta só existirá depois que haja agregação da regra. Não pode ser a parte obrigada retrospectivamente pelo que não compunha o conteúdo do contrato, e não se pode, por isso, considerar a presença de inadimplemento e fazer derivar os efeitos da mora senão depois que colmatada a lacuna e oportunizado o cumprimento, exceto se a uma das partes incumbia fazer o suprimento dentro de determinado prazo avençado contratualmente, ou, quando ausente prazo específico mas presente a previsão de colmatação unilateral, foi interpelada pela contraparte para tanto e não o fez. Nessas hipóteses, haverá mora a contar da data em que a parte deveria ter procedido à colmatação seja por desrespeito ao prazo contratual (mora *ex re*), seja por desatendido o prazo da interpelação (mora *ex persona*).

Por derradeiro, também pertence à heterogestão da lacuna o arbitramento e, enquanto um de seus mais recentes desdobramentos, o *Dispute Board*, ambos a invocar atuação com tecnicidade do intérprete e ambos sem resultar em pronunciamento jurisdicional. É o que se vê, por exemplo, na estimação de um preço a partir de dados contábeis, na verificação da qualidade e do gênero de mercadoria que é entregue no bojo de um contrato de compra e venda de grãos, na fixação de rotinas

101 Assim Pontes de Miranda, F. C. *Tratado de Direito Privado*. 3. ed. São Paulo: RT, 1984, t. 38, p. 61: "Se ao juiz, em vez do figurante, que devia determinar e não determinou, se pede que determine, há ***completação judicial do conteúdo do negócio jurídico***. Há ***força constitutiva*** da decisão do juiz. [...] *constitui*, não declara vontade, não *negocia*".

técnicas em um contrato que envolve a disponibilização de um *software* (para a fixação de indicadores de desempenho), ou na avaliação do estado, da matéria-prima e da qualidade de uma obra. São todas atuações em que o suplemento se dá, no mais das vezes, pela avaliação de um profissional externo à prática jurídica, sendo inacessível ao julgador o conhecimento de que dispõe (ainda que do trabalho do arbitrador e do resultado do arbitramento o julgador possa fazer uso para exarar sua decisão).

Caso haja discordância de uma das partes quanto ao arbitramento procedido, a porta do Poder Judiciário ou da arbitragem estará aberta, com a peculiaridade de que o intérprete subsequente não substituirá o trabalho do arbitrador: antes terá de avaliar se o preenchimento foi formal e materialmente bem procedido, para, apenas se o desconsiderar, sobrepor-se a tal, preenchendo por si a lacuna. A hipótese é comumente consolidada em cláusulas escalonadas de resolução de controvérsias, em que já se prevê a remissão ao juiz ou ao árbitro em caso de dissenso quanto ao arbitrado.

2.2.3. Os critérios de preenchimento: postulado, princípios e regras

Já se tendo por presente que os meios não se confundem com os critérios de interpretação, tanto quanto que estes, se dispostos pelas partes, se sobreporão à previsão legal, desde que respeitada sua moldura de cogência, o questionamento que remanesce é quando da ausência de tal disposição. Quer-se dizer, a derradeira indagação é a seguinte: o que ocorre se a lacuna deliberada pelas partes se cingir a dizer que haverá o suprimento, ou no máximo indicar o meio para tanto, sem referir, contudo, aos critérios de preenchimento?

O "que-fazer" dependerá de se ter, no caso, "lacuna típica" ou "lacuna atípica", em qualquer hipótese de suprimento tendo a intenção comum das partes como guia. Sem a pretensão de aprofundar como de outra feita já se teve oportunidade de fazer[102], são típicas as lacunas que vêm trata-

[102] Remete-se a: Nitschke, Guilherme Carneiro Monteiro. *Lacunas Contratuais e Interpretação. História, conceito e método.* São Paulo: Quartier Latin, 2019, pp. 458-476; e, atualizando a percepção à luz da Lei da Liberdade Econômica, Nitschke, Guilherme Carneiro Monteiro. Colmatação de lacunas contatuais: insuficiências do Código Civil, deficiências da

das pela expressa letra da lei, antecipando sua ocorrência em conexão à tipologia contratual e tratando de estabelecer coordenadas para sua colmatação. É assim o art. 485, que relega a um terceiro arbitrador a fixação do preço em contrato de compra e venda, estipulando, assim, meio de colmatação. O art. 596 dita que a retribuição em contrato de prestação de serviço será fixada em arbitramento e "segundo o costume do lugar, o tempo de serviço e sua qualidade", se não estipulado pelas partes. O art. 628, Parágrafo Único, estipula que a retribuição em depósito oneroso sem previsão específica será determinada pelos usos do lugar ou por arbitramento. O art. 658, Parágrafo Único, trata da contraprestação faltante em contrato de mandato, remetendo aos usos e costumes e, sucessivamente, ao arbitramento. O art. 701 determina que a remuneração em contrato de comissão será arbitrada de acordo com os usos do lugar, em caso de omissão, regra que, por força do art. 721, se aplica também ao contrato de agência e distribuição. O art. 724, por fim, prevê que, no contrato de corretagem, a remuneração omitida será estipulada "segundo a natureza do negócio e os usos locais".

De outro lado, são atípicas as lacunas que não vêm tratadas em específico pela letra da lei, regendo-se sua colmatação pelas regras gerais de interpretação, destiladas das sutis coordenadas do Código Civil. Antes de advinda a Lei da Liberdade Econômica, essas indicações de fato eram tênues, extraídas do art. 113, que dita no seu *caput*: "Os negócios jurídicos devem ser interpretados conforme a boa-fé e os usos do tráfico". Com a Lei da Liberdade Econômica, inseriu-se o §1º com um arsenal de incisos atécnicos, desordenados e incompletos, que mais desorganizam do que sistematizam o processo interpretativo e, assim, a extração de coordenadas objetivas para a colmatação de lacunas. Em sendo a colmatação de lacunas um processo da interpretação contratual, ao patamar de Pontes de Miranda chamá-la de "interpretação completativa"[103], ela se insere na moldura da disciplina da interpretação contratual, desdobrando-a e

Lei da Liberdade Econômica e o trabalho de doutrina. In: Barbosa, Henrique; Ferreira da Silva, Jorge Cesa (Coords.). *A Evolução do Direito Empresarial e Obrigacional. 18 anos do Código Civil. Volume 2. Obrigações & Contratos*. São Paulo: Quartier Latin, 2021, *passim*.

[103] Pontes de Miranda, F. C. *Tratado de Direito Privado*. 3. ed. Rio de Janeiro: Borsoi, 1970, t. 3, p. 342.

adaptando-a para a falta de específica parcela do conteúdo contratual que tem de suprir.

Os critérios para colmatação de lacunas atípicas que se logrou construir, a partir das coordenadas sutis do Código Civil (e que a Lei da Liberdade Econômica não logrou modificar), são seis: práticas (ou "usos individuais"), usos do tráfico, regras legais por analogia para contratos mistos, boa-fé objetiva em funcionalidade hermenêutica, equidade quando autorizada pelas partes em arbitragem e tecnicidade para a colmatação de lacunas extrajurídicas. Não é a pretensão deste estudo examinar à minúcia cada um desses critérios – como já se fez de outra feita[104] –, bastando ressaltar: a um, que tais critérios variarão se o contrato for legalmente típico, socialmente típico ou se atípico *tout court*; a dois, que tais critérios correspondem ao rol de princípios e regras de interpretação extraídos da lei e dos costumes; e a três, que a aplicação desses critérios é organizada e polarizada pela intenção comum das partes, enquanto postulado normativo[105], primeiro escalonando os critérios de suprimento que deverá levar em conta, depois promovendo a filtragem da regra de modo a avaliar se compatível com o todo em que inserto.

Mais do que isso não encontra aqui lugar, porque disciplina aplicável a todas e quaisquer hipóteses de lacunosidade, que não apenas as deliberadas pelas partes. É por isso que, uma vez mais, se remete ao escrito para a generalidade das situações de lacuna[106], assim possibilitando que se possa desfiar algumas palavras finais, a título de conclusão.

[104] NITSCHKE, Guilherme Carneiro Monteiro. *Lacunas Contratuais e Interpretação. História, conceito e método*. São Paulo: Quartier Latin, 2019, pp. 477-584.

[105] ÁVILA, Humberto. *Teoria dos Princípios: da definição à aplicação dos princípios jurídicos*. 13. ed. São Paulo: Malheiros, 2012, p. 143; no campo contratual, SILVA, Luis Renato Ferreira da. Autonomia privada e usos negociais empresariais. *Cadernos IEC n. 6. Conversa sobre Autonomia Privada*. Canela: [s.n.], 2015, p. 32.

[106] NITSCHKE, Guilherme Carneiro Monteiro. *Lacunas Contratuais e Interpretação. História, conceito e método*. São Paulo: Quartier Latin, 2019, *passim*; e NITSCHKE, Guilherme Carneiro Monteiro. Colmatação de lacunas contatuais: insuficiências do Código Civil, deficiências da Lei da Liberdade Econômica e o trabalho de doutrina. In: BARBOSA, Henrique; FERREIRA DA SILVA, Jorge Cesa (Coords.). *A Evolução do Direito Empresarial e Obrigacional. 18 anos do Código Civil. Volume 2. Obrigações & Contratos*. São Paulo: Quartier Latin, 2021.

Conclusões

O fato de o contrato ser bem identificado como a "faceta jurídica da comunidade de mercado"[107] não exaure aquele nesta, nem dilui o "jurídico" no "econômico". O contrário ocorre quando se tenta, em específico, propor transplantação de teoria estrangeira que, na origem, sequer foi pensada como "modelo jurídico", em certa obsessão pela lógica econômica como guia e em desatenção à tradição local sobre a matéria. Tal produz incongruências flagrantes e exemplares normativos atípicos – como assimilar "lacunosidade" e "gestão dos riscos" do contrato –, sendo o caso, à guisa de conclusão, sumarizar o que acima se expôs.

Primeiro, viu-se que a transplantação da "teoria dos contratos incompletos" para explicar as situações de lacunosidade contratual é *desnecessária*, porque omnicompreensiva, sobreposta a modelo jurídico local existente e à revelia do exame de outras experiências jurídicas mais afeitas à brasileira; e *pouco útil*, porque, no máximo, descritiva de circunstâncias prosaicas, além de voltada a combater paradigma (de "contrato completo") não presente na ambiência brasileira.

Segundo, observou-se que tal tentativa de importação gera cinco imprecisões para o tema da lacunosidade contratual: (i) as lacunas por expressa deliberação não resumem as situações de incompletude, mas apenas uma de suas hipóteses; (ii) as lacunas por expressa deliberação são, em geral, decorrentes de dissenso das partes ou impossibilidade circunstancial de clareza quanto ao conteúdo, e não de uma irreal conveniência ou preferência pela incompletude; (iii) os meios de colmatação não eclipsam às hipóteses de lacunosidade e nem aos critérios de preenchimento; (iv) as lacunas não são ocorrências, apenas, de contratos de adimplemento duradouro; (v) e as lacunas contratuais não se identificam aos casos de desequilíbrio contratual superveniente.

Terceiro, destacou-se que um olhar debruçado sobre o direito brasileiro revela a fertilidade do terreno, podendo-se colher, a partir do conceito precisado de "lacuna" (a partir da noção de "conteúdo total" do

[107] WEBER, Max. *Economia y Sociedad. Esbozo de sociologia compreensiva* (trad. José Medina Echavarría, Juan Roura Parella, Eugenio Ímaz, Eduardo García Máynez e José Ferrater Mora). 2 ed. México: FCE, 2004, p. 536.

contrato), a lacunosidade por expressa deliberação como apenas uma das hipóteses patológicas.

E quarto, desdobrou-se tal olhar para revelar: (i) que o exercício das partes quanto à deliberação da lacuna (prevendo meios e/ou critérios de colmatação) se sobrepõe ao que a lei dispositiva prevê, mas é limitada por sua moldura cogente, resumida no postulado normativo da intenção comum das partes, nos princípios da ultraliteralidade e da boa-fé, e nas regras de interpretação que referem aos usos e costumes, ao comportamento das partes, ao objeto e ao fim do contrato; (ii) que todos os meios de preenchimento são admissíveis, sejam aqueles decorrentes da autogestão da lacunosidade, sejam os decorrentes de sua heterogestão; (iii) e que os critérios de preenchimento, caso não previstos pelas partes, hão de depender de se ter *in concreto* lacuna típica ou lacuna atípica, remetendo, respectivamente, a critérios específicos e critérios gerais de colmatação.

5.
CRITÉRIOS PARA A ALOCAÇÃO DOS RISCOS DE EVICÇÃO DE DIREITO NOS CONTRATOS IMOBILIÁRIOS

Roberta Mauro Medina Maia

Os bois se prendem pelos chifres e os homens pela palavra.

Antoine Loysel

Introdução

Tema quase relegado à orfandade pela doutrina brasileira[1], a evicção de direito impõe desafios aos que se dedicam ao seu estudo, por demandar a prévia compreensão de temas a ela correlatos, tais como a boa-fé – tanto subjetiva quanto objetiva –, a eficácia dos negócios jurídicos perante terceiros, o conceito de inadimplemento, a noção de garantia, a transmissão do direito de propriedade e sua oponibilidade *erga omnes*, bem como a fraterna proximidade com a garantia contra vícios redibitórios.

Como se não bastasse, a descrição do instituto por alguns como "sistema especial de responsabilidade contratual"[2] impõe que sua análise esteja a essa sempre atrelada. No entanto, isso não significa que o estudo da evicção de direito deva circunscrever-se à disciplina dos contratos no

[1] É possível citar, como louváveis exceções, Gondim, Regina B. *Da evicção.* Rio de Janeiro: Forense, 1955; Costa, José Eduardo da. *Evicção nos contratos onerosos.* São Paulo: Saraiva, 2004 e Leite, Clarisse Frechiani Lara. *Evicção e processo.* São Paulo: Saraiva, 2013.

[2] Leite, Clarisse Frechiani Lara. *Evicção e processo.* São Paulo: Saraiva, 2013, pp. 49 e ss.

Código Civil, sendo instituto que guarda estreita relação com o livro de Direito das Coisas, embora isso seja por vezes ignorado quando de sua abordagem em sede doutrinária.

Diante de tal contexto, o presente artigo tem por escopo conceituar a evicção com base no que foi proposto pelo legislador brasileiro, abordando-a como risco ínsito às transações imobiliárias. Para tanto, será necessário identificar quais são as premissas teóricas que justificam a existência de tal risco e a total possibilidade de prevê-lo, a ponto de a lei mencionar expressamente como esse pode ser endereçado pelos contratantes.

Com tal intuito, será explicado o sistema de transmissão do direito de propriedade no Brasil e a eficácia dos negócios jurídicos translativos da propriedade perante terceiros. Uma vez circunscritas as hipóteses nas quais a evicção de direito poderá ter lugar, restando identificados os elementos que a caracterizam, a partir das premissas teóricas aqui traçadas, serão analisados alguns esforços legislativos posteriores ao advento do Código Civil de 2002 e voltados à tentativa de mitigar a ocorrência da evicção de direito, tais como a usucapião tabular e o art. 54 da Lei 13.097/2015. Por fim, em que pese o instituto também possa envolver bens móveis, o presente artigo restringir-se-á à abordagem do tema somente em relação aos imóveis, conforme se pode extrair do título.

1. Da evicção de direito como risco inerente aos contratos de transferência do domínio a título oneroso

Sempre vinculado ao resultado final dos pactos, o risco representa a consequência econômica ou eventual prejuízo financeiro decorrente de eventos incertos[3]. Assim, enquanto o sistema de Direito das Coisas se destina à alocação de bens, os contratos são instrumentos de alocação de riscos, que podem ser contemplados e endereçados pelas partes mediante o emprego de, *e.g.*, cláusulas resolutivas expressas, cláusulas penais ou garantias contratuais descritas no corpo do ajuste contratual.

[3] TERRA, Aline de Miranda Valverde e BANDEIRA, Paula Greco. A cláusula resolutiva expressa como instrumento de gestão positiva de risco nos contratos. *Cadernos de pós-graduação em Direito PPGDir/UFRGS*, vol. XI, n. 1. Porto Alegre, 2016, p. 94.

Conforme já pontuado por Guido Alpa, o risco contratual remete a diversos tipos de incerteza e suas mais variadas consequências[4]. A expressão abarcaria, na lição do mesmo autor, a) o risco do inadimplemento, quando uma das prestações não é executada em virtude de conduta voluntária ou culposa do devedor, de terceiros, por fato do príncipe ou caso fortuito e b) o risco de redução do benefício econômico a ser auferido por força do ajuste contratual, por força da preexistência ou superveniência de circunstâncias previstas, previsíveis ou imprevistas e imprevisíveis, as quais não caracterizariam o inadimplemento em sentido técnico, mas sim um abalo na economia originalmente estimada para o negócio[5].

Em tal contexto, a evicção de direito envolve a hipótese de consumação de um risco que, embora possa ser considerado remoto pelas partes diante das circunstâncias fáticas nas quais a celebração do pacto terá respaldo, é inerente aos contratos onerosos de transmissão da propriedade. Por tal motivo, mesmo quando não expressamente endereçado pelas partes no contrato, o art. 447 do Código Civil de 2002 impõe ao alienante que responda pelo risco de evicção de direito nos contratos onerosos. O mesmo dispositivo define a imposição de tal responsabilidade como uma garantia – por razões a serem oportunamente expostas –, a qual subsistirá mesmo quando a aquisição tenha se dado em hasta pública.

Muito embora se tenha aqui um instituto contemplado expressamente por diversos ordenamentos jurídicos, afirmar que a evicção de direito é risco inerente aos contratos onerosos de transferência do domínio faz especial sentido diante do sistema proposto pelo legislador brasileiro para que se opere a aquisição do direito de propriedade. Sendo esse o efeito produzido por contratos como a compra e venda, a permuta e a dação em pagamento, uma vez que sejam devidamente publicizados, é imperioso expor quais foram as opções legislativas adotadas no país relativamente à transmissão da propriedade.

4 Alpa, Guido. *Rischio. Enciclopedia del Diritto Privato*, Milano: Giuffrè, 1989, v. 40, p. 1146.

5 Idem, ibidem.

Por aquisição da propriedade, entende-se a personalização desse direito em um titular[6]. É a forma por meio da qual o bem adere a um sujeito, gerando a titularidade. Na lição de Orlando Gomes, a principal pergunta a ser feita relativamente à aquisição do direito de propriedade, quando operada por meio da transmissão de um titular a outro[7], é a seguinte: "o contrato, ou outro ato jurídico, transfere, de si só, o domínio de uma coisa?" [8] No Brasil, a resposta há de ser negativa. Antes, no entanto, é indispensável expor os três "sistemas que respondem a essa pergunta: o *romano*, o *francês* e o *alemão*"[9].

Com base no sistema romano, a existência do título seria insuficiente, não bastando à transferência do domínio a manifestação volitiva de uma pessoa no sentido de adquirir um bem[10]. É preciso que esse ato jurídico seja complementado pela observância de exigências formais, às quais a lei atribui o condão de transferir a propriedade da coisa[11]. Tais exigências seriam, para os móveis, a tradição, e, para os imóveis, o registro.

Rompendo com a tradição romanística, o Código Civil Francês inaugurou um novo sistema, o qual substituiria tal exigência formal por cláusula disposta no contrato aquisitivo, indicando que a tradição teria ocorrido[12]. Conhecida pelos franceses como *clause de dessaisine-saisine*, esta importaria no desapossamento do vendedor e consequente apossamento do comprador, operando, ainda que por meio do contrato, efeitos similares aos produzidos pela tradição[13].

[6] Nesse sentido, v. Pereira, Caio Mario da Silva. *Instituições de Direito Civil*, vol. IV, 24ª ed. Rio de Janeiro: Gen/Forense, 2016, p. 99.

[7] Tal hipótese caracteriza a chamada aquisição a título derivado, diversa das aquisições a título originário, nas quais a propriedade é adquirida sem que haja transmissão por outrem, inexistindo relação causal com o estado jurídico anterior do bem ou de seu titular.

[8] Gomes, Orlando. *Direitos Reais*, 20ª ed. Rio de Janeiro: Gen/Forense, 2010, p. 151.

[9] Idem, ibidem.

[10] Idem, ibidem.

[11] Ibidem, ibidem.

[12] Maia, Roberta Mauro Medina. *Teoria geral dos direitos reais*. São Paulo: Revista dos Tribunais, 2013, p. 124.

[13] Mazeaud, Jean *et alli*. *Leçons de droit civil – Biens (Droits de Proprieté et ses Démenbrements)*, 8ème ed. Paris: Montchrestien, 1994, p. 344.

Daí o teor do art. 1.138 do *Code*, segundo o qual considerar-se-á adimplida a obrigação de transferir a propriedade da coisa por meio do simples consentimento das partes contratantes, que tornará proprietário o comprador. Assim, esse terá a coisa por sua conta e risco desde o momento em que ela deveria lhe ter sido entregue, mesmo quando a tradição não houver sido efetivada. Em sua parte final, o art. 1.138 do *Code* ressalva somente a hipótese de impontualidade do vendedor na entrega efetiva da coisa, caso em que esse último responderá por todos os riscos a que a mesma for submetida.

Com efeito, pode-se perceber que, na França, a publicidade conferida ao título aquisitivo – seja pela posse exercida após a tradição, seja pelo registro, no caso específico dos bens imóveis – não é condição indispensável ao nascimento do direito de propriedade atribuído ao adquirente, mas de sua oponibilidade perante terceiros, pois, enquanto não houver publicidade, todos os efeitos do contrato de aquisição do bem, inclusive os relativos à transferência da propriedade, só incidirão entre as partes envolvidas[14].

Por tal motivo, o principal problema do sistema contemplado pelo *Code* diz respeito ao fato de permitir-se, em virtude dele, a existência de propriedades 'relativas', que não criariam vínculos oponíveis *erga omnes*, por inexistir eficácia real antes da tradição ou do registro[15]. Ao debruçar-se sobre o tema, Teixeira de Freitas demonstrou ser um equívoco confundir a simples manifestação volitiva com a entrega material da coisa (tradição): segundo o autor, enquanto a tradição e a posse corresponderiam ao modo de adquirir, a manifestação de vontade seria apenas o título de adquirir[16].

No sistema alemão, por sua vez, o ato jurídico no qual se manifesta a vontade translativa cria a obrigação de transferir a propriedade, sendo totalmente independente do ato que a transferirá posteriormente[17]. Esse será convenção diversa com objetivo especial, que, "tendo embora

[14] Maia, Roberta Mauro Medina. Ob. Cit., p. 125.

[15] Idem, p. 125.

[16] Teixeira de Freitas, Augusto. *Consolidação das Lei Civis.* Brasília: Senado Federal, Conselho Editorial, 2003, vol. I, p. CLXXXIII-CLXXXIV.

[17] Gomes, Orlando. *Direitos Reais*, cit., p. 152.

como causa o outro negócio jurídico, a ele não está condicionado, porque, na transmissão da propriedade, abstrai-se a causa"[18]. Portanto, como são dois negócios jurídicos autônomos e independentes, a eventual nulidade do primeiro não afetará o segundo, dito abstrato. Diante disso, diz-se que no sistema germânico o registro assegura ao proprietário "presunção *iuris et de iure* de propriedade"[19], pois o ato do registro não será anulado por força de eventual falha ou vício que macule a manifestação volitiva previamente manifestada e que o justificou.

Ao contrário do francês, o sistema brasileiro exige ato prévio de publicização do vínculo para que se opere a transferência do domínio, não admitindo, portanto, a existência de direito de propriedade que não seja oponível *erga omnes*. Ao adotar tal exigência, o legislador manteve-se fiel às Ordenações Filipinas, as quais atribuíam ao contrato de compra e venda caráter puramente obrigacional, estatuindo que, antes da tradição, não haveria aquisição do domínio pelo comprador apenas em virtude de ter celebrado o contrato[20]. A fidelidade do direito brasileiro às fontes foi mantida mesmo diante da opção adotada pelo *Code* – seguida pelo sistema português – em prol da adoção do princípio do consensualismo [21].

Atualmente, o Código Civil em vigor determina, no art. 1.226, que "os direitos reais sobre coisas móveis, quando constituídos, ou transmitidos por atos entre vivos, só se adquirem com a tradição", enquanto o art. 1.227, relativamente aos bens imóveis, estatui que "os direitos reais sobre imóveis constituídos, ou transmitidos por atos entre vivos, só se adquirem com o registro no Cartório de Registro de Imóveis dos referidos títulos (art. 1.245 a 1.247), salvo os casos expressos neste Código[22]". Uma vez efetuado o registro, o direito de propriedade adquirido irradiará sua oponibilidade *erga omnes*, entendida como o dever, imposto a terceiros, de respeitar e permitir o exercício de direitos alheios[23].

[18] Idem, p. 152.

[19] Tepedino, Gustavo *et alli*. *Fundamentos*, vol. 5, p. 115.

[20] Gomes, Orlando. Venda real e venda obrigacional. In: ________. (org.). *Novos temas de direito civil*. Rio de Janeiro: Forense, 1983, p. 114.

[21] Maia, Roberta Mauro Medina. *Teoria*., cit., p. 124.

[22] As ressalvas dizem respeito à usucapião e à sucessão *causa mortis*.

[23] Ragel-Sanchez, Luis-Felipe. *Proteccion del terceiro frente a la actuacion jurídica ajena: la inoponibilidad*. Valencia: Tirant Lo Blanch, 1994, p. 64.

Desse modo, como no sistema Romano, exige-se no Brasil um ato formal para que se opere a transmissão do direito de propriedade. Todavia, ao contrário da opção adotada pelo sistema alemão, o regime jurídico brasileiro admite que a nulidade do negócio no qual se manifestou a vontade translativa venha a afetar o registro da propriedade já transmitida. É justamente a possibilidade de retificação ou cancelamento do registro que permite a reconhecença da evicção de direito como risco ínsito aos negócios jurídicos que terão como efeito a transmissão da propriedade, após a sua transcrição no registro de imóveis.

Portanto, admitindo-se, no ordenamento jurídico brasileiro, a possibilidade de cancelamento do registro que atribui a alguém um direito de propriedade, ter-se-á aí, independentemente de outras causas possíveis, evento capaz de caracterizar a evicção de direito. Definida em sede doutrinária como "a perda ou o desapossamento judicial sofrido pelo adquirente"[24], a falta de conceituação legislativa faz com que a evicção seja, ao menos no Brasil, instituto cuja interpretação acaba rendendo algumas controvérsias. Diante disso, o próximo tópico se destina a tentar elucidá-las minimamente, partindo das pistas deixadas pelo Código Civil acerca dos elementos que a compõem.

De todo modo, inferindo-se que todo contrato pressupõe um dado contexto, não seria prudente ignorá-lo, "sobretudo quando o que se tem em vista é estremar os riscos próprios ao pactuado daqueles que inderrogáveis do negócio"[25]. Relativamente à evicção, diante das razões anteriormente expostas, é possível concluir que essa integra a álea do contrato avençado, não caracterizando evento imprevisível.

2. Quem, quando, como e onde: premissas metodológicas para a caracterização da evicção de direito

Conforme é possível extrair da leitura dos arts. 447 a 457 do Código Civil, o legislador brasileiro preocupou-se mais em explicar os efeitos da evicção que em conceituá-la. Quase relegando o intérprete à tarefa de tatear

[24] Leite, Clarisse Frechiani Lara. *Evicção*, cit., p. 27.

[25] Zanetti, Cristiano de Souza. O risco contratual. In: Lopez, Teresa Ancona *et alli* (coords.). *Sociedade de Risco e Direito Privado – desafios normativos, consumeristas e ambientais.* São Paulo: Atlas, 2013, p. 462.

no escuro, há somente duas certezas absolutas passíveis de serem extraídas do art. 447: a) no que concerne à esfera de incidência do instituto, o referido dispositivo legal faz menção expressa aos contratos onerosos, por razões a serem oportunamente esclarecidas; b) relativamente à sua natureza jurídica, o art. 447 do Código Civil revela o acerto daqueles que a definem como uma "cláusula legal de garantia prevista para a hipótese de concretizar-se o risco de privação da coisa"[26].

No entanto, antes de qualquer aprofundamento no tema, é importante esclarecer, a respeito desse último aspecto, que a evicção será cláusula legal de garantia enquanto corresponde a mero risco ínsito ao contrato. Uma vez consumado o evento que a caracteriza, restará deflagrado o "sistema especial de responsabilidade contratual"[27], atribuindo-se ao evicto a restituição integral do preço ou das quantias que pagou, sem prejuízo de ser indenizado pelas despesas e custas descritas nos incisos e no parágrafo único do art. 450 do Código Civil.

Assim, enquanto a mera existência do risco de evicção dá ensejo à previsão legal de garantia a ser prestada pelo alienante, o fato da evicção é evento apto a revelar não o inadimplemento contratual da obrigação de transferir a propriedade, a qual, tendo sido assumida contratualmente pelo vendedor, foi efetivada: o adquirente tornou-se o proprietário.

No entanto, por circunstâncias que eram por ele desconhecidas, o mesmo se vê privado do uso ou da titularidade do imóvel em data posterior à sua aquisição, mas em razão de evento anterior à celebração do contrato[28]. Tem-se, diante disso, a violação concreta do dever, a cargo do

[26] Costa, José Eduardo da. *Evicção nos contratos onerosos*. São Paulo: Saraiva, 2004, p. 91.

[27] Leite, Clarisse Frechiani Lara. Ob. Cit., p. 61.

[28] Sobre o tema, v. as considerações de José Eduardo da Costa: "A execução do contrato é pressuposto fundamental da garantia da evicção. Não sendo possível a tradição e o registro imobiliário, houve descumprimento de obrigação contratual, de forma que a hipótese é de responsabilidade por inadimplemento contratual e não de garantia da evicção. De fato, ninguém pode ser privado do direito que ainda não foi integrado ao seu patrimônio" (Costa, José Eduardo da. *Evicção*, cit., pp. 89-90). Como se vê, a garantia é prestada no intuito de assegurar ao adquirente a higidez do título a ele transferido uma vez que já tenha sido efetivada a transcrição. O inadimplemento envolve, portanto, hipótese diversa: o alienante deixaria de transmitir o título ou inviabilizaria a tradição.

alienante, de assegurar a higidez e licitude do título que transferiu, sendo tal obrigação de garantir distinta daquela de transferir[29].

Antes de consumar-se a evicção, o dever legalmente imposto ao alienante é de garantia, similar ao imposto pelo art. 618 do Código Civil ao construtor, o qual responderá por cinco anos pela solidez e segurança da obra já concluída. Cotejando-se as duas hipóteses, é possível perceber que em ambos os casos a obrigação principal foi adimplida: no caso da evicção, a propriedade do imóvel é transferida ao adquirente, enquanto no caso da empreitada, a construção foi concluída. Todavia, nas duas situações mantém-se uma relação obrigacional para impedir-se que o escopo do contrato reste frustrado[30]. São hipóteses que exemplificam o quanto o adimplemento nem sempre poderá ser identificado como o desfecho conclusivo da relação obrigacional, já que ao vendedor e ao construtor se impõem deveres cuja observância impedirá "que o escopo contratual seja frustrado ao argumento de que a obrigação principal foi efetuada"[31].

Portanto, se o fato da evicção se verifica quando, após a transmissão de um direito de propriedade como efeito de um contrato, um terceiro faz valer seu direito real sobre o bem que é objeto de tal pacto[32], é possível perceber que o dever de indenizar imposto ao alienante por força do art. 450 do Código Civil decorre da inequívoca perturbação do sinalagma contratual, por restar frustrada a aquisição do direito de propriedade – fim último ao qual se destinava o contrato. Resta violada a cláusula geral de garantia disposta no art. 447, de modo que uma vez concretizado o risco de evicção, o art. 450 impõe ao alienante que arque com indenização capaz de restituir o adquirente ao *statu quo*, na máxima medida possível.

[29] Ricca-Barberis, Mario. *Tratatto della garanzia per evizione – Parte generale.* Torino: G. Giappichelli, 1958, p. 40.

[30] Tepedino, Gustavo; Terra, Aline de Miranda Valverde; Guedes, Gisela Sampaio da Cruz. *Fundamentos do Direito Civil*, vol. 4 (*Responsabilidade Civil*). Rio de Janeiro: Gen/Forense, 2020, p. 25.

[31] Idem, ibidem.

[32] Musio, Ivana e Scarpa, Antonio. *Dal preliminare alla compravendita immobiliare.* Roma: Dike, 2019, p. 115.

Observe-se que a lei não exige conduta culposa ou má-fé por parte do alienante para que o mesmo responda pela evicção já consumada. Além do silêncio legislativo a respeito, tal conclusão se extrai da parte final do art. 447, o qual impõe a subsistência da garantia mesmo quando a aquisição se deu em hasta pública. Tal opção conduz razoavelmente à crença de que o real fundamento do dever de restituição contemplado no art. 450 é a efetiva perturbação do sinalagma, por não ter sido o alienante capaz de transmitir o bem livre de vícios: houve uma "irregular atribuição patrimonial"[33]. Não há, portanto, juízo de valor feito em sede legislativa acerca da conduta do alienante. Esse apenas deve garantir "a integridade jurídica do objeto"[34].

Ressalte-se que se tem, aqui, um vício de direito, ao contrário do que ocorre nos vícios redibitórios (arts. 441 e seguintes do Código Civil), nos quais a garantia é prestada contra vícios materiais, ocultos no momento da celebração do contrato[35]. A tese segundo a qual a lógica por trás do dever de restituição contemplado no art. 450 seria a concreta perturbação do sinalagma decorre também do fato de que a cláusula geral de garantia contida no art. 447 circunscreve o raio de incidência da evicção de direito aos contratos onerosos, ou seja, aqueles nos quais "ambos os contratantes sacrificam-se e beneficiam-se economicamente"[36].

Isso não quer dizer, no entanto, que não se possa contemplar ou endereçar o risco de evicção em contratos gratuitos, mas tal hipótese terá fulcro em disposição contratual, e não na cláusula geral de garantia prevista no art. 447 do Código Civil. Ressalte-se, a esse respeito, que a Codificação Brasileira, no art. 552, optou por não sujeitar o doador aos riscos de evicção, exceto nas hipóteses de doações para casamento com certa e determinada pessoa. Nesse caso, a responsabilidade que lhe é legalmente

[33] Costa, José Eduardo da. Ob. cit., p. 19.

[34] Pereira, Caio Mario da Silva. *Instituições de Direito Civil*, vol. III (*Contratos*), 23ª ed. Rio de Janeiro: Gen/Forense, 2019, p. 125.

[35] É comum a distinção proposta em sede doutrinária, segundo a qual vícios redibitórios são vícios materiais da coisa, enquanto a evicção endereçaria vícios de direito (nesse sentido, v. Schreiber, Anderson. *Manual de Direito Civil Contemporâneo*. São Paulo: Saraiva, 2018, pp. 501-503).

[36] Tepedino, Gustavo; Konder, Carlos Nelson; Bandeira, Paula Greco. *Fundamentos do Direito Civil*, vol. 3 (*Contratos*), 2ª ed. Rio de Janeiro: Gen/Forense, 2021, p. 74.

atribuída conduz à impressão de que o legislador brasileiro entende ser esse último caso uma espécie de doação onerosa, e não pura[37]. Observe-se que a lógica do sinalagma como fundamento da incidência da cláusula geral de garantia também norteia o art. 1.005 do Código Civil, o qual impõe ao sócio que transmite domínio, posse ou uso para fins de aquisição de quota social responsabilidade pela evicção de direito[38].

De todo modo, se após o pagamento do preço pago pela aquisição do direito de propriedade, o adquirente se vê dela privado por não ter sido o alienante capaz de assegurar a higidez de sua titulação, por força de circunstâncias anteriores à celebração do negócio, resta indiscutivelmente rompido o sinalagma, o qual representa "o nexo de reciprocidade entre as obrigações de ambas as partes"[39]. Daí Caio Mario da Silva Pereira ter afirmado que a garantia contra a evicção seria consequência natural, embora não essencial, da obrigação de entregar a coisa alienada, operando *ex lege*, e não *ex contractu*[40]. Todavia, conforme se pode extrair do parágrafo anterior, inexistindo sinalagma, a obrigação de garantir os riscos de evicção poderá ser imposta pelo contrato, mas não o será por lei.

Feitas essas considerações, após a identificação dos pontos deixados claros pelo legislador no intuito de evidenciar o âmbito de incidência do instituto, sua natureza jurídica e o seu fundamento, é necessário agora analisar pontualmente os elementos que o caracterizam. Em que pese eventualmente se diga que os silêncios legislativos podem ser intencionais, como será possível verificar, aqui, sendo intencionais ou não, os que se referem à evicção de direito não foram muito felizes. Por tal motivo, é necessário analisar pormenorizadamente quais elementos devem estar presentes para que ela reste consumada.

37 A esse respeito, v. as seguintes considerações: "O ônus assumido pelo doador, embora não configure contraprestação que torne o contrato bilateral ou sinalagmático, é juridicamente exigível e qualifica a doação como onerosa. A onerosidade da doação, como acima aludido, também determina que o doador responda pelos vícios redibitórios e pela evicção". (Idem, p. 208).

38 O mesmo pode ser dito do art. 2.024, o qual determina que os "co-herdeiros são reciprocamente obrigados a indenizar-se no caso de evicção dos bens aquinhoados".

39 Tepedino, Gustavo; Konder, Carlos Nelson; Bandeira, Paula Greco. Ob. cit., p. 73.

40 Pereira, Caio Mario da Silva. *Instituições*, cit. p. 122.

2.1. Perda (ou privação) da coisa

Diz-se que a evicção seria *"a perda da coisa, por força de sentença judicial, que a atribui a outrem, por direito anterior ao contrato aquisitivo"*[41]. Tal evento gera um dever de indenizar decorrente da violação da cláusula geral de garantia contida no art. 447. Sua ocorrência se dá quando o adquirente é privado de uma utilidade ou benefício do direito que pretendeu adquirir, "em razão de falha na atribuição translativa que enseja a postulação vitoriosa de terceiro"[42].

Por perda da coisa entende-se a privação do direito à sua titularidade ou mesmo à posse pacífica[43]. Todavia, não se deve confundir os efeitos de decisão proferida em sede de ação possessória com aqueles proferidos em juízo petitório, bem como não se deve confundir o dano de privação de uso com a evicção de direito. Essa pressupõe a perda da titularidade do domínio[44] ou do direito à posse de modo definitivo. A observação é relevante porque, no sistema processual brasileiro, as decisões proferidas na seara possessória têm caráter perfunctório, devendo o debate mais aprofundado acerca de a quem deve ser atribuída a posse por força do direito de propriedade ser travado no bojo de ação reinvidicatória (juízo petitório).

No juízo possessório, discute-se apenas o *ius possessionis*, o qual corresponde à garantia de se obter proteção jurídica ao fato da posse contra atentados de terceiros. No juízo petitório, a pretensão deduzida no processo tem por respaldo o direito de propriedade, ou seus desmembramentos, do qual decorre o direito à posse do bem litigioso. Por ser tutela de situação fática preexistente, o interdito possessório representa prestação jurisdicional provisória, destinada apenas a manter a estabilidade social, por meio da preservação de um estado fático, enquanto se aguarda, no processo e tempo adequados, a eventual composição, defi-

[41] Tal conceito é atribuído a Clóvis Beviláqua por Pereira, Caio Mario da Silva. *Instituições,* vol . III, cit., p. 119 (grifos no original). A exigência de sentença judicial será adiante comentada.

[42] Leite, Clarisse Frechiani Lara. *Evicção,* cit., 67.

[43] Tepedino, Gustavo; Konder, Carlos Nelson; Bandeira, Paula Greco. *Fundamentos,* cit., p. 129.

[44] Idem, p. 130.

nitiva, a respeito do direito real envolvido no dissídio. Portanto, não se admite a exceção de coisa julgada no possessório para obstar o petitório[45].

Desse modo, considerando-se a possibilidade de a derrota em sede de ação possessória acarretar perda da posse, que poderá ser eventualmente revertida por meio de decisão proferida no bojo de ação reivindicatória proposta em momento posterior, é forçoso concluir que tal hipótese não dá margem, por si só, à evicção, mas a eventual dano de privação de uso. Nesse caso, não se indeniza a perda do direito à titularidade do imóvel e, consequentemente, à sua posse de modo definitivo, mas sim a privação temporária do direito ao uso, que poderá acarretar dano emergente autônomo ou mesmo lucros cessantes[46].

De modo diverso, quando o adquirente é derrotado em ação reivindicatória, a posse será atribuída ao autor da ação de modo irreversível[47], tratando-se, portanto, de hipótese de evicção de direito, por não se tratar de perda da posse passível de ser revertida. O mesmo ocorrerá caso a nulidade do título transferido seja declarada no bojo de ação de cancelamento de registro, cujo fundamento material se encontra disposto no art. 1.247, *caput*[48] e em virtude da chamada evicção resolutória, na qual "a antecedente aquisição do vendedor resolve-se por estar subordinada a condição resolutiva"[49].

É importante considerar que, muito embora fosse possível encontrar em sede doutrinária menção à necessidade de sentença judicial para que o fato da evicção restasse caracterizado, conforme se pode extrair da defi-

[45] Acerca das opções legislativas a respeito do tema, seja-nos consentido remeter a Maia, Roberta Mauro Medina. A tutela possessória como instrumento de pacificação social. In: Tepedino, Gustavo *et alli* (coords.). *Da dogmática à efetividade do direito civil – Anais do Congresso Internacional de Direito Civil-Constitucional.* Belo Horizonte: Forum, 2017, pp. 195 e ss.

[46] O dano de privação do uso poderá ser demandado do esbulhador ou mesmo do alienante, quando for o responsável pela ocorrência do esbulho ou tiver contribuído para a sua ocorrência de qualquer forma. Sobre o tema, v. Silva, Rodrigo da Guia. A privação do uso como fonte do dever de indenizar. *Cadernos do Programa de Pós-Graduação em Direito PPGDir/UFRGS.* Porto Alegre: 2016, vol. XI, n. 2, p. 214.

[47] A respeito da ação reivindicatória, diz-se que se trata da ação proposta pelo proprietário não possuidor em face do possuidor não proprietário.

[48] Art. 1.247. Se o teor do registro não exprimir a verdade, poderá o interessado reclamar que se retifique ou anule.

[49] Costa, José Eduardo da. *Evicção*, cit., p. 43.

nição transcrita no início deste tópico[50], tal posicionamento não é corroborado pela jurisprudência do Superior Tribunal de Justiça, que entende "ser prescindível a sentença judicial para a configuração da evicção, a qual pode ocorrer, também, por ato de autoridade administrativa"[51].

Com efeito, muito embora a referência à sentença remeta, historicamente, a solução judicial definitiva, que acarretaria a privação do direito do adquirente irreversivelmente, a lei brasileira não a menciona como um requisito indispensável à caracterização da evicção, admitindo-se atualmente, também em sede doutrinária, que o significado atual do instituto tenha extrapolado o sentido original da expressão "vencer em juízo"[52]. A mudança de orientação doutrinária não decorre, na verdade, da linha jurisprudencial adotada pelo Superior Tribunal de Justiça, mas sim da mudança legislativa decorrente do advento do Código Civil de 2002.

O art. 1.117, I do Código Civil de 1916 dispunha não poder o adquirente demandar da evicção "se foi privado da coisa, não pelos meios judiciais, mas por caso fortuito, força maior, roubo ou furto", o que razoavelmente permitia à doutrina concluir que o instituto em questão não se caracterizaria quando a privação da coisa não fosse decorrente de decisão judicial. O art. 457 do Código Civil hoje em vigor, por sua vez, dispõe apenas que não pode o adquirente demandar pela evicção se sabia que a coisa era litigiosa, refletindo somente o que dispunha o inciso II do art. 1.117 do Código Civil de 1916.

O ponto a ser perquirido, na verdade, diz respeito à hipótese de privação da coisa que corresponda não apenas ao seu desapossamento material, mas sim à "redução ou extinção do direito transmitido ao adquirente em razão de melhor direito de terceiro"[53]. O aspecto mais relevante, portanto, não é a fonte da decisão que deu margem à privação da

[50] V. nota de rodapé n. 40. Com efeito, a posição ali esposada por Caio Mário da Silva Pereira tinha respaldo na orientação de diversos civilistas brasileiros que o sucederam, como se pode extrair do inventário feito por Costa, José Eduardo da. *Evicção*, cit., pp. 40 e ss.

[51] STJ, Quarta Turma, EDcl no AgInt no REsp 1426250/MT, Rel. Min. Marco Buzzi, Publ. DJe 30.06.2020. Ressalte-se que o acórdão menciona ser firme a jurisprudência do STJ em tal sentido.

[52] Leite, Clarisse Frechiani Lara. *Evicção*, cit., p. 71.

[53] Costa, José Eduardo da. *Evicção*, cit., p. 44.

coisa, se judicial ou administrativa[54], mas sim a prevalência de posição jurídica alheia de modo definitivo, suprimindo ou restringindo o direito do adquirente sobre a coisa[55]. É esse o evento capaz de acarretar a frustração da onerosidade contratual, a qual pode ser considerada como o elemento central da evicção[56]: o bem adquirido apresentava um vício em sua titulação, razão pela qual a transferência do domínio – obrigação assumida pelo alienante – embora realizada, não prevalece, rompendo inequivocamente o sinalagma do referido contrato.

2.2. A anterioridade do vício de direito

Na lição de Carlos Roberto Gonçalves, todo alienante está obrigado, por lei, à observância de um conjunto de garantias, devendo assegurar não apenas que a coisa vendida possa ser utilizada com base nos fins a que se destina, mas também que o adquirente seja resguardado de eventuais pretensões de terceiro que possam privá-lo da coisa adquirida ou impedir o seu uso pacífico[57]. Nesse contexto, se a evicção só ocorre em virtude de vício existente no título do alienante [58]– vício de direito –, é razoável exigir que esse seja anterior ao contrato de alienação da propriedade. A falha existente na cadeia dominial é, portanto, antecedente.

A anterioridade da causa da perda é o traço distintivo da evicção, apartando-a de outras hipóteses de privação que possam ser suportadas pelo adquirente[59]. Quando posterior à alienação, nenhuma responsabilidade caberia ao alienante com base na garantia prevista em lei, sendo possível citar como exemplo a desapropriação do imóvel pelo Poder Público, caso o decreto expropriatório advenha após a celebração do contrato[60].

[54] Sobre o tema, veja-se trecho do acórdão pioneiro: "Para a reivindicação de direito decorrente da evicção basta que o adquirente fique privado, por ato de autoridade, de bem de procedência criminosa" (STJ, Terceira Turma, REsp 12663/SP, Rel. Min. Cláudio Santos, publ. DJ 13.04.1992).

[55] Costa, José Eduardo da. *Evicção*, cit., p. 29.

[56] Idem, p. 63.

[57] Gonçalves, Carlos Roberto. *Direito Civil Brasileiro*, vol. 3 (*Contratos e atos unilaterais*), 16 a ed. São Paulo: Saraiva, 2019, p. 143.

[58] Idem, p. 147.

[59] Leite, Clarisse Frechiani Lara. *Evicção*, cit., p. 77.

[60] Gonçalves, Carlos Roberto. Ob. Cit., p. 148.

Cabe, aqui, um registro a tal respeito: para fins de responsabilização do alienante relativamente à evicção de direito, releva observar que o momento a ser considerado não é o da efetiva transferência do direito de propriedade – a qual, nos termos do art. 1.227 do Código Civil, ocorrerá com o registro no Registro de Imóveis –, mas sim o da celebração do contrato, quando foi assumida a obrigação de transmitir e, eventualmente, foram alocados os riscos de evicção. Tal eventualidade deve ser mencionada por ser a garantia contra os riscos de evicção baseada em lei. Quando ausentes os pressupostos exigidos pelo legislador para tanto, o regime de responsabilidade contratual só será deflagrado quando e se houver previsão contratual em tal sentido.

De igual modo, se ao tempo da celebração do contrato o imóvel adquirido já se encontrava na posse de terceiro, não responderá o alienante pela evicção de direito se essa vier a ocorrer por força da usucapião, pois competia ao adquirente "evitar a consumação da prescrição aquisitiva, a menos que ocorresse em data tão próxima da alienação que se tornasse impossível ao evicto impedi-la"[61]. Acerca do mesmo tema, referindo-se à hipótese na qual a usucapião iniciou-se antes e completou-se após a transmissão ao adquirente, registrava Caio Mário da Silva Pereira a impossibilidade de responsabilização do alienante, pois cabia ao adquirente impedir a continuidade de situação possessória prejudicial a seu direito[62]. Ademais, se tal situação já era perceptível ao tempo do contrato, restará afastada a boa-fé do adquirente, a qual, como se verá, é essencial à deflagração da cláusula geral de garantia prevista no art. 447 por força do disposto no art. 457.

Ainda no que concerne à anterioridade do vício, é oportuno observar que o art. 447 do Código Civil inovou ao ressalvar que a garantia contra os riscos de evicção de direito subsiste ainda que a aquisição se tenha realizado em hasta pública. Todavia, mantendo-se a orientação jurisprudencial atualmente esposada pelo Superior Tribunal de Justiça, tal preocupação legislativa perderá consideravelmente o seu sentido: na medida em que a referida Corte entende corresponder a arrematação de imóvel em hasta pública a modo de aquisição do direito de propriedade a título

[61] Idem, p. 149.

[62] Pereira, Caio Mario da Silva. *Instituições,* cit. Pp. 120-121.

originário, rompem-se, portanto, os vínculos até então existentes com a titulação anteriormente ostentada pelos proprietários anteriores[63].

2.3. A boa-fé do adquirente

Duas passagens da parte do Código Civil dedicada à evicção de direito devem ser analisadas no presente tópico, valendo ressaltar que, para fins didáticos, os comentários relativos aos dispositivos legais a serem esmiuçados não observarão sua ordem numérica. Assim primeiramente, deve ser feita referência ao art. 457, o qual determina que "não pode o adquirente demandar pela evicção, se sabia que a coisa era alheia ou litigiosa". Na sequência, será explicado o art. 448 do Código Civil de 2002, o qual autoriza as partes a, por meio de cláusula expressa, reforçarem, diminuírem ou excluírem a responsabilidade pela evicção.

O primeiro dispositivo mencionado evidencia que a garantia legal contra os riscos de evicção só subsiste quando o adquirente estava de boa-fé, ou seja, ignorava o vício ou obstáculo que impedia a aquisição do direito[64]. Justamente por ignorá-lo, tal risco não foi endereçado contratualmente, sendo o pacto, por óbvio, silente a respeito. Assim, perfeitamente compreensível e razoável a proteção conferida ao adquirente em sede legislativa.

Acerca do disposto no art. 457 do Código Civil, considerando-se que a evicção de direito decorre da atribuição, por decisão judicial ou administrativa, do bem adquirido a um terceiro, é razoável que o legislador impeça o adquirente de demandá-la quando sabia que a coisa era alheia ou litigiosa: assumiu-se, aí, o risco de evicção de direito de maneira consciente, pois as circunstâncias fáticas que se apresentavam ao tempo da celebração do contrato já o evidenciavam.

Cumpre ressaltar que o estado de ignorância acima mencionado não é provocado pela própria desídia de alguém que não sabe estar violando

[63] Nesse sentido, v. STJ, AgInt no REsp n. 1.690.412/SP, Segunda Turma, Rel. Min. Mauro Campbell, julg. 05.12.2017, publ. DJe 12.12.2017 e STJ, AgInt no REsp n. 1.318.181/PR. Quarta Turma, Rel. Min. Luis Felipe Salomão, julg. 21.08.2018, publ. DJe 24.08.2018.

[64] No intuito de auxiliar na conceituação da boa-fé dita subjetiva, o art. 1.200 do Código Civil dispõe que "É de boa-fé a posse, se o possuidor ignora o vício, ou o obstáculo, que impede a aquisição da coisa".

direitos alheios por meio da aquisição, jamais restando caracterizado em virtude de culpa ou dolo[65]. A boa-fé subjetiva está, na lição de António Menezes Cordeiro, "ligada ao desconhecimento sem culpa ou à ignorância desculpável"[66]. Trata-se, consequentemente, da crença legítima de não estar prejudicando terceiros (*alterum non laedere*) em virtude da aquisição: o terceiro ignora a antijuricidade de seu agir[67].

Para os fins aqui perseguidos, é relevante observar que a intenção legislativa manifestada no art. 457 foi no sentido de excluir a garantia legal contra riscos de evicção quando o adquirente sabia da existência do vício ou tinha dúvidas acerca da licitude do título adquirido. Em outras palavras, a cláusula geral de garantia disposta no art. 447 não terá lugar quando o adquirente não estava de boa-fé.

Todavia, nada impede, nessa última hipótese, que as partes, cientes de tal risco, possam endereçá-lo contratualmente, pactuando a responsabilidade do adquirente pela evicção de direito passível de ocorrer em virtude de, *e.g.*, ação reivindicatória já em curso ao tempo da celebração da avença. Nesse caso, a responsabilidade pela evicção de direito terá matriz exclusivamente negocial, e não legal. Portanto, havendo ciência do adquirente acerca da existência do risco, o alienante só será responsabilizado quando tal possibilidade foi expressamente prevista no contrato.

Conforme se extrai do art. 448 do Código Civil, o oposto também poderá ocorrer: podem as partes, por meio de cláusula expressa, reforçar, diminuir ou excluir a responsabilidade pela evicção, mesmo quando o adquirente estiver de boa-fé. Trata-se de espaço conferido à autonomia privada pelo legislador, permitindo aos envolvidos que aloquem tal risco contratual de modo diverso daquele originalmente proposto em sede legal.

Nesse caso, o ajuste poderá afastar a disciplina proposta pelo Código Civil para a responsabilidade do alienante por riscos atinentes à evicção

[65] De Los Mozos, Jose Luis. *El principio de la buena fe – Sus aplicaciones prácticas em el Derecho Civil Español*. Barcelona: Bosch, 1965, p. 63.

[66] Cordeiro, António Manuel da Rocha e Menezes. *Da boa-fé no direito civil*. Coimbra: Almedina, 2007, p. 409.

[67] Nesse sentido, seja-nos consentido remeter a Maia, Roberta Mauro Medina. *Teoria*, cit., p. 194.

de direito, não bastando, para tanto, o silêncio do mesmo a respeito. Todavia, o art. 449 revela que a preocupação legislativa com a boa-fé do adquirente e com a preservação do sinalagma contratual supera a autonomia privada nessa passagem do Código, pois, segundo o referido dispositivo legal, "não obstante a cláusula que exclui a garantia contra a evicção, se esta se der, tem direito o evicto a receber o preço que pagou pela coisa evicta, se não soube do risco da evicção, ou, dele informado, não o assumiu".

No primeiro caso, quis o legislador proteger aquele que ignorava o risco, não podendo, portanto, endereçá-lo de modo consciente no contrato. Resguarda-se, assim, a boa-fé subjetiva do adquirente. A respeito da segunda hipótese, é imperioso observar que se trata de regra que foge da disciplina geral proposta para a evicção de direito, pois, conforme anteriormente visto, os elementos indispensáveis à sua caracterização são a privação do direito, a anterioridade do vício e a boa-fé do adquirente. Vê-se, portanto, que na parte final do art. 449, tem-se hipótese na qual o adquirente não estaria de boa-fé, por ter sido informado acerca do risco de evicção, não assumindo-o. Reitere-se, a esse respeito, que a presença de boa-fé é exigência legislativa para a caracterização da evicção de direito, na medida em que o art. 457 impede o adquirente de demandar pela evicção, se sabia que a coisa era alheia ou litigiosa.

A leitura em conjunto dos arts. 449 e 457 impõe a conclusão de que a responsabilidade do alienante pela evicção de direito prevista na parte final do art. 449 – quando o adquirente, informado do risco de evicção, não o assumiu – terá respaldo, na verdade, na disposição contratual que mencionava a sua existência e o alocava com o alienante. Portanto, a previsão contida no art. 449, parte final, não altera o fato de que a boa-fé subjetiva é elemento indispensável para a incidência da cláusula geral de garantia disposta no art. 447, por força do art. 457 do Código Civil.

3. Esforços legislativos destinados à redução dos riscos de evicção de direito

Conforme se viu anteriormente, o art. 1.247 do Código Civil determina que se o teor do registro não exprimir a verdade, poderá o interessado reclamar que se retifique ou anule. O parágrafo único do mesmo dispositivo legal, contrariando um dos nortes principiológicos do Livro de

Direito das Coisas – a proteção do adquirente de boa-fé – reflete risco concreto e bastante grave de evicção de direito: "Cancelado o registro, poderá o proprietário reivindicar o imóvel, independentemente da boa-fé ou do título do terceiro adquirente".

E aqui se diz tratar-se de risco grave porque muito embora o art. 1.245, § 1º do Código Civil determine que o proprietário será havido como dono do imóvel enquanto não se promover, por meio de ação própria, a decretação de invalidade do registro, o art. 1.247, parágrafo único ignora solenemente a boa-fé de quem se fiou nas informações constantes do registro ao tempo da celebração do contrato, como se a diligência desse ao consultar e confiar nos assentamentos registrais de nada valesse. A hipótese é dramática porque refere-se a falha sistêmica – e não individual –, ou seja: o terceiro adquirente será penalizado porque as informações constantes do registro de imóveis não correspondiam com a verdade, e não por eventual falta de diligência. Nada mais contrário não apenas à boa-fé, mas também à segurança jurídica na qual deve se pautar o tráfego jurídico dos direitos patrimoniais.

Assim, ainda que, no pior cenário, o alienante fosse instado a responder pelo risco de evicção, não custa indagar agora o que talvez não tenha sido objeto de indagação por parte do legislador quando do advento do Código Civil: ao tempo em que o adquirente fosse declarado evicto, seria possível encontrar o alienante? Será que o mesmo teria recursos para arcar com os ônus de sua responsabilidade? E se fosse uma gleba de terras desmembrada, loteada ou objeto de incorporação imobiliária, prejudicando-se diversos adquirentes simultaneamente?

Diante de tantos possíveis problemas, o legislador brasileiro se viu forçado a corrigir o equívoco contido no art. 1.247, parágrafo único, em duas oportunidades distintas. A primeira delas, introduzida em nosso ordenamento jurídico pela Lei 10.931/2004, alterou a Lei de Registros Públicos (Lei 6.015/1973) para que a tutela conferida ao adquirente de boa-fé pudesse ser reforçada.

Como a questão envolvia um conflito difícil de dirimir – de um lado, o verdadeiro proprietário e, de outro, aquele que incorreu em erro escusável e invencível, em virtude de equívocos constantes de assentamentos registrais –, o legislador parece ter feito uso da posse como critério de desempate. Desse modo, a Lei 10.931/2004 introduziu um quinto parágrafo ao art. 214 da Lei de Registros Públicos (Lei 6.015/1973), determinando que a nulidade do registro não será decretada se atingir terceiro de boa-fé que já tiver preenchido as condições de usucapião do imóvel[68].

Essa disposição legal consagrou a usucapião tabular, que ocorrerá por meio da vigência indiscutida de inscrição imobiliária durante o tempo necessário à consumação de prescrição aquisitiva em favor do adquirente de boa-fé. Com isso, muito embora o art. 1.247, *caput*, do CC/2002 autorize o verdadeiro titular do direito a impugnar a contradição entre a verdade dos fatos e as informações constantes do registro, se o mesmo deixar de fazê-lo durante certo lapso temporal, "seu silêncio fará triunfar o registro imobiliário: o titular perde o seu direito por calar-lo; a aparência se converte em realidade"[69]. Em tais hipóteses, a dita "usucapião tabular", arguida como matéria de defesa em ação de cancelamento de registro, impedirá a sua procedência, mantendo intactos os assentamentos registrais por meio dela questionados.

A respeito do tema, Afrânio de Carvalho explicava tratar-se de hipótese de convalidação da inscrição imobiliária pela superveniência da propriedade, pois, muito embora fosse nulo o registro, o exercício prolongado da posse mansa e pacífica pelo adquirente conduziu à aquisição do direito de propriedade por meio da usucapião[70]. Tal convalidação pode ocorrer, ainda, com a sucessão *causa mortis*, "quando ao verdadeiro proprietário sucede ou o transmitente, que passa a reunir então na sua pessoa as duas qualidades opostas de responsável pela evicção e de eventual reivindicante, ou ao invés disso, o mesmo proprietário aparente"[71].

Tal manifestação legislativa revela que, muito embora o regime legal da evicção de direito seja capaz de manter o adquirente indene dos prejuízos dela decorrentes em virtude da responsabilidade imposta ao alie-

[68] O *caput* do referido diploma legal determina que "As nulidades de pleno direito do registro, uma vez provadas, invalidam-no, independentemente de ação direta".

[69] Wolff, Martin e Raizer, Ludwig. *Derecho de Cosas,* 3ª ed. Trad. Blás Perez González e José Alguer. Barcelona: Bosch, 1971, vol. 1, p. 313-314.

[70] Carvalho, Afranio de. *Registro de Imóveis: comentários ao sistema de registro em face da Lei n. 6.015, de 1973,* 3ª ed. Rio de Janeiro: Forense, 1982, p. 206.

[71] Idem, p. 207.

nante – e detalhada no art. 450[72] –, é evidente que eventual indenização, por mais abrangente que seja, nunca equivalerá à manutenção da titularidade do imóvel com o adquirente. Afinal de contas, ninguém adquire nada pensando na possibilidade de depois perder, e só contrata porque pretende de fato ter.

Desse modo, é possível perceber que a usucapião tabular representa significativo esforço legislativo destinado à potencial redução das hipóteses de evicção de direito. Enquanto a disciplina legal dessa última se volta à proteção do adquirente que se fiou nas informações constantes dos assentamentos registrais, mantendo-o indene se o imóvel for posteriormente atribuído a terceiro, a usucapião tabular simplesmente impedirá a evicção de ocorrer: uma vez consumada a prescrição aquisitiva, sem qualquer questionamento da titularidade atribuída ao adquirente de boa-fé durante tal período, o registro efetivado em seu favor não mais poderá ser cancelado.

Tal solução legislativa cristaliza a titularidade do adquirente, pois, ainda que o título fosse declarado nulo, e o registro cancelado, o mesmo seguiria sendo o proprietário por ter exercido a posse por tempo suficiente para usucapir o bem. Ou seja, ainda que deixasse de ser o proprietário por meio da aquisição derivada, sendo cancelado o seu registro, seria proprietário em virtude de aquisição a título originário, decorrente da usucapião ordinária (Código Civil, art. 1.242).

A prescrição tabular resolve também um outro problema prático atrelado à evicção de direito: enquanto no caso dos vícios redibitórios o adquirente decai do direito de obter redibição ou abatimento no preço em um ano se o bem for imóvel (art. 445), contado da data da entrega efetiva, e a garantia de solidez e segurança da obra vigorará pelo prazo irredutível de cinco anos (art. 618), o Código Civil é silente a respeito

[72] Art. 450. Salvo estipulação em contrário, tem direito o evicto, além da restituição integral do preço ou das quantias que pagou:
I – à indenização dos frutos que tiver sido obrigado a restituir;
II – à indenização pelas despesas dos contratos e pelos prejuízos que diretamente resultarem da evicção;
III – às custas judiciais e aos honorários advocatícios do advogado por ele constituído.
Parágrafo único. O preço, seja a evicção total ou parcial, será do valor da coisa, na época em que se evenceu, e proporcional ao desfalque sofrido, no caso de evicção parcial.

de por quanto tempo, a partir da transferência do domínio, o alienante deverá responder pelo risco de evicção de direito.

Observe-se que não se trata do prazo para pleitear indenização pelo fato da evicção, já consumado. A esse respeito, o Superior Tribunal de Justiça já se manifestou no sentido de que a ação de ressarcimento, em tal hipótese, submete-se a prazo trienal, aplicando-se o disposto no art. 206, §3º, V, do CC/02"[73]. A lacuna legislativa envolve o tempo de vigência da garantia contra os riscos de evicção, a ser contado a partir da data da celebração do contrato. Exemplificamente, estaria o alienante obrigado a responder pela evicção de direito, com base na cláusula geral disposta no art. 447, se essa ocorresse vinte e cinco anos após a celebração do contrato?

Se os fundamentos da tutela conferida ao adquirente são a preservação do sinalagma contratual e a boa-fé subjetiva, não faria muito sentido pensar que o alienante segue vinculado à sua obrigação de garantia mesmo quando o adquirente usufruiu do imóvel por décadas a fio, após a efetiva transmissão do domínio. Ainda assim, em virtude do silêncio legislativo, é perfeitamente possível concluir que o alienante seguirá respondendo pela evicção indefinidamente contanto que o vício seja anterior à celebração da avença, ou seja, independentemente de qual seja o lapso temporal transcorrido entre a celebração do contrato e a privação do bem em virtude de sua atribuição a terceiro por força de determinação judicial ou administrativa.

Com efeito, embora o art. 447 não mencione por quanto tempo subsiste a garantia, a usucapião tabular permite que o risco de evicção possa ser mensurado com maior precisão pelo alienante. Considerando-se que após o exercício da posse mansa e pacífica do imóvel pelo adquirente com o título transcrito em seu nome, por dez anos, nos termos exigidos no art. 1.242, *caput*[74], esse seria o proprietário por força da prescrição aquisi-

[73] STJ, Terceira Turma, REsp n. 1.577.229/MG, Rel. Min. Nancy Andrighi, julg. 08.11.2016, publ. 14.11.2016.

[74] A hipótese contida no parágrafo único do art. 1.242 não pode ser equiparada à usucapião tabular, pois aquele dispositivo reduz o prazo de prescrição aquisitiva para cinco anos quando o registro foi previamente cancelado, ou seja, já houve evicção de direito. A usucapião tabular é modalidade de usucapião virtual, que prescinde de declaração judicial

tiva ainda que seu registro fosse cancelado em virtude de vício anterior, conclui-se que a garantia a ser prestada pelo alienante subsiste até que a usucapião esteja consumada em favor do adquirente. Em outras palavras, não haverá prejuízo ao sinalagma contratual se o comprador pôde usufruir do bem por tempo suficiente para adquiri-lo sem mais depender da higidez da cadeia registral que precedeu sua aquisição imobiliária.

Vale ressaltar, no entanto, que tal circunscrição temporal do risco de evicção só terá lugar nas hipóteses que envolvem o ajuizamento de ação de cancelamento de registro, ação reivindicatória ou quaisquer outras nas quais a usucapião possa ser arguida como matéria de defesa. Tome-se como exemplo a propositura de ação demarcatória após vinte anos da aquisição imobiliária, que questione a delimitação ou as dimensões do imóvel. Caso o pedido de restituição de área cumulado ao pleito demarcatório fosse deferido, isso teria o condão de acarretar a evicção parcial, o que não ocorreria se o adquirente já tivesse exercido a posse justa e inconteste da área pertencente ao autor da ação por tempo suficiente para usucapi-la.

Por fim, em período mais recente, o legislador brasileiro pareceu empenhado em esclarecer os critérios para a adequada identificação do terceiro adquirente de boa-fé, protegendo-o por meio da adoção de medidas que transformam a evicção em espécie de hipótese extrema, a ter lugar somente quando outros mecanismos de proteção falharam. Exemplo relevante de tal conduta é o dispositivo constante da Lei 13.097/2015, abaixo transcrito para análise mais pormenorizada:

> Art. 54. Os negócios jurídicos que tenham por fim constituir, transferir ou modificar direitos reais sobre imóveis são eficazes em relação a atos jurídicos precedentes, nas hipóteses em que não tenham sido registradas ou averbadas na matrícula as seguintes informações:
>
> I – Registro de citação de ações reais ou pessoais reipersecutórias;
>
> [...]

ou extrajudicial, pois o usucapiente já é o proprietário do imóvel por força do registro efetivado em seu favor e que, em razão da prescrição aquisitiva, não pode mais ser cancelado. Trata-se de hipótese de usucapião arguida como matéria de defesa (STF, S. 237).

> Parágrafo único. Não poderão ser opostas situações jurídicas não constantes da matrícula no Registro de Imóveis, inclusive para fins de evicção, ao terceiro de boa-fé que adquirir ou receber em garantia direitos reais sobre o imóvel, ressalvados o disposto nos arts. 129 e 130 da Lei n. 11.101, de 9 de fevereiro de 2005.

Em outras palavras, quando, ao tempo da aquisição imobiliária, a matrícula do imóvel era silente acerca da citação do então proprietário para que respondesse a ações reais ou pessoais reipersecutórias (inciso I), tal omissão cristaliza a qualificação do comprador como adquirente de boa-fé, impondo a eficácia do negócio jurídico celebrado a atos jurídicos a ele precedentes, o que impedirá a evicção de direito. Essa consequência é reforçada pelo parágrafo único do art. 54, o qual impede expressamente que situações jurídicas não mencionadas na matrícula do imóvel tenham o condão de tornar evicto o terceiro adquirente de boa-fé.

Assim, em que pese o risco de evicção de direito deva ser sempre mapeado, por atribuir-se ao proprietário presunção apenas relativa – e não absoluta – de propriedade, as manifestações legislativas acima mencionadas revelam evidente preocupação com a segurança a ser garantida aos partícipes do tráfego jurídico dos direitos patrimoniais. Se a máxima segundo a qual "a sorte favorece os audazes" (*fortis fortuna adiuvat*) é atribuída aos romanos, o legislador brasileiro parece, como se viu, bastante empenhado em evitar que adquirentes de imóveis contem apenas com a própria sorte em suas audaciosas aquisições.

Conclusões

Ao longo do presente artigo, buscou-se demonstrar que a evicção de direito é risco ínsito aos contratos que envolvem aquisições imobiliárias, considerando-se que o sistema legislativo em vigor optou por atribuir ao proprietário, o qual ostenta titulação transcrita no Registro de Imóveis, presunção meramente relativa de propriedade. As razões de tal escolha foram previamente expostas, por meio da comparação entre sistemas jurídicos que adotaram diretrizes diversas. Assim, como, no Brasil, o registro imobiliário é passível de retificação ou anulação quando não exprimir uma verdade, nos termos do art. 1.247 do Código Civil, o risco de evicção de direito não pode ser totalmente eliminado.

Conforme visto anteriormente, esse restará consumado quando, por força de decisão judicial ou administrativa, o adquirente vê-se privado do direito ao bem adquirido por ser o mesmo atribuído a um terceiro, evidenciando-se vício de direito na titulação, o qual é anterior à celebração do contrato. Partindo-se das diretrizes fornecidas pelo art. 447 do Código Civil, foi possível perceber o acerto da corrente doutrinária que define a evicção, enquanto não consumada, como uma "cláusula legal de garantia prevista para a hipótese de concretizar-se o risco de privação da coisa"[75]. Uma vez consumado o evento que a caracteriza, restará deflagrado o "sistema especial de responsabilidade contratual"[76], atribuindo-se ao evicto a restituição integral do preço ou das quantias que pagou, sem prejuízo de ser indenizado pelas despesas e custas descritas nos incisos e no parágrafo único do art. 450 do Código Civil.

Em seguida, viu-se que o real fundamento da garantia legal imposta ao alienante é a preservação do sinalagma contratual, por não ter sido o alienante capaz de transmitir o bem livre de vícios, acarretando, com isso, irregular atribuição patrimonial. Partindo-se de tais premissas, diante das controvérsias provocadas por alguns silêncios legislativos, o artigo buscou traçar as premissas metodológicas necessárias à caracterização da evicção de direito: a perda (ou privação) da coisa, a anterioridade do vício de direito e a boa-fé do adquirente.

Por fim, a usucapião tabular e o art. 54 da Lei 13.097/2015 foram esmiuçados no intuito de demonstrar os esforços legislativos voltados à redução dos riscos de evicção de direito a hipóteses mais remotas, analisando-se, como consequência lógica da usucapião tabular, a limitação temporal da garantia a ser prestada pelo alienante, que subsistirá somente até que a usucapião esteja consumada em favor do adquirente com título devidamente transcrito nos assentamentos registrais. Tal conclusão decorre do fato de que, diante da possibilidade de arguir-se a prescrição aquisitiva como matéria de defesa, ainda que se buscasse tornar sem efeito a aquisição derivada, o adquirente já seria o proprietário de qualquer forma, por força da aquisição originária – usucapião.

[75] Costa, José Eduardo da. *Evicção,* cit., p. 91.

[76] Leite, Clarisse Frechiani Lara. *Evicção.*, p. 61.

6.
A CLÁUSULA *FORFEITURE* NOS CONTRATOS DE CONSÓRCIO PARA EXPLORAÇÃO E PRODUÇÃO DE PETRÓLEO

GUSTAVO TEPEDINO
PAULA GRECO BANDEIRA
BRUNA VILANOVA MACHADO

Introdução: contrato como mecanismo de gestão de riscos

Na contemporânea Era do Risco, complexas, atípicas e arriscadas operações, cujos efeitos extrapolam a economia interna das partes, são submetidas à disciplina contratual.[1] Afirma-se, nessa direção, que contratar é, em uma palavra, arriscar. Vale dizer: ao contratar, as partes, em razão da incerteza quanto ao implemento do risco, desconhecem o resultado econômico final do negócio, isto é, não sabem se irão lucrar ou perder economicamente; se o negócio é bom ou ruim. A incerteza quanto às perdas e ganhos econômicos se mostra intrínseca aos contratos.[2] Diz-se, por isso mesmo, que o risco se revela como componente inseparável da vida negocial.[3]

[1] TEPEDINO, Gustavo. Prefácio. In: BANDEIRA, Paula Greco. *Contratos aleatórios no direito brasileiro*, Rio de Janeiro: Renovar, 2010.

[2] SALANDRA, Vittorio associa o risco à consequência econômica de um evento incerto (Dell'assicurazione. In: *Commentario del Codice Civile*: Libro quarto: Delle obbligazioni (art. 1861-1932), a cura di Antonio Scialoja e Giuseppe Branca. Bologna-Roma: Nicola Zanichelli, 1966, p. 236).

[3] BANDEIRA, Paula Greco. *Contrato incompleto*. São Paulo: Atlas, 2015, p. 7.

Se assim é, os contratos representam instrumento de gestão dos riscos econômicos que atingem a sua execução. De fato, todo contrato pressupõe certa *alocação de riscos*, com a distribuição das perdas e ganhos econômicos decorrentes de determinado evento. E tal alocação de riscos há de ser prestigiada pelo intérprete e pelas partes, em observância ao princípio da obrigatoriedade dos pactos e do equilíbrio econômico dos contratos.

À luz do ordenamento jurídico brasileiro, identificam-se duas formas de alocação de riscos previsíveis nos contratos, quais sejam, a gestão positiva e a gestão negativa.[4] A primeira terá lugar quando as partes distribuem os riscos econômicos previsíveis por meio de disposições contratuais, ou seja, quando os contratantes inserem, no concreto regulamento de interesses, cláusulas que disciplinem as responsabilidades das partes deflagradas pelo implemento do risco. A gestão negativa, a seu turno, consubstancia forma de alocação de riscos por meio da qual as partes firmam contrato incompleto, introduzindo voluntariamente lacunas ao negócio jurídico, a serem integradas em momento futuro, seja pelos próprios contratantes, seja por terceiros, a partir de critérios contratuais fixados *ex ante*,[5] como forma de gestão dos riscos contratuais *ex post*.

Em qualquer caso, a alocação de riscos somente pode ser identificada por meio da análise do concreto regulamento de interesses estabelecido pelas partes. Isto porque os contratantes, no exercício de sua autonomia negocial, têm a prerrogativa de determinar as consequências jurídicas de seus comportamentos e de eventuais superveniências previsíveis que possam vir a impactar as prestações pactuadas, alargando ou restringindo as suas responsabilidades, em comparação às abstratas estipulações delineadas pelo legislador em determinado tipo contratual.

Assim, o conceito de risco e a sua concreta gestão pelos contratantes relacionam-se diretamente à noção de equilíbrio contratual, na medida em que é a efetiva repartição de riscos no negócio jurídico que deter-

[4] Tais formas de alocação de riscos são enfrentadas, de modo analítico, em Bandeira, Paula Greco. *Contrato incompleto*. São Paulo: Atlas, 2015, pp. 12 e ss.

[5] Sobre o ponto, confira-se: Bandeira, Paula Greco; Terra, Aline de Miranda Valverde. A cláusula resolutiva expressa e o contrato incompleto como instrumentos de gestão de risco nos contratos. *Revista Brasileira de Direito Civil – RBDCivil*, vol. 6, n. 4, 2015, pp. 9-25.

mina, em cada caso, a correspectividade entre as obrigações assumidas pelas partes.[6] É dizer: a alocação de riscos no âmbito do contrato determina diretamente o sinalagma entre as prestações, revelando a racionalidade econômica desejada pelos contratantes.[7]

Os riscos econômicos, embora inerentes a todos os contratos, sobressaem em determinados negócios, a exemplo das complexas relações negociais ajustadas para a exploração e a produção de petróleo. Tais relações jurídicas são reguladas não raro por dois contratos coligados que exprimem, a partir de sua função unitária, o escopo econômico comum perseguido pelos contratantes. De um lado, há o contrato de concessão, que regula as obrigações da empresa concessionária em face na União Federal, detentora, por determinação constitucional, do monopólio da pesquisa e da lavra das jazidas de petróleo e gás natural no território brasileiro,[8] com interveniência da Agência Nacional do Petróleo

[6] Bianca, Massimo elucida que "a correspectividade entre as prestações significa que a prestação de uma parte encontra remuneração na prestação da outra. (...) A correspectividade comporta normalmente a interdependência entre as prestações. A interdependência exprime, em geral, o condicionamento de uma prestação a outra. Ao propósito, é feita uma distinção entre sinalagma genético e sinalagma funcional. (...) O sinalagma funcional indica a interdependência entre as prestações na execução do contrato, no sentido de que uma parte pode se recusar a cumprir a prestação se a outra parte não cumpre a sua própria (exceção de contrato não cumprido: art. 1460 cc) e pode ser liberada se a contraprestação se torna impossível por causa não imputável às partes (1453 s cc)" (*Diritto Civile*: il contrato, vol. 3. Milano: Giuffrè, 1987, p. 488; tradução livre). No direito brasileiro, confira-se Bandeira, Paula Greco. O contrato como instrumento de gestão de riscos e o princípio do equilíbrio contratual. *Revista de Direito Privado,* vol. 65, jan.-mar., 2016, pp. 195-208.

[7] Ferrari, Vicenzo. Il problema dell'alea contrattuale. In: *Quaderni del Dipartimento di Organizzazione Aziendale eAmministrazione Pubblica. Università degli Studi della Calabria: Facoltà di Economia.* Napoli: EdizioniScientifiche Italiane, 2001, pp. 93-94.

[8] "Art. 176. As jazidas, em lavra ou não, e demais recursos minerais e os potenciais de energia hidráulica constituem propriedade distinta da do solo, para efeito de exploração ou aproveitamento, e pertencem à União, garantida ao concessionário a propriedade do produto da lavra". Veja-se, também, o disposto na Lei n.º 9.478/1997, que dispõe sobre a política energética nacional: "Art. 3º. Pertencem à União os depósitos de petróleo, gás natural e outros hidrocarbonetos fluidos existentes no território nacional, nele compreendidos a parte terrestre, o mar territorial, a plataforma continental e a zona econômica exclusiva".

("ANP").[9] Nesse contrato, a concessionária assume direitos e deveres em face da Administração Pública, destinando capital e esforços para a obtenção dos recursos naturais, que podem vir ou não a existir. Coligado ao contrato de concessão, situa-se o contrato de consórcio, o qual, por sua vez, formaliza a reunião de sociedades que, em conjunto, promoverão a exploração e produção do petróleo nos campos especificados na concessão. O contrato de consórcio estipulará os direitos e as obrigações atinentes às relações entre as pessoas jurídicas consorciadas, de modo que, em suas cláusulas, as sociedades procederão à repartição dos riscos relativos à atividade de exploração e produção do petróleo.

Para a consecução dos objetivos econômicos dos contratantes, tais negócios impõem às partes determinadas obrigações que, em conjunto, revelam o sinalagma entre as prestações, a indicar o equilíbrio econômico dos contratos. Destaca-se, nesse particular, a obrigação de as partes aportarem capital no âmbito do consórcio, com vistas a suportar os custos da exploração do petróleo – cujo resultado positivo pode, ou não, suceder. Tal obrigação se mostra essencial ao negócio, caracterizado pela comunhão de escopo entre os contratantes para o alcance da finalidade comum perseguida.

Nos contratos de consórcio, em que a arbitragem corriqueiramente figura como o meio eleito para a solução de controvérsias,[10]-[11] as partes

[9] Acerca do contrato de concessão para a exploração e produção de petróleo, anota a doutrina: "o contrato de concessão petrolífera é, na verdade, um instrumento por meio do qual o Estado vende para a empresa contratada o petróleo de sua propriedade, recebendo em contraprestação um preço chamado de royalty. Mas não só. No referido contrato há concomitantemente dois negócios jurídicos a serem observados: a) um de compra e venda do petróleo que caberia à União, cujo pagamento recebido pelo ente público é chamado de royalty; e outro, b) de empreitada, correspondente à contratação da empresa para a execução das atividades de exploração e produção de petróleo, a qual finda por ser remunerada não em pecúnia, como ocorre nos contratos de serviço, mas em óleo" (Fernandes, Andressa Guimarães Torquato. *Royalties* do Petróleo e orçamento público: uma nova teoria. In: Conti, José Maurício. *Série Direito Financeiro*. São Paulo: Blucher, 2016, p. 90).

[10] Também no contrato de concessão, a arbitragem consubstancia meio de solução de controvérsias. A Minuta de Contrato de Concessão para Exploração e Produção de Petróleo e Gás Natural, divulgada pela ANP em 2017, possui cláusula expressa elegendo a arbitragem como forma de solução de conflitos: "34.5. Arbitragem. Após o procedimento previsto no parágrafo 34.2, caso uma das Partes considere que inexistem condições para uma solução

normalmente inserem a chamada cláusula *forfeiture*, que regula as consequências do inadimplemento do consorciado com relação à obrigação de aporte de capital, configurando, portanto, exemplo de gestão positiva de riscos contratuais.

O objetivo da cláusula *forfeiture,* como será pormenorizado adiante, consiste em conferir à parte não inadimplente o direito de excluir do consórcio a parte que não contribua com os custos do negócio, esquivando-se dos riscos do projeto. Dito por outras palavras, a estipulação permite que as partes não inadimplentes retirem do consórcio para exploração e produção de petróleo a parte inadimplente na obrigação de aporte de capital, sem a necessidade de lhe assegurar, em contrapartida, qualquer indenização. Embora haja controvérsia doutrinária acerca da validade de tal cláusula, que isoladamente poderia parecer abusiva, a estipulação, por revelar-se essencial à sobrevivência do plano de negócios, a exigir aportes sucessivos de grande magnitude, representa legítima alocação de riscos contratuais, expressão da autonomia negocial, firmada entre partes sofisticadas, paritárias e sem qualquer traço de vulnerabilidade. Associa-se a tal cláusula outra, igualmente essencial, no caso de inconformismo de qualquer das partes: *Pay fist, argue later*. Segundo essa disposição, que se aproxima funcionalmente da cláusula *solve et repete*,[12] cabe ao contra-

amigável de disputa ou controvérsia a que se refere tal parágrafo, poderá submeter tal questão a arbitragem *ad hoc*, utilizando como parâmetro as regras estabelecidas no Regulamento de Arbitragem (Arbitration Rules) da United Nations Comission on International Trade Law – UNCITRAL e em consonância com os seguintes preceitos".

[11] Nesse sentido, observa a doutrina: "The question of forfeiture in an oil and gas JOA has not come up before an English court. It often comes up before an arbitral tribunal given that arbitration remains the choice of dispute resolution mechanism between multi-jurisdictional co-venturers in oil and gas concessions" (KNOWLES, Ben. To forfeit or not to forfeit? Enforceability of forfeiture clauses in Oild and Gas Joint Operating Agreements (JOA). *Kluwer Arbitration Blog.* Disponível em http://arbitrationblog.kluwerarbitration.com/2014/03/04/to-forfeit-or-not-to-forfeit-enforceability-of-forf eiture-clauses-in-oil-and-gas-joint-operating-agreements-joa/. Acesso em 2 mar. 2022).

[12] Na síntese de Rodrigo da Guia Silva e Jeniffer Gomes da Silva, a cláusula *solve et repete* "trata-se de instrumento jurídico meio do qual os contratantes estipulam a impossibilidade de oposição de certas exceções por parte do devedor em face de pretensões apresentadas pelo credor" (SILVA, Rodrigo da Guia; SILVA, Jeniffer Gomes da. Cláusula *solve et repete:* perspectivas de atuação da autonomia privada na (de)limitação das exce-

tante efetuar o pagamento dos aportes de capital independentemente da sua irresignação quanto a qualquer vicissitude da relação contratual, a garantir a continuidade da atividade.

1. A natureza aleatória dos contratos de exploração e produção de petróleo

Como se viu, no direito brasileiro, as relações jurídicas para a exploração e produção de petróleo normalmente se estabelecem por meio de dois contratos coligados, o contrato de concessão, celebrado entre a União e a concessionária privada, com interveniência da ANP, e o contrato de consórcio, pactuado entre as sociedades que se reúnem para exploração conjunta do recurso natural.[13] Em tais relações jurídicas conexas, evidencia-se o risco econômico próprio da atividade, que será repartido entre os contratantes (álea normal). Desse modo, o sucesso financeiro da atividade mostra-se absolutamente imprevisível aos empresários que investem na aludida atividade. Ou seja: os contratos voltados à exploração e produção do petróleo caracterizam-se pela imprevisibilidade intrínseca a seu objeto, pois, a despeito das sofisticadas técnicas de extração de combustíveis fósseis e suas matérias primas, revela-se impossível que as partes conheçam, de antemão, o resultado econômico da exploração. Por outras palavras, não se mostra possível prever se a exploração será lucrativa ou gerará prejuízos para as concessionárias. Nesse sentido, anotam Alexandre Ferreira de Assumpção Alves e Fernando Gregio Lüdke: "Ao decidir

ções oponíveis pelo devedor. *Revista Eletrônica da PGE RJ*, vol. 3, n. 1, jan./abr., 2020). Na doutrina estrangeira: "In legal doctrine there is a widely accepted "pay first, argue later", definition meanwhile other authors identify this principle by Latin definition of *solvet et repete* (respect your obligation first, then you can ask for reimbursement)" (NEMEIKSIS, Giedrius. Legal regulation of frist demand guarantee in the Lithuanian Law: problems and their solutionsp. In: *XVII International Scientific Conference.* Disponível em https://www.researchgate.net/profile/Chutinon_Putthiwanit/publication/306317601_ISSN_1691-6069/links/57b7be2c08ae6f173764fa2e/ISSN-1691-6069.pdf#page=180 Acesso 13 mar. 2022, p. 183).

[13] Na síntese da doutrina estrangeira: "The Joint Operating Agreement defines and regulars the business venture which a consortium of companies makes when it acquires a petroleum production license. It is a lengthy and complex document, and the negotiation of its terms is frequently a protracted matter" (WILLOUGHBY, G. D. M.. Forfeiture of interests. Joint Operating Agreements, in *Energy & Nat. Resources L.*, n. 256, 1985).

participar de um projeto, as sociedades possuem poucos e incertos dados sobre a área a ser explorada, sendo o risco geológico uma característica predominante no segmento *upstream*. Por conseguinte, os investimentos realizados nesta etapa são considerados capital de risco".[14]

Ao lado da álea normal pertinente aos contratos de concessão e de consórcio, no âmbito do contrato de concessão, a incerteza dos contratantes quanto à existência e à quantidade do recurso natural, para cuja exploração efetuam vultosos investimentos, denota a álea que qualifica os contratos aleatórios. Com efeito, por terem como finalidade a exploração de recurso natural cuja real existência não pode ser antecipada, o contrato de concessão para a extração e produção de petróleo caracteriza-se pela incerteza dos contratantes, por ocasião de sua celebração, quanto à existência (*an debeatur*) e extensão (*quantum debeatur*) das prestações, a qualificá-lo como aleatório. Consoante já observado, a indefinição quanto à lucratividade da atividade não qualifica o negócio como aleatório, mas sim a incerteza quanto aos recursos a serem encontrados. Tais recursos naturais configuram evento incerto, o qual determinará, uma vez verificado, a execução da prestação por uma parte em favor da outra.[15]

Nessa direção, os contratos de concessão firmados entre a pessoa jurídica interessada na exploração das jazidas e a União atribuem à concessionária todos os custos, perdas e riscos associados à execução das operações independentemente de qualquer garantia quanto à obtenção do recurso natural.[16]

[14] Alves, Alexandre Ferreira de Assumpção; Lüdke, Fernando Gregio. Benefícios sociais de parcerias e estruturas jurídicas no desenvolvimento de atividades de exploração e produção de hidrocarbonetos: o conteúdo local. Disponível em http://www.publicadireito.com.br/artigos/?cod=774412967f19ea61 Acesso em 2 mar. 2022. Os autores explicam ainda: "Apesar da disponibilidade de diversos aparatos e tecnologia suficientes para se dimensionar e estipular a localização de reservas de petróleo e gás natural, não se pode inferir com certeza a sua existência sem a perfuração de um poço".

[15] Bandeira, Paula Greco. *Contratos aleatórios no direito brasileiro*. Rio de Janeiro: Renovar, 2010.

[16] Confira-se, nesse sentido, cláusula modelo disponibilizada pela ANP na Minuta de Contrato de Concessão para Exploração e Produção de Petróleo e Gás Natural, de 2017: "Custos, Perdas e Riscos Associados à Execução das Operações.

2.2. O Concessionário assumirá sempre, em caráter exclusivo, todos os custos e riscos relacionados à execução das Operações e suas consequências.

Como se vê, os contratos de concessão, a que os contratos de consórcio são coligados, configuram negócios aleatórios, em que as empresas consorciadas – concessionárias na relação com a União – assumem integralmente os riscos decorrentes da atividade de exploração e produção do petróleo. Assim, caso o recurso natural buscado não seja efetivamente encontrado, ou encontrado em volume menor do que o esperado, as concessionárias perderão (ainda que parcialmente) o capital investido, sem direito a qualquer reembolso ou indenização em razão do fracasso na exploração.

Dito por outras palavras, nos contratos de concessão, as empresas concessionárias assumem todas as obrigações atinentes à continuidade do negócio e ao financiamento da exploração e produção, suportando, em seus patrimônios, todos os prejuízos que possam vir a sofrer caso não se descubra petróleo na área da concessão, ou se extraia volume insuficiente para a amortização dos investimentos realizados. Tal sistemática afasta a relação de equivalência econômica ou a comutatividade entre as prestações assumidas pelas concessionárias e pela União, a caracterizar os contratos de concessão como negócio jurídicos aleatórios. Diversamente dos contratos comutativos, em que as contraprestações estabelecidas no negócio são equivalentes e se encontram pré-definidas, desde a sua estipulação, os contratos aleatórios – repita-se ainda uma vez – se distin-

2.3. O Concessionário deverá suportar todos os prejuízos em que venham a incorrer, inclusive aqueles resultantes de caso fortuito ou de força maior, bem como de acidentes ou de eventos da natureza que afetem a Exploração e Produção de Petróleo e Gás Natural na Área de Concessão.
2.4. O Concessionário não terá direito a qualquer pagamento, ressarcimento, restituição, reembolso ou indenização em caso de insucesso exploratório ou ausência de comercialidade das eventuais Descobertas na Área de Concessão.
2.5. O Concessionário será o único responsável civilmente pelos seus próprios atos e os de seus prepostos e subcontratados, bem como pela reparação de quaisquer danos causados pelas Operações e sua execução, independentemente da existência de culpa.
2.5.1. A União e a ANP deverão ser ressarcidas de quaisquer ônus que venham a suportar em consequência de eventuais demandas motivadas por atos de responsabilidade do Concessionário, a quem caberá tal ressarcimento.
2.6. A União e a ANP não assumirão quaisquer riscos ou perdas operacionais, nem tampouco responderão pelos custos, investimentos e danos relacionados com a execução das Operações e suas consequências".

guem precisamente pela incerteza das partes, no momento da celebração do negócio jurídico, quanto à existência, isto é, sua existência (*an*) e consistência física (*quantum*) de suas prestações.[17]

Dessa forma, sob o ponto de vista funcional, o traço distintivo dos contratos aleatórios consiste na presença da álea jurídica quando de sua perfectibilização, ou seja, na "incerteza de ambos os contratantes, existente no momento da celebração do negócio, quanto ao lucro ou prejuízo, em termos de atribuição patrimonial, que dele decorrerá, a depender da verificação de evento incerto, incontrolável e previsto pelas partes".[18] Tal alocação de riscos dos contratos de concessão reflete-se nos contratos de consórcio, celebrados entre os parceiros privados que se unem para a exploração e produção de óleo e gás natural. Assim, as empresas que aderem ao consórcio assumem em face das demais consorciadas todos

[17] É ver-se: "Há contrato aleatório (ou um contrato de sorte) quando a determinação de qual será a prestação ou contraprestação depende de um fator de incerteza, que pode direcionar a vantagem do contrato para uma das partes ou para a outra. Em outras palavras, a incerteza objetiva do evento "risco" afeta o conteúdo do contrato, que, no entanto, permanece sempre caracterizado por prestações correspectivas. O contrato pode se aproximar da figura de um jogo, mesmo que seja estipulado pelos motivos mais sérios" (Trabucchi, Alberto. *Istituzioni di Diritto Civile*. Milão: CEDAM, 2013, 46. ed., p. 207; tradução livre). No original: "Si ha contratto aleatorio (o di sorte) quando la determinazione di quella che sarà la prestazione o la controprestazione dipende da un fattore d'incertezza, che può volgere il vantaggio del contratto verso l'una parte o piuttosto verso l'altra. In altre parole, l'incertezza obiettiva dell'evento « rischio » incide sui contenuti del contratto, che resta però sempre caratterizzato da prestazioni corrispettive. Il contratto si potrebbe avvicinare alla figura di un giuoco, anche se viene stipulato per i motivi piú seri".

[18] Bandeira, Paula Greco. *Contratos aleatórios no direito brasileiro*. Rio de Janeiro: Renovar, 2010, p. 253. No direito estrangeiro, confira-se: "Ressalte-se por esse motivo que a álea normal influi somente sobre o valor da prestação enquanto que a álea que caracteriza os contratos aleatórios influi sobre a existência ou determinação física da prestação (no número, no peso, na medida); sublinha-se, assim, que a álea normal é extrínseca ao contrato (...) no sentido de que se refere a evento que age sobre uma prestação já determinada" (Scalfi, Gianguido. *Corrispettività e alea nei contratti*. Milano: Istituto Editoriale Cisalpino, 1960, p. 137; tradução livre). No original: "Si è perciò rilevato che l'alea normale influisce solo sul valore della prestazione, mentre l'alea che caratterizza i contratti aleatori influisce sull'esistenza o sulla determinazione fisica della prestazione (nel numero, nel peso, nella misura); e si è pure rilevato che l'alea normale è estrinseca al contratto (...) nel senso che essa riguarda un evento che agisce su una prestazione già determinata".

os riscos atinentes à exploração e produção dos recursos naturais, obrigando-se a aportar, em chamadas periódicas e obrigatórias de capital, todos os recursos necessários à continuidade da operação, ainda que não possuam qualquer garantia de retorno. Os contratos de consórcio irão, assim, disciplinar tais aportes de capital e as consequências do seu inadimplemento, destacando-se a cláusula *forfeiture*, tratada a seguir.

2. A cláusula *forfeiture* nos contratos de consórcio para a exploração e produção de petróleo

Como mencionado, a natureza aleatória dos contratos de concessão reflete-se na gestão positiva dos riscos do negócio realizada pelas concessionárias, em sua relação interna, nos contratos de consórcio. Por assumirem, no âmbito dos contratos de concessão perante a União, a obrigação de realizar todos os investimentos necessários ao andamento da exploração e produção de petróleo, as empresas consorciadas ajustam, entre si, obrigações e direitos no intuito de repartir os riscos da operação assumida conjuntamente.

Dentre tais obrigações, destaca-se aquela, assumida de parte a parte entre os participantes do consórcio, de realizar aportes periódicos e obrigatórios de capital (chamados, no direito estrangeiro, de *cash calls*),[19] com o escopo de satisfazer as obrigações assumidas no contrato de concessão. Tal financiamento é essencial para manter o êxito da atividade, que demanda, por sua própria natureza, relevantes e constantes investimentos financeiros. Para compelir as partes ao adimplemento das obrigações assumidas no âmbito do contrato de consórcio, mostra-se corriqueira a inserção, em tais negócios jurídicos, de cláusulas impondo remédios contra o inadimplemento da consorciada que falhe no cumprimento dos

[19] Acerca da obrigatoriedade do aporte de capital, confira-se: "It should be noted that the process under the JOA is for the Operator to make cash calls either thirty days in advance or in arrears and the Non-Operators are obligated to pay the cash calls at that time without question. Any objections to the charges are to be made through the audit process sometime after the cash call is paid" (The Contract You Thought You Made: Forfeitures and Penalties. *Find Law.* Disponível em https://corporate.findlaw.com/litigation-disputes/the--contract-you-thought-you-made-forfeitures-and-penalties.html Acesso em 2 mar. 2022).

cash calls. Um dos mecanismos utilizados pelas partes para a gestão desses riscos econômicos é a denominada cláusula *forfeiture*.[20]

Na tradução do inglês ao português, *forfeiture* significa perda ou amortização de quota.[21] Por meio da aludida disposição, os consorciados determinam que a parte que descumprir as obrigações assumidas com vistas à exploração e produção do petróleo será retirada do consórcio, perdendo o valor aportado até a data da expulsão, sem que seja devida, pelas partes remanescentes, qualquer espécie de reembolso ou indenização.[22]

Desse modo, tal cláusula representa a atribuição, às partes adimplentes, da prerrogativa de excluir unilateralmente a parte inadimplente do consórcio, o que normalmente se opera por meio de mandato em causa própria. Na hipótese de retirada do consorciado inadimplente, os demais consorciados adimplentes receberão, proporcionalmente ao seu percentual de participação no consórcio, os direitos relativos à parte excluída

[20] Sobre o ponto: "A common provision in an exploration joint venture agreement is one which allows non-defaulting joint venture participants to acquire the joint venture interest of a defaulting participant. These provisions often provide for the forfeiture of the defaulting joint venturers' joint venture interest for either no consideration or at a percentage discount to its value" (Lishman, Michael. Penalties and relief against forfeiture of Joint Venture interests. *Australian Resources and Energy Law Journal*, n. 27, 2008, p. 219).

[21] Andrade, Maria Paula Gouveia. *Dicionário Jurídico português-inglês-português*. São Paulo: Almedina, 2021, p. 200. V. tb. em dicionário de língua inglesa: "Forfeiture (act of forfeiting), noun. Confiscation, deprivation, deprivation of a right, destruction of a right, disenfranchisement, disentitlement, dispossession, divestiture of property, divestment, eviction, exaction (...)" (Burton, William C., *Burton's legal thesaurus*. Nova Iorque: McGraw-Hill, 2001, 3. ed., p. 242).

[22] Anota a doutrina: "Most joint operating agreements contain default remedies that result in the partial or total loss of a defaulting party's participation in the joint operating agreement. These provisions generally take the form of (1) forfeiture clauses, which result in a defaulting party withdrawing from the joint operating agreement and assigning its interests to the non-defaulting parties, generally without compensation; (...) A forfeiture clause generally provides that, after a default has continued for a specified length of time, one or all of the non-defaulting parties may elect to cause the complete withdrawal of the defaulting party from the joint operating agreement. (...) Any transfer under a forfeiture provision is without compensation to the defaulting party" (Sweeney, David. *Oil and Gas Joint Operating Agreements*: A Comparative World-wide Analysis, Houston: LexisNexis, 2012, e-book).

da exploração, sem o oferecimento de qualquer compensação.[23] À parte inadimplente, por sua vez, não será imposta multa ou exigidos aportes de capital adicionais. Sob esse último ponto de vista, cuida-se de cláusula liberatória do contratante inadimplente.[24]

A cláusula *forfeiture* atribui, portanto, direito potestativo ao seu titular, que poderá influir na esfera jurídica alheia com a prerrogativa de constituir, modificar ou extinguir direitos.[25] Também chamado de "direito discricionário" ou "poder formativo", o direito potestativo representa a situação jurídica subjetiva cujo exercício determina a vicissitude de

[23] Jensen, Birgitte; Failat, Yanal Abul. Oil and gas Joint Operating Agreements: Default provisions, a dilema by default. *Oil, Gas and Energy Law Intelligence,* ago., 2013, p. 5.

[24] Sobre o aspecto liberatório da cláusula *forfeiture,* anota a doutrina: "Some JOAs may also contain an 'In or Out' clause providing that upon commencement of an operation, *parties that choose not to participate forfeit their interest in the well*" (Kulander, Christopher S. Old faves and new raves: how case law has affected form Joint Operating Agreements – problems and solutions (part one). *Oil & Gas, Nat. Resources & Energy Journal,* vol. 1, n. 1, jan., 2015, p. 38). Acerca das possíveis causas do descumprimento das chamadas de capital, cfr.: "A co-venturer may dispute the way operating expenses were calculated as the basis for a cash call. A party might deliberately default to exit from a joint venture where the prospects of oil or gas discovery are low or the operations are nearing the end of their productive stage. Also, a party may simply not be able to obtain enough credit to meet its cash call obligations in what is a very capital intensive sector" (Knowles, Ben. To forfeit or not to forfeit? Enforceability of forfeiture clauses in Oild and Gas Joint Operating Agreements (JOA). *Kluwer Arbitration Blog.* Disponível em http://arbitrationblog.kluwerarbitration.com/2014/03/04/to-forfeit-or-not-to-forfeit-enforceability-of-forfeiture-clauses-in-oil--and-gas-joint-operating-agreements-joa/. Acesso em 2 mar. 2022).

[25] Na página clássica de Pontes de Miranda: "Se atendemos a que à pessoa é dado o poder, às vezes, de influir na esfera jurídica de outrem, adquirindo, modificando ou extinguindo direitos, pretensões, ações e exceções, ressalta a existência de direitos formativos, que são espécies de direitos potestativos. Tais direitos se exercem por ato unilateral do titular, ou seja por declaração unilateral de vontade ao interessado, ou a alguma autoridade, ou seja por simples manifestação unilateral de vontade, ou seja por meio de ação (...). As classes principais são a dos direitos formativos geradores, constitutivos ou credores, a dos direitos formativos modificativos e a dos direitos formativos extintivos" (Pontes de Miranda, Francisco Cavalcante. *Tratado de direito privado,* vol. 5. Rio de Janeiro: Borsoi, 1955, 2. ed., p. 242).

uma relação jurídica, influindo na situação subjetiva de terceiro que não poderá evitar a interferência.[26]

Dessa definição se extrai que, na relação jurídica, a situação subjetiva contraposta ao direito potestativo não é propriamente um dever jurídico, mas sim uma situação de sujeição. Afinal, o titular do direito potestativo o exerce de forma unilateral, independentemente do concurso da vontade do sujeito com quem se relaciona. Por dispensar o concurso de terceiros para o seu exercício, o direito potestativo não se compatibiliza com o adimplemento ou o inadimplemento, na medida em que o terceiro afetado pelo direito formativo não tem a possibilidade jurídica de resistir à ação atribuída ao titular do direito potestativo.

Nessa esteira, a cláusula *forfeiture*, ao assegurar direito potestativo ao consorciado adimplente, representa expressão da autonomia negocial, consubstanciando alocação dos riscos do inadimplemento, por meio da possibilidade de exclusão (e liberação) da parte inadimplente do consórcio, sem qualquer retribuição pecuniária, ainda que este tenha investido milhões na atividade de exploração e produção do petróleo. Tal alocação de riscos no contrato de consórcio, todavia, há de ser feita de maneira consentânea com as normas cogentes do direito brasileiro, especialmente as de ordem constitucional. Como se sabe, a autonomia privada não deve ser reconhecida como valor em si mesma, de modo que a repartição de riscos no concreto regulamento de interesses somente será merecedora de tutela se compatível com os valores e princípios do ordenamento jurídico constitucional.[27]

[26] Confira-se na doutrina italiana: "Il titolare ha il potere per propria voluntà di creare, mutare e sopprimere un diritto o rapporto giuridico. Il contenuto precipuo di questi diritti à dunque un potere giuridico. Il mutamento giuridico avviene in conseguenza d'un atto unilaterale dell'agente, sai una dichiarazione di volontà fatta alla parte o ad un'autorità, oppure un'istanza amministrativa od infine per azione in giudizio" (Ferrara, Francesco. *Trattato di Diritto Civile Italiano*, vol. I. Roma: Athenaeum, 1921, p. 350).

[27] Sobre o ponto, confira-se a página clássica de Pietro Perlingieri: "O ato de autonomia negocial não é um valor em si: pode assim ser considerado, e dentro de certos limites, se e enquanto corresponder a um interesse merecedor de tutela. É necessário verificar essa circunstância, a cada vez, controlando se o ato pode ser, ainda que parcialmente, regulado por fonte que não seja a lei. Por este caminho, chega-se a apresentar uma pluralidade de regimes contratuais relativamente a cada relação segundo o seu objeto, o sujeito titular

Assim, desde que legitimamente ajustada e, portanto, merecedora de tutela, a cláusula *forfeiture* há de ser respeitada pelo intérprete e pelo Judiciário como expressão legítima da alocação de riscos desejada pelos contratantes, devendo igualmente ser observada pelas partes no decorrer da execução do contrato. Isso porque, como já assentado, a distribuição dos riscos entre as partes no instrumento negocial revela o sinalagma da relação e exprime o equilíbrio entre as prestações no concreto regulamento de interesses. Nesse sentido, a Lei n.º 13.874/2019 (Lei de Liberdade Econômica), que inseriu o art. 421-A no Código Civil, consignou expressamente que a alocação de riscos definida pelas partes deve ser observada, sendo certo que, até que se evidenciem elementos concretos que afastem a presunção, os contratos civis e empresariais são considerados paritários e simétricos.[28]

Dessa forma, o sinalagma originalmente estabelecido pelas partes somente pode ser revisitado em caráter excepcional, diante da ocorrência de evento superveniente e imprevisível que gere excessiva onerosidade para um dos contratantes, violando o equilíbrio entre as prestações. Caso contrário, há de se preservar a alocação de riscos originalmente estabelecida pelas partes, em respeito ao princípio da obrigatoriedade dos pactos.[29]

das situações jurídicas e o ambiente no qual se realizam" (Perlingieri, Pietro. *O Direito Civil na Legalidade Constitucional.* Rio de Janeiro: Renovar, 2008, p. 355).

[28] "Art. 421-A. Os contratos civis e empresariais presumem-se paritários e simétricos até a presença de elementos concretos que justifiquem o afastamento dessa presunção, ressalvados os regimes jurídicos previstos em leis especiais, garantido também que: (...) II – a alocação de riscos definida pelas partes deve ser respeitada e observada".

[29] Conforme já se consignou em outra sede, "o respeito à alocação de riscos efetuada pela autonomia privada (isto é, ao equilíbrio contratual) pauta-se pelo princípio da obrigatoriedade dos pactos. Deste modo, uma vez geridos os riscos econômicos atinentes à determinada operação negocial, de forma positiva ou negativa, os contratantes devem obedecer a essa alocação de riscos no decorrer da inteira execução contratual, como forma de atendimento à finalidade do negócio. A menos que se configure hipótese de excessiva onerosidade, lesão ou outro remédio de reequilíbrio contratual previsto em lei, as partes não poderão alterar supervenientemente a alocação de riscos estabelecida no contrato, tendo em conta a aplicação do princípio da obrigatoriedade dos pactos, em pleno vigor no ordenamento jurídico brasileiro" (Bandeira, Paula Greco. O contrato como instrumento

Com efeito, nos sistemas da família romano-germânica, assumem grande importância os princípios da obrigatoriedade ou intangibilidade dos pactos e da autonomia privada, que se fundamentam, no direito brasileiro, no princípio constitucional da livre iniciativa (arts. 1º, IV;[30] e 170, *caput*,[31] Constituição da República). O princípio da livre iniciativa determina que o conteúdo contratual fixado pelas partes tem força obrigatória, de modo que os contratantes devem necessariamente observá-lo. Diz-se, assim, tradicionalmente, que o contrato faz lei entre as partes – *pacta sunt servanda*. O princípio da autonomia privada, por sua vez, consagra a liberdade no estabelecimento do conteúdo contratual, desde que se obedeçam às normas de ordem pública.[32]

Sendo verdadeiras tais considerações, infere-se que não há abusividade intrínseca à cláusula *forfeiture*, já que tal estipulação representa legítimo exercício da autonomia negocial pelas partes.[33] Nas relações

de gestão de riscos e o princípio do equilíbrio contratual. *Revista de Direito Privado*, vol. 65, jan./mar., 2016).

30 "Art. 1º. A República Federativa do Brasil, formada pela união indissolúvel dos Estados e Municípios e do Distrito Federal, constitui-se em Estado Democrático de Direito e tem como fundamentos: (...) IV – os valores sociais do trabalho e da livre iniciativa".

31 "Art. 170. A ordem econômica, fundada na valorização do trabalho humano e na livre iniciativa, tem por fim assegurar a todos existência digna, conforme os ditames da justiça social, observados os seguintes princípios: (...)".

32 Sobre o princípio da autonomia privada, por todos, Perlingieri, Pietro. *Il diritto civile nella legalità costituzionale*. Napoli: Edizioni Scientifiche Italiane, 2006, p. 319.

33 Nesse sentido, na doutrina estrangeira: "To many, this debate over whether forfeiture is an enforceable remedy sounds very strange. Companies participating in the oil and gas business are generally large institutions, which are operated by sophisticated employees and advisors. Few industries assume the financial, geological and operational risk of the oil and gas industry and it does appear odd that a court would override the explicit written undertakings of such companies. Although under United States law, forfeiture is not a favored remedy, the courts examining such provisions have generally found them enforceable. If a non-defaulting entity is required to shoulder the financial burden for a defaulting entity, why should a court not enforce the remedy of forfeiture where it has been previously agreed to by all parties to the operating agreement?" (Derman, Andrew B. Derman. Model From International Operating Agreement: an analysis and interpretation of the 1995 Form. *Section of Natural Resources, Energy, and Environmental Law, American Bar Association*, Disponível em https://www.hklaw.com/files/tklaw/wp-content/uploads/2019/02/25125540/Model-Form-Intl-Derman.pdf. Acesso em 2 mar. 2022, p. 93).

estabelecidas nos contratos de consórcio, tal legitimidade se mostra ainda mais evidente, na medida em que os consorciados, partes sofisticadas, estabelecem relações paritárias, unindo-se em contrato empresarial, em que inexiste vulnerabilidade.[34]

Note-se, ainda, que a aposição de cláusula *forfeiture* em contratos de consórcio para a exploração e produção de petróleo traduz a prática internacional do mercado de óleo e gás, justificando-se pela imprescindibilidade do respeito ao cronograma de aportes para o alcance do escopo econômico do contrato. Observe-se, ao propósito, que os usos e costumes de determinado setor econômico possuem natureza prescritiva no direito brasileiro, consistindo em fonte normativa de integração e interpretação da vontade dos contratantes. Como fonte de integração, os usos se incorporam ao conteúdo do contrato, passando a integrá-lo ao lado das disposições pactuadas pelas partes.[35] Como fonte de interpre-

[34] A validade da cláusula *forfeiture* já foi reconhecida em procedimentos arbitrais. A título ilustrativo, decidiu-se que: "Based on the relevant English jurisprudence, the tribunal held that it should determine whether the forfeiture of C's Participating Interest under Art. 8 was a penalty upon the terms of the SMA and the relevant circumstances at the time that the agreement was made. It reasoned that the SMA was one of a number of agreements relating to the same project. *In particular, the PSA provided for the sharing of costs and expenses because the operations were expected to be costly and each party was expected to contribute according to its respective Participating Interest. One party's default would be the whole project at risk unless the other parties took over the defaulting party's burden. The arbitral tribunal concluded that the forfeiture obligation in Art. 8 was not oppressive but on the contrary provided "a fair and business-like arrangement designed to preserve a project". It also noted that the forfeiture provision reflects an international practice and was explicitly accepted by C at the time of negotiating the SMA.* (...)" (Company A (nationality not indicated) and Company B (nationality not indicated) v Company C (nationality not indicated), Final Award, ICC Case No. 11663, 2003. In: BERG, Albert Jan van den. *Yearbook Commercial Arbitration 2007*, vol. XXXII, pp. 62-63; grifou-se). V. tb. a síntese da doutrina: "Courts have particularly been ready to uphold a clause which has been agreed between parties of comparable bargaining power" (Knowles, Ben. To forfeit or not to forfeit? Enforceability of forfeiture clauses in Oild and Gas Joint Operating Agreements (JOA). *Kluwer Arbitration Blog*. Disponível em http://arbitrationblog.kluwerarbitration.com/2014/03/04/to-forfeit-or-not-to-forfeit-enforceability-of-forfeiture-clauses-in-oil-and-gas-joint-operating-agreements-joa/. Acesso em 2 mar. 2022).

[35] Sobre o ponto, v. REALE, Miguel. *Fontes e Modelos do Direito*: para um novo paradigma hermenêutico. São Paulo: Saraiva, 2010, p. 73.

tação, os usos e costumes auxiliam na identificação da vontade declarada pelas partes, isto é, ajudam a aclarar o sentido das cláusulas pactuadas.[36] Nessa direção, o princípio da boa-fé objetiva determina que o intérprete recorra aos usos e costumes com vistas a identificar a vontade declarada pelas partes, integrando-os ao conteúdo contratual (arts. 112[37] e 113,[38] Código Civil).

Convém sublinhar que a cláusula *forfeiture* não se confunde com a cláusula penal, pois não se destina a pré-liquidar os prejuízos decorrentes do inadimplemento da consorciada que descumpre obrigações assumidas no âmbito do consórcio. E tampouco equivale à clausula de pré-fixação de perdas e danos, pela qual se estabelece valor indenizatório subordinado à prévia demonstração da existência de dano indenizável.[39] Ao contrário, a finalidade da cláusula *forfeiture* consiste na possibilidade de exclusão da parte inadimplente do consórcio, que não poderá prosseguir no contrato de concessão,[40] sob pena de comprometer a continuidade das operações, liberando-a, por outro lado, de qualquer compromisso

[36] A respeito da função interpretativa dos usos e costumes: "O uso do tráfico entra no suporte fático, como vontade do figurante ou dos figurantes, que, concluindo o negócio jurídico, quiseram como a generalidade sói querer. (...) Com eles faz-se a parte tácita dos negócios jurídicos, enchendo-se com os usos e costumes, em vez de atos explícitos, o espaço deixado à autonomia da vontade. Às vezes são subentendidos; outras vezes, referidos" (Pontes de Miranda, Francisco Cavalcante. *Tratado de Direito Privado*, t. 38. São Paulo: Revista dos Tribunais, 2012, pp. 173-176). V. tb., na doutrina estrangeira, Danz, E.. *La Interpretacion de los Negocios Juridicos*. Madrid: Libreria General de Victoriano Suarez, 1926, pp. 195-196.

[37] "Art. 112. Nas declarações de vontade se atenderá mais à intenção nelas consubstanciada do que ao sentido literal da linguagem".

[38] "Art. 113. Os negócios jurídicos devem ser interpretados conforme a boa-fé e os usos do lugar de sua celebração".

[39] Sobre os conceitos da cláusula penal e de liquidação de danos e suas respectivas diferenças, v. Seabra, André. *Limitação e Redução da Cláusula Penal*. Tese de Doutoramento, Faculdade de Direito da USP, São Paulo: Saraiva, 2020 p. 55 e ss (volume no prelo da Editora Almedina, cujos originais foram cedidos gentilmente pelo autor).

[40] Nesse sentido: "The ultimate intended purpose of the JOA's default remedies is to ensure that the non-defaulting parties are fully recompensed for the amounts which they have had to expend in order to make good the default amount. The ostensible purpose of the JOA's default remedies is not to punish the defaulting party for its default (although this could of course be an inevitable consequence)" (Roberts, Peter. What price default?.

futuro. Por essa razão, por dispor de função diversa, a aludida disposição não se sujeita às limitações legais impostas, no ordenamento jurídico brasileiro, à cláusula penal, a exemplo do art. 413,[41] Código Civil, que impõe a redução equitativa da penalidade nas hipóteses em que a obrigação principal houver sido cumprida em parte, ou se o montante da penalidade for manifestamente excessivo tendo em vista a natureza e a finalidade do negócio. Tal controle desvirtuaria a função da cláusula *forfeiture*, que visa a assegurar o prosseguimento da atividade de exploração e produção do petróleo, preservando, assim, a concessão.[42] De outra parte, é certo que dizer que a cláusula *forfeiture*, como qualquer disposição contratual, sujeita-se a controle de razoabilidade, tendo em conta a finalidade em concreto do negócio, mediante mecanismo de ponderação inerente à atividade interpretativa. Todavia, tal recurso à razoabilidade não se confunde com o juízo de equidade e demais critérios, acima aludidos, previstos para o controle da cláusula penal.

Mais: a licitude na estipulação da cláusula *forfeiture* nos contratos de consórcio não afasta, de maneira absoluta, a possibilidade de haver abusividade em seu exercício. Tal como se passa com qualquer situação jurídica subjetiva, também a prerrogativa de expulsar do consórcio a sociedade inadimplente, mesmo cuidando-se de direito potestativo das consorciadas adimplentes, se sujeita ao controle de abusividade, com vis-

Disponível em https://www.mondaq.com/uk/contracts-and-commercial-law/352148/what-price-default Acesso em 2 mar. 2022).

[41] "Art. 413. A penalidade deve ser reduzida eqüitativamente pelo juiz se a obrigação principal tiver sido cumprida em parte, ou se o montante da penalidade for manifestamente excessivo, tendo-se em vista a natureza e a finalidade do negócio".

[42] Nesse sentido: "It is submitted that agreements between consenting entities must be honoured, more especially where parties have equal bargaining power at the outset of negotiations before entering into the agreement. The forfeiture clause should not to be considered a penalty but more as an agreed and accepted compensation toward the non-defaulting parties, who are at the time of the default obliged to cover the monies not paid in terms of the cash-call and who are also further burdened by the defaulting party's non-payment in respect of further petroleum operations. Even this 'compensation' in itself may be a burden as the remaining non-defaulting parties have the added pressure of having to fork out monies not in their own original budget" (Wilton, Craig. Forfeiture as a Joint Operating Agreement default remedy in upstream petroleum operations in South Africa. *Oil and Gas Alert*, 2016, pp. 2-3).

tas a impedir que seu exercício se dê em dissonância com a tábua axiológica de valores constitucionais.

Com efeito, a Constituição de 1988 "rompeu com as bases e valores que até então prevaleciam, de cunho liberal, notadamente o individualismo e o patrimonialismo, e inaugurou nova ordem jurídica, calcada em valores existenciais, não patrimoniais, sobretudo no pluralismo e no solidarismo".[43] Na legalidade constitucional, as situações jurídicas subjetivas deixam de ser valoradas *a priori* e *in abstracto*, reputando-se merecedoras de tutela apenas quando o seu exercício cumpra as finalidades e os valores consagrados no ordenamento jurídico que justificaram a sua atribuição ao seu titular. A autonomia privada, portanto, sujeita-se não apenas a juízo de licitude, mas de merecimento de tutela, uma vez concretizados os valores constitucionais.[44]

Nessa direção, embora o titular do direito consubstanciado na cláusula *forfeiture* tenha a prerrogativa de interferir unilateralmente na esfera jurídica da consorciada inadimplente, excluindo-a do consórcio sem qualquer retribuição, tal direito não pode ser exercido abusivamente, ou seja, em desrespeito à boa-fé objetiva e aos bons costumes ou excedendo manifestamente os limites impostos pelo seu fim econômico ou social, sob pena de tal exercício não ser merecedor de tutela pelo ordenamento jurídico.

De fato, o fundamento jurídico que justifica a atribuição, pela autonomia privada, de tal direito formativo aos participantes do consórcio

[43] MONTEIRO FILHO, Carlos Edison do Rêgo. Rumos cruzados do direito civil pós-1988 e do constitucionalismo de hoje. In: TEPEDINO, Gustavo (Coord.). *Direito civil contemporâneo*: novos problemas à luz da legalidade constitucional. São Paulo: Atlas, 2008, p. 263.

[44] Confira-se, em tal perspectiva: "O princípio da autonomia privada, entretanto, não é absoluto, inserindo-se no tecido axiológico do ordenamento, no âmbito do qual se pode extrair seu verdadeiro significado. Encontra-se informado pelo valor social da livre iniciativa, que se constitui em fundamento da República (art. 1º, IV, C.R.), corroborado por numerosas garantias fundamentais às liberdades, que têm sede constitucional em diversos preceitos, com conteúdo negativo e positivo. (...) A autonomia privada adquire assim conteúdo positivo, impondo deveres à autoregulamentação dos interesses individuais, de tal modo a vincular, já em sua definição conceitual, liberdade à responsabilidade" (TEPEDINO, Gustavo. Esboço de uma classificação funcional dos atos jurídicos, *Revista Brasileira de Direito Civil*, vol. 1, jul./set., 2014).

consiste na garantia da continuidade do negócio, bem como na preservação do equilíbrio econômico entre os contratantes, os quais restariam prejudicados caso uma das empresas consorciadas pudesse se esquivar das prestações assumidas no âmbito do consórcio, especialmente no que diz respeito à obrigação de aporte de capital.[45] Logo, se uma das partes promove a expulsão de outra consorciada motivada por interesses diversos da manutenção da exploração, exercitando a prerrogativa contida na cláusula de *forfeiture* em desconformidade com a boa-fé objetiva, poderá restar configurado o abuso de direito potestativo.[46]

Vale lembrar que o contrato de consórcio se encontra coligado ao contrato de concessão. Desse modo, o inadimplemento das concessionárias em relação às obrigações – inclusive de natureza pecuniária – contraídas no âmbito da concessão celebrada com a União pode importar a própria perda dos direitos de exploração. Por esse motivo, as partes adimplentes são obrigadas a suprir o descumprimento da parte inadimplente, sob pena de perderem a concessão junto ao Poder Público. Em consequência,

[45] Nesse sentido: "The cash-call is essential to sustain the petroleum operations. Without funding the petroleum operations grind to a halt and the concession, in all likelihood, would be lost. The presumption is that at the time of entering the JOA the parties are of one mind, they want the petroleum operations to succeed and plan the way forward by entering into the JOA" (WILTON, Craig. Forfeiture as a Joint Operating Agreement default remedy in upstream petroleum operations in South Africa. *Oil and Gas Alert*, 2016, p. 2).

[46] "O abuso, como categoria autônoma dos atos contrários ao direito, não se limita ao exercício de certo e determinado direito subjetivo, identificando-se igualmente em outras situações jurídicas·subjetivas. Quer se trate de liberdades, faculdades, direitos potestativos ou poderes, todos constituem vantagens, cuja configuração depende, em última análise, da estrutura qualificativa da norma jurídica. Logo, em relação a qualquer situação subjetiva será admitida a figura do abuso de direito, visto que nenhuma delas será jamais desprovida de fundamento axiológico" (CARPENA, Heloísa. O abuso do Direito no Código de 2002: Relativização de direitos na ótica civil-constitucional. In: TEPEDINO, Gustavo (Coord.). *A parte geral do Novo Código Civil*: estudos na perspectiva civil-constitucional. Rio de Janeiro: Renovar, 2003, 2. ed., p. 393). No mesmo sentido: TEPEDINO, Gustavo; BARBOZA, Heloisa Helena; MORAES, Maria Celina Bodin de. *Código Civil interpretado conforme a Constituição da República*. Rio de Janeiro: Renovar, 2014, 3 ed., p. 345.

mostra-se fundamental que as partes no consórcio estejam em dia com as obrigações de aporte de capital.[47]

Conclusões

A atividade de exploração e produção de petróleo afigura-se essencialmente de risco, encontrando-se disciplinada não raro por dois contratos coligados que exprimem, a partir de sua função unitária, o escopo econômico comum perseguido pelos contratantes: o contrato de concessão celebrado entre as concessionárias e a União Federal e o contrato de consórcio, estabelecido para regular as relações internas entre as concessionárias.

Tais contratos, que costumam eleger a arbitragem como meio de solução de controvérsias, alocam entre os contratantes os riscos inerentes à atividade de exploração e produção de petróleo, cujo sucesso afigura-se incerto. Como visto, os contratos de concessão, a que os contratos de consórcio são coligados, configuram negócios aleatórios, em que as empresas consorciadas – concessionárias na relação com a União – assumem integralmente os riscos envolvidos na exploração e produção do petróleo. Assim, caso o recurso natural buscado não seja efetivamente encontrado, ou encontrado em volume menor do que o esperado, as concessionárias

[47] A doutrina especializada assim elucida a justificativa jurídica para a atribuição, às empresas adimplentes, do direito de excluir a parte inadimplente do consórcio: "The forfeiture remedy is defended by the oil and gas community on the basis that it is essential to preserve the economic cohesion of the joint venture which the JOA represents. That each party pays its proportionate share of the operating costs of the venture on time and in full is critical to ensuring the success of the underlying project and also to ensuring that the risk of loss of the concession to which the JOA relates is reduced. The risk to a party of the loss of its interests in the JOA, the concession and the project through the exercise of the forfeiture remedy acts as a very powerful behavioural tool which is intended to ensure the survival of the joint venture. The forfeiture remedy also applies equally across all parties to the JOA and not in favour of any particular party. Together (so says a party seeking to apply the forfeiture remedy) this gives the remedy its essential commercial justification" (KENYON, Andrew Kurth. Forfeiture Clauses in JOAs (Joint Operations Agreements): new law, old problems. *The National Law Review*. Disponível em https://www.natlawreview.com/print/article/forfeiture-clauses-joas-joint-operating-agreements-new-law-old-problems, acesso em 2 mar. 2022).

perderão (ainda que parcialmente) o capital investido, sem direito a qualquer reembolso ou indenização em razão do fracasso da exploração.

Em decorrência da natureza aleatória dos contratos de concessão, as empresas consorciadas normalmente inserem, nos contratos de consórcio, a cláusula *forfeiture*, que assegura às partes adimplentes o direito potestativo de expulsar o consorciado que descumpra a obrigação de aportar capital destinado ao desempenho da concessão, a denotar mecanismo de gestão positiva da álea normal que caracteriza tais contratos.

A cláusula *forfeiture*, que tem por função assegurar a continuidade das operações de exploração e produção de petróleo – e, portanto, a preservação da concessão –, representa mecanismo legítimo de alocação dos riscos econômicos pertinentes à atividade em questão, o qual, por isso mesmo, há de ser observado pelas partes e pelo intérprete. A legitimidade de sua pactuação, contudo, não afasta os controles de razoabilidade em sua fixação e de abusividade no seu exercício, sempre à luz dos valores constitucionais.

7.
RISCO DA FRUSTRAÇÃO DO FIM DO CONTRATO

RODRIGO COGO

Introdução

A frustração do fim do contrato é uma das patologias que acarreta a perturbação das prestações em decorrência da alteração superveniente das circunstâncias. Nela, o fato superveniente não causa excessiva onerosidade e tampouco impossibilita as prestações, mas se limita a deixar o contrato sem qualquer sentido ou razão de ser em virtude da impossibilidade de se atingir sua finalidade, entendida como o resultado visado pelas partes.

Curiosamente, o processo de alocação dos riscos da frustração do fim do contrato confunde-se com a própria identificação dos requisitos de sua caracterização, notadamente se o fim integrou o conteúdo do contrato e, eventualmente, se foi além, fundindo-se com a própria prestação. E assim é porque nem sempre a finalidade contratual foi considerada relevante e tomada em consideração por ambos os contratantes, de modo que a impossibilidade de a alcançar pode não ter qualquer relevância para a ineficácia do negócio jurídico. O grande desafio para distribuir os riscos da ocorrência da frustração do fim, portanto, está em identificar se estamos verdadeiramente na presença de um caso de frustração do fim, o que demanda uma difícil tarefa de interpretação.

1. Etapas para a alocação do risco da frustração do fim

A análise do risco de ocorrência da frustração do fim e de quem deve suportá-lo identifica-se com a própria verificação da presença dos requisitos para a sua caracterização, em especial a identificação do papel, relevância e intensidade do fim do negócio jurídico.

Ao se deparar com uma potencial situação de frustração do fim do contrato, o intérprete deverá percorrer algumas etapas para alocar o risco de sua ocorrência, a saber: (1) identificar eventual distribuição contratual dos riscos concernentes à alteração das circunstâncias que causem a frustração do fim; (2) avaliar se se trata de finalidade ou de motivo, pois se for mero motivo será irrelevante para a eficácia da contratação e não será caso de frustração do fim, podendo ter algum papel no plano da validade se tiver sido erigido a motivo determinante[1]; (3) em se tratando de finalidade contratual, interpretar o contrato para identificar se ela integrou o conteúdo do contrato, dando margem à aplicação das consequências gerais da frustração do fim, salvo estipulação válida em sentido contrário; (4) se além de integrar o conteúdo do contrato, analisar se a finalidade tem uma intensidade ainda maior no negócio a ponto de se confundir com a própria prestação, hipótese em que se estará no terreno da impossibilidade e não da frustração do fim.

Outro desafio é definir se o regime jurídico aplicável à frustração do fim do contrato é o da impossibilidade superveniente ou o da alteração das circunstâncias. As dificuldades se põem, basicamente, por duas razões: (i) a frustração do fim flerta com a base do negócio (*rectius*, alteração das circunstâncias) e com o direito da impossibilidade, tornando complexo o seu enquadramento dogmático; (ii) não é simples a tarefa interpretativa de identificar quando o fim do contrato (causa concreta) deve ser considerado comum e relevante a ambos os contratantes e, assim, apto a justificar a aplicação da frustração do fim do contrato e a consequente interferência na eficácia do negócio jurídico, o que envolve um juízo articulado de boa-fé que considere, entre outros critérios, (i) as disposições contratuais, (ii) o tipo contratual eleito pelas partes (e as regras especiais de distribuição de riscos a ele inerente), (iii) a qualificação dos contratantes, (iv) as circunstâncias negociais, (v) as condições de preço e prazo da avença, e (vi) eventuais regras gerais de distribuição do

[1] Artigos 140 e 166, III do Código Civil ("CC").

risco (*v.g.*, a coisa perece para o dono, o risco de utilização é do credor, o risco da prestação é do devedor, entre outras).

Além disso, há certas situações em que o fim do contrato, comum e relevante a ambas as partes, integra e se funde de modo indissociável à própria prestação, de forma que a impossibilidade de atingir o fim representa a própria impossibilidade da prestação. É o caso da contratação do rebocador para desencalhar o navio que, com a súbita alta da maré, desencalha sozinho. O fim comum e relevante a ambos os contratantes (o resultado pretendido com a contratação), era desencalhar o navio, de modo que o ato de prestar e o resultado se confundem. O resultado, nesse caso, *define* a prestação, não sendo possível desencalhar algo que não está mais encalhado, daí porque o regime da impossibilidade aqui se aplica. É o mesmo caso do médico que, diante da cura do paciente antes da cirurgia, se vê impossibilitado de operá-lo. Diversa é a situação, no entanto, do aluguel do camarote na Marquês de Sapucaí cujo desfile veio a ser cancelado, por exemplo, por conta da pandemia da COVID-19. Conquanto o fim comum e relevante da locação a ambos os contratantes fosse permitir a contemplação dos desfiles das escolas de samba, ainda seria perfeitamente possível ao locador alugar o camarote e ao locatário efetuar o pagamento, embora não existisse mais qualquer sentido alugar o camarote sem que ocorressem os desfiles. O fim, neste caso, conquanto integre o conteúdo do contrato e qualifique a prestação, guarda uma certa independência dela, não se podendo dizer que a prestação se impossibilitou por não ser possível atingir o fim. O regime da impossibilidade, portanto, não é apropriado e não resolve de forma adequada essa situação, justamente porque se trata de um caso distinto, de frustração do fim.

2. O fim do contrato para efeitos da frustração

O fim do contrato é o resultado prático que se espera seja produzido com os efeitos do contrato, conhecido e aceito por ambos os contratantes, previsto de forma expressa no negócio ou dele extraído a partir de um juízo articulado de boa-fé. Na teoria da causa, o fim do negócio jurídico é a sua causa concreta[2], "o fim objetivo do contrato, ou seja, o fim comum,

[2] Azevedo, Antonio Junqueira de. *Negócio jurídico. Existência, validade, eficácia.* São Paulo: Saraiva, 200, p. 129. Para os italianos, o fim é a função-concreta ou função econômico-

e não o individual, de cada contratante, que se integra e se revela no próprio contrato"[3].

Não se trata do motivo, de ordem psicológica, subjetiva, de foro íntimo, o "porquê" da contratação. A finalidade é o "para o que" a contratação se presta, aquele resultado prático conhecido pelas partes[4], o fim de emprego ou de uso, a utilidade que o contrato tem para os contratantes, ou, nas palavras de DIEZ PICAZO, "el propósito a que el contrato sirve dentro de la vida real, es decir, el resultado empírico o prático que en orden a los propios y peculiares intereses se pretende alcanzar" [5]. Trata-se dos efeitos que se espera com os efeitos do negócio jurídico.

A finalidade contratual atua como um *fator de eficácia do negócio jurídico*[6]. Por isso, a superveniente impossibilidade de alcançá-la em razão da alteração das circunstâncias inimputável às partes permite a resolução contratual, a revisão (em casos mais raros) ou mesmo a suspensão da exigibilidade da prestação quando a impossibilidade é temporária.

3. Frustração do fim e o regime jurídico aplicável

A frustração do fim do contrato é a situação na qual, a despeito da possibilidade de cumprimento das prestações e da inexistência de excessiva onerosidade, o contrato perde seu sentido ou razão de ser por conta da impossibilidade de alcançar sua finalidade (causa concreta ou resultado prático almejado pelas partes), em decorrência de um fato superveniente à contratação, não imputável às partes. Ela pode se apresentar na forma

-individual do contrato. O desenvolvimento deste raciocínio é encontrado nas p. 262-268 de sua obra *Adempimento e rischio contrattuale*. Milano: Giuffrè, 1975.

[3] AZEVEDO, Antonio Junqueira de. *Negócio jurídico. Existência, validade, eficácia*, cit., p.129.

[4] É a finalidade objetiva, que segundo LARENZ, "es la finalidad de una parte se la otra hizo suya. Esto ha de admitirse especialmente cuando tal finalidad se deduzca de la naturaleza del contrato y cuando la ha determinado el contenido de la prestación o la cuantía de la contraprestación" (*Base del negocio jurídico y cumplimiento de los contratos*. Trad. Carlos Fernández Rodríguez. Granada: Comares, 2002, p. 159).

[5] DÍEZ PICAZO, Luis. Prólogo à obra de Vicente EspertSanz. *La frustración del fin del contrato*. Madrid: Editorial Tecnos, 1968, p. 10.

[6] "El fin peculiar del contrato es todavía relevante, incluso enérgicamente relevante en la eficacia del contrato. Sin tenerlo en cuenta nos exponemos a caer en el literalismo de la contratación" (ESPERT SANZ, Vicente. *La frustración del fin del contrato*. Madrid: Editorial Tecnos, 1968, p. 181).

de (a) impossibilidade de alcançar o fim do contrato; ou (b) obtenção do fim por meios diversos do contratado.

Para LARENZ[7], a frustração do fim do contrato é uma das hipóteses de perturbação da base do negócio em sentido objetivo[8], embora outros autores prefiram situá-la no campo da impossibilidade superveniente. Esse flerte que a frustração do fim do contrato faz com a base do negócio (*rectius*, alteração das circunstâncias)[9] e com o direito da impossibilidade faz com que o seu enquadramento dogmático seja bastante controvertido[10] e, consequentemente, traga dificuldades quanto ao regime jurídico a ser aplicado para atribuir o risco da frustração do fim.

[7] "La imposibilidad de alcanzar el fin objetivo del contrato puesto de relieve en el contenido del mismo, o, según la terminología de Krückmann, la imposibilidad de la consecución del fin (o del ejercicio del derecho), constituye, al lado de la destrucción de la relación de equivalencia, el segundo supuesto de hecho típico al realizarse el cual (con independencia del caso, legalmente regulado, de la imposibilidad de la prestación) el contrato no merece ser conservado o serlo sin modificaciones, por haber perdido su sentido originario" (LARENZ, Karl. *Base del negocio jurídico y cumplimiento de los contratos*, cit., p. 138).

[8] Oportuna a observação de ESPERT SANZ, no sentido de que a base do negócio não é o mesmo que o fim do contrato, pois enquanto este é "*lo que hay que conseguir*", aquela é o "statu quo *que el mundo exterior ha de conservar para que el fin ha de cumplirse*" (ESPERT SANZ, Vicente. *La frustración del fin del contrato*, cit, p. 185). Em outras palavras, a base do negócio (em sentido objetivo) é o conjunto de circunstâncias que existem ao tempo da contratação e que são objetivamente necessárias para que o negócio continue dotado de sentido, ou seja, trata-se de elemento exterior ao contrato. Já o fim é um elemento que vai integrar o próprio conteúdo do contrato e dele emana.

[9] O que, por si só, já acarreta desafios, pois, como já advertia PONTES DE MIRANDA, "quando se tenta fixar a base objetiva do negócio jurídico, percebe-se que se entra no campo da doutrina da impossibilidade, ou no campo da doutrina do atingimento do escopo" (PONTES DE MIRANDA, F. C. *Tratado de Direito Privado*. Tomo XXV. Rio de Janeiro: Borsoi, 1971, p. 232). CATARINA MONTEIRO PIRES fala em "melindre da fronteira entre 'prestação' e 'base do negócio' e as dificuldades de destrinça entre os âmbitos regulativos da impossibilidade da prestação e das perturbações da base do negócio jurídico' na terminologia alemã" (*Impossibilidade da Prestação*. Coimbra: Almedina, 2018, p. 348). A mesma dificuldade foi posta por JUDITH MARTINS-COSTA (*Crise e Perturbação no Cumprimento da Obrigação. Estudos de Direito Comparado Luso-Brasileiro*. São Paulo: Quartier Latin, 2020, p. 170).

[10] A ponto de PONTES DE MIRANDA sustentar que a impossibilidade da prestação é uma das questões "mais árduas no direito das obrigações". (*Tratado de Direito Privado*. Tomo XXII. Rio de Janeiro: Editor Borsoi, 1958, p. 69).

Essa controvérsia ganha ainda mais complexidade porque a segregação dos casos de impossibilidade e de frustração do fim depende dos contornos do conceito de prestação, que não é um conceito normativo[11]. Pensemos no clássico exemplo dos casos da coroação[12]. Quando *Henry* decidiu locar janelas anunciadas por *Krell* para assistir ao desfile da coroação do rei Eduardo VII nos dias 26 e 27 de junho de 1902, a prestação do locador consistia em permitir o uso do imóvel *para assistir ao desfile* ou simplesmente permitir o uso do imóvel? Em outras palavras, essa finalidade funde-se com o ato de prestar, como se fosse uma coisa só, ou é um *plus* a ela externo que qualifica a prestação? Se o fim se fundir ao ato de prestar, o cancelamento do desfile da coroação torna impossível a prestação do locador; ao passo que se o fim se restringir a qualificar a prestação, ela ainda seria possível, embora não tenha mais qualquer sentido man-

[11] Ao tratar desse tema, Catarina Monteiro Pires (*Impossibilidade da Prestação*, cit., p. 329-437) adota, de forma acertada, um conceito de prestação que abarca não só a atividade do devedor, mas o resultado pretendido pelo credor, asseverando que "a prestação impossível pode ser uma prestação entendida enquanto resultado da atividade do devedor, o que quer dizer que devem ser enquadradas neste âmbito as hipóteses de consecução do fim por via diversa do cumprimento e do desaparecimento do substrato da prestação. Já os casos de frustração ou perturbação do fim, em que se verifica um mero desaparecimento do interesse do credor, não poderão ser reconduzidos à disciplina dos artigos 790.º e ss, salvo se estivermos na presença de uma prestação finalizada" (p. 437). Assim, a interpretação deverá indicar se houve um "acordo relativamente ao fim" (p. 365): se houver, estaremos na seara da impossibilidade da prestação porque se trata de uma "prestação finalizada"; se não houver, estaremos fora do campo da impossibilidade e dentro do campo da perturbação das prestações, no qual se insere a frustração do fim do contrato. Ao final, Catarina faz uma advertência importante ao referir que "concluímos que tem razão Löwish e Caspers quando salientam que a solução da aplicação da norma que determina a extinção do dever de prestar em virtude da impossibilidade do cumprimento – no caso o § 275/1 do BGB – aos casos de frustração do fim implicaria que o conceito de prestação em que o preceito baseia-se fosse <<excessivamente alargado>> através do acolhimento do fim de emprego. Exige-se, porém, prudência no seguimento da recomendação dos Autores, quando indicam ser preferível aplicar o §313 do BGB, relativo à perturbação da base do negócio, suscetível de fornecer uma solução elástica para estes problemas." (*Impossibilidade da Prestação*, cit., p. 436-437).

[12] Para uma referência mais completa dos *coronation cases*, vide Cogo, Rodrigo Barreto. *Frustração do Fim do Contrato*. São Paulo: Almedina, 2021, p. 148-150.

ter a locação diante da impossibilidade de assistir ao desfile da coroação (resultado).

Entendemos que, como regra, o fim é algo exterior à prestação, que a qualifica e atua como um fator de eficácia. Por essa razão, se o fim (causa concreta, fim de utilização do credor ou fim secundário) se impossibilitar por um fato superveniente à contratação, estaremos dentro do campo da alteração das circunstâncias. Por outro lado, os casos em que o fim não mais pode ser atingido (i) por consecução da finalidade por meio diverso do contratado ou (ii) por alteração no substrato da prestação, devem ser enquadrados no campo da impossibilidade da prestação[13], não sendo verdadeiramente hipóteses de frustração do fim.

Em certas situações, no entanto, o fim contratual, conquanto seja fator externo à prestação, se confunde de tal maneira ao ato de prestar que acaba "definindo" a prestação. São situações em que o fim e o ato de prestar se sobrepõem e obrigam o devedor a não só praticar uma conduta, mas, igualmente, de "causar" (*rectius*, buscar, visar) o resultado[14]. Trata-se de hipóteses

[13] O substrato da prestação abrange tanto condições objetivas quanto subjetivas para que ela seja cumprida, englobando, portanto, circunstâncias relativas à pessoa do credor (ex.: paciente que se cura de uma doença antes de ser operado; aluno de música que ensurdece antes e iniciar as aulas de música) ou ao objeto/bens envolvidos no cumprimento da prestação (ex.: navio que desencalhou sozinho antes de o rebocador chegar; igreja que foi destruída antes de o pintor iniciar os trabalhos de pintura).

[14] É o "resultado definidor", na acepção adotada por Maria De Lurdes Pereira e Pedro Múrias para facilitar a distinção das obrigações de meio e de resultados e as consequências sobre os custos da prestação. Os autores propõem o uso dos conceitos de *resultado definidor da prestação, resultado exterior* e *resultado subalterno* (Pereira, Maria de Lurdes; Múrias, Pedro. Obrigações de Meios, Obrigações de Resultados e Custos da Prestação. *Centenário do Nascimento do Prof. Doutor Paulo Cunha. Estudos em Homenagem.* Almedina: Coimbra, 2012, 999-1018). O resultado definidor é aquele cuja obtenção foi definido pelas partes como necessário para considerar a obrigação cumprida, ou seja, é o resultado que deve ser causado pelo devedor. Os resultados externos são os "resultados do resultado definidor", e não precisam ser causados ou tentados pelo devedor (nas obrigações de resultado e de meio, respectivamente) (p. 1.007); equivalem, portanto, ao sentido do "fim da prestação" que aqui mencionamos. Os resultados subalternos são aqueles "destinados a causar ou a contribuir para causar o definidor" (p. 1.007), como os resultados que se atingem ao longo da execução de um contrato tendentes a consumar o cumprimento da prestação. O advogado contratado para elaborar um parecer para ser usado em uma ação judicial tem como "resultados subalternos" o estudo do caso, o término da pesquisa de doutrina e

em que o fim está quase que visceralmente ligado (i) à ação de prestar ou (ii) às condições (objetivas ou subjetivas) para que a ação de prestar seja executada. Desencalhar o navio encalhado é a finalidade da contratação do dono do navio encalhado e do dono do rebocador contratado para tanto, de modo que esse resultado se confunde com o ato de prestar em si. Por essa razão, se o navio se solta com a subida da maré, não teremos a frustração do fim, mas um caso de impossibilidade. É o que também ocorre com o caso do médico contratado para realizar uma cirurgia em paciente que obtém a cura antes do ato cirúrgico; ou do pintor contratado para pintar a igreja que acaba sendo destruída por um terremoto; ou, ainda, do professor de música cujo aluno ficou surdo, entre outros exemplos.

Se todo e qualquer "resultado" fosse sempre elemento constitutivo da prestação, nenhum espaço mais haveria para a frustração do fim do contrato, enquadrando-se todas as hipóteses de perda de sentido do contrato por impossibilidade de atingir o fim como casos de impossibilidade da prestação, o que não parece ser a solução mais acertada, até porque boa parte da doutrina reconhece a existência de casos específicos de frustração do fim do contrato[15].

jurisprudência. A entrega da opinião legal é o resultado definidor e o uso na ação judicial o resultado externo. Identificar o resultado definidor "depende da interpretação da fonte da obrigação, máxime o contrato, nos termos gerais da interpretação e das regras interpretativas específicas que no caso caibam." (*Obrigações de Meios, Obrigações de Resultados e Custos da Prestação*, cit., p. 1.007).

[15] Perfilham a diferenciação dos casos de frustração do fim daqueles da impossibilidade: Nanni, Giovanni Ettore. Frustração do Fim do Contrato: análise de seu perfil conceitual. In *Revista Brasileira de Direito Civil. Belo Horizonte*, v. 23, jan./mar. 2020, p. 39-56; Ruzzi, Marcos Hoppenstedt. Resolução pela frustração do fim do contrato. In: Hironaka, Giselda Maria Fernandes Novaes; Tartuce, Flávio (Coord.). *Direito contratual: temais atuais.* São Paulo: Método, p. 512. Marinho, Maria Proença. Frustração do fim do contrato. Indaiatuba: Editora Foco, 2020, p. 37-42. Na doutrina estrangeira, Pereira, Maria de Lurdes. *Obrigações de Meios, Obrigações de Resultados e Custos da Prestação*, cit., p. 36; Pires, Catarina Monteiro. *Impossibilidade da Prestação*, cit., p. 437. Em contraposição parece ser o pensamento de Judith Martins-Costa, ao referir que "No nosso ver, a solução mais rente ao sistema será a de considerar a hipótese de frustração do fim atrelada à Teoria da Impossibilidade, como uma de suas espécies, pois se o fim é – como aqui se sustenta – intrínseco e não meramente extrínseco ao conceito de prestação, a sua frustração o atinge inelutavelmente." (*Crise e Perturbação no Cumprimento da Obrigação. Estudos de Direito Comparado*

Para diferenciar os casos é necessário analisar se a alteração das circunstâncias afetou o ato de prestar em si. Não se trata de avaliar a prestação unicamente sob um aspecto físico ou jurídico, mas sob o prisma da prestação enquanto resultado, aferindo se o fim, enquanto elemento externo à prestação, se entrelaçou de forma indissociável ao ato de prestar a ponto de se concluir que o devedor estava obrigado a causá-lo, como parte da prestação a que se obrigou. Se a abordagem fosse sob o aspecto físico ou jurídico, os exemplos do desencalhe do navio antes do rebocador chegar, da surdez do aluno que teria aulas de música e da cura do paciente antes da cirurgia (entre outros de consecução do fim por via diversa da contratada) deveriam ser tratados como casos de frustração do fim do contrato, o que não nos parece correto, pois possuem mais laços com a impossibilidade.

Tomemos como exemplo, mais uma vez, os casos da coroação. Imaginemos que, em vez do cancelamento do cortejo real, fossem instalados tapumes para permitir a realização de obras, retirando a vista da janela locada.

Luso-Brasileiro, cit., p. 181). Conforme já tivemos a chance de comentar (*in Frustração do Fim do Contrato*, cit., p. 225) "se todo o fim comum e conhecido dos contratantes integrar como elemento constitutivo o conceito de prestação, parece não haver sentido em se falar em frustração do fim contrato, mas apenas em impossibilidade da prestação. Além disso, outra consequência daí decorrente residirá na verificação do adimplemento: se o resultado não for atingido, estaremos diante de uma hipótese de incumprimento, de modo que o devedor estará obrigado a causar o resultado. Este é o grande "nó" em torno do tema da frustração do fim do contrato e a tormentosa fronteira com a impossibilidade. Sem prejuízo de maiores reflexões, considerar o fim como um fator de eficácia, externo à prestação, e que a ela pode se acoplar a depender da intensidade com que as partes pretenderam fazer com que o devedor o causasse, é uma solução que permite calibrar melhor casos nos quais teremos situações de impossibilidade, com consequências mais rígidas, e casos de frustração do fim. Nesse sentido, Catarina Monteiro Pires, também adepta do conceito de prestação como resultado, defende que "a estrutura final da relação obrigacional reflete-se no plano do resultado da prestação e no plano do interesse do credor na prestação. A funcionalização da relação obrigacional, a sua compreensão como um meio ou instrumento técnico-jurídico para a satisfação do interesse do credor não permite, porém, uma internalização do conceito de interesse no seio do conceito de obrigação. O art. 790.º acolhe o conceito de prestação enquanto resultado, mas não implica a aplicação das regras acerca da impossibilidade nos casos de *mera* perda ou perturbação do interesse do credor na prestação. O interesse do credor é, com efeito, uma condicionante exterior à obrigação e, logicamente, à prestação, mesmo enquanto resultado." (*Impossibilidade da Prestação*, cit., p. 364)."

Apesar de o resultado *assistir ao desfile da coroação* seja um *resultado exterior à prestação* (ou seja, um fim que não define a prestação, pois o devedor não se obriga a causá-lo) – cuja impossibilidade de atingir acarreta a frustração do fim –, a retirada da vista da janela em decorrência da instalação do tapume torna impossível a prestação do locador porque o substrato da prestação foi afetado.

O exemplo da igreja destruída pela guerra também fornece um bom panorama para a distinção. A prestação consistente em pintá-la tornou-se impossível porque não há mais igreja a ser pintada. Porém, continua possível ao marceneiro construir a porta para a igreja, conquanto não tenha mais qualquer sentido em dar sequência à execução deste contrato porque a finalidade para a qual se destinava se impossibilitou.

A diferença entre o enquadramento jurídico dessas duas situações traz reflexos importantes para a análise dos riscos, pois, enquanto a impossibilidade tem um regime legal próprio e menos flexível (definido, entre outros, pelos arts. 238, 239, 248 do Código Civil), a frustração do fim do contrato não o tem, exigindo uma regra específica de repartição do risco para acomodar essa *fattispecie* própria, à luz de suas características[16].

De forma aparentemente análoga à aqui exposta, Catarina Monteiro Pires utiliza o conceito de *prestações finalizadas* ou *prestações de fim único*, nas quais haveria um "acordo quanto ao fim"[17] entre as partes. Segundo a autora,

[16] O regime binário de consequências da impossibilidade e da distribuição geral dos riscos (*res perit domino*, risco da prestação é do credor, risco da utilização é do devedor) poderia ser empregado para solucionar as hipóteses de frustração do fim se sofresse um refinamento para contemplar o ressarcimento de despesas incorridas para preparar ou assegurar o cumprimento. A insuficiência do regime das consequências legais para casos de impossibilidade foi analisada por Nitshchke, Guilherme Carneiro Monteiro; Neves, Julio Gonzaga. A Peste e as Despesas Incorridas para a Execução de Contratos. *In Direito e Pandemia*. n. esp. (maio 2020). Brasília, 2020, p. 29/42. Versão on-line disponível em https://s.oab.org.br/revista-direito-pandemia.pdf.

[17] *Impossibilidade da Prestação*, cit., p. 364. Segundo a autora, "as prestações finalizadas (*Zweckschuld*), também designadas por prestações de fim único ou por prestações concretamente finalizadas caracterizam-se pelo facto de a conduta de prestação realizada após a frustração do fim corresponder a um verdadeiro *aliud*. Nestas prestações, o resultado concreto coincide com o fim da prestação, de tal modo que, se não é possível alcançar o primeiro, com um ato de cumprimento, o segundo ficará, também, inevitavelmente precludido. (...) A finalização, enquanto processo ligado à revelação da vontade contratual

o conceito de prestação do art. 790.º do Código Civil português (que regula a impossibilidade da prestação e é entendido como prestação como resultado) "não permite, por si só, estender a regulação desta norma aos casos de frustração do fim", justamente porque "o interesse do credor é, com efeito, uma condicionante exterior à obrigação e, logicamente, à prestação, mesmo enquanto resultado." Em função disso, "só quando haja acordo sobre o fim, os dois planos – o do resultado e o do interesse do credor – poderão aproximar-se, permitindo que a frustração do interesse creditório consubstancie uma insuscetibilidade de consecução do resultado da prestação, enquadrável no âmbito da impossibilidade da prestação. Saber se há, ou não, acordo quanto ao fim é uma questão que só pode ser esclarecida através de interpretação do contrato (cf. artigos 236.º e ss.), pois só esta permitirá determinar quando é que a destinação que o credor reserva para a prestação ultrapassa o nível dos simples motivos e ascende à condição de *fim do contrato juridicamente relevante*"[18].

Os diferentes regimes jurídicos aplicáveis aos casos de impossibilidade e de frustração do fim também se justificam em razão das diferentes perspectivas quanto aos interesses que se quer proteger. Na impossibilidade, a perspectiva é mais no sentido de proteger o *devedor*, que não deve ser compelido a efetuar uma prestação impassível de cumprimento. Na frustração, a perspectiva é mais a proteção do *credor* para evitar ser obrigado a aceitar uma prestação que não tem mais qualquer sentido, utilidade ou razão de ser.

Essas distinções mostram que o regime jurídico aplicável aos riscos da frustração do fim do contrato é particular e distinto daquele utilizado para resolver os casos de impossibilidade da prestação.

4. Integração do fim ao conteúdo do contrato

Se os riscos da frustração do fim do contrato são resolvidos de uma forma particular e distinta do regime da impossibilidade, é importante identificar quando estamos efetivamente diante de hipótese de frustração. Para

das partes, não depende da estrutura nem da natureza da prestação, mas sim do conteúdo contratual, o que não invalida que certos tipos se prestem a uma finalização (como o arrendamento, cf. art. 1051.º g) do Código Civil) e outros possuam um caráter tendencialmente mais neutro (como a compra e venda." (*Impossibilidade da Prestação*, cit., p. 365).

[18] *Impossibilidade da Prestação*, cit., p. 364/365.

esse efeito, conquanto sejam basicamente cinco os requisitos para caracterizar um caso de frustração do fim, nesse artigo vamos nos concentrar apenas no requisito consistente em verificar se o fim integrou o conteúdo do contrato[19].

A finalidade que integra conteúdo do contrato e que dá margem à aplicação da frustração do fim do contrato é de ordem objetiva, assim entendida a finalidade de um dos contratantes que é tomada pelo outro como sua, ou seja, o resultado prático que é considerado por ambos os contratantes como relevante e apto a impactar na eficácia da contratação.

Os casos da coroação mais famosos permitem elucidar quando a finalidade integra o conteúdo do contrato.

Em *Krell v. Henry*, a finalidade de assistir ao desfile da coroação não ficou expressa no contrato de locação da janela do imóvel. Mesmo assim, os termos do ajuste e as circunstâncias que circundavam a contratação (modo da oferta, localização do imóvel, data e objeto da locação, período de duração) deixaram claro que tanto o locador como o locatário levaram em conta que o resultado prático da locação era a contemplação do desfile do rei, não sendo um simples motivo. Por isso, autorizou-se a resolução do contrato de locação diante do cancelamento do desfile.

No caso *Herne Bay Steam Boat Co. v. Hutton*, por sua vez, a solução foi distinta porque as embarcações eram ordinariamente alugadas para diversas finalidades (passeios, exploração submarina, etc), sem que fosse possível, necessariamente, inferir que a finalidade de assistir ao desfile e a revista naval também tenham sido assumidas como sua pelo locador. Em outras palavras, não se poderia dizer que o locador fez a oferta em consideração à consecução destes resultados. Desse modo, as circunstâncias e as previsões contratuais não permitiram deduzir a finalidade alegada por *Hutton*, locatário de uma embarcação.

[19] São eles: (a) contrato bilateral ou unilateral, de cunho patrimonial, comutativo ou aleatório, de execução diferida ou continuada; (b) finalidade integrar o conteúdo do contrato; (c) perda do sentido ou razão de ser do contrato pela impossibilidade de se atingir o seu fim; (d) ocorrência de evento superveniente que não integrava a álea contratual e alheio à atuação culposa das partes; (e) ausência de mora de quem invoca a frustração. Para o detalhamento de todos os requisitos, vide COGO, Rodrigo Barreto. *Frustração do fim do contrato*, cit., p. 159-202.

O fim não precisa estar necessariamente expresso no contrato[20]. Ele pode ser extraído da natureza do contrato e de suas estipulações, sem adentrar na área dos motivos, permitindo verificar se ele foi levado em conta por ambos os contratantes, integrando, assim o conteúdo do negócio. De igual modo, o mero fato de a finalidade ser conhecida por ambas as partes não significa que ela tenha sido tomada em consideração por ambos os contratantes para que partilhassem o risco de sua não consecução.

Ainda que o fim não esteja previsto de forma expressa no contrato, é bastante evidente que o locador e o locatário de um camarote na Marquês de Sapucaí consideram que a finalidade do negócio consista em assistir aos desfiles das escolas de samba, seja pelas datas e horários da locação, seja pelos preços pagos. Nesse contexto, também devemos ter cuidado para analisar se, dentro da normalidade da contratação, incluem-se outras finalidades, pois: (a) pode esclarecer se o fim frustrado importará a afetação integral ou parcial do negócio; (b) auxilia a determinar se a finalidade alegada pelo prejudicado também foi tomada em consideração – foi relevante – pela outra parte. O caso *Herne Bay Steam Boat Company v. Hutton* demonstrou que a normalidade era o arrendamento dos barcos por aquele mesmo preço para passeios pelas ilhas locais, de sorte que a finalidade de observar a revista naval não foi levada em consideração pelo arrendador.

[20] Como bem pondera Ruy Rosado de Aguiar, "não é necessário que o fim do contrato esteja nele expresso, mas a partir do regramento do próprio negócio e das circunstâncias que circundam a declaração negocial – e nela se consubstancia (Código Civil, art. 112) – pode-se perfeitamente extrai-lo." O saudoso Ministro dizia que "o próprio contrato, pela natureza das prestações pactuadas, das condições das partes, das demais cláusulas e condições que involucram o negócio, fornece elementos objetivos seguros para a formulação de um juízo sobre a força e os efeitos da modificação superveniente em relação ao contrato, quanto à equivalência e ao seu escopo natural. Para isso, não há que recorrer à vontade presumida das partes, perquirindo sobre as cláusulas que teriam redigido se conhecessem a atual realidade, seja para modificar as recíprocas obrigações, seja para estipular cláusula resolutória, porquanto, assim como a lesão enorme atua sobre o contrato independentemente da vontade do lesado até contra ela, como é do nosso Direito, assim também a apreciação dos efeitos modificadores sobre o contrato há de se fazer tendo em vista os elementos objetivos que dele se possam extrair". (Aguiar Junior, Ruy Rosado de. *Extinção dos contratos por incumprimento do devedor (resolução)*. Rio de Janeiro: Aide, 1991, p. 150-151).

O preço, aliás, é um relevante indicador para aferir se o fim foi considerado por ambas as partes e ingressou no conteúdo do contrato[21]. Se o comprador paga o preço de mercado de terrenos hábeis para edificações comerciais, é razoável inferir que a finalidade de edificação deve ter integrado o conteúdo do contrato, mesmo que não explicitada. Já o preço abaixo do mercado pode significar que a finalidade de edificação não integrou o conteúdo do contrato ou que era risco do comprador. Do mesmo modo, o tipo contratual escolhido pelas partes é uma fonte para o intérprete avaliar uma possível distribuição dos riscos entre as partes, e que pode afastar a influência da entrada na finalidade no conteúdo do negócio.

A verificação da finalidade e de sua integração ao conteúdo do contrato demanda a interpretação das previsões contratuais a partir de um juízo de boa-fé parametrizado pelos critérios (a) da normalidade, (b) do preço de mercado, (c) do tipo contratual, (d) da qualificação das partes, (e) das circunstâncias que deram margem à contratação, e (f) do comportamento das partes, entre outros que possam se colocar ao intérprete.

O juízo de boa-fé ajuda a conciliar a interpretação das particularidades da contratação juntamente com standards da normalidade[22] para aferir se o contratante conheceu ou deveria ter conhecido o propósito prático do contrato, tomando-o igualmente como seu. Recorremos, pois, ao negócio e às suas circunstâncias, e não à representação das partes. O ponto de partida é o contrato, em respeito à autonomia privada e para evitar uma solução incoerente

[21] Nesse sentido: GALLO, Paolo. (*Sopravvenienza contrattuale e problemi di gestione del contratto.* Milano: Giuffrè, 1992, p. 318)

[22] "In realtà, l'adozione di un modelo di distribuzione dei rischi secondo criterii di normalità nell'esercizio dell'iniziativa contrattuale deve costituire un mezzo per acollare le conseguenze delle circostanze verificatesi nel modo più coerente all'economia del negozio e non può quindi mancare di accompagnarsi ad una attenta considerazione di ogni particolari caratteristica del singolo affare, senza que la decisione del caso di specie sia esposta in alto grado al pericolo di realizzare una composizione degli interessi diversa da quella solidale con i piani dei contraenti. Ma il giudizio di buona fede indubbiamente contempera queste diverse esigenze appunto perchè si concreta in una analisi che involge, al tempo stesso, considerazione di ciò che è normale nel traffico contrattuale e ricerca di ciò che è particolare ad ogni singolo rapporto" (BESSONE, Mario. *Adempimento e rischio contrattuale.* Milano: Giuffrè, 1975, p. 339).

com o conflito de interesses em jogo. Se suas disposições são suficientes para concluir que a finalidade integrou ou não o seu conteúdo, podemos encerrar a tarefa de verificação; porém, remanescendo dúvidas, devemos recorrer às circunstâncias do negócio, atentando para os critérios da normalidade, do preço, do tipo de contrato escolhido, da qualificação e comportamento dos contratantes (antes e após a celebração da avença), e do momento da contratação. Esses critérios funcionam como um sistema de freios e contrapesos ao juízo de boa-fé, diminuindo a vagueza e a abstração da aplicação dessa cláusula geral.

Nessas condições, para efeitos da frustração do fim do contrato, a finalidade que integra o conteúdo do contrato é o interesse, o resultado prático ou a função (concreta) que se extrai do negócio jurídico, relevante e conhecida por ambos os contratantes, ou que, de acordo com um juízo de boa-fé (CC, art. 113, *caput* e § 1º, III), articulado com o uso dos critérios da normalidade (CC, art. 113, § 1º, II), do preço, do tipo contratual, da qualificação, do comportamento das partes (CC, art. 113, § 1º, I) e das circunstâncias negociais, razoavelmente se possa dizer que deveria ter sido considerada relevante ou conhecida por ambos, tendo em conta o tipo de negócio celebrado e as circunstâncias que pontuavam a sua celebração.

Nesse ponto, também deve ser considerado o art. 113, § 1º, V do Código Civil, com uma leitura depurada para evitar um retrocesso subjetivista, como se ele ordenasse o intérprete a "imaginar o que as partes teriam contratado"[23]. Não se trata de pesquisar a vontade psicológica, mas de extrair a *razoável negociação* a partir do negócio, das suas circunstâncias e da racionalidade econômica que dele se infere (e não uma racionalidade subjetiva)[24] [25]. Identificar

[23] Forgioni, Paula. *Contratos empresariais: teoria geral e aplicação.* 5ª ed. rev., atual. e ampl. São Paulo: Thomson Reuters Brasil, 2020. p. 270.

[24] "Assim, a consideração à racionalidade das partes no processo interpretativo é melhor compreendida a partir da noção de economia do contrato, que expressa a objetiva repartição dos riscos e das vantagens esperadas. Dito de outro modo, a economia do contrato, entendida como a distribuição de riscos e a modelagem de interesses engendrada pelas partes, deve fornecer critérios para a interpretação e integração de lacunas do contrato. A expressão economia do contrato remete, pois, à necessidade de incorporar elementos da operação econômica subjacente como balizas para fixação de sentido e alcance dos efeitos vinculantes do negócio. A intepretação conforme à razoável negociação inferida da racionalidade econômica das partes, nesse sentido não se afasta dos ditames da boa-

se a finalidade integrou o conteúdo do contrato a partir da interpretação pautada por juízo de boa-fé, articulado com os critérios antes expostos para torná-la a mais objetiva possível, parece aderente ao espírito com que deve ser lido o art. 113, § 1º, V do Código Civil.

Verificado que a finalidade integrou o conteúdo do contrato, a próxima tarefa para buscar definir o regime aplicável no caso de impossibilidade de atingi-la será identificar se o fim se uniu de forma indissociável à prestação. Trata-se de uma *dupla verificação*, como se houvesse dois filtros pelos quais o fim penetra no negócio jurídico: o primeiro, relativo à sua integração ao conteúdo do negócio jurídico e, o segundo, mais intenso, relativo à eventual fusão do resultado com a própria prestação.

Nessas condições, quando a finalidade se confundir com o ato de prestar, o fim certamente integrou o conteúdo do contrato, e estaremos no campo da impossibilidade caso o resultado não puder ser mais alcançado; no entanto, se o fim passou pelo filtro da integração ao conteúdo do negócio e não tiver

-fé objetiva, nem esta serve para subverter 'os riscos próprios de cada negócio, pois todo bônus importa ônus, todo contrato em seu risco'. A função da boa-fé, nesse aspecto, não contrasta: necessariamente, com as escolhas dos figurantes do negócio, mas aponta para aquilo que razoavelmente pode se considerar objetivamente exigível das partes em vista dos fins concretos do negócio." (Gediel, José Antônio Peres; Corrêa, Adriana Espíndola. "Interpretações – art. 113 do Código Civil". In: Marques Neto, Floriano Peixoto; Rodrigues Jr., Otavio Luiz; Leonardo, Rodrigo Xavier (coord.). Comentários à Lei da Liberdade Econômica – Lei 13.874/2019. São Paulo: Revista dos Tribunais, 2019, p. 357).

[25] "Com efeito, a positivação, em um monumento legislativo como o Código Civil, de um conceito indeterminado da economia, praticamente desconhecido até então pela ciência do direito, pode acabar por ampliar mais do que reduzir a imprevisibilidade e insegurança das intervenções judiciais. A economia por trás do contrato, nesse ponto, se traduz em uma minuciosa alocação de riscos que é construída negocialmente, convertendo-se preços e valores econômicos em direitos e deveres que serão devidamente clausulados e que devem ser respeitados, sempre que dentro dos limites permitidos à autonomia negocial. Diante disso, a doutrina parece vir convergindo por interpretá-lo como referência a um conceito que, embora também controverso, é mais familiar ao âmbito jurídico: a "causa", "finalidade econômica" ou "fim objetivo" do contrato. A racionalidade a ser perquirida não deve envolver as considerações subjetivas de cada parte, mas sim aquela expressa no negócio como modo de se buscar alcançar determinada síntese de efeitos jurídicos essenciais." (Konder, Carlos Nelson; Oliveira, Williana N. Carvalho. A interpretação dos negócios jurídicos a partir da lei da liberdade econômica. In R. Fórum de Dir. Civ. – RFDC | Belo Horizonte, ano 9, n. 25, p. 13-35, set./dez. 2020, pp. 26-28).

força suficiente para se entrelaçar de modo indissociável à prestação, estaremos na seara potencial da frustração do fim do contrato. Diz-se potencial porque, como antes referido, há casos em que a impossibilidade de atingir o fim decorre da perda do substrato da prestação (exemplo da pintura da igreja destruída na guerra), os quais não são propriamente hipóteses de frustração do fim porque o ato de prestar depende de uma qualidade ou situação do objeto e/ou do agente da prestação que deixou de existir.

5. O regime dos riscos na frustração do fim

Realizada a tarefa de *dupla verificação* antes referida e ponderada se houve a perda do substrato da prestação, saberemos se estamos diante de uma hipótese de impossibilidade superveniente ou de frustração do fim do contrato. Se for caso de impossibilidade e não houver alocação de riscos validamente contratada pelas partes[26], terão aplicação as regras relativas ao regime da impossibilidade previstas no Código Civil e que, como se sabe, oferecerem soluções mais fechadas e binárias. Assim, por exemplo, nas obrigações de dar coisa certa, a perda da coisa antes da tradição ou na pendência de condição suspensiva acarreta a resolução da obrigação de ambas as partes, perdendo o devedor a coisa e o direito ao recebimento da contraprestação (CC, art. 234). A regra é a mesma para os casos de impossibilidade superveniente da obrigação de fazer sem culpa do devedor, na forma do art. 248 do Código Civil. Certo ou errado, a lei é impiedosa com o devedor que eventualmente fez investimentos para cumprir a prestação, mas se viu afetado pelo fato superveniente que a fez perecer. O risco é do devedor (*res perit debitori*). Se, no entanto, a obrigação for de restituir, o art. 238 do Código Civil impõe ao credor o risco da perda da coisa (*res perit creditori*), de forma que o devedor fica liberado de devolvê-

[26] "Não é defeso convencionar diferentemente. Permite-se que as partes regulem a prestação dos riscos pela maneira mais conveniente a seu interesse. Necessário, apenas, que o façam mediante cláusula expressa no contrato. Nada impede que, num contrato unilateral, estipulem que o risco ficará a cargo do devedor e, num contrato bilateral, a cargo do credor. O devedor pode responsabilizar-se pelos prejuízos resultantes do caso fortuito. Admissível, também, a cláusula discriminatória dos riscos pelos quais responde." (GOMES, Orlando. *Obrigações*. 17ª ed. Atualização por Edvaldo Brito. Rio de Janeiro: Forense, 2007, p. 228 – 229.)

-la na hipótese em que a coisa pereça sem culpa dele antes da tradição[27]. Outra conhecida regra geral em termos de distribuição de riscos é a de que o risco de utilização (risco de emprego) corre por conta do credor, ao passo que o risco da prestação corre por conta do devedor.

Logicamente, o intérprete também deve estar atento à existência de regras específicas atinentes à distribuição dos riscos de acordo com o tipo contratual em exame, as quais prevalecerão em relação às regras gerais em virtude da sua especialidade. Como exemplo, podemos citar, entre outras, o art. 492 do Código Civil para a compra e venda (risco do dono), art. 567 para a locação (risco do locador), art. 587 para o mútuo (risco do mutuário)[28] e o art. 753 para o contrato de transporte (risco do transportador).

Identificado, por outro lado, que se trata de uma hipótese de frustração do contrato, o próximo passo do intérprete é verificar a existência de previsão contratual específica alocando o risco de sua ocorrência, o que se afigura plenamente válido dentro do campo da autonomia privada das partes e merecerá ser observado (CC, art. 421-A, II), salvo se houver a demonstração de (a) eventual assimetria e/ou sonegação de informações relevantes, (ii) ausência de paridade na relação[29], (iii) presença de abusi-

[27] A regra res perit debitori, aplicável aos contratos bilaterais, significa, pois, que, em havendo risco, a extinção da obrigação cuja prestação se tornou impossível acarreta a extinção da obrigação correlata. Da resolução do contrato por esse motivo resulta que as consequências danosas do fato extintivo incidem no devedor da prestação impossível. Ao formular, pois, a regra segundo a qual o risco está a cargo do devedor dos contratos bilaterais, a lei mais não faz do que intervir em favor do credor, libertando-o de uma obrigação que, de outro modo, deveria cumprir. Se nestes contratos vigorasse a regra res perit creditori, o credor da prestação impossível não se exoneraria do dever de cumprir a obrigação correspondente, continuando devedor da contraprestação. No exemplo figurado acima, o inquilino da casa incendiada continuaria obrigado a pagar os aluguéis até a expiração do prazo estipulado no contrato. Assim não é, porém. O prejuízo deve ser sofrido por aquele que não pode cumprir a obrigação, consistindo, em última análise, na perda do direito de exigir a contraprestação. (...)" (Gomes, Orlando. Obrigações, cit., p. 228 – 229.)

[28] O mútuo foge à regra *res perit creditori* aplicável aos contratos unilaterais.

[29] "[W]ith respect to the gross disparity, the Unidroit Principles (...) seek to draw a dividing line between the situation in which one party, on account of social status, economic position, access to information *etc.*, has superior bargaining power and legitimately uses this fact in its own advantage, and the situation in which the benefit gained is so 'exces-

vidade em concreto[30] ou dependência empresarial[31] (iv) violação de normas cogentes e/ou de ordem pública[32]. Dito de outro modo, a alocação

sive' as to render 'unfair' the use of the superior bargaining." (ALPA, G.; *La protezione della parte debole di origine internazionale (con particolare riguardo al diritto uniforme)*. In *Contratti commerciali internazionali e Principi Unidroit*, coord. M. J. Bonell & F. Bonelli, p. 293). SÉRGIO CAVALIERI FILHO alude à vulnerabilidade fática, decorrente "da discrepância entre a maior capacidade econômica e social dos agentes econômicos – detentores dos mecanismos de controle da produção, em todas as suas fases, e, portanto, do capital e, como consequência, de status, prestígio social." (CAVALIERI FILHO, Sergio. *Programa de direito do consumidor*. São Paulo: Atlas, 2009, p. 40-41). Essa noção de vulnerabilidade é corroborada por CLAUDIA LIMA MARQUES, segundo a qual a vulnerabilidade fática ou socioeconômica é aquela "onde o ponto de concentração é o outro parceiro contratual, o fornecedor que, por sua posição de monopólio, fático ou jurídico, por seu grande poder econômico ou em razão da essencialidade do serviço, impõe sua superioridade a todos que com ele contratam" (BENJAMIN, Antônio Herman V.; MARQUES, Cláudia Lima; BESSA, Leonardo Roscoe. *Manual de Direito do Consumidor*. 7ª edição. São Paulo: Revista dos Tribunais, 2016, p. 113).

30 "O atual Código Civil não ficou à margem dessa indispensável necessidade de integrar o contrato na sociedade, como meio de realizar os fins sociais, pois determinou que a liberdade contratual (embora se refira equivocadamente a liberdade de contratar) deve ser "exercida em razão e nos limites da função social do contrato". Esse dispositivo (art. 421) alarga, ainda mais, a capacidade do juiz para proteger o mais fraco, na contratação, que, por exemplo, possa estar sofrendo pressão econômica ou os efeitos maléficos de cláusulas abusivas ou de publicidade enganosa." (AZEVEDO, Álvaro Villaça. *Curso de direito civil – Teoria Geral dos Contratos*. 4. ed. São Paulo: Saraiva, 2019. p. 32)

31 "O termo dependência empresarial serve aqui para designar aquelas relações contratuais – de direito ou de fato – de longa duração, que criam vínculos econômicos duradouros entre as partes. Daí a razão da denominação "dependência empresarial". (...) Hipótese clássica de dependência empresarial é a do contrato de fornecimento de longo prazo, em que o fornecedor adapta, suas instalações industriais em função de necessidades específicas do comprador. (...) Não há, portanto, como se desligar do produtor, i. e., inexiste escolha. Inexistindo escolha, a possibilidade de imposição de um certo tipo de negócio ou a recusa de contratar por parte da empresa dominante na relação empresarial pode facilmente levar à dominação dos mercados." (COMPARATO, Fabio Konder; SALOMÃO FILHO, Calixto. *O Poder de Controle na Sociedade Anônima*. Rio de Janeiro: Forense, 6ª ed, 2014, pp. 470-472.)

32 "No processo interpretativo dos contratos paritários, exige-se que o julgador não se imiscua nessa alocação, respeitando o quanto ajustado pelas partes no pleno gozo de suas liberdades económicas. Contudo, valem aqui as advertências lançadas anteriormente, de forma que a alocação de riscos desenhada pelas empresas somente poderá prevalecer se não implicar violação de regras cogentes de nosso ordenamento. Vale destacar que esta não é a primeira vez que o ordenamento jurídico reconhece a possibilidade de repartição

contratual dos riscos não é uma regra absoluta e imune ao controle do intérprete, competindo a quem desafia a cláusula o ônus de demonstrar os fundamentos pelos quais ela não deva ser aplicada e quebrar a imprópria e desnecessária presunção (*juris tantum*) de paridade e simetria dos contratos civis e empresariais (CC, art. 421-A)[33].

O Tribunal de Justiça de São Paulo ("TJSP") julgou interessante caso relativo à alteração das circunstâncias no qual se pode verificar muito bem o processo de interpretação para identificar a eventual existência de regra específica sobre os riscos da alteração superveniente das circunstâncias em conjugação com as circunstâncias negociais. Tratava-se da disputa entre a operadora do estacionamento do aeroporto internacional de Guarulhos e a concessionária que o administra, cujo contrato – que previa uma remuneração mínima mensal fixa ("RMM") e uma remuneração mensal variável ("RMV") – foi impactado pela queda de mais de 90% no fluxo de pessoas no aeroporto em consequência da pandemia da COVID-19. No caso, a operadora pleiteou a resolução do contrato baseada, entre outros motivos, na excessiva onerosidade em continuar pagando a RMM

de riscos entre as partes, inclusive do imponderável. Sobre as parcerias público-privadas, dispõe o art. 50, III, da Lei n. 11.079, de 2004, que os contratos deverão prever "a repartição de riscos entre as partes, inclusive os referentes a caso fortuito, força maior, fato do príncipe e álea económica extraordinária." (Forgioni, Paula A. Contratos empresariais: teoria geral e aplicação, cit., p. 277).

[33] Com razão Anderson Schreiber, ao referir que "Quanto ao seu conteúdo, o art. 421-A presume os contratos 'paritários e simétricos', reforçando a igualdade de forças entre os contratantes. A eventual caracterização da vulnerabilidade de um dos contratantes continua a afastar tal presunção, sempre relativa. A presunção legal não isenta o intérprete de examinar concretamente a igualdade de forças entre os contratantes." (Schreiber, Anderson. *Código Civil Comentado – Doutrina e Jurisprudência*. 3a ed. Rio de Janeiro: Grupo GEN, 2021, p. 308.) Também são oportunas as críticas feitas por Schreiber à obsessão da Lei 13.874/2019 (Lei da Liberdade Econômica) com o princípio da intervenção mínima nos contratos e o caráter excepcional da sua revisão (CC, art. 421, parágrafo único e art. 421-A, III), baseando-se mais em uma ideologia liberal desapegada da técnica para ajudar a fornecer parâmetros para uma maior segurança e previsibilidade na alocação dos riscos, e, por essa razão soando "mais como bandeira política do que como uma alteração responsável da legislação brasileira." (Schreiber, Anderson. *Código Civil Comentado – Doutrina e Jurisprudência*, cit., p. 308.). A respeito, vide também Cogo, Rodrigo Barreto. Frustração do Fim do Contrato, cit., p. 266-267.

(calculada tendo em vista um cenário de fluxo normal de usuários do aeroporto) diante da abrupta redução do movimento de pessoas no aeroporto. A cláusula 3.9 do contrato, invocada pela concessionária, eximia a responsabilidade dela por quaisquer mudanças que impactassem diretamente o fluxo de pessoas no aeroporto.

A operadora, por sua vez, trouxe em sua defesa dois argumentos para combater essa aparente alocação do risco da alteração das circunstâncias: (a) as razões que justificaram a cláusula 3.9 estavam ligadas à construção outros estacionamentos nos arredores do aeroporto e também à implantação de uma linha de trem até o local, fatos que reduziriam o movimento no estacionamento; (b) a COVID-19 era um fato superveniente e imprevisível não abarcado pelo risco contratual previsto na cláusula 3.9. Ao julgar o recurso, o TJSP interpretou a cláusula 3.9 à luz das circunstâncias negociais e fáticas e concluiu que, conquanto ela tratasse de distribuição dos riscos entre as partes, não abarcava especificamente o risco a que o contrato fora submetido[34].

Não havendo previsão contratual específica ou sendo a alocação de riscos inválida, o risco de ocorrência da frustração do fim será comum aos contratantes, de modo que ambos deverão suportá-lo igualmente. Porém, a regra do risco comum da frustração do fim poderá ser afastada caso a interpretação integrativa do contrato – pautada por um juízo de boa-fé objetiva que leve em conta (a) as previsões contratuais, (b) as circunstâncias que ensejaram a contratação, (c) o tipo contratual; (d) os usos e costumes (critério da normalidade), (e) o preço de mercado, (f) a

[34] No que interessa ao presente estudo: "Ademais, ainda que se trate de contrato empresarial paritário e simétrico em que deve ser observada a alocação dos riscos definida pelos contratantes (art. 421-A, caput e II, do CC) e que haja expressa previsão de que 'A Gru Airport não possui qualquer responsabilidade em caso de quaisquer mudanças que impactem diretamente no fluxo de pessoas no Complexo Aeroportuário' (cláusula 3.9 – fl. 776), não é possível reconhecer que tal circunstância abarcaria a crise sanitária de Covid-19, em razão da absoluta extraordinariedade e imprevisibilidade do evento, que não se insere no risco da atividade desenvolvida pelas partes. Nesse sentido dispõe o Enunciado nº 366 do CJF: 'O fato extraordinário e imprevisível causador de onerosidade excessiva é aquele que não está coberto objetivamente pelos riscos próprios da contratação'." (TJSP, 14ª CâmDirPriv, AgInst. 2162265-17.2020.8.26.0000, Rel. Des. Luis Fernando Nishi, j. 26.05.2021– grifou-se.)

qualificação das partes, (g) o comportamento das partes, e outros fatores que possam ter influenciado a contratação[35] –, aponte para outra forma de distribuição desse risco.

A regra de que o risco da frustração do fim é comum às partes justifica-se porque é uma forma razoável de contrabalancear o direito do credor em recusar o cumprimento da prestação *ainda possível* pelo devedor, mas cujo fim não mais pode ser alcançado. Assim, se ao credor é lícito recusar o cumprimento da prestação possível porque o fim almejado não pode mais ser atingido, não se afigura razoável que o devedor tenha que suportar, sozinho, o prejuízo decorrente da frustração.

Justamente porque na frustração do fim as prestações *ainda são possíveis*, o regime da impossibilidade superveniente parece-nos inadequado para regular as consequências de sua ocorrência[36]. O devedor está apto a prestar e não concorreu para a ocorrência do evento superveniente que impossibilitou alcançar o fim do contrato, cenário bem distinto da impossibilidade superveniente.

Imaginemos, por exemplo, a situação do marceneiro que investiu nas atividades preparatórias para a construção da porta da igreja que vem a ser destruída na guerra (despesas de transporte para fazer as medições e compra de materiais). Seria adequado que ele tivesse de suportar o pre-

[35] Conforme bem aponta Cristiano Zanetti, "no mais das vezes, a simples leitura de estipulações contratuais é suficiente para tanto. No silêncio do contrato, ao menos cinco fatores podem ser considerados, a saber: a natureza do negócio; a conjuntura de mercado; a qualificação das partes; a extensão temporal do contrato e a especificidade do fato superveniente". (Zanetti, Cristiano de Sousa. "O risco contratual". In: Lopez, Teresa Ancona; Lemos, Patrícia Faga Iglecias; Rodrigues JR., Otavio Luiz (coords.). *Sociedade de Risco e Direito Privado: desafios normativos, consumeristas e ambientais*. São Paulo: Atlas, 2013, p. 31).

[36] Nesse sentido sustenta Vaz Serra, ao defender que "os princípios da impossibilidade da prestação não são aqui satisfatórios, pois, ao passo que, nos casos normais de impossibilidade superveniente, o interesse do credor à prestação fica por satisfazer, é ele aqui satisfeito de outro modo; que aqui o interesse do credor à prestação desaparece e o contrato fica sem finalidade, podendo, por isso, o credor rejeitar a prestação que se tornou supérflua, com o que se exonera da contraprestação, mas devendo indemnizar as despesas e o interesse de confiança da outra parte". (Vaz Serra, Adriano Paes da Silva. *Impossibilidade superveniente por causa não imputável ao devedor e desaparecimento do interesse do credor*. Boletim do Ministério da Ivstiça. N. 46. Janeiro, 1955, p. 150).

juízo integralmente mesmo estando apto a cumprir a prestação? A resposta é negativa, não só por um senso de justiça, mas porque a repartição do risco parece ser a solução (i) mais atenta à boa-fé (CC, art. 113, caput e § 1º, III), (ii) que mais se aproxima à razoável negociação das partes caso tivessem conhecido os riscos da frustração no momento da celebração do contrato (CC, art. 113, § 1º, V), e (iii) que é aderente à vedação ao enriquecimento ilícito (CC, arts. 884 e 885). Parece ser também a solução que atende ao dever de proporcionalidade, na medida em que se revela adequada, necessária e ponderada uma vez que atinge o objetivo de acomodar os interesses dos contratantes ao menor custo para ambos.

Por tais razões, entendemos que o risco da frustração do fim do contrato é comum a ambos os contratantes, salvo estipulação contratual específica e válida em sentido contrário.

6. Consequências da frustração do fim do contrato

Um contrato cujo fim não mais pode ser alcançado é incapaz de cumprir com sua função social[37], na medida em que não é mais um instrumento de troca apto a satisfazer os interesses dos contratantes. Nessa medida, a parte que exige o cumprimento do contrato a despeito da ocorrência da frustração do fim promove o exercício antifuncional do seu direito (CC, art. 187).

São três os potenciais efeitos decorrentes da frustração do fim, a saber: (a) resolução ou resilição; (b) revisão contratual; ou (c) suspensão da exigibilidade da prestação. Tendo em vista a perda de sentido na manutenção do contrato pela impossibilidade de atingir o seu fim, a resolução/resilição é a consequência mais natural a ocorrer. A revisão pode ter espaço se eventual ajuste no negócio possa manter viva a obtenção do resultado ou no caso de frustração parcial do fim do contrato. A suspensão da exigibilidade, por sua vez, pode ocorrer em se tratando de impossibilidade temporária de alcançar o fim do contrato.

[37] Neves, José Roberto de Casto. *Direito das Obrigações*. Rio de Janeiro: GZ Editora, 2008, p. 230. Anote-se que o principal fundamento legal para albergar a frustração do fim no direito brasileiro é a função social, conforme assentado no Enunciado 166 da III Jornada de Direito Civil promovida pelo Conselho da Justiça Federal.

Conforme já expusemos, em relação ao regime aplicável às despesas incorridas para a execução do contrato, as seguintes consequências se aplicam: "(a) repetição dos valores já pagos (em razão do contrato) antes do evento que ocasionou a frustração do contrato e inexigibilidade do pagamento dos que ainda não venceram; (b) se a parte que recebeu os valores (e que agora deve devolvê-los) realizou gastos com o cumprimento do contrato, o Tribunal pode, se entender justo, de acordo com as circunstâncias do caso, autorizar que seja retida uma certa quantia ou conceder uma indenização limitada a tais gastos; (c) se o ato de um contratante cumprindo o contrato antes que tenha ocorrido o evento frustrante gerar para a outra parte um benefício (não monetário, que se resolve com as letras "a" e "b" citadas anteriormente), o Tribunal poderá, caso considere justo de acordo com as circunstâncias do caso, determinar a repetição desse benefício, limitado ao valor deste" [38].

Essa disciplina quanto às despesas preparatórias à execução tem amparo em nosso ordenamento jurídico nas regras relativas ao enriquecimento sem causa e nos efeitos decorrentes da resolução (eficácias liberatória, restitutória e indenizatória)[39]. Na prática, deve ser feito um sistema de créditos e débitos entre o credor e o devedor para suportarem, juntos, o prejuízo havido, sem direito a indenização suplementar de parte a parte. Desse modo, se o devedor havia investido R$ 10 milhões com a compra de materiais e serviços preparatórios à execução, e o credor havia investido R$ 2 milhões, o prejuízo de R$ 8 milhões do devedor será partilhado com o credor. Atenção especial deve se dar para eventuais investimentos que podem ser aproveitados pelas partes na execução de outros contratos, os quais não devem ser computados no sistema da conta corrente.

[38] Cogo, Rodrigo Barreto. *Frustração do fim do contrato*, cit., p. 289, nota 646. Essas consequências são inspiradas na *Law Reform (Frustrated Contracts) Act*.

[39] "Ocorrida a resolução, abre-se a configuração de uma relação de liquidação, pela qual se opera a *liberação* das partes, a *restituição* do quanto já prestado bem como a *indenização* dos danos causados, nos termos do art. 475 do CC" (Steiner, Renata Carlos. *Interesse Positivo e Interesse Negativo: a reparação de danos no direito privado brasileiro*. 2016, 362f. Tese (Doutorado). Faculdade de Direito da USP, São Paulo, p. 288.

Conclusões

Sendo hipótese distinta da impossibilidade superveniente e visando a proteger os interesses do credor (cujo contrato perdeu a razão de ser) mesmo quando o devedor ainda pode cumprir a sua prestação, afigura-se razoável concluir que o risco da frustração do fim do contrato é comum aos contratantes, devendo os prejuízos ser partilhados igualmente entre as partes, salvo se houver previsão contratual expressa e válida em sentido contrário, ou for construída alocação distinta do risco da frustração a partir de uma interpretação integrativa do contrato – pautada por um juízo de boa-fé objetiva que leve em conta (a) as previsões contratuais, (b) as circunstâncias que ensejaram a contratação, (c) o tipo contratual; (d) os usos e costumes (critério da normalidade), (e) o preço de mercado, (f) a qualificação das partes, (g) o comportamento das partes, e outros fatores que possam ter influenciado a contratação –, aponte para outra forma de distribuição desse risco.

O regime da distribuição do risco e das consequências da frustração aqui propostos também parece atender a um importante referencial a ser perseguido, consistente em nem tanto "garantir que os resultados justos sejam assegurados, mas de procurar que injustiças graves sejam evitadas."[40]

[40] PIRES, Catarina Monteiro. *Impossibilidade da Prestação*, cit., p. 430.

8. VARIAÇÃO DO VALOR DO BEM E REGIME DA MORA NO DIREITO BRASILEIRO

Renata C. Steiner
Henrique Stecanella Cid

1. Inadimplemento, tempo e risco

As noções de tempo e de risco impactam a relação jurídica contratual de múltiplas formas. Para mencionar algumas delas, o tempo pode fazer parte da natureza do contrato (como se passa nos contratos de duração), pode servir como marco do vencimento da dívida (nos casos em que o vencimento se dá em termo certo), como elemento para configuração de inadimplemento contratual (*ex vi* art. 394 CC[1]) ou da constituição em mora (*ex vi* arts. 397 e 398 CC[2]). O risco, por sua vez, é inerente a determinados contratos (como os contratos aleatórios), compõe o conteúdo da prestação contratual em outros (como no caso do contrato de seguro), serve como critério de imputação do inadimplemento contratual (quando houver, por exemplo, assunção de responsabilidade por

[1] Art. 394. Considera-se em mora o devedor que não efetuar o pagamento e o credor que não quiser recebê-lo no tempo, lugar e forma que a lei ou a convenção estabelecer.

[2] Art. 397. O inadimplemento da obrigação, positiva e líquida, no seu termo, constitui de pleno direito em mora o devedor.
Parágrafo único. Não havendo termo, a mora se constitui mediante interpelação judicial ou extrajudicial.
Art. 398. Nas obrigações provenientes de ato ilícito, considera-se o devedor em mora, desde que o praticou.

caso fortuito e de força maior, *ex vi* art. 393 CC[3]) e como parâmetro de imputação dos ônus da perda ou da deterioração do objeto da prestação (em regra, pela aplicação da regra *res perit domino*).

Cada uma dessas interações é regida por regras e princípios próprios, não sendo dado considerar que os impactos do tempo ou do risco sejam idênticos em todas elas. A bem da verdade, para que tais intersecções sejam bem analisadas, cumpre delimitar com precisão sobre qual tempo e sobre qual risco se está a tratar.

A pedido dos organizadores dessa obra coletiva, coube-nos elucidar uma particular conexão entre ambos: configurado o inadimplemento contratual, mais precisamente a mora,[4] quais soluções o Direito brasileiro provê para eventual variação do valor do bem objeto da prestação?

O questionamento tem viés prático. Afinal, a existência de mora leva naturalmente a um descasamento entre a data em que a obrigação deveria ter sido cumprida e a data em que efetivamente será cumprida, a chamada data da purgação da mora (art. 401, I, CC[5]). Nos casos em que a purgação da mora dependa do recurso a um meio de solução de disputas, arbitral ou judicial, o descasamento entre os dois termos restará ainda mais evidenciado.

Para cumprir a missão que nos foi conferida, dividimos o texto em três partes. Na primeira delas, apresentamos algumas distinções conceituais, notadamente, aquelas que dizem respeito aos *riscos da coisa* e aos *riscos econômicos* associados à coisa, vistos também em dois tempos, que denomi-

[3] Art. 393. O devedor não responde pelos prejuízos resultantes de caso fortuito ou força maior, se expressamente não se houver por eles responsabilizado.
Parágrafo único. O caso fortuito ou de força maior verifica-se no fato necessário, cujos efeitos não era possível evitar ou impedir.

[4] Conforme entendimento doutrinário recorrente, a mora é situação de incumprimento ainda purgável, sendo diversa do inadimplemento absoluto, em que o cumprimento não ocorreu e não pode mais ocorrer: "A mora distingue-se do inadimplemento absoluto. Neste, o devedor não pode mais cumprir a obrigação; naquela, é possível. A distinção é importante, porque são distintas as consequências." (GOMES, Orlando. *Obrigações.* Edvaldo Britto (atual.). 19. ed. Rio de Janeiro: Grupo GEN, 2019, p. 160).

[5] Art. 401. Purga-se a mora:
I – por parte do devedor, oferecendo este a prestação mais a importância dos prejuízos decorrentes do dia da oferta;

namos de período de normalidade e, em contraposição, período de mora. Na segunda, analisamos a acomodação desses riscos durante a mora do credor. Na terceira parte, o texto se ocupará do mesmo tema, mas com foco na mora do devedor.

Alertamos o leitor que estamos diante de um problema cuja solução não decorre de forma evidente do texto legal, sendo também discutível se o tema permite solução que se acomode à generalidade dos casos. Daí porque optamos por nos ocupar de um contrato típico, o contrato de compra e venda, que é tomado como paradigma dos contratos bilaterais cujo cumprimento é translativo de propriedade.

2. Riscos da coisa vs. riscos econômicos de variação; período da normalidade vs. período de mora

Começamos por referir à distinção entre o que denominaremos de *riscos da coisa* e de *riscos econômicos*, que nos parece útil.

Sob o título de *riscos da coisa*, gravitam situações que remetem à definição mais usual de risco, tal como a proposta por Clóvis Bevilaqua, para quem o risco corresponde ao perigo "a que está sujeita a coisa, de perecer ou se deteriorar por caso fortuito ou força maior".[6] Tal definição – delimitada à coisa, à perda, à deterioração e a fato não imputável ao devedor – é coerente com o entendimento de Eduardo Espínola, no sentido de que "a teoria dos riscos só se refere em regra às prestações que teem por objeto uma coisa certa".[7]

Dessas situações devemos distinguir outras que, por síntese, chamaremos de *riscos econômicos*. Sob esse título, referimos à variação do valor do bem objeto da prestação, sem que tenha havido perda ou deterioração de seus aspectos materiais. O risco, aqui, está associado à maior ou à menor satisfação econômica dos contratantes.

[6] Bevilaqua, Clóvis. *Código Civil dos Estados Unidos do Brasil*. Volume IV. 6. ed. Rio de Janeiro: Francisco Alves, 1943, p. 294.

[7] Espínola, Eduardo. *Sistema de Direito Civil brasileiro. Teoria geral das relações jurídicas de obrigação*. Volume II. Tomo I. 2. ed. Rio de Janeiro: Freitas Bastos, 1944, p. 321.

Em coerência com a regra de que a aquisição de propriedade se dá com a entrega por tradição ou transcrição (arts. 1.226 e 1.227 CC[8]), os contratos não produzem efeito real translativo no Direito brasileiro. Daí decorre que, não cumprida a prestação, o credor terá pretensão de direito pessoal para exigir do devedor o cumprimento da prestação, mas o *status* de comprador não lhe confere tutela de direito real.

A distinção entre as eficácias pessoais, próprias dos direitos de crédito, e as reais, próprias dos direitos reais,[9] é também relevante para compreensão das regras ordinárias de distribuição dos riscos da coisa. Em regra, o risco da coisa recai sobre a esfera jurídica do proprietário (*res perit domino*).[10] Em um contrato de intercâmbio simples, pense-se na compra e venda, enquanto não houver cumprimento por tradição, o devedor da coisa mantém-se proprietário e é a ele que são alocados os riscos e acomodados os cômodos, como os juros de dinheiro e os frutos percebidos antes da tradição.[11]

O princípio *res perit domino*, entretanto, não soluciona todas as situações da vida da obrigação. Uma construção adequada em torno dos riscos deve tomar em conta a interseção entre essa regra geral, de que a coisa

[8] Art. 1.226. Os direitos reais sobre coisas móveis, quando constituídos, ou transmitidos por atos entre vivos, só se adquirem com a tradição.
Art. 1.227. Os direitos reais sobre imóveis constituídos, ou transmitidos por atos entre vivos, só se adquirem com o registro no Cartório de Registro de Imóveis dos referidos títulos (arts. 1.245 a 1.247), salvo os casos expressos neste Código.

[9] Sobre a distinção de conteúdo, remete-se à lição de Eduardo Espínola: "com efeito, nos direitos reais não é possível uma determinação precisa do seu conteúdo, isto é, não é possível determinar-se *a priori* a extensão do poder do sujeito sôbre o objeto do direito; nos direitos de obrigação, porém, êste conteúdo deve ser determinado ou menos determinável e o direito do credor coincide exatamente com o dever do sujeito passivo". (ESPÍNOLA, Eduardo. *Sistema de Direito Civil brasileiro. Teoria geral das relações jurídicas de obrigação*, cit., p. 240.

[10] "O Direito brasileiro pauta-se, na questão do adimplemento das obrigações de dar, pela teoria dos riscos, cujo corolário encontra-se no princípio de que a coisa perece [ou deteriora-se] para o dono, daí *res perit domino*". (RODRIGUES JR., Otávio Luiz. *Código Civil comentado: compra e venda, troca, contrato estimatório: artigos 481 a 537*. Volume VI. Tomo I. Coord. Álvaro Villaça Azevedo. São Paulo: Atlas, 2008, p. 133.)

[11] Vide, por todos, RODRIGUES JR., Otávio Luiz. *Código Civil comentado: compra e venda, troca, contrato estimatório: artigos 481 a 537*, cit., p. 137.

perece ao dono, e as regras próprias ao Direito das Obrigações. Fazendo coro aos alertas de Clóvis do Couto Silva, na teoria do risco devem-se evitar dois equívocos: considerar apenas a relação de direito real subjacente ou apenas estritamente a relação de direito obrigacional.[12]

Forte nesse alerta, entendemos que a análise dos riscos ganha clareza se for feita sob duas óticas distintas. A primeira delas, que denominaremos de *período da normalidade*, é abrangente do período desde o nascimento da obrigação até a data em que a prestação deve ser cumprida. A segunda ótica, que denominamos de *período de mora*, abrange já a situação patológica em que uma das partes da relação obrigacional, credora ou devedora, encontra-se em estado de mora.

E, assim, tendo sido apresentados os dois binômios propostos (riscos da coisa vs. riscos econômicos; período da normalidade vs. período de mora), resta analisá-los à luz do Direito positivo.

(a) Riscos da coisa

A aplicação da regra geral de que a coisa perece ao dono é encontrada logo no início do Livro de Obrigações do Código Civil brasileiro. Com efeito, os artigos 234[13] e 235[14] CC dispõem sobre a perda e a deterioração da coisa certa, objeto da prestação de dar, respectivamente. O regramento legal aplica-se ao que se designou de período da normalidade do contrato, em contraposição ao período de mora.

No *período da normalidade*, a *summa divisio* adotada pelo Código Civil repousa na imputação do fato do qual decorre a perda ou a deterioração da coisa.

[12] Couto e Silva, Clóvis do. *A obrigação como processo.* 2ª reimpressão. Rio de Janeiro: Editora FGV, 2007, p. 109.

[13] Art. 234. Se, no caso do artigo antecedente, a coisa se perder, sem culpa do devedor, antes da tradição, ou pendente a condição suspensiva, fica resolvida a obrigação para ambas as partes; se a perda resultar de culpa do devedor, responderá este pelo equivalente e mais perdas e danos.

[14] Art. 235. Deteriorada a coisa, não sendo o devedor culpado, poderá o credor resolver a obrigação, ou aceitar a coisa, abatido de seu preço o valor que perdeu.

Se esses eventos ocorrerem sem culpa (*rectius*, imputação[15]) do devedor e antes da tradição ou pendente condição suspensiva, é o devedor, na qualidade de proprietário da coisa, que assumirá o prejuízo. A regra é reiterada no art. 492 CC[16], a propósito da compra e venda. Entretanto, havendo culpa (*rectius*, imputação) do devedor, que é, então, responsável pela perda ou pela deterioração do bem, impõe-se a ele a responsabilidade pela sua falta.[17] Em caso de perda de coisa, o devedor responderá pelo equivalente mais perdas e danos; em caso de deterioração, poderá o credor escolher entre a resolução ou o recebimento da coisa deteriorada, em ambos os casos também com perdas e danos.

A aplicação da regra é exemplificada em recente comentário doutrinário ao art. 234 CC: se o fazendeiro vende certo animal, mas não o entrega ao comprador, pois o deixa perecer por negligência, deverá prestar o equivalente em dinheiro, mais perdas e danos, que podem corresponder a eventual valorização do bem entre a data da contratação e a data da entrega, que não se concretizou.[18] Nota-se, aqui, que a despeito

[15] A imputação, como forma de atribuição de responsabilidade, é mais ampla que a inculpação, como ensina Judith Martins-Costa: "imputar não é inculpar, não é atribuir culpa, é atribuir dever e responsabilidade. Responsabilizar é imputar, não é necessariamente inculpar." (Martins-Costa, Judith. *Comentários ao novo Código Civil*. Volume V. Tomo II. 2. ed., Coord. Sálvio de Figueiredo Teixeira, Rio de Janeiro: Forense, 2009, p. 135).

[16] Art. 492. Até o momento da tradição, os riscos da coisa correm por conta do vendedor, e os do preço por conta do comprador.
§ 1º Todavia, os casos fortuitos, ocorrentes no ato de contar, marcar ou assinalar coisas, que comumente se recebem, contando, pesando, medindo ou assinalando, e que já tiverem sido postas à disposição do comprador, correrão por conta deste.
§ 2º Correrão também por conta do comprador os riscos das referidas coisas, se estiver em mora de as receber, quando postas à sua disposição no tempo, lugar e pelo modo ajustados.

[17] Na doutrina, há opinião no sentido de que o perecimento ou deterioração da coisa por culpa do devedor corresponde à infração de seu dever de conservá-la, a fim de entregá-la ao credor conforme se obrigou. Admitida essa interpretação, cuidar-se-ia obrigação de fazer ou de não fazer, ínsita a qualquer obrigação de dar: por outras palavras, ao devedor compete fazer o necessário para que a coisa não pereça ou se deteriore, bem como não fazer o que possa ocasionar sua destruição ou deterioração. (Carvalho Santos, J.M. de. *Código Civil brasileiro interpretado*. Volume XI. 10. ed., Rio de Janeiro: Livraria Freitas Bastos, 1976, p. 37)

[18] Simão, José Fernando. *Código Civil comentado: doutrina e jurisprudência*. 3. ed., Anderson Schreiber et al., Rio de Janeiro: Forense, 2021, comentário ao art. 234, consultado em https://integrada.minhabiblioteca.com.br

de não haver propriamente mora – afinal, a prestação não é mais possível de ser cumprida *in natura* – a questão sobre a variação se coloca para o cálculo do equivalente.

A perda ou a deterioração da coisa podem, entretanto, ocorrer no *período de mora,* notadamente durante a mora do devedor ou da mora do credor. Em ambos os casos, há uma inversão do regime de riscos em favor da parte inocente e que é independente da tradição da coisa, impondo relativização do princípio de que a coisa perece ao dono.

No caso de mora do devedor, incide o art. 399 CC[19] que, em linhas gerais, impõe ao devedor moroso a *perpetuação da sua obrigação,* de forma que ele responda também pela impossibilidade decorrente de caso fortuito ou força maior. No exemplo antes mencionado, o vendedor em mora responderia pelo perecimento do animal, ainda que o fato se deva a intempérie natural, a menos que demonstre que o perecimento também ocorreria caso o animal já se encontrasse em poder do comprador (por exemplo, porque o animal estaria no mesmo estábulo ou porque faleceu por condição preexistente). No caso da mora do credor, incide o art. 400 CC,[20] pelo qual o risco da perda e da deterioração são transferidos ao credor, a despeito de ele não ter ainda se tornado proprietário da coisa. O devedor apenas responderá por tais circunstâncias se houver dolo.

Tais dispositivos serão retomados quando do tratamento da mora do devedor e do credor, respectivamente. Desde logo, no entanto, chama-se atenção para uma nota comum aos exemplos extraídos da doutrina, os quais revelam o acento conferido às situações de perda ou de deterioração de coisas ou bens, analisados sob aspecto material. E não sem razão. Tais situações compõem o que se denominou de *riscos da coisa,* cumprindo delas distinguir o que se denomina aqui de *riscos econômicos.*

[19] Art. 399. O devedor em mora responde pela impossibilidade da prestação, embora essa impossibilidade resulte de caso fortuito ou de força maior, se estes ocorrerem durante o atraso; salvo se provar isenção de culpa, ou que o dano sobreviria ainda quando a obrigação fosse oportunamente desempenhada.

[20] Art. 400. A mora do credor subtrai o devedor isento de dolo à responsabilidade pela conservação da coisa, obriga o credor a ressarcir as despesas empregadas em conservá-la, e sujeita-o a recebê-la pela estimação mais favorável ao devedor, se o seu valor oscilar entre o dia estabelecido para o pagamento e o da sua efetivação.

(b) Riscos econômicos

As alterações substanciais ou materiais que atingem a coisa no caso de perda ou de deterioração, antes analisadas, podem, por evidente, impactar o seu valor.[21] Mas a variação de valor pode também decorrer de razão diversa da perda ou da deterioração. No âmbito desse trabalho, as variações de valor do bem que não sejam meros reflexos de sua perda ou de sua deterioração foram chamadas de riscos econômicos.

A distinção entre os períodos da normalidade e de mora também leva a soluções distintas a propósito do risco de variação econômica do bem.

No período da normalidade, eventual valorização da coisa resultará em vantagem ao comprador, que a receberá não mais pelo seu valor ao tempo da conclusão, mas pelo seu valor ao tempo do cumprimento, sem que o vendedor possa se opor ou exigir complemento ao preço. O inverso é também verdadeiro, pois, desvalorizada a coisa, tampouco poderá o comprador exigir abatimento do preço. No contrato de compra e venda, tal alocação de riscos econômicos decorre do art. 492, *caput*, CC, de acordo com o qual, até a tradição, os riscos do preço correm por conta do comprador.[22]

É evidente que as partes podem ajustar que a coisa certa seja entregue não como corpo específico, mas como um correspondente de certo valor de troca. Mas, inexistente uma previsão de correspondência a determinado valor de troca, a entrega da coisa pelo seu valor ao tempo da exigibilidade do cumprimento, sendo esse igual, maior ou menor do que o que valia ao tempo da contratação, é suficiente ao cumprimento da obrigação. O princípio *pacta sunt servanda* obriga as partes a observar os termos contratados.

Apenas excepcionalmente, em situações que excedam a álea ou risco normal do contrato, poderá se justificar a intervenção no pactuado, nos

[21] No caso da deterioração, o impacto no valor mostra-se mais evidente; no caso da perda, esse impacto se concretiza no cálculo do equivalente da coisa (art. 234, *in fine*).

[22] Alerta Otávio Luiz Rodrigues Jr. que a menção a "risco de preço" é criticável. Segundo o doutrinador, dizer-se que o comprador assume o risco do preço nada mais é do que afirmar que ele assume o risco pela desvalorização total ou parcial do valor da coisa. Cf. Rodrigues Jr., Otávio Luiz. *Código Civil comentado: compra e venda, troca, contrato estimatório: artigos 481 a 537*, cit., p. 135.

termos dos arts. 317[23] (que, aliás, refere-se textualmente ao *valor da prestação*) e 478 a 480 CC,[24] cujos pressupostos e controvérsias são tantos que comportam análise em outra sede. Limitamo-nos a afirmar que as regras legais são direcionadas à parte contratual que suporta o risco concretizado com a alteração de circunstâncias.

No período de mora, entretanto, a regra geral de acomodação do risco de variação econômica do valor do bem deve ser construída no contexto da alocação de responsabilidade pela falta. Assim como ocorre com os riscos da coisa no período da mora, não há mais pura e simples atribuição de risco, mas de responsabilidade ao moroso. Optamos então por distinguir entre as situações de mora do credor e de mora do devedor que, por sua relevância ao presente estudo, serão analisadas em apartado abaixo.

3. Mora do credor

Nos termos do art. 394 CC, considera-se em mora o credor que não quiser receber a prestação no tempo, lugar e forma que a lei ou a convenção estabelecer. Conforme Judith Martins-Costa, a mora do credor traduz descumprimento do seu dever de cooperação, pois o credor deve colaborar com o devedor para que a dívida seja solvida.[25]

[23] Art. 317. Quando, por motivos imprevisíveis, sobrevier desproporção manifesta entre o valor da prestação devida e o do momento de sua execução, poderá o juiz corrigi-lo, a pedido da parte, de modo que assegure, quanto possível, o valor real da prestação.

[24] Art. 478. Nos contratos de execução continuada ou diferida, se a prestação de uma das partes se tornar excessivamente onerosa, com extrema vantagem para a outra, em virtude de acontecimentos extraordinários e imprevisíveis, poderá o devedor pedir a resolução do contrato. Os efeitos da sentença que a decretar retroagirão à data da citação.
Art. 479. A resolução poderá ser evitada, oferecendo-se o réu a modificar equitativamente as condições do contrato.
Art. 480. Se no contrato as obrigações couberem a apenas uma das partes, poderá ela pleitear que a sua prestação seja reduzida, ou alterado o modo de executá-la, a fim de evitar a onerosidade excessiva.

[25] Martins-Costa, Judith. *Comentários ao novo Código Civil.* Volume V. Tomo II. 2. ed., Coord. Sálvio de Figueiredo Teixeira, Rio de Janeiro: Forense, 2009, p. 422. De acordo com a doutrina portuguesa, "a simples existência da figura da mora do credor parte do pressuposto, aliás de fácil comprovação, de que, no cumprimento, é muitas vezes necessária a colaboração do credor" (Menezes Cordeiro, António. *Tratado de direito civil português.* Volume II. Tomo IV. Coimbra: Almedina, 2010, p. 128).

Configurada a mora do credor, o art. 400 CC prevê que ela "subtrai o devedor isento de dolo à responsabilidade pela conservação da coisa, obriga o credor a ressarcir as despesas empregadas em conservá-la, e sujeita-o a recebê-la pela estimação mais favorável ao devedor, se o seu valor oscilar entre o dia estabelecido para o pagamento e o da sua efetivação". Seguem-se três efeitos, portanto.

Em primeiro lugar, a mora do credor altera o risco de perda ou deterioração da coisa ou, em síntese, os riscos da coisa. Como ensina Agostinho Alvim, ordinariamente cabe ao devedor empregar zelo na conservação da coisa, sob pena de responder pelos prejuízos causados. Entretanto, havendo mora do credor "a lei vai em auxílio daquele [o devedor] e não mais o responsabiliza pelo dano que sobrevenha à coisa".[26] Mais precisamente, entendemos que a lei deixa de alocar os riscos da coisa ao devedor (alterando, portanto, a regra aplicável no período da normalidade) e mitiga a sua responsabilidade, uma vez que ela somente existirá em caso do dano que provocar dolosamente à coisa.[27]

O art. 492, § 2º, CC, por sua vez, reitera que o comprador em mora suporta os riscos da coisa. Assim, seja por força do art. 400 CC, seja por força do art. 492, § 2º, CC, o comprador de dada mercadoria que incorra em mora do credor na data aprazada nada terá a receber, caso o bem venha a se perder (sem dolo do devedor) antes da tradição.

Em segundo lugar, o art. 400 CC imputa ao credor o risco pelas despesas havidas pelo devedor na conservação da coisa. Desse modo, o comprador em mora do credor deve indenizar o vendedor pelos custos adicionais com a conservação da mercadoria até a purgação, em razão de não os ter recebido no momento devido.

Em terceiro lugar, no que mais de perto interessa ao presente estudo, o art. 400 CC determina a sujeição do credor em mora a receber a prestação "pela estimação mais favorável ao devedor, se o seu valor oscilar entre

[26] Alvim, Agostinho. *Da inexecução das obrigações e suas consequências*. 5. ed., São Paulo: Saraiva, 1980, p. 103.

[27] Na doutrina, encontramos referência a esse efeito como diminuição da responsabilidade culposa do devedor, que passa a ser restrita ao dolo. (Carvalho Santos, J.M. de. *Código Civil brasileiro interpretado. Direito das Obrigações (arts. 928-971)*. Volume XII. 3. ed. Rio de Janeiro: Freitas Bastos, 1945, p. 329).

o dia estabelecido para o pagamento e o da sua efetivação".[28] Na parte final do art. 400 CC, o Código Civil não parece tratar mais dos riscos da coisa, na acepção adotada nesse texto, mas do risco econômico da variação de seu valor.

A regra atual reproduz, com importantes melhorias de redação, aquela constante do art. 958 CC16[29], que fazia referência à sujeição do credor ao recebimento da prestação "pela sua mais alta estimação", se seu valor oscilasse "entre o tempo do contrato e o do pagamento".

As duas alterações promovidas pelo Código Civil em vigor – notadamente, a substituição da referência à "mais alta estimação" por "estimação mais favorável ao devedor", bem assim a referência ao "dia estabelecido para o pagamento" em contraposição "ao tempo do contrato" – tornaram superadas discussões doutrinárias a propósito da melhor interpretação do dispositivo, bastante vivas ao tempo da vigência do antigo Código Civil.[30] Conforme resulta dos termos atualmente vigentes, o credor em mora sujeita-se a receber a prestação que lhe cabe pelo valor mais favorável ao devedor.

Tal conclusão, entretanto, não basta para bem delimitar o alcance do dispositivo.

[28] Art. 400. A mora do credor subtrai o devedor isento de dolo à responsabilidade pela conservação da coisa, obriga o credor a ressarcir as despesas empregadas em conservá-la, e sujeita-o a recebê-la pela estimação mais favorável ao devedor, se o seu valor oscilar entre o dia estabelecido para o pagamento e o da sua efetivação.

[29] Art. 958, CC 1916. A mora do credor subtrai o devedor isento de dolo a responsabilidade pela conservação da coisa, obriga o credor a ressarcir as despesas empregadas em conservá-la, e sujeita-o a recebe-la pela sua mais alta estimação, se o seu valor oscilar entre o tempo do contrato e o do pagamento.

[30] Conforme pontuado por Agostinho Alvim, os autores "estão de acordo em que o credor moroso deverá receber a coisa pelo preço mais favorável à outra parte. Mas, quando se trata de exprimir este pensamento é que uns entendem adequada a locução *mais alta estimação* e, outros, *mais baixa estimação*" (ALVIM, Agostinho. *Da inexecução das obrigações e suas consequências*, cit., p. 109). Designadamente, em conformidade com texto doutrinário de Lacerda de Almeida, o projeto do Código Civil de 1916 previa que a mora do credor sujeita-o a receber a coisa pela mais baixa estimação. Durante sua tramitação, entretanto, Ruy Barbosa entendeu tratar-se de equívoco e alterou a redação para "mais alta estimação" (LACERDA DE ALMEIDA, Paulo. *Dos effeitos das obrigações (arts. 928 a 1.078)*. Rio de Janeiro: Freitas Bastos, 1934, p. 165).

Começamos por fazer referência à concreção da regra extraída da doutrina contemporânea, mais precisamente de três Comentários ao Código Civil de grande circulação, nas quais os apontamentos ao art. 400 CC foram elaborados por três juristas: Giovanni Ettore Nanni, José Fernando Simão e Sílvio de Salvo Venosa.

Nos comentários de Giovanni Ettore Nanni, encontramos o exemplo do devedor de cem toneladas de aço, produto que apresenta uma cotação na data do vencimento e outra no dia em que efetivamente a obrigação é satisfeita. O jurista conclui que o devedor tem o direito de exigir a estimação mais favorável no período.[31]

Em José Fernando Simão, encontramos o exemplo de sacas de café, assim redigido: "se João vende a Maria 1 saca de café pelo preço de R$ 100,00 para entrega em 18 de abril e, nada data avençada, Maria não está lá para receber o café, Maria está em mora. Um mês depois, João regressa com o café que, naquele momento, vale R$ 120,00. Maria pagará, não R$ 100,00, mas sim o novo preço, que é mais alto. Se, ao contrário, o preço do café cair e a saca valer R$ 80,00, Maria paga R$ 100,00 a João".[32]

Por fim, Sílvio de Salvo Venosa exemplifica a aplicação do dispositivo a partir da venda de cabeças de gado, *in verbis*: "assim, o devedor deve entregar 100 cabeças de gado no dia 30, ao valor de 100. O pagamento é feito no dia 15, por mora do credor. Nesse dia, a cotação do gado é 120. Deve o credor pagar a diferença. Paga o gado pela mais alta estimação. Se a oscilação for para menor, isto é, houver uma queda na cotação do gado, o credor moroso pagará o preço avençado, não podendo pagar menos".[33]

[31] NANNI, Giovanni Ettore. *Comentários ao Código Civil: Direito privado contemporâneo*, cit., comentário ao art. 400, consultado em https://integrada.minhabiblioteca.com.br. O mesmo exemplo é referido em NANNI, Giovanni Ettore. *Mora*. In: *Obrigações*. Renan Lotufo, Giovanni Ettore Nanni (coord.), São Paulo: Atlas, 2011, p. 637.

[32] SIMÃO, José Fernando. *Código Civil comentado: doutrina e jurisprudência*, cit., comentário ao art. 400, consultado em https://integrada.minhabiblioteca.com.br

[33] VENOSA, Sílvio de Salvo. *Código Civil Interpretado*. 4. ed. Rio de Janeiro: Atlas, 2019, comentário ao art. 400, consultado em https://integrada.minhabiblioteca.com.br

Desses três exemplos, que refletem lição recorrente desde há muito na doutrina,[34] permitimo-nos lançar duas provocações ao leitor, cujas respostas se entrecruzam.

Nossa primeira provocação parte da constatação de que as ilustrações que se colhem na doutrina a respeito da parte final do art. 400 CC costumam dizer respeito a coisas sujeitas a cotação ou cujo preço seja, como regra, variável (notadamente o aço, o café, a cabeça de gado ou *commodities* em geral). Na doutrina, encontra-se inclusive a vinculação do dispositivo às "coisas de gênero".[35] Isso considerado, cumpre questionar qual seja o efetivo alcance da disposição legal. Designadamente, em contrato sobre coisa certa no qual tenha sido estipulado um preço fixo, como a compra e venda de um imóvel ou de um veículo, a oscilação de valor de mercado durante a mora do credor autorizará o devedor a exigir complemento de preço por força do disposto no art. 400 CC?

Entendemos que a resposta seja negativa. Em semelhante hipótese, na qual a possibilidade de variação da contraprestação não integra o conteúdo do negócio jurídico, a oposição de eventual oscilação do preço de mercado do objeto da prestação não caracteriza "estimação mais favorável ao devedor", no sentido do art. 400 CC, mas antes se aproxima de alegação de dano que se toma por comparação a condições que poderiam ser obtidas pelo devedor em um outro contrato durante o período de mora ou ao "equivalente" da prestação.

A propósito, como já observava Carvalho Santos à luz do dispositivo correspondente no Código Civil de 1916, a regra contida na parte final do art. 400 CC "não se pode aplicar à coisa certa em espécie", pois, nessa

34 Vide, por todos, na doutrina de ontem, ALVIM, Agostinho. *Da inexecução das obrigações e suas consequências*, cit., pp. 111-112 e, na doutrina de hoje, TEPEDINO, Gustavo; SCHREIBER, Anderson. *Fundamentos do direito civil.* Volume 2: *obrigações*. 2. ed., Rio de Janeiro: Forense, 2021, p. 359. "o credor tem que receber cem sacas de café e incide em mora, vindo a recebê-las tempos depois. Durante esse tempo, o café oscilou entre o máximo de 30 por saca e o mínimo de 25. Se, no dia da entrega, o café estiver a 27, o credor terá que dar ao devedor 30, recebendo as sacas de café por sua estimação mais favorável ao devedor"

35 (CARVALHO SANTOS, J.M. de. *Código Civil brasileiro interpretado. Direito das Obrigações (arts. 928-971)*. Volume XII, cit., p. 333.

hipótese, "em nada influi o valor; valha mais ou valha menos, é a coisa, a própria coisa que há de ser entregue".[36]

Some-se a isso, ainda, que tomar um contrato substitutivo não soa compatível com o conceito e o regramento da mora do credor. Diferentemente do inadimplemento do devedor que, convertido em inadimplemento absoluto, abre espaço para a resolução do pactuado, a mora do credor não exime o devedor de prestar.[37] O remédio que a ele se abre para obter sua liberação é a consignação em pagamento, que produz efeitos análogos ao pagamento.

Disso chegamos à nossa segunda constatação, de título mais provocativo, que não se volta mais a determinar o escopo da norma, mas a sua aplicação. Assim, essa segunda provocação é feita nos limites do que consideramos "núcleo mínimo" de incidência da norma, notadamente dos contratos que contenham obrigação de dar coisa incerta objeto de cotação. Nos exemplos doutrinários antes mencionados, a mora do credor importaria ao devedor da coisa pagamento de um sobrepreço (o valor da cotação mais favorável), ao qual ele não teria direito se o cumprimento houvesse ocorrido ao tempo esperado. Questionamos ser essa a *ratio* da parte final do art. 400 CC. Designadamente, a oscilação de valor de cotação no mercado durante a mora do credor autorizará o devedor a exigir complemento ao preço estipulado e, se sim, isso se dará a título de reparação de danos?

A possibilidade de complementação do preço é de fácil admissão e compreensão nos casos em que os contratantes tenham estipulado que o pagamento se daria pela cotação da data da entrega. Nessa hipótese, se após a data prevista para entrega da mercadoria ocorresse o aumento de tal cotação, o comprador (credor em mora) deveria cumprir a prestação que lhe cabe conforme a cotação mais favorável ao vendedor (devedor da coisa). Sendo essa cotação diversa da data de entrega, a regra legal se

[36] Carvalho Santos, J.M. de. *Código Civil brasileiro interpretado. Direito das Obrigações (arts. 928-971)*. Volume XII, cit., p. 333.

[37] Na síntese de Carvalho Santos, "a mora do credor não faz desaparecer a obrigação do devedor, nem modifica a relação obrigatória entre as partes. A obrigação perdura, embora atenuada (...)". (Carvalho Santos, J.M. de. Código Civil brasileiro interpretado. Direito das Obrigações (arts. 928-971). Volume XII, cit., p. 329).

sobrepõe ao pactuado.[38] Deixamos em aberto o alcance do dispositivo em relação aos demais casos, de forma que nos valemos da prerrogativa de autores para lançar a provocação, sem resolvê-la em definitivo.

E é para fomentar o debate que anotamos desde logo nosso entendimento de que a parte final do art. 400 CC não se presta a conferir ao devedor a reparação de um dano, mas, antes, a impedir que ele seja prejudicado pela mora do credor. É o que obtemos da leitura global do próprio dispositivo, que limita o eventual dano indenizável e, portanto, o campo da responsabilidade do credor em mora por danos causados ao devedor, aos custos de conservação da coisa.[39]

Não desconsideramos que eventual pedido indenizatório por parte do devedor, inclusive de natureza extracontratual, possa ser fundado e demonstrado nos termos dos artigos 402 e 403 CC. E, na medida em que para a mora do credor não é necessária a configuração do elemento subjetivo culpa, entendemos que eventual pedido indenizatório deverá demonstrá-la, se for ela o fator de imputação aplicável. Tal como esclarece a doutrina alemã a propósito do § 304 BGB,[40] dispositivo que regula,

[38] A propósito da regra, Jorge Cesa Ferreira da Silva faz referência à proteção que a norma confere evitando que o credor possa postergar a prestação até que o valor se lhe tornasse mais vantajoso (Silva, Jorge Cesa Ferreira da. *Adimplemento e Extinção das Obrigações*. In: Coleção biblioteca de Direito Civil: estudos em homenagem ao Professor Miguel Reale. Coord. Miguel Reale e Judith Martins-Costa. Volume 6. São Paulo: Revista dos Tribunais, 2007, p. 129).

[39] Assim também em Portugal, como se infere de Catarina Monteiro Pires que, após afirmar que a norma portuguesa admite uma indenização parcial, conclui: "trata-se de uma indemnização limitada e que não depende propriamente de culpa do devedor". (PIRES, Catarina Monteiro. *Contratos. I. Perturbações na execução*. Coimbra: Almedina, 2019, p. 171).

[40] O direito alemão não conta com regra equivalente à parte final do art. 400 CC. O § 304 BGB tem o seguinte teor: "§ 304. Indenização de despesas adicionais. Em caso de mora do credor, o devedor pode exigir indenização de despesas adicionais que teve de fazer em razão da oferta infrutífera bem como pela guarda e conservação do objeto devido". Cuida-se de tradução do original em alemão, cuja redação é a seguinte: "§ 304 Ersatz von Mehraufwendungen. Der Schuldner kann im Falle des Verzugs des Gläubigers Ersatz der Mehraufwendungen verlangen, die er für das erfolglose Angebot sowie für die Aufbewahrung und Erhaltung des geschuldeten Gegenstands machen musste".

naquele ordenamento, as consequências da mora do credor, não resulta de seu regime a pretensão voltada à indenização de lucros cessantes.[41]

A provocação sobre o escopo da parte final do art. 400 CC é também útil porque coloca luzes na possível distinção entre os efeitos da mora do credor e da mora do devedor, que podem ser concomitantes. O termo é usado para designar a mora em que incorre a mesma parte contratual, sendo distinto do que se denomina de moras simultâneas (mora de ambas as partes). Explicamos: o credor que não recebe a coisa e, com isso, deixa de pagar o preço que somente seria devido contra a entrega, incorre também em *mora debendi* por faltar, por ato a si imputável, ao cumprimento da contraprestação.[42] Poderá, nesse caso, haver responsabilidade em razão da mora *debendi*.

Apresentado o problema da variação do valor do bem à luz das particularidades da mora do credor, passamos à análise da variação na mora do devedor.

4. Mora do devedor

Os dispositivos legais atinentes à *mora debendi* endereçam de forma expressa duas de suas consequências: de um lado, a responsabilidade por perdas e danos (art. 395, *caput*, CC) e, de outro, a perpetuação da obrigação do devedor moroso (art. 399, CC).[43] Leitura sistemática, em consonância com o próprio conceito de mora, permite concluir que o Código Civil também sujeita o devedor moroso ao cumprimento específico da obrigação (*ex vi* art. 401, I e 395, parágrafo único do CC).

[41] Looschelders, Dirk. *Schuldrecht: Allgemeiner Teil.* 19. ed. Munique: Vahlen, 2021, p. 292.

[42] A hipótese já foi aventada pela doutrina: "quando A, parte num contrato bilateral, oferece a sua prestação à outra parte (B) e exige a contraprestação, B pode constituir-se, ao mesmo tempo, em *mora accipiendi* (está pronto a aceitar a prestação, mas não oferece a contraprestação) e em *mora debendi* (não oferece a contraprestação por facto a ele imputável, pois o oferecimento, feito por A, da prestação em troca da contraprestação, implica uma interpelação para que esta se efectue". (Vaz Serra, Adriano. *Mora do Credor*. In: Boletim do Ministério da Justiça. Número especial, 1955, p. 432.

[43] Na doutrina, encontra-se divisão tripartite dos efeitos da mora em Clovis Bevilaqua. Segundo o autor, a mora *solvendi* conduz à responsabilidade pelos prejuízos da tardança, pela inutilidade da prestação e por sua impossibilidade (Bevilaqua, Clovis. *Código Civil comentado*. Volume IV. 6. ed., Rio de Janeiro: Livraria Francisco Alves, 1943, p. 110).

Consoante antes afirmado, os riscos da coisa estão abrangidos pelo disposto no art. 399 CC, que contém regra de *perpetuação da obrigação do devedor moroso*. Em razão dela, o devedor em mora vê agravada a sua responsabilidade: se no período de normalidade, os riscos da coisa (perda ou deterioração) são do devedor da coisa (pois ele é dela proprietário), sem que com isso haja responsabilidade por caso fortuito ou de força maior, no período da mora o devedor continua suportando os mesmos riscos, mas passa também a ter responsabilidade por eventos fortuitos. Na doutrina, fala-se em inversão do risco pela fixação de um regime mais gravoso de responsabilidade.[44]

Os riscos econômicos de variação do valor do bem não são, entretanto, abrangidos pela literalidade do art. 399 CC (que se refere textualmente à *impossibilidade*).

A opção legislativa de não tratar expressamente possíveis variações de valor no período da mora do devedor afasta-se daquela feita no âmbito do Direito positivo anterior, notadamente no Código Comercial de 1850 e no Código Civil de 1916. Em ambos, a variação foi tratada de forma parcelar, especificamente quando do tratamento das obrigações de pagar em dinheiro ou em moeda metálica.[45]

No Código Civil de 1916, o § 3º do art. 947,[46] inserido em seção denominada "do objeto do pagamento e sua prova", dispunha que, havendo

[44] Pires, Catarina Monteiro. *Contratos*, cit., pp. 156-157.

[45] Segundo adverte Carvalho Santos, o texto legal era de aplicação restrita, apenas a contratos que contenham prestações em dinheiro enunciadas em moedas estrangeiras e cujo pagamento tenha de ser realizado no Brasil (Carvalho Santos, J.M. de. *Código Civil brasileiro interpretado*. Volume XII, cit., p. 237).

[46] "Art. 947. O pagamento em dinheiro, sem determinação da espécie, far-se-á em moeda corrente no lugar do cumprimento da obrigação.

§ 1º É, porém, lícito as partes estipular que se efetue em certa e determinada espécie de moeda, nacional, ou estrangeira.

§ 2º O devedor, no caso do parágrafo antecedente, pode, entretanto, optar entre o pagamento na espécie designada no título e o seu equivalente em moeda corrente no lugar da prestação, ao câmbio do dia do vencimento. Não havendo cotação nesse dia, prevalecerá a imediatamente anterior.

§ 3º Quando o devedor incorrer em mora e o ágio tiver variado entre a data do vencimento e a do pagamento, o credor pode optar por um deles, não se havendo estipulado câmbio fixo.

§ 4º Se a cotação variou no mesmo dia, tomar-se-á por base a média do mercado nessa data."

mora do devedor e tendo ocorrido variação do ágio entre a data do vencimento e a do pagamento, o credor poderia optar por um deles, desde que não estipulado câmbio fixo no contrato. A regra era análoga àquela do art. 431 do Código Comercial de 1850, que dispunha que o devedor deveria pagar pelo câmbio do dia do pagamento, se houvesse variação a menor ("o câmbio descer").[47] Em ambos, o risco de depreciação durante a mora era suportado pelo devedor.

À luz dos dispositivos, em especial aquele do CC16, Lacerda de Almeida afirmou que o direito de opção conferido ao credor é condizente com o fato de que "como de regra, o devedor acarreta com as consequências de sua mora (*mora sibi cuique nocet*)".[48] A distinção entre o risco no chamado período da normalidade e a responsabilidade pelas consequências de mora há de ser sublinhada.

Isso porque, não havendo mora do devedor, a acomodação do risco de variação da moeda (do câmbio ou do ágio) submete-se a acomodação distinta: se a moeda se elevar, o devedor se desobrigaria pagando pelo câmbio do dia do vencimento ou da constituição em mora, caso não exista termo; se a moeda se desvalorizar, nada além desse mesmo câmbio poderia o credor exigir.[49] No período da normalidade, portanto, ônus e bônus da variação seriam acomodados na esfera jurídica do devedor do preço.

E o que dizer da matéria à luz do Código Civil atualmente vigente?

À partida, que os desafios e as soluções que se colocam são diversos a depender da modalidade da obrigação, cumprindo distinguir entre as obrigações pecuniárias e as obrigações de dar coisas diversa de dinheiro.

No caso das *obrigações pecuniárias*, a oscilação de valor da prestação (ou seja, o que aqui se tratou sob o título de risco econômico) durante a mora do devedor sugere menos dificuldades.[50] Na maioria dos casos, as obri-

[47] Também no Esboço de Teixeira de Freitas encontra-se regra sobre o tema (v. art. 932).

[48] Lacerda de Almeida, Paulo. *Dos effeitos das obrigações*, cit., p. 250.

[49] Carvalho Santos, J.M. de. *Código Civil brasileiro interpretado*. Volume XII, cit., p. 238.

[50] Maiores desafios podem existir no caso de ajuste e pagamento em moeda estrangeira, que não serão aqui tratados. Nosso foco são as situações que não se enquadram nas exceções ao pagamento em moeda estrangeira constantes do Decreto 25.501/33, e nas quais risco de variação do câmbio estrangeiro nem mesmo se coloca como uma questão.

gações contratuais correspondem a dívidas em dinheiro[51] e, pois, devem ser cumpridas conforme o valor nominal nelas estabelecido, tal como previsto no art. 947, *caput*, CC16[52] e expresso no art. 315 CC.[53]

No período de normalidade, portanto, a vantagem eventualmente propiciada ao devedor pela inflação encontra justificação tanto na lei, quanto no pactuado.[54] O mesmo se diga em relação à eventual desvantagem. Em qualquer caso, variação a maior ou a menor, se estará (em regra) diante da álea normal do contrato (já que situações extraordinárias podem preencher o suporte fático dos artigos 317 e 478 CC).[55]

Após a constituição do devedor em mora, a situação muda de figura. Em conformidade com o art. 395, *caput*, CC, o devedor moroso é responsável, dentre outras verbas, pela "atualização dos valores monetários

[51] Utiliza-se a expressão "dívida de dinheiro" em contraposição a "dívidas de valor". Sobre o tema, elucidativa a explicação encontrada em Jorge Cesa Ferreira da Silva, que se reproduz: "O dinheiro não serve exclusivamente como objeto de contraprestação, como ocorre na obrigação do comprador. Nesses casos, o dinheiro é o objeto querido e a dívida se diz "de dinheiro". Em outras situações, a prestação envolve um determinado valor que é apenas *representado* pelo dinheiro. Quando se intenciona indenizar alguém pelos danos sofridos no seu automóvel, o que se busca é o *valor* suficiente para que o automóvel recupere seu anterior estado. Não se quer uma quantidade de dinheiro, mas sim um resultado – a recuperação patrimonial –, que será alcançado pela entrega de uma quantidade monetária. Se a quantidade prestada não for bastante para a consecução do fim visado, ela deve ser objeto de complementação. Essas dívidas são conhecidas pelo nome de "dívidas de valor"." (SILVA, Jorge Cesa Ferreira da. *Adimplemento e Extinção das Obrigações*, cit., p. 138).

[52] "Art. 947. O pagamento em dinheiro, sem determinação da espécie, far-se-á em moeda corrente no lugar do cumprimento da obrigação."

[53] "Art. 315. As dívidas em dinheiro deverão ser pagas no vencimento, em moeda corrente e pelo valor nominal, salvo o disposto nos artigos subsequentes."

[54] Nesse sentido: MICHELON JR., Claudio. *O enriquecimento sem causa no Código Civil brasileiro*. In: *Obrigações*. Renan Lotufo, Giovanni Ettore Nanni (coord.), São Paulo: Atlas, 2011, pp. 888-889.

[55] De acordo com Giovanni Ettore Nanni, "não é qualquer desequilíbrio que autoriza o pedido de correção do valor da prestação, pois toda obrigação envolve um risco, assumido pelas partes, inerente à álea normal do contrato. A relação negocial abrange uma dose de incerteza quanto a, entre outras vicissitudes, oscilações no mercado e na economia, ínsita ao curso habitual dos negócios, o que pode afetar o programa emoldurado. Tal porção de incerteza é previsível e afasta o cabimento de revisão" (NANNI, Giovanni Ettore. *Comentários ao Código Civil: Direito privado contemporâneo*, cit., comentário ao art. 400, consultado em https://integrada.minhabiblioteca.com.br).

segundo índices oficiais regularmente estabelecidos". O dispositivo estipula que o devedor deve recompor eventual desvalorização da moeda no período da mora. Nesse caso, a lei acomodou a variação da moeda sempre sem benefício do credor lesado pelo descumprimento. Segundo Jorge Cesa Ferreira da Silva, a regra que impõe a correção monetária é corolário lógico do fato de que, desde o inadimplemento, a dívida passa a ser dívida de valor.[56]

Desafios maiores são encontrados no âmbito das obrigações diversas do pagamento em dinheiro, notadamente nas *obrigações de entrega de coisa*. Mais precisamente, como solucionar a variação econômica do valor do bem no período da mora do devedor?

Para iniciar o debate sobre o tema, destacamos da doutrina duas posições a respeito da oscilação do valor da coisa objeto da prestação durante a mora do devedor.

A primeira dela é a de Agostinho Alvim que, ao tratar do problema à luz do regime do Código Civil revogado, defende que, "uma vez que há dispositivo com relação à mora do credor, a reciprocidade está naturalmente indicada para a do devedor". Em outras palavras, Agostinho Alvim defende que a regra constante da parte final do art. 400 CC deve ser aplicada por analogia à hipótese de mora do devedor.[57]

Segundo esse entendimento, na hipótese de oscilação do valor da coisa, não se deve exigir do credor que comprove que se teria beneficiado com o preço mais alto no período da mora. Assim, se o cumprimento específico se mantém, o devedor deverá entregá-la, mais a diferença de preço. Se a mora deixa de existir e se converte em inadimplemento absoluto, por ter a coisa perecido durante a mora do devedor, ele deverá prestar valor equivalente ao preço máximo verificado no período.[58]

[56] "A correção monetária incide desde o momento em que há o inadimplemento contratual, pois, nesse caso, a dívida é de valor." (SILVA, Jorge Cesa Ferreira da. *Adimplemento e Extinção das Obrigações*, cit., p. 85)

[57] ALVIM, Agostinho. *Da inexecução das obrigações e suas consequências*, cit., p. 110.

[58] ALVIM, Agostinho. *Da inexecução das obrigações e suas consequências*, cit., pp. 110-111. No mesmo sentido: NONATO, Orosimbo. *Curso de obrigações*. 2ª Parte. Volume II. Rio de Janeiro: Forense, 1960, pp. 59-60.

A possibilidade de analogia remete às discussões sobre o limite do art. 400 CC, antes referidas quando do tratamento da mora do credor. Consoante ali anotamos, a regra se dirige especialmente às prestações cujo valor pode ser objeto de cotação e, entre elas, àquelas obrigações genéricas, sendo discutível a possibilidade de ser aplicada à variação de valor da prestação de dar coisa certa. E, mesmo dentro das prestações que chamamos de "núcleo mínimo" de incidência da regra, seria discutível a possibilidade de extensão analógica de sua aplicação para outras hipóteses, especialmente diante da constatação de que nem o escopo usual da regra parece estar integralmente assentado e compreendido.

A segunda posição, de Pontes de Miranda, é pontualmente distinta, justamente no que toca à prova do prejuízo. O tratadista começa por esclarecer que o direito comum possuía regra de que a variação de valor da coisa entre o tempo da mora e o da decisão impunha a prestação do maior valor alcançado no período, mas que tal regra não se encontra no Direito brasileiro.[59] No Brasil, a variação desacompanhada de deterioração (ou seja, o que aqui se tratou sob título de "riscos econômicos") obriga o devedor a prestar a coisa e a indenizar juros e lucros. Se, entretanto, a coisa pereceu, incide a regra do art. 957 CC16 (hoje, art. 399 CC), de modo que o valor é o do dia em que o pagamento era exigível e deveria ter ocorrido ou, havendo oscilação positiva no período, o valor do dia do pagamento, desde que o credor "alegue e prove que só com êsse preço poderia readquirir igual objeto".[60]

A distinção pontual – mas substancial – entre a posição de Agostinho Alvim e Pontes de Miranda diz respeito à alegação e à demonstração do dano causado pela variação. Para Pontes de Miranda, o valor máximo alcançado pelo bem após a data em que deveria ter sido entregue constitui, na realidade, um parâmetro de cálculo do dano indenizável e depende de comprovação pelo credor.[61] Colocado o problema nesses termos, o autor

[59] Pontes de Miranda, Francisco Cavalcanti. *Tratado de direito privado.* Tomo XXIII. 3. ed., São Paulo: Revista dos Tribunais, 1984, p. 195.

[60] Pontes de Miranda, Francisco Cavalcanti. *Tratado de direito privado.* Tomo XXIII, cit., pp. 195-196.

[61] Pontes de Miranda, Francisco Cavalcanti. *Tratado de direito privado.* Tomo XXIII, cit., pp. 182-183.

evidencia a distinção entre a prestação (cumprida *in natura*, nos limites da mora) e a indenização devidas ao credor. Segundo a mesma lógica, se a coisa não puder ser prestada *in natura*, será preciso distinguir entre seu equivalente pecuniário e a indenização eventualmente devida ao credor, com a ressalva de que o tratadista entende, a nosso ver com razão, que ambas se apresentam externamente como uma prestação unitária.[62]

Ao mesmo tempo em que inauguramos o debate, longe de ser tido como concluído, anotamos que a discussão sobre a variação do bem durante a mora do devedor é útil não apenas para solução de problemas circunscritos à mora. Também na chamada conversão da prestação *in natura* em indenização *pelo equivalente*, remédio ligado ao inadimplemento absoluto,[63] a lógica a observar mostra-se similar, senão idêntica.

E é justamente em torno da conversão no equivalente, e não propriamente da mora, que apresentamos ao leitor entendimento tomado pelo Superior Tribunal de Justiça em recurso julgado na sistemática de recursos repetitivos a respeito do inadimplemento de contratos de participação financeira para aquisição de linha telefônica.

Por meio de tais contratos, já em desuso, o consumidor que desejasse adquirir uma linha telefônica deveria também subscrever ações da companhia de telecomunicações. De acordo com o Superior Tribunal de Justiça, na hipótese de a obrigação de entrega dessas ações ter se tornado impossível, o cumprimento da obrigação deve ser convertido em perdas e danos segundo dois critérios.

Em primeiro lugar, o número de ações a que faria jus o adquirente da linha há de ser aferido mediante a divisão do capital por ele aportado na companhia telefônica pelo valor patrimonial das ações da companhia

[62] "Cumpre advertir em que a pretensão oriunda da incidência do art. 956, parágrafo único, *unitária* (indenização em lugar da prestação *mais* indenização pela mora. É como todo, por exemplo, que entra em todos os raciocínios, *e. g.*, na compensação, nas impugnações (...)." (Pontes de Miranda, Francisco Cavalcanti. *Tratado de direito privado*. Tomo XXIII, cit., p. 195).

[63] Sobre o tema, vide Terra, Aline de Miranda Valverde. *Execução pelo equivalente como alternativa à resolução: repercussões sobre a responsabilidade civil*. In: Revista Brasileira de Direito Civil. Volume 18, out./dez. 2018, pp. 49-73.

na data da integralização.[64] Em segundo lugar, a quantidade de ações deve ser multiplicada por sua cotação na data do trânsito da ação em julgado. Por fim, sobre o resultado obtido, o Superior Tribunal de Justiça entende que devem incidir correção monetária desde a data do trânsito em julgado e juros moratórios desde a citação.[65] Do julgamento resultou a seguinte tese: "converte-se a obrigação de subscrever ações em perdas e danos multiplicando-se o número de ações devidas pela cotação destas no fechamento do pregão da Bolsa de Valores no dia do trânsito em julgado da ação de complementação de ações, com juros de mora desde a citação".[66]

Entendemos que tal critério não necessariamente toma em consideração eventual estimação mais favorável ao credor, tendo em vista que as ações podem valer menos na data do trânsito em julgado do que na ocasião em que deveriam ter sido entregues. Na realidade, o critério adotado pelo Superior Tribunal de Justiça sequer apura qual o valor da prestação na data em deveria ter sido realizada. Embora a Corte entenda que a prestação é exigível desde a citação, data fixada para o início da incidência dos juros moratórios, o cálculo do valor devido é adiado para momento posterior ao julgamento.

Sem aprofundar a análise sobre o acerto da decisão, fato é que a tormentosa operação de conversão da prestação no equivalente pecuniário tende a ganhar contornos mais definidos quando lida à luz do problema da variação do bem durante a mora do devedor. É o que basta para confirmar o dito caráter prático do tema ora tratado.

5. Questões procedimentais e arbitragem

Às dificuldades e desafios que o tema fomenta no âmbito do Direito material, antes apresentadas, somam-se aquelas de cunho procedimen-

64 Tal critério corresponde à súmula 371 do STJ, cuja redação é a seguinte: "Nos contratos de participação financeira para a aquisição de linha telefônica, o Valor Patrimonial da Ação (VPA) é apurado com base no balancete do mês da integralização."

65 STJ, REsp n.º 1.025.289/RS, Segunda Seção, r. Min. Massami Uyeda, j. 24.11.2010.

66 STJ, REsp n.º 1.301.989/RS, Segunda Seção, r. Min. Paulo de Tarso Sanseverino, j. 12.3.2014.

tal. Dedicamos as linhas finais da nossa reflexão a apontar alguns desses desafios, especialmente na arbitragem.

Como é regra, cabe ao Tribunal Arbitral decidir sobre o *an* e o *quantum debeatur*. À luz do nosso objeto de estudo, caberá a ele decidir sobre o alcance das normas e de sua aplicação, como também liquidar eventual condenação. Não sendo dado ao Tribunal Arbitral proferir sentenças ilíquidas, a sentença arbitral final deverá chegar a um valor exato ou, no mínimo, indicar de forma objetiva o método de liquidação aritmética da condenação.

Se a mesma lógica pode ser aplicada também ao Poder Judiciário, afinal, decisões ilíquidas devem ser liquidadas em fase própria, entendemos haver dois pontos de distinção entre a solução judicial e a solução em arbitragem: a imediatidade da liquidação e a identidade do julgador. Com efeito, é comum que haja longo hiato entre a prolação de uma sentença judicial, ainda sujeita a recursos, e a sua liquidação posterior em fase de própria. E, não raro, tais fases processuais acabam por ser conduzidas e decididas por diferentes julgadores. Nenhuma dessas afirmações é, entretanto, a regra em arbitragem, o que constitui a nosso ver uma vantagem em favor dessa forma de solução de conflitos.

Com foco no procedimento arbitral, finalizamos o texto com alguns apontamentos sobre o conteúdo, o ônus e o momento da alegação de variação do bem:

(a) *Conteúdo*: não é incomum que os consectários da mora sejam requeridos sob o título genérico de "danos a que a mora deu causa" ou "encargos moratórios". Designamos tal forma de pedido, por empréstimo de designação já recorrente sobre a cláusula compromissória, como um "pedido da meia-noite". Há de se evitar a formulação de tais pedidos e, àqueles incumbidos da condução do procedimento, a sua manutenção em termos genéricos. Consectários da mora, em maior ou menor medida, não são verbas de simples definição e devem ser alegadas e demonstradas no curso do procedimento. E a afirmação abrange também a aplicação de juros e de correção monetária sobre a indenização devida em caso de variação do bem.

(b) *Ônus*: como regra geral, a alegação de variação e a prova da variação devem ser feitas pela parte que a dela se aproveita. A prova da variação poderá se dar de múltiplas formas, por exemplo, por cotação oficial (documental) ou por prova pericial (avaliação pericial).

(c) *Momento*: também como regra geral, a alegação deve ser feita na fase do procedimento dedicada à definição do *an debeatur*, caso haja bifurcação. Isso porque entendemos que a definição sobre a alocação de risco e de responsabilidades não é uma matéria de simples cálculo, mas de cognição. A alegação de ocorrência de variação fora desse marco processual pode vir a ser admitida se disser respeito a fatos ocorridos no curso do procedimento, ou seja, por circunstâncias supervenientes. Quanto à admissibilidade de alteração de pedidos no curso do procedimento, deve ser observado o quanto disposto nas regras procedimentais;

9.
O RISCO DE SUPRESSÃO DE DIREITOS POR INÉRCIA

Julio Neves

1. As inércias (e não a inércia) que relevam ao Direito Privado

Algumas máximas são lançadas na base da formação jurídica, nos primeiros dias dos bancos da graduação. Talvez duas chamem atenção pela aparente contradição: «*ius est facultas agendi*», vê-se ao cotejar direito objetivo e direito subjetivo, para traduzir a licitude da liberdade de ação ou inação do titular de posição jurídica subjetiva; e «*dormientibus non succurrit jus*», brocardo de regra associado ao estudo da prescrição, lido para alertar que ao titular descurado, as portas (ou, antes, *algumas portas*) do ordenamento se fecharão[1].

Como toda máxima didática, estas são úteis à grafia de algo como *manchetes dogmáticas*, i.e., pontos de partida para reflexão que poderiam ser assim sintetizados: *o Direito aceita a inércia do titular de posição jurídica, mas para tudo há limite, ou há preço, a observar.*

[1] «Direito subjetivo é a faculdade de agir – *facultas agendi* –, direito objetivo, norma de ação – *norma agendi*. Um não pode existir sem o outro, porque, se é inconcebível a existência de direitos subjetivos sem uma ordem jurídica, não se pode imaginar ordem jurídica sem direitos subjetivos» (GOMES, Orlando, *Introdução ao Direito Civil*, 18. ed. Rio de Janeiro: Forense, 2002, p. 107). / «Tanto no passado quanto no presente, a função primordial e imediata da prescrição é punir a inércia, como traduzido nos arcanos adágios: *Dormientibus non sucurrit jus* e *iura scripta vigilantibus*.» (Martins-Costa, Judith. O "princípio da unicidade da interrupção": notas para a interpretação do inciso I do art. 202 do Código Civil. *In*: *A juízo do tempo: estudos atuais sobre prescrição*. Rio de Janeiro: Editora Processo, 2019, p. 185–200, excerto da página 186).

Sucede que a linha entre o *não-agir natural*, de um lado, e o *dormir além do limite*, de outro, não é sempre traçada com a mesma régua. Para chegar à afetação de dada posição jurídica em concreto, é preciso navegar por nuances de suporte fático, e cotejá-las com diferentes arquétipos normativos, porque não há uma única forma de tratar (e valorar) a inércia do titular de direito.

É um dado do ordenamento, por exemplo, que nem toda inércia com eficácia supressiva seja fruto de um descurar do titular (um *dormir descuidado*). O credor milionário que deixa de cobrar o devedor paupérrimo pode agir em solidariedade digna de aplauso, mas a prescrição, operada sem tomar em conta seu bom propósito, produzirá efeito e seguirá oponível ainda que a sorte de ambos se inverta, e o credor (*agora miserável*) deseje cobrar do (*agora milionário*) devedor (CC, art. 206, § 5, I). É outro dado que nem toda inércia consiste em ato consciente de quem deixa de agir, a quem se possa julgar (imputar, com desvalor) a inação: o filho jamais reconhecido como tal, que envelheça ignorante sobre sua ascendência, poderá sem embargo ser colhido pela prescrição sobre sua pretensão de petição de herança (CC, art. 205[2]); e o contratante em erro, ainda que zeloso, verá caducado o direito de anular o negócio passados quatro anos da sua contratação (CC, art. 178, II[3]).

Aqui lançadas em formato nada exaustivo, estas referências ilustram que a história completa da inércia em Direito Privado reclama a averiguação de escolhas legislativas nem sempre discerníveis *prima facie*. A inércia destrutiva integra figuras variadas, e o presente estudo tem o propósito de apontar alguns destes caminhos legais, para, a partir deles, distinguir *as inércias* do Direito Privado brasileiro, com sua natureza jurídica, pressupostos e efeitos.

Antes de avançar, convém apenas explicitar um recorte de objeto talvez perceptível desta introdução: o estudo se ocupará da inércia na posição subjetiva *ativa* de relações jurídicas, e não *passiva*. Releva aqui a inércia de quem poderia agir, querendo; e não de quem deveria agir, querendo ou não. A inércia de quem deixe de agir, quando assim devesse

[2] STJ, 4ª T., Ag.Int. no Ag. Resp. 479.648/MS, Rel. Min. Raul Araújo, julg. 10.12.2019.
[3] STJ, 3ª T., AgInt no AREsp 917.437/SP, Rel. Min. Paulo de Tarso Sanseverino, julg. 21.03.2017.

proceder por força de dever legal ou negocial, releva à disciplina dos ilícitos absolutos e relativos, importantíssima, porém diversa do objeto a examinar nesta sede.

2. Os institutos tradicionais: prescrição, decadência e usucapião.

Prescrição e decadência são retratadas com frequência como uma espécie de par conceitual de estabilização de relações – ao qual, em um trio expandido, por vezes se acresce a usucapião (antiquadamente, *prescrição aquisitiva*[4]).

Esses institutos têm de fato um fundo comum, porém distante: há uma posição jurídica exercitável; esta posição não se exerce; e algo sucede a ela, expirado dado tempo e respeitadas dadas circunstâncias que a lei descreve, a bem da segurança jurídica. A sublinhar essa aparente «proximidade genética», a lei vaso-comunica regras prescricionais (i) à decadência, ao espelhar a *(i.a)* responsabilização de representantes que a ela derem causa, ou que não a alegarem oportunamente, bem como *(i.b)* a imunidade dos absolutamente incapazes aos efeitos do tempo (CC, art. 208, c/c arts. 195 e 198, I); e (ii) à usucapião, com o espelhamento das causas que obstam, suspendem ou interrompem a fluência do prazo (CC, art. 1.244). Há, porém, muitas nuances a explorar.

a. Predicados da inércia nos institutos tradicionais

Todas as inércias dos institutos tradicionais são atos-fatos, mas dessa partilha de gênero não resulta haja identidade de espécies. Atos-fatos são condutas humanas, tomadas objetivamente, como se simples fatos fossem, com miras em seu resultado[5]. Não se trata de *atos independentes de ânimo* (como espasmos, ou o projetar-se à frente de alguém que foi empurrado), que sequer condutas são, mas apenas *atos independentes de vontade qualificada*, apta a configurar a capacidade de exercício. Por isso, atos-fatos podem ser desempenhados por pessoas absolutamente incapazes, relativamente incapazes e capazes, indistintamente. A criança que

[4] ZIMMERMANN, Reinhard, *Comparative foundations of a European law of set-off and prescription*, Cambridge: Cambridge University Press, 2004, pp. 69-70.

[5] PONTES DE MIRANDA, Francisco Cavalcanti, *Tratado de Direito Privado, t. 2 (atualizado por Ovídio Rocha Barros Sandoval)*, 2. ed. São Paulo: Revista dos Tribunais, 2012, §209.2, p. 458.

pesca se apropria como dona (CC, art. 1.263). A inércia dos absolutamente incapazes só é irrelevante, para fins dos três institutos sob análise, porque a lei lhes conferiu a imunidade que a dogmática não outorgaria (CC, arts. 198, I, 208 e 1.244); e a inércia dos relativamente incapazes é plenamente eficaz em seu desfavor, em tratamento mais rigoroso do que o dispensado às suas escolhas negociais (CC, arts. 195 e art. 171, I).

Na qualidade de condutas, os atos-fatos podem ser cercados de predicados que se lhes ampliem o suporte fático. Atos-fatos podem ser *necessariamente conscientes* de determinadas circunstâncias, ou não; e podem ser *mais ou menos livres* nos seus desempenhos. Essas nuances não desbordam o limite da categoria, apenas limitam as espécies no gênero. Aqui, as inércias prescricionais, decadenciais e usucapientes se diferem.

A inércia da prescrição é de regra ampla: pode ignorar tudo que lhe circunda, inclusive a própria existência do direito e da correlata pretensão, e pode ainda ser provocada por casos fortuitos, ou força maior, sem que se lhe privem os efeitos. Como exceção, e apenas quando a lei assim dispõe expressamente, há inércias qualificadas (i) por estados subjetivos do titular do direito, que, assim, deixa de agir mesmo após saber de fatos importantes a pavimentar seu caminho para a ação, e apenas então sofre efeitos prescricionais; ou (ii) após fatos objetivos, que a lei reputa importantes ao marco de fluência prescricional.

Por exemplo, a inércia é *qualificada subjetivamente* e só produz efeitos (i) para fins de prescrição, no Código de Defesa do Consumidor, para pretensão por responsabilidade civil por fato do produto ou do serviço, após o conhecimento do dano e de sua autoria (art. 27); (ii) para fins de prescrição, para seguros em geral (que não os de responsabilidade civil), após a ciência do suporte fático da pretensão (CC, art. 206, §1º, II, «b»); (iii) para fins de prescrição ou decadência, quanto aos absolutamente incapazes, a inércia é irrelevante, reputando-se apta a deflagrar os prazos apenas após a completude de 16 (dezesseis) anos, com o salto à relativa incapacidade (CC, arts. 198, I; 208 e 178, III); e (iv) para fins de decadência, quanto aos vícios redibitórios que só puderem ser conhecidos mais tarde por sua própria natureza, a partir de sua ciência (CC, art. 445, §1º, mas com prazo limitado a cento e oitenta dias ou um ano, conforme se trate de coisa móvel ou imóvel).

De outro giro, a inércia é *qualificada objetivamente* e só produz efeitos (i) para fins de prescrição, quanto a fatos que reclamarem apuração em juízo criminal, após o trânsito em julgado da respectiva sentença (CC, art. 200), ou ainda, em especificação que a Lei das S.A. oferta, da verificação da prescrição penal (CC, art. 288); (ii) para fins de prescrição, para pretensão relativa à tutela, após a data da aprovação das contas (CC, art. 206, §4º); (iii) para fins de prescrição, para incontáveis pretensões de natureza societária, após a realização de deliberações a si coligadas, e por isso eleitas pela lei como marco objetivo a conferir maior segurança jurídica ao sistema[6]; (iv) para decadência, no caso de coação, após a cessação dos atos coativos (CC, art. 178, I); e (v) para usucapião, no caso de tomada da coisa por atos violentos ou clandestinos, após a cessação da violência ou da clandestinidade (CC, art. 1.208); para prescrição, decadência e usucapião, em caso de absoluta indisponibilidade do Poder Judiciário no prazo fatal, após o reestabelecimento do sistema de distribuição de demandas (CPC, art. 240, §3º, por analogia).

Em nenhum dos institutos, há regra geral que reclame ciência e possibilidade concreta de ação; em todos, o legislador toma em conta recortes específicos, para, com propósito de dulcificação do regime, salvaguardar o titular da ruína pela só-inércia quando valores jurídicos relevantes são identificados. Dessas exceções, vai sem dizer, não se pode mudar a regra geral: conquanto diligente, o titular da posição jurídica se verá adversamente afetado pela inação pura, sempre que a lei não lhe socorrer com a inserção de elementos adicionais no suporte fático. O trabalho deve ser para discernir variações legais para identificar se a inércia é tomada

[6] Por exemplo, quanto à avaliação de bens, pelos peritos, para formação de capital da sociedade anônima, após a publicação da assembleia que aprovar o laudo (CC, art. 206, §1º, IV); para credores não pagos contra contra os sócios ou acionistas e os liquidantes, após a publicação da ata de encerramento da liquidação da sociedade (CC, art. 206, §1º, V); para restituição dos lucros ou dividendos recebidos de má-fé, após a data em que foi deliberada a distribuição (CC, art. 206, §3º, VI); para indenização contra pessoas por violação da lei ou do estatuto, após (i) para os fundadores, a publicação dos atos constitutivos da sociedade anônima; (ii) para os administradores, ou fiscais, a apresentação, aos sócios, do balanço referente ao exercício em que a violação tenha sido praticada, ou da reunião ou assembleia-geral que dela deva tomar conhecimento; (iii) para os liquidantes, da primeira assembleia semestral posterior à violação (CC, art. 206, §3º, VII).

como ato-fato, pura e simplesmente, ou como ato-fato acompanhado de qualificações subjetivas ou objetivas que lhe condicionem o regime consequencial.

O Superior Tribunal de Justiça não tem aplicado com rigor esses dados normativos. Está errado, quando o faz de maneira vacilante, para *mitigar* – *rectius*, modificar – o que a lei impõe. Recentemente, formou-se uma clivagem entre a 3ª e a 4ª turmas em matéria de prescrição, pela qual esta corretamente afirma que «*[o] Código Civil adotou, como regra geral, a data da lesão do direito – e não a da respectiva ciência – em prol da segurança jurídica, escopo da prescrição, evitando, assim, impor a alguma das partes o ônus da dificílima prova da data da ciência do fato (...), sendo as exceções a essa regra dependentes de previsão legal específica*[7]» e aquela equivocadamente sustenta que «*o surgimento da pretensão ressarcitória não se dá necessariamente no momento em que ocorre a lesão ao direito, mas sim quando o titular do direito subjetivo violado obtém plena ciência da violação e de toda a sua extensão, bem como do responsável pelo ilícito, inexistindo, ainda, condição alguma que o impeça de exercer o correlato direito de ação (pretensão)*»[8].

A visão *subjetiva* da prescrição, sem lastro em lei e com lastro fabricado de princípios sem autoridade normativa no Brasil, é normalmente invocada quando a conduta do devedor é ultrajante, a sugerir a iniquidade de se rejeitar a pretensão do credor. Não é, contudo, necessário fazê-lo por essa via mal pavimentada. Se a inércia do titular é direta e exclusivamente imputável ao devedor, porque lhe impediu física ou juridicamente o exercício, ou porque maliciosamente provocou-lhe a ignorância sobre a posição a exercitar, o exercício da exceção de prescrição esbarra nos limi-

[7] STJ, 4ª T. Resp 1,861.295/SP, Rel. Min. Marco Buzzi, Relatora para acórdão Min. Maria Isabel Galotti, julg. 24.11.2020. Em mesmo sentido, e da mesma turma, v. AgInt. no Ag. REsp 1.416.868/SP, Rel. Min. Antonio Carlos Ferreira, julg. 31.5.2021, e AgInt. no Ag. REsp 1.856.434/SP, Rel. Min. Luis Felipe Salomão, julg. 23.8.2021, e Ag.Int. no Ag. Resp. 479.648/MS, Rel. Min. Raul Araújo, julg. 10.12.2019.

[8] STJ, 3ª T., REsp 1.776.017/RJ, Rel. Min. Marco Aurélio Bellizze, julg. 6.4.2021. Em mesmo sentido, e da mesma turma, v. REsp 1.494.482/SP, Rel. Min. Ricardo Villas Bôas Cueva, Rel. para acórdão Min. Nancy Andrighi, julg. 24.11.2020, e REsp 1.785.771/RS, Rel. Min. Nancy Andrighi, julg. 18.8.2020.
STJ, 3ª T., EDcl no REsp 1.620.702/SP, Rel. Min. Ricardo Villas Bôas Cueva, julg.15.3.2017. Excerto do voto vencido do Min. Moura Ribeiro.

tes da boa-fé e pode ser afastado pelo julgador (CC, art. 187). Fora desses casos, a lei é rigorosa e não comporta temperamentos: o ato-fato da inércia, ciente ou não, basta a disparar o relógio estabilizador das relações.

b. Consequência da inércia nos institutos tradicionais

A inércia nos institutos tradicionais pode ter força criativa ou destrutiva. Na prescrição, tem força criativa; na decadência, destrutiva; na usucapião, ambas. Explica-se melhor, não sem antever que a *força criativa da prescrição* pode ter erguido sobrancelhas já de partida.

A *prescrição* não é modo de extinção de direito subjetivo, nem de pretensão (=exigibilidade), nem de ação – como sugere, impropriamente, a redação algo imprecisa do art. 189 do Código Civil. A prescrição é fonte legal criativa de direito: por ela, o devedor de uma prestação passa a ser titular de exceção substancial, própria, peremptória e independente. Dito em menos palavras: o devedor, que era obrigado a prestar, pode agora resistir à prestação, porque esta não foi exigida, nas formas indicadas pela lei, por um lapso de tempo predeterminado pela mesma lei.

Para o devedor titular de exceção de prescrição, *dizer não*, de ilícito, passa a exercício regular de direito. *Dizer sim*, de dever, passa a faculdade. Se presta, fá-lo com causa, porque a dívida sempre existiu (CC, art. 882); e se é demandado e o juízo (ignorante da prescrição) o obriga a cumprir, não há equívoco, porque havia pretensão a acolher em tutela condenatória. É apenas a oposição de exceção de prescrição (pela parte ou pelo juízo, cf. CPC, art. 487, II) que encobre a exigibilidade, mas nunca expurga a dívida. A operação da prescrição cria, portanto, um direito defensivo material, exercitável em juízo e fora dele: um direito de recusa. É o exercício deste direito defensivo – *ato comissivo, e não de inércia* – que susta a eficácia da pretensão.

A *decadência*, por outro lado, é modo legal ou convencional de extinção de direitos potestativos, por sua vez entendidos como poder de unilateralmente criar, modificar ou extinguir relações jurídicas. Os direitos potestativos se expiram, perpassado o lapso temporal da lei sem exercício, pela decadência. A contraparte é dita, inicialmente, em *estado de sujeição*: não precisa fazer nada para que o direito potestativo opere seus efeitos, nem pode ordinariamente a eles resistir, deflagrados que são pelo só-agir do titular. Os caminhos de externação desse exercício, para exaurimento do direito potestativo, podem variar conforme a vontade do legislador. Para resolver por incumprimento, ou resilir, ou denunciar contrato, ou ainda para exercer direito de preferência, ou opção, a declaração pode ser extrajudicial. Mas se a resolução for por cláusula tácita, será judicial (CC, art. 474). Para anular negócio jurídico, ou modificá-lo para correção do valor da prestação imprevisivelmente desequilibrado, ou ainda para resolvê-lo por onerosidade excessiva, a vontade é veiculada por demanda judicial (CC, art. 177; art. 317; e art. 478, em particular a frase final).

Quando se opera a decadência, o exercício não produz efeitos, porque se lhe subtraiu o fundamento: se extrajudicial, pode ser ignorada; se judicial, resulta na improcedência de mérito da demanda, cognoscível de ofício se a decadência for legal (CC, art. 210). A decadência não é exceção substancial, mas simples objeção: aponta-se o *não-direito* de criar, modificar ou extinguir a relação, porque a posição expirou pela mão imediata da decadência (e mediata, da inércia do titular).

Na usucapião, por fim, a eficácia da inércia (somada a variados elementos de suporte fático, conforme a modalidade de usucapião) é dúplice. Para o titular originário do direito de propriedade (o inerte, que não resiste à posse com *animus domini* de outrem), a eficácia é extintiva; mas para o possuidor (que não sofreu oposição do titular inerte) a eficácia é criativa de novo direito de propriedade. A usucapião não transfere a propriedade ao possuidor, mas, antes, faz surgir de forma originária uma nova propriedade, que, pelo caráter exclusivo da posição, aniquila a propriedade precedente.

3. A inércia como declaração de vontade de eficácia extintiva

Nem só pela via dos atos-fatos, contudo, a inércia cria riscos de afetação de posições jurídicas. Há também hipóteses que, da inércia, se extrairá efeitos jurídico negociais. Estas são hipóteses particulares. Em alguma medida, apenas impropriamente podem ser tomadas como simples *inércia*, porque o *não-agir*, aqui, é socialmente percebido como *agir* (*rectius*, declarar) e, por isso mesmo, se lhes extrai os efeitos típicos de *ação*.

No espectro dos efeitos resultantes dessa *inércia socialmente dinâmica*, há, é claro, a possibilidade de resultado destrutivo: *renuncia-se* pela inércia; *tolera-se* pela inércia; e *abandona-se* pela inércia. Tome-se o fenômeno mais de perto nas próximas linhas.

a. *Predicados da inércia negocial*

O marco legal do art. 111 do Código Civil é ilustrativo das dificuldades dogmáticas de se construir eficácia negocial pela inércia. Diz a lei que o «*o silêncio importa anuência, quando as circunstâncias ou os usos o autorizarem, e não for necessária a declaração de vontade expressa.*» Vai sem dizer que *silêncio* e *inércia* não são o mesmo: silêncio é uma inércia específica de comunicação, verbal ou escrita.

Pode haver silêncio com comportamento comissivo concludente: não digo, nem escrevo, mas *dou*, *faço*, ou *deixo de fazer*, eloquentemente, em comportamento substitutivo da declaração expressa. O dono da padaria recebe a mensagem via aplicativo com o pedido de pães; não responde, mas alguns minutos depois comparece na porta do freguês munido dos produtos. Há silêncio, não inércia, e a conduta só pode ser entendida como anuência ao pedido de venda.

Diferentes que sejam silêncio e inércia, a plataforma normativa do silêncio é nada obstante extrapolável para a inércia como um todo, porquanto também ela pode ser compreendida (com dificuldades relevantes) como conduta deliberada e socialmente dirigida à produção de dados efeitos negociais, inclusive abdicativos. Essas dificuldades aqui serão redobradas: primeiro porque é mais fácil extrair declaração de um agir do que de um não-agir; e segundo porque a lei exigirá interpretação estrita para negócio benéfico ou de renúncia (CC, art. 114).

Esta enunciação legal positiva (o silêncio *importa* anuência, cf. art. 111) pode mascarar a regra geral de que o silêncio, como ponto de partida, é fato juridicamente irrelevante. O não-agir, o calar, deve ser quase sempre tomado como *nada*. Quem cala não consente, no Direito Civil. Excepcionalmente, apenas quando *alternativamente* as circunstâncias ou os usos o autorizarem (A ou B), e *cumulativamente* a lei não exigir declaração expressa (A ou B + C), extrai-se eficácia do silêncio e da inação. Para operabilidade do comando, é preciso ter presente o que cada elemento desse suporte fático (A, B e C) significam.

O negócio jurídico é declaração de vontade emitida por determinada pessoa, em determinado lugar, em determinado tempo, que assume determinada forma e recai sobre determinado objeto, para produzir os efeitos preponderantemente declarados como queridos, *porque* foram declarados como queridos[9]. É raro que lugar ou tempo, sozinhos, sejam elevados a maior importância[10]. A somatória mais ampla de *lugar* e *tempo*, tomada em sentido largo, *como recorte social no qual se insere o negócio jurídico*, tem emprego muito mais frequente no moldar das suas fronteiras. As manifestações de vontade não se dão no vácuo, dão-se sempre em uma sociedade específica, por um ou mais figurantes específicos, tomando em vista um objeto específico e para efeitos específicos. A percepção social dessas manifestações pode ser radicalmente diferente, conforme o contexto que as circunde. Esse contexto são as *circunstâncias negociais*. Como registrou a doutrina, «*as "circunstâncias negociais" são, pois, um* modelo cultural de atitude, *o qual, em determinada sociedade, faz com que certos atos sejam vistos como dirigidos à produção de efeitos jurídicos*[11].» Como também se mapeou empiricamente, as circunstâncias mais frequentemente apontarão pela relevância do silêncio quando o oblato silenciar em oferta de seu exclusivo interesse (*v.g.*, doação pura, sobre a qual o Código dá solução no art. 539), ou por si solicitada, ou ainda no contexto de relações comerciais reiteradas[12]. Os *usos*, por outro lado, são «*aqueles verificáveis no tráfego jurídico da época e do lugar em que o negócio é celebrado, levando-se em consideração, ainda, aqueles atinentes ao contrato* [preferiria, negócio] *específico em via de formação, bem assim os relativos ao que geralmente se costuma esperar do com-*

[9] Junqueira de Azevedo, Antônio. *Negócio Jurídico. Existência, validade e eficácia*. 4. ed. São Paulo: Saraiva, 2007, p. 16. Para os conceitos de elementos, requisitos e fatores, v. p. 26 e ss.

[10] Sucede, por exemplo, nos testamentos especiais: só há testamento marítimo ou aeronáutico a bordo de navio nacional, de guerra ou mercante, ou aeronave militar ou comercial (CC, arts. 1.888 e 1.889); só há testamento militar em campanha ou em praça sitiada sem comunicações (CC, art. 1.893). O *tempo* é tomado com igual raridade, como ocorre, por exemplo, no período de reflexão para retomada da celebração do casamento (CC, art. 1.538, p.u.) ou para assinatura do contrato de franquia, após recebimento da competente circular de oferta de franquia (Lei 13.966, art. 2º, §1º).

[11] Junqueira de Azevedo, Antônio. *Negócio Jurídico. Existência, validade e eficácia*. 4. ed. São Paulo: Saraiva, 2007, p. 122.

[12] Zanetti, Cristiano de Sousa; Robert, Bruno. *A conclusão do contrato pelo silêncio. In*: Tartuce, Flávio; Castilho, Ricardo (organizadores). *Direito Civil: direito patrimonial e direito existencial. Estudos em homenagem a Professora Giselda Maria Fernandes Novaes Hironaka*. São Paulo: Método, 2006, p. 257-295.

portamento das partes em molduras fáticas idênticas[13].» Se for preciso manifestação expressa, esbarrar-se-á nos requisitos de forma ou solenidade (CC, art. 166, IV e V).

A jurisprudência já reputou que o silêncio sobre cobrança de aluguéis quando da transferência espontânea de posse de balsa, transferência esta inserta no contexto de relação comercial mais ampla, afastaria a pretensão de posterior cobrança[14]. Aqui, a fluidez dos pressupostos de fato franquearia que o silêncio fosse invocado com três diversas potencialidades: como *modulador da declaração negocial* (extraível da conduta de entrega), para se lhe interpretar como comodato e não aluguel (CC, art. 113); como *abdicação dos alugueis,* pela ausência de cobrança, ou mesmo referência à sua existência, pelo período de 7 (sete) anos (CC, art. 111 c/c art. 114); ou ainda pelo óbice ao comportamento contraditório da cobrança, ante a legítima expectativa de gratuidade que esta longeva inércia causara (CC, art. 187 – tema do capítulo IV). Para cada um, fundamentos e efeitos mudam.

O Código traz exemplos específicos em que a inércia integra suporte fático negocial de eficácia extintiva. Há renúncia do credor ao local de pagamento previsto em contrato, se o pagamento é feito reiteradamente em outro local, e o credor, ao recebê-lo, deixa de protestar (CC, art. 330). Há abandono de propriedade (CC, art. 1.275) presumido de forma absoluta se o proprietário deixa de satisfazer ônus fiscais após cessar atos de posse (CC, art. 1.276, §2º). A lei também *exclui* a renúncia tácita, de onde se lhe poderia, talvez, extrair: a propositura de ação contra um devedor solidário, que não é exoneratória dos demais (CC, art. 275, p.u.), e a restituição do objeto empenhado, que implica renúncia ao penhor, mas não à dívida (CC, art. 387). Esses casos concretos não se aplicam a hipóteses fora de seu espectro normativo direto, por subsunção, mas sua coerência à regra geral do art. 111 decerto auxilia a interpretação do que sejam, em Direito Brasileiro, condutas omissivas de excepcional eficácia negocial extintiva.

13 Menke, Fabiano. *Comentários aos artigos 189 a 232. In*: Nanni, G. E. (1ª Ed.). *Comentários ao Código Civil. Direito Privado Contemporâneo.* São Paulo: Saraiva, 2019, p. 194.

14 STJ, 3ª T., REsp 1.309.800/AM, Rel. Min. Luis Felipe Salomão, julg. 22.8.2017.

É apenas quando falar seria despiciendo que o silêncio produz efeito negocial; é apenas quando esse falar despiciendo tem clara eficácia abdicativa que se suprimem posições jurídicas subjetivas do inerte. É preciso redobrado cuidado, portanto, quando se fala em sede judicial que «*extrai-se do art. 111 do novo Código Civil que quem cala consente quando tem a obrigação de se manifestar*[15]», ou, em doutrina, que o silêncio releva quando houver «*dever e possibilidade de falar quanto ao silente*[16]». Não é propriamente de *dever* que se cuida, porque o interesse jurídico a socorrer é próprio e não de outrem, mas de autorresponsabilidade. Se a inércia em geral ou o silêncio em particular será socialmente colhido como declaração de vontade, e o inerte ou silente deseja deles ver emanar efeitos diversos, precisa, para tanto, fazer-se claro pela sua declaração em sentido oposto. Apenas nesse atécnico sentido é que o inerte ou silente *deve* (*necessita*, para seu próprio proveito) se portar proativamente e evitar os efeitos que adviriam de seu silêncio ou inércia. A proximidade é muito maior ao ônus que ao dever. Para colher da mesma doutrina apenas referida, o silêncio (ou, extrapolamos, inércia) indicativo de «*inequívoca direção da vontade incompatível com a expressão de uma vontade oposta*» só pode ter seus efeitos obstados pelo esclarecimento contemporâneo sobre a existência e teor desta vontade oposta. E um cuidado derradeiro, nesta seara: o aplicador cauteloso da norma não confundirá a vontade de que se cogita, aqui, com um dado subjetivo ou interno ao espírito do titular do direito. Vontade que releva à conformação do negócio jurídico, inclusive abdicativo, é aquela *consubstanciada* (CC, art. 112), ou seja, a que tomou corpo social, ainda que diversa da vontade interna do titular; e se as partes tiverem preexcluído alguma forma de declaração (como nas cláusulas de estilo preexcludentes de renúncia tácita), esta via se preclui.

b. Consequência da inércia negocial

Quando deriva de fonte negocial, a supressão de direitos pela inércia é modulada pela manifestação de vontade extraível da inação do titular.

[15] STJ, 3ª T., EDcl no REsp 1.620.702/SP, Rel. Min. Ricardo Villas Bôas Cueva, julg.15.3.2017. Excerto do voto vencido do Min. Moura Ribeiro.

[16] Serpa Lopes, Miguel Maria, *O silêncio como manifestação da vontade nas obrigações*, Rio de Janeiro: Livraria Suissa Walter Roth, 1944, p. 170.

Na dúvida, como se referiu acima, por expressa opção normativa, não se abrange uma posição jurídica pelo efeito extintivo (CC, art. 114). Não havendo dúvida, a inércia que validamente encapsule manifestação abdicativa (não havendo, é claro, forma ou solenidade requerida ao ato) vale sem ressaltas.

A posição jurídica subjetiva é expelida da esfera do titular e, planta sem raiz, perece. O ato consuntivo não comporta arrependimento, ou desfazimento eficaz, por nova declaração de vontade: ninguém pode reviver o que já se extinguiu, com sucesso. Pode-se constituir novo direito, que será, contudo, diverso do original; não se pode repristinar o direito extinto, pelo ato negocial destrutivo, como se destruição não houvera.

Na qualidade de ato negocial dispositivo, a renúncia está subposta aos requisitos de validade e fatores de eficácia dos negócios em geral. Se é verdade, por exemplo, que a propriedade (CC, art. 1.275, II), a copropriedade (CC, art. 1.316), a multipropriedade (CC, art. 1.358-T), o usufruto (CC, art. 1.410), a hipoteca (CC, art. 1.499) e a herança (CC, art. 1.806) são renunciáveis, é igualmente certo que não o são pela só-inércia – o que é acurado para os quatro primeiros, se recaintes sobre bens imóveis, e sempre para os dois últimos (CC, art. 108). O reclame de forma específica afasta que a conduta omissiva seja bastante à consubstanciação da manifestação com eficácia de supressão de posições jurídicas. Para superação do requisito de forma, é preciso que a lei ou negócio confiram via alternativa: é o que se dá no abandono de bens (CC, art. 1.275, III), ou o não-uso ou fruição do usufruto (CC, art. 1.410, VIII), ou não-uso da servidão, por dez anos (CC, art. 1.389, II). Mas aí, o fenômeno já é diverso: no primeiro caso, porque o negócio é submetido a suporte fático especial[17]; no segundo e terceiro, porque a lei atribuiu a ato-fato a eficácia extintiva.

[17] Discordamos, aqui, da qualificação de abandono como ato-fato. O Código Civil se refere à *intenção* de não mais conservar o bem no patrimônio (art. 1.276); o Código anterior, a propósito de bens móveis, se referia ao abandono com *intenção de renunciá-las* (art. 592, p.u.). Há elemento volitivo com direção dispositiva que reclama, a nosso sentir, capacidade de exercício. Como os efeitos reconhecidos são exatamente os queridos, porque queridos (expulsão, do patrimônio, do bem abandonado), a tipificação adequada parece ser a de negócio jurídico de tipificação bastante peculiar. Em sentido contrário, v. Pontes de Miranda, Francisco Cavalcanti, *Tratado de Direito Privado, t. 2 (atualizado por Ovídio Rocha Barros Sandoval)*, 2. ed. São Paulo: Revista dos Tribunais, 2012, t. 2, §159, p. 255).

Há controvérsia relevante sobre a *tolerância*, compreendida como a deliberada não-reação à vulneração de direito. Pelo caminho negocial, a não-reação é compreendida como manifestação tácita de renúncia aos remédios decorrentes da violação, e não ao direito violado em si; pelo caminho dos atos-fatos, a não-reação é valorada como geradora de confiança no não-manejo futuro dos remédios[18]. Há, em ambos, pontos em comum: (i) a ciência sobre a violação é essencial, já que não se tolera o que se ignora; e (ii) a possibilidade posterior de reação fica evitada, definitivamente, com relação aos atos de violação já perpetrados[19]. Na solução negocial, contudo, não se reclama que o ofensor saiba de antemão da decisão de tolerar; e na solução pelo atos-fato de tolerar, o fundamento em tutela de confiança reclama, por imposição lógica, que o ofensor tenha sabido e confiado na tolerância. A matéria reclama aprofundamento, mas a via negocial parece, no direito brasileiro, ser mais oportuna, pondo-se com isso a tolerância ao lado da (e não em sobreposição à, ou fagocitada pela) vasta teoria de limitação de exercícios decorrentes de manifesta violação à boa-fé (cf. capítulo IV, abaixo).

Sempre que recair nos trilhos negociais, a supressão de direitos não poderá se dar com eficácia de redução do titular à insolvência, e em prejuízo de seus credores. Nada no suporte fático da fraude contra credores (CC, art. 158) exige que os negócios anuláveis sejam fruto de atos comissivos. Igualmente, a ineficácia decorrente de fraude à execução em nada se coliga com manifestação expressa, bastando-lhe haja alienação (CPC, art. 792). A supressão voluntária (conquanto seja a vontade capturada pela inércia) pode, portanto, ser afastada por tais credores, revertendo-se a posição ao patrimônio do titular inerte.

Operada a supressão de direitos (seja a posição jurídica de fundo, seja ainda dos remédios decorrentes de sua violação), não é mais possível o atendimento, mesmo voluntário, às prerrogativas que o direito extinto conferia. Qualquer ato de transferência de riquezas a propósito de posi-

[18] Patti, Salvatore, *Profili della Toleranza nel Diritto Privato,* Napoli: Casa Editrice Dott. Eugenio Jovene, 1978, p. 52.

[19] Patti, Salvatore, *Profili della Toleranza nel Diritto Privato,* Napoli: Casa Editrice Dott. Eugenio Jovene, 1978, p. 62.

ção suprimida negocialmente é ato sem causa, a desafiar repetição, porquanto a causa, que havia, «*deixou de existir*» (CC, art. 885).

4. A inércia como mola propulsora de abuso: a *suppressio*

Desde o *leading case* do Caso do Corredor Inútil[20], pavimentou-se na jurisprudência do Superior Tribunal de Justiça a via para o reconhecimento nacional da *suppressio*, que definimos como «*o ato ilícito consistente no exercício surpreendente de um direito, após a inércia do titular despertar na contraparte a confiança no não-exercício, à luz da boa-fé*[21].» Parte viva da Teoria dos Atos Próprios, referida na máxima da vedação ao comportamento contraditório, a *suppressio* é representativa de um modo mais fluido de captura e supressão de prerrogativas jurídicas a partir da inércia. É uma via mais insegura que institutos de tradição mais larga como os examinados no capítulo II, acima. Não há tarifação de tempo para inércia, nem há rol taxativo para o impedimento, suspensão ou interrupção desse tempo: tudo se dá pela interface entre inércia, de um lado, e a confiança que ele desperta, por outro, como fiéis da balança para preservação ou afetação da posição não exercida.

Enunciando-se de maneira mais sistemática, e construindo sobre considerações doutrinárias que nos precederam, propusemos em outra sede que sejam considerados elementos do suporte fático da *suppressio* (i) a existência de uma posição jurídica conhecida e exercitável; (ii) a abstenção ostensiva do exercício; (iii) a confiança investida pela contraparte; e (iv) o exercício da posição jurídica de maneira contraditória àquela confiança.

Sempre com esforço de síntese, poder-se-ia acrescentar a respeito destes pressupostos (ressalvando a inércia para o subitem seguinte), que (i) a existência de posição jurídica parece um dado trivial, porque o abuso de direito pressupõe haja direito a abusar, sob pena de se cogitar de não-

[20] STJ, 4ª T., REsp 214.680/SP, Rel. Min. Ruy Rosado de Aguiar Jr., julg. 10.8.1999. Tivemos o ensejo de analisar o precedente em obra monográfica sobre o tema: Andrade Neves, Julio G., *A Suppressio (Verwirkung) no Direito Civil*, São Paulo: Almedina, 2016, p. 175.

[21] Andrade Neves, Julio G., *A Suppressio (Verwirkung) no Direito Civil*, São Paulo: Almedina, 2016, p. 183. V. Martins-Costa, Judith, *A Boa-Fé no Direito Privado: critérios para a sua aplicação*, 2. ed. São Paulo: Saraiva, 2018, p. 710 e seguintes.

-direito, e não de direito manejado de maneira disfuncional; (ii) a confiança investida *(ii.a)* pressupõe *legítima confiança*, haurida pela percepção razoável de perenidade da inércia, que se dá na confluência do fluir do tempo (*quanto mais tempo de inércia, maior a confiança nela*) e dos atos inspiradores de confiança (*quanto mais houver eventos em que o exercício da posição jurídica seria natural, mas não tenha sido realizado, mais confiável é a inércia*) e *(ii.b)* significa concreta mudança de comportamento, com agravamento da posição da parte confiante, pela crença fundada na coerência do comportamento futuro do titular com a inércia pretérita; e (iii) o exercício da posição jurídica de maneira contraditória à confiança não pode comportar explicações por fatos novos, como atos de ingratidão ou ruptura de parcerias negociais que retirem do titular do direito o ânimo de agir complacentemente, frente à contraparte.

a. *Predicados da inércia na suppressio*

A inércia na *suppressio* é coligada ao exercício de posições jurídicas preestabelecidas. Exercício é ato de autonomia frente às potencialidades de posição jurídica, tendente à concreção de efeitos, ou à sua deliberada não-concreção, conforme a conveniência do titular.

Há exercício que configura ato-fato (nadar na piscina, que se tem), há exercício que configura ato jurídico em sentido estrito (protestar o título, cujo pagamento se faz jus), e há exercício que configura negócio jurídico (vender a casa, que se tem). Diante da possibilidade de ação (sem sentido larguíssimo), a opção pela inação também é exercício. E como tal, também está sujeita ao filtro de licitude do art. 187 do Código Civil, para assegurar não ultrapasse manifestamente os limites impostos pela boa-fé (*tal qual pelos bons costumes, sua função econômica e social*). Na *suppressio*, em particular, o abuso se deflagra *no ato comissivo de exercício que contraria a inércia anterior*, e não na inércia em si. É claro, para que haja escolha de não-agir (primeiro) e agir (depois, em contradição), é preciso haver ciência plena da posição jurídica a exercer (saber o que se escolhe).

Para despertar confiança e relevar à *suppressio*, contudo, é preciso que a inércia desborde em muito o ordinário. Propusemos chamar essa inação provocativamente (e em deliberada contradição) de *inércia ostensiva*, compreendida como aquela que «*agride manifestamente o senso de preservação do direito*», ou ainda «*paira sobre as partes com um sentimento de relevância próprio, definitivo, assumindo no panorama fático papel de absoluto destaque*[22]». Não nos parece que as cortes tenham se atentado, nas últimas décadas, ao rigor desse exercício, e a vulgarização do recurso à *suppressio* tem feito do instituto mais fonte de insegurança do que de esteio à legalidade no exercício de posições jurídicas.

b. Consequência da inércia na suppressio

Como ato de exercício tendente à concretizar efeitos decorrentes das posições jurídicas, a ilicitude da conduta comissiva após a formação da legítima confiança (i) impede que estes efeitos, que se confiou não existiriam, se concretizem; ou (ii) assegura indenização pelas perdas e danos decorrentes da concretização desse exercício, quando já tiver se consumado, ou quando a possibilidade do exercício for matéria de ordem pública (*v.g.*, na revogação do mandato, ou do testamento, que se fez confiar não seria revogado; CC, art. 187 c/c 927; e CRFB, art. 5º, XXV – *quando cogita de ameaça a direito* –, c/c CPC, para fins inibitórios, art. 294 e ss. c/c art. 497, *caput* e p.u.). Mas é apenas o exercício diretamente encoberto pela legítima confiança que se obsta, e não qualquer exercício decorrente da posição jurídica.

Essa questão – i.e., o recorte dos efeitos do exercício que a *suppressio* obsta, *vs.* os efeitos que a ela sobrevivem – tem sido a mais tormentosamente descurada pela praxe judicial. Assim o era em 2016, quando nos ocupamos pela primeira vez do tema, e assim o é, agora, em perigoso encorpar de precedentes que remete a *suppressio* a uma espécie de *carte blanche* exoneratória de deveres contratuais e legais.

A ninguém é dado, de regra, esperar nunca mais pagar pelo que contratou, ou nunca mais fazer o que disse que faria, ou nunca mais deixar de fazer o que disse se absteria. Enxergar tutela à boa-fé nisso, i.e., nessa exoneração holística, é ignorar que a boa-fé aponta ao cumprimento de deveres e não à sua negligência. A *suppressio* não modifica a relação jurídica de base, apenas filtra efeitos específicos tornados intoleráveis pelo abuso; a todos os outros, o esperado (o único caminho, na verdade) é a

[22] ANDRADE NEVES, Julio G., *A Suppressio (Verwirkung) no Direito Civil*, São Paulo: Almedina, 2016, p. 106.

preservação, inclusive coercitiva, frente à contraparte, com o rigor integral do ordenamento.

Para ir além disso, ou seja, para subtrair qualquer efeito da posição jurídica, perpetuamente e independentemente de investimento de confiança específico, o ônus argumentativo é muito maior e recai no recorte dogmático do capítulo III, acima. É preciso argumentar que (i) houve causa de extinção da posição (efeito que nenhum abuso produz, salvo se o ordenamento expressamente lhe atribuir efeito *caducificante*[23]), seja porque *(i.a)* a inércia era efetiva *declaração de vontade extintiva*, inconciliável com qualquer outra vontade, assim compreendida à luz das circunstâncias, e apta à produção de tais efeitos após exame de requisitos de validade e fatores de eficácia; ou *(i.b)* há instituto com suporte fático específico produtor da extinção, por meio da inércia. Não é simples fazê-lo, e por isso mesmo a jurisprudência – mesmo quando teria elementos para tanto – vacila por atalhos em que sobram princípios e falta rigor.

No Caso da Máquina Abandonada[24], por exemplo, a causa de extinção estava à mão dos julgadores, mas foi ignorada. Os autos dão conta de que uma Indústria entregara máquina a um Torneiro Mecânico em 1996, para reparo. Este reparara a máquina e tentara, por toda forma, contato com a Indústria para pagamento do serviço e retirada do bem. Sem sucesso, contudo. Passados cinco anos, já nos idos de 2001, a Indústria ajuizou ação contra o Torneiro Mecânico para reaver a máquina (em verdade, seu equivalente pecuniário, porque desaparecida a este ponto), mais perdas e danos.

Diante desse cenário, os julgadores compreenderam que «*por quase cinco anos a máquina esteve à disposição da autora para retirada*», motivo pelo qual sua inércia em não «*exercer esse direito, gerou legítima expectativa de que ele não seria mais exercido, seja no que se refere ao pedido de devolução, seja com relação à pretensão indenizatória*». O resultado seria a *suppressio*, com «*perda de um direito pelo seu não exercício durante um lapso longo o suficiente de tempo*

[23] Pontes de Miranda, Francisco Cavalcanti, *Tratado de Direito Privado, t. 2 (atualizado por Ovídio Rocha Barros Sandoval)*, 2. ed. São Paulo: Revista dos Tribunais, 2012, §164.3, p. 279.

[24] TJSP, 27ª Câmara de Direito Privado, Ap. Cív. 0140119-41.2005.8.26.0000, Rel. Des. Hugo Crepaldi, julg. 3.5.2011.

a fim de gerar em terceiros a expectativa de que ele não mais será exercido.» Não parece a melhor solução.

Se a Indústria deixou máquina consertada desatendida por um lustro, sem pagar ou perguntar por ela, ou mesmo sem o mínimo – *minimum minimorum* – de responder aos contatos múltiplos do Torneiro Mecânico, claro está que o equipamento foi abandonado. Indague-se nas circunstâncias negociais o que sucedera, e o leigo diria: «*largaram a máquina para trás*», «*abandonaram o equipamento*», «*desistiram da máquina*». Já no Código Beviláqua, nada obstante sistematização da matéria inferior ao Código atual, era clara a eficácia extintiva da propriedade sobre bens móveis com o abandono (CC16, art. 592, sobretudo em seu p.u.). Se o Torneiro vendeu a máquina para se remunerar (o que não fica claro), ou se a destruiu, terá agido licitamente por se ter dela assenhorado após o ato de abandono (CC16, art. 592, *caput*), e os efeitos radicais desta ruptura da propriedade originária terão esteio firme na letra da lei – sem necessidade de distorcer a eficácia dos atos abusivos.

Em outro recente precedente, a que designaremos o Caso das Diferenças de Comissões[25], duas das maiores empresas do Brasil litigaram por diferenças em empréstimos. No caso, um Banco Comercial cobrou de Rede de Supermercados diferenças de comissões por emissão de cartas de fiança por aquele em favor desta, em relação havida por muitos anos (pelo menos entre 2011 e 2018). Ocorreu que, em uma migração de sistemas do banco, os computadores falharam e determinados reajustes deixaram de ser aplicados. Eram duas as cartas de fiança: uma no valor de R$ 100milhões, outra de R$ 50milhões, posteriormente aditada para R$ 190milhões. E nessa garantia de R$ 290milhões, o erro resultou em cobranças a menor de R$ 3.8milhões.

É incontroverso nos autos que a cobrança a menor se deu por erro, e não por escolha deliberada de retardar exercício de direito. Em nenhuma página dos autos, a Rede de Supermercados afirma que a confiança naqueles valores cobrados a menor ensejara conduta sua diversa daquela que lhe natural, a torná-la prejudicada pelo exercício retardado do direito de

25 TJSP, 13ª Câmara de Direito Privado, Ap. Cív. 1009592-84.2019.8.26.0002, Rel. Des. Nelson Jorge Júnior, julg. 21.7.2021.

crédito. E nem pareceria crível, mesmo, que o alegasse: foram quase trezentos milhões em garantias e pouco mais de três milhões em diferenças.

Do seu porte econômico notório, poderia suceder que o valor fosse uma despesa incômoda em um mês, porque imprevista, mas isso se poderia resolver (*supondo provado o impacto no fluxo de caixa, que, repise-se, sequer alegado foi*) pela modulação temporal do exercício da cobrança às diferenças, para espraiá-las por período mais palatável. Mas não. A Corte *tout court* deu o devido por não devido, reputou o erro no exercício de cobrança por caduficiante do próprio crédito, e estendeu eficácia extintiva de direito a investimento de confiança que sequer se alegou. «*Não cabe a cobrança de reajustes previstos contratualmente pelo credor que, após 7 anos sem cobrá-los, pretende executá-los judicialmente*». A saber o porquê, porque a afronta à boa-fé objetiva, quando menos dos autos, não se fez sentir, nem o explicaria.

É preciso mudar para rejeitar, rápida e decisivamente, esse tipo de aplicação, para restringir a supressão de direito por abusos ao mínimo legalmente admissível – qual seja, à porção que haja manifestamente contrariado a boa-fé.

5. Ainda, caminhos a explorar: preclusão processual e material

Os capítulos anteriores conferem um inventário de hipóteses de supressão de direitos decorrentes da inação de seus titulares, no Direito Civil. A inércia pavimenta as estradas de supressão de posições jurídicas pelas vias da prescrição, da decadência, da usucapião, dos atos jurídicos lícitos (em particular, negócios) com eficácia extintiva e dos atos ilícitos com resultado deseficacizante (ou, quando a lei impuser, caducificante).

Neste capítulo final, parece oportuno sinalizar a um grupo de hipóteses, também fundado em inércia, mas não capturado nas categorias precedentes. A referência aqui é menos expositiva, e mais exploratória. Há casos em que direitos potestativos (*direitos formativos ou exceções*) são exercitáveis por um lapso de tempo não fixado em lei, mas, antes, pautado pela ação de uma contraparte juridicamente relevante, que deflagra um necessário movimento de reação. Exercida posição *contra* o titular dos direitos potestativos, ou bem ele reage, ou bem se queda inerte e os vê extintos.

Tome-se como exemplo o titular de direito a *compensação*. É direito formativo de eficácia extintiva, exercitável extrajudicialmente, cujo manejo pressupõe a existência de dívidas correspectivas, vencidas, líquidas e fungíveis entre si (CC, art. 360). A qualquer dos figurantes, reciprocamente credor e devedor, é dado extinguir a dívida até o limite das suas correspondências, mas este poder existe apenas até que alguma das dívidas tenha sido extinta por outras vias (como pagamento, espontâneo ou forçado). Não se pode retomar a extinção, que se deu, para que se faça a nova extinção, que se queria: o suporte fático da compensação (que pressupunha a existência da dívida) se foi, e a *compensabilidade* das dívidas, com ele.

Se o crédito exigido do devedor (também credor, para facultar compensação) é garantido por penhor com autorização para venda particular, sua contraparte pode vender os bens empenhados extrajudicialmente, aplicar o produto para satisfazer seu crédito e devolver o que sobejar (CC, art. 1.433, IV c/c art. 1.422). Até o momento (idealmente) precedente à aplicação do produto do bem dado em garantia real para a quitação, o suporte fático do direito potestativo à compensação está preservado: há dívidas de parte a parte. Ato contínuo à aplicação do produto para quitação, despareceu o suporte fático da compensação (uma dívida se extinguiu, por pagamento forçado) e, a reboque, o direito potestativo de compensar pereceu. Se o exercício da compensação se houvesse dado no momento anterior, valeria; tentado no momento imediatamente posterior, cai no vácuo. A inércia permitiu a mudança dos fatos, com a retirada do suporte e caimento do direito potestativo (*formativo*), que não se exerceu.

O fenômeno se poderia observar para exceções próprias e típicas do Código Civil, como a exceção de contrato não cumprido (CC, art. 476), exceção de inseguridade (CC, art. 477) e as variadas exceções de retenção[26]. Se o titular da exceção a exercer *no momento anterior* à entrega

[26] Por exemplo: CC, art. 189, recusa da prestação, até que se lhe tenha compelido a realização; art. 319 e 321, retenção de pagamento, até que se ofereça a quitação regular, ou declaração de inutilização do título da dívida desparecido; art. 571 e 578, retenção da coisa locada, até a indenização pela retomada antecipada, ou das benfeitorias necessárias e úteis, estas últimas desde que autorizadas; art. 633 e 644, retenção da coisa depositada,

(*espontânea ou forçada, extrajudicialmente*) da coisa, ou do desempenho (*espontâneo ou forçado, extrajudicialmente*) da prestação, seu poder de refreamento (encobrimento) da pretensão produz plenos efeitos. Mas se a coisa foi entregue, ou a prestação desempenhada, não pode mais retomar a coisa, ou repetir o pagamento, para mantê-los em seu patrimônio, recusando-lhe transferência à contraparte. Novamente, a inércia permitiu a mudança dos fatos, a retirada do suporte e o caimento do direito potestativo (*exceção*), que não se exerceu.

Extrajudicialmente, o perecimento destes direitos potestativos se deu não apenas pela conjunção da inércia e do passar do tempo fixado em lei ou no contrato, como ocorre na decadência[27]-[28]. Foi preciso mais. Foi preciso que uma contraparte exercesse direito próprio (A), exercício este conduzido no tempo incerto necessário para sua ultimação (B), com o efeito de eliminar elementos do suporte fático do direito potestativo (C), para que, apenas então (A + B + C), este direito potestativo fosse extinto. Na decadência, o direito potestativo caduca porque o titular não *agiu* (não resolveu, não resiliu, não anulou, não redibiu). Aqui, o direito potestativo caduca porque não *reagiu*, tempestivamente. *Quid iuris*: como se designa e qual o regime aplicável a essa intempestiva reação, necessariamente dialética? O que é esse levantar do escudo depois de já passada a flecha, que o torna imprestável?

até pagamento da retribuição e reembolso das despesas havidas com a coisa; art. 664, retenção do objeto da operação que lhe foi cometida, pelo mandatário, até que lhe paguem o devido pelo mandato; art. 708, retenção dos bens e valores em seu poder pela comissão, por parte do comissário, até que sua remuneração de comissões e reembolso de despesas seja ultimado; CC, art. 742, a retenção das bagagens, pelo transportador, para garantir-se do pagamento da passagem; CC, art. 1.219, a retenção da coisa, pelo possuidor de boa-fé, até que lhe paguem as benfeitorias úteis e necessárias; e CC, art. 1.433, a retenção da coisa, pelo credor pignoratício, para reembolso das despesas com ela feitas.

[27] Breve e cirúrgico, Simão leciona que «[a] decadência é fenômeno extintivo de direitos potestativos aos quais se fixou um prazo para seu exercício» (Simão, José Fernando, *Prescrição e Decadência. Início dos Prazos*, São Paulo: Atlas, 2013, p. 193).

[28] Nas posições jurídicas sujeitas a termo final, ou condição resolutiva, igualmente se passa coisa diversa: é apenas o fluir do tempo, solitariamente, que redunda na extinção. Não há conduta, gênero no qual se enfeixa a inércia, que é a pedra angular destas reflexões. Por exemplo, na disciplina da ausência, da anticrese e da hipoteca (CC, arts. 39, art. 1.423 e 1.485).

Há um segundo ângulo a explorar.

Nos contratos bilaterais, o desequilíbrio sinalagmático (desproporção econômico-financeira) tem regime diversos conforme o momento de sua verificação. Se a desproporção é contemporânea ao nascimento do contrato (genética), e se a contratação se deu por inexperiência ou premente necessidade, o caso é de lesão, que autoriza anulação (CC, art. 157). Se a desproporção é superveniente, há dois regimes: para oscilação imprevisível no valor da prestação, o caso é de revisão (*imprevisão*, CC, art. 317); e se a prestação se tornar onerosa para uma parte, com vantagem extrema para outra, por acontecimentos extraordinários e imprevisíveis, o caso é de resolução (onerosidade excessiva, CC, art. 478).

Como se nota, na lesão e na onerosidade excessiva, o remédio primário da parte vitimada é liberatório: anula-se ou resolve-se. Em ambos os casos, é de direito potestativo que se cuida, direitos estes (diferentes dos apenas referidos) exercitáveis apenas em juízo (CC, art. 177 e 478, parte final). Mas em ambos os casos, a bem da conservação dos negócios, o legislador conferiu à parte beneficiada pelo desequilíbrio direito potestativo próprio, com eficácia de neutralizar (eliminar) as prerrogativas liberatórias da parte vitimada. Basta consentir em equilibrar (caso da lesão) ou reequilibrar (caso da onerosidade excessiva) o negócio (CC, art. 157, §2º, e art. 479).

Aqui, tudo se dá em juízo. Se a oferta não for feita na defesa, é de se perguntar o que sucede. O inventário de posições foi feito pela doutrina em obra monográfica[29]. A se espelhar a solução vista nos cenários extrajudiciais, seria preciso sobrevir a sentença desfavorável (na lesão, pela anulação; na onerosidade excessiva, pela resolução). Afinal, apenas então o suporte fático do direito potestativo com eficácia defensiva teria sido tombado. Não poderia se desfazer a anulação, ou a resolução, que se decretou, para que então promover a modificação de negócio, que já não há.

Esta não é, contudo, a conclusão a que aquela doutrina especializada chegou – e está correta ao se afastar deste caminho, para preferir *o momento da resposta do réu* como ponto final para exercício (e, na inércia,

29 Marino, Francisco Paulo de Crescenzo, *Revisão contratual. Onerosidade excessiva e modificação contratual equitativa*, São Paulo: Almedina, 2020, pp. 170 a 172.

perecimento) do direito potestativo, em reconvenção. Não é dogmática a vaso-comunicação entre (i) a apresentação de defesa judicial e (ii) a extinção de direitos potestativos que poderiam operar em favor desta defesa. É o princípio da concentração da defesa que a promove, porque impõe ao réu alegar toda matéria defensiva na contestação, ressalvando novas alegações apenas para direito superveniente – que é coisa diversa de exercício superveniente de direito preexistente (CPC, arts.˜ 336 e 342)[30]. Coerentemente, em impugnação ao cumprimento de sentença, apenas as causas modificativas ou extintivas *supervenientes à sentença* podem ser cogitadas (porque as contemporâneas à defesa, ou supervenientes à defesa, mas anteriores à sentença, já foram por ela cobertas). Para ressalva à regra, é preciso que a lei o diga, como sucede na prescrição, que o direito pode ser arguido em qualquer grau de jurisdição (CC, art. 193).

No exemplo de direitos potestativos exercitáveis *em reação* e *em juízo*, essa contaminação do plano material (extinção do direito potestativo) pelo fenômeno da inércia no processo (preclusão processual) é mais fácil de enxergar, porque tudo se dá necessariamente ao mesmo tempo. Ou bem se reconvém, para ofertar ajuste e impedir, ou bem a anulação ou resolução serão acolhidas.

No caso dos direitos potestativos exercitáveis *em reação* e *fora de juízo*, a extinção pela inércia se bifurca: o direito potestativo poderá ser exercido até que seu suporte fático tenha sido materialmente turbado (fora de juízo) *ou* até que a defesa (com reconvenção) deva ser apresentada. Na última hipótese, a preclusão é judicial com efeitos materiais (a concentração da defesa faz extinguir o direito potestativo não exercido). Na primeira hipótese, contudo, *a preclusão é material com efeitos judiciais* (a subtração do suporte fático extingue o direito potestativo e torna improcedente, em eventual demanda, o pedido de seu exercício)[31].

[30] MARINONI, Luiz Guilherme; ARENHART, Sérgio Cruz; MITIDIERO, Daniel, *Curso de Processo Civil, vol. 2. Tutela dos Direitos Mediante Procedimento Comum*, 2a ed. São Paulo: Revista dos Tribunais, 2016, p. 188.

[31] Em sentido lato, a doutrina conhece da preclusão como gênero amplo de extinção de posições jurídicas. Dentre suas espécies, estariam, v.g., todos os casos de extinção de direitos por conduta da parte (caducidade, inclusive por efeito de ilícito), mas também

casos de afastamento de invalidades, mesmo absolutas, na referida *desaparição da causa extintiva* (PONTES DE MIRANDA, Francisco Cavalcanti, *Tratado de direito privado*, t. 25, 2. ed. Rio de Janeiro: Borsoi, 1959, §3.096, 3, p. 396. Sobre caducidade ser espécie de preclusão material, v. também o tomo 2, §167).

10.
RISCOS DAS GARANTIAS E RISCOS DOS CREDORES. O ETERNO JOGO DE XADREZ

MIGUEL PESTANA DE VASCONCELOS

Introdução. Plano de exposição

I. As garantias são essenciais à tutela da posição de um sujeito. Essa posição pode decorrer de diferentes contratos, sendo os mais comuns os contratos de concessão de crédito. Podem ter conteúdos e fontes bastante variáveis, mas visam sempre o reforço da posição do credor. A sua caracterização é, no sentido mais amplo de todos, mais funcional que estrutural.

II. Neste texto irá proceder-se a uma classificação inicial das garantias e da sua forma de articulação. Num segundo momento, centrar-se-á num conjunto exemplificativos dos principais tipos de garantias. Por último, atendendo ao objeto da obra, focarei a minha atenção numa modalidade de garantia, bastante relevante e útil para a execução, das obrigações: recurso a depósitos *escrow* em garantia ou para cumprimento com pacto de mobilização.

1. A classificação das garantias

I. A doutrina tradicional distingue duas modalidades de garantias, reais e pessoais. Nas primeiras constitui-se um direito real que onera um bem específico; na segunda, o património de um terceiro pode ser responsabilizado pelo incumprimento da obrigação assegurada. É uma conceção ultrapassada. Desde logo, porque exclui o recurso à titularidade de um direito com função de garantia, figura absolutamente essencial para tutela do credor, com enorme relevo em especial nos mercados financeiros. Aí se incluem as alienações em garantia e o reporte, ou repo (*sale nd repurchase agreement*).

II. Propusemos uma outra classificação[1]. O reforço quantitativo, que traduz a responsabilização de um património de um terceiro garante pelo incumprimento de uma obrigação, por via de instrumentos que em termos de técnica jurídica podem ser muito diversos entre si, e um reforço qualitativo, que consiste em afetar o valor de um bem ou bens ao cumprimento de uma obrigação. Este último inclui três tipos de grupos diferentes entre si unidos somente por este aspeto funcional[2].

Deste modo, temos, em primeiro lugar, o recurso a garantias reais e figuras similares, como os privilégios mobiliários gerais (estes tendo por fonte a lei); em segundo, a afetação da titularidade de um direito ou direitos, de natureza diversa, ao cumprimento da obrigação, podendo este ser retido, ou alienado para esse fim; por último, a constituição de patrimónios autónomas, quer na esfera do de devedor, quer de terceiro.

III. Os segundas e terceiras modalidades merecem uma explicação adicional. O recurso à titularidade do direito com função de garantia assenta na sua transferência pelo devedor um terceiro, que o deverá, depois, em certos termos, retransmitir, ou na retenção do direito – não necessariamente de propriedade – até ao cumprimento da obrigação tutelada. Os direitos objeto de transmissão podem ter naturezas muito distintas, não sendo unicamente a propriedade, mas também a um direito de crédito, um valor mobiliário (ações, obrigações, unidades de participação), um direito de propriedade industrial (como uma patente). A transmissão e retransmissão podem emergir de um negócio fiduciário atípico (uma simples alienação para garantia) ou de um negócio típico, como negócio indireto. Ele será na maior parte dos casos um compra e venda, como

[1] Ver Pestana de Vasconcelos, Miguel. *Direito das garantias,* 3.ª ed., Coimbra: Almedina, 2019, pp. 47, ss..

[2] Ver Pestana de Vasconcelos, Miguel. *Direito das garantias,* 3.ª ed., Coimbra: Almedina, 2019, pp. 64, ss..

sucede com o repo, cuja estrutura é composta por duas compras e vendas de sinal contrário, tendo a segunda efeitos a termo.

Num património autónomo certos bens do devedor ou de terceiro são destacados do seu património geral para respondem só, ou a título principal, por determinadas dívidas. Eles têm em regra fonte legal (como sucede para as *convered bonds,* ou obrigações hipotecárias), mas certos ordenamentos, como o italiano, permitem a sua constituição por via contratual.

IV. Trata-se de uma visão exclusivamente do prisma civil e isso, limitada. De facto, em particular nas garantias qualitativas, o seu regime insolvencial é decisivo.

Importa aqui responder a três questões: a garantia é admitida nesta sede como tal nesta sede ou é recaracterizada; os seus efeitos permitem uma satisfação exclusiva, ou pelo menos privilegiada face aos restantes credores; qual a extensão da obrigação ou obrigações tuteladas (só capital, capital e juros, com, se algum, limite). Haverá ainda que ter em conta que certas figuras beneficiam de um regime insolvencial de caráter excecional, que as protege integralmente das consequências da insolvência do devedor[3]. É o que sucede com os contratos de garantia financeira, cuja disciplina, aliás, tem fonte em direito da União Europeia.

V. *Last but not the least*: as garantias têm que ser eficazes. Ou seja: é necessário que aquelas que o ordenamento tipifica e aquelas cuja criação permita por via da autonomia privada possam ser de fácil constituição e funcionem de forma rápida, eficaz e pouco onerosa[4]. Assim como, aspeto central, que não sejam atingidas pela insolvência do devedor[5]. Por conseguinte, as garantias qualitativas que tenham por objeto bens de elevada liquidez e permitam a execução por ato do credor (garantias

[3] Ver PESTANA DE VASCONCELOS, Miguel. *Direito das garantias,* 3.ª ed., Coimbra: Almedina, 2020, pp. 65, ss..

[4] Cfr. M. CABRILLAC, Michel/MOULY, Christian/ CABRILLAC, Séverine/PÉTEL, Philippe. *Droit des sûretés,* 9.ª ed., Paris: Litec, 2010, p. 5.

[5] LEGAIS, Dominique. *Sûretés et garanties du crédit,* 5.ª ed., Paris: LGDJ, 2006 p. 4.

self-executing), nomeadamente através da apropriação ou da alienação em mercado, são as mais eficientes.

De forma paralela, o mesmo sucede nas garantias quantitativas se o credor puder exigir o cumprimento ao garante sem que lhe possam ser opostas exceções decorrentes do contrato base da obrigação garantida.

2. Outras figuras

I. As partes muitas vezes não se limitam às garantias que acabei de caracterizar, recorrendo a figuras civis e comerciais que são adaptadas para desempenharem uma função de garantia. É o que sucede com a compensação. Trata-se de um instrumento de tutela muito relevante. Ela permite "fechar" posições recíprocas das partes sem ter lugar a execução isolada das transações donde emergem os créditos respetivos. É nela que assenta o *netting* (sempre que não decorra da novação). Em particular, o *close-out netting*, cuja estrutura consiste num vencimento antecipado de todas as obrigações das partes, com subsequente compensação.

II. Outras cláusulas de garantia têm estruturas diferentes. Recorremos a três exemplos. As cláusulas que permitem ao credor controlar, quer o financiamento, quer a evolução patrimonial do devedor. Atingidos os índices previstos no contrato o credor poderá exigir que o devedor adote determinadas medidas, e, caso não o sejam, verificar-se um *event of default* que lhe conferirá o direito a provocar o vencimento antecipado da obrigação. E nesse caso poder valer-se de uma outra garantia prestada por terceiro[6].

As cláusulas que funcionem como *cross default*, permitindo ao credor provocar o vencimento antecipado, se o devedor incumprir um outro contrato face a ele ou perante terceiro.

Por fim, com uma estrutura técnica diversa, e uma finalidade também distinta, os *step in rights*, que permitem ao credor ocupar a posição do devedor/empreiteiro em certos termos para que a obra que este se obrigou a a realizar não seja interrompida.

[6] Ver Pestana de Vasconcelos, Miguel. *Direito bancário*, 3.ª ed., Coimbra: Almedina, 2021, pp. 196, ss..

3. Combinação de garantias no âmbito de uma mesma operação negocial complexa

I. Nas operações negociais mais complexas são compostas em regra por um conjunto de contatos coligados, tanto de crédito como de garantia, para se obter um determinado resultado económico global. As garantias nesses tipos de arranjo contratuais são múltiplas, podendo mesmo criar-se uma sobregarantia a favor de um ou mais credores. Serão utilizadas de forma combinada, garantias reais, pessoais e garantias assentes na titularidade de um direito. A tutela de uma das partes passa também pela criação de contragarantias a favor de quem presta garantias, para o crédito decorrente da sua execução.

II. Recorrendo a um exemplo de *project finance* de um *resort* turístico. A favor do financiador, muitas vezes um sindicato bancário, é constituída uma hipoteca do terreno, que abrangerá, subsequentmente, os imóveis que aí venham a ser construídos. Os créditos futuros decorrentes das vendas serão alienados em garantia. Os pagamentos deverão ser realizados numa única conta bancária *escrow*, que será dada em penhor pelo seu titular. Os sócios gerentes da sociedade detentor do *resort* prestarão uma garantia pessoal, muitas vezes sob a forma de uma livrança em branco com pacto de preenchimento. Os financiadores exigirão que sejam incluídas cláusulas de *step in* nos contratos de empreitada que venham as ser concluídos pelo financiado para execução do empreendimento. Outras figuras poderão ser adaptadas para este efeito, e, em certos casos, haverá contragarantias e mesmo um *pool* de garantias.

4. O reforço quantitativo da posição do credor

4.1. A fiança ao primeiro pedido

I. Esta figura[7] caracteriza-se por o fiador ter que cumprir face ao pedido do credor sem que lhe possa opor, num primeiro momento, como é

[7] Menezes Leitão, Luís. *Garantias das obrigações*, 6.ª ed., Coimbra: Almedina, 2018, pp. 137, ss.; Costa Gomes, Manual Januário. *A chamada "fiança ao primeiro pedido"*, in Estudos em Homenagem ao Professor Doutor Galvão Telles, Novos estudos de Direito Privado, Estudos organizados pelos Professores Doutores António Menezes Cordeiro, Luís Menezes

característico da fiança e das principais manifestações do seu carácter acessório, os meios de defesa que cabem ao devedor (art. 637.º n.º 1). A existirem esses meios, o fiador poderá exigir ao credor a repetição do que pagou (*solve et repete*) Nessa medida se diz que a acessoriedade, momentaneamente colocada de lado, volta a manifestar-se.

O ónus da prova da existência de meios de defesa que se não fosse o afastamento da acessoriedade, no primeiro momento, o fiador teria podido opor ao credor, e, portanto, o carácter indevido do pagamento, cabe-lhe a ele no seio da ação de repetição.

Consiste numa figura que combina elementos da fiança típica com os da garantia autónoma, tendo por isso um conteúdo misto. Se recorrermos a uma séria de tipos este contrato inclui-se entre a fiança típica e a garantia autónoma.

4.2. A garantia autónoma *on first demand*[8]

I. Em termos gerais, estamos perante uma garantia autónoma em regra prestada por um banco, quando o garante assume face credor uma obrigação autónoma relativamente à obrigação garantida decorrente de um outro contrato, o contrato base.

Assim, verificados os pressupostos acordados entre as partes (credor e garante) para o funcionamento da garantia, o garante terá que realizar o pagamento de uma quantia pecuniária ao credor sem que lhe possa opor, como sucede na fiança, os meios de defesa decorrentes da relação entre este e o devedor da obrigação garantida, ou da relação entre o devedor e ele. Somente pode recorrer aos meios de defesa emergentes da relação de garantia.

Leitão e Januário da Costa Gomes, Coimbra: Almedina, 2003, pp. 833, ss.; De Nictolis, Rosanna. *Nuove garanzie personali e reali, Garantievertrag, fideiussione omnibus, lettere di patronage, sale – lease – back*, Pádua: Cedam, 1998, p. 215

[8] Ver Romano Martinez, Pedro. *Garantias bancárias*, in: Estudos em homenagem ao Professor Doutor Inocêncio Galvão Telles, volume II, Direito bancário (estudos organizados pelos Professores Doutores António Menezes Cordeiro, Luís Menezes Leitão e Januário da Costa Gomes) Almedina: Coimbra, 2002, pp. 265, ss.; P. Romano Martinez/P. Fuzeta da Ponte, *Garantias de cumprimento*, cit., pp. 124, ss.; Menezes Leitão, Luís. *Garantias das obrigações*, 6.ª ed., Coimbra: Almedina, 2018, pp. 137, ss. Canaris, Claus Wilhelm. *Bankvertragsrecht*, 3.ª ed., vol. I, Berlim, Nova Iorque: Walter de Gruyter, 1988, pp. 745, ss.

Como se sabe, o primeiro contrato a que nos referimos poderá ter uma natureza muito diversa (p. ex., compra e venda, empreitada, etc), sendo o segundo contrato referido aquele celebrado entre o devedor e o banco/ garante. Este tem como conteúdo a obrigação do garante de celebrar em determinados termos, aí fixados, o contrato de garantia autónoma com o credor, mediante uma contrapartida patrimonial por parte do devedor/ordenante. O contrato de garantia, em si, que fecha a operação, é um mandato, pelo qual o garante se obriga a praticar um ato jurídico em nome próprio por conta do ordenante (mandato sem representação – comissão, no direito brasileiro)[9]. O seu conteúdo é, porém, mais amplo do que o de um simples mandato, como se vê. A estrutura contratual e o conteúdo da garantia em si é especialmente moldável, permitindo-se ser usada para satisfazer diferentes necessidades das partes.

II. Será quase sempre uma garantia à primeira solicitação. Contudo, esta versão, a mais relevante, da figura não dispensa o pedido. Este pode ter de ser acompanhado de documentos que o justifiquem. Quanto menos exigente e for em termos documentais o pedido mais ampla será a posição do credor/garantido. Daí a modalidade mais eficiente de todos seja a garantia "seca", aquela que se basta com o simples pedido em si.

4.3. As cartas de conforto (*comfort letters*)[10]

I. São uma modalidade de garantias (embora só em algumas das suas modalidades) recente que apresenta contornos algo difusos, uma vez que melhor do que falar em cartas de conforto deveríamos falar em modalidades de cartas de conforto, pois estas têm conteúdos bastante diversos, gerando muitas vezes grandes dificuldades interpretativas devido aos termos – muitas vezes propositadamente – ambíguos em que são redigidas.

[9] Ver Pestana de Vasconcelos, Miguel. *Direito das garantias*, 3.ª ed., Coimbra: Almedina, 2019, p.

[10] Ver Pestana De Vasconcelos, Miguel. *As garantias difusas do financiamento societário: as cartas de conforto*, Revista Eletrónica de Direito, 2014, n.º 1, in: www.cije.up.pt/revistared, p. 1, ss.; Menezes Cordeiro, António. *Das cartas de conforto no direito bancário*. Lisboa: Lex, 1993; Costa Gomes, Manual Januário. *Assunção fidejussória de dívida*. Coimbra, Almedina, 2000, pp. 405, ss

Contudo, numa formulação bastante geral, sempre se poderá dizer que consistem em declarações de um ente que, de uma forma mais ou menos intensa, procura que seja concedido crédito a um terceiro, manifestando determinadas intenções face ao creditado, ou mesmo assumindo certas obrigações perante o creditante, de maneira a "confortá-lo", ou seja, a, de alguma forma, incrementar a sua expetativa de que as obrigações do creditado serão cumpridas

Em regra, elas surgem nas relações societárias em que a sociedade mãe procura que seja concedido crédito à sociedade filha. O banco não o concederá sem que haja um reforço, mesmo que por vezes simplesmente aparente, da sua posição

II. As cartas de conforto têm uma por uma grande diferença de conteúdos entre si. Como figura atípica e de com uma extensa diversidade de conteúdos, o essencial é *interpretação de cada carta de conforto.*

No entanto, parece-nos útil fixar as grandes coordenadas desta matéria. Para tal, vamos arrumar, de acordo com um conjunto de conteúdos mais frequentes, as cartas de conforto[11] dentro de grupos. Distinguiremos assim entre cartas fracas, médias e fortes. Este aspeto conjugado, em seguida, com a determinação do regime que, *tendencialmente,* caberá a cada grupo de cartas de conforto será – sublinhando-se mais uma vez: com as limitações referidas – útil ao intérprete face a cada carta em particular.

Ressalte-se neste quadro dois pontos: o conteúdo das cartas fracas faz, em regra, parte também das outras cartas de conforto (médio e forte). Só as cartas fortes são verdadeiras garantias, podendo ou assumir o conteúdo de garantias pessoais típicas ou obrigações atípicas que conduzam a esse resultado.

5. As garantias reais

I. A técnica utilizada nas garantias reais consiste na criação de um novo direito real, um direito real de garantia, que incide sobre um bem na esfera do devedor ou de terceiro. Não há transferência do bem como

[11] Quanto a estes, ver, p. ex., De Nictolis, Rosanna. *Nuove garanzie personali e reali, Garantievertrag, fideiussione omnibus, lettere di patronage, sale – lease – back,* cit., pp. 380, ss..

sucede nas transmissões fiduciárias e ele continua a ser sujeito a uma penhora em ação executiva interposta por um outro credor do titular, assim como a integrar a massa insolvente. O credor beneficia só de um pagamento privilegiado sobre o bem. Sendo um direito real, comunga das características dos direitos desta natureza: a prevalência e a sequela.

As garantias reais mais relevantes são a hipoteca, que incide sobre bens imóveis ou móveis sujeitos a registo, e o penhor. Em termos económico-financeiros este último é o mais relevante na estruturação de operações económico-financeiras e será sobre ele que incide a exposição que se segue.

5.1. O penhor[12]

I. O penhor confere ao seu titular uma preferência na satisfação do seu crédito pelo produto da alienação da coisa móvel, direito ou outro bem sobre que incida. A garantia é acessória do crédito (presente, condicional ou futuro) e pode ser constituída pelo devedor, incidindo então sobre um bem do seu património, ou por terceiro, hipótese em que, para além de termos um aumento qualitativo da garantia, ele é também quantitativo.

O penhor tem uma enorme amplitude em termos de objeto, sendo por isso fundamental na vida económico-financeira: coisas corpóreas móveis, créditos ou outros direitos não suscetíveis de hipoteca. Podem ainda ser objeto de penhor, participações sociais (art. 23.º n.º 3 do Código das Sociedades Comerciais), ou ainda outros bens, como o estabelecimento comercial.

Em regra, a execução do penhor faz-se por via executiva[13], que culmina com a venda do bem empenhado, permitindo-se assim que o credor se satisfaça pelo produto dessa venda. Admite-se, no entanto, que

[12] Ver, por todos, Antunes Varela, João. *Das Obrigações em geral*, vol. II, 7.ª ed., Coimbra: Almedina, 1997 pp. 526, ss.; Almeida Costa, Mário Júlio. *Direito das obrigações*, 9.ª ed., Almedina: Coimbra, 2009, pp. 920, ss.; Romano Martinez, Pedro/Fuzeta da Ponte, Pedro. *Garantias do cumprimento*, 5.ª ed., Coimbra: Almedina, 2006, pp. 170, ss.; Menezes Leitão, Luís. *Garantias das obrigações*, 6.ª ed., Coimbra: Almedina, 2018, pp. 137, ss.; Ramos Alves, Hugo. *Do penhor*. Coimbra: Almedina, 2010.

[13] Não há já um processo especial para este efeito. Na verdade, o processo especial de venda e adjudicação do penhor regulado nos arts. 1008.º a 1012.º CPC foi revogado pelo Dec.-Lei n.º 329-A/95, de 12/12.

por força de convenção das partes (acordo esse que é comum) aquando da constituição do penhor a venda possa ser realizada extraprocessualmente, o que significa uma venda privada (art. 675.º n.º 1 *in fine*).

II. O regime do penhor consta com grande desenvolvimento do Código Civil, tanto para as coisas como para os direitos. Contudo, há conjunto muito vasto de outros diplomas que criaram regimes especiais e mesmo excecionais para o penhor, regimes esses que são, na verdade, aqueles que têm um maior relevo. Por isso, se pode dizer que o penhor é uma garantia "fragmentada". Com uma base muito desenvolvida no Código Civil, seguida, porém de diversas modalidades que estabelecem regimes especiais e muitas vezes excecionais relativamente o tronco comum, e que, para além do mais, se tem que articular entre ele, uma vez que existem igualmente áreas de sobreposição.

É o que sucede com o penhor mercantil (em especial o penhor mercantil com apropriação – aprovado pelo Dec.-Lei n.º 75/2017, de 26/6)[14], os penhores constituídos para garantia de créditos de estabelecimentos bancários, que justamente dispensam a entrega da coisa ao credor ou a terceiro (Dec.-Lei n.º 29 833 de 17/3/1939), o penhor de conta bancária e, em particular, o penhor financeiro[15]. Esta é a garantia pignoratícia por excelência devido ao conjunto excecional de direitos que confere ao cre-

[14] No Brasil prevê-se no Código Civil, como modalidade do penhor, um penhor legal: arts. 1467.º-1472.º. Este nasce, nos termos do regime previsto no Código Civil Brasileiro, já depois do incumprimento, enquanto o penhor convencional visa prevenir esse mesmo inadimplemento. Assim, ULHOA COELHO, Fábio. *Curso de direito civil, Direito das coisas, Direito autoral*, 2.ª ed., Saraiva: São Paulo, 2009, p. 231

[15] Referência nesta sede pelo seu interesse, merece o penhor geral ou omnibus. De forma paralela à fiança, também as partes podem acordar um penhor que se destine a garantir um conjunto de obrigações presentes e/ou futuras, que não se encontram logo fixadas, do autor do penhor ou de terceiro. Trata-se muitas vezes de aberturas de crédito. Outras vezes, o que se pretende é "estender" o penhor a um conjunto de obrigações que venham ainda surgir. Em princípio, não haverá aqui dificuldades de maior, uma vez que o penhor pode garantir dívidas condicionais e futuras (art. 666.º n.º 3), desde que estejam preenchidos os requisitos de determinabilidade do art. 280.º, sob pena de nulidade. Se as obrigações garantidas forem presentes, mesmo que elas não sejam indicadas, existe já um critério para as determinar, o que leva a que o autor do penhor saiba, ou possa saber, qual a amplitude da garantia. O mesmo não sucede no que diz respeito a obrigações futuras. Para estas, terá

dor e, em particular, a sua completa proteção (uma verdadeira "blindagem") na insolvência do devedor.

Com base no critério de relevância económico-financeira, faremos a exposição seguinte abranger tão só três modalidades de penhor: o financeiro e o de conta bancária.

5.1.1. O penhor financeiro. A super-garantia de direito europeu

I. O penhor financeiro[16] é uma modalidade dos contratos de garantia financeira regulada pelo Dec.-Lei n.º 105/2004, de 8/5, que por sua vez resulta da transposição da Diretiva 2002/47/CE do Parlamento Europeu e do Conselho, de 6/6/2002, alterada depois pela Diretiva 2009/44/CE, do Parlamento Europeu e do Conselho de 6/5/2009 (as *collateral directives*).[17]

Há em termos da União Europeia, por essa razão, uma ampla uniformidade desta modalidade de garantias, que em grande parte suporta as transações nos mercados financeiros. Pode assim falar-se – e daí a sua extraordinária importância – numa verdadeira garantia europeia.

Os contratos de garantia financeira são constituídos por duas modalidades (art. 2.º n.º 2 do Dec.-Lei n.º 105/2004, de 8/5): uma é o penhor financeiro, agora objeto da nossa atenção; outra é a alienação fiduciária em garantia, onde se inclui o reporte, que será analisada *infra*, uma vez que se enquadra num outro grupo de garantias que conferem um reforço qualitativo sobre certo ou certos bens por uma outra via: o recurso à titularidade de um direito.

que se estabelecer um critério que permita saber quais as obrigações futuras garantidas e quais não o são, sob pena de nulidade (art. 280º).

16 Ver; M. Pestana De Vasconcelos, Miguel. *Os contratos de garantia financeira. O dealbar do direito europeu das garantias*, in Estudos em Honra do Professor Doutor José de Oliveira Ascensão (coordenação dos Professores Doutores António Menezes Cordeiro, Pedro Pais de Vasconcelos e Paula Costa e Silva), vol. II, Faculdade de Direito da Universidade de Lisboa, Coimbra: Almedina, 2008, pp. 1273, ss.; Macedo Graça, Diogo. *Os contratos de garantia financeira*, Coimbra: Almedina 2010.

17 Sobre elas: Jahn, Uwe. *Bankrechts-Handbuch*, (de H. Schimanski/H.-J. Bunte/H.-J. Lwowsky Band II, 4.ª ed., Munique: Beck, 2011, § 114, pp. 1556, ss.; Lyczkowska, Karolina. *La revolución en el mundo de las garantías financieras astá a la vuelta de la esquina: Proyeto de modificación del Real Decreto-Ley 5/2005*, Madrid: La Ley, 5102/2011, 14 de abril de 2011, pp. 6, ss.

II. Estas garantias três tipos de direitos ao credor: o de dispor do bem objeto da garantia, como se fosse seu titular (art. 9.º n.º 1 do Dec.-Lei n.º 105/2004, de 8/5); a restituição da garantia de que se dispôs por compensação do seu valor com o da obrigação art. 10.º, ns. 1, 2 e 3 do Dec.-Lei n.º 105/2004, de 8/5; a execução acelerada do *close-out netting* (art. 12.º n.º 2 do Dec.-Lei n.º 105/2004, de 8/5)[18]; o poder de apropriação da garantia, em caso do incumprimento do devedor nos termos do pacto marciano. Em caso de insolvência estão protegidos o *top up collateral*, as garantias substitutivas, que conferem a possibilidade de o penhor assumir uma forma rotativa, e as garantias adicionais [art. 17.º, n.º 1, als. a) e b) do Dec.-Lei n.º 105/2004, de 8/5][19]

5.1.2. O penhor de conta bancária[20]

I. Uma figura que se desenvolveu no âmbito da prática bancária foi a do penhor de uma conta bancária. Assim, um sujeito que tem uma quantia depositada num banco e que, nessa medida, é titular do crédito à sua restituição, pode constituir um penhor sobre esse crédito a favor de um terceiro ou mesmo do próprio banco, devedor da referida quantia.

O banco torna-se dessa forma titular de um penhor sobre um crédito de que é ele próprio devedor. Em caso de incumprimento da obrigação garantida, o banco satisfaz-se pela própria quantia aí depositada. O procedimento é simples, tudo se faz rápida e eficazmente através de um sistema de débito do valor em dívida na referida conta.

II. O depósito pode ser à ordem ou a prazo. Quando é à ordem, em regra, bloqueia-se a sua movimentação para que não haja um esvaziamento da garantia. Mas pode tal não suceder, incidindo o penhor sobre o saldo da conta, como sucede, aliás, no penhor financeiro[21], cujo objeto

[18] Ver BENJAMIN, Joanna. *Financial law*, Oxford University Press, Oxford, 2007, pp. 267-268.

[19] Ver muito desenvolvidamente PESTANA DE VASCONCELOS, Miguel. *Direito das garantias*, 3.ª ed., Coimbra: Almedina, 2019, pp. 333, ss..

[20] Ver PESTANA DE VASCONCELOS, Miguel. *Direito das garantias*, 3.ª ed., Coimbra: Almedina, 2019, pp. 362, ss..

[21] O numerário, como se referiu, refere-se ao crédito ao saldo disponível de uma conta bancária (denominada em qualquer moeda), "ou créditos similares que confiram direito

(do crédito garantido, note-se, objeto do penhor é esse crédito em si) terá que se apurar nessa data. Sendo o depósito à ordem, não haverá dificuldades de maior. Se for a prazo, em princípio, fará parte do contrato de penhor a atribuição da faculdade de movimentação antecipada ao credor/banco nessa circunstância.

Como temos apontado, verificados os requisitos do Dec.-Lei n.º 105/2004, de 8/5, o penhor será um penhor financeiro (o que muitas vezes não se verificará, basta que o devedor, autor do penhor seja uma pessoa singular) com a aplicação desse regime favorável ao credor pignoratício.

III. Temos que ter em seguida em conta as objeções à sua admissibilidade. Destacaríamos duas: a proibição do pacto comissório e o mecanismo de satisfação do credor. Atendendo à forma de satisfação do credor pignoratício em caso de incumprimento da outra parte (e não antes), que consiste num débito em conta da quantia em dívida, não se pode dizer que se trate de um pacto comissório. A natureza do bem (dinheiro) e o facto de só se poder debitar a quantia em dívida obstam a que se verifiquem quaisquer dos fundamentos que justificam a referida proibição.[22]

5.1.3. O penhor industrial e mercantil do direito brasileiro

I. O direito brasileiro consagra uma figura muito interessante e economicamente eficiente: penhor industrial e mercantil, previsto nos arts. 1447.º-1450.º do Código Civil Brasileiro (CCB)[23]. Ele tem por objeto, entre outros, máquinas, aparelhos, materiais, instrumentos, instalados e em funcionamento, com os acessórios ou sem eles, animais utilizados na indústria, matérias-primas e produtos industrializados – como se vê, um objeto amplíssimo.

à restituição de dinheiro, tais como depósitos no mercado monetário" [art. 5.º al. a) do Dec.-Lei n.º 105/2004, de 8/5].

[22] Cfr. Pestana de Vasconcelos, Miguel. *Direito das garantias*, 3.ª ed., Coimbra: Almedina, 2019, pp. 364-365.

[23] Sobre esta figura, ver F. Ulhoa Coelho. Fábio, *Curso de direito civil, Direito das coisas, Direito autoral*, 2.ª ed., Saraiva: São Paulo, 2009, pp. 228, ss..

II. Trata-se de um penhor sem desapossamento (art. 1431.º, parágrafo único, CCB), tendo o seu autor o dever de guardar e conservar a coisa, podendo o credor pignoratício verificar o seu estado, inspecionando-as onde se encontrarem ele próprio ou por pessoa que credenciar. Contudo, exige-se para a sua constituição a adoção de instrumento público ou particular e registo no Cartório de Registo de imóveis da circunscrição onde estiverem situadas as coisas empenhadas (art. 1448.º CCB). O autor do penhor não pode alterar as coisas empenhadas, alterar-lhes a situação ou vendê-las sem o consentimento do credor pignoratício. Se essa autorização for concedida, terá que adquirir outras em sua substituição, que ficam sub-rogadas no penhor (art. 1449.º CCB). Em certos casos pode ser emitida pelo devedor uma cédula do respetivo crédito garantido (art. 1448.º parágrafo único CCB).

III. A figura está gizada de forma muito interessante, porque permite equilibrar os diversos interesses em presença, do credor, do autor do penhor e de terceiros (embora nos pareça que os destes são menos relevantes, pelas razões que expomos na nota seguinte). O autor do penhor poderá usar o bem ou bens e, mesmo, com o consentimento do credor, no decurso da sua atividade, alterá-los ou vendê-los. Neste caso, terá simplesmente de os substituir por outros idênticos, operando-se a sub-rogação real.

Trata-se assim de um caso de penhor rotativo particularmente adaptado às necessidades do comércio, em que se tem que recorrer muitas vezes, aos bens dados em garantia para se obterem os meios necessários à satisfação do crédito garantido. As garantias não podem ser economicamente ineficientes.

6. As garantias assentes na propriedade ou na titularidade de um outro direito

6.1. A reserva de propriedade

I. A cláusula de reserva de propriedade, em regra inserida num contrato de compra e venda (mas não necessariamente – no direito português, dada a amplitude do art. 409.º do Código Civil, pode fazer parte de qualquer outro contrato), constitui um importante instrumento de tutela do vendedor que entrega logo a coisa e concede um prazo ao comprador para pagar o preço, muitas vezes a prestações. Esta concessão de um prazo para o pagamento de preço constitui uma forma de conceder crédito, denominado "crédito comercial".

Ao ligar a transmissão da propriedade – ou da titularidade de um outro direito, como já se verá – ao momento do efetivo pagamento do preço, o vendedor cria para si um instrumento de tutela assente na propriedade da coisa.

Se o devedor não cumprir, ele poderá recuperar a coisa, uma vez que a propriedade nunca sai da sua esfera. Se assim não fosse, quer por força do art. 886.º do Código Civil, quer por o comprador a ter entretanto revendido (em virtude dos limites que o a art. 435.º n.º 1 do Código Civil coloca aos efeitos da resolução), o vendedor, se evidentemente não tivesse sido constituída a seu favor uma outra garantia especial, seria um simples credor comum do preço. Situação particularmente gravosa na insolvência, como se sabe.

Ao recorrer à reserva de propriedade, o vendedor vê sempre os danos resultantes do incumprimento da outra parte minorados, mesmo quando a coisa tenha já sofrido alguma desvalorização pelo uso que lhe for dado pelo outro contraente.

II. A sua garantia, aqui, radica sempre na manutenção da propriedade do bem na sua esfera, obstando a que ela se transmita de imediato, de acordo com a regra geral do direito português (art. 408.º do Código Civil) com a celebração do contrato. Portanto, a "retenção" da propriedade na esfera do vendedor visa fins de garantia, de tutela da sua posição, atuando assim, conforme se verá melhor mais à frente, de uma forma bem diversa das garantias reais.

6.2. O reporte

I. O reporte[24] é o mais antigo dos contratos típicos que pode (mas não só) desempenhar funções de crédito e garantia, sendo esta constituída

[24] Muito desenvolvidamente, ver Pestana de Vasconcelos, Miguel. *Do reporte com função de crédito e garantia*, in: Nos 20 anos do Código das Sociedades Comerciais, homenagem aos Profs. Doutores A. Ferrer Correia, Orlando de Carvalho e Vasco Lobo Xavier (coord.

pela titularidade de um direito. Consiste numa venda seguida por uma revenda imediata com efeitos a prazo, ou, numa outra modalidade, uma obrigação recíproca de revenda decorrido o prazo contratualmente previsto. O preço de revenda é superior ao preço de venda inicial porque compreende a remuneração do comprador sob a forma de juros. Nalguns casos, porém, os juros serão calculados à parte.

Nos mercados financeiros de, que é um dos esteios, denomina-se repo, abreviatura de *sale and repurchase agreement* e consiste de num instrumento de eleição para a realização pelos bancos centrais das operações de *open market*, e de concessão de crédito garantido, em que a proteção do credor assenta na titularidade dos valores mobiliário vendidos (e logo revendidos). Os mercados de repos tem uma importância estruturante na realidade financeira.

Sendo duas compras e venda, elas consistem num exemplo clássico, na sua articulação de um negócio indiretos que visa funções de crédito e garantia. Com efeito, os bens objeto da venda e revenda imediata consistem na garantia da restituição da quantia emprestada, através do preço de venda e restituída pelo preço de revenda.

II. Foi prevista e parcialmente regulada no Código Comercial (ainda em vigor) de 1888, tal como sucede no Código Civil italiano de 1942. Acresce que, nos tempos mais recentes, o crescente recurso à titularidade de um direito com função de garantia veio recolocar este contrato numa posição de destaque. Como o demonstra, claramente, a disciplina das garantias financeiras (Dec.-Lei n.º 105/2004, de 8/5) que reserva ao reporte um papel central no seio das alienações fiduciárias em garantia (art. 2.º n.º 3 e art. 20.º do Dec.-Lei n.º 105/2004, de 8/5).

António Pinto Monteiro), vol. III, vária, Faculdade de Direito da Universidade de Coimbra, Coimbra: Coimbra Editora, 2007, pp. 9-61. Ver ainda: Benjamin, Joanna. *Financial law*, Oxford University Press, Oxford, 2007, pp. 307, ss.; Wood, Philip. *Law and pratice of international finance*, Londres: Sweet and Maxwell/Thomson Reuters, Londres, 2008.p. 294; Kienle, Christopher. *Wertpapierleihe und Wertpapier- Pensionsgeschäft*, in *Bankrechts-Handbuch* (de H. Schimansky/H.-J. Bunte/H.-J. Lwowsky), Band II, 4.ª ed. Munique: Beck, 2011, § 105, pp. 1109, ss..

III. Temos, desta forma, duas disciplinas aplicáveis ao reporte. Sempre que ele preencher os requisitos de aplicação do diploma das garantias financeiras[25], será esse o regime a aplicar. Quando tal não se verifique, aplicar-se-á aquele que poderíamos designar com o seu regime geral.

6.3. A alienação fiduciária em garantia

I. Esta figura[26] pode ser descrita da seguinte forma: um sujeito que carece de crédito e é ao mesmo tempo titular de direitos de crédito pecuniários sobre terceiros ou outra modalidade de bens (p. ex., valores mobiliários) celebra um contrato com um creditante pelo qual obtém a quantia de que necessita, transmitindo (como efeito desse mesmo negócio) em garantia do cumprimento das suas obrigações de restituição desse montante e do pagamento dos juros um ou mais créditos presentes e a prazo a este último. O cessionário torna-se, desta forma, titular fiduciário do direito cedido ou do bem transmitido.

O contrato pelo qual se concede crédito (o negócio base da cessão de crédito no sentido do art. 578.º n.º 1) será geralmente um mútuo, uma antecipação bancária ou uma abertura de crédito. Mas repare-se: esta garantia pode ainda ser utilizada como forma de garantia num outro contrato, como, p. ex., numa empreitada relativamente ao pagamento do preço diferido ou numa compra e venda realizada com espera de preço.

II. Temos então que a garantia em análise se integra, faz parte, de um negócio mais complexo donde emerge também o crédito garantido.

Na eventualidade de incumprimento por parte do devedor/garante, o credor/garantido poderá obter a satisfação do seu crédito através do direito ou do bem (do seu valor) que foi transmitido para o seu patrimó-

[25] Ou seja, os previstos nos arts. 3.º a 7.º (art. 2.º n.º 1 do Dec.-Lei n.º 105/2004, de 8/5).

[26] Muito desenvolvidamente, ver Pestana de Vasconcelos, Miguel. *A cessão de créditos em garantia e a insolvência. Em particular da posição do cessionário na insolvência do cedente.* Coimbra: Coimbra Editora, 2007, *passim.* Ver ainda: Monteiro Pires, Catarina, *Alienação em garantia,* Coimbra: Almedina, 2010; Ganter, Hans-Georg. *Sicherungsabtretung* in: *Bankrechts-Handbuch* (de H. Schimansky/H.-J. Bunte/H.-J. Lwowsky) Band II, 4.ª ed., Munique: Beck, 2011, § 96, pp. 643, ss.; Dolmetta, Aldo/Portale, Giuseppe. *Cessione del credito e cessione in garanzia nell'ordinamento italiano,* in: Banca Borsa i Titoli di Credito, 1999, 1, I, pp. 76, ss..

nio. Normalmente, através de uma venda. Mas também, eventualmente, sendo um crédito, caso a data do vencimento for próxima, ou já se tiver verificado, pelo dinheiro decorrente da sua cobrança. O remanescente terá que entregar ao antigo devedor (a dívida já se extinguiu).

Se o devedor cumprir, o credor/creditante deverá retransmitir-lhe os direitos cedidos ou os bens transmitidos.

III. Consiste num negócio fiduciário. Na verdade, o bem é transmitido à outra parte para assegurar o cumprimento de uma obrigação. Mas o bem integra-se na esfera do credor garantido, o que significa que em princípio o fiduciante corre o "risco fiduciário", isto é, o de o bem ser objeto de penhora na esfera do fiduciário, ou integrado na massa insolvente/falida, caso este venha a ser declarado insolvente/falido.[27]. Não é necessário voltar a repeti-lo, pelo que basta uma remissão para o que foi dito supra.

IV. Como referimos, a alienação fiduciária em garantia foi prevista no âmbito dos contratos de garantia financeira, de que é uma modalidade (art. 2.º n.º 2 do Dec.-Lei n.º 105/2004, de 8/5)[28]. Por isso, no âmbito de aplicação desse regime tem uma disciplina típica que, no que é mais importante, a protege na integralidade em caso de insolvência do prestador da garantia.

6.4. A alienação fiduciária em garantia do direito brasileiro

I. O Brasil tem mesmo um caráter pioneiro na introdução desta modalidade de garantia (denominada alienação fiduciária em garantia), que aparece (inspirada no *trust receipt*) prevista e regulada desde os anos sessenta do século passado na lei de mercado de capitais (art. 66.º da Lei 4.728/65 modificado depois pelo Decreto-Lei n.º 911/69). Na adaptação brasileira da fidúcia, que tem uma regulamentação detalhada (que não podemos aqui desenvolver), a alienação está sujeita a uma condição resolutiva do pagamento da obrigação garantida, não havendo, pois, necessi-

[27] Ressalvadas as particularidades da cessão de créditos que tornam o seu regime mais complexo, como se viu.

[28] Ver, *supra*, n.º 6.1.1.

dade de retransmissão como sucede na denominada fidúcia romanística. Inicialmente a alienação tinha por objeto somente móveis. Só mais tarde em 1997 (Lei n. 9.154) foi alargada aos imóveis.

II. Diga-se ainda que o novo Código Civil brasileiro regula a propriedade fiduciária nos artigos 1.361 a 1.368.º, de que a alienação é fonte. Note-se que na versão inicial do Código objeto de regulação aí eram somente os bens móveis infungíveis. Contudo, com a alteração subsequente (Lei n.º 10.931/2004, que adicionou o art. 1.638-A) passou este regime a ter caráter geral, aplicando-se tanto aos bens móveis, fungíveis ou infungíveis, como aos imóveis e créditos. Não deixam de se aplicar, porém, para além das regras do Código Civil, aquelas decorrentes dos diferentes normativos que regem cada modalidade desta figura. Tal implica aplicar quando estejamos face a bens imóveis os arts. 22 a 23 da lei n. 9.514/97 e a bens móveis fungíveis ou créditos o art. 66-B, §§ 3.º a 6.º da Lei n.4/728/65.[29] [30]

7. Os depósitos bancários com pacto de mobilização como instrumento de tutela da posição do credor

7.1. O depósito *in escrow* para garantia[31]

I. Trata-se do recurso ao depósito bancário como instrumento de garantia de uma obrigação. A operação, porque assenta em mais do que um con-

[29] Assim, F. Ulhoa Coelho, Fábio. *Curso de direito civil, Direito das coisas, Direito autoral,* 2.ª ed., Saraiva: São Paulo, 2009, pp. 243-244.

[30] Ver, ainda, em geral, sobre esta figura: F. Ulhoa Coelho, Fábio. *Curso de direito civil, Direito das coisas, Direito autoral,* 2.ª ed., Saraiva: São Paulo, 2009, pp. 240, ss.; idem, *Curso de direito comercial. Direito da empresa,* vol. III, 11.ª ed., Saraiva, S. Paulo, 2010, pp. 149, ss.; Orlando Gomes, 26.ª ed. (atualizada por: Junqueira de Azevedo, António e Crescenzo Marino, Paulo), Editora forense, Rio de Janeiro, 2008, pp. 567, ss.; Rodrigues Alves, Vilson. *Alienação fiduciária em garantia,* Campinas: Millenium, 1998; Chalub, Melhim. *Negócio fiduciário,* Rio de Janeiro: Renovar, 1998, pp. 69, ss..

[31] Amplamente sobre este contrato (que se expõe de forma bastante resumida em texto), distinção de figuras próximas e regime desenvolvido, em particular o regime insolvencial,

trato, tem geralmente os seguintes contornos[32]. Celebrando dois sujeitos um contrato de natureza diversa, o devedor de uma das obrigações daí emergente, como forma de assegurar o crédito da sua contraparte, celebra com um banco um contrato de depósito, nos termos do qual a instituição de crédito deverá entregar a quantia ao credor garantido, se o garante incumprir a sua obrigação. Em caso de cumprimento da obrigação garantida, o banco deverá restituir ao depositante a quantia.

II. A conta simples (sem cláusula de conta corrente), de caráter fiduciário, é aberta para se realizar esse depósito e os únicos movimentos a débito (a favor do garante ou do garantido, conforme tenha havido, ou não, cumprimento da obrigação garantida) que admite são os acima mencionados, verificando-se os eventos referidos (cumprimento, caso em que o garante pode exigir a restituição das quantias depositadas; incumprimento, podendo exigi-las o garantido).

Estes o serão, em regra, devidamente – por vezes de forma exaustiva – definidos no contrato para que o depositário/banco se veja o mais possível afastado das relações entre as partes e saiba sempre, de forma clara, face a quem cumprir. A contrapartida do banco consiste na comissão.

III. Há uma ligação umbilical entre este contrato e o negócio donde decorre a obrigação garantida. Integram ambos a estrutura jurídica adotada para se dar corpo a uma operação económica una da qual faz parte a especial tutela que o crédito de uma das partes através desta garantia obtém.

A ligação entre os contratos pode ser estabelecida de maneira diversa. Assim, a obrigação de celebrar o depósito em garantia pode emergir logo do contrato fonte da obrigação a garantir, ou, mesmo, os efeitos deste ficarem suspensos à celebração do negócio de garantia.

Geneticamente, pois, o contrato de garantia está dependente do contrato do qual decorre a obrigação garantida, mantendo-se o nexo ao

ver M. Pestana de Vasconcelos, *O depósito com finalidade de cumprimento, o depósito para administração, o depósito em garantia e os seus regimes insolvenciais*, in: Estudos em Homenagem ao Prof. Doutor Heinrich Ewald Hörster, Coimbra: Almedina, 2012, pp. 743, ss..

[32] Poderá ter outros, claro: liberdade contratual.

longo da duração dos contratos. Deste modo, se o segundo for nulo ou anulado, cessa o primeiro. Por outro lado, extinguindo-se por cumprimento a obrigação garantida, o devedor/garante poderá exigir a restituição da quantia depositada, o que conduz à cessação deste contrato de depósito. Nessa medida se pode falar no carácter acessório da garantia relativamente à obrigação garantida.

7.2. O depósito com finalidade de cumprimento[33]

I. Este contrato pode, tal como o depósito em garantia, inserir-se na modalidade mais ampla do depósito *in escrow*. Cremos, no entanto, que, por uma questão de precisão analítica, se deve fazer a destrinça entre as espécies deste género. Numa breve caraterização inicial, o depositante entrega ao depositário uma quantia, ou outro bem (como valores mobiliários), que o depositário deve guardar e, no todo ou em parte, entregar ao beneficiário (ou ao depositante), logo que se verifiquem determinados factos previstos no contrato.

O caso que nos interessa é aquele em que o bem depositado seja dinheiro. Para a realização do depósito, sempre que o depositário for um banco[34], o que será o mais comum, será aberta uma conta (fiduciária), sem cláusula de conta corrente, com essa finalidade específica. Não há outros movimentos a crédito na conta. Os únicos movimentos admitidos são a débito, a favor do beneficiário ou a favor do depositante. Operando eles, cessa a conta. Como contrapartida dos seus serviços, o depositário cobra uma comissão.

[33] Ver desenvolvidamente sobre este ponto, em particular o seu regime insolvencial, Pestana de Vasconcelos, Miguel. *O depósito com finalidade de cumprimento, o depósito para administração, o depósito em garantia e os seus regimes insolvenciais.*, cit., pp. 728, ss.. Ver ainda: Pais de Vasconcelos, Pedro. *Contratos atípicos*, Almedina: Coimbra, 1995, p. 295; Fontes da Costa, Mariana. *O impacto dos smart contracts na redefinição de operações bancárias: o exemplo do depósito in escrow*, in: IV congresso de direito bancário (coord. Miguel Pestana de Vasconcelos), Coimbra: Almedina, 2021, pp. 71, ss.. Quanto ao depósito *escrow* em geral, ver Cfr. Morais Antunes, João Tiago. *Do contrato de depósito escrow*, Coimbra: Almedina, 2007.

[34] Com o se referiu já, estes contratos são hoje celebrados quase sempre com bancos, sendo esse o caso que termos principalmente debaixo dos olhos na exposição em texto. De todo o modo, o que se diz a esse propósito é aplicável, como é evidente, com algumas, reduzidas, adaptações, às hipóteses em que o depositário não seja uma instituição de crédito.

II. Este depósito adota, em regra, uma estrutura trilateral[35], sendo concluído entre depositante, depositário e beneficiário, embora possa ser um contrato bilateral celebrado entre o depositante e o depositário.

A entrega das quantias depositadas deverá fazer-se logo que se verifiquem os factos contratualmente previstos, sendo o depositário instruído pelas outras partes para o efeito[36].

8. O eterno jogo de xadrez

I. A gestão do risco nos contratos é um aspeto essencial. Face ao incumprimento, o credor terá que poder recorrer de imediato a instrumentos de tutela. A lei coloca à sua disposição, como vimos, num curto bosquejo, diversas figuras típicas, atípicas e mistas que lhe permitem obter esse resultado.

Aspeto essencial das garantias é a possibilidade de serem executadas sem se carecer da atuação de um terceiro. Ou seja, poderem sê-lo unicamente por ato do credor. São as garantias *self-executing*.

E, sempre, a sua proteção na insolvência. Este é o teste último (ou *acid test*, na formulação da doutrina norte-americana) de qualquer uma destas figuras.

II. A proteção contratual de credores e a gestão do risco são partes integrantes de qualquer negociação contratual, em particular operação de elevado valor. Cada uma das partes procura recorrer a uma aplicação, muitas vezes criativa, dos diversos instrumentos existentes para tutelar as suas posições, muitas vezes num jogo de espelho face à posição do outro. Implica um enorme rigor, domínio das figuras e apuro técnico. Tem que ser possível prever várias jogadas com peças cuja forma de ação se tem que dominar. E prever também eventuais riscos que se venham a concretizar e uma possível ação pela outra parte.

[35] Romano Martinez, Pedro/Fuzeta da Ponte, Pedro. *Garantias de cumprimento*, 5.ª ed., Coimbra: Almedina, 2006, p. 65.

[36] Cfr. Morais Antunes, João Tiago. *Do contrato de depósito escrow*, Coimbra: Almedina, 2007, p. 166.

É um jogo de xadrez. Um eterno jogo de xadrez desde que há operações económicas. E, como diz Jorge Luís Borges, este jogo incendiou a terra e não termina nunca.

Porto, 15 de novembro de 2021

11. BREVE PANORAMA DAS GARANTIAS ESPECIAIS IMPRÓPRIAS E O CONTROLE DE RISCO

Pedro Guilhardi

Introdução

Como remete o título, o objetivo do presente trabalho é apresentar um breve panorama das garantias especiais impróprias e a função exercida por essas figuras no controle dos riscos contratuais empresariais. Para tanto, o texto se inicia com breves considerações sobre riscos que afetam a normal marcha contratual.

Em seguida, em sua seção principal, o artigo subdivide-se em duas partes: a primeira delas é destinada a dar a exata localização das garantias especiais impróprias no âmbito do direito das garantias e traçar a distinção fundamental entre garantias especiais próprias e impróprias; na segunda, o autor apresentará algumas garantias especiais impróprias em espécie, dividindo-as em três gêneros distintos: meios de pagamento, cláusulas de segurança e garantia e figuras legais.

Inicialmente, serão comentados os meios de pagamento e as garantias especiais impróprias; ademais, será abordada a função de prevenção de risco dos cheques emitidos com função de garantia e das operações com pagamento realizado via crédito documentário.

Na sequência, serão indicados alguns exemplos de garantias especiais impróprias tipicamente convencionais, as denominadas cláusulas de garantia e segurança, entre as quais, a obrigação de inalienabilidade, a cláusula *pari passu*, *cross-default* e *negative pledge*, explicitando de que forma visam evitar riscos negociais.

Posteriormente, serão apresentadas garantias especiais impróprias decorrentes da lei, conforme a classificação proposta pelo autor, explicitando de que maneira institutos tal como a compensação, da exceção de contrato não cumprido e da exceção de inseguridade, também se revelam controladoras ou mitigadoras de riscos contratuais.

Por fim, o autor retomará, em conclusão, os principais pontos apresentados no artigo.

1. Premissa: o risco contratual

Em razão dos diferentes significados que o risco possa conceber na linguagem jurídica, é preciso determinar a que se refere o risco que as garantias – especiais próprias e impróprias – pretendem salvaguardar.

De fato, o risco pode estar associado à classificação dos negócios jurídicos para distingui-los no âmbito dos contratos onerosos entre comutativos e aleatórios, sendo estes regulados pelos artigos 458 e ss. do Código Civil brasileiro.

Nos contratos aleatórios, a álea de um dos contratantes é caracterizada por sua sujeição a evento futuro e incerto, pelo que somente é possível estimar a vantagem do contraente depois de formado o contrato. O benefício auferido pela parte que se sujeita à álea no momento da conclusão do negócio jurídico poderá não acontecer ou ser desproporcional ao sacrifício[1]. Daí porque se diz que há contrato aleatório sempre que o risco seja a sua causa constitutiva e que os negócios aleatórios sejam negócios de risco[2].

Mas, na verdade, todos os negócios jurídicos envolvem maior ou menos grau de risco, que pode derivar do comportamento da contraparte, de circunstâncias que afetam o bem transacionado etc., ligando-se ao problema do inadimplemento, da onerosidade excessiva, da perda do objeto contratual, entre outros.

Evidentemente, ainda que a lei ou o contrato preveja determinadas consequências jurídicas a eventos que fogem ao inicialmente pretendido pelos contraentes, como é o caso da impossibilidade superveniente da

[1] Gomes, Orlando. *Introdução ao direito civil.* 22. ed. Rio de Janeiro: Forense, 2019, p. 262.

[2] Almeida, Carlos Ferreira de. *Contratos III*: contratos de liberalidade, de cooperação e de risco. 3. ed. Coimbra: Almedina, 2019, p. 160.

prestação, que exonera o devedor da obrigação de cumprir a prestação, certo é que prejuízos poderão ocorrer na esfera jurídica tanto do devedor quanto do credor. Nesse sentido, a teoria dos riscos[3] propõe-se a regular a quem incumbe suportar os riscos que exsurgem da impossibilidade da prestação e da extinção do vínculo obrigacional.

Nesse contexto, o vocábulo risco poderá ter duplo sentido. Poderá ser *periculum*, que é a potencialidade de um dano, ou poderá ser o dano efetivamente produzido, que consistiria no sentido estrito de risco[4]. Para o que interessa ao presente estudo, é a potencialidade do dano que merece destaque. Nesse viés, "risco significa a possibilidade e a incerteza acerca de verificação, ou das circunstâncias de verificação, de um evento desfavorável, futuro e incerto" [5], daí porque o contrato de garantia pode ser caracterizado "como aquele pelo qual alguém assume uma obrigação ou uma sujeição para a cobertura de um risco de outrem não criado pelo próprio contrato"[6]. Em tal caso, está se referindo ao risco exógeno e eventual, não pretendido pelos contratantes; por esse motivo, distingue-se dos contratos de jogo ou aposta, por exemplo.

Em contratações empresariais, o risco é definido em termos similares, como sendo a possibilidade de, por razões previsíveis ou imprevisíveis, restarem frustradas as expectativas que orientaram a conclusão do negócio. O risco é inevitável, pois contratar é prever, de forma que o contrato é um empreendimento sobre o futuro[7].

2. Contextualização das garantias especiais impróprias

2.1. No direito das garantias

Sabe-se que, nas relações obrigacionais, a primeira garantia do credor é o patrimônio do devedor, excepcionadas hipóteses pontuais, como é o caso

[3] Gomes, Orlando. *Obrigações*. 16. ed. Forense: Rio de Janeiro, 2004, p. 217.

[4] Gomes, Orlando. *Obrigações*. 16. ed. Forense: Rio de Janeiro, 2004, p. 217.

[5] Almeida, Carlos Ferreira de. *Contratos III*: contratos de liberalidade, de cooperação e de risco. 3. ed. Coimbra: Almedina, 2019, p. 160-161.

[6] Almeida, Carlos Ferreira de. *Contratos III*: contratos de liberalidade, de cooperação e de risco. 3. ed. Coimbra: Almedina, 2019, p. 165.

[7] Forgioni, Paula. A. *Contratos empresariais*. teoria geral e aplicação. 4. ed. São Paulo: Thomson Reuters Brasil, 2019, p. 148-149.

de bens impenhoráveis. Em outras palavras, o patrimônio do devedor é a garantia dos credores para a satisfação do objeto da prestação, qualquer que seja a fonte da obrigação[8].

Nessa linha, estabelece o artigo 391 do Código Civil brasileiro que, "pelo inadimplemento das obrigações, respondem todos os bens do devedor". O artigo 601 do Código Civil português encerra noção similar, referindo-se ao fato de que "pelo cumprimento da obrigação, respondem todos os bens do devedor susceptíveis de penhora (...)".

O credor dispõe, portanto, da pretensão de condenar o devedor na prestação ou forçar o devedor a cumprir a obrigação à custa da universalidade dos bens e direitos que se integram na esfera jurídica do devedor[9].

Em vista do patrimônio do devedor e de sua função de garantia, a lei confere ao credor diversos meios de conservação do patrimônio do devedor, como a declaração de nulidade (por exemplo, em hipótese de fraude contra credores ou à execução), impugnação ou ação pauliana, arresto etc.[10].

O patrimônio do devedor, acrescido dos meios legais de sua conservação, encerra uma noção ampla de garantia[11], denominada geral, e que acompanha a obrigação desde o seu nascimento[12]. A garantia geral pode ser, muitas vezes, insuficiente – sob o ponto de vista do credor – para a

[8] Castro Filho; Andrade, Marcus Vinícius dos Santos; Mesquita, Eduardo Melo de; Scavone Júnior, Luiz Antonio. *Comentários ao Código Civil brasileiro, v. 4*: do direito das obrigações: (arts. 304 a 420). Rio de Janeiro: Forense, 2006, p. 443.

[9] Matias, Armindo Saraiva. *Garantias bancárias activas e passivas*. Lisboa: Scripto, 1999, p. 14.

[10] Leitão, Luís Manuel Teles de Menezes. *Garantias das obrigações*. 6. ed. Coimbra: Almedina, 2018, p. 61 e ss.

[11] "Como regra, todos os bens do devedor, isto é, todos os que constituem o seu património, respondem pelo cumprimento da obrigação. É esta uma *garantia geral*, a qual se torna efectiva por meio da *execução*" (Lima, Pires de; Varela, Antunes. *Código Civil anotado*, v. 1 (artigos 1º a 761º). 4. ed. revista e atualizada. Reimpressão. Coimbra: Coimbra Editora, 2011, p. 617.

[12] "O cumprimento da obrigação é assegurado pelos bens que integram o patrimônio do devedor. O patrimônio do devedor constitui, assim, a garantia geral das obrigações. Garantia geral porque a cobertura tutelar dos bens penhoráveis do devedor abrange a generalidade das obrigações do respectivo titular. (...) verdade é que a garantia geral acompanha a obrigação desde o nascimento desta" (Varela, João de Matos Antunes. *Das obrigações em geral*, v. 2. 5. ed. Coimbra: Almedina, 1992, p. 417/418).

viabilização de determinado negócio jurídico, exigindo-se, em tais casos, garantias complementares[13], também conhecidas como garantias em sentido estrito ou especiais.

As garantias especiais visam a assegurar de maneira particular a satisfação do crédito do titular da garantia, em caso de não cumprimento da obrigação, desde a data da constituição da garantia[14] (e não da obrigação, como ocorre na garantia geral). Hodiernamente, cada vez mais, perde força a garantia dos credores pessoais fundada, exclusivamente, no patrimônio do devedor[15], pois as formas especiais de garantias melhor asseguram o risco a que se sujeita o credor.

Tais garantias podem envolver terceiros ou o devedor propriamente dito. Incidem sobre bens determinados, implicando o reforço da eficácia da normal execução sobre o patrimônio global do devedor e a preferência de um credor frente ao interesse de outros credores[16]. Tradicionalmente, tais garantias são classificadas em fidejussória ou pessoal[17] e real[18].

[13] "Ao lado da garantia geral representada pelos patrimônios das partes, as operações comerciais exigem, via de regra, a constituição de garantias complementares, com o escopo de respaldar o cumprimento adequado das obrigações nelas assumidas, tanto de natureza real como pessoal" (LEÃES, Luiz Gastão Paes de Barros. O seguro-garantia sob a modalidade de antecipação de pagamentos. In: WALD, Arnoldo (Org.). *Doutrinas essenciais de direito empresarial*, v. 4. São Paulo: Revista dos Tribunais, 2010, p. 863-874.

[14] VARELA, João de Matos Antunes. *Das obrigações em geral*, v. 2. 5 ed. Coimbra: Almedina, 1992, p. 418.

[15] CASTRO FILHO; ANDRADE, Marcus Vinícius dos Santos; MESQUITA, Eduardo Melo de; SCAVONE JÚNIOR, Luiz Antonio. *Comentários ao Código Civil brasileiro, v. 4*: do direito das obrigações: (arts. 304 a 420). Rio de Janeiro: Forense, 2006, p. 443.

[16] MATIAS, Armindo Saraiva. *Garantias bancárias activas e passivas.* Lisboa: Scripto, 1999, p. 14-15.

[17] "Entre as garantias fidejussórias, prestadas por um devedor diferente e implicando uma segunda relação obrigacional, tem-se os exemplos do aval, da fiança, do seguro garantia, carta de conforto etc. Derivado do prefixo latino "fides", que significa crença, fé, sinceridade, confiança, crédito, tal modalidade de garantia tem em seu fundamento a fidelidade do garantidor em cumprir sua obrigação, caso o devedor não o faça, e a crença do credor de que o devedor e garantidor adimplirão a prestação garantida". (FILHO, Fernando Pereira Sodero. *Garantias nas operações de crédito.* Cadernos IBCB 8, p. 32).

[18] "A garantia real se revela na medida em que o garantidor destaca um bem específico que garantirá o ressarcimento do credor na hipótese de inadimplemento do devedor. Tal destaque confere ao titular da garantia uma posição de vantagem em relação aos bens

Há, no entanto, classificação ampliativa[19], segundo a qual as garantias podem ser, ao lado das reais e pessoais: (i) especiais sobre direitos, como seria o caso do penhor de créditos e a cessão de créditos em garantia; (ii) especiais sobre universalidades, as quais levam em conta a previsão legal que sujeita o bem do devedor a um regime próprio, como é o caso da meação nos bens comuns do casal; (iii) garantias especiais atípicas, também conhecidas como impróprias.

Será dado enfoque às garantias especiais impróprias, também passíveis de identificação pelos vocábulos "indiretas", "aparentes" ou "atípicas"[20], embora essa última denominação se revele ambígua pela possibilidade de se referir a uma tipicidade legal, encontrando-se referência, igualmente, a garantias anômalas[21] e eventuais[22].

2.2 Garantias especiais próprias e garantias especiais impróprias

As garantias especiais próprias têm em sua estrutura uma obrigação – *apenas eventual* – que se torna exigível mediante a ocorrência de um fato futuro e incerto, tendo por finalidade suprir uma frustação. Esse é o caso, por exemplo, da fiança, cuja obrigação de garantia apenas se pode dizer exigível se a prestação acobertada pela garantia tiver sido descumprida pelo devedor principal.

Ao contrário, as denominadas garantias especiais impróprias servem ao propósito de aumentar as probabilidades de satisfação do crédito, sem que se vincule, necessariamente, à circunstância apenas eventual; previnem o incumprimento ou facilitam a cobrança de uma determinada

destacados". (Matias, Armindo Saraiva. *Garantias bancárias activas e passivas*. Lisboa: Scripto, 1999, p. 16). Entre as garantias reais mais comuns, destacam-se o penhor, a alienação fiduciária e a hipoteca.

19 Leitão, Luís Manuel Teles de Menezes. *Garantias das obrigações*. 6. ed. Coimbra: Almedina, 2018, p.16

20 Almeida, Carlos Ferreira de. *Contratos III*: contratos de liberalidade, de cooperação e de risco. 3. ed. Coimbra: Almedina, 2019, p. 227.

21 Alves, Hugo Ramos. Compensação voluntária e função de garantia da compensação. In.: *Direito das garantias*. Lisboa: Centro de Estudos Judiciários, 2017, p. 47.

22 Leitão, Luís Manuel Teles de Menezes. *Garantias das obrigações*. 6. ed. Coimbra: Almedina, 2018. Na página 309, o autor alude à utilização de tal nomenclatura, contudo, prefere referir-se a tais modalidades como garantias especiais atípicas.

dívida ou qualquer outra obrigação[23]. Assim, as garantias estendem seu campo de incidência a negócios jurídicos, cláusulas e institutos legais, que, propriamente, não são garantias.

O que aproxima os diferentes instrumentos é o fato de pretenderem prevenir um risco. Caracterizam-se, portanto, as duas figuras pela função comum de prevenção e alocação de riscos contratuais.

Como se explicou, as garantias impróprias não têm, em geral, função primária de garantia, como sucede com as garantias em sentido estrito ou próprias, sendo que o propósito assecuratório das garantias impróprias é secundário, isto é, embora não seja sua função principal, podem ser utilizadas como meio de reforço da posição do credor, possibilidade que lhes outorga a nomenclatura de garantia, mas indireta[24].

Aliás, como será fácil perceber adiante, algumas das garantias especiais impróprias são denominadas de aparentes, pois não passam de mera relação obrigacional entre credor e devedor, não produzindo o efeito de garantia em sentido estrito. Mas as garantias impróprias também correspondem a institutos que podem ser legalmente previstos[25]. É o caso, por exemplo, da exceção de contrato não cumprido, exceção de inseguridade e compensação, cujos vieses de garantia serão tratados, brevemente, adiante.

3. Algumas garantias especiais impróprias em espécie[26]

3.1. Meios de pagamento e garantias especiais impróprias

3.1.1. Cheque-caução

Embora atualmente com menos frequência, já se observou prática no âmbito nacional brasileiro de emissão de cheque "não como ordem de

[23] Almeida, Carlos Ferreira de. *Contratos III*: contratos de liberalidade, de cooperação e de risco. 3. ed. Coimbra: Almedina, 2019, p. 227.

[24] Vasconcelos, Luis Miguel Pestana de. *Direito das garantias*. 3. ed. Coimbra: Almedina, 2020, p. 671.

[25] Henriques, Sérgio Coimbra. Cláusula de garantia e segurança. entre a autonomia da vontade e o dever de cumprir. alguns aspectos. *Revista de Direito das Sociedades*, v. 6, 2014, p. 653.

[26] Ao passo que o autor adotou o enquadramento de determinados institutos aqui mencionados como garantias especiais impróprias a partir de outros estudos, incluiu, em

pagamento à vista, mas como uma promessa de pagamento de despesas ainda não realizadas"[27], com propósito de garantia de dívida. Trata-se do comumente designado "cheque-caução".

Cheques emitidos com a finalidade de caucionar o credor podem ser classificados como garantia especial imprópria, pois "deixam de ser ordem de pagamento à vista para se transformar em título de crédito substancialmente igual à nota promissória[28]".

É interessante que, ao mesmo tempo em que o cheque emitido com tal finalidade deixa de ter função precípua de forma de pagamento, também possibilita ao devedor a investigação da sua causa *debendi,* caso o título não tenha circulado, excepcionando-se, pois, a autonomia do título cambial. Como se demonstrará, a causa *debendi* não se confunde com a função exercida pela emissão de cheque com a finalidade de garantia.

A autonomia vem descrita no clássico conceito de Vivante, segundo o qual título de crédito é o documento necessário para o exercício do direito, literal e autônomo, nele mencionado. É autônomo porque o possuidor de boa-fé da cártula exerce direito próprio que não pode ser restringido pela relação entre os possuidores anteriores e o devedor[29].

No direito cambiário, "pelo princípio da autonomia das obrigações cambiais, os vícios que comprometem a validade de uma relação jurídica, documentada em título de crédito, não se estendem às demais relações abrangidas no mesmo documento"[30]. Isso se dá porque o título não é simples prova do negócio jurídico fundamental, mas constitutivo de um

sua exemplificação, outras figuras que assim podem ser concebidas, como é o caso, por exemplo, do cheque emitido com função caucionadora, o "cheque-caução. A respeito do cheque, ver: GUILHARDI, Pedro. A investigação da *causa debendi* é admitida nas hipóteses em que o cheque é dado como garantia, bem como nos casos em que o negócio jurídico subjacente for constituído em flagrante desrespeito à ordem jurídica. In: JUNIOR, Walfrido Jorge Warde (Coord.). *Teses jurídicas dos tribunais superiores*. São Paulo: Revista dos Tribunais, 2017, v. 21, tomo 1, p. 949-964.

[27] REsp nº 796.739/MT, Rel. Ministro Humberto Gomes de Barros, j. 27/03/2007.

[28] REsp nº 796.739/MT, Rel. Ministro Humberto Gomes de Barros, j. 27/03/2007.

[29] VIVANTE, Cesare. *Istituzioni di diritto commerciale per gli istituti superiori.* 60 ed. Milano: Ulrico Hoepli, 1937, p. 123.

[30] COELHO, Fábio Ulhoa. *Curso de direito comercial,* v. 1. 20 ed. São Paulo: Revista dos Tribunais, 2016, p. 382.

novo direito, cartular, diferente da relação fundamental que determinou a criação do título e é autônomo em relação à causa que o gerou[31].

Assim, toda pessoa que integra a relação cambial exerce um direito próprio, sendo que cada obrigação que deriva do título é autônoma em relação às demais, e a validade de tais obrigações independe da validade das que as seguem ou precedem[32]. Nesse caso, o título de crédito colocado em circulação por endosso se desvincula da relação subjacente que deu ensejo à sua criação[33], admitindo-se defesa entre partes imediatas da relação obrigacional, mas não se podendo suscitar discussão sobre o negócio originário em relação às partes mediatas, terceiros de boa-fé[34]. Surge, em paralelo, a atenção à causa do negócio jurídico, que separa causalistas de anticausalistas[35], em especial no direito brasileiro, tema em que a lei civil é silente[36].

Apesar dos diferentes significados que a causa pode ter, predomina o seu sentido objetivo, assim compreendido como aquele que reflete na causa uma função, qual seja, prático-social ou econômico-social do negócio[37].

[31] JUNIOR, Humberto Theodoro. *O problema da exequibilidade do cheque emitido em promessa de pagamento e do cheque sem data*. In: WALD, Arnoldo (Org.). *Doutrinas essenciais*: direito empresarial: títulos de crédito, v. 5. São Paulo: Revista dos Tribunais, 2011, p. 423.

[32] FIGUEIREDO, Ivanildo. *Princípios do direito cambiário*. In: COELHO, Fábio Ulhoa (Coord.). *Tratado de direito comercial*: títulos de crédito, v. 8. São Paulo: Saraiva, 2015, p. 23.

[33] COELHO, Fábio Ulhoa. *Curso de direito comercial*, v. 1. 20 ed. São Paulo: Revista dos Tribunais, 2016, p. 383.

[34] LOBO, Jorge. As "dez regras de ouro" dos títulos cambiais. In: WALD, Arnoldo (Org.). *Doutrinas essenciais*: direito empresarial: títulos de crédito, v. 5. São Paulo: Revista dos Tribunais, 2011, p. 147.

[35] Para os causalistas, todos os contratos são causais para o direito brasileiro, sob pena de não produzir efeitos jurídicos, ao passo que, para os anticausalistas, a causa dos contratos não é considerada pelo Código Civil brasileiro como um requisito (NANNI, Giovanni Ettore. *Contratos coligados*. In: NANNI, Giovanni Ettore; LOTUFO, Renan (Coords.). *Teoria geral dos contratos*. São Paulo: Atlas, 2001, p. 246.

[36] O Código Civil brasileiro de 1916 fazia referência à expressão causa, em seu artigo 90, o que foi objeto de grandes debates. O seu dispositivo equivalente no Código Civil que o sucedeu, artigo 140, faz referência não à causa, mas ao "falso motivo".

[37] AZEVEDO, Antonio Junqueira de. *Negócio jurídico*: existência, validade e eficácia. 4 ed. 5 tir. São Paulo: Saraiva, 2007, p. 153.

Na hipótese de cheque emitido com função de garantia, a designação é prevenir o incumprimento ou facilitar a cobrança de determinada dívida ou qualquer outra obrigação. Não se confunde, portanto, com a *causa debendi*, que se refere à causa da dívida, sua origem, razão, fundamento ou o motivo de ser da dívida ou obrigação[38].

Assim, em se tratando de cheques emitidos com função de garantia, a função objetiva é a de facilitação da cobrança futura, ao passo que a *causa debendi* é anterior a essa função, referindo-se à relação obrigacional que ensejou a emissão do cheque.

O reconhecimento da causa objetiva do negócio jurídico, bem assim da *causa debendi* – que não se apaga em razão da autonomia[39] –, não deve ser entendido como negação à autonomia. A circulação do título apenas faz reputar ausente liame jurídico entre a obrigação do emitente e do possuidor que detém a posse do título por força de sua circulação posterior à emissão, assim como desnatura a função objetiva pretendida pelo emitente e os antigos possuidores da cártula.

Assim, a inoponibilidade das exceções pessoais restringe a matéria de defesa do executado em razão de um título de crédito, que deve se limitar à sua relação direta com o exequente. O denominado dogma da inoponibilidade das exceções pessoais tem como pressuposto que o credor, detentor da posse legítima do título, possui direito próprio e não derivado da relação jurídica originária[40]. Quanto ao cheque, especificamente, a inoponibilidade das exceções pessoais, uma vez circulado o cheque, vem descrita no artigo 25 da Lei nº 7.357/1986 ("Lei do Cheque"):

[38] "*Causa Debendi*". Causa da dívida. Origem, razão, fundamento ou motivo da existência de uma dívida ou obrigação. Modernamente, a expressão é muito usada no direito cambiário. Diz-se, p. ex., que os títulos abstratos ou não causais não admite exame da *causa debendi*, o mesmo acontecendo no caso de títulos em poder de terceiros. (Enciclopédia Saraiva de Direito. São Paulo: Saraiva, 1978, v. 14, p. 46).

[39] JUNIOR, Humberto Theodoro. O problema da exequibilidade do cheque emitido em promessa de pagamento e do cheque sem data. In: WALD, Arnoldo (Org.). *Doutrinas essenciais*: direito empresarial: títulos de crédito, v. 5. São Paulo: Revista dos Tribunais, 2011, p. 424.

[40] LOBO, Jorge. *As "dez regras de ouro" dos títulos cambiais*. In: WALD, Arnoldo (Org.). *Doutrinas essenciais*: direito empresarial: títulos de crédito, v. 5. São Paulo: Revista dos Tribunais, 2011, p. 151.

"Art. 25 Quem for demandado por obrigação resultante de cheque não pode opor ao portador exceções fundadas em relações pessoais com o emitente, ou com os portadores anteriores, salvo se o portador o adquiriu conscientemente em detrimento do devedor".

No âmbito do Superior Tribunal de Justiça, já se firmou a tese segundo a qual "a relação jurídica subjacente ao cheque (causa *debendi*) poderá ser discutida nos casos em que não houver a circulação do título"[41].

A rigor, tenha o cheque sido emitido como forma de pagamento à vista ou emitido com natureza de garantia especial imprópria, trata-se de ponto irrelevante para abertura dos meios de defesa ao executado, bastando que o título não tenha circulado.

3.1.2. Crédito documentário[42]

Trata-se o crédito documentário, também conhecido como crédito documentado, apesar das divergências doutrinárias a respeito da adequação da terminologia[43], de um acordo pelo qual o banco (emissor), a requerimento e de conformidade com as instruções de seu cliente (ordenador), se compromete a efetuar o pagamento a um terceiro (beneficiário) contra a entrega de documentos representativos das mercadorias que são objeto da operação concluída entre ordenador e beneficiário[44].

O ordenador solicita ao emissor a abertura de um crédito ao beneficiário, a ser disponibilizado se apresentados por este ao interveniente os documentos previstos no respectivo instrumento, em ordem e dentro do prazo assinalado. Deve o emissor verificar a conformidade dos documen-

[41] Disponível em: http://www.stj.jus.br/SCON/jt/toc.jsp?edicao=EDI%C7%C3O%20N.%2062:%20CHEQUE. Acesso em: 15/06/2017. Tese nº 4.

[42] O autor teve a oportunidade de apresentar, com maiores detalhes, o funcionamento do crédito documentário em trabalho anterior. Ver: Guilhardi, Pedro. *Garantias autônomas.* instrumento para proteção jurídica do crédito. São Paulo: Quartier Latin, 2019.

[43] Ver a esse respeito: Covello, Sérgio Carlos. *Contratos bancários*. 4. ed. São Paulo: Universitária de Direito, 2001, p. 210-211.

[44] Covello, Sérgio Carlos. *Contratos bancários*. 4. ed. São Paulo: Universitária de Direito, 2001, p. 210.

tos com as condições estabelecidas e efetuar o pagamento se atenderem aos requisitos previstos na carta de crédito[45].

O ordenador replicará ao banco aquilo que convencionou com o beneficiário no âmbito da relação jurídica base, por meio da cláusula denominada de "pagamento através de crédito documentário"[46]. A referida obrigação de abertura do crédito documentário reputa-se essencial na economia do contrato. Se não cumprida, o vendedor pode recusar a entrega dos bens e pedir a resolução do contrato[47].

O banco emissor equipara-se ao garantidor no contexto das garantias especiais próprias, mas exerce papel distinto. Mediante instruções do ordenador, o banco comunica ao beneficiário, diretamente ou por meio de um correspondente local, ter à sua disposição uma determinada quantia em dinheiro, utilizável contra a apresentação de documentos determinados, com a assunção, ou não, de obrigação própria para o pagamento das quantias, ou de aceite das cambiais por ele sacadas, conforme o crédito seja irrevogável ou revogável[48].

Por um lado, o beneficiário é o exportador/vendedor das mercadorias, credor da quantia em causa, por força da relação jurídica base, e em benefício de quem o crédito é aberto[49]. A disponibilização do crédito é condicionada à apresentação dos documentos convencionados ao banco emissor, a fim de receber o preço[50]. Tem o beneficiário o ônus de produzir os documentos exigidos pelo crédito documentário[51] dentro do

[45] GHIRARDI, Maria do Carmo Garcez. Garantias bancárias autônomas e as regras uniformes para garantias sob demanda da câmara de comércio internacional. In: BASSO, Maristela; PRADO, Maurício Almeida; ZAITZ, Daniela (coord.). *Direito do comércio internacional*: pragmática, diversidade e inovação. Estudos em homenagem ao professor Luiz Olavo Baptista. Curitiba: Juruá, 2005, p. 301.

[46] CASTRO, Gonçalo Andrade e. *O crédito documentário irrevogável*. Coimbra: Coimbra Editora, 1999, p. 118.

[47] SILVA, João Calvão da. *Direito bancário*. Coimbra: Almedina, 2001, p. 371.

[48] ABRÃO, Nelson. *Direito bancário*. 16. ed., rev., atual. e ampl. pelo Desembargador Carlos Henrique Abrão. São Paulo: Saraiva, 2016, p. 186.

[49] CASTRO, Gonçalo Andrade e. *O crédito documentário irrevogável*. Coimbra: Coimbra Editora, 1999, p. 19.

[50] ABRÃO, Nelson. *Direito bancário*. 16. ed, rev., atual. e ampl. pelo Desembargador Carlos Henrique Abrão. São Paulo: Saraiva, 2016, p. 186.

[51] STRENGER, Irineu. *Contratos internacionais do comércio*. 3 ed. São Paulo: LTr, 1998.

prazo de vigência da carta de crédito, suportando os riscos relativamente ao envio e à transmissão desses documentos[52], ainda que impedido por evento fortuito ou de força maior[53]. Trata-se não da única, como afirma Lígia Maura Costa[54], mas, certamente, da precípua[55] obrigação do beneficiário.

Por outro lado, o beneficiário, em se tratando de crédito documentário irrevogável, uma vez recebida a sua notificação, não terá mais que se preocupar com a solvência do ordenador, recaindo os riscos da operação sobre o banco emissor[56], que firma um compromisso direto e autônomo com o beneficiário[57]. Nesse sentido, por garantir o banco, diretamente, perante o beneficiário a percepção de determinada importância, o crédito traduz uma espécie de garantia bancária autônoma[58], embora com ela não se confunda.

O centro da operação de crédito documentário é a carta de crédito, cujo texto é padronizado, com nome e qualificação das partes, valor do crédito, modo de utilização, prazo de validade e a relação dos documentos que precisam ser apresentados pelo beneficiário, além de outras condições contratualmente avençadas. A realização do crédito está subordinada exclusivamente às instruções presentes na carta de crédito[59].

Como explica Irineu Strenger, o crédito documentário atua como verdadeiro poder moderador dos naturais conflitos entre comprador e vendedor que estão separados pela distância, submetidos a sistemas jurí-

[52] Ver decisões reportadas por Lígia Maura Costa a respeito do tema (Costa, Lígia Maura. *O crédito documentário e as novas regras e usos uniformes da Câmara de Comércio Internacional.* Saraiva: São Paulo, 1994, pp. 108 e ss.).

[53] Strenger, Irineu. *Contratos internacionais do comércio.* 3 ed. São Paulo: LTr, 1998, p. 480.

[54] Costa, Lígia Maura. *O crédito documentário e as novas regras e usos uniformes da Câmara de Comércio Internacional.* Saraiva: São Paulo, 1994, p. 100.

[55] Deve o beneficiário, ainda, quanto ao exame da carta de crédito emitida pelo banco, agir conforme os deveres laterais de cooperação, honestidade, boa-fé etc.

[56] A respeito dos riscos dos bancos intervenientes, ver: Strenger, Irineu. *Contratos internacionais do comércio.* 3 ed. São Paulo: LTr, 1998, p. 496 e ss.

[57] Marais, Georges. *Du crédit confirmé en matière documentaire.* 2. ed. Paris: LGDJ, 1953, p. 35.

[58] Cordeiro, António Menezes. *Direito bancário.* 6. ed. Coimbra: Almedina, 2016, p. 715.

[59] Costa, Lígia Maura. O crédito documentário e as novas regras e usos uniformes da Câmara de Comércio Internacional. Saraiva: São Paulo, 1994, p. 13.

dicos distintos, incertezas políticas etc.[60], sendo a intervenção do banqueiro marcada pela "neutralidade absoluta".[61] Fala-se, por exemplo, no risco comercial ordinário de insolvabilidade do comprador, risco que pode estar relacionado a acontecimentos políticos (como nova legislação aduaneira, revolução), eventos naturais (como inundação), problemas monetários (como desvalorização da moeda, falta de transferência de fundos) – os quais sujeitam o credor ao risco de não recebimento de seu crédito[62]. João Calvão da Silva refere-se a três gêneros de riscos: políticos, naturais e monetários[63]. Para além disso, o comércio internacional é marcado pelos negócios que se concretizam à distância, tornando-se difícil assegurar a simultaneidade das prestações[64].

Da parte do comprador, quer-se a certeza de que o pagamento somente ocorra à medida em que tenha havido boa execução do contrato pelo devedor[65], superando-se, assim, a inviabilidade da entrega da mercadoria contra o pagamento[66].

Em resumo, tem-se uma operação bancária que assegura o cumprimento recíproco das obrigações nas compras e vendas, pautada na solvabilidade quase sempre certa do banco[67]. Seus objetivos econômicos são a segurança e a boa execução das transações comerciais internacionais[68], embora tal segurança seja implementada por meio diverso da adotada através de uma garantia típica[69].

[60] Strenger, Irineu. *Contratos internacionais do comércio*. 3 ed. São Paulo: LTr, 1998, p. 441.

[61] Costa, Lígia Maura. O crédito documentário e as novas regras e usos uniformes da Câmara de Comércio Internacional. Saraiva: São Paulo, 1994.

[62] Abrão, Nelson. *Direito bancário*. 16 ed, rev., atual. e ampl. pelo Desembargador Carlos Henrique Abrão. São Paulo: Saraiva, 2016, p. 185.

[63] Silva, João Calvão da. *Direito bancário*. Coimbra: Almedina, 2001, p. 369.

[64] Castro, Gonçalo Andrade e. *O crédito documentário irrevogável*. Coimbra: Coimbra Editora, 1999, p. 15.

[65] Abrão, Nelson. *Direito bancário*. 16 ed., rev., atual. e ampl. pelo Desembargador Carlos Henrique Abrão. São Paulo: Saraiva, 2016, p. 185.

[66] Matias, Armindo Saraiva. *Garantias bancárias activas e passivas*. Lisboa: Scripto, 1999, p. 37.

[67] Costa, Lígia Maura. O crédito documentário e as novas regras e usos uniformes da Câmara de Comércio Internacional. Saraiva: São Paulo, 1994, p. 72.

[68] Costa, Lígia Maura. O crédito documentário e as novas regras e usos uniformes da Câmara de Comércio Internacional. Saraiva: São Paulo, 1994 p. 9.

[69] Em comparativo entre o crédito documentário e a *standby letter of credit*, explica João

Relativamente à finalidade, o crédito documentário se distingue das garantias típicas porque tem função primária e precípua[70] de forma de pagamento garantida[71], notadamente, de pagamento de documentos[72], e não de mercadorias, serviços ou outras prestações. Surge como instrumento de pagamento que permite ao exportador ter a certeza do recebimento de seu crédito quando do exato cumprimento da obrigação, com intermediação de bancos como órgãos pagadores independentes[73], embora seja mencionada a função do banco como terceiro garantidor da celebração do negócio[74].

Tecnicamente, o crédito documentário não se trata de uma garantia propriamente dita[75], mas de garantia imprópria: apesar de ter a finalidade de facilitar o recebimento de um preço, evitando-se a incidência dos riscos já citados, não consiste, primariamente, em contratos

Calvão da Silva: "Diferentemente, *a standby letter of credit* constitui uma forma de garantia: a carta de crédito fica em *standby* para o emitente executar se e só se houver incumprimento (documentalmente provado) da obrigação garantida – logo prevê pagamento para a hipótese de incumprimento (garantia próxima da nossa garantia autónoma). Ao passo que o crédito documentário é um meio de pagamento contra a apresentação dos documentos nele elencados e probatórios do cumprimento do contrato base pelo vendedor/beneficiário – logo, prevê o pagamento para cumprir o contrato (meio de pagamento)" (Silva, João Calvão da. *Direito bancário.* Coimbra: Almedina, 2001, p. 369).

70 Afirma-se que o crédito documentário assume funções distintas, a saber: de pagamento, de garantia e de financiamento (Cordeiro, António Menezes. *Direito bancário.* 6 ed. Coimbra: Almedina, 2016, p. 714).

71 Castro, Gonçalo Andrade e. *O crédito documentário irrevogável.* Coimbra: Coimbra Editora, 1999, p. 16.

72 A nomenclatura "pagamento de documentos" é utilizada como meio de acentuar a obrigação autônoma do banco. (Costa, Lígia Maura. *O crédito documentário e as novas regras e usos uniformes da Câmara de Comércio Internacional.* Saraiva: São Paulo, 1994, p. 33.)

73 Ghirardi, Maria do Carmo Garcez. Garantias bancárias autônomas e as regras uniformes para garantias sob demanda da câmara de comércio internacional. In: Basso, Maristela; Prado, Maurício Almeida; Zaitz, Daniela (orgs.). *Direito do comércio internacional*: pragmática, diversidade e inovação. Estudos em homenagem ao professor Luiz Olavo Baptista. Curitiba: Juruá, 2005, p. 300.

74 Abrão, Nelson. *Direito bancário.* 16 ed, rev., atual. e ampl. pelo Desembargador Carlos Henrique Abrão. São Paulo: Saraiva, 2016, p. 186.

75 Sob o ponto de vista do direito anglo-saxão, tais modalidades de garantias impróprias não são distinguidas das garantias em sentido próprio.

de garantia[76]. Ademais, não se trata de garantia própria, pois não tem vinculação a uma circunstância apenas eventual, como se observa nas garantias próprias.

Além disso, em vista da distinção (forma de pagamento *vis-à-vis* garantia), resulta que a demanda de pagamento sob uma carta de crédito é um evento mais do que esperado na relação firmada entre as partes, ao contrário do pleito de pagamento estabelecido em uma garantia propriamente dita, uma vez que pressupõe a existência de um inadimplemento pelo ordenador[77], embora nem sempre tal prova seja necessária.

3.2. Figuras tipicamente convencionais: cláusulas de garantia e segurança

Em geral, as cláusulas de garantia e segurança se revelam por "cláusulas contratuais apostas com o intuito de assegurar o cumprimento do crédito ou prestação em causa. São construções convencionais que procuram, por um lado, que se crie um meio de pressão sobre o devedor e, por outro, que o devedor se mantenha, tanto quanto possível, capaz de cumprir"[78].

A respeito das garantias impróprias resultantes de acordo de vontade dos contraentes, como se verá, encerrarão, na maior parte das situações, obrigação positiva ou negativa, pelo que o regime jurídico aplicável deve ser o da respectiva natureza obrigacional.

Apenas a título ilustrativo, em se tratando de obrigação de não fazer, por exemplo por força do dever de inalienabilidade de determinado bem móvel ou imóvel, o dever omissivo é absoluto e, uma vez inobservado, acarreta a inutilidade da prestação, não tendo de se falar, portanto, em mora ou inadimplemento relativo, nos termos do artigo 390 do Código Civil brasileiro:

> "Art. 390. Nas obrigações negativas, o devedor é havido por inadimplente desde o dia em que executou o ato de que se devia abster".

[76] Matias, Armindo Saraiva. *Garantias bancárias activas e passivas*. Lisboa: Scripto, 1999, p. 37.

[77] Affaki, Georges; Goode, Roy. *Guide to ICC Uniform Rules for Demand Guarantees*. ICC Services Publications: Paris, 2011, p. 9.

[78] Henriques, Sérgio Coimbra. Cláusula de garantia e segurança. entre a autonomia da vontade e o dever de cumprir. alguns aspectos. *Revista de Direito das Sociedades*, v. 6, 2014, p. 655.

Embora se aventem[79] exceções à regra ora exposta, normalmente, o descumprimento de cláusulas de garantia imprópria frustrará instantaneamente o interesse e a utilidade da prestação pelo credor, acarretando o inadimplemento irremediável, suscetível de encerramento do contrato respectivo por inadimplemento. Isso se deve não propriamente pela incompatibilidade da obrigação de não fazer com a mora, mas pelo critério de utilidade da prestação em face do credor, cabendo distinguir entre a obrigação negativa de ato único e a obrigação negativa durável, em que é lícito impedir a perpetuação da violação e permitir que a obrigação continue a ser cumprida[80].

Não se nega que, normalmente, tais modalidades obrigacionais de garantias especiais impróprias constituem dever secundário ou acidental da prestação primária. Daí não se conclui, contudo, que o incumprimento de tais obrigações mantenha, necessariamente, a utilidade da prestação contratual primária pelo credor, sobretudo se inexistente outro meio de recompor a garantia imprópria ou a obrigação a que se refere. É que a prestação primária do negócio jurídico e seus termos (a saber, preço, forma de pagamento, entrega etc.), é presumidamente afetada durante a negociação pelos deveres secundários ou acidentais do negócio assumidos pelos contraentes. São determinados pelos riscos que a operação respectiva representa.

A contratação de garantias especiais impróprias, na modalidade convencional, influi na assunção originária de riscos contratuais, afetando o poder de barganha das partes, a lógica contratual, a disposição dos contraentes em concluir ou não o negócio, de discutir o preço etc. Daí porque a violação de tais garantias é, em geral, séria e apta a romper o vínculo obrigacional por inadimplemento.

Normalmente, contudo, o que se observa é que os contraentes, no âmbito de sua autonomia privada, afastam a necessidade de discussão quanto à utilidade, ou não, da prestação ao credor, para fins de caracte-

79 Miranda, Pontes de. *Tratado de direito privado*. 3 ed. Rio de Janeiro: Borsoi, 1971, v. 22, p. 119.

80 Nanni, Giovanni Ettore. *Inadimplemento absoluto e resolução contratual*: requisitos e efeitos. São Paulo: Thomson Reuters Brasil, 2021, p. 105.

rização do inadimplemento absoluto, a justificar a resolução do contrato por cláusula resolutiva tácita.

Assim os contraentes fazem valendo-se de convenção, para conferirem entre si o direito de romper a relação contratual no caso de suceder fato de incumprimento por eles, como tal, previsto. Se, de um lado, a lei autoriza o término do vínculo na hipótese de inadimplemento absoluto (cláusula resolutiva tácita), de outro, as partes podem regular o remédio resolutivo, definindo que, se acontecido certo evento – por exemplo, descumprimento de determinada ou determinadas prestações –, a parte lesada pela inexecução poderá manejar expediente resolutivo. Não haverá, em tais circunstâncias e, geralmente, espaço para discutir a definitividade ou não do incumprimento, nem se é ou não de escassa importância[81].

Passa-se a descrever algumas das contratações mais utilizadas, reputadas como garantias especiais impróprias, sem a intenção de esgotamento, ou, até mesmo, aprofundamento do tema, que exigiria, para cada tipologia, trabalho monográfico próprio, incompatível com a metodologia e extensão deste trabalho.

3.2.1. Cláusula *cross-default*

A cláusula *cross-default* prevê que o incumprimento ou outra falta contratual praticada pelo devedor de qualquer contrato celebrado entre o devedor e o beneficiário daquela cláusula repercute tanto no contrato relativamente ao qual o incumprimento ou a falta se verificou, como nos demais contratos (em princípio, especificamente elencados ou previstos), independentemente de nestes ter, ou não, ocorrido algum incumprimento[82].

Há, assim, entre diversos instrumentos firmados entre credor e devedor uma espécie de vaso comunicante, operacionalizado por meio da contratação de cláusula *cross-default*. A comunicação se dá pelo descum-

[81] Nanni, Giovanni Ettore. *Inadimplemento absoluto e resolução contratual:* requisitos e efeitos. São Paulo: Thomson Reuters Brasil, 2021, p. 479.

[82] Henriques, Sérgio Coimbra. Cláusula de garantia e segurança – Entre a autonomia da vontade e o dever de cumprir alguns aspectos. *Revista de Direito das Sociedades,* v. 6, 2014, p. 669.

primento de qualquer um dos instrumentos abarcados pelo sistema de vasos, afetando toda a cadeia contratual que seja abarcada pela cláusula *cross-default*.

Normalmente, a referida cláusula atua por referência a determinadas obrigações acordadas pelas partes, capazes de afetar o programa contratual de tal maneira a justificar que outros instrumentos sejam afetados pela violação, em verdadeiro efeito dominó. Assim, por exemplo, a pactuação de vencimento antecipado das prestações entre devedor e credor pode autorizar o vencimento antecipado das obrigações inerentes a todos esses contratos em caso de incumprimento de algum deles.

A função garantidora de tal pacto se revela na medida em que a recuperação do crédito é antecipada, incorrendo o devedor em mora em todas as suas prestações designadas em face do credor. Mais do que isso, a dívida torna-se exigível desde logo, abstendo-se o credor de ter de investir mais recursos no adimplemento de suas obrigações – o que mitiga prejuízos e proporciona ao credor, em razão da antecipação, a possibilidade de cobrança imediata do débito, facilitando o procedimento de cobrança respectivo.

Cita-se, também, a contratação de tal garantia especial imprópria ao estabelecer que o incumprimento de determinada obrigação contratual acarretará direito de resolução dos outros negócios firmados ou a serem firmados entre os contraentes, obedecendo-se, nesse particular, aos termos da cláusula resolutiva expressa e/ou tácita aplicável a cada instrumento.

Avaliadas em sua generalidade, tais cláusulas operam na conduta do devedor, ao compeli-lo a atuar nos termos do contratado, sob pena de toda a rede contratual que mantém com a contraparte ser afetada adversamente aos seus interesses. Em suma, o devedor passa a considerar não apenas o descumprimento específico daquela relação negocial, que lhe pode, em última medida, ser vantajosa, para conceber a relação firmada com o respectivo credor em outras relações contratuais.

3.2.2. Cláusula de inalienabilidade

Entende-se por cláusula de inalienabilidade a disposição contratual que determine para o devedor de tal prestação a imposição de se manter, por determinado período, como proprietário de certo(s) bem (bens), móvel (móveis) ou imóvel (imóveis)[83], o que reflete na garantia geral do devedor, consistente em seu patrimônio. A ideia, portanto, é de conservação da garantia geral do credor frente ao devedor, evitando, de igual modo, a dilapidação do patrimônio pelo devedor.

Pode o credor condicionar à venda do bem reservado a sua autorização prévia, tudo sob o ponto de vista contratual, sem atingir direito de terceiros; apenas estaria refletido na esfera de terceiros se a garantia fosse publicizada, por exemplo, na certidão de matrícula de determinado imóvel sujeito à alienabilidade, mas, nessa hipótese, ter-se-ia maior proximidade ao direito especial próprio de garantia real, o que não corresponde à figura contratual ora anunciada.

Em resumo, referida obrigação de inalienabilidade impõe limites obrigacionais temporários (sendo certo que a limitação *ad aeternum* das disposições a respeito da propriedade poderão ser objeto de questionamento, tema que não será avaliado nesta seara) aos poderes de disposição, e não de fruição pura e simples – ao direito de propriedade do devedor, em prol do devedor, a fim de manter, pelo menos parcialmente, hígida a capacidade de o devedor adimplir sua prestação, mesmo de maneira forçada.

3.2.3. Cláusula *pari passu*

Ao convencionar a cláusula *pari passu*, o devedor garante ao credor beneficiário que o crédito deste se manterá com a mesma classificação, relativamente a outros créditos de que seja devedor[84], para o fim de manter, ao tempo da conclusão do negócio jurídico, a mesma situação de preferência creditícia em que se encontrava o credor em relação ao devedor.

Assim, ao credor é assegurado obrigacionalmente que o seu crédito estará sempre em posição de igualdade com os demais credores do devedor comum, podendo o devedor vincular-se de tal forma que, caso conceda garantias a outros credores, concederá garantia idêntica ao credor beneficiário de tal cláusula.

[83] Henriques, Sérgio Coimbra. Cláusula de garantia e segurança – entre a autonomia da vontade e o dever de cumprir alguns aspectos. *Revista de Direito das Sociedades*, v. 6, 2014, p. 676.

[84] Leitão, Luís Manuel Teles de Menezes. *Garantias das obrigações*. 6 ed. Coimbra: Almedina, 2018, p. 315.

Assim, tratando-se de crédito privilegiado, consistirá em assegurar a manutenção da preferência de que goza em relação aos outros credores do devedor; em se tratando de crédito quirografário, assim se manterá até o término do adimplemento da obrigação do devedor naquele negócio jurídico, o que, contudo, não se opõe aos terceiros – tornando a garantia especial imprópria, aqui tratada, uma garantia fraca.

É exatamente a vinculação do devedor para assegurar ao credor beneficiário da cláusula o acesso ao seu património em pé de igualdade com os credores da mesma classe creditícia, obrigando-se a não lhes conferir melhor tratamento durante todo o período contratual, que atribui à cláusula *pari passu* um conteúdo não só útil[85], mas também facilitador de recuperação do crédito.

3.2.4. Cláusula *negative pledge*

O conteúdo da cláusula de *negative pledge* representa obrigação negativa que impõe ao devedor não onerar bens que constituem o seu patrimônio com outras garantias pessoais e/ou reais, além daquelas que existem no momento da assunção da obrigação, sob pena de o favorecido pela prestação assumida poder se socorrer das sanções aplicáveis ao contrato em razão do descumprimento pelo devedor da obrigação de não oneração adicional[86].

Em suma, em vez de se atribuir ao beneficiário da cláusula uma posição destacada relativamente aos restantes credores, impede-se que o devedor crie situações que venham prejudicar a situação creditícia do beneficiário da cláusula[87], alterando a posição privilegiada, ou não, creditícia que detém.

[85] Henriques, Sérgio Coimbra. Cláusula de garantia e segurança – entre a autonomia da vontade e o dever de cumprir alguns aspectos. *Revista de Direito das Sociedades*, v. 6, 2014, p. 678.

[86] Henriques, Sérgio Coimbra. Cláusula de garantia e segurança – entre a autonomia da vontade e o dever de cumprir alguns aspectos. *Revista de Direito das Sociedades*, v. 6, 2014, p. 665.

[87] Henriques, Sérgio Coimbra. Cláusula de garantia e segurança – entre a autonomia da vontade e o dever de cumprir alguns aspectos. *Revista de Direito das Sociedades*, v. 6, 2014, p. 665.

As partes têm plena liberdade de excepcionar situações, bem como condicionar a oneração futura à aceitação do credor que, por essa via, consegue, de alguma forma, controlar a evolução da situação patrimonial da contraparte[88].

Por um lado, pode o contrato prever, por exemplo, a resolução do instrumento por cláusula resolutiva expressa, o vencimento antecipado das prestações devidas no âmbito daquele negócio jurídico ou mesmo prever *cross-default*, já descrito, a fim de que todas as prestações nos contratos indicados entre credor e devedor tenham seu vencimento antecipado.

Por outro lado, a posição que confere ao credor representa um reforço da garantia geral, já que, ao contrário do que sucede com os demais credores, detém, em tese, garantia específica consistente na obrigação negativa assumida de não se estabelecer novas garantias. Trata-se de finalidade dupla: reforçar a tutela da garantia patrimonial, evitando a sua diminuição; e refrear a constituição de endividamento futuro, assegurando a conservação e a integridade desse patrimônio[89], sem evidentemente, prejudicar terceiros não contratantes.

O fato de não vincular terceiros não contratantes, evidentemente, torna tal modalidade de garantia fraca, na medida em que não confere ao credor qualquer direito sobre os bens, presentes e futuros do devedor, pelo que, em caso de descumprimento da obrigação negativa, caberá ao credor aplicar as sanções contratuais cabíveis em face do devedor apenas, sem possibilidade de oposição a terceiros[90].

3.3. Garantias especiais impróprias derivadas da Lei

3.3.1. Compensação legal

Outro exemplo de garantia especial imprópria pode ser verificado no instituto da compensação, tal como estipulado nos artigos 368 e ss. do

[88] Vasconcelos, Luis Miguel Pestana de. *Direito das garantias.* 3 ed. Coimbra: Almedina, 2020, p. 692.

[89] Henriques, Sérgio Coimbra. Cláusula de garantia e segurança – entre a autonomia da vontade e o dever de cumprir alguns aspectos. *Revista de Direito das Sociedades*, v. 6, 2014, p. 666.

[90] Leitão, Luís Manuel Teles de Menezes. *Garantias das obrigações.* 6 ed. Coimbra: Almedina, 2018, p. 314.

Código Civil brasileiro. Mediante o recurso à compensação, permite-se a extinção da dívida até onde se compensarem entre duas pessoas caso sejam, ao mesmo tempo, credor e devedor uma da outra.

Assim, por exemplo, um banco que disponha de numerário em conta corrente de determinado devedor que contraiu empréstimo junto à mesma instituição financeira tem a possibilidade de compensar o saldo da referida conta bancária com eventual dívida contraída pelo mutuante. Há facilitação na realização de créditos e extinção de dívidas, sem depender, ademais, da vontade do devedor.

Como explica Luis Miguel Pestana de Vasconcelos, a função de garantia do mecanismo de compensação se revela porque "o credor não tem que exigir o cumprimento ao devedor, e arriscar-se a que este não cumpra, tendo depois que recorrer aos meios judiciais para obter a realização do seu direito, em particular o recurso à via executiva, onde pode ser ultrapassado pelos credores garantidos, e, ao mesmo tempo, manter-se vinculado a cumprir a sua obrigação"[91].

3.3.2. Exceção de contrato não cumprido e exceção de inseguridade

A exceção de contrato não cumprido, regulada pelo artigo 476[92] do Código Civil brasileiro, também se amolda ao conceito de garantia especial imprópria. Como explica Luís Manuel Teles de Menezes Leitão, sob o regime do instituto da exceção de contrato não cumprido português, mas em sintonia, para o que aqui interessa, com o regime brasileiro, "embora a excepção não se possa considerar estritamente como uma garantia, na medida em que seu fim é antes o de assegurar o cumprimento simultâneo das obrigações sinalagmáticas (...), a verdade é que acaba por desempenhar numa menor medida a mesma função das garantias de cumprimento"[93].

[91] VASCONCELOS, Luis Miguel Pestana de. *Direito das garantias.* 3. ed. Coimbra: Almedina, 2020, p. 672.s

[92] "Art. 476. Nos contratos bilaterais, nenhum dos contratantes, antes de cumprida a sua obrigação, pode exigir o implemento da do outro."

[93] LEITÃO, Luís Manuel Teles de Menezes. *Garantias das obrigações.* 6. ed. Coimbra: Almedina, 2018, p. 309-310.

Isso se deve ao fato de a parte poder legitimamente recusar-se a adimplir sua correspectiva contraprestação, enquanto sua contraparte não prestar a correspectiva prestação que lhe cabe, colocando a parte beneficiada pela exceção de contrato não cumprido em posição vantajosa em relação a credores comuns no que concerne à satisfação do seu crédito. Por isso, a exceção de contrato não cumprido desempenha não só função coercitiva para que o devedor adimpla sua correspectiva prestação, mas também de garantia ao credor[94].

Essa última função assecuratória fica clara se atentarmos ao regime de falência ou insolvência, visto que a admissão em tal sede da exceção de contrato não cumprido configurará posição de privilégio face aos demais credores do insolvente/falido que já tenham cumprido suas prestações.

A clareza da função assecuratória da *exceptio* de que trata o artigo 477 do Código Civil brasileiro, a denominada exceção de inseguridade, é ainda maior. Fundado em tal dispositivo legal, "se, depois de concluído o contrato, sobrevier a uma das partes contratantes diminuição em seu patrimônio capaz de comprometer ou tornar duvidosa a prestação pela qual se obrigou, pode a outra recusar-se à prestação que lhe incumbe, até que aquela satisfaça a que lhe compete ou dê garantia bastante de satisfazê-la".

Veja-se que, ao outorgar ao devedor a recusa no adimplemento de sua prestação pela diminuição do patrimônio de sua contraparte após a conclusão do negócio jurídico, evita-se que o devedor, depois de cumprir a prestação que lhe cabe, não possa exigir da outra parte a contraprestação respectiva. Há nítido propósito de evitar/mitigar prejuízo decorrente de risco financeiro da parte que não mais tem meios de adimplir sua prestação.

Conclusões

Pretendeu-se, a partir da concepção de risco exógeno e eventual que tem o potencial de afetar a normal marcha contratual esperada pelos contratantes, demonstrar de que forma as garantias especiais impróprias servem ao propósito de salvaguardar os contraentes em face de tais infortúnios.

94 Leitão, Luís Manuel Teles de Menezes. *Garantias das obrigações*. 6. ed. Coimbra: Almedina, 2018, p. 310.

Após apresentar a exata localização das garantias especiais impróprias no âmbito do direito das garantias, traçando a distinção fundamental entre garantias especiais próprias e impróprias, tratou-se brevemente de algumas garantias especiais impróprias: em primeiro lugar, as consubstanciadas em formas de pagamento com função de garantia, tais como o cheque-caução e o crédito documentário; em segundo lugar, abordaram-se alguns exemplos de cláusulas de garantia e segurança que servem ao propósito garantidor, tais como a obrigação de inalienabilidade, a cláusula *pari passu*, *cross-default* e *negative pledge*; por fim, apresentaram-se algumas garantias especiais impróprias decorrentes da lei, explicitando de que maneira institutos tal como a compensação, da exceção de contrato não cumprido e da exceção de inseguridade, também se revelam controladoras ou mitigadoras de riscos contratuais.

Feitas as exposições, é possível perceber que há nas garantias especiais impróprias maior ou menor eficiência na salvaguarda dos riscos, podendo ser, como se indicou, meramente aparentes. Cabe, portanto, aos contraentes, dentro do âmbito de sua autonomia privada, determinar a melhor forma de resguardo de seus interesses no momento da conclusão do negócio jurídico, dadas as peculiaridades da transação empresarial que se está a firmar.

12.
CASO FORTUITO E FORÇA MAIOR: UM ASSUNTO ANTIGO QUE PERMANECE MODERNO

WANDERLEY FERNANDES

Considerações iniciais

Na introdução de sua obra *Caso Fortuito e Teoria da Imprevisão*, Arnoldo Medeiros da Fonseca justifica a escolha do tema pela relevância que adquiriu depois de que fatos extraordinários, primeira e segunda guerras, tiveram impactos profundos não apenas no modo de vida das pessoas, mas também pela perplexidade trazida para o direito. Indagava-se o autor: "Seria justo fazer recair, em tal caso, todo o prejuízo sobre quem era apenas culpado de não ter previsto o imprevisível, por um supersticioso respeito ao princípio da irretratabilidade das convenções, consagrado no Código Civil Francês, e outros que o tomaram como modelo?"[1]

Depois de um século marcado pelo liberalismo e pela noção de que contrato era lei entre as partes, o direito se vê diante da grave situação de devedores impossibilitados de cumprir suas obrigações em razão dos efeitos das conflagrações mundiais. Em alguns países, como França e Itália, os legisladores criaram normas excepcionais para interferir nas relações contratuais (Lei Failliot e Decreto de 27 de maio de 1915, respectivamente), desobrigando o devedor do cumprimento de suas obrigações como medida de justiça.

[1] *Caso fortuito e teoria da imprevisão*. Rio de Janeiro: Revista Forense, 1958, p. 13.

Em uma sociedade do risco[2], fomentada a partir da revolução industrial e da tecnologia da informação, o que seria excepcional torna-se frequente e "normal". O risco, *incerteza mensurável*, passa a ter relevância para o direito e na definição de normas jurídicas de sua alocação. Dessa forma, o conceito de risco torna-se instrumento para tratar de maneira sistemática a incerteza gerada pela modernidade, ou nas palavras de Ulrich Beck: "a systematic way of dealing with hazards and insecurities induced and introduced by modernization itself."[3]

Embora sempre presente nas relações jurídicas e econômicas, a questão ganha, novamente, destaque pela emergência da pandemia do vírus COVID-19. Juízes, advogados, professores e juristas se veem diante de um fato inusitado que paralisa o mercado e cria barreiras para o cumprimento dos contratos. Será a pandemia um caso fortuito ou de força maior, capaz de liberar os devedores do cumprimento de suas prestações? Ainda que não determine a resolução dos contratos, poderá o juiz revisar as operações econômicas por efeito da pandemia? Essas questões justificam revisitar o tema. Pestes já ocorreram ao longo da história, seriam imprevisíveis? A imprevisibilidade é elemento essencial para caracterizar a *vis maior* e o *casus*?

Tem sido frequente na prática negocial a alegação de onerosidade excessiva em razão de caso fortuito ou força maior, é possível tal confusão?

Assim como Arnoldo Medeiros da Fonseca justificou sua obra, diante das guerras do século passado, justifico-me tomar o tempo do leitor diante de questões que a pandemia global nos trouxe e que requerem a reflexão dos juristas. Não se trata de exclusivamente, sobre COVID-19, mas de análise da questão da força maior e caso fortuito em um novo contexto.

Risco e incerteza.

Risco pode ser definido como "*measurable uncertainty*", incerteza mensurável que, matematicamente, traduz-se em uma fórmula simples: R= P (D), ou seja, risco é a *probabilidade* de um *dano futuro*. O resultado é importante, pois o efeito do risco é sempre nefasto. Do contrário, esta-

[2] Beck, Ulrich. *Risk Society: towards a new modernity*. London: Sage publications, 2005.

[3] Idem, p. 21.

ríamos diante de probabilidade de ganho, o que se traduz em *chance*. Alguém tem a chance de ganhar o show do milhão ou ser vencedor de uma maratona, conceito que juridicamente fundamenta a teoria da perda de uma chance[4], que não é objeto deste trabalho.

Temos, portanto, que a incerteza é mais ampla e integra o risco, mas este se qualifica como possibilidade de mensuração, convertendo-se em "contingência" precificável. Esta distinção é proposta por Frank H. Knight: "*To preserve the distinction which has been drawn in the last chapter between measurable uncertainty and an unmeasurable one we may use the term 'risk' to the designate the former and 'uncertainty' for the later*"[5].

Outro elemento essencial nessa equação é o tempo. Evidentemente, mesmo em contratos de execução instantânea, é possível identificar riscos de perda do bem no momento da entrega, vícios ocultos, defeitos posteriores à entrega etc. Mas, seja por um pequeno lapso de tempo ou anos para a execução de uma grande obra ou mesmo décadas em contratos de concessão, os agentes econômicos estarão expostos a determinados riscos em *certo tempo*. Os contratos quanto ao tempo podem ser de execução imediata e instantânea (a entrega imediata de mercadoria contra o pagamento do preço), diferida (pagamento a prazo ou entrega futura do bem), continuada (como a execução de uma empreitada que demanda tempo para sua execução) ou de trato sucessivo (como o contrato de locação, em que se sucedem "prestações periodicamente repetidas"[6]). Portanto, nos contratos que demandam tempo para sua execução, as partes estarão expostas a riscos de que fatos supervenientes comprometam o adimplemento da prestação. Nesse sentido, maior

[4] Carnaúba, Daniel Amaral. *Responsabilidade civil pela perda de uma chance*. A álea e a técnica. São Paulo: Editora Método, 2013. Rocha, Nuno Santos. *A perda de uma chance como uma nova espécie de dano*. Coimbra: Almedina, 2014.

[5] Tradução livre: "Para preservar a distinção que foi traçada no último capítulo entre incerteza mensurável e incomensurável, podemos usar o termo 'risco' para designar a primeira e 'incerteza' para a última". *Risk, uncertainty and profit*. Mineola, NY: Dover Publication, 2006. p. 233.

[6] Gomes, Orlando. *Contratos*. 26ª ed. Rio de Janeiro: Forense, 2007, p. 94. Sobre contratos de longa duração: Schunck, Giuliana Bonanno. *Contratos de longo prazo e dever de cooperação*. São Paulo: Almedina, 2016.

o tempo de execução, maior o risco no sentido de exposição temporal aos seus eventuais efeitos.

Em torno desses três elementos (probabilidade, dano e tempo), desenvolveram-se metodologias de análise e gerenciamento de riscos nas diversas atividades econômicas. Desde análise de risco de crédito, essencial para os bancos, assim como gerenciamento de riscos de adimplemento em contratos complexos de construção ou a avaliação de risco da própria continuidade de determinado negócio. Sendo a probabilidade essencial para sua compreensão, teorias e métodos como Monte Carlo elaboraram sofisticadas análises matemáticas computacionais em busca de "*variation reduction*", estreitando cenários futuros a partir do maior ou menor número de variáveis[7], usando de instrumentos computacionais em "*financial computing*" ou "*computational economy*".

Em finanças e gerenciamento de projetos é possível encontrar métodos de "*risk assessment*" com processos que partem da identificação, análise (qualitativa e quantitativa), planejamento de resposta e gerenciamento de riscos[8], como a metodologia *COSO* de riscos corporativos e controles internos (*The Comitee of Sponsoring Organization*) . A análise de riscos é, portanto, parte do processo decisório de uma empresa ou de um indivíduo a propósito de investimento, desinvestimento, como e de onde obter financiamento para os negócios etc. Frank H. Knight já estabelecia a relação entre risco, incerteza e lucro[9] e, acuradamente, Robert C. Higging observa que, em dado investimento, não se trata de perguntar qual será o retorno, mas se ele é suficiente para justificar o risco a ser incorrido[10].

Se a equação inclui probabilidade e extensão do dano, o gerenciamento de riscos "envolve a identificação, avaliação e resposta aos riscos do projeto, a fim de minimizar a probabilidade e o impacto das consequên-

[7] Kalos, Malvin H. e Whitlock Paula A. *Monte Carlos Methods*, 2ª ed. Weinheim: Wiley-Blackwell, 2008, p. 3.

[8] Gido, Jack e Clemens, James P. *Gestão de projetos*. São Paulo: Centage learning, 2011, p. 76 e seguintes.

[9] *Risk, uncertainty and profit*. Mineola, NY: Dover Publication, 2006.

[10] O texto original: "The appropriate question when evaluating investment opportunities is not 'what's the rate of return?' but Is the return sufficient to justify the risk?" (*Analysis for financial management*, 8a ed., Boston: Mc Graw-Hill, 2007, p. 284).

cias de eventos adversos durante a realização do objetivo do projeto"[11]. Agentes econômicos atuam, portanto, em ambos os elementos da equação: probabilidade e dano. Como reduzir variáveis e como mitigar os danos. Na teoria contratual, como esses elementos matemáticos podem ter efeito jurídico?

Esta associação entre risco e retorno é extremamente relevante para o direito, pois, não sendo a pura incerteza mensurável, não será passível de precificação como contingência na composição do preço. Neste caso, indaga-se: é possível ao contratado absorver o impacto do imprevisível, incalculável e, consequentemente, não precificável? De outro lado, sendo mensurável, seria razoável supor que um vendedor ou construtor diligente o tivesse considerado na formação do preço e, consequentemente, não caberia a um juiz ou árbitro, *ex post*, reconstituir o preço para incluir contingência que, por natureza, deveria ser calculada *ex ante*.

Vê-se, portanto, que tais conceitos econômicos e financeiros têm inúmeras repercussões para o direito.

Diante da incerteza e do risco, o direito atribui efeitos diversos. Vejamos alguns dispositivos do Código Civil. O artigo 619 aloca ao empreiteiro o risco de variação de preços e de quantidades de insumos empregados em uma obra, ainda que haja alteração de projeto. Por outro lado, o artigo 625, II, atribui ao dono da obra os riscos hídricos e geológicos que resultem em onerosidade na execução da obra. Trata-se de alocação eficiente de riscos, pois o empreiteiro tem melhor conhecimento da variação de preços e quantidades de insumos em uma determinada obra e, de outro lado, espera-se que o dono da obra tenha melhor conhecimento das condições do imóvel sobre o qual pretende executá-la.

Em regra, portanto, ausente disposição contratual em contrário, deve assumir o risco a parte que, de maneira mais eficiente (com menor custo) poderá evitá-lo, mitigá-lo ou suportá-lo. Nesse sentido, outro elemento importante nessa equação é a *informação*. Exemplo corriqueiro é a garantia dada pelo vendedor em caso de vícios ocultos. Todo vendedor tem melhor informação a respeito da coisa do que o comprador, logo, a lei lhe atribui o risco pelos seus defeitos. Isso, igualmente, tem efeitos pro-

[11] Gido, Jack e Clemens, James P. Idem, p. 76.

cessuais. Em interessante trabalho coletivo *Law and Risk*, Editado pela *Law Commission of Canadá*, Dayna Nadine Scott observa que o ônus da prova deve ser atribuído para aqueles "*with best access to relevant information or knowledge*"[12]. Outro exemplo, a parte que suportará o risco em um contrato de construção poderá ser aquela que contrate o seguro mais barato, suportando o risco na relação contratual, mas transferindo-o a terceiros, mediante contrato de seguro. Na hipótese de que o seguro fosse atribuído ao construtor, este poderia pagar um prêmio mais caro, incluiria taxa de administração e lucro sobre esse custo e, ao final do dia, o preço contratual seria mais caro para o dono da obra. Seguindo esta lógica negocial, será mais eficiente que o dono da obra assuma os riscos de acidentes, contratando um seguro mais barato e incluindo o construtor como cossegurado.

O direito, portanto, aloca o risco que, por outro lado, poderá ser distribuído entre as partes de maneira diversa, no caso concreto, mediante contrato. Do ponto de vista econômico, portanto, o contrato é um instrumento que modula o preço de acordo com a alocação de riscos definida pelas partes. Por exemplo, o prestador do serviço ou da empreitada poderá conceder desconto se a responsabilidade ou o risco for alocado de maneira compartilhada. Isso significa que a cláusula de limitação de responsabilidade, por exemplo, tem um preço e pode ser mensurada.

A incerteza pura, por sua vez, não comporta mensuração e, por essa razão, o direito não aloca às partes arcar com seus efeitos. A incerteza, não sendo mensurável e precificável, resulta em resolução dos contratos ou liberação do devedor. O artigo 393 representa excludente da responsabilidade pelo não cumprimento da prestação não imputável ao devedor. O artigo 478, diante de eventos excepcionais e imprevisíveis, pode dar azo à resolução do contrato. Vê-se, claramente, que o direito atribui efeitos diversos ao risco e à incerteza.

O direito não define risco e incerteza, mas o conceito econômico tem implicações que não podem ser ignoradas pelos juristas.

Os artigos 478 e 479 do Código Civil brasileiro são exemplos de adequação do direito à operação econômica. Tomemos a hipótese frequente

[12] *Shifting the burden of proof: the precautionary principle and its potential of the democratization of risk*. In: *Law and Risk*. Vancouver: UBC Press, 2005, p. 54.

de aumento de preço dos insumos (em razão de eventos excepcionais) que possa causar desequilíbrio econômico-financeiro do contrato. Tem o devedor o direito à revisão contratual ou cabe a resolução?

Se, diante da onerosidade excessiva, o remédio fosse a revisão do contrato, o legislador estaria alocando a incerteza e, consequentemente, transferindo a onerosidade excessiva de uma parte à outra. Não é esta a solução do direito e parece adequado o remédio jurídico definido pelo legislador, quando atribui o efeito da resolução do contrato, nos termos do artigo 478, mas admite, nos termos do artigo 479, que "a resolução poderá ser evitada, oferecendo-se o réu a modificar equitativamente as condições do contrato".

Nesse sentido, ocorrendo evento imprevisível e excepcional que resulte em onerosidade excessiva para o devedor, poderá o credor resignar-se com a resolução do contrato, mas, ainda que maior o valor a ser pago, poderá o credor, tendo interesse na prestação, oferecer modificação equitativa do preço. Apenas para que a hipótese fique mais clara, uma empresa siderúrgica poderá aceitar a revisão do preço da construção de uma unidade industrial em decorrência do aumento do preço do aço, pois a perspectiva de lucros na venda da *commodity* terá retorno que compensará os custos de construção. Nesse sentido, terá o incentivo para oferecer aumento equitativo do preço. Em outras circunstâncias, uma empresa de produção de fertilizantes poderá não ter retorno algum em dar seguimento à construção com o preço revisado em razão da redução do preço de fertilizantes como decorrência da queda de preços de *commodities* agrícolas. Impor a ela a revisão do preço, seria transferir a onerosidade de uma parte à outra.

Vê-se, portanto, que risco e incerteza são conceitos próximos, mas com consequências distintas. O que é conhecido e previsível pode ser mensurado, convertendo-se em contingência. De outro lado, o imprevisível e não mensurável não pode ser imposto a uma parte, cujo preço jamais considerou a hipótese desconhecida. Como indaga Arnoldo Medeiro da Fonseca, "como pode alguém arcar com a responsabilidade pela culpa de não prever o imprevisível? A questão, no entanto, vai adiante.

Ainda que previsível o fato, está obrigado o devedor a cumprir ou assumir os seus efeitos que tornam impossível o cumprimento da prestação? Em 2017, Bill Gates alertou que epidemias poderiam ter efeitos devastadores nos anos seguintes[13]. Doenças desconhecidas liberadas por um meio ambiente inóspito, apesar de previsível, podem ter efeitos inevitáveis para a inexecução de certas obrigações.

Por outro lado, a epidemia do COVID-19 torna impossível o pagamento do aluguel de lojas de shopping centers? Pode ser que sim e pode ser que não. Logo, a epidemia ou pandemia não tem como efeito necessário o não pagamento dos alugueres. Por outro lado, um "buffet" contratado para a celebração de um casamento em determinada data poderá ver-se impossibilitado de cumprir sua prestação diante da proibição de eventos dessa natureza. Ou seja, o fato é o mesmo, a pandemia, mas os efeitos são diversos. Segundo o artigo 393 do Código Civil brasileiro, o caso fortuito ou de força maior será caracterizado pelos seus efeitos. Logo, resta claro que a pandemia poderá ou não ser caracterizada como caso fortuito ou força maior a partir dos efeitos que terá sobre determinado contrato e cuja impossibilidade se verificará no caso concreto e não de forma abstrata o que poderia estimular comportamentos oportunísticos para a liberação do cumprimento da prestação.

Em termos jurídicos, a questão toma contornos relevantes, pois, como definir o que era previsível ou imprevisível? Ademais, se previsibilidade não é elemento essencial para o caso fortuito e força maior, o que torna a prestação impossível ou impraticável?

Caso fortuito e força maior: entre o risco e a incerteza:

Há anos, ao fim de uma viagem, adquiri um livro sobre "*contract theory*"[14]. Poderia parecer uma obra sobre "*law and economics*", mas era um livro de economia, cujo conteúdo me pareceu obscuro e hermético, povoado de fórmulas matemáticas. Um princípio, entretanto, pareceu compreensível, o contrato é uma forma de tornar o preço variável dependendo da alocação de riscos entre as partes.

Maior o risco, maior o preço, menor o risco, poderá o agente econômico avaliar suas alternativas de investimento? A questão é mais com-

[13] https://fenasaude.org.br/noticias/bill-gates-alerta-para-o-risco-de-uma-pandemia-mundial-matar-ate-30-milhoes-de-pessoas-em-um-ano.html

[14] Bolton, Patrick e Dewatripont, Mathias. *Contract theory*. Cambridge, Massachutetts: The MIT press, 2005.

plexa, mas, para efeito jurídico, podemos concluir que, nessa perspectiva, o contrato é o instrumento que, ao alocar os riscos entre as partes, modula o preço.

Pensamos no risco, então, como contingência, que se integra ao preço. A contingências ativas e passivas estão relacionadas no CPC (Comitê de Pronunciamento Contábeis) 25, reconhecido por Deliberação CVM 594/09, com *"um ou mais eventos futuros incertos não totalmente sob controle da entidade"*. De outro lado, o impacto poderá ser mensurável ou não. Em termos de contabilização, a contingência poderá representar uma possível ganho como um "ativo contingente" ou uma perda "passivo contingente". Sendo um passivo contingente, a contingência se apresenta como uma despesa que afeta o resultado da empresa. Tome-se o exemplo corriqueiro de um passivo contingente trabalhista que, a partir de análises probabilísticas, poderá determinar a provisão de determinado valor. Perdida a ação, materializa-se a contingência. Ganha a ação, baixa-se a provisão que altera positivamente o resultado.

O mesmo se dá em cada operação econômica realizada pela empresa. Outro exemplo simples que a ilustra: custos decorrentes da reparos de defeitos de equipamentos no período de garantia. Embora a empresa tenha algum controle sobre a qualidade dos seus produtos, defeitos ocorrem e isso não está totalmente sob o domínio do fabricante. O defeito poderá ocorrer ou não (fato futuro incerto), mas o preço deverá conter estimativa de custos necessários aos reparos que, estatisticamente, se manifestam ao longo do tempo. Trata-se, portanto, de uma despesa ou passivo contigente. "*The accounting for warranty costs is based on the expense recognition principle. The estimated cost of honoring product warranty contracts should be recognized as an expense in the period in which the sale occurs.*[15]" Quando inexistentes os defeitos no período de garantia, a contingência é baixada como resultado da transação, ativo contingente.

[15] Tradução livre: "A contabilidade dos custos de garantia é baseada no princípio de reconhecimento de despesa. O custo estimado para honrar garantia contratual de produtos deve ser reconhecida como despesa no período em que as vendas ocorrem." (WEYGARNDT, Jerry J.; KIMMEL, Paul D. e KIESO, Donald E. *Financial accounting IFRS Edition*. Roboken, NJ: Wiley, 2013, p. H2.

Nos casos acima, estamos diante de riscos que podem ser previstos e mensurados, sendo precificáveis. Este fato financeiro é reconhecido pelo direito e, alocado o risco, não terá a parte que assumiu o risco o direito à indenização em caso de materialização da contingência.

Entretanto, é possível que as partes aloquem o risco de maneira diversa a partir de critérios que deveriam ser racionais e seguindo parâmetros de eficiência. Isso pode ocorrer de diversas formas, inclusive pela estrutura de preços. Uma obra poderá ser realizada mediante empreitada global, ou seja, incluindo prestações de serviços e fornecimento de materiais e equipamentos e tendo um preço total fixo (*lump sum*). Neste caso, verifica-se que há alocação intensa de riscos de variação de quantidades e de preço dos insumos para o empreiteiro. Considerando estatisticamente a variação de preços e de quantidades em obras anteriores equivalentes, o empreiteiro incluirá sua contingência para esses riscos. Pode-se dizer que houve alocação eficiente de riscos, pois o empreiteiro tem maior conhecimento técnico e de mercado para assumi-los e mitigá-los.

No mesmo sentido Lie Uma do Carmo observa que "eventual lapso ou equívoco no apreçamento pode provocar a redução da margem de lucro esperada ou mesmo causar prejuízos ao empreiteiro. Mas o empreiteiro é presumivelmente alguém que conhece seu *metier*, que tem experiência inclusive quanto às oscilações do mercado. Daí se falar que, nessa modalidade, o risco do cálculo dos custos e despesas da obra recaem sobre o empreiteiro."[16]

De um lado, não houvesse o risco, o empreiteiro poderia reduzir o preço, deixando de inserir esta despesa contingente. Por outro lado, poderá interessar ao dono da obra obter um preço menor se assumir os riscos de variação de preços e quantidades, em um contrato por administração ou "*cost plus*". Ou seja, pagará ao empreiteiro um percentual sobre todos os custos de materiais e equipamentos, assumindo o risco de sua aquisição. Evidentemente, que isso trará outros desafios, como a contenção do incentivo ao empreiteiro para gastar mais como forma de aumentar sua remuneração. Mecanismo, por exemplo, do preço máximo garantido (PMG) praticado no mercado de construção civil.

[16] *Contratos de construção de grandes obras*. São Paulo: Almedina, 2019, p. 81.

Note-se, portanto, que, do ponto de vista contratual, em nenhuma das hipóteses acima as partes poderão se escusar do cumprimento de suas respectivas prestações, pois, sendo previsíveis e mensuráveis, os riscos são alocados entre elas. Um evento como COVID-19 ou a invasão da Ucrânia podem causar perturbações no preço dos insumos, dos transportes ou variação cambial, mas, nem por isso a obrigação torna-se impossível.

Cabe-nos, então, indagar: o caso fortuito ou de força maior insere-se no campo do risco ou da incerteza pura?

Como o caso fortuito e força maior dizem respeito ao incumprimento da prestação não imputável ao devedor e, consequentemente, o isentam da responsabilidade pelos danos daí decorrentes, poderíamos ficar tentados a inseri-lo dentro da categoria da incerteza pura. Seria lógico desobrigar o devedor quando não seja possível prever o impacto de um evento futuro e incerto. Ocorre que, segundo o Código Civil brasileiro, o evento deverá ser necessário, irresistível e inevitável, mas a lei não exige que seja imprevisível. Além disso, o artigo 393 do Código Civil brasileiro exclui a responsabilidade do devedor pelos danos resultantes de caso fortuito ou força maior, salvo "se expressamente não se houver por eles responsabilizados", ou seja, uma parte poderá assumir os efeitos de um evento ainda que caracterizado como caso fortuito ou de força maior, o que é típico do risco.

Em outras palavras, o evento poderá ser previsível ou imprevisível e seus efeitos (dever de indenizar ou de suportar os danos) poderão ser alocados entre as partes. Nesse sentido, é possível concluir que o caso fortuito ou de força maior poderá ser totalmente imprevisível, sendo seus efeitos incalculáveis no momento da celebração, o que nos coloca dentro do campo da total incerteza. De outro lado, um evento poderá ser previsível e calculável, porém sua ocorrência torna impossível o cumprimento da prestação pelo devedor. Neste caso, embora seja tecnicamente um risco, como incerteza mensurável, terá o mesmo efeito liberatório da incerteza pura.

Tomemos o caso das chuvas, fato recorrentemente alegado nos tribunais como de caso fortuito ou de força maior para escusa do cumprimento de prestações ou pagamento de multas por atraso na execução de obras ou prestação de serviços. É sabido que na cidade de São Paulo, há um período de chuvas no verão e, nesse sentido, um construtor experiente já deveria, consideradas as estatísticas e informações disponíveis, elaborar um cronograma e estimar os custos adicionais decorrentes de eventuais paralisações em dias de chuva. Claramente, estamos diante de riscos que podem ser estimados e calculados, sendo, portanto, razoável que sejam alocados ao construtor ou prestador de serviços.

As circunstâncias, no entanto, podem levar a resultado diverso, como, por exemplo, se, embora o construtor tenha planejado realizar as obras no período seco, entre abril e outubro, mas o início das obras somente tenha ocorrido pela mora do dono da obra, como, por exemplo, atraso em entregar o projeto, obter licenças ambientais ou qualquer outro. Neste caso, ainda que ocorram chuvas normais ou excepcionais, o risco se transfere para o contratante.

Outra hipótese, diz respeito ao nível excepcional de chuvas dentro de um determinado período de recorrência, de tal forma que, mesmo avaliadas as estatísticas ou informações relevantes sobra a incidência de chuvas em dado período, não teria o contratado como avaliar o impacto de chuvas excepcionais. De tal forma que, mesmo previsível ou imprevisível, ainda temos que considerar se o impacto era calculável e, se das circunstâncias do caso, as chuvas tornaram impossível, ainda que temporariamente a execução do contrato.

Características do caso fortuito e da força maior

Este trabalho não pretende tratar das intricadas teorias que buscam justificar a distinção acadêmica entre caso fortuito e força maior, basta mencionarmos as contraditórias referências a fatos da natureza e aos humanos ou de terceiros. A controvérsia já se encontra superada, tendo em vista que os efeitos jurídicos, sejam quais forem as definições, são os mesmos e se qualificam pelos seus impactos e não pela sua origem. Pontes de Miranda é categórico: "A distinção entre força maior e caso fortuito só teria de ser feita, só seria importante, se as regras jurídicas a respeito daquela e dêsse fossem diferentes. Então, ter-se-ia de definir força maior e caso fortuito, conforme a comodidade da exposição. Não ocorrendo tal necessidade, é escusado estarem os juristas a atribuir significados que não têm base histórica, nem segurança em doutrina"[17].

[17] Tratado de direito privado, Tomo XXIII (Atualizado). São Paulo: Revista dos Tribunais, 2012, p. 159.

Fortuito intrínseco e extrínseco

Cabe, no entanto, fazer uma distinção doutrinária relevante. Alguns autores referem-se à força maior e caso fortuito intrínseco e extrínseco. Seriam intrínsecos os eventos associados ao risco da atividade, enquanto que extrínsecos os eventos externos ao negócio jurídico e à atividade das partes. Em recentíssimo trabalho publicado sobre caso fortuito e força maior em contratos de transporte, Marco Fabio Morsello enumera alguns exemplos de força maior intrínseca da qual, ainda que impossibilitado o cumprimento, não isenta o devedor do seu dever de indenizar, como a explosão de uma máquina, autocombustão de produtos inflamáveis, o estouro de um pneu, derrapagem de um veículo ou a entrada de um animal nos trilhos de uma estrada de ferro.[18]

Judith Martins-Costa define o "fortuito interno" como o "fato inevitável que se liga à organização da empresa, vale dizer, aos riscos da atividade desenvolvida pelo transportador (v.g., o estouro de um pneu, mal súbito do motorista)", arcando o transportador com o dever de indenizar, ainda que tomados todos os cuidados. Já o fortuito externo, segundo a autora "é estranho à organização do negócio" e cita exemplos como uma inundação que desvia a rota ou deslizamento de terra que capota o ônibus, de tal forma que o fortuito externo terá efeito liberatório sempre que o transportador não tenha concorrido com a produção do evento[19].

Parece-nos, no entanto, que tomar a não concorrência com a produção do evento como critério para o fortuito externo é insuficiente, pois, tendo concorrido com a produção do evento, de partida, exclui o caráter necessário à sua ocorrência, além de estabelecer o nexo de causalidade entre a ocorrência do evento e o comportamento do devedor. Nesse sentido, Marco Fabio Morsello é mais preciso quando observa que "considerando o regime de responsabilidade do transportador, referida excludente atrela-se, inelutavelmente, ao nexo de causalidade, sendo correta a terminologia ´fato de terceiro´ em vez de ´culpa de terceiro´,

[18] *Contrato de transporte: novos paradigmas do caso fortuito e força maior.* São Paulo: Revista dos Tribunais, 2021, p. 144-145.

[19] *Comentários ao novo Código Civil*, vol. V, Tomo II (arts. 389 a 420). Rio de Janeiro: Editora Forense, 2004, p. 201.

porquanto consentânea com o rompimento do referido elemento etiológico da responsabilidade civil.".

Portanto, o caso fortuito e a força maior como excludentes da responsabilidade estão situados no conceito de força maior extrínseca, não imputável ao devedor e fora dos riscos próprios de sua atividade.

Tomando-se, portanto, como irrelevante a distinção entre caso fortuito e força maior e situando esses eventos como extrínsecos à relação jurídica, cabe-nos avaliar o tratamento e qualificação dada pelo Código Civil brasileiro.

O regime jurídico do Código Civil

Em recente negociação, pretendeu-se incluir epidemias ou pandemias nos eventos inseridos em cláusula de força maior, para o efeito de extensão de prazo e compensação de custos adicionais. Não houve acordo entre os advogados e, de alguma forma, ambas as partes estão certas e ambas estão erradas. Como já referido acima, a pandemia do vírus COVID-19 pode ou não se qualificar como caso fortuito e de força maior a depender dos seus efeitos.

Vejamos o regime jurídico estabelecido no artigo 393 do Código Civil Brasileiro. Em primeiro lugar, está claro que o caput do referido artigo prescreve a exclusão da responsabilidade do devedor pelos danos decorrentes de caso fortuito ou força maior, salvo estipulação expressa das partes. Disso conclui-se que:

(a) Trata-se de excludente de responsabilidade para o devedor;
(b) Caso fortuito e força maior são eventos supervenientes à constituição de uma obrigação e que impossibilitam o cumprimento da prestação.
(c) Não se exige imprevisibilidade do evento causador do inadimplemento;
(d) Ao mencionar um "devedor", conclui-se que há obrigação preexistente, cujo adimplemento torna-se impossível em razão de caso fortuito ou força maior;
(e) O incumprimento da obrigação não é imputável ao devedor, estando o nexo de causalidade do inadimplemento associado a um evento externo à relação jurídica.

O parágrafo único, então, qualifica o evento como "o fato necessário, cujos efeitos não era possível evitar ou impedir". Note-se, portanto, que o direito brasileiro regula o caso fortuito e de força maior pelos seus impactos e não pela excepcionalidade do evento.

Fato Necessário:
Quando se refere a fato necessário, está o Código a dizer que se trata de evento cuja origem está fora do controle das partes, ou seja, o devedor não originou ou contribuiu para sua ocorrência. Ademais, o evento somente tem relevância na medida em que impacta uma relação jurídica preexistente. Há, então, um nexo de causalidade entre o evento e o não cumprimento da prestação. Acima, a guisa de exemplo, mencionamos a hipótese do buffet que se vê impedido de realizar a festa de casamento. Entretanto, em curioso caso decidido pelo Tribunal de Justiça de São Paulo, o tribunal entendeu que, diante das provas produzidas, a festa teria deixado de ocorrer em razão do "término do relacionamento", conforme reconhecido pela ex-noiva e não em razão da pandemia. Portanto, embora a pandemia pudesse, de fato, prejudicar a realização da festa, o real motivo estava associado ao comportamento das partes. Vale reproduzir parte do julgado:

> "Consigno, inclusive, que se a causa determinante para o fim do contrato fosse a pandemia da COVID-19, os negociantes, assim como diversos outros casais neste idiossincrático momento da vida, teriam muito provavelmente adiado a data uma vez mais, como confessadamente já haviam feito, tal qual alegado na peça exordial. Por tais razões, a rescisão não se deu por caso fortuito ou força maior. Cuidou-se de verdadeira resilição unilateral, por fato que não é imputável à apelante ou à pandemia da COVID-19".

Do singelo caso acima, poder-se-ia concluir que o caso fortuito ou força maior tem como pressuposto a ausência de culpa do devedor. Ocorre, no entanto, que, como antecipado acima, o caso fortuito ou força maior deve ser extrínseco, no sentido que não se encontra dentro da esfera do risco da atividade das partes.

A necessariedade do fato deve situar-se no fato concreto e não em abstrato. Judith Martins-Costa é bastante clara ao afirmar que "o primeiro traço fundamental na avaliação do fortuito: este deve ser compreendido 'situadamente', de maneira que o fato será ou não necessário, caracterizando o fortuito ou força maior, conforme a concreta situação em que verificado, a possibilidade de conhecimento do fato pelo agente, usando normal diligência, e a sua impossibilidade de resistir ao evento, ou eliminá-lo (ou de resistir ou eliminar as suas consequências) *relativamente ao dever a ser prestado*."[20]

Ausência de culpa:
Arnaldo Medeiros da Fonseca já criticava a superposição de ausência de culpa e caso fortuito, pois a ausência de culpa é conceito mais amplo (por exemplo, culpa do credor, perda da coisa por condições intrínsecas a ela), sendo que o caso fortuito e de força maior poderão representar uma das formas pelas quais se evidencia a ausência de culpa[21]. A objeção do autor, entretanto, não exclui o fato de que a existência de culpa, ainda que concorrente, não admite o excludente da responsabilidade pelos prejuízos decorrentes de um evento de caso fortuito ou de força maior. Isso vale tanto quanto ao elemento necessário, pois, se o devedor contribui para a ocorrência do evento, isso não o torna "necessário", da mesma forma quanto aos seus efeitos, pois, agindo o devedor com culpa, os seus efeitos não poderiam ser qualificados como "inevitáveis".

Parece-nos, no entanto, que a evolução da responsabilidade civil, no sentido de sua objetivação, prescindindo da culpa, nos fornece outro elemento relevante. O risco próprio da atividade. A título de exemplo, nos contratos de transporte, o Código Civil prescreve que: "Art. 741. Interrompendo-se a viagem por qualquer motivo alheio à vontade do transportador, ainda que em consequência de evento imprevisível, fica ele obrigado a concluir o transporte contratado em outro veículo da mesma categoria, ou, com a anuência do passageiro, por modalidade diferente, à sua custa, correndo também por sua conta as despesas de estada e alimentação do usuário, durante a espera de novo transporte". Note-se que o fato imprevisível poderá constituir caso fortuito ou força maior, entre-

[20] Comentários ao novo Código Civil, vol. V, Tomo II (arts. 389 a 420). Rio de Janeiro: Editora Forense, 2004, p. 200.

[21] Caso fortuito e teoria da imprevisão. 3ª ed. Rio de Janeiro: Forense, 1958, p. 163-164.

tanto, ainda que inexistente a culpa, o código aloca ao transportador a obrigação de prover modalidade alternativa de transporte.

No mesmo sentido, Marco Fábio Morsello, cuidando dos contratos de transporte, observa que: "Deveras, conforme aqui preconizado, a análise dos caracteres da força maior extrínseca (inevitabilidade, irresistibilidade, impossibilidade e inexigibilidade, constando a imprevisibilidade como mero índice de eficácia e modulação da inevitabilidade, sem autonomia, per se, em cotejo com o estado da técnica) revela de modo inconcusso que a ausência de culpa e a devida diligência são insuficientes para tal desiderato, além de incompatíveis,, por introduzirem em regime de responsabilidade objetiva elementos ínsitos à culpa, efetivamente superados"[22].

No mesmo sentido, Giovanni Etore Nanni, depois de analisar doutrina sobre o tema da imputação da responsabilidade como ação distinta da atribuição de culpa, conclui que "[e]m vez de questionar se o fato de a prestação não ter sido cumprida sucedeu por culpa do obrigado – noção de imputação culposa- seria pertinente indagar a sua causa – aqui entendida como o que determinou sua explicação [ciente da multiplicidade de acepções que conceito causa comporta] – pelo que é cabível definir se há ou não imputabilidade, independentemente da conduta do devedor"[23].

Além disso, o âmbito de aplicação do conceito de caso fortuito e força maior é sistematicamente reduzido a partir da evolução tecnológica. Na medida em que determinados fatos possam ser evitáveis pelo uso do estado da arte, a inevitabilidade dos efeitos do caso fortuito e da força maior se reduz. Tomemos o exemplo atual da responsabilidade pelo tratamento de dados. Ataques terroristas cibernéticos, como atos de terceiro, extrínsecos à relação jurídica, poderiam ser caracterizados como necessários, cujos efeitos são irresistíveis e inevitáveis. Entretanto, cabe indagar, a quem deveriam ser imputados os prejuízos do vazamento de dados? Teria o devedor se utilizado do estado da arte em matéria de tecnologia de proteção de dados? Se o fizesse, teria sido o vazamento de dados inevitável?

[22] Op. Cit. p. 140.

[23] *Inadimplemento absoluto e resolução contratual: requisitos e efeitos*. São Paulo: Thompson Reuters, 2021.

Isto nos leva a outra indagação, dentro de um cenário: a quem cabe suportar os efeitos de um ataque cibernético? Seria o critério de diligência suficiente para estabelecer a responsabilidade das partes? Quando um consumidor submete-se a um contrato eletrônico, cabe ao direito exigir do fornecedor a proteção da segurança de dados no estado da arte? Exigir o mais alto padrão de segurança cibernética de um provedor de serviços pela Internet é do interesse social, considerando-se que o aumento da barra de segurança importa em aumento de preços ao consumidor?

Neste campo, vale notar que o Código de Defesa do Consumidor atribui responsabilidade objetiva ao fornecedor (artigo 12), mas em todo o código não há qualquer referência à força maior ou ao caso fortuito. Significa dizer que nas relações de consumo, tem o fornecedor a responsabilidade integral, ainda que decorrente de caso fortuito ou força maior? Nos parece que não. Embora seja diploma específico, o CDC submete-se à lei geral no que lhe for cabível.

Portanto, caberá ao fornecedor assumir os riscos próprios de sua atividade, não sendo a culpa elemento relevante de atribuição de responsabilidade, mas não caberá ao fornecedor a responsabilidade por fatos necessários, que tornam impossível o cumprimento da prestação.

Finalmente, embora a "ausência de culpa" não seja elemento necessário em relações jurídicas regidas pela responsabilidade objetiva pelo risco da atividade, como no caso de transporte, é evidente que, ao demonstrar o ato necessário cujos efeitos são inevitáveis e irresistíveis, sem contribuição do devedor, acaba-se por nos levar ao mesmo resultado, ou seja, a inexistência de culpa do devedor.

Ademais, não é possível afastar o elemento culpa, pois a mora das partes poderá determinar a solução para o caso concreto. Tomemos o caso da empreitada. Em determinado projeto é planejada sua execução no período seco na cidade de São Paulo (entre abril e outubro), mas, em razão de atraso do empreiteiro a obra se estende para o período de chuvas, ainda que o volume de chuvas seja acima de dado período de recorrência, permanecerá responsável o empreiteiro, pois expôs a execução do projeto a um risco que não havia sido previsto. Da mesma forma, se a alteração do cronograma de execução do projeto se deu por atraso do dono da obra em obter licenças ambientais, não poderá ser o empreiteiro responsabilizado por uma exposição aos risco de enchentes não considerado no momento da assinatura do contrato.

Impossibilidade versus dificuldade

A impossibilidade do cumprimento da prestação poderá ser total, parcial ou temporária, com diferentes soluções possíveis. Sendo total e definitiva a impossibilidade, o devedor ficará liberado do cumprimento da prestação, posição tradicional da doutrina. Como observa Arnoldo Medeiros da Fonseca, "a liberação do devedor está também subordinada à impossibilidade absoluta de executar, segundo princípios tradicionais, não aludem geralmente os autores à eventualidade de ter o caso fortuito como consequência apenas uma onerosidade maior da prestação, e elevam aquela impossibilidade de execução a condição elementar do próprio fortuito". Portanto, sendo a impossibilidade total e definitiva, resolve-se o contrato.

Sendo impossível o cumprimento de parte da obrigação, a questão se desloca para a utilidade da prestação e satisfação do interesse do credor, ou seja, o contrato poderá ser mantido se o que foi parcialmente prestado ainda poderá ser útil ao credor. Outra possível solução, de acordo com as circunstâncias do caso, poderá ser a aplicação da teoria do adimplemento substancial.

Se a impossibilidade for temporária, suspende-se a execução do contrato até que cessem os efeitos do evento, salvo se a suspensão comprometer a utilidade do contrato. É o que ensina Judith Martins-Costa: "A suspensão é, por definição, provisória, mas as obrigações, que nesse período ficam numa espécie de "estado latente", recobram o seu vigor tão logo o evento tenha cessado. Porém, o caráter temporário *deve ser contrastado com a utilidade da prestação,* para o credor. Se o fato de a prestação devida ter sido suspensa a torna inútil ao credor, os efeitos são da impossibilidade definitiva"[24].

No contexto negocial é frequente que as partes regulem o efeito temporário do caso fortuito ou de força maior, como, por exemplo, distribuindo os custos de preservação e vigilância de bens durante o período

[24] Op. Cit. p. 209.

de suspensão, custos de mobilização e remobilização de equipes. Além disso, podem fixar um período máximo de suspensão, a partir do qual ambas ou uma das partes poderá declarar resolvido o contrato. Esta, aliás, é a solução do artigo 137, parágrafo 2º, II, da nova lei de licitações (Lei 14.113/2021) que permite ao contratado extinguir o contratado se a suspensão de estender por período superior a três meses.

Inevitáveis e irresistíveis

Para completar este capítulo, cabe-nos avaliar se os efeitos eram inevitáveis e irresistíveis. Necessário, portanto, é o fato fora do controle das partes, ou seja, sua ocorrência teria se materializado sem a intervenção das partes. Se, de alguma forma, há concorrência de causas, a necessidade deixa de estar presente. Pois ato necessário é aquele que ocorre sem que as partes pudessem ter sobre ele qualquer interferência. Nesse sentido, não tivesse a parte contribuído para ocorrência do fato, o fato não teria ocorrido e, consequentemente, poderia ter sido evitado.

De outro lado, o caráter irresistível e inevitável, reitere-se, diz respeito aos efeitos do evento necessário. De alguma forma, estes elementos já foram tratados acima, cabendo, apenas, sistematiza-los. A própria impossibilidade do cumprimento da prestação já demonstra que a parte não tem condições de evitar ou resistir a tal efeito e, assim como a impossibilidade, a simples dificuldade em resistir às consequências do caso fortuito ou força maior não poderá servir de escusa ao cumprimento da prestação.

Poder-se-ia associar a inevitabilidade à imprevisibilidade, mas não foi esse o caminho trilhado pelo Código Civil que não incluí o caráter imprevisível entre os elementos do caso fortuito ou força maior. De maneira que um evento ainda que previsível poderá tornar impossível o cumprimento da prestação sem que o devedor possa atuar para evitar tal efeito. Em sentido contrário, um evento imprevisível poderá, ainda assim, permitir ao devedor evitar os seus efeitos.

Portanto, somente diante das circunstâncias do caso, poderá o juiz ou árbitro verificar se, de fato, diante do ato necessário, teria o devedor a possibilidade e evitar os seus efeitos.

Imprevisibilidade

Estes elementos têm sido objeto de escrutínio por séculos e a imprevisibilidade é elemento de controvérsia. De início, mencionamos as grandes guerras que tiveram profundos impactos nas relações jurídicas. Como pode uma indústria obrigar-se a entregar pregos, quando a fábrica fora destruída por ataques nazistas. De acordo com o princípio de *pacta sunt servanda*, teria o fornecedor que obter pregos de terceiros para honrar suas obrigações?

De outro lado, um teatro obrigou-se a apresentar uma peça teatral, mas o prédio foi destruído pelos ataques dos inimigos. Como cumprir a obrigação, quando o teatro fora destruído? É impossível ou impraticável o cumprimento da prestação?

É frequente é a percepção de que o caso fortuito e de força maior deveria ter efeito liberatório do dever de prestar devido ao seu caráter imprevisível, argumento repetidamente apresentado em litígios ou negociações de cláusulas contratuais. Duas são as razões para que essa afirmação não se sustente do ponto de vista da lógica contratual. Primeiro, porque nem todo fato imprevisível tem por efeito tornar impossível o cumprimento da prestação. A invasão da Ucrânia pode causar flutuação cambial ou aumento do barril do petróleo, mas isso não significa, necessariamente, que contratos não possam ser cumpridos. Poderá trazer desequilíbrio contratual, resultando em revisão do contrato, mas a distinção entre caso fortuito e força maior e a onerosidade excessiva será tratada no próximo item. Segundo, porque, mesmo um fato previsível, mas cujos efeitos são incalculáveis, poderá ser qualificado como necessário e impossibilitar o cumprimento da prestação. Tomemos, novamente, a invasão da Ucrânia, talvez cinco anos atrás, tal evento pudesse ser qualificado como imprevisível, mas, há um mês, talvez não pudéssemos dizer o mesmo. Entretanto, ainda que previsível, as partes envolvidas em um contrato tendo uma ou ambas as partes sediadas naquele país poderão ver-se impossibilitadas do adimplemento na entrega de mercadorias cuja fábrica foi submetida a um bombardeio.

Além disso, como já extensamente debatido na teoria dos contratos incompletos, o ser humano tem uma restrição cognitiva em prever todos os possíveis fatos supervenientes e seus desdobramentos. Embora controversa a tese, o livro A lógica do cisne negro[25] ilustra muito bem

[25] Taleb, Nassim Nicholas. A lógica do cisne negro. São Paulo: Objetiva, 2021.

tal limitação cognitiva, quando um evento totalmente inusitado altera a compressão humana da realidade. Isso não significa que todo fato imprevisível superveniente possa tornar impossível ou impraticável o cumprimento da prestação.

Por outro lado, como mencionado no início deste trabalho, a previsibilidade é parte da lógica contratual e formação preço. A contingência como custo do risco é parte da economia do contrato. Nesse sentido, seria razoável preconizar que, sendo imprevisível e, consequentemente, não passível de mensuração, o caso fortuito ou de força maior poderia dar azo à liberação do cumprimento da prestação. Ocorre que o caráter imprevisível, *per se*, não é suficiente e, ademais, mesmo o ato previsível poder tornar impossível o cumprimento da prestação. Dessa forma, parece acertada a fórmula legislativa do Código Civil brasileiro que dá flexibilidade ao intérprete, podendo admitir, inclusive, a incidência do caso fortuito ou de força maior para eventos previsíveis.

Ou seja, a previsibilidade ou imprevisibilidade poderá ser considerada pelo juiz no caso concreto, mas como um índice e modulador da eficácia da inevitabilidade. De maneira clara e objetiva, Marco Fábio Morsello, com fundamento em Pontes de Miranda, sumariza a questão da seguinte forma:

1. Evento imprevisível, com inevitabilidade das consequências danosas: caso fortuito e força maior;
2. Evento previsível, com inevitabilidade das consequências danosas: caso fortuito e força maior;
3. Evento imprevisível, com evitabilidade das consequências danosas: culpa. Previsível com evitabilidade das consequências. Culpa.[26]

Em suma, a previsibilidade, por si só não determina a caracterização do caso fortuito ou força maior, mas poderá ser tomado como índice ponderador para intérprete, tomando as condições concretas do fato e das condições subjetivas das partes em ter condições de evitar ou resistir os efeitos do evento necessário.

[26] Op. Cit. p. 157.

Caso fortuito onerosidade excessiva

Outra fonte de controvérsias e, em alguns casos oportunismo, é a confusão entre os conceitos de caso fortuito ou força maior e onerosidade excessiva. Confusão inadmissível do ponto de vista teórico e jurídico. Há uma contradição lógica em equiparar os argumentos. O artigo 393 do Código Civil tem efeito liberatório do cumprimento da prestação, enquanto os artigos 317 e 478 dizem respeito ao impacto de fatos excepcionais sobre o equilíbrio do contrato. No primeiro caso, ou seja, caso fortuito ou força maior, temos uma impossibilidade ou impraticabilidade do cumprimento da prestação, enquanto no segundo caso, de onerosidade excessiva, não se trata de impossibilidade, mas de cumprimento oneroso da prestação.

Ambas as situações podem levar a resultados diferentes. No caso do artigo 317, a lei admite a revisão do contrato. O artigo 478 aproxima-se mais dos efeitos do caso fortuito ou força maior, pois a onerosidade excessiva poderá causar a resolução do contrato, exceto se, nos termos do artigo 479, for apresentada proposta equitativa para reequilibrar o contrato. Embora próximos, não se confundem. O caso fortuito e força maior têm como consequência a impossibilidade da prestação, do que resulta a resolução do contrato. A onerosidade excessiva, de sua parte, não torna impossível o adimplemento, mas o faz excessivamente oneroso para o devedor, podendo ainda ser cumprida a prestação havendo acordo entre as partes.

Nesse sentido, a pandemia do COVID-19 poderá ser qualificada como caso fortuito ou força maior, se como consequência, no exemplo do buffet, for impossível realizar a festa de casamento na data marcada. Por outro lado, a pandemia poderá paralisar uma obra e demandar custos excessivamente onerosos para o devedor dar seguimento ao contrato. Neste caso, há uma diferença importante, alegada a onerosidade excessiva, fica afastado o argumento do caso fortuito ou de força maior, pois a onerosidade excessiva poderá ser suprida por uma oferta equitativa, nos termos do artigo 479, enquanto o caso fortuito ou de força maior tem efeito liberatório do cumprimento da prestação.

Em trabalho recente, já no contexto da pandemia, Kleber Luiz Zanchim escreveu um apêndice ao seu livro sobre responsabilidade contratual que sintetiza de maneira cristalina a questão. Parte das mesmas ideias acima de que a questão do equilíbrio contratual não se vincula, necessariamente, à impossibilidade do cumprimento da prestação, de tal forma que, o impacto do COVID-19 pode ter o efeito de onerar as prestações, mas não precisa ser qualificado como caso fortuito ou de força maior para a finalidade de reequilibrar as prestações. Partindo dessas premissas, o autor desenha possíveis cenários: "Dessa forma, a COVID-19 pode ganhar contornos de (i) força maior, quando suas consequências levarem à impossibilidade da prestação contratual, ou (ii) onerosidade excessiva, quando a prestação ainda for possível, mas houver (a) desproporção manifesta entre o valor contratado desta e aquele devido no momento da execução (artigo 317 do Código Civil) ou (b) grande prejuízo a uma das partes e extrema vantagem para a outra (artigo 478 do Código Civil)"[27].

O autor trata da questão com elementos da teoria dos jogos, com possíveis desdobramentos, a depender das circunstâncias e do comportamento estratégico das partes. Apenas um pequeno reparo quanto ao item (b), pois é controverso o conceito de "extrema vantagem para a outra parte". A onerosidade excessiva de uma parte, pode não corresponder ao benefício da outra, como uma equação de resultado zero, em que o prejuízo de uma parte corresponde ao benefício da outra. A onerosidade excessiva deveria ser medida simplesmente sobre os encargos excessivos ao devedor, ainda que não resultasse em vantagem para a outra parte. Tema que, no entanto, não é objeto deste trabalho e merece maiores reflexões, valendo as ponderações acima como provocação ao debate mais do que conclusões deste autor.

Breves considerações finais

Em um cenário de cisnes negros, onze de setembro, pandemia e guerras inesperadas é muito difícil tratar de caso fortuito ou de força maior diante do imponderável. Como prever o futuro diante de riscos e incertezas. No passado, poderíamos indagar os efeitos do bloqueio ao canal de Suez para a passagem de navios do oriente para o ocidente. Quais os custos de contornar a África para cumprir o contrato de transporte? Hoje, nos vemos diante de outros obstáculos, como realizar pagamentos

27 *Responsabilidade contratual: cases and materials*. São Paulo: Quartier Latin, 2020, p. 106.

na hipótese de um bloqueio dos meios de telecomunicações e restrições de acesso à Internet.

Diante disso, sendo impossível prever o imprevisível, fica mais evidente a necessidade de cooperação entre partes para arcar com os efeitos de eventos que fogem totalmente ao seu controle. Uma forma simples, seria redigir cláusulas abertas fundadas em conceitos, cláusulas ou princípios gerais. São frequentes as disposições contratuais prevendo que as partes negociarão de boa-fé a respeito de condições que não podem ser antecipadas a priori. Entre o custo de transação *ex ante* de prever todos os desdobramentos futuros, deixamos para o futuro discutir o que teríamos concluído baseados em princípios, como boa-fé, cooperação ou função social do contrato, aqui entendida como função econômico-social do contrato. Há anos atrás, as cláusulas de caso fortuito e força maior se inseriam no rol das chamadas cláusulas de estilo ou "boiler plates", cláusulas standards que se repetiam à exaustão, sem muita reflexão dos negociadores. Este era um texto padrão:

> *"Cláusula X. Na hipótese de ocorrência de caso fortuito ou força maior, ficam as partes desobrigadas de suas respectivas obrigações nos termos do artigo 393 do Código Civil Brasileiro".*

Vimos, no entanto, que algumas questões podem ser problemáticas e o direito terá soluções que poderão não ser do interesse das partes. Um exemplo simples, mas efeitos bastante práticos. Determinado empreendedor decide construir um shopping center e, para reduzir seus custos e incidência tributária do ISS sobre o ICMS, decide adquirir materiais e equipamentos que são entregues ao construtor e espera receber a obra pronta ao final. Ocorre que, no curso da obra, dá-se uma enchente que destrói parte do material. Seria intuitivo ao empreendedor que, estando o material sob a guarda do construtor, a ele caberia arcar com o risco de perda do bem. Tal não é, entretanto, a solução do direito pois o risco é atribuído ao proprietário do bem, *res perit domino.*

Em contratos de construção, portanto, é frequente que as partes alterem esta alocação de riscos, atribuindo ao construtor a guarda, conservação e risco pela perda do bem, definindo-se de maneira precisa a transferência do risco de perda dos bens, seja parcialmente ao longo da execução da obra, mediante assinatura de termos de recebimentos provisórios ou definitivos da cada parcela do escopo, ou somente ao final com a entrega da obra integral.

Portanto, a prática negocial tem evoluído para modelos de contratação em que as partes compartilham riscos e aquela cláusula de estilo tem evoluído para sofisticadas formas de alocação de riscos tomando-se em consideração inúmeras variáveis: (a) tratamento a ser dado para os custos de desmobilização definitiva para a hipótese de impossibilidade definitiva; (b) compartilhamento dos custos de preservação e guarda de bens durante a incidência dos efeitos do caso fortuito ou de força maior temporário; (c) período durante o qual as partes permanecem vinculadas na hipótese de que sejam temporários os efeitos do caso fortuito ou de força maior; (d) padrão de diligência ou estado da arte para a tecnologia a ser empregada na execução do contrato; (e) atribuição de responsabilidade para a remoção de entulhos ou limpeza da área em que se realiza a obra, além de inúmeras outras questões que a simples referência ao artigo do Código Civil não resolve.

Inexistindo disposição contratual, terá o juiz ou árbitro a difícil tarefa de, "*ex post*", preencher o conteúdo deixado em branco pelas partes "*ex ante*". De qualquer forma, podemos tomar alguns parâmetros de decisão.

O evento de caso fortuito ou de força maior tem efeito definitivo ou temporário? O Código Civil não nos dá respostas, somente exime a responsabilidade do devedor. O evento tem efeito liberatório imediato? E se o bloqueio da Rússia se mantém somente por trinta dias? Há algum tempo razoável a ser considerado? Do nosso ponto de vista sim, mas caberá aos árbitros ou ao juiz avaliar as circunstâncias do caso, o que será feito mediante critérios de razoabilidade baseados na prática negocial.

Seria mais simples que as partes determinassem um prazo para a manutenção do contrato. Por exemplo, se um evento como a pandemia determinar a paralisação de uma obra, não seria razoável que ambas as partes arcassem com os seus efeitos, definindo prazo máximo de suspensão do contrato e como alocar os custos decorrentes?

Como alocar os custos ou qual seria o valor adequado para tal alocação, sem que a atribuição da custos de mitigação dos efeitos do caso fortuito ou de força maior se tornem excessivamente onerosos para partes que já sofrem os seus impactos? A questão é que, de maneira geral, os contratos não abrem a composição de preços e nem declaram o quanto foi contingenciado para a ocorrência de fatos supervenientes. Neste caso, terão a difícil prova da prática de mercado, nem sempre disponível.

As questões acima ilustram o que autores americanos têm designado como "*contract design*", buscando estimular o pensamento estratégico próprio da teoria dos jogos. No momento da elaboração do "*desenho*" ou do "*projeto*" contratual, devem as partes tomar sempre uma perspectiva "*ex ante*" e "*ex post*", ou seja, alocado determinado risco ou dado determinado incentivo, qual será melhor estratégia da outra parte para reagir a essa alocação ou incentivo. Por exemplo, atribuindo-se a responsabilidade ao construtor pelos efeitos do caso fortuito ou força maior, como perda de materiais e equipamentos, poderá o agente econômico manter materiais e equipamentos depositados em local distinto da obra, a fim de que não ser percam materiais estocado e ainda não empregados na obra. Portanto, ao celebrar o contrato, as partes, "*ex ante*", esperam um comportamento posterior de maior nível de diligência do construtor. Em caso de litígio, terão os árbitros ou juízes a mesma tarefa de determinar, "*ex post*", qual teria sido o comportamento esperado da parte diante da regra fixada na formação do contrato. Algo que será necessariamente avaliado ao se perquirir sobre a inevitabilidade dos efeitos do evento nefasto.

O grau de diligência também será medido, em contratos complexos e sofisticados, pelo comportamento das partes na devida gestão dos riscos durante a execução do contrato. Ao apreciar o nível de diligência, árbitros e juízes poderão avaliar se determinados efeitos poderiam ter sido previstos, medidos e mitigados pelo adequado emprego de métodos como Monte Carlo ou práticas apregoadas pela metodologia *COSO* mencionados acima.

Todas essas questões são difíceis e não cabem em um artigo. Antonio Junqueira de Azevedo ensinava em suas aulas do programa de doutorado da Universidade de São Paulo que vivemos um novo momento do direito, marcado pelo paradigma do caso. Não basta o silogismo do texto normativo e a descrição do fato para subsunção e solução lógica do juiz. O juiz não é mais a boca da lei. O juiz é o intérprete do fato e o novo paradigma, é a solução do caso, o que torna difícil determinar um resultado justo ou razoável em abstrato. Só podemos esperar que, seja qual for o resultado, o risco seja alocado de maneira eficiente ao caso em concreto.

Referências

BECK, Ulrich. *Risk Society: towards a new modernity*. London: Sage publications, 2005.

BOLTON, Patrick e DEWATRIPONT, Mathias. *Contract theory*. Cambridge, Massachutetts: The MIT press, 2005.

CARMO, Lie Uema do Carmo. *Contratos de construção de grandes obras*. São Paulo: Almedina, 2019.

CARNAÚBA, Daniel Amaral. *Responsabilidade civil pela perda de uma chance*. A álea e a técnica. São Paulo: Editora Método, 2013.

FONSECA, Arnoldo Medeiros da. *Caso fortuito e teoria da imprevisão*. Rio de Janeiro: Revista Forense, 1958.

GIDO, Jack e CLEMENS, James P. *Gestão de projetos*. São Paulo: Centage learning, 2011.

GOMES, Orlando. *Contratos*. 26ª ed. Rio de Janeiro: Forense, 2007.

HIGGINGS, Robert C. *Analysis for financial management*, 8ª ed., Boston: Mc Graw-Hill, 2007.

KALOS, Malvin H. e WHITLOCK Paula A. *Monte Carlos Methods*, 2ª ed. Weinheim: Wiley-Blackwell, 2008.

KNIGHT, Frank H. *Risk, uncertainty and profit*. Mineola, NY: Dover Publication, 2006.

MARTINS-COSTA, Judith. *Comentários ao novo Código Civil*, vol. V, Tomo II (arts. 389 a 420). Rio de Janeiro: Editora Forense, 2004

MORSELLO, Marco Fábio. *Contrato de transporte: novos paradigmas do caso fortuito e força maior*. São Paulo: Revista dos Tribunais, 2021

PONTES DE MIRANDA. *Tratado de direito privado*, Tomo XXIII (Atualizado). São Paulo: Revista dos Tribunais, 2012.

ROCHA, Nuno Santos. *A perda de uma chance como uma nova espécie de dano*. Coimbra: Almedina, 2014.

SCHUNCK, Giuliana Bonanno. *Contratos de longo prazo e dever de cooperação*. São Paulo: Almedina, 2016.

SCOTT, Dayna Nadine. *Shifting the burden of proof: the precautionary principle and its potential for democratization of risk*. In: *Law and Risk*. Vancouver: Law commission of Canada, 2005.

WEYGARNDT, Jerry J.; KIMMEL, Paul D. e KIESO, Donald E. *Financial accounting IFRS Edition*. Roboken, NJ: Wiley, 2013.

ZANCHIM, Kleber Luiz. *Responsabilidade contratual*. São Paulo: Quartier Latin, 2020.

PARTE ESPECIAL

1. M&A: RISCOS E ALGUMAS CLÁUSULAS CONTROVERSAS

Catarina Monteiro Pires

1. Os negócios de compra e venda de empresas através de participações sociais representam uma parte significativa dos negócios de aquisição de empresas. A contratação comercial tendo em vista a transmissão de empresas através de negócios de *share deal* em países de *civil law* assenta num modelo nascido da prática de países de *common law*. As diferenças entre as duas culturas jurídicas não têm constituído um impedimento ao recurso a um tal modelo, tendo a doutrina e os tribunais procurado enquadrar os mecanismos utilizados, nomeadamente no que respeita à relação dos mesmos com limites legais imperativos e com meios de reação de fonte legal[1].

[1] Sinal disso é que a doutrina germânica que trata da matéria é extensa, exprimindo essa preocupação de aproximação de soluções numa área de caráter marcadamente internacional. Pode ver-se, por exemplo, Joachim Heinrichs, *Falsche Bilanzen und Bilanzgarantien bei M&A- Transaktionen*, in Drygala/Wächter, Bilanzgarantien bei M&A-Transaktionen, Beck, Munique, 2017, Klaus Hopt / Klaus Mössle, *Der misslungene Anteilsverkauf*, JuS 1985, p. 211 ss, Ulrich Huber, *Die Praxis des Unternehmenskaufs im System des Kaufrechts*, AcP, 2002, p. 179 ss, Ulrich Huber, *Mängelhaftung beim Kauf von Gesellschaftsanteilen*, ZGR, 1972, p. 395 ss, Barbara Jagersberger, *Die Haftung der Verkäufers beim Unternehmens-und Anteilskauf*, Nomos, 2006, Stephan Lorenz, *Der Unternehmenskauf nach der Schuldrechtsreform*, FS für Andreas Heldrich zum 70. Geburtstag, org. Stephan Lorenz, Alexander Trunk, Horst Eindenmüller, Christiane Wenderhorst, Johannes Adolff, Beck, Munique, 2005, p. 305 ss, Christopher Rudolf Mellert, *Selbständige Garantien beim Unternehmenskauf-Auslegungs- und Abstimmungsprobleme*, BB, 2011, (p. 1667 ss), Matthias Merkelbach, *Die Haftung*

Observa-se ainda que, embora globalmente considerado, não granjeie ainda a qualificação de uma verdadeira contratação padronizada, se trata de um modelo que se afigura, em várias zonas, diferenciado e assente num modelo com uma estrutura comum. Como escrevemos em outra sede, "é frequente a *fuga* para uma disciplina contratual alternativa"[2], o que muitas vezes se justifica por razões de segurança jurídica e de tutela das expectativas dos próprios operadores económicos, alienante e adquirente. Aliada a essa "fuga" está ainda a aceitação de alguns denominadores comuns, designadamente quanto ao tipo de cláusulas utilizadas, de modo a facilitar a contratação internacional, dotando os sujeitos envolvidos na transação de uma "linguagem comum".

Trata-se, aliás, por excelência, de uma área moldada pela própria autonomia privada das partes, exercida, com plenitude, em territórios que lhe pertencem, de negócios jurídicos comerciais. As partes dispõem, pois, de uma margem apreciável na conformação do conteúdo do negócio jurídico, que surge como autorregulação de específicos interesses de comprador e vendedor. A natureza particular do objeto, mediato (empresa) e imediato (participações sociais), da compra e venda de empresas através da venda de participações sociais e a prática negocial deste tipo de aquisição explicam que, sendo o "tipo legal" contratual de base uma compra e venda, o mesmo possa surgir – e surja, frequentemente – modelado, adaptado e enriquecido em função de interesses comerciais particulares das partes e que não se cristalizam apenas naqueles existentes na data da celebração do contrato. Está em causa um negócio que internaliza

von Experten gegenüber Dritten für Fehler im Due Diligence Report, Nomos, 2010, Gerhard Wächter, *M&A Litigation. M&A Recht im Streit*, RWS, Colónia, 2017 (3.ª edição), Klaus Müller, *Gestattung der Due Diligence durch den Vorstand der Aktiengesellschaft*, NJW, 2000, p. 3452 ss. Entre nós, Fábio Castro Russo, *Due diligence e responsabilidade*, I Congresso Direito das Sociedades em Revista, Direito das Sociedades em Revista, 2011, p. 13 ss e, do mesmo Autor, *Das cláusulas de garantia nos contratos de compra e venda de participações sociais de controlo*, Direito das Sociedades em Revista, 2010, p. 115 ss, António Pinto Monteiro/ Paulo Mota Pinto, *Compra e venda de empresa. A venda de participações sociais como venda de empresa (share deal)*, RLJ ano 137, n.º 3947, 2007, p. 76 ss, José Engrácia Antunes, A empresa como objecto de negócios –"Asset Deals" versus "Share Deals", ROA, 2008, p. 715 ss.

[2] Catarina Monteiro Pires, *Aquisição de Empresas e de Participações Acionistas. Problemas e Litígios*, Almedina, Coimbra, 2018, p. 14.

uma determinada projeção de benefícios, que não só não perde de vista o dinamismo do objeto alienado, como o assume, enquanto base das valorações das das partes. O negócio transmite um objeto, mas também distribui riscos, seja através do modo como o referido objeto é recortado (através de "declarações e garantias"), seja através de cláusulas relativas a atribuições patrimoniais compensatórias, entre outras.

2. Como nota Luís de Lima Pinheiro na arbitragem internacional "é frequente que os diferendos digam respeito à interpretação o contrato ou à avaliação dos prejuízos causados pelo seu incumprimento como se fossem meras questões de facto e resolvidas sem invocação o Direito objetivo"[3]. Temos dúvidas sobre o tratamento das questões como "meras questões de facto", mas é verdade que, em contratações internacionais complexas, os contratos são frequentemente dotados de uma considerável completude e autonomia que, não dispensando totalmente a referência a um *direito*, permite aos árbitros concentrar grande parte da atividade judicativa nas estipulações contratuais acordadas pelas partes.

Ora, o "retrato final" do "tipo" compra e venda depende, pois, num negócio de M&A de uma cuidada interpretação do negócio jurídico, no conjunto das suas estipulações, atenta aos interesses em presença, e aos elementos que as circundam.[4]

3. Em termos gerais, a troca de um "bem complexo" por "dinheiro" em que se volve o contrato de compra e venda de ações implica um risco especial para o comprador: basta pensar de averiguação do "defeito" da "unidade complexa-empresa", quando comparado com o defeito de outros bens. Compreende-se, assim, que, na ótica do comprador, seja preocupação comum acautelar contingências traduzidas na falta de cor-

[3] Luís de Lima Pinheiro, *Direito Comercial Internacional*, p. 190.

[4] No direito brasileiro, como nota Francisco Marino, "os meios para a interpretação da declaração negocial ou das declarações negociais constitutivas do negócio jurídico são: sentido literal da linguagem, contexto verbal e contexto situacional (também chamado de circunstâncias)" (Francisco Marino, *Interpretação do negócio jurídico*, Saraiva, São Paulo, 2011, p. 102).

respondência entre o objeto contratado e a realidade, isto é, contingências próprias da entrega de um *quid* aquém do devido[5].

Já do lado do vendedor, o particular risco diz respeito à "contraprestação", à determinação e ao pagamento do preço, o que, em parte, resulta do facto de ser transmitida uma unidade empresarial com capacidade geradora de proveitos, uma sociedade que visa a obtenção de lucros através da atividade comercial, sendo em regra importante uma projeção da suscetibilidade lucrativa e reditícia, além mesmo da data de celebração do contrato. O valor do bem que se transmite não deixa de atender a uma projeção quanto ao futuro. Compreende-se, assim, que na ótica do vendedor, seja preocupação frequente a de acautelar uma adequação entre o valor projetado e a base de valoração que lhe preside e o preço a receber.

4. São normalmente negócios precedidos de auditoria, a qual pode visar quatro funções[6]. Em primeiro lugar, identificar circunstâncias e riscos que poderão influenciar a decisão de comprar (*Risikoermittlungsfunktion*). Depois, apurar circunstâncias e riscos que poderão ser objeto de declarações e garantias (*Gewährleistungsfunktion*). Em terceiro lugar, verificar ou clarificar vicissitudes relevantes para a formação do preço da venda da empresa (*Unternehmensbewertungsfunktion*). Finalmente, permitir um "retrato" da sociedade alienada, o que poderá ser relevante no futuro, designadamente para efeitos probatórios (*Beweissicherungsfunktion*).

A auditoria em causa é um procedimento acordado pelas partes e moldado pela sua autonomia privada. Pode, no caso concreto, servir para prosseguir apenas algumas das finalidades acabadas de recortar.

A auditoria pode ser independente ou dependente. As partes podem acordar que se trata de uma *due diligence* exclusivamente (*only*) baseada nos documentos e informação disponibilizados pela sociedade, e não de forma independente.

[5] A este tema já dedicámos a nossa atenção em *Aquisição de Empresas e de Participações Acionistas. Problemas e Litígios*, p. 13 ss.

[6] Neste ponto 5, retomamos as ideias e um excerto do nosso texto de *Aquisição de Empresas e de Participações Acionistas. Problemas e Litígios*.

5. A prática das operações internacionais de M&A em países de *civil law* tem oferecido ao jurista a formação de um modelo contratual *especial* em relação ao que resultaria da aplicação do Código Civil. Trata-se de um universo duplamente especial: porque consagra soluções próprias, quando comparadas com as soluções oferecidas pela lei, e porque essa especialidade resulta não da própria lei – que aliás, amiúde se revela ineficiente ou insuficiente no campo da comercialidade em apreço –, mas da própria autonomia privada das partes. É neste contexto que se insere o modelo contratual especial de perturbações da prestação denominado como sistema de "declarações e garantias".

Adiante-se, porém, desde já que a doutrina de *civil law* tem-se ocupado destas estipulações, reconhecendo a sua relevância no sistema de perturbações de cumprimento de operações de M&A[7]. Havendo "declarações e garantias", a especialidade do sistema traçado arredará, por natureza ou por vontade das partes, vários raciocínios que seriam apenas concebíveis para uma hipótese de ausência de regulação, pelas partes, das perturbações no cumprimento da prestação debitória. Prevalece a autorregulação contratual. Adiante retomaremos esta matéria quanto examinarmos as cláusulas com relevo quanto a contingências que afetam o valor do bem.

6. Ainda a título introdutório, registe-se que as Partes podem, em benefício do comprador ou do vendedor, recorrer a um modelo de condicionalidade. A adoção deste tipo de modelos tem em vista uma modelação do tipo de base, muitas vezes correspondente ao tipo legal. A estrutura condicional permite regular os efeitos típicos de uma compra e venda em função de interesses adicionais. Por exemplo, liberação de garantias prestadas pelos vendedores. É essencial apurar em benefício de quem foram estabelecidas.

Um outro ponto importante, sobretudo quando há litígio, é o de saber que tipo de regras de conduta das partes é que as mesmas envolvem. Por

[7] Por exemplo, Gerhard Wächter, *M&A Litigation. M&A Recht im Streit*, RWS, Colónia, 2014 (2.ª edição), p. 134 ss, Ulrich Huber, *Die Praxis des Unternehmenskaufs im System des Kaufrechts*, AcP, 2002, (p. 179 ss), p. 204 ss, Frank Weisshaupt, *Haftung und Wissen beim Unternehmenskauf – über Gestaltungsspielräume im M&A-Recht*, WM 2003, p. 782 ss, Catarina Monteiro Pires, *Aquisição de Empresas*, p. 109 ss.

exemplo, saber se as partes pretenderam correr o risco da não verificação da *condition precedent* ou se esta circunstância, devendo-se a uma omissão de uma das partes, pode dar lugar a responsabilidade ou mesmo à execução específica.

Secção 2. Dois quadrantes contratuais problemáticos na venda internacional de empresas

§1. Primeiro quadrante problemático: gestão de riscos relativos ao preço

A. Ponto de partida: quadro geral da determinação do preço

1. Um contrato de compra e venda de empresa através da transmissão das participações sociais é um contrato oneroso, sendo a onerosidade, já por si, como explicou Antunes Varela, um "conceito de relação", dado que "para ser onerosa a atribuição patrimonial necessita, pelo menos, de estar ligada a uma outra atribuição, por um nexo, cuja natureza resta determinar; a vantagem em que ela se substancia tem de ser obtida à custa de outra atribuição"[8]. É ainda um contrato sinalagmático, caraterizado por uma relação final de troca, por uma reciprocidade, enquanto pressuposto ou razão de ser das obrigações ou das *vinculações* de cada uma das partes[9].

Luciano Piva, notando uma tendência para alguma padronização de contratos de aquisição de empresas, salienta ainda que "apesar dessa padronização, percebe-se que o mecanismo do preço acaba sendo a principal cláusula que se distingue das demais por conta da sua substancial variação em cada operação de compra e venda de empresa"[10].

[8] João Antunes Varela, *Ensaio sobre o conceito do modo*, Atlântida, 1955, p. 146.

[9] Como escrevemos em outra sede, o "sinalagma traduz, em termos gerais, a ideia de uma reciprocidade, enquanto pressuposto ou razão de ser das obrigações ou das vinculações de cada uma das partes", Catarina Monteiro Pires, *Impossibilidade da prestação*, Almedina, Coimbra, 2017, p. 581.

[10] Luciano Zordan Piva, *O earn-out na compra e venda de empresas*, Quartier Latin, São Paulo, 2019, p. 61.

Salientam-se ainda cláusulas relativas ao preço (preço fixo ou preço ajustável na data de fecho), cláusulas de *earn out* e outras, como as de *material adverse change*.

2. Os dois grandes modelos jurídicos (não económicos) de fixação do preço das participações sociais são o modelo de preço fixo ou *locked box mechanism* ou preço ajustável com base nas contas de fecho[11].

No caso de preço fixo, tal como o nome sugere, o preço acordado e estabelecido no contrato (na data da celebração do contrato) não sofre alteração posterior, designadamente por ocasião do chamado "fecho do negócio" que corresponde à efetiva transmissão das participações sociais.

O cálculo do preço é realizado tendo por base elementos financeiros com data anterior à efetiva transmissão das participações sociais, sejam eles as últimas contas anuais aprovadas ou um balanço intercalar.

Como se tem notado "esta estipulação é cunhada de *locked box,* cujo escopo é garantir que o valor da empresa se mantém na empresa como se de uma caixa fechada se tratasse desde a data de referência das contas da empresa (*locked box date*) até ao *closing*, sob forma de *representations* e *warranties*"[12].

Uma vez que o contrato de compra e venda de participações sociais é um contrato de execução diferida, havendo, nesta medida, um prolongamento temporal e um hiato entre a celebração do contrato e o fecho do negócio (o chamado "*interim period*"), poderão ocorrer vicissitudes entre a data dos dados financeiros e a data do fecho do negócio que não são refletidas no preço. Contudo, não quer dizer que essas contingências não sejam refletidas ou acauteladas no próprio contrato de compra e venda de participações sociais, seja através de cláusulas de declarações e garantias, seja através do estabelecimento de regras relativas à condução dos negócios sociais no *interim period*.

[11] Retomamos o nosso raciocínio e vários excertos do nosso texto Catarina Monteiro Pires, *Cláusulas de preço fixo, de ajustamento de preço e de alteração material adversa e cláusulas de força maior. Revisitando problemas de riscos de desequilíbrio e de maiores despesas em tempos virulentos*, p. 73 ss.

[12] Maria Beatriz Cordeiro, *As cláusulas de variação de preço na aquisição de empresas*, Lisboa, 2019 (dissertação de mestrado, UCP, policopiada), p. 47.

Os *leakages* não permitidos ou vazamentos podem surgir no período intermédio: pode, por exemplo, tratar-se de distribuição de dividendos pela sociedade visada ou certos negócios celebrados com o vendedor ou com entidades com ele relacionadas. A existência de um tal "vazamento" ou "desvio" no período intermédio pode dar azo à redução do preço, a qual pode ser mesmo no montante do próprio *leakage*. As partes podem qualificar como redução do preço, excluindo estes montantes das quantias que concorrem para o cálculo de um dano máximo. É frequente a diferenciação entre *leakages* permitidos e não permitidos.

Naturalmente que, se não existir período intermédio, pode haver um preço fixo ou um preço ajustável. Neste caso, o preço fixo reveste alguma simplicidade, por coincidir a data da celebração com a data do fecho.

3. Nos contratos de compra e venda de ações, cujo valor se altera com o fluir da atividade comercial e das próprias condições de mercado, as partes podem também optar por um método de determinação de preço de acordo com as contas de fecho. Neste caso, o preço de referência acordado aquando da celebração do contrato é modificado, em função de certas variáveis financeiras (como a dívida financeira líquida ou o fundo maneio) e à luz de contas preparadas no momento num momento posterior, em regra coincidente com o fecho do negócio ou transmissão efetiva das participações ("contas de fecho").

O modelo de preço determinável por referência à data do fecho corresponde ao chamado "completions account mechanism". Há dois momentos relevantes, num primeiro há um preço de referência, no segundo, aquando da produção de efeitos do contrato e do fecho. As demonstrações financeiras são reportadas à data do fecho, mas o preço só é determinado depois de modo definitivo. Naturalmente que será normalmente que um preço estimado ou que uma antecipação do preço seja paga aquando do fecho.

4. Um outro aspeto importante do quadro geral de determinação do preço prende-se com as cláusulas de *earn-out*. Tem-se notado (constatação que fica naturalmente sujeita a confirmação perante as concretas estipulações contratuais) que estas cláusulas visam permitir uma determinação do preço em função de determinadas variáveis, após o momento do fecho do negócio, isto é, da efetiva transmissão da empresa ou das participações sociais para o comprador[13]. Essa determinação pode traduzir-se num ajustamento ou na adição de parcelas de preço, mas, como nota a doutrina "o que é caraterístico dessa previsão é que o vendedor permaneça recebendo valores. – *earn* – mesmo depois de deixar formalmente o controle da sociedade – *out*"[14].

5. As variáveis podem ser diversas, pode tratar-se da evolução financeira da sociedade visada ou de objetivos a cumprir por esta. A verificação do facto previamente acordado implica um ajustamento do preço e o pagamento de uma parcela adicional. Podem ser propostas pelos vendedores como forma de partilha de um benefício incerto ou propostas pelo comprador, ao oferecerem um preço mais baixo do que o proposto pelo vendedor ou visar ainda outros interesses: tudo depende do caso concreto.

6. Sublinha-se que as cláusulas de earn-out "apresentam o facto de deixarem a determinação do preço de aquisição para um momento posterior ao da celebração do contrato, empurrando, assim, a sua fixação final

[13] Na doutrina em língua portuguesa, já se definiu o *earn-out* como "uma forma de pagamento pelo qual uma parcela de preço de determinado bem é remetida par ao futuro, estando sujeita em sua existência e determinação a certas condições previamente estabelecidas pelas partes contratantes, em regra ao cumprimento de metas empresariais e financeiras futuras e predefinidas" (Judith Martins-Costa, "Contrato de cessão e transferência de quotas. Acordo de sócios. Pactuação de parcela variável do preço contratual denominada earn out. Caraterísticas e função ("causa objetiva") do earn out", *Revista de Arbitragem e Mediação*, 42/2014, p. 153 ss (p. 3, consultada em Revista dos Tribunais On-line). Entre nós, Fernando Sá realça que "[as Cláusulas earn-out são] estipulações negociais que condicionam a determinação do preço de aquisição de empresa, total ou parcial, à verificação, dentro de determinado período, de certos resultados ou acontecimentos, sejam estes de natureza jurídica, económica ou material. A ratio deste tipo de estipulações é, na maioria dos casos, a de obviar às dificuldades de cálculo do valor pecuniário dos desenvolvimentos futuros." – Fernando Sá, A determinação contingente do preço de aquisição de uma empresa, Aquisição de empresas, Coimbra editora, Coimbra, 2011, (p. 401 ss), p. 402.

[14] Gabriel Buschinelli, *Compra e venda de participações societárias de controle*, Quartier Latin, São Paulo, 2018, p. 216.

para um momento que as partes entendem refletir o valor da empresa adquirida"[15]. A verdade é que uma cláusula de um contrato de aquisição de empresas através de *share deals* e que genericamente se designe por "earn-out" pode apresentar configurações muito distintas, não sendo possível um enquadramento jurídico da matéria sem uma prévia e detalhada interpretação das estipulações negociais. Aliás, o uso da expressão *earn-out* deve ser precedido de uma análise prévia, dado que as regras sobre cálculo do preço podem albergar realidades muito distintas, que podem ir de um preço com determinação faseada até um preço com determinação contingente.

7. Os estudos dedicados ao *earn-out* têm tido como preocupação central, nos casos em que não há atingimento da meta projetada, a identificação das perturbações imputáveis ao comprador e o título e enquadramento dessa mesma imputação[16]. Têm, porém, ficado na sombra as questões relativas a factos supervenientes não imputáveis às partes que se afigurem perturbadores dos mecanismos contratuais acordados, nomeadamente alteração das circunstâncias, mesmo que se considere que, no caso em apreço, estamos perante um mecanismo aleatório[17].

[15] Fernando Sá, *A determinação contingente do preço de aquisição de uma empresa*, p. 401.

[16] Assim, por exemplo, Niels Schiersing, *Earn-out disputes – An Introduction*, Asa Bulletin, vol 38, 3, 2020, p. 580 ss, sobretudo p. 585 ss.

[17] Sublinhe-se, contudo, que, apesar de a doutrina não ser uniforme, é possível afirmar que no direito português a qualificação de um negócio como aleatório não implica por si só o afastamento do artigo 437.º do Código Civil. Nesse sentido, entre outros, Margarida Lima Rego, *Contrato de seguro e terceiros. Estudo de Direito Civil*, Coimbra Editora, 2010, p. 464 ("Em Portugal, o regime da usura constante dos arts. 282.º a 284.º CC tem plena aplicação aos contratos aleatórios em geral, e em particular aos contratos de seguro, o mesmo se dizendo – ressalvando a aplicação de disposições especiais em sede de alteração do risco – do regime da alteração das circunstâncias constante dos arts. 437.º a 439.º"), Henrique Sousa Antunes, anotação ao artigo 437.º em *Comentário ao Código Civil. Direito das Obrigações. Das Obrigações em Geral*, Universidade Católica Portuguesa 2018, p. 157 ("a competência do regime da resolução ou modificação do contrato por alteração das circunstâncias não deve subtrair-se a categoria dos contratos aleatórios, quando a alteração "exceder apreciavelmente todas as flutuações previsíveis na data do contrato"" e considerando ainda que "as situações de afetação da grande base negocial excedem, quantas vezes, a anormalidade que caracteriza o risco dos contratos aleatórios (...)").

8. Alguma doutrina associa as cláusulas de earn-out a cláusulas sob condição suspensiva. Assim, entre nós, se entendeu já que "[j]uridicamente, as cláusulas *earn-out* constituem verdadeiras condições, em regra de natureza suspensiva, cuja verificação, após a celebração do contrato ou do *closing*, determinarão o preço total a pagar pela aquisição da empresa. Este elemento de condicionamento do preço final permite distinguir as cláusulas *earn-out* das comuns *closing conditions*, cuja finalidade é o condicionamento de todo o negócio de aquisição. Com estas, as partes pretendem que todo o negócio fique dependente da verificação de condições

Admitindo a intervenção do artigo 437.º quando a variação exceder consideravelmente a margem de risco do próprio contrato, Oliveira Ascensão, *Direito civil. Teoria geral*, vol. III, Coimbra Editora, Coimbra, 2002, pp. 200-201. Admitindo a revisibilidade dos contratos aleatórios, Manuel Carneiro da Frada, *Forjar o Direito*, Almedina, Coimbra, 2015, p. 57. Admitindo esta hipótese, em circunstâncias excepcionais, *vide*, por exemplo, Inocêncio Galvão Telles, *Manual dos contratos em geral*, Coimbra Editora, Coimbra, 2002, p. 347, nota 318, Almeida Costa, *Direito das obrigações*, Almedina, Coimbra, 2011 (12.ª ed.), p. 344 ss. Pode também ver-se Paulo Mota Pinto, *Direito Civil, Estudos*, Gest Legal, 2018, p. 498 ss, indicando várias posições e p. 503 sublinhando que "quando o contrato aleatório, pela sua finalidade, visa expor as partes ao risco em causa, parece claro que apenas alterações de outras circunstâncias, diversas daquelas cujo risco as partes quiseram afetar mediante a celebração do contrato aleatório (circunstâncias já fora da álea contratual) poderão ser relevantes para efeitos do artigo 437.º, nº 1". Pela nossa parte, já assumimos também essa possibilidade de aplicação do artigo 437.º a contratos aleatórios em "Entre um modelo corretivo e um modelo informacional no direito bancário e financeiro", *CDP*, 44, 2013, (p. 3 ss), p. 13. Na jurisprudência, defendendo a aplicação do instituto da alteração das circunstâncias a contratos aleatórios, veja-se, entre outros: o Acórdão do STJ de 06/22/2017, disponível em Acórdão do Supremo Tribunal de Justiça (dgsi.pt), em que se defende que "os contratos de swap, nas suas diversas variantes, não estão imunes aos efeitos que podem emergir da aplicação do art.º 437.º do CC, embora o fator aleatório seja neles mais visível do que noutras operações financeiras, atenta a maior dificuldade de prever os fenómenos suscetíveis de se repercutirem nos efeitos decorrentes da sua execução, nem assim se justifica que sejam excluídos do âmbito de proteção dessa norma, como se se tratasse de um contrato puramente aleatório como é o contrato de jogo."; Acórdão do STJ de 10.01.2013, disponível em Acórdão do Supremo Tribunal de Justiça (dgsi.pt), em que se afirmou que "Nos contratos, como os referidos em I em que as partes visam justamente negociar sobre a incerteza, o risco fornece o próprio objecto contratual pelo que a alteração das circunstâncias tem de ser de apreciável vulto ou proporções extraordinárias: o prejuízo só justifica a resolução ou modificação do contrato quando se verifique um profundo desequilíbrio do contrato, sendo intolerável com a boa-fé que o lesado o suporte."

que estas entendem como essenciais para a produção dos efeitos translativos (v. g. a obtenção de determinadas autorizações administrativas) e não apenas o preço."[18]. Esta ideia pode revelar-se, contudo, pouco adequada e/ou pouco útil. Pouco adequada, porque o ponto de partida do Direito português é o de que na condição as partes subordinam a um acontecimento futuro e incerto os efeitos do negócio jurídico (artigo 270.º) e de que a condição, em regra, opera retroativamente. Pouco útil, porque mesmo que a fisionomia da condição permita enquadrar a modelação de efeitos acordada, o regime da condição não constitui uma disciplina suscetível de enquadrar os diversos problemas de perturbações numa atribuição de natureza contratual. Acrescem problemas relativos à potestatividade (não pura), muitas vezes relevante nas estipulações de "earn-out".

B. Material *adverse change*

1. Retomando um outro estudo nosso[19], com relevo para o problema que nos ocupa, são conhecidas as cláusulas "MAC" nos contratos de compra e venda de participações sociais[20]. Na sua fisionomia típica, estabelecem um direito de desvinculação extrajudicial sem custos, verificado um determinado contexto, caraterizado por determinadas ocorrências desfavoráveis entre o momento da celebração do contrato de compra e venda

[18] Assim, Fernando Sá, *A determinação contingente do preço de aquisição de uma empresa*, p. 405. Também Luciano Zordan Piva, *O earn-out*, p. 85: "a ligação entre o *earn-out* e a condição suspensiva é bem compreendida". Sobre o tema, entre nós, vide ainda Alexandre Soveral Martins, *Transmissão de participações de controlo e cláusulas de revisão do preço*, in I Congresso Direito das Sociedades em Revista, coord. Pedro Pais de Vasconcelos, J. M. Coutinho de Abreu e Rui Pinto Duarte, Almedina, 2011.

[19] O "Cláusulas de preço fixo, de ajustamento de preço e de alteração material adversa e cláusulas de força maior. Revisitando problemas de riscos de desequilíbrio e de maiores despesas em tempos virulentos", ROA 2020, em particular p. 82 ss, disponível on-line.

[20] Parece-nos que estas cláusulas têm autonomia social. Contudo, em estudos práticos, conhecem-se posições no sentido de as reconduzir a cláusulas de força maior – assim, no contexto de contratos de financiamento, pode ver-se Rafal Zakrzewski, "When is a material adverse change clause a force majeure clause?", *Butterworths Journal of International Banking and Financial Law*, outubro de 2012, p. 547 ss.

de ações o e da efetiva transmissão das mesmas[21]. Dizemos "desvinculação contratual" porque, em regra, não se trata de uma "resolução típica" ou, pelo menos, com os efeitos típicos previstos na lei portuguesa[22]. É menos frequente que as cláusulas MAC estabeleçam um direito de modificação do contrato.

2. Note-se, ainda, que as cláusulas de "*material adverse change*" não definem, em regra, o que é *material*, por opção das partes, dado que correspondem, na experiência comum, a cláusulas bastante negociadas entre as partes.

3. A compreensão da relevância destas cláusulas é mais fácil se tivermos presente o cenário legal de base fixado pelas normas do ordenamento jurídico aplicável. Permitimo-nos a este respeito algumas considerações, pensando nos ordenamentos português e brasileiro, assumindo que um deles corresponde à escolha das partes quanto ao direito aplicável ao mérito.

O artigo 437.º, n.º 1, do Código Civil, que, segundo Luís de Lima Pinheiro, a norma do artigo 437.º do Código Civil é supletiva[23], estabe-

[21] Martin Henssler, "Adverse Change-Klauseln in deutschen Unternehmenskaufverträgen (r)eine Modeerscheinung? ", *FS für Ulrich Huber zum siebzigsten Geburtstag*, org. Theodor Baums und Johannes Wertenbruch, Mohr Siebeck, 2006, p. 739 ss, Klaus Peter Berger/Esther Filgert, "Material-Adverse-Change Klauseln in Wertpapiererwerbs- und Übernahmeangeboten", *WM* 6/2005, p. 253 ss. No direito português, de Fernando Oliveira Sá, "Cláusulas Material Adverse Change (MAC) em contratos de compra e venda de empresas", *Direito Comercial e das Sociedades. Estudos em memória do Professor Doutor Paulo M. Sendim*, Universidade Católica Editora, Lisboa, 2012, p. 427 ss, Kenneth Adams, "A legal usage analysis of «Material Adverse Change» provisions", *Fordham Journal of Corporate & Financial Law*, vol. 1, nº 1, Article 2, 2004, p. 9 ss.

[22] Na definição de Robert T. Miller, 2The Economics of Deal Risk: Allocating Risk Through MAC Clauses in Business Combination Agreements", *50 Wm. & Mary L. Rev.* 2007, 2012 (2009), citada na sentença da Court of Chancery de Delaware, no caso Akorn Inc v Frenesius Kani AG que adiante analisaremos "MAC' clauses, which provide that, if a party has suffered a MAC within the meaning of the agreement, the counterparty can costlessly cancel the deal".

[23] Luís de Lima Pinheiro, *Direito Comercial Internacional*, p. 241. O Autor refere ainda que "é geralmente reconhecido que as cláusulas contratuais têm primazia sobre regras

lece o seguinte: "se as circunstâncias em que as partes fundaram a decisão de contratar tiverem sofrido uma alteração anormal, tem a parte lesada direito à resolução do contrato, ou à modificação dele segundo juízos de equidade, desde que a exigência das obrigações por ela assumidas afete gravemente os princípios da boa fé e não esteja coberta pelos riscos próprios do contrato" (o sublinhado é nosso). Embora o domínio da alteração das circunstâncias não seja incontroverso, parece-nos que estão em causa *em primeira linha* perturbações na equivalência originária das prestações (que não se confunde com sinalagma)[24], na esteira do que tem vindo a ser admitido no direito alemão[25] e que não ficam excluídas do artigo 437.º situações de "grande alteração das circunstâncias"[26]. A doutrina portuguesa tem refletido abundantemente sobre os requisitos necessários a uma modificação ou resolução do contrato por alteração das circunstâncias e realçado que uma tal alteração pressupõe um prejuízo relevante[27], fazendo-se acompanhar por uma jurisprudência de um modo global cautelosa na aplicação destes mecanismos.

A alteração das circunstâncias prevista no artigo 437.º (e 438.º) pode ser compreendida como uma "válvula de escape" do sistema jurídico. Pela nossa parte, como já escrevemos em outra sede, "*a alteração das circunstâncias constitui uma solução de ultima ratio, fundada na boa-fé*"[28]. Baseada

objectivas de que dispõem os sistemas nacionais relativamente à alteração das circunstâncias" (*idem*, p. 241).

[24] Catarina Monteiro Pires, *Contratos – I*, p. 197 ss.

[25] Assim, Walter Doralt, *Langzeitverträge*, Mohr Siebeck, Tubinga, 2018, p. 376 *et passim*.

[26] Sustentando que, no caso da pandemia, os prejuízos e riscos não devem ser transferidos de uma parte para a outra, mas partilhados, Marc-Philippe Weller/ MarcusLieberknecht/ Victor Habrich, "Virulentes Leistungsstörungen – Auswirkungen der Coronakrise auf die Vertragsdurchführung", *NJW* 2020, (p. 1017), p. 1021.

[27] Aludindo mesmo a um "*dano*" com "*certa envergadura*", António Menezes Cordeiro, *Tratado de Direito Civil*, IX, *Direito das Obrigações*, Almedina, Coimbra, 2017, p. 687.

[28] Catarina Monteiro Pires, *Impossibilidade da prestação*, p. 794. Segundo Galvão Telles, "devem (...) os tribunais proceder neste domínio com a maior cautela e prudência, em ordem a evitar perturbadores abalos na confiança à qual se espera dos tribunais" (Inocêncio Galvão Telles, *Direito das obrigações*, p. 371). Na doutrina mais recente, salienta Paulo Mota Pinto, referindo-se aos requisitos do artigo 437.º, que "estas diretrizes gerais traduzem o sentido e alcance do artigo 437.º (...) impondo que o recurso pelos tribunais ao instituto da alteração das circunstâncias, para resolver ou modificar contratos livremente

numa proposta de Vaz Serra, a "alteração das circunstâncias" revela, no Direito português, uma influência do Direito alemão, ainda que curiosamente este sistema só tenha positivado a figura na recente Modernização de 2001-2002.

Cremos que esta vocação não constitui um dado controverso no Direito português. Estranho seria afirmar que a regra do Direito português é a de que os contratos devem sempre ser revistos. Com efeito, o Código Civil e o Direito privado português, à semelhança de vários outros sistemas jurídicos, assentam no princípio segundo o qual os contratos devem ser cumpridos pontualmente e só podem ser modificados ou extinguir-se por mútuo consentimento dos contraentes ou nos casos admitidos na lei (cf. artigo 406.º, n.º 1, do Código Civil). Trata-se do princípio da estabilidade dos contratos, essencial à segurança jurídica e à própria tutela da autonomia privada das partes (cf. artigo 405.º). Há, porém, duas notas essenciais que cumpre acrescentar.

A *primeira* para clarificar que a delimitação do instituto, enquanto mecanismo que permite modificar ou resolver um contrato em virtude de superveniências contratuais, resulta dos próprios pressupostos a que a figura, entre nós, se encontra sujeita, nos termos do artigo 437.º, n.º 1. E para clarificar ainda que muito diferente do reconhecimento de um âmbito limitado da figura é a sua compressão ou no seu ilegal afastamento. Aliás, dentro da área de verdadeira atuação da alteração das circunstâncias, o seu âmbito é dotado de uma imperatividade reforçada, porquanto traduz um núcleo irredutível de intervenção heterónoma de que o sistema jurídico não abdica. Como escrevemos anteriormente, e nos permitimos aqui reproduzir, "do nosso ponto de vista, na alteração das circunstâncias está, apenas, em causa um problema de «justiça contratual objetiva-imanente» (eine objecktiv-immanenten Vertragsgerechtigkeit). Não se tratará de «que os resultados justos estejam assegurados» mas de procurar que «injustiças graves sejam evitadas». Intuito que só

celebrados, seja uma medida cuja excecionalidade é claramente assumida e reconhecida pela ordem jurídica e pelo aplicador do Direito", Paulo Mota Pinto, *O contrato como instrumento de gestão do risco de "alteração de circunstâncias"* em *Direito Civil. Estudos*, Gestlegal, 2018, pp. 479-480. Veja-se também Nuno Pinto Oliveira, *Princípios de Direito dos contratos*, Coimbra Editora, 2011, p. 154.

se poderá verificar em concreto, padecendo de manifesto artificialismo e irrealismo as tentativas de fixação da fronteira entre a manutenção da prestação originária e a sua modificação ou extinção em virtude de alteração das circunstâncias mediante o recurso um limiar, aferido em função da percentagem de agravamento da prestação, em relação ao valor contratado.[29]

Além disso, a tendência do Direito português não tem sido para *excluir liminarmente* a aplicabilidade do artigo 437.º quanto a certas situações: por exemplo, aceita-se que a existência de uma "grande alteração das circunstâncias"[30] não é, por si só, motivo para afastar a aplicação do artigo 437.º[31], tendo a doutrina realçado já, no contexto da pandemia, que, não havendo regras *ad hoc* que o afastem (como no caso não há), "esse preceito está disponível, cabendo aguardar a jurisprudência Covid 19"[32] e que "regra geral, as perturbações geradas pela pandemia de Covid-19 representam riscos que excedem claramente os riscos típicos associados à grande maioria dos contratos"[33]. A jurisprudência também admite a aplicação do artigo 437.º em contextos de crise[34].

[29] Catarina Monteiro Pires, *Impossibilidade da prestação,* p. 430.

[30] Sobre o problema da grande alteração das circunstâncias *vide,* entre nós, Menezes Cordeiro, *Da boa fé no Direito Civil,* Almedina, Coimbra, 2001 (reimp. da obra de 1983), p. 931 ss.

[31] Nesse sentido, Manuel Carneiro da Frada, *Forjar o Direito,* p. 77, Mariana Fontes da Costa, *Da alteração superveniente das circunstâncias. Em especial à luz dos contratos bilateralmente comerciais,* Almedina, Coimbra, 2017, p. 370.

[32] António Menezes Cordeiro, anotação ao artigo 437.º, *Código Civil Comentado,* II, *Das Obrigações em geral,* p. 281.

[33] Mariana Fontes da Costa, *Covid-19 e alteração superveniente das circunstâncias,* (p. 357 ss), ROA I/II, 2021, p. 365. Também reforçando este aspeto Manuel Carneiro da Frada, "A alteração das circunstâncias à luz do Covid-19. Teses e reflexões para um diálogo", *ROA I/II,* 2020, p. 153 ss.

[34] Defendendo a aplicação do instituto da alteração das circunstâncias a situações de crise, veja-se, entre outros: o Acórdão do STJ de 10.01.2013, disponível em Acórdão do Supremo Tribunal de Justiça (dgsi.pt), em que se afirmou que "é necessário que haja uma correlação direta e demonstrada factualmente entre a crise económica geral e a atividade económica concreta de determinado agente para que se possa falar de uma alteração anormal das circunstâncias"; o Acórdão do Tribunal da Rel. de Coimbra, de 13.05.2014, disponível em Acórdão do Tribunal da Relação de Coimbra (dgsi.pt), afirmando-se que "Nas atuais circunstâncias, assim imprevisível, anormal e relevantemente alteradas pela

A *segunda nota* para salientar que, entre nós, o que pode ser discutido (e discute-se), além da adequação abstrata do instituto para resolver *determinados grupos de casos*, é sobretudo a aplicabilidade concreta do instituto a um *determinado caso decidendo*.

Num plano abstrato, reconhece-se que a densificação do instituto fica facilitada através do seu desmembramento em grupos de casos, sendo os mais frequentes[35]:

a) Os casos de perturbação da equivalência das prestações (desequilíbrio superveniente entre prestação e contraprestação);
b) Os casos de frustração do fim programado que não sejam casos de impossibilidade de prestar;
c) Os casos de desaparecimento de pressupostos que correspondam à "base do negócio", desde que não sejam "conteúdo do negócio".

Recordemos que a norma do artigo 437.º, n.º 1, estabelece o seguinte: "se as circunstâncias em que as partes fundaram a decisão de contratar tiverem sofrido uma alteração anormal, tem a parte lesada direito à resolução do contrato, ou à modificação dele segundo juízos de equidade, desde que a exigência das obrigações por ela assumidas afete gravemente os princípios da boa-fé e não esteja coberta pelos riscos próprios do contrato". Reduzir a aplicação do artigo 437.º a um esquema lógico ou formal é contrariar a natureza deste preceito e a sua vocação última, que é a de

crise económico-financeira, a previsão da A., de encetar e concluir a construção dos apartamentos – e, sobretudo, de vendê-los – até cerca de um ano e meio após a realização da prometida escritura pública, deixou de ter fundamento. (...) Mostram-se, pois, reunidos os requisitos da resolução do contrato promessa de compra e venda celebrado entre a A. e o R., referido no ponto 1. do elenco da factualidade assente, por alteração anormal das circunstâncias que estiveram na base do negócio"; o Acórdão do Tribunal da Rel. de Lisboa, de 19.02.2015, disponível em Acórdão do Tribunal da Relação de Lisboa (dgsi.pt), em que se decide que "a crise financeira pela sua dimensão, pela sua antecipabilidade generalizada e pelo facto de ser global constituía uma alteração anormal e superveniente das circunstâncias em que as partes fundaram a vontade de contratar, previsto no artigo 437.º, n.º 1, do Código Civil, que, todavia, não aproveita à parte lesada que está em mora."

[35] Retomamos a nossa ideia e texto de *Contratos – I. Perturbações*, p. 197 ss.

assegurar a justiça na realização do Direito em casos que não podem deixar de ser assegurados.

Perante os dados legais, a maioria das posições defendidas entre nós tem aceitado que a referência do artigo 437.º, n.º 1, às "circunstâncias em que as partes fundaram a decisão de contratar", traduz o acolhimento da ideia de base do negócio[36]. Esta conclusão resulta dos trabalhos preparatórios e anteprojeto de Vaz Serra, bem como das ideias de Antunes Varela[37], a quem, na qualidade de Ministro da Justiça, couberam as revisões ministeriais dos projetos que viriam a consolidar-se no atual texto do Código Civil. Contudo, a lei não faculta uma definição de base de negócio, cabendo a respetiva formulação à doutrina e à jurisprudência.

Podemos distinguir, seguindo uma classificação usual, entre teorias subjetivas, objetivas e mistas[38]. As fundações destas teorias são oriundas da Alemanha e têm algumas décadas, mas, no essencial, é através delas que ainda hoje continuamos a compreender as coordenadas centrais do problema.

Nas primeiras (subjetivas), destaca-se a tese de Paul Oertmann[39], para quem a base do negócio seria "a representação de um participante, que surge aquando da conclusão do negócio, cujo significado é reconhecido e não contestado pela contraparte ou a representação conjunta de vários sujeitos acerca da existência ou da superveniência de certas circunstâncias, em cuja base assenta a vontade negocial"[40].

[36] Assim, por exemplo, ANTUNES VARELA, *Das Obrigações em geral*, vol. II, Almedina, Coimbra, 2001 (7.ª ed., reimp.), p. 282, p. 82 ss, INOCÊNCIO GALVÃO TELLES, *Manual dos contratos em geral*, Coimbra Editora, Coimbra, 2002, p. 97 ss e 342 ss, OLIVEIRA ASCENSÃO, *Direito civil. Teoria geral*, vol. III, Coimbra Editora, Coimbra, 2002, pp. 186-187 e, do mesmo Autor, *Onerosidade excessiva por «alteração das circunstâncias»*, ROA, ano 65, 2005, p. 625 ss, p. 626, NUNO PINTO OLIVEIRA, *Princípios de Direito dos contratos*, p. 577 ss, CATARINA MONTEIRO PIRES, *Impossibilidade da prestação*, p. 408 ss.

[37] Aliás, a posição de VAZ SERRA apoiar-se-ia no estudo de ANTUNES VARELA, *Ineficácia do testamento e vontade conjectural do testador*, de 1950.

[38] Retomamos o que explicámos no nosso estudo *Impossibilidade da Prestação*, p. 374 ss.

[39] PAUL OERTMANN, *Die Geschäftsgrundlage, Ein neuer Rechtsbegriff*, A. Deichert, Leipzig, 1921, p. 25 ss.

[40] PAUL OERTMANN, *Die Geschäftsgrundlage*, p. 37.

Um exemplo de uma formulação objetiva encontramo-lo em Locher. Para este Autor, a base do negócio corresponderia ao "complexo de circunstâncias, sem cuja existência, perduração ou aparecimento, o efeito negocial visado, de acordo com o conteúdo negocial (o fim do negócio), não pode ser atingido, apesar da regular conclusão do negócio e dos esforços exigíveis às partes, em conformidade com o conteúdo negocial"[41].

Finalmente, nas orientações mistas, evidenciou-se a sustentada por Larenz ([42]). Para o Autor, a base do negócio corresponderia às representações mentais dos contraentes aquando da conclusão do negócio jurídico, mas também ao conjunto de circunstâncias do qual o próprio contrato retira objetivamente o seu sentido último, isto é, de "todas as circunstâncias cujo desaparecimento torna o contrato sem significado, sem fim ou sem objecto" (*alle Umstände, bei deren Wegfall der Vertrag sinn-, zweck-oder gegenstandlos wird»*)[43]. Quer isto dizer que, ao lado da base do negócio subjetiva (*subjektive Geschäftsgrundlage*), recondutível à vontade dos contraentes – de *ambos*, e não apenas de um deles[44] –, haveria, também, uma base do negócio objetiva (*objektive Geschäftsgrundlage*), correspondentes à realidade que subjaz ao próprio negócio e cuja pertinência poderia resultar das conclusões de uma interpretação complementadora do negócio[45].

A doutrina portuguesa recente tem aceitado densificações de "base do negócio" que acolhem elementos objetivos e subjetivos[46], havendo

[41] Eugen Locher, *Geschäftsgrundlage, Geschäftsgrundlage und Geschäftszweck*, AcP 121, 1923, (p. 1 ss), p. 71.

[42] Karl Larenz, *Geschäftsgrundlage und Vertragserfüllung. Die Bedeutung„veränderter Umstände" im Zivilrecht*, Beck, Munique e Berlim, 1963, 3.ª ed.p. 7 ss.

[43] Karl Larenz, *Schuldrecht*, p. 248, Karl Larenz/ Manfred Wolf, *Allgemeiner Teil*, p. 712 ss.

[44] *Vide*, por exemplo Karl Larenz, *Zum Wegfall der Geschäftsgrundlage*, p. 362.

[45] Karl Larenz, *Geschäftsgrundlage*, p. 166. Cf. também Karl Larenz, *Lehrbuch*, p. 321 ss.

[46] Assim, Almeida Costa, ao referir que "a exigência de que a alteração respeite a circunstâncias em que se assentou a vontade de contratar equivale a impor que estas circunstâncias se encontrem na base do negócio "com consciência de ambos os contraentes ou razoável notoriedade – como representação mental ou psicológica comum patente nas negociações (base objetiva), ou condicionalismo objetivo apenas implícito, porque essencial ao sentido e aos resultados do contrato celebrado (base objetiva)" (Mário Júlio Almeida Costa, *Direito das obrigações*, p. 337). De igual modo, Pires de Lima/Antunes

ainda alusões "circunstâncias patentemente fundamentais, *maxime*, em relação aos quais o princípio da boa fé teria imposto, ou impõe agora, um condicionamento do negócio"[47]. É também frequente dizer-se que a perturbação da base do negócio corresponde a um caso em que existe uma circunstância pressuposta que falha e que, se as partes tivessem previsto essa mesma falha, não teriam concluído o negócio ou não o teriam celebrado nos termos em que o fizeram. Numa leitura com ligação à ideia de "pressuposição", Carlos Mota Pinto ensinava que "a alteração das circunstâncias do negócio implica a não verificação de uma circunstância pressuposta ou de uma pressuposição, sempre que evolução do circunstancialismo não foi considerada pelo declarante"[48]. A perspetiva objetiva também tem ecos na jurisprudência[49].

Pela nossa parte, já tomámos posição sobre o assunto, considerando que "a base do negócio a que o artigo 437.º faz referência, de âmbito limitado, e subordinada ao prévio resultado interpretativo das disposições

Varela, *Código civil*, I, p. 413. Vide também Henrique Sousa Antunes, anotação ao artigo 437.º, *Comentário ao Código Civil. Direito das Obrigações. Das Obrigações em geral*, UCP, 2018, p.155, Mariana Fontes da Costa, *Da alteração superveniente das circunstâncias. Em especial à luz dos contratos bilateralmente comerciais*, Almedina, Coimbra, 2017, p. 342, sustentando uma ideia de "vontade hipotético-normativa". Esta Autora, no que respeita aos elementos subjetivos, considera que a procura da vontade hipotética diz respeito ao lesado, mas também à contraparte, devendo indagar-se se "esta haveria concordado com um condicionamento do contrato à não ocorrência da alteração" (*idem*, p. 340). Também Pais de Vasconcelos refere a base do negócio subjetiva e objetiva, Pedro Pais de Vasconcelos /Pedro Leitão Pais de Vasconcelos, *Teoria geral do Direito Civil*, Almedina, Coimbra, 2019, 9.ª ed., pp. 377-378.

47 Paulo Mota Pinto, *Declaração tácita*, p. 351.

48 Assim, Carlos Mota Pinto, *Teoria geral do Direito Civil*, p. 605.

49 Assim, por exemplo, o Ac. do TRC de 31/01/2006: "apesar de não se ter provado que o volume de tráfego do I.P. 2 determinou a vontade de contratar dos outorgantes, designadamente da Ré, é indiscutível que situando-se o estabelecimento de restauração locado numa área de serviço e posto de combustível duma estrada principal, tal elemento é essencial ao sentido e ao resultado do contrato celebrado (base objectiva)". *Vide* também o Acórdão do Supremo Tribunal de Justiça de 14 de Novembro de 2014 e o Ac. do Tribunal da Relação de Évora de 24 de Setembro de 2020.

contratuais, não pode ser entendida em termos puramente subjetivos, fazendo antes apelo a condicionalismos objetivos"[50].

A norma do artigo 437.º, n.º 1, exige ainda que desde que "a exigência das obrigações por ela assumidas (...) não esteja coberta pelos riscos próprios do contrato". Na definição de João Baptista Machado, o risco surge como realidade objetiva, enquanto "perigo de um prejuízo que alguém suporta como titular de uma posição jurídica"[51]. A referência aos "riscos do negócio" no artigo 437.º reforça a concessão à autonomia privada, tornando indispensável a prévia interpretação do contrato (artigos 236.º e ss), tendo em vista a determinação do seu plano de risco.

Além da base do negócio e da superação da álea normal de risco do negócio, o artigo 437.º exige, também, a anormalidade da alteração em que se baseia a alteração das circunstâncias, requisito que a doutrina tem entendido corresponder, em termos práticos, à imprevisibilidade da mesma[52]. A coincidência entre a anormalidade da alteração e a respetiva imprevisibilidade foi notada por Galvão Telles, que a assumiu como uma inevitabilidade[53].

A referência da norma à boa-fé implica, desde logo, que as perturbações sejam significativas, assim como as suas consequências. Sem este desequilíbrio flagrante, respeitante a uma das partes, não haverá lugar a uma reação do sistema jurídico, nem à convocação do artigo 437.º. Só a boa-fé pode ditar o que é exigível e o que é inexigível, no caso concreto, mas meros desvios ou perturbações não relevam.

[50] Catarina Monteiro Pires, *Contratos – I*, p. 188 e, já anteriormente, *Impossibilidade*, p. 372 ss.

[51] *Risco contratual e mora do credor*, em *Obra Dispersa*, I, Scientia Juridica, Braga, 1991, (p. 257 ss), p. 275.

[52] *Vide* Pires de Lima/Antunes Varela, *Código civil anotado*, Almedina, Coimbra, 1987, vol. I, p. 413, Nuno Pinto Oliveira, *Princípios de Direito dos contratos*, p. 578 ss, António Menezes Cordeiro, *Da boa fé*, p. 1083 *et passim*, António Menezes Cordeiro, anotação ao artigo 437.º, *Código Civil Comentado*, II, p. 277, Nuno Pinto Oliveira, *Princípios*, p. 578 ss. Em sentido contrário, Pedro Pais de Vasconcelos /Pedro Leitão Pais de Vasconcelos, *Teoria geral do Direito Civil*, Almedina, Coimbra, 2019, 9.ª ed., p. 378, referindo-se a um "plano de normalidade", distinto da previsibilidade e que resulta da "natureza das coisas".

[53] Inocêncio Galvão Telles, *Manual dos contratos*, p. 350 ss.

Uma das soluções previstas no artigo 437.º, n.º 1, para casos de alteração das circunstâncias é a modificação do contrato[54]. A remissão para a equidade operada pela norma do artigo 437.º, n.º 1, denotando a prevalência da influência italiana sobre a proposta de Vaz Serra[55], aponta para uma consideração de vários fatores, entre os quais a vontade das partes e a eficácia concreta da alteração. Depois, como já escrevemos, "a adaptação deve ser exigível para ambas as partes e deve orientar-se pelo sentido e pelo fim do contrato em causa e pela distribuição contratual do risco"[56].

4. Vejamos o possível enquadramento de uma *alteração material adversa* no direito brasileiro, na ausência de cláusula *MAC*.

Dispõe o artigo 478.º do CC brasileiro: "nos contratos de execução continuada ou diferida, se a prestação de uma das partes se tornar excessivamente onerosa, com extrema vantagem para a outra, em virtude de acontecimentos extraordinários e imprevisíveis, poderá o devedor pedir a resolução do contrato. Os efeitos da sentença que a decretar retroagirão à data da citação". Sobre o universo em que esta possibilidade se projeta, Anderson Schreiber, alude a casos de sacrifício desproporcional em face da contraprestação (que apelida de desequilíbrio contratual vertical ou relacional), mas também sacrifício desproporcional face à obrigação que o devedor assumira aquando da celebração do contrato (desequilíbrio contratual horizontal ou temporal)[57]. Cristiano Zanetti, por seu turno, considera que "o parâmetro para definir a ocorrência da onerosidade é o equilíbrio das prestações originalmente estabelecido pelas partes" salientando também que "a disciplina da onerosidade excessiva destina-se a evitar que a relação de equilíbrio entre as prestações projetadas pelas partes venha a se perder ao longo do tempo"[58].

[54] Sobre os vários aspetos da modificação, pode ver-se o nosso estudo *Efeitos da alteração das circunstâncias, O Direito,* 2013, I-II, p. 181 ss.

[55] A proposta de Vaz Serra a este respeito correspondia à inclusão de um preceito onde se estabelecia que "*a modificação do contrato só é admissível quando for conforme com a presumível intenção das partes ou com a boa fé*" – *Resolução,* p. 380.

[56] Catarina Monteiro Pires, *Contratos – I* p. 194.

[57] Anderson Schreiber, *Manual de Direito Civil contemporâneo,* p. 488

[58] Cristiano de Sousa Zanetti, Comentário ao artigo 478.º, *Comentários ao Código Civil. Direito privado contemporâneo,* p. 775.

A norma exige, ainda, uma extrema vantagem da parte não afetada pela onerosidade excessiva, parecendo o melhor entendimento ser aquele sufragado por Cristiano Zanetti segundo o qual o requisito não deve ser dispensado e "na hipótese (...) de haver agravamento da prestação sem que disso decorra a geração de vantagem importante para a contraparte, o texto legal veda a resolução da relação jurídica contratual"[59].

Muito importante é também a aceitação de que dentro dos riscos *internalizados* no próprio contrato, não há lugar à aplicação do artigo 478.º. O ponto essencial é, pois, interpretar o contrato, de modo a apurar a atribuição de riscos[60]. Como já escrevemos em outro estudo, "o exercício pode ser difícil, mas qualquer via facilitadora que o ignore pode resvalar para uma preterição indevida da autonomia privada das partes. A autorregulação privada de interesses deve ser respeitada, repensada num novo contexto. O contrato constitui o referente essencial do intérprete e do decisor"[61]. Se os riscos forem atribuídos a uma das partes, se o contrato já tiver projetado a possibilidade de um desequilíbrio contratual e o tiver *destinado* de certo modo, através de certa distribuição, a opção modelada pela autonomia privada das partes deve ser respeitada[62].

O artigo 421-A/ II do Código Civil reclama este entendimento e cremos ainda que esta conclusão é inevitável perante um Código Civil, como o brasileiro, que assenta no princípio da autonomia privada. Não é necessário que a norma do artigo 478.º o diga expressamente, nem tão pouco está em causa uma distribuição apriorística de esferas de risco, mas um

[59] Depõem neste sentido os excertos dos textos de Cristiano de Sousa Zanetti, Comentário ao artigo 478.º, *Comentários ao Código Civil. Direito privado contemporâneo*, p. 777 e de Judith Martins-Costa, *A boa fé no direito privado*, p. 656.

[60] Franz Jünger Säcker, *Die Anpassung von langfristigen Verträgen an bei Vertragsschluss unvorhergesehene und unvorhersehbare Umstände im Wege der ergänzenden Vertragsauslegung, FS für Harm Peter Westermann zum 70. Geburtstag*, org. Lutz Aderhold [et al], Otto Schmidt, Colónia, 2008, p. 617 ss.

[61] Catarina Monteiro Pires, *Direito das Obrigações em Tempos de Calamidade. Reflexões durante um ano de pandemia*, Almedina, Coimbra, 2021, p. 32.

[62] Cristiano de Sousa Zanetti, Comentário ao artigo 478.º, *Comentários ao Código Civil. Direito privado contemporâneo*, p. 778.

respeito pela ordenação de interesses concretamente pactuada pelos contraentes[63].

O artigo 317, por seu turno, dispõe o seguinte: "quando, por motivos imprevisíveis, sobrevier desproporção manifesta entre o valor da prestação devida e o do momento de sua execução, poderá o juiz corrigi-lo, a pedido da parte, de modo que assegure, quanto possível, o valor real da prestação". O âmbito exato do artigo 317, e a sua delimitação perante o artigo 478, parece acusar alguma controvérsia. Com efeito, comentando o quadro em que esta norma se move, salienta Giovanni Nanni que estão em causa situações de "esforço incontestavelmente diverso daquele acertado na génese"[64] e deve ainda admitir-se que do que se trata é de preservar o equilíbrio contratual pactuado[65]. Esta visão parece aproximar os preceitos. A ideia de uma proximidade intencional entre os preceitos normativos levou a que o artigo 217.º já tivesse sido qualificado como "um puxadinho hermenêutico" dos artigos 478 e ss[66].

Contudo, outros Autores, como Judith Martins Costa parecem diferenciar entre o âmbito do artigo 317 e o âmbito do artigo 478, salientando que no primeiro "consideram-se, pois, como pontos de comparação, o valor devido (normalmente, nas dívidas em dinheiro) e o valor que teria no momento da execução" e "já o art. 478 diz respeito a eventos que vêm atacar o equilíbrio de uma relação contratual, considerando-se, como pontos de comparação, prestação e contraprestação"[67].

A questão foi ainda enquadrada, em termos que merecem a nossa adesão, por Francisco Marino. O Autor, depois de explicitar os elementos históricos e contextuais que estão na base do próprio artigo 317, circunscreve o âmbito de aplicação deste último preceito às prestações pecuniárias e conclui do seguinte modo: "O fato de serem distintos os objetos

[63] Por estes motivos, não seguimos a orientação avessa a um apuramento da álea normal do contrato sufragada por ANDERSON SCHREIBER, *Equilíbrio contratual e dever de renegociar*, p. 227 ss.

[64] GIOVANNI ETTORE NANNI, Comentário ao artigo 317.º, *Comentários ao Código Civil. Direito privado contemporâneo*, p. 504.

[65] GIOVANNI ETTORE NANNI, Comentário ao artigo 317.º, *Comentários ao Código Civil. Direito privado contemporâneo*, p. 505.

[66] ANDERSON SCHREIBER, *Manual de Direito Civil contemporâneo*, p. 497.

[67] JUDITH MARTINS-COSTA, *A boa fé no direito privado*, p. 655.

dos arts. 317 e 479 do Código Civil resulta em formas diversas de combater a perturbação da relação obrigacional neles verificada. No art. 317, a lei prescreve a correção ou o reajuste do valor da prestação (...). No art. 479 estatui a modificação equitativa das "condições do contrato". Tratar a ambos como casos de "revisão contratual" leva a confundir formas inconfundíveis de intervenção na economia contratual (...). Julgamos inviável, diante da interpretação acima exposta (...) estabelecer qualquer forma de combinação, associação ou concurso entre os arts. 317, 478 e 479 do Código Civil, pois o primeiro e os últimos tratam de hipóteses distintas"[68].

Este ponto é tanto mais importante quanto as consequências associadas à superveniência contratual são *literalmente* diferentes, num caso e no outro. No nosso entendimento, a lei confere o poder de modificação *apenas* ao credor (artigo 479) cabendo ao devedor apenas o poder de resolver o contrato, verificados os respetivos pressupostos. Neste ponto, apoiamo-nos de novo na dissertação de Francisco Marino: "retornando à discussão dos arts. 478 e 479 do Código Civil, no primeiro dispositivo a lei atribui ao devedor confrontado com o agravamento do custo de sua prestação, excessivo em relação à álea normal do contrato, o *poder de resolver* a relação contratual, liberando-se da obrigação assumida. A resolução contratual (com o seu efeito liberatório) é, portanto, o remédio legal de tutela do devedor contra a excessiva onerosidade da prestação a seu cargo. Frente a esse *poder extintivo*, unicamente atribuído ao devedor, a lei outorga ao credor, e somente a ele, um *contrapoder*, de natureza modificativa, permitindo-lhe evitar a extinção do vínculo, desde que o reconduza à equidade"[69].

5. Regressemos às cláusulas *MAC*. As cláusulas "MAC" têm conteúdos muito diferenciados, sendo impossível uma catalogação completa. Em termos gerais, a doutrina tem proposto distinguir, consoante o meio de reação associado, entre cláusulas específicas e genéricas e, consoante o

[68] Francisco Paulo de Crescenzo Marino, *Oferta de modificação equitativa de contratos afetados pela excessiva onerosidade superveniente*, São Paulo, 2018, p. 39 e 40

[69] Francisco Paulo de Crescenzo Marino, *Oferta de modificação equitativa de contratos afetados pela excessiva onerosidade superveniente*, pp. 64-65.

âmbito de aplicação desse mesmo meio, entre cláusulas relativas à sociedade visada, ao negócio desta, ao mercado em que esta opera ou a condições financeiras[70].

É igualmente importante atentar ao âmbito de aplicação da cláusula, por vezes construída com base em sucessivas exceções, como é o caso das cláusulas que estabelecem *carve-outs*.

6. Quando um contrato preveja uma cláusula "MAC", podem ser várias as questões que se colocam ao jurista. A *primeira*, a de saber se a contingência que causa a decisão de desvinculação constitui uma circunstância prevista na cláusula, depois de interpretada. A *segunda*, a de saber como se concretiza o "efeito material adverso". A *terceira*, a de saber qual a relação entre o contrato e a norma do Código Civil.

Quanto à *primeira questão*, a análise global do risco não dispensará, entre outras tarefas, a investigação do restante clausulado contratual. Neste âmbito, poderão ter particular relevância as chamadas cláusulas de solução única ou de "remédio único, numa tradução literal de "*sole remedy*" que visam, de um modo geral, demarcar os meios de reação das partes a uma perturbação contratual. Imaginemos uma cláusula que disponha o seguinte "na medida permitida por lei, a indemnização será a reação única e exclusiva disponível ao comprador em virtude de uma violação de uma garantia do vendedor". Suponhamos uma cláusula deste tipo em que as partes positivamente indiquem, mais latamente, que o meio de reação a perturbações contratuais é apenas o previsto no contrato, não se encontrando estipulado contratualmente um mecanismo análogo aos consagrados no artigo 437.º do Código Civil. Ultrapassada a questão (certamente controversa) da validade da cláusula[71], a pergunta que se coloca é a de saber se uma cláusula destas pode, em certos casos,

70 Retomamos ideias e alguns do nosso estudo mais desenvolvido "Cláusulas de preço fixo, de ajustamento de preço e de alteração material adversa e cláusulas de força maior. Revisitando problemas de riscos de desequilíbrio e de maiores despesas em tempos virulentos", ROA 2020, em particular p. 82 ss.

71 Retomamos o que escrevemos em Catarina Monteiro Pires, *Cláusulas de acordo integral e de solução única ou de "remédio" único*, p. 67 ss.

dificultar a aplicação do artigo 437.º do Código Civil, o que não é, naturalmente, de excluir.

7. Quanto à *segunda questão*, ela deve ser enquadrada num âmbito mais vasto, que é o da *materialidade* exigível para uma "intervenção" em contratos prolongados. Como escrevemos noutro estudo, a ideia de um "equilíbrio contratual", quando referida a um contrato prolongado, não pode ser transformada num juízo pontual, a refletir apenas um momento, um episódio limitado, da vida desse mesmo contrato[72]. No caso das cláusulas MAC, tratar-se-á, muitas vezes, de alegar e provar uma diminuição de proveitos significativa, do ponto de vista substancial e temporal[73]. A jurisprudência norte-americana tem vindo a construir, ainda que com algumas hesitações, alguns critérios de materialidade, realçando precisamente que a onerosidade ou desequilíbrio verificado tem de ser significativa, temporal e materialmente ("*durational significant*")[74].

8. Quanto à *terceira questão*, conhecem-se posições em sentido negativo[75]. Quanto a nós, como acima dissemos a propósito de outras cláusulas, trata-se de um problema de determinação do plano de risco do contrato.

Além deste aspeto, há ainda que ter em conta que, apesar de distribuição do risco ser um problema central do direito contratual[76], nem todos

[72] Contratos prolongados": entre dogmas carecidos de revisão e problemas carecidos de sinalização", *Arbitragem e outros Temas de Direito Privado, Estudos Jurídicos em Homenagem a José Emílio Nunes Pinto*, Quartier Latin, 2021, p. 569 ss.

[73] Entre nós, pode ver-se Fernando Oliveira e Sá, *Cláusulas Material Adverse Change (MAC) em contratos de compra e venda de empresas*, p. 439 ss.

[74] Matthew Jennejohn et al, *Covid-19 as Force Majeure in Corporate Transactions*, p. 150, sintetizando as linhas de força das decisões de Delaware.

[75] Assim, Fernando Oliveira e Sá, *Cláusulas Material Adverse Change (MAC) em contratos de compra e venda de empresas*, p. 438: "as partes não podem, ao abrigo da sua autonomia, excluir genericamente a aplicação do regime da alteração das circunstâncias".

[76] Elegendo o problema da repartição do risco como o tema central perante uma perturbação das prestações, cf. Hannes Rösler, *Hardship in German codified private law – in Comparative Perspective to English, French and International Contract Law*, ERPL, 2007, 3, p. 483 ss. Também Martin Henssler reconhece ser a repartição do risco contratual uma função central do direito contratual privado. Assim, as normas sobre impossibilidade da

os riscos podem ser anulados ou transferidos, em virtude da lei ou do contrato. Aliás, sofrer uma contingência pode ser o reverso da medalha de um benefício ou de uma atribuição[77].

§2. Segundo quadrante problemático: gestão de meios de reação

A. Ponto de partida: as "declarações e garantias"

1. As "*Reps and warranties*" correspondem a declarações e garantias de que um estado de coisas existe, através da fixação de caraterísticas ou qualidades de certo bem, ou conjunto de bens, de certo negócio ou de certa situação jurídica[78].

Não se trata, naturalmente, de garantias das obrigações, em sentido técnico, mas pode reconhecer-se a ideia geral de previsão de uma frustração ou de acautelar um insucesso (ainda que dependendo dos específicos contornos do acordo negocial)[79]. Funcionalmente, a "garantia" é muitas vezes estipulada não como uma vinculação do declarante a uma conduta de *fazer*, de *entregar* ou de *não fazer*, mas sim uma adstrição do declarante a realizar uma atribuição patrimonial a favor da contraparte caso a realidade não corresponde à declaração, ficando excluído um pedido de cumprimento que visasse *alterar* a realidade, de tal modo que esta correspondesse ao declarado. Quer isto dizer que o *cumprimento natural* não é, em regra, considerado, o que altera a fisionomia dos meios de rea-

prestação ou sobre a mora, por exemplo, visariam uma adequada repartição de riscos contratuais entre as partes – Martin Henssler, *Risiko als Vertragsgegenstand*, p. 12 s e 23 ss

[77] Na definição de João Baptista Machado, o risco surge como realidade objetiva, enquanto "perigo de um prejuízo que alguém suporta como titular de uma posição jurídica" – *Risco contratual e mora do credor*, em *Obra Dispersa*, I, Scientia Juridica, Braga, 1991, (p. 257 ss), p. 275.

[78] É a definição que utilizamos em Catarina Monteiro Pires, *Aquisição de Empresas e de participações acionistas*, p. 63, texto do qual retiramos algumas das ideias das próximas páginas sobre declarações e garantias.

[79] Sobre as ideias de previsão da frustração no contexto de (verdadeiras) garantias, Carlos Ferreira de Almeida, *Texto e enunciado na teoria do negócio jurídico*, vol. I, Almedina, Coimbra, 1992, p. 558 ss.

ção[80]. Há quem refira que está em causa um dever secundário de prestar (*Sekundärleistungspflicht*)[81].

A sua inclusão em contratos de compra e venda de participações acionistas de controlo está associada à insatisfação que se regista com o regime aplicável, nomeadamente no que respeita à resolução (em regra, indesejada e indesejável[82] e à redução do preço (a qual pode afigurar-se complexa e incerta)[83].

Além disso, juntamente com *covenants* e com cláusulas de adaptação do preço, as garantias visam, muitas vezes, "assegurar" uma determinada equivalência entre prestação e contraprestação[84].

O catálogo de "declarações e garantias" de um contrato aquisitivo é diversificado, podendo distinguir-se entre "declarações e garantias" "legais" e garantias "económicas", consoante digam respeito a aspetos jurídicos ou aspetos económicos da empresa ou das participações sociais[85]. Podem respeitar a bens, dívidas, fornecedores, litígios, contratos, impostos, seguros, licenças, rentabilidade, balanço, etc. Podem ser emitidas no momento da celebração do contrato, emitidas e complementadas no momento da transmissão das ações.

Podem visar acautelar contingências do período intercalar (por exemplo, assegurar que os dados financeiros em que as contas se basearam não se alteraram, no caso de preço fixo ou que não há contingências na condução dos negócios sociais) ou contingências posteriores ao fecho, em regra limitadas a um determinado período de tempo.

[80] Em sentido análogo, JAN THIESSEN, *Haftung aus (vor-)vertraglicheen Schuldverhältnis in M&A-Schiedsverfahren*, p. 233.

[81] HENNIG JAQUES, *Weitere Leistung des Verkäufers: Haftung für Mängel*, etc em *Beck' sches Handbuch Unternehmenskauf im Mittelstand*, Beck, Munique, 2021, 3.ª ed., p. 526.

[82] Temos em mente a dificuldade operacional da resolução, considerando os deveres restitutórios. Contudo, como nota Westermann, é um meio jurídico em geral admissível. MüKo/WESTERMANN, §453, 8ª ed., 2019, n.m. 46.

[83] Em sentido análogo, CHRISTOPHER RUDOLF MELLERT, *Selbständige Garantien*, p. 1667.

[84] MAX KLEISSLER, *Die Bilanzgarantie: eine Betrachtung von Tatbestand und Rechtsfolgen nach einem Urteil des OLG Frankfurt a.M., NZG 2017*, p. 532.

[85] FÁBIO CASTRO RUSSO, *Das cláusulas de garantia nos contratos de compra e venda de participações sociais de controlo, Direito das Sociedades em Revista*, 2010, (p. 115 ss), p. 123 ss.

As estipulações em apreço podem ainda ser, ou não, "garantias autónomas", sendo que nestas encontramos um "um acordo autónomo (...) através do qual o vendedor aceita uma responsabilidade independente de culpa perante determinadas circunstâncias factuais, jurídicas ou económicas presentes ou futuras"[86]. Podem ainda consagrar, e em regra consagram, um mecanismo contratual autónomo, que no limite dispensa a aplicação de modelos legais, dentro do respetivo âmbito de aplicação.[87]

Um tal sistema é, em princípio, na falta de outras declarações complementares, independente de valorações relativas a juízos de censura ética, como a culpa, visando, por um lado definir o objeto contratado através de descrição de caraterísticas essenciais garantidas e, por outro lado, determinar que a responsabilidade da Vendedora será objetiva e desencadeada por uma divergência entre o "retrato" fixado pelas partes através das "declarações e garantias" e a realidade. Como nota Grezzana, "quem presta as declarações obriga-se a eliminar para a contraparte os riscos relacionados à eventual desconformidade das declarações e garantias com a realidade"[88]. Um aspeto importante deste sistema é que o mesmo não procura apurar propriamente o incumprimento de uma *obrigação* de entrega de um bem conforme às garantias, mas os desvios entre as asserções contempladas no contrato e a realidade.

[86] Catarina Monteiro Pires, *Aquisição de Empresas e de participações acionistas*, p. 65, Andreas H. Meyer/ Löwe, *Allgemeine Rahmenregelungen zu Garantien in Unternehmenskaufverträgen, in Handbuch Streitigkeiten beim Unternehmenskauf, M&A Litigation*, org. Kim Lars Mehrbrey, Carl Heymanns Verlag, Colónia, 2018, (p. 566 ss), p. 571.

[87] Entre nós, Fábio Castro Russo, *Das cláusulas de garantia nos contratos de compra e venda de participações sociais de controlo*, p. 132 ss. Em Portugal, o *leading case* correspondente ao Ac. do STJ de 1 de março de 2016, relator Fernandes do Vale considerou que, havendo *declarações e garantias*, "o devedor (o vendedor) responde pelas eventuais divergências entre o que declara e a realidade haja o que houver, ou seja, o vendedor assume plenamente o risco da não verificação da situação garantida, independentemente de culpa da sua parte, o que é admissível à luz da liberdade contratual (art. 405.° do CC)". No direito brasileiro, Giacomo Grezzana, *A cláusula de declarações e garantias em alienação de participação societária*, Quartier Latin, São Paulo, 2019, p. 175 ss e, já posteriormente, em *Cláusula de irrelevância da ciência prévia do adquirente sobre contingências da sociedade-alvo em alienações de participação societária (cláusula de irrelevância de ciência prévia – "sandbagging provisions")*, RDSVM, vol. 11, 2020, (p. 105 ss), p. 124.

[88] Giacomo Grezzana, *A cláusula de declarações e garantias*, p. 174.

2. É comum a existência de um prazo. Pode haver dúvidas em saber se a contingência tem de se materializar antes do termo do prazo ou se é a denúncia de uma contingência já verificada, mas não integralmente materializada. Como nota Grezzana, referindo-se ao prazo de garantia contratual, "a garantia de que se trata aqui é a de que, dentro do prazo definido em contrato, o garantidor assume o risco de ocorrência de qualquer fato revelador da falsidade das declarações e garantias"[89].

3. As "declarações e garantias" surgem, em certos casos, associadas a estipulações complementares ou acessórias. Entre estas, contam-se estipulações relativas a "conhecimento" ou ao "conhecimento da Vendedora". Nestes casos, em regra, a Vendedora declara e garante à Compradora que, de acordo com o conhecimento de um conjunto de pessoas relacionadas com a sua esfera, um certo estado de coisas existe.

Alguns Autores aludem a "garantias fracas" ou a "garantias subjetivas"[90] (o que não quer dizer que a ausência desta estipulação torne, por si só, a garantia "forte"). O vendedor promete que, de acordo com o seu melhor conhecimento – ou de acordo com o conhecimento de um conjunto de pessoas relacionadas com a sua esfera –, um certo estado de coisas existe[91]. Esta conclusão depende do contrato em concreto.

Muitas vezes, a utilização da fórmula permite concluir que as "declarações e garantias" da Vendedora, passam a referir-se a dois feixes de circunstâncias: (i) a um certo estado de coisas e (ii) ao seu conhecimento. A Vendedora garante que dispõe de um conhecimento que lhe permite afirmar quanto declara e garante certo estado de coisas. Isto pode ser importante quanto ao ónus da prova. Há quem aluda a uma presunção de boa-fé subjetiva do vendedor, ilidível pelo comprador mediante prova de que o vendedor sabia da circunstância lesiva aquando da celebração do contrato. Pode não ser assim. Por vezes, o que sucede é que as Partes atribuíram o conhecimento à Vendedora, reconheceram-no como circunstância da sua esfera, para efeitos da "declaração e garantia". Isto pode

[89] Giacomo Grezzana, *A cláusula de declarações e garantias*, p. 193.

[90] Andreas H. Meyer/ Löwe, *Allgemeine Rahmenregelungen zu Garantien*, p. 575.

[91] Também já nos referimos a estas em *Aquisição de empresas e de participações acionistas*, p. 78.

querer dizer que a distribuição do ónus da prova de acordo com a teoria das esferas parece adequada subjaz à regulação contratual de interesses.

B. *Sandbagging*

1. É neste contexto que surgem as chamadas cláusulas de *sandbagging*. Trata-se de cláusulas que distribuem riscos de contingências que podem afetar o valor da empresa adquirida ou da participação acionista comprada, através de um mecanismo de "imunização" dos direitos do comprador a ponderações relativas ao seu conhecimento em momento anterior ao fechamento. Estas cláusulas podem surgir num contexto em que haja *due diligence* ou em que não haja *due diligence*. Note-se, antecipadamente, que as questões colocadas por estas cláusulas – validade e efeitos, à luz do direito aplicável – não se confundem com o problema da auditoria defeituosa e da consequência da preterição do ónus de autoinformação pelo comprador, em caso de falta de estipulação contratual[92].

Em regra, o objetivo destas cláusulas é o de determinar o efeito do conhecimento do comprador quanto à correção e exatidão de "declarações e garantias" do vendedor[93]. Dependendo do que tiver sido convencionado, estas cláusulas podem estabelecer que o efeito da "garantia" é independente do conhecimento do comprador (*sandbagging* ou pro-*sandbagging*) ou determinar o efeito inverso (cláusula "*anti-sandbagging*"). Já manifestámos o nosso entendimento quanto à insucetibilidade de rejeição geral destas cláusulas, com fundamento em invalidade, por contrariedade à lei portuguesa[94], parecendo-nos que esta solução deve ser seguida no direito brasileiro. Neste sistema, a cláusula em apreço foi já definida como "uma cláusula contratual, segundo a qual o fato de o adquirente conhecer [tais] passivos ou defeitos antes de celebrar o contrato não o faz

[92] Sobre este problema, já emitimos a nossa opinião em *Aquisição de empresas e de participações acionistas*, pp. 80-81.

[93] Frank Weisshaupt, *Haftung und Wissen beim Unternehmenskauf*, p. 783.

[94] Catarina Monteiro Pires, *Aquisição de Empresas e de participações acionistas*, pp. 80-81.

perder os direitos que o contrato ou a lei atribui para remediar tais passivos ou defeitos"[95]. Foi também sustentada a respetiva validade[96].

Recordemos algumas ideias prévias. Como já dissemos em outro estudo[97], concordamos que o dever de informar e a responsabilidade por falha de deveres pré-contratuais de informação emergem da boa-fé, mas entendida num quadro mais amplo de tutela e preservação da "capacidade funcional do comércio jurídico"[98]. Depois, a extensão do dever de informar depende de várias circunstâncias, desde a necessidade de informação, o tipo e da probabilidade de risco, a intensidade e confiança nas negociações, a natureza das partes, entre outros[99]. A informação na aquisição de empresas pode ser enquadrada numa auditoria ou prescindir desta. Se as partes acordarem uma auditoria, o ponto essencial estará em saber se, em virtude das mesmas, o comprador *superou* a assimetria informativa, adquirindo conhecimentos que o vendedor não dispunha, *nem deveria dispor*.

Ora, não estando em causa condutas dolosas do comprador parece-nos que um imperativo de "boa-fé" não pode ser sem mais invocado para invalidar, nem para limitar, tais cláusulas que constituem estipulações de atribuição do risco. Com efeito, no caso, pode não haver uma materialidade diferente da contratada que deva ser valorizada e pode não haver confiança de qualquer das partes numa situação diferente da contratada. Pelo contrário: a cláusula em apreço imprime um certo sentido à realidade e à confiança na contratação. É certo que o faz num sentido desviante daquele que poderia resultar de uma ausência de cláusula: na falta de dis-

[95] GIACOMO GREZZANA, *Cláusula de irrelevância da ciência prévia*, p. 105.

[96] "Neste artigo será demonstrado que a regra do direito brasileiro é o adquirente não poder reclamar pelas contingências conhecidas, mas que tal regra é dispositiva e pode ser afastada pelas partes em prol da utilização de uma cláusula autorizativa de *sandbagging*", GIACOMO GREZZANA, *Cláusula de irrelevância da ciência prévia*, p. 106.

[97] CATARINA MONTEIRO PIRES, *Aquisição de Empresas e de participações acionistas*, pp. 80-81.

[98] Este último conceito operacional é de HOLGER FLEISCHER, *Informationsasymmetrie*, p. 422.

[99] Veja-se por exemplo, PETER GRÖSCHLER, *Die Pflicht des Verkäufers zur Aufklärung über Mängel nach neuem Kaufrecht*, NJW 2005, p. 1601 ss, p. 1604, STEPHAN BREIDENBACH, *Die Voraussetzungen von Informationpflichten*, p. 61 ss. Entre nós, EVA SÓNIA MOREIRA DA SILVA, *Da responsabilidade pré-contratual*, p. 135 ss.

posição contratual relativa ao risco de ciência prévia, o conhecimento do comprador anterior ao fechamento do negócio pode ser ponderado pelo intérprete ou pelo decisor no sentido de limitar os direitos do próprio comprador, o que pode ser abstratamente fundamentado no princípio regulador de afastamento de situações abusivas contrárias à boa-fé ou na ideia de uma espécie de "culpa do lesado", isto é, de contributo do lesado para a produção do próprio evento lesivo.

As partes não afastam a boa-fé nas negociações e na execução do contrato, mas definem o conteúdo e âmbito da possibilidade de exercício de direitos através de uma distribuição de riscos que anula a hipótese de se considerar que o mesmo é contrário à boa-fé. Esta possibilidade parece estar aberta nos terrenos da contratação comercial, na qual, a própria autonomia privada tem um valor particularmente intenso.

2.

CLÁUSULAS *MATERIAL ADVERSE CHANGE (MAC)*: CONJUNTO DE CLÁUSULAS DISFARÇADAS DE DEFINIÇÃO[1]

CRISLEINE YAMAJI

> *Non si avventurino mai ad alcuna trattazione giuridica se non conoscono a fondo la struttura tecnica e la funzione economica dell'istituto che è oggetto dei loro studi. Raccolgono nelle borse, nelle banche, nelle agenzie, nelle società commerciali, nelle cancellerie giudiziarie il materiale necessario per intendere quella struttura e quelle funzioni. É una slealtà scientifica, è un difetto di probità parlare di un istituto per fissarne la disciplina giuridica senza conoscerlo a fondo nella sua realtà. Se il diritto ha per scopo di regolare gli effetti di un istituto, è evidente che lo studio pratico della sua natura deve precedere quello del diritto.*[2]

1. Considerações introdutórias sobre as cláusulas *material adverse change* (MAC *Clause*)

Cláusulas de alteração adversa relevante (MAC *clause*) são cláusulas contratuais que regram os efeitos de uma mudança do quadro fático

[1] Muito do conteúdo deste artigo nasceu das pesquisas e discussões para uma tese de duplo Doutorado, cursado na Universidade de São Paulo e na Università degli Studi di Roma Tor Vergata, a qual faço genérica referência sem deixar de reconhecer seu papel fundamental para a elaboração deste artigo. Cf. YAMAJI, Crisleine Barboza: As previsões contratuais da superveniência de circunstâncias: uma construção teórica à luz das cláusulas MAC / Crisleine Barboza Yamaji; orientador: Cristiano de Sousa Zanetti – São Paulo; coorientador: Claudio Scognamiglio – Roma, 2019. nº de páginas p. 359.

[2] VIVANTE, Cesare. Prefazione alla 4ª edizione. In: *Trattato di diritto commerciale*. Milano: Francesco Villardi, v. I, 1911, p. viiii.

inicialmente considerado pelas partes para a contratação. As alterações de cenários fáticos disciplinadas pela cláusula incluem não só mudanças futuras inesperadas, baseadas em projeções financeiras, patrimoniais e operacionais do que razoavelmente se espera contar, mas também um quadro fático passado ou presente desconhecido para a conformação das intenções das partes contidas no programa contratual.

Essas cláusulas são protagonistas não apenas de literatura própria da prática contratual empresarial, mas também de notícias de jornal[3]. Construídas de forma onipresente em relação às circunstâncias e riscos, as cláusulas MAC parecem ser a expressão de uma grande panaceia para todos os males do programa contratual diante do desconhecido. Sua expressão jurídica acaba por ampliar de tal modo o quadro de interesses considerados e a álea ordinária do contrato, com abrangência de sentido para o já existente e para o que vai existir, que geram um aumento desmedido do alcance contratual e conflito certo a respeito de sua aplicação.[4] E isso sem mencionar a internalização de obviedades para antecipar contingências, na falta de confiança na atuação da contraparte e no sistema litigioso[5].

O foco dessa cláusula, como seu próprio nome diz, encontra-se na própria definição da alteração adversa relevante (*material adverse change*, MAC); ou seja, a ocorrência de qualquer evento, fato, circunstância, situação que resulte, de forma individual ou agregada, em uma alteração relevante (material) nos negócios, situações econômicas, financeiras ou outras, ativos, responsabilidades, resultados financeiros ou operacionais. Da verificação da MAC prevista como definição não antecedente

[3] Entre outras: FINANCIAL TIMES. "MAC Attack". London: The Financial Times Limited, 29 set. 2007, p. 22; REUTERS. "The MAC wall has been breached! Should deal lawyers worry?", 02 out. 2018. Disponível em: Reuters.com; FITZPATRICK, Dan; SOLOMON, Deborah; CRAIG, Susanne. Merrill losses put Lewis on hot seat – Shareholders question timing of disclosures; meeting with Paulson. *Wall Street Journal*, Brussels, 19 jan. 2009, p. 17.

[4] Cf. GILSON, Ronald; SCHWARTZ, Alan. Understanding MACs: Moral Hazard in Acquisitions. *Journal of Law, Economics & Organization*, Cary, v. 21, n. 2, p. 330-358, 2005, p. 331. Disponível em: http://digitalcommons.law.yale.edu/fss_papers/305.

[5] Cf. LANGBEIN, John. Comparative Civil Procedure and the Style of Complex Contracts. *American Journal of Comparative Law*, Ann Arbor, v. 35, n. 2, p. 381-394, abr. 1987, p. 384-386. Disponível em: https://www.jstor.org/stable/840395.

(*fattispecie*), resultam consequentes efeitos e alocações de riscos e responsabilidades.

Trata-se de uma clássica importação de modelo de cláusula contratual. Analogamente, ao analisar a importação de modelos feita por meio da cláusula de *hardship*, Orlando Gomes vislumbrava, nesses novos padrões de cláusulas, o resultado das novas técnicas negociais que alteram concepções sobre formação e eficácia contratual[6]. Essa análise pode resumir também o tratamento das cláusulas MAC.

Se em nosso aprendizado e em nossa prática em sistemas romano-germânicos, cláusulas contratuais são identificadas a partir de uma unidade elementar ou de um elemento negocial autônomo que compõe um todo contratual mais complexo[7], de modo a formar um imperativo jurídico incindível no interior do programa contratual[8], as cláusulas MAC subvertem essa lógica.

Essas cláusulas não se encaixam nos novos modos tradicionais da doutrina civilista de apreciar cláusulas contratuais, inclusive com sua tradicional clareza classificatória e de agrupamento entre cláusulas de prestação, as quais têm por função delimitar o conteúdo da relação contratual; cláusulas de poder, as quais conferem particular prerrogativa às partes; e cláusulas residuais, as quais têm por função uma extinção contratual[9]. Ainda que sejam enquadradas na concepção de cláusula contratual, portanto, não são uma cláusula no sentido tradicional.

Nesse contexto, cláusulas MAC inovam na combinação de proposições e disposições[10] e, muitas vezes, nessa nova combinação, são qualificadas

[6] Cf. Gomes, Orlando. Hardship clause. Opção. Condição Alternativa. In: *Questões mais recentes de direito privado* – Pareceres. 1 ed. São Paulo: Saraiva, 1988, p. 299-306, p. 302.

[7] Cf. Junqueira de Azevedo, Antônio. *Negócio jurídico*: existência, validade e eficácia. São Paulo: Saraiva, 2002, p. 29-30.

[8] Cf. Galletto, Tomaso. Clausola Rebus Sic Standibus. In: *Digesto delle Discipline Privatistiche* – Sezione Civile, v. II, Torino: UTET, 1988, p. 383-396, p. 384; Grassetti, Cesare. Clausola. In: *Enciclopedia del diritto*. Milano: Giuffrè, 1960, p.184-186.

[9] Cf. Helleringer, Geneviève. *Les clauses du contrat: essai de typologie*. Paris: LGDJ, 2012, p. 18.

[10] Na verificação da teoria jurídica construída para análise de cláusulas contratuais, nota-se uma interessante diferenciação entre cláusulas, premissas ou definições contratuais, a partir de uma diferenciação entre preceptivo e descritivo no regime jurídico dessas

por sua alocação de riscos, muito embora se possa considerar que todo e qualquer contrato seja instrumento de alocação de riscos, na medida em que configura um programa para uma operação ou uma atividade econômica estabelecida entre as partes.[11] Nessa linha, DE NOVA qualifica cláusulas MAC como uma "cláusula de alocação de riscos disfarçada de definição"[12].

A prática contratual, por muito tempo, esforçou-se por encontrar na cláusula MAC a conformação de casos fortuitos, fatos excessivamente onerosos a justificar a resolução do contrato, renúncias de garantias na compra e venda ou qualquer enquadramento nas qualificações legais para uma apreciação legal típica para análise da superveniência de circunstâncias e da sua consequente alocação de riscos. A pesquisa e a reflexão mais aprofundadas sobre o assunto levam a propor, no entanto, uma evolução nessa conclusão de DE NOVA. No caso das cláusulas MAC, não estamos a tratar de uma cláusula contratual, mas de um conjunto cláusulas disfarçadas de definição, nas quais é essencial a previsão da MAC no antecedente, por meio da definição do fato abstrato a ser disciplinado pela norma, e a previsão dos efeitos, riscos e responsabilidades que resultam da verificação da hipótese contratual, um típico preceito descritivo e prescritivo no esquema normativo contratual.

A apreciação desse fato constante do antecedente normativo contratual exige uma correta interpretação, qualificação e integração do contrato. Nesse sentido, o processo interpretativo leva a buscar sentido de seu conteúdo, para, em seguida, atribuir uma qualificação e relevância jurídica apropriada, conforme o sistema jurídico vigente, e, por fim, verificar a necessidade de uma integração contratual para o preenchimento de eventuais lacunas.

cláusulas. Nesse sentido, unidades contratuais elementares passam a ser disposições e não se confundem com meras proposições. As proposições possuem um valor linguístico, mas não necessariamente preceptivo, e disciplinam definições ou descrições ou asserções, o que não se confunde com as cláusulas em sentido estrito Cf. ROPPO, Vincenzo. Il contratto. In: IUDICA, Giovanni; ZATTI, Paolo (Coord.). *Trattato di diritto privato.* 2 ed. Milano: Giuffrè, 2011, p. 432.

[11] Cf. GALLO, Paolo. *Contratto e buona fede.* Torino: UTET, 2009, p. 623.

[12] DE NOVA, Giorgio. *Il Sale...* Ibid, p. 102.

2. Caracterização do conjunto de cláusulas MAC disfarçado de definição

A definição da MAC é contida em cláusulas compostas por uma variedade de regimes jurídicos que se pretendem autossuficientes, claros e completos em sentido, como se o seu conteúdo se bastasse no interior do conteúdo contratual, com autoaplicabilidade e independência do regime legal, a fim de evitar qualquer interpretação ou intervenção no programa contratual. Aí começam os potenciais desafios desse conjunto de cláusulas MAC.

Seu conteúdo compõe-se de redação aberta, indeterminada e elástica, repleta de termos circulares ou tautológicos[13], seja por conveniência das partes em deixar a redação intencionalmente ampla e ambígua, de modo a abranger o maior número possível de situações, seja pela impossibilidade de antever tudo o que está por vir no futuro, a considerar a MAC como sinônimo de algo que possa afetar a decisão das partes em prosseguir com a operação econômica.[14] E, contrariamente ao pretendido pelas partes com a expressão ampla e ambígua da MAC, abre-se bom espaço para boa atuação do intérprete, juiz ou árbitro, chamado à solução de controvérsias.

Por longo prazo, cláusulas MAC foram tratadas na prática contratual como cláusulas de estilo padronizadas, com redação genérica de modelos comumente adotados em determinadas operações econômicas,[15]. Eram vistas apenas como produto de uma repetição de padrão estilístico comum de redação contratual, algo que, ainda assim, servia a um fim

[13] Cf. Adams, Kenneth A. *A legal usage analysis of "material adverse change" provisions in Fordham. Journal of Corporate & Financial Law, v. 10, p. 9-53, 2004, p. 1, 22.* Disponível em: http://ir.lawnet.fordham.edu/jcfl/vol10/iss1/2.

[14] Cf. Id. *A manual of style for contract drafting*. Chicago: ABA, 2013, p. 173, 175; Idem, p. 773.

[15] Cf. Gilson, Ronald; Schwartz, Alan. ibid, p. 331; Elken, Andrew C. Rethinking the material adverse change clause in merger and acquisition agreements: should the United States consider the British Model. *Southern California Law Review*, Los Angeles, v. 88, p. 291-339, 2009, p. 292, Hein Online; Chertok, Adam B. Rethinking the U.S. approach to material adverse change clauses in merger agreements. *University of Miami International and Comparative Law Review*, Miami, v. 19, p. 99-140, 2011, p. 103. Disponível em: http://repository.law.miami.edu/umiclr/vol19/iss1/5/.

na expressão comum de propósitos das partes[16]. Produtos ou não de um padrão estilístico comum, é inegável que as cláusulas MAC passaram a ser inseridas, desde então, sem maiores cuidados com sua redação e leitura sistemática conjunta a particularidades da lei aplicável.[17]

Em sua composição fática de cláusulas de estilo padronizada, as cláusulas MAC compõem-se de circunstâncias negociais, financeiras e operacionais[18], tratadas de forma ampla, como já mencionado, cujo preenchimento não pode ser outro senão aquele do caso concreto. Dessa forma ampla e genérica das cláusulas MAC, somou-se uma evolução para um detalhamento de circunstâncias fáticas exemplificativas das esferas de assunção de riscos atribuídos às partes.

O maior detalhamento das circunstâncias para ajuste na distribuição de riscos passou a ser considerado uma forma de transformação ou evolução do padrão genérico, reiterado a longo prazo[19], para um mais recente, analítico e detalhado[20], com um conceito de MAC complementado de

[16] Cf. EASTERBROOK, Frank. In: Arnold R. Rissman, Plaintiff-Appellant, v. Owen Randall Rissman and Robert Dunn Glick, Defendants-Appellees, United States Court of Appeals, Seventh Circuit n. 99-2719, mai 2000. Disponível em: https://caselaw.findlaw.com/us-7th-circuit/1014155.html.

[17] Cf. CORDERO-MOSS, Giuditta (Ed.). *Boilerplate clauses, international commercial contracts and the applicable law*. Cambridge: Cambridge University Press, 2011, p. 1, 3, 23.

[18] Cf. GARRETT, Michelle Shenker. Efficiency and Certainty in Uncertain Times: The Material Adverse Change Clause Revisited. *Columbia Journal of Law and Social Problems*, New York, n. 43, p. 333-362, 2010, p. 336. Disponível em: Hein Online.

[19] (1) Exemplo de definição analisada no caso americano Genesco v. Finish Line. "Company Material Adverse Effect" ("MAE") mean any event, circumstance, change or effect that, individually or in the aggregate, is materially adverse to the business, condition (financial or otherwise), assets, liabilities or results of operations of the Company and the Company Subsidiaries, taken as a whole".
(2) Exemplo de definição analisada no caso Cendant Corp. v. Commonwealth General Corp.: "Material Adverse Effect means an event or occurrence that has or could reasonably be expected to have a material adverse effect on permits, the business, financial condition or results of operations of the Company and the Subsidiaries taken as a whole. Commonwealth brought this motion to have the Court declare that a failure to meet precontract projections cannot be construed as constituting a Material Adverse Change or Material Adverse Effect as defined by the SPA.

[20] Exemplo de definição analisada no *caso* americano Akorn Inc. v. Fresenius: "Material Adverse Effect" means any effect, change, event or occurrence that, individually or in the

Aggregate (i) would prevent or materially delay, interfere with, impair or hinder the consummation of the [Merger] or the compliance by the Company with its obligations under this Agreement or (ii) has a material adverse effect on the business, results of operations or financial condition of the Company and its Subsidiaries, taken as a whole; provided, however, that none of the following, and no effect, change, event or occurrence arising out of, or resulting from, the following, shall constitute or be taken into account in determining whether a Material Adverse Effect has occurred, is continuing or would reasonably be expected to occur: any effect, change, event or occurrence (A) generally affecting (1) the industry in which the Company and its Subsidiaries operate or (2) the economy, credit or financial or capital markets, in the United States or elsewhere in the world, including changes in interest or exchange rates, monetary policy or inflation, or (B) to the extent arising out of, resulting from or attributable to (1) changes or prospective changes in Law or in GAAP or in accounting standards, or any changes or prospective changes in the interpretation or enforcement of any of the foregoing, or any changes or prospective changes in general legal, regulatory, political or social conditions, (2) the negotiation, execution, announcement or performance of this Agreement or the consummation of the [Merger] (other than for purposes of any representation or warranty contained in Sections 3.03(c) and 3.04), including the impact thereof on relationships, contractual or otherwise, with customers, suppliers, distributors, partners, employees or regulators, or any litigation arising from allegations of breach of fiduciary duty or violation of Law relating to this Agreement or the [Merger], (3) acts of war (whether or not declared), military activity, sabotage, civil disobedience or terrorism, or any escalation or worsening of any such acts of war (whether or not declared), military activity, sabotage, civil disobedience or terrorism, (4) pandemics, earthquakes, floods, hurricanes, tornados or other natural disasters, weather-related events, force majeure events or other comparable events, (5) any action taken by the Company or its Subsidiaries that is required by this Agreement or at [Fresenius Kabi's] written request, (6) any change or prospective change in the Company's credit ratings, (7) any decline in the market price, or change in trading volume, of the shares of the Company or (8) any failure to meet any internal or public projections, forecasts, guidance, estimates, milestones, budgets or internal or published financial or operating predictions of revenue, earnings, cash flow or cash position (it being understood that the exceptions in clauses (6), (7) and (8) shall not prevent or otherwise affect a determination that the underlying cause of any such change, decline or failure referred to therein (if not otherwise falling within any of the exceptions provided by clause (A) and clauses (B)(1) through (8) hereof) is a Material Adverse Effect); provided further, however, that any effect, change, event or occurrence referred to in clause (A) or clauses (B)(3) or (4) may be taken into account in determining whether there has been, or would reasonably be expected to be, a Material Adverse Effect to the extent such effect, change, event or occurrence has a disproportionate adverse affect [sic] on the Company and its Subsidiaries, taken as a whole, as compared to other participants in the industry in which the Company and its Subsidiaries operate (in which case the incremental disproportionate

uma lista exemplificativa de exceções de situações concretas (*carve-outs*) à própria MAC[21].

A exclusão de alguns aspectos fáticos negociais do âmbito de aplicação das cláusulas MAC, especialmente aqueles relativos ao setor específico de atuação da sociedade, padrões contábeis, calamidade, guerra ou terrorismo e o não atingimento de metas e projeções, preços ou volumes de negociações e divulgação da operação econômica[22], difere de padrões comumente adotados em cláusulas de força maior (*force majeure clause*), são quais as situações são geralmente incluídas no conteúdo da cláusula para exemplificar o fato jurídico (hipótese fática antecedente) e não para criar exclusões exemplificativas de um conceito que delineia a larga esfera de aplicação das cláusulas.

Esse aspecto é interessante para a conformação, por exemplo, da própria álea ordinária de um contrato comutativo. As exclusões ensejam, por conseguinte, uma assunção dos riscos por uma das partes ou um deslocamento de riscos de uma para outra, com uma nova atribuição de efeitos às partes nas operações econômicas típicas (ainda que tipicamente sociais)[23]

Entre os fundamentos dessa transformação de padrão e preocupação com a detalhada e exaustiva inclusão de exceções ao conceito amplo da MAC, são apontados, entre outros, efeitos de volatilidades e crises econômicas, operações realizadas entre sociedades de alta-tecnologia do Vale

impact or impacts may be taken into account in determining whether there has been, or would reasonably be expected to be, a Material Adverse Effect)."

[21] Cf. Gilson, Ronald; Schwartz, Alan. Ibid, p. 331; Elken, Andrew C. Ibid, p. 292; Coates IV, John C. M&A Contracts: Purposes, Types, Regulation, and Patterns of Practice. In: *Harvard John M. Olin Discussion Paper Series*, Paper No. 825, p. 1-34, abr. 2015, p. 7. Disponível em: https://dash.harvard.edu/handle/1/17743076; Miller, Robert. Hexion v. Huntsman: elaborating the Delaware MAC standard. *The Journal of the Federalist Society Practice Groups*, p. 1-14, fev. 2009, p. 1. Disponível em: Westlaw.

[22] Cf. Somogie, Nathan. Failure of a "basic assumption": the emerging standard for excuse under MAE provisions. *Michigan Law Review*, University of Michigan Law School, Ann Arbor, p. 81-111, v. 108, n.1, out. 2009, p. 87. Disponível em: http://repository.law.umich.edu/mlr/vol108/iss1/3.

[23] Cf. Monson, Brian. The Modern MAC: allocating deal risk in the post-IBP v. Tyson World. *Southern California Law Review*, Los Angeles, v. 88, p. 769-804, 2014-2015, p. 774. Disponível em: Hein Online.

do Silício e a influência dos precedentes americanos de Delaware e suas interpretações mais restritivas no contexto de uma redação genérica e abrangente das cláusulas MAC[24].

É essencial reconhecer que mesmo essas exceções ao conceito genérico da MAC podem sofrer com o peso da vagueza conceitual e com a ausência de clareza conceitual, muito embora se possa detalhar e descrever uma ou outra situação[25], pois é impossível às partes particularizar o aspecto futuro no diferimento do tempo para execução da operação; em consequência, indicar efeitos desses aspectos na precificação da operação e em seu equilíbrio comutativo. No mais, a negociação de situações exemplificativas pode levar, ainda, a enorme gasto de energia e tempo nas negociações, com desconfiança da contraparte, reanálise de preços, interesses em jogo e aspectos qualitativos adicionais.

3. Cláusulas MAC: juízos de validade, eficácia e regime jurídico de alocação de riscos na operação econômica

Não se tem notícia de precedentes de importação de regime jurídico de cláusula contratual a sistemas jurídicos de tradição romano-germânica com tantas funções combinadas para seu uso e aplicabilidade na realidade concreta.

As principais funções da cláusula MAC podem ser identificadas na extinção contratual, na alocação de seus riscos, na informação e na renegociação. Assim, a inclusão da definição MAC resulta em qualificação de declarações, construção de obrigações, tratamento de condições, indicação de circunstâncias fáticas para a extinção contratual e assunção de riscos na determinação do preço e na pactuação da indenização.[26]

As funções pretendidas pelas partes com as cláusulas MAC só são atingidas na medida da verificação de validade e da eficácia das previsões

[24] Cf. Elken, Andrew C. Ibid, p. 292, 308.

[25] Esse é o exemplo da proliferação de cláusulas com listas excludentes do conceito da alteração adversa relevante de casos paradigmáticos como o IBP v. Tyson e o Hexion v. Huntsman, os quais levaram à inclusão de patamares quantitativos, índices objetivos e parâmetros financeiros (EBITDA) para caracterizar a alteração material adversa· Vide um aprofundamento em: Garrett, Michelle Shenker. Ibid, p. 346; Miller, Robert. Ibid, p. 1.

[26] Cf. Coates IV, John Ibid, p. 1-34, passim.

contratuais, conformando esses contornos dos regimes jurídicos contratuais de extinção do vínculo, informação ou alocação de riscos.

No interior das declarações, as MAC podem ser consideradas um desenquadramento do quadro de regularidade da declaração negocial, fundamentais à formação da vontade manifestada pelas partes (dolo ou lesão).

Superadas análises quanto à regularidade da declaração negocial (vícios do consentimento) tantas vezes dificultada pelo pesado ônus probatório, destacam-se os seguintes regimes jurídicos de alocação de riscos no interior do programa contratual: (i) relação entre a MAC e a álea ordinária do contrato; (ii) modulação contratual do regime de garantias legais por meio da MAC; (iii) efeitos da MAC no regime de cláusulas de limitação de responsabilidade e obrigação de indenizar; (iv) estipulação da MAC no interior do regime jurídico de condições; e (v) previsão de MAC entre as hipóteses da cláusula resolutiva expressa.

3.1. Ampliação da álea ordinária convencional de contratos com cláusulas MAC

A apreciação de uma cláusula contratual deve começar pelo juízo de validade de sua disciplina jurídica. Esse juízo de validade é feito à luz de normas imperativas e dispositivas presentes no sistema jurídico. Somada a essa apreciação, a mencionada regularidade da declaração negocial é determinante para a validade dessas cláusulas. E os atributos de determinação do preço, quando se trate de um elemento essencial do contrato.

O juízo de validade das previsões contratuais convencionadas entre as partes, feito à luz de normas imperativas, acaba por determinar que seus regimes jurídicos só surtam efeitos na medida em que sejam conformes a essas normas imperativas. A esse juízo devem se sujeitar as cláusulas MAC.

Alguns critérios podem ser usados na identificação de normas imperativas em nosso sistema jurídico. Pode-se recorrer à literalidade do texto legal, com análise de suas vedações, limitações e sanções. Normas imperativas são inderrogáveis; por conseguinte, sua violação sujeita específica previsão contratual à sanção de nulidade de tudo o quanto for convencionado em contrário, de modo a proteger o interesse social tutelado. De outra forma, normas dispositivas podem ser derrogadas pelas partes;

literalmente destacadas no texto legal, por exemplo, por meio da conhecida expressão "salvo disposto em contrário pelas partes".

Ausentes elementos textuais que evidenciem o caráter imperativo ou dispositivo das normas, deve-se recorrer a seus elementos extratextuais, juízos de relevância social ou apreciação de interesses tutelados.[27] Esse é o caso do regime legal da onerosidade excessiva superveniente, cujo regramento não traz elementos textuais expressos para indicação de caráter cogente ou dispositivo, tampouco determinação de sanção expressa de nulidade ou vedação que possa evidenciar a gravidade de eventual contrariedade ao regime legal. A legislação civil limita-se tão somente a permitir que o devedor, em contrato de execução continuada ou diferida sujeito a um fato extraordinário e imprevisível que torne a execução de sua prestação excessivamente onerosa, com extrema vantagem para a outra parte, requeira a resolução de contrato.

Nesse contexto, convém iniciar a análise das cláusulas MAC, reconhecidas por sua alocação de riscos, pelo confronto de seu conteúdo com a disciplina legal da onerosidade excessiva superveniente, aplicável aos contratos[28] comutativos nos quais essas cláusulas MAC se encontram contidas.

[27] Cf. Roppo, Vincenzo. Ibid, p. 383, 473.

[28] A disciplina é aplicável somente ao próprio objeto e não a declarações relativas à situação fática da sociedade. Cf. Renna, Luca. *Compravendita di partecipazioni sociali* – dalla lettera di intenti al closing. Torino: Zanichelli, 2015, p. 149. Contrariamente, Iudica sustenta que não é possível afastar completamente a aplicação da onerosidade excessiva aos contratos de cessão de participação societária, salvo previsão expressa. Cf. Iudica, Giovanni. Il prezzo nella compravendita di partecipazioni azionarie. *Rivista delle Società*, Milano, p. 750-771, 1991. Disponível em: DE JURE.
Pode-se partir a apreciação de riscos expressamente assumidos no contrato e, na ocorrência de eventos diversos àqueles expressamente previstos, não há razões para afastar a aplicação dos remédios da onerosidade excessiva superveniente, salvo se houver previsão expressa por derrogação ou ausência de pressupostos. Cf. Speranzin, Marco. *Vendita della partecipazione di "controllo" e garanzie contrattuali*. Milano: Giuffrè, 2006, p. 135, 138. Ainda, é possível uma renúncia prévia e expressa da aplicação do regime legal da excessiva onerosidade, porém, como expressão da vontade dos contratantes, pode transmutar o contrato em aleatório. Cf. Tina, Andrea. *Il contratto di acquisizione di partecipazioni societarie*. Milano: Giuffrè, 2007, p. 138-139, inclusa nota 233.

A esse respeito, reconhece-se a possibilidade de aplicação do regime da onerosidade excessiva a esses negócios, salvo derrogação expressa desse regime pelas partes. É raro encontrar uma revogação ampla e indiscriminada do regime de resolução do contrato por onerosidade excessiva nos padrões contratuais brasileiros. Assim sendo, seria discutível a validade e a eficácia de uma ampla revogação ou renúncia de um regime de tutela o devedor, a favor de uma onerosidade tolerada[29] e contra o risco do um agravamento excepcional e imprevisível de sua prestação, observados pressupostos legais adicionais para a resolução do contrato. Nesse sentido, há quem entenda que a tutela da onerosidade excessiva é regime cogente às partes. A maior parte, no entanto, encara essa disciplina como norma dispositiva[30].

Ainda nesse contexto de análise da disciplina da onerosidade excessiva, ressalta-se a relevância da apreciação da cláusula MAC na conformação da álea ordinária do contrato. O programa contratual, com sua específica distribuição de riscos, molda uma particular álea ordinária ao contrato, a partir da qual se aplica a régua da onerosidade excessiva.

Nota-se, pela prática contratual vigente, que a mera inclusão da cláusula MAC não é capaz, por si só, de transformar um contrato comutativo em contrato aleatório, pois a MAC não traz necessariamente uma nova e externa álea para o interior da estrutura contratual ou não faz com que a

[29] Cf. MACARIO, Francesco. *Adeguamento e rinegoziazione nei contratti a lungo termine*. Napoli: Jovene, 1996, p. 274.

[30] Pelo caráter cogente ou de ordem pública da norma da onerosidade excessiva: Cf. AGUIAR JÚNIOR, Ruy Rosado de. Comentários do Novo Código Civil, v. 6, t. 2: da extinção do contrato; Sálvio de Figueiredo Teixeira (coord.). Rio de Janeiro: Forense, 2011, p. 942-943. Em defesa de seu caráter dispositivo, no Brasil, encontram-se: Cf. JUNQUEIRA DE AZEVEDO, Antonio. Negócio jurídico: existência, validade e eficácia. 4. ed. São Paulo: Saraiva, 2002, p. 35-36; RODRIGUES JÚNIOR, Otavio Luiz Rodrigues. Revisão judicial dos contratos: autonomia da vontade e teoria da imprevisão. 2.ª ed. São Paulo: Atlas, 2006, p. 148-149. Na Itália, na mesma linha da norma dispositiva: Cf. NICOLÒ, Rosario. Alea. In: Enciclopedia del diritto, I. Milano: Giuffrè, 1958, p. 1024-1031, p. 1026-1027; GALLO, Paolo. Eccessiva onerosità sopravvenuta e pressuposizione. In: Digesto delle Discipline Privatistiche - sezione civile, Aggiornamento. Torino: UTET, 2012, p. 439-470, p. 450; DELFINI, Francesco. Autonomia privata e rischio contrattuale. Milano: Giuffrè, 1999, p. 197-198, 221; SACCO, Rodolfo; DE NOVA, Giorgio. Il contratto. 4ª ed. Torino: UTET, 2016, p. 1683.

disciplina convencional do contrato seja a de disciplina de contrato aleatório atípico.

Em regra, há uma ampliação da álea ordinária do contrato, na medida em que se prevê um novo padrão de alocação de riscos contratuais entre as partes, com consequente realocação de riscos socialmente típicos (caso de contratos de tipicidade social em que se inserem normalmente a MAC).

Ao se referir a uma situação prevista na álea ordinária convencional e ampliada, uma esfera de atuação totalmente disponível à autonomia privada, não se depara com um problema de afronta direta ao caráter cogente ou dispositivo, mas com o estabelecimento de uma nova comutatividade[31] ou de um novo equilíbrio contratual, o que inclui a própria precificação da operação econômica[32] e sua possibilidade de ajuste, a renúncia de efeitos naturais, entre os quais a garantia da qualidade da compra e venda, e os padrões de limitação de responsabilidade. De todo modo, essa ampliação não é capaz de concorrer com a disciplina legal da resolução por onerosidade excessiva ainda aplicável ao contrato.[33] As partes detêm ampla autonomia para a determinação dos limites da álea ordinária de seu contrato e para a atribuição originária de riscos por ela assumidos e são limitadas somente pela lesão e por normas cogentes ligadas ao específico tipo contratual.[34]

Admite-se, portanto, uma desigual e desproporcional distribuição de riscos contratuais, por meio da cláusula MAC, com uma máxima ampliação da álea ordinária do contrato[35]. Não há nessa aferição uma única fórmula pronta a definir elementos tipológicos exclusivos à abstrata ope-

[31] Cf. Delfini, Francesco. *Autonomia privata e rischio contrattuale*. Milano: Giuffrè, 1999, p. 204-205.

[32] No jargão comum do mercado de que todo risco tem seu preço.

[33] Cf. Tina, Andrea. *Il contratto*... Ibid, p. 138-139, inclusa nota 233.

[34] Cf. Nicolò, Rosario. Alea. In: *Enciclopedia del diritto*, I. Milano: Giuffrè, 1958, p. 1024-1031, p. 1026-1027.

[35] A referência à máxima ampliação não se confunde com ilimitada ampliação da álea ordinária do contrato, sob pena de desvirtuamento. Essa ampliação e seus limites devem ser analisados caso-a-caso, à luz de padrões de tipicidade legal e social, para que a disciplina convencional não traga para o contrato padrões de aleatoriedade a ponto de torná-lo um contrato aleatório atípico.

ração econômica que pauta essa relação, como se houvesse um molde para o balanceamento entre as prestações contratuais, segundo específico setor de mercado e contexto econômico[36].

Os limites da álea ordinária e as margens de riscos alocados pelas partes em sua esfera de autonomia variam conforme a operação econômica típica (ainda que socialmente típica) e as circunstâncias concretas da operação, efeitos derivantes de fatos ou incidência comum de riscos em um específico contexto circunstancial.[37]

Esse exame torna inadmissível aferir qualquer presunção de assunção ilimitada e integral de riscos na álea ordinária ou a inserção de uma álea integrativa de contratos aleatórios[38] quando da previsão da cláusula MAC no programa contratual. A MAC, inserida na álea ordinária do contrato, portanto, serve para identificação da medida de onerosidade tolerada pelas partes, com determinação de limites dentro dos quais não se reconhece a aplicabilidade da disciplina legal da onerosidade excessiva.

3.2. Modulação e renúncia convencional de garantias da qualidade do objeto na compra e venda

A modulação do regime de garantias legais da compra e venda, comum em cláusulas MAC, é de natureza dispositiva; esse regime é regulador de efeitos naturais dos quais decorrem a responsabilidade por vícios.[39]

No juízo da validade, o caráter de elemento categorial natural ou efeito natural da disciplina de vícios da qualidade é derrogável pelas partes. A lei atribui uma proteção às partes quanto aos vícios e essa proteção pode ser afastada pelas partes sem desnaturar a operação econômica.[40]

[36] Cf. Macario, Francesco. Ibid, p. 260-261.

[37] Cf. Gallo, Paolo. Eccessiva onerosità sopravvenuta e pressuposizione. In: *Digesto delle Discipline Privatistiche – sezione civile,* Aggiornamento. Torino: UTET, 2012, p. 439-470, p. 451.

[38] Cf. Nicolò, Rosario. Ibid, p. 784-979, p. 922-923; Balestra, Luigi. *Il contratto aleatorio e l'alea normale.* Padova: CEDAM, 2000, p. 116-117.

[39] Cf. Pontes de Miranda, Francisco Cavalcanti. *Tratado de Direito Privado* – Direito das Obrigações-Negócios Jurídicos Bilaterais, t. 38. 3. ed. Rio de Janeiro: Borsoi, 1972, § 4233, p. 275.

[40] Cf. Junqueira de Azevedo, Antonio. *Negócio Jurídico...* Ibid, p. 35-36.

Nesse contexto, raramente se prevê uma renúncia total e expressa do regime legal de garantias da compra e venda, mas, na linha acima exposta para a alocação dos riscos na álea ordinária, acaba por fazer prevalecer um tratamento convencional.[41]

Essa disciplina de garantias da compra e venda é bastante discutida em operações societárias, pois não se restringe a garantir vícios do objeto contratual – normalmente as próprias participações – mas abarca também uma disciplina de prestações acessórias[42].

Essa leitura leva à sua possível aplicabilidade seja quanto à participação societária, seja quanto à empresa (em sua múltipla acepção).[43] Sem prejuízo, boa parte da discussão não foca propriamente na validade, mas na natureza das participações societárias; ou seja, busca defender que as

[41] Ausente uma derrogação expressa, aplicam-se remédios convencionais em concorrência com os remédios legais, caso não afrontem disciplina particular e caso preencham os requisitos. Cf. Erede, Sergio. I contenuti tipici dei contratti di compravendita internazionale di partecipazioni societarie: representations, indemnities, legal opinions. In: *ISDACI – Istituto Internazionale per la Promozione della Cultura Arbitrale*; Draetta, Ugo (Coord.). *Compravendite internazionali di partecipazioni societarie.* Milano: EGEA, 1990, p. 55-63, p. 60-61. Garantias convencionais vêm a se somar às garantias *ex lege*, reforçando-as em uma rede de proteção ao comprador. Cf. Iudica, Giovanni. Ibid, p. 76.

[42] Prestação com defeitos ou vícios do objeto é inadimplemento. Enquanto expressamente pré-estabelecidas, há de se considerar aquelas qualidades, utilidades e finalidades que as partes negocialmente determinaram, com plena responsabilidade por elas. Pontes de Miranda, Francisco Cavalcanti. Ibid, t. 38. § 4213, p. 147-152; Id. *Tratado das Ações:* ações constitutivas, t. IV. Rio de Janeiro: Revista dos Tribunais, 1973, p. 244, 251-252, 264-265. A essas garantias, atribui-se qualidade de prestações e não qualidades do objeto em si. Cf. Speranzin, Marco. Ibid, p. 119, 127, 164; Comparato, Fabio Konder; Salomão, Calixto. *O Poder de Controle na Sociedade Anônima.* 6. ed. Rio de Janeiro: Forense, 2014, p. 237-246 (nota de texto 53); Calvo, Roberto. *I singoli contratti* – casi e problemi. Torino: Giappichelli, 2004, p. 52-53; Tina, Andrea. La natura giuridica delle clausole di garanzia nel trasferimento di partecipazioni societarie (massima commentata: Corte appello Roma, 05 marzo 2011, sez. II). *Giurisprudenza commerciale*, fasc. 5, p. 1015ss, 2012. Disponível em: DE JURE.; Luoni, Sergio. Ancora in tema di vendita di quote, vizi della volontà e garanzia: con qualche divagazione a latere (nota a sentenza: Tribunale Milano, 25/08/2006). In: *Giurisprudenza Italiana*, Padova: CEDAM, 2007, f. 4, p. 913ss. Disponível em: PLURIS; PROVERBIO, Davide. Spunti di riflessione in tema di compravendita di partecipazioni sociali (nota a sentenza: Trib. Milano, 26 novembre 2001). In: *Le Società*. Milano: IPSOA, 2002, f. 5, p. 568 ss. Disponível em: Leggi D'Italia.

[43] Cf. Comparato, Fabio Konder; Salomão, Calixto. Ibid, p. 237-246 (nota de texto 53).

características da situação factual fazem parte da própria participação[44] e leva em consideração qualidades da sociedade e da atividade subjacente como qualidades intrínsecas das próprias participações societárias.[45]

Sejam ou não "bens em segundo grau", expressão de Ascarelli ao qualificar essas participações societárias[46], não são uma mera representação da consistência de um patrimônio social ou da solidez de uma atividade empresária ou sua situação econômica, financeira e operacional. Seu valor e qualidade podem ser atestados em declarações e sujeitos a uma assunção de obrigações e responsabilidades na disciplina contratual; contudo, não se confundem como parte do próprio objeto imediato do contrato.

As partes acabam por considerar esses elementos mediatos na precificação da operação econômica, por exemplo, na determinação do preço com base em "[...] perspectivas futuras da empresa";[47]. Essa discussão, por conseguinte, tem efeitos na determinação da contraprestação, motivo pelo qual a disciplina legal trata do abatimento do preço e do ressarcimento de danos. Tutela-se, convencionalmente, a mensuração do preço

[44] De Nova explica que as garantias legais tutelam somente ações e não os bens sociais. Cf. De Nova, Giorgio. *Il sale*... Ibid, p. 220. Da mesma forma, Tina defende que a disciplina legal seja restrita à qualidade das próprias participações societárias; inaplicáveis qualidades relativas ao patrimônio social, conteúdo específico da cláusula de declarações e garantias. Cf. Tina, Andrea. *Il contratto*... Ibid, p. 205-209, 211, 216.

[45] Ampla referência a esses julgados italianos pode ser encontrada nas notas 3, 8, 15, 19, 27 e 41: Cf. Tina, Andrea. La natura ... Ibid, p.1015ss., 2012. Ainda, é de se referir preocupação com o contraste na aplicação dessas regras de direito e o aumento de anulações de laudos arbitrais, em razão de seguirem posição prevalente da jurisprudência dos tribunais, exatamente decorrente dessa divergência no enquadramento da responsabilidade advinda de garantias convencionais às garantias da qualidade na compra e venda, em contratos de cessão de participação societária. De um lado, a esfera judicial considera que os vícios previstos em cláusulas de garantia enquanto vícios redibitórios característicos da compra e venda; de outro, a arbitral enquadra como garantias autônomas, não sujeitas, portanto, ao regime dos vícios redibitórios. Cf. De Nova, Giorgio. Contrasti tra giurisprudenza arbitrale e giurisprudenza togata. *Rivista dell'arbitrato,* Milano, v. 22, fasc. 1, p. 227-230, 2012.

[46] Cf. Ascarelli, Tullio. Riflessioni in tema di titoli azionari e società tra società. In: *Saggi di diritto commerciale.* Milano: Giuffrè, 1955, p. 219-271, p. 242.

[47] Perspectivas futuras da empresa têm efeitos na determinação do preço em operações econômicas de aquisição do controle. Cf. Comparato, Fabio Konder; Salomão, Calixto. Ibid, p. 232 (nota 52).

ou do seu remédio, caso seja ausente a qualidade esperada na compra e venda.

Assim, as declarações de ausência da MAC possuem papel relevante na conformação comum de interesses dos contratantes e regulam expressamente sua vontade por meio de cláusulas a reforçar a relevância dessas qualidades inerentes, direta ou indiretamente, ao objeto contratual, com atribuição de relevância jurídica e determinação de dependência do objeto imediato e mediato para a pactuação do contrato.[48]

3.3. Modulação das cláusulas de responsabilidade e limitação da obrigação de indenizar

A MAC pode ser disciplinada no contrato como uma patologia à qual se oferece um remédio contratual.

O pressuposto da responsabilidade contratual é a configuração do inadimplemento contratual, ou melhor, a verificação de uma inexecução do contrato imputável ao devedor. Sem prejuízo, é notável à prática contratual que a MAC não se reduz ao mero inadimplemento contratual. Ao se sujeitar a previsão de limitação de responsabilidade ou limitação da obrigação de indenizar à verificação da MAC, pode-se deparar com uma multiplicidade de regimes jurídicos consequentes decorrentes da própria multiplicidade de MAC regradas no contrato, como já mencionado.

Cláusulas de obrigação de indenizar, combinadas como consequentes de MAC, determinam limites de responsabilidade no âmbito de operações econômicas e se travestem de uma linguagem importada de modelos estrangeiros, a qual pode assumir, em sistemas romano-germânicos, a figura de cláusulas de indenizar ou de limitação de responsabilidade ou, ainda, uma previsão de obrigação atípica de indenizar a partir da assun-

[48] Nessa linha, reconhece-se que formalmente são as participações sociais – direitos organizativos e econômicos –e não podem ser equiparadas à empresa ou ao patrimônio subjacente; se prejuízo do peso desses elementos nesse tipo de operação econômica. Cf. ENGRÁCIA ANTUNES, José. A empresa como objecto de negócios ("asset deal" vs. "share deal"). *Revista da Ordem dos Advogados Portugueses*, ano 68, v. II/III, p. 715-793, 2008, p. 728.

ção de obrigação de "manter indene" de efeitos de determinada situação fática caracterizada como MAC.[49]

Essa combinação pode resultar da previsão de garantias convencionais quanto a aspectos fáticos da participação ou da empresa. Ademais, pode ser tratada como obrigação de indenizar primária, pautada em aspectos quantitativos (porcentagem ou montante indenizável quanto à MAC), qualitativos (superveniência passiva qualificada como MAC), ou temporais (duração da garantia da qualidade ou denúncia da verificação da MAC). E pode ser uma responsabilidade por risco assumido, independentemente de culpa, no comportamento das partes ou de terceiro, desde que não seja um vício de falsa declaração de um quadro fático da participação ou da empresa.[50]

A MAC pode levar a uma obrigação de indenizar manifestamente excessiva, a ponto de esvaziar as vantagens trazidas pela realização da operação econômica. Algumas vezes, fica evidente a desnecessidade de prova do dano para indenizar (previsão de indenização *in re ipsa*),[51] ainda assim, é necessária a prova da MAC. Nesse caso, apesar de não se tratar de uma cláusula penal, sugere-se considerar a aplicação analógica da redução equitativa do valor manifestamente excessivo, na mesma linha aplicável às cláusulas penais, ainda mais se a prestação tiver sido cumprida parcialmente e se a penalidade acabar por ser excessiva em vista da própria natureza e finalidade da operação econômica. Essa provocação é feita, pois essas cláusulas não levam em consideração molduras legais para o ressarcimento de danos, com a medida do dano efetivo, direto e imediato e dos lucros cessantes, isto é, o que a parte efetivamente perdeu e os lucros que deixou de ganhar.

Nessas cláusulas, também é relevante verificar uma transação de riscos,[52] dos quais há de se excluir dolo e, de forma equiparada, a culpa

[49] Cf. De Nova, Giorgio. *Il Sale*... Ibid, p. 203; Limongi FRANÇA, Rubens. *Teoria e prática da cláusula penal.* São Paulo: Saraiva, 1988, p. 6; Cavalieri Filho, Sergio. *Programa de Responsabilidade Civil.* 12. ed. São Paulo: Atlas, 2015, p. 386.

[50] Cf. Tersilla, Silvio. Le clausole di garanzia nei contratti di acquisizione. *Dir. comm. internaz.*, fasc.1, p. 101ss., 2004. Disponível em: DE JURE.

[51] Cfr. Speranzin, Marco. Ibid, p. 127, 164; Comparato, Fabio Konder; Salomão, Calixto. Ibid, p. 237-246 (nota de texto 53), passim.

[52] Cf. De Nova, Giorgio. Il *Sale*... Ibid, p. 203.

grave.[53]; nesse caso, serão consideradas nulas em sua medida de exoneração de responsabilidade pela conduta dolosamente praticada, por afronta à ordem pública e à moral, visto que se tornam uma permissão prévia à atuação culposa e à impunidade pela má-fé.[54]

Prevalece, portanto, a responsabilidade independentemente de qualquer limitação; por conseguinte, aplica-se essa disciplina convencional de responsabilidade contratual dentro de certos limites,[55] porque é nulo qualquer pacto que exclua ou limite preventivamente a responsabilidade do devedor por dolo ou culpa grave, ou qualquer pacto preventivo de exoneração de responsabilidade por fato do devedor. No mais, nada invalida eventual exoneração de indenização por outros atos culposos[56] ou por outras espécies de dano indiretos, contingentes e potenciais.[57]

Também não é contrárias ao nosso ordenamento previsões de montantes mínimos, individualmente ou agregados, de valores e franquias, a partir dos quais a cláusula passe a surtir efeitos (*de minimis* e *basket*) e também dos valores máximos para o ressarcimento dos danos (*cap*), limites lícitos à responsabilidade pela MAC.[58]

Cabe mencionar, por fim, a validade de formalidades previstas nessas cláusulas para formas de notificação, denúncia e contestação das MAC, ônus de informação da MAC e prazos decadenciais na sua verificação, informação ou do exercício de direitos dela decorrente.

[53] A culpa grave é expressamente prevista na disciplina italiana e se encontra equiparada ao dolo, na disciplina brasileira, segundo Junqueira de Azevedo. Cf. JUNQUEIRA DE AZEVEDO, Antonio. Cláusula de não-indenizar (*cross-waiver of liability*), ou cláusula de não-indenizar com eficácia para ambos os contratantes. Renúncia ao direito de indenização. Promessa de fato de terceiro. Estipulação em favor de terceiro. In: *Estudos e pareceres de direito privado*. São Paulo: Saraiva, 2004, p. 198-207, p. 201.

[54] Cf. CAVALIERI FILHO, Sergio. Ibid, p. 638; JUNQUEIRA DE AZEVEDO, Antonio. Cláusula de não-indenizar... Ibid, p. 198-207, p. 201.

[55] Cf. DE NOVA, Giorgio. *Il Sale* ... Ibid, p. 202; 208.

[56] Cf. JUNQUEIRA DE AZEVEDO, Antonio. Cláusula de não-indenizar ... Ibid, p. 202-203.

[57] Cf. DE NOVA, Giorgio. *Il sale... Ibid*, p. 207.

[58] Cf. EREDE, Sergio. Ibid, p. 61-62.

3.4. MAC deduzida em condição e opção

Cláusulas MAC podem, em sua variedade, ser deduzidas em condições estrito senso[59] e, como tais, qualificar-se como eventos futuros e incertos que subordinam os efeitos do negócio jurídico. Se as MAC forem inseridas em condição impossível, contraditória ou incompreensível, deverão ser tidas por inexistentes, caso sejam resolutivas, e inválidas, caso sejam suspensivas.

Cláusulas MAC deduzidas em condições não podem ser contrárias à lei, à ordem pública ou aos bons costumes, sendo certo que, entre as condições defesas, incluem-se as que privarem de todo efeito o negócio jurídico, ou o sujeitarem ao puro arbítrio de uma das partes (meramente potestativas).[60]

Cláusulas MAC podem ser deduzidas em condições casuais ou potestativas; aquelas dependem de acontecimento estranho à vontade de uma das partes; estas dependem de manifestação unilateral de uma das partes.[61] A própria lei assegura aos contratantes a previsão de condições unilaterais, postas no interesse de uma só parte e que fazem surgir um poder ou faculdade a uma só parte, de sorte a determinar a eficácia do contrato. Essa parte poderá exercer a condição em *arbitrium boni viri*, com uma vontade presidiada de interesses objetivamente apreçáveis; de consequência, essas cláusulas não são nulas.[62]

Ao examinar algumas operações econômicas formalizadas com a MAC, reconhecem-se condições deduzidas em modo potestativo, por exemplo, condições de diligência (*due diligence*) e nas condições de adim-

[59] Na verdade, as cláusulas MAC compõem normalmente cláusulas de condições precedentes. Ao mencionar condição estrito senso, procura-se deixar de lado obrigações que eventualmente venham previstas em cláusulas de condições precedentes.

[60] Cf. Penteado, Luciano de Camargo. Cláusulas Típicas do Negócio Jurídico: Condição, Termo e Encargo. In: Lotufo, Renan; Nanni, Giovanni Ettore (Coord.). *Teoria Geral do Direito Civil.* São Paulo: Atlas, 2008, p. 468-489, p. 480 Gomes, Orlando. Ibid, p. 299-306, p. 304; Junqueira de Azevedo, Antonio. *Negócio jurídico...* Ibid, p. 47.

[61] Cf. Pontes de Miranda, Francisco Cavalcanti. *Ibid*, t. 4, § 544, p. 154-163; Roppo, Vincenzo. Ibid, p. 578.

[62] Cf. Galgano, Francesco. *Trattato di diritto civile*, v. 2. Padova: Wolters Kluwer|CEDAM, 2015, p. 301-302; GOMES, Orlando. Ibid, p. 299-306, p. 304-305; Penteado, Luciano de Camargo. Ibid, p. 468-489, p. 480.

plemento. Condições de diligência (*due diligence*) são deduzidas de modo que uma das partes possa determinar, por sua escolha, o destino do contrato, se entender não bastarem as informações e esclarecimentos dos fatos para a conclusão da operação econômica.[63] Condições de adimplemento referem-se a elementos essenciais do contrato; ou seja, contra esses elementos são deduzidos eventos condicionantes, tais como o pagamento do próprio preço.

Não se encontram discussões, no Brasil, a respeito das condições de adimplemento em nossa opinião, aqui seriam consideradas verdadeiras obrigações. Na Itália, por exemplo, essas condições de adimplemento são objeto de divergência doutrinária; de um lado, há os que entendem que sujeitar os efeitos do contrato, a obrigatoriedade e o adimplemento à condição levaria à configuração de condição meramente potestativa, na medida em que se caracterize a sujeição da eficácia do contrário à própria decisão de cumprimento da prestação[64]; de outro, há os que defendem sua licitude, na medida em que se caracterizem como expressão da autonomia das partes, determinantes de efeitos fixados por uma delas conforme uma avaliação de conveniência econômica, em relação à qual a outra pode também decidir não cumprir sua contraprestação.[65]

Entende-se, em qualquer caso, que não se pode admitir que uma condição na qual se deduz a MAC seja uma disciplina contratual sujeita ao capricho o ao remorso de uma das partes.[66]

No âmbito de exercício de direito potestativo por uma das partes e em linha de comparação com a disciplina da condição, há quem vincule a MAC a uma opção positiva ou negativa, uma alternativa viável, contanto que não se trate de uma substituição elusiva da tutela de interesses de

[63] Cf. Rossi, Guido. Le condizioni del closing in: Bonelli, Franco. Giurisprudenza e dottrina su acquisizione di società e di pacchetti azionari di riferimento. In: Bonelli, Franco; De André, Mauro (a cura di). *Acquisizioni di società e di pacchetti azionari di riferimento*. Milano: Giuffrè, 1990, p. 174; Tina, Andrea. *Il contratto*... Ibid, p. 149 (nota 262)

[64] Cf. Rossi, Guido. Ibid, p. 174; Tina, Andrea. *Il contratto*... Ibid, p. 152-155.

[65] Cf. Galgano, Francesco. Ibid, p. 312; Roppo, Vincenzo. Ibid, p. 582; Sicchiero, Gianluca. Clausola risolutiva espressa. In: *Digesto delle Discipline Privatistiche-sezione civile*, 4. ed., aggiornamento. Torino: UTET, 2010, p. 155-163, p. 157.

[66] Cfr. Speranzin, Marco. Ibid, p. 32 (nota 58); Roppo, Vincenzo. Ibid, p. 578.

ordem pública.[67] Nesse caso, uma parte vincula-se à própria declaração de vontade, como proposta irrevogável; a outra, à sua própria aceitação, por meio do exercício de uma faculdade[68], à qual se vincula o nascimento do próprio direito.[69]

A esse propósito, a opção deriva de uma situação jurídica potestativa.[70] Para uma das partes, o contrato é atual, imediato e vinculante, na data do pacto de opção; para a outra, é eventual e futuro, sendo obrigado somente após a aceitação e exercício da própria opção.[71]

3.5. MAC nas cláusulas resolutivas expressas

Cláusulas MAC podem ser inseridas no programa contratual na forma de uma das hipóteses das cláusulas resolutivas expressas, para atribuir efeitos extintivos ao que se encontra previsto no contrato.

Diferentemente de condições resolutivas, que dizem respeito à configuração do inteiro negócio ao evento condicionante, cláusulas resolutivas expressas preveem especialmente eventos cuja prática, imputável a uma das partes, leva à extinção do contrato a partir de um exercício de direito potestativo atribuído à outra parte[72], mas podem se tratar de outras circunstâncias que independam de uma das partes ou ambas.

Com ou sem MAC, essas cláusulas são lícitas e se baseiam plenamente na autonomia privada, ainda que genéricas e amplas. A lei reconhece ampla margem decisória às partes para pactuarem hipóteses nelas contidas[73], inclusos efeitos sob controle ou fora do controle das partes.

[67] Cf. Roppo, Vincenzo. Ibid, p. 578, 580.

[68] Cf. Speranzin, Marco. Ibid, p. 25 (nota 39) e p. 31-32.

[69] Cf. Gomes, Orlando. Ibid, p. 299-306, passim.

[70] Cf. Ferri, Battista Giovanni. Parte del negozio giuridico. In: *Enciclopedia del diritto*, XXXI. Milano: Giuffrè, 1981, n. 5, p. 901-916. Disponível em: DE JURE.

[71] Cf. Messineo, Francesco. Contratto II. Diritto privato – teoria generale. In: *Enciclopedia del diritto*, IX. Milano: Giuffrè, 1961, n. 68, p. 784-979. Disponível em: DE JURE.

[72] Cf. Sicchiero, Gianluca. Ibid, p. 155-163, p. 157; Aguiar Júnior, Ruy Rosado de. *Comentários do Novo Código Civil*, v. 6, t. 2: da extinção do contrato; Sálvio de Figueiredo Teixeira (coord.). Rio de Janeiro: Forense, 2011, p. 371-372.

[73] Cf. Zanetti, Cristiano de Sousa. A cláusula resolutiva expressa na lei e nos tribunais: o caso do termo de ocupação. In: Lotufo, Renan; Nanni, Giovanni Ettore; Martins, Fernando Rodrigues. *Temas Relevantes do Direito Civil Contemporâneo:* reflexões sobre os 10 anos do Código Civil. São Paulo: Atlas, 2008, p. 354-377, p. 356-357.

A doutrina, nesse caso diverge quanto à possibilidade de apreciação da relevância e quanto ao caráter definitivo e substancial de hipóteses de resolução expressa[74].

O problema está na forma como as cláusulas MAC se encontram enunciadas, pois isso abre espaço para um questionamento posterior sobre a qualidade e a relevância do evento a justificar a resolução contratual, apesar de a relevância ou materialidade ser intrínseca à própria caracterização do conteúdo enunciado na cláusula MAC. Nesse caso também é notável o desafio para a prova da verificação da MAC para que haja extinção contratual, independentemente de interpelação ou notificação da contraparte.

4. Prova da MAC

A maior dificuldade encontrada ao lidar com essas cláusulas está no aspecto probatório, especialmente no fato de as alterações adversas relevantes serem uma diversidade de circunstâncias ou situações jurídicas.

O recomendado à boa técnica contratual é prever elementos e fatos para circunscrever o próprio ônus probatório em eventual descumprimento do contrato, o qual passa a ser incomensurável diante da dificuldade de reconstrução do quadro circunstancial necessário para a prova da ocorrência da MAC de modo a fazer surtirem efeitos alocados a uma das partes na execução dos contratos.

A dependência da matéria probatória na concretização da MAC revela a importância de uma antecipação estratégica na identificação de elementos e fatos que fundamentam a conformação dos interesses das partes, essencial na satisfação dos interesses próprios em caso de litígio[75], ainda mais, considerando que a prova de verificação da MAC incumbe a quem a alega; autor, na alegação de um fato constitutivo, e réu, na alegação de um fato extintivo, modificativo ou impeditivo do direito do autor,

[74] Cf. Roppo, Vincenzo. Ibid, p. 905-907; Zanetti, Cristiano de Sousa. A cláusula resolutiva expressa na lei e nos tribunais: o caso do termo de ocupação in: Lotufo, Renan; Nanni, Giovanni Ettore; Martins, Fernando Rodrigues. *Temas Relevantes do Direito Civil Contemporâneo*: reflexões sobre os 10 anos do Código Civil. São Paulo: Atlas, 2008, p. 354-377, p. 356-357; Messineo, Francesco. *Dottrina generale del contratto* (art. 1321-1469 Cod. Civ.). 3. ed. (ampliata e in parte rifatta). Milano: Giuffrè, 1948, p. 484.

[75] Cf. Deirmendjian, Élisabeth. *La stratégie d'anticipation procédurale en matière civile.* Droit. Tese de Doutorado – Université de Toulon, França, 2012, *passim.*

exceto se atribuído diversamente pelo juiz esse ônus probatório e desde que não recaia sobre direito indisponível ou que torne excessivamente difícil sua produção.

Se a atribuição genérica e de pretensão de autossuficiência no regime dessas cláusulas leva à combinação da definição genérica da MAC e de uma lista exemplificativa e específica de suas exceções, toda a incerteza abarcada na definição é alocada a uma das partes e diz respeito a tudo aquilo que as partes não foram capazes de prever no encontro de interesses comuns.

Esse aspecto dificulta a busca de reconhecimento do antecedente (*fattispecie*) da MAC e, em circunstâncias extremas, poderá impor uma prova diabólica (*probatio diabolica*) de tal magnitude a ser impraticável sua aplicação e exigente sua renegociação na apreciação do vínculo obrigacional. A prova, nesse contexto, acaba por dificultar a aplicação da cláusula e ser aferida segundo padrões concretos considerados pelo próprio mercado, na circunstância que possa influenciar a decisão do investidor ou comprador e no patamar quantitativo (*threshold*) para a qualificação da relevância patrimonial, financeira ou operacional de uma circunstância no âmbito de uma operação econômica, seja ela de curto ou longo prazo na intenção das partes[76].

Essa rigorosidade probatória visa a garantir que a aplicação das cláusulas MAC não seja o produto de mero remorso, capricho, conveniência, pretexto ou arrependimento das partes para se liberar do vínculo obrigacional. Ao mesmo tempo, intensifica o conflito entre as partes.

[76] O que se verificou no caso IBP v. Tyson, por exmplo, ao considerer diferenças entre o especulador de curto prazo quando comparado ao investidor estratégico e de longo prazo. Nesse sentido: "To a short-term speculator, the failure of a company to meet analysts' projected earnings for a quarter could be highly material. Such a failure is less important to an acquirer who seeks to purchase the company as part of a long-term strategy." STRINE JR., Leo. Opinion. In: *Court of Chancery of Delaware.* In re IBP, Inc. Shareholders Litigation. IBP, Inc., Defendant and Cross-Claim Plaintiff, and Counterclaim Defendant, v. Tyson Foods, Inc. and Lasso Acquisition Corporation, Defendants, Cross-Claim Defendants and Counterclaim Plaintiffs. Court of Chancery of Delaware, Civil Action No. 18373. 789 A.2d 14 (2001), New Castle County, 15 jun. 2001. Disponível em: Westlaw.

Note-se que esse pesado ônus probatório não é somente um peso em países de tradição romano-germânica, mas se verifica no próprio sistema norte-americano e nos conhecidos julgados da corte especializada de Delaware:

> *"A contractual material adverse effect is like a Delaware tornado– frequently alleged but rarely shown to exist"*[77]

Essa prova diabólica acaba por tornar raro, assim como o tornado de Delaware, o exercício da cláusula MAC.

Conclusões

Neste artigo, procurou-se analisar as cláusulas de alteração adversa relevante (MAC *clause*), a partir de seu conteúdo de prevalente alocação de riscos.

Especialmente durante a pandemia da COVID-19, essas cláusulas estiveram em meio às polêmicas interpretativas e aos conflitos, como vem se verificando em seus inúmeros precedentes, especialmente no curso de graves crises econômicas.

Em verdade, não se está a tratar de uma cláusula, mas de um conjunto de cláusulas disfarçadas da definição MAC, constante em seu antecedente fático, ao qual se liga uma variedade de regimes jurídicos consequentes.

Definidas e caracterizadas como cláusulas contratuais, apesar de não assumirem a clássica forma de cláusula contratual aceita pelos sistemas de tradição romano-germânica, possuem uma variedade de funções. Foram analisados os principais desafios para um adequado juízo de validade, atribuição de regime de eficácia e determinação válida e eficaz da alocação de riscos nas diversas operações econômicas.

Nesse sentido, relevante papel assume a MAC na ampliação da álea ordinária convencional de contratos, na modulação e renúncia convencional de garantias da qualidade na compra e venda e na modulação das cláusulas de obrigação de indenizar e na limitação de responsabilidade. Ainda, tratou-se de um juízo de validade e eficácia da MAC deduzida em condição e opção e na MAC contida nas cláusulas resolutivas expressas.

[77] *"A contractual material adverse effect is like a Delaware tornado– frequently alleged but rarely*

Por fim, fez-se referência ao papel de prova da MAC que dificulta sobremaneira sua execução no conteúdo contratual e, em circunstâncias extremadas, poderá se tornar, inclusive, prova diabólica (*probatio diabolica*).

shown to exist" – curiosa citação alegada no caso: Chyronhego Corporation, Vector Capital Corporation, and Vector CH Holdings 2 (Cayman), L.P., Plaintiffs v. Cliff Wight and CFX Holdings, Inc., Defendants. Court of Chancery of Delaware, Civil Action No. 2017-0548-SG, New Castle County, 31 jul. 2018. Disponível em: Westlaw.

3.
UMA INTRODUÇÃO AOS INSTRUMENTOS DERIVATIVOS E AO SEU REGIME

Otavio Yazbek

Sumário: O presente artigo trará uma descrição do mercado de derivativos, procurando demonstrar como eles se desenvolveram para permitir a administração de determinados tipos de riscos financeiros. Para tal, será analisada inicialmente a sua finalidade, passando-se para uma descrição das principais modalidades operacionais. A essa descrição se seguem algumas considerações sobre a melhor forma de interpretação desses instrumentos.

Introdução

O presente artigo destina-se a trazer uma breve introdução aos chamados instrumentos derivativos: produtos financeiros criados para permitir a administração de determinados riscos assumidos pelos agentes econômicos quando do regular desenvolvimento de suas atividades.

Na verdade, praticamente todas as inovações financeiras se destinam a, ao lado de outras finalidades (como investimento ou captação de recursos), permitir também uma melhor administração de riscos por seus usuários, em um ou mais níveis. Diferentes características estruturais (regras de vencimento, possibilidade de negociação etc.) permitem, afinal, que relações econômicas antes estanques, menos maleáveis, transformem-se radicalmente. Para trazer apenas um exemplo, pode-se referir a evolução das participações societárias, com a limitação de responsabilidade e a negociabilidade das ações emitidas por companhias abertas em mercados organizados. Idem para relações de dívida (incorporadas em instrumentos como as debêntures).[1]

Mas algumas inovações estão mais ligadas que outras às finalidades de administração de riscos. É o caso dos contratos de seguro ou das relações de previdência. E é o caso, também, dos derivativos. No presente artigo, como se antecipou, se fará uma introdução a esses instrumentos financeiros tão importantes na atualidade, com especial atenção para a sua definição e a dinâmica de algumas modalidades operacionais. Nele não se discutirão outras questões relevantes, relacionadas à forma de regulamentações desses produtos financeiros – que se transformou profundamente nos últimos anos, em especial a partir da crise de 2008.

Para tal, o artigo se divide em 4 seções, incluindo esta primeira. Na sequência, se passará para a definição e a descrição das finalidades dos derivativos, essencial para a compreensão do regime de tais operações (seção 2) e para uma descrição genérica das modalidades operacionais mais típicas – contratos a termo, futuros, de opções e *swaps* (seção 3). Na seção 4 serão trazidas algumas considerações finais sobre o que, na opinião do autor, importa para uma adequada interpretação dos instrumentos derivativos.

1. Definição e finalidades dos instrumentos derivativos

De um modo geral, os livros de finanças definem derivativos como os instrumentos cujo valor "deriva" ou depende de uma variável mais básica, que costuma ser o preço de um determinado "ativo subjacente" (*underlying asset*), que pode ser uma mercadoria, uma taxa ou um índice econômico ou financeiro[2]. Tais definições são, naturalmente, por demais limitadas do ponto de vista da sua capacidade de explicação.

[1] Sobre a centralidade do conceito de inovação financeira na atualidade, inclusive para os reguladores, cf. Yazbek, Otavio. *Regulação do Mercado Financeiro e de Capitais*, 2ª ed. Rio de Janeiro: Elsevier, 2009, pp. 56 e ss.

[2] Para definições similares, cf. Hull, John. *Introdução aos Mercados Futuros e de Opções*. 2. ed. São Paulo: Bolsa de Mercadorias & Futuros/Cultura Editores Associados, 1996, p. 13; Fabozzi, Frank J., Modigliani, Franco, e Ferri, Michael G. *Foundations of Financial Markets and Institutions*. New Jersey: Prentice Hall, 1998, p. 500; e Arshadi, Nasser; Karels, Gordon V. *Modern Financial Intermediaries and Markets*. New Jersey: Prentice Hall, 1997, p. 75.

Nelas se remete, quando muito, e de maneira indireta, ao fato de que derivativos são "contratos diferenciais", ou seja contratos em que as partes pactuam um preço para um determinado bem em uma data futura e, na data do vencimento, contrapõem aquele preço ao preço de mercado, transferindo apenas as diferenças entre si. Durante o período de vigência do contrato, é do comportamento dos preços que decorre o valor do instrumento em si (ou seja, é com base nele que se calculará eventual liquidação antecipada ou que o instrumento será negociado em mercado)[3].

A adequada compreensão dos derivativos deve passar, então, por outra via: a da análise das suas finalidades. E a primeira e mais importante dessas finalidades é o *hedge*, expressão que designa o efeito de proteção contra certos riscos financeiros, notadamente o risco de oscilação de preços e de taxas aos quais os agentes estariam expostos (esse é o chamado "risco de mercado").

Neste sentido, alguém que detenha créditos ou débitos sujeitos, por exemplo, à variação cambial, pode proteger-se contra os efeitos da volatilidade da moeda a que está exposto comprando ou vendendo moeda para uma data futura (por meio de um contrato a termo ou futuro) ao preço que considere mais adequado. Com isso o preço da moeda estrangeira é travado, abrindo-se mão, por outro lado, também de oscilações potencialmente favoráveis[4] – a opção por buscar *hedge* está, assim, diretamente relacionada ao grau de aversão ao risco de cada agente econômico.

De um modo geral, contratos derivativos não têm liquidação física (com a entrega do bem cuja compra e venda futura se pactuou, contra o pagamento do preço total), sendo liquidados apenas financeiramente. Em operações com *commodities* essa possibilidade até costuma existir, mas mesmo nesses casos se faz a liquidação apenas pela diferença, como se verá a seguir.

[3] O Código Civil de 1916, em seu art. 1.479, equiparava os contratos diferenciais "puros" a jogo e aposta. Já o art. 816 do Código Civil de 2002, excepcionou esta equiparação para os "contratos sobre títulos de bolsa, de mercadorias ou valores, em que se estipulem a liquidação exclusivamente pela diferença entre o preço ajustado e a cotação que eles tiverem no vencimento do ajuste", resolvendo uma das fontes de insegurança jurídica para os mercados de tais instrumentos.

[4] Como destacam Gastineau, Gary L.; Kritzman, Mark P. *Dicionário de Administração de Risco Financeiro*. São Paulo: Bolsa de Mercadorias & Futuros-BM&F, 2000, p. 206.

E é do caráter financeiro das operações que nasce uma outra possibilidade: elas também podem ser usadas para especulação ou para a chamada "arbitragem" (estratégias que envolvem ativos cuja formação de preço é de alguma maneira correlacionada, de modo a garantir resultados decorrentes das oscilações). Nesses dois casos, não se está mais lidando com *hedge*, mas com a busca de lucro pura e simples – e, a rigor, é da existência de especuladores e de arbitradores que deriva a liquidez que permite aos *hedgers* operar de maneira eficiente[5].

Muitos desses esclarecimentos preliminares serão tornados mais claros quando da descrição dos instrumentos em espécie, o que se fará na sequência.

2. Alguns derivativos em espécie

2.1. Os contratos a termo

O contrato a termo (ou *forward*) pode ser considerado a matriz dos demais contratos. Trata-se da forma mais simples e daquela que melhor se presta a iniciar qualquer exposição sobre a matéria, pelo que nela há de elucidativo. Hoje, mesmo o universo dos contratos a termo engloba realidades bastante variadas, que passam de instrumentos mais simples, típicos para operações com *commodities*, a mecanismos financeiros complexos, como os *target forwards*. De qualquer maneira, há sempre alguns elementos comuns.

A rigor, a operação a termo é uma operação de compra e venda de um bem ou de um ativo financeiro com liquidação diferida. O objeto negociado, o preço, o prazo e as outras condições são definidas quando do fechamento do negócio. Por se tratar, a rigor, de contrato de compra e venda, estamos aqui diante de um contrato consensual (nos termos dos arts. 481 e 482 do Código Civil), considerado perfeito desde a data da sua celebração, mesmo que ainda não se saiba por qual valor ele será liquidado, uma vez que a liquidação costuma ser financeira.

Pela liquidação financeira, que se desenvolveu progressivamente como uma forma de reduzir custos de transação e facilitar a criação de

[5] Para uma perspectiva histórica, cf. MILLER, Merton H. *On Derivatives*. New York: John Wiley and Sons, 1997, p. 6 e ss.

mercados líquidos, as partes não ficam obrigadas a efetivamente trocar o principal entre si, remanescendo apenas o efeito de *hedge* da operação. Assim, ao recorrer a tal mecanismo, os envolvidos podem adquirir ou vender livremente os bens em mercado, aos preços então praticados, ficando obrigados apenas apenas a transferir entre si a diferença entre o preço pactuado e o valor de mercado – se o preço ajustado foi X e, no vencimento do contrato, o preço no mercado a vista é X+1, o excedente será pago pelo vendedor ao comprador. Se, quando do vencimento, o preço de mercado é X-1, a diferença entre tal valor e o valor pactuado será paga pelo comprador. E nem mesmo importa para qualquer das partes se a outra vai ou não realizar a operaçao de mercado físico. De qualquer maneira, foi obtido aquele efeito de travamento de preços.

Em tais operações, é natural que o valor do principal torne-se uma espécie de valor de referência, em relação ao qual se calculará qual das partes deve pagar algo à outra – ele se torna, assim, o chamado "valor nocional" da operação (*notional*). Como em tais operações também não existe um fluxo financeiro inicial, até o momento da liquidação o derivativo é apenas uma "posição contratual" registrada em nome do participante. Em mercados líquidos, dependendo do comportamento do mercado, essas posições podem ser consideradas "ganhadoras" ou "perdedoras", podendo ser negociadas. É dessa natureza também que advieram desafios para a caracterização contábil de tais instrumentos[6].

Como acima se destacou, originariamente as operações a termo eram derivadas da compra e venda. E essa era, tipicamente, a sua natureza jurídica. É importante, porém, tomar alguns cuidados neste ponto[7]. Se tal caracterização faz sentido em determinados contextos, com a cada vez maior "financeirização" daqueles instrumentos – ou seja, não apenas à medida em que eles passam a agregar novas cláusulas, mas também

[6] Para o regime de contabilização dos derivativos na atualidade, cf. Lopes, Alexsandro Broedel; Galdi, Fernando Caio; Lima, Iran Siqueira. *Manual de Contabilidade e Tributação de Instrumentos Financeiros e Derivativos: IAS 39, IAS 32, IFRS 7, CPC 14, Minutas do CPC 38, 39 e 40, Normas da CVM, do Bacen e da Receita Federal do Brasil.* São Paulo: Atlas, 2009, p. 126 e ss.

[7] Para a discussão sobre o tema, cf. Mosquera, Roberto Quiroga. *Tributação no Mercado Financeiro e de Capitais.* São Paulo: Dialética, 1999, p. 219; e de Caballero, Juan Ignacio Sanz. *Derivados Financieros.* Madrid: Marcial Pons, 2000, p. 356.

quando se passa a realizar as negociações tendo como ativos subjacentes não mais bens e mercadorias, mas também variáveis financeiras (para o *hedge* de taxa de câmbio ou de juros, por exemplo) – ela vai se tornando cada vez mais frágil. Em determinados casos, o ideal é mesmo que o intérprete abra mão da camisa de força criada pelos tipos definidos pela legislação e reconheça que se está diante de contratos atípicos.

Como os contratos a termo são tipicamente negociados de forma bilateral, para atender muito diretamente aos interesses dos envolvidos (e em que a figura de cada contraparte é relevante), não é comum que se desenvolvam mercados líquidos desses instrumentos. E a administração de riscos, pelo seu caráter dinâmico, demanda, inclusive, a possibilidade de se entrar e sair nas posições, eventualmente as transferindo para terceiros. É por esse motivo que, dos instrumentos a termo, nasceram outros tipos de derivativos, mais adequados para esse tipo de transferência. É o caso, em especial, dos contratos futuros, que serão discutidos na sequência.

2.2. Os contratos futuros

Os contratos futuros nascem progressivamente, em especial, daquela necessidade acima descrita, sendo criados para que se permita a sua negociação em ambiente de bolsa[8]. Dessa mutação advém, ainda, uma série de outros benefícios, como a possibilidade de atração de novos participantes para o mercado (os já referidos especuladores, que apenas podem atuar de maneira coerente com as suas intenções em mercados mais líquidos), o que possibilita aumento de liquidez em benefício também dos *hedgers*[9].

Uma das principais características dos contratos futuros, essencial para criar negociabilidade, é a sua padronização, ou seja, a fixação de algumas regras mínimas (algumas cláusulas-padrão), pelas próprias bolsas, sob a forma de "especificações contratuais" às quais as partes deverão se ater. Assim, por exemplo, para cada "contrato" usualmente são fixados:

[8] Retomo, na sequência, a descrição feita em Yazbek, Otavio. "Os Derivativos e seu Regime Jurídico – Modalidades Contratuais, Problemas de Interpretação e Riscos Legais", in Cantidiano, Luiz Leonardo, e Muniz, Igor (orgs.), *Temas de Direito Bancário e do Mercado de Capitais*. Rio de Janeiro: Renovar, 2014, pp. 438 e ss.

[9] Teixeira, Marco Aurélio. *Mercados Futuros: Fundamentos e Características Operacionais*. São Paulo: Bolsa de Mercadorias & Futuros-BM&F, 1992, p. 19.

um "tamanho" (a quantidade fixa do ativo subjacente negociado, usualmente colocada sob uma unidade denominada "contrato"[10]); a qualidade do ativo, em especial quando se trata de uma *commodity* agropecuária; a data do vencimento contrato (e cada vencimento, pelos efeitos do tempo que deve decorrer, tende a ser apreçado diferentemente); e o local de entrega do bem negociado (o que ajuda na formação de preço, ainda que não se liquide a operação fisicamente)[11].

Ao comprar ou vender seus contratos futuros em mercados de bolsa, as partes abrem ou encerram suas posições, sem nem mesmo se conhecerem. As operações são liquidadas sempre pelo sistema da própria bolsa, por meio de uma *clearinghouse* ou câmara de registro, compensação e liquidação de operações[12]. Aliás, a forma de liquidação das operações é outra característica importante dos contratos futuros que vale explorar com mais cuidado.

Isso porque, se nos contratos a termo, a liquidação ocorre apenas quando do vencimento do contrato, nas operações de bolsa a quantificação e o pagamento das diferenças são diárias. Desta maneira, o preço originariamente pactuado pelas partes é contraposto ao preço de mercado para aquele vencimento (que se torna o "preço de ajuste") ao final do dia (ou de outro período de apuração, se houver), liquidando-se a diferença, em geral, no dia seguinte. No próximo dia, o preço de ajuste anterior é contraposto ao novo preço de ajuste, com a liquidação da eventual dife-

[10] Sobre essa peculiaridade, cf. EIZIRIK, Nelson. "Aspectos Jurídicos dos Mercados Futuros". *Revista de Direito Mercantil, Industrial, Econômico e Financeiro.* São Paulo, v. 81. Revista dos Tribunais, 1991, p. 35, que esclarece que, "na realidade, o objeto da negociação a futuro é o contrato, não as mercadorias ou ativos financeiros".

[11] Para o conteúdo mínimo de tais especificações e a sua importância, cf. SILVA NETO, Lauro de Araújo. *Derivativos: Definições, Emprego e Risco.* São Paulo: Atlas, 1998, p. 35; e HULL, John. *Introdução aos Mercados Futuros e de Opções, op. cit.*, p. 20 e ss.

[12] O regime hoje vigente no Brasil para o funcionamento dessas câmaras foi definido quando da reforma do Sistema de Pagamentos Brasileiro, iniciada com base na Lei n.º 10.214, de 27.3.2001. Para maiores referências a este processo, que corresponde a um dos mais importantes capítulos da regulação finaneira no país, cf. YAZBEK, Otavio. *Regulação do Mercado Financeiro e de Capitais, op. cit.*, pp. 240 e ss.; e YAZBEK, Otavio. "Crise Financeira e Risco Sistêmico: a Evolução Recente da Regulação Sistêmica no Brasil", *in* LIMA, Maria Lúcia L. M. Pádua (coord.). *Direito e Economia: 30 Anos de Brasil – Agenda Contemporânea.* São Paulo: Editora Saraiva/Direito GV, 2012, pp. 102 e ss.

rença no dia subsequente. E assim vai até o vencimento do contrato. A soma dos ajustes pagos e recebidos pela parte equivalerá, ao término, ao efeito de *hedge* pretendido. Por esse procedimento, não apenas as bolsas administram melhor os riscos de eventual inadimplemento, como também, e sobretudo, todas as posições são "marcadas a mercado" ou "equalizadas", liquidando-se as perdas e ganhos já havidos e sendo facilitada, assim, a sua posterior negociação em mercado (caso se deseje "zerar" uma posição, por exemplo)[13]

Tal "zeramento" também é feito de maneira bastante particular: o participante que desejar encerrar a sua posição deverá, se estiver "comprado", vender idêntico número de contratos da mesma natureza a terceiros. Se estiver "vendido", ele deverá comprar aqueles contratos. Com isso, sua posição é encerrada, meramente contrapondo-se o valor já ajustado, após a liquidação das pendências anteriormente apuradas, ao valor da operação contraposta.

Como a assunção de uma posição em mercado futuro gera apenas obrigações para liquidação em data futura, outro mecanismo importante é o da obrigatoriedade do depósito das chamadas "margens de garantia", em favor do sistema de liquidação da bolsa, que se destinam a assegurar o cumprimento das obrigações do depositante, em caso de inadimplemento[14].

Por fim, e essa também é uma característica de mercados de bolsa, é comum que tanto as bolsas quanto as *clearings* estabeleçam ainda outras regras e procedimentos, destinados a assegurar a integridade de seus sistemas de liquidação ou do próprio processo de formação de preços. Assim, usualmente incidem limites de concentração de posições, clientes isolados ou para grupos de clientes, de modo a impedir que um único participante possa, pela sua situação, trazer distorções aos processos de mercado, afetando o processo de formação de preços ou mesmo ficando

[13] Para o funcionamento dos ajustes diários, cf. a descrição de SILVA NETO, Lauro de Araújo. *Derivativos: Definições, Emprego e Risco, op. cit.*, p. 37 e ss.

[14] Sobre a natureza jurídica de tais mecanismos, cf. EIZIRIK, Nelson. Aspectos Jurídicos dos Mercados Futuros, *op. e loc. cit.*, p. 34.

em "córner" em momentos de excessiva volatilidade – há, inclusive, uma relevante casuística demonstrando o quão reais são esses riscos[15].

Na mesma linha é comum que as bolsas estabeleçam limites para a oscilação dos preços durante o dia, de modo a melhor absorver os efeitos de uma volatilidade excessiva. Guardadas algumas diferenças, tais limites funcionam de maneira parecida com a dos *circuit breakers* dos mercados de ações. Além disso, as bolsas podem, ainda, definir diretamente (ou "arbitrar") os preços de ajuste das posições detidas, especialmente quando se verificam ineficiências na formação de preços em alguns mercados.

Como ocorreu nos contratos a termo, também os futuros foram, progressivamente, permitindo a negociação de novos ativos. Um dos principais passos nesse sentido foi dado em 1972, quando a *Chicago Mercantile Exchange* criou sua divisão de *International Monetary Market* (IMM), destinada à negociação de contratos futuros de moedas. Começaram, então, a surgir outras modalidades de derivativos financeiros, negociando-se taxas de juros (a partir de 1975), ações, e índices representativos do mercado de ações (a partir de 1982)[16].

Essa quase que repentina (porque ocorrida em um lapso temporal relativamente curto) migração dos tradicionais *commodity futures* para os *financial futures* marcou o início do que Merton Miller chamou de "*derivatives revolution*"[17]. Com o advento de tais mercados, substancialmente

[15] Vale remeter aqui ao caso das operações realizadas pelos irmãos Hunt no mercado de prata, em 1979. Naquela ocasião, os dois irmãos, milionários texanos, acompanhados de outros investidores, acumularam uma posição "comprada" bastante significativa, levando a um aumento no preço daquela *commodity*. Para evitar distorções, os reguladores e as bolsas envolvidos determinaram a redução da posição. As movimentações daí decorrentes, porém, fizeram com que os maiores compradores se tornassem vendedores, o que fez com que os preços despencassem e os irmãos Hunt sofressem grandes prejuízos (Cf. Mishkin, Frederic S. Moedas, *Bancos e Mercados Financeiros*. Rio de Janeiro: LTC, 2000, p. 218; e Greider, William. *Secrets of the Temple: How the Federal Reserve Runs the Country*. New York: Simon and Schuster, 1987, p. 144 e ss.).

[16] Para essas referências e para o complexo contexto histórico que justificou tais passos, cf. Hull, John. *Introdução aos Mercados Futuros e de Opções, op. cit.*, p. 5. Em especial sobre as raízes do IMM, na Chicago Mercantile Exchange, cf. os comentários constantes de Tamarkin, Bob. *The Merc: The Emergence of a Global Financial Powerhouse*. New York: Harper Business, 1993, p. 179 e ss.

[17] Miller, Merton H. *On Derivatives. op. cit.*, p. 3.

diferentes daqueles que se destinavam ao *hedge* agropecuário, transformaram-se também as feições dos mercados financeiros globais, abrindo-se as portas para o surgimento de uma míriade de outras inovações.

E aqui nascem, também, seguidas divergências do ponto de vista jurídico, uma vez que, ainda que os contratos futuros, na sua origem, guardem evidente semelhança com o contrato de compra e venda, ele foi, cada vez mais, se distanciando dessa matriz – ainda mais do que os contratos a termo[18]. Aqui, mais do que nunca, vale a ressalva já feita: de nada adianta procurar, nas formas típicas, a resolução de questões jurídicas relacionadas a processos inovativos em que aquelas formas se diluem e são combinadas umas com as outras.

Tal complexidade torna-se ainda mais relevante em alguns outros derivativos, que nasceram – ou que se desenvolveram – a partir daquele *boom*. Na sequência passaremos a uma outra modalidade, a dos contratos de *swap*, que é particularmente ilustrativa.

2.3. Os *swaps*

A expressão *swap*, na verdade, designa toda uma família de instrumentos bastante distintos entre si. Alguns deles envolvem realmente a troca de ativos entre as partes, enquanto outros, hoje a maioria, envolvem apenas a movimentação unilateral de valores. E mesmo entre estes últimos, a bem da verdade, há algumas significativas diferenças.

Daí porque autores como Francesco Caputo Nasseti[19] asseveram que as diversas operações às quais se atribui a denominação de *swap* muitas vezes têm em comum entre si apenas o nome que lhes foi atribuído. Mesmo no Brasil encontram-se exemplos desse fenômeno: a Lei n.º 4.595, de 31.12.1964, por exemplo, estabelece em seu art. 4º, XXXI, que o CMN tem competência para "baixar normas que regulem as operações de câmbio, inclusive swaps, estabelecendo limites, taxas, prazos, e outras condições". O *swap* referido nesse dispositivo é, inequivocamente,

[18] Aprofundo essa discussão em Yazbek, Otavio. "Os Derivativos e seu Regime Jurídico – Modalidades Contratuais, Problemas de Interpretação e Riscos Legais", *op. e loc. cit.*, pp. 447 e ss.

[19] Nasseti, Francesco Caputo. *Profili Civilistici dei Contratti "Derivati" Finanziari*. Milano: Giuffrè, 1997, p.10.

um instrumento distinto daquele regulamentado pela hoje parcialmente revogada Resolução CMN n.º 2.873, de 26.7.2001, que, atualizando uma longa sequência de normativos, definiu os *swaps*, em seu art. 1º, § 1º, I, como as operações "realizadas para liquidação em data futura que impliquem na troca de resultados financeiros decorrentes da aplicação, sobre valores ativos e passivos, de taxas ou índices utilizados como referenciais" autorizando as instituições relacionadas no *caput* do mesmo dispositivo a realizar tais operações "no mercado de balcão, por conta própria ou de terceiros". É desta última modalidade, de desenvolvimento mais recente, que aqui se tratará.

Os *swaps* são desenvolvidos, com as feições que foram aqui destacadas, apenas a partir do início da década de 1980, a partir de operações de "empréstimo cruzado" entre empresas situadas em países distintos, em que a troca de divisas permitia fugir às excessivas restrições estabelecidas pela regulamentação cambial da época[20]. Fiquemos com a definição regulamentar, acima transcrita, como uma definição preliminar adequada para a presente exposição.

Também as operações de *swap* correspondem, na verdade, a uma espécie do gênero contrato a termo. No entanto, elas não se fundam no modelo da compra e venda, mas sim no da troca. Se, nos contratos a termo mais tradicionais, se busca a proteção contra uma única exposição, fixando o seu valor em moeda corrente, nos *swaps*, o que se busca é uma proteção das exposições, não raro entrelaçadas, que afetam os fluxos de caixa das empresas[21].

[20] Para a operação entre a IBM e o Banco Mundial, vale conferir as descrições de CALHEIROS, Maria Clara. *O Contrato de Swap*. Coimbra: Coimbra, 2000, p. 28 e ss. e CABALLERO, Juan Ignacio Sanz. *Derivados Financieros, op. cit.*, p. 471 e ss. Para outros tipos de operações que se encontram nas origens do atual modelo de *swap*, nomeadamente os *parallel loans* e os *back-to-back loans*, cf. CALHEIROS, Maria Clara. *O Contrato de Swap, op. cit.*, p. 21 e ss.; CABALLERO, Juan Ignacio Sanz. *Derivados Financieros, op. cit.*, p. 471 e ss.; e NASSETI, Francesco Caputo, *Profili Civilistici dei Contratti "Derivati" Finanziari, op. cit.*, p. 17 e ss.

[21] E retomo aqui, novamente, a exposição que fiz em YAZBEK, Otavio. "Os Derivativos e seu Regime Jurídico – Modalidades Contratuais, Problemas de Interpretação e Riscos Legais", *op. e loc. cit.*, pp. 450 e ss.

Para uma melhor compreensão de tais finalidades, pode-se imaginar, por exemplo, uma empresa exportadora de determinados bens (a empresa A). As receitas desse exportador dependem, em larga medida, do comportamento da taxa de câmbio, enquanto as suas despesas estão atreladas a taxas de juros domésticas, correspondentes a dívidas por ela assumidas para o financiamento de suas atividades. Por outro lado, uma empresa B, predominantemente importadora de certos bens, tem uma preocupação contrária – seus ativos estão vinculados às taxas de juros locais, enquanto seus passivos estão atrelados à variação cambial. Cada uma dessas empresas é afetada, ainda que de forma distinta, pelas oscilações dessas duas variáveis financeiras. E as duas empresas tendem a procurar "casar" seus respectivos fluxos de caixa, fazendo com que suas exposições ativas e suas exposições passivas sejam indexadas de maneira mais ou menos equilibrada.

Para se proteger contra a oscilação de uma e de outra taxa, essas duas empresas podem contratar um *swap* entre si, no qual a empresa A garantiria a empresa B contra o excessivo aumento do valor da moeda estrangeira, enquanto a empresa B garantiria a empresa A contra o excessivo aumento de uma determinada taxa de juros. Na prática, a empresa A se comprometeria a pagar à empresa B o *quantum* em que a taxa de câmbio excedesse a taxa de juros, enquanto a empresa B pagaria à empresa A o *quantum* em que a taxa de juros excedesse a de câmbio. Para tal, elas definiriam um valor referencial (o nocional da operação) de X sobre o qual incidiriam aquelas taxas no vencimento. Se o valor nocional atualizado pela taxa de câmbio resultar em X+3 e, atualizado pela taxa de juros, ele resultar em X+1, a empresa A pagará 2 à empresa B, valor este que corresponde àquele excedente. Como o passivo de A está atrelado à taxa de juros, ele teria permanecido com X+1 e, a rigor, nada teria perdido. Ao mesmo tempo, a empresa B teria conseguido atrelar o seu passivo, de X+3, ao seu ativo, de X+1, em razão daquele valor recebido da empresa A. Ela obteve, como destaca Roberto Quiroga Mosquera, uma "proteção em face de suas obrigações vincendas"[22].

[22] Mosquera, Roberto Quiroga. *Tributação no Mercado Financeiro e de Capitais, op. cit.*, p. 225.

Embora essa descrição remeta ao tipo mais simples de operação, ela é suficiente para que se compreenda a lógica que rege os *swaps* e o seu papel. Com o tempo, a esse modelo são acrescidas variações para atender as necessidades mais complexas e reduzir determinados custos ou riscos – surgem, assim, o estabelecimento de liquidações periódicas, limitadores de perdas, "gatilhos" diversos etc.

Os *swaps* acabam servindo, ainda, não apenas para atender às necessidades de importadores e de exportadores, mas também, por exemplo, para "travar" os rendimentos de uma carteira de investimentos, atrelando tais rendimentos à variação cambial ou buscando uma remuneração pré-fixada. Nessa mesma linha, outra possibilidade é a de "transformação" de endividamentos em renda variável em endividamentos de renda fixa, tendo em vista que, em razão de suas características ou da "janela de mercado", certas empresas podem ter maior facilidade de captar recursos em mercado a taxas variáveis[23].

E novamente aqui se está diante de operações que representam evidentes desafios para os intérpretes, que se dividem em posições opostas acerca do caráter nominado ou inominado do contrato. Valem, aqui, as mesmas advertências feitas quando se tratou das demais modalidades. E, nesse sentido, é lapidar a definição que lhe dá Maria Clara Calheiros, ao mesmo tempo técnica e atenta para as peculiaridades dessa modalidade: "o swap surge-nos como contrato oneroso, consensual, de execução sucessiva, sinalagmático, *intuitu personae* e aleatório que, procurando alterar a posição financeira de cada uma e ambas partes, por referência a certas situações subjacentes, se traduz na cobertura de um risco financeiro, na realização de uma arbitragem ou mesmo numa operação especulativa. Logo, é detentor de uma peculiaridade, a vários níveis, que nos obriga a considerá-lo como categoria contratual autónoma, criada ao abrigo do princípio da liberdade contratual"[24].

[23] Vale, aqui, remeter às descrições de Hull, John. *Introdução aos Mercados Futuros e de Opções*, *op. cit*, p. 151; Silva Neto, Lauro de Araújo. *Derivativos: Definições, Emprego e Risco*, *op. cit.*, p. 62; e Girino, Emilio. *I Contratti Derivati*. Milano: Giuffrè, 2001, p. 108.

[24] Calheiros, Maria Clara. **O Contrato de Swap**, *op. cit.*, p. 124. Tratei do debate brasileiro em Yazbek, Otavio. "Os Derivativos e seu Regime Jurídico – Modalidades Contratuais, Problemas de Interpretação e Riscos Legais", *op. e loc. cit.*, pp. 454 e ss.

2.4. As opções

A última das modalidades básicas de derivativo, aparentada de maneira mais indireta com os contratos a termo, é o contrato de opção. Nele, diferentemente do que ocorre nos outros tipos de instrumentos apresentados, uma das partes fica, em razão do pagamento de um prêmio para a outra, com a faculdade de optar pelo exercício ou não de um determinado direito. É em razão dessa distinção que a doutrina italiana mais tradicional costuma diferenciar o chamado *contrato fermo a termine*, expressão que designa o contrato a termo propriamente dito, dos *contratti a premio*, que são as opções[25].

No contrato de opção, uma das partes (o "comprador" ou "titular" da opção) adquire, a título oneroso (pelo pagamento do prêmio), o direito de comprar da outra parte (o "vendedor" ou "lançador" da opção) ou de a ela vender algo, em uma data futura, por um preço pré determinado (o "preço de exercício" ou *strike*). Se, durante a vida do contrato ou quando do seu vencimento (dependendo do que se tenha pactuado), vier a ser de interesse do adquirente, tendo em vista os preços de mercado do bem, exercer a opção, ele o faz pelo preço previamente pactuado. Caso contrário, diz-se que a opção "vira pó" e o comprador perde o prêmio pago. Para remeter apenas às distinções mais usuais, as opções podem ser de compra (as *call options*) ou de venda (as *put options*), "americanas" (com o exercício do direito em qualquer momento até a data estabelecida) ou europeias (com o exercício do direito apenas naquela data definida pelas partes).

Com o tempo, como não poderia deixar de ser, surgiram variações dessas categorias e também, em razão da combinação de operações, estratégias operacionais complexas, destinadas a atender a várias finalidades[26]. Nas suas versões mais simples, porém, quando isoladamente realizadas,

[25] É o que se constata nas exposições de MESSINEO, Francesco. *Operazioni di Borsa e di Banca: Studi Giuridici*. Milano: Giuffrè, 1954, p. 99; e de D'ESPINOSA, Luigi Bianchi. *I Contratti di Borsa. Il Riporto*. Milano: Giuffrè, 1969, p. 447.

[26] Para o refinamento dos modelos básicos e a criação de novos produtos com base em opções, cf. COSTA, César Lauro da. *Opções: Operando a Volatilidade*. São Paulo: Bolsa de Mercadorias & Futuros-BM&F/Cultura Editores Associados, 1998, p. 101 e ss.; e de SILVA, Luiz Maurício da. *Mercado de Opções: Conceitos e Estratégias*. Rio de Janeiro: Halip, 1999, p. 127 e ss.

as operações com opções são, fundamentalmente, operações destinadas à negociação dos riscos decorrentes de oscilações de preços e taxas, seja no mercado de *commodities*, seja nos mercados propriamente financeiros.

Algumas opções são passíveis de padronização e, por isso, podem ser objeto de negociação em mercados de bolsa. Na transferência de uma opção em bolsa, o que as partes negociam mais diretamente entre si é o valor do prêmio, tendo em vista o comportamento dos preços do ativos (e a maior ou menor probabilidade de exercício no preço pactuado)[27]. Relações menos padronizáveis, vinculadas a necessidades muito específicas, podem eventualmente ser negociadas em mercado de balcão, sob a forma das chamadas "opções flexíveis" ou "não padronizadas".

Se, nos demais instrumentos derivativos, não raro a doutrina jurídica se divide acerca de questões relacionadas à sua natureza, nas opções o debate se torna ainda mais acirrado. Aqui vale referir algumas dessas divergências, uma vez que, delas, podem decorrer efeitos práticos·

De um modo geral, os autores tendem a caracterizar as opções dentro de uma dessas três categorias:

(i) como oferta ou promessa formulada pelo lançador ao titular, sendo então caracterizada como ato jurídico unilateral;
(ii) como compromisso de compra e venda em que o titular teria o direito de eximir-se de ingressar na relação principal; ou
(iii) como uma cláusula de opção incorporada a um contrato de compra e venda.[28]

Esse tipo de divergência na interpretação da natureza das opções reflete-se também na doutrina brasileira sobre a matéria. Assim, Francisco Satiro de Souza Júnior identifica ao menos duas principais formas de qualificação dessas operações: para a primeira dessas linhas, as opções seriam negócios jurídicos unilaterais, enquanto que, para a outra, elas

[27] Para o processo de negociação de opções em bolsa e a identificação do que efetivamente se transfere em tais operações, cf. Eizirik, Nelson. "Mercado de Opções – Regime Jurídico e Responsabilidade das Partes Contratantes". In: *Questões de Direito Societário e Mercado de Capitais*. Rio de Janeiro: Forense, 1987.

[28] A distinção é de Caballero, Juan Ignacio Sanz. *Derivados Financieros, op. cit.*, p. 412 e ss.

têm natureza contratual (neste segundo caso ainda cabendo a distinção entre as posições dos que entendem se tratarem de contratos unilaterais e os que entendem que elas são contratos bilaterais)[29].

A primeira dessas linhas, para a qual as opções são negócios unilaterais, é defendida, por exemplo, por Rachel Sztajn, que parte do reconhecimento da existência de uma condição potestativa no contrato de opção. Daí se tornaria impossível que tais relações fossem caracterizadas como contratos. Isso porque, de acordo com o art. 121 do Código Civil vigente, condição é a cláusula que "derivando exclusivamente da vontade das partes, subordina efeito do negócio jurídico a evento futuro e incerto". O artigo seguinte do código, por sua vez, veda as condições que sujeitarem o negócio jurídico "ao puro arbítrio de uma das partes". Para fugir à apontada nulidade, assim, a referida autora prefere caracterizar tal modalidade como "declaração unilateral e não contrato, com a vinculação do declarante e garantindo ao destinatário o privilégio, o direito formativo gerador, de livremente decidir o que melhor lhe convenha"[30].

Trata-se, sem dúvida, de solução original. No entanto ela merece ressalvas, até porque não há como desconsiderar a óbvia natureza contratual da opção. Trata-se de negócio jurídico bilateral, em que uma das partes oferece uma prestação inicial para obter um direito que se exercerá sobre a esfera patrimonial da outra. Ademais, ainda que se trate verdadeiramente de um negócio com condição potestativa, esta não é capaz, por si só, de invalidar o contrato. Afinal, as condições potestativas apenas são nulas quando forem exclusivamente dependentes da vontade de uma das partes, ou seja, quando forem arbitrárias, hipótese em que elas se caracterizam como meramente ou puramente potestativas.

No caso das operações ora sob análise, uma das partes dispõe, de fato, de um direito potestativo, mas este decorre da natureza do negócio, sendo a decisão a ser tomada derivada das condições materiais do mer-

[29] Souza Júnior, Francisco Satiro de. *Regime Jurídico das Opções Negociadas em Bolsas de Valores*. 2002. (Doutorado em Direito) – Faculdade de Direito, Universidade de São Paulo, São Paulo, p. 43 e ss.

[30] Sztajn, Rachel. "Sobre a Natureza Jurídica das Opções Negociadas em Bolsas". *Revista de Direito Mercantil, Industrial, Econômico e Financiero*. São Paulo, v. 105. Malheiros Editores, 1997, p. 53 e ss. e 69.

cado na data do exercício – e estas, em princípio, independem da vontade de qualquer uma das partes.

A posição adotada por Rachel Sztajn pode funcionar, porém, em outros contextos, como no caso das opções de compra de ações outorgadas a administradores, na forma do § 3º do art. 168 da Lei n. 6.404, de 15.12.1976. Neste último caso, não há mesmo que se falar em uma relação contratual, mas apenas em promessa unilateral por parte da companhia, como, aliás, bem destaca José Alexandre Tavares Guerreiro[31] – aqui, porém, se trata de outra realidade.

Optando pela segunda linha acima referida, Francisco Satiro de Souza Júnior prefere caracterizar tais instrumentos como verdadeiros contratos, destacando, porém, que não se está lidando com contratos típicos, mas sim com instrumentos *sui generis*, fruto de atividade inovativa dos agentes de mercado[32].

Esta era a posição historicamente defendida por Messineo, mas é também a que defende a maior parte dos autores na atualidade[33]. De qualquer maneira, ainda que se opte por uma determinada interpretação para tais operações, nada impede que esta seja relativizada em razão da estrutura complexa das operações com opções e do grande número de operações que podem ter como objeto direitos passíveis de caracterização como opções.

Essas polêmicas demonstram, de qualquer forma, as dificuldades para a adequação das estruturas negociais desenvolvidas no dia-a-dia do mercado financeiro às categorias formais do ordenamento jurídico, em consonância com o que se vem sustentando no presente artigo.

[31] GUERREIRO, José Alexandre Tavares. "Sobre a Opção de Compra de Ações". *Revista de Direito Mercantil, Industrial, Econômico e Financeiro*. São Paulo, v. 39. Revista dos Tribunais, 1980, p. 228.

[32] SOUZA JÚNIOR, Francisco Satiro de. *Regime Jurídico das Opções Negociadas em Bolsas de Valores, op. cit.*, p. 60 e ss.

[33] MESSINEO, Francesco. *Operazioni di Borsa e di Banca: Studi Giuridici, op. e loc. cit.*, p. 114; CABALLERO, Juan Ignacio Sanz. *Derivados Financieros, op. cit.*, p. 423 e ss.; e NASSETI, Francesco Caputo. *Profili Civilistici dei Contratti "Derivati" Finanziari, op. cit.*, p. 213.

Conclusões

O presente artigo trouxe uma breve descrição das principais modalidades de instrumentos derivativos. Como tais modalidades operacionais são, porém, fruto de processos inovativos que, permanentemente, combinam e recombinam unidades negociais em novos instrumentos para atender às necessidades dos agentes de mercados que também se encontram em mutação, a descrição está longe de ser exaustiva.

Além disso, ainda que os derivativos sejam predominantemente usados para a administração dos chamados riscos de mercado (os riscos de oscilação de preços, como se esclareceu), nas últimas décadas eles começaram a ser adaptados também para outras finalidades – é o caso dos derivativos de crédito, largamente utilizados no mercado interbancário ao redor do mundo, que se destinam a outorgar proteção aos agentes econômicos contra o risco de inadimplemento de uma contraparte em uma dada operação (ou seja, agora contra o risco de crédito). Inclusive em razão da sua pouca utilização no mercado brasileiro, esses instrumentos foram deixados de fora da exposição.[34]

Existem também outros pontos que, muitas vezes, ganham destaque no debate jurídico sobre o tema, relacionados, por exemplo, ao regime regulamentar desses contratos (desde 2001 caracterizados como valores mobiliários, no Brasil, sujeitos portanto à competência da Comissão de Valores Mobiliários – CVM), desafiado a cada nova crise financeira (uma vez que, não raro, os derivativos encontram-se no centro desses eventos, pela sua complexidade[35]). Optamos, porém, neste artigo, por uma descrição mais direta, das finalidades de tais instrumentos e, a partir daí, das suas características principais, inclusive de natureza operacional, o

[34] Tratei desses outros instrumentos em YAZBEK, Otavio. "Os Derivativos e seu Regime Jurídico – Modalidades Contratuais, Problemas de Interpretação e Riscos Legais", *op. e loc. cit.*, pp. 462 e ss. e em YAZBEK, Otavio. "O Risco de Crédito e os Novos Instrumentos Financeiros – uma Análise Funcional". In: WAISBERG, Ivo; FONTES, Marcos Rolim Fernandes (coords.). *Contratos Bancários*. São Paulo: Quartier Latin, 2006, pp. 329 e ss.

[35] Tratei da evolução do regime regulatório dos derivativos em YAZBEK, Otavio. "Crise, Inovação e Regulação no Mercado Financeiro – Considerações sobre a Regulamentação do Mercado de Derivativos de Balcão". In: SOUZA JÚNIOR, Francisco Satiro (org.). *Mercado de Capitais – Aspectos Jurídicos*. São Paulo: Saraiva, 2012.

que permite um adequado delineamento do objeto de análise. Por vezes, remetemos a alguns dos debates sobre a natureza jurídica dos instrumentos, fazendo referência a algumas linhas gerais e evitando aquilo que tem se mostrado por demais cerebrino, descolado das reais necessidades.

E esse talvez seja o ponto mais importante desse artigo. De tudo o que se expôs, o mais importante é compreender que essa natureza jurídica, no caso de instrumentos que são fruto de processos de inovação financeira, tende a ser naturalmente elusiva. De nada adianta, ao intérprete, se escorar em categorias pré-definidas, que muitas vezes não são adequadas para dar aos instrumentos considerados em situações concretas, um tratamento rigoroso e, ao mesmo tempo, coerente.

A interpretação e a aplicação do Direito, aqui, como em tantos outros campos, exige a compreensão não apenas das finalidades daquilo que se pretende analisar (da realidade sobre a qual incide a norma), como também a compreensão da dinâmica desse objeto de análise, da forma pela qual ele se organiza. E, como se viu da exposição acima, muitas vezes mais importante que aquelas categorias prontas (a compra e venda, a troca etc.) é, a partir dessa compreensão, construir um regime adequado. Isso se faz, no mais das vezes, com o recurso a categorias mais amplas e muitas vezes descuradas, como as da teoria geral do direito privado.

4. RISCO E OS ACIONISTAS

Ana Carolina Weber

Introdução

O risco está presente em todas as atividades humanas, como nas de natureza econômica. Por exemplo: em um contrato de compra e venda, é possível que o bem pereça e a tradição da coisa não seja efetuada. Na prestação de serviços personalíssimos, pode ocorrer de o prestador vir a falecer antes de desempenhar a tarefa para a qual foi contratado. Incertezas e a falta de controle sobre elementos que integram os diferentes negócios são características naturais das atividades econômicas[1].

No presente artigo, pretende-se estudar a expressão do risco em uma esfera patrimonial específica: a do titular de ações de emissão de companhias abertas.

Como veremos a seguir, as companhias abertas, emissoras de ações negociadas em bolsas de valores, apresentam características que majoram as áleas a que se submetem os titulares de tais valores mobiliários. Os diferentes fatores que contribuem para a formação da cotação da ação no mercado de capitais, a expressividade dos negócios desenvolvidos pela companhia, a complexidade das estruturas internas e de adminis-

[1] "tout activité humaine comporte une part d'aléa. Ce terme est souvent employé afin d'exprimer que le résultat d'une action comporte une part d'incertitude, ce que justifie notamment, suivant le degré d'incertitude, qu'on ne puisse mettre en jeu la responsabilité". Muller, Anne-Catherine. *Aléa et marchés financiers.* Journées nacionales – Association Henri Capitant des amis de la culture juridique française. t. 14. Paris: Dalloz, 2011, p. 75.

tração de tais sociedades, dentre outras circunstâncias, fazem com que o acionista, enquanto titular de um bem referenciado no patrimônio da companhia, esteja sujeito a impactos diferenciados, muitas vezes incrementados em suas esferas patrimoniais.

O presente estudo será estruturado em algumas etapas. Em um primeiro momento, examinaremos as características das companhias abertas emissoras de ações negociadas em bolsa, de modo a situar e esclarecer que modalidades de riscos os acionistas titulares de ações de emissão de tais sociedades podem se submeter. Na sequência, será analisada a ação, bem que faz com que os riscos relativos à companhia e às atividades por ela desempenhadas possam produzir efeitos na esfera patrimonial do acionista.

Em um terceiro momento, examinaremos como e em quais circunstâncias a materialização de riscos que envolvem a companhia aberta poderá configurar danos que afetem o patrimônio dos acionistas. Por fim, procuraremos delimitar os requisitos para a eventual reparação dos referidos danos.

1. A companhia aberta emissora de ações negociadas em bolsa: fonte de riscos para os acionistas

A análise histórica revela que a sociedade anônima se firmou como a espécie de pessoa jurídica mais adequada ao desenvolvimento dos meios de produção e da propriedade privada em economias capitalistas[2]. Com a criação de uma pessoa distinta da de seus sócios, cujo patrimônio é destinado à satisfação e ao desenvolvimento dos interesses sociais, com a limitação da responsabilidade do acionista à integralização do valor das ações por ele subscritas, e com a consagração da livre transferência das participações acionárias[3], a sociedade anônima permite a reunião de esfor-

[2] GOMES, Orlando. *Responsabilidade dos Administradores de Sociedades por Ações.* Revista de Direito Mercantil, Industrial, Econômico e Financeiro. São Paulo, ano XI, n. 8, 1972, p. 11.
[3] LAMY FILHO, Alfredo; BULHÕES PEDREIRA, José Luiz. *A Lei das S.A.: pressupostos, elaboração, aplicação.* v. 1. 3. ed. Rio de Janeiro: Renovar, 1997, p. 34.

ços e, em especial, do capital necessário ao desenvolvimento de grandes empreendimentos[4].

Ainda que, em sua origem, as sociedades anônimas concentrassem um grande número de acionistas e permitissem a reunião de expressivo capital, esse tipo societário, em razão das vantagens que apresentava em relação aos demais[5], passou também a ser utilizado para empreendimentos de menor porte econômico, integrados por um universo mais restrito de investidores. Em vista disso, distintos ordenamentos jurídicos começaram a identificar a necessidade de criar e disciplinar de forma diferenciada algumas espécies de sociedades anônimas[6], tendo a Lei nº 6.404/1976 previsto, no artigo 4º, as companhias aberta e fechada.

Conforme definido no *caput* de tal dispositivo[7, 8], a companhia aberta e a fechada são classificadas em virtude de os valores mobiliários de sua emissão serem ou não admitidos à negociação no mercado de capitais[9].

[4] "La société anonyme est un merveilleux instrument créé par le capitalisme moderne pour collecter l'épargne en vue de la fondation et de l'exploitation des entreprises. Il est plaisant, je l'ai dit, de voir proposer la défense de l'épargue comme but de la réforme des sociétés. La société par actions n 'a pas été construite pour la défendre, mais pour la conquérir. C 'est une machine juridique aussi utile que celles que l'industrie utilise". Ripert, Georges. *Aspects juridiques du capitalisme moderne.* 2. ed. Paris: Librairie Générale de Droit et Jurisprudence, 1951, p. 109.

[5] Identifica-se como vantagens: a perenidade da companhia face aos acionistas pessoas naturais, a maior publicidade de seus atos e a maior proteção aos credores. Lamy Filho, Alfredo; Bulhões Pedreira, José Luiz. *Direito das companhias.* 2. ed. Rio de Janeiro: Forense, 2017, p. 95-96.

[6] Oth, Günter H.; Kindler, Peter. *The spirit of corporate law: core principles of corporate law in continental Europe.* Munique: CH Beck, 2013, p. 8; Gower, L. C. B.; Davies, P. L. *Principles of Modern Company Law.* 9. ed. Londres: Sweet & Maxwell, 2012, P. 11-15; Lamy Filho, Alfredo; Bulhões Pedreira, José Luiz. *Direito das companhias,* cit., p. 96.

[7] Lei nº 6.404/1976: "Artigo 4º – Para os efeitos desta Lei, a companhia é aberta ou fechada conforme os valores mobiliários de sua emissão estejam ou não admitidos à negociação no mercado de valores mobiliários".

[8] A esse respeito, é importante mencionar que a Lei nº 6.385/1976, que dispõe sobre o mercado de valores mobiliários e que criou a CVM, também conceitua as companhias abertas em seu artigo 22, segundo o qual "*considera-se aberta a companhia cujos valores mobiliários estejam admitidos à negociação na bolsa ou no mercado de balcão*".

[9] De forma semelhante, no direito dos Estados Unidos da América, são organizadas as denominadas "*privately held enterprises*" que podem assumir diferentes formas, como ensina

Embora haja divergências, em sede doutrinária, se a qualificação como aberta ou fechada depende exclusivamente da obtenção do registro junto à Comissão de Valores Mobiliários – CVM, ou se seria necessária a efetiva negociação de valores mobiliários no mercado de capitais (uma espécie de requisito material para a configuração da admissão de tais títulos à negociação)[10], o entendimento prevalente tem sido no sentido de que a diferença entre as espécies de companhia está na obtenção do registro de aberta junto à CVM. De fato, entende-se que tal registro, por si só, autoriza a companhia a acessar o mercado de valores mobiliários e, portanto, uma pluralidade de investidores, o que justificaria a aplicação do regime diferenciado, tanto da lei societária quanto da lei do mercado de capitais.

Nesse cenário, por não recorrer à poupança popular[11], a companhia fechada costuma ser identificada com base em algumas características, quais sejam: a vedação à distribuição e negociação de valores mobiliários, a restrição à liberdade de transferência de tais títulos e o número reduzido de acionistas[12]. Isso significa que, ainda que possa haver multiplicidade,

a doutrina daquele país: "If an enterprise is not to be publicly held, the choice of form is much more complex. Today, such a firm might be either a close corporation, a general partnership, a limited liability partnership, a limited partnership, or a limited liability company". EISENBERG, Melvin Aron. *Corporations and Other Business Organizations.* New York: Foundation Press, 2000, p. 159.

[10] Sobre o tema ver: ALMEIDA, Fabiana Mendonça Martins de. *Disciplina jurídica da companhia aberta: objeto, estrutura e fronteiras.* Dissertação (Mestrado em Direto) – Faculdade de Direito, Universidade de São Paulo. São Paulo, 2020; PITTA, André Grünspun. *Artigo 21.* In: CODORNIZ, Gabriela; PATELLA, Laura (coords.). Comentários à Lei do Mercado de Capitais – Lei n. 6.385/76. São Paulo: Quartier Latin, 2015, p. 447; YAZBEK, Otavio. *As companhias abertas – sua caracterização, as vantagens e as desvantagens da abertura de capital.* In: FINKELSTEIN, Maria Eugênia. PROENÇA, José Marcelo Martins (coords.). Direito societário: sociedades anônimas. 3. ed. São Paulo: Saraiva, 2014, p. 110-111.

[11] Cabe ressaltar que, atualmente, por meio das ofertas públicas de valores mobiliários distribuídas com esforços restritos, reguladas pela Resolução CVM nº 160/22, a companhia fechada pode distribuir algumas espécies de valores mobiliários junto a certos tipos e números de investidores.

[12] "The principal distinguishing feature of the closely held corporation is a small number of shareholders, though in all likelihood the firm will also be one of relatively modest economic scope (whether measured by revenues, by asset, or on any other scale), and generally (though by no means always) the people owning a substantial portion of the

os acionistas da companhia fechada são, normalmente, identificados de forma individual, criando entre si relações marcadas predominantemente por aspectos contratuais, afastando-se, assim, da ideia institucional típica das sociedades anônimas[13]. Ademais, nas companhias fechadas, verifica-se uma menor profissionalização dos administradores, os quais, muitas vezes, se confundem com os próprios acionistas, que assumem posição mais ativa na gestão e na condução dos negócios sociais.

Em vista disso, a companhia fechada, em muitos casos, não materializa o instrumento de reunião de capital, de profissionalização da administração e de institucionalização dos interesses dos acionistas no desenvolvimento de um negócio autônomo e próprio à companhia. Na verdade, a prevalência do aspecto contratual, em diversas companhias fechadas[14],

total shares will occupy the top managerial positions or will be involved in a meaningful way in the selection and monitoring of the people who do occupy those positions as well as in the formulation of corporate strategies and policies". KLEIN, William A.; COFFEE, John C.; PARTNOY, Frank. *Business Organization and Finance: Legal and Economic Principles.* New York: Foundation Press, 2010, p. 107.

[13] A General Corporation Law do estado de Delaware – EUA disciplina, de forma detalhada, as denominadas "*close corporations*" (a que esquipara a companhia fechada), enquadrando em tal espécie de companhia aquelas que tenham número máximo de 30 (trinta) sócios, restrinjam a transferência de ações e não efetuem oferta pública de ações: "§ 342 Close corporation defined; contents of certificate of incorporation. (a) A close corporation is a corporation organized under this chapter whose certificate of incorporation contains the provisions required by §102 of this title and, in addition, provides that: (1) All of the corporation 's issued stock of all classes, exclusive of treasury shares, shall be represented by certificates and shall be held of record by not more than a specified number of persons, not exceeding 30; and (2) All of the issued stock of all classes shall be subject to 1 or more of the restrictions on transfer permitted by § 202 of this title; and (3) The corporation shall make no offering of any of its stock of any class which would constitute a "public offering" within the meaning of the United States Securities Act of 1933 as it may be amended from time to time".

[14] A esse respeito, afirma-se: "Na companhia fechada, ao contrário, não só prevalece o princípio da autonomia da vontade sobre o caráter institucional de sua organização, como ainda a forma acionária pode encobrir vários subtipos de sociedade. Estruturalmente, a minicompanhia regulada no art. 294 da Lei n. 6.404, por exemplo, é quase completamente equiparável a uma sociedade por quotas de responsabilidade limitada. Sob o aspecto funcional, o regime da companhia fechada pode servir às mais variadas combinações, desde a diminuta companhia de família até as macrossubsidiárias de grupos nacionais ou multinacionais. É importante entender que a companhia fechada representa o oposto da

faz com que, muitas vezes, não se configurem centros de interesses tão distintos e que haja uma limitação das normas societárias e do mercado de capitais que tais sociedades devam observar, o que, por consequência, reduz a diversidade de riscos a que os acionistas estão submetidos.

Nas companhias abertas, por outro lado, os interesses individuais dos acionistas, regidos fundamentalmente pela autonomia privada, cedem espaço ao caráter institucional da pessoa jurídica[15], que se submete a um conjunto de regras e aos *"controles administrativos sobre sua organização e seu funcionamento"*[16].

Como visto, em consonância com o *caput* e o § 1º do artigo 4º da Lei das S.A., como regra, para que uma companhia recorra ao mercado de capitais, mediante a circulação de ações ou de outras espécies de valores mobiliários, ela deve se registrar como aberta junto à CVM[17]. Admitida a negociação dos valores mobiliários mediante a obtenção de tal registro, a companhia passa a ter acesso a um universo de potenciais acionistas ou de titulares de outros valores mobiliários e, por consequência, ao ambiente público de circulação e de oferta de riqueza.

A esse respeito, obtido o registro de aberta, a companhia, por exemplo, se submete à regulamentação expedida pela CVM e a pronunciamentos do Comitê de Pronunciamentos Contábeis, normas que implicam uma série de novas providências e de medidas internas e externas[18], que tor-

sociedade anônima original. Ela é, tanto interna quanto externamente, uma verdadeira sociedade de pessoas, dominada pelo princípio da identificação dos acionistas" (grifo acrescentado). COMPARATO, Fábio Konder. *O Direito ao Dividendo nas Companhias Fechadas.* In: COMPARATO, Fábio Konder. Ensaios e Pareceres sobre Direito Empresarial. Rio de Janeiro: Forense, 1978, p. 158.

[15] COMPARATO, Fábio Konder. *O Direito ao Dividendo nas Companhias Fechadas*, cit., p. 158.

[16] WALD, Arnoldo. *A Responsabilidade da Companhia Aberta pelos Prejuízos Decorrentes de Omissão de Fatos Relevantes e da Divulgação de Demonstrações Financeiras com Informações Falsas ou Distorcidas.* In: CARVALHOSA, Modesto; LEÃES, Luiz Gastão Paes de Barros; WALD, Arnoldo (org.). A Responsabilidade Civil da Empresa Perante os Investidores. São Paulo: Quartier Latin, 2018, p. 117.

[17] Lei nº 6.385/1976: "Artigo 21 (...) §1º Somente valores mobiliários emitidos por companhia registrada nos termos deste artigo poderão ser negociados na bolsa e no mercado de balcão".

[18] A título ilustrativo, vale citar que tais companhias devem implementar estruturas de controles internos, visando à garantia de fidedignidade de suas finanças e da elaboração

nam as atividades sociais mais complexas e sujeitas a um controle específico pelas autoridades administrativas.

Sobre a questão, vale registrar que, na forma do § 3º do artigo 4º da Lei das S.A. e da Resolução CVM nº 80/22, as companhias poderão ser registradas como aberta categoria A ou categoria B, dependendo da espécie de valor mobiliário que elas pretendam colocar em circulação[19]. Em vista disso, pode haver uma companhia que será qualificada como aberta, mas cujas ações não estejam em circulação no mercado, como ocorre naquelas registradas sob a categoria B. Nessas, muitas vezes, há um menor número de acionistas e o recurso ao mercado de capitais é realizado para a distribuição de títulos, eminentemente, de dívida.

Da mesma forma, entre as companhias registradas na categoria A – aquelas que podem ter as ações livremente negociadas no mercado – é possível identificar distintas características. Por exemplo, para colocação das ações em circulação, conforme estabelece o § 2º do artigo 4º da Lei das S.A.[20], exige-se o registro de distribuição pública, o qual, todavia, poderá ser dispensado em determinadas situações (tal como nas ofertas com esforços restritos reguladas pela Resolução CVM nº 160/22.. Assim, há diferenças também entre as próprias companhias abertas, na medida em que seus valores mobiliários – dentre eles as ações – tenham sido distribuídos de forma pública ou com esforços restritos, o que pode resultar, por exemplo, em uma base de acionistas mais ou menos ampla.

de demonstrações financeiras de regularidade do trabalho dos auditores externos, que examinam as contas da administração. Ademais, suas assembleias gerais submetem-se a um processo diferenciado, sendo delas exigido, como regra, a elaboração de boletins de voto a distância, a aceitação de pedidos públicos de procuração, a confecção e a divulgação ao mercado de mapas de votação, tudo nos termos da Resolução CVM nº 81/22.

[19] Nesse sentido, a CVM estabeleceu na Resolução CVM nº 80/22, que o registro de companhia aberta categoria A permite que o emissor negocie quaisquer valores mobiliários de sua emissão nos mercados regulamentados e o de categoria B, todos os valores mobiliários, exceto ações, certificados de depósito de ações e aqueles que autorizem seu titular a adquirir ações ou certificados de depósito de ações.

[20] Lei nº 6.404/1976: "Artigo 4º (...) § 2º Nenhuma distribuição pública de valores mobiliários será efetivada no mercado sem prévio registro na Comissão de Valores Mobiliários". Da mesma forma, o artigo 19 da Lei nº 6.385/1976 determina que "nenhuma emissão pública de valores mobiliários será distribuída no mercado sem prévio registro na Comissão".

Evidentemente, as características específicas da companhia aberta, categoria A ou B, cujas ações tenham sido objeto de distribuição pública ou com esforços restritos, podem gerar impactos nos riscos que os acionistas assumem ao se tornarem titulares das ações de emissão de tais sociedades. No entanto, um traço comum à álea a que se submete o acionista encontra-se nas companhias abertas categoria A e se refere à cotação das ações no mercado de bolsa.

Como veremos a seguir, quando tal companhia passa a ter ações de sua emissão negociadas na bolsa de valores, aqueles que adquirem tais valores mobiliários concordam com o risco de a cotação – e um futuro preço de venda – ser diferente (para cima ou para baixo) do preço que, originalmente, pagou na compra da ação. Vale dizer, nessa modalidade de companhia aberta, identifica-se um risco peculiar ao mercado de capitais que diz respeito à oscilação da cotação em bolsa das ações e às diferenças entre os preços de compra e venda de tal valor mobiliário.

Para melhor o compreendermos, assim como para definir com mais precisão o que seria um risco aceitável no âmbito da negociação de ações em bolsa e as hipóteses em que tais riscos podem implicar danos para os acionistas, passamos a examinar no que consistem as ações e os valores que a ela podem ser atribuídos.

2. O acionista e seu bem: os riscos relativos às ações negociadas em bolsa

A ação, espécie de valor mobiliário, não é um instituto jurídico de compreensão simples. É, tradicionalmente, identificada como um bem de segundo grau, ou seja, bem que tem existência e características fixadas em decorrência de outros[21]. Certamente, a ação não existe por si só: pressupõe a presença da companhia e tem seus elementos definidos pelos direitos e obrigações estabelecidos no âmbito de tal sociedade.

[21] "Quando l'interesse della corporazione è risolubile nell'interesse economico dei suoi membri e la participazione di questi è oggetivizzata, sorgono due serie di beni in relazione ai beni appartenenti alla corporazione e alla participazione in questa del singolo. Ma questa duplicazione (ed è perciò che nei riguardi delle azioni ho parlato di beni di secondo grado) (...)". Ascarelli, Tulio. *Saggi di Diritto Commerciale.* Milano: Giuffrè Editore. 1955. P. 140.

Identificam-se três significados para a ação: (i) fração em que se divide o capital social; (ii) conjunto de direitos e obrigações que decorre da posição de acionista; e (iii) instrumento que legitima a condição de acionista e que lhe confere direito de crédito[22]. Essas distintas formas de conceituar a ação de emissão de uma companhia decorrem das diferentes funções que ela desempenha no patrimônio desta e de seus acionistas.

Em primeiro lugar, o artigo 11 da Lei nº 6.404/1976, ao estabelecer que o estatuto social fixará o número de ações em que se divide o capital social, revela que a ação representa uma parte ou unidade do capital da companhia, consubstanciando a contribuição do acionista à formação do capital social, quer em dinheiro, quer em bens[23]. Contudo, tal conceito não denota todas as qualidades da ação, como modalidade de valor mobiliário. Na verdade, compreendê-la somente como expressão da cifra constante do capital social seria desconsiderar uma realidade: há diferentes direitos e obrigações que podem ser exercidos ou que são imputáveis à companhia e aos acionistas, em decorrência, respectivamente, da sua emissão e da propriedade que os acionistas exercem sobre elas.

Tais características da ação são identificadas, por exemplo, ao se analisar a disciplina legal dos valores mobiliários. O artigo 2º da Lei nº 6.385/1976 listava, em sua redação original, alguns títulos como espécies de valores mobiliários, dentre os quais, em seu inciso I, as ações. Em decorrência das alterações implementadas pela Lei nº 10.303/2001, o referido dispositivo passou, além de listar espécies de valores mobiliários, a consagrar uma cláusula geral, segundo a qual são valores mobiliários "*quando ofertados publicamente, quaisquer outros títulos ou contratos de investimento coletivo, que gerem direito de participação, de parceria ou de remuneração, inclusive resultante de prestação de serviços, cujos rendimentos advêm do esforço do empreendedor ou de terceiros*".

[22] EIZIRIK, Nelson. *A Lei das S/A Comentada*. v. I. 3. ed. São Paulo: Quartier Latin, 2021, p. 153-154; BULGARELLI, Waldirio. *Manual das Sociedades Anônimas*. 6. ed. São Paulo: Atlas, 1991, p. 121; FILHO, Alfredo Lamy; PEDREIRA, José Luiz Bulhões (coord.). *Direito das Companhias*, cit., p. 312-314.

[23] TEIXEIRA, Egberto Lacerda; GUERREIRO, José Alexandre Tavares. *Das Sociedades Anônimas no Direito Brasileiro*. v. I. São Paulo: Bushatsky, 1979, p. 169-170.

Essa norma demonstra que devem ser considerados valores mobiliários os títulos identificados nos incisos I a VIII do artigo 2º da Lei nº 6.385/1976, assim como quaisquer outros títulos ou instrumentos, ofertados de forma pública, que representem direitos de participação, de parceria ou de remuneração, dos quais advenham rendimentos financeiros, fundamentados nos esforços de determinado empreendedor ou de terceiros. Evidentemente, se o dispositivo reflete uma norma de natureza geral, os títulos expressamente elencados nos incisos do artigo 2º da Lei nº 6.385/1976 apresentam, ao menos, algumas de tais características.

Nesse sentido, se a ação é um valor mobiliário e qualquer título que confira direito de participação, de parceria ou de remuneração é considerado pela lei como valor mobiliário, é possível concluir que a ação, no mínimo, apresenta uma das qualidades consagradas na referida norma geral, isto é, a ação, ao menos, assegura a seu titular um direito de participação, de parceria ou de remuneração.

O exame de sua classificação como espécie de valor mobiliário e das características de tais títulos refletidas na norma geral acima reproduzida revela um impedimento para que a ação seja qualificada, exclusivamente, como uma mera expressão unitária do capital social. Sem dúvida, tal verificação permite identificar a ação como (i) expressão de direitos e obrigações, integrantes do patrimônio do acionista; e (ii) uma posição jurídica, que autoriza o acionista a pleitear, por exemplo, a repartição dos resultados financeiros positivos produzidos pela companhia.

Assim, a ação pode também ser conceituada como título que comprova a qualidade ou estado de quem o detém (*status* de acionista)[24]. De acordo com essa visão, infere-se que o titular da ação ocupa uma posição à qual se atribui um conjunto de direitos e de obrigações que poderão ou deverão ser desempenhados pelo acionista[25]. Em outras palavras: conforme essa compreensão da ação, identifica-se que o acionista, ao adquiri-

[24] Teixeira, Egberto Lacerda; Guerreiro, José Alexandre Tavares. *Das Sociedades Anônimas no Direito Brasileiro*, cit., p. 169-170.

[25] "A sociedade é organizada internamente por estrutura de relações jurídicas que vinculam posições de sócios. E a cada posição jurídica corresponde conjunto de normas que define os direitos e deveres da pessoa que a ocupa". Filho, Alfredo Lamy; Pedreira, José Luiz Bulhões (coord.). *Direito das Companhias*, cit., p. 312-314.

-la, não compra exclusivamente um bem que passa a compor o ativo de seu patrimônio pessoal e que expressa uma fração do capital social. Efetivamente, ao assumir a titularidade da ação, o acionista submete-se a um feixe normativo que lhe confere direitos e lhe imputa deveres, os quais independem das características pessoais de seu titular.

Com base nessas conceituações da ação, percebe-se que a gama de riscos a que o acionista se submete é muito mais ampla que uma mera possibilidade, por exemplo, de a companhia não lhe entregar as ações que tenha adquirido (como seria o caso de se estar diante um contrato bilateral entre a companhia e o acionista) ou que a companhia não distribua dividendos que fossem esperados pelos acionistas como frutos daquela ação (na hipótese de se considerar a ação como um mero título de dívida em relação ao qual fossem pagos juros).

Na verdade, e especialmente em uma companhia aberta registrada sob a categoria A, o acionista, à luz dos direitos e deveres que essa posição jurídica lhe atribui, passa a estar submetido a áleas diversas, referentes, por exemplo, à atuação dos administradores e do acionista controlador (se houver), ao cumprimento das normas da CVM pela Companhia, à proteção do exercício de direitos como o de comparecer a assembleias gerais e de receber informações tempestivas e completas acerca dos negócios sociais.

Um dos mais importantes riscos que, nessa espécie de companhia, o acionista passa a estar sujeito está relacionado à *cotação em bolsa das ações*. Sobre esse tema, é importante destacar, desde já, que a ação não apresenta um valor predeterminado, sendo objeto, na verdade, de diferentes avaliações que, por meio de distintos métodos, buscam definir a sua expressão em dinheiro.

Em relação a essas distintas concepções do valor da ação, vale mencionar algumas que são expressamente reconhecidas pela Lei nº 6.404/1976. Em primeiro lugar, a Lei das S.A. estabelece, no artigo 11, que a ação poderá ter ou não valor nominal[26]. O valor nominal corresponde à quantia expressa em dinheiro, estabelecida no estatuto social e que consiste no preço mínimo que o subscritor paga pela aquisição da ação. Nas com-

[26] Lei nº 6.404/1976: "Artigo 11 – O estatuto fixará o número das ações em que se divide o capital social e estabelecerá se as ações terão, ou não, valor nominal.".

panhias cujas ações apresentam valor nominal, seu capital social será o resultado da multiplicação entre o número de ações e o valor nominal.

Além dessa cifra em dinheiro, que tem por função, eminentemente, estabelecer um patamar mínimo para a fixação do preço de emissão das ações em futuros aumentos de capital – conforme dispõe o artigo 13 da Lei das S.A.[27] – a Lei nº 6.404/1976 autoriza que as ações não tenham valor nominal. Nesses casos, costuma-se examinar as ações sob o seu "valor real"[28] ou "valor econômico"[29]. Trata-se de valor que busca aproximar a avaliação da ação à realidade patrimonial da companhia, às práticas de mercado e à rentabilidade da sociedade.

Nesse sentido, cabe destacar que, ao dispor sobre as operações de aumento de capital, o artigo 170, §1º, da lei societária[30] estabelece que a

[27] Lei nº 6.404/1976: "Artigo 13 – É vedada a emissão de ações por preço inferior ao seu valor nominal".
Nesse sentido, a doutrina destaca: "Outro requisito, que deve necessariamente constar do estatuto, é a determinação sobre a existência, ou não, de valor nominal. As consequências da adoção de um ou de outro modelo não são irrelevantes. Ao se estabelecer valor nominal, fica automaticamente vedada a emissão de ação por preço que lhe seja inferior (art. 13). A precificação de qualquer nova ação deverá, pois, observar o parâmetro mínimo". Coelho, Fábio Ulhoa; Frazão, Ana; Menezes, Maurício Moreira; Castro, Rodrigo R. Monteiro de.; Campinho, Sergio. *Lei das Sociedades Anônimas Comentada*. Rio de Janeiro: Forense, 2021. p. 140.

[28] "O valor nominal da ação é ilusório, pois não corresponde ao seu real valor nem à parte presumida do capital, tampouco ao patrimônio líquido apurado em balanço. (...) Nos aumentos de capital mediante subscrição de novas ações, a Lei das S.A. determina que o seu preço de emissão seja fixado, pela assembleia geral ou pelo conselho de administração (artigos 166 e 170, § 2º), tendo em vista o seu valor real e não o nominal – quando as ações têm valor nominal". Eizirik, Nelson. *A Lei das S/A Comentada*. v. I., cit., p. 160-161.

[29] Exposição de Motivos no 196, de 24.06.1976 (relativa à Lei das S.A.): "para proteção dos acionistas minoritários, o § 1º [do artigo 170] estabelece que as novas ações devem ser emitidas por preço compatível com o *valor econômico* da ação (de troca, de patrimônio líquido, ou de rentabilidade), e não pelo valor nominal".

[30] Lei nº 6.404/1976: "Art. 170. Depois de realizados 3/4 (três quartos), no mínimo, do capital social, a companhia pode aumentá-lo mediante subscrição pública ou particular de ações.
§ 1º O preço de emissão deverá ser fixado, sem diluição injustificada da participação dos antigos acionistas, ainda que tenham direito de preferência para subscrevê-las, tendo em vista, alternativa ou conjuntamente:
I – a perspectiva de rentabilidade da companhia;

ação poderá ser emitida com base em seu valor econômico, o qual deverá ser determinado mediante a fixação de seu valor patrimonial, de seu valor de mercado ou das perspectivas de rentabilidade da companhia.

Com fundamento em tal dispositivo, verifica-se que o valor da ação poderá ser estabelecido com base (i) no critério patrimonial, definido pela divisão do valor do patrimônio líquido da companhia, estabelecido no balanço, pelo número total de ações; (ii) na cotação das ações de sua emissão em bolsa de valores; (iii) na fixação da taxa de retorno do investimento, a ser definida por meio de distintos métodos como, por exemplo, (a) o fluxo futuro de dividendos descontado a valor presente, (b) a comparação com ações de outras companhias que atuem no mesmo segmento econômico da emissora, (c) a capitalização dos lucros, e (d) múltiplos do fluxo de caixa ou do EBITDA – *Earnings Before Interest, Taxes, Depreciation and Amortization*.

Como se verifica, a ação não tem um valor predeterminado, podendo ser objeto de avaliação baseada em diferentes critérios que visam a definir sua expressão em moeda. Tal circunstância, como consequência, faz com que o registro do valor da ação no patrimônio do acionista também possa se manifestar de distintas formas.

Diante disso, deve-se examinar se alterações no valor da ação – em específico, a cotação em bolsa de valores – poderiam constituir uma espécie de risco regularmente assumido pelo acionista ou se poderiam caracterizar uma hipótese de dano patrimonial imputado ao patrimônio pessoal do acionista.

3. Danos relativos à variação da cotação das ações em bolsa

Hipóteses como a contratação do administrador com a companhia em situação de favorecimento, a prática de atos de liberalidade pelo administrador ou pelo controlador às custas da companhia, a distribuição de dividendos com base em lucros fictícios, o favorecimento indevido de sociedade coligada, controlada ou controladora, o abuso da posição de acionista por minoritários costumam ser identificadas como ensejadoras de danos.

II – o valor do patrimônio líquido da ação;
III – a cotação de suas ações em Bolsa de Valores ou no mercado de balcão organizado, admitido ágio ou deságio em função das condições do mercado".

Casos como esses, no âmbito de uma companhia aberta registrada sob a categoria A, podem também levar a uma apreciação negativa dos investidores em relação à sociedade, provocando uma depreciação da cotação das ações de sua emissão. Nesse cenário, poder-se-ia questionar: a queda no valor de negociação em bolsa das ações pode ser definida como um dano causado aos acionistas, já que as ações de sua titularidade passaram a ser cotadas, no mercado secundário, em um patamar inferior ao que, originalmente, pagaram para sua aquisição? Ou ainda, a depreciação do "valor de mercado" da companhia poderia ser admitida como fundamento para a condenação ao ressarcimento de supostos danos sofridos pelos acionistas? Essa oscilação na cotação das ações estaria compreendida na álea *regular* do mercado de capitais?

A resposta a esses questionamentos é complexa e, talvez, não seja possível chegar a uma solução única aplicável a todas as situações de oscilação da cotação das ações em bolsa. Contudo, nos próximos itens, apresentamos considerações a respeito de a oscilação da cotação da ação de companhia aberta, registrada na categoria A, ser manifestação dos riscos regulares do mercado de capitais ou consubstanciar hipótese de dano indenizável.

4. O mercado de capitais é um mercado de risco

No âmbito do mercado de capitais, identificam-se áleas majoradas, as quais, no entanto, são inerentes à própria formação e funcionamento desse mercado. Com efeito, o ambiente de negociação pública de valores mobiliários – em especial, o mercado de bolsa – funciona em função do risco tomado por investidores na esperança de ganhos contrapostos. A especulação, ideia de adquirir determinado valor mobiliário na expectativa de revendê-lo a um valor superior, auferindo lucros, é da essência do mercado de capitais.

Pode-se dizer que, além de ser uma característica de tal mercado, o risco é almejado pelos investidores, que aceitam as incertezas das perdas, em razão de essa mesma álea poder lhes conferir ganhos significativos[31]. Como indicado pela doutrina, o risco não é somente "*onipresente*" no mer-

[31] "cet aléa est considéré comme inéluctable, il peut s'entendre comme un risque de perte ou comme une chance de gain et c'est précisément cette dernière perspective qui explique

cado de capitais, ele é mesmo inerente, intrínseco, sendo o elemento de distinção em relação aos demais mercados de bens e serviços[32].

É possível identificar diferentes modalidades de risco no âmbito do mercado de capitais. O primeiro deles seria o risco individual, consistente na álea que cada investidor, pessoa natural ou jurídica, assume com os seus investimentos, compreendendo o risco, por exemplo, de um valor mobiliário representativo de dívida – uma debênture – não ser adimplido. Além disso, há o risco do emissor, que diz respeito às características e aos eventos especificamente a ele relacionados, que podem influenciar a apreciação dos títulos de sua emissão. Por fim, identifica-se o risco sistemático, conceituado como a sensibilidade do título ao movimento geral do mercado de capitais e aos inúmeros fatores que são considerados na formação dos valores de negociação em bolsa das ações[33].

A presença marcante dos riscos no mercado de capitais e essa segregação em distintas espécies constituem importantes nortes na eventual caracterização da oscilação da cotação das ações como hipótese de álea regularmente assumida pelo investidor ou de dano que possa ser causado aos acionistas de companhias abertas registradas sob a categoria A. Isso porque os riscos que caracterizam o mercado de capitais dizem respeito aos diferentes fatores que contribuem para a determinação da cotação em bolsa de determinado valor mobiliário.

Se levarmos em consideração as modalidades de riscos acima indicadas, determinada ação pode ter sua cotação influenciada não só por eventos relacionados à companhia emissora, mas também por circunstâncias externas, referentes ao movimento geral do mercado. Exemplo dessa situação foi a crise do *subprime* norte-americano, de 2008, que implicou uma resposta global de queda na cotação das ações das mais distintas companhias abertas. Ou ainda, de forma mais recente: as significativas

l'attirance des épargnants pour les marchés financiers". MULLER, Anne-Catherine. *Aléa et marchés financiers*, cit., p. 75.

[32] PROROK, Johan. *La responsabilité civile sur les marchés financiers*. Paris: LDGJ, 2019, p. 24.

[33] A respeito, ver SHARPE, William. Capital Asset Prices: *A Theory of Market Equilibrium Under Conditions of Risk*. Journal of Finance. v. 19, n. 425, 1964; LINTNER, John. *The Valuation of Risk Assets and the Selection of Risky Investments in Stock Portfolios and Capital Budgets*. Review of Economics and Statistics. v. 47, n. 13, 1965.

reduções do valor de negociação em bolsa das ações das companhias, em decorrência da crise de saúde desencadeada pela pandemia do COVID-19, no ano de 2020.

A natural presença do risco no âmbito das negociações de ações no mercado de capitais é confirmada quando examinadas teorias que buscam explicar a formação da cotação das ações em bolsa de valores e a tomada de decisões de compra e venda de tais valores mobiliários.

No âmbito das teorias econômicas, identificamos, em um primeiro momento, a denominada teoria dos mercados eficientes, segundo a qual a informação pública relativa a uma companhia, seja ela verdadeira ou falsa, é rapidamente absorvida pelo mercado e tem um impacto *imediato* sobre o curso das negociações e fixação do valor de negociação em bolsa das ações[34]. Em vista disso, entende-se que "um mercado de valores mobiliários seria considerado eficiente na medida em que as informações disponíveis relativas a determinado emissor estivessem sempre incorporadas aos preços de negociação dos valores mobiliários por ele emitidos"[35, 36].

Com base na eficiência do mercado, à luz da teoria desenvolvida por Eugenie Fama, seria extraordinário o risco de determinada informação não estar refletida na cotação da ação em bolsa. Vale dizer: considerando-se que, no mercado eficiente, todas as informações são regularmente disponibilizadas e sua valoração pelos investidores é imediatamente refletida no valor de negociação em bolsa das ações, quando determinada

[34] Fama, Eugene Francis. *Efficient Capital Markets: a review of theory and empirical work.* K. Gin. v. 25, 1970, p. 383; Fama, Eugene Francis. Efficient Capital Markets II. The Journal of Finance. v. 46, 1991, n. 1575; Gilson, R. J.; Kraakman, R. H.. *The mechanisms of market efficiency*. Virginia Law Review. v. 70, 1984, n. 549-50.

[35] Pitta, André Grünspun. *Falhas informacionais, danos a investidores e a hipótese dos mercados eficientes: reflexões necessárias.* Revista de Arbitragem e Mediação, São Paulo: Revista dos Tribunais, ano 18, n. 68, jan./mar., 2021, p. 147.

[36] "A eficiência informacional do mercado corresponde à velocidade na qual a informação é refletida nos preços. Se estes refletem de forma rápida e adequada as informações disponíveis, então os investidores poderão avaliar seus riscos e retornos esperados, alocando recursos para opções mais vantajosas em termos de risco de retorno". Costa, Isac. *Entre o sinal e o ruído, o discurso e a ação: regulação do mercado pela informação e seus efeitos colaterais.* Revista de Direito das Sociedades e dos Valores Mobiliários. São Paulo: Almedina, n. 11, maio, 2020, p. 142.

informação não é divulgada ou é prestada de forma falsa ou omitida, há uma disfunção no padrão eficiente do mercado, o que faz com que esse risco extraordinário seja, em alguns sistemas, ensejador de modalidade de dano causado aos investidores.

De fato, ainda que ordenamentos, como o norte-americano, levem em consideração outros fatores para conferir indenização aos investidores pela alteração na cotação das ações de companhias abertas, atribui-se à ruptura na eficiência do mercado (isto é, no padrão regular do risco da negociação de valores mobiliários) a materialização de um dos elementos ensejadores do dano.

A teoria dos mercados eficientes tem, contudo, gargalos que outros teóricos econômicos procuraram identificar, demonstrando a falta de eficiência informacional presente nos mercados de valores mobiliários e, por consequência, a maior complexidade dos riscos que envolvem a definição da cotação de uma ação.

A propósito, vale explorar algumas críticas formuladas, ao longo dos anos, à ideia de eficiência do mercado. Em primeiro lugar, a incorporação instantânea das informações sobre o emissor ao valor de negociação em bolsa das ações não seria uma afirmativa fidedigna à realidade do mercado secundário. Isso porque, se a cotação das ações refletisse, a todo momento, todas as informações disponíveis sobre elas, os investidores nunca conseguiriam auferir ganhos financeiros com base nas informações existentes, já que tais informações estariam, de antemão, representadas no valor de negociação em bolsa da ação.

Ademais, não seria possível falar em uma plena eficiência informacional, pois aspectos como a velocidade de disponibilização e a natureza da informação afetam claramente a forma como ela será refletida na cotação das ações. Por exemplo, caso se trate de uma informação de natureza complexa – como aquelas relativas a reorganizações societárias ou a demonstrações financeiras – os investidores necessitarão de um período de tempo maior para, entre outros aspectos, (i) validar a referida informação, (ii) confrontá-la com informações semelhantes de companhias do mesmo segmento econômico do emissor, (iii) ponderá-la em face de outros dados financeiros do emissor, e (iv) examiná-la à luz de projeções sobre a companhia que anteriormente tenham sido realizadas[37].

Assim, aspectos temporais relativos ao conteúdo e à natureza da informação exercem um papel relevante na definição do preço que se pretenda pagar pelas ações, corroborando a conclusão de não ser possível haver uma imediata absorção da informação para a fixação do valor de negociação em bolsa das ações.

Cabe ainda ressaltar que a suposta eficiência do mercado secundário é colocada em dúvida em razão de os investidores não avaliarem os riscos de forma uniforme e terem distintas expectativas de lucro com a compra e venda de ações[38]. Ou seja, não seria possível reconhecer a suposta eficiência relativa a uma harmoniosa estimativa e expectativa acerca do valor da ação, pois, na prática, os investidores têm as mais diversas percepções e realizam diferentes avaliações sobre tal valor mobiliário[39].

Um derradeiro aspecto referente às falhas nas premissas em que se assenta a teoria dos mercados eficientes diz respeito à forma como o investidor avalia as ações e toma a decisão de pagar ou de receber determinado preço na compra e venda de tal valor mobiliário. A propósito, a eficácia do mercado secundário pressuporia um comportamento racional do investidor, que sempre buscaria, sopesando custos e benefícios, alcan-

[37] "The common definition of market efficiency, that prices at any time 'fully reflect' all avail- able information, is really a shorthand for the empirical claim that 'available information' does not support profitable trading strategies or arbitrage opportunities." GILSON, Ronald J.; KRAAKMAN, Reinier H. *The mechanisms of market efficiency*, cit., p. 593.

[38] Além disso, a existência de algum grau de assimetria de informações entre investidores é um fenômeno natural do mercado. Conforme Gustavo Gonzalez, "seria ingênuo pressupor que todos os agentes de mercado possam estar, em qualquer momento que seja, em total simetria informacional. Por exemplo, não há dúvidas de que certas pessoas, em razão de cargos ou funções que desempenham nos (ou para os) emissores de valores mobiliários, a todo tempo possuem informações mais completas acerca desses emissores, mesmo quando não há qualquer informação relevante pendente de publicação". GONZALEZ, Gustavo Machado. *O full and fair disclosure no direito aplicado: a simetria perseguida e as assimetrias toleradas.* In: André Grünspun Pitta, Guilherme Setoguti Pereira (coords.). Direito Empresarial Aplicado. São Paulo: Quartier Latin, 2021, p. 390.

[39] STOUT, Lynn. *The Mechanisms of Market Inefficiency – An Introduction to the New Finance.* 2003, p. 10. Disponível em http://ssrn.com/abstract=470161.

çar situações que maximizassem seu bem-estar[40]. Todavia, o que teorias, como as desenvolvidas por Hebert Simon e por Daniel Kahneman, demonstram é que os processos decisórios dos indivíduos são limitados e, muitas vezes, marcados por aspectos irracionais.

Com efeito, entendimentos expressados no âmbito das teorias sobre economia comportamental revelam que as decisões dos investidores de comprar ou vender ações *não* são exclusivamente influenciadas pelas informações divulgadas pelo emissor. Na verdade, questões como (i) a impossibilidade concreta de processamento da informação antes de adquirir ou alienar a ação[41], (ii) a adoção de processos decisórios fundamentados em preconcepções ou intuições[42], (iii) a tendência de supervalorização de informações mais contemporâneas à compra ou à venda da ação – em detrimento de todo o conjunto informacional preexistente[43], e (iv) a maior propensão dos investidores de tomar decisões visando a evitar perdas do que de assumir riscos para obter lucro, revelariam incongruências nas premissas da teoria dos mercados eficientes[44].

Assim, extrai-se das teorias econômicas, que se dedicaram ao estudo dos elementos relativos às informações disponíveis no mercado que contribuem para a formação da cotação das ações em bolsas de valores, haver uma grande diversidade de informações e comportamentos que convergem para a definição de tal cotação. Na verdade, esses elementos dizem respeito a distintas variáveis – diferentes riscos – que, na maioria das

[40] Ainda que os defensores da teoria dos mercados eficientes reconheçam uma certa irracionalidade no mercado de capitais, "consideram que esses 'ruídos' não seriam suficientes para afetar a eficiência informacional do mercado, mas apenas para causar prejuízos àqueles que atuassem afastados da plena racionalidade". PITTA, André Grünspun. *Falhas informacionais, danos a investidores e a hipótese dos mercados eficientes: reflexões necessárias*, cit., p. 158.

[41] PAREDES, Troy. *Blinded by the light: information overload and its consequences for securities regulation.* Saint Louis: Washington University. 2003, p. 16-17.

[42] TVERSKY, Amos; KAHNEMAN, Daniel. *Judgment under uncertainty: heuristics and biases.* v. 185. Science, New Series, Washington, 1974, p. 1124.

[43] CHOI, Stephen J.; PRITCHARD, Adam C. *Securities regulation: essentials.* Aspen: New York, 2008, p. 32.

[44] COX, James et al. *Securities regulation: cases and materials.* 5. ed. New York: Aspen, 2006, p. 114.

vezes, não estão na esfera de controle do investidor que toma a decisão de comprar ou vender uma determinada ação.

Diante disso, para que se possa averiguar se tais riscos – quando fazem a cotação da ação sofrer robusta redução – poderiam caracterizar hipóteses de danos aos investidores, deve-se, à luz da ordem jurídica brasileira, recorrer à disciplina da responsabilidade civil, a qual exige a certeza do dano e presença do nexo de causalidade entre a conduta e a perda indenizável.

5. A certeza do dano como requisito essencial à obrigação de indenizar

De acordo a com a disciplina fundante do direito civil, o dano indenizável deve ser *certo*. O dano certo é aquele cuja existência é determinada ou, no mínimo, determinável. Ou seja, trata-se de dano que já é conhecido, ainda que suas consequências sejam futuras.

A certeza do dano como requisito à sua indenização visa a evitar a reparação de danos meramente eventuais ou hipotéticos[45]. Assim, a vítima, ao pleitear a reparação patrimonial, tem o ônus de comprovar que busca a indenização de dano conhecido e não de uma hipótese eventual de perda.

No âmbito do mercado secundário, a demonstração da certeza do dano consiste em tarefa árdua, em virtude da dinamicidade das negociações e de a cotação das ações constituir, fundamentalmente, uma referência para fins de determinação do preço de compra ou venda de tal título.

De fato, quando o investidor é titular de ações de emissão de determinada companhia e verifica que o valor de negociação do título no mercado sofreu queda os seguintes questionamentos se colocam: houve perda no momento inicial em que começou a queda da cotação das ações? Ou somente existiria dano após um período (de horas? Ou de dias?) em que a cotação das ações continuou caindo? E se a ação voltar a ser negociada em patamar superior ao da data em que sua cotação começou a baixar,

[45] MONTENEGRO, Antonio Lindbergh C. *Ressarcimento de Danos*. 8. ed. Rio de Janeiro: Lumen Juris, 2005, p. 11; PEREIRA, Caio Mário da Silva. *Responsabilidade Civil*. 11. ed. Rio de Janeiro: Forense, 2016, p. 43-44; DIAS, José de Aguiar. *Da Responsabilidade Civil*. 12. ed. Rio de Janeiro: Lumen Juris, 2011, p. 825.

haveria dano? Como deveria ser definido o momento em que o dano supostamente ocorreu?

Diz-se "supostamente", uma vez que há dúvidas se o valor de negociação em bolsa da ação seria realmente a expressão patrimonial desse título capaz de caracterizar danos sofridos pelos acionistas. Vale dizer, além dos questionamentos já expressados, alguns outros devem ser colocados: o fato de a ação de emissão da companhia ser cotada, num determinado dia ou período, em um patamar inferior ao que vinha ocorrendo poderia, por si só, configurar uma perda causada ao acionista? Ou será que o valor de negociação da ação em bolsa constitui, exclusivamente, uma referência a um preço que será dispendido ou recebido, na hipótese do encontro de ordens de compra e de venda da ação?

Essas questões procuram demonstrar, em primeiro lugar, que a cotação da ação não pode ser, por si só, considerada como a definidora de um eventual dano. Na verdade, o valor de negociação em bolsa da ação constitui um padrão de referência para um preço que venha a ser pago quando da aquisição da ação – um parâmetro para a tradição da ação se aperfeiçoar[46]. Melhor dizendo: ao mesmo tempo em que consiste em referência, a cotação é estabelecida na prática por meio das operações de compra e venda que vão se concluindo de acordo com o encontro das ordens de aquisição e alienação colocadas pelos investidores.

O funcionamento do mercado secundário deixa isso claro. Enquanto, no mercado primário, a companhia emissora fixa um preço que deverá ser pago para a compra das ações que são colocadas em circulação; no mercado secundário, cada investidor – mediante os diferentes sistemas existentes (contato telefônico com o corretor, sistemas de *homebroker*, plataformas digitais desenvolvidas para investidores qualificados ou profissionais, etc.) – disponibilizará a sua ordem, a qual expressará o mon-

[46] "O valor que atribuímos a determinado bem mediante avaliação é, portanto, apenas provável, possível ou potencial: a) a determinação do valor de troca não se baseia em troca efetiva no mercado, mas em padrão de relações de troca definido pelo mercado para bens iguais ou semelhantes; a avaliação estima a quantidade de moeda que provavelmente será obtida em substituição do bem caso ele venha a ser trocado no mercado, mas a quantidade realmente obtida quando da troca pode ser diferente da estimada na avaliação". PEDREIRA, José Luiz Bulhões. *Finanças e Demonstrações Financeiras da Companhia: Conceitos Fundamentais*. Rio de Janeiro: Forense, 1989, p. 163.

tante que se pretende pagar ou receber, na medida em que se pretenda vender ou comprar ações[47].

Ao emitir a ordem de aquisição ou de alienação, o investidor estabelece o preço de compra ou venda que ele quiser, o qual, normalmente, leva em consideração a cotação da ação e servirá de base para seu eventual ajuste. De fato, seria ingênuo acreditar que determinado investidor, sabendo que a ação está sendo negociada a "x", iria colocar uma ordem de venda em um montante muito inferior a "x" (que faria com que recebesse menos do que as contrapartes, provavelmente, concordariam em pagar) ou muito superior a "x" (o qual, possivelmente, não encontraria contraoferta correspondente).

Diante disso, a dinâmica do próprio mercado secundário revela que a cotação da ação consiste em uma referência que influencia e é influenciada pelas ordens de compra e venda e pela concretização dos negócios, sendo, por consequência, continuamente ajustada. Logo, essa dinamicidade, a constante mutação e a sua caracterização como parâmetro ao preço a ser definido, na oferta de compra e venda, revelam que o valor de negociação em bolsa da ação, em si, não goza da certeza e tampouco consubstanciará alterações patrimoniais necessárias à configuração do dano.

A esse respeito, cabe destacar que, para a configuração do dano patrimonial, é necessário haver a diminuição ou incremento do valor em moeda dos elementos que integram, respectivamente, o ativo ou o passivo do patrimônio, definido sob o ponto de vista financeiro[48]. Com base nisso, como a cotação consiste em uma referência para a veiculação das ordens que poderão resultar em compra ou venda de ações e por elas é influenciada, o simples fato de o valor de negociação em bolsa das ações aumentar ou diminuir não significa, por si só, existirem alterações, no valor em moeda, dos elementos do ativo ou do passivo do patrimônio do acionista.

[47] "D'une part, les marchés, que l'on qualifiera de 'bousiers', qui constituent des systèmes collectifs de négociation, c'est-à-dire des systèmes multilatéraux et organisés permettant la rencontre de multiples intérêts acheteurs et vendeurs". PROROK, Johan. *La responsabilité civile sur les marchés financiers*, cit., p. 10-11.

[48] WEBER, Ana Carolina. *Responsabilidade Societária: Danos causados pelos Administradores.* São Paulo: Quartier Latin, 2021, p. 149.

Em vista de tais constatações, a oscilação da cotação das ações de uma determinada companhia para patamares superiores ou inferiores não expressa a certeza e a mutação patrimonial essenciais à caracterização de um dano indenizável.

Isso quer dizer que nunca haveria certeza ou perda patrimonial reparável relacionada ao decréscimo de valor de negociação em bolsa da ação? Em resposta, sob a perspectiva dos efeitos patrimoniais e da certeza do dano, poder-se-ia cogitar de uma eventual perda no caso da alienação das ações.

Para explicar essa afirmativa, fazemos referência às discussões do direito norte-americano a respeito da configuração dos danos para fins da aplicação da teoria da *"fraud-on-the-market"*, a qual visa a tutelar situações em que titulares de ações sofrem perdas em decorrência da omissão ou da prestação de informações falsas pela companhia emissora ou por seus administradores[49].

No âmbito da teoria da *"fraud-on-the-market"*, há dois principais posicionamentos: o primeiro que identifica o dano decorrente da falha informacional, com base no pagamento inicial a maior quando da aquisição da ação ou da venda por um valor reduzido, estabelecido por influência da informação fraudulenta[50]. O segundo que, de maneira geral, exige uma correção da cotação da ação após a divulgação da informação verdadeira[51].

Recorrendo-se às críticas feitas ao primeiro entendimento, inclusive referendadas pela Suprema Corte daquele país, o eventual pagamento inicial a maior é contrabalançado pela titularidade da ação adquirida[52]. Ou seja, ainda que tenha havido saída de recursos superior ao que seria devido, passa a constar do ativo do acionista uma ação representativa,

[49] WEBER, Ana Carolina. *Responsabilidade Societária: Danos causados pelos Administradores*, cit., p. 266-267.

[50] FOX, Merritt B.. *After Dura: Causation in Fraud-on-the-Market Actions*. J. Corp. L. v. 31, 2006, n. 829; FOX, Merritt B.. *Understanding Dura*. The Business Lawyer. v. 60, 2005, n. 1547; FOX, Merritt B.. *Demystifying Causation in Fraud-on-the-Market Actions*. The Business Lawyer, v. 60, 2005, n. 514.

[51] COFFEE JR., John C.. Causation by Presumption? Why the Supreme Court Should Reject Phantom Lossess and Reverse Broudo. The Business Lawyer. v. 60, 2005, n. 533, 546.

[52] WEBER, Ana Carolina. *Responsabilidade Societária: Danos causados pelos Administradores*, cit., p. 309.

naquele momento, do montante que foi pago. Vale dizer, o valor em moeda da dívida consistente no desembolso para a aquisição da ação é compensado pelo valor em moeda expressado pela própria ação.

Esse título, na medida em que permanece no patrimônio do acionista, continua integrando o seu ativo. Ainda que ele seja, em seguida, cotado no mercado em patamar inferior ao que foi pago na sua aquisição, não há, materialmente, uma diminuição do valor em moeda do bem. Na verdade, pode ocorrer que, alguns dias ou meses após a queda do valor de negociação em bolsa, a ação seja negociada em valores superiores ao que se dispendeu na sua compra, o que poderia representar a recuperação da suposta perda sofrida pelo acionista.

Assim, a mutação patrimonial parece acontecer somente se o acionista alienar a ação em um valor inferior ao que ele pagou[53]. Nesse instante, o decréscimo no preço de venda consubstanciaria uma diminuição da expressão em moeda daquele bem e, portanto, poderia se enquadrar em eventual hipótese de dano imposta ao patrimônio do acionista[54].

No entanto, a certeza do dano que poderia ser caracterizada pela venda da ação a um preço inferior àquele pago, quando ela foi originalmente adquirida, não é suficiente para a caracterização do dever de indenizar que se pretenda atribuir ao administrador de uma companhia aberta. Há, pelo menos, um outro requisito a ser satisfeito: o nexo de causalidade.

6. O nexo de causalidade é requisito à imposição da obrigação de indenizar

O nexo de causalidade, requisito de todo dever reparatório[55], representa a ligação entre a conduta do agente e o dano sofrido pela vítima, consistindo na prova de que a lesão ao bem jurídico é a consequência da ação ou omissão do agente. Embora possa ser definido em três linhas, o

[53] *"The reflective loss only becomes certain (and fixed) by the sale, in the sense that the value of the share can no longer recover to the higher level it had prior to the unlawful behavior"*. JONG, Bas J. de. *Shareholders's Claims for Reflective Loss: A Comparative Legal Analysis.* European Business Organization Law Review, v. 14, março, Issue 1, 2013, p. 99.

[54] Weber, Ana Carolina. *Responsabilidade Societária: Danos causados pelos Administradores,* cit., p. 309.

[55] Guerreiro, José Alexandre Tavares. *Responsabilidade dos Administradores de Sociedades*

nexo causal é uma das questões mais tormentosas da imputação do dever de indenizar. Determinar, de forma precisa, em uma cadeia de causas concorrentes ou sucessivas, aquela à qual se deva atribuir a produção do dano, faz com que o nexo de causalidade seja considerado "o mais delicado dos elementos da responsabilidade civil e o mais difícil de ser determinado"[56].

Na tarefa de auxiliar o julgador na definição do agente e do ato aos quais se deva atribuir o resultado danoso, desenvolveu-se uma série de teorias: (i) da equivalência dos antecedentes causais; (ii) da causa próxima; (iii) da causa eficiente; (iv) da causa preponderante; (v) da causalidade adequada; (vi) do escopo da norma jurídica violada; e (vii) do dano causal direto e imediato.

O direito civil brasileiro parece ter se alinhado à teoria da relação causal direta e imediata, em sua vertente denominada teoria da necessariedade da causa. Com efeito, de acordo com o artigo 403 do Código Civil, "ainda que a inexecução resulte de dolo do devedor, as perdas e danos só incluem os prejuízos efetivos e os lucros cessantes por efeito dela direto e imediato, sem prejuízo do disposto na lei processual".

Embora o referido artigo seja objeto de críticas, tendo em vista que a disciplina do nexo de causalidade teria sido incluída em dispositivo relativo à responsabilidade contratual – e não aquilina –, entende-se que ali foi consagrada a noção de a causa ser aquela da qual o dano decorra de forma direta e imediata[57].

Como, então, fixar essa relação direta e imediata? Aponta-se, nos estudos desenvolvidos no direito francês, por Dumoulin e Pothier, que a caracterização dessa espécie de vínculo ocorreria quando o evento danoso é efeito necessário de determinada causa[58]. Com base nessa pre-

Anônimas. Revista de Direito Mercantil, Industrial, Econômico e Financeiro, São Paulo, n. 42, ano XX, abr./jul., 1981, p. 77.

[56] PEREIRA, Caio Mário da Silva. *Responsabilidade Civil*. 11. ed. Rio de Janeiro: Forense, 2016, p. 158.

[57] MARTINS-COSTA, Judith. *A boa-fé no direito privado: critérios para a sua aplicação*. São Paulo: Marcial Pons, 2015, p. 384; TEPEDINO, Gustavo; SCHREIBER, Anderson. *Código Civil comentado*. v. IV. São Paulo: Atlas, 2008, p. 376.

[58] No Brasil, adotam esse entendimento para a fixação do nexo causal: ALVIM, Agostinho. *Da Inexecução das Obrigações e suas Consequências*. 4. ed. São Paulo: Saraiva, 1972, p. 372;

missa, passa-se a uma segunda questão: como definir a causa necessária? A doutrina esclarece que necessárias são as causas que rompem o equilíbrio existente entre as outras condições[59].

De fato, a definição de nexo de causalidade deve ser efetuada a partir de uma relação de necessariedade entre a conduta e o dano, afastando-se o intérprete de considerações, exclusivamente, a respeito da proximidade temporal entre eles. Vale dizer, mesmo que se verifique significativo lapso temporal entre a causa e o dano, se não existir outra causa que explique a produção do dano, a ordem jurídica determina que ela consistirá no fundamento da obrigação de indenizar.

Ainda a esse respeito, diante de causas sucessivas ou concomitantes, segundo a teoria da causa necessária, a definição da causa à qual se deva atribuir a responsabilidade pressupõe a verificação de uma das concausas ter sido capaz de romper o liame de necessariedade entre as demais e o dano[60]. Ou seja, a definição da causa à qual se deva atribuir a obrigação de indenizar não se refere ao momento em que o fato ocorreu, mas, sim, à verificação de concausa apta a romper o liame entre as demais condições e o dano.

Cabe ressaltar que a causa necessária não é aquela que, isolada e exclusivamente, pode provocar o dano. Na verdade, é normal que duas ou mais

Silva, Wilson Melo da. *Responsabilidade Sem Culpa*. São Paulo: Saraiva, 1974, p. 129; Gomes, Orlando. *Obrigações*. 18. ed. Rio de Janeiro, Forense, 2016, p. 334; Tepedino, Gustavo. *Notas Sobre o Nexo de Causalidade*. Revista Trimestral de Direito Civil, Rio de Janeiro, v. 6., abr./jun., 2001, p. 8; Lopez, Teresa Ancona. *Nexo Causal e Produtos Potencialmente Nocivos: A Experiência do Tabaco Brasileiro*. Tese (Concurso de Livre Docência da Faculdade de Direito da Universidade de São Paulo) – Faculdade de Direito, Universidade de São Paulo, São Paulo, 2001. Em sentido oposto, opinando pela prevalência em nosso direito da teoria da causalidade adequada: DIAS, José de Aguiar. *Da Responsabilidade Civil*. 12. ed. Rio de Janeiro: Lumen Juris, 2011, p. 315; Cavalieri Filho, Sérgio. *Programa de Responsabilidade Civil*. 10. ed. São Paulo: Atlas, 2012, p. 61; Venosa, Sílvio de Salvo. *Direito civil: responsabilidade civil*. v. 4. São Paulo: Atlas, 2003, p. 39; Sanseverino, Paulo de Tarso Vieira. *Responsabilidade civil no Código do Consumidor e a defesa do fornecedor*. São Paulo: Saraiva, 2002, p. 243.

[59] Alvim, Agostinho. Da Inexecução das Obrigações e suas Consequências, cit., p. 380-381.

[60] "Le dommage est direct toutes les fois que l'on peut affirmer que la faute en a été la condition nécessaire; il cesse de l'être dans le cas contraire". Marty, Gabriel. *La Relation de Cause et Effet comme Condition de la Responsabilité Civile*. Revue Trimestrielle de Droit Civil, 1939, p. 703.

causas necessárias concorram para a produção do dano. Contudo, a qual dos comportamentos deve ser atribuída a obrigação de indenizar? Deve-se repartir a obrigação reparatória?

Na verdade, diante de concausas, a identificação da causa a que se atribua a obrigação de indenizar deve percorrer as seguintes etapas[61]. Em primeiro lugar, deve ser identificado se, no caso, existem causas sucessivas ou simultâneas, isto é, deve-se verificar a posição das causas dentro da ordem cronológica de eventos. Na hipótese de causas necessárias simultâneas, deve-se proceder à valoração de preponderância, de modo a excluir alguma delas ou a repartir o dever de indenizar entre seus responsáveis, quando não é possível identificar a que prepondere.

Por outro lado, na hipótese de causas sucessivas, devem ser respondidos os seguintes questionamentos: há necessariedade entre o conjunto de causas e o evento danoso? Caso a resposta seja negativa, somente à causa cuja necessariedade tenha sido reconhecida é que se atribuirá o liame apto a respaldar pedidos indenizatórios. Na hipótese de resposta positiva, passa-se a uma nova questão, relativa à preponderância de uma ou algumas causas indiretas. Vale dizer, mesmo no caso de causas sucessivas, é possível que a causa superveniente não rompa o nexo entre a causa anterior e o dano, de modo que ambas sejam consideradas concausas e, portanto, todos os agentes que as praticaram devam ser responsabilizados.

Transportando os ensinamentos acerca do nexo de causalidade para o exame de eventuais danos relacionados à venda de ações por preços inferiores ao que foram pagos quando de sua aquisição no mercado secundário, deve-se repisar que a definição do nexo de causalidade, com base em um liame de necessariedade, não impede o reconhecimento de que mais de um fato possa ser caracterizado como causa do dano. Nesse sentido, embora o valor de negociação em bolsa de uma ação possa ser determinado com base em distintos fatores, é possível reconhecer que dentre eles esteja uma conduta lesiva específica.

[61] TEPEDINO, Gustavo. Notas Sobre o Nexo de Causalidade, cit., p. 17. O raciocínio e' também reproduzido em TEPEDINO, Gustavo. *Nexo de causalidade: conceito, teorias e aplicação na jurisprudência brasileira.* In: RODRIGUES JUNIOR, Otavio Luiz; MAMEDE, Gladston; ROCHA, Maria Vital da. (org.). Responsabilidade Civil Contemporânea. São Paulo: Atlas, 2011, p. 114.

Diante disso, reconhecendo que certo comportamento constituiu causa necessária da eventual perda do acionista, deve-se, para fixar a extensão da obrigação de indenizar, estabelecer a preponderância da conduta em questão – em face das demais causas necessárias – para a produção do dano.

Nesse mister, caberá ao acionista trazer ao julgador de sua pretensão reparatória elementos comprobatórios da preponderância do ato específico quanto às demais circunstâncias que tenham contribuído necessariamente para o resultado danoso. Em última instância, para a imputação de obrigação de indenizar, será necessária a prova pelo investidor da formação do liame causal necessário (e a eventual interrupção do vínculo com outras causas) entre a conduta ilícita e a decisão de vender as ações por um preço inferior ao que, originalmente, se adquiriu.

Conclusões

Como visto ao longo do presente artigo, os riscos são inerentes às atividades humanas, manifestando-se de uma maneira relevante no âmbito da negociação de ações no mercado de capitais.

Procurou-se examinar as características das companhias, especificamente, as abertas registradas perante a CVM sob a categoria A, e das ações que são por ela emitidas, a fim de identificar os feixes de direitos e obrigações que delas decorrem e a razão pela qual a titularidade das ações faz com que os acionistas "sintam" os efeitos patrimoniais de perturbações sofridas na ordem interna de tais companhias.

Como visto, por se tratar de um bem, cuja existência e características decorrem de outros – situados na ordem jurídica da companhia emissora – a ação faz com que os acionistas possam, em seu patrimônio individual, sofrer os efeitos de danos causados no âmbito da sociedade.

Especificamente em relação à cotação das ações, verificou-se que diferentes fatores contribuem para o estabelecimento de tal valor, o qual, continuamente, é alterado pelo encontro de ordens de compra e venda. A necessária caracterização da cotação das ações como um padrão de referência para a conclusão da aquisição ou da alienação de tais valores mobiliários no mercado secundário revela a impossibilidade de utilizá-la como fundamento exclusivo para um eventual pleito de dano sofrido pelo acionista, seja ele decorrente de perdas atribuídas à companhia, seja imputado unicamente à sua esfera patrimonial individual.

Com base em constatações como a de que a ideia de adquirir determinado valor mobiliário na expectativa de revendê-lo a um valor superior, auferindo lucros, é da essência do mercado de capitais, chegou-se à conclusão de que a oscilação da cotação das ações de uma determinada companhia para patamares superiores ou inferiores não expressa a certeza e a mutação patrimonial essenciais à caracterização de um dano indenizável, sendo possível se cogitar de um eventual dano quando o acionista alienar a ação em um valor inferior ao que ele pagou.

Mesmo nessa hipótese, em que a certeza do dano parece ser passível de comprovação, aquele que pretenda deduzir pretensão indenizatória deve ainda se desincumbir de um ônus inerente à responsabilidade: a prova do nexo de causalidade, o qual deverá ser demonstrado com base na fixação do liame necessário entre a conduta ilícita praticada pelo agente e a venda da ação a um preço inferior ao que originalmente se pagou.

5.
AGRAVAMENTO DE RISCOS E SEGURO[1]

Diogo Costa Seixas

Introdução

Não há contrato sem risco. A observação é frequentemente repetida na doutrina e tem sido objeto de tratamento por diversas ciências e áreas do saber, desde a Economia, Antropologia, Filosofia e Psicologia, conferindo uma pluralidade de significados à noção de risco. Para o Direito o risco é um conceito polissémico e frequentemente associado a outros fenómenos; pense-se no risco de incumprimento, no risco de insolvência ou no risco de perecimento da coisa. Na verdade, celebrar um contrato implica necessariamente assumir riscos. O Direito dos Seguros tem sido um campo fértil para o estudo do risco e o aprofundamento do seu significado para o Direito. Com efeito, o risco é o fundamento da sua existência.

O presente artigo divide-se em duas partes. Numa primeira, procurarei desenvolver, ainda que de forma sintética, o significado de *risco* na sociedade contemporânea. Para este efeito, farei uso das ferramentas da Sociologia – campo científico que atravesso somente de passagem –, tendo em vista fixar um enquadramento teórico que permita localizar o sentido e o

[1] Jurista na Autoridade de Supervisão de Seguros e Fundos de Pensões. As opiniões expressas neste artigo são da responsabilidade do autor, não vinculando a Autoridade de Supervisão de Seguros e Fundos de Pensões. Agradeço as valiosas sugestões de Beatriz Morais Sarmento, Margarida Duarte, Maria Eduarda Ribeiro e Rui Falcão. Agradeço também à Biblioteca da Autoridade de Supervisão de Seguros e Fundos de Pensões o amável apoio na recolha de bibliografia. Eventuais erros ou omissões são da exclusiva responsabilidade do autor.

alcance do risco como ponto prévio ao seu tratamento pelo Direito e, em particular, pelo Direito dos Seguros. Assim, tentarei demonstrar que só poderemos compreender o agravamento do risco se atendermos às suas ramificações sociais e culturais. Deste modo, não analisarei o *agravamento do risco* como uma vicissitude contratual fruto da verificação de circunstâncias supervenientes que aumentam a probabilidade ou magnitude do sinistro; optarei, sim, por considerar uma questão prévia: a relação entre o *agravamento* e a *valoração* do risco por determinado sujeito.

Este exercício beneficiará do conceito de *sociedade de risco mundial* (*weltrisikogesellschaft*) desenvolvido pelo sociólogo alemão Ulrich Beck, como um importante auxílio na fixação de um quadro conceptual sólido com proveito para a análise jurídica. Destacarei duas ideias que me parecem fundamentais: por um lado, a *perceção do risco* é uma condição prévia à celebração do contrato de seguro com reflexos no seu regime jurídico; por outro, o risco é uma realidade em permanente expansão que coloca em crise os limites da cobertura garantida por um contrato de seguro e, consequentemente, a capacidade de reparar os danos sofridos por potenciais lesados. Creio que, sob este pano de fundo, seremos capazes de lançar luz sobre um aspeto relevante para o Direito dos Seguros e, parece-me, para outras áreas do Direito Privado: o *agravamento do risco* constitui, em primeiro lugar, um problema de *perceção* e, em segundo, um problema de *responsabilidade*.

Numa segunda parte, procurarei aprofundar a referida relação entre o agravamento do risco e responsabilidade. Entendo que a chave para a compreensão deste fenómeno reside no sentido do conceito de *imputação*. Procurarei desenvolver de forma sintética o alcance deste conceito numa época de agravamento dos riscos à luz dos mecanismos típicos do contrato de seguro.

A minha reflexão será acompanhada pela análise das consequências da proliferação dos seguros obrigatórios de responsabilidade civil. Com efeito, ao prever sucessivamente a obrigatoriedade de celebrar o referido seguro como condição de acesso ao exercício de atividades económicas, o legislador português – não sendo o único – promoveu uma *omnipresença* do seguro, suscitando novas questões sobre o contributo deste mecanismo para a progressiva erosão do sentido axiomático-normativo da responsabilidade civil. Na verdade, o contrato de seguro não se move na periferia do Direito das Obrigações, como produto jurídico que lida com os efeitos de determinado regime, mas influencia de forma relevante o desenvolvimento do tratamento legal e dogmático desta área do Direito. Procurarei assim refletir sobre o papel do seguro na construção de modelos de imputação delitual, tendo em conta a natureza das estruturas de alocação de risco subjacentes. Por último, antecipo que me pronunciarei somente sobre a dimensão material do Direito dos Seguros, deixando de lado a sua vertente institucional, a qual convoca uma série de questões que merecem tratamento autónomo.

1. A natureza do risco

Toda a *atividade humana* comporta riscos. A observação afigura-se um truísmo, mas é ilustrativa de um dos aspetos fundamentais do nosso comportamento face à incerteza sobre as consequências desejadas ou indesejadas de determinado evento. Estamos, sobretudo, a descrever a *falta de conhecimento* sobre o futuro. Para afirmarmos que algo é *um risco* dependemos da nossa cognição, isto é, da consciência de que esse risco existe. A *perceção* do risco resulta do *conhecimento* do risco[2]. Evidentemente, podemos não conhecer o risco, seja porque o ignoramos ou porque o atual estado do conhecimento não revelou determinado tipo de riscos. A evolução da ciência e da técnica demonstra que certas atividades que considerávamos não comportarem qualquer risco tinham, afinal, consequências negativas. À medida que nos deparamos com essas consequências somos levados a optar entre ignorar, nada fazer ou tomar medidas que visem atenuar os efeitos da sua eventual verificação.

A formulação de um juízo sobre determinado risco assenta em valorações subjetivas – com maior ou menor correspondência empírica – que levam determinado sujeito a qualificar os eventos abstratamente considerados como prejudiciais. Se alguém, após uma doença prolongada, decide celebrar um seguro de vida para proteger a sua família das dificuldades financeiras que resultariam da sua morte, para essa pessoa, o *risco* em causa é negativamente valorado ao ponto de a pessoa agir e suportar as consequências económicas da sua decisão – em particular, o pagamento

[2] Clarke, Malcolm. *Policies and Perceptions of Insurance Law in the Twenty-First Century*. Oxford: Oxford University Press, 2009, pp. 12-20.

do prémio –, tendo em vista transferir o risco para um terceiro (*in casu*, o segurador). No entanto, o referido motivo pode não significar qualquer aumento da probabilidade de morte prematura. Note-se que ao falarmos de uma *doença* pensamos também nas notícias que circulam nos meios de comunicação social ou outros eventos que podem influenciar a perceção dos sujeitos quanto à ocorrência de eventos com impactos negativos.

A noção de *risco* tem dado origem a diversas construções e modelos teóricos[3]. Antes de mais, podemos apontar dois elementos comuns nas definições de risco que têm vindo a ser ensaiadas: a indeterminação e a perda[4]. Com efeito, para que nos encontremos perante um *risco* têm de existir pelos menos dois resultados possíveis. Ora, se tivermos a certeza que determinado evento vai realizar-se não existe qualquer risco. Por outro lado, um dos referidos resultados tem de ser negativamente valorado, podendo tal significar uma perda ou um ganho inferior àquele que seria possível.

A perceção do risco dá-nos um retrato particularmente interessante do estádio de evolução social e cultural com ramificações na história da indústria seguradora. No passado, o discurso científico era um domínio isolado da generalidade das pessoas. No entanto, nos dias de hoje, estamos permanentemente em contacto com novas descobertas que sucessivamente questionam dados adquiridos[5]. As consequências que antes tomávamos como certas – relacionadas designadamente com os nossos hábitos diários de alimentação, exercício, entretenimento e consumo – são agora colocadas em causa, despertando uma sensação de insegurança face a uma permanente mutabilidade. Estamos assim perante um paradoxo: por mais que o conhecimento oferecido pela ciência e pela

[3] Vd., desenvolvidamente, REGO, Margarida Lima. *Contrato de Seguro e Terceiros. Estudo de Direito Civil.* Coimbra: Coimbra Editora, 2010, pp. 67 e ss. Na doutrina brasileira, PETERSEN, Luiza Moreira. *O Risco no Contrato de Seguro*. São Paulo: Roncarati, 2018, pp. 71 e ss. Para uma síntese da evolução da literatura sobre o conceito de risco, vd., WOOD, Oliver G., Jr. "Evolution of the Concept of Risk." *The Journal of Risk and Insurance*. Vol. 31, n. 1, 1964, pp. 83-91.

[4] Cf., VAUGHAN, Emmett J., VAUGHAN, Therese M. *Fundamentals of Risk and Insurance*. 11. ed. John Wiley & Sons, Inc., 2014, p. 2.

[5] GIDDENS, Anthony. "Risk and Responsability." *The Modern Law Review*. Vol. 62, n. 1, 1999, pp. 1 e 2.

tecnologia nos aproxime de uma putativa *certeza*, somos levados a concluir que a "imprevisibilidade decorre diretamente da história."[6] Este novo paradigma resulta de duas transformações que afetaram profundamente as nossas vidas e a nossa perceção do risco: o *fim da natureza* e o *fim da tradição*[7]. Em primeiro lugar, o *fim da natureza* não significa que a *natureza desapareceu*, somente que a nossa relação com o ambiente sofreu alterações profundas. Existem poucos locais no mundo que não sofreram a intervenção humana. Consequentemente, verificou-se uma inversão fundamental na referida relação: deixámos de nos preocupar com o que a natureza *nos podia fazer* – *e.g.*, inundações, terramotos, ou incêndios – e passámos a preocupar-nos com o que *fizemos à natureza*[8]. Este aspeto é facilmente ilustrado pelas alterações climáticas com reflexos relevantes no contrato de seguro. A imprevisibilidade associada a estes eventos e as suas consequências devastadoras colidem frontalmente com os princípios subjacentes ao exercício da atividade seguradora, designadamente o funcionamento da lei dos grandes números[9]. Em segundo lugar, ao afirmar que vivemos após o *fim da tradição* pretendo transmitir que a vida já não é vivida como *destino*. O progressivo desaparecimento de uma conceção determinista da existência tem impactos relevantes nos comportamentos adotados pelos sujeitos face à verificação de um potencial risco. Recuperemos o exemplo acima: hoje em dia identificamos diversas causas que poderão resultar mais tarde ou mais cedo na nossa morte, em parte diretamente relacionadas com o nosso modo de vida (*e.g.*, sedentarismo, *stress*, obesidade, poluição), contrariamente a um passado recente onde não estávamos despertos para as consequências do nosso comportamento; por outro lado, estamos convictos de que mudando de comportamento podemos atenuar os efeitos de algumas dessas causas, isto é, temos a possibilidade de *alterar* o futuro, bem como de *prevenir* os efei-

[6] Arendt, Hannah. *A Condição Humana*. Roberto Raposo (trad.) Lisboa: Relógio D'Água, 2001, p. 241.

[7] Giddens, Anthony. "Risk and Responsability", *cit.*, pp. 2 e 3. O autor baseia-se em parte nos estudos de Ulrich Beck sobre a *sociedade de risco*. Vd., Beck, Ulrich. "The Politics of Risk Society" *in The politics of risk society*. Jane Franklin (ed.) Cambridge: Polity, 1998, pp. 9-21.

[8] Giddens, Anthony. "Risk and Responsability", *cit.*, p. 3.

[9] Vd., texto junto à n. 41.

tos negativos que a morte causaria naqueles que nos são mais próximos; neste quadro, uma das formas de lidar com a nossa *perceção* do risco seria celebrar um seguro de vida[10].

Note-se que a sociedade contemporânea não é necessariamente uma sociedade mais *perigosa*. A vida na Idade Média não seria certamente mais *segura* do que nos dias de hoje. Se pensarmos nas pestes e guerras que preenchem o nosso imaginário sobre este período, afigura-se óbvio que a exploração de determinados ramos dos seguros, como o seguro de saúde e de vida, seriam dificilmente viáveis face a estas condições. A ideia de risco é indissociável do desejo de controlar determinado resultado. Com efeito, o risco só pode ser gerado numa sociedade progressivamente preocupada com o *futuro*[11].

Avaliar o risco relativo a um ato, processo ou escolha é uma atividade complexa que reflete aspetos fundamentais da condição humana. Mesmo quem decida *nada fazer* como estratégia para não sofrer qualquer consequência adversa encontra-se inevitavelmente sujeito a riscos. Se pensarmos no caso específico da atividade comercial, a gestão do risco ou *risk management* adquiriu a partir da segunda metade do século XX um lugar fundamental nos currículos das universidades e na estratégia de negócio de uma empresa e visa essencialmente reduzir ou eliminar os riscos a que uma determinada organização se encontra sujeita[12]. Intuitivamente, qualquer pessoa sabe que ao celebrar um contrato a posição das partes pode, ao longo da execução do mesmo, sofrer diversas vicissitudes previstas ou imprevistas. A distribuição do risco contratual é objeto de institutos consagrados na lei[13] e pelas próprias partes no clausulado do contrato[14]. Em particular, o *agravamento* do risco – com toda a indeter-

[10] Para uma análise sobre a relação entre o contexto social e cultural e a subscrição de contratos de seguro, vd., Clarke, Malcolm. *Policies and Perceptions of Insurance Law in the Twenty-First Century, cit.*, pp. 18 a 20.

[11] Giddens, Anthony. "Risk and Responsability", *cit.*, p. 3.

[12] Cf., Vaughan, Emmett J., Vaughan, Therese M. *Fundamentals of Risk and Insurance, cit.*, pp. 12 e ss.

[13] Como a resolução ou modificação do contrato por alteração das circunstâncias (artigo 437.º do Código Civil).

[14] Sobre algumas cláusulas de distribuição de risco contratual, vd., Pires, Catarina Monteiro. "Cláusulas de preço fixo, de ajustamento de preço e de alteração material adversa

minação que o conceito comporta – é um acontecimento que ilustra a realidade dinâmica de qualquer relação contratual. No entanto, se entendermos que determinado evento resulta da *sorte* – e, consequentemente, negarmos a existência de *causalidade* –, a gestão do risco seria um exercício estéril. A gestão do risco reside essencialmente na maximização das áreas onde temos algum controlo sobre o resultado, enquanto minimizamos aquelas que não controlamos e a ligação entre causa e efeito permanece oculta[15]. Estamos permanentemente expostos a um grau de *ignorância* sobre o futuro. O contrato de seguro é um dos mecanismos essenciais na estratégia de risco de qualquer organização e o prémio de seguro um custo *certo* que decidimos assumir de forma a evitar a possibilidade de uma perda *maior* e *incerta*[16].

Atendendo à importância do conceito de *risco* para a leitura e interpretação de relações sociais, económicas, políticas e jurídicas, o sociólogo alemão Ulrich Beck desenvolveu o conceito de *sociedade de risco mundial*. Para o autor, não é relevante se atualmente o mundo é "objetivamente" mais seguro que o passado, tendo em conta que a antecipação *encenada* de destruições e catástrofes levam à adoção de uma *ação preventiva*[17]. Consequentemente, a distinção entre o risco enquanto objeto de tratamento científico pela ciência – o dito *risco objetivo* – e a *perceção do risco* desaparece[18]. Por outro lado, a diferença entre os *riscos tradicionais* e os *riscos modernos* reside no facto de os *riscos* resultantes das tecnologias industriais e de larga escala serem consequência de *decisões conscientes* "tomadas no âmbito de organizações privadas e/ou públicas, para alcançar vantagens económicas e aproveitar as oportunidades que daí advêm"[19]; sendo que essas decisões "são tomadas com base num cálculo no qual os perigos são

("MAC") e cláusulas de força maior – Revisitando problemas de riscos de desequilíbrio e de maiores despesas em tempos virulentos." *Revista da Ordem dos Advogados*. Lisboa. a. 80, n. 1-2, 2020, pp. 73-93.

[15] Berenstein, Peter L. *Against the Gods – The Remarkable Story of Risk*. New York: John Wiley & Sons, Inc., 1996, p. 197.

[16] Berenstein, Peter L. *Against the Gods – The Remarkable Story of Risk, cit.*, pp. 204 e 207.

[17] Beck, Ulrich. *Sociedade de risco mundial: em busca da segurança perdida*. Marian Toldy e Teresa Toldy (trad.) Lisboa: Edições 70, 2021, p. 34.

[18] Beck, Ulrich. *Sociedade de risco mundial: em busca da segurança perdida, cit.*, p. 36.

[19] *Ibid.*, pp. 59 e 60.

considerados o lado negativo do progresso"[20]. Neste quadro, os riscos são entendidos como *construções sociais e definições baseadas em determinadas relações de definição* que existem na forma de *conhecimento*[21]. Logo, "a sua «realidade» pode ser dramatizada ou minimizada, transformada ou pura e simplesmente negada de acordo com as normas segundo as quais o conhecimento e o desconhecimento são decididos"[22]. Assim, à medida que se tornar claro que os *riscos globais* não se encontram subordinados aos *métodos científicos* utilizados para os calcular, maior a influência da *perceção do risco*[23]. Posto isto, a referida *sociedade de risco mundial* confronta-se com a seguinte pergunta: "como lida a sociedade moderna com as inseguranças criadas por ela própria?"[24]

Este raciocínio tem reflexos relevantes do ponto de vista jurídico. A avaliação do risco é um exercício metajurídico, prévio à celebração do contrato de seguro. Na ordem jurídica portuguesa é essencial que o contrato de seguro refira um risco[25], *independentemente da sua existência*[26]. Com efeito, a lei determina que o fator relevante é o *conhecimento* da inexistência ou cessação do risco, o qual resulta de um *juízo probabilístico* das pessoas em causa, tendo em conta a informação ao seu dispor[27]. Neste quadro, se o segurador, o tomador ou o segurado, aquando da celebração do contrato de seguro, consideraram o risco como inexistente por terem conhecimento de elementos que, se partilhados, levariam outros sujeitos a essa conclusão, o contrato de seguro será nulo[28]. Logo, são irrelevantes os juízos assentes em dados *não objetivos*. Esta consequência jurídica

[20] *Ibid.*,p. 60.

[21] *Ibid.*, p. 68.

[22] *Ibid.*

[23] *Ibid.*, p. 135.

[24] *Ibid.*, p. 175.

[25] Artigo 1.º do regime jurídico do contrato de seguro aprovado em anexo ao Decreto-Lei n.º 72/2008, de 16 de abril (doravante, "LCS").

[26] Cf., Rego, Margarida Lima. "O risco e as suas vicissitudes". *Temas de Direito dos Seguros*. 2. ed. Coimbra: Almedina, 2016, pp. 389-391. Vd., também, Vasques, José. Comentário ao artigo 44.º da LCS *in* Martinez, Pedro Romano *et al. Lei do Contrato de Seguro Anotada*. 4. ed. Coimbra: Almedina, 2020, pp. 258-262.

[27] Vd., artigo 44.º da LCS.

[28] Cf., Rego, Margarida Lima. "O risco e as suas vicissitudes". *Temas de Direito dos Seguros*, *cit*, pp. 391 e 392.

será facilmente aplicável a situações *óbvias* de riscos que todos aceitamos como existentes (*e.g.*, risco de incêndio num condomínio). No entanto, o caso complica-se à medida que se multiplicam as potenciais contingências – ou adquirimos progressivamente uma consciência desperta para a sua eventual existência – e não é possível chegar a consenso sobre o que constitui ou não um risco. Note-se que esta questão é prévia à imputação de responsabilidade pela verificação de um determinado evento ou à integração de um risco na cobertura proporcionada por um contrato de seguro. Com efeito, o *agravamento do risco* é, em primeiro lugar, consequência de uma construção social com importantes consequências jurídicas.

A sociedade moderna confronta-se com um obstáculo à concretização do desejo de segurança perante um clima de progressivo agravamento dos riscos: a falta de cobertura pelo seguro. Com efeito, o anúncio de novas catástrofes em resultado dos avanços da indústria e da tecnologia – com os eventos relacionados com as alterações climáticas à cabeça – vem acompanhado da ausência de proteção[29]. É certo que a indústria seguradora recorre a diversos mecanismos para dispersar e aumentar a capacidade de absorver cada vez mais riscos, como sejam o resseguro e os mercados de capitais[30]. Ainda assim, estamos perante o potencial advento de uma relação proporcionalmente inversa entre *risco* e *cobertura*. Este cenário só pode ser compreendido à luz de uma visão do risco

[29] Este fenómeno é geralmente designado por *protection gap* e tem sido objeto de diversos estudos. De acordo com a Autoridade Europeia dos Seguros e Pensões Complementares de Reforma (EIOPA), somente 35% das perdas totais causadas por eventos meteorológicos e relacionados com o clima na Europa estavam cobertas por contrato de seguro, sendo expetável que estas perdas aumentem com as alterações climáticas. Vd., *EIOPA's pilot dashboard addresses the natural catastrophe protection gap*, acessível em https://www.eiopa.europa.eu/content/eiopa-pilot-dashboard-addresses-natural-catastrophe-protection-gap_en Para uma análise a nível mundial, vd., o estudo do SwissRe Institute, *Natural Catastrophes: Tracking the protection gap*, acessível em https://www.swissre.com/risk-knowledge/mitigating-climate-risk/natcat-2019.html

[30] Desenvolvidamente, vd., Csiszar, Ernst N. "An Update on the Use of Modern Financial Instruments in the Insurance Sector". *The Geneva Papers on Risk and Insurance.* Vol. 32, n. 3, 2007, pp. 319-331.

sujeito a uma permanente lógica expansiva; isto é, à penetração do risco em todos os *domínios* e *distinções*[31].

Posto isto, o diálogo entre *risco*, *responsabilidade* e *seguro* pode não ser capaz de oferecer respostas satisfatórias. Com efeito, a *sociedade de risco mundial* caracteriza-se por derrubar os pilares em que assentavam os mecanismos políticos, jurídicos e sociais que visavam lidar com o risco. Em primeiro lugar, perante a natureza ilimitada, global e irreparável dos danos, o ressarcimento por via monetária torna-se inviável; em segundo lugar, este cenário impossibilita o controlo antecipado das consequências de acidentes; por último, a ocorrência de um acidente – como é o caso dos eventos relacionados com alterações climáticas – não fica limitada no espaço e no tempo, propagando-se para além das fronteiras do Estado durante um longo período de tempo, não sendo possível determinar e limitar de forma fiável as suas consequências futuras[32]. Desta forma, ficam potencialmente comprometidos os mecanismos da indústria seguradora, que visam analisar e quantificar riscos. Este diagnóstico suscita um relevante dilema jurídico: onde e como encontrar *responsáveis* perante o alargamento das fronteiras da causalidade e a expansão da magnitude das consequências de um evento?

2. Contrato de seguro, risco e responsabilidade

2.1. Pontos de contacto entre a responsabilidade e o risco

Após fazer um juízo de risco, ainda que esse risco remeta para uma realidade ilusória ou inexistente, qualquer pessoa de imediato e intuitivamente coloca a seguinte pergunta: quem será *responsável* caso o evento que receio venha a ocorrer? Para um jurista, falar em *riscos* implica necessariamente alocar *responsabilidades*, determinando – através de nexos de *imputação* – quem é *responsável* por determinado dano. Imputação refere-se a uma relação normativa expressa na palavra «dever-ser», isto é, à ligação entre *pressuposto* e *consequência*[33]. Por sua vez, *imputável* corresponde

[31] Beck, Ulrich. *Sociedade de risco mundial: em busca da segurança perdida, cit.*, p. 256.

[32] *Ibid.*, pp. 64 e 105 a 109.

[33] Kelsen, Hans. *Teoria Pura do Direito*. João Baptista Machado (trad.) 7. ed. Coimbra: Almedina, 2008, pp. 96, 105, 139 a 142.

àquele que pode ser responsabilizado pela conduta. Consequentemente, a imputabilidade não se refere à ligação que existe entre uma conduta e a pessoa que a adota, mas àquela que opera entre um *ilícito* e a *consequência do ilícito*. A imputação para o Direito distingue-se da causalidade para a Natureza. Esta última caracteriza-se por ligar elementos assentes na lei natural, através de relações de *causa* e *efeito* (*e.g.*, se aquecer a água até atingir determinada temperatura esta evapora-se), independentemente de qualquer norma estabelecida por uma autoridade jurídica. Quando afirmo que A deve indemnizar B pelo dano sofrido, significa que se encontram preenchidos os pressupostos que permitem imputar a A a consequência de um determinado ilícito[34]. Mas pode suceder que A não seja responsabilizado pelos danos provocados a B. Com efeito, a sanção que resulta do ilícito pode ser dirigida a C – sendo este juridicamente responsável –, por este se encontrar com A numa relação relevante para a ordem jurídica.

O sujeito obrigado a determinada conduta e o sujeito considerado responsável podem não ser idênticos. Aquele contra quem a ordem jurídica dirige uma determinada sanção pode não ser *sujeito* de uma conduta que constitui o pressuposto da consequência de um ilícito – isto é, o pressuposto da sanção não corresponde à conduta daquele que sofre as consequências impostas pela ordem jurídica –, mas somente *objeto* dessa sanção. Este raciocínio conduz-nos à fundamental distinção entre *dever* e *responsabilidade*. Podemos ser unicamente obrigados a adotar uma conduta – que só pode ser a *nossa* conduta –, mas estamos eventualmente sujeitos a responder pela nossa conduta *e* pela conduta de terceiro.

Regra geral, a responsabilidade civil exige a verificação do pressuposto da *culpa* do agente[35]-[36]-[37]. Consequentemente, quem sofre danos

[34] Vd., os pressupostos estabelecidos no artigo 483.º do Código Civil.

[35] Cf., Varela, João de Matos Antunes. *Das Obrigações em Geral*. Vol. I. 10. ed. Coimbra: Almedina, 2014, pp. 629-636; vd., também, Costa, Mário Júlio de. *Direito das Obrigações*. 12. ed. Coimbra: Almedina, 2011, pp. 524-539.

[36] Sobre a evolução histórica da responsabilidade civil, vd., Cordeiro, António Menezes. *Tratado de Direito Civil Português*. Livro II. Tomo III. Coimbra: Almedina, 2010, pp. 285 e ss.

[37] Como resulta do corpo do texto, a análise incide essencialmente sobre a responsabilidade extracontratual. Sobre a distinção entre a responsabilidade contratual e a responsabilidade extracontratual (ou, em rigor, obrigacional e extraobrigacional), bem como as

só poderá obter ressarcimento da parte de outrem, se forem resultado de um ato ilícito, *imputáveis* a conduta culposa de terceiro. Os demais danos, inclusive nos casos em que são causados por outrem, mas sem culpa do mesmo, são suportados pelo titular do direito subjetivo[38]. A responsabilidade subjetiva assenta na ideia de que não seria *justo* que alguém respondesse por atos praticados sem *culpa*. Por outro lado, ao fazer depender o ressarcimento dos danos desse pressuposto, promove-se uma dimensão pedagógica-educativa e a adoção de condutas que a ordem jurídica adota como padrão. No entanto, o referido sentido de justiça soçobra perante a constatação de que os processos de evolução industrial e tecnológica que caracterizam as sociedades modernas originaram uma propagação do número e gravidade de *riscos*, pelo que o princípio da culpa deixou de providenciar resultados satisfatórios. Neste quadro, a doutrina da culpa é acompanhada pela *teoria do risco*. Em suma, aquele que cria ou mantém *riscos* em benefício próprio deve assumir as respetivas consequências prejudiciais, deixando de se exigir que a responsabilidade assente na *culpa* (*responsabilidade objetiva*). No âmbito da responsabilidade civil aquiliana ou delitual, a responsabilidade objetiva refletiu-se na área dos acidentes de trabalho e acidentes de viação e, progressivamente, invadiu outros domínios, como a responsabilidade ambiental[39].

A responsabilidade baseada no risco carece de critérios de imputação que permitam identificar quem deve assumir o risco ou para quem este deve ser transferido. Tendo em conta que não é possível proibir atividades perigosas que podem resultar em danos avultados, devido às suas vantagens, é necessário encontrar respostas que garantam o ressarcimento dos lesados. No entanto, a constituição de uma situação jurídica passiva pode comprometer a solvabilidade do sujeito considerado responsável pela ordem jurídica, prejudicando o pagamento das indemnizações devidas

diversas categorias desta última, em especial, a responsabilidade por atos lícitos, a qual não se encontra no âmbito da nossa reflexão, vd., TELLES, Inocêncio Galvão. *Direito das Obrigações*. 7. ed. Reimpressão. Coimbra: Coimbra Editora, 2014, pp. 211-218.

[38] Vd., JORGE, Fernando Pessoa. *Ensaio sobre os pressupostos da responsabilidade civil*. Lisboa: Cadernos de Ciência e Técnica Fiscal, 1968, pp. 33-37.

[39] Vd., artigo 7.º do Decreto-Lei n.º 147/2008, de 29 de julho, que aprova o regime jurídico da responsabilidade por danos ambientais.

e os fins visados com a imputação delitual. Ainda que o agente decidisse recorrer a uma técnica de *auto-seguro*, provisionando as quantias necessárias ao pagamento de indemnizações futuras, poderia colocar em causa o ressarcimento dos lesados no caso de o sujeito responsável não ter calculado corretamente os montantes necessários para o efeito ou obtido os meios que lhe permitisse constituir estas provisões. Surgem, assim, modelos de *securitização* e socialização dos riscos, designadamente através de fundos de garantia geridos pelo Estado, tendo em vista assegurar a reparação dos danos.

Encontra-se frequentemente na linguagem dos seguros referências a *transferência de riscos e de responsabilidade* de forma indistinta e sem cuidar do seu alcance. Cumpre, desde logo, sublinhar que a celebração de um contrato de seguro não implica qualquer *transferência de responsabilidade* de um sujeito – *in casu*, o segurado – para a empresa de seguros. Os nexos de imputação que surgem no seio de uma relação jurídico fixados por lei ou contrato não sofrem alterações por força da existência de um seguro. Na verdade, o segurado mantém-se *exposto* ao regime de responsabilidade aplicável. Pode, aliás, gerar confusão descrever a prestação típica do segurador como o *pagamento de uma indemnização*. Sucede que o segurador se encontra sujeito ao cumprimento de um *dever primário de prestar*, como contrapartida do pagamento do prémio, distinto de *dever secundário de indemnizar* constituído na esfera jurídica do segurado, nos casos de seguros de responsabilidade civil[40]. Por força da celebração de um contrato de seguro, o segurado fica liberto das *consequências* da responsabilidade; isto é, há lugar à transferência total ou parcial dos efeitos patrimoniais da verificação de um determinado risco da esfera do segurado para a esfera do segurador, de forma que este último coloque ao dispor os meios que permitam fazer face às consequências económicas desse risco.

O risco assumido pela empresa de seguros não corresponde à mera soma do risco transferido por cada sujeito. Com efeito, recorrendo à lei dos grandes números, ao combinar um número suficientemente alargado de unidades homogéneas, a empresa de seguros consegue prever dentro de certos limites as perdas que irão ocorrer para um determinado grupo.

[40] Sobre a distinção entre o *dever de prestar* e o *dever de indemnizar*, vd., Jorge, Fernando Pessoa. *Ensaio sobre os pressupostos da responsabilidade civil, cit.*, pp. 44-47.

Desta forma, o seguro promove uma distribuição equitativa por todos os membros de um grupo dos prejuízos que atingem uma minoria[41]. Importa, assim, notar que as consequências patrimoniais da *responsabilidade* deixam de ser uma sombra que cobre o património do responsável, acabando por ser diluídas num património constituído pelas contribuições que resultam de cada contrato de seguro.

Para o contrato de seguro, o risco relevante é o *risco elementar*, fixado por referência a um evento ou classe de eventos[42]. Referimo-nos à perspetiva do sujeito sobre o qual o juízo de risco é feito[43]. Este *risco* é distinto do risco subjacente à atividade seguradora, na sua vertente financeira e empresarial. Com efeito, de uma perspetiva institucional, o risco é considerado na sua dimensão *técnico-atuarial*, onde a medida do risco corresponderá à "maior ou menor volatilidade ou variabilidade do resultado contemplado."[44] A cobertura do risco corresponde aos factos enunciados no contrato. Esta referência vem acompanhada de diversos significados, destacando-se a *cobertura objeto*, como o universo de factos cuja ocorrência determina a realização da prestação pelo segurador; e a *cobertura garantia*, como a vinculação do segurador à realização da referida prestação, em caso de ocorrência de um desses factos[45].

A identificação dos referidos factos recorre a uma técnica baseada em dois níveis de delimitação do risco[46]. Em primeiro lugar, o risco é descrito de forma geral (*cobertura base*), fixando-se os factos que correspon-

[41] Cf., VAUGHAN, Emmett J., VAUGHAN, Therese M. *Fundamentals of Risk and Insurance, op. cit.*, pp. 35-37.

[42] VELOSO, José António. "Risco, transferência de risco e responsabilidade na linguagem dos contratos e da supervisão dos seguros". *Estudos em Memória do Professor Doutor José Dias Marques*. Coimbra: Almedina, 2007, p. 316.

[43] REGO, Margarida Lima. *Contrato de Seguro e Terceiros. Estudo de Direito Civil, cit.*, p. 130.

[44] *Ibid*, p. 135.

[45] REGO, Margarida Lima. *Contrato de Seguro e Terceiros. Estudo de Direito Civil, cit.*, p. 96. Vd., também, VELOSO, José António. "Risco, transferência de risco e responsabilidade na linguagem dos contratos e da supervisão dos seguros", *cit.*, p. 316.

[46] CALMEIRO, Ana Serra. *Das Cláusulas Abusivas no Contrato de Seguro*. Coimbra: Almedina, 2014, pp. 24-28 e bibliografia aí citada. Vd., também, REGO, Margarida Lima. *Contrato de Seguro e Terceiros. Estudo de Direito Civil, cit.*, pp. 96-97 e VELOSO, José António. "Risco, transferência de risco e responsabilidade na linguagem dos contratos e da supervisão dos seguros", *cit.*, pp. 317 a 319.

dem ao sinistro, designadamente por referência à pessoa ou coisa seguras. Em segundo lugar, descrevem-se níveis de exclusões que concretizam a extensão da cobertura, ao identificar factos que não ficam garantidos pelo contrato (*e.g.*, danos causados no exercício da atividade *x* ou *y*). Poderão, ainda, existir outros níveis de delimitação, espacial e temporal (*e.g.*, lugar e período de cobertura)[47].

No entanto, não podemos ignorar que o risco que levou um determinado sujeito a contratar um seguro e aquele que fica coberto depende do acordado pelas partes, pelo que não serão necessariamente idênticos. Pense-se, em particular, nos casos de estipulação de franquias ou limites de indemnização, em que o segurador pode assumir as consequências indemnizatórias fora do perímetro de cobertura. Por outro lado, ainda que o segurador responda pelos danos causados, pode exigir ao segurado o pagamento desse montante, por via do exercício de um direito de regresso, designadamente nos casos em que este tenha adotado uma conduta especialmente censurável[48].

2.2. O futuro da responsabilidade e o contrato de seguro

A análise da relação entre *responsabilidade* e *seguro* aponta no sentido de que a evolução deste último acompanha o aparecimento de *novas* responsabilidades. Esta afirmação pode suscitar vários caminhos de estudo: desde a influência da presença do contrato de seguro em sede litigiosa, em particular, a interpretação do clausulado pelos Tribunais ou a eventual tendência para a atribuição de indemnizações de valor superior em comparação com casos em que o risco não se encontra garantido por seguro, até à análise da evolução do comportamento de mercado pelos operadores após a prolação de decisões desfavoráveis ou alterações de política legislativa[49]. No que diz respeito às modificações do quadro legal, cremos

[47] No direito português, cf. n.º 2 do artigo 37.º e o artigo 40.º da LCS. Vd., Almeida, Carlos Ferreira de. *Contratos III*. 2. ed. Reimpressão. Coimbra: Almedina, 2015, pp. 234-235, Rego, Margarida Lima. *Contrato de Seguro e Terceiros. Estudo de Direito Civil, cit.*, pp. 98-99, e Calmeiro, Ana Serra. *Das Cláusulas Abusivas no Contrato de Seguro, cit.*, pp. 28-32.

[48] Vd., artigo 144.º da LCS.

[49] Vd., desenvolvidamente, Merkin, Rob, Steele, Jenny. *Insurance and the Law of Obligations*. Oxford: Oxford University Press, 2013, pp. 62 e 73 a 76.

ser possível afirmar que o progressivo alargamento de hipóteses de responsabilidade pelo risco é geralmente acompanhado pela obrigação de celebrar seguros obrigatórios de responsabilidade civil[50]. A consagração legal desta obrigação[51] resulta de uma apreciação do risco pelo legislador, sendo irrelevante o juízo que seja feito por quem se encontre sujeito ao cumprimento daquele dever. Naturalmente que as estipulações das partes têm de acompanhar as disposições legais que estabelecem o conteúdo de um seguro obrigatório, sob pena de não se considerar cumprida essa obrigação legal[52]. A técnica legislativa é variada, sendo comum prever em termos genéricos uma obrigação desta natureza em Lei ou Decreto-Lei, remetendo a sua regulamentação para momento ulterior; regulamentação que, no caso português, frequentemente ocorre muito mais tarde ou fica em falta[53].

A expansão da cobertura por seguros obrigatórios num quadro de *agravamento dos riscos* revela a convicção do legislador de que nenhum dano deve ficar *sem reparação*[54]. A ausência de património que permita responder pelo cumprimento de uma obrigação de indemnização é um

[50] Para uma análise do regime dos seguros obrigatórios de responsabilidade civil, vd., MARTINEZ, Pedro Romano. "Ensaio sobre os Seguros de Responsabilidade Civil" *Católica Law Review*. Vol. II, n. 2, 2018, pp. 41-72. No sítio da *internet* da Autoridade de Supervisão de Seguros e Fundos de Pensões encontra-se disponível uma listagem com a identificação dos seguros obrigatórios em vigor na ordem jurídica portuguesa (acessível através do seguinte *link*: https://www.asf.com.pt/NR/exeres/121FAB2D-E3DB-4517-A4E1-1F63774D8DFC.htm). No entanto, a proliferação deste tipo de seguros torna muito difícil a sua identificação e concretização do respetivo regime. Cf., a crítica em PAVELEK, Eduardo. "Seguros Obligatorios y Obligación de Asegurarse". *Revista española de seguros: Publicación doctrinal de Derecho y Economía de los Seguros privados*. N. 106, 2001, pp. 236 e 244.

[51] Ainda que, note-se, não nos referimos a uma obrigação no sentido técnico-jurídico (artigo 397.º do Código Civil), mas a um dever imposto por disposições legais de natureza administrativa. Cf., GRAU, Juan, CHINER, Nuria, IGLESIA, Jesús. *Derecho de los Seguros Privados*. Madrid: Marcial Pons, 2007, p. 275.

[52] Vd., artigo 146.º da LCS. Para uma análise sobre os efeitos de estipulações contrárias ao regime do seguro obrigatório, vd., GROUTEL, Hubert, LEDUC, Fabrice, PIERRE, Philippe. *Traité du contrat d'assurance terrestre*. Paris: LexisNexis, 2008, pp. 251-253.

[53] Cf., MARTINEZ, Pedro Romano. "Ensaio sobre os Seguros de Responsabilidade Civil" *op. cit.*, pp. 55, 66 e 67.

[54] Cf., GRAU, Juan, CHINER, Nuria, IGLESIA, Jesús. *Derecho de los Seguros Privados*. *cit.*, p. 275.

risco que qualquer lesado enfrenta. No entanto, ao transmitir-se as consequências dessa responsabilidade para uma seguradora, em princípio, os direitos do lesado estarão acautelados. Tanto mais, se pensarmos que frequentemente a contratação de um seguro é condição essencial para o acesso e exercício de uma atividade e que a falta do mesmo pode implicar a perda de autorização conferida pela entidade administrativa[55].

Ainda assim, identificamos óbices à progressiva adaptação de um mecanismo de socialização dos riscos assente na celebração de contrato de seguro. Na verdade, seguro e responsabilidade poderão andar *desencontrados*. Em primeiro lugar, o facto de o legislador estabelecer a obrigatoriedade de subscrever um seguro não significa que seja oferecido pelo mercado ou que o faça de acordo com o regime em causa. Consequentemente, as garantias que se pretendam constituir a favor do ressarcimento das potenciais vítimas podem ser colocadas em causa por indisponibilidade da oferta. Com efeito, em princípio, as partes preservam nos termos legais a liberdade de estabelecer o conteúdo do contrato de seguro e de o celebrar com quem quiserem[56]. Em segundo lugar, mesmo que essa oferta exista, a contrapartida exigida para obter cobertura do risco pode ser de tal forma elevada que condicione ou prejudique a viabilidade do exercício de determinada atividade económica. Por último, como resulta do que temos vindo a afirmar, não é possível conhecer e antecipar todos os riscos. Como tal, a imposição por via legislativa da cobertura por contrato de seguro nem sempre significa que os lesados sejam ressarcidos.

[55] Veja-se, por exemplo, o sistema de indústria responsável aprovado em anexo ao Decreto-Lei n.º 169/2012, de 1 de agosto, sucessivamente alterado, *maxime* os artigos 4.º, 75.º e 76.º Na doutrina, Rossetti, Marco. *Il Diritto delle Assicurazioni.* Vol. III. CEDAM, 2013, pp. 744-745 e Grau, Juan, Chiner, Nuria, Iglesia, Jesús. *Derecho de los Seguros Privados. op. cit.*, pp. 274-279.

[56] Cf., Grau, Juan, Chiner, Nuria, Iglesia, Jesús. *Derecho de los Seguros Privados. op. cit.*, p. 275. Veja-se, no entanto, o n.º 1 do artigo 18.º do Decreto-Lei n.º 291/2007, de 21 de agosto, que aprova o regime do sistema do seguro obrigatório de responsabilidade civil automóvel, de acordo com o qual "[s]empre que a aceitação do seguro seja recusada, pelo menos por três empresas de seguros, o proponente de seguro pode recorrer ao Instituto de Seguros de Portugal [atualmente Autoridade de Supervisão de Seguros e Fundos de Pensões] para que este defina as condições especiais de aceitação."

Adicionalmente, podemos ir mais longe e afirmar que a relação entre seguro e responsabilidade é recíproca, ou seja, que, por sua vez, o seguro tem impulsionado a expansão das hipóteses de responsabilidade objetiva[57]-[58]. Na verdade, a importância do contrato de seguro é de tal ordem, que se chega a afirmar que "a responsabilidade objetiva dificilmente será imposta num domínio em que não seja praticável o respetivo seguro."[59] Com efeito, a *função social* atribuída à responsabilidade é garantida pelo seguro[60]-[61] e parece quase impossível conceber casos em que o legislador imponha um sistema de responsabilidade objetiva sem procurar assegurar concomitantemente a cobertura por contrato de seguro.

O fenómeno que temos vindo a analisar permite-nos questionar o fundamento dogmático hodierno da responsabilidade. A progressiva expansão do seguro face ao agravamento dos riscos contribui para uma função da responsabilidade civil assente num ideário que visa exclusivamente a reparação do dano, promovendo a erosão do sentido axiomático-normativo subjacente à construção do modelo imputacional que tradicionalmente conformou este instituto. Na verdade, a passagem do modelo de responsabilidade individual para um modelo assente no seguro, que ignore a culpa e causa do dano, leva à extinção da própria ideia de *responsabilidade*, "com total desaparição do ideário de justiça"[62]. Ainda assim, esta evolução pode ser mitigada pelo regime subjacente ao seguro esta-

[57] Cf., Martins, Maria Inês de Oliveira. "Seguro e Responsabilidade Civil" *Boletim da Faculdade de Direito.* Coimbra, V. 96, n. 1, 2020, p. 273, Monteiro, Jorge Sinde. *Estudos sobre a Responsabilidade Civil.* Coimbra: Almedina, 1983, p. 20, Vasques, José. *Contrato de Seguro.* Coimbra: Coimbra Editora, 1999, pp. 21 e 22.

[58] Vd., ainda, sobre a influência do contrato de seguro na expansão do regime de responsabilidade civil relativo ao exercício de atividades profissionais no âmbito do direito inglês, Oughton, David. "Expanding Tort Liability in English Law and Compulsory Insurance for Professional Risks." *The Geneva Papers on Risk and Insurance*, vol. 14, n. 53, Palgrave Macmillan Journals, 1989, pp. 335 e 336.

[59] Cf., Monteiro, Jorge Sinde. *Estudos sobre a Responsabilidade Civil. op. cit.*, p. 30.

[60] *Ibid.*, p. 32.

[61] Para uma análise das funções da responsabilidade civil, vd., Pereira, Maria de Lurdes. *Direito da Responsabilidade Civil – A obrigação de indemnizar.* Lisboa: AAFDL Editora, 2021, pp. 17-46.

[62] Vd., Barbosa, Mafalda Miranda. *Estudos a Propósito da Responsabilidade Objetiva.* Cascais: Princípia, 2014, pp. 135 e 139.

belecido pelo legislador. Pense-se no caso de direito de regresso referido *supra* exercido contra o tomador do seguro ou o segurado quanto ao valor pago pelo segurador e, ainda, a sub-rogação pelo segurador na medida do montante pago, nos direitos do segurado contra o terceiro responsável pelo sinistro[63]. Cremos que são estes mecanismos que *prima facie* nos permitem ainda manter a distância entre um sistema de responsabilidade acompanhado por mecanismos de garantia de ressarcimento ou *securitização* face a um sistema previdencial ou de socialização dos riscos[64].

No entanto, o equilíbrio afigura-se difícil, sendo expetável que o legislador promova a presença do seguro noutros domínios da atividade económica, colocando à prova estes mecanismos. Neste quadro, a ideia de reparação do dano afasta-se progressivamente de um modelo relacional cujos polos são constituídos pelo *lesado* e pelo *lesante*, passando a constituir um problema que afeta diretamente a *coletividade*. Mais, por força da presença do seguro, a posição do *lesante* é efetivamente afastada para um segundo plano[65], à medida que o processo de determinação da indemnização assenta exclusivamente nas relações entre *lesado* e *segurador*. É certo que as regras da responsabilidade mantêm a sua inegável utilidade. Desde logo, por permitirem aos sujeitos identificar e delimitar as esferas de risco que poderão resultar no pagamento de uma indemnização, sem que seja necessário preencher o requisito da culpa. Ainda assim, com o progressivo alargamento do âmbito deste regime a cada vez mais atividades sociais e económicas, paira a ameaça da substituição da responsabilidade civil por um modelo de reparação dos danos baseado no seguro ou mecanismo análogo.

Do exposto creio que nos encontramos numa nova fase do debate dogmático e teórico assente nas coordenadas *riscos*, *seguro* e *responsabilidade* cujas consequências são difíceis de apontar. Com efeito, à medida

[63] Cf., n.º 1 do artigo 136.º da LCS. Sobre a sub-rogação, vd., ROCHA, Francisco Rodrigues. *Do Princípio Indemnizatório no Seguro de Danos*. Coimbra: Almedina, 2015, pp. 145-186.

[64] Para uma reflexão sobre a substituição de um *modelo de responsabilidade* por um *modelo de compensação*, vd., MARTINS, Maria Inês de Oliveira. "Seguro e Responsabilidade Civil", *cit.*, pp. 282-288.

[65] Pense-se, em especial, na possibilidade do lesado de exigir o pagamento da indemnização diretamente ao segurador (cf., n.º 1 do artigo 146.º da LCS).

que aparecem *novos riscos* ou deles tomamos consciência somos conduzidos para a cada vez mais difícil escolha entre um sistema que seja capaz de identificar e sancionar os sujeitos *responsáveis* ou um outro que procure proporcionar os meios que garantam a reparação de danos, ainda que potencialmente sacrificando o sentido de justiça.

6.
OS RISCOS CIBERNÉTICOS E A RESPONSABILIDADE DE ADMINISTRADORES SOB AS LUZES DOS SEGUROS *CYBER* E *D&O*

Ilan Goldberg

Introdução

Se por um lado afirma-se que os dados pessoais correspondem, no Século XXI, ao petróleo de outrora, por outro lado não há dúvida de que com os bônus vêm os ônus, ora representados por demandas de responsabilidade as mais variadas – *e.g.* civil, administrativa-regulatória, penal – que podem ser deflagradas contra aqueles que os detenham.[1]

[1] "Cyber risk was identified as the risk of highest (or second-highest) concern to doing business in more than one third of OECD countries in the World Economic Forum's 2017 Global Risk Report (and among the five risks of greatest concern in more than half of OECD countries, a higher share than either terrorist attacks or natural disasters)." (OECD. *Enhancing the Role of Insurance in Cyber Risk Management.* Paris: OECD Publishing, 2017. p. 11. Disponível em http://dx.doi.org/10.1787/9789264282148-en, visitado em 3.09.2021). Ilustrativamente, no mesmo sentido é a análise de dados provenientes do empresariado na Alemanha: "Cyber risks (e.g. cybercrime, IT failure/outage, data breaches, fines and penalties) are among the most critical business risks for companies worldwide in the 21st century. [...] Over the past two years, for example, cyberattacks caused total losses for companies in Germany of around EUR 205.7 billion". (Wrede, Dirk; Stegen, Tino; Schulenburg, Johann-Matthias Graf von der. *Affirmative and silent cyber coverage in traditional insurance policies: Qualitative content analysis of selected insurance products from the German insurance market.* Disponível em: The Geneva Papers on Risk and Insurance – Issues

O simples fato de um equipamento tecnológico estar conectado à grande rede mundial de computadores é o quanto basta para que se esteja exposto a riscos cibernéticos,[2] cuja severidade e envergadura vêm sendo classificadas como pandêmicas, numa referência ao potencial de contágio e disseminação pelos quatro cantos do planeta de maneira impressionantemente veloz, assim como se observou no tocante à Covid-19.[3]

Por mais que se possa afirmar ou pensar que os sistemas de tecnologia da informação de uma empresa são seguros, não há dúvida de que os criminosos cibernéticos sempre parecem estar um ou mais passos à frente, valendo ressaltar que essa narrativa não tem nada de alarmista. Se os sistemas de gigantes tecnológicos como, por exemplo, NASA, Google e Amazon já foram violados, nota-se que ninguém está imune aos riscos cibernéticos.[4]

and Practice, 2020. p. 658. https://doi.org/10.1057/s41288-020-00183-6, visitado em 27.08.2021).

[2] E o principal problema na atualidade é que estar conectado à grande rede se trata de uma necessidade básica. Ao comentar um terrível ataque cibernético ocorrido no estado do Texas, nos Estados Unidos, que acabou por colapsar todo o sistema de transporte de combustíveis à Costa Leste daquele país, o jornalista que assinou a matéria afirmou que a única maneira de evitá-lo seria por meio da desconexão da companhia da *Internet*, o que, pragmaticamente, afigurava-se impossível. Há vasto noticiário a respeito: "Colonial hack: How did cyber-attackers shut off pipeline?" Disponível em https://www.bbc.com/news/technology-57063636.amp, visitado em 08.09.2021 e "Extreme weather is the culprit in the Texas power crisis, but that's not our worst problem", disponível em https://amp.usatoday.com/amp/4491652001, visitado em 08.08.2021.

[3] "As demonstrated by Covid-19, a contagious virus can travel around the globe quickly, impacting a large part of the world at the same time – a characteristic which is shared by, e.g., cyber risk, where, because of the connectedness of computer systems, malware can spread around the world in very short time (a prominent example being the ransomware 'WannaCry'." (Richter, Andreas. Wilson, Thomas. *Covid-19: implications for insurer risk management and the insurability of pandemic risk*. In The Geneva Risk and Insurance Review, 2020. p. 174. Disponível em https://doi.org/10.1057/s10713-020-00054-z, visitado em 30.08.2021).

[4] O Center for Strategic & International Studies – CSIS disponibiliza em seu sítio uma relação completa dos principais ataques cibernéticos ocorridos desde 2006. A relação compreende empresas as mais relevantes, órgãos governamentais etc. https://csis-website-prod.s3.amazonaws.com/s3fs-public/210901_Significant_Cyber_Incidents.pdf?iZAairy6vNXrSEp9cFC_TCaB0IxnkE3D, visitado em 10.09.2021.

No que se refere às perdas já provocadas, é despiciendo comentar o óbvio. Sob as perspectivas dos danos financeiros, físicos, reputacionais, entre tantos outros, não há dúvida de que na contemporaneidade os riscos cibernéticos vêm ocupando as mentes do empresariado com acentuado protagonismo.

Essas constatações iniciais remetem a algumas ponderações obrigatórias: 1) como lidar com os riscos cibernéticos? Para além de fortalecer os sistemas de tecnologia da informação, deve-se pensar na concepção de um amplo programa de seguros que seja capaz de absorvê-los? A segunda questão estaria a excluir ou complementar a primeira?[5]

A atividade fim desenvolvida pelas empresas pode ser vista como uma catalizadora para os riscos cibernéticos. Uma plataforma dedicada ao comércio eletrônico poderá ser paralisada, o banco de dados de um

[5] A análise da envergadura dos riscos cibernéticos a que as empresas se expõem é de difícil mensuração. Nesse sentido, duas perguntas são fundamentais: "The key questions that every risk officer should ask him or herself are: 'Can we identify and quantify the damages resulting from a successful cyber attack? And beyond the usage of readily available IT solutions, how do we protect ourselves from cyber risk?' If your risk officer can answer these questions, it is likely that you have steps in place to create a safe cyber environment. However, organizations often struggle to answer these questions. In the worst-case scenario, many would not know what needs to be done in the first place." (Ouwerkerk, Eelco. *Beware of GDPR – Take your Cyber Risk Responsibility More Seriously*. Fonte. https://www.researchgate.net/publication/325027531_Beware_of_GDPR_-_Take_your_Cyber_Risk_Responsibility_More_Seriously, visitado em 26.08.2021. p. 1-2). No mesmo sentido: "Sufficient cover. Having sufficient insurance in place is also important and what is 'sufficient' is linked to properly understanding a company's cyber risk profile. Adequate cyber and D&O cover is increasingly important to both protect the company and its directors in the event of a breach and as a key part of the cyber security due diligence and risk analysis. Companies need to consider what a full outage would be if their systems are hit by a cyber attack, as well as any remediation costs. [...] Directors should also ensure they understand the risk profile of their company, how the risks could affect their business and what company assets could be of interest to different threat actors. For example, companies that have a high amount of personal or sensitive information face a higher risk from a regulatory and PR perspective if that data is accessed and/or exfiltrated and regulatory obligations in respect of such information will vary across jurisdictions." (O'bree, Laura. Dando, Jane. *Co-ordinating cyber and D&O covers is critical*. Disponível em https://insuranceday.maritimeintelligence.informa.com/ID1137528/Coordinating-cyber-and-DO-covers-is-critical-for-the-reputation-of-both-markets, visitado em 27.08.2021).

grande laboratório poderá ser violado, o sítio de um Tribunal de Justiça poderá ser atacado por *hackers*. As três situações ora narradas, que, de fictícias nada têm, referem-se a problemas ocorridos no âmbito dessas organizações empresariais/institucionais, não possuindo, ao menos *prima facie*, relação alguma com seus diretores/administradores.

Sucede que, com o passar do tempo e a constatação em torno de um maior amadurecimento, sobretudo das vítimas dos ataques cibernéticos, cada vez mais vem ganhando força um movimento no sentido de que diretorias e conselhos de administração devem, progressivamente, ocupar as suas pautas com questões relacionadas aos riscos cibernéticos. Não se está mais a tratar, apenas, de problemas que tocam na esfera patrimonial das pessoas jurídicas, mas, ao revés, de contingências que deverão ser objeto de ações por parte de diretores e conselheiros.

Podem ser observadas nos Estados Unidos da América, Europa, Reino Unido e Ásia diversas ações coletivas (*class actions*) fundamentadas, justamente, em violações aos sistemas de proteção de dados de usuários/consumidores, propostas contra diretores e conselheiros, ademais das pessoas jurídicas.[6] E não se está aqui a afirmar que os requeridos são, exclusivamente, os *DPOs* (*data protection officers*), isto é, os diretores designados para essa função a teor do disposto no art. 41 da Lei Geral de Proteção de Dados brasileira (LGPD).[7] As grandes sociedades abertas, comumente, disporão dos *CROs – chief risk officers* ou, também, dos diretores responsáveis pela tecnologia da informação.[8] Tudo isso, sem

[6] "The importance of this issue outside of the United States is likely to increase due to: (i) the spread of securities (and other) class action lawsuits to the United Kingdom, continental Europe and countries in Asia; (ii) the recent precedent of large (USD 1 billion) directors and officers settlements in the United Kingdom; and (iii) the implementation of the General Data Protection Regulation (GDPR) in 2018 which should lead to more widespread publication of data confidentiality breaches in Europe. The GDPR requires the establishment of a Data Protection Officer with responsibilities that could lead to liability and some insurers have accordingly extended their definition of insured persons to include Data Protection Officers." (*Ibid*, p. 79-80).

[7] Lei nº. 13.709/2018. "Art. 41. O controlador deverá indicar encarregado pelo tratamento de dados pessoais. [...]".

[8] "Risk management clearly falls within directors' fiduciary duties. Not day-to-day risk management, but oversight of the function. We continuously see more organizations putting more attention into such areas as enterprise risk management (ERM). The appear-

contar com a possibilidade de, nas companhias brasileiras, administradores serem chamados a responder por atos de outros administradores, na forma dos parágrafos 1º a 4º do artigo 158, da Lei das S.A.[9]

A pandemia da Covid-19 que, mundo afora, provocou verdadeiramente o caos em meio a mais de 4,66 milhões de mortes e 226 milhões de contaminados,[10] também teve o efeito de conectar mais e mais pessoas à grande rede de computadores, com um inconveniente: a segurança que se tem (ou, que se deveria ter no ambiente empresarial/corporativo), efetivamente não se tem no ambiente familiar/residencial.

Os poderosos antivírus e/ou firewalls, instalados pelas áreas de tecnologia das grandes empresas, simplesmente não existem na grande maioria das residências que, do dia para a noite, transformaram-se nos escritórios de centenas de milhões de pessoas. Não há dúvida de que,

ance of chief risk officers (CRO) within companies is more commonplace today than ever before. In other words, 'risk' is on the agenda for board meetings, and many stakeholders in companies entrust boards of directors with the power to manage risk prudently." (YELLEN, Rob. *D&O risk in the age of cyber insecurity*. 29.06.2017. Disponível em https://www.willistowerswatson.com/en-US/Insights/2017/06/d-o-risk-in-the-age-of-cyber-insecurity, visitado em 2.09.2021. p. 2).

[9] Sobre o tema, vide os parágrafos 1º a 4º do artigo 158, LSA: "[...] § 1º O administrador não é responsável por atos ilícitos de outros administradores, salvo se com eles for conivente, se negligenciar em descobri-los ou se, deles tendo conhecimento, deixar de agir para impedir a sua prática. Exime-se de responsabilidade o administrador dissidente que faça consignar sua divergência em ata de reunião do órgão de administração ou, não sendo possível, dela dê ciência imediata e por escrito ao órgão da administração, no conselho fiscal, se em funcionamento, ou à assembléia-geral. § 2º Os administradores são solidariamente responsáveis pelos prejuízos causados em virtude do não cumprimento dos deveres impostos por lei para assegurar o funcionamento normal da companhia, ainda que, pelo estatuto, tais deveres não caibam a todos eles. § 3º Nas companhias abertas, a responsabilidade de que trata o § 2º ficará restrita, ressalvado o disposto no § 4º, aos administradores que, por disposição do estatuto, tenham atribuição específica de dar cumprimento àqueles deveres. § 4º O administrador que, tendo conhecimento do não cumprimento desses deveres por seu predecessor, ou pelo administrador competente nos termos do § 3º, deixar de comunicar o fato a assembléia-geral, tornar-se-á por ele solidariamente responsável".

[10] https://www.worldometers.info/coronavirus/, visitado em 15.09.2021.

com a conveniência do *home-office* vieram a reboque severos riscos de ataques cibernéticos.[11]

Para além das consequências decorrentes da pandemia, é preciso também ter em mente que desde 01.08.2021 passaram a ser aplicáveis no Brasil as duras sanções administrativas previstas na Lei Geral de Proteção de Dados (art. 52 da Lei nº. 13.709/2018[12]), a reforçar o risco de responsabilização e, adicionalmente, a necessidade de que seja verdadeiramente sedimentada uma cultura em torno da proteção dos dados.[13]

As multas passíveis de aplicação pelas autoridades responsáveis pelo tratamento/proteção de dados, da ordem de 2% (dois por cento) do faturamento da pessoa jurídica implicada, limitada a R$ 50.000.000,00 (cinquenta milhões de reais) por infração, desencadearam uma busca acelerada por seguros *Cyber* e *D&O* por parte do empresariado de uma maneira geral.[14]

[11] "Increased vulnerability to data loss is resulting from business moving to new procedures and systems overnight due to the COVID-19 pandemic with remote working creating a fertile ground for cyber criminals." (OLANO, Gabriel. *Cyber the top D&O concern in pandemic era*. In Insurance Business. 20.07.2021).

[12] Art. 52 da LGPD. "Os agentes de tratamento de dados, em razão das infrações cometidas às normas previstas nesta Lei, ficam sujeitos às seguintes sanções administrativas aplicáveis pela autoridade nacional: I – advertência, com indicação de prazo para adoção de medidas corretivas; II – multa simples, de até 2% (dois por cento) do faturamento da pessoa jurídica de direito privado, grupo ou conglomerado no Brasil no seu último exercício, excluídos os tributos, limitada, no total, a R$ 50.000.000,00 (cinquenta milhões de reais) por infração [...]"

[13] Comenta-se no exterior que o GDPR potencializou demais a penetração dos seguros para riscos cibernéticos: "However, the General Data Protection Regulation (GDPR) and its resulting fines are also thought to have helped to make the risks of cyber breaches more tangible." (SULLIVAN, James and NURSE, Jason R. C. (2021) *Cyber Security Incentives and the Role of Cyber*. In RUSI Emerging Insights Paper. Disponível em https://rusi.org/explore-our-research/publications/emerging-insights/cyber-security-incentives-and-role-cyber-insurance, visitado em 30.08.2021, p. 9).

[14] "Riscos cibernéticos na pandemia e LGPD aceleram Cyber Seguros e D&O". Disponível em https://www.revistaapolice.com.br/2021/02/riscos-ciberneticos-na-pandemia-e-lgpd-aceleram-cyber-seguros-e-do/#:~:text=Riscos%20cibern%C3%A9ticos%20na%20pandemia%20e%20LGPD%20aceleram%20Cyber%20Seguros%20e%20D%26O&text=Em%2050%25%20das%20ap%C3%B3lices%20

Nesse sentido, os artigos 42 a 45 da Lei Geral de Proteção de Dados, ao apresentarem o tratamento da responsabilidade e do ressarcimento de danos causados nesse ambiente, vêm reforçar o risco de responsabilização que, cada vez mais, pesa sobre os ombros dos administradores das sociedades.[15]

Diante desse contexto em que os riscos são, de fato, substanciosos, algumas questões devem ser postas: 1) como gerar a proteção adequada

contratadas,gest%C3%A3o%20de%20dados%20nas%20empresas., visitado em 08.09.2021.

[15] Lei Geral de Proteção de Dados. "Art. 42. O controlador ou o operador que, em razão do exercício de atividade de tratamento de dados pessoais, causar a outrem dano patrimonial, moral, individual ou coletivo, em violação à legislação de proteção de dados pessoais, é obrigado a repará-lo. § 1º A fim de assegurar a efetiva indenização ao titular dos dados: I – o operador responde solidariamente pelos danos causados pelo tratamento quando descumprir as obrigações da legislação de proteção de dados ou quando não tiver seguido as instruções lícitas do controlador, hipótese em que o operador equipara-se ao controlador, salvo nos casos de exclusão previstos no art. 43 desta Lei; II – os controladores que estiverem diretamente envolvidos no tratamento do qual decorreram danos ao titular dos dados respondem solidariamente, salvo nos casos de exclusão previstos no art. 43 desta Lei. § 2º O juiz, no processo civil, poderá inverter o ônus da prova a favor do titular dos dados quando, a seu juízo, for verossímil a alegação, houver hipossuficiência para fins de produção de prova ou quando a produção de prova pelo titular resultar-lhe excessivamente onerosa. § 3º As ações de reparação por danos coletivos que tenham por objeto a responsabilização nos termos do caput deste artigo podem ser exercidas coletivamente em juízo, observado o disposto na legislação pertinente. § 4º Aquele que reparar o dano ao titular tem direito de regresso contra os demais responsáveis, na medida de sua participação no evento danoso. Art. 43. Os agentes de tratamento só não serão responsabilizados quando provarem: I – que não realizaram o tratamento de dados pessoais que lhes é atribuído; II – que, embora tenham realizado o tratamento de dados pessoais que lhes é atribuído, não houve violação à legislação de proteção de dados; ou III – que o dano é decorrente de culpa exclusiva do titular dos dados ou de terceiro. Art. 44. O tratamento de dados pessoais será irregular quando deixar de observar a legislação ou quando não fornecer a segurança que o titular dele pode esperar, consideradas as circunstâncias relevantes, entre as quais: I – o modo pelo qual é realizado; II – o resultado e os riscos que razoavelmente dele se esperam; III – as técnicas de tratamento de dados pessoais disponíveis à época em que foi realizado. Parágrafo único. Responde pelos danos decorrentes da violação da segurança dos dados o controlador ou o operador que, ao deixar de adotar as medidas de segurança previstas no art. 46 desta Lei, der causa ao dano. Art. 45. As hipóteses de violação do direito do titular no âmbito das relações de consumo permanecem sujeitas às regras de responsabilidade previstas na legislação pertinente."

às empresas? 2) como tutelar da maneira mais assertiva o interesse legítimo de seus administradores? Noutras palavras, para além de um fortalecimento constante dos sistemas de segurança e tecnologia da informação, quais são os contratos de seguros aptos à tutela eficiente das pessoas jurídica e física?

Adentrando na seara dos seguros para riscos cibernéticos e dos seguros *D&O*, o presente artigo tem a finalidade de examiná-los individualmente, referindo àquilo que eles, efetivamente, cobrem. Será a oportunidade para identificar convergências e divergências entre os objetos de cada qual, bem como hipóteses não cobertas por nenhuma das modalidades.

Após a revisão de um e do outro, haverá espaço para tratar de um tema que, nos Estados Unidos, na Inglaterra e na Europa, vem causando preocupação a tomadores/segurados, seguradoras, resseguradores e *brokers*, qual seja, a chamada *silent cyber coverage.*[16] Embora esse tema esteja mais vinculado aos seguros cibernéticos, procurar-se-á associá-lo também aos seguros *D&O*, por entender-se que o risco de responsabilização de administradores originado por temas cibernéticos vem se notabilizando.

A solução, como se observará, caminha à necessidade de coordenação entre as apólices *cyber* e *D&O*, evitando a todo custo lacunas de cobertura prejudiciais aos segurados/tomadores frente às seguradoras, e às seguradoras, frente aos resseguradores.

1. Causa do contrato de seguro *D&O*

Se no âmbito do seguro automóvel a sua causa diz respeito à transferência dos riscos financeiros próprios ao interesse legítimo que se tem sobre este determinado bem da vida, no seguro *D&O* a sua causa está intimamente relacionada aos riscos financeiros próprios à prática dos chamados atos de gestão.[17]

[16] O tema em referência – a *silent cyber coverage* – será vista com maior profundidade posteriormente. A essa altura, convém explicitar que se trata de uma cobertura implícita, proveniente de conteúdo previsto no contrato de seguro que, expressamente, não afirma pela existência de cobertura, tampouco pela inexistência.

[17] Seja permitido referir nessa oportunidade a três pequenos artigos de nossa autoria publicados na revista eletrônica Consultor Jurídico – Conjur, intitulados "Para que serve o Contrato de Seguro *D&O*". Disponíveis em https://www.conjur.com.br/2019-mai-20/

Pode-se pensar, *prima facie*, que os riscos cibernéticos não estão diretamente relacionados à gestão das sociedades. Exemplificando, imagine-se uma empresa dedicada ao comércio eletrônico que, consequentemente, detenha dados pessoais (CPFs, hábitos de consumo, endereços, perfis de crédito) de milhares de consumidores. Caso um ataque cibernético venha a ocorrer e, consequentemente, seja concretizado um vazamento desses dados, parece bem nítido que os efeitos jurídicos respectivos deverão ser suportados pela pessoa jurídica, não por seus diretores ou conselheiros.

Uma tal linha de raciocínio permitiria seccionar, com perfeição, os riscos cibernéticos dos riscos de gestão, próprios, respectivamente, aos seguros *cyber* e *D&O*. A experiência prática revela, todavia, que é difícil observar esse corte com rigidez e, nesse sentido, entende-se oportuno remeter a uma ação coletiva proposta nos Estados Unidos da América contra a pessoa jurídica, além de seus *CEO – chief executive officer* e *CFO – chief financial officer*, ao argumento de que informações relevantes relacionadas à segurança cibernética teriam deixado de ser informadas aos acionistas, ocasionando a queda acentuada do valor de mercado de suas ações em bolsa de valores.[18]

Se, como comentaristas no exterior vem afirmando aos quatro ventos, os riscos cibernéticos deixaram de ser, apenas, problemas próprios das pessoas jurídicas, passando à esfera também de suas diretorias e conselhos de administração, torna-se evidente que os danos causados por falhas de segurança de sistemas, divulgação equivocada de informações etc. referem-se, efetivamente, à gestão das sociedades:

direito-civil-atual-serve-contrato-seguro. Ao acessar a primeira coluna, será possível encontrar os *links* à segunda e à terceira.

[18] "Cyber disclosure-based class action: At least one law firm has not waited. A securities class action (http://securities.stanford.edu/filings-documents/1060/YI00_03/2017124_f01c_17CV00373.pdf) has been filed against the company, together with its CEO and CFO, alleging that during the class period, the company made false and misleading statements over multiple quarters. The defendants are alleged to have failed to disclose that hackers had stolen information in two distinct incidents, over two years, involving more than 500 million and one billion accounts, respectively. Plaintiffs are seeking recovery based upon Securities Exchange Act Section 10(b), 15 U.S.C. § 78j(b), and SEC Rule 10b-5, and for control person liability under Exchange Act Section 20(a)." (Yellen, Rob. *D&O risk in the age of cyber insecurity*. 20.06.2017. *op. cit.* p. 3).

> *Cyber is a board issue. With cyber threats and privacy breaches making regular headlines, and seemingly everyone falling victim, you are more cyber-threatened than ever. In this world of ever-increasing risk, the boardroom must take note. [...] On the flip-side, however, the day may come when the perceptions of regulators and investors change. Although cyber-attacks will undoubtedly continue to plague the business world, stakeholders will take increasingly closer looks at what was done to minimize the harm at the top. Cyber insecurity is no longer just a technology problem. [...]. As cyber insecurity matures, best-in-class risk management solutions are evolving into a holistic, enterprise-wide effort driven from the board room down through the entire organization, engaging everyone from executives to brand new employees. It's about people and culture.*[19]

O exemplo acima referido, em que as ações da companhia teriam sofrido uma queda importante em bolsa de valores, e, a reboque, uma ação coletiva ajuizada contra a pessoa jurídica e seus diretores executivo e financeiro, remete, diretamente, à conhecida cobertura C nos seguros *D&O*, usualmente contratada de maneira adicional.[20]

Observa-se, assim, uma clara zona de interseção entre os seguros *D&O* e *Cyber*. A pensar no cotidiano dos *DPOs* (*data protection officers*) e, além disso, nos *CROs (chief risk officers)*, o risco de responsabilização proveniente de questões cibernéticas é mesmo permanente.

Coberturas típicas dos seguros *D&O* como, e.g., danos à imagem/reputação, despesas de investigação, reclamações de valores mobiliários, entre outras, enquadram-se com perfeição à exposição de administradores instalados em negócios cibernéticos.

[19] *Ibid*. p. 1.

[20] A cobertura A destina-se, especificamente, aos diretores, conselheiros e administradores. A cobertura B verte-se ao reembolso de quantias pagas pela tomadora aos advogados escolhidos pelos segurados, ou seja, opera no interesse direto da tomadora e indireto dos segurados. A cobertura C, por sua vez, converte a tomadora, pessoa jurídica, em segurada, ao lado dos administradores, exclusivamente tomando como base as reclamações de valores mobiliários.

1.1. O tratamento que vem sendo empregado por clausulados de apólices *D&O* no Brasil aos riscos cibernéticos

Com o propósito de preservar os direitos autorais em torno da elaboração de seus contratos, as referências que virão a seguir não serão nominais. À elaboração do presente estudo, quatro clausulados foram consultados, saber, as apólices A, B, C e D, todas provenientes de seguros *D&O* emitidos no País.

Apólice A:

CLÁUSULA PARTICULAR DE EXCLUSÃO ABSOLUTA PARA EVENTOS CIBERNÉTICOS (D&O)

Fica entendido e acordado que a presente apólice não cobre qualquer RECLAMAÇÃO e/ou a qualquer INVESTIGAÇÃO FORMAL direta ou indiretamente baseada, resultante ou em consequência de qualquer EVENTO CIBERNÉTICO.

Para fins da presente cláusula, serão adicionadas as definições abaixo no glossário de termos técnicos presente na Cláusula 2 – Cláusula de Definições, das Condições Gerais da APÓLICE:

EVENTO CIBERNÉTICO significa qualquer alegação, suspeita ou comprovação de:

(a) Danos, perda, destruição, corrupção, roubo ou perda do controle operacional dos dados ou processamento não autorizado ou negligente, coleta, registro, recuperação, divulgação, disseminação ou eliminação de dados pelo TOMADOR ou um prestador de serviços terceirizado contratado pelo TOMADOR; e / ou

(b) Acesso não autorizado ou uso de quaisquer informações pessoais / dados pessoais ou informações confidenciais (exceto informações legalmente disponíveis no domínio público ou no público em geral, a menos que essas informações disponíveis publicamente se tornem identificáveis exclusivamente por meio da coleta e / ou processamento) enquanto estiver sob os cuidados e a custódia, ou controle, do TOMADOR ou um prestador de serviços terceirizado contratado pelo TOMADOR; e / ou

(c) Falha não física e tecnológica do SISTEMA COMPUTACIONAL DA EMPRESA ou falha de medidas de segurança tecnológica destinadas a proteger os dados de qualquer formato. Isso inclui, mas não se limita a, qualquer interrupção dos negócios do TOMADOR causada por tais eventos; e / ou

(d) Direção maliciosa do tráfego de rede, introdução de código malicioso ou outro ataque malicioso direcionado a, ocorrendo ou utilizando o SISTEMA COMPUTACIONAL DA EMPRESA. Isso inclui, mas não se limita a, qualquer interrupção dos negócios do TOMADOR causada por tais eventos; e / ou

(e) Interrupção dos negócios do TOMADOR causada por um ato acidental, não intencional ou negligente, erro ou omissão do SEGURADO na operação ou manutenção do SISTEMA COMPUTACIONAL DA EMPRESA que causa indisponibilidade total ou parcial do SISTEMA COMPUTACIONAL DA EMPRESA; e / ou (f) Violação de leis e regulamentos relativos à privacidade e resultantes dos itens (a) a (e) acima.

Para os fins dos itens (a) e (c) da definição de EVENTO CIBERNÉTICO, os dados incluem, entre outros, informações pessoais / dados pessoais e / ou informações confidenciais (exceto as que estão legalmente disponíveis em domínio público ou para o público em geral, a menos que as informações disponíveis publicamente se tornem identificáveis exclusivamente por meio de coleta e / ou processamento) de qualquer forma.

SISTEMA COMPUTACIONAL DA EMPRESA significa um sistema de computador (incluindo, sem limitação, hardware, software e/ou programas de computador) alugado, de propriedade ou operado ou que é disponibilizado ou acessível ao TOMADOR ou seu(s) provedor(es) de serviços terceirizados para o objetivo de armazenar e processar os dados ou o software eletrônico do TOMADOR.

CÓDIGO MALICIOSO significa qualquer código danoso, desautorizado e corrompedor que tenha por finalidade se infiltrar em um ambiente computacional e migrar de um ambiente computacional a outro.

Todos os demais termos, condições, provisões, exclusões e limitações deste contrato de seguro permanecem inalteradas.

Apólice B: após apresentar um glossário com as definições de dados, detentor de informação, evento de privacidade, falha de segurança, informação confidencial, informação corporativa, informação pessoal, legislação geral de proteção de dados, órgão regulador de dados, sistema de computador e violação de informação confidencial, o clausulado traz a seguinte exclusão: "Evento de Privacidade e Falha de Segurança resultante de, baseada em ou atribuível a qualquer Evento de Privacidade ou Falha de Segurança".

Apólice C:

EXCLUSÃO-INTERPRETAÇÃO DE DATAS POR EQUIPAMENTOS ELETRÔNICOS:

Fica entendido e acordado que este Seguro não cobre qualquer prejuízo, dano, destruição, perda e/ou reclamação de responsabilidade, de qualquer espécie, natureza ou interesse, desde que devidamente comprovado pela Seguradora, que possa ser, direta ou indiretamente, originado de ou consistir em:

a) Falha ou mal funcionamento de qualquer equipamento e/ou programa de computador e, ou sistema de computação eletrônica de dados em reconhecer e/ou corretamente interpretar e, ou processar e/ou distinguir e/ou salvar qualquer data como a real e correta data de calendário, ainda que continue a funcionar corretamente após aquela data;

b) Qualquer ato, falha, inadequação, incapacidade, inabilidade ou decisão do, Segurado ou de Terceiro, relacionada com a não utilização ou não disponibilidade de qualquer propriedade ou equipamento de qualquer tipo, espécie ou qualidade, em virtude do risco de reconhecimento, interpretação ou processamento de datas de calendário.

Para todos os efeitos, entende-se como equipamento ou programa de computador os circuitos eletrônicos, microchips, circuitos integrados, microprocessadores, sistemas embutidos. Hardwares (equipamentos computadorizados, softwares (programas utilizados ou a serem utilizados em equipamentos computadorizados), firmwares (programas residentes em equipamentos computadorizados), programas, computadores, equipamentos de processamento de dados, sistemas ou equipamentos de telecomunicações ou qualquer outro equipamento similar, sejam eles de propriedade do Segurado ou não.

Apólice D:

Condições particulares.

Exclusão de danos decorrentes de eventos cibernéticos.

A cláusula de Exclusões, Riscos Não Cobertos ou Riscos Excluídos passa a vigorar acrescida da seguinte exclusão.

A cobertura securitária concedida através da presente apólice não abrange quaisquer perdas, danos, responsabilidades, custos ou gastos de qualquer natureza, caso sejam, direta ou indiretamente, (i) causados ou originados por, (ii) decorrentes ou resultantes de ou (iii) associados ou atribuíveis a qualquer Evento Cibernético.

As perdas, danos, responsabilidades, custos ou gastos mencionados no parágrafo anterior incluem, mas não se limitam a quaisquer custos de defesa, danos materiais, danos corporais, danos morais, danos existenciais, prejuízos financeiros, lucros cessantes, danos emergentes; danos à imagem, reputação, honra, ou ainda danos ao meio-ambiente, à economia ou à sociedade que qualquer Evento Cibernético possa dar causa a, resultar em, ou estar associado a, incluindo, mas não se limitando a:

(i) Divulgação, vazamento, armazenamento indevido de quaisquer Dados ou falha em apagar quaisquer Dados armazenados eletronicamente em quaisquer Sistemas de Computador.

(ii) Adulteração, modificação, destruição ou perda de quaisquer Dados armazenados eletronicamente em quaisquer Sistemas de Computador.

(iii) Dificuldade, retardo, interrupção ou impedimento de acesso, do Segurado ou de terceiros autorizados, a quaisquer Sistemas de Computador.

(iv) Transmissão indevida, a partir de quaisquer Sistemas de Computador de qualquer

a. Malware;

b. Mensagem, declaração, áudio, imagem, vídeo ou qualquer outra mídia.

(v) Destruição, estrago, inutilização ou perda de funcionalidade, não-funcionamento ou funcionamento indevido de quaisquer Sistemas de Computador, ou ainda, de qualquer outro aparelho, dispositivo, máquina, equipamento, instalação, instrumento, rede ou sistema, assim como os danos causados aos arredores, adjacências, cercanias ou vizinhanças por conta de tal destruição ou estrago.

(vi) Funcionamento correto quaisquer Sistemas de Computador, ou ainda, de qualquer aparelho, dispositivo, máquina, equipamento, instalação, instrumento, rede ou sistema, porém operado ou utilizado de forma incorreta, imprópria, indevida ou criminosa, de forma a causar danos aos arredores, adjacências, cercanias ou vizinhanças.

(vii) Movimentação, transferência, liquidação ou operação indevida de quaisquer ativos financeiros, incluindo mas não se limitando a dinheiro, fundos, títulos e valores mobiliários.

(viii) Não-fornecimento ou fornecimento inadequado de qualquer produto ou serviço, incluindo mas não se limitando a quaisquer serviços de utilidade pública, tais como energia elétrica, telefonia, água, esgoto, transmissão de Dados, coleta de resíduos, transporte, saúde, combate a incêndio e segurança pública.

(ix) Violação de qualquer propriedade intelectual, seja ela direito autoral, propriedade industrial ou proteção Sui Generis.

Reiteram-se as demais cláusulas, condições e disposições que não tenham sido alteradas por estas Condições Particulares.

Em síntese, observa-se que os clausulados de seguros *D&O* comumente disponibilizados no Brasil não oferecem cobertura para perdas originadas por riscos cibernéticos, o que está a merecer algum comentário.

Acredita-se que à boa compreensão dos riscos ora estudados seria importante propor uma divisão entre os riscos cibernéticos próprios da pessoa jurídica, daqueles que, claramente, são típicos dos administradores, pessoas físicas, análise que, se bem compreendida, será útil, inclusive, para fins de correta alocação das perdas/reservas técnicas por parte das seguradoras e resseguradoras.

Voltando ao exemplo já utilizado anteriormente, imagine-se as perdas financeiras decorrentes da necessidade de restabelecer todo o parque de máquinas (servidores, *hardwares* e *softwares*), destruídos por um ataque de *hackers*. Parece nítido aqui que esses custos dizem respeito à pessoa jurídica, ou, noutras palavras, a risco puramente cibernético, a ser absorvido pelo seguro *Cyber*.

Agora, pense-se que o tal colapso dos sistemas de TI da empresa tenha ensejado uma reclamação de acionistas minoritários perante a Comissão de Valores Mobiliários, ao argumento de que a diretoria e o conselho de administração teriam falhado em seus deveres de diligência, designadamente, no fortalecimento dos sistemas que acabaram motivando as perdas. Para esse segundo cenário, o risco que, originalmente, foi, de fato, cibernético, transmudou-se num risco próprio de responsabilidade de administradores, *D&O*, portanto. Ora, para hipóteses como esta, entende-se que a apólice que melhor se adequa é a *D&O*, não a *Cyber*.

Aprofundando ainda mais a discussão, e se a reclamação dos minoritários for deflagrada contra a pessoa jurídica e as pessoas físicas dos administradores, cumulativamente? O destinatário correto do reclame deve ser a apólice *D&O*, integralmente, ou algo deve ser alocado no seguro *Cyber*?

Entende-se que a resposta à presente questão deve ser obtida por meio da análise da causa (motivo) que, substancialmente, originou o risco em referência. Se a reclamação dos minoritários é imputada aos administradores, por conta de uma alegada falha em seus afazeres – violação ao dever de diligência (Lei das S.A., art. 153) –, a alocação deverá ser integralmente realizada no seguro *D&O*.

Em suma, o conteúdo do contrato concebido pelas partes, segurados/tomadores e seguradoras deverá ser respeitado, sobretudo por conta do disposto no art. 421-A do Código Civil.[21] Nada obstante, considerando o recorte acima sugerido entre riscos cibernéticos, por um lado, e os riscos *D&O*, por outro, alguns comentaristas no exterior vem chamando a atenção à necessidade de que as apólices *D&O*, com efeito, cubram os riscos cibernéticos às demandas próprias à administração das empresas:

> *Insurance (cyber-specific) has a role: Much like we insure against our exposure to physical accidents and liabilities, we do have insurance solutions to help transfer difficult-to-manage cyber insecurity risks.*
>
> *Cyber and D&O insurance: While cyber insurance plays a critical role in managing direct cyber insecurity risk, current cyber insurance does not reach indirect risks traditionally addressed under D&O insurance. This leaves unanswered the question of how well will D&O insurance respond if liability for cyber insecurity reaches the C-suite*

[21] Código Civil. "Art. 421-A. "Os contratos civis e empresariais presumem-se paritários e simétricos até a presença de elementos concretos que justifiquem o afastamento dessa presunção, ressalvados os regimes jurídicos previstos em leis especiais, garantido também que:http://www.planalto.gov.br/ccivil_03/_Ato2019-2022/2019/Lei/L13874.htm – art7 I – as partes negociantes poderão estabelecer parâmetros objetivos para a interpretação das cláusulas negociais e de seus pressupostos de revisão ou de resolução; II – a alocação de riscos definida pelas partes deve ser respeitada e observada; e III – a revisão contratual somente ocorrerá de maneira excepcional e limitada."

> *or the boards of directors. The consensus suggests that for the perils typically covered under D&O liability insurance, such as derivative and securities class action lawsuits, D&O insurance should already respond.*[22]

A realidade fática vem apresentando demandas típicas de responsabilidade de administradores originadas por riscos cibernéticos. Se, como se observou no início desse estudo, a proteção/tratamento de dados vem sendo considerados como um dos maiores, senão o maior risco da contemporaneidade, à exata medida em que se vê uma escalada desses riscos à diretoria/conselho de administração, o protagonismo, em termos de tutela dos interesses legítimos afetados, deverá ser exercido pelo seguro *D&O*.

Entenda-se corretamente a afirmação: para riscos ínsitos à administração das sociedades, a oportunidade deverá ser para os seguros *D&O*; para riscos cibernéticos que, por sua vez, não cheguem à alta administração, aí o espaço continuará a ser o dos seguros cibernéticos. *E.g.*, danos sofridos por *hardware*, lucros cessantes decorrentes da paralização dos sistemas e a sua reparação, claramente se amoldam ao objeto dos seguros cibernéticos propriamente ditos.

A fim de propiciar maior consistência a esse argumento, em prol da correta alocação das perdas entre os seguros *D&O* e os seguros cibernéticos, acredita-se que um rápido paralelo com os seguros *D&O* e os seguros ambientais tenha uma função esclarecedora.

[22] Yellen, Rob. *op. cit.* p. 2. No mesmo sentido: "In my view, but for the fact that the cyber-related D&O claims involve cybersecurity concerns, they are otherwise plain vanilla D&O claims that by all rights ought to be covered under the D&O policy." (Lacroix, Kevin M. *Addressing "Silent Cyber" and the Risk of Coverage Gaps.* 20.01.2020. Disponível em https://www.dandodiary.com/2020/01/articles/cyber-liability/addressing-silent-cyber-and-the--risk-of-coverage-gaps, visitado em 27.08.2021. p. 4-5). Vale referir também a acurado exame realizado no mercado de seguros *D&O* na Alemanha, que apontou à existência de *silent cyber coverage* nesse ramo de seguros: "Hitherto, the terms and conditions of all seven analysed D&O insurance policies do not explicitly exclude coverage for cyber risks so that such claims are covered. Consequently, based on the content of the insurance terms and conditions and their formulations, it can be concluded that silent cyber coverage exists in this insurance line." (Wrede, Dirk. *et al. op. cit.* p. 675).

Sintetizando temas complexos, as tragédias ambientais de Mariana e Brumadinho, ocorridas no Estado de Minas Gerais, ocasionaram a perda de valor mobiliário das ações da mineradora responsável pelos sítios respectivos.[23] A segunda catástrofe, em particular, trouxe à tona discussão acalorada a respeito da responsabilidade (ou não) de diretores e membros do conselho de administração da companhia, ao argumento de que poderiam/deveriam ter tomado medidas a fim de evitar o mau maior. [24]

Verificou-se, à época, portanto, demandas típicas da arena dos seguros *D&O* motivadas por questões de fundo ambientais, ou seja, uma clara convergência entre os dois ramos. Ditas demandas de responsabilidade deveriam ter sido alocadas nos seguros *D&O* ou nos seguros ambientais (seguro de responsabilidade ambiental ou seguro ambiental típico)?

À luz do exposto anteriormente, entende-se que as demandas propostas por minoritários, a fim de questionar a diligência dos administradores da companhia, deveriam ter sido alocadas no seguro *D&O*, nada obstante a origem seja ambiental. Por óbvio, despesas com despoluição, limpeza, remoção de escombros, reparação às vítimas, deveriam ter sido alocadas

[23] O noticiário à época foi vasto. "Ações da Vale despencam 24% após rompimento de barragem em Brumadinho". Disponível em https://economia.uol.com.br/noticias/afp/2019/01/28/acoes-da-vale-despencam-24-apos-rompimento-de-barragem-em--brumadinho.htm, visitado em 13.09.2021.

[24] "Presidente da Vale foi afastado após a tragédia. Denunciado nesta terça por homicídio doloso, Fabio Schvartsman assumiu a presidência da Vale em 2017 com o lema 'Mariana nunca mais', em referência ao desastre na barragem do Fundão, que havia causado 19 mortes em novembro de 2015. Schvartsman acabou deixando o cargo cinco semanas após o desastre em Brumadinho. A decisão da mineradora aconteceu depois de os órgãos de investigação exigirem à empresa o afastamento dos quatro diretores e de uma dezena de outros funcionários com base nas 'evidências obtidas até o momento' sobre o envolvimento deles no desastre. Naquele momento, os investigadores indicavam, com base em depoimentos e provas apreendidas, que havia um 'conluio' entre a Vale e a Tüv Süd para maquiar a real situação da Barragem I. Durante as investigações, 11 funcionários da Vale chegaram a ser detidos e outros quatro da Tüv Süd foram alvo de busca e apreensão. Conforme as investigações, os laudos de estabilidade eram emitidos pela empresa alemã mesmo sem atingir o nível mínimo de segurança para que a empresa não perdesse futuros contratos com a mineradora." (Disponível em https://brasil.elpais.com/brasil/2020-01-21/ex-presidente-da-vale-e-mais-15-sao-denunciados-por-homicidio-doloso-na-tragedia-de--brumadinho.html, visitado em 13.09.2021).

nas apólices ambientais, eventualmente apólices de responsabilidade civil geral, a depender do conteúdo contratual avençado.

É preciso ter em mente que a responsabilidade de administradores, originalmente, poderá ter mesmo origens as mais diversas, em disciplinas jurídicas igualmente distintas. Pode-se, como se observou, pensar em violação à proteção de dados, em questões ambientais, ou, também, em questões consumeristas, tributárias, antitruste, regulatórias etc. A multidisciplinariedade é uma característica marcante do tema "responsabilidade de administradores". É fundamental, portanto, guardar coerência por ocasião da alocação dos riscos respectivos.

1.2. Atenção a alguns riscos comumente excluídos das apólices *D&O*, que possuem relação próxima com os riscos cibernéticos

Como ponto de sequência, entende-se importante chamar a atenção a alguns riscos comumente excluídos de apólices *D&O*, cujos contornos se aproximam dos riscos cibernéticos. A relação a seguir não é exaustiva; decorre de exclusões vistas em reiteradas circunstâncias.

1.2.1. Multas

No exterior, observa-se a exclusão para riscos relacionados à imposição de multas, abstratamente consideradas, nos seguros *D&O*, o que decorre de previsões contidas em lei. A exclusão *tout court* acena a questões de moralidade e ordem pública, no sentido de evitar que o seguro seja um instrumento que fomente o *moral hazard.*

No Brasil, ao menos sob as perspectivas legal e regulatória, não há impedimento à contratação de coberturas para multas, o que, com efeito, foi pela primeira vez positivado pela Circular SUSEP nº. 553/2017, em seu art. 5º, § 5º.[25] Posteriormente, a novel Circular SUSEP nº. 637/2021,

[25] Circular SUSEP nº. 553, de 23.05.2017. Art. 5º No seguro de RC D & O, a sociedade seguradora garante aos segurados, quando responsabilizados por danos causados a terceiros, em consequência de atos ilícitos culposos praticados no exercício das funções para as quais tenham sido nomeados, eleitos e/ou contratados, o reembolso das indenizações que forem obrigados a pagar, a título de reparação, por sentença judicial transitada em julgado, ou em decorrência de juízo arbitral, ou por acordo com os terceiros prejudicados, com a anuência da sociedade seguradora. [...] § 5º A garantia poderá abranger cobertura de

a trazer a disciplina para os seguros do chamado grupo de responsabilidades, cuidou do tema de maneira ainda mais refinada por intermédio do art. 3º, § 3º.[26]

Na análise entre as disciplinas previstas na Circular 553 e 637, a primeira, expressamente, autorizava a cobertura para multas civis e administrativas, o que permitia a interpretação no sentido de que não seria possível cobrir as multas criminais. A Circular 637, por sua vez, inovou ao permitir a cobertura para multas (genericamente consideradas), ou seja, à medida em que não foram especificadas as multas passíveis de cobertura – civis e administrativas –, conforme previsto na Circular anterior, entende-se que a nova norma foi além e, assim, permitiu também a cobertura às multas criminais. O mote, com efeito, deverá verter-se para o exame da natureza da conduta do administrador, isto é, se culposa ou dolosa. Em sendo culposa, entende-se que pouco importará a natureza da multa (civil, administrativa ou criminal); em sendo dolosa, por outro lado, não haverá que se falar na cobertura para multas de quaisquer espécies.

Vale dizer que, no Brasil, a cobertura para multas, sob o pálio da Lei Geral de Proteção de Dados, e, antes disso, com a entrada em vigor, na Europa, da GDPR, tornou-se tema da maior importância ao empresariado em geral, ciente dos riscos que, a partir de então, passaram a pesar sobre os seus próprios patrimônios (pessoas físicas).[27]

multas e penalidades cíveis e administrativas impostas aos segurados quando no exercício de suas funções, no tomador, e/ou em suas subsidiárias, e/ou em suas coligadas.

[26] Circular SUSEP nº. 637, de 27.07.2021. Art. 3º. "No seguro de responsabilidade civil, a sociedade seguradora garante o interesse do segurado, quando este for responsabilizado por danos causados a terceiros e obrigado a indenizá-los, a título de reparação, por decisão judicial ou decisão em juízo arbitral, ou por acordo com os terceiros prejudicados, mediante a anuência da sociedade seguradora, desde que atendidas as disposições do contrato. [...] § 3º A sociedade seguradora poderá oferecer outras coberturas, além daquela descrita no caput, inclusive para os custos de defesa dos segurados, e a cobertura de multas e penalidades impostas aos segurados".

[27] "Federal laws and regulations. While fiduciary duties may not be the driving D&O risk arising from cyber insecurity, regulatory risk may be scary enough." (Yellen, Rob. op. cit. p. 2).

Sabe-se, a teor do disposto no art. 52 da LGPD, que as multas poderão ser impostas tanto às pessoas físicas, quanto às jurídicas. No âmbito do seguro *D&O*, entende-se que a tutela às multas deverá restringir-se aos administradores, pessoas físicas, não estendendo-se às pessoas jurídicas, considerando tudo que já se observou a respeito do que se deve entender por ato de gestão.[28]

Se, eventualmente, tomador, segurado e seguradora resolverem convencionar cobertura para multas impostas também às pessoas jurídicas, isto poderá ser respeitado considerando a sua autonomia privada, mas, ressalva-se que o seguro *D&O*, considerando a sua causa – síntese de seus efeitos jurídicos essenciais – não deverá cobrir, ao menos em princípio, as perdas sofridas pela pessoa jurídica. Não se trata, como já se viu, de um seguro destinado à tutela da pessoa jurídica, o que, inclusive, explica-se a partir de seu próprio nome – *directors and officers insurance* – seguro para conselheiros e administradores, leia-se, pessoas físicas.

1.2.2. Terrorismo

Não é incomum verificar ataques cibernéticos associados a movimentos governamentais ou quase-governamentais, muitas vezes reconhecidos como organizações terroristas.

[28] No sentido da inexistência de cobertura para multas impostas às pessoas jurídicas no âmbito dos seguros *D&O*: "GDPR fines against the company will not be covered under a D&O policy. There is currently no liability for personal fines under GDPR. However, under the proposed clause 189 of the new UK Data Protection Act 2018 (DPA) – which has the purpose of transferring GDPR into UK law – executives will commit a criminal offence under the DPA in circumstances where an offence has been committed by the company and that offence has been proved to have been committed with the consent or connivance, or is attributable to neglect on the part of an executive. Any fines levied against individuals under the DPA are likely to be criminal fines and uninsurable." (*Understanding cyber Directors & Officers liability risks and buying insurance. Marsh e AIG. Airmic White Paper. 2018. Disponível em https://www.google.com/url?sa=t&rct=j&q=&esrc=s&source=web&cd=&ved=2ahUKEwjQveTd687yAhUxrpUCHRjvAw0QFnoECAcQAQ&url=https%3A%2F%2Fwww.marsh.com%2Fcontent%2Fdam%2Fmarsh%2FDocuments%2FPDF%2FUK-en%2FUnderstanding%2520Cyber%2520Directors%2520%26%2520Officers%2520Liability%2520Risks%2520and%2520Buying%2520Insurance.pdf&usg=AOvVaw378ZCDZNpPZ_60rYp62vzO, visitado em 26.08.2021*. p. 3).

A "vantagem" do ataque cibernético *vis à vis* um ataque terrorista convencional, por assim dizer, passa pela sua maior eficiência e facilidade de consumação. Como se afirmou anteriormente, o simples fato de estar conectado à grande rede de computadores é o quanto basta para ser vítima de um ataque cibernético. À diferença dos atentados terroristas presenciais, que requerem o emprego de armas e, de uma maneira ou de outra, provocam mortes e destruição, os ataques cibernéticos se desenvolvem de maneira silenciosa, valendo-se das vulnerabilidades do ofendido.

O problema, nesse sentido, decorre de exclusões de risco para terrorismo comumente observadas em apólices *D&O*, o que requer atenção redobrada de tomadores/segurados, sobretudo na contemporaneidade.[29]

Como solução à severidade desses riscos, considerando o seu enorme potencial lesivo, comenta-se a propósito da pertinência de que sejam

[29] "Terrorism exclusion: Cyber claims may be the result of hacktivists, government and/or quasi-government actors. If so, a war or terrorism exclusion that fails to explicitly carve out cyber-based events could be triggered and restrict coverage." (Yellen, Rob. op. cit. p. 4). No mesmo sentido: "Terrorism: While fairly uncommon, some D&O policies (and cyber policies alike) contain broad terrorism exclusions. Professional liability experts fear these exclusions have the potential to significantly reduce/eliminate coverage for cyber intrusions. The standard client (and broker for that matter) probably wouldn't consider a data breach an act of terrorism. Which is why, when buyers and brokers are reviewing policy language, it is deceivingly easy to overlook its implications, which could prove a costly mistake. For example, insurance carriers could likely make a fair argument that a targeted ransomware attack, which is intended to hold data "hostage" while demanding a ransom payment, is a form of terrorism. The same holds true for a DOS attacks whose sole intention is to interrupt business, create panic and cause financial loss. While cyber losses caused by employees and self-propagating code are less likely to be construed as acts of terror, these exclusions are often worded very broadly and their interpretations can be unpredictable. Accordingly, brokers and attorneys should pay careful attention to such language and avoid this exclusion entirely when able. Absent the ability to avoid this exclusion, narrowing the lead in language would be the natural next step. Lastly, buyers should attempt to negotiate additional language with the carrier to affirmatively carve back coverage for cyber incidents and any resulting securities claims." (Bundschuh, Evan. The Many Cyber Exclusions in D&O Policies. 28.04.2017. Disponível em https://news.law.fordham.edu/jcfl/2017/04/28/the-many-cyber-exclusions-in-do-policies/, visitado em 03.09.2021).

colocadas em práticas iniciativas público-privadas,[30] gerando assim maior capacidade financeira à sua absorção.

1.2.3. Extorsão

Como ponto de continuidade, é importante trazer algumas considerações relativas à exclusão também observada com alguma frequência em apólices *D&O*, agora vertidas à extorsão ou, do jargão anglo-saxônico, o *ransomware*.[31]

Muitas vezes, o criminoso cibernético conclui o seu ataque e, como produto, detém códigos-chave que, se vazarem, implicarão em perdas de dados sensíveis de milhares de consumidores/clientes da empresa atacada.

Com essa poderosíssima munição em mãos, chantageiam a empresa atacada e exigem o pagamento de elevadas somas, comumente por meio de criptomoedas, como antídoto à sua nefasta prática. No que interessa aos contratos de seguros *Cyber* ou *D&O*, a questão subjacente é: os riscos financeiros atrelados ao pagamento de somas aos criminosos virtuais

[30] Embora o texto a seguir refira-se às perdas provocadas por ataques terroristas convencionais (isto é, não cibernéticos), acredita-se que a solução proposta – cooperação público-privada seja oportuna também para fins de cobertura de ataques terroristas cibernéticos: "Following on from terrorist incidents in the 1990s and the significant impact of 9/11, the terrorism insurance industry realized that it had not fully accounted for the risk it was underwriting. This risk was recognized by governments who issued guarantees or provided financial backing for this type of insurance. In the UK, starting in the 1990s, the government issued a guarantee to Pool Re – a terrorism insurance company – that would cover any costs relating to a terrorist incident above a certain threshold. Similarly in the US, the government has created the Terrorism Risk Insurance Act to provide federal reinsurance to any property and casualty insurer who offers terrorism insurance. In doing so, it has agreed to reimburse insurers for a portion of losses of up to $100 billion on commercial policies. Governments could have a similar role in cyber insurance, owing to the potential fallout from a catastrophic cyber incident." (SULLIVAN, James and NURSE, Jason R. C. *op. cit.* p. 15-16).

[31] "At the same time, the frequency and intensity of targeted ransomware operations have started to change cyber risk calculations within businesses. Not only are the number of ransomware attacks increasing, but the payments demanded by attackers are also going up. (*Ibid.* p. 4). No mesmo sentido: COBLE, Sarah. *Ransomware Payments on the Rise'.* Infosecurity Magazine, 1º.04.2020, disponível em https://www.infosecurity-magazine.com/news/rise-in-ransomwarepayments/, visitado em 6.11.2020.

seriam passíveis de cobertura? O entendimento de que os contratos de seguro não podem se prestar ao "financiamento" de atividades criminosas seria capaz de, no Brasil, obstar o oferecimento dessa cobertura?

Para endereçar a resposta, entende-se interessante dar um passo atrás e recorrer, em primeiro lugar, ao seguro para sequestro, que é, de fato, bem pouco difundido no Brasil, o que possivelmente se explique, atualmente, pela sua baixa incidência.

Controvérsia similar à arguida com relação ao pagamento de "resgate" aos criminosos cibernéticos foi formulada há tempos por Paulo Luiz de Toledo Piza, naquela época considerando as somas requeridas pelos sequestradores às vítimas de seus crimes e suas famílias.

Toledo Piza indagava se, em conformidade com o ordenamento jurídico brasileiro, haveria algum óbice à disponibilização de cobertura securitária para sequestro, o que mereceu as reflexões a seguir reproduzidas:

> Anote-se que o Código Civil de 1916, em seu art. 1.463, dispunha que o contrato de seguro seria nulo "quando o risco, de que se ocupa, se filiar a atos ilícitos do segurado, do beneficiado pelo seguro, ou dos representantes e prepostos, quer de um, quer de outro" (art. 1.436). Acontece, todavia, que este dispositivo, ao contrário do que poderia parecer à primeira vista, não obstava o seguro-sequestro, à medida que, neste caso, excepcionados os casos de fraude, um terceiro, e não o segurado ou seu representante, é quem estaria praticando a extorsão mediante seqüestro. Ou seja, o risco não se filiaria a ato ilícito do segurado ou de um seu representante qualquer.
>
> Observe-se, a propósito, que dispõe o atual Código Civil, no seu art. 762, que "nulo será o contrato para garantia de risco proveniente de ato doloso do segurado, do beneficiário, ou de representante de um ou de outro". Este dispositivo também não obsta, em princípio, entre nós, o chamado seguro-sequestro, porquanto neste quem pratica o ato doloso, inclusive em sua acepção penal, é um terceiro – e não necessariamente o segurado, o beneficiário ou o representante de um ou de outro.
>
> [...]
>
> Diante disso, e considerando que não é ilícito proteger o patrimônio contra um ato doloso proveniente de terceiro estranho à relação securitária, somos da opinião de que, em princípio, o art. 166, II, do vigente Código

Civil não constituiria óbice à comercialização, no Brasil, do chamado seguro-seqüestro.[32]

A considerar que no ordenamento jurídico brasileiro não há óbice à contratação de cobertura securitária para atos dolosos praticados por terceiros, ainda que esses atos sejam criminosos, acredita-se que o estabelecimento de um paralelo dessa conclusão à extorsão praticada no ambiente cibernético levará ao mesmo resultado.[33]

Por mais delicado que seja o tema, na medida em que o entendimento pela viabilidade da cobertura para extorsão cibernética conduz à conclusão de que a soma paga pela seguradora será, possivelmente, recebida por criminosos, é preciso ter em mente que a tutela aqui, genuinamente, estará a ser entregue aos segurados. É o seu patrimônio que estará a ser protegido, sendo secundário o pensamento a respeito daquele que acabará por permanecer com a soma segurada, uma vez paga.[34]

À seguradora, um pagamento efetuado a um criminoso cibernético terá efeitos indesejados, designadamente sob a perspectiva da sub-rogação e exercício do direito de regresso, fatalmente prejudicados nessas

[32] Piza, Paulo Luiz de Toledo. *Notas sobre seguro e sequestro.* Disponível em https://www.ibds.com.br/o-instituto/#, visitado em 13.09.2021.

[33] Há outra preocupação relacionada à cobertura para o *ransomware,* no sentido de que o seu pagamento funcionaria como um incentivador à prática, a gerar *moral hazard.* Nesse sentido, confira-se: Silveira, André; Baqui, Jessica. *Os seguros cibernéticos e os ransomware.* Disponível em: https://www.conjur.com.br/2020-nov-10/silveira-baqui-seguros-ciberneticos-ransomware., visitado em 22.09.2021.

[34] A delicadeza do tema foi observada pela OCDE: "In the case of cyber ransom and extortion, there is some variation in the types of losses covered (e.g. one major provider will only cover costs related to efforts to avoid paying a ransom, not the payment of a ransom itself) as well as whether the coverage includes both incidents and threats of incidents (i.e. whether a ransom payment would be also covered in the context of a threat of harm such as a data confidentiality breach). One impediment to providing insurance coverage for ransom payments is the difficulty in attributing the source of the ransomware and the possibility that the ransom payments could be made to a named terrorist organisation (the International Association of Insurance Supervisors has noted that compensation for ransom payments made to a named terrorist organization could be considered a violation of United Nations sanctions)."(OECD. *Enhancing the Role of Insurance in Cyber Risk Management. op. cit.* p. 65).

circunstâncias. Caberá, então, precificar o prêmio para essa cobertura adequadamente, calculando – deduzindo – o montante que seria passível de recuperação por força da sub-rogação.

2. Notas acerca do contrato de seguro para riscos cibernéticos (*cyber insurance*)

No ambiente corporativo contemporâneo, os riscos cibernéticos vêm exercendo um protagonismo que, curiosamente, ainda não encontra a respectiva penetração no mercado de seguros.[35]

À diferença de outras tantas linhas de negócios que dispõem de modelos de precificação objetivos – vida, residencial, automóvel e até mesmo o seguro *D&O*, o seguro para riscos cibernéticos ainda se ressente demais de uma carência de base atuarial que permita uma subscrição confortável por parte do mercado segurador.

Algumas razões buscam explicar o porquê dessa lacuna. Uma empresa que tenha os seus sistemas atacados por um hacker procurará remediá-lo com a maior brevidade possível, evitando que notícias a respeito sejam divulgadas. É que quão maior for a divulgação, maior será o seu abalo reputacional.

A segunda razão refere-se à natureza de um ataque cibernético, cujas características são completamente diferentes daquelas comumente observadas em outros ramos de seguros. Aproveitando a oportunidade para fazer uma comparação dos seguros cibernéticos com os seguros

[35] Dados relativos exclusivamente ao seguro *Cyber:* "The size of the stand-alone cyber insurance market in 2016 is estimated to be in the range of USD 2.5 billion to USD 3.5 billion in gross written premiums (which excludes premiums collected for cyber risk coverage included in other policies as companies do not generally provide breakdowns of premiums by individual perils). [...] In many countries, the market is growing at an extremely fast pace with some projecting that it could reach USD 5 billion in the United States (PwC, 2015) and EUR 900 million in Europe (Insurance Information Institute, 2015) by 2018 and USD 20 billion in global premiums by 2025 (Swiss Re, 2017)." (OCDE. *op. cit.* p. 59). Agora, a comparação do mercado de seguros *Cyber* com o mercado de *P&C* (*property & casualty* – danos e responsabilidades) em geral: "In OECD countries, for example, USD 277 billion in premiums were written for fire and property damage (commercial and residential) and USD 171 billion for general liability insurance in 2015 (OECD, 2017), relative to the estimated USD 2.5 billion in stand-alone cyber insurance premiums that year." (OCDE, *op. cit.* p. 59).

D&O, tenha-se em mente que para esses há base de dados confiável para apresentar a sinistralidade em companhias fechadas, em companhias abertas, em apólices *D&O* próprias de empresas públicas, e assim por diante. Os dados são estáveis, seguros, e permitem que as seguradoras, nada obstante a aleatoriedade dos contratos individualmente considerados, consigam antever os fundos de que precisarão para arcar com as indenizações futuras.

Retomando a abordagem relacionada ao ataque cibernético, o mesmo pode se originar de um pequeno descuido de um empregado que, inadvertidamente, faça o download de um programa criminoso que, em fração de segundos, poderá implicar na paralisação dos sistemas da companhia e, além disso, vazamento de dados sensíveis armazenados pela mesma. O potencial lesivo do risco cibernético é mesmo enorme.

> *Consider, for example, cyber insurance which presents unique underwriting challenges – the client's exposure is difficult to assess from a risk engineering perspective, it is difficult to underwrite due to a lack of historical loss experience combined with a rapidly evolving threat landscape, and there is a high potential accumulation risk from, e.g., state-sponsored, criminal or terrorist activities. Prudent insurers underwrite cyber insurance through explicit wordings and limits on affirmative cyber contracts and, increasingly, through explicit exclusions on non-affirmative contracts are used to eliminate "silent cyber" exposures.*[36]

Prosseguindo, o risco cibernético pode, concomitantemente, causar perdas tanto aos ativos do tomador quanto a terceiros, tutelando, assim, os interesses legítimos de ambos, isto é, *first party* e *third party*[37], contanto que respeitando os termos contratualmente concebidos pelas partes.

A propósito das variadas espécies de danos causadas pelos riscos cibernéticos, vale dizer que há uma crescente sofisticação nos ataques realizados. Por maiores que sejam os avanços em termos de sistemas de

[36] Richter, Andreas. WILSON, Thomas. *op. cit.* p. 176.

[37] "Indeed, the downsides from data usage and sharing are increasing every day. Organizations must not only protect themselves from cyber abuse, they also need to protect the data and records of their most precious asset: their customers." (Ouwerkerk, Eelco. *Beware of GDPR – Take your Cyber Risk Responsibility More Seriously. op. cit.* p. 175).

proteção e segurança em matéria de tecnologia da informação, a argúcia dos delinquentes virtuais parece sempre estar um ou mais passos à frente.

Pode-se adicionar à assertiva anterior que os riscos cibernéticos estão cada vez mais presentes porque, sem dúvida, os dados/informações encontram-se disponíveis e transitando na grande rede de computadores. Seja por força de violações aos sistemas, seja porque as pessoas, de uma maneira geral, renunciaram às suas intimidades na exata medida em que divulgam tudo o que fazem através das redes sociais, não há como negar que essa valiosíssima matéria prima acaba por chegar no lado negro da *internet*.

Ademais dos computadores, é preciso lembrar que o uso massivo de telefones de última geração, com tecnologia 4g, permitem o download de inúmeros aplicativos e, com eles, vírus e *malwares* capazes de causar severos danos aos seus usuários.[38]

Deseja-se, por derradeiro, chamar a atenção a uma finalidade interessante despertada pela utilização mais constante dos seguros para riscos cibernéticos, qual seja, a preventiva. Grosso modo, assim como um bom motorista paga menos prêmio por ocasião da renovação de seu seguro automóvel, uma determinada empresa provida de sólido sistema de segurança da informação pagará menos prêmio para fins de emissão de sua apólice de seguro *Cyber*. A relevância dessa finalidade preventiva foi, inclusive, ressaltada pela Organização para Cooperação e Desenvolvimento Econômico, a OCDE:

> *The potential for serious economic and commercial repercussions, illustrated most recently in the millions of compromised records at Yahoo and Equifax, the disruption of major websites by a denial-of-service attack on Dyn and the hundreds of thousands of computers compromised by the WannaCry and NotPetya ransomware attacks, has meant increasing investment in safeguarding the confidentiality, integrity and availability of information and information systems.*

[38] Esses fatos pertinentes aos danos e riscos cibernéticos foram trazidos por Yellen, Rob. *op. cit.* p. 2. A propósito do número de *smartphones, tablets* e afins, disponíveis no Brasil, a quantidade é impressionante: 424 milhões. Fonte: https://portal.fgv.br/noticias/brasil-tem-424-milhoes-dispositivos-digitais-uso-revela-31a-pesquisa-anual-fgvcia, visitado em 21.04.2021.

> *While not a substitute for investing in cyber security and risk management – as having good cyber security and avoiding a disruption is a more preferable outcome – insurance coverage for cyber risk can make an important contribution to the management of cyber risk by promoting awareness about exposure to cyber losses, sharing expertise on risk management, encouraging investment in risk reduction and facilitating the response to cyber incidents.*[39]

2.1. Tratamento empregado pelas apólices Cyber no Brasil. Há cobertura para D&Os?

Relembrando o exposto no item 2.1, observou-se que algumas apólices de seguro *D&O* comumente emitidas no Brasil não cobrem os riscos de natureza cibernética. Resta agora observar se as apólices tipicamente cibernéticas o fazem.

Reproduzindo nesta seção a mesma metodologia de pesquisa empregada às apólices *D&O*, quatro também foram os clausulados observados para fins de exame do seguro cibernético, chegando-se às seguintes conclusões: nas amostras colacionadas, somente uma seguradora não enquadra diretores e administradores como segurados. A definição de segurado cuida apenas das pessoas jurídicas. Esta apólice prevê, expressamente, que a seguradora não será responsável pelo pagamento de reclamações apresentadas contra *"o conselheiro, diretor, administrador ou ocupante de cargo de gestão do segurado, em sua capacidade como tal"*:

> Seguro de responsabilidade e proteção cibernética
>
> Cláusula _ª – Riscos não cobertos e prejuízos não indenizáveis.
>
> __A seguradora não deverá ser responsável por fazer qualquer pagamento ou conceder qualquer benefício ou prestar qualquer serviço em relação a qualquer sinistro, reclamação ou perda: [...]
>
> __ Em qualquer das seguintes hipóteses:
>
> a) Apresentada contra o conselheiro, diretor, administrador ou ocupante de cargo de gestão do segurado, em sua capacidade como tal.

Prosseguindo, em outras duas apólices examinadas observou-se a definição de segurado contemplando os diretores e administradores. Por

39 OECD. *Enhancing the Role of Insurance in Cyber Risk Management. op. cit.* p. 7.

fim, vale ressaltar que o quarto clausulado analisado trouxe uma cobertura específica típica de seguros *D&O*, confirmando, assim, a convergência entre as duas modalidades.

> ___ Custos de Restituição de Imagem Pessoal
> Observado o Limite Máximo de Indenização por Cobertura Contratada na Especificação da Apólice, a Seguradora pagará os honorários, custos e gastos razoáveis incorridos por um diretor, diretor de compliance, Diretor de Proteção de Dados ou um diretor jurídico da Sociedade para obter aconselhamento de um consultor de relações públicas, com o prévio consentimento por escrito da Seguradora, com o objetivo de mitigar os danos a sua reputação (pessoal e profissional) como consequência de uma
> Reclamação, uma Violação de Informação Pessoal, uma Violação de Informação Corporativa, ou uma Violação de Segurança de Dados. Para os efeitos da presente extensão, não há aplicação de Franquia.

Nota-se, dessa maneira, que o exame conjunto deste item com o item 2.1 revelam a necessidade de que tomadores e segurados, com a urgência que o tema 'riscos cibernéticos' acena, primem pela coordenação de seus programas de seguros, evitando lacunas entre os objetos concebidos às apólices *Cyber* e *D&O*.

3. A *silent cyber coverage*. Necessidade de coordenação entre os seguros *D&O* e *Cyber*

A chamada *silent cyber coverage* – no vernáculo, cobertura securitária silenciosa (ou implícita) – vem causando grande repercussão na Europa, Inglaterra e nos Estados Unidos da América, despertando a atenção de seus mercados de seguros e resseguro de uma maneira bem ampla. Sinteticamente, entende-se por *silent cyber coverage* a constatação segundo a qual um determinado programa de seguros do tomador não afirme, categoricamente, nem pela existência de cobertura para riscos de ordem cibernética, tampouco pela inexistência, ou seja, nota-se, de fato, um *silêncio* preocupante.[40]

[40] "Affirmative vs silent cyber: What is called 'affirmative cyber' is the coverage available for cybersecurity-related incidents in purpose-built policies. 'Silent cyber' is the possibility

A oposição à *silent cyber coverage* seria a *affirmative coverage*, isto é, ao invés de detectar-se uma ambiguidade ou omissão, o conteúdo contratual concebido pelas partes primaria pela clareza quanto à efetiva cobertura ou exclusão dos riscos de origem cibernética. Os comentários de Dan Burke são didáticos:

> *Silent cyber risks refer to cyber-related losses that can be incurred via traditional property and liability policies that do not specifically cover damages caused by cyber attacks. The policies do not reference cyber risk in any way–either affirming or excluding coverage–thus remain "silent" as to the exposure.*
> *Since such traditional policies do not implicitly or explicitly cover the risk of exposure caused by cyber attacks, insurers may end up paying for losses incurred through such a method.*[41]

Considerando a relevância do risco cibernético e, como observado ao longo da apresentação desse estudo, a possibilidade de que sejam identificadas lacunas de cobertura específica, seja nas apólices *Cyber*, seja nas apólices *D&O*, é de suma importância revisitá-las e, em assim sendo, miti-

that insurance coverage for cyber-related losses may be found in other insurance policies, policies that the insurers would argue were not built with the possibility of coverage for cybersecurity related losses in mind." (Lacroix, Kevin M. *Addressing "Silent Cyber" and the Risk of Coverage Gaps*. 20.01.2020. *op. cit.* p. 2).

[41] Burke, Dan. The *Devastating Effects of Silent Cyber and What to Expect in 2020*. Disponível em https://woodruffsawyer.com/cyber-liability/silent-cyber-2020-expectations/, acessado em 26.08.2021. Burke explicita as perdas causadas pela gigante farmacêutica, Merck & Co., aludindo à problemática da *cyber silent coverage*: "One example of a particularly devastating instance of silent cyber happened in 2017 when pharmaceutical giant Merck & Co. became a victim of a cyber attack launched by the Russian GRU. The NotPetya malware was originally intended to attack Ukrainian cybersecurity as the two countries were at war, but NotPetya eventually spread and affected Merck's systems. This malicious line of code inadvertently caused the entirety of Merck's production to grind to a halt, causing the company to lose an initial estimate of $870 million by the end of 2017. While Merck was able to collect on its cyber liability policy, the limits were not adequate to cover all of the losses. Merck also submitted the loss to its property liability tower, and when the claim was denied, it proceeded to sue its property insurers for breach of contract, claiming a total of $1.3 billion in losses."

gar problemas que fatalmente surgirão por ocasião da regulação e liquidação dos sinistros respectivos.[42]

Conclusões

À medida em que o acesso à grande rede de computadores cresce vertiginosamente, o mesmo deve ser afirmado no tocante aos riscos cibernéticos. Se, num passado já um pouco distante, esses problemas diziam respeito, apenas, às pessoas jurídicas, eventualmente demandadas por problemas relacionados ao vazamento de dados, paralisação de sistemas etc., atualmente as demandas encontram outros destinatários.

A pesquisa elaborada para fins de apresentação desse estudo revelou, conclusivamente, que os riscos cibernéticos escalaram a esfera patrimonial das pessoas jurídicas para, em definitivo, chegarem aos diretores, conselhos de administração, comitês de auditoria, isto é, o risco de responsabilização passa a pairar sobre a esfera patrimonial dessas pessoas físicas.

Sob a perspectiva causal, as diversas *class actions* já ajuizadas nos Estados Unidos, Inglaterra, Europa e Ásia têm, em comum, alegações no sentido de que diretores e conselheiros das companhias afetadas falharam no cumprimento de suas obrigações – violação, portanto, ao dever de diligência – porque deveriam ter tomado medidas para fortalecer os seus sistemas de segurança, e, assim, evitar a consumação de perdas milionárias que ocasionam a diminuição do valor das ações dessas empresas em bolsas de valores.

Constatando-se que o risco cibernético é, portanto, também um risco que se refere à gestão das sociedades, não há dúvida de que os seguros *Cyber* e *D&O* serão acionados, cumprindo aos tomadores, segurados,

[42] "In addition to ensuring adequate cyber cover is in place, directors may also look to their Directors & Officers Liability (D&O) insurance programme to respond to any investigation or claim against them personally in the event of a cyber event. In order to directly protect the directors and officers of a company in the event of cyber incidents, it is critical to ensure that a company's D&O policy will respond in the event of a regulatory investigation and/or litigation alleging traditional claims for breach of fiduciary duties relating to a cyber event or data breach." (*Understanding cyber Directors & Officers liability risks and buying insurance. op. cit.* p. 3).

seguradoras, resseguradores e *brokers* o cuidado necessário a fim de evitar os males causados pela *silent cyber coverage*.

Referências

BUNDSCHUH, Evan. *The Many Cyber Exclusions in D&O Policies*. 28.04.2017. Disponível em https://news.law.fordham.edu/jcfl/2017/04/28/the-many-cyber-exclusions-in-do-policies/, visitado em 03.09.2021

BURKE, Dan. The *Devastating Effects of Silent Cyber and What to Expect in 2020*. Disponível em https://woodruffsawyer.com/cyber-liability/silent-cyber-2020-expectations/, acessado em 26.08.2021.

COBLE, Sarah. *Ransomware Payments on the Rise*'. Infosecurity Magazine, 1º.04.2020, disponível em https://www.infosecurity-magazine.com/news/rise-in-ransomwarepayments/, visitado em 6.11.2020.

GOLDBERG, Ilan. "Para que serve o Contrato de Seguro *D&O*". Disponíveis em https://www.conjur.com.br/2019-mai-20/direito-civil-atual-serve-contrato-seguro.

LACROIX, Kevin M. *Addressing "Silent Cyber" and the Risk of Coverage Gaps*. 20.01.2020. Disponível em https://www.dandodiary.com/2020/01/articles/cyber-liability/addressing-silent-cyber-and-the-risk-of-coverage-gaps, visitado em 27.08.2021.

O'BREE, Laura. DANDO, Jane. *Co-ordinating cyber and D&O covers is critical*. Disponível em https://insuranceday.maritimeintelligence.informa.com/ID1137528/Coordinating-cyber-and-DO-covers-is-critical-for-the-reputation-of-both-markets,

OECD. *Enhancing the Role of Insurance in Cyber Risk Management*. Paris: OECD Publishing, 2017. Disponível em http://dx.doi.org/10.1787/9789264282148-en, visitado em 3.09.2021.

OLANO, Gabriel. *Cyber the top D&O concern in pandemic era*. In Insurance Business. 20.07.2021

OUWERKERK, Eelco. *Beware of GDPR – Take your Cyber Risk Responsibility More Seriously*. Fonte. https://www.researchgate.net/publication/325027531_Beware_of_GDPR_-_Take_your_Cyber_Risk_Responsibility_More_Seriously, visitado em 26.08.2021.

PIZA, Paulo Luiz de Toledo. *Notas sobre seguro e sequestro*. Disponível em https://www.ibds.com.br/o-instituto/#, visitado em 13.09.2021.

RICHTER, Andreas. WILSON, Thomas. *Covid-19: implications for insurer risk management and the insurability of pandemic risk*. In The Geneva Risk and Insurance

Review, 2020. 45:171–199. Disponível em https://doi.org/10.1057/s10713-020-00054-z, visitado em 30.08.2021

SILVEIRA, André; BAQUI, Jessica. *Os seguros cibernéticos e os ransomware*. Disponível em: https://www.conjur.com.br/2020-nov-10/silveira-baqui-seguros-ciberneticos-ransomware.

SULLIVAN, James and NURSE, Jason R. C. (2021) *Cyber Security Incentives and the Role of Cyber*. In RUSI Emerging Insights Paper. Disponível em https://rusi.org/explore-our-research/publications/emerging-insights/cyber-security-incentives-and-role-cyber-insurance, visitado em 30.08.2021.

Understanding cyber Directors & Officers liability risks and buying insurance. Marsh e AIG. Airmic White Paper. 2018. Disponível em https://www.google.com/url?sa=t&rct=j&q=&esrc=s&source=web&cd=&ved=2ahUKEwjQveTd687yAhUxrpUCHRjvAw0QFnoECAcQAQ&url=https%3A%2F%2Fwww.marsh.com%2Fcontent%2Fdam%2Fmarsh%2FDocuments%2FPDF%2FUK-en%2FUnderstanding%2520Cyber%2520Directors%2520%26%2520Officers%2520Liability%2520Risks%2520and%2520Buying%2520Insurance.pdf&usg=AOvVaw378ZCDZNpPZ_60rYp62vzO, visitado em 26.08.2021.

WREDE, Dirk; STEGEN, Tino; SCHULENBURG, Johann-Matthias Graf von der. *Affirmative and silent cyber coverage in traditional insurance policies: Qualitative content analysis of selected insurance products from the German insurance market*. Disponível em The Geneva Papers on Risk and Insurance – Issues and Practice, 2020. 45:657–689 https://doi.org/10.1057/s41288-020-00183-6, visitado em 27.08.2021.

YELLEN, Rob. *D&O risk in the age of cyber insecurity*. 29.06.2017. Disponível em https://www.willistowerswatson.com/en-US/Insights/2017/06/d-o-risk-in-the--age-of-cyber-insecurity, visitado em 2.09.2021

Notícias:

Center for Strategic & International Studies – CSIS. The most relevant Cyber incidents since 2006. https://csis-website-prod.s3.amazonaws.com/s3fs-public/210901_Significant_Cyber_Incidents.pdf?iZAairy6vNXrSEp9cFC_TCaB0IxnkE3D, visitado em 10.09.2021.

"Colonial hack: How did cyber-attackers shut off pipeline?" Disponível em https://www.bbc.com/news/technology-57063636.amp, visitado em 08.09.2021

"Extreme weather is the culprit in the Texas power crisis, but that's not our worst problem", disponível em https://amp.usatoday.com/amp/4491652001, visitado em 08.08.2021.

"Riscos cibernéticos na pandemia e LGPD aceleram Cyber Seguros e D&O". Disponível em https://www.revistaapolice.com.br/2021/02/riscos-ciberneticos--na-pandemia-e-lgpd-aceleram-cyber-seguros-e-do/#:~:text=Riscos%20cibern%C3%A9ticos%20na%20pandemia%20e%20LGPD%20aceleram%20Cyber%20Seguros%20e%20D%26O&text=Em%2050%25%20das%20ap%C3%B3lices%20contratadas,gest%C3%A3o%20de%20dados%20nas%20empresas., visitado em 08.09.2021.

"Ações da Vale despencam 24% após rompimento de barragem em Brumadinho". Disponível em https://economia.uol.com.br/noticias/afp/2019/01/28/acoes--da-vale-despencam-24-apos-rompimento-de-barragem-em-brumadinho.htm, visitado em 13.09.2021.

7. NOTAS SOBRE O SEGURO GARANTIA ARBITRAL

Thiago Junqueira
Guilherme Bernardes

Introdução

O presente artigo tem por objeto analisar o seguro garantia arbitral. Trata-se de modalidade de seguro garantia comercializada há pouco tempo no mercado brasileiro, com condições especiais estabelecidas para se adequar às especificidades da arbitragem e cuja instituição pelas seguradoras poderá trazer relevantes possibilidades aos litigantes.

Nestes termos, atendendo à estrutura do produto em tela, o artigo iniciará com a exposição das características do seguro garantia, sua disciplina legal, regulatória e elementos formadores. Na sequência, será feita uma breve análise dos mais importantes conceitos inerentes à arbitragem, como relação principal sobre a qual se justifica a contratação do seguro, culminando com as normas que seriam entrelaçadas ao seguro garantia arbitral.

Dentro desse cenário, serão avaliados o risco, as coberturas e exclusões, as perdas de garantia e, por fim, as potencialidades dessa modalidade contratual, além de desafios ao desenvolvimento do produto e limites impostos pela prática e pela regulação. O que se espera, ao fim e ao cabo, é sistematizar a referida modalidade de seguro, ajudando os intérpretes e estudiosos dos seguros a compreenderem melhor suas nuances e particularidades.

1. O seguro garantia

O seguro garantia é figura *sui generis*, principalmente, por conta do formato de sua comercialização. Ao contrário da maioria dos seguros, composto por duas partes, em que o próprio tomador/segurado contrata o seguro com a seguradora, realiza o pagamento do prêmio e, ocorrendo um sinistro alvo de cobertura, é indenizado, o seguro garantia é obrigatoriamente composto por três partícipes distintos: *seguradora*, *segurado* e *tomador*. Enquanto a seguradora é quem oferece a garantia a ser contratada nos dois formatos, no seguro garantia o segurado nunca equivale ao tomador, não é o responsável pelo pagamento do prêmio e tampouco contrata o seguro junto à seguradora, uma vez que essas atribuições são inerentes ao *tomador*.

É utilizado quando o segurado e o tomador são parte em uma outra obrigação contratual – uma licitação, por exemplo – e, para dar maior segurança à relação principal, contratam um seguro que a garantirá em caso de inadimplemento. Nesse caso, o tomador busca uma seguradora que, avaliando os riscos do inadimplemento do negócio, se compromete em indenizar o segurado em caso de sinistro. Na relação original, portanto, o segurado é o credor e o tomador o devedor.

No Brasil, como sabido, inexiste uma lei geral de seguros, de modo que não há, no arcabouço legal, definição de seguro garantia, exceto aquela genérica constante da Lei de Licitações.[1] Em virtude disso, são aplicáveis ao seguro garantia as disposições gerais de seguros, previstas nos artigos 757 a 777 do Código Civil, além das normas específicas dos seguros de danos, dispostas nos artigos 778 a 788.

No marco regulatório, o seguro garantia é atualmente disciplinado pela Circular SUSEP nº 662, de 11.04.2022, que apresenta, em seu artigo 2º, inc. V, conceito aproximado àquele existente na Lei de Licitações.[2]

[1] Lei nº 14.133, de 01.04.2021. Art. 6º "Para os fins desta Lei, consideram-se: LIV – seguro-garantia: seguro que garante o fiel cumprimento das obrigações assumidas pelo contratado".

[2] Circular SUSEP nº 662, de 11.04.2022. Art. 2º. "Seguro Garantia: seguro que tem por objetivo garantir o fiel cumprimento das obrigações Garantidas". A indigitada Circular revogou a Circular SUSEP nº 477, de 30.09.2013 e a Circular SUSEP nº 577, de 26.09.2018. Segundo a própria autarquia federal, "Em linha com as propostas de alinhamento às melhores práticas internacionais adotadas pela Susep para fomento e desenvolvimento

Na legislação alienígena, todavia, a disciplina legal do seguro garantia, além de prever o cumprimento das obrigações assumidas pelo tomador perante o segurado, costuma trazer ainda outro elemento que revela mais uma peculiaridade do seguro garantia: o reembolso à seguradora, pelo tomador, da quantia paga ao segurado.

Trata-se, na verdade, de característica dos seguros de riscos financeiros, gênero do qual o seguro garantia é espécie, nos quais havendo necessidade de a seguradora pagar ao segurado o valor inadimplido pelo tomador, aquela se sub-roga como credora e passa a cobrar o valor devido pelo tomador em nome próprio. A lei espanhola, por exemplo, é expressa nesse sentido.[3]

Assim, o seguro garantia funciona como garantia – como o seu próprio nome sugere – em substituição à entrega de um bem patrimonial, depósito caução, fiança bancária[4] ou outra garantia financeira, com o fim de estabilizar eventuais perdas decorrentes da incerteza, do risco e do crédito na operação entre o segurado e o tomador,[5] sinalizando ao segurado a confiabilidade do tomador decorrente da análise – e aprovação

do setor de seguros, a nova norma visa simplificar a regulação, aumentar a liberdade contratual e fomentar novos clausulados. Além disso, a Circular ajusta dispositivos para atender melhor a demanda dos clientes e para assegurar e proteger os seus direitos". Cf. *Susep determina novas regras para o seguro garantia*. http://novosite.susep.gov.br/noticias/susep-determina-novas-regras-para-o-seguro-garantia/. Acesso em 12.04.2022.

[3] Ley 50/1980, de 8 de octubre, de Contrato de Seguro. "Artículo sesenta y ocho. Por el seguro de caución el asegurador se obliga, en caso de incumplimiento por el tomador del seguro de sus obligaciones legales o contractuales, a indemnizar al asegurado a título de resarcimiento o penalidad los daños patrimoniales sufridos dentro de los límites establecidos en la Ley o en el contrato. *Todo pago hecho por el asegurador deberá serle reembolsado por el tomador del seguro*"; "Artículo setenta y dos. El asegurado, y en su caso el tomador del seguro, queda obligado: [...] Tercero. A ceder al asegurador, cuando éste lo solicite, el crédito que tenga contra el deudor una vez satisfecha la indemnización". (Destacou-se).

[4] Para estudo aprofundado sobre a semelhança entre a fiança e o seguro garantia, ver Terra, Aline de Miranda Valverde. Salgado, Bernardo. *O risco no seguro garantia e o inadimplemento anterior ao termo*. In Temas atuais de Direito dos Seguros. Coord. Goldberg, Ilan. Junqueira, Thiago. São Paulo: Thomson Reuters Brasil, 2020. pp. 493-494.

[5] Poletto, Gladimir Adriani. *Controvérsias atuais a propósito do seguro garantia*. In Temas atuais de Direito dos Seguros. Coord. Goldberg, Ilan. Junqueira, Thiago. São Paulo: Thomson Reuters Brasil, 2020, p. 464.

– da seguradora. Nesse sentido, a atuação do segurado no seguro garantia limita-se principalmente em ver garantida a cobertura do inadimplemento do tomador, caso ela ocorra, sequer sendo necessária sua anuência para a celebração do seguro, o que o qualifica como seguro feito a conta de outrem ou em favor de terceiro.[6]

Como visto, o seguro garantia é utilizado pelo tomador para garantir o risco de inadimplemento de uma obrigação contratada com o segurado e, nesse sentido, é do tomador o dever de arcar com o pagamento do prêmio. A SUSEP impõe, aqui, a contratação a primeiro risco absoluto,[7] sendo permitido o estabelecimento de franquias, participações obrigatórias do segurado e/ou prazos de carência nos planos, desde que haja expressa anuência do segurado.[8]

Dessa forma, embora a precificação do prêmio seja elemento de suma relevância, com a seguradora exigindo uma série de documentos que lhe possibilitem estimar a probabilidade de sinistro a ser causado ao segurado, com dados financeiros e econômicos do tomador, o seguro garantia só efetivamente se sustenta com a existência de uma contragarantia, aquela prevista expressamente na legislação estrangeira.

A contragarantia consiste em uma obrigação assumida pelo tomador perante a seguradora, que a tornará credora do valor a ser pago a título de

[6] "Nestes seguros o estipulante (tomador) é invariavelmente o devedor de obrigação não pecuniária perante o segurado. Ele contrata com a seguradora, em favor do segurado, uma garantia para que, caso venha (ele estipulante) a se tornar inadimplente perante o segurado, seja este indenizado pela seguradora. Pagando a indenização a seguradora volta-se contra o estipulante que, de regra, prestou-lhe uma contra garantia (fidejussória, real etc.) justamente para essa finalidade". TZIRULNIK, Ernesto et al. *O contrato de seguro de acordo com o código civil brasileiro*. 3. ed. – São Paulo: Editora Roncarati, 2016. p. 120.

[7] "É aquele em que o segurador responde pelos prejuízos, integralmente, até o montante da importância segurada, não se aplicando, em qualquer hipótese, cláusula de rateio. Só se justifica essa contratação, tecnicamente, quando a expectativa de dano médio é igual a 100% (cem por cento) do risco coberto". IRB – Brasil Re. Dicionário de seguros: vocabulário conceituado de seguros. 3.ed. Rio de Janeiro: Funenseg, 2011. p. 198.

[8] Conforme art. 14 da Circular SUSEP nº 662, de 11.04.2022. Registra-se, por oportuno, que essa possibilidade trata-se de uma inovação da nova norma do seguro garantia.

indenização decorrente de um sinistro, sub-rogando-se e executando-o contra o devedor/tomador.[9]

A relevância da contragarantia é tamanha que o § 1º do art. 16 da Circular SUSEP nº 662, de 11.04.2022, determina que o seguro continuará em vigor mesmo no caso em que o tomador deixe de pagar o prêmio nas datas convencionadas, ocasião em que, geralmente, a seguradora poderá executá-la.

Ademais, o normativo determina que a seguradora indenizará o segurado por duas formas: realizando, por meio de terceiros, o objeto do contrato principal (o que não se amolda ao seguro garantia arbitral, mas sim ao seguro garantia do licitante, por exemplo), ou indenizando diretamente o segurado, ocasião em que executará a contragarantia no valor total não pago pelo tomador, ou seja, os prêmios e a quantia paga ao segurado.[10]

Essa contragarantia, no mercado brasileiro, é de livre pactuação pelas partes do contrato, desde que não interfira no direito do segurado, e não está sujeita ao crivo da Superintendência de Seguros Privados ("SUSEP"), conforme destaca o artigo 32 da Circular SUSEP nº 662, de 11.04.2022.

A norma do seguro garantia revogada recentemente era bem específica quanto aos ramos existentes, dividindo-os em setor público (ramo 0775) e privado (ramo 0776). Esses dois ramos se dividiam, ainda, em dez modalidades para os seguros públicos e cinco para os privados, dispostas em condições especiais nos Anexos I e II da Circular.

[9] Conforme destaque da doutrina: "Posto não obrigatório, é comum que o contrato de seguro garantia seja acompanhado de contragarantia celebrada entre sociedade seguradora e tomador, a fim de proteger a própria seguradora contra a ocorrência do sinistro, já que lhe permite recobrar do tomador os valores despendidos em favor do segurado diante do implemento do risco". TERRA, Aline de Miranda Valverde; SALGADO, Bernardo. O risco no seguro garantia e o inadimplemento anterior ao termo, cit. p. 490.

[10] Art. 21 da Circular SUSEP nº 662, de 11.04.2022. "A seguradora indenizará o segurado ou o beneficiário, até o valor da garantia, mediante: I – pagamento em dinheiro dos prejuízos, multas e/ou demais valores devidos pelo tomador e garantidos pela apólice em decorrência da inadimplência da obrigação garantida; ou II – execução da obrigação garantida, de forma a dar continuidade e concluí-la sob a sua integral responsabilidade, nos mesmos termos e condições estabelecidos no objeto principal ou conforme acordado entre segurado e seguradora".

Entretanto, o inciso II do artigo 19 do normativo revogado (Circular SUSEP nº 477, de 30.09.2013) previa que as sociedades seguradoras poderiam, em relação às condições padronizadas disponibilizadas, propor a inclusão de novas modalidades e/ou coberturas adicionais, desde que observadas as normas em vigor e as demais disposições do normativo. É com base nesta autorização que o mercado desenvolveu o seguro garantia arbitral, objeto de estudo neste artigo.[11] Para melhor compreender os seus contornos, antes se faz necessário delimitar alguns aspectos essenciais da arbitragem e seus limites legais. É o que segue.

2. A arbitragem

Disciplinada pela Lei nº 9.307, de 23.11.1996, a arbitragem é modalidade alternativa às vias judiciais para resolução de conflitos que pode ser utilizada por pessoas capazes de contratar, sejam elas públicas ou privadas, para dirimir litígios relativos a direitos patrimoniais disponíveis (art. 1º). Nesse sentido, a arbitragem poderá ser utilizada tanto por particulares, quanto pela administração pública, direta e indireta, esses últimos igualmente limitados a direitos patrimoniais disponíveis (§ 1º do art. 1º), conforme inclusão ocorrida em 2015 por meio da Lei nº 13.129.[12]

[11] A Circular SUSEP nº 662, de 11.04.2022 não elenca expressamente todas as modalidades do seguro garantia, de modo que o seguro garantia arbitral segue sem uma menção específica na normativa brasileira. Sobre o tema, porém, convém destacar o art. 27 da referida norma: Art. 27. Modalidades do Seguro Garantia. "Deverão constar em cada modalidade as cláusulas e definições específicas, de acordo com as características e legislação específica do objeto principal, que abordem, pelo menos, os seguintes aspectos: I – objetivo do seguro, de acordo com o art. 3º, descrevendo com clareza o compromisso assumido pela seguradora perante o segurado; II – descrição dos valores garantidos pela apólice, nos termos do inciso I do art. 21; III – vigência da apólice, de acordo com o art. 7º; IV – expectativa de sinistro, se houver, e caracterização do sinistro, de acordo com o art. 17 e 18; e V – descrição de critérios e métodos objetivos para o cálculo do valor da indenização. Parágrafo único. É responsabilidade da seguradora a confecção e o desenvolvimento de clausulados específicos de cada modalidade, de acordo com as características e a legislação específica do objeto principal e da obrigação garantida e/ou de acordo com o modelo de clausulado exigido pelo segurado".

[12] No mesmo compasso, em 2019, a edição do Decreto nº 10.025 incentivou expressamente a escolha da arbitragem, em detrimento do poder judiciário, para que a administração pública resolva seus litígios.

Em relação aos processos judiciais, a arbitragem apresenta duas grandes vantagens: (i) a celeridade, já que a duração de um procedimento arbitral é, em média, de um ano e sete meses,[13] enquanto a de um processo judicial, segundo dados recentes, seria de dois anos e três meses, da inicial até a baixa;[14] e (ii) a especialidade/tecnicidade, já que as partes designam um ou mais árbitros para decidir a lide, sempre em número ímpar, e especializados no assunto. Não é necessário, nesse sentido, que sejam sequer advogados ou operadores do direito, já que a lei determina apenas que o árbitro deve ser qualquer pessoa capaz e que tenha a confiança entre as partes.

Ao fim do processo, a sentença proferida pelos árbitros não está sujeita a recurso ou homologação do poder judiciário, já que o árbitro é juiz de fato e de direito (art. 18). Conforme ensina a doutrina especializada, "*[a] sentença arbitral não se sujeita a recurso de qualquer espécie, nem a homologação judicial (art. 18). Poderá, porém, a parte interessada requerer ao árbitro (ou ao tribunal arbitral) no prazo de cinco dias – ou em outro, estabelecido na convenção de arbitragem –, contados da ciência da sentença arbitral, com comunicação ao seu adversário, que corrija eventual erro material contido naquela decisão ou até mesmo que esclareça alguma obscuridade, dúvida ou contradição, ali presente, ou mesmo supra possível omissão verificada*".[15]

Para que as partes convencionem pelo uso de uma arbitragem, duas são as formas, a *cláusula compromissória* e o *compromisso arbitral*. A primeira é a convenção por meio da qual as partes de um contrato se comprometem a se submeter à arbitragem os litígios que possam vir a ocorrer no

[13] Migalhas. Arbitragem registra recorde no país; veja dados do estudo. Disponível em https://www.migalhas.com.br/quentes/375457/arbitragem-registra-recorde-no-pais-veja--dados-do-estudo. Acesso em: 02.06.2023.

[14] Conselho Nacional de Justiça. Justiça em números 2022. Brasília: CNJ, 2022, p. 213. Ver "Figura 148 - Série histórica do tempo médio de duração dos processos". Disponível em https://www.cnj.jus.br/wp-content/uploads/2022/09/justica-em-numeros-2022-1.pdf. Acesso em: 02.06.2023.

[15] Marinoni, Luiz Guilherme; Arenhart, Sérgio Cruz; Mitidiero, Daniel. *Curso de Processo Civil*, vol. 3, 5ª ed. São Paulo: Thomson Reuters Brasil, 2020. p. 575. As hipóteses de nulidade da sentença arbitral, que podem ser pleiteadas ao Poder Judiciário, estão dispostas no art. 32 da Lei da Arbitragem.

âmbito daquela relação (art. 4º); enquanto a segunda consiste na convenção por meio da qual as partes submetem um litígio – já existente – à arbitragem, seja ele judicial ou extrajudicial (art. 9º).

Em ambas as vias, as partes podem convencionar as regras de direito que serão aplicadas, desde que não haja violação aos bons costumes e à ordem pública, podendo ser realizada ainda com base nos princípios gerais de direito, nos usos e costumes e nas regras internacionais de comércio, quando for uma arbitragem de direito.[16] A arbitragem também pode ser por equidade (também conhecida por *ex aequo et bono, amiable composition, amiable compositeur* ou *decide in equity*), modalidade na qual os árbitros decidirão fora das regras de direito, como se fossem, ao mesmo tempo, "legislador e juiz", aplicando o seu entendimento próprio. Essa modalidade, todavia, não pode ser adotada nas arbitragens envolvendo a administração pública, por ser contrária ao princípio da legalidade.

Além de consolidar o uso da arbitragem pela administração pública, a Lei nº 13.129 introduziu na Lei de Arbitragem, ainda, o Capítulo IV-A, que disciplinou, nos artigos 22-A e 22-B, a utilização de tutelas cautelares e de urgência no âmbito de uma arbitragem, antes relegadas a um pedido ao órgão do Poder Judiciário que originalmente julgaria a causa. Assim, os árbitros passaram a ter mais independência, principalmente se já instituída a arbitragem, para conceder as medidas cautelares e de urgência.

Entretanto, a lei é silente quanto à forma de concessão dessas medidas e a doutrina especializada,[17] assim como importante julgado do Superior

[16] "Destaque-se que a expressão 'direito positivo', neste contexto, não quer dizer apenas direito estatal. Pode ser que as partes decidam que eventual disputa surgida entre elas será solucionada pelos árbitros por meio da aplicação, por exemplo, dos *UNIDROIT Principles for International Commercial Contracts.* Trata-se, nesta hipótese, de arbitragem de direito, e não de arbitragem de equidade. Os árbitros não julgarão este caso com base em seus sentimentos de justiça, mas sim estritamente de acordo com o que disserem os princípios de contratos comerciais internacionais do *International Institute for the Unification of Private Law*". FICHTNER, José Antônio [et al]. *Teoria geral da arbitragem.* Rio de Janeiro: Forense, 2019. *E-book.* p. 98.

[17] "Ressalte-se que, ao exercer o seu poder normativo, o árbitro não está atrelado ao procedimento do Código de Processo Civil. Isso se dá em razão da diversidade de sistemas concebidos para o processo judicial e para o processo arbitral, bem como diante da completa ausência de disposição legal determinando essa aplicação subsidiária. Observe-se que, quando a Lei de Arbitragem pretendeu a aplicação do estatuto processual civil à arbitra-

Tribunal de Justiça[18] entendem não ser possível a aplicação subsidiária do Código de Processo Civil na arbitragem de plano, sendo facultado às partes optar por essa via, inserindo-a na cláusula arbitral.

Fato é que a concessão de medidas cautelares ou de urgência pode vir acompanhada da determinação do árbitro de prestação de caução, assim como ocorre no diploma processual. Nesse caso, ou na eventualidade de condenação final, as partes deverão desembolsar o pagamento de uma quantia e é exatamente neste contexto que entra em jogo o seguro garantia arbitral.

3. O seguro garantia arbitral

O seguro garantia arbitral garante o pagamento de valores que sejam de responsabilidade do tomador do seguro no âmbito de procedimentos arbitrais. Aqui, relembremos que o tomador é o contratante do seguro e aquele que, potencial devedor de uma quantia, contrata o seguro para garantir o segurado no caso de sinistro.

O artigo 757 do Código Civil prevê que no contrato de seguro, a seguradora se obriga, mediante pagamento (*sic*, recebimento) do prêmio, a garantir interesse legítimo do segurado, relativo a pessoa ou coisa, contra riscos predeterminados. Dentro desse amplo conceito, convém compreender como funciona o seguro garantia: enquanto as duas pri-

gem, ela o fez expressamente, como ocorre no art. 14 (causas de suspeição e impedimento do árbitro), no art. 33, § 1.º (procedimento da ação de anulação da sentença arbitral), e no art. 36 (procedimento da homologação de sentença arbitral estrangeira)". FICHTNER, José Antônio [et al]. *Teoria geral da arbitragem*, cit. pp. 93-94. No mesmo sentido, convém destacar que o legislador, quando pretendeu aplicação subsidiária do CPC, o fez expressamente, como no artigo 24 da Lei nº 12.016, de 2009, a Lei do Mandado de Segurança; e no artigo 14 da Lei nº 13.300, de 2016, a Lei do Mandado de Injunção.

[18] "Essa circunstância, todavia, não autoriza o intérprete a compreender que a arbitragem – regida por regras próprias – deva observar necessária e detidamente os regramentos disciplinadores do processo judicial, sob pena de desnaturar esse importante modo de heterocomposição. É de suma relevância notar, a esse propósito, que o árbitro não se encontra, de modo algum, adstrito ao procedimento estabelecido no Código de Processo Civil, inexistindo regramento legal algum que determine, genericamente, sua aplicação, nem sequer subsidiária, à arbitragem. Aliás, a Lei de Arbitragem, nos específicos casos em que preceitua a aplicação do diploma processual, assim o faz de maneira expressa". (STJ, REsp 1903359/RJ, Rel. Ministro Marco Aurélio Bellizze, j. em 11/05/2021).

meiras sentenças são de simples entendimento ("a seguradora se obriga, mediante pagamento do prêmio"), o interesse legítimo do segurado, a ser garantido pelo segurador, é o crédito que será constituído e cobrirá um risco predeterminado, qual seja o inadimplemento pelo tomador dos valores de sua responsabilidade no procedimento arbitral. Esse risco, entretanto, é composto por cláusulas delimitativas fixadas em duas camadas: a positiva, em que se estipula o que está sendo coberto, e a negativa, composta pelas exceções à cobertura oferecida pelo segurador.[19]

A camada positiva do seguro garantia arbitral ocorrerá, atendidos os requisitos da apólice, sempre que o tomador inadimplir um valor líquido e certo decorrente de sentença arbitral condenatória ou acordo firmado entre as partes com a anuência da seguradora, além de estarem garantidos os valores de contracautela a serem exigidos no procedimento arbitral, seja para garantir as medidas cautelares ou de urgência, seja para a liberação dos ativos dados em garantia. Ainda poderão ser incluídos, por exemplo, os honorários dos árbitros e as despesas com a arbitragem, caso esses valores corram por conta do tomador.

Nesses termos, a Circular SUSEP nº 662, de 11.04.2022, determina dois momentos em que o segurado se vincula a comunicar à seguradora fatos que poderão demandar o pagamento da cobertura contratada: a expectativa de sinistro e a reclamação do sinistro, de acordo com seus artigos 17 e 19. A diferença entre ambas as hipóteses decorre, em especial, do *timing* para atuação da seguradora: a *expectativa*, como o próprio nome denuncia, é a comunicação à seguradora que um evento futuro poderá vir a constituir a necessidade de cobertura, ou seja, o tomador notifica a seguradora sobre a possibilidade de que ela venha a ter que pagar um valor, sem ainda vir a reclamar o seu pagamento. Nesse sentido, como consequência, a *reclamação* é a efetiva requisição de cobertura.[20]

[19] JUNQUEIRA, Thiago. *O risco no domínio dos seguros*. In Temas atuais de Direito dos Seguros. Coord. GOLDBERG, Ilan. JUNQUEIRA, Thiago. São Paulo: Thomson Reuters Brasil, 2020, p. 60.

[20] Outra diferença entre a expectativa e o aviso de sinistro é que, segundo a Circular SUSEP nº 662, de 11.04.2022, apenas o aviso de sinistro trata-se, *a priori*, de um dever das partes. Caso queira instituir uma exigência de comunicação de expectativa de sinistro, a seguradora terá que assim dispor nas condições contratuais. Nesse particular, confira-se o art. 17 do diploma normativo em questão: "Define-se como expectativa de sinistro o fato

No seguro garantia arbitral, a expectativa ocorre a partir do momento em que a sentença arbitral é proferida e condena o tomador ao pagamento de um valor ou quando a sentença reconheça um acordo firmado entre o tomador e o segurado, nesse último caso, desde que com anuência da seguradora. Por sua vez, a reclamação se dará quando o segurado comunicar à seguradora a necessidade do pagamento, pelo tomador ter descumprido o compromisso firmado em acordo ou não ter realizado o pagamento do valor arbitrado em sentença judicial, no prazo e forma definidos na decisão, com a mesma dinâmica se repetindo em relação à contracautela exigida nas medidas cautelares ou de urgência que possam vir a ser utilizadas.

Ao formalizar a expectativa ou a reclamação, poderão ser incluídos nos valores a serem cobertos, desde que dentro do limite garantido pela apólice e se eles forem de responsabilidade do tomador, os honorários do árbitro e as despesas processuais.

3.1. Delimitação da camada negativa do risco: exclusões e perda de direitos

Avaliada a camada positiva, convém examinar a camada negativa da delimitação do risco, consistente nas exclusões à cobertura e nas hipóteses de perda de direito. Como visto anteriormente, o objeto do seguro garantia arbitral é garantir o pagamento de valor inadimplido pelo tomador decorrente de (i) sentença arbitral transitada em julgado ou (ii) acordo

ou ato que indique a possibilidade de caracterização do sinistro e o início da realização de trâmites e/ou verificação de critérios para comprovação da inadimplência, nos termos do §1º do art. 18. § 1º Caso seja prevista a expectativa de sinistro, as condições contratuais do seguro deverão descrever claramente o ato ou fato que a define e estabelecer se haverá, ou não, a exigência de sua comunicação à seguradora, hipótese em que deverão estar descritos os critérios para esta formalização. § 2º Na hipótese de ser prevista a exigência de comunicação da expectativa de sinistro à seguradora, sua não comunicação, ou sua não comunicação de acordo com os critérios estabelecidos nas condições contratuais do seguro, somente poderá gerar perda de direito ao segurado caso configure agravamento do risco e impeça a seguradora de adotar as medidas dos incisos II e III do artigo 29". Para fins de comparação, veja-se a literalidade do art. 19 do mesmo normativo: "A comunicação do sinistro deverá ser encaminhada à seguradora, logo após o conhecimento de sua caracterização, de acordo com os critérios e contendo os documentos definidos nas condições contratuais do seguro, para que seja iniciado o processo de regulação pela seguradora".

realizado com o segurado, mediante anuência da seguradora, além de (iii) garantir a concessão de medidas cautelares ou de urgência e a liberação de ativos.

Por outro lado, uma série de valores estão excluídos da garantia, assim como algumas condutas são causadoras da perda da garantia por parte do segurado. Tratando inicialmente das exclusões, na única apólice encontrada atualmente no mercado,[21] além das tradicionais exclusões presentes no seguro garantia, é expressamente excluída a arbitragem por equidade.

Trata-se, como mencionado alhures, de modalidade na qual os árbitros decidirão fora das regras de direito, como se fossem, ao mesmo tempo, "legislador e juiz", sendo inadmissível nas arbitragens envolvendo a administração pública,[22] por ofensa ao princípio da legalidade.

Justamente por esse motivo, sua expressa exclusão para qualquer tipo de arbitragem a ser garantida pelo seguro arbitral é bastante compreensível, já que o seguro, grosso modo, é a ciência de avaliar riscos e garantir a perda econômica que deles poderá advir de maneira economicamente viável, sendo parte importantíssima da atividade seguradora a seleção de riscos e o afastamento de incertezas.[23]

[21] O seguro garantia arbitral foi lançado no Brasil pela Fator Seguradora, em maio de 2021, e consta como uma cobertura especial dentro da apólice de seguro garantia dela. Por ora, essa é a única seguradora a disponibilizar no mercado nacional o seguro garantia arbitral.

[22] Lei nº 9.307, de 1996. Art. 2º "A arbitragem poderá ser de direito ou de eqüidade, a critério das partes. [...] § 3o A arbitragem que envolva a administração pública será sempre de direito e respeitará o princípio da publicidade".

[23] "Há similaridade entre o Seguro Garantia Judicial e Arbitral nos seguintes pontos: (i) obrigatoriedade de inclusão do percentual de 30% (trinta por cento) sobre a importância segurada; (ii) possibilidade substituição de depósito e de bens; (iii) vinculação da seguradora ao risco até a sua extinção ou substituição da garantia e; (iv) necessidade atualização de importância segurada para apólices com vigência superior a 12 (doze) meses. No entanto, ao contrário dos processos judiciais que são públicos e podem ser acessados em tempo real por qualquer pessoa, o procedimento o arbitral em regra é sigiloso. Assim, para subscrição do risco e emissão das apólices, a seguradora necessita de uma cópia do processo, caso este esteja em andamento e do compromisso do tomador e anuência da Câmara Arbitral e do Segurado, para acesso de informações e andamentos do processo arbitral. Além do acordo de transparência sobre o andamento do procedimento arbitral, será necessário a disponibilização do regulamento da Câmara, bem como a cópia do contrato principal com cláusula compromissória e/ou compromisso arbitral". LOPES, Agatha.

Em sendo a arbitragem por equidade um tipo de procedimento imprevisível quanto às regras que serão adotadas e às leis que permearão a decisão, torna-se impraticável avaliar a chance de perda e inadimplência do tomador, ou seja, é impossível avaliar adequadamente o risco ao qual a seguradora se submeterá.

Some-se a isso, o fato de a operação do seguro garantia não assegurar riscos futuros e incertos derivados de fatores externos não controláveis, onde a atuação atuarial é o principal fundamento, mas basear-se em premissas econômicas que influenciam no cumprimento das obrigações assumidas pelo tomador,[24] regularmente chamadas de 3Cs: capacidade financeira, capacidade técnica e o caráter dos seus acionistas.

A estes, no âmbito do seguro garantia arbitral, é condição essencial a existência de um quarto C, a "capacidade de previsibilidade das regras", ou seja, a possibilidade de a subscrição estimar a chance de perda do tomador do seguro dentro dos princípios e normas que serão seguidos pelo Tribunal arbitral.

Nesse caso, a utilização de um Tribunal arbitral que decidirá por equidade, sem regras expressamente previstas anteriormente, afronta diretamente o quarto C proposto, retirando da seguradora um dos principais elementos para avaliar adequadamente o risco que se pretende ver coberto e desnaturando o contrato de seguro.

Além das hipóteses de *riscos excluídos*, a modalidade comporta algumas hipóteses de *perda de direitos*,[25] quais sejam (i) a celebração de acordos

Entenda o seguro garantia arbitral e a sua aplicabilidade. Disponível em: https://www.migalhas.com.br/depeso/347081/entenda-o-seguro-garantia-arbitral-e-a-sua-aplicabilidade. Acesso em 10.03.2022.

[24] Poletto, Gladimir Adriani; Gonçalves, Oksandro Osdival. *O seguro-garantia, o desenvolvimento e o risco: uma relação complexa*. Civilistica.com. Rio de Janeiro, a. 9, n. 2, 2020, p. 18. Disponível em: http://civilistica.com/o-seguro-garantia. Acesso em 08.03.2022.

[25] Sobre a diferença entra a cláusula de exclusão de risco e a cláusula de perda de direitos, observa Luiza Petersen: "[...] embora as cláusulas de exclusão e perda de direitos se assemelhem, constituindo hipóteses de delimitação negativa do risco, elas operam de modo distinto, não podendo ser confundidas. Na primeira, a cobertura é afastada de plano, desde o início da relação contratual. Na segunda, há cobertura para o evento, porém, no curso da relação contratual o segurado vem a perder o direito em razão de determinado ato ou comportamento". Petersen, Luiza. *O risco no contrato de seguro*. São Paulo: Roncarati, 2018. p. 106.

sem a anuência expressa da seguradora, (ii) a ocorrência de qualquer circunstância que resulte na extinção da arbitragem por força de ausência de jurisdição e (iii) o inadimplemento do dever de informar.[26]

A respeito da celebração de acordos entre o tomador e o segurado sem a anuência prévia da seguradora, trata-se de disposição bastante comum nas apólices de seguro e cujo objetivo é evitar que o segurado e o terceiro – ou, nesse caso, o tomador e o segurado – causem prejuízo à seguradora, atuando em conjunto para realizar fraude ou buscando ressarcimento de valor exagerado.

A origem legal da disposição contratual é o artigo 787, § 2º, do Código Civil, que é específico para os seguros de responsabilidade civil – dentre os quais não se enquadra o seguro garantia judicial –, que determina ser "defeso ao segurado reconhecer sua responsabilidade ou confessar a ação, bem como transigir com o terceiro prejudicado, ou indenizá-lo diretamente, sem anuência expressa do segurador".

Entretanto, até mesmo a disciplina legal tem sido relativizada pelo Superior Tribunal de Justiça, sendo entendimento majoritário que a vedação imposta ao segurado não causará a perda automática do direito à garantia para aquele que tiver agido com probidade e de boa-fé, sendo necessária a demonstração de efetivo prejuízo à seguradora.[27]

Assim, embora o seguro garantia arbitral se destine a garantir os valores decorrentes de uma arbitragem, as disputas envolvendo as discordâncias quanto a regulação do sinistro deverão ser dirimidas diante do Poder Judiciário e ainda que a norma legal não seja específica ao seguro garantia judicial, é de se esperar que a perda do direito à garantia, no caso

[26] Além das hipóteses de riscos excluídos e de perda de direitos mencionadas, encontradas na única apólice atualmente existente no mercado, ainda devem ser consideradas aquelas previstas nos artigos 24 e 25 da Circular SUSEP nº 662, de 11.04.2022.

[27] Cf. os seguintes julgados do Superior Tribunal de Justiça: (i) REsp 1604048/RS, Rel. Min. Nancy Andrighi, Terceira Turma, j. em 25/05/2021; e (ii) REsp 1133459/RS, Rel. Min. Ricardo Villas Bôas Cueva, j. em 21.08.2014. Nesse segundo, convém destacar o seguinte trecho: "3. Se não há demonstração de que a transação feita pelo segurado e pela vítima do acidente de trânsito foi abusiva, infundada ou desnecessária, mas, ao contrário, sendo evidente que o sinistro de fato aconteceu e o acordo realizado foi em termos favoráveis tanto ao segurado quanto à seguradora, não há razão para erigir a regra do art. 787, § 2º, do CC em direito absoluto a afastar o ressarcimento do segurado".

de acordo firmado em sede de arbitragem sem a anuência da seguradora, não subsista, se for demonstrado ao juízo que a seguradora não sofreu prejuízo ou foi lesada pela falta de comunicação por parte do tomador. Ainda assim, é extremamente recomendável que a seguradora seja informada das tratativas de acordo e dê anuência antes de sua eventual concretização.

A perda ao direito a garantia pela ocorrência de qualquer circunstância que resulte na extinção da arbitragem por ausência de jurisdição concretiza-se na decisão, judicial ou do próprio Tribunal arbitral, que reconheça que, no caso, não há cláusula compromissória ou compromisso arbitral existente, válido e eficaz. Trata-se, portanto, de avaliação quanto à formação do negócio jurídico em seus três planos (existência, validade e eficácia).

Para tornar mais simples a compreensão, pensemos em uma cláusula compromissória de arbitragem inserida em contrato de adesão, conforme faculta o § 2º do artigo 4º da Lei de Arbitragem.[28] Nesse cenário, a cláusula compromissória será inexistente se não constar no contrato a partir do qual se pretende instaurar arbitragem. Por sua vez, será inválida se firmada por pessoa incapaz ou que não tenha poderes para representar a parte e, por fim, será ineficaz, em relação ao aderente, se a arbitragem não for instituída por iniciativa dele ou, se instaurado o processo arbitral, ele não demonstrar plena concordância com o prosseguimento da arbitragem.[29]

Assim, a perda do direito se justifica pela inadequação da via arbitral, por ausência de qualquer dos elementos indicados acima, para dirimir a contenda, devendo ser utilizada a via judicial, já que o seguro garantia

[28] Lei nº 9.307, de 1996. Art. 4º "A cláusula compromissória é a convenção através da qual as partes em um contrato comprometem-se a submeter à arbitragem os litígios que possam vir a surgir, relativamente a tal contrato. [...] § 2º Nos contratos de adesão, a cláusula compromissória só terá eficácia se o aderente tomar a iniciativa de instituir a arbitragem ou concordar, expressamente, com a sua instituição, desde que por escrito em documento anexo ou em negrito, com a assinatura ou visto especialmente para essa cláusula".

[29] Fichtner, José Antônio [et al]. *Teoria geral da arbitragem*, cit. pp. 431-432. Em sede jurisprudencial, confira-se STJ, AgInt no AgInt no AREsp 1029480/SP, Rel. Min. Raul Araújo, j. em 06.06.2017.

arbitral tem como objeto a garantia do pagamento de valores que sejam responsabilidade do tomador no âmbito de procedimentos arbitrais.

Por fim, a perda de direito por inadimplemento ao dever informar por parte do segurado decorre diretamente da ausência de adequada informação ao segurador, em momentos distintos da relação negocial.

Isso porque, ao tomador, cabe, na declaração inicial do risco (art. 766 do CC), pormenorizar à seguradora as características necessárias para a correta avaliação da cobertura a ser oferecida, aqui já descritas pelos quatro C's. De posse dessas informações, a seguradora poderá aquilatar o risco que se pretende ver coberto e, decidindo pela emissão da apólice, determinar as condições contratuais, o valor do prêmio e o contrato de contragarantia.

Assim, é vital que a seguradora conte com a anuência do Tribunal arbitral para acessar o inteiro teor do processo, já que o procedimento arbitral, em regra, corre em segredo. Da mesma forma, a ausência de informações sobre o andamento do processo, já na fase de execução, obstaculiza o acompanhamento do risco pela seguradora, impedindo-a de avaliar adequadamente se as condições contratuais estão sendo seguidas. Em ambos os casos, poderá ser previsto, na contragarantia, multa ao Tomador por não informar sobre o andamento do procedimento.

Ainda na fase de execução do contrato de seguro, ganham especial relevância a comunicação do agravamento do risco pelo segurado (art. 769 do CC) e o aviso de sinistro (art. 771 do CC). Sempre orientadas pela boa-fé, a primeira se concretiza na necessidade de o segurado comunicar à seguradora todos os fatos relevantes ocorridos no contrato e que podem ensejar no agravamento do risco garantido pela seguradora,[30] e a segunda se verifica com o proferimento da sentença arbitral (expectativa)[31] e o inadimplemento pelo tomador (reclamação).

[30] Dentre eles, o não cumprimento ou cumprimento inexato da obrigação de comunicar à seguradora sobre a alteração do objeto da obrigação principal, caso isso seja uma exigência, pode configurar agravamento de risco, a gerar perda de direito, desde que a conduta do segurado tenha relação com o sinistro ocorrido e a seguradora comprove que o segurado silenciou de má-fé, nos termos do § 2º, alíneas "a" e "b" do artigo 11 da Circular SUSEP nº 662, de 11.04.2022.

[31] Apenas se esta for uma exigência prevista em contrato, conforme o § 2º do artigo 17 da Circular SUSEP nº 662, de 11.04.2022, e se a seguradora não puder atuar como mediadora

Portanto, constatado que o cumprimento do dever de informar do segurado sobre os principais andamentos do processo arbitral, a decisão final e a concretização do inadimplemento são informações essenciais à seguradora para o acompanhamento e avaliação do risco, a ausência de seu cumprimento fere diretamente a boa-fé que permeia os contratos de seguro, levando à provável perda da garantia.

4. Desafios e potencialidades do seguro garantia arbitral

Delimitado o risco do seguro garantia arbitral, cabe pôr em evidência os desafios na sua execução e as potencialidades dessa modalidade contratual. Para tanto, pretende-se investigar dois pontos: primeiro, a utilização do seguro garantia arbitral para cobrir caução exigida em medida liminar judicial pré-arbitral (*infra*, 5.1); e segundo, a utilização do seguro por pessoas físicas, principalmente na área de locações imobiliárias (*infra*, 5.2).

4.1. A contracautela para a concessão de medidas de urgência e cautelares no procedimento arbitral

Como visto anteriormente, os artigos 22-A e 22-B da Lei de Arbitragem disciplinam as tutelas cautelares e de urgência nos procedimentos arbitrais. As medidas poderão ser requeridas em dois momentos diferentes: antes da instituição da arbitragem e já com a arbitragem instituída. A despeito de outras classificações das medidas cautelares, como o objetivo que pretendem assegurar (bens, pessoas e provas) e sua tipicidade (típicas e atípicas), interessa para este estudo a classificação quanto ao momento em que as tutelas podem ser requeridas – de acordo com o artigo 294, parágrafo único do Código de Processo Civil, de caráter antecedente ou incidental.[32]

As primeiras precedem o pedido principal, devendo o autor indicar o pedido final e requerer a tutela antecipada, inserindo na petição inicial, a lide, o fundamento, a exposição sumária do direito que visa assegurar

da inadimplência ou de eventual conflito entre segurado e tomador e prestar apoio e assistência ao tomador, na forma do art. 29, incisos II e III do mesmo normativo.

[32] Sobre o tema, confira-se Theodoro Júnior, Humberto. *Curso de Direito Processual Civil – vol. I*: teoria geral do direito processual civil, processo de conhecimento, procedimento comum. 60. ed. Rio de Janeiro: Forense, 2019. pp. 916-917.

(*fumus boni iuris*) e o perigo na demora na prestação da tutela jurisdicional (*periculum in mora*).[33] Com a efetivação da tutela, o autor deverá aditar a petição para formular o pedido principal, caso não o tenha feito anteriormente, nos mesmos autos que o pedido cautelar (cf. arts. 303, *caput* e § 1º; 305, *caput*; e 308 do CPC). Já as segundas surgem no curso do processo, como incidentes dele, e podem ser requeridas por petição, sendo os principais requisitos o *fumus boni iuris* e o *periculum in mora*, a qualquer tempo (arts. 294 e 295 do CPC).

De acordo com o artigo 22-A da Lei da Arbitragem, antes da instituição da arbitragem, as partes poderão recorrer ao Poder Judiciário para a concessão de medida cautelar ou de urgência, portanto, com caráter antecedente, e a medida terá eficácia por 30 (trinta) dias, contada da data de efetivação da respectiva decisão, para que a parte institua a arbitragem, sob pena de cessação da eficácia. O *caput* do artigo 22-B, em complemento, determina que cumprido o prazo e instituída a arbitragem no prazo previsto, os árbitros poderão manter, modificar ou revogar a medida cautelar ou de urgência concedida pelo Poder Judiciário.

Já o parágrafo único do artigo 22-B trata do pedido de medida cautelar ou de urgência já com a arbitragem instituída, ou seja, de caráter incidente, quando será requerida diretamente aos árbitros.

Além dos dois requisitos principais descritos, a doutrina registra ainda a necessidade de que a medida seja reversível e, de acordo com o § 1º do artigo 300 do Código de Processo Civil, que o juiz *poderá* exigir, conforme o caso, caução real ou fidejussória idônea para ressarcir os danos que a outra parte possa vir a sofrer e, nesses casos, entende-se que a caução poderá ser substituída pelo seguro garantia.[34]

[33] "Os requisitos, portanto, para alcançar-se uma providência de urgência de natureza cautelar ou satisfativa são, basicamente, dois: (a) Um dano potencial, um risco que corre o processo de não ser útil ao interesse demonstrado pela parte, em razão do *periculum in mora*, risco esse que deve ser objetivamente apurável. (b) A probabilidade do direito substancial invocado por quem pretenda segurança, ou seja, o *fumus boni iuris*". *Ibid.*, p. 918.

[34] "A garantia do seguro pode ser aplicada em qualquer fase da disputa judicial, inclusive no âmbito dos provimentos de urgência que normalmente disparam medidas constritivas (CPC, art. 273 e 461). Veja-se, por exemplo, a possibilidade que tem o órgão judicial de exigir, em determinados casos que se justifiquem, garantia em forma de caução para conceder medida cautelar (CPC, art. 804). Existe ainda uma técnica de substituição da

Do mesmo modo, ainda que o árbitro não seja obrigado a cumprir as normas do código processual e arbitragem possa seguir suas próprias regras, nada impede que seja imposta à parte requerente da medida cautelar ou de urgência incidental depósito de caução para a concessão da medida cautelar ou de urgência na arbitragem. Em verdade, a utilização dessa medida acaba por conferir aos árbitros maior segurança na aceitação do pedido, tendo em vista que a parte não solicitante estará garantida por um valor em caso de dano sofrido pela irreversibilidade, parcial ou total, da cautela, como se verá adiante.

Enquanto no segundo caso não se verifica grande dificuldade para a aplicação do seguro garantia arbitral, que atuará para garantir a concessão da medida cautelar ou de urgência, ou até mesmo para liberar os ativos apresentados anteriormente, substituindo-os como garantia nas referidas medidas, no primeiro enxerga-se a possibilidade de alguma celeuma no momento da regulação e cobertura do valor.

Considerando que o seguro garantia arbitral oferecido no momento garante apenas as obrigações do tomador no âmbito do procedimento arbitral informado no seu objeto, sendo impossibilitada sua utilização para obrigações em procedimento judicial, questiona-se: a comunicação de reclamação a respeito de necessidade de prestação de caução para pedido cautelar ou de urgência no processo judicial que seja antecipatória ao processo arbitral, na forma do art. 22-A, estaria coberta pelo seguro garantia arbitral?

Imagine-se a seguinte situação: duas partes em um contrato estipulam compromisso arbitral e a relação dá sinais de que haverá um litígio. Uma das partes contrata o seguro garantia arbitral, para se ver garantida na arbitragem que se aproxima, e percebendo que seu direito será lesado e não haverá tempo para aguardar a instituição do Tribunal arbitral,

medida de urgência concedida pela prestação de caução ou outra garantia menos gravosa para o requerido, sempre que adequada e suficiente para evitar a lesão ou repará-la integralmente (CPC, art. 805). No sentido genérico de caução (CPC, art. 827), aqui entra em cena o seguro garantia judicial a serviço dessa técnica que chamamos de fungibilidade de provimentos na jurisdição de urgência". Melo, Gustavo de Medeiros. *Seguro garantia judicial – aspectos processuais e materiais de uma figura ainda desconhecida*. Recife: Revista Jurídica da Seção Judiciária de Pernambuco, 2011, p. 10. Disponível em: https://revista.jfpe.jus.br/index.php/RJSJPE/index. Acesso em: 07.03.2022.

recorre ao Poder Judiciário para a concessão de uma medida cautelar ou de urgência. Havendo a necessidade de prestar caução para essa medida judicial pré-arbitragem, como ela se enquadraria na cobertura do seguro?

Em linhas gerais, a caução prestada é instituto destinado a proteger a parte contrária contra o risco de que venha sofrer danos indevidos, acautelando o chamado "*periculum in mora* inverso", definido como "o perigo de que o demandado sofra, em razão da demora do processo, um dano de difícil ou impossível reparação (que só será identificado quando se verificar que, não obstante provável, o direito do demandante na verdade não existia)".[35]

Como se nota, ao contrário do depósito recursal da justiça trabalhista, destinado a garantir parte da execução caso o recurso seja improvido,[36] a caução exigida em sede cautelar ou de urgência tem natureza jurídica reparatória, para compensar um eventual dano causado àquele que obteve o provimento final em sentido contrário à decisão liminar concedida.[37] Nesse sentido, a garantia a ser prestada não se enquadraria como

[35] Câmara, Alexandre Freitas. *O Novo Processo Civil Brasileiro*. 5. ed. São Paulo: Atlas, 2019, p. 274.

[36] Nesse particular, a Instrução Normativa nº 03 do Tribunal Superior do Trabalho determina que os depósitos recursais não possuem natureza de taxa de recurso, mas de garantia do juízo recursal. "I – Os depósitos de que trata o art. 40, e seus parágrafos, da Lei n.º 8.177/1991, com a redação dada pelo art. 8º da Lei n.º 8.542/1992, e o depósito de que tratam o § 5º, I, do art. 897 e o § 7º do art. 899, ambos da CLT, com a redação dada pela Lei n.º 12.275, de 29/6/2010, não têm natureza jurídica de taxa de recurso, mas de garantia do juízo recursal, que pressupõe decisão condenatória ou executória de obrigação de pagamento em pecúnia, com valor líquido ou arbitrado". Disponível em: https://juslaboris.tst.jus.br/handle/20.500.12178/5132. Acesso em: 08.11.2021. Sobre a utilização do seguro garantia judicial no âmbito trabalhista, confira-se DAVID, Thaís Dias; JUNQUEIRA, Thiago. *Seguro garantia judicial*: uma ferramenta econômica oportuna em tempos de Covid-19 – Parte 1. Disponível em: https://www.migalhas.com.br/depeso/328355/seguro-garantia-judicial--uma-ferramenta-economica-oportuna-em-tempos-de-covid-19---parte-1. Acesso em 13.03.2022.

[37] "Agravo de instrumento. Pretensão ao levantamento da caução. Possibilidade. A caução do art. 300, § 1º do CPC não assegura o cumprimento da obrigação principal e sim a pretensão a haver perdas e danos decorrentes da execução da medida. Ou seja, a caução prevista art. 300, § 1º do Código de Processo Civil tem por finalidade prevenir a ocorrência de um dano. Na ocorrência deste dano, a caução servirá como ressarcimento deste evento danoso e não para garantir o cumprimento da obrigação principal ou as partes litigantes.

parte do valor condenatório da sentença arbitral, mas poderia ser enquadrada como uma despesa.

Voltando ao clausulado da seguradora operante no País, é disposto que a garantia poderá incluir os honorários dos árbitros e as *despesas com a arbitragem*, mas não poderá ser utilizada como garantia de obrigações em qualquer *processo judicial*. Diante da aparente contradição imposta, já que a caução prestada no processo judicial é, à primeira vista, uma despesa judicial, que poderá ser levantada caso o dano não ocorra, seria defensável entender que ela pode ser interpretada pela seguradora, no processo de regulação, como uma despesa da arbitragem, adiantada até que o processo arbitral seja finalizado e a seguradora possa levantar o valor depositado.

Dois são os principais motivos para essa linha de interpretação: (i) a utilização da medida cautelar ou de urgência ser expressa na lei de arbitragem e, portanto, ser a ela conexa; e (ii) o seu requerimento no processo judicial ocorrer com a indicação de que se trata de medida visando a propositura de procedimento arbitral, cujo início não foi possível aguardar por conta do perigo em aguardar (*periculum in mora*) a prestação arbitral. Trata-se, portanto, de uma fase preliminar – preparatória à arbitragem, mas ainda assim parte dela – decorrida na seara judicial, conforme já decidiu o Tribunal de Justiça do Estado de São Paulo.[38]

Recurso não provido". (TJSP. Agravo de Instrumento Nº 2188172-33.2016.8.26.0000, Rel. Roberto Mac Cracken, j. em 24/11/2016).

[38] "Processual. Tutela cautelar pré-arbitral. Denegação da medida. Instalação, na sequência, do tribunal arbitral. Extinção do procedimento judicial, ante tal circunstância, sem imposição de encargos sucumbenciais à parte postulante da medida. Inconformismo da sociedade de advogados que atuou em nome da requerida, voltado ao arbitramento de honorários. Descabimento. Atuação do Judiciário, nos termos do art. 22-A da Lei nº 9.307/96, desprovida de autonomia, dando-se em caráter meramente provisório e sem que se chegue sequer a formar processo autônomo, transferindo-se a atribuição para o controle dos atos correspondentes, tão logo instituída a arbitragem, aos árbitros, inclusive com poderes para a manutenção, modificação ou revogação da 'medida cautelar ou de urgência concedida' (sic) (art. 22-B do mesmo diploma). Competência que, nesses termos, passa aos árbitros também para a valoração da atuação dos advogados das partes no âmbito desse requerimento de tutela provisória. Impossibilidade de se pretender, a partir de litígio destinado à jurisdição arbitral, a obtenção de tutela com efeitos substanciais definitivos

Ademais, em sendo arbitrado pelo poder judiciário, o valor da caução não se trataria de um acordo firmado pela parte, que precisaria ser aprovado pela seguradora, e propriamente apressaria o início da arbitragem, que deve ser proposta em até 30 (trinta) dias da concessão da decisão. Portanto, nos parece ser parte indissociável do procedimento arbitral que será iniciado.

Por outro lado, caso o tomador seja condenado ao final do procedimento arbitral em que a tutela cautelar ou de urgência seja concedida, a caução prestada funcionará como pagamento pelo dano sofrido pelo segurado e terá, portanto, natureza de condenação judicial, o que dificilmente poderia enquadrá-la como uma despesa arbitral, quanto mais uma quantia a ser coberta pelo seguro garantia arbitral.

Diante do desafio de se avaliar adequadamente a natureza jurídica da caução, cuja compreensão passa pela conclusão do processo arbitral, a solução mais adequada seria recorrer a outro produto securitário, que junto com o seguro garantia arbitral, poderia oferecer cobertura total ao tomador. Trata-se do seguro garantia judicial, cujo objeto é propriamente cobrir o pagamento de valores que o tomador necessite realizar no trâmite de processos judiciais.

Com a contratação do seguro garantia judicial como complemento ao seguro garantia arbitral, ou até como extensão do seguro garantia arbitral, o tomador estará coberto tanto em relação aos valores definidos em seara arbitral, quanto em seara judicial, independentemente de qual seja o entendimento da regulação da seguradora.

Por todo o exposto, embora seja defensável que a caução exigida pelo juízo em sede cautelar ou de urgência prévia ao procedimento arbitral seja interpretada como uma despesa arbitral, desde que a apólice não disponha em contrário e o seguro esteja vigente, a maneira mais adequada de ver coberto esse valor é com a contratação de seguro garantia judicial como complemento ao arbitral, ou mesmo como extensão para a garantia contratada para a arbitragem, prevendo expressamente o pagamento desta quantia.

a partir da jurisdição estatal. Sentença recorrida que se confirma. Apelação desprovida." (TJSP. Apelação Cível 1018146-05.2019.8.26.0100; Rel. Fabio Tabosa; j. em 29/09/2021).

4.2. A utilização do seguro garantia arbitral por pessoas físicas

De forma subsidiária ao enorme potencial que reside no seguro garantia arbitral, entende-se que há ainda espaço para que a arbitragem cresça na utilização por pessoas físicas, já que, atualmente, é preponderantemente utilizada para solucionar contendas vultuosas, por pessoas jurídicas que buscam na especialização dos árbitros e desnecessidade de publicidade da arbitragem a solução mais adequada e sem danos à imagem para as empresas.

Entretanto, há outro fator de extrema relevância para a utilização da arbitragem, a celeridade de seu procedimento em contraposição ao processo judicial, como visto anteriormente.[39] Essa sim, é uma característica buscada por pessoas físicas e jurídicas que querem ver solucionada uma lide.

Há também quem, em meio termo, enxergue como salutar e inovadora a utilização da arbitragem como instrumento para o desenvolvimento negocial, como *startups*, que, por seu perfil, buscam sempre meios de composição que não utilizem a tutela estatal. É o caso de relevante sociedade que atua no mercado imobiliário, com aluguel e compra e venda de imóveis residenciais, e insere nos contratos de locação cláusula arbitral.[40]

[39] Art. 23 da Lei da Arbitragem: "A sentença arbitral será proferida no prazo estipulado pelas partes. Nada tendo sido convencionado, o prazo para a apresentação da sentença é de seis meses, contado da instituição da arbitragem ou da substituição do árbitro".

[40] Confira-se: "Tentamos sempre chegar a um acordo amigável. Quando isso não é possível, recorremos ao tribunal de arbitragem. O tribunal arbitral é uma alternativa mais simples, rápida e econômica para os envolvidos em relação ao Tribunal de Justiça. É um recurso bem menos burocrático e legalmente reconhecido no país. Outra grande vantagem da arbitragem é a velocidade". *O que o QuintoAndar faz quando ocorre um desentendimento entre inquilino e proprietário?* https://help.quintoandar.com.br/hc/pt-br/articles/220891907-O-que-o-QuintoAndar-faz-quando-ocorre-um-desentendimento-entre-inquilino-e-propriet%C3%A1rio-. Acesso em 09.03.2022. Neste pano de fundo, impõe-se realçar que, de acordo com o artigo 51, inciso VII, do Código de Defesa do Consumidor, é nula de pleno direito as cláusulas contratuais relativas ao fornecimento de serviços que determinem a utilização compulsória da arbitragem. Para que a cláusula compromissória possa ser eficaz em um contrato de adesão, de acordo com o § 2º, do art. 4º da Lei nº 9.307, de 23 de setembro de 1996, o aderente deve "tomar a iniciativa de instituir a arbitragem ou concordar, expressamente, com a sua instituição, desde que por escrito em documento anexo ou em negrito, com a assinatura ou visto especialmente para essa cláusula".

A despeito das possíveis vicissitudes da inserção de cláusula arbitral em contratos de adesão com consumidores, que ultrapassa a presente abordagem, a utilização da arbitragem nas relações locatícias, desde que endereçada a questão dos altos valores para instituição desse método alternativo de solução de conflitos, é interessante para o desenvolvimento do seguro garantia arbitral, principalmente no que tange à possibilidade de despejo do inquilino.

No formato estabelecido pela sociedade, a locação é feita sem a utilização de garantia locatícia,[41] o que a permite realizar o despejo do inquilino, sem a audiência dele e no prazo de quinze dias, desde que prestada a *caução de três aluguéis pelo locador*, na forma do artigo 59, § 1º e inciso IX do mesmo parágrafo.[42] É justamente para garantir a caução exigida para o despejo que o seguro seria chamado, como substitutivo à caução a ser imposta – eventualmente, e em analogia ao determinado em lei – pelo árbitro.

Para isso, bastaria o locador contratar o seguro garantia arbitral para ver garantida a caução e o despejo será realizado de forma célere e efetiva, com a apuração de inadimplemento do contrato de aluguel prosseguindo no mesmo Tribunal arbitral. Trata-se, conforme elucida Sylvio Capanema, de caução com a mesma natureza jurídica daquela que pode ser exigida para a determinação de medida cautelar ou de urgência prevista no artigo 22-A da Lei da Arbitragem, qual seja dar segurança ao árbitro na concessão da medida e garantir que o locatário possa levantá-la

[41] Lei nº 8.245, de 18.10.1991. Art. 37. "No contrato de locação, pode o locador exigir do locatário as seguintes modalidades de garantia: I – caução; II – fiança; III – seguro de fiança locatícia; e IV – cessão fiduciária de quotas de fundo de investimento".

[42] Lei nº 8.245, de 18.10.1991. Art. 59. "Com as modificações constantes deste capítulo, as ações de despejo terão o rito ordinário. § 1º Conceder – se – á liminar para desocupação em quinze dias, independentemente da audiência da parte contrária e desde que prestada a caução no valor equivalente a três meses de aluguel, nas ações que tiverem por fundamento exclusivo: IX – a falta de pagamento de aluguel e acessórios da locação no vencimento, estando o contrato desprovido de qualquer das garantias previstas no art. 37, por não ter sido contratada ou em caso de extinção ou pedido de exoneração dela, independentemente de motivo".

caso a cautelar seja revertida e, comprovado dano sofrido pelo locatário, seja necessário o pagamento de indenização.[43]

Tendo em vista o fato de que o mercado imobiliário é amplamente capilarizado e consideravelmente mais volumoso do que o atual mercado que, no geral, utiliza a solução arbitral, verifica-se grande possibilidade de amadurecimento ao seguro em tela, com o surgimento de novas e diferenciadas condições gerais, bem como para a própria arbitragem, tornando-se mais acessível, conhecida e utilizada por pessoas físicas.

Conclusões

O seguro garantia arbitral é modalidade de seguro garantia que ainda está dando os seus primeiros passos no Brasil, mas que apresenta diversas potencialidades. À medida em que os tomadores e os próprios corretores de seguro tomem ciência desse instrumental contratual, é bastante provável que o seu número de contratações cresça consideravelmente.

Embora seja uma modalidade securitária repleta de virtudes, não se pode perder de vista as suas limitações, em especial as cláusulas de exclusão de risco e perda de direitos. Além disso, espera-se que a flexibilização regulatória por parte da SUSEP acerca do seguro garantia permita efetivamente uma mais ampla liberdade e autonomia para os seguradores fixarem os termos do seguro garantia arbitral à luz das especificidades de cada caso concreto, tutelando interesses legítimos dos tomadores e segurados.

Referências

CÂMARA, Alexandre Freitas. *O Novo Processo Civil Brasileiro*. 5. ed. São Paulo: Atlas, 2019.

[43] "O objetivo da caução é o de garantir ao locatário o ressarcimento dos prejuízos sofridos, com a execução antecipada do despejo, na hipótese de vir a ser julgada, ao final, improcedente a pretensão. Neste caso, funcionará a caução como início de indenização, revertendo automaticamente em benefício do locatário, que poderá levantá-la, se em dinheiro, com os acréscimos da lei." SOUZA, Sylvio Capanema de. *A lei do inquilinato comentada*. 8.° ed. Rio de Janeiro: Forense, 2012. p. 260.

DAVID, Thaís Dias; JUNQUEIRA, Thiago. *Seguro garantia judicial*: uma ferramenta econômica oportuna em tempos de Covid-19 – Parte 1. Disponível em: https://www.migalhas.com.br/depeso/328355/seguro-garantia-judicial---uma-ferramenta-economica-oportuna-em-tempos-de-covid-19---parte-1.

FICHTNER, José Antônio [et al]. *Teoria geral da arbitragem*. Rio de Janeiro: Forense, 2019. *E-book*.

IRB – Brasil Re. Dicionário de seguros: vocabulário conceituado de seguros. 3.ed. Rio de Janeiro: Funenseg, 2011.

JUNQUEIRA, Thiago. *O risco no domínio dos seguros*. In Temas atuais de Direito dos Seguros. Coord. GOLDBERG, Ilan. JUNQUEIRA, Thiago. São Paulo: Thomson Reuters Brasil, 2020.

MELO, Gustavo de Medeiros. *Seguro garantia judicial – aspectos processuais e materiais de uma figura ainda desconhecida*. Recife: Revista Jurídica da Seção Judiciária de Pernambuco, 2011.

MARINONI, Luiz Guilherme; ARENHART, Sérgio Cruz; MITIDIERO, Daniel. *Curso de Processo Civil*, vol. 3, 5ª ed. São Paulo: Thomson Reuters Brasil, 2020.

PETERSEN, Luiza. *O risco no contrato de seguro*. São Paulo: Roncarati, 2018.

POLETTO, Gladimir Adriani. *Controvérsias atuais a propósito do seguro garantia*. In Temas atuais de Direito dos Seguros. Coord. GOLDBERG, Ilan. JUNQUEIRA, Thiago. São Paulo: Thomson Reuters Brasil, 2020.

—; GONÇALVES, Oksandro Osdival. *O seguro-garantia, o desenvolvimento e o risco: uma relação complexa*. Civilistica.com. Rio de Janeiro, a. 9, n. 2, 2020.

SOUZA, Sylvio Capanema de. *A lei do inquilinato comentada*. 8.° ed. Rio de Janeiro: Forense, 2012.

TERRA, Aline de Miranda Valverde. SALGADO, Bernardo. *O risco no seguro garantia e o inadimplemento anterior ao termo*. In Temas atuais de Direito dos Seguros. Coord. GOLDBERG, Ilan. JUNQUEIRA, Thiago. São Paulo: Thomson Reuters Brasil, 2019.

THEODORO JÚNIOR, Humberto. *Curso de Direito Processual Civil – vol. I*: teoria geral do direito processual civil, processo de conhecimento, procedimento comum. 60. ed. Rio de Janeiro: Forense, 2019.

TZIRULNIK, Ernesto [et al]. *O contrato de seguro de acordo com o código civil brasileiro*. 3. ed. – São Paulo: Editora Roncarati, 2016.

8.
CRIPTOATIVOS, RISCOS E TENDÊNCIAS REGULATÓRIAS

Dayana de Carvalho Uhdre

Introdução

Não sem razões presenciamos crescente interesse do grande público, dos "Estados-Nações", bem como de várias organizações intergovernamentais e/ou internacionais[1] sobre o mercado de criptoativos. Para além de estarmos a falar de um mercado cuja capitalização já está próxima dos três trilhões de dólares[2], as possibilidade de utilização dos criptoativos, ou *tokens*, têm se tornado mais palatáveis e acessíveis ao público, caso da recente curiosidade ao entorno dos NFT's *(non fungible tokens)*, ou mesmo fundos e ETF`s (*exchange-traded fund*) a pouco lançados por corretoras brasileira. Inegável a rapidez do evoluir tecnológico e social que presenciamos nesse nicho mercadológico[3] de pouco mais de uma década.

O bitcoin, primeira e mais conhecida aplicabilidade da tecnologia que convencionamos chamar "blockchain", debutou em janeiro de 2009,

[1] À exemplo da OCDE (Organização para Cooperação e Desenvolvimento Econômico), ONU (Organização das Nações Unidas), FMI (Fundo Monetário Internacional) BIS(Bank for International Sttlements), FATF (Financial Action Task Force), para citar alguns.

[2] Mais especificamente, U$ 2,83 trilhões de dólares. Dados disponíveis em: https://coinmarketcap.com. Acesso em 15 nov. 2021.

[3] Da mesma forma que presenciamos tal efervescência em inúmeros outros nichos, realidade que denominamos "Quarta Revolução Industrial". Schwab, Klaus. A Quarta Revolução Industrial. São Paulo: Edipro, 2016; Friedman, Thomas L. Obrigado pelo atraso. Um guia otimista para sobreviver em um mundo cada vez mais veloz. Rio de Janeiro: Objetiva Editora, 2017.

com a realização da primeira ordem de transferência, de 10 bitcoin, entre Satoshi Nakamoto (pseudônimo do(s) idealizador(es) do protocolo Bitcoin) e Hal Finney (conhecido cypherpunk americano). O propósito do sistema Bitcoin era o de municiar as pessoas com a possibilidade de serem seus próprios bancos, isto é, de realizarem transações financeiras pelo meio digital, diretamente entre si, e sem a presença dos intermediários de confiança (instituições financeiras de forma geral). Replicou-se, no mundo digital, as propriedades do dinheiro físico (*cash*), possibilitando a realização de transações financeiras irreversíveis diretamente entre partes que não se conhecem (e que se não confiam). A infra-estrutura tecnológica que permitira tal desiderato é composta por arquitetura distribuída de rede, registro distribuído de transações (DLT)[4], criptografia assimétrica, árvore de Merkel, e teoria dos jogos, e convencionamos denominá-la *blockchain*.

Fora a constatação de aplicabilidades múltiplas a tal arcabouço tecnológico que permitiu o efervescer de inúmeros projetos no que hoje podemos denominar "mundo cripto". Vivenciamos a era da tokenização com o erigmento de inúmeras outras redes – para além da do Bitcoin – que visam trazer arquiteturas tecnológicas que melhor suportem os vários propósitos perseguidos, tais como o de monitorar cadeias de suprimentos, fornecer identidades digitais, permitir registro de propriedade de bens (inclusive digitais), captação pública de investimentos, emissão de cryptoartes, melhorar a eficiência do sistema de pagamentos, erigir nova arquitetura financeira global, etc.

O ponto é que tal realidade tem imposto inúmeros desafios e questionamentos aos sistemas jurídicos instituídos. É possível se regulamentar as operações levadas a efeito no ambiente blockchain, ou de DLT? Como se o fazer? Como se estabelecer nexos de jurisdições em transações tendencialmente internacionais? Como se ter acesso às informações relacionadas a essas operações? Como se interpretar juridicamente tais operações? Se as tributa? De que forma? Não são poucos, nem simples os desafios que o desenvolvimento das tecnologias de registro distri-

[4] Arquitetura de rede e registro distribuídos também conhecidas como DLT (Distributed Ledger Tecnology), gênero de cujo blockchain é espécie.

buído têm imposto aos arcabouços jurídicos, assim como à lógica a eles inerentes.

E mais, trata-se de desafio imposto de forma concomitante a todos os países do mundo, de modo que para além de útil, nos parece ser mesmo necessário olhar as tendências, os debates e eventuais diretrizes levadas a efeito no âmbito internacional relacionadas ao tema. É que tal tomada de consciência auxilia-nos inclusive a melhor direcionar o foco de atenção a fim de se erigir um sistema jurídico nacional mais coerentes e em ressonância à realidade de crescente digitalização, *tokenização* e mundialização das relações econômicas.

A fim de contribuirmos para com o debate, o presente artigo buscará, em um primeiro momento, colocar em perspectiva a razão porque olhar para fora, e identificar as macro tendências regulatórias, é não só aconselhável como cada vez mais inafastável em um contexto global de relacionamentos sócio-econômicos. Na sequência, passaremos pelo mapeamento de quais seriam esses principais pontos de atenção que, sob o aspecto de riscos aos sistemas jurídicos, têm despertado as maiores preocupações dos agentes reguladores. Tal exame nos municia de ferramental crítico para que, em um terceiro momento, analisemos as principais propostas legislativas brasileiras que visam regular o mercado de criptoativos.

1. Globalização e direito: o necessário transbordar do interno

O fenômeno da globalização, viabilizado sobretudo pela revolução dos meios de transporte, e pelo desenvolvimento das tecnologias de comunicação e informação, alterou, de forma substancial, a lógica das relações sociais e trouxe evidentes repercussões nos sistemas jurídicos nacionais. O relacionar-se humano não mais circunscreve-se a um determinado limite territorial. O desenvolvimento e ampla adesão às ferramentas de comunicação e informação, notadamente da Internet, permitiu o "ser-se" no mundo, de modo que os relacionamentos sociais e econômicos hoje travados são, antes deu tudo, potencialmente mundiais. Daí que os desafios mais prementes que estão na ordem do dia de grande parte dos governos não mais se tratam de questões locais, mas antes globais, isto é, comum à generalidade dos países, e que se interconectam em uma grande rede de mútuas implicações, tal qual é a realidade atual socialmente posta ao convívio humano.

Tal mudança paradigmática exige, por óbvio, uma readequação institucional do Estado, tornando-o mais consetâneo aos novos desafios trazidos pelas novas relações globais. É dizer, as ideias tradicionais de soberania, poder, competência, atreladas que eram à uma territorialidade específica, não mais fazem sentido no cenário hodierno, o que inevitavelmente traz consequências à atuação das Administrações Públicas nacionais. Fala-se em crise, ou mesmo fim, do Estado soberano, e por conseguinte da condição de possibilidade – e efetividade – da regulação das relações humanas.

Por outro lado, é inerente ao ser-humano a sensação de segurança, de modo que o acertamento das condutas sociais consoante diretrizes normativas que a garantam – segurança jurídica, no caso – é próprio imperativo à convivência em sociedade. Quer-se com isso dizer que, em que pese testemunharmos, de fato, a crise – e enfraquecimento – da soberania estatal, tal qual tradicionalmente a compreendíamos, isto é enquanto origem e garantia das normas jurídicas, novos *standards* estão – e vão – ser construídos, haja vista ser a segurança jurídica (previsibilidade e certeza das consequências dos agires) própria condição necessária ao conviver humano. No entanto, trata-se do erigimento de um novo modelo normativo, mais adequado a complexidade e globalidade das relações jurídico-sociais travadas.

Gustavo Binenbojm parece bem direcionar a questão ao salientar que *a globalização embora não represente um completo esfacelamento do Estado, constitui verdadeira mola propulsora de reformas institucionais que, em que pese enfraquecerem, em certa medida, a soberania interna dos países, estimulam a redefinição de estratégias regulatórias para adaptação a uma nova realidade internacional, trazendo novos atores produtores de normas e fontes adicionais ao direito administrativo*. Defende o autor que estamos a testemunhar o crescimento de uma normatividade administrativa transacional, atrelada de forma íntima a criação, por parte de vários países, de inúmeras organizações internacionais voltadas à discussão de temas de interesse comum com relevância global. E segue salientando que essas organizações transnacionais consubstanciam verdadeiros fóruns de discussão voltados *a debater pautas mínimas de convergência ou concertação entre os respectivos membros, utilizando-se, essencialmente, de instrumentos de soft law, aptos a orientar políticas públicas ou recomendar a implementação de mudanças institucionais aos países delas integrantes, geralmente pela edição estruturada, por tema de interesse, de guidelines (diretrizes), list of general principle (princípios gerais), ou recommendations (recomendações)*[5].

Concordamos com o supra-referido autor. Entendemos ser possível sim se detectar, nesse contexto de mudança paradigmática e conseguinte busca de adequação dos sistemas jurídicos, um processo de harmonização de sistemas jurídicos com tendência mesmo à uma homogeinização normativa, baseado na troca de experiências, equalização e difusão de informações entre participantes, que tem gerado, a partir de deliberações com ampla participação procedimental (de entes governamentais, partícipes do mercado e academia), documentos consensuais com diretrizes regulatórias compartilháveis, dotados de grau considerável de eficácia persuasiva. Trata-se mesmo de estratégia coerente a esse novo cenário de relações tendencialmente transnacionais. O olhar unicamente para (dentro) do seu sistema normativo já não responde de forma adequada à complexidade do relacionar-se (humano) em redes globais. Faz sentido, em uma realidade tão complexa, e de sistemas potencialmente interconectados – que sofrem a influência uns dos outros – arvorar-se, para fins de interpretação e/ou integração de seu próprio direito, das experiências estrangeiras.

Daí que, consoante bem nos recorda António Cortés, as normas jurídicas devem ser construídas consoante a utilização de uma metodologia integral, em que os "textos mais não são do que pontos de partida – ou, se quisermos, a 'matéria-prima'- de que o jurista dispõe para construir boas soluções de direito"[6]. E, prossegue, salientando que em um ambiente complexo e global, como o que inseridos, os sistemas jurídicos se tocam, influenciam-se em algum pontos, e até mesmo se nutrem, num movimento de mutualidade constante. Logo, não há como serem aplicados dispositivos estruturados no âmbito eminentemente internos em detrimento de "normas" advindas de dispositivos internacionais, delineados

[5] BINENBOJM, Gustavo. O poder de polícia, ordenação, regulação Transformações político-jurídicas, económicas e institucionaoso do direito administrativo ordenador. São Paulo: Fórum, 2021, p.335-338.

[6] CORTÊS, António. Para uma metodologia Jurídica Integral. Direito e Justiça. Separata Volume Espacial. 2013. Faculdade de Direito. Universidade Católica Portuguesa. p. 51.

no âmbito das negociações internacionais. E daí porque a estruturação dos sentidos que se devem dar aos textos oriundos de atividade legislativa interna perpassa a consulta e análise das fontes várias – inclusive internacionais ou até mesmo estrangeiras, doutrinárias, jurisprudenciais, etc. –, pertencentes a essa dança de fluxos e refluxos argumentativos jurídicos complexos[7].

Estabelecer diretrizes normativas em fóruns internacionais de discussões, portanto, é um movimento coerente ao erigimento de novos sistemas jurídicos nacionais mais harmonizados, e que se influem mutuamente, em verdadeira ressonância ao *status quo* hodierno. Por consequência, o exame crítico e adequado dos preceitos normativos internos (e de propostas de) já não mais pode abrir mão de um olhar ao entorno, isto é, de um "dedo de prosa", ou quiçá um diálogo mais profícuo, também com as fontes estrangeiras. Verticalizando o que dissemos nesses parágrafos ao contexto das operações com criptoativos, indiscutível a novidade do tópico *pari passu* os sistemas jurídicos erigidos. Daí que se identificar as principais pautas de debates afetos ao tema em fóruns internacionais, em muito conexas aos principais riscos que tais operações com criptoativos têm impingindo ao status quo jurídico, é medida que se mostra mais profícua nessa tendência de se olhar "para fora".

Buscaremos detectar tais riscos por intermédio de uma breve narrativa dos principais usos e aplicabilidades dos criptoativos desconformes ao direito que impulsionaram, por conseguinte, as primeiras manifestações e sugestões de administrações e de órgãos intergovernamentais. O objetivo é que consigamos nos municiar das tendências internacionais a fim de que possamos refletir de forma crítica sobre qual deva ser a direção que o nosso sistema jurídico (leia-se: propostas legislativas) deva enveredar (ou devam enveredar), a fim de estar(em) mais coerente(s) – e mesmo na vanguarda – à essa era da normatividade transnacional.

[7] Cortês, António. Para uma metodologia Jurídica Integral. Direito e Justiça. Separata Volume Espacial. 2013. Faculdade de Direito. Universidade Católica Portuguesa. p. 51 e ss.

3. Mapeando os principais riscos impostos pelas operações com criptoativos

Risco e' o efeito da incerteza sobre objetivos estabelecidos[8]. E' a possibilidade de ocorrência de eventos que afetem a realização ou alcance desses objetivos, combinada com o impacto dessa ocorrência sobre os resultados pretendidos[9]. Os riscos estão em todo lugar e momento, ainda que não nos atentemos a isso. Seja na nossa vida cotidiana, seja no mundo corporativo ou institucional, estamos imersos em ambiente repleto de riscos, oportunidades e ameaças que, se não gerenciados, podem comprometer o alcance de objetivos almejados.

Cada decisão tomada, cada movimento que executamos, ou não, alteramos a probabilidade de ocorrência de eventos futuros e, por conseguinte, ampliamos ou reduzimos o ni'vel de riscos a que estamos expostos. Em geral, à medida que amadurecemos tomamos maior consciência do ambiente em que estamos inseridos, e ficamos mais ha'beis na identificação de vulnerabilidades (falhas ou fraquezas), e mais aptos a identificar ameaças e oportunidades que podem impactar o alcance de nossos objetivos.

É dizer, ao analisarmos o ambiente em que inseridos, e tendo em vista os objetivos estabelecidos, podemos decidir acerca de quais medidas ou posturas podem ser adotadas para tratar os potenciais riscos de sorte a mantê-los em ni'veis aceitáveis – consoante nossos níveis de aceitação e tolerância[10]. Entramos na esfera do que podemos denominar "gerenciamento de riscos". E, se falar em gestão de riscos é se referir a um *conjunto de atividades coordenadas para identificar, analisar, avaliar, tratar e monitorar riscos.* Em outras palavras, seria *o processo que visa conferir razoa'vel*

[8] No mesmo sentido, Anuschka Bakker e Sander Kloosterhof destacam que "risk is a potential event, which might have an adverse effect on the goals of entity. This also includes a missed opportunity". BAKKER, Anuschka Bakker; KLOOSTERHOF, Sander. Tax Risk Management. From Risk to Opportunity. IBFD: Amsterdam, 2010, p. 21

[9] Brasil. Tribunal de Contas da União. Referencial ba'sico de gestão de riscos / Tribunal de Contas da União. – Brasi'lia: TCU, Secretaria Geral de Controle Externo (Segecex), 2018, p. 8

[10] Brasil. Tribunal de Contas da União. Referencial ba'sico de gestão de riscos / Tribunal de Contas da União. – Brasi'lia: TCU, Secretaria Geral de Controle Externo (Segecex), 2018, p. 8

segurança quanto ao alcance dos objetivos, tendo em consideração o contexto em que imersos[11].

De se pontuar que contexto e' o ambiente no qual a organização – ou entidade[12] – busca atingir os seus objetivos[13]. Daí que, uma etapa prévia do processo de gestão de risco é o de se identificar os objetivos *vis a vis* os fatores críticos de sucesso para o alcance destes no ambiente[14]. Delineados os objetivos, inicia-se o processo de avaliação de riscos, que perpassa os passos de identificação, análise e avaliação de riscos (em sentido estrito)[15]. Pois bem, enveredando-nos para o assunto do presente artigo, o objetivo – ou objetivos – mais premente(s) dos Estados e organismos internacionais é o de garantir a observância aos valores jurídicos mais caros às sociedades de uma forma geral. Em outras palavras, é a conformação das principais operações com criptoativos aos valores sociais importantes, e consensualmente estabelecidos em diretrizes jurídicas, que se intenta seja observada. Identificado o objetivo, passemos ao mapeamento dos fatores críticos para atingir tal desiderato. Para tanto, é de se reconhecer as principais atividades e usos levados a efeitos por esse novo instrumental tecnológico que chamaram a atenção das autoridades por serem potencialmente úteis ao descumprimento do *status quo* normativo.

[11] Brasil. Tribunal de Contas da União. Referencial ba'sico de gestão de riscos / Tribunal de Contas da União. – Brasi'lia: TCU, Secretaria Geral de Controle Externo (Segecex), 2018, p. 9-10.

[12] "O conceito de organização aqui pode se referir a toda entidade ou parte dela, a um processo, como o planejamento estrate'gico, ou a projetos, processos de trabalho, operações, funções, decisões, produtos, serviços e ativos". Brasil. Tribunal de Contas da União. Referencial ba'sico de gestão de riscos / Tribunal de Contas da União. – Brasi'lia: TCU, Secretaria Geral de Controle Externo (Segecex), 2018, p. 23

[13] No caso, o contexto fora descrito no capítulo antecedente.

[14] Brasil. Tribunal de Contas da União. Referencial ba'sico de gestão de riscos / Tribunal de Contas da União. – Brasi'lia: TCU, Secretaria Geral de Controle Externo (Segecex), 2018, p. 24.

[15] De se notar que a expressão "análise de riscos" aqui se refere tanto à primeira etapa do processo de gestão de riscos, quanto à última parcela de atividade dessa etapa. Daí ser melhor se falar em processo de avaliação de riscos como o todo e etapa de avaliação de riscos (em sentido estrito) enquanto parte integrante daquele.

Primeiramente, voltemos ao protocolo gênese, e que ainda é o de maior dominância[16] no "mercado cripto". Pois bem, o mote subjacente ao projeto Bitcoin (*"a peer-to-peer eletronic cash system"*[17]) foi o de possibilitar a transferência de valores diretamente entre as pessoas, sem a presença dos intermediários de confiança, papel esse exercido por "agentes estatais". Utilizamos a expressão entre aspas a fim de pontuar que não estamos nos referindo a agentes ou órgãos estatais em sentido estrito, mas em uma acepção mais ampla incluindo os agentes privados que fazem parte do sistema financeiro hodierno. É que por se tratar de eixo central a economia de um Estado, acaba por ser nicho mercadológico fortemente regulado, em que os operadores privados estão em quase simbiose[18] ao Estado regulador, o que acaba levando, no jargão popular, "a se tomar um pelo outro".

De encontro a esse "estado de arte", as criptomoedas nascem como um "grito de liberdade", dentro de um movimento maior de "empoderamento do ser"[19]. É proposta uma estrutura tecnológica apta a permitir que as trocas de valores ocorram diretamente entre partes[20] que não se conhecem (P2P), sem a necessidade de intermediação por parte dos agentes financeiros tradicionais, à semelhança de uma transação em espécie. Aqui as pessoas são seus próprios "bancos". E mais, a ideologia fundamentadora do "bitcoin" é de tal monta radical-libertária que a própria unidade representativa desses valores (bitcoin) sequer existe, mesmo

[16] Estima-se em 43% a dominância do bitcoin no mercado de criptoativos. Dados disponíveis em: https://coinmarketcap.com/. Acesso em 15 nov. 2021.

[17] Diponível na URL: <https://bitcoin.org/bitcoin.pdf>, acesso em 03/08/2020.

[18] Ou ao menos assim deveria ser. A higidez do sistema financeiro – e monetário – de um país é estrutural à Economia. Vide os efeitos nefastos que a crise de 2008, desencadeada pelo abuso perpetrado por agentes pertencentes ao ecossistema financeiro, causou a economia mundial.

[19] Ideia subjacente a inúmeras reflexões sociológicas levada a efeito sobre a sociedade hodierna. Sobre o assunto, vide: Baumann, Zygmunt. Modernidade Líquida. Zahar, 2001. Naim, Moises. O Fim do Poder. Leya, 2013; Lévy, Pierre. Cibercultura. Editora 34, 2010.

[20] Digno de nota que na própria justificativa do Projeto de Lei nº 4207/20 constata-se que tal de descentralização das relações é reflexo da nova Ética e nova Democracia, nascidas da era digital". BRASIL. Senado Federal. Proposta Legislativa nº 4.207, de 13 de agosto de 2020, p.8.

virtualmente[21]: impede-se qualquer investidura estatal em se "bloquear", ou "confiscar" tais "bens".

Essa extrema liberdade não tardou a mostrar seu lado negativo. A dificuldade de controle estatal e certo anonimato possibilitados pelas criptomoedas acabaram incentivando seu uso criminoso, sendo o caso "Silk Road" seu exemplo mais caricato. Não é de se espantar que a difusão de um instrumento digital (criptomoeda) apto a intermediar transações econômicas em tese incontroláveis pelos Estados (seja quem as celebram, ou os objetos negociados, ou mesmo alguma conexão com dada territorialidade) alarmasse as autoridades públicas.

Estava-se diante de uma representação digital de valor facilitadora do cometimento de crimes tais como lavagem de dinheiro, evasão de divisas e financiamento ao tráfico de entorpecentes e pessoas, e ao terrorismo. Não por outra razão, o FATF (Financial Action Task Force)- ou GAFI (Grupo de Ação Financeira Internacional) –, organismo intergovernamental do G20 que tem como objetivo desenvolver e promover políticas, nacionais e internacionais, de combate a corrupção e ao financiamento do terrorismo, apresentara estudos[22] que além de fundamentar a modificação interpretava de sua Recomendação 15[23], passando a prever as medidas face aos criptoativos, poderiam subsidiar eventuais adaptações normativas levadas a efeito pelos seus países membros. O intuito desses relatório fora o de destacar a importância de um novo segmento de mercado, a criptoeconomia, e sinalizar as novas oportunidades de riscos envolvendo lavagem de dinheiro. Na sequência, esse órgão internacional elaborara Orientações específicas, baseadas na identificação de riscos, a fim de que os países e os partícipes do "mercado cripto" (naquele con-

[21] O que existe são apenas registros, na Blockchain do Bitcoin, de transações feitas. É dizer, o "ativo" representado pela palavra "bitcoin" não existe, sendo uma aceitação tácita de valor pelos aderentes ao sistema.

[22] Referimo-nos ao "Guidance for a Risk-Based Approach – Prepaid Cards, Mobile Payments and Internet-Based Payment Services" e o "Guidance for a Risk-Based Approach – Virtual Currencies"

[23] FATF (Financial Action Task Force). The FATF Recommendations. Disponível em: <http://www.fatf-gafi.org/media/fatf/documents/recommendations/pdfs/FATF%20Recommendations%202012.pdf>. Acesso em 15 nov. 2021

texto identificados como "provedores de serviços com ativos virtuais"[24]) compreendessem suas obrigações na adaptação e concretização das diretrizes legais afetas ao combate à lavagem de dinheiro e ao financiamento do terrorismo consoante os requisitos exigidos pelo FATF/GAFI aplicáveis a este setor.

Mas, as preocupações, por parte das autoridades estatais, não paravam por aqui. É que o ecossistema de criptoativos desenvolveu-se, ganhando não só em número de adeptos, como também em promessas de aplicações as mais variadas possíveis. A segunda onda dessa tecnologia (blockchain), então nascente, fora inaugurada com o lançamento da plataforma Ethereum. Tal projeto, capitaneado dentro outros por Vitalik Buterin, tinha por pretensão tornar-se uma blockchain de base ao desenvolvimento outros projetos em criptoativos. Eis o contexto em que presenciamos ascensão da ideia de "smart contracts".

Foi ainda, nessa segunda onda, que o "boom" das ofertas iniciais de "*tokens*", popularizadas pelo seu anacrônico ICO`s (Inicial Coin Offering) teve espaço, sendo arrecadados, em curtíssimos espaços de tempo, milhões (ou mesmo bilhões[25]) de dólares em projetos muitas vezes frágeis ou mesmo inconsistentes. Muitos investidores neófitos, atraídos pela promessa de ganhos exponenciais, apostaram alto nessas ofertas iniciais de "*tokens*". Por se tratar de um mercado nascente e ainda carente de regulação, acabou-se por testemunhar uma série de golpes, "esquemas Ponzi", lesivos à economia popular. A resposta estatal não tardou a aparecer, sendo publicados avisos, orientações ao público[26], bem como emiti-

[24] No original: Virtual Asset Service Provider (VASP`s). FATF (Financial Action Task Force). Guidance for a Risk-Based Approach for Virtual Assets and Virtual Asset Service Providers (VASPs). Disponível em: <https://www.fatf-gafi.org/publications/fatfrecommendations/documents/guidance-rba-virtual-assets-2021.html>. Acesso em 15 nov. 2021.

[25] O ICO da EOS arrecadou mais de 4 bilhões de dólares e o da Telegram 1,7 bilhões aproximadamente. Sobre os maiores ICO'S, vide: <https://www.bitcoinmarketjournal.com/biggest-icos/>. Acesso em 15 nov. 2021.

[26] Exemplo disso foram as diretrizes, lançadas em abril de 2029, pela SEC (Securities and Exchange Commission), a fim de indicar os casos em que os criptoativos se enquadrariam no conceito de "contratos de investimento" e, portanto, de valores mobiliários, a exigir observância das regras estabelecidas por aquele agente estatal: <https://www.sec.gov/corpfin/framework-investment-contract-analysis-digital-assets>. Acesso em 15 nov.

das notificações aos emissores que atrelavam os ganhos dos seus *"tokens"* a lucros futuros para que parassem suas ofertas públicas, porque carentes da chancela estatal. Interpretou-se que dadas as semelhanças dessas ofertas iniciais com as de valores mobiliários, as condições impostas pela legislação de mercados de capitais devem ser observadas. Eis aqui mais um eixo de preocupações aos entes estatais[27].

Ainda, testemunhou-se a eclosão de um mercado voltado a realização de "*trade*" (troca) de criptomoedas, notadamente de bitcoins e etherium[28]. Mineradores, "pool de mineração", exchanges, "traders baleias", são alguns dos termos, referentes a partícipes, conexos a essa indústria emergente que passamos a costumeiramente ouvir. Trata-se, aqui, de mercado essencialmente especulativo, movimentando hoje um volume diário de aproximadamente U$94.695.776.955,00[29]. Estamos diante de manifestações de riquezas bilionárias, e que como tal devem (ou deveriam) estar afetas ao pagamento de tributos. Ademais, por se tratar de representações digitais de valor – as criptomoedas – vocacionadas a serem globais, pois não atreláveis a qualquer soberania, incrementam o risco de serem utilizadas para fins de evasão de divisas. Eis portanto mais fontes de preocupações dos Estados. Sob o assunto, a OCDE publicou em outubro de 2020 o Relatório "Taxing Virtual Currencies: An Overview of Tax Treatments and Emerging Tax Policy Issues", que consubstanciou

2021. Em terras brasileiras tivemos os Comunicados 25.306/2014 e 31.379/2017 do Banco Central do Brasil (BACEN) e manifestações da Comissão de Valores Mobiliários (CVM), essa última disponível em: <http://www.cvm.gov.br/noticias/arquivos/2017/20171011-1.html>. Acesso em 15 nov. 2021.

[27] De se pontuar a modificação, por parte de alguns países, de suas legislações regentes do mercado de valores mobiliários a fim de expressamente preverem sua aplicabilidade (na medida em que cabível) às operações com criptoativos. À título de exemplo podemos mencionar o "Blockchain Act" suíço (Disponível em: <https://www.sif.admin.ch/sif/en/home/finanzmarktpolitik/digit_finanzsektor/blockchain.html>)e a proposta de Regulamento em Mercados de Criptoativos (MiCA), elaborada pela Comissão Europeia (Disponível em: <https://eur-lex.europa.eu/legal-content/EN/TXT/?uri=COM:2020:593:FIN>). Acesso em: 15 nov. 2021.

[28] A dominância de mercado dessas duas criptomoedas está estimada atualmente em mais de 60%. Consoante dados do site da CoinMarketCap, em 15 de novembro de 2021, é de 62,9%. Fonte: <https://coinmarketcap.com/charts/>.

[29] Fonte: <https://coinmarketcap.com/charts/>. Acesso em 15 nov. 2021.

uma primeira análise abrangente das eventuais abordagens e lacunas de políticas tributária dos principais tipos de impostos (imposto de renda, consumo e propriedade) relativas a um amplo grupo de países. O mote desse estudo, de acordo com a própria OCDE, foi a constatação de que, apesar de constituir aspecto importante do quadro regulatório, os riscos representados pelas transações com criptoativos à política tributária e à evasão têm sido amplamente inexploradas. Tal levantamento mais amplo parece ser um primeiro – e necessário passo – para se iniciar as discussões afetas ao erigimeto de diretrizes normativas internacionais vocacionadas a lidar com tais riscos.

Mas, nem só preocupações o avanço dessa tecnologia trouxe aos Estados. Foram também vislumbradas possibilidades. Em uma frente, testemunhamos o pioneirismo de alguns países em estabelecer ambiente regulatório adequado ao desenvolvimento de projetos em blockchain e/ou tecnologias correlatas. São os chamados países "criptofriendly" que vislumbraram desde cedo o potencial econômico, e estratégico que tal mercado tem, atraindo para seus territórios os investimentos a ele relacionados. Por outro lado, é possível vermos iniciativas voltadas a utilização desse ferramental tecnológico para solução, ou aprimoramento, de atividades administrativas *lato sensu*. É caso, por exemplo, das iniciativas que defendem "tokenizar" variadas informações estatais (desde registros públicos, perpassando por processos licitatórios, até as próprias verbas públicas) para fins de se lhes proporcionar maior segurança e transparência, além de minorar os custos administrativos envolvidos. Também é o caso das iniciativas em torno das chamadas Central Bank Digital Currency (CBDC[30]), verdadeiras moedas virtuais oficiais que podem ser utilizadas para fins de otimizar as liquidações interbancárias, ou mesmo para revolucionar o mercado financeiro como um todo.

[30] Em que pese não serem em todo novas essas iniciativas, posto já se ter notícias de projetos em Bolívia, Uruguai que datam de mais de dois anos, é fato que ganharam fôlego e importância após as investidas de Big techs no nicho de meios de pagamentos por meio de "coins" lastreadas em ativos (*"stable coins"*). Referimo-nos ao consórcio Calibra capitaneado pelo Facebook que tinha por objetivo inicial, ao lançar a Libra, exercer papéis que em muito se assemelhavam ao das moedas oficiais (meio de pagamento) e ao dos bancos centrais, razão pela qual causou mal estar em todo o mundo.

Aliás, relativamente a esse último ponto, tem-se visto inúmeras iniciativas dos Bancos Centrais pelo mundo a fim de sedimentar o terreno para se lidar com esse novo sistema financeiro e monetário que tende a se instaurar. É de se pontuar que os estudos iniciais[31] acerca do impacto das transações com criptomoedas no cenário financeiro macro concluíram pela sua insignificância, em razão da sua pequena expressão *vis a vis* o volume global transacionados. No entanto, não podemos nos esquecer do componente comportamental. Os criptoativos são ferramentas tecnológicas que não só permitem a "modernização" do sistema financeiro[32] como ainda estão em consonância ao movimento maior de individualismo e "empoderamento do ser", de modo a não ser desprezível a possibilidade mesmo de disseminação em sua adoção – mormente quando entram em cena as gigantes de tecnologia[33]. Daí que a manutenção do controle da política monetária bem como da higidez do sistema financeiro se revelam preocupações a também serem administradas. E, são os projeto de CBDC`s que justamente têm se mostrado tendência principal nesse ínterim[34].

Obviamente que os pontos acima mencionados não esgotam as vicissitudes e oportunidades que o desenvolvimento, em progresso, do ecossistema cripto trazem, ou continuarão a trazer. Falamos hoje em blockchains

[31] BIS (Bank for International Settlements). Bis Annual Economic Report. Cryptocurrencies: looking beyond the hype. Disponível em: <https://www.bis.org/publ/arpdf/ar2018e5.htm>; IMF (International Monetary Fund). Global Financial Stability Report April 2018: A Bumpy Road Ahead. Disponível em:<https://www.imf.org/en/Publications/GFSR/Issues/2018/04/02/Global-Financial-Stability-Report-April-2018>; ECB (European Central Bank) Crypto-Assets:Implications for financial stability, monetary policy, and payments and market infrastructures. ECB Occasional Paper Series nº 223. May 2019. Disponível em: <https://www.ecb.europa.eu/pub/pdf/scpops/ecb.op223~3ce14e986c.en.pdf>. Acesso em 15 nov. 2021.

[32] Sistema financeiro que apesar de existente na era digital, ainda não havia ingressado nessa nova forma de existir: trabalha-se ainda com horário comercial, dias úteis, etc.

[33] Referimo-nos ao projeto Libra, capitaneado pelo Facebook, por exemplo.

[34] De acordo com relatório "Rise of the central bank digital currencies: drivers, approaches and technologies " do BIS (Bank for International Settlements, ou Banco de Compensações Internacionais), já em agosto de 2020, aproximadamente 80% dos Bancos Centrais no mundo estavam investindo em projetos de moedas digitais/virtuais criptográficas oficiais. Disponível em: <https://www.bis.org/publ/work880.pdf>. Acesso em 15 nov. 2021.

3.0, 4.0, 5.0[35] resultantes da convergência de outras tecnologias, e que propulsionam inúmeras outras potencialidades assim como preocupações. No entanto, é nas duas primeiras (gerações[36]) que residem a maioria das investidas e discussões hoje presentes nas agendas estatais.

Assim, e consoante brevemente narramos linhas atrás, os pontos (riscos) que têm chamado a atenção dos Estados-Nações, e suas pretensões regulatórias, são de quatro ordens principais: (i) utilização das criptomoedas para fins criminosos (evasão de divisas, lavagem de dinheiro, financiamento ao tráfico e ao terrorismo), (ii) captação pública de valores e a necessária proteção dos investidores, (iii) higidez do sistema financeiro e monetário, e (iv) tributação dessas "manifestações de riqueza"[37]. Identificados os principais desafios impostos aos Estados, a questão principal que se coloca, aqui e alhures, é o de "como" se enfrentá-los.

De um lado, o objetivo central é minorar os riscos trazidos por uma tecnologia que nasceu para desafiar o *status quo*, de outro, é não "aniquilar" o efervescer de um ferramental tecnológico (ou conglomerado de) que se mostra potencialmente benéfico ao evoluir socioeconômico. E, no desempenho dessa missão – que está longe de ser simples –, vemos para além de debates promovidos em arenas internacionais (OCDE, ONU, FMI, BIS, FATF), a proposição de alguns diplomas legislativos sejam inaugurais sejam adaptativos das normativas vigentes para reger essas novas realidades do universo "criptoativos".

O Brasil, mesmo não estando na vanguarda do assunto, tem buscado lidar com os desafios impostos por essa realidade global. Para além de

[35] Srivasyava, Abhishek et al. A Systematic Review on Evolution of Blockchain Generations. ITEE Journal. vol. 7, issue 6. December 2018. Disponível em:<https://www.researchgate.net/publication/330358000_A_Systematic_Review_on_Evolution_of_Blockchain_Generations>. Acesso em 15 nov. 2021. Relium Pro. Blockchain 5.0: Here's Why We Need it Today. Disponível em: <https://medium.com/@relictumpro/blockchain-5-0-heres-why-we-need-it-today-b25bfb288e6c>. Acesso em 15 nov. 2021.

[36] Relacionadas, respectivamente, à rede Bitcoin e ao protocolo Etherium.

[37] Nesse sentido, vale a menção as 21 propostas em posse do Congresso americano, e que em grande parte visam lidar justamente com essas ordens de preocupações. Sobre o assunto, vide: <https://www.forbes.com/sites/jasonbrett/2019/12/21/c>. Acesso em 03 ago. 2021

terem sido proferidas manifestações pelo Banco Central[38] e pela Comissão de Valores Mobiliários[39] alertando e/ou orientando o mercado, bem como elaborada Instrução Normativa pela Receita Federal do Brasil[40], atualmente[41] tramitam cinco projetos de lei no Congresso Nacional[42]. Assim, a fim de verificar se o Brasil está alinhado às tendências interna-

[38] Resumidamente, o Banco Central do Brasil, por meio dos Comunicados 25.306/2014 e 31.379/2017, afirmou que os criptoativos não são moedas, nem mesmo eletrônicas (consoante Lei nº 12.865/2013). Ainda, alertou para os riscos de os criptoativos serem utilizados no financiamento de atividades criminosas, bem como para o potencial de perda patrimonial dos usuários, ante a ausência de regulação estatal. De igual forma esta mesma autarquia ponderou sobre a desnecessidade, naquele momento, de se regulamentar tais ativos, alertando porém que permaneceria monitorando a evolução do uso das moedas virtuais, bem como acompanhando "as discussões nos foros internacionais sobre a matéria para fins de adoção de eventuais medidas, se for o caso, observadas as atribuições dos órgãos e das entidades competentes".

[39] Para além de lançar nota sobre os chamados ICO`s (disponível em: http://www.cvm.gov.br/noticias/arquivos/2017/20171011-1.html), a CVM, por meio do Ofício Circular 1/2018, de 12 de janeiro de 2018, manifestou-se sobre a possibilidade de investimento em criptoativos pelos fundos de investimento regulados pela Instrução CVM nº 555/2014. A autarquia posicionou-se no sentido de que as criptomoedas (termo utilizado pelo referido instrumento) não seriam ativos financeiros, para os efeitos do disposto no artigo 2º, V, da Instrução CVM nº 555/2014, de modo que suas aquisições diretas por fundos de investimento não seriam permitidas. Complementando essa última orientação, a CVM lança em setembro de 2018 outro Ofício Circular, de nº 11/2018, visando esclarecer a possibilidade de os fundos realizarem investimentos indiretos em criptoativos. Entendeu o órgão regulador que a Instrução CVM nº 555, em seu arts. 98 e seguintes, ao tratar do investimento no exterior, autorizaria o investimento indireto em criptoativos por meio, por exemplo, da aquisição de cotas de fundos e derivativos, entre outros ativos negociados em terceiras jurisdições, desde que admitidos e regulamentados naqueles mercados.

[40] Trata-se da Instrução Normativa nº 1888/2019 que apertada síntese institui o dever de as exchanges informarem a Receita Federal do Brasil as operações com criptoativos realizadas por intermédio dessas plataformas eletrônicas. Sobre o assunto, vide: UHDRE, Dayana de Carvalho. Sobre a consulta pública nº 06/2018 da Receita Federal do Brasil e seus pontos polêmicos. Direito e Inovação, volume 1. Escola Superior da Advocacia da OAB-PR. 2019. Disponível em: <https://www.oabpr.org.br/wp-content/uploads/2019/08/Direito-e-Inovação.pdf>. Acesso em 15 nov. 2021.

[41] Artigo elaborado em novembro de 2021. Para versão mais atualizada do cenário brasileiro, mande e-mail a autora: profdayanauhdre@gmail.com

[42] Seriam os projetos de lei nº 2303/2015 e nº 2060/2019 da Câmara dos Deputados, e projetos de lei nº 3825/2019, nº 3949/2019 e nº 4207/20 do Senado Federal.

cionais, isto é, se estamos a manejar os quatro riscos principais impostos aos sistemas jurídicos pelas operações com criptoativos, analisaremos as referidas propostas legislativas. A escolha dessas propostas como centro de análise justifica-se a medida em que se tratam de diplomas que têm propensão a serem mais perenes em nossa ordem jurídica.

4. Tendências no cenário brasileiro[43]: lidamos com os riscos?

Conforme brevemente relembramos no tópico antecedente, os pontos que têm chamado a atenção dos Estados-Nações, e suas pretensões regulatórias, são de quatro ordens principais: (i) utilização das criptomoedas para fins criminosos (evasão de divisas, lavagem de dinheiro, financiamento ao tráfico e ao terrorismo); (ii) captação pública de valores e a necessária proteção dos investidores; (iii) higidez do sistema financeiro e monetário; e (iv) tributação dessas "manifestações de riqueza". Daí que uma abordagem interessante parece ser a de verificar se as propostas atualmente em exame no Congresso Nacional buscaram lidar com alguns desses riscos, ou mesmo todos, e/ou se ao menos indicaram o(s) caminho(s) a serem trilhados nesse mister.

4.1. Utilização das criptomoedas para fins criminosos

Cumpre pontuar que todas as propostas legislativas trouxeram dispositvos que tratam da utilização de criptoativos para fins criminosos. A primeira proposta legislativa apresentada (de nº 2303/2015), e mais especificamente o seu substitutivo, em realidade, previu como crime de moeda falsa a maioria das atividades realizadas com esses ativos digitais criptográficos. Excepciona do tipo penal apenas o uso dessas "fichas digitais" como instrumento de trocas, em sítio ou aplicativo específico, por bens ou serviços – os chamados *tokens* de utilidade. Já a Emenda nº 05 ao Substitutivo do PL nº 2303/2015 e o PL nº 2060/2019, ambos em trâmite na Câmara dos Deputados, tipificam como crime a utilização desses criptoativos em atividades que consubstanciem pirâmides financeiras.

Além disso, é de se referir que a Emenda nº 05 ao Substitutivo do PL nº 2305/2015 traz ainda a previsão de que *as pessoas físicas ou jurídicas,*

[43] Artigo elaborado em novembro de 2021. Para versão mais atualizada do cenário brasileiro, mande e-mail a autora: profdayanauhdre@gmail.com

nacionais ou estrangeiras, que no Brasil atuem na intermediação, negociação, pós--negociação e custódia de Criptomoedas e Tokens de Utilidade, estariam sujeitas às obrigações determinadas nos artigos 10 e 11 da Lei nº 9.613/1998 (que trata dos crimes de "lavagem" ou ocultação de bens, direitos ou valores). Em que pese tal previsão se repetir em outros projetos em tramitação no Senado Federal – como veremos na sequência –, é de se destacar que aqui tais deveres são impostos tanto a *pessoas físicas* quanto jurídicas, ao passo que lá apenas a essas últimas – por se subsumirem ao conceito de *exchange* naquelas propostas.

Relativamente às propostas em trâmite no Senado Federal, todas elas tratam, ainda que de forma tímida, da preocupação em se utilizar esses ativos virtuais para fins criminosos, tais como evasão de divisas, lavagem de dinheiro, financiamento ao tráfico e ao terrorismo. Todas as proposta prevêem que as pessoas (jurídicas) que exerçam *as atividades de intermediação, custódia, distribuição, liquidação, transação, emissão ou gestão de ativos virtuais por ordem e conta de terceiros* estarão sujeitas às obrigações determinadas nos artigos 10 e 11 da Lei nº 9.613/1998. O PL nº 4207/20 estende tal dever também a pessoas físicas que realizem tais atividades. Ainda, essa última proposta prevê a criação do Cadastro Nacional de Pessoas Expostas Politicamente (CNPEP). Por fim, é preciso pontuar que as propostas de nº 3825/2019 e de nº 4207/20 trazem tipos penais relacionados à gestão fraudulenta das atividades com criptoativos, localizando-os dentre os tipos penais de crimes contra o Sistema Financeiro Nacional (Lei nº 7492/86).

Assim, em apertada síntese, e de uma forma geral, é previsto que as *exchanges* – enquanto intermediadoras das transações com ativos virtuais – deverão implementar as obrigações relacionadas a KYC ("*know your customer*"), tais quais as instituições financeiras, bem como reportar eventuais operações suspeitas ao Conselho de Controle de Atividades Financeiras, visando ampliar os pontos de combate aos crimes de evasão de divisas, lavagem de dinheiro e ocultação de bens por meio do sistema financeiro nacional. Alguns dos projetos, aliás, atribuem tal dever inclusive a pessoas físicas que, a par de não se caracterizarem como *exchanges*, exerçam as atividades a esses empreendimentos afetas (Emenda 5 ao Substitutivo do PL nº 2303/2015, PL nº 2060/19 e PL nº 4207/20). Ademais, são tipificadas, ainda que de formas distintas, a emissão e utilização fraudulenta desses criptoativos. Encaixam-se – essas atividades ilícitas – nos tipos penais que vão desde crimes de falsificação de moedas, perpassando os contra a economia popular, até crimes contra o sistema financeiro nacional. Tratam-se, todas, de medidas consentâneas às Recomendações da FATFA/GAFI, notadamente a de nº 15 relacionada que é a criptoativos, demonstrando o objetivo do legislador brasileiro em fazer coro aos esforços mundiais de combate a tais crimes de proporções e efeitos nefastos mundiais.

4.2. Captação pública de valores e a necessária proteção dos investidores

Já no que tange ao risco de captação pública de valores e a necessária proteção dos investidores-consumidores, de uma forma geral, as propostas legislativas trazem em seus bojos dispositivos que visam minorar as assimetrias informacionais nesse mercado nascente, bem como os riscos de fraudes, seja na emissão desses ativos, seja na custódia e/ou liquidação dos mesmos. É certo que as propostas em tramitação na Câmara dos Deputados o fazem de forma mais tímida, comparativamente aos projetos em análise no Senado Federal; no entanto, não deixam de lidar – ainda que tangencialmente- dessa categoria de riscos.

Tanto o Substitutivo ao PL nº 2303/2015, e sua proposta de Emenda nº 05, quanto o PL nº 2060/19 prevêem que *emissão de criptoativos que, por sua natureza ou pela natureza dos bens, serviços ou direitos subjacentes, estejam sujeitos à regulação específica a ela devem se submeter.* Isto é, a depender das funcionalidades em que são empregados esses *tokens*, é de se observar eventual legislação regente das operações que lhes são análogas. Assim é que, caso se trate de emissão de *tokens* com fins de captação pública de valores, é imperativa a observância do regime jurídico imposto pela Comissão de Valores Mobiliários, por exemplo. Em que pese já ser esse o entendimento atualmente corrente, oriundo de uma interpretação funcionalista do sistema jurídico nacional, a existência de uma previsão legal positivada, e portanto expressa, afasta, nesse sentido, toda e qualquer dúvida no sentido de aplicabilidade (ou não) dos "regimes jurídicos" ante a inexistência de previsão desse jaez *vis-à-vis* o princípio da legalidade.

Os projetos em trâmite no Senado Federal tratam a questão de maneira mais minudenciosa, como pontuamos linhas acima. Daí porque analisaremos os projetos separadamente: o PL nº 3825/19 conjuntamente ao PL nº 3949/19 ante a imensa similitude entre eles, e, na sequência, o PL nº 4207/20. O PL nº 3825/19 e o PL nº 3949/19 trazem entre seus artigos 3º e 13 inúmeras previsões que visam minorar os riscos relacionados à economia popular (captação pública de valores, gestão temerária de valores alheios, assimetrias informacionais). Em ambas as propostas legais é atribuída ao Banco Central do Brasil competência para autorizar o funcionamento das empresas de *exchanges*, assim como para fiscalizá-las, e eventualmente sancioná-las, à semelhança de seu papel perante as instituições financeiras tradicionais (arts.3º, 4º, 5º, 13 e 14 do PL nº 3825/19e arts.4º, 13 e 14 do PL nº 3949/19). No entanto, o PL nº 3825/19 esclarece, em seu art. 7º, que, quando se tratar de *oferta pública de criptoativos que gerem direito de participação, de parceria ou de remuneração, inclusive resultante de prestação de serviços, cujos rendimentos advêm do esforço do empreendedor ou de terceiros*, é à fiscalização da Comissão de Valores Mobiliários que se submetem as operaçãoes, consoante os termos da Lei nº 6.385/76

No que tange à preocupação de higidez dos empreendimentos que operacionalizem as transações com criptoativos, é de se mencionar algumas das diretrizes impostas ao Banco Central do Brasil. Referimo-nos à exigência de previsões, nas normativas daquela autarquia, que determinem a identificação dos empreendedores envolvidos na gestão dos criptoativos (art. 5º, II e ss. do PL nº 3825/19), o estabelecimento de limites operacionais mínimos, inclusive em relação ao capital social integralizado e ao patrimônio líquido desses empreendimentos (art. 13, VII. do PL nº 3825/19, e art. 13, V, "a" do PL nº 3949/19). Ainda, é estabelecida a segregação entre os recursos aportados pelos clientes e aqueles pertencentes às *exchanges*, de modo que aqueles ativos não responderão por quaisquer obrigações desses empreendimentos intermediadores, nem por eles poderão ser usados em garantia (art. 8º do PL nº 3825/19 e art. 9º do PL nº 3949/19). Os projetos legislativos estabelecem também a obrigatoriedade de a *exchange* de criptoativos manter em ativos de liquidez imediata o equivalente aos valores em reais aportados pelos clientes em contas de movimentação sob sua responsabilidade, ainda não investidos em criptoativos, ou resgatados e ainda não retirados pelos clientes (art. 8º do PL nº 3845/19 e art. 9º, II do PL nº 3949/19).

Finalmente, no que tange à minoração das assimetrias informacionais, ambos os projetos legislativos estabelecem o dever de as exchanges *prestarem informações a seus clientes e usuários sobre a natureza e a complexidade das operações contratadas e dos serviços ofertados, em linguagem clara e objetiva, de forma a permitir ampla compreensão sobre as operações e os riscos incorridos* (art. 10º do PL nº 3845/19 e art. 6º do PL nº 3949/19). Estabelecem ainda que tais informações devem estar facilmente acessíveis no sítio da Internet da instituição (ou em outros canais de acesso à plataforma eletrônica), além de constar nos contratos, ou nos materiais de divulgação e publicidades destinados aos usuários e/ou clientes (art. 10º, parágrafo único, I e III do PL nº 3845/19 e art. 6º, parágrafo único I e II do PL nº 3949/19). Quanto ao teor dessa informações, prevêem o dever de esclarecer ao público que as operações com criptoativos configuram investimento de risco, sem garantia do Fundo Garantidor de Créditos (FGC) ou do Banco Central do Brasil (art. 10º, parágrafo único, II do PL nº 3845/19 e art. 6º, parágrafo único III do PL nº 3949/19).

O PL nº 4207/20, por seu turno, traz em seus artigos 3º, 4º e 7º, inúmeros dispositivos que autorizam apenas pessoas jurídicas a emitirem *tokens* condicionando a emissão desses ativos à compatibilidade entre a finalidade a que vocacionado os tokens vis-à-vis o mercado ou atividade exercida pela empresa emissora. Ainda, impõe que sejam observadas as condições por aquela lei impostas[44] (art. 3º, *caput*). Porém, prevê também a possibilidade de empreendimentos cujo objeto social consista especificamente em emitir, intermediar, custodiar, distribuir, liquidar, negociar e/ou administrar ativos virtuais para terceiros (art. 4º, *caput*).

Nesse último caso, porém, os empreendimentos deverão se constituir sob a forma societária anônima ou por quotas de responsabilidade limitada. Ainda, deverão ter um capital social de ao menos R$ 100.000,00 (cem mil reais), bem como manter segregados os ativos virtuais pertencentes a si daqueles pertencentes aos terceiros para quem prestam

[44] Ocorre que não há no corpo do texto nenhuma condicionante especificamente aplicável a essas empresas, atuantes em outros negócios, e que optam por emitirem criptoativos. Assim, é de se compreender que os deveres direcionados às empresas cuja atividade consiste em emitir ou gerir esses ativos devem também ser observados por aqueles empreendimentos, na medida em que compatíveis às suas atividades específicas.

serviços (artigo 4º, incisos I, II e III). Ademais, as pessoas que exerçam o efetivo controle e administração dessas sociedades empresariais deverão possuir reputação ilibada e competência técnica necessária para o desempenho de suas funções art. 4º §3º). Ademais, tais ativos virtuais de terceiros não responderão por quaisquer obrigações desses empreendimentos intermediadores, nem por eles poderão ser usados em garantia (art. 4º §§ 1º e 2º, I). É de se mencionar ainda que alguns incisos do art. 4º foram endereçados ao propósito de minorar as assimetrias informacionais, determinando o dever das *exchanges* em prestar informações aos investidores-consumidores de forma clara, precisa, não enganosa (inclusive relacionada à eventual obrigação fiscal), bem como as proibindo de fornecer informações promocionais que possam induzir decisões imprecisas ou não fundamentadas (art. 4º, IV, V, VI, VII, VIII).

Ainda, há a preocupação em se preservar a captação, o armazenamento e a utilização indevida dos dados pessoais desses investidores-consumidores por essas empresas que intermedeiam – direta ou indiretamente – operações com esses ativos virtuais. Referimo-nos ao quanto disposto nos art. 4º, § 4º incisos I, III, XI e XII[45]. Obviamente, tais dispositivos não afastam a aplicação da LGPD (Lei Geral de Proteção de Dados), mas apenas reforçam a necessidade de se garantir a adequada proteção dos dados pessoais, mormente em um mercado tendencialmente fluido e global. Por fim, é de se pontuar que, semelhantemente ao disposto no art. 7º do PL nº 3825/19, caso a emissão, a transação ou a transferência dos ativos

[45] Art. 4o As pessoas jurídicas que exerçam as atividades de emissão, de intermediação, de custódia, de distribuição, de liquidação, de negociação ou de administração de ativos virtuais para terceiros deverão:
[...]
§ 4o São obrigações das pessoas jurídicas mencionadas no caput:
I – manter sistema adequado de segurança e controles internos;
[...]
III – estabelecer arranjos de governança para prevenir e gerenciar conflitos de interesse entre controladores, sócios e terceiros;
[...]
XI – evitar o armazenamento de dados pessoais de clientes em sistema de registro distribuído de forma descentralizada;
XII – prover a máxima transparência para com os clientes, que devem ser efetivamente informados em relação à privacidade de seus dados pessoais;

virtuais seja compatível com o que se identifica como valor mobiliário – consoante art. 2º da Lei nº 6.385/76 –, caberá à Comissão de Valores Mobiliares supervisionar e regular tais atividades. Assim, a depender da funcionalidade a que estão afetos tais ativos virtuais, deverão submeter-se também às normas estabelecidas pela CVM.

Em suma, o objetivo dessas regras foi o de garantir mecanismos jurídicos que permitam maior informação, transparência e proteção do investidor-consumidor contra a assimetria de informações e eventuais fraudes nesse mercado, bem como a salvaguarda dos dados pessoais e das carteiras virtuais dos investidores-consumidores. E, ao assim fazê-lo, buscou lidar com a segunda espécie de risco que é objeto de preocupação dos Estados. E mais, fê-lo de forma até detalhada se comparado aos demais riscos em jogo.

4.3. Higidez do sistema financeiro e monetário e tributação dessas "manifestações de riquezas"

Dada a sinteticidade com que esse dois últimos riscos foram tratados pelas propostas legislativas, englobá-lo-emos em um único subtópico. Destarte, relativamente ao terceiro e quarto eixo de preocupações, poucas foram as linhas endereçadas. Mais especificamente, apenas as propostas em tramitação no Senado Federal é que trouxeram algum direcionamento sobre os temas.

Da leitura dessas três propostas legislativas, é possível inferir que, em linhas gerais, a opção feita pelo legislador brasileiro foi o de direcionar aos órgãos competentes – no caso, BACEN e Receita Federal do Brasil – o gerenciamento dos riscos relativos à (i) higidez do sistema financeiro e monetário (art. 13, I do PL nº 3845/19, art. 13, I do PL nº 3949/19, e art. 6º do PL nº 4207/20), e à (ii) tributação dessas "manifestações de riqueza". Parece-nos sensata tal decisão (art. 12 do PL nº 3845/19, art. 12 e art. 18 do PL nº 3949/19, e art. 15 do PL nº 4207/20).

Ora, ao se utilizar *tokens* para realização de operações socioeconômicas já tuteladas pelo ordenamento jurídico, parece razoável que se lhes apliquem justamente esse regime jurídico vigente. E foi essa a opção trilhada pelo legislador brasileiro: direcionar eventual adaptação ou normatização específica exatamente a quem já compete regular, fiscalizar e gerir, juridicamente, as atividades inerentes aos meios de pagamento

(BACEN), e a tributação de manifestações de riquezas (Receita Federal do Brasil).

Relativamente a essa última atividade – tributação –, dois pontos merecem menção. Primeiro, a opção da nossa estrutura estatal foi a de ser uma federação. Ato contíguo a essa opção, foi o de atribuir a cada um dos entes competência para instituir, fiscalizar e arrecadar tributos. Queremos com isso dizer que, a depender da forma como se estruturem e/ou sejam realizados os negócios com esses ativos virtuais, estarão eles sob a tutela das autoridades fiscais dos Estados e/ou Municípios. Logo, as propostas, ao se referirem apenas ao órgão fazendário federal (Receita Federal), restaram incompletas, visto que ignoradas as competências dos demais órgãos fazendários estaduais e/ou municipais.

Segundo, o art. 18 do PL nº 3949/19 traz modificações na legislação tributária federal para fins de positivar a interpretação já dada pela Receita Federal do Brasil de se aplicar, às operações com criptoativos, o regime do imposto de renda pelo ganho de capital. Aliás, tal art. 18 vai além do que estabelece a Receita Federal do Brasil, aplicando o regime do ganho de capital de pessoa física inclusive sobre a renda auferida, em transações com criptoativos, por pessoas jurídicas (consoante parte final do art. 18 da proposta que objetiva a modificação do art. 32 da Lei nº 8981/95). Em que pese ser criticável a imposição de tratamentos díspares a situações semelhantes (auferimento de renda por pessoa jurídica em operações com criptoativos *versus* operações com ativos "tradicionais"), não deixa de ser um avanço, ainda que aquém do necessário, no que tange ao esclarecimento expresso e oficial dos regimes jurídicos (no caso, tributários) aplicáveis em transações realizadas nesse mercado nascente.

Conclusões

O aumento do volume de operações econômicas realizadas com criptoativos denuncia se tratar não mais de mera tendência passageira, mas antes o florescer de experimentos que inauguram o erigir de uma nova era de trocas econômicas: globais, digitalmente valiosas e descentralizadas. Em poucas palavras, assiste-se ao amanhecer do que já identificamos como "tokenização da economia", cuja promessa subjacente é o de se possibilitar o ingresso das trocas de valores na lógica da digitalização global da economia.

Coerente a tal tendência de aldeia (sociedade) global é o desafio imposto por esses novos modelos de relacionar-se humano aos sistemas jurídicos de todo o mundo. É dizer, as questões a serem enfrentadas pelos Estados, as são por todos e concomitantemente. Daí ser imperioso, em um cenário tão complexo, ultrapassar-se o âmbito normativo interno, sendo que elementos advindos de sistemas estrangeiros cada vez mais serão integralizadores dos sentidos semânticos a serem erigidos ao entorno de preceitos legais internos. Nesse interím, cada vez mais poderemos falar em um direito transnacional, assente inclusive em diretrizes, orientações principiológicas oriundas de consensos internacionalmente erigidos, mormente em fóruns intergovernamentais de discussões.

Focando-nos no cenário inaugurado pelos criptoativos, foi possível percebermos as prioridades de agenda regulatória, fundamentadas nos principais riscos aos valores sociais juridicamente tutelados, que as transações com criptoativos têm impostos. No atual estado da arte, são de quatro ordens os focos principais de preocupações relacionadas ao uso desses ativos virtuais: (i) utilização das criptomoedas para fins criminosos (evasão de divisas, lavagem de dinheiro, financiamento ao tráfico e ao terrorismo); (ii) captação pública de valores e a necessária proteção dos investidores; (iii) higidez do sistema financeiro e monetário; e (iv) tributação dessas "manifestações de riqueza". E, se analisando as propostas legislativas atualmente em tramitação no Congresso Nacional brasileiro, concluímos que, ainda que parcialmente, buscou-se lidar com esses quatro riscos jurídicos principais.

De toda forma, o que se verifica é que esses riscos tendem a ser manejados com orientações de aplicações de diplomas normativos já em vigor a determinados tipos de operações com criptoativos, ou mesmo com proposta de adaptações de legislações existentes a fim de também abrangerem as transações com *tokens*. E, nem poderia ser diferente posto que todos os riscos anteriormente mapeados já são objeto de tutela jurídica, justamente porque – mesmo antes da era dos criptoativos – são comportamentos humanos suscetíveis de ocorrência. E, a tecnologia, como ferramental que é, pode servir a facilitar o cometimentos de comportamentos repudiados pelas ordens jurídicas.

Daí que, muitas vezes, apenas estaremos diante de novas formas de se efetuar operações já atualmente realizadas e cujos riscos foram já objeto de tratamento jurídico pelo ordenamento posto. Assim é que, sob o aspecto jurídico, não se trata de regulamentar os criptoativos em si, mas antes as operações com ele realizadas e que tenham implicações jurídicas. E, para identificar se tais operações têm implicações jurídicas, devemos reconhecer os riscos jurídicos[46] atrelados às transações em exame. É que tais identificações, tomando por critério as funcionalidades desempenhadas pelos criptoativos no caso em exame, indicarão os eventuais regimes jurídicos a ele aplicáveis.

O desafio, portanto, é adaptar o regramento posto, que tinha por cenário algumas formas conhecidas de realizar os comportamentos reprováveis – e, por isso, objeto de regramento –, a essas novas ferramentas facilitadoras desses mesmos comportamentos desconformes. E, nessa busca de se readequar o sistema posto a essas novas formas de transações socioeconômicas, alguns desafios e peculiaridades podem ser enfrentados[47]. De qualquer forma, não parece que tenhamos de inventar a roda. Ao menos, não em muitos dos casos. É que, muitas vezes, não estamos a lidar com "uma nova realidade", mas antes com "uma nova roupagem" de relações socioeconômicas há tempos conhecidas e juridicamente disciplinadas. Daí que, olhando a realidade brasileira atual, em que inexistente marcos regulatórios específicos, entendemos que os raciocínios jurídicos devem partir da compreensão dos riscos *vis-à-vis* funcionalidades a que estão vocacionados os criptoativos. É com esse cenário em mente que os desafios lançados pela tecnologia *Blockchain* ao direito posto devem ser enfrentados.

Referências

BAKKER, Anuschka Bakker; KLOOSTERHOF, Sander. Tax Risk Management. From Risk to Opportunity. IBFD: Amsterdam, 2010.

[46] Sobre o assunto, vide: COLLOMB, Alexis; DE FILIPPI, Primavera; SOK, Klara. Blockchain Technology and Financial Regulation: A Risk-Based Approach to the Regulation of ICOs. *European Journal of Risk Regulation, 10* (2), 263-314, 2019.

[47] À exemplo da natureza fluida dos criptoativos, que significa afirmar a possibilidade de um mesmo criptoativo exercer distintas funcionalidades consoante as transações econômicas em que utilizados. Sobre o assunto, vide: UHDRE, Dayana de Carvalho. Blockchain, tokens e criptomoedas. Análise Jurídica. São Paulo: Almedina, 2021.

BAUMANN, Zygmunt. Modernidade Líquida. Zahar, 2001.

BRASIL. Tribunal de Contas da União. Referencial ba'sico de gestão de riscos / Tribunal de Contas da União. – Brasi'lia: TCU, Secretaria Geral de Controle Externo (Segecex), 2018.

BINENBOJM, Gustavo. O poder de polícia, ordenação, regulação Transformações político-jurídicas, económicas e institucionaoso do direito administrativo ordenador. São Paulo: Fórum, 2021

BIS (Bank for International Settlements). Bis Annual Economic Report. Cryptocurrencies: looking beyond the hype. Disponível em: <https://www.bis.org/publ/arpdf/ar2018e5.htm> . Acesso em 15 nov. 2021.

—. "Rise of the central bank digital currencies: drivers, approaches and technologies". Disponível em: <https://www.bis.org/publ/work880.pdf>. Acesso em 15 nov. 2021.

COLLOMB, Alexis; DE FILIPPI, Primavera; SOK, Klara. Blockchain Technology and Financial Regulation: A Risk-Based Approach to the Regulation of ICOs. *European Journal of Risk Regulation, 10* (2), 263-314, 2019.

CORTÊS, António. Para uma metodologia Jurídica Integral. Direito e Justiça. Separata Volume Espacial. 2013. Faculdade de Direito. Universidade Católica Portuguesa.

ECB (European Central Bank) Crypto-Assets:Implications for financial stability, monetary policy, and payments and market infrastructures. ECB Occasional Paper Series nº 223. May 2019. Disponível em: <https://www.ecb.europa.eu/pub/pdf/scpops/ecb.op223~3ce14e986c.en.pdf>. Acesso em 15 nov. 2021

FATF (Financial Action Task Force) Guidance for a Risk-Based Approach for Virtual Assets and Virtual Asset Service Providers (VASPs). Disponível em: <https://www.fatf-gafi.org/publications/fatfrecommendations/documents/guidance-rba-virtual-assets-2021.html>. Acesso em 15 nov. 2021.

—. The FATF Recommendations. Disponíveis em: <http://www.fatf-gafi.org/media/fatf/documents/recommendations/pdfs/FATF%20Recommendations%202012.pdf>. Acesso em 15 nov. 2021.

IMF (International Monetary Fund).Global Financial Stability Report April 2018: A Bumpy Road Ahead. Disponível na URL:<https://www.imf.org/en/Publications/GFSR/Issues/2018/04/02/Global-Financial-Stability-Report-April-2018>. Acesso em 15 nov. 2021.

NAIM, Moises. O Fim do Poder. Leya, 2013; LÉVY, Pierre. Cibercultura. Editora 34, 2010.

Relium Pro. Blockchain 5.0: Here's Why We Need it Today. Disponível em: <https://medium.com/@relictumpro/blockchain-5-0-heres-why-we-need-it-today-b25bfb288e6c>. acesso em 15 nov. 2021.

RIVASYAVA, Abhishek et al. A Systematic Review on Evolution of Blockchain Generations. ITEE Journal. vol. 7, issue 6. December 2018. Disponível em:<https://www.researchgate.net/publication/330358000_A_Systematic_Review_on_Evolution_of_Blockchain_Generations>, acesso em 15 nov. 2021.

SCHWAB, Klaus. A Quarta Revolução Industrial. São Paulo: EDIPRO, 2016; FRIEDMAN, Thomas L. Obrigado pelo atraso. Um guia otimista para sobreviver em um mundo cada vez mais veloz. Rio de Janeiro: Objetiva Editora, 2017.

UHDRE, Dayana de Carvalho. Sobre a consulta pública nº 06/2018 da Receita Federal do Brasil e seus pontos polêmicos. Direito e Inovação, volume 1. Escola Superior da Advocacia da OAB-PR. 2019. Disponível em: <https://www.oabpr.org.br/wp-content/uploads/2019/08/Direito-e-Inovação.pdf>.

—. Blockchain, tokens e criptomoedas. Análise Jurídica. São Paulo: Almedina, 2021.

9. INTELIGÊNCIA ARTIFICIAL, RISCOS E DANOS: POSSÍVEIS SOLUÇÕES PARA A RESPONSABILIDADE CIVIL[1]

CAITLIN MULHOLLAND[2]

Introdução

Em seu livro, "Eu, Robô", Isaac Asimov apresentou as três Leis da Robótica, que ditam as regras básicas para a convivência pacífica entre robôs e humanos. De acordo com a primeira lei "um robô não pode ferir um ser humano ou, por ócio, permitir que um ser humano sofra algum mal". Já a segunda lei registra que "um robô deve obedecer às ordens que lhe sejam dadas por seres humanos, exceto nos casos em que tais ordens contrariem a Primeira Lei". A terceira lei, por sua vez, institui que "um robô deve proteger sua própria existência, desde que tal proteção não entre em conflito com a Primeira e Segunda Leis". A estas três regras soma-se uma quarta lei, desenvolvida posteriormente à publicação das primeiras, conhecida como Lei Zero. Por essa regra, Asimov estabeleceu um paradigma para a tutela da coletividade humana ao afirmar que "um robô não pode fazer mal à humanidade e nem, por inação, permitir que ela sofra algum mal", ampliando a interpretação da primeira lei.

[1] Este artigo foi originalmente publicado no livro "Inteligência Artificial e Direito: ética, regulação e responsabilidade", 1ª ed, São Paulo: Thomson Reuters, 2019, organizado por Caitlin Mulholland e Ana Frazão.

[2] Professora Associada do Departamento de Direito da PUC-Rio. Professora Pesquisadora do Núcleo Legalite PUC-Rio. Doutora em Direito Civil (UERJ).

Ainda que o livro seja ficcional e trate especificamente de robótica[3], estas leis são usadas comumente como base para os fundamentos éticos a serem perseguidos pelos humanos no desenvolvimento de quaisquer ferramentas de Inteligência Artificial (IA), além daquelas representadas por robôs. Na falta de uma regulação jurídica específica sobre o tema[4], princípios éticos têm sido considerados a baliza dos progressos em IA, constituindo-se em limite interno – no desenvolvimento dos sistemas – e externo – nas aplicações e usos da tecnologia.[5] Tem-se assim que as luzes da Ética e as leis de Asimov servem como ponto de partida para o estudo sobre os impactos jurídicos do desenvolvimento e da aplicação de ferramentas que utilizam IA. Estas leis são especialmente relevantes, pois reforçam a aplicação dos princípios da responsabilidade civil – especialmente o princípio da solidariedade social[6] – no campo da Inteligência Artificial.

[3] De acordo com o Dicionário Aurélio, robótica é o "ramo do conhecimento, comum à engenharia e à informática, que trata da criação e da programação de robôs". Robô, por outra lado, seria um "mecanismo comandado por computador e que executa, com precisão, tarefas e movimentos usualmente realizados por humanos".

[4] Na Comunidade Europeia, há duas Resoluções do Parlamento Europeu. Uma de 16 de fevereiro de 2017, com recomendações à Comissão de Direito Civil sobre Robótica (2015/2103-INL), na qual se estabelecem princípios e um código deontológico que deverão reger a regulação da IA nos estados-membros. Outra, de 20 de outubro de 2020, que contém recomendações à Comissão sobre o regime de responsabilidade civil aplicável à inteligência artificial (2020/2014(INL)). No Brasil, há Projetos de Lei sobre o tema de regulação de Inteligência Artificial, sendo o PL 21 de 2020 o que está tramitando atualmente em caráter de urgência no Congresso Nacional, já aprovado na Câmara dos Deputados, tendo sido denominado como Marco Civil da Inteligência Artificial. Em seu artigo 6º, VI, o Projeto de Lei do Marco Regulatório da IA, estabelece que a responsabilidade civil deverá se pautar na responsabilidade subjetiva e levar em consideração a efetiva participação desses agentes, os danos específicos que se deseja evitar ou remediar, e como esses agentes podem demonstrar adequação às normas aplicáveis por meio de esforços razoáveis compatíveis com padrões internacionais e melhores práticas de mercado.

[5] Sobre o debate em torno da ética dos algoritmos, ver, por todos, MITTELSTADT, Brent Daniel; ALLO, Patrick; TADDEO, Mariarosaria; WACHTER, Sandra and FLORIDI, Luciano, The ethics of algorithms: Mapping the debate, IN: Big Data & Society, July/December 2016: 1–21.

[6] Sobre o princípio da solidariedade social, ver, por todos, MORAES, Maria Celina Bodin de. O princípio da solidariedade. In: MATOS, Ana Carla Harmatiuk. (Org.). A construção dos novos direitos. 1ed., Porto Alegre: Nuria Fabris, 2008, v. 1, p. 232-260.

As questões ético-jurídicas se tornam ainda mais complexas quando os processos realizados por sistemas de IA tornam-se independentes em relação a atividades e condutas humanas. Com a autonomia da IA e o desenvolvimento de capacidades independentes de tomadas de decisão com base em aprendizado de máquina (*machine learning*), iniciam-se intensos debates que percorrem questões relacionadas à atribuição de personalidade – e imputabilidade – a "robôs" e a adoção de sistemas de seguridade obrigatória e universal para reparação de danos causados na aplicação concreta de IA, como alternativa à responsabilização civil. Estes questionamentos são da mais alta relevância, especialmente, neste último caso, para a reflexão e a busca de soluções a respeito da imputação e atribuição da obrigação de indenizar. Ressalte-se, contudo, que ainda não existem mecanismos que concedem autonomia total decisória para as máquinas. O debate atual – em que existem aplicações concretas de IAs semi-autônomas – diz respeito ao comportamento errático da máquina, que se comporta de maneira diversa daquilo que havia sido inicialmente projetado pelos programadores. Mas, nesses casos, existe não só a possibilidade de identificação de erro humano na programação, como também a manutenção da capacidade decisória quanto ao uso da IA por um humano.

O presente artigo pretende investigar as premissas e os elementos caracterizadores da responsabilidade civil decorrente de danos causados por decisões autônomas em sistemas de Inteligência Artificial. O cerne do debate é centrado na delegação total de processos decisórios por parte de agentes empresariais, por meio da automação de IA. Trata-se de contribuição inicial e teórica para discussões que ainda estão por vir, a partir do surgimento e desenvolvimento destes sistemas e de sua principal característica: a capacidade de decidir sem a interferência de humanos no processo.[7]

[7] De acordo com Mendes *et al* "a presença de elementos que, de alguma forma, poderiam mimetizar a tomada de decisões a partir de um raciocínio lógico-dedutivo, abriu espaço para as primeiras indagações de caráter ético acerca da atuação desses entes, indagações estas que são antecedentes diretas do debate contemporâneo, mas continuam se projetando diretamente sobre ele". MENDES, Laura Schertel; DONEDA, D. ; SOUZA, Carlos

O objetivo desta pesquisa é enfrentar duas questões fundamentais. Na ocorrência de danos injustos causados por processos de automação total em sistemas de IA: (i) a quem será atribuído o dever de reparação?; (ii) qual será o fundamento da responsabilidade civil? Para alcançar respostas adequadas a estas questões, será primeiramente delimitado o âmbito da investigação deste artigo, conceituando e caracterizando o que se entende como decisões totalmente autônomas em IA. Depois, serão conceituados e analisados os princípios, natureza e elementos da responsabilidade civil, investigando-os através da perspectiva das novas tecnologias e da autonomia das máquinas.

1. Automação total em processos decisórios em sistemas de IA: conceito e implicações jurídicas iniciais.

As aplicações concretas de sistemas de Inteligência Artificial são infinitas. Algumas são utilizadas em nosso cotidiano, a exemplo, os buscadores e os tradutores online, os assistentes pessoais (como Siri, Alexa e Duplex), os serviços de streaming (como Netflix) e os gerenciadores de email (como o Google).[8] Um sistema de Inteligência Artificial é formado

Affonso ; Andrade, N. N. G. Considerações iniciais sobre inteligência artificial, e'tica e autonomia pessoal. PENSAR – REVISTA DE CIÊNCIAS JURÍDICAS, v. 23, 2018, p. 2.

[8] Mittelstadt *et al.* trazem inúmeros exemplos do uso de algoritmos em sistemas de IA, dentre os quais, pode-se indicar o *profiling*, que determina a forma como indivíduos ou grupos são moldados e gerenciados; e os sistemas de recomendação, que indicam aos usuários de determinada tecnologia o que comprar (Google Ads), qual rota seguir (Waze), quem namorar (Tinder), que tipo de exercício realizar (Nike Fit), o que ler em jornais (Facebook). Mittelstadt, Brent Daniel; Allo, Patrick; Taddeo, Mariarosaria; Wachter, Sandra and Floridi, Luciano, The ethics of algorithms: Mapping the debate, IN: Big Data & Society, July/December 2016, p. 1. Outros exemplos são trazidos por Mendes, Laura Schertel; Doneda, D. ; Souza, Carlos Affonso; Andrade, N. N. G. . Considerações iniciais sobre inteligência artificial, e'tica e autonomia pessoal. PENSAR – REVISTA DE CIÊNCIAS JURÍDICAS, v. 23, 2018, p. 3-4. Segundo os autores, a IA pode ser aplicada para "auxiliar a prever quem será o próximo presidente do país, quais regiões estão mais propensas à propagação do vírus da zika, quando será o próximo terremoto no México, qual a probabilidade de termos uma crise econômica na próxima década, quem é o favorito para a Copa do Mundo, qual a probabilidade de determinado prisioneiro reincidir em um crime, a probabilidade de uma pessoa gostar de determinado filme e qual a capacidade de pagamento dos clientes de uma empresa, por exemplo".

por uma série de técnicas algorítmicas[9] que utilizam e gerenciam dados em grande escala (*big data*) com o objetivo de gerar conclusões – por meio de inferências probabilísticas – baseadas no tratamento daqueles dados.[10] Quanto mais dados forem inseridos, absorvidos ou tratados pela IA, maior é a capacidade de "racionalização" e processamento desses dados e, por consequência, melhores serão os resultados obtidos, beneficiando – em tese – os usuários de tal tecnologia. Os dados e os algoritmos são, portanto, os insumos da IA, sem os quais seria inviável desenvolver a tecnologia. Com base na qualidade dos algoritmos e dos dados coletados será possível proporcionar experiências adequadas para as pessoas que utilizam a IA para as mais diversas funções.[11]

O conceito de algoritmos, por sua vez, é comumente confundido com as técnicas de aprendizado por máquinas. Contudo, são metodologias diferentes para realizar análise de *big data*. A técnica conhecida por *machine learning* (aprendizado por máquinas) se configura como qualquer metodologia e conjunto de técnicas que utilizam dados em grande escala (*input*) para criar conhecimento e padrões originais e, com base neles, gerar modelos que são usados para predição a respeito dos dados tratados (*output*).[12] É elemento conceitual do aprendizado por máquinas a sua capacidade de definir e modificar regras de tomadas de decisão de forma autônoma, isto é, sem a necessidade de interferência humana. Por meio da metodologia do *machine learning*, a IA desenvolve a aptidão

[9] Algoritmo é uma sequência finita de ações executáveis que visam obter uma solução para um determinado tipo de problema. In: https://pt.wikipedia.org/wiki/Algoritmo. Consultado em 17.02.2019.

[10] Conforme definição de Čerka *et al.* "AI is a software system that simulates human thinking on a computer or other devices". Como area de conhecimento "AI is a broad area that includes such subfields as: (i) natural language systems; (ii) machine learning; (iii) simulation of senses; (iv) neural networks; (v) computer games; (vi) expert systems; and (vii) robotics". Čerka, Paulius; Grigienė, Jurgita; Sirbikytė, Gintarė. Liability for damages caused by Artificial Intelligence. Computer Law & Security Review, Elsevier, v. 31, n. 3, p. 376-389, jun. 2015, p. 378.

[11] Churchill, Elizabeth F; Van Allen, Philip; Kuniavsky, Mike. Designing AI. IN: Interactions. November/December 2018, p. 35-37.

[12] Van Otterlo *apud* Mittelstadt, Brent Daniel; Allo, Patrick; Taddeo, Mariarosaria; Wachter, Sandra and Floridi, Luciano, The ethics of algorithms: Mapping the debate, IN: Big Data & Society, July/December 2016, p. 3.

para ampliar experiências, aferindo delas conhecimentos, por meio de um ciclo contínuo e crescente de aprendizagem.[13] A IA, portanto, só é plenamente eficiente porque se apropria desses métodos de análise dos dados. Uma forma mais desenvolvida de *machine learning* é o chamado *deep learning*, que utiliza as suas mesmas premissas, mas tem a capacidade de processar diferentes tipos de dados de maneira bastante semelhante a um cérebro humano. O *software* aprende a reconhecer padrões por meio de representações de imagens, sons e outros tipos de dados, imitando a capacidade cerebral de processamento e inferências do ser humano.[14]

Por meio do uso dessas técnicas – *machine learning* e *deep learning* – uma das aplicações mais interessantes – e, eventualmente, problemática – é a que se concretiza por meio da delegação total de processos decisórios para a IA. IAs que estabelecem tomadas de decisão podem ser utilizados em uma variedade de modelos, desde os mais simples, como os utilizados em ODRs (*online dispute resolutions*) que substituem as decisões "humanas" em mediação de conflitos[15], até os utilizados em sistemas de polícia preditiva que identificam potencialidade criminosa e probabilidade geográfica de atividade criminosa.[16] Existem outros usos menos conhecidos

[13] De acordo com Thatiane Pires e Rafael Peteffi, "por causa da aplicação de *deep learning*, os computadores, atualmente, podem não apenas ouvir, mas escutar e entender o que é ouvido; podem, efetivamente, ver e descrever uma imagem, e aprender conceitos; podem aprender a ler em diferentes idiomas ainda que seus próprios programadores não sejam capazes de fazê-lo". Pires, Thatiane Cristina Fontão; Silva, Rafael Peteffi da. A responsabilidade civil pelos atos autônomos da inteligência artificial: notas iniciais sobre a resolução do Parlamento Europeu. Rev. Bras. Polít. Públicas, Brasília, v. 7, no 3, 2017, p. 242.

[14] Pires, Thatiane Cristina Fontão; Silva, Rafael Peteffi da. A responsabilidade civil pelos atos autônomos da inteligência artificial: notas iniciais sobre a resolução do Parlamento Europeu. Rev. Bras. Polít. Públicas, Brasília, v. 7, no 3, 2017 p. 242.

[15] O SquareTrade, utilizado pela eBay, é um dos sistemas de ODR para resolver as disputas entre os usuários que utilizam a plataforma *online* de compra e venda. O sistema de ODR funciona por meio de algoritmos que indicam soluções adequadas tomando por base perguntas e explicações que são recorrentemente realizadas pelos usuários da plataforma. Sobre o sistema de ODR, ver https://pages.ebay.com/services/buyandsell/disputeres.htm. Consultado em 17.02.2019.

[16] O PredPol é um sistema de polícia preditiva que utiliza metodologias de *deep learning* para identificar tipos de crimes comumente cometidos em determinados locais. De acordo com a descrição do serviço prestado pela PredPol, é utilizado um algoritmo de *machine*

da automoção total da IA e que constituem fonte potencial de danos por violação de direitos personalíssimos. São sistemas de IA que podem decidir autonomamente se uma pessoa terá ou não concedido um empréstimo bancário; determinar se, na execução penal, será ou não conferido algum benefício que permita a liberdade condicionada; e recomendar se um paciente é candidato a um tipo de tratamento médico.

Para Lee, a IA autônoma representa o ápice do desenvolvimento das metodologias de IA predecessoras (dependente e semi-autônomas), a partir do momento em que consegue fundir suas duas atribuições fundamentais, quais sejam, a habilidade de otimizar os resultados pretendidos com base na análise de complexos sistemas de dados e o seu renovado poder sensorial e de resolução.[17] Tendo por base essas premissas, duas são as características essenciais da automação total de mecanismos decisionais[18] em IA: (i) a absoluta independência da interferência humana para alcançar resultados e, como consequência, (ii) a imprevisibilidade dos efeitos obtidos. Considerando que a IA permite associar a tecnologia de aprendizado por máquinas à criatividade – no sentido estrito de criação –, o resultado dessa capacidade de decidir autonomamente, sem mediação humana no seu desenvolvimento, impossibilita a previsibilidade antecipada dos resultados, seja porque desconhecidos, seja porque difíceis de explicar.[19] De acordo com Vladeck, nas tomadas de decisão totalmente autônomas por IA, a tecnologia abandona a tradicional função de ferramenta a serviço dos humanos para transformar-se em um

learning para calcular predições baseadas em três tipos de dados (tipos de crimes, locais onde crimes foram cometidos e data/hora em que os crimes ocorreram). O sistema não só utiliza essa análise preditiva para identificar que tipos de crimes serão cometidos em que localidades, como também oferece serviços de patrulhamento proativo com a finalidade de redução de taxas de criminalidade e vitimização. Ver https://www.predpol.com/. Consultado em 17.02.2019.

[17] Lee, Kai-Fu. AI Superpowers: China, Silicon Valley, and the New World Order (p. 128). HMH Books. Edição do Kindle.

[18] Termo usado por Mendes, Laura Schertel; Doneda, D. ; Souza, Carlos Affonso ; Andrade, N. N. G. . Considerações iniciais sobre inteligência artificial, e'tica e autonomia pessoal. PENSAR – REVISTA DE CIÊNCIAS JURÍDICAS, v. 23, 2018, p. 3.

[19] Pires, Thatiane Cristina Fontão; Silva, Rafael Peteffi da. A responsabilidade civil pelos atos autônomos da inteligência artificial: notas iniciais sobre a resolução do Parlamento Europeu. Rev. Bras. Polít. Públicas, Brasília, v. 7, no 3, 2017 p. 242.

sistema que atuará independentemente de instruções diretas humanas, sendo baseado na informação que ele próprio adquire e analisa. Este sistema, por sua vez, tomará decisões altamente significantes, em circunstâncias que podem ou não ser antecipadas ou diretamente associadas aos seus desenvolvedores.[20]

As preocupações com questões relacionadas ao desenvolvimento de IAs autônomas já estão sendo endereçadas pela Comunidade Europeia, por meio da Resolução do Parlamento Europeu, de 16 de fevereiro de 2017, com recomendações à Comissão de Direito Civil sobre Robótica (2015/2103(INL)) e pela Resolução do Parlamento Europeu, de 20 de outubro de 2020, que contém recomendações à Comissão sobre o regime de responsabilidade civil aplicável à inteligência artificial (2020/2014(INL)). Por meio da primeira resolução (2017) foram elaboradas uma série de orientações a serem seguidas pelos Estados Membros a respeito dos danos causados por IAs autônomas. A resolução considerou, em sua cláusula AA, que a autonomia de um robô – leia-se IA – pode ser definida como a capacidade de tomar decisões e de as aplicar no mundo exterior, independentemente do controle ou da influência externa. Esta autonomia possui uma natureza puramente tecnológica e o seu grau depende de como foi concebido o nível de sofisticação da interação de um robô com o seu ambiente. Em continuação, na cláusula AB, a resolução reconheceu que quanto mais autônomos os robôs são, menos podem ser encarados como sendo simples instrumentos nas mãos de humanos. Como consequência desta expansão de estruturas tecnológicas baseadas na autonomia da IA – verdadeiras caixas-pretas[21] –, a potencialidade e probabilidade danosas serão incrementadas, em decorrência da impre-

[20] Vladeck, David C. Machines without principals: liability rules and Artificial Intelligence. Washington Law Review, n. 89, p. 121.

[21] O termo *black boxes* é comumente utilizado para definir a tecnologia autônoma por trás das metodologias de *deep learning* aplicadas à IA, na medida em que em não raras vezes será impossível determinar como uma IA chegou a um resultado concreto. Os *inputs* (dados) são conhecidos, assim como os *outputs* (resultados). Contudo, o processo que gerou a solução é desconhecido. O sistema é assim, opaco, não transparente, e, portanto, não auditável. Conforme Mendes *et al.* o temo *black box* "denota a obscuridade de seu processo decisório, não só para o indivíduo, como também para autoridades reguladoras e supervisoras". Mendes, Laura Schertel; Doneda, D. ; Souza, Carlos Affonso ; Andrade,

visibilidade dos resultados alcançados pela IA e da inimputabilidade da tecnologia, duas características essenciais que poderiam, em tese, afastar a obrigação de indenizar. Considerando estas premissas – imprevisibilidade danosa e inimputabilidade tecnológica – mostra-se fundamental retomar dois conceitos basilares para a atribuição de responsabilidade civil, quais sejam, a personalidade e a autonomia, para indagar sobre a necessidade de resignificá-las frente ao desenvolvimento da IA autônoma. Por sua vez, a Resolução do Parlamento Europeu 2020/2014 (INL) reconhece que só é possível atribuir a obrigação de indenizar se houver atribuição de personalidade, ou seja, se identificada uma pessoa – humana ou jurídica – a quem possa ser conferida a responsabilidade civil pelos danos ocasionadas pela IA.

De outro lado, a responsabilidade e a autonomia – liberdade – são faces de uma mesma moeda. Só há atribuição de responsabilidade àquele a quem é conferida liberdade. Para que uma pessoa seja obrigada a reparar um dano injusto, fundamental que ela tenha a autonomia de atuação, isto é, tenha a capacidade de reconhecer a licitude ou ilicitude de sua conduta e, ao mesmo tempo, a habilidade de identificar e prever a potencialidade danosa da mesma. Dois questionamentos são realizados: (i) a IA pode ser considerada pessoa, para fins de atribuição de responsabilidade?; (ii) se a resposta for negativa, quem poderá ser responsável pelo dano causado autonomamente pela IA, portanto, sem interferência de uma pessoa? Pretende-se responder a estas indagações nos próximos itens.

2. Danos causados por IA autônomas: injustiça do dano, solidariedade social e risco do desenvolvimento.

Segundo Maria Celina Bodin de Moraes, o dano será injusto quando não for razoável que a vítima permaneça sem reparação, ponderados os interesses contrapostos.[22] A injustiça do dano – conceituação que surge legislativamente através de sua adoção como cláusula geral no artigo 2.043,

N. N. G. . Considerações iniciais sobre inteligência artificial, e'tica e autonomia pessoal. PENSAR – REVISTA DE CIÊNCIAS JURÍDICAS, v. 23, p. 6, 2018.

[22] Bodin de Moraes, Maria Celina. Danos à pessoa humana, Rio de Janeiro, Renovar, 2003, p. 179.

do Código Civil italiano[23] – simboliza o caráter da ilicitude objetiva do dano, pela qual é possível determinar a ampliação das situações de danos ressarcíveis. Assim, o juízo de responsabilidade não deve se restringir a situações previamente estatuídas em lei – portanto, típicas – mas deve ser realizado através da complementação dos elementos que constituem esta cláusula geral – dentre as quais se destaca a injustiça do dano – para estabelecer a existência da obrigação de indenizar, merecedora de tutela jurídica.

A qualificação do dano como sendo injusto afastou de sua análise e interpretação a antes necessária investigação da conduta do agente para a conceituação da responsabilidade civil, através da noção subjetiva do ato ilícito. Por meio da adoção desta nova qualificação do dano o que ocorre é que a só averiguação objetiva quanto à sua injustiça (isto é, quanto à sua desproporção em relação aos interesses tutelados) já é suficiente para caracterizar a obrigação de indenizar.

Ao lado da caracterização do dano indenizável como injusto, o princípio da solidariedade social surge como base justificadora da obrigação de indenizar. A palavra solidariedade possui diversas acepções, mas todas elas remetem a um mesmo valor significativo, qual seja, o comprometimento e a reciprocidade existentes entre duas ou mais pessoas pertencentes a uma mesma comunidade. A operatividade do princípio da solidariedade social no âmbito da responsabilidade civil extracontratual é realizada através da definição e delimitação do requisito da injustiça do dano, daí a sua relação. É aqui que se inicia a volta paradigmática no Direito de danos, de um setor que estabelecia a obrigação de indenizar atribuída aquele que age culposamente, isto é, como uma sanção a alguma violação cometida pelo sujeito (derivada da noção de justiça retributiva), para uma ideia renovadora de que a responsabilidade é dissociada da concepção de conduta culposa a ser punida (por meio da realização de justiça distributiva).

[23] Art. 2.043. *Risarcimento per fatto illecito. Qualunque fatto doloso o colposo, che cagiona ad altri un danno ingiusto, obbliga colui che ha commesso il fatto a risarcire il danno.* (Trad.: Ressarcimento por fato ilícito. Qualquer fato doloso ou culposo, que causa a outrem um dano injusto, obriga aquele que cometeu o ato a ressarcir o dano).

Considerando a qualificação do dano como injusto e a fundamentação principiológica da responsabilidade civil na solidariedade social, pode-se supor que os danos sofridos pelo proprietário do automóvel pelo robô Gaak devem ser indenizados, pois caracterizados tanto pela sua injustiça – representada pela desproporção entre os interesses tutelados – como pela sua função distributiva – fundamentada no princípio da solidariedade social. Em casos em que os danos são causados por sistemas de IA que atuam de forma autônoma em processos decisórios, deve-se conceber que, em determinadas circunstâncias, a ausência de controle e de previsibilidade danosa por parte de humanos – no caso, de agentes que, de alguma maneira, participam do desenvolvimento da IA –, gerará impactos negativos que serão objeto de um processo de gestão de riscos. Essa gestão será realizada não pelo sujeito que atua de forma culposa – na medida em que impossível a sua identificação e impossível a atribuição de culpa – mas pela pessoa que é capaz de minimizar esses riscos.

Nesse caso, a teoria do risco de desenvolvimento poderia ser resgatada como forma de embasar a atribuição de responsabilidade aos agentes empresariais que desenvolvem ou exploram a IA, justificando-a no princípio da solidariedade social. Seus elementos podem ajudar a criar uma teoria a ser aplicada a estes casos. São elementos do risco de desenvolvimento (i) o dano causado por um produto – que não é, em tese, defeituoso; (ii) a impossibilidade técnica objetiva de reconhecimento, tanto por parte do fornecedor quanto do consumidor, da defeituosidade e da potencialidade danosa do produto, no tempo da ocasião do dano; e (iii) o desenvolvimento tecnológico que identifica, posteriormente, um defeito do produto, gerador do dano. Esses requisitos, se aplicados às hipóteses de danos causados por IA autônoma, poderiam ser igualmente interpretados para fins de atribuição da obrigação de indenizar.[24] Senão

[24] Há posicionamentos divergentes sobre a possibilidade de adoção da teoria do risco de desenvolvimento para atribuição da obrigação de indenizar. Para alguns autores, o risco de desenvolvimento atuaria como excludente de causalidade, afastando a responsabilidade civil. Para outros, o risco de desenvolvimento deve ser considerado como elemento qualificador da causalidade para fins de imputação de responsabilidade ao fornecedor do produto, agindo como um justificativa da reparação, teoria esta a qual me alio. Sobre as teorias do risco de desenvolvimento, ver Calixto, Marcelo. A Responsabilidade Civil do Fornecedor de Produtos pelos Riscos do Desenvolvimento. Rio de Janeiro: Renovar, 2004.

vejamos: (i) o dano é casualmente ligado a um sistema de IA; (ii) é virtualmente impossível identificar, no momento inicial de programação da IA, a previsibilidade e potencialidade danosa da aplicação do sistema; e (iii) o desenvolvimento da aprendizagem autônoma pela IA, que independe de interferência humana, causa efetivamente o dano a uma pessoa. A estes três elementos, soma-se um quarto que é (iv) a inviabilidade de explicação por um humano do processo que levou a IA a uma decisão autônoma geradora do resultado danoso, na medida em que esses processos de aprendizagem e decisão independem atuação e da racionalidade humana.

No entanto, as mesmas críticas feitas à adoção da teoria do risco de desenvolvimento como fator de atribuição da obrigação de reparar o dano causado por um produto, podem ser aplicadas ao reconhecimento da responsabilidade civil pelos danos ocasionados pela tomada de decisão autônomas por sistemas de IA, sendo o principal questionamento aquele que diz respeito ao delicado equilíbrio entre a atribuição de responsabilidade por meio de medidas regulatórias e o consequente e eventual risco de estagnação da inovação tecnológica. É possível que a adoção da teoria do risco de desenvolvimento nessas hipóteses gere um retrocesso em termos de desenvolvimento tecnológico, pois a gestão dos riscos não justificaria o investimento em sistemas totalmente autônomos. Pelo menos esse dilema é atenuado por meio de argumento sustentado por Ana Frazão, que orienta que "por mais que se saiba que tal discussão deva encontrar um equilíbrio entre regulação e inovação – de que a questão do risco do desenvolvimento é um tema a ser enfrentado –, ao menos já existem ferramentas jurídicas que possibilitam o equacionamento de muitas questões daí resultantes".[25]

Retornando ao ponto de partida, com vistas a identificar estas ferramentas jurídicas, a pergunta que remanesce é: configura-se possível imputar os danos causados no veículo abalroado ao robô Gaak ou aos

[25] FRAZAO, Ana. Algoritmos e Inteligência Artificial: Repercussões da sua utilização sobre a responsabilidade civil e punitiva das empresas. IN: https://www.jota.info/opiniao-e-analise/colunas/constituicao-empresa-e-mercado/algoritmos-e-inteligencia-artificial-15052018. Consultado em 18.02.2019.

humanos que de alguma forma se comprometeram com o desenvolvimento da IA – *i.e.* programadores, fornecedores e investidores?

3. Entre humanos e não humanos: imputabilidade e fundamentos para a atribuição de responsabilidade pelos danos causados por IA autônoma.

O panorama da responsabilidade civil mudou integralmente quando se retirou o foco ou o objetivo da responsabilidade civil da figura do agente – causador do dano – e passou-se a analisar o resultado danoso sofrido pela vítima, e não a conduta do ofensor propriamente. Em outras palavras, a conduta ofensiva perde relevância ante o dano sofrido. Esta inversão traz como conseqüência a alteração da perspectiva da responsabilidade civil do ofensor para a ótica da vítima. Busca-se, assim, a plena reparação da vítima do dano injusto e não mais a punição daquele que age ilicitamente. A responsabilidade civil passa a cumprir uma renovada função, qual seja, a de reparar os danos sofridos pela vítima, muito mais do que o de obrigar o agente a indenizar por conta de sua conduta culposa. E isso se deve à tomada de consciência e ao sentimento coletivo a respeito da injustiça de deixar a vítima em uma posição desfavorável em relação ao dano que lhe foi ocasionado, mesmo consciente de que o autor do dano pode não ter agido de forma a causá-lo culposamente.[26]

Esta virada conceitual deveu-se principalmente à consolidação de um novo fator de imputação de responsabilidade[27] concretizado por meio da teoria do risco na responsabilidade civil contemporânea e sua crescente aplicação, ao lado da culpa, em igualdade de valor e não mais como hipótese excepcional. A partir do momento em que estas duas fundamentações passam a ser tuteladas de forma equivalente, a função original da

[26] BODIN DE MORAES, Maria Celina. Danos à pessoa humana. Rio de Janeiro: Renovar, 2003.

[27] A utilização da expressão 'imputação' deve ser relativizada em relação aos objetivos da responsabilidade civil contemporânea. Tradicionalmente, imputar significa considerar uma determinada conduta faltosa quando confrontada com uma obrigação ou proibição que esta ação viola. Alia-se a esta noção a reprovabilidade moral da conduta, isto é, a capacidade originária de iniciativa pessoal e de reconhecimento da ilicitude da ação. Modernamente, por imputação entende-se também a indicação de um responsável pela retribuição do dano.

responsabilidade civil – sancionar a conduta culposa – abre espaço a um novo argumento, qual seja, a necessidade amparada socialmente – e constitucionalmente[28] – de reparar os danos injustamente sofridos, sejam eles resultado de um agir culposo, sejam conseqüência de uma atividade lícita qualquer.[29]

Partindo dessas enunciações, faz-se necessário identificar se e quando os danos sofridos injustamente por uma pessoa em decorrência de resultados obtidos por meio de IA autônoma devem ser indenizados e sob que justificativa. Primeiramente, deve-se reconhecer que quando diante de danos ocasionados por sistemas de IA autônomos há uma verdadeira mudança na subjetividade das relações entre as pessoas e a tecnologia.[30] Num primeiro momento, a tecnologia desenvolvida por meio de IA dependente da atuação humana e IA semi-autônoma serve como mera ferramenta para que humanos, por meio de sua racionalidade, alcancem resultados previsíveis ou controláveis. Resta evidente a relação de instrumentalização de um bem – a IA – a uma funcionalidade que beneficia o seu controlador – a pessoa. A dualidade entre sujeito e objeto mantém-se clara, na medida em que é concedida à pessoa a autonomia e a capacidade de interferir na programação da IA, controlando ou moldando seus resultados conforme seus interesses e os riscos estimados.[31] Contudo, o apri-

[28] O artigo 1o, III, da Constituição Federal, reconhece o princípio da dignidade da pessoa humana como um dos fundamentos do Estado Democrático de Direito, constituindo-o em uma cláusula geral de tutela e promoção da pessoa humana. Como consequência desse posicionamento político-jurídico, as premissas da responsabilidade civil sofrem uma mudança paradigmática, com vistas a cumprir o dever de reparar o dano injustamente sofrido pela vítima.

[29] Sobre o tema da injustiça do dano e do giro conceitual da responsabilidade civil, ver Mulholland, Caitlin. A responsabilidade civil por presunção de causalidade. Rio de Janeiro: GZ Editora, 2009, *passim*.

[30] Mendes, Laura Schertel; Doneda, D. ; Souza, Carlos Affonso ; Andrade, N. N. G. . Considerações iniciais sobre inteligência artificial, e'tica e autonomia pessoal. PENSAR – REVISTA DE CIÊNCIAS JURÍDICAS, v. 23, 2018, p. 2.

[31] Por exemplo, no caso de carros autônomos, ainda que a direção do carro esteja delegada a um sistema de Inteligência Artificial, é possível – e recomendável como *standard* de conduta – à pessoa transportada tomar a direção do carro e atuar de maneira preventiva a fim de evitar danos. O sistema de IA é, portanto, semi-autônomo, sendo concedida ao passageiro/motorista a liberdade de atuação.

moramento de sistemas de aprendizado de máquinas permitiu à IA uma autonomia nas tomadas de decisão que usurpa, por completo, a capacidade humana de monitorar e adaptar os caminhos da programação. O humano abre espaço para o não-humano, concedendo uma autonomia decisória independente para as máquinas.

Baseada no reconhecimento de autonomia dos mecanismos decisórios da IA, as já mencionadas Resoluções 2015/2103(INL) e, do Parlamento Europeu, em seus considerandos AD e AF, reflete a respeito da natureza da autonomia dos robôs à luz das categorias jurídicas existentes (sujeito, objeto, manifestação de vontade, culpa, etc.), questionando se deveria ser criada uma nova classificação que atendesse de maneira mais adequada as estruturas da IA totalmente autônoma, reconhecendo suas características e implicações concretas. À primeira vista, o conceito de sujeito não-humano[32] serviria aos propósitos de conceder personalidade à IA e, portanto, capacidade jurídica e titularidades, permitindo com isso sua plena responsabilização.[33] Assim, seria necessário atribuir-se personalidade para a IA, constituindo-a num ente fictamente assemelhado a um humano ou a uma pessoa jurídica – no que se refere à atribuição de obrigações patrimoniais somente[34] – e afastando-a da qualificação

[32] A categoria sujeito não-humano – ou animal não-humano – é utilizada por teóricos do Direito Ambiental, que advogam pela proteção integral dos animais, considerados como seres sensientes, isto é, que têm a capacidade de aprendizado pelos sentidos. Num verdadeiro giro paradigmático, é modificada a estrutura conceitual antropocêntrica do Direito, para garantir a titularidade de direitos aos animais. Sobre o tema, ver, por todos, LOURENÇO, Daniel Braga. Direito dos Animais: Fundamentação e Novas Perspectivas. Porto Alegre: Sergio Antonio Fabris Editor, 2008

[33] Em crítica à adoção de uma teoria personalista para a IA autônoma, Caytas sustenta que "*it is difficult to disagree more with a piece of legal innovation: legal personhood was created to limit liability by defining terms and provisions that reduce exposure to an organization's assets while limiting personal liability of human actors*". Caytas, Joanna, European Perspectives on an Emergent Law of Robotics (April 4, 2017). Columbia Journal of European Law: Preliminary Reference (Apr. 4, 2017). Available at SSRN: https://ssrn.com/abstract=2956958, p. 5.

[34] Críticas severas são realizadas no que diz respeito a atribuição de direitos a IA autônoma. Para Caytas, "*the notion of personhood is, of course, a red herring, a sideshow, a mere matter of convenience and legal fiction like corporate personhood and not a pathway to actually conferring "rights," much less any "human rights," as has been claimed. The use of the term was a bungling mistake to start with. The idea is actually about simplifying the accountability of corporations for robot-caused*

de bem, objeto ou atividade a serviço do homem. Senão pela atribuição de personalidade à IA, outra possível solução seria adotar a categoria dos entes despersonalizados[35], que poderia servir também como sustentáculo para a atribuição de titularidades – ainda que sem a concessão de personalidade – como é o caso dos condomínios, espólio e massa falida. Para atender a essas categorias personalistas, seria indispensável realizar algum tipo de registro das IA que permitisse a sua identificação para a posterior atribuição da obrigação de indenizar, tal como ocorre com a constituição de pessoas jurídicas, sob pena de tornar-se inviável a responsabilização.

De outro lado, também seria possível estabelecer um princípio de responsabilização pelo fato da coisa – classificando-se a IA autônoma como bem, coisa ou serviço – baseado na ideia de que o dono ou detentor da coisa potencialmente causadora de danos é obrigado a indenizar a vítima de um dano sofrido, justamente por conta do poder de controle que exerce sobre o bem e da gestão e assunção de riscos derivados da sua periculosidade. Contudo, apesar desta teoria ser aceita e aplicada, por exemplo, nas hipóteses de danos causados por animais[36] e danos ocasionados por produtos[37] e serviços, faltaria no caso da responsabilidade civil por tomadas de decisões autônomas por IA o elemento da sujeição do bem ao controle do humano, que são caracterizadores da primeira situação; e o reconhecimento da periculosidade e defeituosidade do produto ou do serviço – que permitiria a previsibilidade dos danos e a sua gestão eficiente – na segunda hipótese.

damages". Caytas, Joanna, European Perspectives on an Emergent Law of Robotics (April 4, 2017). Columbia Journal of European Law: Preliminary Reference (Apr. 4, 2017). Available at SSRN: https://ssrn.com/abstract=2956958, p. 6.

[35] Entes despersonalizados são agrupamentos de pessoas aos quais não é conferida personalidade jurídica, mas que são consideradas como titulares de direitos e obrigações, sendo também atribuída capacidade processual, a partir de uma construção ficta, baseada em inferências do sistema jurídico civil.

[36] A responsabilidade pelos danos causados por animais é admitida no Código Civil, art. 936, que estatui que: "o dono, ou detentor, do animal ressarcirá o dano por este causado, se não provar culpa da vítima ou força maior".

[37] O artigo 931, do Código Civil; e os artigos 12 e 14, do Código de Defesa do Consumidor reconhecem a responsabilidade civil pelo fato do produto e pelo fato do serviço.

Retornamos, assim, às Resoluções do Parlamento Europeu mencionadas acima, que partem do pressuposto de que os robôs não podem ser responsabilizados por si só pelas ações ou omissões que causam danos a terceiros. Fundamento para esta consideração se deve justamente ao fato de que a IA não possui as qualidades de pessoa – física ou jurídica –, não sendo a ela atribuída nem personalidade, nem capacidade de direito. Haja vista que as normas aplicáveis à responsabilidade civil pressupõe a existência de uma pessoa a quem atribuir a obrigação de indenizar, a responsabilidade por danos causados por sistemas de IA abrangeria, a princípio, somente os danos em que "a causa subjacente à ação ou omissão do robô pode ser atribuída a um agente humano específico, tal como o fabricante, o operador, o proprietário ou o utilizador e em que o agente podia ter previsto e evitado o comportamento lesivo do robô".[38] Nesta reflexão, contudo, a atribuição de responsabilidade a uma pessoa só se torna possível devido à previsibilidade danosa e da capacidade de impedir a ocorrência do dano. Portanto, nas hipóteses em que o agente humano não tem nem a capacidade de evitar o dano, nem a aptidão de prever a sua ocorrência – como no caso nas decisões autônomas da IA – cai por terra o argumento utilizado acima, qual seja, o do poder de controle dos desenvolvimentos alcançados pela IA. Isto posto, nas hipóteses de autonomia total da IA, como atribuir a obrigação de indenizar? Parte-se da inferência de que se deve evitar o que Ana Frazão chamou de determinismo tecnológico, "justificado pelo cômodo argumento de que os agentes que transferiram determinadas decisões para as máquinas não mais responderiam pelo que estas fizessem".[39] Com este argumento em mente "há que se pensar na responsabilidade dos agentes empresariais pelas tecnologias que adotam e por meio das quais auferem lucros e proveitos"[40],

[38] Considerando AD, da Resolução do Parlamento Europeu, de 16 de fevereiro de 2017, com recomendações à Comissão de Direito Civil sobre Robótica (2015/2103(INL)).

[39] Frazao, Ana. Algoritmos e Inteligência Artificial: Repercussões da sua utilização sobre a responsabilidade civil e punitiva das empresas. IN: https://www.jota.info/opiniao-e-analise/colunas/constituicao-empresa-e-mercado/algoritmos-e-inteligencia-artificial-15052018. Consultado em 18.02.2019.

[40] Frazao, Ana. Algoritmos e Inteligência Artificial: Repercussões da sua utilização sobre a responsabilidade civil e punitiva das empresas. IN: https://www.jota.info/opin-

podendo-se inclusive sustentar ao lado da teoria do risco proveito[41], a adoção da teoria do *deep pocket*. De acordo com Čercka *et al.* esta teoria defende que as pessoas que estão envolvidas, de alguma forma, em atividades consideradas perigosas e que, ao mesmo tempo, produzem algum tipo de proveito, devem compensar o dano causado, sendo atribuída a obrigação de indenizar aquele que tem a melhor capacidade financeira de garantir e gerir os riscos e perigos da atividade, adotando preferivelmente a solução do seguro contra danos.[42] De outro lado, Vladeck propõe uma solução intermediária às teorias apresentadas, considerando as normas de direito já existentes. Para o autor, a única abordagem possível para se atribuir a obrigação de indenizar danos causados por IA autônoma, seria a do fato do produto, por meio da presunção de existência de um defeito na IA, comprovada pela própria ocorrência do dano. Isto é, conclui-se que tanto a IA era defeituosa, que o dano ocorreu. Assim sendo, o fornecedor da IA – no caso, o agente que explora a tecnologia – seria obrigado a reparar o dano, pois estaria na melhor posição para arcar com as perdas[43], fundamentando-se esse argumento no princípio da solidariedade social e do risco da atividade.

Assim, ao considerar as proposições apresentadas, para fins de imputação e atribuição de responsabilidade, como classificar a IA totalmente autônoma dentro das categorias apresentadas: sujeito, ente despersonalizado, sujeito não-humano ou bem, produto ou serviço? A resposta, evidentemente, não é fácil, e implicará no reconhecimento da teoria da responsabilidade civil a ser adotada para o caso de danos causados por decisões totalmente autônomas de IA. Por exemplo, em uma abordagem interessante realizada por Čerka *et al*, considerou-se numa análise histórico-comparativa, a possibilidade de aplicação da teoria da respon-

iao-e-analise/colunas/constituicao-empresa-e-mercado/algoritmos-e-inteligencia-artificial-15052018. Consultado em 18.02.2019.

41 Aplicando-se o art. 927, parágrafo único, do Código Civil, que adota a teoria do risco, como cláusula geral de responsabilidade civil.

42 ČERKA, Paulius; GRIGIENĖ, Jurgita; SIRBIKYTĖ, Gintarė. Liability for damages caused by Artificial Intelligence. Computer Law & Security Review, Elsevier, v. 31, n. 3, p. 376-389, jun. 2015, p. 386.

43 VLADECK, David C. Machines without principals: liability rules and Artificial Intelligence. Washington Law Review, n. 89, p. 127.

sabilidade noxal às hipóteses de dano causados por IA autônomas. Por esta teoria, desenvolvida no Direito Romano, o *pater familiae* obrigava-se a reparar os danos causados por aqueles – ou aquilo – que estivessem sujeitos ao seu poder. Uma das hipóteses de aplicação desta teoria era o da responsabilização do dono de um escravo – considerado objeto de direito, desprovido de capacidade jurídica – que causa dano a uma pessoa. Com base nesta teoria, buscam os autores uma comparação um tanto inusitada entre a natureza jurídica dos escravos no Direito Romano e a natureza da IA autônoma na contemporaneidade, na medida em que tanto os atos realizados pelos escravos, quanto aqueles pela IA, "são inteligentes e autoconscientes, fugindo ao controle de seus mestres".[44] Para Čerka *et al*, a IA autônoma também não se constituiria como sujeito de direitos – portanto, desprovida de personalidade –, mas objetos da relação jurídica. Julgando que esse paralelo entre o *status* legal da IA e dos escravos é possível, pode-se concluir que os danos causados pelas tomadas de decisão autônomas de IA deveriam ser indenizados pelo proprietário da tecnologia ou por seu programador ou desenvolvedor, isto é, pela pessoa jurídica em nome de quem a IA atua.[45] Perceba-se que esta teoria se diferencia daquela que equipara a IA a coisas e a produtos ou serviços, na medida em que considera a IA autônoma não só como inteligente, mas também como autoconsciente, características que não se aplicariam de forma alguma às coisas. Ponderando que na atualidade não é possível concluir que a natureza jurídica da IA possa se assemelhar a do escravo no Direito Romano – por uma questão sócio-política –, as demais teorias apresentadas parecem justificar de maneira mais adequada a atribuição de responsabilidade da IA na causação de danos por tomadas de decisão autônomas.

Contudo, e apesar das teses acima apresentarem soluções possíveis e já reconhecidas para a atribuição de responsabilidade, para fugir da difi-

[44] Pires, Thatiane Cristina Fontão; Silva, Rafael Peteffi da. A responsabilidade civil pelos atos autônomos da inteligência artificial: notas iniciais sobre a resolução do Parlamento Europeu. Rev. Bras. Polít. Públicas, Brasília, v. 7, no 3, 2017, p. 246.
[45] Čerka, Paulius; Grigienė, Jurgita; Sirbikytė, Gintarė. Liability for damages caused by Artificial Intelligence. Computer Law & Security Review, Elsevier, v. 31, n. 3, p. 376-389, jun. 2015, p. 385.

cil tarefa de identificação ou de eventual construção de uma teoria da responsabilidade civil apta a dar conta das características específicas da IA autônoma, duas alternativas à responsabilidade civil podem ser apresentadas para permitir a plena reparabilidade do dano sofrido por uma pessoa em decorrência de decisões totalmente autônomas tomadas por IA: (i) a constituição de seguros, nos moldes de uma seguridade obrigatória, que deveria ter em conta todos os potenciais agentes da cadeia de desenvolvimento da IA, que se obrigariam a contribuir com a seguridade, de acordo com o seu nível de envolvimento técnico e econômico no desenvolvimento da IA[46]; e (ii) a constituição de fundos, tais como os fundos de defesa de direitos difusos, custeados pelas pessoas que desenvolvem ou exploram sistemas de IA autônomas, e que atenderiam ao ressarcimento de danos coletivos causados por IA.[47] Estas soluções, num primeiro momento, parecem ser as mais adequadas tecnicamente, pois concederiam uma maior segurança em relação à estipulação de um dever de reparar o dano. Ademais, sistemas de seguridade ou de constituição de fundos permitiriam uma avaliação e gestão adequada dos riscos relacionados à exploração de tecnologias autônomas de IA, autorizando que, ao lado da irrestrita reparabilidade dos danos causados, seja também incentivado o pleno e crescente desenvolvimento de sistemas de Inteligência Artificial.

Considerando as teses apresentadas e as premissas explicitadas acima, utilizando-se o conceito de dano injusto e a adoção do princípio da solidariedade social como justificador do dever de reparar a vítima pelo dano

[46] Em relação ao seguro obrigatório, a Lei 6.194/74, que dispõe sobre Seguro Obrigatório de Danos Pessoais causados por veículos automotores de via terrestre, ou por sua carga, a pessoas transportadas ou não, assegura uma indenização tarifada a todas as pessoas que tenham sido vítimas de danos decorrentes de acidentes automobilísticos, independentemente de prova de culpa do motorista, sendo deferida a reparação pelo mero fato do acidente, isto é, pelo reconhecimento, em última instância, dos riscos inerentes ao trânsito de veículos.

[47] Em relação à constituição de fundos de defesa de direitos difusos, a Lei 7.347/85, em seu artigo 13 reconhece que "havendo condenação em dinheiro, a indenização pelo dano causado reverterá a um fundo gerido por um Conselho Federal ou por Conselhos Estaduais de que participarão necessariamente o Ministério Público e representantes da comunidade, sendo seus recursos destinados à reconstituição dos bens lesados".

sofrido, conclui-se que é necessário refletir sobre qual seria a melhor solução jurídica para atender aos interesses não só da pessoa que sofreu o dano, mas também da sociedade como um todo. Para isso, apresenta-se em continuação, por meio de tópicos, as teses jurídicas que poderão ser adotadas para regulamentar a responsabilização civil no caso de danos causados pela tomada de decisões autônomas de IA, seguidas das críticas que porventura possam sofrer:

(i) Tese da irresponsabilidade, tanto da IA (se porventura fosse atribuída capacidade jurídica aos sistemas), quanto dos agentes que contribuíram para o desenvolvimento da tecnologia (programadores, financiadores, proprietários do sistema, etc.). Haveria um duplo argumento para negar a reparação à vítima: impossibilidade de atribuir-se capacidade jurídica à IA; e desconhecimento, por parte dos agentes envolvidos no desenvolvimento da IA, sobre os processos de seu aprendizado e de sua tomada de decisão que, ao final, levaram ao dano. Esta tese estaria também encampada pela ideia de que qualquer reparação que fosse atribuída nesses casos configuraria uma ameaça ao desenvolvimento da tecnologia, impactando de maneira negativa na sociedade como um todo. Contudo, a hipótese é rapidamente descartada, fundamentando o dever de reparar o dano no princípio da solidariedade social, e na premissa de que nenhuma pessoa deve ficar irressarcida se sofreu um dano injusto, conforme sustentado ao longo deste artigo;

(ii) Responsabilidade civil objetiva da IA, com a prévia atribuição de personalidade, capacidade de direito e patrimônio autônomo ao sistema de Inteligência Artificial – à semelhança da constituição de pessoas jurídicas –, sendo reputada a obrigação de indenizar baseada nos riscos exacerbados – por serem desconhecidos previamente – decorrentes do desenvolvimento autônomo de resultados pela IA. A crítica que se faz a esta teoria é a de que seria necessária a constituição de uma nova categoria jurídica – um sujeito não-humano, por exemplo – para que fosse possível atribuir capacidade, autonomia e responsabilidade jurídicas, o que, por sua vez, poderia gerar um ônus burocrático na sua implementação. Outra apreciação desta tese é que seria também indispensável a composição de patrimônio destacado à IA, com finalidade específica de fazer frente às eventuais indenizações.

(iii) Responsabilidade civil subjetiva do programador, por culpa na elaboração dos algoritmos que serviram de insumo inicial para o desenvolvimento dos processos de auto-aprendizagem da IA. Por esta tese, haveria um ônus desproporcional a ser enfrentado pelo programador, que seria, ao final, responsabilizado por um dano ocasionado sem que fosse possível a ele, antecipadamente, interferir no aprendizado do sistema e na sua capacidade decisória. Ao mesmo tempo, a tese seria também facilmente afastada pela impossibilidade de prova de culpa do programador na ocasião do dano, considerando o desenvolvimento autônomo da tecnologia. Por outro lado, uma complementação possível a esta tese seria a de que o empregador do programador seria objetivamente responsável pelos danos causados pela IA autônoma, podendo, se quisesse, agir repressivamente contra o programador, provada a sua culpa na ocasião dos danos, conforme explicitado no artigo 932, III, 933 e 934, e seu parágrafo único, do Código Civil. Contudo, a ação regressiva seria, possivelmente, impossibilitada pela incapacidade de prova da culpa do programador, considerando as premissas apresentadas acima.

(iv) Responsabilidade civil objetiva da sociedade que utiliza, se beneficia e aufere lucros através da exploração da IA, objetivamente, por risco criado. Neste sentido, uma interpretação possível do artigo 927, parágrafo único, do Código Civil, é de que quando o legislador se refere a atividade que, pela sua natureza, implica risco aos direitos de outrem, poder-se-ia interpretar extensivamente o conceito de atividade para qualificar os sistemas de IA como bens perigosos – por gerarem, potencialmente, danos qualitativamente graves e quantitativamente numerosos –, o que justificaria a responsabilidade por risco. Nesse sentido, e de acordo com Maria Celina Bodin de Moraes, "a causa da imputação da responsabilidade objetiva, fundada na solidariedade social, é tão somente o grau de risco (*rectius*, perigo)".[48] De outro lado, poderia ser considerada a aplicação do Código de Defesa do Consumidor, sob os mesmos fundamentos apresentados acima, aplicando-se a responsabilidade civil ao fornecedor – no caso, aquele que insere o sistema de IA no mercado de consumo – pelo fato do produto ou do serviço, amparada na presunção da existência de um defeito que ocasionou o dano, ainda que este defeito fosse desconhecido no momento em que o sistema de IA iniciou seu processo de desenvolvimento e auto-aprendizagem. Neste caso, seria aplicada a teoria do risco do desenvolvimento como embasamento da obrigação de reparar, conforme explicitado anteriormente.

Conclusões

Tentou-se demonstrar neste artigo que os avanços da tecnologia permitem imaginar um futuro em que serão delegados a sistemas de Inteligência Artificial decisões que irão, inevitavelmente, gerar danos a pessoas. Há uma dificuldade evidente na análise dos elementos jurídicos para a atribuição de responsabilidade civil por danos causados por mecanismos autônomos decisionais de IA. Além da inexistência de uma regulação sobre a matéria nos ordenamentos jurídicos analisados,[49] soma-se o desconhecimento sobre os impactos verdadeiros que esse tipo de tecnologia pode gerar na sociedade como um todo e nas relações subjetivas, em concreto. O fato de atribuir-se capacidade decisória autônoma a sistemas computacionais de aprendizagem e ações contínuas não constitui uma permissão para que a eles se conceda personalidade ou capacidade jurídica, conforme explicitado. Ao mesmo tempo, o fato de que os processos de decisões levadas a cabo pela IA autônoma não são conhecidos pelas pessoas, ocasionando a formação de verdadeiras caixas-pretas, opacas e impenetráveis ao conhecimento humano, gera incertezas sobre a possibilidade de atribuir-se responsabilidade a sujeitos que não teriam

[48] Bodin de Moraes, Maria Celina. Risco, solidariedade e responsabilidade objetiva. IN: Revista dos Tribunais, n. 854, 2006, p. 34.

[49] Excepcionam-se a Resolução do Parlamento Europeu, de 16 de fevereiro de 2017, com recomendações à Comissão de Direito Civil sobre Robótica (2015/2103(INL)) e a 2020/2014(INL), sobre critérios de responsabilidade civil da IA.

condições de prever ou avaliar probabilisticamente os resultados danosos possíveis do aprendizado da IA.

Em conclusão, enquanto não houver uma regulação dos sistemas de Inteligência Artificial – ainda que por meio de códigos deontológicos – a indagação a respeito da atribuição de responsabilidade civil permanecerá, ainda que existam teses que contribuam para uma interpretação possível da imputação dos danos causados pelas tomadas de decisão autônomas de IA, conforme apresentadas no item anterior. Caberá aos juristas, estudiosos do direito de danos e das novas tecnologias, a árdua tarefa de construir um sistema de responsabilidade civil adequado que, ao mesmo tempo que possibilite a reparação do dano injusto sofrido por uma vítima, permita o pleno desenvolvimento das tecnologias e sistemas de Inteligência Artificial, que tanto beneficiarão a sociedade.

Referências

ABBOTT, Ryan Benjamin, The Reasonable Computer: Disrupting the Paradigm of Tort Liability (November 29, 2016). George Washington Law Review, Vol. 86, No. 1, 2018. Available at SSRN: https://ssrn.com/abstract=2877380 or http://dx.doi.org/10.2139/ssrn.2877380.

Bodin de Moraes, Maria Celina. Danos à pessoa humana. Rio de Janeior: Renovar, 2003.

CALIXTO, Marcelo. A Responsabilidade Civil do Fornecedor de Produtos pelos Riscos do Desenvolvimento. Rio de Janeiro: Renovar, 2004.

CAYTAS, Joanna, European Perspectives on an Emergent Law of Robotics (April 4, 2017). Columbia Journal of European Law: Preliminary Reference (Apr. 4, 2017). Available at SSRN: https://ssrn.com/abstract=2956958

ČERKA, Paulius; GRIGIENĖ, Jurgita; SIRBIKYTĖ, Gintarė. Liability for damages caused by Artificial Intelligence. Computer Law & Security Review, Elsevier, v. 31, n. 3, p. 376-389, jun. 2015.

CHURCHILL, Elizabeth F; VAN ALLEN, Philip; KUNIAVSKY, Mike. Designing AI. IN: Interactions. November/December 2018, p. 35-37.

FRAZAO, Ana. Algoritmos e Inteligência Artificial: Repercussões da sua utilização sobre a responsabilidade civil e punitiva das empresas. IN: https://www.jota.info/opiniao-e-analise/colunas/constituicao-empresa-e-mercado/algoritmos-e-inteligencia-artificial-15052018. Consultado em 18.02.2019.

KINGSTON, J. K. C. Artificial Intelligence and legal liability. In: BRAMER, Max; PETRIDIS, Miltos (Ed.). Research and Development in Intelligent Systems XXXIII: incorporating applications and innovations in Intelligent Systems XXIV (Proceedings of AI-2016, The Thirty-Sixth SGAI International Conference on Innovative Techniques and Applications of Artificial Intelligence). Cham (CH): Springer International Publishing AG, 2016. 54

KNIGHT, Will. The dark secret at the heart of AI: no one really knows how the most advanced algorithms do what they do – that could be a problem. MIT Technology Review, abr. 2017. Disponível em: . Acesso em: 13 ago. 2017.

LAUKYTĖ, Miglė. Artificial and Autonomous: A Person? In: CRNKOVIC, Gordana Dodig- et al. Social Computing, Social Cognition, Social Networks and Multiagent Systems Social Turn – SNAMAS 2012. Birmingham (UK): The Society for the Study of Artificial Intelligence and Simulation of Behaviour, 2012. Disponível em: . Acesso em: 20 ago. 2017.

LEE, Kai-Fu. AI Superpowers: China, Silicon Valley, and the New World Order. HMH Books. Edição do Kindle.

MENDES, Laura Schertel; DONEDA, D. ; SOUZA, Carlos Affonso ; ANDRADE, N. N. G. . Considerações iniciais sobre inteligência artificial, e'tica e autonomia pessoal. PENSAR – REVISTA DE CIÊNCIAS JURÍDICAS, v. 23, p. 1-17, 2018.

MITTELSTADT, Brent Daniel; ALLO, Patrick; TADDEO, Mariarosaria; WACHTER, Sandra and FLORIDI, Luciano, The ethics of algorithms: Mapping the debate, IN: Big Data & Society, July/December 2016: 1–21.

MORAES, Maria Celina Bodin de. O princípio da solidariedade. In: MATOS, Ana Carla Harmatiuk. (Org.). A construção dos novos direitos. 1ed., Porto Alegre: Nuria Fabris, 2008, v. 1, p. 232-260.

MULHOLLAND, Caitlin. A responsabilidade civil por presunção de causalidade. Rio de Janeiro: GZ Editora, 2009

NEVEJANS, Nathalie. European civil law rules in robotics. European Union, 2016. Disponível em: . Acesso em: 17 out. 2017.

PIRES, Thatiane Cristina Fontão; SILVA, Rafael Peteffi da. A responsabilidade civil pelos atos autônomos da inteligência artificial: notas iniciais sobre a resolução do Parlamento Europeu. Rev. Bras. Polít. Públicas, Brasília, v. 7, nº 3, 2017 p. 238-254.

TEFFE, Chiara de. Quem responde pelos danos causados pela IA? Em: https://www.jota.info/opiniao-e-analise/artigos/quem-responde-pelos-danos-causa dos-pela-ia-24102017

UNIÃO EUROPEIA. Resolução do Parlamento Europeu, de 16 de fevereiro de 2017, com recomendações à Comissão de Direito Civil sobre Robótica (2015/2103(INL)). 2017.

UNIÃO EUROPEIA. Resolução do Parlamento Europeu, de 20 de outubro de 2020, que contém recomendações à Comissão sobre o regime de responsabilidade civil aplicável à inteligência artificial (2020/2014(INL)).

VLADECK, David C. Machines without principals: liability rules and Artificial Intelligence. Washington Law Review, n. 89, p. 117, 2014.

WAINWRIGHT, Martin. Robot fails to find a place in the sun. IN: https://www.theguardian.com/uk/2002/jun/20/engineering.highereducation. Consultado em 16.02.2019.

10. GESTÃO DE RISCOS NO CONTRATO DE ADESÃO

Milena Donato Oliva
André Brandão Nery Costa

Introdução

O emprego do contrato como instrumento para a gestão de riscos não representa novidade.[1] Toda contratação envolve riscos – que vão desde o inadimplemento da obrigação até a superveniência de evento imprevisí-

[1] Georges Ripert, em seu clássico *La règle morale dans les obligations civiles,* já exaltava essa função do contrato ao ressaltar que ele seria uma "emprise sur l'avenir" e que "contracter c'est prévoir" (*La règle morale dans les obligations civiles.* 4ª ed. Paris: LGDJ, 1949, p. 151). Em sentido semelhante, Paula Forgioni sublinha que "o contrato é um instrumento de alocação, entre as partes, dos riscos da atividade econômica" (*Contratos empresariais.* São Paulo: Revista dos Tribunais, 2016, p. 145). Em outra obra, a autora esclarece que "[e]ssa projeção, esse cálculo sobre o futuro, baseia-se em um estado mais ou menos normal de coisas; a parte que desconsidera o risco normal do negócio é sancionada no próprio jogo do mercado. O agente econômico que despreza os possíveis adventos negativos do empreendimento, 'errando' a sua jogada ou previsão, sofre perdas econômicas. Igualmente, a parte pode frustrar-se porque o cenário futuro que concebeu no momento da contratação não se verificou. Tudo isso faz parte da dinâmica de mercado" (Forgioni, Paula. *A interpretação dos negócios jurídicos. II – alteração do art. 113 do Código Civil: art. 7º.* In Marques Neto, Floriano Peixoto; Rodrigues Jr., Otavio Luiz; e Leonardo, Rodrigo Xavier (Orgs.). *Comentários à Lei da liberdade econômica: Lei 13.874/2019.* São Paulo: Revista dos Tribunais, 2019, p. 363).

vel –, que podem alterar o equilíbrio econômico desenhado inicialmente pelas partes.[2]-[3]

A distribuição dos riscos contratuais encontra amplo espaço nas relações paritárias em que os contratantes podem efetivamente negociar o regramento contratual.[4] Na contratação por adesão, por outro lado, em que o aderente basicamente se limita a assentir com o conteúdo pré-disposto,[5] analisa-se com mais cautela a imputação de certos riscos ao aderente.

[2] Cf. MARQUES NETO, Floriano Peixoto; RODRIGUES Jr., Otavio Luiz; e PRADO, Augusto Cézar Lukascheck. *A liberdade contratual e a função social do contrato – alteração do art. 421-A do Código Civil: art. 7º*. In MARQUES NETO, Floriano Peixoto; RODRIGUES Jr., Otavio Luiz; e LEONARDO, Rodrigo Xavier (Orgs.). *Comentários à Lei da liberdade econômica: Lei 13.874/2019*. São Paulo: Revista dos Tribunais, 2019, p. 310.

[3] Sobre a relação entre contrato e risco, autorizada doutrina destaca, em perspectiva econômica, que (i) o contrato *perfeito* permitiria controlar totalmente os riscos, alocando eficientemente todas as consequências dele derivadas às partes; (ii) tal alocação explícita e "neutra" dos riscos é extremamente custosa em termos de negociação; (iii) é tão custosa a alocação perfeita dos riscos que os custos derivados dessas tratativas seriam superiores aos seus benefícios; (iv) ainda, existe um limite à previsibilidade humana, de tal modo que os operadores econômicos devem se ater ao critério da racionalidade limitada (*bounded rationality*); e (v) os contratos resultam inevitavelmente lacunosos em relação a riscos remotos. Cf., nessa direção, a obra de BELLANTUONO, Giuseppe. *I contratti incompleti nel diritto e nell'economia*. Milão: Cedam, 2000, *passim*; e MACARIO, Francesco. *Sopravvenienze e gestione del rischio nell'esecuzione del terzo contratto*. In GITTI, Gregorio e VILLA, Gianroberto (Orgs.). *Il terzo contratto*. Bolonha: Il Mulino, 2008, p. 191.

[4] A propósito, cf. o Enunciado no. 439 da V Jornada de Direito Civil: "(...) [n]as relações empresariais, observar-se-á a sofisticação dos contratantes e a alocação de riscos por eles assumidas com o contrato".

[5] Embora nem todo contrato de adesão se sujeite à disciplina consumerista, a definição trazida pelo art. 54 do Código de Defesa do Consumidor é elucidativa e, por isso, mostra-se oportuna sua reprodução: "Contrato de adesão é aquele cujas cláusulas tenham sido aprovadas pela autoridade competente ou estabelecidas unilateralmente pelo fornecedor de produtos ou serviços, sem que o consumidor possa discutir ou modificar substancialmente seu conteúdo. § 1º A inserção de cláusula no formulário não desfigura a natureza de adesão do contrato". Cf., sobre o tema, SANTOS, Deborah Pereira Pinto dos. *Renúncia a direitos nos contratos de adesão em relações civis e empresariais: limites à autonomia negocial nos* business to business contracts. 2015. Dissertação, Universidade do Estado do Rio de Janeiro, Rio de Janeiro, 2015, pp. 71 ss.

Em se tratando de contrato de adesão regido pelo Código de Defesa do Consumidor, a alocação de riscos ao consumidor mostra-se ainda mais criteriosa. O CDC objetiva garantir o equilíbrio material entre consumidor e fornecedor, vedando a pactuação de cláusulas que acarretem excessiva desvantagem ao consumidor. O fornecedor que pré-dispõe o conteúdo contratual não pode, por exemplo, transferir ao consumidor riscos inerentes à sua atividade, de que é exemplo a Súmula nº. 308 do STJ.[6]

O controle valorativo quanto à legitimidade da concreta distribuição contratual de riscos entre as partes – que se afigura diverso conforme se trate de relação paritária com ampla negociação, de contrato de adesão regido pelo Código Civil e de contrato sujeito à disciplina do CDC – não infirma a circunstância de toda contratação representar alocação de riscos, a qual, na medida de sua licitude e não abusividade, deve prevalecer, pois o respeito à conformação contratual da álea é essencial para o próprio equilíbrio do contrato.[7]

Em qualquer cenário, portanto, o contrato consubstancia instrumento de gestão de riscos, alocando, inevitavelmente, riscos aos contratantes. Se essa imputação de riscos não for reputada ilícita ou abusiva, tanto sob a perspectiva do Código Civil como sob a ótica do CDC, a atribuição de riscos contratada deve ser respeitada. Com efeito, a conformação contratual da álea é peça essencial do equilíbrio do contrato e, por isso, deve ser observada, salvo se contiver mácula que a impeça de produzir os regulares efeitos jurídicos.

6 A Súmula no. 308 do STJ estabelece que: "A hipoteca firmada entre a construtora e o agente financeiro, anterior ou posterior à celebração da promessa de compra e venda, não tem eficácia perante os adquirentes do imóvel". Os casos concretos que motivaram o nascimento da súmula foram considerados violadores dos direitos dos adquirentes, pois a estruturação da operação de incorporação imobiliária os tornava responsáveis não apenas pelo seu débito perante a incorporadora, mas também pela dívida da incorporadora para com o agente financiador, aos adquirentes sendo alocados, em última análise, os riscos financeiros do empreendimento. Sobre o tema, cf. Oliva, Milena Donato; Rentería, Pablo. *Autonomia privada e direitos reais: redimensionamento dos princípios da taxatividade e da tipicidade no direito brasileiro*. In civilistica.com, v. 5, n. 2, p. 1-19, 29 dez. 2016.

7 V. Bandeira, Paulo Greco. *O contrato como instrumento de gestão de riscos e o princípio do equilíbrio contratual*. In Revista de Direito Privado, Rio de Janeiro, v. 65, jan-mar., 2016.

1. Os diversos riscos contratuais

O risco é conexo à dinâmica contratual.[8] A celebração de qualquer contrato implica distribuição de riscos entre as partes, ainda que de maneira implícita. Nesse sentido, a utilização de determinado tipo contratual previsto em lei atrai a disciplina legal acerca dos riscos atribuídos a cada parte.[9] Exemplificativamente, na compra e venda o vendedor tem contra si o risco de perda da coisa até sua tradição ao comprador.[10] O regime jurídico atinente aos riscos estabelecido pelo legislador é, dentro de certos limites, suscetível de alteração pelas partes. Importante destacar, a propósito, que determinadas mudanças podem desnaturalizar o tipo legal, transmudando-o em outro negócio jurídico.[11]

Em perspectiva ampla, o risco contratual diz respeito às incertezas inerentes à relação contratual, cada qual com regramento e consequências diversas.[12] Existe, de um lado, o risco de não ser adimplida a prestação devida em razão de descumprimento imputável ao devedor, do ato ilícito

[8] Macario, Francesco. *Sopravvenienze e gestione del rischio nell'esecuzione del terzo contratto*, cit., p. 191.

[9] Veja-se lição de Mario Bessone: "A mio avviso, al fine di individuare un criterio di ripartizione dei rischi e dei danni conseguente alle circostanze che sia davvero coerente all'economia dell'affare, la qualificazione del contratto è davvero indispensabile. Dato che ogni tipo implica una cerca distribuzione di rischi tra i contraenti, quando proposta ed accettazione pongono in essere contratti di un contenuto tale da rientrare in un modello legale (o almeno tale da indicare il modello al quale le parti si sono ispirate), il piano di ripartizione dei rischi caratteristico di ciascun tipo costituisce infatti il più attendibile criterio di massima dal quale desumere quale dei contraenti deve sopportare le conseguenze delle circostanze verificatesi" (*Adempimento e Rischio Contrattuale*. Milão: Giuffrè, 1969, p. 350).

[10] Art. 492, *caput*, do Código Civil: "Até o momento da tradição, os riscos da coisa correm por conta do vendedor, e os do preço por conta do comprador". Confira-se, nesse sentido, a página clássica de Carvalho Santos, J. M. de. *Código Civil Brasileiro Interpretado*, v. XVI. Rio de Janeiro: Freitas Bastos, 1986, pp. 43 ss.

[11] Cf. Konder, Carlos Nelson. *Causa e tipo: a qualificação dos contratos sob a perspectiva civil-constitucional*. 2014, *passim*; De Nova, Giorgio. *Il tipo contrattuale*. Pádua: CEDAM, 1974, especialmente pp. 151 ss.

[12] Alpa, Guido. *Rischio (dir. vig.)*. In Enciclopedia del diritto, v. XL. Milão: Giuffrè, 2016, p. 1146; Delfini Francesco. *Autonomia privada e rischio contratual*. Giuffrè: Milão, 1999, pp. 6-8; e Giampieri, Alberto. *Rischio Contrattuale*. In Dig. Disci. Priv. – Sez. civ., v. XVIII, Turim, 1998, p. 21.

de terceiro, ou em decorrência de força maior ou caso fortuito. De outro, o risco também pode corresponder à redução da capacidade do contrato em satisfazer a economia da relação, o que pode decorrer de circunstâncias preexistentes ou supervenientes, previsíveis ou imprevisíveis.[13]

Em perspectiva mais restrita, risco significa a ocorrência de eventos inimputáveis às partes que podem perturbar a economia do contrato.[14] É nesse sentido que o legislador se refere a risco no art. 421-A, II, do Código Civil, ao estabelecer que "a alocação de riscos definida pelas partes deve ser respeitada e observada".

Alude-se, em doutrina, a duas importantes modalidades de gestão dos riscos contratuais: a positiva e a negativa.[15] A gestão positiva corresponde à distribuição dos riscos previsíveis por meio da expressa manifestação de vontade das partes. Em contrapartida, a gestão negativa se manifesta por meio do contrato incompleto,[16] no qual as partes, voluntariamente, optam por deixar no regramento lacunas, de modo que possam supervenientemente escolher a solução mais adequada para solucionar o advento do risco.

As alterações promovidas pela Lei de Liberdade Econômica (Lei nº. 13.874/2019) ao Código Civil reforçam o papel do contrato como instrumento de gestão de riscos. O já aludido art. 421-A, II, estabelece a necessidade de se respeitar a alocação de riscos definida pelas partes nos contratos civis e empresariais.[17] Presume-se, nesses casos, a simetria entre os contratantes, ressalvada "a presença de elementos concretos que justifiquem o afastamento dessa presunção" (artigo 421-A, *caput*).

[13] Alpa, Guido. *Rischio (dir. vig.)*, cit., p. 1146.

[14] Delfini, Francesco. *Autonomia privada e rischio contratual,* Giuffrè: Milão, 1999, pp. 6-8; e Giampieri, Alberto. *Rischio Contrattuale,* in Dig. Disci. Priv. – Sez. civ., XVIII, Turim, 1998, p. 21.

[15] Bandeira, Paulo Greco. *O contrato como instrumento de gestão de riscos e o princípio do Equilíbrio Contratual,* cit.

[16] Forgioni, Paula. *Contratos empresariais,* cit., pp. 61-62; BANDEIRA, Paula Greco. *Contrato Incompleto.* Rio de Janeiro: Atlas, 2015, *passim.*

[17] Sobre o tema, v. Fradera, Vera Maria Jacob de. *Art. 7.: liberdade contratual e função social do contrato: art. 421 do Código civil.* In Marques Neto, Floriano Peixoto; Rodrigues Jr., Otavio Luiz; e Leonardo, Rodrigo Xavier (Orgs.). *Comentários à Lei da liberdade econômica: Lei 13.874/2019.* São Paulo: Revista dos Tribunais, 2019, p. 394.

2. Limites à autonomia privada para a alocação de riscos no contrato de adesão. A disciplina do Código Civil e do Código de Defesa do Consumidor.

Os contratos de adesão podem ser regidos pelo Código Civil ou pelo Código de Defesa do Consumidor. Caracterizam-se pela notável redução da fase de tratativas, pois suas cláusulas são, em geral, estabelecidas de forma rígida e unilateral, sem espaço significativo de alteração negocial.[18] A contratação por adesão surgiu da necessidade de padronização dos bens e serviços oferecidos no mercado, própria da sociedade massificada, o que implica a estandardização dos contratos.[19]

Em razão de o aderente se encontrar em posição peculiar, em que sua escolha, no mais das vezes, é "pegar ou largar" o contrato "do jeito que está", a regulamentação legal dos contratos de adesão objetiva resguardar, em alguma medida, a posição contratual do aderente, protegendo-o de determinadas cláusulas reputadas abusivas. No Código de Defesa do Consumidor, além das regras específicas destinadas aos contratos de adesão, somam-se ainda outras normas restritivas da autonomia negocial, que visam a garantir o equilíbrio material entre fornecedor e consumidor.

3. A. O contrato de adesão no Código Civil

Às relações jurídicas civis e empresariais aplica-se o disposto nos artigos 423 e 424 do Código Civil, que estabelecem regras para a interpretação

[18] Cf. definição do art. 54 do CDC. Na doutrina, v. TEPEDINO, Gustavo. *Fato do Príncipe e seus efeitos sobre contrato de adesão.* In TEPEDINO, Gustavo. *Soluções Práticas – Tepedino,* v. 1, nov. 2011; SANTOS, Deborah Pereira Pinto dos. *Renúncia a direitos nos contratos de adesão em relações civis e empresariais: limites à autonomia negocial nos* business to business contracts, cit., pp. 71 ss.; e ROPPO, Vicenzo. *Il contratto.* Milão: Giuffrè, 2011, p. 42.

[19] "A massificação das transações, em decorrência da produção e comercialização em série de produtos e serviços, conduziu à estandardização também do processo de contratação. As tradicionais etapas de negociação por tratativas, propostas e contrapropostas se revelam incompatíveis com a exigência de celeridade e redução de custos negociais. A contratação em massa impôs também a negociação em massa, uma maneira própria de formação dos contratos. Surge assim, predeterminado por uma das partes ou por autoridade administrativa competente, a padronização do conteúdo dos contratos, que recebe a designação de condições ou cláusulas gerais do contrato, normativa padrão a ser utilizada de forma recorrente" (TEPEDINO, Gustavo; KONDER, Carlos. *Fundamentos de Direito Civil.* v. III, 2021, Rio de Janeiro: Forense, p. 80).

e para a definição do conteúdo dos contratos de adesão, impactando na distribuição dos riscos contratuais. A disciplina legal parte do pressuposto de que, por se tratar de acordo no qual o aderente se submete aos termos pré-estabelecidos, faz-se necessária sua proteção, presumindo-se seu menor poder contratual.[20]

O artigo 423 do Código Civil[21] manifesta diretriz interpretativa dos contratos de adesão, de acordo com a qual, quando houver cláusula ambígua ou contraditória, esta deve ser interpretada de maneira mais favorável ao aderente.[22] Institui-se ônus do proponente de estabelecer regras claras, sob de pena de serem interpretadas a favor do aderente.

Já o artigo 424 do Código Civil determina a nulidade de cláusula que estipule a renúncia antecipada, por parte do aderente, a direito resultante da natureza do negócio.[23] Controverte-se a respeito da expressão "natureza do negócio". Abalizada doutrina sustenta que a *natureza do negócio* deriva da noção de tipo contratual. Nessa medida, caso sejam afastados os elementos naturais do tipo contratual, a cláusula nesse sentido deve ser considerada inválida.[24] Veda-se, assim, a inclusão de regras cujo conteúdo não esteja ajustado à disciplina tipicamente adotada.[25]

---

[20] Tepedino, Gustavo. *Fato do Príncipe e seus efeitos sobre contrato de adesão*, cit.

[21] Art. 423 do Código Civil: "Quando houver no contrato de adesão cláusulas ambíguas ou contraditórias, dever-se-á adotar a interpretação mais favorável ao aderente".

[22] Essa regra interpretativa deve ser conciliada com as demais normas de interpretação contratual, previstas nos arts. 112 e 113 do Código Civil, não devendo ser aplicada isoladamente. Nessa direção, alerta Cesare Massimo Bianca que "[a] predisposição unilateral dessas condições pela parte proponente não altera o princípio hermenêutico fundamental segundo o qual a *intenção comum* da parte contratante deve ser buscada no sentido em que a proposta poderia ser razoavelmente entendida pela parte aceitante" (tradução livre). No original: "La predisposizione unilaterale di tali condizioni da parte del predisponente non altera il fondamentale principio ermeneutico secondo il quale la *comune intenzione* dei contraenti deve essere ricercata nel significato in cui la proposta poteva essere ragionevolmente intensa dalla accettante" (*Diritto civile: contratto*, v. III. Milão: Giuffrè, 2000, p. 349).

[23] Art. 424 do Código Civil: "Nos contratos de adesão, são nulas as cláusulas que estipulem a renúncia antecipada do aderente a direito resultante da natureza do negócio".

[24] Konder, Carlos Nelson; Tepedino, Gustavo. *Fundamentos do Direito Civil: Contratos*, v. 3, cit., p. 79.

[25] Confiram-se também exemplos extraídos de enunciados das Jornadas de Direito Civil: "[a] cláusula de renúncia antecipada ao direito de indenização e retenção por benfeitorias

A despeito da tímida disciplina normativa instituída pelo Código Civil aos contratos de adesão, a doutrina, na esteira da previsão do Código de Defesa do Consumidor, sugere seja efetuado amplo controle quanto à abusividade de determinadas cláusulas, não limitado apenas à renúncia antecipada do aderente a direito resultante da natureza do negócio.[26] A avaliação do equilíbrio econômico com a presença de determinada cláusula consiste em importante fator para a sua validade, resultando em ferramenta para examinar o merecimento de tutela da alocação de determinados riscos contratuais.[27]

4. O contrato de adesão no Código de Defesa do Consumidor

Os contratos celebrados entre consumidores e fornecedores, sejam aqueles previamente negociados, sejam os firmados por adesão, sujeitam-se à disciplina protetiva do Código de Defesa do Consumidor. A contratação por adesão recebe tratamento diferenciado por configurar técnica que suplanta a fase das tratativas e na qual a vulnerabilidade do consumidor se torna mais aguçada.

necessárias é nula em contrato de locação de imóvel urbano feito nos moldes do contrato de adesão" (Enunciado nº. 433 da V Jornada de Direito Civil); e [n]o contrato de fiança é nula a cláusula de renúncia antecipada ao benefício de ordem quando inserida em contrato de adesão" (Enunciado nº. 364 da IV Jornada de Direito Civil). Anderson Schreiber acrescenta que "[o]s contratos de plano e seguro de saúde, em razão de especial natureza do interesse do aderente, têm se revelado pródigos para a identificação de cláusulas nulas por renúncia antecipada a direito essencial" (In SCHREIBER, Anderson *et alli*. *Código Civil comentado*. Rio de Janeiro: Forense, 2021, p. 290).

[26] LÔBO, Paulo. *Direito civil: contratos*, v. III, São Paulo: Saraiva, 2017, p. 134. No mesmo sentido, MARQUES, Claudia Lima; BENJAMIN, Antonio Herman; e MIRAGEM, Bruno. *Comentários ao Código de Defesa do Consumidor*. São Paulo: Revista dos Tribunais, 2019, comentários ao art. 51 do CDC, versão digital. Sobre a questão, explica Judith Martins-Costa: "[a] segunda ('abusividade contratual') diz respeito ao conteúdo contratual. Abusiva é a cláusula em si mesma porque ultrapassa aquilo que constitui, segundo a Ordem jurídica, o padrão mínimo do equilíbrio entre as posições contratuais. Manifesta-se abusividade nos contratos entre desiguais. O repúdio à abusividade, por via da nulidade, consiste, portanto, em 'medida compensatória de uma insanável falta de autodeterminação de um dos contraentes'" (*Boa-fé no Direito Privado*. São Paulo: Marcial Pons, 2015, p. 582).

[27] Cf. KONDER, Carlos Nelson; SANTOS, Deborah Pereira Pinto dos. *O equilíbrio contratual nas locações em shopping center: controle de cláusulas abusivas e a promessa de loja âncora*. In Scientia Iuris, Londrina, v. 20, n. 3, p.176-200, nov. 2016.

O art. 54 do Código de Defesa do Consumidor define o contrato de adesão e indica como requisitos para sua configuração a predeterminação do conteúdo e a impossibilidade de sua modificação pelo consumidor. O § 1º do aludido dispositivo esclarece que a inserção de cláusula no formulário não é capaz de desfigurar a natureza de adesão do contrato. De toda sorte, essas cláusulas inseridas prevalecem perante o texto pré-disposto, pois são indicativas de vontade especificamente manifestada para esse fim.[28]

O § 3º do art. 54 determina que o instrumento contratual seja redigido em termos claros, acessíveis, com caracteres ostensivos e legíveis, cujo tamanho da fonte não seja inferior ao corpo doze. Já o § 4º estabelece que as cláusulas limitativas de direito do consumidor devem ser redigidas com destaque, para que haja a sua imediata identificação e compreensão. Caso tais exigências formais não sejam observadas, a consequência jurídica consiste na ausência de vinculação do consumidor, a teor do artigo 46 do CDC.[29]

Incidem, ainda, as disposições que vedam a pactuação de cláusulas abusivas. O art. 51 do Código de Defesa do Consumidor elenca rol exemplificativo de cláusulas abusivas, cuja nulidade pode ser reconhecida de ofício pelo juiz. O inciso I, por exemplo, impede que o consumidor renuncie a seus direitos. Observe-se, a propósito, que, na disciplina do Código Civil, o aderente não pode renunciar previamente aos direitos inerentes à natureza do contrato (art. 424, CC). No âmbito do Código de Defesa do Consumidor, por outro lado, também não pode haver renún-

[28] De acordo com Claudia Lima Marques, "[o]utra linha mestra da interpretação dos contratos de adesão é a da prevalência das cláusulas acertadas individualmente sobre aquelas impressas ou uniformes. Sendo assim, se alguma cláusula estiver escrita à máquina ou à mão, pressupõe-se que esta derive de uma discussão individual, de um acordo de vontades sobre aquele ponto específico da relação contratual, devendo prevalecer e derrogar as outras cláusulas do formulário-padrão" (*Contratos no Código de Defesa do Consumidor.* São Paulo: Revista dos Tribunais, 2016, versão digital).

[29] Art. 46 do Código de Defesa do Consumidor: "Os contratos que regulam as relações de consumo não obrigarão os consumidores, se não lhes for dada a oportunidade de tomar conhecimento prévio de seu conteúdo, ou se os respectivos instrumentos forem redigidos de modo a dificultar a compreensão de seu sentido e alcance".

cia, mas não apenas a direitos inerentes à natureza do contrato, e sim a qualquer direito concedido ao consumidor.[30]

Em síntese, nas relações consumeristas existe duplo controle pelo intérprete, a saber: (i) análise quanto ao conteúdo contratual, a fim de verificar a presença de eventual cláusula abusiva (art. 51, CDC) e (ii) análise quanto ao atendimento do dever de informação e ao preenchimento das formalidades previstas em lei (arts. 46 e 54, CDC).[31] Caso certa cláusula contratual seja considerada abusiva, ela é inválida e, por conseguinte, incapaz de vincular o consumidor, ainda que redigida em destaque e mesmo que o consumidor tenha especificamente consentido para com ela. Da mesma forma, se determinada cláusula restritiva não observar as formalidades legais, ainda que apresente conteúdo legítimo, também não terá o condão de obrigar o consumidor.

Por fim, destaque-se que o art. 47 do CDC prevê que as cláusulas contratuais devem ser interpretadas a favor do consumidor,[32] o que coincide com o disposto no art. 423 do Código Civil em relação aos contratos de adesão.

5. Mecanismos de gestão de riscos nos contratos de adesão

Os contratos podem ser celebrados no âmbito de relações empresariais, civis ou de consumo. Em qualquer caso, submetem-se à mesma dogmática contratual, ainda que suscitem graus diversos de intervenção por parte do legislador e do Poder Judiciário. Contratos civis, empresariais ou de consumo não configuram categorias estanques ou distintas, sendo expressões do mesmo fenômeno jurídico. É no plano interpretativo que será possível oferecer a tutela adequada a cada específico cenário contra-

[30] Na doutrina, v. MARQUES, Claudia Lima. *Contratos no Código de Defesa do Consumidor.* São Paulo: Revista dos Tribunais, 2016, p. 1038; BESSA, Leonardo Roscoe. *Proteção Contratual.* In BENJAMIN, Antônio Herman; MARQUES, Claudia Lima; e BESSA, Leonardo Roscoe. *Manual do Código de Defesa do Consumidor.* São Paulo: Revista dos Tribunais, 2016, p. 403; MIRAGEM, Bruno. *Curso de Direito do Consumidor.* São Paulo: Revista dos Tribunais, 2012, p. 301.

[31] CASTRO, Diana Loureiro Paiva de; OLIVA, Milena Donato. *As cláusulas de Não Indenizar nas relações de consumo e nos contratos de adesão em relações civis.* In Revista de Direito do Consumidor, vol. 129, maio-jun. 2020.

[32] Art. 47 do Código de Defesa do Consumidor: "As cláusulas contratuais serão interpretadas de maneira mais favorável ao consumidor".

tual, a exigir ora maior liberdade, ora maior grau de intervenção estatal por parte do legislador e do magistrado.[33]

É importante que não haja a segmentação dos contratos em microssistemas com teorias contratuais próprias, pois essa fragmentação pode comprometer a compreensão do fenômeno contratual no ordenamento jurídico brasileiro.[34] Tanto os contratos empresariais, como os civis e os de consumo sujeitam-se à mesma principiologia contratual, embora com gradações distintas, que levem em conta não apenas aspectos estruturais (como a presença de dois empresários, por exemplo), mas também aspectos funcionais (como o desequilíbrio entre as partes).

Nessa esteira, aplica-se a todos os contratos o princípio da obrigatoriedade dos pactos, no âmbito do qual se insere o respeito à legítima alocação de riscos efetuada pelas partes, o que se aplica inclusive aos contratos de adesão, sejam de consumo, civis ou empresariais. O critério do que é uma alocação legítima de riscos é que se altera em cada espécie de relação jurídica à luz da vulnerabilidade das partes envolvidas. Tal não quer dizer, contudo, que os aderentes, mesmo que consumidores, não possam correr riscos e efetuar contratações em que determinada álea esteja neles alocada. Não se pode intervir no contrato, mesmo que de consumo, para alterar riscos legitimamente assumidos.

O regime dos contratos de adesão (civil, empresarial ou consumerista) impõe limites à autonomia privada na fixação de riscos contratuais. No entanto, ao contrário do que se poderia imaginar em uma primeira leitura, tais limites não inviabilizam a gestão de riscos. E nem poderiam, pois a própria escolha do tipo contratual já impõe certa alocação de riscos, sendo inerente ao contrato a assunção de determinadas áleas pelas partes.

O principal requisito para se aferir a legitimidade da repartição de riscos contratuais consiste na avaliação do equilíbrio contratual.[35] No âmbito das relações de consumo, tal equilíbrio deve se basear especialmente na

[33] Cf. Tepedino, Gustavo. *As Relações de Consumo e a Nova Teoria Contratual.* In Tepedino, Gustavo. Temas de Direito Civil, v. II. Rio de Janeiro: Renovar, pp. 229-250.

[34] Perlingieri, Pietro. *O Direito Civil na Legalidade Constitucional.* Rio de Janeiro: Renovar, 2008, pp. 209-211.

[35] Castro, Diana Loureiro Paiva de; Oliva, Milena Donato. *As cláusulas de não indenizar nas relações de consumo e nos contratos de adesão em relações civis*, cit.

expectativa legítima do consumidor, apreendida a partir do regramento contratual, das informações prestadas pelo fornecedor, e da percepção social da utilidade que se espera com o produto ou o serviço.[36] Cláusulas contratuais estipuladas com o propósito de transferir ao consumidor riscos próprios da atividade desenvolvida pelo fornecedor são consideradas abusivas, por se entender que isso configuraria extrema desvantagem ao consumidor, em violação ao art. 51, IV e § 1º, do CDC. A valoração quanto à repartição de riscos segue régua mais severa no Código de Defesa do Consumidor.[37]

Já nos contratos empresariais celebrados por adesão, os princípios contratuais incidirão de maneira quantitativamente distinta em comparação aos contratos empresariais livremente negociados. A denotar a unitariedade axiológica da teoria contratual e a identificação da disciplina aplicável não exclusivamente a partir de critérios formais, como contratação entre empresários ou com consumidores, mas também com base em critérios funcionais, como a assimetria entre as partes, o Superior Tribunal de Justiça tem aplicado normas protetivas do CDC mesmo para relações contratuais entre profissionais, desde que comprovada a vulnerabilidade no caso concreto.[38]

[36] Oliva, Milena Donato; Renteria, Pablo. *Obrigações de meios e assunção de riscos pelo consumidor.* In *Revista de Direito do Consumidor*, São Paulo, vol. 111, maio-jun. 2017.

[37] A título de exemplo de desequilíbrio em contrato de plano de saúde, a Súmula no. 302 do STJ qualifica como abusiva a cláusula de contrato de plano de saúde que limita no tempo a internação hospitalar do segurado, por comprometer a finalidade contratual e representar desvantagem exagerada ao consumidor. Sobre o tema, v. Oliva, Milena Donato; Renteria, Pablo. *A cláusula geral de boa-fé objetiva nas situações jurídicas obrigacionais e reais e os Enunciados 302 e 308 da Súmula da Jurisprudência Predominante do Superior Tribunal de Justiça.* In Revista de Direito do Consumidor, vol. 101, a. 24, 2005, pp. 103-136.

[38] V., a título exemplificativo, recente decisão do STJ a respeito da adoção da teoria finalista mitigada: "O Código de Defesa do Consumidor não se aplica no caso em que o produto ou serviço é contratado para implementação de atividade econômica, já que não estaria configurado o destinatário final da relação de consumo (teoria finalista ou subjetiva). Contudo, tem admitido o abrandamento da regra quando ficar demonstrada a condição de hipossuficiência técnica, jurídica ou econômica da pessoa jurídica, autorizando, excepcionalmente, a aplicação das normas do CDC (teoria finalista mitigada)" (STJ, AgInt no AREsp 1.712.612, 4ª T., Rel. Min. Luis Felipe Salomão, julg. 7.12.2020).

No direito brasileiro, tanto o Código Civil quanto o Código de Defesa do Consumidor admitem a avaliação da abusividade contratual em relação às obrigações principais e às acessórias. No direito francês, por outro lado, o exame de abusividade ocorre nas obrigações acessórias, não já nas principais, pressupondo-se que, em relação a estas, o aderente teve a oportunidade de refletir a seu respeito. Nesse sentido, o art. 1.171 do Código Civil francês, alterado com a reforma contratual de 2016, e a disciplina consumerista francesa correspondente estabelecem que, nos contratos de adesão, considera-se não escrita a cláusula que cria desequilíbrio significativo entre direitos e obrigações das partes, excetuadas as obrigações sobre o objeto principal do contrato e sobre a adequação do preço à prestação.[39] O *Codice Civile* italiano, por sua vez, exige a aprovação específica do aderente para sua vinculação quanto a cláusulas acessórias nos contratos por adesão (como de limitação de responsabilidade, de estabelecimento de faculdade de resilir unilateralmente o contrato ou suspender a sua execução).[40]

[39] Artigo 1.171 do Código Civil francês: "Dans un contrat d'adhésion, toute clause non négociable, déterminée à l'avance par l'une des parties, qui crée un déséquilibre significatif entre les droits et obligations des parties au contrat est réputée non écrite. L'appréciation du déséquilibre significatif ne porte ni sur l'objet principal du contrat ni sur l'adéquation du prix à la prestation". Essa técnica legislativa reflete o art. L212-1 do Código do consumo francês, para o qual o caráter abusivo da cláusula não permite a análise do objeto principal do contrato, nem sobre a adequação do preço ou da remuneração do bem vendido ou do serviço oferecido, desde que as cláusulas sejam redigidas de maneira clara. Essa norma consumerista reflete, por sua vez, a Diretiva da União Europeia 93/13/CEE sobre cláusulas abusivas nos contratos consumeristas (art. 4º/2): "A avaliação do carácter abusivo das cláusulas não incide nem sobre a definição do objecto principal do contrato nem sobre a adequação entre o preço e a remuneração, por um lado, e os bens ou serviços a fornecer em contrapartida, por outro, desde que essas cláusulas se encontrem redigidas de maneira clara e compreensível".

[40] Art. 1.341 do *Codice Civile*: "Le condizioni generali di contratto predisposte da uno dei contraenti sono efficaci nei confronti dell'altro, se al momento della conclusione del contratto questi le ha conosciute o avrebbe dovuto conoscerle usando l'ordinaria diligenza. In ogni caso non hanno effetto, se non sono specificamente approvate per iscritto, le condizioni che stabiliscono, a favore di colui che le ha predisposte, limitazioni di responsabilità, facoltà di recedere dal contratto o di sospenderne l'esecuzione, ovvero sanciscono a carico dell'altro contraente decadenze, limitazioni alla facoltà di opporre eccezioni,

6. Gestão do risco por meio da previsão de obrigação de meio ou de resultado: o exemplo do gestor do fundo de investimento

As partes podem ajustar, na contratação, a natureza da prestação devida pelo devedor, se de meios ou de resultado. Nem sempre haverá plena liberdade na estipulação de obrigação de meios, pois tal ajuste não pode servir de subterfúgio para o repasse indevido de riscos ao credor. Mas, uma vez adequada à legítima expectativa do credor e à função comum perseguida pelas partes com o contrato, a pactuação de obrigação de meios afigura-se legítimo instrumento de gestão contratual de risco.[41]

Isso porque, havendo pactuação de obrigação de meios, o risco pela não obtenção do resultado não está alocado no devedor, mas no credor. O devedor que age diligentemente, mas, mesmo assim, não logra obter o resultado almejado, é considerado adimplente para todos os fins contratuais. O credor arca com o risco do resultado não se verificar.

Exemplo de contratação por adesão com obrigação de meios legitimamente estipulada se verifica no fundo de investimento, em que o gestor assume a obrigação de meios de aplicar os recursos do investidor com vistas a obter o maior retorno financeiro possível. Na medida em que a obrigação do gestor é de meios, o risco da não obtenção de retorno financeiro, e inclusive de perda do capital investido, é do investidor. Dessa forma, os cotistas assumem os riscos associados ao desempenho financeiro da carteira, o que significa não apenas a possibilidade de perda do valor investido, como também o risco de ter que aportar mais dinheiro para fazer frente ao patrimônio líquido negativo do fundo.[42]

Alterar tal qualificação da obrigação do gestor e, por conseguinte, mudar a alocação de riscos legitimamente estabelecida, subverteria

restrizioni alla libertà contrattuale nei rapporti coi terzi, tacita proroga o rinnovazione del contratto, clausole compromissorie o deroghe alla competenza dell'autorità giudiziaria".

[41] Sobre o tema, cf. Oliva, Milena Donato; Renteria, Pablo. *Obrigações de meios e assunção de riscos pelo consumidor*, cit. V. tb. STJ, REsp 1.724.722, 3ª T., Rel. Min. Nancy Andrighi, julg. 27.8.2019; STJ, REsp 1.606.775, 3ª T., Rel. Min. Ricardo Villas Bôas Cueva, julg. 6.12.2016; e STJ, REsp 799.241, 4ª T., Rel. Raul Araújo, julg. 14.8.2012.

[42] Confira-se a dicção do art. 15 da ICVM 555/2014: "Os cotistas respondem por eventual patrimônio líquido negativo do fundo, sem prejuízo da responsabilidade do administrador e do gestor em caso de inobservância da política de investimento ou dos limites de concentração previstos no regulamento e nesta Instrução".

completamente a lógica dos fundos de investimento e acabaria com esse importantíssimo expediente negocial. A certeza dos resultados financeiros e a transmutação da obrigação do gestor de meios em resultado desvirtuaria por completo a finalidade do serviço de gestão de recursos de terceiros, que está intimamente vinculada à busca de rendimento financeiro por meio da aplicação dos recursos do cliente na compra e venda de títulos e valores mobiliários. Se sua obrigação fosse de resultado, o gestor deixaria de exercer a atividade de administração de recursos, tornando-se, em vez disso, devedor do cliente, tal como observado em uma típica operação de mútuo. Nesse cenário, o investidor correria o risco de crédito do gestor, que, assim, passaria a representar fonte importante de preocupação para a higidez do sistema financeiro.[43]

Portanto, a alocação do risco de desempenho da carteira recai sobre o investidor. O gestor apenas responde se falhar na prestação do seu serviço. Não há de se confundir resultados aquém das expectativas com má-gestão, partindo da premissa de que a boa gestão levaria necessariamente aos resultados almejados. Por mais escorreita que possa ser a gestão de um fundo de investimento, este instrumento sempre envolve a assunção de riscos pelo investidor. Deve-se apartar, assim, a má-gestão, deflagradora do dever de reparar, dos riscos próprios do investimento, assumidos pelo investidor (que pode ser um consumidor) e que devem ser por este exclusivamente arcados.[44]

Conclusões

A legítima alocação de riscos efetuada pelas partes deve ser respeitada em todas as relações contratuais, inclusive nos contratos de adesão, sejam de consumo, civis ou empresariais. A teoria contratual é una, ainda que, quantitativamente, os princípios contratuais tenham peso distinto, a depender da concreta relação jurídica. Ou seja, no plano interpretativo avalia-se a tutela adequada a cada específico cenário contratual, a exigir ora maior liberdade, ora maior grau de intervenção.

[43] V. Oliva, Milena Donato; Renteria, Pablo. *Obrigações de meios e assunção de riscos pelo consumidor*, cit.

[44] V. Oliva, Milena Donato; Renteria, Pablo. *Obrigações de meios e assunção de riscos pelo consumidor*, cit.

Dessa forma, tanto os contratos empresariais, como os civis e os de consumo sujeitam-se à mesma principiologia contratual, embora com gradações distintas, que considerem não apenas aspectos estruturais (como a presença de dois empresários, por exemplo), mas também aspectos funcionais (como o desequilíbrio entre as partes).

Daí decorre que se aplica, a todos os contratos, o princípio da obrigatoriedade dos pactos, devendo-se respeitar, como consectário, a legítima alocação de riscos efetuada pelas partes, o que vale inclusive para os contratos de adesão, sejam de consumo, civis ou empresariais. O critério do que seja uma alocação legítima de riscos é que se altera em cada espécie de relação jurídica à luz da vulnerabilidade das partes envolvidas. Tal não quer dizer, contudo, que os aderentes, mesmo que consumidores, não possam correr riscos e efetuar contratações em que determinada álea esteja neles alocada. Não se pode intervir no contrato, mesmo que de consumo, para alterar riscos legitimamente assumidos.

A título exemplificativo, no fundo de investimento, o gestor assume a obrigação de aplicar os recursos com vistas a obter o maior retorno financeiro possível. Sua obrigação é de meios, pois o risco da não obtenção de retorno financeiro, e inclusive de perda do capital investido, é do investidor. Alterar tal distribuição de riscos seria subverter completamente a lógica dos fundos de investimento e acabar com esse importantíssimo expediente negocial. A certeza dos resultados financeiros e a transmutação da obrigação do gestor de meios em resultado desvirtuaria por completo a finalidade do serviço de gestão de recursos de terceiros.

O principal requisito para se aferir a legitimidade da repartição de riscos contratuais consiste na avaliação do equilíbrio contratual. Ausente qualquer abusividade na alocação contratual dos riscos, esta deve ser respeitada, seja em relações civis, empresariais ou de consumo, celebradas por adesão ou livremente negociadas.

PARTE 2

ARBITRAGEM

1.
DA GESTÃO DO RISCO NO DIREITO DA ARBITRAGEM

António Menezes Cordeiro

Risco e insegurança em geral

1. O tema do risco

I. Na vida humana, as incertezas e as inseguranças constituem dados básicos que acompanham quer o dia-a-dia, quer as grandes decisões. Variáveis de todo o tipo tornam o futuro imprevisível: a recente guerra na Europa recorda-o, do modo mais brutal. O Direito procura dogmatizar o risco, isto é: proceder ao seu tratamento teórico e prático. Tem em vista quer a sua limitação, quer a sua distribuição equitativa.

II. A ideia do risco é discutida[1], conquanto que intuitivamente perceptível. O risco surge no termo de uma cadeia causal em que os fatores tempo e incerteza fragilizam um concreto escopo económico, prosseguido pelo agente. Quanto ao tempo, é sabido que apenas no imediato se torna possível antever o que segue: e nem sempre. A incapacidade humana de prever, para além disso, provoca as incertezas básicas da vida económica[2].

[1] Häberle, Siegfried Georg, *Risiko als zielbezogenes Phänomen / Eine Untersuchung über die Kriterien für eine systematische Erfassung des betrieblichen Risikokomplexes unter besonderer Berücksichtigung des Risikos von Bankbetrieben*, 1979, 175 pp., p. 1 e *passim*.
[2] Knight, Frank H., *Risk, Uncertainty and Profit*, 1993, reimp., 1964, LXI + 445 pp., p. 233 ss..

No Direito romano, a eventualidade de um acontecimento incerto era expressa pelo termo *alea*[3]. A hipótese de um evento negativo equivalia a *periculum* ou a *damnum*[4]. E de facto, no Direito romano, surgiam já esquemas coerentes de atribuição do risco (do *periculum*) em diversas áreas, com relevo para a compra e venda[5], para a locação[6] e para contratos bilaterais[7]. Mas não havia uma teoria geral, sendo mesmo apontado um quadro contraditório, nas compilações justinianeias[8].

No período intermédio, *periculum* também foi usado[9]. Mas recorreu-se ao latim *riscus*, baixo latim *risicus*, *rischium* ou *rischum*, para exprimir a mesma ideia[10]. Na base, temos o grego de origem frísia *ρίσκος* (*riskos*) que exprimia um cofre, normalmente de madeira, onde se guardavam jóias e dinheiro[11]. Daí, passou-se ao latim *riscus*, onde tinha sensivelmente o mesmo sentido[12]; os etimologistas acentuam que o *riscus* era sobretudo usado pelas mulheres, contrapondo-se ao *fiscus*: a cesta onde era guardado o dinheiro da casa.

A ligação entre o *riscus* (cofre) e os perigos ou eventualidades em que ele poderia incorrer levou a que estes fossem designados por aquele, num fenómeno de contágio semântico conhecido, em linguística, como meto-

[3] Boselli, Aldo, *Alea*, NssDI I/1, 1974, reimp., pp. 468-476 (468/I).

[4] Sargenti, Manlio, *Rischio (diritto romano)*, ED XL, 1989, pp. 1126-1132 (1126).

[5] Haymann, Franz, *Textkritische Studien zum römischen Obligationenrecht / Periculum est emptoris*, SZRom 41, 1920, pp. 44-185 (63 ss.) e Seckel, Emil, *Die Gefahrtragung beim Kauf im klassischen römischen Recht*, SZRom 47 (1927), 117-263 (121 ss.).

[6] Kaser, Max, *Periculum locatori*, SZRom 74, 1957, pp. 155-200.

[7] Betti, Emilio, *Zum Problem der Gefahrtragung bei zweiseitig verpflichtenden Verträgen*, SZRom 82, 1965, pp. 1-23, onde também é usado o termo *periculum*.

[8] Sargenti, Manlio, *Rischio (diritto romano)*, cit., p. 1126.

[9] Birocchi, Italo, *Rischio (diritto intermedio)*, ED XL, 1989, pp. 1133-1143 (1134/II).

[10] Du Cange, *Glossarium Mediae et Infimae Latinitatis*, VI, 1883/1887, reimp., 1954, 194/III; *rischium* e *rischum* surgem no século XIII, estando na base das equivalentes expressões nas atuais línguas latinas e nos próprios inglês (*risk*) e alemão (*Risiko*).

[11] Frisk, Hjalmar, *Griechisches Etymologisches Wörterbuch*, II, 1970, p. 659.

[12] Hug, *Riscus*, PWRE 24/2, 1914, p. 923.

nímia[13]. Surgem, no entanto, outras etimologias para "risco"[14], ainda que menos óbvias e documentadas[15].

III. A álea exprime uma margem de flutuação nos eventos futuros, implicando uma possibilidade de vantagens, com a inerente probabilidade de uma perda. Sendo assim, o risco exprimiria a vertente negativa da álea: a do perigo de um mal[16]. Risco pode, deste modo, ser definido como a probabilidade de diminuição, numa situação previamente considerada. Toma corpo numa de cinco eventualidades: (1) na supressão ou na diminuição de uma vantagem; (2) no não-surgimento de uma vantagem; (3) no aumento de uma desvantagem; (4) no não-desaparecimento de uma desvantagem; (5) no desaparecimento menor de uma desvantagem.

O risco não tem de ser reportado a eventos futuros; mas quando assente em factos passados (ou presentes), estes não podem ser do conhecimento de quem corra o risco: ou já não haverá probabilidades, mas certezas.

O risco é uma realidade compreensiva. Apesar das aproximações lógicas acima efetuadas, ele exprime, antes de mais, um sentir sócio-económico relativo ao devir humano e aos desconfortos a que ele possa estar associado.

2. Risco e contratos

I. As considerações anteriores exprimem uma das dimensões da apropriação humana. Os bens obtidos, particularmente quando de natureza patrimonial, são sempre de manutenção incerta. Apenas o passado é certo, quando conhecido. *In futurum*, tudo pode suceder, em função do risco envolvido. No Direito dos contratos, esse risco é maior e, sobretudo: de mais difícil controlo. Nos contratos que não comportem exe-

[13] *Semântica*, GEPB XXVIII, s/d, 202-212 (205) e *Metonímia*, GEPB XVII, s/d, 123.

[14] É comum a afirmação, nos dicionários etimológicos correntes, da incerteza quanto à origem do termo "risco".

[15] *Vide* REGO, Margarida Lima, *Contrato de seguro e terceiros / Estudo de Direito civil*, 2010, p. 68.

[16] BOSELLI, Aldo. *Alea*, cit., p. 468/I; VASQUES, José, em Romano Martinez, *Lei do Contrato de Seguro Anotada*. 2. ed., 2011, p. 246; ALMEIDA, Carlos Ferreira de. *Contratos* III – *Contratos de liberalidade, de cooperação e de risco*. 2. ed., 2013, pp. 156-157.

cução imediata, o bem juridicamente atribuído é uma prestação, ou seja, uma conduta futura do devedor. Um valor desse tipo logo apresenta duas ordens de incerteza. Depende: (1) da vontade que o devedor tenha, no momento aprazado, de concretizar a vantagem atribuída ao credor; (2) da capacidade económica de que ele desfrute, seja para executar a prestação, seja para se sujeitar ao seu sucedâneo indemnizatório.

Na presença de uma relação contratual, o credor constrói, na base de elementos objetivos e/ou subjetivos, uma certa expectativa de êxito. Ele tem um grau de confiança no bom desempenho do devedor[17], confiança essa que surge inversamente proporcional à imagem disponível do risco envolvido.

II. O risco gera desconfiança[18]. O credor, mormente no momento da constituição do vínculo, configura o risco expectável: tanto maior quanto mais dilatado for o prazo para o cumprimento e quanto mais amplo for o esforço requerido ao devedor. A desconfiança do credor varia na razão direta da sua perceção do risco. Apesar do reflexo linguístico, não é possível considerar a desconfiança (*Misstrauen*, *méfiance*) como a pura ausência de confiança: mais do que uma falta, a desconfiança assenta num sentimento ativo negativo.

III. Por seu turno, a perceção do risco, pelo credor, depende de múltiplos vetores. Na generalidade dos casos, ela equivale a uma intuição imediata, própria do dia-a-dia de cada um. O risco é, nos negócios correntes, anulado através da simultaneidade das prestações. Nos múltiplos contratos do quotidiano, os bens são entregues contra pagamento e vice-versa. Já assim não sucede perante prestações diferidas, com natural focagem nos mútuos e demais negócios de crédito. Aí, é decisivo o pré-juízo sobre a honorabilidade e a solvabilidade do devedor.

O cidadão comum valer-se-á do conhecimento que tenha do devedor, da experiência acumulada e dos conselhos que receba. Para além disso, encomendar-se-á à sorte ou à Providência.

[17] Lwowski, Hans-Jürgen. *Das Recht der Kreditsicherung*. 9. ed., 2011, § 1, Nr. 2 (1).

[18] Bülow, Peter. *Recht der Kreditsicherheiten / Sachen und Rechte, Personen*. 8. ed., 2012, Nr. 1 (1).

O profissional – no limite: o banqueiro – dispõe de critérios apurados para fazer um cálculo do risco: perfil do devedor, envolvendo o seu histórico, o seu património e o seu *cash-flow* ou capacidade para gerar fluxos positivos. No limite, o bom banqueiro fará uso da sua intuição e da sua experiência: um cliente "hábil" pode transmitir informações que, mesmo verdadeiras, induzam em erro os modelos comuns de aferição do risco. Várias técnicas bancárias têm sido desenvolvidas para conseguir uma ligação ótima entre dados puramente racionais e a margem de apreciação subjetiva própria de qualquer decisão humana[19]. Vem referido o "princípio dos quatro olhos": a concessão de crédito depende do voto favorável de, pelo menos, duas pessoas independentes uma da outra.

3. As garantias

I. O risco nos contratos pode ser controlado, minimizado ou, no limite, suprimido, através de garantias[20]. Em geral, estas podem ser definidas como todos os esquemas destinados a lidar com o risco, assegurando o cumprimento das obrigações. As garantias, num fenómeno pouco frequente no Direito civil tradicional, não são definíveis nem pela sua estrutura, nem por uma especial origem histórica. Elas agrupam figuras díspares, aproximáveis, simplesmente por, em comum, terem o escopo de reforçar a expectativa do credor à obtenção do bem representado por uma obrigação[21].

II. As formas de, no sentido apontado, garantir o cumprimento de uma obrigação são inumeráveis. Ao longo da História, desenvolveram-se

[19] SCHILLER, Bettina/TYTKO, Dagmar. *Risikomanagement im Kreditgeschäft / Grundlagen, neueren Entwicklungen und Anwendungsbeispiele*, 2001, XVI + 322 pp., p. 22 ss..

[20] Em especial, FÖRSTER, Christian. *Die Fusion von Bürgschaft und Garantie*, 2010, 10 ss..

[21] FREZZA, Paolo, ao abrir o seu monumental estudo sobre as garantias no Direito romano: *Le garanzie delle obbligazioni / Corso di diritto romano*, I – *Le garanzie personali*, 1962, IX + 378 pp. e II – *Le garanzie reali*, 1963, XI + 373 pp., I, p. 3, define:

Garantia de uma relação obrigacional é outra relação jurídica constituída para reforçar o fundamento à expectativa do credor à prestação: esta relação pode ser real ou obrigacional e ser constituída pelo próprio devedor ou por terceiro.

A garantia é uma função típica, na qual podem ser usadas relações jurídicas reais ou pessoais.

esquemas especializados, reconhecidos e legitimados pelo Direito. Trata-se de garantias jurídicas. Tais garantias, pela sua dimensão, concitam um tratamento científico. São manuseáveis e previsíveis, à luz da Ciência do Direito. As garantias podem ser objeto de outras áreas. Desde logo das matemáticas, mormente na área do cálculo das probabilidades[22]: processo usado para, na base de grandes números, quantificar o risco envolvido. Valem, ainda, a estatística, a economia e a própria política. Estes ramos do saber funcionam como ciências auxiliares. O cerne jurídico-científico é o Direito das garantias, no duplo sentido de Ciência jurídica e de conjunto articulado de normas e de princípios.

III. A etimologia precisa de "garantia" levanta dúvidas. Não se trata de um étimo latino. Em Roma, usar-se-ia *certus* ou *verus*, no sentido de verdadeiro ou de fidedigno[23] e *cautio*, para assegurar ou tutelar[24]. Em velho alto-alemão, ocorre *weren*, de origem germânica, base do medieval *guarantiere*. A origem de *weren* (*vide* o alemão *wahren*, cuidar de, defender e *wehren*, defender), particípio *geweren*, é discutida. Schuster reporta *war*[25]; Käser refere *werento*[26]; Stein prefere *waren*[27]; Radin retém *wehren* [28]. O dicionário jurídico da Academia Prussiana das Ciências aponta para *Garant* (*Gewährsmann*, isto é: fiador ou abonador), *werento*, românico *gwarat* e para *garantieren*, *warandare*; remete, ainda, para *Warandus* e *Warand*;

[22] Com indicações, o nosso *Direito dos seguros*, 2ª ed. (2016), 64-65.
[23] GRIMM, Jacob/GRIMM, Wilhelm. *Deutsches Wörterbuch*, 4/1, com a colaboração de Hermann Wunderlich, 1911, entrada *Gewahr*, 4759, com muitas indicações.
[24] *Idem*, 4763.
[25] SCHUSTER, Richard. *Der Rechtsbegriff der durch Garantievertrag begründeten Garantie*, 1928, 113 pp., p. 95.
[26] KÄSER, Jörg. *Garantieversprechen als Sicherheit im Handelsverkehr / Vergleichende Untersuchung der Rechte verschiedener europäischer Länder und der Vereinigten Staaten von Amerika*, RabelsZ 35, 1971, pp. 601-631 (601, nota 1).
[27] STEIN, Rudolf. *Der Garantievertrag als Nebenvertrag*, 1911, 84 pp., p. 15.
[28] RADIN, Max. *Guaranty and Suretyship*, CalLR 17, 1929, pp. 605-622 e 18, 1929, pp. 21-30 (605), citando São Germano, em carta de 1200; este artigo contém uma série de indicações do maior interesse, quanto à etimologia e ao uso de diversas expressões ligadas a garantias, incluindo alemãs, latinas e inglesas.

infelizmente, o competente volume não chegou a ser publicado[29]. A locução germânica, passou ao francês medieval *guarantir*, documentado já na *Chanson de Roland*[30]. Daí, através do normando, *garantie* foi acolhida no anglo-saxão, onde originou *guaranty* e *warranty*[31]. A expressão generalizou-se, regressando ao alemão, agora como *Garantie*, no século XVII. A partir do francês, a locução entrou no léxico lusófono[32].

A distribuição jurídica do risco

4. A regra básica

I. Em Direito, o dano ou prejuízo traduz-se na supressão ou diminuição de uma situação favorável que estava protegida pelo ordenamento.

A ocorrência de danos é uma possibilidade constante no mundo do Direito, dada a contingência e a precariedade das realidades humanas. Os danos podem assumir diversas naturezas, sujeitando-se a múltiplas classificações[33]: (1) danos morais e danos patrimoniais, consoante a natureza das vantagens suprimidas; (2) danos lícitos e danos ilícitos, em função do tipo de atuação que lhes tenha dado azo; (3) danos naturais e danos humanos, em consonância com essa mesma realidade; (4) danos ressarcíveis e danos compensáveis, de acordo com a postura que uma eventual indemnização possa, perante eles, assumir; (5) danos emergentes e lucros cessantes, conforme eles derivem da supressão de utilidades ou,

[29] *Deutscher Rechtswörterbuch (Wörterbuch der älteren deutschen Rechtsprache)*, ed. Academia Prussiana das Ciências, III, 1937, pp. 1170-1171 e 1171.

[30] Bédier Joseph (ed., s/d). *La Chanson de Roland* (ca. 1100, segundo o manuscrito de Oxford) onde, no verso 3835 (290) surge o troço seguinte:

(...) A ceste espee, que jo ai ceinte ici,
Mun jugement voel sempres guarantir.
Respundent Franc : "Or avez vos ben dit".

Förster, Christian. *Die Fusion von Bürgschaft und Garantie*, cit., 35, acolhe-se ao século XVII; todavia, é clara uma presença anterior.

[31] Mcguinness, Kevin Patrick. *The Law of Guarantees*, 1986, 21; *vide* Radin, Max. *Guaranty and Suretyship*, cit., pp. 605-606, com indicação de fontes.

[32] Machado, José Pedro. *Dicionário etimológico da língua portuguesa*. III, 3. ed., 1977, p. 127/I.

[33] Otto, Hansjörg. no *Staudingers Kommentar*, §§ 255-304, 2004, § 280, E (436 ss..); *vide* o nosso *Tratado de Direito civil*, vol. VIII, 2ª ed., 2023, reimp., p. 541 ss..

pelo contrário, correspondam à não obtenção de vantagens que, de outra forma, seriam aguardadas.

II. A regra básica no tocante aos danos é a da sua suportação pela própria esfera onde ocorram. Falando-se, a tal propósito, em risco, como traduzindo a aptidão que uma esfera tenha para suportar os danos que, porventura sobrevenham, poder-se-á dizer que cada um corre o risco de ver suprimidas as vantagens que antes lhe coubessem [34]. Esta suportação natural dos danos pelas esferas onde se verifiquem as correspondentes desvantagens tem uma dupla justificação, prática e valorativa.

Em termos práticos, pode dizer-se que a suportação do dano na esfera onde ocorra corresponde à natureza das coisas e faculta uma solução rápida e eficaz para a sua problemática. A solução de transferir ou repercutir um dano, que se verifique numa esfera, para esfera diversa da inicial, implica a movimentação de toda uma complexa disciplina civil, com questões difíceis; vão elas desde a identificação da esfera responsável, até à própria avaliação do dano e passando pela forma do ressarcimento. Todas essas operações só são possíveis em casos marginais; na grande maioria das situações, o Direito verga-se à natureza.

Em termos valorativos, a suportação do dano pela esfera onde ocorra corresponde, em geral, à solução mais justa. Qualquer dano pressupõe a prévia atribuição de uma vantagem, em termos particularizados. Ao fazer correr contra o beneficiado o risco do súbito desaparecimento da sua vantagem, o Direito dá livre curso a uma forma de justiça distributiva: *ubi commoda, ibi incommoda*. E a contraprova torna-se edificante: o fazer correr o risco por quem não tenha tido o benefício das vantagens, enquanto elas existiam, seria uma fórmula maior de injustiça.

III. Em aplicação da regra básica da suportação dos danos, acima apontada, pode considerar-se, por exemplo: (1) que o desaparecimento das vantagens de personalidade – *maxime* a morte – corre por conta do atingido; (2) que a destruição ou a deterioração de uma coisa corpórea é

[34] KEGEL, Gerhard. *Empfiehlt es sich den Einfluss grundlegender Veränderungen des Wirtschaftslebens auf Verträge gesetzlich zu regeln und in welchem Sinn?* Gutachten 40. DJT, 1953, vol. I, pp. 137-236 (200) e DEUTSCH, Erwin. *Allgemeines Haftungsrecht*. 2. ed., 1996, p. 1.

sofrida pelo proprietário ou por quem, sobre ela, tenha outro direito; (3) que a impossibilitação de uma obrigação é suportada pelo credor.

5. A responsabilidade civil

I. Em certas situações, a regra apontada da suportação dos danos pelas esferas onde ocorram é desviada por normas diversas que obrigam à sua imputação – isto é, à sua atribuição – a outras esferas. Surge a responsabilidade civil. Enquanto situação, ela pode ser definida como a ocorrência jurídica na qual um dano registado numa esfera é imputado a outra. A imputação faz-se através de uma obrigação: a obrigação de indemnizar. A obrigação de indemnizar pode isolar-se pelas suas coordenadas e, designadamente: (1) pela sua fonte: ela deriva de um dano e de uma imputação; (2) pelo seu conteúdo: a indemnização, isto é, a prestação equivalente a um determinado dano; (3) pelo seu objetivo: a supressão de um dano, que vai ser repercutido na esfera adstrita a tal operação.

II. A situação mais simples na justificação de ocorrência de responsabilidade civil – portanto, de repercussão de danos em esferas nas quais elas não hajam, precisamente, ocorrido – é a da prática de factos ilícitos danosos: quando alguém, violando normas de Direito, provoque danos em esfera alheia, ocorre um condicionalismo que explica a quebra do princípio acima enunciado; o dano há-de ser suportado por quem o provoque e não em definitivo, pela esfera onde se tenha registado.

III. A revolução industrial e as consequências económico-sociais dela derivadas vieram provocar novas formas de pensar o problema. Em múltiplas ocasiões se verificou que certas pessoas recolhiam particulares benefícios por serem detentoras de meios perigosos para terceiros. Quando tal suceda, afigura-se razoável, ao Direito, fazer correr o risco dos danos provocados por tais meios não contra quem os suporte, mas contra aquele que deles se aproveite, independentemente do perpetrar de quaisquer factos ilícitos. Chegou-se, assim, a um multiplicar de títulos de imputação.

IV. No Direito atual, os títulos de imputação ordenam-se, com frequência, em três categorias[35]: (1) a imputação por facto ilícito ou por

[35] O nosso *Tratado*, cit.,VIII, 2ª ed., p. 424 ss. e *passim*.

incumprimento; (2) a imputação pelo risco; (3) a imputação por facto lícito ou pelo sacrifício.

A imputação por facto ilícito[36] tem lugar quando alguém, ilicitamente e com culpa, viole um direito alheio ou uma disposição destinada a proteger os seus interesses. O direito violado ser um crédito; nessa altura, a responsabilidade diz-se contratual ou obrigacional, obedecendo a pressupostos diversos.

A imputação por facto ilícito postula duas instâncias de controlo do sistema sobre a sua estatuição: (1) a ilicitude: o dano deve ser provocado em violação a normas jurídicas e sem que ocorra uma causa de justificação (por exemplo, a legítima defesa); (2) a culpa: a ação deve assentar numa tal relação de meios-fins que o agente incorra num juízo de censura, seja por ter pretendido direta, necessária ou eventualmente atingir as normas violadas, (dolo), seja por não ter pretendido pautar-se pelos deveres de cuidado que ao caso caibam (negligência).

De resto, a ação deve ter sido desencadeada pelo imputado e o dano há-de ocorrer numa confluência meios-fins do agente.

V. A imputação pelo risco tem lugar quando o Direito faça correr por determinada esfera a eventualidade de danos registados em esferas diferentes; independentemente de qualquer facto ilícito, tal só sucederá em situações previstas na lei com esse efeito – *vide* artigo 483.º/2.

A imputação pelo risco não postula, por definição, qualquer ação destinada a provocar danos; assim sendo, não há que procurar o surgimento do dano numa confluência com os meios-fins do agente (o chamado "nexo de causalidade") mas, tão-só, numa sequência socialmente adequada à sua suscitação.

A imputação pelo risco, também dita objetiva por dispensar qualquer atuação do sujeito, deve promover uma definitiva emancipação da imputação de danos perante a responsabilidade aquiliana. Reside, aqui, uma área importante de evolução jurídico-científica da responsabilidade civil nos próximos tempos.

[36] Ainda dita delitual, extraobrigacional ou aquiliana (da *Lex Aquilia de damno*, de 286 a. C., segundo alguns autores, que lhe firmou as bases).

VI. A imputação por facto lícito ou pelo sacrifício postula o cometimento voluntário de um dano, mas em termos tais que a sua prática não possa ser considerada como ilícita. Não obstante, o Direito, tendo em conta que o autor do dano pode, dele, retirar vantagens, considera como injusto uma sua suportação, apenas, pelo titular da vantagem frustrada. Estabelece uma imputação dos danos verificados ao autor do comportamento, ainda lícito.

6. Referências legais e regimes contratuais

I. As leis civis dos diversos países fazem múltiplas referências ao risco. No Código Civil português de 1966, encontramos 26 preceitos que se lhe reportam, agrupáveis em cinco blocos:

(1) a responsabilidade pelo risco, no sentido de imputação objetiva de danos, isto é, independentemente de culpa: artigos 45.º/1, 499.º e 507.º/1;
(2) o risco como eventualidade de perda ou deterioração de uma coisa, ou da impossibilidade de uma prestação: diretamente: 437.º/1, 796.º, 797.º, 815.º/1, 984.º, 1126.º/1 e 1465.º/1 ou por inversão: 807.º/1 e 815.º/1;
(3) o risco envolvido num contrato de seguro: 938.º/1, 938.º/3, 1429.º/1, 1436.º/1 e 1733.º/1;
(4) o risco como potencialidade causadora de danos: 503.º/1 e 506.º/1;
(5) o risco enquanto eventualidade agravada de insolvência: 519.º/1, 633.º/2 ou de atentado à integridade de um direito: 629.º/3, 648.º, 654.º, 851.º/1, 1352.º/2.

II. No Código Civil brasileiro de 2002, o risco ocorre em cerca de 40 preceitos. Também aqui detetamos cinco blocos:

(1) eventualidades funestas que atinjam a vida (15.º, 1442.º, § 2.º e 1540.º) ou a saúde (746.º, 753.º e 1557.º/III) das pessoas;
(2) a responsabilidade independente de culpa (927º);
(3) a distribuição do risco nos contratos: aleatórios (458.º a 461.º), comodato (583.º), corretagem (723.º) e seguro (759.º, 761.º a 764.º, 768.º a 770.º, 772.º, 776.º, 779.º a 782.º); podemos incluir

aqui o "pôr em risco a atividade da empresa" (1085.º) e o risco na propriedade fiduciária (1363.º);
(4) assunção de danos nas relações de vizinhança (1287.º, 1306.º e 1346.º, relativo ao risco de incêndio);
(5) o risco de desvalorização, no direito de acrescer (1942.º).

Note-se que, na Lei civil brasileira, o "risco" está mais representado por incluir, também, o contrato de seguro.

III. Diversos tipos contratuais reportam, direta ou indiretamente, o regime do risco. Desde logo, temos o contrato de seguro, pelo qual uma pessoa transfere, para o segurador, o risco da verificação de uma eventualidade (o sinistro), mediante o pagamento de uma retribuição (o prémio)[37]. O seguro, em conjunto com as garantias, constitui o grande instrumento de controlo do risco, por via contratual. Dá lugar a uma disciplina jurídica autónoma, muito especializada, mas que não deve cortar as pontes com a teoria jurídica em geral.

IV. Além do seguro, outros contratos assentam no risco. Pense-se nos *swaps* de taxas de juro ou, na medida em que admitidos, os contratos de jogo ou de aposta. Para além deles, os contratos comuns, desde a compra e venda ao mandato, comportam, de modo mais ou menos implícito, normas sobre a distribuição do risco. Há que interpretá-las e aplicá-las, caso a caso.

Minimização do risco pela alteração de circunstâncias ou onerosidade excessiva

7. *Rebus sic stantibus*, em geral

I. Contratar é arriscado. E muitas vezes, a dimensão do risco acompanha a medida do lucro. Por seu turno, o respeito pela palavra dada e, daí, pelo livremente contratado constitui um princípio profundamente ancorado nas consciências individuais e coletivas. Os mais diversos institutos jurídicos têm sido postos em causa, ao longo da evolução histórica: mas

[37] *Vide* o nosso *Direito dos seguros*. 2. ed., 2016, p. 33 e *passim*.

nunca se questionou a necessidade de executar fielmente os contratos. Nestas condições, contrato e risco somam um todo incindível.

II. Todavia, certas alterações que circundem um contrato podem ter efeitos práticos calamitosos para uma das partes, facultando, em paralelo, um enorme benefício para a outra. Terá sido esse o objetivo das partes, ao contratar? Passados certos limites, a resposta pode ser negativa. Deve – ou pode – entender-se que as partes contrataram tendo em vista a manutenção do *statu quo* existente no momento do fecho do negócio[38]. Curiosamente, devemos aos filósofos e aos retóricos as primeiras posições referentes à alteração das circunstâncias: Políbio (203-120 a. C.), Cícero (106-43 a. C.) e Séneca (4 a. C.-65 d. C.). Os juristas mantinham-se firmes na ideia do respeito pelo contratado.

III. O pensamento de Cícero foi acolhido pelos canonistas e, depois, pela Glosa e por Bártolo, a quem se deve a fórmula *rebus sic stantibus*: os consensos são estabelecidos na expectativa da manutenção do *statu quo* existente. Na evolução subsequente, houve uma oscilação pendular: os humanistas (Cujácio e Donelo) não foram favoráveis à cláusula *rebus sic stantibus*, a qual, salvo exceções, foi mesmo repudiada pelos racionalistas (Grócio e Pufendorf). O *usus modernus* tomou posição inversa (Cocejus, Leyser e Kopp), mas o pensamento liberal veio repudiar a velha *clausula* (von Tevenar, Adolph Dietrich Weber), numa posição rematada por Domat, por Pothier e, no termo, pelo Código Napoleão. Em paralelo, também a pandectística, desde Glück (1755-1831) a Regelsberger (1831-1911), afastou, direta ou indiretamente, a relevância jurídica do risco na execução dos contratos.

IV. Ao longo da segunda metade do século XIX e da primeira do século XX, foram surgindo diversas correntes favoráveis: à *clausula*, ainda que sob outras designações. Recordamos a pressuposição de Windscheid

[38] Elementos concretos sobre a evolução histórica da alteração das circunstâncias constam dos nossos *Da boa fé no Direito civil*, 2019, 8ª reimp., pp 938 ss. e *Tratado de Direito civil*, IX. 3. ed., 2017, p. 553 ss.; no plano comparatístico, *vide* também Dário Moura Vicente. *Direito comparado*, II – *Obrigações*, 2017, p. 227 ss..

(1817-1892), o retomar da *clausula* por Stammler (1856-1938) e por Erich Kaufmann (1880-1972), entre outros, a base do negócio de Oertmann (1865-1938) e as sucessivas oscilações entre uma base objetiva e uma base subjetiva, rematadas por Larenz (1903-1993). Em Itália, cuja doutrina teve reflexos em Portugal e no Brasil, partiu-se da teoria da pressuposição, de Windscheid, até à consignação da ideia de onerosidade excessiva, no Código Civil de 1942. A jurisprudência alemã foi favorável à relevância jurídica da alteração das circunstâncias, na base do princípio da boa-fé (§ 242 do BGB), enquanto em França, a ideia de base (apenas) foi acolhida na jurisprudência administrativa, através da teoria da imprevisão.

V. O Direito anglo-saxónico manteve uma ideia de estrito respeito pelo contratado. Mau grado alguma atenuação através da ideia da *frustration of contract*, a afirmação da não-permeabilidade da *common law* à alteração das circunstâncias consta da generalidade dos tratadistas de Direito comparado.

8. A convergência

I. Nas primeiras décadas do século XXI, observa-se uma convergência dos diversos ordenamentos, no sentido de admitir um controlo judicial da justiça contratual, através de diversas fórmulas linguísticas.

II. O Código italiano de 1942 consagrou, no seu artigo 1467.º a ideia de onerosidade excessiva: (...) se a prestação de uma das partes se tornar excessivamente onerosa, pelo verificar de circunstâncias extraordinárias e imprevisíveis. O Código português de 1966, no seu artigo 437.º/1, admitiu a resolução ou a modificação dos contratos, verificando-se cinco condições: (1) circunstância em que (ambas) as partes fundaram a decisão de contratar; (2) uma alteração anormal dessas circunstâncias; (3) uma parte (seriamente) lesada; (4) o atentado à boa-fé; (5) a não cobertura pelos riscos próprios do contrato.

III. O Direito alemão, depois de, durante cerca de um século, ter resolvido a redistribuição do risco por alteração das circunstâncias com base na boa-fé, optou, aquando da reforma de 2001/2002, consignar uma solução subjetivista: (...) quando as partes, se tivessem previsto a alteração, não tivessem concluído o contrato ou o tivessem feito com outro conteúdo (...). A reforma deve ainda ser compaginada com um novo regime da impossibilidade.

V. A ideia italiana da onerosidade excessiva teve um êxito marcado. Foi acolhida. O cuidado artigo 478.º do Código Civil brasileiro de 2002, acolheu a ideia complementando-a com: (1) a extrema vantagem da outra parte; (2) a natureza extraordinária e imprevisível da ocorrência.

O Código Civil francês, após a reforma de 2016, admitiu, em termos sensacionais, a "imprevisão civil", no seu artigo 1193.º. A revisão do contrato é admitida quando um contrato se torne de execução excessivamente onerosa para uma das partes desde que: (1) seja uma ocorrência imprevisível; (2) e nenhuma das partes tenha assumido esse risco.

VI. Finalmente, no denominado "Direito europeu" (não-vigente), o *Draf Common Frame of Reference*, no artigo III-1:110, (2) admite a revisão ou a cessação de um contrato caso uma obrigação:

> (...) becomes so onerous because of an exceptional change of circumstances that it would be manifestly unjust to hold the debtor (...)

VI. Podemos, no plano global, e salvas as particularidades da *Common Law*, considerar uma grande convergência dos sistemas, a favor da relevância da alteração das circunstâncias. Contratar é arriscado: mas com limites. O apuramento de tais limites exige um manuseio cuidado de conceitos indeterminados, de modo a tornar previsíveis as suas concretizações. A experiência e a repetição de julgados permite fixar as grandes bases desse procedimento.

O risco nas arbitragens

9. A lei aplicável; o risco da prova do Direito

I. O primeiro ponto relativo ao regime do risco, nas arbitragens, é o da determinação da lei aplicável. Nas arbitragens internas, aplicar-se-á a lei do Estado em jogo, salvo alguma anomalia. O único óbice poderá residir em limites eventualmente impostos pela ordem pública, em termos abaixo enquadrados.

II. Nas arbitragens internacionais, os diversos instrumentos, nacionais e internacionais, remetem, sucessivamente, para a lei escolhida pelas partes ou, na sua falta, para a lei que tenha mais estreita conexão com o caso[39]. Hoje em dia, os contratos internacionais que contenham convenções de arbitragem escolhem, quase sem exceção, a lei aplicável.

III. A prática das arbitragens internacionais pode fazer surgir um problema. Estabeleceu-se o uso de, para a presidência de colégios arbitrais, designar uma pessoa de terceira nacionalidade, para ampliar a independência dos tribunais. Quando os árbitros atinjam um nível internacional, não é expectável que um presidente vá prejudicar alguma das partes, por questões de nacionalismo. De todo o modo, a escolha de um árbitro de uma terceira nacionalidade conduz a que deva ser feita prova das regras aplicáveis, regras essas que o árbitro em causa, supostamente, não conhece. Com isso, introduz-se um fator suplementar de incerteza. O estudo e a generalização de certas regras pode atenuar esse risco.

10. A ordem pública

I. Pergunta-se se algumas regras relativas ao risco não serão de ordem pública, em termos de deverem ser tidas em conta, mesmo na falta de norma explícita, na lei a aplicar pelo tribunal. O tema põe-se, desde logo, nas garantias. Princípios como o da informação prévia e da contenção na exigência de garantias exorbitantes, o da proteção do garante, designadamente quando de menor idade ou caso se trate de uma sociedade, para proteção dos sócios e dos demais credores ou o da ética dos negócios, que veda exigir a execução de garantias a jovens ou a cônjuges sem património próprio[40], podem integrar a ordem pública.

II. Confrontado com situações escandalosas, o tribunal arbitral pode superar seja a lei aplicável, seja os próprios contratos. A arbitragem não deve ser usada para legitimar situações injustas.

[39] Indicações no nosso *Tratado da arbitragem*, 2016, p. 507 ss..

[40] *Vide*, com indicações, o nosso *Tratado de Direito civil*, X (*garantias*), 2015, p. 191 ss..

III. Também o núcleo duro da alteração das circunstâncias ou da onerosidade excessiva pode integrar a ordem pública. Como referido, há hoje uma forte convergência no sentido de admitir a relevância jurídica das superveniências. Podemos, neste domínio, estabelecer uma graduação:

(1) contratos públicos: o princípio do equilíbrio financeiro e da prossecução do interesse público tornam-nos muito sensíveis a alterações de circunstâncias;
(2) contratos comuns: vale o regime comum da onerosidade excessiva;
(3) contratos de risco: são pouco sensíveis a modificações circundantes; estas são de ter em conta perante eventualidades inexcogitáveis.

IV. Todas estas considerações, em face de ocorrências muito ampliadas, podem integrar a própria ordem pública internacional[41]. De novo sublinhamos que as arbitragens não podem ser usadas para legitimar situações injustas, que nunca seriam obtidas através dos meios judiciais comuns.

11. Em síntese

I. As arbitragens devem lidar com o risco, com a sua distribuição e com os seus limites. A fuga para a equidade só é possível quando as partes a tenham combinado. Mas mesmo aplicando a lei estrita, os árbitros devem ser sensíveis aos grandes ventos que, por diversas vias, com relevo para a moderação das garantias e para as alterações de circunstâncias, aperfeiçoam a repartição dos riscos.

II. Os indicadores disponíveis apontam para um século XXI rico em superveniências inesperadas. As crises climáticas e a loucura de diversos dirigentes constituem graves margens de incerteza. O Direito e, no seu todo, as arbitragens internacionais, constituem uma pedra de toque muito operativa, nesse domínio.

[41] *Vide* o nosso *Tratado da arbitragem*, cit., p. 443 ss..

2. DEVERES DOS ATORES DO PROCEDIMENTO ARBITRAL: ADVOGADOS, EXPERTS, TESTEMUNHAS

Giovana Benetti[1]

Introdução

O sucesso da arbitragem está ligado a diversos fatores, dentre os quais se pode elencar a "flexibilidade e a informalidade do procedimento"[2]. Para o desfecho exitoso de um procedimento arbitral, a flexibilidade deve ser conjugada com a atuação colaborativa dos atores nele envolvidos. Essa postura colaborativa compreende, por exemplo, a apresentação de manifestações e laudos em observância ao cronograma fixado, a objetividade na oitiva de *experts* e na inquirição de testemunhas, o comparecimento da testemunha em audiência e, especialmente, a atuação pautada pela ética e pela lealdade ao longo de todo processo e até mesmo após a sua conclusão[3].

[1] A autora agradece a Aline de Miranda Valverde Terra, Catarina Monteiro Pires e Giovanni Ettore Nanni pelo honroso convite para participar da presente obra. Também agradece a Vitória Werle por sua colaboração com a pesquisa, bem como Giovana Etcheverry pela leitura e pelas sugestões.

[2] CBAr-Ipsos (2021). *Arbitragem no Brasil.* Disponível em: <https://cbar.org.br/site/wp-content/uploads/2021/09/pesquisa-cbar-ipsos-2021-arbitragem-no-brasil.pdf>, p. 21 Acesso em 22.11.2021.

[3] Como refere Pedro Batista Martins, "Aplica-se à arbitragem a regra de que 'ninguém se exime do dever de colaborar com o Poder Judiciário [no caso, com os árbitros] para

Recente pesquisa conduzida pelo Comitê Brasileiro de Arbitragem (CBAr), em parceria com a IPSOS, apontou que 60% dos profissionais estão razoavelmente satisfeitos com a arbitragem como método de resolução de disputas, constatando-se, como principais benefícios concretos deste mecanismo, (i) o caráter técnico e a qualidade das decisões, (ii) o tempo necessário para alcançar uma solução definitiva para o conflito e (iii) a possibilidade de indicar ou participar da escolha de um árbitro[4]. Considerando os dois primeiros benefícios, percebe-se a importância de os diferentes atores do procedimento arbitral bem desempenharem os seus papéis: os árbitros, ao atuarem de modo diligente[5] e empregarem dedicação e celeridade, com a finalidade de promover a "boa gestão do procedimento arbitral"[6]; os advogados, ao apresentarem o caso, as circunstâncias fáticas e as considerações técnicas de modo claro e organizado, e ao evitarem a utilização de expedientes desnecessários e protelatórios; os *experts*, ao emitirem opiniões segundo as suas convicções; e, finalmente, as testemunhas, ao retratarem, fielmente, os fatos de seu conhecimento durante o depoimento. Esses são apenas alguns exemplos dos deveres a serem observados pelos profissionais que tenham contato com processos arbitrais.

Apesar de inexistir um "Código de boas práticas de todos os atores do procedimento arbitral", é possível conjugar entendimentos doutrinários e invocar certas diretrizes ou normas previstas em códigos de ética

o descobrimento da verdade'" (MARTINS, Pedro Batista. *Panorâmica sobre as Provas na Arbitragem*. Disponível em: < http://batistamartins.com/panoramica-sobre-as-provas--na-arbitragem-2/> Acesso em: 15.11.2021).

4 CBAr-Ipsos (2021). *Arbitragem no Brasil*. Disponível em: <htt.ps://cbar.org.br/site/wp-.content/uploads/2021/09/pesquisa-cbar-ipsos-2021-arbitragem-no-brasil.pdf>, p. 21. Acesso em 22.11.2021.

5 A diligência abrange "a perícia – representativa da aptidão intelectual e profissional para apreciar e julgar a questão – e a prudência, isto é, o agir cautelosamente". (MARTINS-COSTA, Judith, BENETTI, Giovana; XAVIER, Rafael; WEBBER, Pietro. Deveres e responsabilidade dos árbitros: entre o *status* e o contrato de investidura. In: José Augusto Bitencourt Machado Filho; Guilherme Enrique Malosso Quintana; Gustavo Gonzalez Ramos; Luis Felipe Baquedano; Daniel Mendes Bioza; Pedro Teixeira Mendes Parizotto (Org.). Arbitragem e Processo. Homenagem ao Prof. Carmona. São Paulo: Quartier Latin, v.2, p. 145-180.

6 CREMADES, Bernardo. La buena fe en el arbitraje internacional. *Revista de Arbitragem e Mediação*, vol. 31, out./dez. 2011. Acesso pela RT Online.

profissionais e em regulamentos de instituições arbitrais para delinear os principais deveres desses atores. Neste contexto, o objetivo do presente ensaio é traçar um quadro a respeito dos deveres aos quais alguns atores estão vinculados, quais sejam os advogados (I), os *experts* (II) e as testemunhas (III)[7].

1. A atuação dos advogados

Tratar dos deveres dos advogados requer, de início, a lembrança dos ensinamentos de Eduardo J. Couture ao elencar os dez mandamentos para o desempenho da profissão: (i) estuda; (ii) pensa; (iii) trabalha; (iv) luta; (v) seja leal; (vi) tolera; (vii) tenha paciência; (viii) tenha fé; (ix) esqueça; e (x) ame a profissão[8]. Embora não sejam direcionados à defesa de clientes em processos arbitrais, três mandamentos são especialmente úteis como guia para esse tipo de atuação. São eles: luta, seja leal e tenha paciência. Como se verá, a partir de tais mandamentos, podem ser estabelecidas conexões com a postura esperada de profissionais que atuem em arbitragens.

Ao tratar da *luta*, Eduardo J. Couture complementou: "Teu dever é lutar pelo direito; porém, quando encontrares o direito em conflito com a justiça, luta pela justiça"[9]. A exegese desse mandamento traz importantes considerações, por sublinhar o perigo de se confundirem os meios com o fim, o que não pode passar desapercebidamente ao longo da vida de um advogado. Disse o Mestre Couture: "Os incidentes protelatórios,

[7] Para os deveres dos árbitros, permite-se remeter a Martins-Costa, Judith, Benetti, Giovana; XAVIER, Rafael; Webber, Pietro. Deveres e responsabilidade dos árbitros: entre o *status* e o contrato de investidura. In: José Augusto Bitencourt Machado Filho; Guilherme Enrique Malosso Quintana; Gustavo Gonzalez Ramos; Luis Felipe Baquedano; Daniel Mendes Bioza; Pedro Teixeira Mendes Parizotto (Org.). Arbitragem e Processo. Homenagem ao Prof. Carmona. São Paulo: Quartier Latin, v.2, p. 145-180; Martins-Costa, Judith; Benetti, Giovana. A imunidade do árbitro: reflexões em torno de uma tendência. In: Bruno Guandalini; Carlos Elias (Org.). A Função do Árbitro no Brasil. São Paulo: Almedina, 2022, p. 639-674.

[8] Couture, Eduardo Juan. *Os mandamentos do advogado*. Tradução de Ovídio A. Baptista da Silva e Carlos Otávio Athayde. Porto Alegre: Fabris, 1989, 7-8.

[9] Couture, Eduardo Juan. *Os mandamentos do advogado*. Tradução de Ovídio A. Baptista da Silva e Carlos Otávio Athayde. Porto Alegre: Fabris, 1989, 7.

assim como os recursos infundados, constituem uma subversão de valores. [...] Em algum caso, poderão significar uma vitória ocasional; mas na luta o que importa é ganhar a guerra e não simples batalhas". E prossegue: "[...] se em determinado caso, algum advogado haja vencido a guerra mediante ardil, que não esqueça que, na vida de um advogado, a guerra é a sua própria vida, e não efêmeras batalhas"[10].

A atuação em um processo arbitral também demanda o espírito aguerrido do advogado na defesa de seu cliente, sempre acompanhado de uma postura ética e da abstenção do uso de táticas dilatórias. Esse é, inclusive, o princípio que inspirou a elaboração das diretrizes da International Bar Association (IBA) relativas à representação das partes em arbitragem internacional. Conforme tais diretrizes, a atuação deve ser íntegra e honesta, não devendo o profissional[11] adotar medidas que levem a atrasos e à criação de obstáculos ao prosseguimento da arbitragem[12], como, por exemplo, solicitar a produção de determinada prova apenas com o propósito de conturbar o procedimento[13].

[10] Couture, Eduardo Juan. *Os mandamentos do advogado.* Tradução de Ovídio A. Baptista da Silva e Carlos Otávio Athayde. Porto Alegre: Fabris, 1989, 41.

[11] Conforme as IBA Guidelines on Party Representation in International Arbitration, o termo "party representative" é amplo, abrangendo, além do advogado, outros figurantes: "Party Representative' or 'Representative' means any person, including a Party's employee, who appears in an arbitration on behalf of a Party and makes submissions, arguments or representations to the Arbitral Tribunal on behalf of such Party, other than in the capacity as a Witness or Expert, and whether or not legally qualified or admitted to a Domestic Bar". Disponível em: <https://www.ibanet.org/MediaHandler?id=6F0C57D7-E7A0-43AF-B76E-14D9FE74D7F>. Acesso em 15.11.2021.

[12] IBA Guidelines on Party Representation in International Arbitration, *in verbis*: "The IBA Guidelines on Party Representation in International Arbitration (the 'Guidelines') are inspired by the principle that party representatives should act with integrity and honesty and should not engage in activities designed to produce unnecessary delay or expense, including tactics aimed at obstructing the arbitration proceedings". Disponível em: <https://www.ibanet.org/MediaHandler?id=6F0C57D7-E7A0-43AF-B76E-14D9FE74D7F>. Acesso em 15.11.2021.

[13] IBA Guidelines on Party Representation in International Arbitration, Guideline n. 13, *in verbis*: "A Party Representative should not make any Request to Produce, or any objection to a Request to Produce, for an improper purpose, such as to harass or cause unnecessary delay". Disponível em: <https://www.ibanet.org/MediaHandler?id=6F0C57D7-E7A0-43AF-B76E-14D9FE74D7F>. Acesso em 15.11.2021.

Independentemente das diretrizes desenhadas para arbitragens internacionais, os advogados estão sujeitos a observarem as regras estabelecidas para o exercício de sua profissão. Os advogados brasileiros, por exemplo, devem estar inscritos na Ordem dos Advogados do Brasil (OAB), devendo respeitar as regras constantes do Estatuto da Advocacia (Lei 8.906/94) e do Código de Ética e Disciplina da OAB ao defender os interesses de seu cliente perante o Poder Judiciário ou o tribunal arbitral.

Segundo o Código de Ética, cabe ao advogado "exercer o seu ministério em consonância com a sua elevada função pública e com os valores que lhe são inerentes", atuando com destemor, independência, honestidade, decoro e veracidade[14]. Daí se dizer que, no desempenho de sua missão, o advogado deve ser "espadachim que espeta sua arma precisamente, e não um verdugo que, de forma grosseira e covarde, arremessa seu machado. A elegância na advocacia deve ser regada diuturnamente"[15].

Em conclusão, a orientação a que o advogado lute significa adotar uma postura proativa em benefício de seu cliente e reivindicar a lealdade às garantias legais, a imparcialidade e a humanidade[16], sem se valer de incidentes protelatórios.

O segundo mandamento a merecer destaque é a *atuação com lealdade*. Eduardo J. Couture frisou a lealdade do advogado para com o cliente, o adversário e o julgador[17].

Em relação ao cliente, cabe ao advogado informar sobre eventuais riscos de sua pretensão e as consequências possivelmente advindas da demanda[18], além de desaconselhar lides temerárias[19] e guardar sigilo sobre os fatos que tomar conhecimento[20].

[14] Código de Ética e Disciplina da OAB, art. 2º, II.

[15] Neves, José Roberto de Castro. *Como os advogados salvaram o mundo*: A história da advocacia e sua contribuição para a humanidade. 3. ed. Rio de Janeiro: Nova Fronteira, 2020, p. 293.

[16] Barbosa, Ruy. *O dever do advogado*. Bauru: EDIPRO, 2007, p. 55.

[17] Couture, Eduardo Juan. *Os mandamentos do advogado*. Tradução de Ovídio A. Baptista da Silva e Carlos Otávio Athayde. Porto Alegre: Fabris, 1989, 7.

[18] Código de Ética e Disciplina da OAB, art. 9º.

[19] Código de Ética e Disciplina da OAB, art. 2º, VII.

[20] Código de Ética e Disciplina da OAB, art. 35.

Quanto ao adversário, Couture apresentou a seguinte reflexão: "se às astúcias da outra parte e às suas deslealdades, respondêssemos com outras deslealdades e astúcias, a demanda já não seria uma luta de um homem honrado contra outro manhoso, mas a luta de dois desonestos"[21]. Ou seja, o autor defendia que se deve agir com lealdade, mesmo quando o adversário tenha sido desleal.

Como exemplo de atos desleais em relação ao adversário, pode-se pensar no advogado que procura a parte adversa sem o assentimento do patrono constituído[22] ou, então, que contata unilateralmente os árbitros sem dar conhecimento à contraparte, mesmo havendo regra expressa proibindo tal conduta.

Alguns atos podem ser considerados desleais tanto em relação ao adversário quanto ao julgador[23], como a apresentação de circunstâncias fáticas sabidamente falsas[24] e a apresentação de depoimentos ou de provas sabidamente falsas[25]. Agregue-se a esse rol a atuação do advogado voltada a alterar a verdade dos fatos a serem relatados por uma testemunha, o que não se confunde com a "entrevista da testemunha, buscando saber o que [ela] conhece, o que realmente presenciou e em que medida o seu depoimento poderá ajudar na produção da prova de fatos"[26].

[21] COUTURE, Eduardo Juan. *Os mandamentos do advogado*. Tradução de Ovídio A. Baptista da Silva e Carlos Otávio Athayde. Porto Alegre: Fabris, 1989, 48-49.

[22] Código de Ética e Disciplina da OAB, art. 2º, VIII, "d".

[23] IBA Guidelines on Party Representation in International Arbitration, Guideline n. 9, *in verbis*: "A Party Representative should not make any knowingly false submission of fact to the Arbitral Tribunal". Disponível em: <https://www.ibanet.org/MediaHandler?id=6F0C57D7-E7A0-43AF-B76E-14D9FE74D7F>. Acesso em 15.11.2021.

[24] Código de Ética e Disciplina da OAB, art. 6º, *in verbis*: "É defeso ao advogado expor os fatos em Juízo ou na via administrativa falseando deliberadamente a verdade e utilizando de má-fé".

[25] IBA Guidelines on Party Representation in International Arbitration, Guideline n. 11, *in verbis*: "A Party Representative should not submit Witness or Expert evidence that he or she knows to be false". Disponível em: <https://www.ibanet.org/MediaHandler?id=6F0C57D7-E7A0-43AF-B76E-14D9FE74D7F>. Acesso em 15.11.2021.

[26] PINTO, José Emilio Nunes. Anotações práticas sobre a produção de prova na Arbitragem. *Revista Brasileira de Arbitragem*, vol. 6, n. 25, p. 7-28, 2010, p. 17. O autor prossegue: "Ressalte-se: não se trata de impor à testemunha o que deve dizer, mas, sobretudo, em fazer com que conte o que sabe e o que presenciou" (p. 17).

Outros atos dizem respeito, mais propriamente, ao julgador. Couture apontou que, em determinadas situações, "uma citação deliberadamente mutilada, uma opinião desvirtuada, uma tradução maliciosamente feita, ou de um precedente jurisprudencial difícil de conferir" implicariam "grave deslealdade"[27].

O rol de atos desleais perante os árbitros também deve conter a apresentação de impugnações injustificadas a membros do tribunal arbitral[28], o que se traduz em verdadeira ameaça à arbitragem[29].

Por fim, o advogado deve *ter paciência*. Para Couture, a paciência seria direcionada à busca de uma solução para o caso, ao tratamento conferido ao adversário, à espera pela sentença e, sobretudo, à aceitação de sentença adversa[30].

Ademais, deve-se ter a máxima paciência com a coisa julgada, por se tratar da "máxima preclusão"[31]. Este é um aspecto relevante não apenas para o advogado que litiga perante o Poder Judiciário. O árbitro, como sabido, é juiz de fato e de direito, não ficando a sentença arbitral sujeita a recurso[32]. Proferida a sentença arbitral, cabe à parte acatá-la, apenas podendo manejar ação anulatória, se observados os requisitos constantes do art. 32 da Lei brasileira de Arbitragem[33]. Consequentemente, o

[27] COUTURE, Eduardo Juan. *Os mandamentos do advogado*. Tradução de Ovídio A. Baptista da Silva e Carlos Otávio Athayde. Porto Alegre: Fabris, 1989, 50.

[28] BOISSÉSON, Matthieu de. A obrigação de lealdade dos advogados em relação ao árbitro. *Revista de Arbitragem e Mediação*, vol. 43, 2014, p. 157-167. Versão RTOnline, p. 1- 7.

[29] LUCON, Paulo Henrique. Imparcialidade na Arbitragem e Impugnação aos Árbitros. *Revista de Arbitragem e Mediação*, vol. 39, ano 10, p. 39-51, out./dez. 2013, p. 50-51.

[30] COUTURE, Eduardo Juan. *Os mandamentos do advogado*. Tradução de Ovídio A. Baptista da Silva e Carlos Otávio Athayde. Porto Alegre: Fabris, 1989, 60.

[31] COUTURE, Eduardo Juan. *Os mandamentos do advogado*. Tradução de Ovídio A. Baptista da Silva e Carlos Otávio Athayde. Porto Alegre: Fabris, 1989, 60.

[32] Lei de Arbitragem Brasileira, art. 18.

[33] Vide a este respeito os artigos 33 e 32 da Lei de Arbitragem, respectivamente, *in verbis*: "A parte interessada poderá pleitear ao órgão do Poder Judiciário competente a declaração de nulidade da sentença arbitral, nos casos previstos nesta Lei"; "É nula a sentença arbitral se: I – for nula a convenção de arbitragem; II – emanou de quem não podia ser árbitro; III – não contiver os requisitos do art. 26 desta Lei; IV – for proferida fora dos limites da convenção de arbitragem; VI – comprovado que foi proferida por prevaricação, concussão ou corrupção passiva; VII – proferida fora do prazo, respeitado o disposto no

advogado deve orientar o cliente a, nas hipóteses em que não existir qualquer dos vícios elencados no art. 32 da Lei de Arbitragem, ter paciência com a sentença adversa, abstendo-se de ingressar com ação anulatória infundada[34].

Ao longo do procedimento arbitral, o advogado enfrentará desafios, sendo da maior relevância o cumprimento de seus deveres e a sua atuação colaborativa para que o procedimento arbitral se desenvolva de modo célere e eficiente. O advogado não é, porém, o único ator do procedimento arbitral, razão pela qual cumpre, a partir de agora, examinar os deveres atribuíveis aos *experts*.

2. A atuação dos *experts*

A prova técnica é realizada por *experts* – termo que denota tanto o profissional apontado pelas partes quanto o perito nomeado pelos árbitros[35]. Como existem nuances em relação a esses profissionais, será empregado o termo *assistente técnico* para referir o profissional indicado por uma parte, e *perito*, para o profissional de confiança do tribunal arbitral. O trabalho desenvolvido por esses profissionais é, usualmente, registrado em laudos ou pareceres, podendo serem ouvidos em audiência.

A participação do assistente técnico é admitida em arbitragens internacionais e nacionais[36]. A doutrina aponta vantagens e desvantagens nesse método de realização da prova técnica: de um lado, tem-se a "maior celeridade e menor custo", mas, de outro, a solução de determinadas

art. 12, inciso III, desta Lei; e VIII – forem desrespeitados os princípios de que trata o art. 21, § 2º, desta Lei".

[34] Carmona, Carlos Alberto. *Arbitragem e Processo*. 3. ed. São Paulo: Atlas, 2009, p. 399: "Os casos de nulidade da sentença arbitral – para utilizar a expressão endossada pela Lei – são taxativos, de modo que não podem as partes ampliar os motivos de impugnação nem estabelecer na convenção de arbitragem novas formas de revisão judicial do laudo".

[35] Basicamente, distingue-se entre "*party-appointed expert*" e "*tribunal-appointed expert*".

[36] Por exemplo, o Regulamento do CAM-CCBC (2012) prevê, em seu art. 7.6, que "Os aspectos de natureza técnica envolvidos no procedimento arbitral poderão ser objeto de perícia ou esclarecimentos prestados por especialistas indicados pelas partes, os quais poderão ser convocados para prestar depoimento em audiência, conforme determinar o Tribunal Arbitral".

matérias "pode resultar na produção de opiniões técnicas muito distantes", o que dificulta a formação do convencimento dos árbitros[37].

Embora exista o risco de as opiniões técnicas serem muito distintas, é usual a indicação de assistentes técnicos[38], tendo a sua atuação sido disciplinada em alguns instrumentos. A título de exemplo, há o Protocolo do Chartered Institute of Arbitrators (CIArb) dedicado a servir de orientação à atuação desses profissionais[39] e as regras da IBA para obtenção de provas em arbitragem internacional, que endereçam o tema no artigo 5º[40].

Apesar de existirem certas lacunas no tratamento a ser dado aos assistentes técnicos, é possível extrair algumas balizas para a sua atuação. O trabalho do assistente técnico é voltado ao esclarecimento de determinados aspectos do caso, frequentemente referidos como "questões técnicas"[41]. Em seu laudo, deve descrever os fatos levados em consideração em seu exame, os métodos empregados e as informações utilizadas para alcançar as suas conclusões[42]. Além disso, o assistente técnico deve declarar quais foram as instruções recebidas para proferir sua opinião, devendo comparecer à audiência, se sua presença for requisitada. Na

[37] Martins, André Chateaubriand. Deveres de imparcialidade e independência dos peritos em arbitragem: uma reflexão sob a perspectiva da prática internacional. *Revista de Arbitragem e Mediação*, vol. 10, n. 39, p. 99-119, out./dez. 2013. Na doutrina internacional, vide Waincymer, Jeffrey. *Procedure and Evidence in International Arbitration*. The Hague: Kluwer Law International, 2012, p. 933.

[38] Martins, André Chateaubriand. Deveres de imparcialidade e independência dos peritos em arbitragem: uma reflexão sob a perspectiva da prática internacional. *Revista de Arbitragem e Mediação*, vol. 10, n. 39, p. 99-119, out./dez. 2013.

[39] Trata-se do Chartered Institute of Arbitrators Protocol for the Use of Party-Appointed Expert Witnesses in International Arbitration. Disponível em: < https://www.ciarb.org/media/6824/partyappointedexpertsinternationalarbitration.pdf>. Acesso em 15.11.2021.

[40] IBA Rules on the Taking of Evidence in International Arbitration. Disponível em: < https://www.ibanet.org/MediaHandler?id=def0807b-9fec-43ef-b624-f2cb2af7cf7b>. Acesso em 15.11.2021.

[41] O'malley, Nathan. *Rules of evidence in international arbitration*: an annotated guide. Routledge: Informa Law, 2012, § 5.02.

[42] Art. 5º da IBA Rules on the Taking of Evidence in International Arbitration. Disponível em: < https://www.ibanet.org/MediaHandler?id=def0807b-9fec-43ef-b624-f2cb2af7cf7b>. Acesso em 15.11.2021.

hipótese de o assistente técnico não comparecer e não oferecer justificativa para tanto, os árbitros podem desconsiderar o seu laudo[43].

Por ser indicado por uma parte, o assistente técnico é por ela instruído e remunerado. Independentemente disso, considera-se que a opinião emitida deve ser imparcial e objetiva[44], mas persiste controvérsia acerca de quais seriam os *standards* aplicáveis para avaliar a independência e a imparcialidade dos assistentes técnicos. Seriam os mesmos *standards* aplicáveis aos árbitros? Como essa questão também é suscitada em relação ao perito nomeado pelo tribunal arbitral, voltaremos ao tema mais adiante. Por ora, cabe referir que, segundo as regras da IBA para obtenção de provas em arbitragem internacional e o Protocolo do CIArb, o assistente técnico deve oferecer uma declaração a respeito de relações presentes ou passadas com as partes, os advogados e os árbitros, além de declarar a sua independência em relação a esses figurantes[45].

Quanto ao procedimento para a condução dos trabalhos, destacam-se as diretrizes previstas no Protocolo do CIArb: os assistentes técnicos indicados para tratar de questões relacionadas devem se reunir com o propósito de identificar e listar os aspectos referentes aos quais emitirão opinião, elencando testes ou análises a serem conduzidos e, quando possível, devem alcançar acordo em relação à metodologia a ser adotada. Na hipótese de os árbitros assim solicitarem, os assistentes técnicos devem elaborar minutas de seus laudos para compartilhar entre si[46]. Após essa

[43] Art. 5º da IBA Rules on the Taking of Evidence in International Arbitration. Disponível em: < https://www.ibanet.org/MediaHandler?id=def0807b-9fec-43ef-b624-f2cb2af7cf7b>. Acesso em 15.11.2021.

[44] Art. 4º do Chartered Institute of Arbitrators Protocol for the Use of Party-Appointed Expert Witnesses in International Arbitration. Disponível em: < https://www.ciarb.org/media/6824/partyappointedexpertsinternationalarbitration.pdf>. Acesso em 15.11.2021.

[45] Art. 5º da IBA Rules on the Taking of Evidence in International Arbitration. Disponível em: < https://www.ibanet.org/MediaHandler?id=def0807b-9fec-43ef-b624-f2cb2af7cf7b>. Acesso em 15.11.2021; Art. 4º do Chartered Institute of Arbitrators Protocol for the Use of Party-Appointed Expert Witnesses in International Arbitration. Disponível em: < https://www.ciarb.org/media/6824/partyappointedexpertsinternationalarbitration.pdf>. Acesso em 15.11.2021.

[46] Art. 6º do Chartered Institute of Arbitrators Protocol for the Use of Party-Appointed Expert Witnesses in International Arbitration. Disponível em: < https://www.ciarb.org/media/6824/partyappointedexpertsinternationalarbitration.pdf>. Acesso em 15.11.2021.

discussão inicial, os assistentes técnicos devem encaminhar às partes e aos árbitros declaração contendo os pontos de concordância e de discordância e, na sequência, devem conduzir os testes e as análises em conformidade com o que fora acordado, registrando em seu laudo os aspectos divergentes[47].

Diversa é a atuação do perito indicado pelos árbitros, também denominado perito de confiança do tribunal arbitral. Trata-se do "indivíduo que aconselha o tribunal por meio da elaboração de um parecer, e, eventualmente, por meio de sua oitiva"[48]. É importante frisar que, independentemente da nomeação do perito, os árbitros permanecem como juízes de fato e de direito, competindo apenas a eles a decisão fundada em seu convencimento. Não se trata de "delegar a missão ao perito"[49]. O trabalho do perito deve ser considerado como mais um elemento de prova, produzido como forma de colaborar com o processo de convencimento dos árbitros[50]. A título de exemplo, o perito pode colaborar para elucidar quais são os usos praticados em determinado setor, para inspecionar o local das obras e para a liquidação dos danos.

A indicação e a atuação do perito são disciplinadas em alguns instrumentos, como a Lei Modelo da UNCITRAL sobre Arbitragem Comercial Internacional e as regras da IBA para obtenção de provas em arbitragem

[47] Art. 6º do Chartered Institute of Arbitrators Protocol for the Use of Party-Appointed Expert Witnesses in International Arbitration. Disponível em: < https://www.ciarb.org/media/6824/partyappointedexpertsinternationalarbitration.pdf>. Acesso em 15.11.2021.

[48] O'MALLEY, Nathan. *Rules of evidence in international arbitration*: an annotated guide. Routledge: Informa Law, 2012, § 6.01. Tradução livre. No original: "[...] the tribunal-appointed expert is an individual who advises the tribunal through the creation of a report, and perhaps also through oral testimony that is entered into the evidentiary record of the arbitration".

[49] O'MALLEY, Nathan. *Rules of evidence in international arbitration*: an annotated guide. Routledge: Informa Law, 2012, § 6.10. Tradução livre. No original: "The above decision provides the principle rule that the appointment of an expert by the tribunal should not encroach upon the latter's duty to weigh the evidence and use its discretion to arrive at appropriate conclusions. As the tribunal above noted, to appoint an expert to review contract documents or other evidence for their legal significance would be to delegate to the expert a role normally fulfilled by arbitrators".

[50] Ideias semelhantes constam em O'MALLEY, Nathan. *Rules of evidence in international arbitration*: an annotated guide. Routledge: Informa Law, 2012, § 6.05.

internacional. A Lei Modelo da UNCITRAL sobre Arbitragem Comercial Internacional prevê, no art. 29, que, após consultar as partes, os árbitros podem indicar um ou mais peritos independentes para abordarem, por escrito, questões específicas. Cabe aos árbitros instruir o perito e dar conhecimento às partes acerca das orientações constantes dos termos de referência.

Ainda de acordo com o art. 29, o perito deve, a princípio, descrever as suas qualificações e declarar a sua imparcialidade e independência, antes de aceitar a indicação. Na sequência, as partes devem informar os árbitros se existir qualquer objeção à qualificação do perito ou à sua independência e à sua imparcialidade. Após a nomeação e a entrega do laudo, pode ser solicitada a participação do perito em audiência para ser interrogado sobre o trabalho apresentado. A audiência é considerada uma etapa vital[51] e as partes podem arrolar testemunhas técnicas para serem ouvidas nos pontos em discussão.

As regras da IBA para obtenção de provas em arbitragem internacional guardam similitudes com o previsto na Lei Modelo da UNCITRAL sobre Arbitragem Comercial Internacional. Dentre as diferenças, vale destacar a necessidade de o perito declarar a sua experiência, assim como descrever os fatos, os métodos e as provas levadas em consideração em seu exame. Ademais, exige-se que o perito declare representarem as conclusões alcançadas a sua convicção genuína[52].

Outro ponto a merecer atenção é a independência e a imparcialidade do perito. Como adiantado, questiona-se se (i) deveriam incidir os mesmos *standards* aplicáveis aos árbitros e se (ii) o assistente técnico estaria em situação equivalente.

Para tratar do primeiro ponto, parte-se da função desempenhada pelo perito indicado pelo tribunal arbitral, qual seja, auxiliar os árbitros por

[51] O'MALLEY, Nathan. *Rules of evidence in international arbitration*: an annotated guide. Routledge: Informa Law, 2012, § 6.21: "The hearing is a vital part of the expert's performance of his duties, thus the expert's agreement to attend a hearing is often thought of as a pre-requisite to his appointment".
[52] Art. 6º da IBA Rules on the Taking of Evidence in International Arbitration. Disponível em: < https://www.ibanet.org/MediaHandler?id=def0807b-9fec-43ef-b624-f2cb2af7cf7b>. Acesso em 15.11.2021.

meio de uma visão imparcial a respeito de determinadas questões técnicas. Por esta razão, considera-se que a existência de ligações entre o potencial perito e alguma das partes ou seus advogados pode levar os árbitros a desistirem da indicação[53].

Em relação ao *standard* aplicável, há quem sustente ser o da existência de dúvidas razoáveis quanto à capacidade de o perito emitir um laudo imparcial[54]. Há autores, porém, que defendem dever o perito ser "independente e imparcial, de modo análogo aos árbitros"[55], sem explicitar qual seria o *standard* utilizado para tal avaliação. Certos regulamentos tratam do tema, como o da Câmara de Mediação e Arbitragem Empresarial – BRASIL (CAMARB), ao prever que se aplicam aos peritos as mesmas regras previstas para os árbitros, dentre as quais a de informar "dúvida justificável quanto à sua imparcialidade ou independência, em relação às partes ou à controvérsia submetida à sua apreciação"[56]. Já as regras da Corte Internacional de Arbitragem da Câmara de Comércio Internacional acerca da indicação de *experts* preveem a independência em relação às partes, exceto se existir acordo em sentido contrário e também determinam a revelação de "circunstâncias que suscitem dúvidas sobre a independência do profissional aos olhos das partes"[57].

[53] O'Malley, Nathan. *Rules of evidence in international arbitration*: an annotated guide. Routledge: Informa Law, 2012, § 6.25.

[54] O'Malley, Nathan. *Rules of evidence in international arbitration*: an annotated guide. Routledge: Informa Law, 2012, § 6.26.

[55] Born, Gary. Chapter 15: Procedures in International Arbitration. In: *International Commercial Arbitration*. 2nd ed. The Hague: Kluwer Law International, 2014, p. 2.280. Na doutrina brasileira, vide: Carneiro, Paulo Cezar Pinheiro; Schenk, Leonardo Faria. O justo processo arbitral e o dever de revelação (*disclosure*) dos peritos. *Revista Eletrônica de Direito Processual* – REDP, V. XII, 2013, p. 593: "[...] os mesmos fatos que objetivamente comprometem a independência ou a imparcialidade dos árbitros, afetam a independência ou imparcialidade do perito, devendo ser por ele revelados e podendo levar à sua recusa por qualquer das partes, tenham ocorrido anteriormente ao processo arbitral ou no seu curso".

[56] Regulamento da Câmara de Mediação e Arbitragem Empresarial – BRASIL (CAMARB), artigos 8.5 e 4.10.

[57] ICC Expertise Rules. Disponível em: <https://iccwbo.org/content/uploads/sites/3/2013/11/ICC-Expertise-rules-1.pdf>. Acesso em 15.11.2021. Vide arts. 7(3) e 7(4), *in verbis*: "Art. 7(3): Every expert must be independent of the parties involved in the expertise proceedings, unless otherwise agreed in writing by such parties"; "Art. 7(4): Before an

Distintos são os entendimentos em relação à avaliação da independência do assistente técnico. Embora as regras da IBA para obtenção de provas em arbitragem internacional e o Protocolo do CIArb estabeleçam o dever de o assistente técnico declarar a sua independência em relação às partes, aos advogados e aos árbitros[58], a doutrina considera que este profissional "não pode estar sujeito ao mesmo rigor de independência e imparcialidade do perito nomeado pelo tribunal arbitral". Nessas situações, há quem admita a "relativização do dever de independência, que, muitas vezes, pode vir a colidir com a própria essência na relação estabelecida entre as partes, muito embora se defenda a independência do perito nomeado pela parte e o dever de revelar qualquer relação que extrapole a contratação feita para o caso específico da perícia"[59]. Em verdade, o grau de independência do assistente técnico influencia a valora-

appointment, a prospective expert shall sign a statement of independence and disclose in writing to the Centre any facts or circumstances which might be of such a nature as to call into question the expert's independence in the eyes of the parties. The Centre shall provide such information to the parties in writing and fix a time limit for any comments from them". Ademais, a respeito da independência do *expert*, vide art. 11(1): "Every expert must remain independent of the parties involved in the expertise proceedings, unless otherwise agreed in writing by such parties".

[58] Art. 5º da IBA Rules on the Taking of Evidence in International Arbitration. Disponível em: < https://www.ibanet.org/MediaHandler?id=def0807b-9fec-43ef-b624-f2cb2af7cf7b>. Acesso em 15.11.2021; Art. 4.4.k e art. 8º do Chartered Institute of Arbitrators Protocol for the Use of Party-Appointed Expert Witnesses in International Arbitration. Disponível em: < https://www.ciarb.org/media/6824/partyappointedexpertsinternationalarbitration.pdf>. Acesso em 15.11.2021.

[59] Os trechos entre aspas neste parágrafo referem-se a Martins, André Chateaubriand. Deveres de imparcialidade e independência dos peritos em arbitragem: uma reflexão sob a perspectiva da prática internacional. *Revista de Arbitragem e Mediação*, vol. 10, n. 39, p. 99-119, out./dez. 2013. Sobre o tema, vide, na doutrina internacional, WAINCYMER, Jeffrey. Procedure and Evidence in International Arbitration. The Hague: Kluwer Law International, 2012, p. 941: "A tribunal-appointed expert should be independent and impartial and should have no conflict of interest with any party to the proceedings. While this is an important general principle that should apply as a matter of course, there is no uniform express basis for seeking to exclude an expert for lack of impartiality as is the case with arbitrators, although this is likely to be the emergent norm. If there is no entitlement to challenge as to a concern about the impartiality of an expert, it could simply be left for the advocate to challenge the validity of the expert's evidence on that basis".

ção que os árbitros farão de seu laudo[60], sendo imprescindível que o seu trabalho reflita, genuinamente, as suas convicções, apesar de receber as instruções e o pagamento por meio da parte interessada.

Além de observar os deveres de independência e de imparcialidade, atendendo às diretrizes fixadas pelos árbitros, pelo regulamento da instituição arbitral ou, quando cabível, por certos instrumentos internacionais, tanto o perito quanto o assistente técnico podem estar sujeitos a observância de deveres oriundos de normas deontológicas[61].

Pense-se, por exemplo, no profissional contabilista. Segundo o Código de Ética dessa profissão, o contabilista deve atuar com diligência, honestidade e independência, cumprindo-lhe inteirar-se sobre todas as circunstâncias relativas ao caso, antes de emitir qualquer opinião, guardando sigilo sobre o que souber em virtude de sua atuação[62]. Além disso, o contabilista deve manifestar, a qualquer tempo, a existência de impedimento ao exercício da profissão, devendo comunicar eventual circunstância adversa que possa influenciar a decisão de quem formula a consulta[63].

Também é importante destacar a regra segundo a qual “O Contador, quando perito, assistente técnico, auditor ou árbitro, deverá [...] Abster-se de interpretações tendenciosas sobre a matéria que constitui objeto de perícia, mantendo absoluta independência moral e técnica na elaboração do respectivo laudo”, devendo, igualmente, abster-se de “expender argumentos ou dar a conhecer sua convicção pessoal sobre os direitos de quaisquer das partes interessadas, ou da justiça da causa em que estiver

[60] O'MALLEY, Nathan. *Rules of evidence in international arbitration: an annotated guide*. Routledge: Informa Law, 2012, § 6.23.

[61] NALINI, José Renato. A Ética nas Profissões Jurídicas. *Revista dos Tribunais*, vol. 731, p. 455-470, set. 1996. Acesso RTOnline: “O Estado edita normas disciplinadoras da atuação profissional, na defesa da comunidade, mas também na preservação da própria dignidade dos membros dessa confraria. A profissão impõe internamente, aos integrantes do grupo profissional, a deontologia cabível”.

[62] Código de ética profissional do contabilista, capítulo “ii”, art. 2º, incisos I e II. Disponível em: < http://www.oas.org/juridico/portuguese/mesicic3_bra_codigo_etica.pdf>. Acesso em 15.11.2021.

[63] Código de ética profissional do contabilista, capítulo “ii”, art. 2º, incisos IV e V. Disponível em: < http://www.oas.org/juridico/portuguese/mesicic3_bra_codigo_etica.pdf>. Acesso em 15.11.2021.

servindo, mantendo seu laudo no âmbito técnico e limitado aos quesitos propostos", competindo-lhe, ainda, "Considerar com imparcialidade o pensamento exposto em laudo submetido a sua apreciação"[64].

É interessante notar que os profissionais da engenharia, da arquitetura, da agronomia, da geologia, da geografia e da meteorologia também estão sujeitos a Código de Ética. Nas relações com clientes, esses profissionais devem dispensar tratamento justo a terceiros, resguardar o sigilo profissional e "atuar com imparcialidade e impessoalidade em atos arbitrais e periciais"[65].

Percebe-se, pois, a preocupação – a nível nacional e internacional – de os profissionais que atuem como peritos ou assistentes técnicos desempenharem sua missão de modo independente a fim de contribuir para o esclarecimento de questões técnicas submetidas à apreciação dos árbitros.

Cabe, por fim, examinar o quadro de deveres atribuíveis às testemunhas.

3. A atuação das testemunhas

Ao instruir a causa, o árbitro colhe as provas úteis, necessárias e pertinentes à formação de seu convencimento[66], dentre as quais pode figurar a prova testemunhal. Testemunha é um terceiro, estranho ao processo, que depõe sobre o que sabe a respeito dos fatos em discussão na lide[67].

A testemunha, ao ser intimada a respeito da data, do local e da hora de sua oitiva, deve comparecer à audiência para desempenhar a sua função: "relatar o que viu e ouviu, não tirar conclusões destas observações ou de

[64] Código de ética profissional do contabilista, capítulo "ii", art. 5º, incisos III e IV. Disponível em: < http://www.oas.org/juridico/portuguese/mesicic3_bra_codigo_etica.pdf>. Acesso em 15.11.2021.

[65] Código de ética profissional da engenharia, da agronomia, da geologia, da geografia e da meteorologia. 11ª ed. 2019. art. 9º, inciso III, alíneas "a" e "d". Disponível em: <https://www.confea.org.br/sites/default/files/uploads-imce/CodEtica11ed1_com_capas_no_indd.pdf>. Acesso em 15.11.2021.

[66] CARMONA, Carlos Alberto *Arbitragem e Processo*. 3. ed. São Paulo: Atlas, 2009, p. 313.

[67] BIANCHI, Beatriz Homem de Mello. Provas na Arbitragem e a Carta Arbitral. *Revista de Arbitragem e Mediação*, vol. 59, p. 213-244, out./dez. 2018. Acesso RT Online. Na doutrina internacional, vide WAINCYMER, Jeffrey. *Procedure and Evidence in International Arbitration*. The Hague: Kluwer Law International, 2012, p. 895.

outros fatos"[68]. Se, porém, houver recusa da testemunha em comparecer, sem apresentação de justa causa, será necessário solicitar o concurso do Poder Judiciário para a sua condução coercitiva[69].

Como está no art. 22, § 2º da Lei brasileira de Arbitragem, "Em caso de desatendimento, sem justa causa, da convocação para prestar depoimento pessoal, o árbitro ou o tribunal arbitral levará em consideração o comportamento da parte faltosa, ao proferir sua sentença" e, "se a ausência for de testemunha, nas mesmas circunstâncias, poderá o árbitro ou o presidente do tribunal arbitral requerer à autoridade judiciária que conduza a testemunha renitente, comprovando a existência da convenção de arbitragem".

Além de comparecer à audiência, a testemunha tem o dever de dizer a verdade, sob pena de ser configurado o crime de falso testemunho, previsto no art. 342 do Código Penal[70]. Do mesmo modo, as testemunhas não devem omitir fatos ou circunstâncias que sejam de seu conhecimento[71].

Admite-se a oitiva, em arbitragens, de testemunhas fáticas e testemunhas técnicas, também conhecidas como *expert witness*. A oitiva de testemunhas técnicas é apontada como prova atípica, consistindo na "inquirição de um técnico, que opinará acerca de determinada questão que dependa de conhecimento especializado"[72]. Trata-se de "um tipo de prova similar a perícia, mas sem o formalismo e a necessidade de laboração de laudo pericial"[73].

[68] CARMONA, Carlos Alberto. *Arbitragem e Processo*. 3. ed. São Paulo: Atlas, 2009, p. 319. Segundo Jeffrey Waincymer, "It is not appropriate for a general witness to provide an opinion on a matter to be determined by the tribunal" (WAINCYMER, Jeffrey. *Procedure and Evidence in International Arbitration*. The Hague: Kluwer Law International, 2012, p. 895).

[69] CARMONA, Carlos Alberto. *Arbitragem e Processo*. 3. ed. São Paulo: Atlas, 2009, p. 317.

[70] Código Penal, art. 342: "Fazer afirmação falsa, ou negar ou calar a verdade como testemunha, perito, contador, tradutor ou intérprete em processo judicial, ou administrativo, inquérito policial, ou em juízo arbitral. Pena – reclusão, de 2 (dois) a 4 (quatro) anos, e multa".

[71] PINTO, José Emilio Nunes. Anotações práticas sobre a produção de prova na arbitragem. *Revista Brasileira de Arbitragem*, v. 06, n. 25, p. 07-28, jan./mar. 2010, p. 24.

[72] CARMONA, Carlos Alberto. *Arbitragem e Processo*. 3. ed. São Paulo: Atlas, 2009, p. 319.

[73] BIANCHI, Beatriz Homem de Mello. Provas na Arbitragem e a Carta Arbitral. *Revista de Arbitragem e Mediação*, vol. 59, p. 213-244, out./dez. 2018. Acesso RT Online.

As testemunhas técnicas, diferentemente das fáticas, podem apresentar conclusões aos árbitros, pois "serão chamadas a depor para emitir opinião com base em seu conhecimento técnico sobre a matéria da controvérsia"[74]. O foco do depoimento da testemunha técnica é a "interpretação técnica de determinado fenômeno importante para que os árbitros possam decidir a causa", como questões atinentes a vícios de construção, qualidade do solo, instalação de plantas industriais[75] e a "boas práticas" de determinada indústria[76]. A depender do quão bem fundamentado for o depoimento da testemunha técnica, "poderá suprir com sucesso, no todo ou em parte, a prova pericial"[77].

Carlos Alberto Carmona observa não ser adequado aplicar às testemunhas técnicas "as regras gerais de impedimento e suspeição, pois os depoentes aproximam-se aos assistentes técnicos, que atuam no processo como auxiliares da parte"[78]. Já José Emilio Nunes Pinto alerta: "As testemunhas técnicas, embora designadas pelas partes, devem ser independentes e não manter ou terem mantido relação de emprego ou de consultoria com quem as houver nomeado"[79].

Apesar de ser um tipo de prova adotada principalmente no sistema de *Common Law*, por não haver um perito indicado pelo juiz ou pelo árbitro[80], tem sido, igualmente, utilizada em arbitragens nacionais, daí a importância de se abordar os deveres das testemunhas técnicas.

[74] Bianchi, Beatriz Homem de Mello. Provas na Arbitragem e a Carta Arbitral. *Revista de Arbitragem e Mediação*, vol. 59, p. 213-244, out./dez. 2018. Acesso RT Online.

[75] Carmona, Carlos Alberto. *Arbitragem e Processo*. 3. ed. São Paulo: Atlas, 2009, p. 319.

[76] Pinto, José Emilio Nunes. Anotações práticas sobre a produção de prova na arbitragem. *Revista Brasileira de Arbitragem*, v. 06, n. 25, p. 07-28, jan./mar., 2010, p. 24.

[77] Pinto, José Emilio Nunes. Anotações práticas sobre a produção de prova na arbitragem. *Revista Brasileira de Arbitragem*, v. 06, n. 25, p. 07-28, jan./mar., 2010, p. 24.

[78] Carmona, Carlos Alberto. *Arbitragem e Processo*. 3. ed. São Paulo: Atlas, 2009, p. 320.

[79] Pinto, José Emilio Nunes. Anotações práticas sobre a produção de prova na arbitragem. Revista Brasileira de Arbitragem, v. 06, n. 25, p. 07-28, jan./mar., 2010, p. 24.

[80] Bianchi, Beatriz Homem de Mello. Provas na Arbitragem e a Carta Arbitral. *Revista de Arbitragem e Mediação*, vol. 59, p. 213-244, out./dez. 2018. Acesso RT Online.

Conclusões

José Roberto de Castro Neves afirmou, em relação ao papel dos advogados: "Pelos desafios que enfrentam, pelas reflexões a que são expostos, os advogados se forjam. Sem empatia – a capacidade de se colocar no lugar do outro –, jamais conseguirão cumprir a sua missão"[81]. Essa constatação parece-nos de igual valia para os demais atores do procedimento arbitral aqui examinados: os *experts* e as testemunhas. Afinal, para o bom andamento do procedimento, não há nada melhor do que cada ator desenvolver a capacidade de compreender as ideias e as ações dos outros figurantes envolvidos. Como parte desse processo, conhecer os principais deveres a que os demais participantes estão sujeitos e cumprir com os seus próprios compromissos afigura-se fundamental.

Referências

CBAr-Ipsos (2021). *Arbitragem no Brasil.* Disponível em: <https://cbar.org.br/site/wp-content/uploads/2021/09/pesquisa-cbar-ipsos-2021-arbitragem-no-brasil.pdf>, p. 21 Acesso em 22.11.2021.

BARBOSA, Ruy. *O dever do advogado.* Bauru: EDIPRO, 2007.

BOISSÉSON, Matthieu de. A obrigação de lealdade dos advogados em relação ao árbitro. *Revista de Arbitragem e Mediação*, vol. 43, 2014, p. 157-167. Versão RTOnline.

CARMONA, Carlos Alberto. *Arbitragem e Processo.* 3. ed. São Paulo: Atlas, 2009.

CARNEIRO, Paulo Cezar Pinheiro; SCHENK, Leonardo Faria. O justo processo arbitral e o dever de revelação (*disclosure*) dos peritos. *Revista Eletrônica de Direito Processual* – REDP, V. XII, 2013, p. 581-597.

COUTURE, Eduardo Juan. *Os mandamentos do advogado.* Tradução de Ovídio A. Baptista da Silva e Carlos Otávio Athayde. Porto Alegre: Fabris, 1989.

CREMADES, Bernardo. La buena fe en el arbitraje internacional. *Revista de Arbitragem e Mediação*, vol. 31, out./dez. 2011. Acesso pela RT Online.

LUCON, Paulo Henrique. Imparcialidade na Arbitragem e Impugnação aos Árbitros. *Revista de Arbitragem e Mediação*, vol. 39, ano 10, p. 39-51, out./dez. 2013.

[81] Neves, José Roberto de Castro. *Como os advogados salvaram o mundo*: A história da advocacia e sua contribuição para a humanidade. 3. ed. Rio de Janeiro: Nova Fronteira, 2020, p. 29.

MARTINS, André Chateaubriand. Deveres de imparcialidade e independência dos peritos em arbitragem: uma reflexão sob a perspectiva da prática internacional. *Revista de Arbitragem e Mediação*, vol. 10, n. 39, p. 99-119, out./dez. 2013.

MARTINS, Pedro Batista. *Panorâmica sobre as Provas na Arbitragem*. Disponível em: <http://batistamartins.com/panoramica-sobre-as-provas-na-arbitragem-2/> Acesso em: 15.11.2021).

MARTINS-COSTA, Judith, BENETTI, Giovana; XAVIER, Rafael; WEBBER, Pietro. Deveres e responsabilidade dos árbitros: entre o *status* e o contrato de investidura. In: José Augusto Bitencourt Machado Filho; Guilherme Enrique Malosso Quintana; Gustavo Gonzalez Ramos; Luis Felipe Baquedano; Daniel Mendes Bioza; Pedro Teixeira Mendes Parizotto (Org.). Arbitragem e Processo. Homenagem ao Prof. Carmona. São Paulo: Quartier Latin, v.2, p. 145-180.

MARTINS-COSTA, Judith; BENETTI, Giovana. A imunidade do árbitro: reflexões em torno de uma tendência. In: Bruno Guandalini; Carlos Elias (Org.). A Função do Árbitro no Brasil. São Paulo: Almedina, 2022, p. 639-674.

NALINI, José Renato. A Ética nas Profissões Jurídicas. *Revista dos Tribunais*, vol. 731, p. 455-470, set. 1996. Acesso RTOnline.

NEVES, José Roberto de Castro. *Como os advogados salvaram o mundo*: A história da advocacia e sua contribuição para a humanidade. 3. ed. Rio de Janeiro: Nova Fronteira, 2020.

O'MALLEY, Nathan. *Rules of evidence in international arbitration*: an annotated guide. Routledge: Informa Law, 2012.

PINTO, José Emilio Nunes. Anotações práticas sobre a produção de prova na Arbitragem. *Revista Brasileira de Arbitragem*, vol. 6, n. 25, p. 7-28, 2010.

WAINCYMER, Jeffrey. *Procedure and Evidence in International Arbitration*. The Hague: Kluwer Law International, 2012.

3.

EFEITOS DE *CYBER ATTACKS* SOBRE A SENTENÇA ARBITRAL

PETER CHRISTIAN SESTER

1. Foco e organização do artigo

Quando os coordenadores desta obra coletiva me convidaram para escrever um artigo sobre os efeitos de *cyber attacks* sobre sentenças arbitrais, não imaginava que o tema logo chegaria ao Judiciário brasileiro no contexto de uma arbitragem emblemática de grande repercussão internacional. Este artigo, todavia, não tratará desse caso específico recentemente judicializado, pelo simples fato de que não temos acesso aos seus autos. Ao tempo da redação deste artigo, não podemos discutir uma decisão a ser proferida futuramente. Dito isso, queremos delimitar e organizar o tema deste trabalho.

Não trataremos da questão sobre o que os árbitros deveriam fazer quando se torna público um *cyber attack* ocorrido ao longo do procedimento arbitral em que atuam. Tal questão já foi amplamente discutida na literatura da arbitragem internacional e julgada por diferentes tribunais arbitrais estatais. Em nossa visão, não se trata de um problema novo, mas apenas da velha questão, apresentada sob uma nova roupagem, sobre o que fazer com uma prova que foi obtida de forma ilícita no curso de um processo arbitral. Já em 2018, a ilustre colega Edna Sussmann resumiu de forma insuperável o problema e as abordagens para solucioná-lo[1]:

[1] SUSSMAN, Edna. "Cyber Attacks: Issues Raised in Arbitration". *NYSBA New York Dispute Resolution Lawyer*, v. 11, n. 2, 2018, p. 10.

"Arbitrators have broad discretion in dealing with evidence under applicable laws and institutional rules. Given this wide discretion and the binding nature of arbitral awards, tribunals generally admit evidence to avoid risking vacatur for failure to provide a full and fair opportunity to present the case, and then consider its credibility, weight, and value. However, on a proper showing evidence may be excluded by the arbitral tribunal. Where it is demonstrated that evidence has been obtained illegally the arbitral tribunal is faced with a difficult choice.
The decisions appear to emphasize who committed the wrongful act, whether the documents are privileged, and whether the information revealed was material to the decision on the merits. Balancing the search for truth and other values is not new. It is just being presented in a new context in our digital world. As William Park said[2], 'Nothing new resides in balancing truth-seeking against values that further public goals rather than adjudicatory precision'."

O presente artigo tratará unicamente da questão sobre quais são os efeitos de um *cyber attack* sobre a sentença arbitral caso a parte vencida e o tribunal fiquem sabendo do ataque somente após a prolação da sentença arbitral. Ao nosso ver, é preciso distinguir entre dois tipos de efeitos: (1) efeitos de natureza processual e (2) consequências no âmbito do direito material.

O primeiro tipo de efeitos será discutido no contexto de um pedido de anulação de sentença arbitral nacional (artigo 32, da Lei de Arbitragem), e no contexto da contestação de um pedido de homologação de sentença arbitral que tenha sido proferida fora do território brasileiro (artigo 34, da Lei de Arbitragem).

Já o segundo tipo de efeitos, consequências no âmbito do direito material, pode eventualmente impedir a execução da sentença arbitral. Como assim? Um *cyber attack* que configure um ato ilícito nos termos do artigo 186 do Código Civil brasileiro poderá eventualmente justificar a aplicabilidade do princípio de que ninguém pode se beneficiar da própria torpeza. No Direito inglês, esse princípio é chamando *ex turpi causa*

[2] Park, William W. "Truth Seeking in International Arbitration". In: Wirth, Markus et al. (Coord.). *The Search for "Truth" in Arbitration: Is Finding the Truth What Dispute Resolution is About?*. ASA Special Series n. 35, Huntington (New York): JurisNet LLC, 2011, p. 1, 10.

non oritur actio[3], e, no direito brasileiro como *nemo auditur propriam turpitdinem allegans*, um subprincípio da boa-fé.[4] A consequência ligada à aplicação do *nemo auditur* consiste na anulação do ato jurídico praticado por quem tentou se beneficiar da própria torpeza, "impondo-se limites ao exercício de determinada posição jurídica".[5] Trata-se de um princípio universal, aplicado inclusive pela Corte da União Europeia.[6]

Com relação ao material que foi obtido por meio do *cyber attack* no procedimento arbitral, distinguimos entre dois tipos de informações: (1) provas de fatos e (2) informações a respeito da estratégia processual da contraparte que permitam a uma das partes estar sempre um passo à frente da outra. Enquanto o primeiro tipo de informações se encaixa de forma relativamente fácil na sistemática da Convenção de Nova York, da Lei Modelo da UNCITRAL e da nossa Lei de Arbitragem, a qualificação do segundo tipo de informação é mais difícil. Em nossa visão, ela consiste na quebra da paridade de armas (*equality of arms*) – e, portanto, na violação da isonomia entre as partes de um processo.

Tendo em vista o que foi elaborado acima, organizaremos este artigo da seguinte forma: em uma primeira etapa, discutiremos as questões da anulação da sentença arbitral e da contestação da sua homologação no cenário de um *cyber attack* ter contaminado a sua higidez. Na segunda etapa, trataremos sobre a execução de uma sentença arbitral proferida com base em informações obtidas num cyber *attack*. Tudo isto partindo da premissa de que o *cyber attack* praticado ao longo do procedimento arbitral tenha sido ilegal, isto é, de que as informações tenham sido obtidas por meio de um ato ilícito definido nos termos do artigo 186 do Código Civil brasileiro.

[3] McKendrick, Ewan. *Contract Law – Text, Cases, and Materials*, 2ª ed, Oxford: Oxford University Press, 2005, p. 863.

[4] Martins-Costa, Judith. *A Boa-fé no Direito Privado – Critérios para a sua aplicação*, 2ª ed, São Paulo: Saraiva, 2018, p. 689.

[5] Ibid, p. 694.

[6] A Corte da União Europeia também reconhece tal princípio, ECJ C-453/99, julgado no dia 20 de setembro de 2001.

2. Pedido de anulação e contestação de homologação da sentença arbitral

2.1 Classificação do vício como violação da paridade de armas

A anulação e a denegação de homologação de uma sentença arbitral dependem de se, no caso concreto, o *cyber attack* se encaixa no rol taxativo do artigo 32 da Lei de Arbitragem, que prevê as hipóteses de sua anulação, ou nas situações de denegação da homologação previstas nos artigos 38 e 39, inciso II, da Lei de Arbitragem. Tal qualificação é ligada à classificação do vício causado pelo ataque na sentença arbitral. Em nossa visão, o fato de ter uma das partes se beneficiado, no procedimento arbitral, de um ato ilícito, rompe a chamada paridade de armas, reconhecida no Brasil[7] como importante subprincípio da igualdade das partes (artigo 21, § 2º, da Lei de Arbitragem). A paridade de armas é um elemento da nossa ordem pública (processual) que garante o devido processo legal e o contraditório (artigo 5º, inciso LIV e LV, da CRFB/1988).[8]

A Lei Modelo da UNCITRAL ("Lei Modelo"), principal fonte de inspiração da nossa Lei de Arbitragem[9] não menciona expressamente como causa de anulação da sentença arbitral (em seu artigo 34) a violação da igualdade das partes, mas dispõe que, ao longo do procedimento arbitral, cada parte deve ter tido uma oportunidade de apresentar o seu caso (artigo 34 (2) (a) (ii) da Lei Modelo). O princípio da igualdade das partes, no entanto, pode ser encontrado no artigo 18 da Lei Modelo da UNCITRAL, o qual dispõe que as partes devem ser tratadas em pé de igualdade, sendo-lhes garantida a possibilidade de fazerem valer seus direitos. Consequentemente, em uma interpretação sistemática, o artigo 34 da Lei Modelo deve ser lido à luz do artigo 18, admitindo-se como hipótese de anulação da sentença a quebra de paridade entre as partes do

[7] Para o Brasil, ver SESTER, Peter Christian. *Comentários à Lei de Arbitragem e à Legislação Extravagante*, São Paulo: Quartier Latin, 2020, pp. 261-263; e para a Alemanha, ver Bundesgerichtshof (BGH) I ZB 88/19, julgado em 23 de julho de 2020.

[8] NERY, Nelson e DE ANDRADE NERY, Rosa Maria. *Constituição Federal*. 7ª ed. São Paulo: Revista dos Tribunais 2019, LV: 70, p. 299

[9] SESTER, Peter Christian. Fundaments of Arbitration in Brazil. In: SESTER, Peter Christian (Coord.). *International Arbitration*: Law and Practice in Brazil. Oxford: Oxford University Press, 2020, p. 8-9.

procedimento arbitral. Tal conclusão é sustentada também pelo fato de que a igualdade das partes configura um princípio basilar da Arbitragem Internacional, explicitamente estabelecida nas leis nacionais de arbitragem.[10] Além disso, o artigo 34 (2) (b) (ii) da Lei Modelo dispõe que uma sentença arbitral é anulável caso contrarie a ordem pública nacional do Estado onde o pedido de anulação foi feito. Como já dito, no caso do Brasil, o princípio da igualdade das partes integra os corolários de ordem pública nacional.

A violação da paridade de armas, por consistir em afronta ao princípio da igualdade das partes, não apenas pode justificar a anulação de uma sentença arbitral, mas também a denegação da sua homologação, caso seja estrangeira. O fundamento legal para tanto são os artigos 39, *caput*, inciso II, da Lei de Arbitragem (violação da ordem pública do Estado onde a homologação é pendente), e 38, inciso II, da Lei de Arbitragem, em combinação com a *lex arbitri* da sede da arbitragem caso tal lei garanta o princípio da igualdade.

Resumidamente, os efeitos de um *cyber attack* sobre uma sentença arbitral brasileira ou estrangeira são, a princípio, iguais. Em ambos os casos, a quebra da paridade de armas importa em violação da ordem pública nacional e internacional, autorizando a anulação da sentença arbitral ou a denegação de sua homologação.

2.2 Consequências da violação da paridade de armas

2.2.1 Em razão da obtenção de prova ilícita

É relativamente fácil responder a questão sobre as consequências de um *cyber attack* que tenha possibilitado a uma das partes obter uma prova ilícita. Segundo o artigo 5º, inciso LVI, da CRFB/1988 são inadmissíveis, no processo, as provas obtidas por meios ilícitos.[11] Essa proibição é formulada de forma objetiva, não subjetiva, motivo pelo qual não importa se o julgador, árbitro ou juiz estava consciente da ilicitude da prova apre-

[10] Por exemplo, em Portugal artigo 16º letra a da Lei de Arbitragem Voluntária (Lei nº 31/1986); Pinto Monteiro. *Manual de Arbitragem*. Coimbra: Almedina, 2019, p. 282.

[11] Dinamarco, Cândido Rangel. *Instituições de Direito Processual Civil*, vol. III, 8ª edição. São Paulo: Malheiros, 2019, p. 54-56.

sentada; sendo ela ilícita, não pode ser admitida para o convencimento motivado do tomador de decisão. Para que autorize a nulidade ou não homologação da sentença arbitral, no entanto, é preciso que o fato provado pela prova obtida ilicitamente por meio do *cyber attack* tenha tido efetivo impacto na decisão do julgador, por exemplo na formação do seu convencimento a respeito no nexo causal ou do dano em um caso de responsabilidade civil. Tal exigência é tradicionalmente referida pela expressão "*pas de nullité sans grive*" (não há nulidade sem prejuízo)

Não obstante, considerando que um *cyber attack* consiste em grave violação não somente das regras de proteção de dados etc., mas também da boa-fé processual (*procedural fairness*[12]), a exigência da demonstração de um efetivo "impacto" ou "prejuízo" para admitir-se a nulidade ou a não homologação da sentença arbitral não pode ser elevada de tal modo que premie a má-fé da parte que se beneficiou da prova ilícita, pois ninguém deveria beneficiar-se da própria torpeza. À luz desse princípio, parece adequado estabelecer a presunção de que a prova ilícita de um fato relevante para a decisão do caso teve efetivo impacto sobre o seu julgamento.

Além disso, vale lembrar que é cognitiva e psicologicamente muito difícil para qualquer julgador simplesmente "excluir" da formação de seu julgamento uma prova ilícita que já lhe tenha sido apresentada. Mas complicada ainda é responder à questão sobre como o árbitro teria decidido se conhecesse a ilicitude da prova; responder a essa pergunta sobre uma "causalidade" hipotética é quase impossível. Tais dificuldades não deveriam beneficiar a parte do procedimento arbitral que afrontou "as regras do jogo" e obteve por meios ilícitos a prova que influenciou em sua vitória. Nesse contexto, vale citar novamente as ponderações de Edna Sussmann[13]:

> "*Study after study has established that fact finders cannot ignore inadmissible information and are influenced in their decision-making by that information, even if it has*

[12] BORN, Gary B. *International Arbitration*: Law and Practice. 2a ed., Alphen aan den Rijn: Wolters Kluwer, 2016, p. 325.

[13] SUSSMAN, Edna. "Cyber Attacks: Issues Raised in Arbitration". *NYSBA New York Dispute Resolution Lawyer*, v. 11, n. 2, 2018, p. 11.

been excluded. As Doron Teichman and Eyal Zamir sum up the literature[14]: [n]*umerous studies have documented the effects of inadmissible evidence in ... legal domains, such as hearsay evidence, pretrial media reports, and illegally obtained evidence. These studies show that inadmissible evidence affects judicial decision-making in civil as well as criminal settings, irrespective of whether that evidence favors the prosecution or the defense. A recent meta-analysis concluded that inadmissible evidence produced a significant impact. As the courts have found it can be difficult to 'un-ring the bell'. Arbitrators should be sensitive to this unconscious influence and carefully assess the evidence upon which they rely to ensure that it supports their conclusions without reference to excluded evidence. Advocates should be sensitive to the fact that highlighting evidence to urge its exclusion may cause it to make an even deeper impression on the fact finder'.*"

2.2.2 Em razão da obtenção da estratégia processual da contraparte

Prima facie, parece mais complicado responder à questão de quais são as consequências, para a sentença arbitral, da obtenção de informações sobre a estratégia processual da contraparte (e.g., critérios aplicados na escolha do árbitro, quantidade e qualidade das provas, "*timing*" da apresentação de provas ou de pareceres, questões preparadas para a oitiva de testemunhas).

Apesar de não existir uma norma constitucional (tão clara quanto a do artigo 5º, inciso LVI, da CRFB/1998) que sancione a obtenção ilícita de estratégia processual da contraparte, não há dúvida de que essa vantagem informacional cria uma assimetria processual tão grande que nem alguns "birdies" ou "eagles"[15] ao longo do procedimento podem reestabelecer a paridade de armas das partes. Um *cyber attack* é uma afronta aos princípios da boa-fé processual (*procedural fairness*) e da igualdade das partes que põe em xeque a higidez, legalidade e legitimidade do procedimento

14 TEICHMAN, Doron et al., Judicial Decision-Making: A Behavioral Perspective. In: ZAMIR, Eyal et al (Coord.). *Oxford Handbook of Behavioral Economics.* Oxford: Oxford University Press 2014, p. 1, 9; WISTRICH, Andrew J. et al, "Can Judges Ignore Inadmissible Information? The Difficulty of Deliberately Disregarding". *University of Pennsylvania Law Review*, v. 153, issue 4, 2005, pp. 1251, 1279–1281.

15 *Birdie*: quando o jogador conclui o buraco com uma tacada abaixo do par (ex: conclui um buraco de par 4 em 3 tacadas). *Eagle*: duas tacadas abaixo do par (ex: conclui um buraco de par 5 em 3 tacadas). *PAR* é a média de tacadas para embocar a bola num determinado buraco.

arbitral. Portanto, a resposta adequada a tal atuação é a anulação da sentença arbitral.

3. Impugnação ao cumprimento da sentença

Muito mais complexa que a anulação e a contestação à homologação da sentença arbitral proferida em procedimento no qual tenha ocorrido um *cyber attack*, é a questão da impugnação ao cumprimento da sentença. De acordo com a premissa principal das discussões deste artigo, estipulada na introdução, um *cyber attack* consiste em ato ilícito nos termos da definição do artigo 186 Código Civil, o qual chega ao conhecimento das partes do procedimento arbitral somente após a prolação da sentença. Sendo assim, a vítima do ataque cibernético pode buscar o ressarcimento por perdas e danos sofridos em decorrência do ataque, mas o dano se concretizará apenas no momento da execução da sentença contaminada com o vício do *cyber attack*.

De acordo com o artigo 927, *caput* e artigo 944, *caput*, do Código Civil, aquele que, por ato ilícito, cause dano a alguém, fica obrigado a repará-lo em sua integralidade, isto é, a reestabelecer o *status quo* anterior ao ato ilícito (reparação da totalidade do dano[16]). Portanto, parece possível equiparar o dano à quantia condenatória da sentença parcial viciada pelo *cyber attack*. Dito isso, abre-se a possibilidade de impugnar a execução da sentença arbitral com fundamento no artigo 525, §1º, inciso VII, do CPC, alegando-se a existência de compensação, que opera no direito brasileiro *ipso iure*. Segundo o artigo 33, §3º, da Lei de Arbitragem, a decretação da nulidade da sentença arbitral também poderá ser requerida na impugnação ao cumprimento da sentença, nos termos do artigo 525, do CPC.[17]

Desse modo, é possível garantir, em sentido amplo, que ninguém poderá se beneficiar da própria torpeza (*ex turpi causa non oritur actio*).

[16] Mello, Diogo Leonardo Machado de, "Comentário ao artigo 944". In: Nanni, Giovanni Ettore et al (Coord.). *Comentários ao Código Civil*. São Paulo: Saraiva, 2019, p. 1297.

[17] Sester, Peter Christian. *Comentários à Lei de Arbitragem e à Legislação Extravagante*. São Paulo: Quartier Latin, 2020, p. 384-386.

Conclusões

As consequências de um *cyber attack* sobre uma sentença arbitral podem ser devastadoras. Pode ser que haja (1) a anulação da sentença nacional, (2) a denegação da homologação de uma sentença estrangeira, e (3) a impugnação à execução da sentença arbitral contaminada pelo ataque. O uso de informações obtidas por meio do ataque, sejam documentos probatórios ou informações sobre a estratégia processual da contraparte, violam o princípio processual da paridade de armas e o princípio material de que ninguém pode se beneficiar da própria torpeza (*exeptio doli*), subprincípio da boa-fé.

4.
A TUTELA CRIMINAL DA CONFIDENCIALIDADE EM ARBITRAGEM: A CRIMINALIDADE ECONÓMICO-FINANCEIRA E A TENSÃO ENTRE OS DEVERES DE SEGREDO E DE DENÚNCIA

Tiago da Costa Andrade

1. Razão de ordem

O objeto do presente estudo situa-se na fronteira entre o Direito da Arbitragem e as ciências jurídico-criminais. E parte da constatação da existência de uma tensão entre as normas que disciplinam a arbitragem e as normas penais, precipitada pela *coqueluche* da política criminal internacional hodierna do combate *ou* luta *ou* guerra *contra* ou *à* corrupção.

O estudo da tutela criminal da confidencialidade em arbitragem assenta em vetores de difícil harmonização.

Em primeiro lugar, existem hoje normas jurídicas que equiparam os árbitros aos funcionários públicos para efeitos de lei penal, e com base nessa equiparação, tem-se assistido a uma tendência na comunidade jurídica para atribuir aos árbitros um dever de denúncia de crimes de que tomem conhecimento no exercício das suas funções e por causa delas.

Em segundo lugar, a lei portuguesa impõe sobre os árbitros um dever de confidencialidade sobre a informação e documentos de que tomem conhecimento em virtude do processo arbitral. Essa confidencialidade goza, no nosso ordenamento jurídico, de tutela penal, podendo a sua violação dar lugar à prática de um crime[1].

Em terceiro lugar, é hoje comummente entendido na doutrina da especialidade que um tribunal arbitral deve empreender os melhores esforços no sentido de proferir sentenças arbitrais exequíveis, sendo incontroverso que essa exequibilidade ficará inviabilizada se a sentença arbitral proferida violar a ordem pública internacional, conceito no qual a doutrina e a jurisprudência têm vindo a inserir os casos em que se descortinam crimes de colarinho branco, nos quais se inclui a corrupção. Além disso, os casos *World Duty Free v. Quénia*, de 2006, e *Metal-Tech v. Uzbequistão*, de 2013, no contexto da arbitragem internacional de investimento, tornaram claro que a determinação da existência de práticas criminais, designadamente de corrupção, pode obstar não apenas ao reconhecimento das sentenças arbitrais, mas também, a montante, à própria jurisdição dos tribunais arbitrais.

É da intersecção destes vetores que nasce a tensão que o presente estudo se propõe analisar. O tema assume hoje particular acuidade dada a frequência crescente com que surgem alegações de corrupção, branqueamento de capitais ou outros crimes semelhantes no contexto da arbitragem, bem como a circunstância de a generalidade dos instrumentos jurídicos que disciplinam o processo arbitral serem omissos quanto à forma de tratar tais alegações.

Importa ter presente que as alegações de práticas criminosas podem surgir em diferentes momentos e afetar diversos aspetos do processo arbitral: podem dizer respeito ao contrato ao abrigo do qual o litígio surge, à convenção de arbitragem nele ínsita, podem relacionar-se com a prova obtida, ou podem até mesmo consistir na submissão de um falso litígio à arbitragem como forma de branquear a transferência de fundos entre as partes.

Sendo verdade que o paradigma atual aponta para uma maior seriedade no tratamento das alegações de práticas criminosas, é também

[1] No contexto da elaboração do presente texto, devo uma palavra de agradecimento à minha colega Joana Granadeiro, versada nas matérias de arbitragem, pelos valiosos contributos e desafiantes interrogações que me ofereceu e colocou e que não deixaram de influenciar a abordagem a algum dos temas aqui discutidos.

verdade que essas alegações são feitas muitas vezes sob a forma de mera insinuação, sem daí se extraírem consequências jurídicas para o processo, com o objetivo de suscitar a dúvida no tribunal, de desviar as atenções da violação contratual em discussão, ou de atrasar o processo arbitral. Os árbitros devem por isso estar cientes de que há um elevado risco de alegações de crime infundadas em arbitragem, sem meios de prova que as sustentem, como ficou demonstrado no caso *African Holding v. República Democrática do Congo*, de 2008.

É este o pano de fundo sobre o qual empreendemos a busca por uma resposta que permita harmonizar o dever de confidencialidade dos árbitros e o dever de denúncia de crimes a que possam considerar-se adstritos. Com esse desígnio, começaremos por analisar a questão de saber se os árbitros são funcionários para efeitos da lei penal e, consequentemente, se estão realmente sujeitos a um dever de denúncia obrigatória. Em seguida, exploraremos o conteúdo e limites do dever de confidencialidade a que os árbitros estão adstritos no exercício das suas funções, para posteriormente dissecar o crime de violação de segredo e averiguar a correspondência entre o segredo dos árbitros e o segredo criminalmente relevante. Subsequentemente, ocupar-nos-á o problema de saber se a denúncia de crimes de pendor económico-financeiro pelo árbitro constitui causa de justificação do crime de violação de segredo, quer em ordem a assegurar a administração repressiva da justiça penal, quer com a intenção de prevenção de crimes. Por fim, olharemos para a recente Diretiva sobre proteção de denunciantes e para a sua transposição no direito português para questionar a justeza da potencial inclusão dos árbitros como *whistleblowers*.

2. O árbitro como funcionário e o dever de denúncia

2.1. Antes de mais, umas breves notas sobre lei aplicável. Breves porque o contrário nos desencaminharia da meta que estabelecemos para este estudo. E apenas as suficientes para balizar a aplicação da lei penal e da lei processual penal, bem como das normas disciplinadoras da arbitragem voluntária, que influenciam decisivamente a existência ou inexistência do dever de denúncia dos árbitros.

No que diz respeito à aplicação da lei penal substantiva, o princípio primordial no tocante à sua aplicação no espaço é o *princípio da territorialidade*. A lei penal aplica-se aos factos praticados em território português qualquer que seja a nacionalidade do agente[2]. Além disso, sempre que o agente não tiver sido julgado no país da prática do facto ou se houver subtraído ao cumprimento total ou parcial da condenação, a lei portuguesa é ainda aplicável a factos praticados fora do território nacional em razão dos princípios da nacionalidade, da proteção dos interesses nacionais, da universalidade ou da administração supletiva da justiça penal[3]-[4].

No que diz respeito à lei processual penal, esta é aplicável em todo o território português e, bem assim, em território estrangeiro nos limites definidos pelos tratados, convenções e regras do direito internacional[5].

Em Direito Penal (em sentido amplo), ao contrário do que sucede no contexto do Direito Privado, o ponto de vista do qual se parte para um problema de lei aplicável não é tanto o de saber qual é a única ou a *melhor* lei aplicável, mas sobretudo se a lei penal de um determinado Estado – neste caso, a portuguesa – é aplicável ou não ao caso decidendo, tendo em vista, nesta sede, o princípio de indeterminação das conexões legítimas[6].

Daqui resulta, desde logo, uma primeira consequência para a delimitação do problema ao qual pretendemos dar resposta: a questão jurídico-penal e – em certa medida também – processual do tratamento de indícios de corrupção ou de qualquer tipo de crime de colarinho branco conexo, numa arbitragem internacional, deve ser perspetivada a partir da

[2] Artigo 4.º do Código Penal.

[3] Artigos 5.º e 6.º do Código Penal.

[4] Sobre os princípios que regem o âmbito de aplicação espacial da lei penal, em detalhe, cfr. Jorge de Figueiredo Dias, *Direito Penal*, Parte Geral, Tomo I, Gestlegal, 2019, 3.ª edição, pp. 242 e ss.

[5] Artigo 6.º do Código de Processo Penal. A parte final deste artigo é especialmente relevante para enquadrar a legalidade dos atos de auxílio jurídico interestadual em matéria penal.

[6] De acordo com este princípio, cabe aos Estados concretizar nas suas ordens jurídicas, as regras de aplicabilidade que entenderem mais convenientes, dentro do respeito pelo direito internacional. Sendo que as regras de aplicabilidade da lei a factos extraterritoriais envolvem quase sempre conflitos potenciais entre as pretensões jurisdicionais dos Estados. Sobre este tema no quadro da teoria das regras de aplicabilidade em Direito Penal, Pedro Caeiro, *Fundamento, Conteúdo e Limites da Jurisdição Penal do Estado*, Coimbra Editora, 2010, 1.ª edição, pp. 325 e ss..

lei penal a aplicar no caso, sendo extremamente difícil fazê-lo de outro modo, designadamente de um ponto de partida jurídico global.

No que diz respeito às normas disciplinadoras da arbitragem, o entendimento dominante é o de que é a *lex arbitri*, e não a lei nacionalidade dos árbitros, que define os poderes dos árbitros e, nomeadamente, os seus poderes públicos[7]. Assim, e sem prejuízo da possibilidade de as partes poderem contratualmente estipular os direitos e deveres dos árbitros na convenção de arbitragem, a lei do Estado da sede da arbitragem será a lei relevante na determinação dos direitos e deveres a que estão adstritos no exercício das suas funções.

Destarte, o pressuposto em que assenta o presente estudo é o de que o lugar da arbitragem se encontra dentro das fronteiras do Estado português, aplicando-se a lei de arbitragem e a lei processual penal nacional. E que aos factos criminais dos quais há indícios na arbitragem se aplica a lei penal substantiva portuguesa. Vejamos então.

2.2. Sob a égide de um verdadeiro Estado de Direito, não há nem pode haver qualquer obrigação geral da denúncia da prática de crimes. Exceto quando a lei especificamente determinar tal obrigação em relação a um grupo de pessoas que se encontram em certas circunstâncias que justifiquem a imposição de tal obrigação.

Em Portugal, vale precisamente um tal princípio, uma vez que a denúncia de crimes apenas é obrigatória, nos termos do disposto no artigo 242.º Código de Processo Penal, ainda que os agentes do crime não sejam conhecidos, para (*i*) as entidades policiais, quanto a todos os crimes de que tomarem conhecimento e (*ii*) para os funcionários, na aceção do artigo 386.º do Código Penal, quanto aos crimes de que tomarem conhecimento no exercício das suas funções e por causa delas.

Colocando de parte o dever de denúncia obrigatória que impende sobre as entidades policiais, que não cabe na economia do presente estudo, atender-se-á ao dever que impede sobre os funcionários e, em particular, à remissão feita pela norma processual penal para a lei penal

[7] Dragor Hiber, Vladimir Pavić, "Arbitration and Crime", *Journal of International Arbitration*, Kluwer Law International 2008, Volume 25 Issue 4, 461-478, p. 467.

substantiva para efeitos de determinação do conceito criminalmente relevante de funcionário.

No âmbito da lei penal substantiva nacional, o artigo 386.º do Código Penal consagra uma definição de funcionário para "*efeito da lei penal*". Nos termos deste artigo do Código Penal, tanto pela alínea *e*) do número 1[8] como, pelas alíneas *e*)[9] e *f*)[10] do número 3 para os efeitos de aplicação dos crimes de tráfico de influência, de recebimento indevido de vantagem, de corrupção passiva e de corrupção ativa, o árbitro é considerado funcionário para efeito da lei penal[11].

[8] "*O árbitro, o jurado, o perito, o técnico que auxilie o tribunal em inspeção judicial, o tradutor, o intérprete e o mediador*".

[9] "*Todos os que exerçam funções no âmbito de procedimentos de resolução extrajudicial de conflitos, independentemente da nacionalidade e residência*".

[10] "*Os jurados e árbitros nacionais de outros Estados*".

[11] No panorama internacional, se a Convenção das Nações Unidas contra a Corrupção (2003) e a Convenção da OCDE sobre a luta contra a corrupção de agentes públicos estrangeiros em transações comerciais internacionais (1997), oferecem um conceito autónomo de funcionário público, os instrumentos europeus como a Convenção Penal sobre a Corrupção do Conselho da Europa (2003) – além de outros instrumentos de Direito da União Europeia – refletem uma opção pela remissão para os correspondentes ordenamentos jurídicos internos dos Estados. Sobre o conceito de funcionário público no direito internacional e europeu, propondo um conceito autónomo para o Direito Penal da União Europeia, que inclua também os árbitros, ADÁN NIETO MARTÍN, "El Concepto de Funcionario Público (art. 1)", in *Fraude y Corrupción en el Derecho penal económico europeo.* Eurodelitos de corrupción y fraude (Coord. LUIS ARROYO ZAPATER / ADÁN NIETO MARTÍN), Ediciones de la Universidad de Castilla-La Mancha, 2006, pp. 89 e ss.
Notamos que, nos termos do artigo 1.º do Protocolo adicional à referia Convenção Penal sobre a Corrupção do Conselho da Europa, o termo "árbitro" deve ser interpretado por referência ao Direito interno dos Estados Partes no referido Protocolo, devendo incluir, em qualquer caso, a pessoa que, por força de um acordo de arbitragem, é chamada a proferir uma decisão juridicamente vinculativa num litígio que lhe tenha sido submetido pelas partes nesse acordo. Notamos, ainda, que na Resolução da Assembleia da República n.º 1/2015 que aprovou o referido Protocolo Adicional, a República Portuguesa reservou-se o direito de não sancionar criminalmente as infrações de corrupção de árbitros estrangeiros e de corrupção de jurados estrangeiros, previstas nos artigos 4.º e 6.º do Protocolo, com exceção dos casos em que a infração tenha sido cometida, total ou parcialmente, em território português. É esta reserva formulada por Portugal relativamente ao Protocolo Adicional que explica a exigência de uma conexão territorial nas alíneas e) e f) do número 3 do artigo 386.º do Código Penal. Desenvolvendo e sustentando a contrariedade das

É inevitável, por conseguinte, que, desde logo, nos questionemos relativamente a duas idiossincrasias atinentes ao artigo 386.º. Em primeiro lugar, qual a razão de os árbitros surgirem em três alíneas do mesmo artigo como sendo funcionários para efeito da lei penal? E, em segundo lugar, como se processa a remissão da lei processual para uma norma que expressamente indica que a definição legal de funcionário vale para "*efeito da lei penal*"? Finalmente, como interpretar o conceito de árbitro, em função das diferentes categorias de arbitragem que poderão estar subjacentes à aplicação da norma.

2.3. Ora, os árbitros como pessoas que exercem funções em procedimentos de resolução extrajudicial de conflitos entraram para a categoria jurídico-penal de funcionário pela mão da Lei n.º 59/2007, de 4 de abril, que os incluiu no atual artigo 368.º, n.º 3, alínea *e*), do Código Penal[12]. A Lei n.º 32/2010, de 2 de setembro, passou a incluir expressamente no artigo 386.º, n.º 1, alínea *c*), os árbitros, sendo hoje inequívoco que o arbitro é funcionário para efeitos penais. Fê-lo, porém, sem revogar a alínea *e*) do número 3 do mesmo artigo. Mais: com a Lei n.º 30/2015, de 22 de abril, a alínea *f*) do número 3 passou a abranger também os "*jurados e árbitros nacionais de outros Estados, quando a infração tiver sido cometida, total ou parcialmente, em território português*". E, agora, com a Lei n.º 94/2021, de 21 de dezembro, mantiveram-se as referências aos árbitros no artigo 386.º do Código Penal, desaparecendo apenas os segmentos normativos "*quando a infração tiver sido cometida, total ou parcialmente, em território português*" das alíneas *e*) e *f*) do número 3. Julgamos que o fundamento genérico que tem vindo a servir de base para as sucessivas adições a este artigo tem que ver com a necessidade de um conceito de funcionário suficientemente abrangente para evitar lacunas de punibilidade[13].

alíneas e) e f) do número 3 do artigo 386.º do Código Penal e a violação da obrigação internacional de incriminação por parte do Estado Português, cfr. Paulo Pinto de Albuquerque, *Comentário do Código Penal à luz da Constituição da República e da Convenção Europeia dos Direitos do Homem*, Universidade Católica Editora, 3.ª edição atualizada, 2015, p. 1229.

[12] À data, a alínea *e*) correspondia à alínea *d*), com a redação "*Todos os que exerçam funções no âmbito de procedimentos de resolução extrajudicial de conflitos*" mais restrita do que a atual.

[13] Sobre a evolução deste artigo, José Manuel Damião da Cunha, *Comentário Conimbricense do Código Penal* (Dirigido por Jorge de Figueiredo Dias), Tomo III (artigos 308º a

Contudo, o artigo 386.º do Código Penal não pode ser vista como um empilhar de tipos de agentes sem qualquer consideração material pela função que cada um desempenha e, decisivamente, pelas concretas normas incriminadoras que se socorrem da definição de funcionário para completar o seu tipo. A diversidade de modalidades de arbitragem – pública ou privada, necessária ou voluntária, doméstica ou internacional – impede uma equiparação direta, para efeitos de exercício de função pública, de todos os árbitros com base numa única formulação[14]. Importa, por isso, averiguar se aos diferentes tipos de arbitragem deve corresponder uma distinção na densificação do conceito de árbitro para efeitos jurídico-penais.

2.4. Examinado como ficou o regime jurídico-penal do dever de denúncia, e antes de abordar a questão de saber se tal regime deve abranger indistintamente os árbitros em todo o tipo de arbitragens, importa analisar brevemente os diferentes tipos de arbitragem que podem estar em causa.

Em primeiro lugar, a arbitragem pode distinguir-se em voluntária ou necessária. Nos termos do artigo 1.º, n.º 1, da Lei da Arbitragem Voluntária, "[*d*]*esde que por lei especial não esteja submetido exclusivamente aos tribunais do Estado ou a arbitragem necessária, qualquer litígio respeitante a interesses de natureza patrimonial pode ser cometido pelas partes, mediante convenção de arbitragem, à decisão de árbitros*".

A arbitragem diz-se, por isso, necessária quando seja prescrita por lei especial, conforme decorre do artigo 1136.º do Código de Processo Civil[15], sem recurso a uma convenção de arbitragem assinada pelas partes em litígio. Ou seja, nas palavras de Carlos Blanco de Morais, "*a arbitra-*

386º), Coimbra Editora, 2001, pp. 808 e ss., e *A Reforma Legislativa em Matéria de Corrupção – uma análise crítica das leis n.os32/2010, de 2 de Setembro, e 41/2010, de 3 de Setembro*, Coimbra Editora, 2011, pp. 20 e ss.

[14] Assim, mesmo no que toca aos árbitros, José Manuel Damião da Cunha, *A Reforma...*, p. 29.

[15] Mencionando outros conceitos de arbitragem necessária, nomeadamente por referência a relações assimétricas entre as partes litigantes, Artur Flamínio da Silva, Daniela Mirante, "Da constitucionalidade da arbitragem necessária: o caso da arbitragem no Direito do Consumo", *Revista Internacional de Arbitragem e Conciliação*, Vol. XIII – 2020, p. 91.

gem necessária envolve a obrigatoriedade de os litigantes submeterem o litígio não a tribunais estaduais, mas a instâncias arbitrais"[16]. Vigoram no ordenamento jurídico português vários regimes especiais, como, entre outros, o dos instrumentos de regulamentação coletiva de trabalho não convencionais[17], o dos litígios emergentes dos atos e omissões das federações desportivas, ligas profissionais e outras entidades desportivas[18], o dos conflitos de consumo de reduzido valor económico[19] e o das relações coletivas de trabalho[20]. Nos termos do artigo 1139.º do Código de Processo Civil, "[*e*]*m tudo o que não vai especialmente regulado observa-se, na parte aplicável, o disposto na Lei da Arbitragem Voluntária*".

Conforme nota Carlos Blanco de Morais, a admissibilidade da arbitragem necessária não é pacífica na doutrina[21], por restringir a autonomia privada e por impedir o acesso aos tribunais estaduais e, assim, eventualmente, o acesso aos tribunais e, eventualmente, o princípio da igualdade[22]. Contudo, esta questão foi superada pela modificação da Constituição da República Portuguesa, que reconhece atualmente no seu artigo 209.º, n.º 2, os tribunais arbitrais como tribunais, bem como pelo acórdão n.º 52/92 do Tribunal Constitucional, no qual se reconheceu que a Constituição não distingue, expressamente, entre tribunais arbitrais voluntários e necessários. Segundo Rui Tavares Lanceiro, a jurisprudência do Tribunal Constitucional demonstra a preocupação com a proteção do direito fundamental de acesso aos tribunais (estaduais) e explica o autor que esta preocupação implica que a arbitragem necessária apenas seja imposta, à luz dos princípios da proporcionalidade e da igualdade, quando sirva

16 Carlos Blanco de Morais, "Problemas Constitucionais da Arbitragem Necessária em Portugal", *Arbitragem em Direito Público* (org. Nuno Villa-Lobos e Tânia Carvalhais Pereira), FGV Projetos, p. 40, disponível em https://fgvprojetos.fgv.br/sites/fgvprojetos.fgv.br/files/fgv_publicacao_arbitragem_miolo.pdf.

17 Artigo 13.º da Lei Geral do Trabalho em Funções Públicas.

18 Artigo 4.º da Lei n.º 74/2013, de 06 de setembro, que cria o Tribunal Arbitral do Desporto.

19 Lei n.º 63/2019, de 16 de agosto.

20 Decreto-Lei n.º 259/2009, de 25 de setembro.

21 Carlos Blanco de Morais, "Problemas Constitucionais...", pp. 40-41.

22 J. J. Gomes Canotilho, Vital Moreira, *Constituição da República Portuguesa*, Anotada, II, 2010, p. 551.

o propósito de prosseguir um interesse público que exceda o sacrifício imposto aos cidadãos[23].

Finalmente, importa abordar brevemente a distinção entre arbitragem de direito público e de direito privado. O ponto de partida é o disposto no n.º 5 do artigo 1.º da Lei da Arbitragem Voluntária, segundo o qual "[*o*] *Estado e outras pessoas coletivas de direito público podem celebrar convenções de arbitragem, na medida em que para tanto estejam autorizados por lei ou se tais convenções tiverem por objeto litígios de direito privado*".

Até à entrada em vigor do Código de Processo nos Tribunais Administrativos, em 2004, a constituição de tribunais arbitrais para dirimir litígios de direito administrativo só era permitida para a resolução de litígios relativos à interpretação, validade ou execução de contratos administrativos ou à responsabilidade civil por danos causados pela Administração no âmbito da sua atividade de gestão pública, ficando de fora a emissão de pronúncias sobre questões de legalidade de atos administrativos[24]. Atualmente, fica de fora do âmbito de um potencial compromisso arbitral a responsabilidade civil por prejuízos decorrentes do exercício da função política ou legislativa e da função jurisdicional[25], mas não da função administrativa.

Prevalece hoje no ordenamento jurídico português o entendimento segundo o qual o direito comum da arbitragem é aplicável à arbitragem de Direito Administrativo, sem prejuízo de algumas das suas disposições deverem ser afastadas[26]. Isto mesmo se verifica no artigo 59.º, n.º 2, da LAV, que determina que "[r]*elativamente a litígios que, segundo o direito português, estejam compreendidos na esfera da jurisdição dos tribunais administrativos, a competência para decidir sobre matérias referidas nalguma das alíneas do n.º 1 do presente artigo* [relativas ao recurso da sentença arbitral, à destituição

[23] Rui Tavares Lanceiro, "A jurisprudência constitucional e a arbitragem necessária", *Estudos em Homenagem ao Conselho Presidente Joaquim de Sousa Ribeiro*, Almedina, 2019, 401-436, p. 436.

[24] Mário Aroso de Almeida, "Breves Apontamentos sobre a Arbitragem de Direito Administrativo em Portugal", *Arbitragem em Direito Público* (org. Nuno Villa-Lobos e Tânia Carvalhais Pereira), FGV Projetos, p. 50, disponível em https://fgvprojetos.fgv.br/sites/fgvprojetos.fgv.br/files/fgv_publicacao_arbitragem_miolo.pdf.

[25] Nos termos do artigo 185.º do Código de Processo nos Tribunais Administrativos.

[26] Mário Aroso de Almeida, "Breves Apontamentos...", p. 54.

de árbitro e a outras questões], *pertence ao Tribunal Central Administrativo em cuja circunscrição se situe o local da arbitragem ou, no caso da decisão referida na alínea h) do n.º 1* [relativa ao reconhecimento de sentença arbitral proferida no estrangeiro], *o domicílio da pessoa contra quem se pretende fazer valer a sentença*". Importa atentar, ainda, no artigo 185.º, n.º 2, do Código de Processo nos Tribunais Administrativos, que afasta a possibilidade de os árbitros decidirem com base na equidade, bem como, muito significativamente, o artigo 185.º-B, que obriga à publicidade das decisões proferidas por tribunais arbitrais transitadas em julgados incidentes sobre matéria administrativa.

Pode dizer-se, portanto, que a especialidade da arbitragem de direito público, que justifica desvios pontuais ao regime geral da arbitragem comum, assenta na presença do elemento do interesse público, o que justifica que os tribunais arbitrais competentes para resolver tais causas sejam "tribunais administrativos arbitrais", ou seja, tribunais especializados na aplicação do Direito Administrativo. Motivo pelo qual, aliás, Mário Aroso de Almeida defende a criação de uma regra que implique que a arbitragem de Direito Administrativo só tenha lugar no âmbito de centros de arbitragem institucionalizada que garantam essa especialidade[27].

2.5. Percorridas as várias distinções que no seio da arbitragem se podem encetar, enfrenta-se a questão de saber se o regime jurídico-penal do dever de denúncia deve abranger (ou não) indistintamente os árbitros das arbitragens domésticas e das arbitragens internacionais localizadas em Portugal, das arbitragens necessárias e voluntárias, de direito público e de direito privado.

Por um lado, pode arguir-se que não deve o intérprete traçar distinções onde o legislador não as traçou. De acordo com esta lógica, se o legislador tivesse querido circunscrever o conceito de funcionário ao árbitro que desempenha tais funções numa determinada categoria legal de arbitragem, tê-lo-ia feito de forma expressa. Do ponto de vista valorativo, pode igualmente arguir-se que o objetivo do legislador foi o de garantir que, num procedimento em que se postulam direitos em busca

27 *Idem*, p. 54.

de um provimento jurisdicional, que é equivalente ao provimento jurisdicional estadual e que goza das proteções da lei portuguesa enquanto lei do foro, os árbitros estejam adstritos a um dever de reporte de atividade criminosa não diferente do dos juízes. Esse dever pode considerar-se ainda mais relevante num momento em que, como agora, a legitimidade da arbitragem enquanto alternativa aos tribunais do estado é objeto de forte escrutínio pela sociedade civil, e se faz sentir uma maior pressão pela demonstração de transparência e ética por parte dos seus intervenientes.

Por outro lado, e retomando o regime previsto no Código Penal, cumpre notar que existe uma clara separação de fins – e, consequentemente, de âmbito de aplicação – entre as várias alíneas e números do artigo 386.º do Código Penal. Desde logo, atente-se nas alíneas *a*) e *b*) do número 1 daquele artigo 386.º e nas alíneas *c*) e *e*) do mesmo artigo. No fundo, as primeiras correspondem aos que pela doutrina administrativa são designados como agentes administrativos, caracterizados por uma ligação funcional a uma pessoa coletiva de Direito Público. Já as segundas dizem respeito ao grupo de agentes desprovidos de um vínculo funcional ou pessoal à administração pública, tendo apenas sido chamados a participar no desempenho de uma atividade incluída na função pública administrativa ou jurisdicional. Pelo que se poderá arguir que o conceito de funcionário para "*efeito da lei penal*" não foi pensado e não deve ser aplicável ao árbitro que exerce funções, por exemplo, em arbitragens internacionais e nas arbitragens domésticas de direito privado.

Assim, e tendo ainda em linha de conta a redação do artigo 386.º, n.º 3, alínea *e*), fará sentido que os árbitros identificados na alínea *e*) do número 1 do artigo 386.º correspondem àqueles que intervêm em arbitragens de direito público e aqueles que intervêm em arbitragem necessária[28]. Com efeito, estas categorias de arbitragem correspondem àquelas

[28] No mesmo sentido parece escrever José Manuel Damião da Cunha, *A Reforma...*, pp. 29, 30 e 37, notas 29 e 41, que não deixa de expressar a dúvida sobre se verdadeiramente foram estes os árbitros visados pelo legislador quando incluiu os árbitros no número 1 do artigo 386.º do Código Penal, em 2010 ou se terá querido revogar a atual alínea *e*) do número 3 para abranger toda a arbitragem naquele número 1. O autor acaba por apontar no sentido de que "*árbitros que intervenham em processo público de arbitragem são indivíduos que intervêm em actividade pública (administrativa/jurisdicional), e por isso, integrados (embora com independência) em órgãos públicos. Os árbitros na designada arbitragem voluntária não*

em que está presente o interesse público, seja por o procedimento de resolução do litígio prescrito por lei servir o propósito de prosseguir um interesse público que excede o sacrifício imposto aos cidadãos, como sucede no caso da arbitragem necessária, seja por os próprios interesses em litígio serem interesses públicos, como sucede no caso da arbitragem administrativa.

Se assim não fosse, todos os árbitros de qualquer modalidade de arbitragem poderiam ser considerados agentes de uma panóplia de tipos de crime que se dirigem aos funcionários, e não apenas para os crimes de tráfico de influência, de recebimento indevido de vantagem, de corrupção passiva e de corrupção ativa, como parece ter sido a intenção do legislador[29].

Diferentemente, os árbitros em arbitragem privada e voluntária estarão incluídos no artigo 386.º, n.º 3, alíneas *e*) (e *f*)), do Código Penal, como agentes tidos como funcionários para efeitos não de toda a lei penal, mas "*para efeitos do disposto nos artigos 335.º e 372.º a 374.º*" daquele Código. Isto é, para os crimes de tráfico de influência, recebimento indevido de vantagem e corrupção.

O alargamento do conceito de funcionário para lá da categoria de agente administrativo deu-se em virtude de uma pretensão de equiparação de um conjunto de funções que justificavam um certo paralelismo do ponto de vista político-criminal. Já desde o Decreto-Lei 371/83, de 6 de outubro, que se almejava resolver o problema do combate à corrupção[30]. E entendeu-se que a opção de consideração dos árbitros como funcionários seria justificada por uma analogia funcional com os magistrados judiciais, pela participação de ambos no exercício da função jurisdicional.

estão compreendidos (no n.º 1 do artigo 386.º) porque não actuam em nome do Estado. O facto de o Estado reconhecer (mesmo constitucionalmente) a importância dos Tribunais arbitrais (cf., assim, o artigo 209., n.º 2, da CRP) não implica considerá-los como função pública estadual (é uma função autónoma/independente)".

[29] Que, de acordo com José Manuel Damião da Cunha, *A Reforma...*, pp. 21 e ss., teve como inspiração a solução legislativa do Código Penal espanhol que consagra um conceito de funcionário mais alargado apenas para efeitos do crime de corrupção que abrange também os árbitros.

[30] Com alguma ligeireza, de acordo com José Manuel Damião da Cunha, *Comentário...*, p. 809.

Não obstante, é necessário ter presente que, sobre a inclusão dos árbitros de arbitragem privada e voluntária na categoria de funcionários, através das atuais alíneas *e*) (e *f*)) do número 3 do artigo 386.º do Código Penal, pairam as mais negras nuvens. Apenas a título de exemplo, desde logo, no plano substantivo, se antes da alteração promovida pela Lei n.º 30/2015, de 22 de abril, era duvidosa a intenção do legislador de abranger o recebimento indevido de vantagem, com esta lei de alteração, que inclusivamente adicionou o tráfico de influência à esfera de crimes que podem ter como agentes os árbitros, restam menos dúvidas quanto à intenção do legislador relativamente aos artigos 335.º e 372.º a 374.º. Mas, ainda assim, não fica totalmente resolvido o problema da consideração do árbitro como funcionário para efeitos do crime de recebimento indevido de vantagem, em razão de a norma supor uma certa exclusividade e permanência do funcionário[31]. Em segundo lugar, e agora num plano processual penal, aquela inclusão dos árbitros de arbitragem privada e voluntária revela uma extensão do conceito de funcionário que, por deixar de se ater tanto aos deveres do cargo[32] e se passar a referir sobretudo à semelhança das funções exercidas – jurisdicionais, por referência à dos magistrados nos tribunais estaduais –, equiparando uma função privada a uma função pública, torna sobremaneira duvidosa a inclusão daqueles na remissão que o artigo 242.º, n.º 1, alínea *b*), do Código de Processo Penal faz para o artigo 386.º do Código Penal.

2.6. Deste modo, sendo difícil contestar que os árbitros sejam funcionários para efeitos do artigo 386.º, n.º 3, do Código Penal, poderíamos ser

[31] Assim, José Manuel Damião da Cunha, *A Reforma...*, p. 36, nota 40.

[32] Naturalmente, à equiparação também não será estranha a existência de deveres análogos, que se fundam, precisamente, na circunstância de ser a função jurisdicional que está a ser exercida. Tal como os magistrados judiciais, os árbitros estão adstritos a deveres de imparcialidade e independência (artigo 9.º, n.º 3, da Lei da Arbitragem Voluntária) e respondem civilmente nos mesmos termos em que respondem os magistrados judiciais (artigo 9.º, n.º 4, do mesmo diploma legal). Parece-nos, no entanto, que a existência de deveres análogos é consequência (um *posterius*) – e não causa (um *prius*) – da semelhança da função jurisdicional exercida por árbitros e magistrados judiciais, sendo esta função o cerne axiológico e teleológico da equiparação de tais deveres e, portanto, também da extensão do conceito de funcionário.

levados a concluir que o árbitro é sempre um sujeito do dever de denúncia obrigatória, nos termos do artigo 242.°, n.° 1, alínea b) do Código de Processo Penal. Porém, esta é uma afirmação que receamos demasiado redutora das finalidades do artigo 386.° e do seu âmbito de aplicação. Na verdade, a questão não se resolve tão facilmente quanto a simples leitura da lei parece sugerir.

Como salienta José Manuel Damião da Cunha – que entre nós se tem dedicado com profundidade ao conceito de funcionário – a determinação do âmbito de aplicação do conceito de funcionário não prescinde da análise de cada um dos conceitos de funcionário prescritos pelo artigo 386.° do Código Penal. E, além disso, nenhuma equiparação de um agente ao estatuto de funcionário deve ser automática, antes dependendo sempre da concreta norma penal em que o agente se insere, com uma especial incidência para quem atua no âmbito puramente privado e que se pretende que seja equiparado a um agente público (ainda que não através do cargo, mas da função exercida). Razões pelas quais, concretamente, sobre o dever de denúncia do artigo 242.°, n.° 1, alínea *b*) do Código de Processo Penal, este autor entende que "*não é necessário que haja coincidência entre o universo dos funcionários do CPP, e o dos funcionários que, nos quadros do CP, possam incorrer em eventual responsabilização criminal*". Isto é: para o autor, nem todos os funcionários do artigo 386.° do Código Penal têm um dever legal de denunciar, de tal modo que a omissão de denúncia por parte de qualquer funcionário, que seja considerado como tal nos termos do artigo 386.°, devesse precipitar necessariamente a sua responsabilização criminal[33]. Não podemos senão concordar com esta ideia, especialmente se atentarmos no caso específico dos árbitros em arbitragens voluntárias e de direito privado, pelos motivos que exporemos de seguida.

Em primeiro lugar, porque, na senda da posição adotada, os árbitros nas arbitragens voluntárias e de direito privado caem no chamado *conceito alargado de funcionário*. Isto é, ficam fora das alíneas *a*) e *b*) do número 1 do artigo 386.° do Código Penal e, no contexto do seu número 3, consideram-se funcionários apenas para efeitos dos crimes de tráfico de influência, recebimento indevido de vantagem e corrupção.

[33] José Manuel Damião da Cunha, *Comentário...*, pp. 821-822, e *A Reforma...*, p. 16.

Apesar de serem chamados a desempenhar uma atividade compreendida na função pública jurisdicional, os árbitros não têm qualquer vínculo funcional ou pessoal com a jurisdição estadual. A equiparação que é feita entre os árbitros e os magistrados judiciais deve, por isso, ser tomada *cum grano salis*: os árbitros desempenham uma função similar no sentido de que a sentença arbitral é tendencialmente final, vinculativa e executável nos respetivos Estados, mas não são juízes estaduais com um estatuto próprio, mais solene e reconduzível à titularidade de um órgão de soberania, ainda que exerçam uma função jurisdicional. Aliás, o facto de o Estado português reconhecer constitucionalmente a arbitragem como forma alternativa (ainda que limitada) de resolução litigiosa de conflitos, não implica considerá-la função pública jurisdicional. É, sim, uma "forma voluntária" de jurisdição.

Nos casos em que o artigo 386.º do Código Penal alarga o conceito de funcionário para lá do agente administrativo, para abranger agentes de atividades puramente privadas, impõe-se uma interpretação restritiva do seu âmbito de aplicação, no que diz respeito à obrigatoriedade de denúncia prevista no Código de Processo Penal.

A circunstância de os árbitros serem funcionários para efeitos de responsabilidade criminal pela comissão dos crimes de tráfico de influência, recebimento indevido de vantagem e corrupção, não equivale a dizer que, relativamente a esses crimes, estejam adstritos a um dever de denúncia. Assim, em nosso entender, por tudo aquilo que se deixou exposto, à luz do caráter essencial do vínculo à Administração, que traduz a necessidade de defesa permanente do interesse público e a responsabilidade acrescida de quem age em nome do Estado, o artigo 242.º, n.º 1, alínea *b*), do Código de Processo Penal terá como âmbito de aplicação apenas os funcionários que exercem um cargo público através de uma ligação orgânica à atividade da Administração Pública e à Justiça estadual.

Por outro lado, há duas outras coordenadas que parecem sugerir o afastamento do árbitro em arbitragem privada e voluntária como sujeito do dever de denúncia obrigatória. A primeira é dada pela ausência de uma previsão legal de sanção para a omissão do dever de denúncia no plano jurídico-penal. Importa, pois, atentar na não criminalização, por parte do Código Penal português, da omissão de denúncia de um árbitro no exercício da função jurisdicional naquelas condições. Apenas se criminaliza, através do artigo 245.º do Código Penal, a omissão de denúncia do superior hierárquico tiver conhecimento da prática, por subordinado, de tortura e outros tratamentos cruéis, degradantes e desumanos. O que, inclusivamente, cremos que alvitra a sensação de que terão sido estas condutas, mais do que quaisquer outras que poderão também ser lesivas do interesse público, aquelas que se procuram prevenir com maior acuidade através do dever de denúncia que impende sobre os funcionários.

Já a segunda coordenada tem que ver com a circunstância de que o Código de Processo Penal – tal como o Código Penal – não contém quaisquer indicações sobre as formalidades que devem ser cumpridas para que se possa afirmar existir uma verdadeira e efetiva denúncia de crime. A Lei da Corrupção no Comércio Internacional e no Sector Privado[34] também nada acrescenta. A Lei do Combate ao Branqueamento de Capitais e do Financiamento do Terrorismo[35] indica um conjunto de elementos a incluir na comunicação de operações suspeitas, mas os árbitros não devem ser tidos como sujeitos das obrigações desse diploma, atendendo ao disposto no seu artigo 4.º, n.º 1, alínea *f*), e n.º 2. Já o Código dos Valores Mobiliários contém uma norma – o artigo 382.º, n.º 2 – que obriga os funcionários[36], que, no exercício da sua atividade profissional ou função, tenham conhecimento de factos que possam vir a ser qualificados como crime contra o mercado de valores mobiliários ou de outros instrumentos financeiros, a informarem de imediato o conselho diretivo da CMVM. Porém, o artigo 382.º, n.º 3, deste Código apenas indica que a denúncia pode ser apresentada por qualquer meio idóneo para o efeito, sendo confirmada por escrito, a pedido da CMVM, sempre que este não seja o meio adotado inicialmente[37]. Por último, poderia pensar-se que o recen-

[34] Lei n.º 20/2008, de 21 de Abril.

[35] Li n.º 83/2017, de 18 de Agosto.

[36] De acordo com JORGE ALVES MORAIS / JOANA MATOS LIMA, *Código dos Valores Mobiliários Anotado*, Quid Juris – Sociedade Editora, 2015, p. 634, este artigo dispõe no mesmo sentido do artigo 242.º, n.º 1, alínea b), do Código de Processo Penal, sugerindo, apesar de o artigo do Código dos Valores Mobiliários não o identificar expressamente, uma equiparação com o conceito de funcionário do artigo 386.º do Código Penal.

[37] As obrigações de descrição das razões da suspeita, da identificação pormenorizada e com rigor das operações em causa, das ordens dadas, dos comitentes e de quaisquer outras pessoas envolvidas, das modalidades de negociação, das carteiras envolvidas, dos

temente aprovado Regime Geral de Proteção de Denunciantes[38] trouxesse algumas respostas, mas, além de ser altamente questionável – como veremos *infra* – que os árbitros possam ser denunciantes para efeitos de gozo dos benefícios atribuídos por tal regime, a verdade é que o que o diploma veio confirmar é precisamente a ausência de formalidades e a multiplicidade de meios aplicáveis às denúncias[39].

Face a esse vazio de normas, a questão é se bastará uma manifestação por parte do denunciante de que tomou conhecimento de certos factos e que os considere como potencialmente relevantes a título jurídico-penal, isto é, a transmissão da notícia do crime? Não parece exigível ao denunciante que identifique, quer total quer parcialmente, o sujeito ativo do crime, sendo tal individualização da responsabilidade do Ministério Público (ou dos órgãos de polícia criminal em que aquele delegue os poderes de investigação), nos termos do artigo 262.º, n.º 1, do Código de Processo Penal[40]. E sem essas indicações, pergunta-se ainda, se poderá um dever de denúncia obrigar o árbitro, que, em princípio, não mantém qualquer relação orgânica com a administração da justiça, a quebrar o eventual dever de confidencialidade com o qual se comprometeu a quem lhe cometeu a arbitragem e que é um dos pilares de todo o sistema arbitral? A nosso ver, as demasiadas interrogações que surgem a este propósito e, em definitivo, a combinação teleológica dos artigos 242.º, n.º 1,

beneficiários económicos das operações, dos mercados em causa e de qualquer outra informação relevante para o efeito, bem como da qualidade de quem subscreve a denúncia e da sua relação com o intermediário financeiro apenas se dirigem a estes últimos, segundo o número 4 do artigo 382.º daquele Código.

[38] Lei n.º 93/2021, de 20 de dezembro.

[39] Basta atentar nos artigos 10.º e 14.º da Lei n.º 93/2021, de 20 de dezembro.

[40] Numa formulação semelhante, *mutatis mutandis* em razão de se referir ao exercício do direito de queixa, julgou o acórdão do Supremo Tribunal de Justiça de 5 de dezembro de 2007, no processo 07P3758, que "[o] *Código Penal e o Código de Processo Penal não contêm normas sobre a formalidade da queixa, o que legitima o entendimento de que a manifestação inequívoca do ofendido de que se exerça o procedimento criminal por um certo facto deve ser considerada queixa, independentemente da expressão formal dessa manifestação, seja ou não apelidada de queixa, denúncia, ou qualquer outro conceito, ou ainda do rigor da qualificação jurídico-penal dos factos*" e que "[n]*ão se exige, ainda, a identificação, total ou parcial, do sujeito activo do delito, que o ofendido pode ignorar, competindo a sua individualização à entidade dirigente do inquérito o MP ou à entidade em quem ele delegue os inerentes poderes de investigação*".

alínea *b*), do Código de Processo Penal e 386.º do Código Penal impedem que se considere o árbitro como sujeito de um dever legal de denúncia.

Em suma, mesmo consagrando o artigo 386.º do Código Penal uma equiparação dos árbitros aos funcionários para efeitos do disposto nos artigos 335.º e 372.º a 374.º daquele diploma legal, não estamos suficientemente convencidos de que o conceito de funcionário para efeitos de lei penal possa substantiva e teleologicamente aplicar-se a todos os árbitros, irrestritamente, e muito menos adjetivamente e para efeitos de um dever legal de denúncia.

Parece-nos, antes, que a categorização dos árbitros que participam em arbitragens voluntárias de direito privado como funcionários apenas faz sentido para efeitos de aplicação da lei penal substantiva e, dentro dessa, apenas nos limites materiais a que deve estar finalisticamente votada à luz dos artigos 335.º e 372.º a 374.º do Código Penal. Se todo o crime – *rectius*, se qualquer suspeita de crime – que chegasse ao conhecimento de tais árbitros, no exercício das suas funções e por causa delas, fosse denunciado de imediato às autoridades, levando à publicidade dos vários elementos do processo, não se auguraria um bom futuro à arbitragem como meio de resolução alternativa de litígios[41].

3. O dever de confidencialidade do árbitro

3.1. Não se pode dizer que seja total a aceitação da confidencialidade como característica nuclear e necessária do conceito de arbitragem[42]. Nem se pode proclamar sequer que toda a arbitragem voluntária de direito privado é confidencial ou que, sendo confidencial, o é de forma homogénea quanto aos seus âmbitos pessoais e funcionais[43].

[41] E muito menos – ainda que este argumento não seja minimamente decisivo – à capacidade de Portugal para atrair um maior volume de arbitragens internacionais.

[42] Defendendo um modelo de arbitragem público e transparente, com a confidencialidade como exceção, cfr. Juan Fernandéz-Armesto, "The time has come. A Plea for Abandoning Secrecy in Arbitration", *in Les Cahiers de l'Arbitrage / The Paris Journal of International Arbitration*, 2012-3, pp. 583-588. É relevante mencionar aqui a decisão proferida em 1995 no caso Esso v Plowman, na qual o High Court of Australia afirmou que a confidencialidade não é inerente à arbitragem.

[43] Consideraremos apenas o dever de confidencialidade dos árbitros no presente artigo, ainda que se reconheça que o âmbito pessoal de tal dever em arbitragem possa estender-se,

Com efeito, tem-se assistido a uma crescente exigência de transparência na arbitragem, alicerçada sobretudo no seu caráter jurisdicional e na necessidade de sindicância da imparcialidade e independência dos árbitros.

É possível afirmar que esse clamor se dirige mais às arbitragens em que são parte o Estado ou entes públicos, mais do que nas arbitragens de direito privado entre partes que são sujeitos de direito privado[44]. Embora o presente estudo tenha como objeto primordial a arbitragem doméstica, não se ignoram as tensões entre confidencialidade e a reclamada transparência que se fazem sentir particularmente no domínio das arbitragens internacionais que envolvem Estados ou entidades estatais. Comprovando-o, vejam-se, por exemplo, as Regras sobre Transparência em Arbitragem entre Investidores e Estados baseada em Tratados, aprovadas pela Comissão de Direito Comercial Internacional das Nações Unidas em 2013. Ainda que o seu mote seja o de conferir uma maior transparência, como o demonstra o seu artigo 3.º, a verdade é que o seu artigo 7.º, cuja epígrafe é "*Exceções à Transparência*", apresenta uma série de números e parágrafos que atestam uma preocupação daquelas Regras em harmonizar as exigências de transparência com a confidencialidade[45].

além dos árbitros e das partes, aos seus assistentes profissionais e ao *staff* das instituições de arbitragem, secretárias, testemunhas, peritos, relatores, tradutores, intérpretes, particularmente na falta de convenção ou lei expressa.

[44] A este respeito, note-se que o artigo 41.º, n.º 2, do Regulamento de Arbitragem do Centro de Arbitragem Comercial de 1 de abril de 2021, da Câmara de Comércio e Indústria Portuguesa, dispõe que, "[*a*]*s sentenças arbitrais sobre litígios em que uma das partes seja o Estado ou outra pessoa coletiva de direito público são sempre publicadas nos termos da lei*". Ainda neste ponto podemos referir a Lei 10/2011, de 20 de aneiro que prevê o Regime Jurídico da Arbitragem em Matéria Tributária e estabelece, na alínea g) do artigo 16º, como princípio fundamental a publicidade das decisões arbitrais.

[45] O crescente movimento de transparência resultante do fenómeno da globalização da atividade comercial tem-se sentido particularmente nas arbitragens de investimento em que, por norma, uma das partes é um Estado ou uma pessoa coletiva pública. Nestas o interesse de preservação do interesse público a que se juntam a publicidade de qualquer processo como fim de justiça em si mesmo e o reforço da consistência da jurisprudência internacional que pressionam a balança dos interesses retirando peso absoluto à confidencialidade como princípio geral da arbitragem. Sobre o tema, entendendo dever continuar a caber às partes a decisão quanto à existência e quanto aos limites da confidencialidade e

Não obstante, é seguro afirmar que a confidencialidade é, ainda hoje, maioritariamente reconhecida como um dos princípios basilares em que assenta todo o sistema arbitral internacional, ao ponto de ser defendido por alguns a existência de um dever implícito de confidencialidade. Nas palavras de Serge Lazareff, "*se, como escreveu Ihering, a forma é a irmã gémea da liberdade, então a confidencialidade é a irmã gémea da arbitragem*"[46]. Num plano anterior ao jurídico, se atendermos à realidade económica e à vontade genérica dos seus operadores, no sigilo vê-se um dever com um relevo muitíssimo assinalável[47]. Dedutível, em grande medida, da circunstância de as partes, no início de uma relação negocial, ocasional ou contínua, terem cada vez mais como *conditio sine qua non* do negócio a integração no contrato de uma cláusula de arbitragem que afasta um potencial litígio futuro dos tribunais estaduais, onde a publicidade do processo poderia ameaçar as suas opções estratégicas de negócio.

Se, aparentemente, a celeridade na resolução do litígio ou a específica *expertise* dos árbitros escolhidos podem ser erigidas como as principais características que impulsionam as partes na procura da resolução

chamando a atenção para as exceções à transparência previstas nas Regras sobre Transparência indicadas no texto, Cfr. ELISA RANGEL NUNES, "A confidencialidade na arbitragem voluntária: uma questão de preservação de valores éticos?", *in Arbitragem Comercial: Estudos Comemorativos dos 30 anos do Centro de Arbitragem Comercial da Câmara de Comércio e Indústria Portuguesa* (Coord. António Menezes Cordeiro), Almedina, 2019, pp. 335 e ss. e 347 e ss.. A autora defende dever existir um equilíbrio entre os interesses da confidencialidade e da transparência, mediado pela ética e analisado em função do caso concreto, do convencionado pelas partes, do consagrado na lei e, na falta de lei ou convenção, dos ditames da boa-fé, que impõe às partes a obrigação de não incorrerem em comportamentos abusivos de divulgação e lesivos dos interesses e direitos da parte contrária.

[46] SERGE LAZAREFF, *apud* JUAN FERNANDÉZ-ARMESTO, "The time has come...", p. 583.

[47] Cfr. por todos, com referências doutrinais internacionais e com indicações de estudos empíricos sobre a influência económica da confidencialidade em arbitragem, JOSÉ ANTÓNIO FICHTNER / SERGIO NELSON MANNHEIMER / ANDRÉ LUÍS MONTEIRO, "A confidencialidade na arbitragem: regra geral e exceções", *in Revista de Direito Privado,* ano 13, vol. 49, Editora Revista dos Tribunais, jan-mar (2012), pp. 229-231; ANTÓNIO MENEZES CORDEIRO, *Tratado da Arbitragem em Comentário à Lei 63/2011, de 14 de dezembro*, Almedina, 2015, pp. 304 e ss.; e ARTUR FLAMÍNIO DA SILVA / ANTÓNIO PEDRO PINTO MONTEIRO, "Publicidade vs. Confidencialidade na Arbitragem Desportiva Transnacional", *in Revista de Arbitragem e Mediação*, vol. 50, ano 13, Jul.-Set., 2016, p. 431 e ss. e, em especial, nota 18.

alternativa de conflitos, a garantia de confidencialidade é o elemento de segurança que as leva a poder confiar no controlo de danos reputacionais e na mitigação do fluxo de informação que sai para o mercado e que, por isso e segundo cremos, verdadeiramente as motiva a afastarem-se dos tribunais estaduais de justiça pública. Frequentemente, as partes almejam que um litígio que surge no contexto de um determinado mercado não se reflita, pelo menos, noutros mercados[48]. Por outro lado, além da natural vontade das partes de preservar segredos de negócio ou informação comercial sensível, como informação de preços, planos de negócio, listas de clientes, informação de componentes ou *know how*, planos, desenhos, entre outros, há também o desejo de evitar a divulgação de prova produzida através de visitas a complexos industriais, de análise de amostras e de intervenção de peritos[49]. Além da circunstância de existirem casos em que certos indivíduos e entidades nunca aceitariam intervir em público (ou que, num processo público, não atuariam com a mesma postura do que numa arbitragem), como governantes e figuras públicas, e que aceitam, no entanto, fazê-lo, com ganhos evidentes na produção de prova, mais livremente em arbitragem[50].

Todavia, como se referiu no início, ao tema da confidencialidade em arbitragem não pode ser dado o estatuto de questão pacífica ou resolvida, desde logo no seio da comunidade jurídica arbitral. Há muitos países cujas leis nacionais não contêm qualquer previsão de confidencialidade[51], na literatura sobre arbitragem distingue-se frequentemente entre priva-

[48] MAYANK SAMUEL, *Confidentiality in International Commercial Arbitration: Bedrock or Window-Dressing*, Kluwers Arbitration Blog, 2017, disponível em http://arbitrationblog.kluwerarbitration.com/2017/02/21/confidentiality-international-commercial-arbitration-bedrock-window-dressing/.

[49] DOMITILLE BAIZEAU / JULIETTE RICHARD, "Addressing the Issue of Confidentiality in Arbitration Proceedings: How Is This Done in Practice?", *in Confidential and Restricted Access Information in International Arbitration*, Association Suisse de l'Arbitrage Special Series, n.º 43, 2016, p. 54.

[50] ANTÓNIO MENEZES CORDEIRO, *Tratado da Arbitragem*..., p. 305.

[51] Sobre a confidencialidade na arbitragem em várias ordens jurídicas, cfr. Elisa Rangel Nunes, "A confidencialidade...", pp. 339 e ss.

cidade e confidencialidade na arbitragem[52], os âmbitos pessoais e funcionais do dever de confidencialidade são algo díspares entre ordenamentos jurídicos[53] e as próprias partes, no momento de redação do contrato, não investem grandes esforços no desenvolvimento das cláusulas compromissórias (cunhadas como *midnight clauses*) e na definição do grau e do tipo de confidencialidade pretendidos, nem das sanções (*inter partes*) a aplicar no caso de quebra da confidencialidade[54].

O facto de a Lei Modelo da Comissão de Direito Comercial Internacional das Nações Unidas não consagrar qualquer menção à confidencialidade pode ser apontado como um dos motivos pelos quais as leis nacionais de alguns dos ordenamentos jurídicos de referência não regulam a confidencialidade de forma homogénea entre si[55]. Ainda assim, se relativamente às partes ou a determinados meios de prova as

[52] A confidencialidade é dirigida aos sujeitos da arbitragem e derivada de previsão legal ou de convenção expressa sobre a informação respeitante ao conteúdo do processo arbitral e a privacidade aplica-se a terceiros proibidos de aceder aos atos processuais de determinada arbitragem e decorrente da natureza privada dos procedimentos arbitrais, designadamente às sessões arbitrais. Sobre o tema, cfr., por exemplo, ELISA RANGEL NUNES, "A confidencialidade...", pp. 334-35.

[53] Sobre o tratamento da confidencialidade em França, Alemanha, Inglaterra e Estados Unidos da América, cfr. ANTÓNIO MENEZES CORDEIRO, *Tratado da Arbitragem...*, p. 306, e GUILHERME RECENA COSTA, "Integração contratual, confidencialidade na arbitragem e segredo de justiça", *in Revista de Direito Privado*, ano 13, vol. 49, Jan.-Mar., 2012, p. 77 e ss.. De acordo com JACOB DOLINGER e CARMEN TIBÚRCIO, *apud* JOSÉ ANTÓNIO FICHTNER / SERGIO NELSON MANNHEIMER / ANDRÉ LUÍS MONTEIRO, "A confidencialidade na arbitragem...", p. 245, o High Court of Australia, na decisão do caso Esso Australia Resources Ltd. And Others v. The Honourable Sidney James Plowman and Others, em 1995, "*entendeu ser impossível a confidencialidade absoluta de uma arbitragem, em razão de uma multiplicidade de fatores, como por exemplo: 1) a inexistência do dever de confidencialidade por parte de testemunhas envolvidas no processo arbitral; 2) um laudo arbitral pode tornar-se público por meio de uma série de medidas judiciais relacionadas à arbitragem; e 3) as partes terem o direito de divulgar a existência e até detalhes do processo arbitral e do próprio laudo, em razão do dever de manterem os seus acionistas informados ou de terem que resgatar uma apólice de seguro*". Em sentido semelhante, decidiu o US District Court de Delaware, no caso United States v. Panhandle Eastern Corp., em 1988 (disponível em https://law.justia.com/cases/federal/district-courts/FSupp/681/229/1800714/).

[54] Sobre a habitual falta de diligência das partes na previsão de litígios e outros riscos futuros, cfr. GUILHERME RECENA COSTA, "Integração contratual...", pp. 70 e ss..

[55] Neste sentido, Elisa Rangel Nunes, "A confidencialidade...", p. 339.

fronteiras da confidencialidade ainda são controvertidas, mais pacífica e quase unânime é a vigência de um sólido dever de confidencialidade relativamente aos árbitros. Aliás, se as partes não tivessem como seguro o cumprimento do dever de confidencialidade dos árbitros, o incentivo a recorrer a tal método de resolução de litígios diminuiria drasticamente. Por isso mesmo, os regulamentos de arbitragem dedicam especial atenção ao dever de confidencialidade que sobre os árbitros impende, como o demonstram o artigo 6.°, do Anexo I, do Regulamento de Arbitragem da Câmara de Comércio Internacional[56], o artigo 37.º do Regulamento do Centro Internacional para Resolução de Conflitos da Associação Americana de Arbitragem[57], o artigo 30.º do Regulamento de Arbitragem da Corte de Arbitragem Internacional de Londres[58], o artigo 75 do Regulamento de Arbitragem da Organização Mundial de Propriedade Intelectual[59] e o artigo 9.º da Regras de Ética da *International Bar Association* para

[56] *"The work of the Court is of a confidential nature which must be respected by everyone who participates in that work in whatever capacity. The Court lays down the rules regarding the persons who can attend the meetings of the Court and its Committees and who are entitled to have access to materials related to the work of the Court and its Secretariat"*.

[57] *"Confidential information disclosed during the arbitration by the parties or by witnesses shall not be divulged by an arbitrator or by the Administrator. Except as provided in Article 30, unless otherwise agreed by the parties or required by applicable law, the members of the arbitral tribunal and the Administrator shall keep confidential all matters relating to the arbitration or the award"*.

[58] *"The parties undertake as a general principle to keep confidential all awards in the arbitration, together with all materials in the arbitration created for the purpose of the arbitration and all other documents produced by another party in the proceedings not otherwise in the public domain, save and to the extent that disclosure may be required of a party by legal duty, to protect or pursue a legal right, or to enforce or challenge an award in legal proceedings before a state court or other legal authority"*.

[59] *"(a) Except to the extent necessary in connection with a court challenge to the arbitration or an action for enforcement of an award, no information concerning the existence of an arbitration may be unilaterally disclosed by a party to any third party unless it is required to do so by law or by a competent regulatory body, and then only: (i) by disclosing no more than what is legally required; and (ii) by furnishing to the Tribunal and to the other party, if the disclosure takes place during the arbitration, or to the other party alone, if the disclosure takes place after the termination of the arbitration, details of the disclosure and an explanation of the reason for it. (b) Notwithstanding paragraph (a), a party may disclose to a third party the names of the parties to the arbitration and the relief requested for the purpose of satisfying any obligation of good faith or candor owed to that third party"*.

Árbitros Internacionais de 1987[60]. As conhecidas Regras de Arbitragem da Comissão de Direito Comercial Internacional das Nações Unidas não se referem expressamente ao dever de confidencialidade, mas parecem reconhecê-lo ligando-o ao consentimento das partes necessário para tornar uma sentença pública[61]. Como expoente máximo da proteção da confidencialidade arbitral e regulando sobre matéria criminal surge o *Corruption, Drug Trafficking and Other Serious Crimes (Confiscation of Benefits) Act* de Singapura, de 1992. No seu artigo 39.°, n.° 1, consagra um amplo dever de denúncia a que está sujeita qualquer pessoa que em virtude da sua profissão tome conhecimento de factos potencialmente enquadráveis num crime. Porém, o mesmo diploma contém uma ressalva no artigo 39.°, n.° 4, que isenta um árbitro de responsabilidade por incumprimento do dever de denúncia relativamente a factos de que tomou conhecimento no decorrer de um processo arbitral em que atuou.

3.2. No ordenamento jurídico Português, a regra sobre confidencialidade na arbitragem voluntária encontra-se prevista no artigo 30.°, n.° 5 da Lei da Arbitragem Voluntária[62] que, sob a epígrafe "*Princípios e regras do processo arbitral*", dispõe que "[o]*s árbitros, as partes e, se for o caso, as entidades que promovam, com carácter institucionalizado, a realização de arbitragens voluntárias, têm o dever de guardar sigilo sobre todas as informações que obtenham e documentos de que tomem conhecimento através do processo arbitral, sem prejuízo do direito de as partes tornarem públicos os actos processuais necessários à defesa dos seus direitos e do dever de comunicação ou revelação de actos do processo às autoridades competentes, que seja imposto por lei*".

Apesar de erigir como princípio fundamental a confidencialidade, a lei portuguesa ressalva expressa e claramente o dever de comunicação

[60] "*The deliberations of the arbitral tribunal, and the contents of the award itself, remain confidential in perpetuity unless the parties release the arbitrators from this obligation. An arbitrator should not participate in, or give any information for the purpose of assistance in, any proceedings to consider the award unless, exceptionally, he considers it his duty to disclose any material misconduct or fraud on the part of his fellow arbitrators*".

[61] "*An award may be made public with the consent of all parties or where and to the extent disclosure is required of a party by legal duty, to protect or pursue a legal right or in relation to legal proceedings before a court or other competent authority*".

[62] Lei n.° 63/2011, de 14 de Dezembro.

de atos do processo às autoridades competentes que seja imposto por lei. Ademais, importa ter presente que, mesmo entre nós, a confidencialidade nunca é absoluta ou totalmente garantida, desde logo porque podem tornar-se públicos os elementos do processo arbitral pela simples interposição pela parte vencida de uma ação de anulação da sentença arbitral perante os tribunais judiciais[63].

A fórmula legal contida no artigo 30.º, n.º 5 da Lei da Arbitragem Voluntária, não é, porém, a mais feliz. O dever de sigilo dos árbitros, partes e entidades está legalmente consagrado como tendo por objeto apenas as "*informações*" que obtenham e os "*documentos*" de que tomem conhecimento através do processo arbitral. O que julgamos não poder deixar de ser alargado à própria existência do processo, aos seus elementos básicos, a todos os meios de prova, aos incidentes que nele ocorrem e à decisão final[64]. Além do exposto, e embora a norma não os mencione expressamente, entendemos estarem igualmente adstritos à confidencialidade os tradutores e os peritos que, ao prestarem os seus serviços no âmbito de um procedimento arbitral, têm acesso a informações e documentos que se pretendem manter confidenciais.

Face ao exposto, poderá então colocar-se a questão de saber se um árbitro, que está adstrito a um dever de confidencialidade relativamente a factos de que tome conhecimento em virtude do processo arbitral, pode denunciar a existência de indícios de crime ao abrigo da parte final do artigo 30.º, n.º 5 da Lei da Arbitragem Voluntária.

Quanto às exceções de divulgação legalmente obrigatória, escrevem Armindo Ribeiro Mendes e António Sampaio Caramelo que o dever de confidencialidade cessa quando existe um dever de comunicação ou revelação de atos do processo às autoridades competentes, que seja imposto

[63] Sobre o tema, Dragor Hiber, Vladimir Pavić, "Arbitration and Crime", *Journal of International Arbitration*, Kluwer Law International 2008, Volume 25 Issue 4, 461-478, p. 465.

[64] Sobre os elementos abrangidos pelo dever de confidencialidade dos árbitros, António Menezes Cordeiro, *Tratado da Arbitragem...*, p. 307; e José António Fichtner / Sergio Nelson Mannheimer / André Luís Monteiro, "A confidencialidade na arbitragem...", pp. 268 e ss.

por lei aos árbitros, nomeadamente no caso de repressão de atos de corrupção ou de branqueamento de capitais[65].

No entanto, segundo cremos, num juízo de proporcionalidade que englobe todos os interesses tutelados pelo dever de confidencialidade, as exceções a esse dever devem limitar-se ao absolutamente necessário para cumprir as exigências de interesse público ou de justiça, numa ótica de razoabilidade[66]. O que apenas parece legitimar uma quebra da confidencialidade para defesa de direitos e cumprimento de decisões judiciais, mas nunca – *rectius*, quase nunca, como veremos abaixo – para cumprir um dever de denúncia[67]. Pelo que não podemos senão concordar com António Menezes Cordeiro quando o autor recomenda, no plano jusprivatístico, uma interpretação restritiva do artigo 30.º, n.º 5, da Lei da Arbitragem Voluntária[68].

[65] Armindo Ribeiro Mendes, *Lei da Arbitragem Voluntária Anotada* (coord. Dário Moura Vicente), Almedina, 2015, 2.ª edição revista e atualizada, p. 86, não encontra justificação para esta norma, avançando apenas que as ressalvas perecem "impor-se por si, dispensando justificação específica". Cfr., também, António Sampaio Caramelo, "Condução do Processo Arbitral. Comentários aos Arts. 30.º a 38.º da Lei da Arbitragem Voluntária", *in Revista da Ordem dos Advogados*, Ano 73, Tomo II/III, Abril – Setembro, 2013, p. 684.

[66] Neste sentido, Michael Hwang S.C. / Katie Chung, "Defining the Indefinable: Practical Problems of Confidentiality in Arbitration", *in Journal of International Arbitration*, Kluwer Law International, 26(5), 2009, p. 626.

[67] De acordo com António Menezes Cordeiro, *Tratado da Arbitragem...*, p. 307, se a defesa de direitos permite às partes tornar públicos os actos processuais necessários à defesa dos seus direitos, não pode esta permissão ser ilimitada e acriticamente subjectiva. Aludindo brevemente ao ponto de vista jurídico-penal do problema que iremos desenvolver *infra*, Manuel da Costa Andrade, *Comentário Conimbricense do Código Penal* (Dirigido por Jorge de Figueiredo Dias), Tomo I (artigos 131º a 201º), Coimbra Editora, 2.ª edição, 2012, pp. 1162-1163, quanto à violação de segredo para a proteção de interesses próprios do agente refere que: (*i*) em geral, reconhece-se a licitude da revelação necessária para evitar a perseguição e condenação penal do profissional obrigado a segredo, (*ii*) que também se reconhece legitimidade para recorrer à revelação quando necessária para afastar imputação desonrosa feita ao agente e (*iii*) que, se ainda é consensual a admissibilidade da revelação de segredo com vista à efetivação da pretensão de honorários, já o seu enquadramento doutrinal e normativo motiva sérios desencontros.

[68] António Menezes Cordeiro, *Tratado da Arbitragem...*, pp. 307-308. Concordando com o autor, Artur Flamínio da Silva / António Pedro Pinto Monteiro, "Publicidade...", p. 433.

Ainda que uma primeira leitura do artigo 30.º, n.º 5, da Lei da Arbitragem Voluntária possa pressionar o intérprete para uma conclusão em favor da denúncia no que respeita a crimes conhecidos no exercício de funções e por causa delas, a relação entre a norma penal que identifica os funcionários e a norma processual que os obriga à denúncia, a lógica do sistema de arbitragem e a análise jurídico-criminal do crime de violação de segredo, apontam no sentido contrário, mesmo que ofuscados pela *luminosidade* do omnijustificativo combate à corrupção.

3.3. No seio da doutrina penal e processual penal, logo verificamos que a colisão entre o dever de denúncia e o dever de sigilo é uma questão que continua a ser debatida, a propósito das várias vertentes em que tais deveres se afirmam. Há quem sustente, por um lado, que quando a denúncia importe violação do segredo profissional cessa a obrigatoriedade de denúncia imposta pelo artigo 242.º do Código de Processo Penal. Todavia, esta quebra da obrigatoriedade da denúncia só valeria para os casos em que o segredo profissional é imposto por lei, já que só a *lex specialis derrogat legi generali*[69]. Há também quem defenda que, no caso de o dever de denúncia se encontrar em conflito com o dever de guardar segredo de Estado, este deva prevalecer, a não ser nos casos em que se esteja perante crimes contra a segurança do Estado, em que esta e/ou a defesa da ordem constitucional imponham excecionalmente a prevalência do dever de denúncia[70]. Por outro lado, há quem entenda que, gene-

[69] Assim, Manuel Lopes Maia Gonçalves, *Código de Processo Penal Anotado,* Almedina, 17.ª edição, 2009, p. 590.

[70] Neste sentido, Eduardo Maia Costa, *Código de Processo Penal Comentado* (Henriques Gaspar, Santos Cabral, Maia Costa, Oliveira Mendes, Pereira Madeira, Henriques da Graça), Almedina, 2.ª edição revista, 2016, pp. 883 e 884. Segundo o autor, a solução nestes casos é mais duvidosa, na medida em que o segredo de Estado abrange factos cuja revelação pode causar dano à segurança do Estado ou à defesa da ordem constitucional, não havendo uma clara hierarquia entre os interesses protegidos pelos deveres em conflito. Salienta ainda que, de acordo com o artigo 32.º, n.º 3, da Lei n.º 30/84, de 05 de Setembro (Lei-Quadro do Sistema de Informações da República Portuguesa), os funcionários obrigados pelo segredo de Estado, regulado nos artigos 32.º-A e 33.º daquela Lei, devem comunicar às entidades competentes para a investigação as informações e os elementos de prova respeitantes a factos indiciários da prática de crimes contra a segurança do Estado. Ainda que, nos termos do artigo 32.º, n.º 4, do mesmo diploma o Primeiro-

ricamente, o dever de denúncia dos indícios de crime deve prevalecer sempre, uma vez que aquele dever tem como escopo proteger interesses de ordem pública de valor superior, sendo qualquer recusa ou omissão de denúncia ilegítima[71].

Em nosso entender, mesmo estando em causa a repressão – note-se, não a prevenção – de criminalidade altamente organizada, elevada a missão prioritária dos esforços internacionais, não podem os tribunais arbitrais chamar a si – nem deve a lei atribuir-lhes – as competências de um "supervisor da corrupção e de crimes conexos", sem qualquer respeito pela confidencialidade acordada e pressuposta pelas partes. Não é, nem deve ser esse o lugar dos árbitros na lógica da arquitetura dos sistemas jurídico-penais e arbitrais, nacionais e internacionais, das sociedades democráticas e liberais.

Tomar a última oração do artigo 30.º, n.º 5, da Lei da Arbitragem Voluntária como se esta se tratasse de uma regra de revelação dos elementos e informações da arbitragem, teria como consequência o desinteresse total das partes no recurso à arbitragem. Mesmo as partes que confiam na adequação das suas condutas ao Direito sempre teriam o fundado e justo receio de que os árbitros, pressionados por um suposto dever de denúncia sem um qualquer limite definido por lei, quebrassem o sigilo a que estão obrigados e revelassem factos que, ainda que sem relevo criminal, pudessem abalar a reputação pública ou de mercado dos visados. Recorde-se que o dever de denúncia nem sequer exige que se identifiquem os sujeitos do crime, quanto mais os específicos contornos de uma qualquer versão criminal dos factos pressuposta pelos árbitros ou veiculada pela parte contrária.

-Ministro pode autorizar que seja retardada aquela comunicação pelo tempo estritamente necessário à salvaguarda da segurança interna ou externa do Estado.

[71] Assim, Paulo Pinto de Albuquerque, *Comentário do Código de Processo Penal à luz da Constituição da República e da Convenção Europeia dos Direitos do Homem*, Universidade Católica Editora, 4.ª edição atualizada, 2018, p. 665. O autor defende ainda, a p. 391, que o funcionário não tem o dever de se escusar a depor, nos termos do artigo 136.º do Código Processo Penal, sobre factos de que teve conhecimento no exercício das suas funções e tenham por si denunciados, já que se não se compreenderia que a lei impusesse ao funcionário o dever de denúncia de um crime de que teve conhecimento e concomitantemente lhe impusesse que se escusasse a depor sobre o mesmo crime.

Se é certo que a arbitragem não pode ser um espaço livre de Direito, também é certo que o problema não é resolúvel *de jure dato* por apelo a uma interpretação, sem reflexo na lei penal substantiva, do dever de denúncia como um dever particularmente exigente quanto ao seu objeto, o que apenas poderia ser pertinente para a definição dos contornos de uma eventual realização típica do crime de difamação. Na verdade, somos da opinião de que o árbitro que denuncie crimes de que tenha tomado conhecimento no decurso do processo arbitral pode ser, além de civilmente responsável pela reparação dos danos causados com a divulgação[72], criminalmente responsável pela violação da confidencialidade ou do segredo, como se exporá de seguida.

4. O segredo criminalmente relevante

4.1. Em ordem a balizar a responsabilidade criminal dos árbitros denunciantes, cumpre apurar a relevância jurídico-criminal do sigilo a que os árbitros estão votados.

Como vimos, os árbitros em arbitragem privada e voluntária não são funcionários, exceto para efeitos dos crimes de tráfico de influência, recebimento indevido de vantagem e corrupção, nos termos do artigo 386.º, n.º 3, do Código Penal, razão pela qual não poderiam ser agentes do crime de violação de segredo por funcionários do artigo 383.º do Código Penal. Todavia, ainda que assim não fosse e se tomasse o árbitro em arbitragem privada voluntária como funcionário, uma análise mais detalhada daquela incriminação sempre quebraria a ilusão da sua aplicação, em benefício da aplicação do crime comum de violação de segredo do artigo 195.º daquele diploma.

Primum, o bem jurídico protegido pelo tipo legal do artigo 383.º do Código Penal é o interesse público na reserva do segredo da administração e a confiança na discrição geral de todos os organismos públicos no tratamento dos assuntos dos cidadãos e do Estado[73]. Ora, os árbitros em

[72] Devendo ter-se presente, no entanto, que, nos termos do artigo 9.º, n.º 4, da Lei da Arbitragem Voluntária, os árbitros não podem ser responsabilizados por danos decorrentes das decisões por eles proferidas, salvo nos casos em que os magistrados judiciais o possam ser.

[73] Neste sentido, Helena Moniz, *Comentário Conimbricense do Código Penal* (Dirigido por Jorge de Figueiredo Dias), Tomo III (artigos 308º a 386º), Coimbra Editora, 2001, p. 785.

arbitragem voluntária não fazem parte da Administração Pública em sentido orgânico. Os tribunais constituídos por árbitros são reconhecidos expressamente pela Constituição da República Portuguesa no seu artigo 209.º, n.º 2, assumindo uma função jurisdicional. Porém, nem fazem parte da organização judiciária estadual nem pertencem à Administração, sendo que no exercício das suas funções não tomam conhecimento de segredos desta última.

Diferentemente, a violação de segredo do artigo 195.º do Código Penal tem como bem jurídico típico a privacidade em sentido material, sendo o prestígio e a confiança em determinadas profissões e serviços, como interesses comunitários e institucionais, mediata ou reflexamente protegidos[74]. A privacidade é tutelada enquanto expressão da reserva de um segredo conhecido em razão do estado, ofício, emprego, profissão ou arte, podendo abranger segredos do mundo dos negócios[75]. A norma equivalente no ordenamento jurídico alemão – o § 203 (*Verletzung von Privatgeheimnissen*) – deixa outro tipo de dúvidas quanto à primazia do bem jurídico protegido, resultantes da metodologia de *numerus clausus* de profissões ou atividades escolhida pelo legislador federal e que sugere uma valoração maior da confiança e prestígio nas profissões ou atividades elencadas[76]. Todavia, em Portugal, ainda que seja a privacidade o

[74] De acordo com Acórdão do Tribunal da Relação do Porto, de 14 de novembro de 2012, no processo 238/12.8YRPRT, "[o] *segredo é, assim, um dever de determinados profissionais que, por virtude das funções ou dos serviços que prestam aos cidadãos, tomam conhecimento de factos relativos à esfera privada dos clientes ou utilizadores desses serviços, não se pretendendo, com a sua instituição, proteger direitos desses profissionais, mas, outrossim e fundamentalmente, direitos daqueles cidadãos*". Já em Acórdão do mesmo Tribunal, datado de 14 de dezembro de 2017, no processo 10355/17.2T9PRT-A.P1, se diz que "*o tipo do artigo 195.º C Penal visa a tutela e protege, efectiva e directamente, mais que um interesse jurídico, todos eles, dignos da tutela da lei – ainda que algum deles se mostre dominante – no que se pode afirmar como um bem jurídico tutelado multifacetado*".

[75] Sobre as várias conceções relativas à definição do bem jurídico do crime de violação de segredo e, fundamentando a eleição da privacidade como valor que preside àquela incriminação, cfr., por todos, Manuel da Costa Andrade, *Comentário...*, pp. 1119 e ss.

[76] E que, por isso, torna o grupo fechado de profissões alvo de dissensos na literatura alemã, além das várias modificações que com a evolução dos tempos vão sendo necessárias. Sobre o crime de violação de segredo na Alemanha, cfr. Nikolaus Bosch, "Der Schutz vor Verletzung von Privatgeheimnissen durch § 203 StGB", *in JURA – Juristische Ausbildung*, 2013(8), pp. 780 e ss.

objeto de tutela primordial, consubstanciado, no caso a que nos dedicamos, pelo segredo da existência e conteúdo da arbitragem para as partes, é evidente que, reflexa e mediatamente, está em causa a confiança na discrição, competência e capacidade dos árbitros[77]. Note-se, ainda, que a distinção entre privacidade e confidencialidade discutida pela doutrina que se dedica aos temas de arbitragem não pode ser oposta à definição de privacidade como bem jurídico da violação de segredo: a privacidade do Direito Penal abrange o que em arbitragem se chama de confidencialidade.

O problema da denúncia obrigatória por parte dos árbitros de matéria criminal da qual tomaram conhecimento no exercício das suas funções em arbitragem, releva principalmente em razão princípio da publicidade vigente no Direito Processual Penal português, consagrado no artigo 86.º, n.º 1, do Código de Processo Penal. O processo penal é assunto da comunidade jurídica e, como tal, a publicidade garante o controlo e a confiança nos valores da independência, imparcialidade e igualdade da administração da justiça penal. Mas esta imposição de publicidade colide invariavelmente com a esperada confidencialidade que as partes pretenderam com o recurso à arbitragem. Mesmo que, nos termos do artigo 86.º, n.º 2, do Código de Processo Penal, o juiz de instrução determine a sujeição do processo, durante a fase de inquérito, a segredo de justiça, por entender que a publicidade prejudica os direitos daqueles sujeitos ou participantes processuais, não é suficiente para que as partes consigam preservar os interesses que as levaram a optar *ab initio* pela arbitragem como meio de resolução do conflito. Não só pela tendencial publicidade da even-

[77] A validade da confiança como bem jurídico autónomo é um tema discutido na dogmática jurídico-penal. Não a admitindo, argumentando ser apenas um estado de consciência caracterizado pela ausência de um conteúdo específico que é a desconfiança, cfr. KNUT AMELUNG, "El concepto de «bien jurídico» en la teoria de la protección penal de bienes jurídicos", *in La Teoría del Bien Jurídico. ¿Fundamento de legitimación del Derecho penal o juego de abalorios dogmático?*, Marcial Pons, Madrid, 2016, p. 243. Entre nós, NUNO BRANDÃO, "Bens Jurídicos Colectivos e Intervenção Penal Cumulativa", *in Revista Portuguesa de Ciência Criminal*, ano 25, n.os 1 a 4, Janeiro-Dezembro, 2015, pp. 27 e ss.. entende que uma intervenção penal que desconsiderasse o elemento fundamental da confiança nos bens jurídicos criadores de espaços de liberdade para os indivíduos seria seguramente lacunosa, devendo ter-se como um elemento constitutivo do próprio bem jurídico.

tual audiência de julgamento, mas também pela constatação sociológica da evidente travessia pelo deserto que o segredo de justiça há muito se encontra a percorrer.

Secundum, considerando o bem jurídico protegido, será punível a violação de segredo por funcionário quando o agente revele uma informação relativa a um privado, de que tenha tomado conhecimento no exercício das suas funções, ainda que tal pessoa tenha dado o consentimento para a sua propalação[78]. Assim, o bem jurídico protegido pelo artigo 383.º do Código Penal não se encontra na disponibilidade da pessoa a quem o segredo diz respeito, sendo que é a confiança da sociedade no funcionamento leal e legal de toda a Administração que resulta lesada. Isto, mesmo que o número 3 do artigo 383.º do Código Penal faça depender o procedimento criminal de queixa do ofendido, uma vez que também permite que o procedimento se inicie com o impulso da entidade que superintender no respetivo serviço, independentemente da queixa do ofendido. Ou seja: o artigo 383.º não é mera agravação ou qualificação do artigo 195.º do Código Penal. Estatui uma punição mais severa, é certo, mas tem uma função de tutela de um bem jurídico distinto.

Tertium, e em complemento dos dois primeiros argumentos, o tipo subjetivo do artigo 383.º do Código Penal é mais exigente do que o do seu artigo 195.º. Aquele requer um elemento subjetivo especial do tipo, na forma de uma intenção de obter, para o funcionário ou para outra pessoa, benefício ou a consciência de causar prejuízo ao interesse público ou a terceiros. A violação de segredo do artigo 195.º, com um tipo subjetivo mais amplo, basta-se com o dolo geral do tipo. A exigência daquele elemento subjetivo adicional faz com que o simples conhecimento e a vontade de revelação do segredo não bastem para punir o funcionário, a não ser pela norma do artigo 195.º do Código Penal. E também não nos parece que, na esmagadora maioria dos casos em que o árbitro cumprisse o dever de denúncia obrigatória do artigo 242.º do Código de Processo Penal, se pudesse afirmar que aquele quisesse obter um benefício conexo com a revelação do segredo ou pensasse estar a prejudicar o interesse público.

[78] Assim, Helena Moniz, *Comentário...*, p. 785.

Em face do exposto, a tipicidade da denúncia por parte do árbitro de factos com relevância criminal de que tenha tido conhecimento no exercício e por causa das suas funções arbitrais, apenas poderá afirmar-se tendo por referente normativo o artigo 195.º do Código Penal. Razão pela qual não é de somenos importância a análise do tipo geral de violação de segredo e dos seus elementos e a procura por um critério que permita afirmar ou negar, em abstrato, a responsabilização criminal do árbitro denunciante.

4.2. Em conformidade, importa começar por questionar se o dever de confidencialidade dos árbitros equivale, no plano jurídico-criminal, a uma reserva de segredo quanto à existência e ao conteúdo da arbitragem. Segredo, da perspetiva do Direito Penal – e para efeitos da conduta típica do crime de violação de segredo –, significa uma informação (ou conjunto de informações) "*apenas conhecido de um círculo determinado (e, em princípio, restrito) de pessoas e em relação ao qual aquele a cuja esfera pertence tem a vontade, assente num interesse razoável e digno de tutela de que ele continue apenas conhecido daquele círculo ou (para além do círculo) de quem ele decidir*"[79]. Com esta definição, nada parece impedir que a confidencialidade a que os árbitros estão obrigados, quer por convenção expressa que por lei, nele se insira. Vejamos.

O conceito de segredo deve interpretar-se restritivamente, dele excluindo as informações não-verdadeiras. Ainda que o tipo legal do crime não contenha expressamente a palavra "*factos*" (como, por exemplo, o crime de burla, como objeto do engano), a privacidade em sentido material afasta a relevância jurídico-penal das informações não verdadeiras. Porém, deve ter-se presente que a identificação da verdade de uma informação ou de um facto em absoluto é (ainda) inalcançável para o intérprete que deve ter sempre em conta (*i*) a relação existente entre a informação, o titular do segredo e o contexto espácio-temporal da intera-

[79] A definição é de Manuel da Costa Andrade, que, no entanto, no lugar de uma "*informação*" prefere a palavra "*facto*", ainda que dando nota da preferência de alguns autores pela "*informação*". Cfr. Manuel da Costa Andrade, *Comentário...*, pp. 1126 e ss..

ção e (*ii*) a objetividade da informação e suscetibilidade de prova[80]. Esta última característica, de pendor mais prático-empírico do que metafísico, parece-nos de capital importância para interromper qualquer pretensão de busca cartesiana, em favor de uma aceitação da verdade em termos relativos e mais alinhados com Nietzsche.

Faltando uma referência a factos, o tipo objetivo de violação de segredo possibilita, contudo, a inclusão dos juízos de valor e os prognósticos na tutela da privacidade do artigo 195.º do Código Penal. No que aos juízos de valor diz respeito, estes não são nem verdadeiros nem falsos na medida em que traduzem uma tomada de posição do emitente. Ainda que insuscetíveis de demonstração empírica, podem assumir um relevo jurídico-penal a partir da vontade conhecida ou cognoscível do titular. Já quanto aos prognósticos, nenhuma razão se vê para que sejam afastados do tipo apenas pelo motivo de as informações a coberto do segredo poderem dizer respeito a eventos futuros. Estas estarão a coberto do segredo – na linha do que se avançou imediatamente antes – quer se trate de informação atual e verdadeira de uma pretensão futura quer sejam um juízo de valor criminalmente relevante acerca da verificação de uma situação vindoura. Desde que as informações digam respeito à esfera privada de uma pessoa, física ou coletiva, conhecidas de um número objetivamente controlável de pessoas e que seja conhecida do agente ou cognoscível a vontade do titular do segredo de as manter sob reserva[81], nada obsta à sua inclusão no âmbito da ação típica.

[80] Em sentido próximo, *mutatis mutandis* em razão de ter como escopo a interpretação do crime de burla, e na linha da doutrina alemã sobre a normativização do erro, cfr. Tiago da Costa Andrade, *O Crime de Burla: Bem Jurídico e Imputação Objectiva*, Almedina, 2019, p. 116.

[81] O interesse legítimo ou razoável do titular na definição do segredo deve, em nossa opinião, juntar-se ao conhecimento ou cognoscibilidade por parte do agente da vontade de reserva do titular do segredo, atuando como como limitadores do arbítrio deste último. O que, bem vistas as coisas, contribuirá para a limitação da subjetividade da intervenção penal a título de violação do segredo, com o objetivo de evitar abusos arreigados numa interpretação que desconsidere a determinabilidade como imposição do princípio da legalidade criminal. Ainda que a hipótese de que nos ocupamos não nos suscite qualquer tipo de reserva em face destas premissas, por nos parecer absolutamente legítimo o interesse na reserva do conteúdo da arbitragem e a natural vontade das partes em manter tal conteúdo restrito.

Seja qual for a posição adotada quanto aos contornos do segredo penalmente relevante, dificilmente se poderá justificar a exclusão daquilo que é abrangido pelo dever de confidencialidade dos árbitros. Como vimos, o âmbito objetivo do dever de confidencialidade dos árbitros incide sobre um conjunto de informações extremamente sensíveis para as partes e que estas não abdicam de manter em segredo, razão pela qual se decidiram por uma cláusula compromissória a incluir no(s) contrato(s). Desde logo, a existência da própria arbitragem é um dado que as partes podem querer – e normalmente querem – manter sigiloso. Também as informações obtidas no curso do processo, os documentos trazidos para os autos e a restante prova produzida são elementos que, sem dúvida, devem incluir-se no segredo. Por fim, a confidencialidade abrange ainda, na grande maioria dos casos, a própria decisão arbitral que nada impede que esteja também protegida pelo âmbito de tutela da incriminação. Todos estes elementos traduzem informações desconhecidas do exterior do círculo fechado da arbitragem e que, segundo a vontade expressa ou presumida das pessoas a quem respeitam, devem manter-se sob reserva.

4.3. Se nenhuma dúvida parece haver quanto à circunstância de o conteúdo do processo arbitral ser um segredo alheio das partes, também nos parece poder afirmar-se que tal segredo é obtido no exercício da atividade profissional dos árbitros. O artigo 195.º do Código Penal exige que o segredo chegue ao conhecimento do agente *"em razão do seu estado, ofício, emprego, profissão ou arte"*. A violação do segredo profissional pode ser de todas as constelações típicas a mais frequente, mas não significa que seja a única, aliás, como a própria norma indica. Não parece que se possa afirmar categoricamente que a arbitragem é uma profissão em sentido próprio. Na verdade, a Lei da Arbitragem Voluntária apenas impõe que os árbitros devem ser pessoas singulares e plenamente capazes[82]. Mas, independentemente da noção sociológica de profissão – se exige a obediência a determinados padrões éticos e deontológicos, se exige a inscrição numa ordem profissional ou se se basta com a contraprestação de uma remuneração –, inegável nos parece que a função de juiz-árbitro sempre será, no

[82] Cfr. artigo 9.º, n.º 1, da Lei da Arbitragem Voluntária.

mínimo, um ofício com competências próprias, requisitos de experiência, reputação e *expertise*.

Em primeiro lugar, lembre-se que o bem jurídico protegido pelo crime de violação de segredo é a privacidade em sentido material e que os interesses comunitários e institucionais, se bem que inegavelmente associados àquela, apenas assumem o estatuto de interesses reflexamente protegidos, não se exigindo que a arbitragem seja uma profissão em sentido estrito. Em segundo lugar, porque a razão de ser daquele elemento do tipo se identifica com a exclusão dos conhecimentos que o agente adquire na sua vida privada e dos segredos de terceiros com quem não tem uma relação em virtude de um seu trabalho. Em terceiro lugar, porque a relevância típica do segredo não se liga a uma relação de confiança entre o titular do segredo e o profissional obrigado, que limitaria a obrigação de segredo do profissional à relação de confiança e denegaria a tutela penal aos segredos decorrentes da prestação de serviços por profissional não livremente escolhido, pressupondo sempre uma existência de uma ordem profissional a assegurar o cumprimento dessa relação de confiança[83]. Em quarto lugar, porque, contrariamente às incriminações correspondentes dos ordenamentos jurídicos alemão e suíço, por exemplo, o legislador penal português, como já havíamos assinalado, não preferiu a legística de *numerus clausus*, abrindo as portas a todas as atividades em que deva imperar o sigilo.

Assim, ainda que não exista uma ordem profissional para os árbitros, facto é que os árbitros são pessoas com altos níveis de formação académica, sujeitos a códigos deontológicos ou regras de ética, especialmente quando participam em arbitragens institucionalizadas, e em relação aos quais as pessoas, no exercício da sua atividade, desguarnecem a sua privacidade e os seus segredos de negócio. No fundo, o dever de sigilo dos árbitros é um *cocktail* resultante da mistura de uma pitada de segredo profissional, um aroma de segredo de justiça e uma grande dose de confidencialidade imposta pelas partes e – em certos casos, como o português – pela lei[84].

[83] Cfr. Manuel da Costa Andrade, *Comentário...*, pp. 1130 e ss.

[84] Ainda que muitos árbitros não sejam também advogados, observa-se com frequência na prática jurídica situações em que árbitros são simultaneamente advogado. A Lei da

Face ao exposto, pode concluir-se que a confidencialidade a que estão adstritos os árbitros goza de relevância e tutela jurídico-criminais, sendo a sua violação penalmente sancionada nos termos do artigo 195.º do Código Penal.

5. O dever de denúncia e a justificação da violação do segredo

5.1. De acordo com o entendimento que deixámos exposto, é patente – em abstrato – a tipicidade da conduta do árbitro que denuncia às autoridades judiciárias a existência de factos de que tomou conhecimento no exercício e por causa das suas funções com potencial relevância criminal. A ausência de consentimento do titular do segredo para a revelação é um elemento do tipo, considerando-se, por conseguinte, este consentimento, *rectius* este acordo, como causa de negação da tipicidade[85]. Apenas existe violação de sigilo relativamente ao segredo cujo portador não deu o seu acordo na revelação pelo árbitro, podendo, ainda assim e em certos casos, haver consentimento na revelação[86]. Contudo, o problema de que

Arbitragem Voluntária não impede a cumulação das funções de árbitro e advogado em abstrato, limitando-se a dispor, no artigo 9.º, n.º 3, que os árbitros devem ser independentes e imparciais, pelo que o exercício da função de árbitro depende de um reconhecimento e declaração de independência que preserve a sua incompatibilidade com o exercício da advocacia. Já do lado dos advogados, a função de árbitro em centros de arbitragem foi declarada como compatível com o exercício da advocacia, pelo Parecer do Conselho Geral da Ordem dos Avogados n.º E-11/97, de 19 de Fevereiro de 1997, entendimento que se mantém vigente em face da versão atualizada do Estatuto da Ordem dos Advogados, aprovado pela Lei n.º 145/2015, de 9 de Setembro. Todavia, não se pode pretender que o dever de segredo profissional de advogado se funda com o dever de sigilo de árbitro ou que o de âmbito funcional maior consuma o de âmbito menor. O dever de sigilo "ativo" deve ser aquele que corresponde ao papel que o profissional desempenha no momento em que adquiriu as informações que compõem o segredo, sendo que as obrigações de reserva que sobre ele recaem têm o alcance apenas e só do dever em causa.

[85] Cfr., no que concerne ao crime de violação de segredo, Manuel da Costa Andrade, *Comentário...*, p. 1146. Sobre a distinção entre consentimento e acordo, na dogmática jurídico-penal em geral, cfr. Manuel da Costa Andrade, *Consentimento e Acordo em Direito Penal*, Coimbra Editoria, 2004, pp. 516 e ss.

[86] Segundo cremos, na hipótese que em que o árbitro se depara com factos de potencial relevância criminal e os denuncia, não é dado o consentimento pelo titular do segredo. Todavia, aqueles factos, na esmagadora maioria das vezes, terão chegado ao conhecimento do árbitro através do impulso processual de uma das partes que alega que a contraparte

cuidamos não coloca significativos problemas em termos de acordo ou consentimento, antes devendo ser solucionado no contexto da exclusão da ilicitude.

Começando pela justificação relacionada com a existência de uma imposição legal, ela é enunciada pelo Código Penal no seu artigo 31.º, n.º 2, alínea *c*), mas sobretudo desenvolvida no seu artigo 36.º, n.º 1, sob a lógica do conflito de deveres. De acordo com aquela primeira norma, não é ilícito o facto praticado "[n]*o cumprimento de um dever imposto por lei*". E, nos termos do artigo 36.º do Código Penal, "[n]*ão é ilícito o facto de quem, em caso de conflito no cumprimento de deveres jurídicos ou de ordens legítimas da autoridade, satisfizer dever ou ordem de valor igual ou superior ao do dever ou ordem que sacrificar*".

Efetivamente, a doutrina que se tem dedicado aos temas da arbitragem, nomeadamente ao problema do âmbito funcional do dever de confidencialidade dos árbitros, revela a existência de uma tendência internacional de assumir a regra da confidencialidade como uma espécie de princípio normativo transpositivo, ainda que comportando exceções[87]. De acordo

praticou determinado crime, normalmente por forma a impugnar a pretensão contrária. Por exemplo, A alega que B não pagou a totalidade dos serviços contratados numa relação duradoura, dando origem ao processo arbitral, mas B contesta, afirmando que os serviços não foram pagos porque, na sua origem, estariam práticas de corrupção que fizeram A ganhar o concurso. A parte acusada não dá o consentimento para ser denunciada como possível agente de corrupção. O que pode suceder é que a estratégia processual da parte acusadora passe por fazer com que o árbitro, em face do dever de denúncia obrigatória que sobre si recai, faça a denúncia a partir dos elementos por aquela trazidos e, por isso, dissemine o segredo da arbitragem. Neste cenário, inexiste o consentimento da parte acusada, mas pode haver acordo presumido da parte acusadora, cujo "*étimo de legitimação material-axiológica radica na* vontade hipotética *do titular do segredo e não no que se possa considerar o seu* melhor interesse". Sobre este último sentido de acordo presumido, Manuel da Costa Andrade, *Comentário...*, p. 1152.

[87] Assim, muito claramente, *e.g.*, nas normas dos artigos 39.º das Regras do Centro de Arbitragem Internacional de Singapura, o artigo 18.º da Ordenação de Arbitragem de Hong Kong, 14.º do Regulamento de Arbitragem da Câmara de Comércio Brasil-Candá e dos artigos 30.º das Regras de Arbitragem da Corte de Arbitragem Internacional de Londres e 75.º das Regras de Arbitragem da Organização Mundial de Propriedade Intelectual. Na doutrina, José António Fichtner / Sergio Nelson Mannheimer / André Luís Monteiro, "A confidencialidade na arbitragem...", p. 236.

com o relatório da International Law Association sobre confidencialidade na arbitragem comercial internacional, "[r]*easonable exceptions to an obligation of confidentiality may include: (a) prosecuting or defending the arbitration or proceedings related to it (including enforcement or annulment proceedings), or pursuing a legal right; (b) responding to a legitimate subpoena, governmental request for information or other compulsory process; (c)* ***making a disclosure required by law*** *or rules of a securities exchange; or (d) seeking a legal, accounting or other professional services, or satisfying information requests of potential acquirers, investors or lenders, provided that in each case that the recipient agrees in advance to preserve the confidentiality of the information provided*"[88].

Porém, como vimos já, o árbitro não é um funcionário para efeitos de denúncia obrigatória do artigo 242.º do Código de Processo Penal. E, vimo-lo já também, a denúncia obrigatória não deveria ser abrangida por aquelas "*disclosures required by law*" que tendencialmente têm que ver com a defesa de direitos e o cumprimento de decisões judiciais. Mas mesmo que assim não fosse, o dever de denúncia não justificaria a violação do segredo sem mais.

5.2. Não raras vezes se discute a exceção ao dever de confidencialidade com base no interesse público que se imporia sobre os interesses privados das partes[89] ou, numa formulação mais específica – sublinhada no célebre caso *John Forster Emmott v. Michael Wilson & Partners Limited*, decidido pelo *English Court of Appeal*, em 2008[90] –, na premência de interesses da justiça[91]. Porém, muitas vezes também a imposição do dever de denúncia

[88] *Apud* José António Fichtner / Sergio Nelson Mannheimer / André Luís Monteiro, "A confidencialidade na arbitragem...", p. 271 (destaque nosso).

[89] Marlon Meza-Salas, *Confidentiality in International Commercial Arbitration: Truth or Fiction?*, Kluwer Arbitration Blog, 2018, disponível em http://arbitrationblog.kluwerarbitration.com/2018/09/23/confidentiality-in-international-commercial-arbitration-truth-or-fiction/.

[90] John Forster Emmott v. Michael Wilson & Partners Limited [2008] EWCA Civ 184, disponível em https://www.trans-lex.org/301850/_/john-forster-emmott-v-michael-wilson-partners%C2%A0limited-%5B2008%5D-ewca-civ-184/.

[91] Entendeu Lawrence Collins L.J.: "*In my judgment the content of the obligation may depend on the context in which it arises and on the nature of the information or documents at issue. The limits of that obligation are still in the process of development on a case-by-case basis. On the authorities*

assume a forma de lei imperativa, congregando os interesses públicos ou de justiça assumidos pelo legislador que, por sua vez, os institui sob a forma de lei. Assim sendo, pelo menos no plano jusprivatístico, o dever legal de denúncia sobrepor-se-ia com naturalidade ao dever de sigilo.

Todavia, ainda que a solução do Direito Privado pudesse ter o desígnio de excluir a ilicitude da violação do dever de confidencialidade criminalmente tutelado, é insuficiente, do ponto de vista jurídico-penal, depor as armas da dogmática, qual Vercingétorix, quando em causa está a tutela da privacidade.

Nos termos do artigo 36.º, n.º 1, do Código Penal, a situação de conflito de deveres apenas excluirá a ilicitude da conduta do agente se este optar por cumprir, (*i*) num caso de conflito de deveres de igual valor, qualquer um dos deveres, ou (*ii*), num caso de conflito de deveres de diferente valor, o dever de maior valia. Ora, para quem defenda que o conflito de deveres é causa de justificação apenas se ambos os deveres forem de ação, então o tema de que aqui tratamos nem sequer se qualifica como um problema de conflito de deveres, uma vez que o dever de denúncia é um dever de ação e o dever de reserva é um dever de omissão, que prevalece sempre sobre os deveres de ação em linha com o dever geral de não ingerência em bens jurídicos alheios[92]. Mas, mesmo para quem sustenta que o conflito de interesses como causa de justificação admite a ponderação entre um dever de ação e um dever de omissão, não é exato considerar que o dever de denúncia se sobreponha ao dever de reserva, nem sequer que estes se configurem como deveres de igual intensidade.

Ora, no plano da justificação por imposição legal de denúncia obrigatória, a doutrina especializada tem entendido que o dever de denúncia não prevalece sem mais sobre o dever de segredo. Isto porque se subverteria a prevalência de princípio do dever de segredo sobre os interesses

as they now stand, the principal cases in which disclosure will be permissible are these: the first is where there is consent, express or implied; second, where there is an order, or leave of the court (but that does not mean that the court has a general discretion to lift the obligation of confidentiality); third, where it is reasonably necessary for the protection of the legitimate interests of an arbitrating party; fourth, where the interests of justice require disclosure, and also (perhaps) where the public interest requires disclosure".

[92] Assim, Jorge de Figueiredo Dias, *Direito Penal...*, pp. 548, com indicação bibliográfica de doutrina concordante e discordante.

da justiça penal na sua vertente meramente repressiva, onde tal denúncia já não vai evitar a prática do crime, contrariamente ao que sucederia se a violação de segredo atuasse preventivamente em relação a um crime projetado ou anunciado pelo portador do segredo[93]. Concordamos com essa ideia. Seria absolutamente desproporcional que o dever legal de denúncia justificasse sem mais a violação do dever de sigilo.

Assim, não sendo o árbitro sujeito do dever legal de denúncia e, mesmo que o fosse, não sendo tal dever suficiente para legitimar a quebra do sigilo ao abrigo de um constrangimento classificável como conflito de deveres, resta saber se tal violação pode ser justificada nos termos gerais do direito de necessidade. Sendo certo que a justificação a esse título deve obedecer aos requisitos do artigo 34.º do Código Penal, tendo, por isso, a revelação do segredo de se assumir como o meio adequado e necessário para afastar um perigo atual que ameaça interesses sensivelmente superiores no contexto de uma busca pelo interesse preponderante.

A propósito do conflito entre o sigilo e os valores da administração da justiça penal, a doutrina especializada apresenta três enunciados de princípio estabilizados: (*i*) a revelação de um segredo é lícita quando for necessária para evitar a condenação penal de um inocente, (*ii*) os valores ou interesses encabeçados pelo processo penal, de identificação e perseguição dos agentes e repressão de crimes passados, como a eficácia da justiça penal, não justificam, só por si, a revelação do segredo (*iii*) e em relação aos crimes futuros projetados pelo portador do segredo, o conflito entre o dever de colaboração com a justiça e o dever de sigilo deve solucionar-se nos termos gerais da ponderação de interesses[94]. Interessa-nos substancialmente, nesta sede, o segundo e o terceiro dos entendimentos de princípio enunciados. De acordo com Manuel da Costa Andrade, "*o dever de segredo prevalece sobre o dever de* denúncia *obrigatória (art. 242º do CPP). Só deverão admitir-se excepções ao princípio nos casos extremados dos crimes mais graves que ponham em causa a paz jurídica ou haja perigo de novas*

[93] Assim, Manuel da Costa Andrade, *Comentário...*, pp. 1153 e 1164, rejeitando também a ideia de que interesses repressivos servidos pelo processo penal valham como interesses legítimos suscetíveis de, por si só, justificar a violação de segredo. Genericamente contra, Paulo Pinto de Albuquerque, *Comentário do Código Penal...*, p. 770.

[94] Manuel da Costa Andrade, *Comentário...*, pp. 1161 e ss..

infrações"[95]. Destarte, na definição do justo equilíbrio de interesses entre a preservação do segredo e a administração da justiça penal repressiva, há algumas interrogações a que cumpre dar resposta. A primeira diz respeito à gravidade dos crimes como elemento justificador, tomando como plano de análise o processo de arbitragem. A segunda prende-se com a indagação da efetiva necessidade do cumprimento do dever de denúncia em ordem à eficácia da administração da justiça penal.

6. A criminalidade económico-financeira e o *Zeitgeist* político-criminal contemporâneo

6.1. Quando Manuel da Costa Andrade enunciou, no *Comentário Conimbricense do Código Penal*, o entendimento de princípio *supra* exposto, relativamente aos casos extremados dos crimes mais graves que pudessem perigar a paz jurídica ou que fizessem recear a prática de novas infrações, o autor não desenvolveu em pormenor tal hipótese particular que poderia dar prevalência ao dever de denúncia[96]. Necessário é, portanto, perceber se, efetivamente, o *white-collar / business crime* ou a criminalidade económico-financeira, incluindo os fenómenos da corrupção e do branqueamento de capitais, como uma das manifestações daquelas categorias congregadoras de contributos da criminologia e da dogmática penal[97], assumem os contornos dos crimes mais graves que pudessem perigar a paz jurídica ou que acarretam o receio generalizado da prática de novas infrações.

Desde logo, um crime caracterizado pelo receio generalizado da prática de novas infrações é difícil de precisar em abstrato. Especialmente porque aquela nota característica se liga em grande medida ao tipo de

[95] Manuel da Costa Andrade, *Comentário...*, p. 1162.

[96] Manuel da Costa Andrade, *Comentário...*, p. 1161, apenas indica o caso paradigmático da criança ou idoso internado em estabelecimento em que é vítima de repetidos abusos e maus tratos e o regime específico dos profissionais investidos no estatuto processual de testemunhas e constante do artigo 135.º do Código de Processo Penal.

[97] Não sendo, portanto, inteiramente coincidentes os resultados conceptuais obtidos quer se parta de uma perspetiva criminológica quer se escolha um ponto de partida dogmático. Assim, sobre a criminalidade económico-financeira, Susana Aires de Sousa, "Ações encobertas (e outras figuras próximas) na investigação da criminalidade económico-financeira", *in Julgar*, n.º 38, Maio-Agosto, 2019, p. 35.

agente e à dimensão da culpa, dificilmente consideráveis sem nos depararmos com uma situação e com o agente concretos. Como tal, não é possível prognosticar que crime económico-financeiro é passível de traduzir uma tendência certa de repetição no tempo.

Seja como for, desde a entrada em cena de Edwin Sutherland na História da Criminologia, na conferência anual da Sociedade Americana de Sociologia, de 1939, munido do inovador estudo intitulado "*White-Collar Criminality*", que este tipo de criminalidade não largou mais os holofotes da Sociologia, da Criminologia e do Direito Penal[98]. Sem a pretensão de cuidar de todas as dimensões do crime de colarinho branco, não podemos deixar de destacar uma das conclusões mais sedimentadas nas ciências jurídico-criminais a propósito do tema: o equívoco da menor danosidade do *white-collar crime* face à restante criminalidade encontra-se decididamente ultrapassado.

O crime de colarinho branco tem como traço caracterizador a difusão da vitimização. Muitas vezes, as próprias vítimas não se apercebem da sua qualidade de vítimas de um crime. Isto acontece porque, usualmente, aquelas infrações se prolongam no tempo e ocorrem maioritariamente num âmbito espacial vasto, atingindo inúmeras pessoas, ainda que os danos provocados sejam individualmente sentidos com relativa ligeireza. A "fatura" acaba sempre por chegar mais tarde e sob a forma de políticas públicas de compensação que o Estado impõe aos cidadãos. Assim – e contando com a crescente consciencialização do público sobre o fenómeno da criminalidade de colarinho branco –, a comunidade tem concluído que o custo financeiro do *white-collar crime* é, provavelmente, muitas vezes maior do que o custo financeiro de todos os crimes

[98] Na linha de Edwin Sutherland, "White-Collar...", pp. 2-3, e do seu inovador estudo criminológico publicado na década de 40 do séc. XX, "[w]*hite-collar crime in business is expressed most frequently in the form of misrepresentation in financial statements of corporations, manipulation of stock exchange, commercial bribery, bribery of public officials directly or indirectly in order to secure favorable contracts and legislation, misrepresentation in advertising and salesmanship, embezzlement and misapplication of funds, short weights and measures and misgrading of commodities, tax frauds, misapplication of funds in receiverships and bankruptcies. These are what Al Capone called «the legitimate rackets»*".

comuns[99]. E que, além das consequências financeiras, a danosidade social do crime de colarinho branco é mais elevada do que as efetivas perdas pecuniárias por ele provocadas, atingindo as partes normalmente mais fracas, como os contribuintes, consumidores, investidores, acionistas e os cidadãos em geral[100].

6.2. A propósito da criminalidade económico-financeira, a maioria dos estudos sobre Direito da Arbitragem tem-se centrado no problema da corrupção. Na verdade, não há dúvida de que a corrupção é exemplo – frequentemente destacado – da especial gravidade da criminalidade de colarinho branco. Basta ler as muito avisadas considerações, ao nível supranacional, de Kofi Annan[101] e, entre nós, de Cláudia Cruz Santos, sobre as consequências sistémicas associadas à corrupção[102]. Numa perspetiva tributária, o fenómeno da corrupção reduz drasticamente a receita efetivamente cobrada, além de criar noutros contribuintes a decisão de fuga ao Fisco por razões de competitividade, obrigando os governos a obter financiamento por outros meios (por exemplo, endividando-se com

[99] Assim, Edwin Sutherland, *apud* Cláudia Cruz Santos, "O Crime Ambiental: crime organizacional ou crime organizado?", *in Revista do Centro de Estudos de Direito do Ordenamento, do Urbanismo e do Ambiente*, 2/3, 2000, p. 81.

[100] Já Edwin Sutherland, "White-Collar Criminality", *in American Sociological Review*, Vol. 5, February 1940, Number 1, pp. 5 e 9, escrevia que as perdas financeiras derivadas dos crimes de colarinho branco, por maiores que sejam, são menos importantes do que o dano causado às relações sociais. Para o autor, aqueles crimes são uma violação da confiança e, portanto, criam uma desconfiança que afecta a moral social e que produz uma desorganização social de elevada escala. E o trabalho desenvolvido posteriormente a Edwin Sutherland, deixa poucas dúvidas de que a maioria dos crimes mais graves e que causaram maiores perdas materiais e humanas são cometidas antes pelos ricos do que pelos pobres, como indica John Braithwaite, "Poverty, Power, White-Collar Crime and the Paradoxes of Criminological Theory", *in Australian and New Zealand Journal of Criminology*, 1991, 24, p. 40.

[101] No discurso, de 31 de Outubro de 2003, por ocasião da adoção da Convenção das Nações Unidas contra a Corrupção.

[102] Cláudia Cruz Santos, "Considerações Introdutórias (ou algumas Reflexões Suscitadas pela «Expansão» das Normas Penais sobre Corrupção)", *in* Cláudia Cruz Santos / Claudio Bidino / Débora Thaís de Melo, *A Corrupção: Reflexões (a Partir da Lei, da Doutrina e da Jurisprudência) sobre o seu Regime Jurídico-Criminal em Expansão no Brasil e em Portugal*, Coimbra Editora, 2009, pp. 16 e ss.

empréstimos). Numa ótica de governação, os agentes públicos "esquecem" o interesse público e a meritocracia, enquanto atraem negócios de valia mais duvidosa quando comparados com o pujante empreendedorismo dos empresários íntegros. Quanto ao funcionamento da economia de mercado, o vírus da corrupção infecta qualquer pretensão de salutar concorrência, razão pela qual muitos advogam a favor da criminalização da corrupção no sector privado. Até a própria segurança física dos cidadãos e a ordem pública podem ser reflexamente postas em causa pela corrupção, através da proliferação de manifestações populares menos pacíficas e tumultos pelas ruas das cidades precipitados por notícias de corrupção no seio das elites políticas (lembrem-se os *gilets jaunes*). No fundo, a corrupção mina a democracia e o Estado de Direito, provocando violações de direitos humanos e a deterioração da qualidade de vida – particularmente nos países em desenvolvimento –, distorcendo o mercado e abrindo espaço para outras tendências criminógenas crescerem.

Ainda assim, na senda de Cláudia Cruz Santos, por muitas consequências reflexas que possam apontar-se à tradicional corrupção – de funcionários públicos e de titulares de cargos políticos –, na perspetiva do Direito Penal, aquela fará sempre parte de um fenómeno de criminalidade contra os interesses do Estado como organização política[103]. Aos quais se juntam outros crimes que compõem o arco de proteção da legalidade da atuação pública, como o tráfico de influência ou o financiamento ilegal de partidos políticos[104]. Mesmo a proibição da corrupção no sector privado visa,

[103] Não fazem parte do âmbito deste estudo a panóplia de considerações acerca do bem jurídico típico tutelado pelos vários tipos de crime que cobrem o fenómeno da corrupção. E que muito relevam na hora de determinar quais são verdadeiramente os contornos da ação típica de um crime de corrupção, com influência decisiva no situar das margens de punibilidade. Sobre isto, cfr. CLÁUDIA CRUZ SANTOS, "Considerações...", pp. 30 e ss.; e ANTÓNIO MANUEL ALMEIDA COSTA, *Comentário Conimbricense do Código Penal* (Dirigido por JORGE DE FIGUEIREDO DIAS), Tomo III (artigos 308º a 386º), Coimbra Editora, 2001, pp. 661 e ss..

[104] Sobre a necessária inclusão destes delitos no debate sobre a eficácia da luta contra a corrupção, cfr. ADÁN NIETO MARTÍN, "La lucha contra la corrupción en la Constitución Europea", *in Fraude y Corrupción en el Derecho penal económico europeo. Eurodelitos de corrupción y fraude* (Coord. LUIS ARROYO ZAPATER / ADÁN NIETO MARTÍN), Ediciones de la Universidad de Castilla-La Mancha, 2006, pp. 87-88.

pelo menos nalguns dos modelos atuais (*e.g.* Alemanha, Áustria e Suíça), uma proteção reflexa de interesses dos Estados contemporâneos, como a concorrência ou o justo comércio transfronteiriço de bens e serviços[105].

É hoje, pois, inegável que a corrupção é um crime que assombra a paz jurídica comunitária. Sendo vista como uma das mais graves formas de criminalidade, considerando as consequências desigualitárias que provoca ao moldar o interesse público de acordo com os desejos dos corruptores[106]. O que tem motivado a pressão contínua das instâncias supranacionais sobre a legislação dos Estados em matéria de corrupção, no sentido de a harmonizar e de tornar a prevenção do fenómeno mais eficaz. Como indica o preâmbulo da Convenção das Nações Unidas contra a Corrupção, há uma preocupação "*com a gravidade dos problemas e das ameaças que a corrupção coloca à estabilidade e segurança das sociedades, na medida em que mina as instituições e os valores da democracia, os valores éticos e a justiça e na medida em que compromete o desenvolvimento sustentável e o Estado de direito*"[107]. Noutro quadrante, quanto ao branqueamento de capitais,

[105] No modelo alemão e austríaco, embora se reconheça a existência de interesses patrimoniais secundários a tutelar indiretamente, o bem jurídico primário é somente a concorrência leal, sendo indispensável que haja uma atuação ordenada a distorcer a concorrência. No modelo suíço, ainda que se compreenda a infração como crime contra a concorrência, exige-se a uma conduta do trabalhador contrária ao dever exigido no cumprimento das suas funções ou do negócio. Por outro lado, em Portugal, os tipos previstos na Lei 20/2008, de 21 de Abril, são autênticos delitos de violação de deveres funcionais, ainda que prevendo como circunstância agravante a idoneidade das condutas idóneas a causar uma lesão na concorrência ou um prejuízo patrimonial. Para Claudio Bidino, "O problema específico da corrupção no setor privado (no Brasil e em Portugal)", *in* Cláudia Cruz Santos / Claudio Bidino / Débora Thaís de Melo, *A Corrupção: Reflexões (a Partir da Lei, da Doutrina e da Jurisprudência) sobre o seu Regime Jurídico-Criminal em Expansão no Brasil e em Portugal*, Coimbra Editora, 2009, pp. 217 e ss., a incriminação portuguesa é de duvidosa legitimidade na medida em que tutela um bem jurídico com insuficiente dignidade penal, devendo o tipo ter sido construído assumindo a lealdade da concorrência como bem jurídico típico.

[106] Na formulação de John Braithwaite, "Transnational Corporations and Corruption: Towards Some International Solutions", *in International Journal of the Sociology of Law*, 1979, 7, p. 126, "[t]*he whole purpose of business-government bribes is, after all, the inegalitarian purpose of enticing governments to act against the public interest and in the interests of the transnational*".

[107] Entre outras convenções relevantes das quais Portugal é signatário, destacam-se a Convenção sobre a Luta contra a Corrupção de Agentes Públicos Estrangeiros nas Transações Comerciais Internacionais de 1997, a Convenção relativa à luta contra a corrupção em que

a tendência é semelhante: são constantes os apelos supranacionais ao reforço do arsenal legislativo, tomado como imperativo por não haver alternativa a uma eficaz prevenção e repressão do fenómeno[108].

É certo que a corrupção não é o único crime de colarinho branco que afronta o ideal de Estado de Direito do século XXI, mas parece-nos difícil encontrar outro que concentre tão intensamente as atenções da política criminal hodierna. Para o específico problema do confronto entre os deveres de sigilo e de denúncia dos árbitros em Portugal, o referente típico da corrupção deve ser o da lei penal nacional, uma vez que, em termos de Direito Penal, o pressuposto de que partimos é o da aplicabilidade da lei penal portuguesa, por referência a qualquer um dos relevantes princípios da territorialidade, da nacionalidade, da proteção dos interesses nacionais, da universalidade ou da administração supletiva da justiça penal, dos artigos 4.º a 6.º do Código Penal[109]. Isto, mesmo que as partes tenham escolhido uma qualquer outra lei aplicável aos litígios emergentes do contrato onde se insere a cláusula compromissória. Afinal, em comparação, designadamente, com as normas que definem a corrupção transnacional ou de funcionário estrangeiro dos artigos 16.º, n.º 1, da Convenção das Nações Unidas contra a Corrupção ou do artigo 1.º da Convenção da OCDE sobre a luta contra a corrupção, as normas portuguesas, particularmente as de recebimento e oferta indevidos de vantagem e de corrupção ativa e passiva, aparentam ser suficientemente – talvez, demasiado – amplas.

estejam implicados funcionários das Comunidades Europeias ou dos Estados-Membros da União Europeia de 1997 e a Convenção Penal sobre a Corrupção do Conselho da Europa de 1999.

108 Sobre a complexificação técnica, financeira e territorial de dissimulação e conversão dos subornos através de circuitos de branqueamento de capitais, que têm desembocado num certo fatalismo legislativo, cfr. Rui Patrício / Nuno Igreja Matos, "Corrupção e Branqueamento: das Relações Incestuosas às (A)Tipicidades", *in Estudos Projeto Ethos: Corrupção e Criminalidade Económico Financeira,* Procuradoria-Geral da República, 2018, p. 53.

109 Isto é, principalmente, o Código Penal português, a Lei n.º 34/87, de 16 de julho, que define os crimes de responsabilidade dos titulares de cargos políticos ou de altos cargos públicos, a Lei n.º 50/2007, de 31 de agosto, que estabelece o regime de responsabilidade penal por comportamentos suscetíveis de afetar a verdade, a lealdade e a correção da competição e do seu resultado na atividade desportiva, e a Lei n.º 20/2008, de 21 de abril, sobre o regime penal de corrupção no comércio internacional e no setor privado.

6.3. Contudo, há outros fenómenos de criminalidade – uns mais estabilizados que outros – a merecerem um olhar tão atento como aquele que tem sido reservado à corrupção, como os crimes conexos de peculato, peculato de uso, participação económica em negócio, concussão, abuso de poder, tráfico de influências e administração danosa. E ainda crimes não conexos com o crime de corrupção, com uma danosidade (direta ou reflexa) de nível igual ou superior, partilhando do rótulo de criminalidade grave não obstante tutelarem bens jurídico-criminais de cariz eminentemente distinto, como os crimes fiscais, ambientais, contra a saúde pública, financeiros ou ainda os crimes contra o mercado. Estes tipos de criminalidade têm também um elevado custo económico[110], são praticados no seio de organizações e entes coletivos, com uma perniciosidade social não despicienda e reclamam uma maior atenção das instituições responsáveis pela definição e aplicação da política criminal do Estado[111]. E tanto o crime de corrupção como estas outras infrações podem surgir no contexto de uma arbitragem ou ser usados como armas de arremesso por uma das partes contra outra, apontando para momentos como os da adjudicação de uma proposta de serviços, da produção de um produto ou para outros momentos da vida comercial e societária.

A arbitragem e os árbitros não podem ser utilizados para ocultar ou branquear qualquer tipo de criminalidade. Aliás, no que deles dependa, os tribunais arbitrais devem contribuir para a prevenção do crime, seja de corrupção, de branqueamento de capitais ou outros[112]. Contudo, devem fazê-lo no âmbito das suas competências e em equilíbrio com a distribuição de poderes e atribuições enquadradas nos sistemas instituídos de

[110] Para SUSANA AIRES DE SOUSA, "Ações encobertas...", pp. 36-37, uma aproximação ao conceito de criminalidade económico-financeira deve ter em conta, por um lado, a especial danosidade dos crimes e, por outro lado, a particular dificuldade de investigação pela natureza complexa e até transnacional que essas condutas revelem.

[111] Sobre o conceito de crime organizacional, como crime cometido por funcionários de uma organização no interesse desta, cfr. CLÁUDIA CRUZ SANTOS, "O Crime Ambiental...", p. 82.

[112] Assim, entende ANTÓNIO MENEZES CORDEIRO, *Tratado da Arbitragem...*, p. 308, que "[c]*omo diretriz de ordem geral: no que deles dependa, os tribunais arbitrais devem agir no sentido de combater a corrupção. Todavia não o devem fazer na margem em que isso conduz a acrescidos benefícios indevidos para os prevaricadores. Além disso, os árbitros não são (pequenos) polícias*".

justiça arbitral e de justiça criminal. Isto é – e adiantando algo mais sobre o problema –, os árbitros não devem confundir os poderes que possuem numa arbitragem para dirimir litígios emergentes de um determinado contrato ou relação comercial, de lidar com eventuais alegações de crime pelas partes e extrair as devidas consequências para a adjudicação do litígio, no contexto do processo arbitral, com um qualquer desígnio de combate à corrupção fora da arbitragem, como se de órgãos de polícia ou entidades supervisoras se tratassem. Não é essa a sua missão, não é esse o seu mandato original, nem é esse o seu lugar no sistema jurídico. Nem tal deve ser deles esperado ou exigido em prol de uma suposta perfeição da luta global contra a corrupção.

7. A (des)necessidade da violação de segredo para a realização da justiça penal

7.1. É sobejamente conhecido que a corrupção, em particular, e os crimes económico-financeiros, em geral fazem parte de um tipo de criminalidade pouco transparente para a justiça penal e, como tal, de difícil deteção. Dizem respeito a condutas complexas, praticadas em ambientes de elevada privacidade e afastados do espaço público, sem que seja patente, no momento da conduta, um conflito entre um dado agente e uma específica vítima. Sendo, ainda, sobremaneira frequente a dispersão da responsabilidade no seio de organizações complexas, podendo inclusivamente haver crime dentro da empresa desligado de qualquer interesse estratégico desta[113]. A existência de um vasto acervo de provas diretas e cabais daqueles tipos de crimes é altamente improvável. Consequentemente, pergunta-se se a violação de segredo por parte dos árbitros é, desde logo, necessária para o funcionamento da justiça penal e idónea para a sua salvaguarda.

[113] A racionalização do trabalho e a crescente especialização no ambiente empresarial, a que se juntam as estruturas hierárquicas complexas de organização das sociedades e dos grupos de sociedades, tornam particularmente difícil a individualização da responsabilidade de cada sujeito. Assim, Cláudia Cruz Santos, "O Crime Ambiental...", p. 84; e, ainda, "A Corrupção de Agentes Públicos em Portugal: Reflexões a partir da Lei, da Doutrina e da Jurisprudência", *in* Cláudia Cruz Santos / Claudio Bidino / Débora Thaís de Melo, *A Corrupção: Reflexões (a Partir da Lei, da Doutrina e da Jurisprudência) sobre o seu Regime Jurídico-Criminal em Expansão no Brasil e em Portugal*, Coimbra Editora, 2009, p. 103.

7.2. Antes de nos propormos responder à pergunta lançada no parágrafo precedente, importa fazer umas breves considerações sobre o estatuto de direitos e deveres dos árbitros.

Vários são os deveres dos árbitros. O mais paradigmático quanto às suas funções é o dever de resolver o litígio. Mas há outros, como o dever de observar um processo justo e equitativo, o dever de atuar com independência e imparcialidade, o dever de conduzir o processo de modo eficiente, o dever de respeitar a confidencialidade do processo, o dever de atuar com diligência. Outro dos deveres reconhecido pela doutrina internacional é o de proferir uma decisão exequível[114]. Como explicam Derains / Schwartz, "[e]*nforceability of the award* [...] *is* [...] *the raison d'être of the arbitration process*" ([115]). O que justifica que algumas das principais regras institucionais, como as da Corte de Arbitragem Internacional de Londres, da Câmara de Comércio de Estocolmo e dos Centros de Arbitragem Internacional de Hong Kong e de Singapura prevejam uma obrigação de aplicar esforços razoáveis para garantir a validade da decisão.

Discute-se se os árbitros têm o dever de procurar obter a validade da decisão à luz da lei do Estado da sede ou também de outros ordenamentos jurídicos. Para um ponto de vista, o árbitro deve garantir a validade à luz da lei do Estado da sede do litígio, de modo a evitar uma *vacatur*, mas não à luz de outros Estados, indeterminados, onde as partes poderão vir a pretender obter o reconhecimento ou a execução da sentença. Segundo esta perspetiva, para lá do Estado da sede o árbitro não está obrigado a garantir a validade da decisão, pelo menos, para lá dos requisitos, relativamente uniformes a nível internacional, estabelecidos pela Convenção de Nova Iorque. Em conformidade com este entendimento, o Regulamento de Arbitragem da Corte de Arbitragem Internacional de Londres, no seu artigo 32.º, n.º 2, expressamente delimitam o dever de aplicação de esforços razoáveis para garantir que a decisão é reconhecida

[114] Acerca do tema, *vide* ANÍBAL SABATER, LÍDIA REZENDE, "An Arbitrator's Obligation to Use Reasonable Efforts to Issue an Enforceable Award and Its Interaction with the New York Convention", *Spain Arbitration Review / Revista del Club Español del Arbitraje*, Wolters Kluwer España 2019, Volume 2019 Issue 34, pp. 33-45.

[115] DERAINS / SCHWARTZ, *A Guide to ICC Rules of Arbitration*, 385, *apud* MARGARET L. MOSES, *The Principles and Practice of International Commercial Arbitration*, p. 79.

e exequível no Estado da sede da arbitragem. Por outro lado, outra tese defende que aquela posição é contrária aos artigos 42.º das Regras de Arbitragem da Câmara de Comércio Internacional, 2.º, n.º 2, das Regras da Câmara de Comércio de Estocolmo e 41.º, n.º 2 das Regras do Centro de Arbitragem Internacional de Singapura, que não fazem semelhante restrição ao conteúdo do dever, pelo que, pelo menos quando a arbitragem esteja sujeita a estas regras, não se deverá proceder a tal limitação. Além do mais, segundo esta tese, o Estado da sede é comummente um Estado neutro, onde as partes não tencionam executar a decisão, pelo que o tribunal arbitral deve, sim, procurar obter uma decisão dotada de efeitos jurídicos no Estado onde as partes provavelmente irão procurar obter o reconhecimento e a execução da sentença (não tendo de o fazer em relação a Estados apenas tangencialmente ligados à disputa). Em suma, nos termos desta tese, a menos que as regras aplicáveis indiquem para outra solução, os árbitros deverão procurar obter uma decisão válida à luz do Estado da sede[116], *bem como* no(s) Estado(s) onde as partes provavelmente irão procurar obter o reconhecimento e a execução da sentença – juízo que deve ter por base os elementos pertencentes ao processo[117].

7.3. Com fundamento no dever de proferir uma decisão exequível, tem-se assistido a uma certa tendência no seio da comunidade arbitral, para admitir que os tribunais arbitrais desenvolvam investigações quando suspeitem da ilicitude de determinadas condutas conhecidas no processo arbitral, mesmo quando nenhuma das partes o haja requerido[118]. É

[116] Caso contrário, arriscar-se-ia a exequibilidade da decisão em qualquer outro Estado, atendendo ao artigo V(1)(e) da Convenção de Nova Iorque.

[117] Aníbal Sabater, Lídia Rezende, "An Arbitrator's Obligation to Use Reasonable Efforts to Issue an Enforceable Award and Its Interaction with the New York Convention", *Spain Arbitration Review / Revista del Club Español del Arbitraje* (Wolters Kluwer España 2019, Volume 2019 Issue 34), p. 35.

[118] Como justificação política e moral desta tendência, Domitille Baizeau / Tessa Hayes, "The Arbitral Tribunal's Duty and Power to Address Corruption Sua Sponte", *in International Arbitration and the Rule of Law: Contribution and Conformity*, ICCA Congress Series, Volume 19 (Kluwer Law International 2017), p. 235, apontam que tem sido avançado que os árbitros têm uma "responsabilidade pública para com a administração da justiça", que anda de mão dada com a autonomia que lhes é reconhecida pelos tribunais nacionais.

defendido, em diversas instâncias, que existe um poder-dever dos árbitros de iniciar investigações a partir de "*red flags*" de crime, ou seja, de indicadores indiretos, em si mesmos insuficientes para confirmar a prática de condutas ilícitas, mas que determinam o árbitro a proceder a uma investigação mais aprofundada dos factos[119].

Pois bem, tal iniciativa de investigação até poderá ser de louvar quando o fim seja retirar consequências de práticas ilícitas para aferir da validade de certo contrato ou, então, em ordem a qualquer outro efeito dentro do processo arbitral para o qual o tribunal arbitral é competente. Todavia, temos as maiores reservas quando a aspiração dos árbitros se aproxime dos poderes de investigação reconhecidos aos juízes do processo penal, especialmente antecipando o momento em que as autoridades judiciárias com verdadeira competência para a investigação de crimes começarem a olhar para o processo arbitral como potencial fonte de meios de prova[120].

Desde logo, porque o nível de prova exigido numa arbitragem dependerá da lei aplicável. A particularidade das investigações espontâneas dos tribunais arbitrais reside precisamente na ausência de um pré-determinado ónus da prova[121]. Se o tribunal arbitral não usar o critério da prova

Além disso, diz-se que os Estados e as empresas têm envidado esforços para eliminar a corrupção e que os árbitros devem também ser proactivos. E, ainda, que, se as instâncias ineficazes são uma das causas da resistência da corrupção, os interesses da comunidade da arbitragem internacional são melhor servidos através da assistência em esforços de anti-corrupção, em vez de ser-se visto como fraco e complacente com a corrupção.

[119] Kathrin Betz, "Arbitration and Corruption: A Toolkit for Arbitrators", *in Journal of Anti-Corruption Law*, Volume 2, Number 2, 2018, p. 191.

[120] No Reino Unido, a Civil Division do England and Wales Court of Appeal no caso Ali Shipping Corporation v. Shipyard Trogir, em 1997 (disponível em https://www.bailii.org/ew/cases/EWCA/Civ/1997/3054.html), e o Commercial Court do England and Wales High Court no caso Glidepath BV and Others v. John Thompson & Others, em 2005 (https://www.bailii.org/ew/cases/EWHC/Comm/2005/818.html) evidenciaram que o tribunal arbitral não pode permitir que a mera menção ou acusação de corrupção ou de qualquer outro crime dirigida à contraparte no processo de arbitragem seja motivo para cumprir o dever de denúncia obrigatório imposto pelo artigo. Há interesses constitucionais em conflito e o acesso a documentos do processo deve ter uma cláusula de necessidade razoável para o reconhecimento de um direito, para o exercício da defesa ou para os interesses da justiça.

[121] Domitille Baizeau / Tessa Hayes, "The Arbitral...", p. 260.

para além da dúvida razoável como referente para as suspeitas de crime, pode resultar que no processo arbitral resultem como provados factos que não o seriam num processo criminal, à luz do equilíbrio que este reclama entre o princípio da livre apreciação da prova e o princípio *in dubio pro reo*[122]. Essa falta de exigência probatória – legitimada, nalguns casos, pela vontade das partes, noutros, pela sua inércia – radica na visão de quase impossibilidade de, com um critério mais exigente, se provarem determinados tipos de criminalidade em processo arbitral, como a corrupção[123]. Ainda que, em princípio, a dificuldade de prova não possa ser a única e decisiva razão para diminuir o critério probatório[124], se os efeitos dessa prova se circunscreverem ao processo arbitral – como conducentes, por exemplo, à nulidade do contrato por violação da lei ou da ordem pública –, nada teremos a acrescentar.

Genericamente, pode dizer-se que os tribunais arbitrais são ainda extremamente cautelosos quando confrontados com indícios de corrupção, aplicando nomeadamente um superiormente rigoroso *standard* de

[122] Seguindo de perto Maria João Antunes, *Direito Processual Penal*, Almedina, 2.ª edição, 2018, p. 180, e Jorge de Figueiredo Dias, *Direito Processual Penal*, Coimbra Editora, reimpressão, 2004, p. 215, o princípio *in dubio pro reo*, decorrente da presunção de inocência constitucionalmente garantida pelo artigo 32.º, n.º 2, impõe ao tribunal, quando fica aquém da dúvida razoável apesar de toda a prova produzida, que dê como provados os factos favoráveis ao arguido como se deles tivesse sido feita prova completa, ainda que o tribunal aprecie a prova produzida segundo as regras de experiência e a sua livre convicção que deverá ser sempre objetivável e motivável. De acordo com Rui Patrício, *A presunção da inocência no julgamento em processo penal – Alguns problemas*, Almedina, 2019, p. 42, se a prova produzida não se revelar como suficiente para formar a convicção do juiz ou no sentido da culpabilidade do arguido ou no sentido da sua inocência, este deverá ser absolvido uma vez que a presunção de inocência não foi "ilidida".

[123] Kathrin Betz, "Arbitration and Corruption...", p. 192.

[124] Como reconhecem Jeffrey W. Sarles, *Solving the Arbitral Confidentiality Conundrum in International Arbitration*, disponível em https://www.mayerbrown.com/-/media/files/perspectives-events/publications/no-date/solving-the-arbitral-confidentiality-conundrum-in/files/confidentiality/fileattachment/confidentiality.pdf, 2002, p. 11, também não será fácil para os tribunais avaliar e julgar violações do dever de confidencialidade, pela dificuldade de prova.

prova ou, no limite, pronunciando-se pela sua incompetência. Este fenómeno tem sido visto como um "*private scepticism*"[125].

Pior será sempre que a lei aplicável à arbitragem consagre um dever de cooperação e de boa-fé processual das partes para efeitos de prova. Algo que, no meio arbitral, não é raro, no contexto de cumprimento de ordens probatórias emitidas pelos tribunais arbitrais. Aliás, nos domínios da corrupção e do branqueamento de capitais, além de meios de prova que sustentem a alegação de crime, os árbitros são mesmo encorajados a exigir de uma parte elementos probatórios que contradigam as acusações de crime feitas por outra parte. E, ainda que as alegações de atividade criminosa devam estar sujeitas a um *standard* probatório mais exigente, também se tem defendido que lhes deve ser permitido assumir o facto prejudicial se a parte onerada com aquela obrigação se recusar a cumpri-la[126]. O que, para lá de aquela ser uma reivindicação de prova de facto negativo muito próxima da prova da não existência do Diabo, fere o direito à não autoincriminação com uma manifesta "burla de etiquetas": o tribunal arbitral pede documentos ou informações que

[125] Louis Yves Fortier, "Arbitrators, corruption, and the poetic experience: 'When power corrupts, poetry cleanses'", *in* William W. Park (ed), *Arbitration International*, Oxford University Press 2015, Volume 31 Issue 3, 367-380, p. 374. Na p. 376, enfaticamente, o mesmo Autor expressa a sua visão acerca do tema: "*The arbitrator-poet, for me, is keenly aware of his duties to the parties, to the entities that have entrusted him with their dispute; but he also aspires to certain ideals of international justice and morality. There is no real choice to be made between these two moralities, at least not if the arbitrator, like the doctor, wishes to excel in his practice. He must compose with and adopt both of these commitments. In other words, he must seek in discharging his awesome responsibilities, the poetic equivalent of harmony*".

[126] É o *Corruption and Money Laundering in International Arbitration – A Toolkit for Arbitrators* elaborado pelo *Competence Centre Arbitration and Crime*, nas suas páginas 12 e ss., que avança tais linhas orientadoras para os árbitros que se deparam com alegações de condutas ilegais, *i.e.* criminalmente relevantes, numa determinada arbitragem. Em síntese, aconselha-se que os árbitros, quer quando decidem investigar espontaneamente indícios de crime quer quando tal lhes seja requerido por uma das partes, usem de ordens processuais para pedir informações orais ou por escrito sobre os referidos indícios, tanto às partes "acusadoras" como às "acusadas" ou "suspeitas". Além disso, se a parte "acusada" ou "suspeita", obrigada a entregar elementos probatórios que contrariem os indícios de crime não o fizer sem uma "razão convincente" aos árbitros é permitido fazerem inferências negativas e dar por provados os factos desfavoráveis àquela.

podem autoincriminar a parte requerida e esta ou entrega os documentos autoincriminatórios, que permitem aos árbitros aferir da existência de corrupção ou se recusa a entregá-los e sofre as consequências de uma sanção processual ou de inferências negativas (*adverse inferences*) a partir da recusa[127]. Ainda que reconheçamos a liberdade das partes na definição das regras da arbitragem em matéria probatória, a perturbação que causam estas inferências negativas na ordem pública internacional do Estado português consubstanciada por princípios normativos de direito processual penal não deve ser subestimada e carecerá, no caso concreto, de uma específica ponderação de conflito de direitos[128]. No limite, tais elementos estarão cobertos por uma proibição de valoração da prova em processo penal.

Mas, ainda que sejam aceites no processo arbitral, serão as inferências negativas suficientes para um tribunal arbitral determinar a existência de crime económico-financeiro e para legitimar uma denúncia de crime que viole as obrigações de confidencialidade? Parece-nos difícil de aceitar, pelo menos antes da sentença arbitral no processo poder sequer ser considerada como final. As inferências negativas constituem meras presunções formuladas a partir da verificação de uma série de pressupostos, não sendo prova direta de qualquer facto, e obrigando o tribunal arbitral

[127] No mesmo *Toolkit for Arbitrators* referido na nota antecedente afirma-se que os árbitros devem considerar aplicar a metodologia de inferências negativas quando as seguintes condições se verificarem: (i) a parte que pede a inferência negativa apresente indicadores fortes de corrupção e tenha produzido toda a prova possível para corroborar a inferência procurada ou o tribunal identifique indícios suficientes de corrupção, (ii) a parte obrigada a entregar documentos e informação tenha a possibilidade de aceder a tais elementos, (iii) a parte a quem os documentos e informação foram pedidos não apresente qualquer razão convincente para não entregar tais elementos e (iv) a inferência seja razoável, consistente com os factos e logicamente relacionada com a natureza verosímil da prova não entregue.

[128] Sobre a ordem pública internacional do Estado português com questão da licitude da prova em arbitragem, reclamando uma específica ponderação em concreto dos valores, direitos e interesses fundamentais em conflito no momento de análise da licitude da prova produzida, Mariana Soares David, "Os poderes do tribunal arbitral em matéria de prova, no âmbito da actual lei de arbitragem voluntária", *in Revista Internacional de Arbitragem e Conciliação*, n.º 9, 2016, pp. 79 e ss.

a ponderar sempre a pertinência daquelas[129]. Não nos parece legítimo que, se a tendência maioritária na literatura sobre arbitragem é a de que os tribunais arbitrais devem investigar os indícios de corrupção para retirar as devidas ilações face aos problemas civis ou comerciais em juízo, se deva permitir uma espécie de *fishing for evidence* de fins distorcidos e que depois dará substância à denúncia e consequente processo penal. As coisas podem pôr-se do seguinte modo: os tribunais arbitrais têm, quando comparados com as autoridades judiciárias estaduais, menos poderes de obtenção de provas. Se quebram o sigilo para denunciar os indícios de crime fazem-no, em princípio, com menos prova do que seria desejável. Mas, se utilizam os deveres de cooperação e as inferências negativas para concluir pela prática de crimes já que o direito à autoincriminação não tem respaldo no Direito de Arbitragem, sempre estarão a promover a construção de um processo-crime cuja origem reside na obtenção coativa de prova, que já se cristaliza neste momento como uma violação do *nemo tenetur*, e, assim, a bloquear a realização da justiça penal a jusante, que nunca poderá valorar as provas obtidas através do acatamento de ordens probatórias do tribunal arbitral.

Noutros domínios do ordenamento jurídico nacional, recorde-se que a possibilidade de averiguações preliminares como as promovidas pela CMVM ao abrigo do artigo 383.º e seguintes do Código dos Valores Mobiliários ou o regime das medidas de verificação do cumprimento dos artigos 95.º e 96 da Lei do Combate ao Branqueamento de Capitais e Financiamento do Terrorismo não são pacificamente aceites pela comunidade jurídica, estando a tolerância relativamente ao seu regime jurídico (precariamente) pendurada no facto de aí estarem a ser exercidos poderes de supervisão das autoridades competentes[130]. O que, por maio-

129 Assim, Maria Almeida e Silva, "Jogar às escondidas: quando a não produção de documentos pode resultar em inferências negativas", *in Lisbon Arbitration by Morais Leitão*, 2019, disponível em https://lisbonarbitration.mlgts.pt/pt/artigos/jogar-as-escondidas--quando-a-nao-producao-de-documentos-pode-resultar-em-inferencias-negativas/89/.

130 Sobre o problema das pré-averiguações e da sua proximidade com a investigação criminal, Paulo de Sousa Mendes, *Lições de Direito Processual Penal*, Almedina, 2018, pp. 60-61. Tratando das averiguações preliminares no domínio do mercado de valores mobiliários, o autor refere que a CMVM não desenvolve uma autêntica atividade de investigação criminal, não podendo interrogar pessoas nem podendo constituí-las arguidas. No

ria de razão, contribui para deslegitimar o produto desse tipo de *investigações* por parte dos tribunais arbitrais que não são, para nenhum efeito, entidades reguladoras ou de supervisão.

É certo também que às autoridades judiciárias, no processo penal, seria sempre permitida a recolha de documentos e informações relativos a uma arbitragem, desde que coberta por um juízo do carácter essencial e indispensável da utilização desses dados para a investigação[131], devendo igualmente ser assegurados por inteiro todos os direitos fundamentais dos envolvidos, de acordo com as normas processuais penais e constitucionais[132]. Como dissemos, sempre estariam, em nossa opinião, cobertos por uma proibição de valoração da prova os documentos e as informações entregues pela parte-suspeita ao tribunal arbitral ao abrigo de um dever de colaboração e sob a ameaça de presunções de culpa ou de inferências negativas, mesmo que um tribunal estadual com aquele tenha colaborado

entanto, reconhece também que esta é uma questão polémica, na medida em que sujeita um suspeito a investigações administrativas sem que este possa beneficiar dos direitos de defesa reconhecidos ao arguido em processo penal. Pelo menos, num olhar imediato para o Código dos Valores Mobiliários. Não vemos razão para que não se possa aceitar a tese de permitir ao investigado constituir-se por iniciativa própria como arguido, ainda que isto implique, no plano mediático-social hodierno, um imediato custo reputacional não despiciendo. Defendendo esta possibilidade, Augusto Silva Dias, "O Direito à Não Auto-Inculpação no Âmbito das Contra-Ordenações do Código dos Valores Mobiliários", *in Revista de Concorrência e Regulação*, Ano I, Número 1, Janeiro – Março, 2010, p. 255, e Vânia Costa Ramos, "Nemo tenetur se ipsum accusare e Concorrência: Jurisprudência do Tribunal de Comércio de Lisboa", *in Revista de Concorrência e Regulação*, Ano I, Número 1, Janeiro – Março, 2010, p. 193.

[131] Isto é, cuja obtenção não seja possível por qualquer outro meio. Cfr. José António Fichtner / Sergio Nelson Mannheimer / André Luís Monteiro, "A confidencialidade na arbitragem...", p. 272. Aliás, se bem que os autores admitem a quebra da confidencialidade dos árbitros perante um crime que os permitiria "levar ao conhecimento das autoridades competentes os fatos criminosos de que tiveram ciência durante a arbitragem", apenas concretizam tal exceção ao sigilo nos casos em que o Ministério Público requisite documentos utilizados na arbitragem, sem especificar se é admissível a denúncia espontânea quando as autoridades ainda não têm conhecimento da prática de um crime descoberto pelos árbitros.

[132] Em Portugal, tal resulta expressamente, sem prejuízo das normas gerias aplicáveis, do artigo 2.º, n.º 1, da Lei n.º 36/94 que consagra as medidas de combate à corrupção e criminalidade económica e financeira.

em conformidade com o artigo 38.º da Lei da Arbitragem Voluntária[133]. Um tal uso dos árbitros como "homens de confiança" (*Vertrauens-Männer*) para efeitos de investigação e repressão criminal é altamente questionável á luz de diversas razões, mas desde logo do ponto de vista de um processo justo e equitativo[134], especialmente quando as partes julgam estar perante um órgão de resolução de conflitos e estão antes perante um informador da investigação. No fundo, só seriam admissíveis em processo penal os meios de prova presentes na arbitragem obtidos de modo que não se violassem os princípios processuais penais relativos à obtenção (e valoração) da prova[135].

[133] Sobre o direito de recusa de documentos e da prestação de informações autoincriminatórias em processo penal e contraordenacional, cfr. Tiago da Costa Andrade, "Nemo tenetur se ipsum accusare: um novo olhar a partir do Direito da Concorrência, no sentido da sua extensão ao processo contra-ordenacional e às pessoas colectivas", *in Revista de Concorrência e Regulação*, Ano VII, Número 31, Julho – Setembro, 2017, pp. 190 e ss.

[134] De acordo com Susana Aires de Sousa, "Ações encobertas...", pp 41-42, a expressão "homens de confiança" "abrange, num sentido extensivo, todas as testemunhas que, ganhando a confiança do suspeito, 'colaboram com as instâncias formais de perseguição penal, tendo como contrapartida a promessa da confidencialidade da sua identidade e atividade'".

[135] Sendo que, no sentido inverso, se bem que não nos é possível aqui desenvolver todo o problema da prova emprestada, deixamos apenas um enunciado de princípio: o árbitro também não pode utilizar e valorar meios de prova obtidos em processo penal, apenas a partir da sua transferência processual para a arbitragem e de um seu juízo quanto à sua autenticidade e quanto ao contexto em que o documento foi produzido. Importa sublinhar que muitos dos meios de obtenção de prova no processo penal só são admitidos naquele mesmo processo penal, nos termos da lei processual penal, que pressupõe um balanço entre direitos fundamentais conflituantes levado a cabo pelo legislador com o objetivo de responder (utilitariamente) à prática do crime e não para instruir todo e qualquer processo civil ou arbitral. Não colhe, portanto, em nosso entendimento, o argumento de que se a prova já foi produzida no processo penal – o processo paradigmaticamente mais garantista quando confrontado com o processo civil, arbitral, disciplinar, administrativo e contraordenacional –, está assegurado o máximo respeito pelos direitos fundamentais do visado e, como tal, tal meio de prova pode ser "emprestado" para ser valorado em qualquer outro tipo de processo. Basta pensar, por exemplo, nos meios de prova obtidos através de investigações encobertas que não seriam admissíveis em qualquer outro processo que não o processo penal e, mesmo neste, apenas dentro de apertados limites e na investigação de certos tipos de crime. Não pode ser esquecido que o procedimento de concordância prática de finalidades do processo penal é sobremaneira exigente e a procura da verdade

7.4. Nem a determinação de corrupção por um tribunal arbitral nem a premência do combate à corrupção, ao branqueamento de capitais e a qualquer outro tipo de criminalidade económico-financeira devem afastar a ilicitude de uma violação da confidencialidade por parte dos árbitros sob a forma do cumprimento do dever de denúncia. Na verdade, depois de descrever um conjunto de linhas orientadoras para os árbitros em casos que envolvam corrupção ou branqueamento de capitais, o *Corruption and Money Laundering in International Arbitration – A Toolkit for Arbitrators* elaborado pelo *Competence Centre Arbitration and Crime*, acaba por sublinhar que tem que ser considerada a relação com o Direito Penal e Processual Penal nacionais. E no ordenamento jurídico português, *de jure condito*, os árbitros poderão ser criminalmente responsabilizados pela violação de segredo se decidirem espontaneamente comunicar às autoridades nacionais os indícios de crime.

O argumento de que os tribunais arbitrais não podem revelar-se coniventes relativamente à identificação e comprovação de ilícitos criminais não merece acolhimento. Afigura-se-nos como um sintoma de populismo jurídico disruptivo da coerência do sistema jurídico[136] e desligado das reais missões das instituições de um Estado de Direito, afirmar que, se não denunciarem os crimes de que tomam conhecimento, os tribunais arbitrais caminham no sentido contrário à tendência global de considerar

processual implica um sacrifício em matéria de direitos fundamentais e processuais, tanto maior quanto a gravidade e a danosidade social do crime investigando e a absoluta indispensabilidade do meio de prova a regular. Sobre este sacrifício especificamente ordenado ao exercício do *ius puniendi* pelo Estado, cfr. David Silva Ramalho, *Métodos Ocultos de Investigação Criminal em Ambiente Digital*, Almedina, 2017, pp. 183 e ss..

136 Rui Patrício / Nuno Igreja Matos, "Corrupção...", p. 53, identificam como as duas tendências político-criminais hodiernas que se digladiam, por um lado, "a defesa de um estado de emergência que tudo legitima" contra a corrupção e o branqueamento de capitais e, por outro, os "seus negadores, que mais não anteveem nas ansiedades do legislador do que o triunfo de um populismo preventivo e penal que se revela disruptivo da coerência do sistema jurídico". Pese embora não negarmos (antes, sublinhámo-lo) as consequências sistémicas negativas que se abatem sobre a sociedade, não podemos deixar de ver na vontade de utilização dos árbitros para uma política criminal de combate à corrupção e ao branqueamento de capitais um elemento identificador daquele estado de emergência, aos nossos olhos, inteiramente desadequado à arquitetura do sistema jurídico e ao reconhecimento que este atribui à arbitragem como método de resolução alternativa de litígios.

o combate contra a criminalidade económico-financeira como integrante da ordem pública internacional. Ou mesmo proclamar-se que, se o setor da arbitragem não tem nada a esconder, então que se aceite toda e qualquer manifestação de maior transparência[137].

Em primeiro lugar, cumpre frisar que não é aceitável a afirmação genérica de que uma informação privada e sujeita a confidencialidade deve deixar de o ser apenas porque não a querer divulgar significaria uma qualquer intenção de ocultar práticas socialmente repugnantes, imorais ou, para o que aqui verdadeiramente releva, potencialmente ilícitas. Se assim fosse, não existiria qualquer tutela da privacidade no ordenamento jurídico e normas específicas de proibição de valoração de prova obtida em violação do domínio privado. Tudo estaria aberto para que um qualquer saudoso de Torquemada pudesse espreitar e conferir se tudo "está nos conformes". Aquele argumento é tão ilegítimo quanto o de sancionar o direito ao silêncio com a justificação de que quem não tem nada a esconder deve dizer tudo o que sabe.

Em segundo lugar, é um equívoco equiparar em toda a linha o estatuto dos árbitros ao dos magistrados judiciais, como muitas vezes se pretende para legitimar a justificação da denúncia. Ainda que exerçam uma função jurisdicional, os árbitros devem respeitar as normas contratuais definidas pelas partes e, se for o caso, as normas institucionais do centro de arbitragem junto do qual atuam. Os árbitros não são guardiões do Direito e da legalidade em geral, tanto dos princípios e das normas de Direito Público como das de Direito Privado, como é o dever dos magistrados judiciais. Os árbitros representam a confiança das partes, não sendo representantes do Estado[138]. Ainda que os magistrados estejam também sujeitos a um dever de sigilo e de reserva, a magistratura judicial é objeto de um estatuto mais completo e exigente, derivado da titularidade de um órgão de soberania e constitucionalmente conformado pelos artigos 215.º a 218.º da Lei Fundamental. O artigo 3.º, n.º 2, do Estatuto dos Magistrados

[137] Considerando deverem ser abolidos a confidencialidade e o sigilo na arbitragem, JUAN FERNANDÉZ-ARMESTO, "The time has come...", p. 586.

[138] Neste sentido, JOSÉ ANTÓNIO FICHTNER / SERGIO NELSON MANNHEIMER / ANDRÉ LUÍS MONTEIRO, "A confidencialidade na arbitragem...", p. 261.

Judiciais[139] é a este título inequívoco, ao consagrar que "[n]*a administração da justiça, os magistrados judiciais asseguram a defesa dos direitos e interesses legalmente protegidos, reprimem a violação da legalidade democrática, dirimem os conflitos de interesses públicos e privados e garantem a igualdade processual dos interessados nas causas que lhes são submetidas*". Este é um estatuto inegavelmente distinto do dos árbitros, que é conformado pela autonomia privada das partes e com um grau de ligação à ordem pública menos intenso, por não se poder ver neles um verdadeiro órgão de soberania ainda que exerçam a função jurisdicional. Mesmo que se lhes reconheça um dever de produzir sentenças exequíveis nos diversos ordenamentos jurídicos nacionais e de atender à ordem pública para decidir os litígios que lhes são cometidos, a competência dos árbitros não vai para além disso.

A arbitragem cumpre um propósito próprio no sistema institucional de resolução de conflitos nacional e internacional, com uma marcada genética de autonomia privada e liberalismo, servindo como lubrificante da economia de transações e de investimento que valoriza a credibilidade, a confiança, a celeridade, a especialização e a privacidade na solução de litígios. Sem a correspondente obrigação de segredo, quando as partes assim o decidiram ou quando escolheram uma lei de regulação da disputa que lhes garantia confidencialidade, é impossível estabelecer uma relação de confiança entre o titular do segredo e o árbitro, que passa a não estar habilitado para cumprir cabalmente a função que lhe está destinada pelas partes[140]. Como é de fácil observação, sem o segredo ou confidencialidade dos árbitros, os operadores económicos deixariam de ter incentivos para atuar globalmente no mercado, passando a escolher apenas os Estados onde negociar e investir pela garantia de segredo das leis penais e de arbitragem aplicáveis.

Em terceiro lugar, a violação de segredo pelos árbitros não pode ver a sua ilicitude sempre dirimida em casos de crimes económico-financeiros quando se pretenda atender aos interesses de uma justiça penal repressiva. É que entre o prevenir e o punir não existem apenas diferenças formais e orgânicas, mas também uma distinção material situada ao nível supralegal. Como escrevem Rui Patrício / Nuno Igreja Matos, "*os expe-*

[139] Aprovado pela Lei n.º 21/85, de 30 de Julho.

[140] Assim, Nikolaus Bosch, "Der Schutz...", p. 780.

dientes repressivos surgem comparativamente mais constrangidos na sua liberdade de conformação e aplicação, sujeitos a maior escrutínio à luz da sua necessidade, adequabilidade e proporcionalidade, consequência natural da projecção imediata de princípios basilares de Direito Penal como os princípios da legalidade, da tipicidade, da culpa e da igualdade"[141].

7.5. Como vimos, a doutrina admite que, nos casos em que o objetivo é a administração da justiça penal póstuma, possa haver exclusão da ilicitude quando estiverem em causa casos extremados dos crimes mais graves que ponham em causa a paz jurídica ou haja o perigo de novas infrações. Mas apenas nestes. E se devemos rotular a criminalidade económico-financeira como um tipo de criminalidade grave que cada vez mais põe em sobressalto a paz jurídica, também temos o dever de sublinhar que muito dificilmente poderá aquela criminalidade cair na categoria de autêntico caso extremado. A verdade é que não estamos perante crimes da competência material do Tribunal Penal Internacional – de genocídio, contra a humanidade, de guerra ou de agressão – nem em face dos crimes mais graves contra a vida, a liberdade, a autodeterminação sexual ou a soberania. Nestes casos, seria ponderável que os valores em conflito pudessem justificar uma prevalência dos deveres de denúncia face à tutela do sigilo, dependendo sempre, naturalmente, dos contornos do caso concreto. Os bens jurídicos protegidos pelas incriminações correspondentes aos crimes de colarinho branco possuem uma ressonância ética distinta, corroborada pela menor severidade das penas neles previstas. O que não significa que não seja uma criminalidade com consequências sistémicas. Mas que só as terá se praticada, também ela, de forma sistemática e não numa hipótese isolada e a nível local, ao contrário das hipóteses acabadas de referir.

[141] Rui Patrício / Nuno Igreja Matos, "Corrupção...", pp. 54 e 62. Sobre a corrupção e o branqueamento, entendem os autores que: "[i]*gualmente duvidosa, ou mesmo equívoca, é especificamente a constatação de que este novo paradigma unitário, assente na percepção conjunta da corrupção e do branqueamento, vem também contaminando o quadro legal repressivo, isto é, o momento em que se visa a censura do agente através da instauração de um procedimento criminal, em parte devido à articulação promovida pelos instrumentos internacionais e pela* soft law *no sentido da complementaridade, e mesmo confusão, entre medidas preventivas e medidas repressivas*"

Importante é não perder de vista que, como assinala Nikolaus Bosch, a necessidade de proteção depende de o interessado poder ter um interesse compreensível no sigilo, sem que se trate, no entanto, de uma aprovação legal ou de um reconhecimento moral dos factos relevantes, uma vez que também pode haver um interesse digno de proteção no sigilo da má conduta ou de infrações penais[142]. Esta ideia é, aliás, confirmação da existência de um Estado de Direito: ainda que o segredo incida sobre uma prática criminal e que o sujeito que dele conhecer o denunciar, a necessidade de proteção do segredo pode fazer com que, em concreto, haja de se dar prevalência a esta, à luz da tutela da privacidade. Devendo, em princípio, responder criminalmente o árbitro que violar o segredo, a confidencialidade ou o sigilo da arbitragem para comunicar uma infração já consumada que conheceu através da intervenção num determinado processo arbitral.

De opinião contrária são os autores que, no fundo, entendem que o Direito Penal não pode compactuar com uma violação das suas próprias normas[143]. Contudo, julgamos que o Direito Penal ao proteger o segredo não aceita de bom grado uma violação das suas próprias normas, antes pesa os interesses em jogo e, além de escolher o segredo e a privacidade nesses casos através de lei especial[144], não tolera uma violação de segredo que põe em causa os interesses reflexos da confiança no sigilo de determinadas atividades. Aliás, a literatura criminológica já demonstrou que a tolerância zero – como a que é pretendida pelos paladinos da luta contra a corrupção a todo o custo, cavalgando na desconfiança deixada pelas

[142] Nikolaus Bosch, "Der Schutz...", p. 781.

[143] Assim, Paulo Pinto de Albuquerque, *Comentário do Código Penal...*, p. 770, fazendo apelo à natureza de *ultima ratio* do Direito Penal e ao princípio da proporcionalidade; e Eduardo Maia Costa, *Código de Processo...*, p. 883, apoiando-se em interesses de ordem pública, ainda que estes autores teçam tais considerações de forma geral, sem ter em conta as idiossincrasias do sistema arbitral e da função dos árbitros.

[144] Neste sentido, Manuel Lopes Maia Gonçalves, *Código de Processo...*, p. 590. O autor alerta também para a necessidade de os agentes do Estado obrigados procederem de harmonia com os seus próprios estatutos, os quais frequentemente contêm dispositivos sobre segredo profissional que, quando constantes de lei, serão prioritariamente cumpridos.

mais recentes crises financeiras – é recorrentemente uma má política tanto para crimes dos pouco como dos muito poderosos[145].

Na era contemporânea do "combate" à corrupção, os esforços dos legisladores e das instituições têm sido – e bem – direcionados para uma atuação preventiva, nomeadamente através da implementação de programas de cumprimento normativo (*compliance*) e de outros sistemas de reporte dentro de organizações. Estes, por um lado, permitem uma maior eficácia na prevenção de delitos no seio da empresa e, por outro lado, nalguns ordenamentos jurídicos, são um autêntico fator de atenuação ou isenção da responsabilidade da pessoa coletiva[146]. Mas se os árbitros não podem ser equiparados a autênticos magistrados judiciais, também não se poderá forçar uma sua categorização – como parece sugerir quem defende o cumprimento irrestrito do dever de denúncia – como *whistleblowers*. Na verdade, a equiparação ilegítima entre árbitros e denunciantes é também, porventura, um dos eixos essenciais da questão de que tratamos e que importa clarificar.

[145] Por todos, cfr. JOHN BRAITHWAITE, "Zero Tolerance, Naming and Shaming: Is There a Case for it with Crimes of the Powerful?", *in The Australian and New Zealand Journal of Criminology*, 2002, 35, pp. 272 e ss.

[146] A experiência norte-americana tem tido uma grande influência na estruturação dos restantes ordenamentos jurídicos mundiais que se têm aberto a soluções de cooperação entre as sociedades e as autoridades de investigação. Nos Estados Unidos da América, o *Department of Justice* implementou uma *Corporate Enforcement Policy* que recompensa as sociedades por comunicações espontâneas de violações do *Foreign Corrupt Practices Act*. Em apertada síntese, o abrigo daquela política, na ausência de circunstâncias agravantes, existe uma presunção de que *o Department of Justice* recusará a persecução de violações do *Foreign Corrupt Practices Act* por parte das sociedades, se estas voluntariamente comunicarem as irregularidades, se cooperarem integralmente e cuidarem de corrigir a situação apropriada e atempadamente. Assim, os promotores públicos têm a possibilidade de acordar, ou recomendar a um tribunal, uma redução de 50% do mínimo da moldura da multa das *Sentencing Guidelines* (excepto no caso de reincidência). E a possibilidade de, genericamente, não requerer a nomeação de um monitor se a sociedade tiver, no momento da decisão, implementado um autêntico programa de *compliance*. Cfr. MATTHEW AXELROD / DOUG DAVIDSON / ADAM LURIE / DOUGLAS TWEEN, "Law and Practice USA", *in Chambers Global Practice Guide – Anti-Corruption* (Contributing Editor KIRIL BOUGARTCHEV), Chambers & Partners, 2019, p. 268.

7.6. Antes, porém, é necessário questionar: se a administração da justiça penal a título póstumo, quando o crime já se encontra consumado, só pode justificar a violação de segredo para efeitos de dever de denúncia nos casos de criminalidade de extrema gravidade, pode a denúncia preventiva de crimes justificar a quebra de sigilo? Aqui, tem-se em vista a denúncia de crimes por parte dos árbitros ainda antes da sua consumação ou em estado de preparação. Podemos dizer que o enunciado de princípio deve inclinar-se no sentido da justificação, ainda que com duas particularidades.

Em primeiro lugar, se a denúncia visa uma atuação da justiça no sentido da prevenção de ilícitos criminais, o conflito entre o dever de colaboração e o dever de sigilo deve resolver-se nos termos gerais da ponderação do peso dos interesses. Para a doutrina, o interesse da preservação do segredo apenas deverá ceder perante a denúncia quando visar impedir, por um lado, a prática de crimes planeados e, por outro, quando exista já um perigo atual para os bens jurídicos ameaçados[147]. Porém, somos ainda da opinião que a quebra do segredo não poderá ter como fundamento o perigo de toda e qualquer infração, mas apenas as que revelarem uma gravidade que permita, numa ponderação de interesses e valores, conceder que o árbitro atuou em conformidade com o Direito. Basicamente, requer-se uma sensível superioridade do interesse a salvaguardar, *rectius* uma superioridade clara e inequívoca, na linha da melhor interpretaão daquele requisito do artigo 34.º, alínea *b*), do Código Penal[148]. E a ponderação terá, naturalmente, de ser casuística e dependente da dignidade do interesse e do bem jurídico do crime a denunciar. Ademais, pensamos não ser descabido tomar os § 138 e § 139 do Código Penal alemão – apesar de serem normas sem paralelo no Direito Penal português, que incriminam a omissão da comunicação de crimes graves planeados às autoridades[149] – como auxiliar de interpretação, para lá dos casos extremados de

[147] Manuel da Costa Andrade, *Comentário...*, p. 1162.

[148] Sobre este requisito do estado de necessidade justificante, cfr. Jorge de Figueiredo Dias, *Direito Penal...*, pp. 536 e ss..

[149] Recorde-se que o Código Penal português apenas criminaliza, através do artigo 245.º, a omissão de denúncia do superior hierárquico tiver conhecimento da prática, por subordinado, de tortura e outros tratamentos cruéis, degradantes e desumanos.

criminalidade referidos nos parágrafos antecedentes. Esta norma tipifica a omissão de denúncia do planeamento ou comissão de actos de guerra de agressão, de alta traição, de contrafação de moeda, títulos de valores mobiliários, cartões de débito e cheques, de homicídio, genocídio, crimes contra a humanidade ou crimes de guerra, de crimes graves contra a liberdade pessoal como o tráfico de seres humanos ou a prisão ilegal, de roubo ou coação com uso da força ou ameaça para a vida e integridade física, de incêndio, envenenamento, explosão ou disrupção do tráfego, de criação de organizações criminosas ou terroristas e de ofensas violentas contra o Estado. Uma bengala interpretativa bem mais robusta e adequada (ainda que de um ordenamento jurídico estrangeiro) do que aquela que se poderia tentar fazer valer a partir do catálogo do artigo 2.º da Lei n.º 101/2001, de 25 de agosto[150].

Em segundo lugar, cumpre ter presente que, no contexto da violação de segredo para a prevenção de lesões graves de bens jurídicos de sensível superioridade se pode admitir a justificação do facto, também não há um expresso dever legal de denúncia para crimes ainda não consumados. Diferentemente do que consagram, por exemplo, os artigos 43.º e seguintes da Lei do Combate ao Branqueamento de Capitais e ao Financiamento do Terrorismo ao impor às entidades obrigadas a comunicação de operações suspeitas. No caso de uma denúncia preventiva, portanto, o árbitro também não pode ser obrigado por um dever legal, apenas podendo ter atuado com a consciência de salvaguarda do interesse preponderante. Ainda que aqui, esta atuação tenha maior relevância justificativa do que a denúncia de crimes já consumados.

8. A distinção entre árbitros e denunciantes

8.1. Por fim, o "princípio" da proteção dos denunciantes. Este princípio tem-se progressivamente consolidado no direito internacional, com evidentes reflexos na consciência jurídica nacional. Tem-se entendido que a deteção do crime organizado e a respetiva produção de prova se torna extremamente difícil sem que um *insider* ou *whistleblower* o comunique às autoridades. A proteção do *whistleblowing* tem como âmbito de apli-

150 Ainda que haja entre as duas normas alguns (poucos) crimes coincidentes.

cação pessoal original os funcionários que denunciam indícios de crimes de que tenham conhecimento no exercício das suas funções profissionais e, como âmbito funcional, a proteção contra represálias sancionatórias por quaisquer infrações de segredo profissional ou outros deveres de natureza disciplinar. Todavia, no âmbito da criminalidade económico-financeira, muito se tem reclamado uma atuação semelhante por parte dos árbitros, com o argumento de que, conhecendo os negócios das partes em detalhe, aqueles poderão estar em melhor posição para levar ao conhecimento das autoridades as práticas criminais que lhes estão subjacentes. No entanto, como veremos, não deverá ser assim.

Já com alguma tradição no horizonte jurídico norte-americano com o *Whistleblower Protection Act* (de 1989), a proteção dos denunciantes é um *princípio* que tem vindo a merecer consagração continental em textos legais e em instrumentos de direito internacional: veja-se o artigo 4.º, n.º 1, da Lei n.º 19/2008, de 21 de abril[151], o artigo 33.º da Convenção das Nações Unidas contra a Corrupção[152], o artigo 5.º da Convenção da OCDE sobre luta contra a corrupção de agentes públicos estrangeiros em transações comerciais internacionais[153], a resolução 1729 (2010) e a recomendação 1916 (2010), de 29 de Abril de 2010, da assembleia parlamentar do Conselho da Europa, a recomendação CM/Rec(2014)7 do Comité de Ministros do Conselho da Europa, de 30 de Abril de 2014, o artigo 61.º, n.º 2, alínea b), da Diretiva (UE) 2015/849, de 20 de maio de 2015, relativa à prevenção da utilização do sistema financeiro para efeitos

[151] "*Os trabalhadores da Administração Pública e de empresas do sector empresarial do Estado, assim como os trabalhadores do sector privado, que denunciem o cometimento de infrações de que tiverem conhecimento no exercício das suas funções ou por causa delas não podem, sob qualquer forma, incluindo a transferência não voluntária ou o despedimento, ser prejudicados*".

[152] "*Cada Estado Parte deverá considerar a incorporação no seu sistema jurídico interno de medidas adequadas para assegurar a protecção contra qualquer tratamento injustificado de quem preste, às autoridades competentes, de boa fé e com base em suspeitas razoáveis, informações sobre quaisquer factos relativos às infracções estabelecidas em conformidade com a presente Convenção*".

[153] "*As investigações e procedimentos criminais em casos de corrupção de um agente público estrangeiro estão submetidos às regras e princípios aplicáveis de cada uma das Partes. Não serão influenciados por considerações de interesse económico nacional, pelos possíveis efeitos sobre as relações com um outro Estado ou a identidade das pessoas singulares ou colectivas em causa*".

de branqueamento de capitais ou de financiamento do terrorismo[154], e a Diretiva (UE) 2019/1937 do Parlamento Europeu e do Conselho, de 23 de outubro de 2019, relativa à proteção das pessoas que denunciam infrações do direito da União. Entre nós, destaca-se o recentemente aprovado Regime Geral da Proteção dos Denunciantes, instituído pela Lei n.º 93/2021 de 20 de dezembro que transpôs aquela última Diretiva para o ordenamento jurídico nacional. Mas também tem sido um "princípio" reconhecido pela jurisprudência dos tribunais internacionais, como o demonstram os acórdãos do Tribunal Europeu dos Direitos do Homem, nos casos *Guja v. Moldávia*[155], *Marchenko v. Ucrânia*[156], *Heinisch v. Alemanha*[157], *Bucur e Toma v. Roménia*[158], e o bem recente *Paixão Moreira Sá Fernandes v. Portugal*[159].

Não obstante a posição e a função de árbitro em arbitragem privada e voluntária equivalerem à de funcionário para efeito da responsabilidade criminal a título de tráfico de influência, recebimento indevido de vantagem e corrupção, parece-nos descabida a integração do juiz arbitral na categoria de *whistleblower*. Uma conclusão que em nada é beliscada pela *supra* referida Diretiva (UE) 2019/1937. Pelo contrário, a Diretiva europeia sobre proteção de denunciantes patrocina este nosso entendimento ao fixar um âmbito pessoal e ao revelar a sua teleologia de proteção normativa, de modo mais restrito do que o modelo norte-americano.

[154] De acordo com essa norma, os Estados-Membros devem assegurar uma "[p]*roteção adequada dos funcionários ou pessoas em posição equiparada das entidades obrigadas que comuniquem infrações cometidas dentro da entidade obrigada*".

[155] Acórdão de 12 de Fevereiro de 2008, pedido n.º 14277/04, disponível em https://hudoc.echr.coe.int/eng#{%22itemid%22:[%22001-85016%22]}.

[156] Acórdão de 19 de Fevereiro de 2009, pedido n.º 4063/04, disponível em https://hudoc.echr.coe.int/eng#{%22itemid%22:[%22001-91415%22]}.

[157] Acórdão de 21 de Julho de 2011, pedido n.º 28274/08, disponível em https://hudoc.echr.coe.int/eng#{%22itemid%22:[%22001-105777%22]}.

[158] Acórdão de 8 de Janeiro de 2013, pedido n.º 40238/02, disponível em https://hudoc.echr.coe.int/eng#{%22itemid%22:[%22001-115844%22]}.

[159] Acórdão de 25 de Fevereiro de 2020, pedido n.º 78108/14, disponível em https://hudoc.echr.coe.int/eng#{%22itemid%22:[%22001-201434%22]}.

8.2. A Diretiva começa por definir como denunciante qualquer pessoa singular que comunique ou divulgue publicamente informações sobre violações do Direito da União Europeia, obtidas no âmbito das suas atividades profissionais[160]. Acrescentando que as atividades profissionais seriam aquelas através das quais as pessoas obtêm informações sobre violações do Direito da União Europeia e no âmbito das quais essas pessoas possam ser alvo de atos de retaliação se comunicarem essas informações[161]. Depois, define como âmbito pessoal os denunciantes que, trabalhando no sector público ou privado, tenham obtido informações sobre violações em contexto profissional e os denunciantes que comuniquem ou divulguem publicamente informações sobre violações obtidas numa relação profissional que tenha, entretanto, terminado[162]. Em síntese, e atendendo aos considerandos da Diretiva, esta aplica-se a pessoas que trabalham numa organização pública ou privada ou que com ela estão em contacto no contexto de atividades profissionais e que denunciem violações do Direito da União que podem lesar gravemente o interesse público e que criam riscos significativos para o bem-estar da sociedade. Mas a marca teleológica deste regime, que auxilia na circunscrição das pessoas alvo da regulação europeia, é precisamente o risco de retaliação relacionados com as funções desempenhadas pelo denunciante. Como se pode ler no instrumento normativo em análise, "[a] *razão subjacente à proteção destas pessoas é a sua posição de vulnerabilidade económica relativamente à pessoa de quem dependem de facto para trabalhar. Se não existir esse desequilíbrio de forças na relação de trabalho,* [...] *não é necessária proteção contra atos de retaliação*"[163].

Na mesma linha segue o Regime Geral de Proteção de Denunciantes português, que, além das violações do Direito da União, dos seus interesses financeiros e das regras do mercado interno, inclui ainda no seu

[160] Cfr. artigo 5.º, alínea 7), da Diretiva (UE) 2019/1937.

[161] Cfr. artigo 5.º, alínea 9), da Diretiva (UE) 2019/1937.

[162] Cfr. artigo 4.º, n.os 1 e 2, da Diretiva (UE) 2019/1937.

[163] Cfr. Considerando n.º 36. A mesma marca não deixa de ser vincada pela Directiva relativamente a pessoas que fazem uma denúncia pública diretamente, independentemente dos canais de denúncia internos de uma organização, como se encontra expresso no Considerando 81 da Directiva.

âmbito de proteção os denunciantes de criminalidade violenta, especialmente violenta e altamente organizada, bem como os crimes previstos na Lei n.º 5/2002, de 11 de janeiro, entre os quais se encontram a corrupção e o branqueamento de capitais[164]. De acordo com a lei portuguesa, é considerada denunciante a pessoa singular que denuncie ou divulgue publicamente uma infração com fundamento em informações obtidas no âmbito da sua atividade profissional, independentemente da natureza desta atividade e do setor em que é exercida[165]. E tem-se como ato de retaliação contra o denunciante o ato ou omissão que, direta ou indiretamente, ocorrendo em contexto profissional e motivado por uma denúncia interna, externa ou divulgação pública, cause ou possa causar ao denunciante, de modo injustificado, danos patrimoniais ou não patrimoniais[166].

Na verdade, diversamente dos funcionários do sector público, dos trabalhadores do sector privado e dos normais prestadores de serviços, o árbitro não se encontra ligado por um vínculo laboral, de trabalho no exercício de funções públicas, de uma comum prestação de serviços ou de gestão de uma pessoa coletiva que pudesse justificar a extensão da proteção de denunciantes no domínio organizacional da Diretiva e da Lei n.º 93/2021 para os árbitros como membros de um sistema de resolução alternativa de litígios[167]. Isto é: a tutela do denunciante visa a descoberta de violações do Direito da União Europeia ou de criminalidade económico-financeira no seio da organização em que aquele se insere e a correspondente proteção contra sanções impostas pela organização ou pelos superiores que denunciou. O árbitro nem é um *insider* relativamente a

[164] Cfr. artigo 2.º, n.º 1, alínea *d*), da Lei n.º 93/2021 e o artigo 1.º, n.º 1, alíneas *f*) e *i*), da Lei n.º 5/2002.

[165] Cfr. artigo 5.º, n.º 1, da Lei n.º 93/2021.

[166] Cfr. artigo 21.º, n.º 2, da Lei n.º 93/2021.

[167] Paulo Pinto de Albuquerque, *Comentário do Código de Processo Penal...*, p. 665, recorre à consolidação do *whistleblowing* no panorama internacional como argumento para justificar a prevalência do dever de denúncia. Do texto do autor, contudo, retira-se que não foi considerada a hipótese de alguém ser funcionário para a lei penal, mas não ser trabalhador em sentido próprio, nem do sector público, nem do sector privado. O juiz árbitro cai fora daquele conceito que pressupõe subordinação jurídica no exercício da profissão e, consequentemente, do âmbito pessoal de aplicação do artigo 4.º da Lei 19/2008 e do artigo 5.º da Lei n.º 93/2021.

uma qualquer organização empresarial, nem, consequentemente, poderá sofrer qualquer repercussão daquela quando seja parte num processo a seu cargo e que, hipoteticamente, denunciaria. Aliás, os exemplos que a Diretiva e a lei nacional apresentam e que indicam merecerem proteção, ainda que não possam considerar-se como trabalhadores, estão longe de poderem ser comparáveis ou sugerir sequer a inclusão dos árbitros. São eles: fornecedores, consultores, não assalariados que prestam serviços, os trabalhadores independentes, os contraentes, subcontratantes, titulares de participações sociais, membros de órgãos de gestão, pessoas cuja relação profissional tenha terminado e candidatos a emprego ou pessoas que desejem prestar serviços a uma organização, voluntários e estagiários remunerados ou não remunerados. E o árbitro, pelo menos em arbitragem privada e voluntária, é intrínseca e funcionalmente distinto de todas estas categorias de pessoas.

Por outro lado, há que salientar ainda três aspetos da proteção de denunciantes que decorrem da Diretiva e da lei nacional. O primeiro é ser condição do benefício da proteção não só a denúncia de atos ou omissões ilícitos, mas também atos ou omissões que contrariam o objetivo ou a finalidade das regras dos atos e domínios da União abrangidos pelo âmbito de aplicação material da Diretiva. O segundo é a exigência de proteção relativamente a violações consumadas, àquelas que ainda nem ocorreram e mesmo a tentativas de ocultar violações. E o terceiro é a indicação de a proteção dos denunciantes enquanto fontes jornalísticas ser crucial para salvaguardar o papel de "vigilante" do jornalismo de investigação nas sociedades democráticas[168].

Destas três linhas do regime da proteção de denunciantes, nenhuma poderia ser transposta para os árbitros, mesmo cumprindo um dever de denúncia obrigatória. É inimaginável que a função de árbitro, legitimada pela lei, por inúmeros instrumentos normativos internacionais e pela vontade das partes, pudesse sobreviver se também lhe fosse exigido que denunciasse atos ou omissões não formalmente ilegais-criminais, mas apenas que contrariassem o escopo ou o fim das regras dos atos e domínios da União abrangidos pelo âmbito de aplicação material da

[168] Cfr. considerando n.º 36 da Diretiva (UE) 2019/1937.

Diretiva[169], tal como se denunciasse tentativas de ocultar este tipo de violações que podem já ou ainda não ter sido consumadas[170]. Sendo também incogitável que o interesse da liberdade de informação e investigativa dos jornalistas pudesse sobrepor-se à confidencialidade na arbitragem como meio alternativo de resolução de litígios, como também não se deverá, em princípio, sobrepor ao segredo de justiça[171].

8.3. Em apertada síntese, a teleologia da tutela da Diretiva de proteção dos denunciantes ou *whistleblowers* parece projetar os árbitros para fora do seu âmbito pessoal, dando suporte à ideia de a legitimação da violação de segredo que regula é incompatível com a confidencialidade adstrita à função arbitral imposta pela teleologia deste mecanismo de resolução

[169] Nos casos em que o interesse normativo da União Europeia extravasa a competência penal identificada limitada aos domínios de criminalidade identificados no artigo 83.º, n.º 1, do Tratado sobre o Funcionamento da União Europeia, é através da previsão da obrigação de criar tipos de infrações contraordenacionais que conduz a sua política sancionatória. Estas contraordenações podem tutelar bens jurídicos de grande importância para o interesse público, em setores como a concorrência, o sistema financeiro, os seguros, a auditoria, e os valores mobiliários. E nem por isso se discute a obrigação dos árbitros de denunciar atentados ao interesse público que apenas são punidos a título contraordenacional. De onde resulta que o interesse público não pode servir, por si só, para legitimar acriticamente a denúncia dos árbitros.

[170] Porque, como vimos, só as mais graves violações de direito criminal e em ponderadas circunstâncias concretas é que, em certos casos, podem as denúncias estar cobertas por uma justificação de ilicitude a título de estado de necessidade, não sendo recomendável alargar a qualquer crime essa justificação, muito menos a infrações não criminais.

[171] Além disso, há algumas outras notas do Regime Geral de Proteção de Denunciantes português que aconselham uma interpretação exigente relativamente a quem pode ser considerado denunciante. Entre muitas outras, podermos salientar a circunstância de este regime apenas ressalvar, quanto à proteção do segredo, o direito nacional ou da União sobre informações classificadas, segredo religioso, segredo profissional do médico, dos advogados e dos jornalistas e o segredo de justiça. Trata-se de uma escolha de tipologias de segredo muito discutível, sem paralelo, por exemplo, no regime do artigo 135.º, n.º 1, do Código de Processo Penal que se refere às "*demais pessoas a quem a lei permitir ou impuser que guardem segredo*" e na decisão legislativa da incriminação de violação de segredo do artigo 195.º do Código Penal não seguir o modelo alemão de descrição exaustiva dos tipos de segredo criminalmente tutelados.

alternativa de conflitos[172]. E o TEDH, tanto quanto observámos, nunca se debruçou sobre o problema da denúncia por parte de árbitros, mas insiste, nos vários acórdãos sobre denunciantes, no juízo de necessidade das denúncias numa sociedade democrática[173].

Se numa sociedade liberal e democrática, se compreende que sejam protegidos os denunciantes, não só de represálias laborais ou atinentes às funções exercidas, mas também relativamente ao crime de violação de segredo, quando aqueles se insiram numa organização pública ou privada no seio da qual detetaram práticas criminais suficientemente graves, o mesmo não pode ser dito quando o denunciante seja um árbitro obrigado ao sigilo inerente a um processo arbitral. Porque é preciso não perder de vista que o seu lugar no sistema de justiça é diferente.

[172] O mesmo devendo valer relativamente à denúncia de irregularidades consagrada no artigo 108.º da Lei do Combate ao Branqueamento de Capitais e ao Financiamento do Terrorismo.

[173] Num breve olhar sobre a jurisprudência do TEDH sobre o tema, quanto à inserção do denunciante numa organização, destaca-se o caso *Guja v. Moldávia*, em que o Tribunal protege um denunciante que fazia parte de uma organização pública, tal como o caso *Heinisch v. Alemanha*, no qual a denunciante trabalhava numa empresa cujo capital era maioritariamente detido por uma pessoa coletiva pública. Já no caso *Marchenko v. Ucrânia*, o Tribunal não censurou a condenação, pelos tribunais ucranianos, de um sindicalista que fez uma denúncia pública de peculato alegadamente cometido por uma professora numa escola pública, apenas tendo julgado que a pena de prisão (ainda que suspensa) foi para lá do necessário na proteção da reputação como limite à liberdade de expressão do denunciante. E, no relativamente recente acórdão *Paixão Moreira Sá Fernandes v. Portugal*, o TEDH considerou ter havido violação do artigo 6.º, n.º 1, da Convenção Europeia dos Direitos do Homem, pelo facto de o Tribunal da Relação de Lisboa não se ter pronunciado sobre a imprescindibilidade de uma gravação feita por um advogado, que levou à condenação de quem lhe pretendia oferecer dinheiro em troca do exercício de influência sobre um funcionário público – e seu irmão – relativamente à legalidade de um contrato, tendo acabado por condenar o advogado pelo crime de gravações ilícitas. Porém, atente-se no facto de que, aqui, o TEDH não julgou ser necessária uma proteção absoluta dos denunciantes de corrupção. Aquilo que o TEDH verdadeiramente censurou ao Estado português foi a falta de uma ponderação sobre os valores da ordem jurídica na sua globalidade, em especial face ao direito de necessidade, prosseguidos pelo advogado associado à investigação e que tal ausência influenciou de forma determinante o juízo de culpa que sobre ele acabou por recair.

A propósito, recordamos José de Faria Costa, quando defende que a heroicização dos denunciantes representa uma *"medievalização da justiça"*[174], devendo ter-se as maiores cautelas nas soluções jurídicas e decisões a eles respeitantes onde se joga verdadeiramente o Estado de Direito. E, neste tema, não podemos senão lembrar também a síntese de António Menezes Cordeiro, a propósito da Lei da Arbitragem Voluntária, através da qual alerta: o dever de denúncia *"é uma velha queda lusitana, que remontará à Inquisição, a Pina Manique e às polícias republicanas. Temos protestado em diversas obras: existem autoridades devidamente habilitadas, não cabendo a cada um arvorar-se em (pequeno) polícia"*[175].

Conclusões

Numa palavra, a confidencialidade não é *conditio sine qua non* de toda e qualquer arbitragem, mas, quando existe – designadamente em arbitragem privada e voluntária – deve ser respeitada. São criminalmente relevantes as denúncias de árbitros que quebrem o sigilo para participar na luta contra a criminalidade económico-financeira. Mesmo quando possam estar cobertas pela exclusão da ilicitude a título de estado de necessidade, devem limitar-se ao absolutamente necessário só sendo legítima a prestação de informações detalhadas quando as autoridades já se encontram a desenvolver investigações, suposto sempre o respeito de todos os princípios de processo penal, incluindo os relativos à obtenção de prova e o *nemo tenetur*.

Não deve fazer valer-se a ideia de que relativamente aos juízes árbitros, em arbitragem privada e voluntária, as obrigações legais ou contratuais de confidencialidade não são fonte de imputação de qualquer responsabilidade pela violação de segredo quando estes façam uma denúncia. Não estando o árbitro inserido numa organização e não havendo exclusão da ilicitude para a denúncia de factos de potencial relevo jurídico-penal, como sucede nos casos de administração repressiva da justiça penal que explicitámos, os árbitros não poderão invocar (*i.e.* com sucesso), como

[174] Intervenção de José de Faria Costa, no colóquio "Prevenção da Corrupção no Estado de Direito: valor e limites dos regimes de *compliance* e das soluções de colaboração premiada", no dia 4 de Março de 2020, na Faculdade de Direito da Universidade Nova de Lisboa.

[175] António Menezes Cordeiro, *Tratado da Arbitragem...*, p. 307.

meio de defesa, a simples necessidade da denúncia para revelar a violação da confidencialidade. O intérprete terá sempre de fazer a distinção entre denúncia preventiva e denúncia póstuma, atestar a gravidade do crime denunciado e, ainda, a possibilidade de, nos casos em que não foi o tribunal arbitral que espontaneamente descobriu o(s) ilícito(s) criminal(is), a parte que invoca a prática do crime por parte da sua contraparte poder fazer, por si mesma, a denúncia.

É evidente que os tribunais arbitrais não têm competência para aplicar normas de direito penal, não podendo aplicar sanções penais, competência que pertence exclusivamente aos tribunais estaduais. Ainda assim, estarão habilitados a retirar as consequências de direito privado decorrentes da descoberta de um ilícito penal. O tribunal arbitral pode e deve retirar efeitos civis da prática de crimes no âmbito da relação contratual que delimita a sua competência, de forma a garantir que as suas decisões respeitam a ordem pública internacional do Estado onde irão ser executadas. Porém, tal não significa que os tribunais arbitrais possam aplicar lei penal ou que devam cumprir funções de política criminal, incompatíveis com a natureza da função jurisdicional que desempenham. Que manifestamente não é de soberania nem de investigação criminal.

Referências

Adán Nieto Martín, "La lucha contra la corrupción en la Constitución Europea", *in Fraude y Corrupción en el Derecho penal económico europeo. Eurodelitos de corrupción y fraude* (Coord. Luis Arroyo Zapater / Adán Nieto Martín), Ediciones de la Universidad de Castilla-La Mancha, 2006, pp. 79-88.

Adán Nieto Martín, "El Concepto de Funcionario Público (art. 1)", *in Fraude y Corrupción en el Derecho penal económico europeo. Eurodelitos de corrupción y fraude* (Coord. Luis Arroyo Zapater / Adán Nieto Martín), Ediciones de la Universidad de Castilla-La Mancha, 2006, pp. 89-101.

Aníbal Sabater, Lídia Rezende, "An Arbitrator's Obligation to Use Reasonable Efforts to Issue an Enforceable Award and Its Interaction with the New York Convention", *Spain Arbitration Review / Revista del Club Español del Arbitraje* (Wolters Kluwer España 2019, Volume 2019 Issue 34), 33-45.

António Manuel Almeida Costa, *Comentário Conimbricense do Código Penal* (Dirigido por Jorge de Figueiredo Dias), Tomo III (artigos 308º a 386º), Coimbra Editora, 2001.

António Menezes Cordeiro, *Tratado da Arbitragem em Comentário à Lei 63/2011, de 14 de dezembro*, Almedina, 2015.

António Sampaio Caramelo, "Condução do Processo Arbitral. Comentários aos Arts. 30.º a 38.º da Lei da Arbitragem Voluntária", *in Revista da Ordem dos Advogados*, Ano 73, Tomo II/III, Abril – Setembro, 2013, pp. 669.742.

Armindo Ribeiro Mendes, *Lei da Arbitragem Voluntária Anotada* (coord. Dário Moura Vicente), Almedina, 2015, 2.ª edição revista e atualizada, pp. 83-86.

Artur Flamínio da Silva / António Pedro Pinto Monteiro, "Publicidade vs. Confidencialidade na Arbitragem Desportiva Transnacional", *in Revista de Arbitragem e Mediação*, vol. 50, ano 13, Jul.-Set., 2016, pp. 428-448.

Artur Flamínio da Silva, Daniela Mirante, "Da constitucionalidade da arbitragem necessária: o caso da arbitragem no Direito do Consumo", *Revista Internacional de Arbitragem e Conciliação*, Vol. XIII – 2020, p. 91.

Augusto Silva Dias, "O Direito à Não Auto-Inculpação no Âmbito das Contra-Ordenações do Código dos Valores Mobiliários", *in Revista de Concorrência e Regulação*, Ano I, Número 1, Janeiro – Março, 2010, pp. 238-265.

Carlos Blanco de Morais, "Problemas Constitucionais da Arbitragem Necessária em Portugal", *Arbitragem em Direito Público* (org. Nuno Villa-Lobos e Tânia Carvalhais Pereira), FGV Projetos, pp. 39-46, disponível em disponível em https://fgvprojetos.fgv.br/sites/fgvprojetos.fgv.br/files/fgv_publicacao_arbitragem_miolo.pdf.

Cláudia Cruz Santos, "O Crime Ambiental: crime organizacional ou crime organizado?", *in Revista do Centro de Estudos de Direito do Ordenamento, do Urbanismo e do Ambiente*, 2/3, 2000, pp. 81-89.

Cláudia Cruz Santos, "Considerações Introdutórias (ou algumas Reflexões Suscitadas pela «Expansão» das Normas Penais sobre Corrupção)", *in* Cláudia Cruz Santos / Claudio Bidino / Débora Thaís de Melo, *A Corrupção: Reflexões (a Partir da Lei, da Doutrina e da Jurisprudência) sobre o seu Regime Jurídico-Criminal em Expansão no Brasil e em Portugal*, Coimbra Editora, 2009, pp. 7-40.

Cláudia Cruz Santos, "A Corrupção de Agentes Públicos em Portugal: Reflexões a partir da Lei, da Doutrina e da Jurisprudência", *in* Cláudia Cruz Santos / Claudio Bidino / Débora Thaís de Melo, *A Corrupção: Reflexões (a Partir da Lei, da Doutrina e da Jurisprudência) sobre o seu Regime Jurídico-Criminal em Expansão no Brasil e em Portugal*, Coimbra Editora, 2009, pp. 99-152.

Claudio Bidino, "O problema específico da corrupção no setor privado (no Brasil e em Portugal)", *in* Cláudia Cruz Santos / Claudio Bidino / Débora Thaís de Melo,

A Corrupção: Reflexões (a Partir da Lei, da Doutrina e da Jurisprudência) sobre o seu Regime Jurídico-Criminal em Expansão no Brasil e em Portugal, Coimbra Editora, 2009, pp. 203-256.

David Silva Ramalho, *Métodos Ocultos de Investigação Criminal em Ambiente Digital*, Almedina, 2017.

Derains, Schwartz, A Guide to ICC Rules of Arbitration, p. 385

Domitille Baizeau / Juliette Richard, "Addressing the Issue of Confidentiality in Arbitration Proceedings: How Is This Done in Practice?", *in Confidential and Restricted Access Information in International Arbitration*, Association Suisse de l'Arbitrage Special Series, n.º 43, 2016, pp. 53-78.

Domitille Baizeau / Tessa Hayes, "The Arbitral Tribunal's Duty and Power to Address Corruption Sua Sponte", *in International Arbitration and the Rule of Law: Contribution and Conformity*, ICCA Congress Series, Volume 19 (Kluwer Law International 2017), pp. 225-265.

Dragor Hiber, Vladimir Pavić, "Arbitration and Crime", *Journal of International Arbitration*, Volume 25, Issue 4, Kluwer Law International, 2008, pp. 461-478

Eduardo Maia Costa, *Código de Processo Penal Comentado* (Henriques Gaspar, Santos Cabral, Maia Costa, Oliveira Mendes, Pereira Madeira, Henriques da Graça), Almedina, 2.ª edição revista, 2016.

Edwin Sutherland, "White-Collar Criminality", *in American Sociological Review*, Vol. 5, February 1940, Number 1, pp. 1-12.

Elisa Rangel Nunes, "A confidencialidade na arbitragem voluntária: uma questão de preservação de valores éticos?", *in Arbitragem Comercial: Estudos Comemorativos dos 30 anos do Centro de Arbitragem Comercial da Câmara de Comércio e Indústria Portuguesa* (Coord. António Menezes Cordeiro), Almedina, 2019, pp. 331-352

Guilherme Recena Costa, "Integração contratual, confidencialidade na arbitragem e segredo de justiça", *in Revista de Arbitragem e Mediação*, vol. 48, ano 13, Editora Revista dos Tribunais, jan-mar (2016), pp. 69-89.

Helena Moniz, *Comentário Conimbricense do Código Penal* (Dirigido por Jorge de Figueiredo Dias), Tomo III (artigos 308º a 386º), Coimbra Editora, 2001.

J. J. Gomes Canotilho, Vital Moreira, *Constituição da República Portuguesa*, Anotada, II, 2010, p. 551.

John Braithwaite, "*Transnational Corporations and Corruption: Towards Some International Solutions*", *in International Journal of the Sociology of Law*, 1979, 7, pp. 125-142.

John Braithwaite, "Poverty, Power, White-Collar Crime and the Paradoxes of Criminological Theory", *in The Australian and New Zealand Journal of Criminology*, 1991, 24, pp. 40-50.

John Braithwaite, "Zero Tolerance, Naming and Shaming: Is There a Case for it with Crimes of the Powerful?", *in The Australian and New Zealand Journal of Criminology*, 2002, 35, pp. 269-288.

Jorge Alves Morais / Joana Matos Lima, *Código dos Valores Mobiliários Anotado*, Quid Juris – Sociedade Editora, 2015.

Jorge de Figueiredo Dias, *Direito Processual Penal*, Coimbra Editora, reimpressão, 2004.

Jorge de Figueiredo Dias, *Direito Penal*, Parte Geral, Tomo I, Gestlegal, 3.ª edição, 2019.

José António Fichtner / Sergio Nelson Mannheimer / André Luís Monteiro, "A confidencialidade na arbitragem: regra geral e exceções", *in Revista de Direito Privado*, ano 13, vol. 49, jan-mar (2012), Editora Revista dos Tribunais, pp. 227-285.

José Manuel Damião da Cunha, *Comentário Conimbricense do Código Penal* (Dirigido por Jorge de Figueiredo Dias), Tomo III (artigos 308° a 386°), Coimbra Editora, 2001, pp. 808-823.

José Manuel Damião da Cunha, *A Reforma Legislativa em Matéria de Corrupção – uma análise crítica das leis n.os 32/2010, de 2 de Setembro, e 41/2010, de 3 de Setembro*, Coimbra Editora, 2011.

Juan Fernandéz-Armesto, "The time has come. A Plea for Abandoning Secrecy in Arbitration", *in Les Cahiers de l'Arbitrage / The Paris Journal of International Arbitration*, 2012-3, pp. 583-588.

Kathrin Betz, "Arbitration and Corruption: A Toolkit for Arbitrators", *in Journal of Anti-Corruption Law*, Volume 2, Number 2, 2018, pp. 183-195.

Knut Amelung, "El concepto de «bien jurídico» en la teoria de la protección penal de bienes jurídicos", *in La Teoría del Bien Jurídico. ¿Fundamento de legitimación del Derecho penal o juego de abalorios dogmático?*, Marcial Pons, Madrid, 2016, pp. 221-257.

Manuel Lopes Maia Gonçalves, *Código de Processo Penal Anotado*, Almedina, 17.ª edição, 2009.

Manuel da Costa Andrade, *Comentário Conimbricense do Código Penal* (Dirigido por Jorge de Figueiredo Dias), Tomo I (artigos 131° a 201°), Coimbra Editora, 2.ª edição, 2012.

Manuel da Costa Andrade, *Consentimento e Acordo em Direito Penal*, Coimbra Editoria, 2004.

Margaret L. Moses, *The Principles and Practice of International Commercial Arbitration*, p. 79.

Mário Aroso de Almeida, "Breves Apontamentos sobre a Arbitragem de Direito Administrativo em Portugal", *Arbitragem em Direito Público* (org. Nuno Villa-Lobos e Tânia Carvalhais Pereira), p. 50.

Mário Esteves de Oliveira (coord.), *Lei da Arbitragem Voluntária Comentada*, Almedina, 2014.

Marlon Meza-Salas, *Confidentiality in International Commercial Arbitration: Truth or Fiction?*, Kluwer Arbitration Blog, 2018, disponível em http://arbitrationblog.kluwerarbitration.com/2018/09/23/confidentiality-in-international-commercial-arbitration-truth-or-fiction/.

Maria Almeida e Silva, "Jogar às escondidas: quando a não produção de documentos pode resultar em inferências negativas", *in Lisbon Arbitration by Morais Leitão*, 2019, disponível em https://lisbonarbitration.mlgts.pt/pt/artigos/jogar-as-escondidas-quando-a-nao-producao-de-documentos-pode-resultar-em-inferencias-negativas/89/.

Maria João Antunes, *Direito Processual Penal*, Almedina, 2.ª edição, 2018.

Mariana Soares David, "Os poderes do tribunal arbitral em matéria de prova, no âmbito da actual lei de arbitragem voluntária", *in Revista Internacional de Arbitragem e Conciliação*, n.º 9, 2016, pp. 57-85.

Matthew Axelrod / Doug Davidson / Adam Lurie / Douglas Tween, "Law and Practice USA", *in Chambers Global Practice Guide – Anti-Corruption* (Contributing Editor Kiril Bougartchev), Chambers & Partners, 2019, p. 264-272.

Mayank Samuel, *Confidentiality in International Commercial Arbitration: Bedrock or Window-Dressing*, Kluwers Arbitration Blog, 2017, disponível em http://arbitrationblog.kluwerarbitration.com/2017/02/21/confidentiality-international-commercial-arbitration-bedrock-window-dressing/.

Michael Hwang S.C. / Katie Chung, "Defining the Indefinable: Practical Problemas of Confidentiality in Arbitration", *in Journal of International Arbitration*, Kluwer Law international, 26(5), 2009, pp. 609-645.

Nikolaus Bosch, "Der Schutz vor Verletzung von Privatgeheimnissen durch § 203 StGB", *in JURA – Juristische Ausbildung*, 2013(8), pp. 780-791.

Nuno Brandão, "Bens Jurídicos Colectivos e Intervenção Penal Cumulativa", *in Revista Portuguesa de Ciência Criminal,* ano 25, n.ºs 1 a 4, Janeiro-Dezembro, 2015, pp. 9-94.

Paulo de Sousa Mendes, *Lições de Direito Processual Penal,* Almedina, 2018.

Paulo Pinto de Albuquerque, *Comentário do Código de Processo Penal à luz da Constituição da República e da Convenção Europeia dos Direitos do Homem,* Universidade Católica Editora, 4.ª edição actualizada, 2018.

Paulo Pinto de Albuquerque, *Comentário do Código Penal à luz da Constituição da República e da Convenção Europeia dos Direitos do Homem,* Universidade Católica Editora, 3.ª edição actualizada, 2015.

Pedro Caeiro, *Fundamento, Conteúdo e Limites da Jurisdição Penal do Estado,* Coimbra Editora, 2010, 1.ª edição.

Rui Tavares Lanceiro, "A jurisprudência constitucional e a arbitragem necessária", *Estudos em Homenagem ao Conselho Presidente Joaquim de Sousa Ribeiro,* Almedina, 2019, 401-436, p. 436.

Rui Patrício, *A presunção da inocência no julgamento em processo penal – Alguns problemas,* Almedina, 2019.

Rui Patrício / Nuno Igreja Matos, "Corrupção e Branqueamento: das Relações Incestuosas às (A)Tipicidades", *in Estudos Projeto Ethos: Corrupção e Criminalidade Económico Financeira,* Procuradoria-Geral da República, 2018, pp. 51-79.

Susana Aires de Sousa, "Ações encobertas (e outras figuras próximas) na investigação da criminalidade económico-financeira", *in Julgar,* n.º 38, Maio-Agosto, 2019, pp. 31-44.

Tiago da Costa Andrade, "Nemo tenetur se ipsum accusare: um novo olhar a partir do Direito da Concorrência, no sentido da sua extensão ao processo contra-ordenacional e às pessoas colectivas", *in Revista de Concorrência e Regulação,* Ano VII, Número 31, Julho – Setembro, 2017, pp. 179-214.

Tiago da Costa Andrade, *O Crime de Burla: Bem Jurídico e Imputação Objectiva,* Almedina, 2019.

Vânia Costa Ramos, "Nemo tenetur se ipsum accusare e Concorrência: Jurisprudência do Tribunal de Comércio de Lisboa", *in Revista de Concorrência e Regulação,* Ano I, Número 1, Janeiro – Março, 2010, pp. 175-198.

5.
NOVOS RISCOS NA ANULAÇÃO DA SENTENÇA ARBITRAL

Elsa Dias Oliveira

Introdução

I. A impugnação da decisão arbitral constitui uma das formas de reação a essa decisão com vista à sua anulação.

A anulação da decisão arbitral está regulada de modo distinto em diferentes diplomas legais e importa, desde logo, determinar à luz de que complexo normativo a situação é perspetivada. Assim, se se tratar de uma arbitragem CIRDI, abrangida pelo âmbito de aplicação da Convenção de Washington para a Resolução de Diferendos Relativos a Investimentos entre Estados e Nacionais de outros Estados, de 1965[1], o regime da anulação estará sujeito às regras aí consagradas, *maxime* art. 52.º da referida Convenção. Já se se tratar de uma arbitragem fora do âmbito da Convenção de Washington, doméstica ou internacional, terá sede num determinado país e importará atender às regras do ordenamento jurídico competente para apreciar a eventual impugnação da decisão arbitral. Os regimes legais que regulam a anulação da decisão arbitral variam consoante os ordenamentos jurídicos analisados, embora se identifiquem alguns pontos em comum.

II. Em ordenamentos jurídicos em que a opção legislativa adotada passe por limitar a possibilidade de recurso do mérito da decisão arbitral para o tribunal estadual, seja imperativa ou supletivamente prevista,

[1] Em vigor desde 14 de outubro de 1966.

por regra, é consagrada a possibilidade de as partes impugnarem a decisão arbitral pedindo a sua anulação. Por exemplo, no ordenamento jurídico português, a regra consagrada no art. 39.º, n.º 4, LAV, é a de que só é possível o recurso de mérito, para o tribunal estadual, da sentença arbitral que se pronuncie sobre o fundo da causa se as partes tiverem expressamente previsto essa possibilidade na convenção de arbitragem e se a causa não tiver sido decidida segundo a equidade ou a composição amigável. Já na arbitragem internacional, a regra prevista no art. 53.º LAV é a da irrecorribilidade da sentença, exceto se as partes tiverem expressamente acordado a possibilidade de recurso para outro tribunal arbitral e regulado os seus termos. O regime previsto no Direito português, que estabelece limites à possibilidade de recurso, não impede a possibilidade de os tribunais estaduais exercerem uma certa forma de controlo sobre as sentenças arbitrais, *v.g.*, por via da anulação, de modo a garantir a observância dos valores que são considerados essenciais para o ordenamento jurídico português[2]. Aliás, neste ordenamento, o direito a requerer a anulação da sentença arbitral é irrenunciável, conforme determina o art. 46.º, n.º 5, LAV[3]. Caso se trate de arbitragem internacional, a anulação

[2] Pinheiro, Luís de Lima. "Recurso e anulação da decisão arbitral: admissibilidade, fundamentos e consequências". *I Congresso do Centro de Arbitragem da Câmara de Comércio e Indústria*. Almedina, Coimbra, 2008, págs. 181-195, pág. 181; Nápoles, Pedro Metello de / Carla Góis Coelho. "A arbitragem e os tribunais estaduais – alguns aspetos práticos". *Revista Internacional de Arbitragem e Conciliação*. n.º 5, 2012, págs. 195-219, pág. 198; Caramelo, António Sampaio. *A impugnação da sentença arbitral*. 2.ª edição, Almedina, Coimbra, 2018, págs. 11 ss.; Oliveira, Mário Esteves de, et al.. *Lei da Arbitragem Voluntária. Comentada*. coord. Mário Esteves de Oliveira, Almedina, Coimbra, 2014, pág. 545; Cordeiro, António Menezes. *Tratado da Arbitragem*. Almedina, Coimbra, 2015, págs. 426, 434; Gouveia, Mariana França. *Curso de resolução alternativa de litígios*. 3.ª edição, Almedina, Coimbra, 2014, pág. 295; Oliveira, Elsa Dias. *Arbitragem Voluntária. Uma Introdução*. Coimbra, Almedina, 2020, págs. 168 ss. Já no âmbito da doutrina espanhola, sublinhando que a anulação da decisão é o pressuposto paradigmático da intervenção judicial de controlo, cfr. Fernández Rozas, José Carlos /Sixto A. Sánchez Lorenzo/Gonzalo Stampa. *Principios Generales del Arbitraje*. tirant lo blanch, CIMA, Valencia, 2018, págs. 134, 345.

[3] Com indicação de orientações seguidas noutros ordenamentos jurídicos, *vide* Caramelo, António Sampaio. *A impugnação da sentença arbitral*. 2.ª edição, cit., págs. 21 ss.

está prevista no art. 54.º LAV, que remete, com algumas especificidades de regime, para os fundamentos previstos no art. 46.º[4].

Noutros ordenamento jurídicos, a opção legislativa é distinta[5]. Por exemplo, no ordenamento jurídico francês, no que respeita a arbitragem doméstica, determina-se, no art. 1489 do *Code de procédure civile* francês,

[4] Acerca da interpretação do art. 54.º LAV, a doutrina portuguesa tem apresentado claras divergências: *vide* BRITO, Maria Helena. "Arbitragem Internacional. A propósito da Nova Lei da Arbitragem Voluntária". *Themis. ano XII*, n.ºs 22/23, 2012, págs. 103-143, pág. 141; PINHEIRO, Luís de Lima. "Ordem pública internacional, ordem pública transnacional e normas imperativas que reclamam aplicação ao mérito da causa". *Revista Internacional de Arbitragem e Conciliação*. 5/2012, págs. 121- 148, pág. 126, nota 10; CARAMELO, António Sampaio. "A sentença arbitral contrária à ordem pública perante a nova LAV". *Estudos em Homenagem a Miguel Galvão Teles*. vol. II, Almedina, Coimbra, 2012, págs. 51-72, pág. 70; MONTEIRO, António Pedro Pinto. "Da ordem pública no processo arbitral". *Estudos em Homenagem ao Prof. Doutor José Lebre de Freitas*. vol. II, Coimbra Editora, 2013, págs. 589-673, pág. 652; OLIVEIRA, Mário Esteves de, et al.. *Lei da Arbitragem Voluntária*. cit., págs. 650 ss.; ANDRADE, José Robin de. "Balanço de um ano de vigência da nova lei da arbitragem voluntária". *VII Congresso do Centro de Arbitragem Comercial*. Coimbra, 2014, págs. 147-159, pág. 157; CARAMELO, António Sampaio. *A impugnação da sentença arbitral*. 2.ª edição, cit., págs. 127 ss. A posição que adotamos é a sustentada por VICENTE, Dário Moura. "A determinação do Direito aplicável ao mérito da causa na arbitragem internacional à luz da nova lei portuguesa da arbitragem voluntária". *Revista Internacional de Arbitragem e Conciliação*. n.º 5, 2012, pág. 37-50, pág. 50; VICENTE, Dário Moura. "Impugnação da sentença arbitral e ordem pública". *Estudos em Homenagem a Miguel Galvão Teles*. vol. II, Almedina, Coimbra, 2012, págs. 327-338, págs. 337 ss.; VICENTE, Dário Moura et al.. *Lei da Arbitragem Voluntária Anotada*. art. 54.º, Dário Moura Vicente, 6.ª edição, coord. Dário Moura Vicente, com a colaboração de António Júdice Moreira et al., APA, Almedina, 2021, págs. 206 ss.; também RAMOS, Rui de Moura. "O novo Direito português da arbitragem". *Boletim da Faculdade de Direito*. tomo II, 2014, págs. 567-612, págs. 606 ss.; RAMOS, Rui de Moura. "The new portuguese arbitration act (Law No. 63/2011 of 14 December on voluntary arbitration)". *Yearbook of Private International Law*. vol. 16, 2014/2015, págs. 25-56, págs. 52 ss.; OLIVEIRA, Elsa Dias. *Arbitragem Voluntária*. cit., págs. 239 ss., que, visando conferir sentido útil à disposição, sustenta que o art. 54.º LAV estabelece uma "(...) restrição ao art. 46.º, n.º 3, al. b), subalínea ii), LAV, determinando que apenas será anulada a decisão arbitral que ofender os princípios da ordem pública internacional do Estado português se esta produzir efeitos ou houver que ser executada em território nacional".

[5] Numa análise de Direito Comparado no que respeita à recorribilidade das decisões arbitrais, *vide* MENDES, Armindo Ribeiro. "A nova Lei da Arbitragem Voluntária e as formas de impugnação das decisões arbitrais". *Estudos em Homenagem ao Prof. Doutor José Lebre de Freitas*. vol. II, Coimbra Editora, 2013, págs. 703-757, págs. 717 ss.

que, salvo convenção em contrário das partes, a decisão arbitral é irrecorrível, sem que seja feita referência ao critério de decisão[6]. Já no Direito alemão, a anulação da decisão arbitral é a única forma de reação, conforme determina o § 1059 (1) da *ZPO*[7].

Também no que respeita à irrenunciabilidade do direito à impugnação da decisão arbitral as soluções variam: *v.g.*, no Direito francês, no art. 1491 do *Code de procédure civile*, prevê-se que as partes podem renunciar à anulação desde que tenham acordado a via do recurso da sentença[8]. De modo semelhante ao previsto no Direito português, no Direito alemão, o direito a requerer a anulação da decisão arbitral (previsto no § 1059 *ZPO*) entende-se ser irrenunciável[9].

III. Os fundamentos em que pode assentar a anulação da decisão arbitral variam consoante os ordenamentos jurídicos, embora se identifique um elenco que tende a ser comum. Entre algumas razões subjacentes a esta repetição está o facto de diversas leis de arbitragem refletirem de modo mais ou menos direto a Lei-Modelo da CNUDCI sobre a Arbitragem Comercial Internacional de 1985, com alterações em 2006[10] (doravante Lei-Modelo da CNUDCI). Os fundamentos de recusa do reconhecimento e execução de decisões arbitrais estrangeiras previstos na Convenção de Nova Iorque de 1958 sobre o reconhecimento e a execução de sentenças arbitrais estrangeiras[11] (doravante designada de Con-

[6] *Vide*, a este respeito, Clay, Thomas. *Code de l'arbitrage commenté*. LexisNexis, Paris, 2015, págs. 130 ss.; Racine, Jean-Baptiste. *Droit de l'arbitrage*. puf, Paris, 2016, págs. 609 ss.; Oliveira, Elsa Dias, *Arbitragem Voluntária*. cit., pág. 161.

[7] *MünchKomm-ZPO*, Münch, § 1059, anot. 1, 5.ª edição, Verlag C.H.Beck, München, 2017, (disponível em https://beck-online.beck.de); Kreindler, Richard /Reinmar Wolff/ Markus S. Rieder, *Commercial Arbitration in Germany*, Oxford University Press, Oxford, 2016, págs. 327 ss.; Oliveira, Elsa Dias, *Arbitragem Voluntária*. cit., pág. 161.

[8] Cfr. Clay, Thomas, *Code de l'arbitrage commenté*, cit., págs. 133 ss.; Racine, Jean-Baptiste, *Droit de l'arbitrage*, cit., págs. 570 ss. Oliveira, Elsa Dias, *Arbitragem Voluntária*. cit, pág. 169.

[9] Kreindler, Richard /Reinmar Wolff/Markus S. Rieder, *Commercial Arbitration in Germany*, cit., pág. 329; Oliveira, Elsa Dias, *Arbitragem Voluntária*. cit., pág. 169.

[10] Documentos das Nações Unidas n.ºs A/40/17, anexo I e A/61/17, anexo I. A Lei-Modelo foi adotada pela Comissão das Nações Unidas para o Direito Comercial Internacional a 21 de junho de 1985 e alterada pela mesma Comissão a 7 de julho de 2006.

[11] Ratificada pelo Decreto do Presidente da República n.º 52/94, de 8 de julho de 1994, data em que foi também publicada no Diário da República. Está em vigor em Portugal

venção de Nova Iorque), também não são alheios às opções legislativas seguidas pelos Estados contratantes quanto aos fundamentos da anulação[12]. Para além desta razão, a jurisprudência desenvolvida no âmbito da impugnação da decisão arbitral revela consistência na indicação de fundamentos de anulação que tendem a ser aceites.

A anulação das decisões arbitrais, não sendo uma novidade dos últimos anos, tem associados riscos próprios de cada momento. É acerca destes que nos propomos desenvolver este texto, salientando que, atenta a sua multiplicidade, houve que proceder à difícil seleção dos que se nos afiguraram mais atuais ou pertinentes.

1. O recurso a meios de comunicação à distância

A utilização de meios de comunicação à distância, em especial, mas não só, na realização de diligências no âmbito de um processo arbitral, seja com recurso à tecnologia *zoom, teams, Skype* ou outra, encontrou especial acolhimento aquando da pandemia mundial provocada pelo coronavírus SARS-CoV-2 e da doença COVID-19[13]. Apesar de o recurso a estes meios não ser inédito até então, encontrou, nesse momento, especial acolhimento, sob pena de as arbitragens em que era necessária a realização de diligências, em princípio presenciais, paralisarem.

A comunidade arbitral rapidamente se organizou com vista a dar seguimento, na medida do possível, aos processos arbitrais em curso e aos que então se iniciaram. A própria CCI, a 9 de abril de 2020, emitiu uma nota de medidas de mitigação dos efeitos da COVID 19, em que ofereceu orientação às partes, aos advogados e aos tribunais sobre possíveis medidas a considerar para mitigar os efeitos adversos da pandemia COVID-19

desde 16 de janeiro de 1995.

[12] Acerca da conexão entre os fundamentos de anulação da decisão arbitral e a Convenção de Nova Iorque, *vide* Born, Gary B.. *International Commercial Arbitration.* 3.ª edição, Kluwer Law International, 2021, disponível em https://www.wolterskluwer.com, págs. 3423 ss.

[13] Com análise e referências estatísticas acerca da utilização e reações à utilização de meios de comunicação à distância nas audiências arbitrais, cfr. Born, Gary, Anneliese Day, et al.. "Remote Hearings (2020 Survey): A Spectrum of Preferences". *Journal of International Arbitration.* Kluwer Law International 2021, vol. 38, 3, págs. 291-308, disponível em disponível em https://www.wolterskluwer.com.

em arbitragens CCI[14]. Entre as questões aqui tratadas encontravam-se as respeitantes aos documentos e às notificações, à organização de audiências virtuais quer no respeita a meios de condução de conferências ou audiências, quer ao protocolo cibernético e a questões procedimentais.

Os procedimentos sugeridos a adotar em vídeo conferências já estavam elencados em alguns textos *soft law*, portanto sem força vinculativa, como é o caso, por exemplo, do Protocolo de Seul sobre vídeo conferências na arbitragem internacional. Também foram redigidos modelos de protocolos que visam garantir o acordo entre as partes relativo ao recurso a meios de comunicação à distância, prevenindo a propositura de ações de anulação da decisão arbitral[15].

Todavia, apesar do desenvolvimento tecnológico que se tem verificado e da regulamentação desta situação, o recurso a estas tecnologias não está livre de dificuldades, que se podem traduzir em fundamentos de impugnação da decisão arbitral. Sublinhe-se, conforme foi acima evidenciado, que os fundamentos de anulação da decisão arbitral não são absolutamente uniformes em todos os ordenamentos jurídicos.

Não surpreende que, desde logo, e conforme refletido, *v.g.*, na nota da CCI de medidas de mitigação dos efeitos da COVID 19, caso tal não estivesse desde logo estabelecido, se recomende procurar obter o acordo das

[14] Disponível em https://iccwbo.org/content/uploads/sites/3/2020/04/guidance-note-possible-measures-mitigating-effects-covid-19-portuguese.pdf.

[15] *Vide*, a este respeito, Stein, Erica, "Chapter 9: Challenges to Remote Arbitration Awards in Setting Aside and Enforcement Proceedings", in Maxi Scherer, Niuscha Bassiri et al.,. *International Arbitration and the COVID-19 Revolution*. Kluwer Law International, 2020, págs. 167-178, disponível em https://www.wolterskluwer.com, pág. 171, dando conta do *Hogan Lovells Protocol for the Use of Technology in Virtual International Arbitration Hearings*, section 2.10(b), de abril de 2020, disponível em https://www.hoganlovells.com/en/publications/hogan-lovells-protocol-for-the-use-of-technology-in-virtual-international-arbitration-hearings, em que se estabelece que: "2.10 Agreement not to challenge award on basis of virtual hearing (...) b) In order to minimize any risk of vacatur in certain jurisdictions where virtual hearings may be viewed as infringing on due process rights, it is recommended that the parties sign the above-referenced agreement and present it to the tribunal at the pre-hearing conference described above". Veja-se também, um outro exemplo de protocolo (*Protocol for Remote Hearings*), este do *ADGM Arbitration Center*, em https://adgmac.com/wp-content/uploads/2021/05/Protocol%20for%20Remote%20Hearings.pdf.

partes com vista à utilização destes meios de comunicação. Todavia, atendendo a outros deveres a que o tribunal arbitral está vinculado, *v.g.*, o de decidir o litígio dentro de um determinado lapso de tempo, não se exclui que, mesmo sem a concordância de uma das partes, o tribunal arbitral possa decidir no sentido da sua utilização.

A não concordância das partes na utilização de meios remotos para audição de testemunhas ou outras audiências que, em princípio, seriam presenciais, faz aumentar significativamente o risco de impugnação da decisão arbitral, em que a parte não concordante invoca que lhe foi negada a possibilidade de ser ouvida[16]. Noutros casos, *v.g.*, respeitantes a problemas de ligação à Internet ou à utilização do equipamento, pode ser dificultada a inquirição de uma testemunha indicada por uma parte e invocar esta a inobservância do princípio da igualdade entre as partes. Ou pode a inquirição dessa mesma testemunha ser repetido, já sabendo esta parte quais as questões que lhe serão colocadas e ser aqui a outra parte que invoca a violação do princípio da igualdade. Ambas as situações poderiam encontrar fundamento para anulação da decisão arbitral no Direito português, no art. 46.º, n.º 3, al. a), subalínea ii), LAV[17]. Mas a situação também pode encontrar acolhimento no art. 46.º n.º 3, al. a), subalínea iv), LAV[18], em que se prevê como fundamento de anulação da decisão arbitral o facto de o processo arbitral não ter sido conforme com a convenção das partes – caso de as partes não terem convencionado a utilização de meios de comunicação à distância para a realização de diligências que, em princípio, seriam presenciais –, a menos que essa convenção contrarie uma disposição imperativa da LAV e essa desconformidade tenha influência decisiva na resolução do litígio.

Todavia, importa também ter presente que a não realização dessas diligências por meios de comunicação à distância poderá atrasar significativamente o processo e, consequentemente, a prolação da decisão, o que pode constituir também fundamento de anulação da sentença, con-

[16] Born, Gary B.. *International Commercial Arbitration*. cit., pág. 3510, dando, contudo, exemplos de jurisprudência em que se considerou não ser fundamento de anulação da decisão arbitral o facto de serem utilizados meios de comunicação à distância.

[17] Inspirado no art. 34.º, n.º 2, al. a), subalínea ii), da Lei Modelo da CNUDCI.

[18] Inspirado no art. 34.º, n.º 2, al. a), subalínea iv), da Lei Modelo da CNUDCI.

forme previsto, *v.g.*, no art. 46.º, n.º 3, al. a), subalínea vii), LAV portuguesa. Assim, haverá que ponderar, face ao caso concreto, as vantagens e as desvantagens da realização das audiências por meios de comunicação à distância e os termos acordados e não acordados pelas partes[19]. Designadamente, haverá que apreciar se, no caso concreto, *v.g.* as partes acordaram na audição presencial de uma determinada testemunha, manifestação da autonomia da vontade das partes que está subjacente à arbitragem; havendo um tal acordo, a sua inobservância poderia, de facto, constituir um fundamento de anulação[20].

Haverá também que atender, no caso de arbitragens institucionalizadas, se os regulamentos dos Centros de arbitragem preveem expressamente a audiência presencial das testemunhas, dos peritos ou de outros intervenientes, caso em que valerão também essas regras que foram aceites pelas partes na medida em que aceitaram o próprio regulamento. Neste caso, haverá também que verificar se os próprios Centros de arbitragens estabeleceram regras para regular situações excecionais como as que se verificaram durante a pandemia causada pelo coronavírus SARS-CoV-2 e em que termos as partes ficam vinculadas a essas outras eventuais orientações[21].

Não se assemelha, todavia, que a realização da audiência com recurso a meios remotos constitua, *per se*, fundamento de anulação da decisão arbitral por contrariedade ao *due process*[22]-[23].

[19] SCHERER, Maxi. "Chapter 4: The Legal Framework of Remote Hearings", in Maxi Scherer, Niuscha Bassiri et al., *International Arbitration and the COVID-19 Revolution*, Kluwer Law International, 2020, págs. 65–104, disponível em disponível em https://www.wolterskluwer.com, pág. 82; STEIN, Erica, "Chapter 9: Challenges to Remote Arbitration Awards in Setting Aside and Enforcement Proceedings", cit., pág. 172.

[20] STEIN, Erica, 'Chapter 9: Challenges to Remote Arbitration Awards in Setting Aside and Enforcement Proceedings', cit., pág. 172.

[21] Veja-se, a este respeito, STEIN, Erica, "Chapter 9: Challenges to Remote Arbitration Awards in Setting Aside and Enforcement Proceedings", cit., pág. 173.

[22] *Vide*, STEIN, Erica, "Chapter 9: Challenges to Remote Arbitration Awards in Setting Aside and Enforcement Proceedings", cit., pág. 172; BORN, Gary B.. *International Commercial Arbitration*. cit., págs. 3509 ss.

[23] Refira-se, a este respeito, a decisão do Supremo Tribunal Austríaco (*Oberster Gerichtshof*) de 23 de julho de 2020, Caso N.º 18 ONc 3/20s, (disponível em https://www.ris.bka.gv.at/Dokumente/Justiz/JJT_20200723_OGH0002_018ONC00003_20S0000_000/

Face a todas as questões e dúvidas que podem ser suscitadas pelo recurso a estes meios de comunicação à distância, a solução mais segura – preventiva de eventuais futuros pedidos de anulação da decisão arbitral –, passará pela definição clara dos procedimentos relativos às diligências. Deverá ser indicado se se admite a realização de diligências com recurso a meios de comunicação à distância, em caso afirmativo, qual a tecnologia que será adotada, qual o procedimento em caso de falha técnica, as soluções a adotar em caso de falhas verificadas nas traduções durante as audiências ou depois destas, etc.[24].

2. Apreciação de questões de mérito da decisão arbitral e a reserva de ordem pública internacional

Um dos riscos que não é exclusivo do momento presente, mas que mantém a atualidade, é o de, no âmbito do processo de anulação, o tribunal estadual conhecer do mérito da questão ou de questões decididas pela sentença arbitral. Importa, a este respeito, delimitar claramente os fundamentos da anulação, distinguindo-a do recurso de mérito[25], que apresenta outros pressupostos, fundamentos, tramitação.

No ordenamento jurídico português, por exemplo, expressamente se determina no art. 46.º, n.º 9, LAV, que "[o] tribunal estadual que anule a sentença arbitral não pode conhecer do mérito da questão ou questões por aquela decididas (...)"[26]-[27].

JJT_20200723_OGH0002_018ONC00003_20S0000_000.pdf), em que se foi rejeitado o argumento de violação de *due process* num caso em que, durante a pandemia COVID, houve lugar a audição de testemunhas por meios de comunicação à distância.

[24] Stein, Erica, "Chapter 9: Challenges to Remote Arbitration Awards in Setting Aside and Enforcement Proceedings", cit., págs. 174 ss.

[25] Born, Gary B.. *International Commercial Arbitration*. cit., págs. 3447 ss.

[26] Veja-se a este respeito, Oliveira, Elsa Dias, *Arbitragem Voluntária*. cit., pág. 193; Vicente, Dário Moura et al.. *Lei da Arbitragem Voluntária Anotada*. art. 46.º, José Robin de Andrade, 6.ª edição, coord. Dário Moura Vicente, com a colaboração de António Júdice Moreira et al., APA, Almedina, 2021, págs. 192 ss. No mesmo sentido, no Direito francês, *vide* Loquin, Éric. *L'arbitrage du commerce international*. Joly éditions, lextenso éditions, Issy-les-Moulineaux, 2015, págs. 413 ss., que sustenta que o pedido de anulação não pode traduzir-se numa apreciação do mérito da sentença. *Vide* também Racine, Jean-Baptiste, *Droit de l'arbitrage*, cit., pág. 571.

[27] Também neste sentido, *vide*, *v.g.*, o acórdão do Supremo Tribunal de Justiça português

Para além dos casos em que se verifica a inobservância das regras estabelecidas a este respeito, a análise de algumas questões poderá suscitar dúvidas acerca das suas fronteiras relativamente ao mérito da causa.

Um dos fundamentos de anulação da decisão arbitral que, frequentemente, suscita dúvidas no que respeita e estas fronteiras respeita à contrariedade à reserva de ordem pública internacional, previsto, na legislação portuguesa, no art. 46.º, n.º 3, al. b), subalínea ii), LAV, sob inspiração clara do art. 34.º, n.º 2, al. b), subalínea ii), da Lei Modelo da CNUDCI.

Esclareça-se que, apesar de, no art. 34.º, n.º 2, al. b), subalínea ii), da Lei Modelo da CNUDCI, a referência expressa ser feita à ordem pública e não à ordem pública internacional, tem sido orientação dominante que deve ser entendido como se referindo a esta e não apenas à ordem pública interna – constituída pelo conjunto de regras imperativas de um determinado ordenamento jurídico. Na verdade, resulta dos trabalhos que precederam a sua adoção que o conceito se reportava a noções fundamentais e princípios da justiça, quer substantiva, quer procedimental[28] de um determinado ordenamento jurídico.

de 10 de novembro de 2016, Proc. 1052/14.1TBBCL.P1.S1, Relator Conselheiro Lopes do Rego; o acórdão do Tribunal da Relação de Lisboa, de 19 de novembro de 2020, Proc. 1609/20.1YRLSB-6, Relatora Desembargadora Anabela Calafate; o acórdão do Tribunal da Relação de Guimarães, de 28 de maio de 2020, Proc. 117/19.8YRGMR, Relator Desembargador Paulo Reis; a acórdão do Tribunal da Relação de Guimarães, de 21 de janeiro de 2021, Proc. 122/20.1YRGMR, Relator Desembargador José Dias; o acórdão do Tribunal Central Administrativo Norte, de 16 de setembro de 2017, Proc. 00003/15.0BCPRT, Relator Desembargador Joaquim Cruzeiro, todos disponíveis em http://www.dgsi.pt.

[28] Veja-se o *Report of the United Nations Commission on International Trade Law*, 18.ª sessão, de 3-21 de junho de 1985, Suplemento n.º 17 (A/40/17), em especial, parágrafos 295 ss., disponível em https://documents-dds-ny.un.org/doc/UNDOC/GEN/N85/325/11/PDF/N8532511.pdf?OpenElement. Aí se pode ler: "296. In discussing the term "public policy", it was understood that it was not equivalent to the political stance or international policies of a State but comprised the fundamental notions and principles of justice. It was noted, however, that in some common law jurisdictions that term might be interpreted as not covering notions of procedural justice while in legal systems of civil law tradition, inspired by the French concept of "ordre public", principles of procedural justice were regarded as being included. It was observed that the divergence of interpretation might have contributed to the above expressed concern that the list of reasons in paragraph (2) did not cover all serious instances of procedural injustice (see above, para. 277). 297. The Commission, after deliberation, was agreed that the provision should be retained, subject

Em todo o caso, entendemos ser inequívoco que a verificação deste fundamento (contrariedade à reserva de ordem pública internacional) não implica uma qualquer reapreciação do mérito da decisão arbitral pelo tribunal estadual[29]. A verificação deste fundamento "apenas" exige que se aprecie se a decisão arbitral em crise produz efeitos no ordenamento jurídico que sejam contrários à reserva de ordem pública internacional do Estado do foro, no caso, o português.

Na verdade, a decisão arbitral pode apresentar-se tecnicamente irrepreensível, com a aplicação correta das regras designadas competentes e, todavia, os seus efeitos serem contrários aos princípios estruturantes do ordenamento jurídico do foro, caso em que a decisão arbitral deverá ser anulada e não haverá apreciação do seu mérito. Noutros casos, o tribunal

to deletion of the words "or any decision contained therein", which were superfluous. It was understood that the term "public policy", which was used in the 1958 New York Convention and many other treaties, covered fundamental principles of law and justice in substantive as well as procedural respects. Thus, instances such as corruption, bribery or fraud and similar serious cases would constitute a ground for setting aside. It was noted, in that connection, that the wording "the award is in conflict with the public policy of this State" was not to be interpreted as excluding instances or events relating to the manner in which an award was arrived at.". Mais se esclareceu que o conceito de ordem pública consagrado nesta disposição era idêntico ao previsto no art. V da Convenção de Nova Iorque, o que milita também no sentido de ser adotada na Lei-Modelo o sentido de ordem pública internacional. Com mais desenvolvimentos, *vide* Oliveira, Elsa Dias. *Arbitragem Voluntária.* cit., págs. 189 ss. Também no sentido de entender a ordem pública prevista no art. V, n.º 2, al. b) da Convenção de Nova Iorque e no art. 34.º, n.º 2, al. b), subalínea ii), da Lei Modelo da CNUDCI, como reserva de ordem pública internacional, *vide* Born, Gary B.. *International Commercial Arbitration.* cit., págs. 3603: "It is clear that the concept of "public policy," for purposes of annulment of international arbitral awards, refers to a relatively narrow category of non-waivable rules of mandatory law that are fundamental to the legal or social order of a jurisdiction, often involving criminal prohibitions or comparable mandatory rules".

[29] Pinheiro, Luís de Lima. *Arbitragem Transnacional. A determinação do estatuto da arbitragem.* Almedina, Coimbra, 2005, pág. 171; Vicente, Dário Moura, "Impugnação da sentença arbitral e ordem pública". cit., págs. 334 ss.; Oliveira, Mário Esteves de, et al., *Lei da Arbitragem Voluntária,* cit., págs. 568 ss.; Vicente, Dário Moura et al.. *Lei da Arbitragem Voluntária Anotada.* art. 46.º, José Robin de Andrade, cit., pág. 187. Em sentido divergente, Barrocas, Manuel Pereira. *Manual de Arbitragem.* 2.ª edição, Almedina, Coimbra, 2013, págs. 512, 521; Caramelo, António Sampaio. *A impugnação da sentença arbitral.* 2.ª edição, cit., págs. 144 ss.; Cordeiro, António Menezes. *Tratado da Arbitragem.* cit., pág. 440.

arbitral pode ter feito uma aplicação errada das regras de Direito a aplicar e, não se verificando qualquer dos fundamentos previstos no art. 46.º, n.º 3, LAV, não haverá razão para anular a decisão arbitral.

Reafirma-se: relevante para efeitos de anulação da decisão por contrariedade à reserva de ordem pública internacional é a contrariedade dos efeitos da decisão relativamente aos princípios estruturantes do Estado do foro e não uma análise do mérito da decisão arbitral.

A reserva de ordem pública internacional integra os valores, princípios e regras estruturantes em que assenta um ordenamento jurídico[30], quer aqueles apresentem caráter substantivo, quer processual[31]. Atendendo a que este núcleo pode apresentar variações no tempo, sublinha-se que a reserva de ordem pública internacional tem também um caráter atualista[32].

Apesar de se identificarem alguns valores e princípios que são comuns aos vários ordenamentos jurídicos, verificam-se variações, reflexo da identidade de cada ordem jurídica, o que conduz a que uma decisão arbitral possa ser considerada contrária à reserva de ordem pública internacional de um Estado e não à de outro. Por exemplo, a condenação em *punitive damages*, em especial nos casos em que o valor atribuído é muito elevado, pode ser contrária à reserva de ordem pública internacional de uns Estados[33] – por assumirem uma função essencialmente punitiva e não terem

[30] Por todos, Correia, A. Ferrer. *Lições de Direito Internacional Privado I*. Almedina, Coimbra, 2000, págs. 410 ss.

[31] Pinheiro, Luís de Lima. "Ordem pública internacional...". cit., págs. 130 ss.; Paulsson, Jan. *The Idea of Arbitration*. Oxford University Press, 2013, págs. 131 ss.; Gouveia, Mariana França. *Curso de resolução alternativa de litígios*. cit., pág. 313; Ramos, José Luís Bonifácio. "Descoberta de prova na arbitragem: em especial, a prova testemunhal, pericial e documental". *RDES*, 4/2015, págs. 29-67, págs. 65 ss.; *International Commercial Arbitration*. "§ 1 Best practice in international arbitration: comparative reflections on the UNCITRAL Model Law". Stephan Balthasar, editor Stephan Balthasar, C.H.Beck/Hart/Nomos, München, 2016, págs. 1-43, pág. 38, a propósito do art. 34.º, n.º 2, al. b), subalínea ii), da Lei-Modelo.

[32] Paulsson, Jan. *The Idea of Arbitration*. cit., pág. 132.

[33] A propósito do art. V, n.º 2, al. b), da Convenção de Nova Iorque, cfr. *Recognition and Enforcement of Foreign Arbitral Awards: A Global Commentary on the New York Convention*. Art. V, 2, Dirk Otto/Omaia Elwan, coord. Herbert Kronke, Patricia Nacimiento, Dirk Otto, Nicola Christine Port, Wolters Kluwer, 2010 (disponível em http://www.kluwerarbitration.com), pág. 402; NOUSSIA, Kyriaki. "Punitive Damages in Arbitration: Panacea or

sido assegurados os meios de defesa associados ao processo penal[34] –, não o sendo à luz de outros.

Neste contexto, o fundamento de anulação relativo à contrariedade da decisão arbitral à reserva de ordem pública internacional pode, na sua aplicação, ser gerador de incerteza e insegurança. Haverá que ter presente, durante o processo arbitral e na elaboração da sentença, não apenas as regras de direito ou critérios de decisão escolhidos pelas partes para regular o litígio, ou o teor da lei aplicável na falta de escolha, mas também os princípios estruturantes do ordenamento jurídico do foro competente para apreciar o pedido de anulação da decisão arbitral.

3. O reconhecimento de decisões estrangeiras anuladas

I. O facto de a decisão arbitral ser anulada não significa que a decisão deixe de existir. Na verdade, pode ser pedido, num país, o reconhecimento de uma decisão arbitral proferida numa arbitragem com sede num outro país, cujo tribunal estadual a tenha anulado. Consoante o país onde é pedido o reconhecimento seja ou não um Estado contratante da Convenção de Nova Iorque, será aplicado o regime previsto nesta Convenção ou o regime previsto na lei interna que regula o processo de reconhecimento, respetivamente. Pode também ser feita reserva, admitida nos termos do art. I, n.º 3, da Convenção de Nova Iorque, que permite, com base na reciprocidade, que o Estado Contratante apenas aplique a Convenção ao reconhecimento e à execução das decisões que sejam proferidas no território de outro Estado contratante. Portugal fez esta reserva.

Curse?". *Journal of International Arbitration*, vol. 27, n.º 3, 2010, págs. 277-294, (disponível em http://www.kluwerarbitration.com), págs. 286 ss.

[34] Acerca da contrariedade à reserva de ordem pública internacional portuguesa da atribuição de *punitive damages*, com mais referências bibliográficas, *vide* Oliveira, Elsa Dias. *Da responsabilidade civil extracontratual por violação dos direitos de personalidade em Direito Internacional Privado*. Almedina, Coimbra, 2012, págs. 631 ss.; Cordeiro, António Menezes. "Decisões arbitrais internacionais e sua revisão". *IV Congresso do Centro de Arbitragem da Câmara de Comércio e Indústria Portuguesa*, Almedina, 2011, págs. 255-277, págs. 275 ss.; Cordeiro, António Menezes. "A ordem pública nas arbitragens: as últimas tendências". *VII Congresso do Centro de Arbitragem da Câmara de Comércio e Indústria Portuguesa (Centro de Arbitragem Comercial)*, Almedina, 2014, págs. 73-103, págs. 97 ss.; Oliveira, Elsa Dias, *Arbitragem Voluntária*. cit., pág. 272.

Assim, em Portugal, se a decisão a reconhecer for proferida num Estado não contratante da Convenção de Nova Iorque, será aplicado o regime de reconhecimento previsto nos arts. 55.º ss. LAV. Sublinha-se que, atendendo a que, atualmente, são 168 os Estados Contratantes, a probabilidade de aplicação do regime previsto na LAV é reduzida.

II. Nos termos do art. V da Convenção de Nova Iorque estão indicados taxativamente os fundamentos de recusa do reconhecimento da sentença arbitral estrangeira, estando, pois, a sua formulação feita pela negativa[35]-[36].

Nos termos do art. V, n.º 1, al. e), da Convenção de Nova Iorque[37], pode ser recusado o reconhecimento da sentença arbitral, a pedido da parte contra a qual for invocada, se esta parte provar à autoridade competente para o reconhecimento que a sentença arbitral ainda não se tornou obrigatória para as partes ou que foi anulada ou suspensa por uma autoridade competente do país em que, ou segundo a lei do qual, a sentença foi proferida.

Em articulação com esta disposição, determina o art. VI da Convenção de Nova Iorque[38] que a autoridade a quem foi pedido o reconhecimento e execução da decisão arbitral estrangeira pode, "(...) se o considerar adequado, diferir o momento da sua decisão relativa à execução da sentença (...)", desde que a anulação ou suspensão da sentença a reconhecer tenha sido requerida à autoridade competente. A autoridade competente para o reconhecimento pode ainda, a requerimento da parte que solicita a execução da sentença, "(...) exigir da outra parte a prestação das garantias adequadas"[39].

[35] De modo semelhante, também no art. 56.º LAV estão consagrados os fundamentos de recusa do reconhecimento e execução da decisão arbitral.

[36] *Vide*, a propósito da Convenção de Nova Iorque, PINHEIRO, Luís de Lima. *Arbitragem transnacional*. cit., pág. 300; PINHEIRO, Luís de Lima. *Direito Internacional Privado*. vol. III, tomo II, 3.ª edição, AAFDL Editora, Lisboa, 2019, pág. 308.

[37] E do art. 56.º, n.º 1, al. a), subalínea v), LAV, à semelhança do previsto disposto no art. 36.º, n.º 1, al. a), subalínea v), da Lei-Modelo da CNUDCI.

[38] Esta disposição inspirou fortemente o art. 56.º, n.º 2, LAV.

[39] A respeito deste regime, BORN, Gary B.. *International Commercial Arbitration*. cit., pág. 3974, considera que o art. V, n.º 1, al. e) da Convenção de Nova Iorque é suficientemente

Todavia, prevê-se também, nos termos do art. VII da Convenção, que as disposições da Convenção não prejudicam a validade de acordos multilaterais ou bilaterais celebrados pelos Estados Contratantes nem o direito de invocar a sentença arbitral que qualquer das Partes interessadas possa ter nos termos da lei ou dos tratados do país em que for invocada. O que significa que, nos termos desta disposição, se, por aplicação da lei interna do Estado Contratante onde estiver a ser pedido o reconhecimento a decisão dever ser reconhecida, e por aplicação do regime previsto na Convenção de Nova Iorque o reconhecimento deva ser recusado, o art. VII, que consagra o princípio do tratamento mais favorável, não se opõe a que o tribunal do foro reconheça a sentença[40].

Assim, o que daqui pode resultar é que uma decisão que foi anulada num determinado Estado possa ainda ser reconhecida num outro Estado, que consagre um regime mais favorável ao reconhecimento do que aquele que resulta da Convenção de Nova Iorque. Tal é o caso, *v.g.*, do Direito francês, em que se admite o reconhecimento de decisões arbitrais que tenham sido anuladas[41]. Com efeito, de acordo com o art. 1514 do *Code de procédure civile*, as sentenças arbitrais podem ser reconhecidas e executadas em França desde que a sua existência seja provada pela parte interessada e o seu reconhecimento ou execução não seja manifestamente contrário à ordem pública internacional. No entanto, conforme determina o art. 1525, último parágrafo, do *Code de procédure civile*, o tribunal, em caso de reação de uma das partes, pode recusar o reconhecimento ou a execução com um dos fundamentos previstos no art. 1520 do *Code de procédure civile*. Ora, entre os fundamentos do art. 1520 *Code de procédure civile*

amplo para permitir a recusa do reconhecimento das decisões que preencham esses pressupostos, mas também não exige essa recusa se tal preenchimento ocorrer.

[40] BORN, Gary B.. *International Commercial Arbitration*. cit., pág. 3974.

[41] Acerca deste regime e com mais referências de Direito Comparado, *vide* NIGEL BLACKABY, J. MARTIN HUNTER, CONSTANTINE PARTASIDES, ALAN REDFERN. *Redfern and Hunter on International Arbitration*. 6.ª edição, Kluwer Law International, Oxford University Press, 2015 (disponível em http://www.kluwerarbitration.com), págs. 634 ss.; PINHEIRO, Luís de Lima. "O reconhecimento de decisões arbitrais «estrangeiras»". *Arbitragem Comercial, Estudos comemorativos dos 30 anos do Centro de Arbitragem Comercial da Câmara de Comércio e Indústria Portuguesa*. coord. António Menezes Cordeiro, Almedina, Coimbra, 2019, págs. 665-700, págs. 683 ss.

não está incluído o facto de a decisão arbitral ter sido anulada ou estar suspensa no país de origem; a anulação ou suspensão da decisão arbitral não está prevista como fundamento de recusa de reconhecimento[42].

Noutros casos, a decisão arbitral anulada no país da sede da arbitragem pode vir a ser reconhecida noutro Estado se a decisão estrangeira de anulação da decisão arbitral violar a reserva de ordem pública internacional do Estado que a não pode, por isso, reconhecer. Atente-se na decisão do Tribunal de Recurso de Amesterdão[43], relativo ao pedido de reconhecimento da decisão arbitral proferida no caso *Yukos Capital SARL v. OAO Rosneft*, com sede na Rússia, que havia sido anulada por tribunal estadual russo. O tribunal dos Países Baixos veio decidir no sentido do reconhecimento da decisão arbitral atendendo, designadamente, a que

[42] A este respeito, *vide* Gaillard, Emmanuel. *Legal Theory of International Arbitration*. Martinus Nijhoff Publishers, Leiden, Boston, 2010, pág. 137; Clay, Thomas. *Code de l'arbitrage commenté*. cit., págs. 200 ss., 213. Loquin, Éric. *L'arbitrage du commerce international*. cit., págs. 401, 404 ss.; *Recognition and Enforcement of Foreign Arbitral Awards: A Global Commentary on the New York Convention*, Art. V, 1, e), Nadia Darwaseh, coord. Herbert Kronke, Patricia Nacimiento, Dirk Otto, Nicola Christine Port, Wolters Kluwer, 2010 (disponível em http://www.kluwerarbitration.com), págs. 334 ss.; Oliveira, Mário Esteves de, et al.. *Lei da Arbitragem Voluntária*. cit., págs. 665 ss.; *International Commercial Arbitration*, "§ 2 International Commercial Arbitration: The New York Convention", Dennis Solomon, editor Stephan Balthasar, C.H.Beck/Hart/Nomos, München, 2016, págs. 45-157, págs. 53 ss.; Bermann, George A.. *International Arbitration and Private International Law*. The Hague Academy of International Law, Brill/Nijhoff, 2017, págs. 541 ss. Com indicações jurisprudenciais francesas, *vide* Born, Gary B.. *International Commercial Arbitration*. cit., págs. 3975 ss.

[43] Caso n.º 200.005.269/01, de 28 de abril 2009. *Vide* Caramelo, António Sampaio. *O reconhecimento e a execução de sentenças arbitrais estrangeiras*. Almedina, Coimbra, 2016, págs. 183 ss., que informa que os vencidos recorreram desta decisão para o Supremo Tribunal que, em decisão de 25 de junho de 2010, manteve a decisão. Veja-se ainda quanto a este caso, Berg, Albert Jan van den. "Enforcement of Arbitral Awards Annulled in Russia – Case Comment on Dutch Supreme Court of 25 June 2010". *Journal of International Arbitration*, vol. 28, n.º 6, 2011, págs. 617-641 (disponível em http://www.kluwerarbitration.com); Cordeiro, António Menezes. *Tratado da Arbitragem*, cit., pág. 546. Com extratos da decisão e comentando-a, cfr. Bollée, Sylvain. "Décision d'annulation étrangère et droit commun de l'effet des jugements étrangers, note sous Cour d'appel d'Amsterdam, 28 avril 2009". *Revue de l'Arbitrage*, 2009, págs. 557-573 (disponível em http://www.kluwerarbitration.com); Oliveira, Elsa Dias. *Arbitragem Voluntária*. cit., pág. 270, nota 885.

a decisão de anulação não podia ser reconhecida por ter sido proferida num processo que não tinha observado o *due process* e, por isso, contrária à ordem pública holandesa. Ora, não sendo a decisão de anulação russa reconhecida nos Países Baixos, na decisão relativa ao reconhecimento da decisão arbitral não há que atender à decisão de anulação. Orientação semelhante, no sentido de não reconhecer a decisão de anulação, foi tomada em tribunais ingleses, *v.g.*, pelo *Court of Appeal*, em 27 de junho de 2012[44], em que se entendeu, designadamente, que o processo judicial de anulação teria sido parcial e não independente[45]-[46].

As orientações jurisprudenciais e doutrinárias seguidas no que respeita ao reconhecimento ou não das decisões arbitrais estrangeiras apresentam variações, podendo revelar-se mais ou menos favorável ao reconhecimento de decisões arbitrais estrangeiras anuladas na sua sede.

Indubitável é que o reconhecimento num país de decisões estrangeiras que foram anuladas noutro conduz a situações claudicantes, contrárias ao princípio da harmonia internacional de julgados. Todavia, conforme é também sabido, este princípio convive com outros valores e princípios, *maxime* o *due process*, e que pode justificar o reconhecimento no estrangeiro de decisões anuladas no país da sede da arbitragem, quando, na verdade, é a decisão respeitante ao processo de anulação que atinge a reserva de ordem pública internacional do Estado de reconhecimento. A este respeito, alguns autores vêm já defendendo uma "deferência seletiva" das decisões anulatórias[47].

4. *Jura novit curia*

Muitas outras situações poderão fazer aumentar o risco de anulação da decisão arbitral, sublinhando-se sempre que este risco variará entre ordenamentos jurídicos.

[44] [2012] EWCA Civ 855, Caso n.º A3/2011/1790.

[45] Born, Gary B.. *International Commercial Arbitration.* cit., págs. 3979 ss.

[46] Com mais referências, *maxime* de Direito Comparado, acerca destes e de outros ordenamentos jurídicos, *vide* BORN, Gary B.. *International Commercial Arbitration.* cit., págs. 3979 ss.

[47] *Vide, International Commercial Arbitration,* "§ 2 International Commercial Arbitration: The New York Convention", Dennis Solomon, cit., págs. 135 ss.; Caramelo, António Sampaio. *O reconhecimento e a execução...* cit., págs. 183 ss.,

Elegemos ainda para uma sucinta referência a que respeita ao conhecimento e aplicação oficiosa das regras de Direito pelo tribunal arbitral e que pode suscitar questões também no que respeita à observância do princípio do contraditório.

Assim, nos vários ordenamentos jurídicos identificam-se duas principais orientações que se opõem no que respeita ao conhecimento pelo tribunal do Direito estrangeiro aplicável: de um lado, a que confere às partes o dever de alegar e provar em tribunal o Direito material estrangeiro que as partes alegam ser aplicado; do outro lado, a que assenta no conhecimento oficioso do Direito estrangeiro pelos próprios tribunais. O Direito estrangeiro pode, pois, ser entendido como matéria de facto (que tem de ser alegado e provado em tribunal) ou matéria de Direito (que é de conhecimento oficioso). A questão aumenta de complexidade se se ponderar também se o enquadramento jurídico de uma determinada situação pelo tribunal pode ou deve ser de conhecimento oficioso e, em caso afirmativo, em que termos deve ser observado o princípio do contraditório. Está sob foco, neste enquadramento, o princípio *iura novit curia*.

Se, por um lado, o tribunal deve ter inequívoca liberdade de decidir do modo que considera ser o mais correto, por outro lado, às partes deve ser dada a possibilidade de exercício do contraditório. Haverá, pois, que encontrar a medida correta entre o princípio do dispositivo, o princípio do inquisitório e o princípio do contraditório, de modo a que se articulem coerentemente entre si, o que nem sempre é tarefa fácil[48].

E nesta equação, atendendo a que a autonomia da vontade vinca claramente a arbitragem, haverá ainda, pensamos, que atender ao que tiver sido acordado entre as partes na convenção de arbitragem e com o tribunal arbitral. Se tiver sido acordado que o Direito estrangeiro deve ser alegado e provado pelas partes, seguindo a tendência da *common law*, haverá que respeitá-lo.

[48] Acerca desta questão, Born, Gary B.. *International Commercial Arbitration.* cit., págs. 3531 ss. Numa análise de Direito Comparado, *vide* Vicente, Dário Moura. "La aplicación del principio *iura novit curia* en el arbitraje internacional". *Direito Internacional Privado. Ensaios.* vol. IV, Almedina, Coimbra, 2018, págs 259-281, págs. 263 ss.

Em termos genéricos, e atendendo a que um dos fundamentos de anulação da decisão arbitral é a inobservância do contraditório[49], o modo mais seguro de prevenir a impugnação da decisão arbitral, garantindo o seu efeito útil – a sua validade quer no Estado do foro, quer nos Estados onde houver de ser reconhecida –, parece prudente que o princípio *iura novit curia* seja devidamente acompanhado do princípio do contraditório: em especial nas questões em que o enquadramento jurídico seja determinante para a decisão da causa. Naturalmente, que o árbitro deve decidir aplicando as regras corretas e não apenas aquelas que as partes indicam. Mas, pode ser prudente submeter essas questões às partes, para evitar decisões que podem ser consideradas surpresa[50]. Ou seja, os árbitros não devem aplicar leis que saibam ser as erradas para resolver o litígio

[49] Atente-se, *v.g.*, no art. 34.º, n.º 2, al. a), subalínea ii), da Lei Modelo da CDNUDCI, no art. 46.º, n.º 3, al. a), subalínea ii), LAV.

[50] Atente-se, a este respeito, no acórdão do Tribunal da Relação de Lisboa, de 3 de abril de 2014, Proc. 672/11.0YRLSB-6, Relatora Desembargadora Teresa Soares, disponível em http://www.dgsi.pt, em que se decidiu que "I) O âmbito em que se movem os tribunais arbitrais define-se pelas competências conferidas pelas partes, mas não pode ser-lhes coartada a possibilidade de enquadrar os factos no direito sem sujeição ao direito invocado. (...) III) A proibição de "decisões surpresa" emana do princípio constitucional do acesso ao direito e à tutela jurisdicional efetiva através de um processo equitativo e obriga ao respeito do princípio do contraditório ao longo de todo o processo; porém, não impõe que o juiz tenha que auscultar as partes, antecipando-lhes todo e qualquer juízo que pretenda levar a cabo no processo. IV) A "decisão-surpresa" não se afere pelas expetativas das partes mas por aquilo com que elas deveriam contar em face das questões que vinham debatendo nos autos e das soluções jurídica que era exigível que equacionassem". *Vide* Leite, António Pinto. "*Jura novit curia* e a arbitragem internacional". *VI Congresso do Centro de Arbitragem da Câmara de Comércio e Indústria*, Almedina, Coimbra, 2013, págs.151-168, págs. 165 ss. Num plano internacional, em sentido semelhante, BORN, Gary B.. *International Commercial Arbitration*. cit., págs. 3532 ss., resume: "Where the arbitral tribunal adopts a legal position or theory different from that previously advanced by either of the parties or communicated to the parties by the tribunal, or where the tribunal's decision, for other reasons, was an unforeseeable surprise to the parties, the tribunal is required to inform the parties and permit them an opportunity to be heard on the issue. In the words of one French decision, "the principle of due process implies that the arbitral tribunal cannot introduce any new legal or factual issue without inviting the parties to comment on it". *Vide* também Vicente, Dário Moura. "La aplicación del principio *iura novit curia* en el arbitraje internacional". cit., págs. 279.

nem enquadrar juridicamente a situação necessariamente conforme o foi pelas partes, mas devem sim ouvir estas a esse respeito.

Naturalmente que estas considerações devem ainda atender ao país da sede da arbitragem e ao país ou países onde a decisão deve ser reconhecida e executada. Por exemplo, a aplicação de normas de aplicação imediata que estão em vigor no lugar onde a sentença vai ser executada pode ser essencial para assegurar que tal, efetivamente, aconteça.

Conclusões

Os fundamentos da anulação das decisões arbitrais estão, ou devem estar, presentes para as partes e árbitros desde a celebração da convenção de arbitragem, durante todo o processo arbitral e até à prolação da decisão. Na verdade, toda a atuação dos intervenientes na arbitragem deve assumir também uma postura preventiva, assegurando que não são criadas situações que fundamentem a anulação da decisão arbitral.

Optou-se, neste texto, por selecionar algumas situações que, pela sua atualidade ou pela sua intemporalidade, consoante o caso, mas inequívoca pertinência, despertam debate no que respeita à anulação da decisão arbitral. O recurso aos meios de comunicação à distância nas audiências arbitrais, o reconhecimento de decisões arbitrais anuladas e os contornos do princípio *iura novit curia* foram os selecionados.

6.
INEXEQUIBILIDADE E AÇÃO MODIFICATIVA DA SENTENÇA ARBITRAL?

PAULA COSTA E SILVA[1]

1. O tema

1.1 Inexequibilidade e acção modificativa da sentença arbitral.

Tema absolutamente instigante o que nos foi proposto pelos organizadores da presente obra colectiva e aos quais só podemos agradecer, com a mais absoluta sinceridade, o terem-nos lançado este desafio. Isto porque se a génese da acção modificativa da sentença arbitral transitada em julgado se localiza na nossa vida em 2009, sendo-nos dada a oportunidade de tratarmos este tema em conjunto com o da exequibilidade da sentença temos agora a oportunidade de revelar a complexidade do caso em que, afinal, estes dois polos problemáticos tiveram de ser enfrentados.

Numa série de estudos publicados sobre os temas da indemnização de danos futuros e da modificação da decisão arbitral com Nuno Trigo dos Reis, parceiro constante de muitas e complexas jornadas, nunca tomámos posição acerca do cruzamento destas matérias com o da exequibilidade da decisão. Mas no caso que acompanhámos durante anos, também este problema se suscitou, o das recíprocas interferências entre a modificação da sentença e a sua execução. É, assim, chegada a hora de revelarmos o que fomos pensando em conjunto e as estratégias processuais que fomos delineando.

[1] Professora Catedrática em Ciências Jurídicas (Direito Privado) da Faculdade de Direito da Universidade de Lisboa, FCIArb, árbitro independente e legal expert.

Pelo que pudemos verificar, o caso em que interviemos foi o primeiro e, ao que julgamos saber, até agora o único, em que foi instaurada acção modificativa de uma decisão arbitral transitada em julgado. Por esta razão demos a um dos textos publicados já em 2014 o título *Acção modificativa do caso julgado arbitral – um meio de impugnação esquecido*[2]. Veremos, adiante que o uso da expressão modificação *do caso julgado* arbitral não será absolutamente exacta; tudo porquanto haverá que operar uma distinção entre os trechos de uma decisão que, ainda que transitada em julgado, atinge a estabilidade que o caso julgado representa.

2. O Caso: a condenação da parte em dano futuro

2.1 Relatemos o caso.

Este envolveu as operações de loteamento dos terrenos da Feira Popular e da respectiva permuta com o Parque Mayer. Conhecemos este processo, se não erramos, em 2009, altura em que o primeiro tribunal arbitral constituído em torno desta operação proferiu o seu acórdão. Nenhum dos dados que, agora, podemos revelar está sob segredo uma vez que tudo quanto aqui será por nós relatado consta de acórdão do Supremo Tribunal de Justiça (Lopes do Rego)[3].

Na altura, por meio de decisão arbitral, uma parte havia sido condenada a indemnizar outra por danos futuros decorrentes da privação dos lucros expectavelmente decorrentes da urbanização da Feira Popular. A decisão para a qual se buscava uma forma de *oposição* pareceu-nos qualificar como provável o que não o era. Porém, este problema reconduzia-se a um erro de julgamento. Como tal, o único meio de impugnação cabível seria o recurso, não a acção de anulação. Mas as partes haviam renunciado ao recurso. A partir daqui nada podia ser feito: salvo em situações absolutamente excepcionais e em que deverão concorrer alguns outros

[2] Silva, Paula Costa e/Reis, Nuno Trigo dos. *Acção modificativa do caso julgado arbitral – um meio de impugnação esquecido*. Revista da Ordem dos Advogados, ano 74, vol. II, Abr./Jun. 2014, pp. 426-441. *Estudos de Arbitragem*, volume II, Almedina, 2022, pp. 133-148

[3] Acórdão do Supremo Tribunal de Justiça, processo n.º 660/15.8YRLSB.L1.S1, de 22 de Setembro de 2016.

pressupostos mais, a acção de anulação não serve a correcção de erros de julgamento.

3. O caso ficou, porém, sempre latente na nossa memória. A decisão consubstanciava, por causa de um erro de julgamento que a parte não podia invocar porque renunciara ao recurso, uma injustiça, se não intolerável, relativamente grave. Isto porque, na leitura que do caso se podia fazer a partir da prova de que o tribunal arbitral dispusera, o dano futuro em que a parte fora condenada não era de verificação provável.

Ora, a lei apenas admite, numa inversão do ónus do tempo do processo, que a parte seja condenada a indemnizar imediatamente danos que ainda se não verificaram quando estes são de tal modo previsíveis que se justifica uma imediata atribuição ao lesado daquilo a que ele provavelmente tem direito. Mas, nas entrelinhas desta regra, perpassa uma pergunta a que a lei substantiva não dá resposta: e se, afinal, a parte for condenada a indemnizar danos que são considerados previsíveis, mas que se não verificam? Esta a pergunta que nos colocámos desde o momento em que contactámos com a decisão arbitral de 2009. Mas esta, como dissemos, se permitia esta interrogação, ia bem mais longe, razão pela qual a qualificámos como destituída de justeza: os dados constantes do processo não permitiam considerar, na altura do proferimento do acórdão arbitral, que o dano era previsível.

4. As charneiras processuais com que a parte se confrontou com a inimpugnabilidade da decisão de 2009 – o tribunal considerara previsível o que o não era –, ainda que legitimassem a solução, revelavam o seu risco: acabavam por legitimar uma injustiça que era manifesta.

Fomos, assim, acompanhando as decisões que iam sendo proferidas por tribunais estaduais em diversos processos e que, todas elas, tinham impacto na situação que era pressuposta pelo acórdão arbitral proferido em 2009. Até que uma última se revelou determinante: a que declarou nulo o loteamento dos terrenos da Feira Popular. Perante esta decisão, inválidas seriam todas as transmissões realizadas entre o Município e a sua contraparte. Houve que restituir o preço pago pela venda de um dos lotes e que reverter a permuta. O prédio no qual seria desenvolvido o projecto de urbanização e de comercialização voltava para o património do Município de onde, de um ponto de vista jurídico, nunca saíra.

Estavam verificados, em 2013, e na nossa leitura, os pressupostos do tipo da acção modificativa do caso julgado[4]: havia ocorrido uma modificação dos factos pressupostos pela decisão. Ainda que esta leitura não resultasse, de forma directa, da lei – o artigo 619º, nº, 2 do Código de Processo Civil português dispõe que "se o réu tiver sido condenado a prestar alimentos ou a satisfazer outras prestações dependentes de circunstâncias especiais quanto à sua medida ou à sua duração, pode a sentença ser alterada desde que se modifiquem as circunstâncias que determinaram a condenação" –, o princípio que da regra se extraía – a sensibilidade da decisão à realidade futura por ela pressuposta – estava concretizado. O trânsito em julgado do acórdão do Supremo Tribunal Administrativo que mantinha a decisão de declaração de nulidade do loteamento da *Feira Popular* tinha como consequência directa a impossibilidade jurídica de verificação do dano *futuro* que a parte fora condenada a indemnizar *imediatamente*, por decisão arbitral de 2009.

5. Esta decisão foi, porém, apenas a última peça a encaixar num puzzle. Já em 2012 se começara a divisar o caminho que veio a ser percorrido: o da modificação da decisão arbitral por impossibilidade de verificação do dano que a parte fora condenada a indemnizar. Isto porque havia, já, decisões bastantes – ainda que não suficientes – que revelavam a alta probabilidade de a operação de loteamento vir a ser declarada nula e de a permuta se não manter. Com este dado de partida, e logo em 2012, conjuntamente com Nuno Trigo dos Reis, começámos a interrogar-nos acerca das consequências de tais decisões no acórdão condenatório de 2009. Numa primeira fase, concluímos pela admissibilidade de acção modificativa do caso julgado formado sobre decisão arbitral em simetria com os casos em que este meio de impugnação se aplica às decisões proferidas por tribunais estaduais: nem a jurisdição, nem a decisão arbitral revelavam particularidades que afastassem a aplicabilidade deste meio.

[4] Muito compreensivamente sobre toda esta matéria, *cfr.* ALEXANDRE, Isabel. *Modificação do caso julgado material civil por alteração das circunstâncias*, Universidade de Lisboa: Faculdade de Direito, 2011, com segunda edição em 2018.

Uma vez proferido e transitado em julgado o acórdão do Supremo Tribunal Administrativo, confirmatório da decisão que declarara a nulidade do loteamento, era juridicamente incontestável que o dano futuro, que a parte fora condenada a indemnizar, não podia verificar-se: se os terrenos da Feira Popular nunca foram juridicamente seus, nunca poderia a parte urbanizá-los. Sendo a urbanização juridicamente impossível, impossível seria a comercialização. O dano futuro não poderia, consequentemente, verificar-se. Porque ninguém pode ser condenado a indemnizar outrem por dano *futuro* que não pode juridicamente ocorrer, a decisão arbitral deveria ser modificada.

3. A acção modificativa da decisão arbitral

6. Dois pontos foram, no desenho da acção modificativa que veio a ser instaurada mais de um ano depois de nela estarmos a trabalhar – era compreensível a resistência de quem tinha de tomar a decisão última perante a singularidade da saída que era proposta –, complexos na dimensão retórica: se estávamos, Nuno Trigo dos Reis e eu própria, absolutamente convencidos da justeza material da solução que identificáramos – o direito da responsabilidade não visa enriquecer um lesado que, por impossibilidade de verificação do dano, se conclui que o não foi pelo que deverá existir um meio processual de reposição do que houver sido transferido de um património para outro –, sabíamos, por um lado, que não havia registo de alguma vez ter sido mobilizada a acção modificativa do caso julgado para revisão de decisões arbitrais. Por outro lado, sabíamos – ou assim pensávamos ser perante a nossa sempre limitada capacidade de controlarmos a inabarcável literatura jurídica num plano mundial – que apenas uma nota era feita à admissibilidade da acção modificativa do caso julgado arbitral[5]. Esta ocorria num dos comentários à lei processual civil alemã, onde se

[5] A ausência de qualquer referência ao problema da modificabilidade da decisão transitada em julgado por não verificação dos factos nela prognosticados manteve-se, em Portugal, por longo tempo. Recentemente, o cenário mudou. Em 2021, Maria de Lurdes Pereira, na sequência de intervenção feita no Congresso do Centro de Arbitragem Comercial da Associação Comercial, em Julho de 2019, retomou este tema, aduzindo argumentos que confortam a posição por nós tomada em 2012. *Cfr.* Pereira, Maria de Lurdes, *Direito da responsabilidade civil. A obrigação de indemnizar*, Lisboa: AAFDL, 2021, II.3.3. Da mesma Autora, *Danos futuros e arbitragem. Fundamento, extensão e limites da ação (arbitral) de modifi-*

encontram as disposições relativas à arbitragem. E a nota relevante não está, sequer, entre a matéria da decisão arbitral, mas localizada na parte geral relativa à impugnação de qualquer decisão. Este cenário revelava a especial necessidade de trazer à acção modificativa, cuja propositura aconselhámos e que desenhámos, argumentos que demonstrassem que, apesar de nunca ter sido feito o que agora se propunha, o que se propunha era conforme ao Direito. E não só era conforme como, uma vez feito, era evidentemente conforme: só assim podia ser.

7. A segunda dificuldade residia em demonstrar que o meio – a acção modificativa – não podia ser apenas admissível nos conjuntos de casos em que a lei a previa. Estes eram os casos padrão, aqueles que ocorrem quando se dispõe a regra. Mas o que havia que revelar eram as razões pelas quais havia, para além dos previstos, conjuntos de casos similares, que deviam ter a mesma resposta. Havia que deixar muito claros os nexos analógicos que as regras não podiam cortar. Uma vez mais, tinha de resultar *evidente* que uma solução confinada aos casos expressamente referidos no enunciado contrariava o Direito porquanto tratava de modo desigual o que era igual. Competia, assim, ao aplicador identificar aqueles nexos e dar à regra a ductilidade que o Direito impunha.

O caminho que fomos construindo a partir de 2012[6] e que a parte aceitou percorrer acabou por se revelar sustentado. Instaurada a acção modificativa do caso julgado arbitral por impossibilidade de verificação do dano futuro em cuja indemnização a parte fora condenada, o novo

cação de sentença arbitral, Revista da Ordem dos Advogados, ano 80, vol. III/IV, Jul./Dez. 2020, pp. 723-765.

[6] A demonstração da admissibilidade de uma acção modificativa do caso julgado para alteração da decisão que condene a parte em danos futuros, bem como a recondução desta hipótese não a uma excepção mas a uma manifestação de uma regra geral, foi sendo feita através da publicação de um conjunto de estudos, o primeiro dos quais de 2012, Silva, Paula Costa e/Reis, Nuno Trigo dos, "*Estabilidade e caso julgado no direito da obrigação de indemnizar*", in *Estudos em homenagem a Miguel Galvão Teles*, volume II, Coimbra: Almedina, 2012. Vejam-se, também, sobre o tema, o já citado artigo *Acção modificativa do caso julgado arbitral – um meio de impugnação esquecido*; Silva, Paula Costa e/Reis, Nuno Trigo dos. *Revisitando a estabilidade e a modificação do caso julgado arbitral: quando o futuro desmente a prognose*, Spain Arbitration Review, n.º 28, 2017, pp. 83-94.

tribunal arbitral e, subsequentemente, os tribunais estaduais superiores vieram a reconhecer o meio como adequado à tutela da situação problemática. Em final de 2016, o Supremo dava razão à parte.

4. A acção modificativa como meio processual adequado à reversão de decisões por quebra dos fundamentos fácticos

8. Note-se: a acção modificativa não foi um caminho ínvio, percorrido ardilosamente, mas sem consistência, construído para contornar ou reverter um erro de julgamento verificado numa decisão irrecorrível. Dificilmente um diagnóstico poderia ser tão desajustado aos dados do caso: a acção modificativa só veio a revelar-se possível por os factos, sendo futuros no momento da decisão proferida em 2009 e tal como, naquela data, pressupostos, virem a verificar-se, algures no tempo, juridicamente impossíveis.

O tempo veio a demonstrar que aquilo que o tribunal julgara ser *provável* não podia verificar-se. O tribunal, assentando nessa probabilidade, condenara a parte a indemnizar de imediato um dano que estimava provável, mas que ainda se não verificara. Em rigor, e conforme pudemos escrever já, não estará verdadeiramente em causa, em conjuntos de hipóteses como aquela que nos ocupara, restringir o caso julgado. Em rigor, o que está em causa é a coordenação entre realidade pressuposta e realidade verificada, sempre que a decisão toma por referente factos futuros. Nestes casos, e porque o juízo relativo a estes factos[7] nunca poderá ser um juízo de certeza, dificilmente se dirá que este é apto a adquirir a imutabilidade – ou, sequer, a estabilidade – típica do caso julgado.

9. Esta última observação remete-nos para outra nota. Entre o último momento em que escrevemos sobre a modificação do caso julgado e a actualidade tanta coisa crítica aconteceu!

Em 11 de Março de 2020, a Organização Mundial de Saúde declarava que a epidemia de Covid-19 deveria passar a ser qualificada como uma pandemia. O mundo travou bruscamente, a economia mundial entrou, na

[7] Conceda-se a quem escreve esta liberdade de enunciação, acreditando-se que na base da observação não se encontra uma radical opção pela aceitação do efeito de caso julgado sobre afirmações de facto (e nunca sobre o facto em si).

expressão de Paul Krugman, em coma induzido, com excepção daqueles que se dedicam a actividades consideradas essenciais, o resto da humanidade estará tendencialmente confinada. Uns em teletrabalho, outros, em *lay off*. O Estado, aquele sujeito de direito internacional a quem se pedia que se retirasse das economias, assume, por iniciativa própria e a pedido, um papel essencial: perante uma crise que, no actual momento, é ainda uma crise de liquidez – razão pela qual não pode ser equiparada à recente crise de 2008, a que se seguiu a crise de algumas dívidas soberanas –, injecta dinheiro na economia, financiando os custos do *lay off* e outros custos sociais, aliados à redução de todos e quaisquer contactos entre a população.

Não é este o lugar para dar conta dos problemas que a alteração de todo um modo de vida provoca nas obrigações: provavelmente não se errará se se afirmar que, num mundo globalizado, assistiremos a perturbações com efeitos sistémicos dos vínculos obrigacionais. Aliás, será a tentativa de impedir o crescimento exponencial de incumprimentos, com o seu potencial irradiante, que justificará a assunção de pesados encargos pelo Estado, cuja mutualização se antecipa seja suportada por impostos. Assistimos à concretização do risco extremo da sociedade de risco em que vivemos. Curiosamente, um simples episódio, o encerramento do Canal do Suez por cinco dias, provocado pelo acidente com o porta-contentores Ever Given,, agravou a já difícil situação do comércio marítimo internacional, que correspondia, em 2020, a mais de 80% do comércio mundial. Os seus efeitos ainda se fazem sentir. Perante riscos extremos da sociedade, a suportação do custo não por uns ou outros, mas por todos é um imperativo de justiça: avança, momentaneamente, a *dikaion dianemetikón*, assume segundo plano a *dikaion diortotikón*[8].

[8] Em 26 de Março de 2020, o *Deputy Governor* e *CEO of the Prudential Regulation Authority* enviava carta aos bancos sob sua supervisão em que escrevia "as explained in the joint statement issued by the Financial Reporting Council, the Financial Conduct Authority and the PRA on Thursday 26 March 2020, lenders and other users of financial statements are urged to consider carefully their responses to potential breaches of covenants arising directly from the Covid-19 pandemic and its consequences. Where those uncertainties are of a general nature or are firm-specific but unrelated to the solvency or liquidity of the borrower, we would expect lenders to consider the need to treat them differently compared to uncertainties that arise because of borrower-specific issues and in doing

5. Caso julgado e convicção do decisor

10. O aspecto que gostaríamos de sublinhar é uma ideia – ou uma convicção infundada, dirá quem por ela nunca foi convencido – que nos acompanha há largos anos: o caso julgado, efeito de uma decisão, pressupõe-na.

Ora, a decisão, como toda a criação humana, ainda que afirme basear-se em fundamentos sólidos – os factos que, com grau de certeza, se puderam apurar –, enfrenta limitações epistémicas evidentes quando repercute os seus efeitos para o futuro. Porque o que então será não pode antecipar-se. Pode pressupor-se, nada mais.

Mas o desvio entre o suposto na decisão e o existente no momento da execução não pode ser evitado e, consequentemente, desconsiderado. A decisão é estável na medida em que estável for a sua base. A decisão cuja base é uma realidade ainda não verificada, não poderá considerar-se estável.

11. Esta ideia leva-nos em cheio para o tema da revisão do caso julgado. Se também a decisão está submetida ao princípio *rebus sic stantibus*[9], sendo a situação regulada atingida – o que, sendo dispostos deveres decorrentes de obrigações duradouras ou de execução diferida, se concebe como possível – pois há-de avaliar-se a medida em que tais decisões são susceptíveis de revisão. Perceba-se: a instabilidade não é introduzida pela ideia; é-o pela realidade à qual o Direito, enquanto arte de resolução de problemas, não é alheio. É muito cedo para que se possam apontar soluções: vivemos no meio da maior instabilidade, conhecemos o ponto de partida dos vários problemas, mas ainda estamos aquém do ponto de chegada. Ora, o instituto da alteração das circunstâncias pressupõe fechados estes dois polos temporais: é preciso saber em que medida se rompeu o equilíbrio contratual para se verificar se deve ocorrer uma desvinculação, uma modificação dos vínculos ou nenhuma delas. Em outro

so consider waiving the resultant covenant breach. We would expect firms to do so in good faith and not to impose new charges or restrictions on customers following a covenant breach that are unrelated to the facts and circumstances that led to that breach."

[9] Silva, Paula Costa e, *Acto e processo. O dogma da irrelevância da vontade na interpretação e nos vícios do acto postulativo*, Coimbra: Coimbra Editora, 2003, § 431.

lugar[10], afirmámos que ainda não era chegado o tempo da revisão porque toda a revisão que atinja criticamente os vínculos substantivos corre sério risco de requerer nova revisão.

6. Exequibilidade da decisão

12. Vamos à exequibilidade da decisão.

No caso que relatámos, após proferido o acórdão arbitral em 2009, porque a parte condenada se não conformou com a decisão, a contraparte instaurou de imediato acção executiva.

Recorde-se que o acórdão do Supremo Tribunal de Justiça, que confirmou a decisão que modificara o caso julgado formado sobre a decisão exequenda, apenas transitou em julgado em 2016. E a acção modificativa do caso julgado arbitral, instaurada perante novo tribunal arbitral, só depois de instaurada a execução fora proposta. Aliás, só assim podia ter sido porque, apesar da ilegalidade de decisão exequenda, esta constituía título exequendo hábil. Só anos mais tarde veio a estar presente a situação de facto que permitiu a modificação da decisão arbitral proferida em 2009 pois somente anos mais tarde – em 2012 – se tornou juridicamente impossível a verificação dos danos futuros em cujo pagamento o demandado, já executado, fora condenado. Durante vários anos pendeu, assim, a execução de um título – a sentença arbitral – que só muito mais tarde – em 2016, aquando do trânsito em julgado do acórdão do Supremo Tribunal de Justiça que confirmou, em termos definitivos, o acerto da decisão modificativa – se veio a reconhecer judicialmente titular uma dívida exequenda não existente.

13. A compreensão completa do caso impõe que se revele mais um conjunto de dados. Aquando da propositura da acção modificativa, a sua autora requereu fosse revogada a sua condenação no pagamento de quaisquer danos futuros porquanto juridicamente nenhuns se podiam verificar. No entanto, ao julgar a acção modificativa do caso julgado formado sobre a decisão arbitral, o tribunal arbitral não se limitou a concluir que, em face da impossibilidade de verificação dos danos futuros que o

[10] Martins-Costa, Judith/Silva, Paula Costa e, *Crise e perturbações no cumprimento da prestação (Estudo de Direito comparado Lus-Brasileiro)*, São Paulo: Quartier Latin, 2020.

primeiro tribunal arbitral, em 2009, entendera serem prováveis, a então demandada devia ser absolvida; fez coisa diferente: rejulgou a causa, determinando um diferente *quantum* indemnizatório, nele mantendo, consequentemente, a condenação da demandada.

Ora, entre as várias questões que esta decisão suscitava, perguntava-se qual seria a sua repercussão sobre a execução. Afinal, esta fundava-se numa sentença que havia sido modificada e na qual estava constituída uma garantia por um valor que em muito excedia o valor da dívida exequenda reconhecida pela decisão arbitral que modificara o caso julgado.

Havia que extinguir a execução fundada na decisão modificada, porque o título que a fundara havia sido revogado, iniciando-se nova execução? O caso julgado *caducara*? Havia, simplesmente, que fazer repercutir sobre a execução pendente as modificações provocadas no valor da dívida exequenda pela nova decisão, reduzindo-se o valor da dívida exequenda àquele que fora reconhecido pela decisão arbitral modificativa transitada em julgado[11]?

14. Abreviando um longo debate, a resposta está, para nós e em face dos dados do caso concreto, numa mera adaptação da execução pendente à modificação que foi operada pela decisão proferida na acção modificativa sobre a dívida exequenda.

Não havia, aqui, que falar em caducidade do caso julgado, talvez porque o caso julgado, enquanto efeito de uma decisão, não possa caducar[12]. O que caduca são situações jurídicas e esta não é a categoria a que se reconduz o caso julgado.

O que, em face da decisão proferida pelo tribunal arbitral haveria que fazer era uma modificação da decisão pretérita, com a consequente adaptação da execução. Em face da concreta decisão proferida pelo tribunal

[11] Sobre este tema e a propósito do caso que relatamos, Marques, João Paulo Remédio. *Efeitos da acção modificativa arbitral em título executivo formado no primeiro processo objecto de execução pendente – adaptação do título executivo versus caducidade do título formado no primeiro processo, in* Boletim da Faculdade de Direito, Universidade de Coimbra, vol. XCV, tomo II, 2019, pp. 1077-1130.

[12] Marques, João Paulo Remédio. *Efeitos da acção modificativa arbitral em título executivo formado no primeiro processo objecto de execução pendente – adaptação do título executivo versus caducidade do título formado no primeiro processo, cit.*.

arbitral, o jogo entre a decisão exequenda e a decisão modificativa não diverge, nem nos dados, nem na solução, dos impactos que a decisão de recurso com efeito meramente devolutivo repercute sobre a decisão exequenda: tanto num caso, quanto no outro, haverá que adaptar o título – a decisão exequenda – à reconfiguração operada na dívida exequenda pela nova decisão. E o mesmo ocorre na interacção entre a execução e a decisão proferida sobre os embargos: se nestes for julgada procedente a oposição deduzida, a execução será modificada ou extinta consoante a incidência da decisão sobre a dívida exequenda.

O título executivo continua a ser a decisão modificada, não havendo que extinguir a execução nela fundada para se dar início a nova execução, fundada na decisão modificativa[13].

7. Embargos de executado ou acção modificativa?

15. A pergunta que, porém, se coloca é a seguinte: estando pendente uma execução, qual o meio através do qual devem ser deduzidos os factos supervenientes, que geram uma erosão das razões justificativas da primeira decisão? A acção modificativa? Os embargos de executado ou oposição à execução, consoante a designação dada em concretos momentos históricos pela lei à defesa que o executado deduz contra o título ou a dívida exequenda nela titulada?

A resposta não pode, em nosso entender, ser única. E a variação do meio depende, desde logo, da competência para conhecer da matéria que se quer deduzir. Detenhamo-nos um pouco neste problema. Para que tudo não atinja uma complexidade ainda maior do que aquela que a conjugação de meios de impugnação já suscitava, vamos supor que somente podem ser executadas decisões condenatórias já transitadas em julgado. Isto porque, assim não ocorrendo, haveria que determinar em

[13] Esta foi a posição perfilhada, em 22 de Março de 2018, em acórdão proferida pelo Supremo Tribunal de Justiça (J. Cabral Tavares). Aí se conclui que "[o] acórdão arbitral de 2009 persiste como *título fundador da execução*, apenas sofrendo a alteração quantitativa nele produzida pelo acórdão arbitral de 2015 (o *acórdão modificativo*), de tal modo que a execução só poderá prosseguir nos termos deste resultantes, conformemente decidido pelas instâncias." *Cfr.* o acórdão do Supremo Tribunal de Justiça, processo n.º 2071/10.2YYLSB-D.L1.S1, de 22 de Março de 2018.

que medida se conjugariam recurso ordinário com a alegação de factos modificativos e os embargos à execução. Este não foi, porém, o objecto que nos foi proposto; continuaremos a centrar-nos nos casos em que apenas pode estar em causa a articulação entre a acção modificativa e os embargos ou oposição à execução.

16. Qualquer argumento que pretendesse extrair-se do decurso do prazo para dedução dos embargos ou oposição para se afirmar não ser este o meio adequado à dedução de factos *novos* sai superado por regra que admita a dedução de defesa fundada em factos supervenientes pelo executado; nestes casos, uma vez verificados factos extintivos ou modificativos da obrigação exequenda, o prazo para a respetiva dedução conta-se a partir da verificação de tais factos.

Deixemos, agora, de lado a constrição operada por regimes que fazem, no entanto, depender a procedibilidade da prova da verificação destes factos, porque invocados contra uma sentença, da sua prova por documento. Quer isto dizer, regressando ao caso concreto de que partimos, que uma vez verificada a impossibilidade de ocorrência dos danos futuros em cujo pagamento o executado fora condenado, se deveria perguntar: estando já pendente uma execução, qual o meio hábil para a dedução de tais factos? Os embargos supervenientes? A acção modificativa do caso julgado?

No nosso caso, a via seria a da acção modificativa por razões de competência. Isto porque o que estava em causa era uma reapreciação de uma decisão proferida por um decisor que as partes haviam expressamente escolhido ao celebrarem a convenção de arbitragem. Caso a modificação fosse operada por um decisor diverso – nomeadamente, o juiz da execução – violar-se-ia a competência convencionalmente atribuída pelas partes a tribunal arbitral para decidir a sua causa.

17. Poderá afirmar-se que este resultado surge como inconsistente, na medida em que a lei determina que podem ser deduzidos em embargos ou oposição à execução, fundada em decisão arbitral, os mesmos fundamentos que podem ser deduzidos em oposição à execução de sentença proferida por tribunal estadual. Isto resulta dos artigos 730.º do Código de Processo Civil português e, supomos, também 525.º, VII, do Código de Processo Civil brasileiro. Ora, entre os fundamentos de oposição à execução encontram-se os factos ou causas extintivas ou modificativas da obrigação exequenda. Prevendo a lei que será através de embargos que devem ser deduzidos factos modificativos da obrigação exequenda e se a lei determina que os embargos são julgados pelo tribunal da execução, como pode afirmar-se que, afinal, estando em causa a verificação de factos que operam a modificação ou extinção da obrigação exequenda estes devam ser conhecidos por tribunal arbitral e não pelo tribunal que a lei indica como competente?

Porquanto a decisão que possa determinar uma alteração do conteúdo da sentença arbitral, modificando-a por alteração dos pressupostos em que esta se fundou, há-de ter de ser proferida pelo tribunal que as partes escolheram para determinar o conteúdo da decisão. Será formal afirmar que, com o proferimento da primeira decisão, a decisão modificanda, se esgotaram os efeitos da convenção de arbitragem. Que assim não é resulta hoje, com clareza da própria lei que determina que, anulada a decisão arbitral, o tribunal da anulação não tenha poderes de substituição, remetendo as partes para decisão por novo tribunal.

Cometer ao tribunal da execução uma modificação da decisão arbitral por alteração dos pressupostos em que esta se fundou seria autorizar uma ingerência na autonomia das partes que deferiram o julgamento da causa a um concreto decisor. A fungibilidade entre acção modificativa e embargos ou oposição à execução parece não ocorrer quando esteja em causa uma decisão arbitral que deve ser modificada por erosão dos seus pressupostos fácticos, ou, como escrevemos em outro lugar, quando o futuro, tornado presente, desmente a prognose feita no passado. Supomos que só esta saída permita a conformação do exercício da competência com aquilo que as partes, no exercício de uma autonomia que a lei lhes reconhece, escolheram. As regras que atribuem competência aos tribunais estaduais para operarem esta intervenção sobre o mérito da decisão arbitral deverão ser interpretadas restritivamente: nem todos os fundamentos que justificam uma modificação de uma decisão arbitral transitada em julgado podem ser deduzidos em oposição à execução.

Lisboa, Novembro de 2021

7.
PARTICIPAÇÃO DE TERCEIROS NA ARBITRAGEM: RISCOS DE INTERVENÇÃO OBRIGATÓRIA POR TERCEIROS NÃO SIGNATÁRIOS

MARCELA KOHLBACH DE FARIA

Introdução

A participação de terceiros na arbitragem é um tema que se encontra cada vez mais em voga e a sua análise de revela de suma relevância por diversos motivos: a) ausência de regulamentação legal da participação de terceiros na arbitragem, tendo em vista que o Código de Processo Civil não se aplica como regra ao procedimento arbitral e os regulamentos das instituições arbitrais ainda tratam timidamente o tema; b) imprescindibilidade do consentimento para a participação de qualquer parte no procedimento arbitral; c) crescimento das arbitragens complexas e multipartes, o que gera um aumento diretamente proporcional na complexidade do procedimento arbitral e na necessidade de inclusão de terceiros no procedimento, seja para a adequada garantia do contraditório, seja para a efetiva responsabilização dos reais partícipes da relação jurídica que originou o litígio.

Considerando os riscos inerentes ao procedimento arbitral, a possibilidade de participação de terceiros no procedimento traz um risco evidente, qual seja, o risco de um terceiro não signatário da cláusula compromissória ser chamado a participar de forma forçada do procedimento arbitral. Tais riscos geram consequência relevantes, que superam o próprio risco da condenação no procedimento arbitral. Isso porque a arbitragem constitui uma forma de prestação jurisdicional especializada e sofisticada, que se realiza dentro do âmbito privado e, portanto, possui custos elevados de litigância. Dessa forma, o simples fato de um terceiro não signatário ser chamado a participar de um procedimento arbitral já gera impacto financeiro considerável.

Assim, o presente trabalho se destinará a tratar das hipóteses em que um terceiro não signatário poderá ser instado a participar do procedimento arbitral, bem como os limites a serem observados pelo tribunal arbitral diante de um pedido de integração do procedimento por uma parte não signatária.

1. Arbitragem e consentimento.

Quando se fala em participação de terceiros não signatários na arbitragem, o primeiro óbice que surgem certamente é a necessidade de consentimento para a participação de qualquer parte na arbitragem. A garantia da livre manifestação de vontade é de suma importância, principalmente tendo em vista que a opção pela via arbitral implica a renúncia, ainda que limitada, ao acesso ao judiciário e, consequentemente, a uma série de garantias inerente ao procedimento adotado na justiça estatal, inaplicáveis ao sistema arbitral, como, por exemplo, a possibilidade de recorrer das decisões mediante recurso ao judiciário[1]. A preocupação manifestação clara de consentimento é evidente em vários dispositivos da Lei 9.307/1996, como na hipótese do art. 4º, § 2º em que determina que, em contratos de adesão, a cláusula compromissória terá eficácia somente se o aderente tomar a iniciativa de instituir a arbitragem ou concordar, expressamente, com a sua instituição, desde que por escrito em documento anexo ou em negrito, com a assinatura ou visto especialmente para essa cláusula.

A convenção de arbitragem, portanto, é a manifestação de vontade que, ao mesmo tempo que dá origem à jurisdição arbitral, estabelece os

[1] Diz-se renúncia limitada, pois há situações em que é admissível que as partes recorram ao judiciário mesmo quando existir convenção arbitral. É o caso, *e.g.*, das medidas cautelares pré-arbitrais. Antes da instauração do procedimento arbitral, as partes serão livres para recorrer ao judiciário para pleitear medidas em caráter de urgência. Essa admissão é necessária sob pena de violação ao direito constitucional de acesso à justiça.

limites, objetivos e subjetivos, da sua atividade jurisdicional. Como o árbitro não exerce jurisdição em caráter amplo e permanente, não pode decidir além daquilo que determina a convenção de arbitragem. Em regra, a legitimidade para ser parte no procedimento arbitral, bem como a vinculação da parte à decisão do árbitro encontram-se diretamente limitadas pelo escopo da convenção de arbitragem. Assim, pessoas não signatárias da convenção de arbitragem, como regra geral, não podem participar do procedimento arbitral, nem voluntariamente, nem de forma coata[2].

Veja que esse problema é inexistente no judiciário, já que a jurisdição estatal é permanente e competente para a análise de todas as controvérsias postas, respeitadas, é claro, as regras de competência. E não é só, as figuras interventivas não são só mais facilmente admissíveis, como interessantes para o judiciário do ponto de vista de organização da justiça. Diante do risco de decisões contraditórias, ou simplesmente tratando-se de litígios inter-relacionados, é mais interessante, considerando a eficiência e a economia processual, que tais conflitos sejam julgados em conjunto, desde que não implique atrasos desnecessários ao procedimento.

Assim, analisando o conceito de partes na arbitragem, Alexis Mourre destaca que, no que tange à participação e terceiros na arbitragem, é preciso diferenciar a posição do terceiro que figura como total estranho não só com relação ao procedimento, mas também com relação ao contrato que transferiu a competência da análise da lide para a arbitragem, daquela situação o terceiro assume essa qualidade tão somente do ponto de vista do procedimento, já que é parte na convenção de arbitragem. A primeira hipótese é qualificada pelo autor de "terceiro absoluto", enquanto a segunda é denominada de "terceiro imperfeito".[3]

[2] "Em função dessa origem contratual, a jurisdição arbitral não pode alcançar quem não a convencionou. Configurando a arbitragem uma opção voluntária das partes contratantes de afastar a jurisdição estatal – garantida a todos pela Constituição Federal (LGL\1988\3) – para se valerem de um método privado de solução de litígios, restaria inócua qualquer tentativa de se trazer à arbitragem, contra a sua vontade e/ou contra a vontade de qualquer das partes, quem não participou do acerto contratual que originou essa verdadeira renúncia à jurisdição do Estado". Giusti, Gilberto. A arbitragem e as partes na arbitragem internacional. In: Revista de Arbitragem e Mediação, vol. 9/2006, p. 120 – 133, abr. – jun., 2006.

[3] "Em second lieu, il fait distinguer selon la qualité de l'intervenant. Le notion de tiers peut em effêt fair référence à la clause compromissoire, ce qui importe certaines conséquences,

No entanto, essa necessidade manifesta de consentimento não se expressa tão somente pela existência de uma cláusula compromissória escrita e assinada pela parte. A doutrina e a jurisprudência reconhecem a possibilidade de vinculação de terceiros não signatários em algumas hipóteses. Uma das teorias mais reconhecidas e aplicadas para justificar a vinculação de terceiros não signatários é a teoria do grupo de empresas. O caso emblemático, que deu origem à teoria do grupo de empresas, é o caso *Dow Chemical v. Isover* (ICC Case nº 4131)[4]. A demanda se originou de dois contratos celebrados em 1965 e 1968, ambos com cláusula compromissória determinando a aplicação das regras do centro de arbitragem da Câmara de Comércio Internacional – CCI e a sede da arbitragem na França. Os contratos foram assinados pelas sociedades suíças *Dow Chemical A.G.* e *Dow Chemical Europe*, integrantes do grupo americano *Dow Chemical*, na qualidade de fornecedoras de equipamentos de isolamento. De outro lado, como adquirente dos equipamentos, figurou a sociedade francesa *Isover Saint-Gobain*.

O contrato previu que a sociedade francesa *Dow Chemical France* (não signatária do contrato) ou qualquer outra subsidiária do grupo *Dow Chemical* poderia realizar a distribuição dos equipamentos. Durante a execução do contrato, a *Dow Chemical France* foi quem sempre realizou as ditas distribuições. Sob a alegação de irregularidades de um determinado produto, quatro empresas pertencentes ao grupo *Dow Chemical* (*SowChemical A.G, Dow Chemical Europe, Dow Chemical France, The Dow Chemical Company)* iniciaram um procedimento arbitral em face da empresa *Isover Sait-Gobain*. Ocorre que, das quatro requerentes, apenas as subsidiá-

ou seulement à la procedure de l'arbitrage, Ce que pose des problémes de nature distincte. La situacion sera en effet differénte em cas d'une personne à la fois étrangère ou contrat et à la procedure (qui nous définirons de 'tiers absolu'), ou em cas de intercention d'un tiers à la procedure qui serait cependant partie au contrat contenant la clause compromissoire, ou qui si trouverait dans une situation juridique d'assujeittisement à la clause (qui nous définirons 'tiers imparfait')." Mourre, Alexis. L'intervention des tiers à l'Arbitrage. In: Revista Brasileira de Arbitragem, vol. 1, n. 1, jun.-out. 2003, p. 80.

[4] Melo, Leonardo de Campos. *Extensão da cláusula compromissória e grupos e sociedades: a prática arbitral CCI e sua compatibilidade com o Direito Brasileiro.* Rio de Janeiro: Forense, 2013, p. 67-72.

rias suíças tinham assinado os contratos de distribuição originários da controvérsia.

Em sentença parcial, o Tribunal Arbitral reconheceu a sua jurisdição perante as quatro empresas do grupo *Dow Chemical*[5]. Os árbitros concluíram que a lei escolhida pelas partes para dirimir o conflito não se aplicava com relação à interpretação da competência dos árbitros sob a cláusula compromissória. Destacaram que a matéria deveria ser interpretada livremente, já que o artigo 8ª, inciso 3º do Regulamento da CCI de 1975 dispunha que cabia aos árbitros tomar toda e qualquer decisão sobre a sua própria competência. Assim, tendo em vista que a lei estatal aplicável ao litígio somente incidiria com relação ao mérito da discussão, a interpretação da cláusula compromissória passou a ser definida pela *lex mercatória*. Nesse contexto, como as empresas não signatárias tiveram papel ativo na execução e rescisão do contrato, havia uma aparência de vontade comum entre as partes, o que justificaria a extensão da cláusula compromissória.

A decisão dos árbitros foi ratificada pela Corte de Apelação de Paris, que rejeitou o pedido de anulação da sentença arbitral, corroborando a não aplicação da lei nacional escolhida pelas partes na interpretação da cláusula compromissória[6].

Apesar de ser classicamente conhecida como teoria do grupo de empresas, estamos de acordo com Leonardo de Campos Melo quando o autor afirma que a existência de um grupo de empresas e uma cláusula compromissória não é suficiente para justificar vinculação de outras

[5] CCI rendue à Paris, le 22 sept. 1982, aff. Dow Chemical. *Revue de l'arbitrage*, 1984, 137 et les réf.

[6] "*Considérant, en particuler, que la clause compromisoire expréssement accepté par certaines des societés du groupe, doitlier les autres societés qui par le role qu'elles ont joué dans la conclusion, l'éxecutionou la résiliation des contrats contenant les dites clauses, apparaissent selon la commune volonté de toutes le parties à la procédure, comme ayant été de véritable parties à ces contrats, ou comme étant concernées, au premier cher, par ceux-ci et par les litiges qui en peuvent découlés*". Excerto da decisão transcrito por Arnoldo Wald em: WALD, Arnoldo. A Teoria dos Grupos de Sociedades e a Competência do Juízo Arbitral. *In: Revista de Direito Mercantil, industrial, econômico e financeiro.* São Paulo: Revista dos Tribunais, ano XXXV, jan-mar/1996, p. 23.

empresas do mesmo grupo à cláusula compromissória[7]. A simples configuração de um grupo de empresas não é suficiente para justificar a vinculação de terceiro não signatário à convenção de arbitragem. É preciso que seja demostrada a existência de consentimento, ainda que implícito, de cada uma das pessoas jurídicas que se pretende vincular[8].

Outra teoria bastante aplicada no direito brasileiro a justificar a vinculação de terceiros à cláusula compromissória é a teoria dos contratos coligados, onde se verifica a existência de múltiplos contratos interligados e correlacionados, contendo diversas relações jurídicas e múltiplas partes. Havendo múltiplos contratos e nem todos contendo cláusula compromissória, será necessário verificar a função de cada contrato correlacionado para justificar: a) a possibilidade de ampliação objetiva da jurisdição do árbitro para abarcar litígios decorrentes de contratos coligados celebrados entre as mesmas partes; b) a possibilidade de ampliação subjetiva do contrato para abarcar outras partes que são signatárias somente de um ou mais contratos que não possuem cláusula compromissória, no entanto, são coligados com contratos com cláusula compromissória[9].

[7] Melo, Leonardo de Campos. Extensão da cláusula compromissória e grupos de sociedades: a prática arbitral CCI e sua compatibilidade com o direito brasileiro. Rio de Janeiro: Forense, 2013, p.120.

[8] "A autonomia das personalidades jurídicas das sociedades faz com que somente as sociedades que consentiram possam ser vinculadas. A existência de um grupo não implica, portanto, a vinculação de todas as entidades que o compõem, quando uma dentre elas assume um compromisso (A). Faz-se necessário estabelecer o consentimento de cada uma, o que é possível, mesmo com relação a uma sociedade que não participou formalmente do contrato que compreende a cláusula compromissória (B). Tendo em vista a autonomia das personalidades jurídicas e a possibilidade de estabelecer o consentimento de uma pessoa que não o deu formalmente, teremos que demonstrar que a existência de um grupo não interfere na necessidade do estabelecimento do acordo das partes (C)". Caprasse, Olivier. "A arbitragem e os grupos de sociedades". In: Revista de Direito Bancário e do Mercado de Capitais, vol. 21, jul./set. 2003.

[9] "Os contratos conexos com diversidade de partes foram, por algum tempo, negligenciados pelas análises doutrinárias, mas hoje se destacam em virtude dos conflitos decorrentes do confronto com a aplicação do princípio da relatividade dos efeitos do contrato. Como foi observado, em tais casos surge a figura do 'contratante-terceiro', 'parte por equiparação', ou 'simples parte', que é aquele que, posto não configurar parte no sentido estrito oferecido pela análise do negócio isolado, constitui figura jurídica integrante do regulamento de interesses estabelecido por meio dos contratos conexos." KONDER, Carlos Nelson.

Assim, na aplicação da teoria dos contratos coligados, há uma clara flexibilização da relatividade dos contratos para justificar a oponibilidade das disposições contratuais de todos os contratos que fazem parte dos contratos conexos a todos os envolvidos nas relações contratuais, bem como a terceiros que demonstrem interesse jurídico[10]. No entanto, é relevante destacar que o comportamento dos envolvidos desde o momento pré-contratual até o encerramento do contrato é de suma relevância para justificar a vinculação de terceiros não signatários. Novamente, não se está diante de verificação puramente objetiva acerca da existência de contratos conexos, mas da demonstração de manifestação de vontade implícita, decorrente da participação efetiva e comunhão de interesses, além de inequívoco conhecimento acerca das disposições contratuais e da cláusula compromissória.

Esses exemplos demonstram que, por mais que um terceiro não seja expressamente signatário da cláusula compromissória, será possível a sua vinculação à mesma, justificando a sua inclusão, ainda que forçada no procedimento arbitral[11]. No entanto, alguns limites devem ser obser-

Contratos conexos: grupos de contratos, redes contratuais e contratos coligados. Rio de Janeiro: Renovar, 2006, p. 246.

[10] "Assim, em nossa opinião e em necessária flexibilização do princípio da relatividade dos contratos, todos os pactos que fazem parte de uma conexão contratual são oponíveis para (i) as partes do contrato específico, ou seja, a pessoas físicas ou jurídicas que estejam expressamente mencionadas no contrato objeto do litígio; (ii) as partes da conexão, ou seja, as pessoas físicas ou jurídicas que, embora não estejam expressamente indicadas no contrato objeto do litígio, participem da operação econômica única; (iii) terceiros que não estejam interligados com a operação econômica única existente, desde que demonstrem o seu interesse jurídico, devendo ser analisados os seus comportamentos previamente e posteriormente à celebração da conexão contratual, bem como a relevância jurídica do pedido formulado por este terceiro, que deve demonstrar a comunhão de interesses entre ele e as partes do contrato ou da conexão". Rocha, Pedro Cavalcanti. *Extensão da convenção arbitral aos contratos conexos.* Salvador: Juspodivm, 2020, p. 106.

[11] Defendemos a existência de três hipóteses em que poderá haver a vinculação de terceiros à cláusula compromissória: a) a transmissão da cláusula compromissória por ato *inter vivos* ou *causa mortis,* como é o caso da cessão da posição contratual; b) a vinculação de terceiros por consentimento implícito, que se demonstra de forma exemplificativa com as teorias mencionadas nesse trabalho; c) a vinculação por fraude ou abuso de direito, que será adiante analisada ao tratarmos da desconsideração da personalidade jurídica na

vados pelo tribunal arbitral ao deferir a inclusão de terceiros não signatários no procedimento arbitral. É o que se passa a demonstrar a seguir.

2. Limites do tribunal arbitral ao deferir o ingresso de terceiros não signatários.

Incialmente, importante destacar que, conforme o princípio da competência-competência, compete ao árbitro ou ao tribunal arbitral o poder/dever de decidir acerca da vinculação de terceiros não signatários à convecção de arbitragem. Trata-se de matéria relacionada ao limite da jurisdição arbitral, que deve ser decidida por meio de sentença parcial.[12]

Da mesma forma, para que o terceiro seja integrado no processo, é preciso que contra ele seja posta uma demanda. É possível que a demanda posta contra o terceiro seja idêntica àquela já apresentada pelas partes, ou seja, o terceiro ocupará posição jurídica idêntica à já ocupada pelas partes que se encontram em um dos polos do procedimento arbitral, com a ampliação exclusivamente subjetiva da demanda. No entanto, é possível, ainda, que contra o terceiro seja apresentado um pedido diverso do que o realizado em face do demandado original. E mais, mesmo quando a participação de terceiros é provocada, ainda que o pleito apresentado em face do terceiro seja idêntico ao já apresentado em face do demandado originário, é possível que o terceiro apresente um pleito reconvencional em face de uma ou de todas as partes na demanda. Dessa forma, tendo em vista que a inclusão do terceiro pode levar não só a uma ampliação subjetiva, mas também objetiva da demanda, o primeiro aspecto que o tribunal deverá verificar, além da existência da vinculação do terceiro, é a existência de conexão entre as demandas.

Outro aspecto relevante de ser considerado pelo árbitro ou tribunal arbitral é o momento de inclusão do terceiro não signatário. Um aspecto essencial da arbitragem torna o momento de inclusão de partes adicionais um tema muito relevante e delicado, qual seja, a possibilidade de escolha dos árbitros pelas partes. A possibilidade de escolha dos julga-

arbitragem. Faria, Marcela Kohlbach de. *Participação de terceiros na arbitragem.* São Paulo: Quartier Latin, 2019.

[12] Faria, Marcela Kohlbach de. *Participação de terceiros na arbitragem.* São Paulo: Quartier Latin, 2019.

dores é reflexo da ampla autonomia da vontade conferida às partes na arbitragem, sendo certo que esse dilatado poder das partes não ofende o princípio do juiz natural, de todo inaplicável ao sistema arbitral. Por outro lado, a indicação dos árbitros pelas partes não significa que o julgador deve atuar como representante ou assistente da parte que o indicou. O árbitro, na forma do artigo 18 da lei 9.307/96, é juiz de fato e de direito, equiparado ao juiz togado e, como determina o artigo 13, § 6º da referida lei, no desempenho de sua função, o árbitro deverá proceder com imparcialidade, independência, competência, diligência e discrição.

A Lei 9.307/96, artigo 13, § 1º, autoriza a nomeação de um ou mais árbitros, desde que em número ímpar. O mais comum no âmbito da arbitragem é que as partes estabeleçam o número de árbitros já na cláusula compromissória, usualmente dispondo que a arbitragem será conduzida por um ou três árbitros. O sistema mais usual de composição do tribunal arbitral formado por três árbitros é aquele no qual cada parte indica um árbitro, e o terceiro, presidente do tribunal arbitral, é indicado pelos árbitros nomeados pelas partes ou pela instituição arbitral. No entanto, as partes são livres para adotar a forma de indicação dos membros do tribunal arbitral da forma que lhes parecer mais conveniente.

Verifica-se, portanto, que a escolha do árbitro é um dos momentos mais importantes do procedimento arbitral. O árbitro é escolhido caso a caso. A depender das especificidades técnicas e peculiaridades do caso, a parte poderá optar por escolher um árbitro com determinada especialização e expertise.

No entanto, diversos complicadores podem surgir no momento da escolha dos árbitros. O primeiro deles decorre da falta de clareza da convenção de arbitragem quanto ao número de árbitros. Alguns regulamentos como o da CCI trazem disciplina expressa sobre essa hipótese, incluindo como regra a nomeação de árbitro único pela própria Corte, salvo se a complexidade da demanda ou outros elementos justificarem a formação de um tribunal com três árbitros.

Outro fator complicador para a escolha dos árbitros, e o que mais interessa ao presente trabalho, é a configuração de arbitragem multiparte. A complexidade dos contratos atuais faz com que as relações jurídicas envolvam um número expressivo de partes relacionadas. É possível, assim, que um único procedimento arbitral envolva mais de uma parte, tanto no polo ativo como no polo passivo.

O caso Ducto[13], julgado pela Corte de Apelação de Paris, foi o mais representativo sobre a questão da escolha dos árbitros envolvendo arbitragens multipartes. O litígio envolveu três empresas, BKMI, Siemens e Ducto, e decorreu de um contrato de consórcio para a construção de uma fábrica de cimento, no qual havia cláusula compromissória determinando a aplicação do Regulamento de Arbitragem da CCI e prevendo a arbitragem com três árbitros como forma de resolução de litígios. A Ducto deu início ao procedimento arbitral em face de BKMI e Siemens e indicou seu árbitro. Em sua resposta, BKMI e Siemens afirmaram que a Ducto deveria ter iniciado dois procedimentos arbitrais separados contra cada uma das partes, negando-se a indicar um árbitro comum, considerando que tinham interesses diversos.

A CCI recusou o pedido e decidiu que a BKMI e a Siemens deveriam conjuntamente indicar seu árbitro e que, caso um acordo não fosse possível, a CCI deveria indicá-lo. Assim, a BKMI e a Siemens indicaram seu árbitro "sob protesto", ressalvando o seu direito de regularidade da constituição do tribunal arbitral. Após a constituição do tribunal arbitral, BKMI e Siemens requereram que o pedido da Ducto fosse rejeitado, tendo em vista que o tribunal arbitral teria sido constituído em violação à cláusula compromissória. O referido pedido foi julgado improcedente pelo tribunal em sentença parcial, fato pelo qual a BKMI e a Siemens recorreram à Corte de Apelação de Paris, visando a revogação da sentença sob o argumento de que não somente o Tribunal havia sido constituído irregularmente, mas que o reconhecimento e a execução da sentença eram contrários à ordem pública internacional.

A Corte de Apelação de Paris refutou os argumentos de BKMI e Siemens afirmando que a cláusula compromissória refletia a vontade das partes de submeter suas controvérsias a um procedimento arbitral único. No que tange à observância do princípio da igualdade das partes, a Corte afirmou que as partes haviam acordado livremente com a organização de uma arbitragem única na qual os árbitros deveriam ser independentes.

[13] Lemes, Selma Maria Ferreira. Arbitragem Multiparte. Notas sobre o caso Ducto. *In: Revista Brasileira de Arbitragem.* São Paulo, n. 29, 2011, p. 210-211.

Assim, a igualdade das partes teria sido livremente garantida devido à necessidade de independência de todos os árbitros.

BKMI e Siemens, por sua vez, recorreram à Corte de Cassação, a qual concedeu o pedido, com base na seção 1502.23 do Código Processual Civil francês, que estabelece que o tribunal arbitral deve ser corretamente constituído, bem como na seção 6 do Código Civil, que diz respeito à ordem pública nos contratos. Da mesma forma, a Corte afirmou que as partes gozam do direito de igualdade ao constituir o tribunal arbitral, destacando que esse princípio se inclui no âmbito da ordem pública, fato pelo qual não pode ser renunciado, mesmo após o surgimento do litígio. Assim, entendeu que, em um tribunal multiparte, diante da impossibilidade de consenso em um dos polos da arbitragem, todos os integrantes do tribunal arbitral deveriam ser indicados segundo procedimento idêntico, ou seja, todos os integrantes do tribunal arbitral deveriam ser indicados pela CCI, afastando-se a desigualdade decorrente da possibilidade de um dos polos indicar o árbitro e o outro ter o seu direito limitado pela falta de consenso.

A doutrina destaca uma verdadeira ruptura de entendimento sobre a garantia do procedimento adequado para a escolha dos árbitros após o julgamento do caso Ducto, que levou, inclusive, à alteração das regras de arbitragem da CCI[14] para adotar entendimento consonante ao manifestado pelo judiciário francês. Antes do dito julgamento, nas arbitragens conduzidas pela CCI, era geralmente aceito que cada lado designasse um árbitro, de modo que uma parte indicaria seu membro do painel e as demais partes, que compunham o polo diverso na demanda, em conjunto, nomeariam o seu. Caso não houvesse consentimento no polo composto

[14] A CCI alterou o seu regulamento, fazendo constar no Regulamento de 1998 que: "10.1. Quando houver múltiplas partes, como requerentes ou como requeridas, e quando a controvérsia for submetida a três árbitros, os múltiplos requerentes, conjuntamente, ou os múltiplos requeridos, da mesma forma, deverão designar um árbitro, nos termos do art. 9º. 10.2. Na ausência da nomeação conjunta e de um método para a constituição do tribunal arbitral, a Corte nomeará todos os seus membros e designará um deles para atuar como presidente. Neste caso, a Corte terá liberdade para escolher qualquer pessoa que julgue competente para atuar como árbitro, aplicando o art. 9º, quando julgar conveniente." O mesmo dispositivo foi reproduzido no Regulamento CCI 2012 (artigo 12.8) e no regulamento atualmente em vigor de 2017 (artigo 12.8).

por mais de uma parte, de acordo com o Regulamento da CCI, a Corte designaria o árbitro no lugar das partes que não alcançaram o consenso, mantendo-se o direito de nomeação do árbitro pela parte contrária.

A despeito de representar uma quebra de paradigma com relação à escolha dos árbitros em arbitragens multipartes, a doutrina aponta que o caso Ducto deve ser analisado com certas cautelas. Inicialmente, é preciso considerar que, a despeito de estarem no mesmo polo da demanda, os interesses da BKMI e da Siemens eram diversos. O entendimento firmado no caso Ducto, portanto, não poderia ser aplicado em hipóteses de interesses convergentes dos litisconsortes. Da mesma forma, é preciso considerar que o local da arbitragem no caso Ducto era a França e, portanto, não se pode garantir o mesmo entendimento caso o julgamento ocorresse em outras jurisdições[15].

Apesar das flexibilizações admitidas com relação ao direito de escolha do tribunal arbitral, entendemos que no caso de intervenção forçada de terceiro é preciso que seja preservado o seu direito de indicação de árbitro(s). Ao contrário da intervenção voluntária, que se pode considerar a existência de uma presunção (relativa) de concordância com o tribunal já formado, na intervenção forçada será necessário o seu consentimento expresso. Caso o terceiro não concorde com o tribunal já formado ou caso se verifique alguma situação de conflito de interesses, duas consequências são possíveis: a) as partes que requereram a participação do terceiro poderão desistir do pedido de inclusão; b) o tribunal arbitral deverá ser desconstituído para possibilitar que o terceiro participe do processo de formação do tribunal.

É preciso, ainda que o tribunal arbitral leve em consideração as implicações processuais do pedido de ingresso do terceiro, já que o requerimento de inclusão de partes adicionais pode ser utilizado pelas partes originárias apenas como instrumento para causar tumulto processual, especialmente quando tais terceiros possuem conflitos de interesses previamente conhecidos com relação ao tribunal arbitral constituído. Assim, é preciso que os árbitros coloquem na balança, de um lado, a relevância da parte adicional para a solução da controvérsia e o risco de decisões

[15] CAPRASSE, Olivier. A Constituição do Tribunal Arbitral em Arbitragem Multiparte. *In: Revista Brasileira de Arbitragem*, ano II, nº 8, out-nov-dez de 2005, p. 92.

contraditórias, e, de outro, o retardamento que a inclusão do terceiro poderá trazer ao procedimento arbitral.

3. Desconsideração da personalidade jurídica no procedimento arbitral.

Por fim, cumpre analisar o risco de inclusão de terceiros não signatários em razão da desconsideração da personalidade jurídica das partes signatárias originárias no procedimento. A desconsideração da personalidade jurídica encontra-se regulamentada tanto pelo Código Civil, bem como pelo Código de Defesa do Consumidor[16]. O Código de Processo Civil de 2015 regulamentou o procedimento da desconsideração da personalidade jurídica, incluindo-a como modalidade de intervenção de terceiros (art. 133 a 137 do CPC de 2015).

A teoria da desconsideração da personalidade jurídica tem origem em países de common law e busca coibir abusos ou desvios no exercício da personalidade jurídica da pessoa jurídica. Assim, em hipóteses específicas, admite-se que seja "levantado o véu" da pessoa jurídica, para que se possa atingir os bens dos sócios, que responderão pelas dívidas da pessoa jurídica. A desconsideração é medida excepcional e depende de comprovação das condutas abusivas e desvio de finalidade da pessoa jurídica.

A despeito da previsão legal existente nos diplomas civilista e consumerista, não havia nenhuma regulamentação legal para o procedimento a ser adotado para proceder a desconsideração, o que muitas vezes impli-

[16] O Código Civil prevê a possibilidade de extensão dos efeitos de certas e determinadas relações de obrigações aos bens particulares dos administradores ou sócios da pessoa jurídica em hipóteses de abuso da personalidade jurídica, caracterizado pelo desvio de finalidade, ou pela confusão patrimonial (art. 50 do Código Civil). O Código de Defesa do Consumidor, por sua vez, prevê a desconsideração da personalidade jurídica no seu artigo 28, autorizando-a quando, em detrimento do consumidor, houver abuso de direito, excesso de poder, infração da lei, fato ou ato ilícito ou violação dos estatutos ou contrato social, bem como quando houver falência, estado de insolvência, encerramento ou inatividade da pessoa jurídica provocados por má administração. Assim, pelo próprio caráter protecionista do diploma consumerista, as hipóteses de desconsideração no âmbito do direito do consumidor são mais amplas. Admite-se, ainda, a desconsideração da personalidade jurídica inversa, com a extensão de certas obrigações do sócio para o patrimônio da sociedade, igualmente em casos de abuso da personalidade jurídica.

cava violação ao direito ao devido processo legal e ao contraditório dos sócios que, sem terem a oportunidade de participar adequadamente do processo, sofriam expropriação e constrição de seus bens.

A regulamentação do procedimento de desconsideração da personalidade jurídica é uma inovação advinda do CPC-2015 e foi inserida dentre as modalidades e intervenção de terceiros, mais precisamente, no artigo 133 a 137 do CPC-2015. A criação de um procedimento específico para a desconsideração da personalidade jurídica visa proteger a parte atingida pela desconsideração, seja o sócio ou administrador, seja a empresa, garantindo o amplo contraditório e possibilidade de produção de provas. De fato, trata-se de hipótese de ampliação subjetiva do processo, para incluir um terceiro que poderá sofrer as consequências materiais da condenação do réu. Assim, andou bem o CPC-2015 ao incluir a desconsideração no âmbito da intervenção de terceiros, no caso, intervenção provocada, que tem como objetivo principal a preservação do contraditório.

No âmbito da arbitragem, há vozes relevantes que defendem a impossibilidade de seu cabimento[17]. A justificativa para a impossibilidade de desconsideração da personalidade jurídica na arbitragem reside justamente no fato de que a origem da arbitragem é necessariamente contratual. Assim, "a jurisdição arbitral não pode ir além do negócio jurídico que motivou a sua implantação nem pode envolver senão as partes que o convencionaram"[18]. Como a parte atingida pela desconsideração não é parte na convenção de arbitragem, restaria impossibilitada a desconsideração. De fato, além de estender a cláusula compromissória a terceiro não signatário, a desconsideração da personalidade jurídica leva para a arbitragem questões não abrangidas pela cláusula compromissória, quais sejam, a existência de fraude ou abuso da personalidade jurídica a justificar a extensão da responsabilidade patrimonial. Portanto, entende-se que tais questões devem ser decididas no âmbito do poder judiciário,

[17] DIDIER JR, Fredie; ARAGÃO, Leandro. A desconsideração da personalidade jurídica no processo arbitral. *In Arbitragem: Estudos sobre a Lei 13.129 de 26-5-2015*. Org. Francisco José Cahali; Thiago Rodovalho; Alexandre Freire. São Paulo: Saraiva, 2016.

[18] DIDIER JR, Fredie; ARAGÃO, Leandro. "A desconsideração da personalidade jurídica no processo arbitral. In Arbitragem: Estudos sobre a Lei 13.129 de 26-5-2015. Org. Francisco José Cahali; Thiago Rodovalho; Alexandre Freire. São Paulo: Saraiva, 2016, p. 271.

salvo quando haja, na cláusula compromissória, a expressa possibilidade de o árbitro decidir tais questões, aplicando-se, assim, seu objeto e, via de consequência, a competência arbitral.

No entanto, considerando-se os riscos de um terceiro não signatário ser dragado para o procedimento arbitral, cumpre diferenciar a desconsideração da personalidade jurídica da hipótese de vinculação de terceiros não signatários por verificação de fraude ou abuso de direito[19]. Isso porque, há situações em que a parte que figura como signatária da cláusula compromissória é na verdade um "fantoche" da relação jurídica, ao passo que o verdadeiro responsável pelos compromissos assumidos na relação contratual está oculto e, portanto, figura como não signatário. Apesar de sutil, há diferença relevante em simplesmente se aplicar a desconsideração da personalidade jurídica prevista no Código Civil, Código de Defesa do Consumidor e Código de Processo Civil, se comparado com a vinculação de um terceiro à convenção de arbitragem.

O artigo 50 do Código Civil deixa claro que a desconsideração da personalidade jurídica ali prevista diz respeito à extensão dos efeitos da responsabilidade fazendo com que as consequências dessa responsabilização possam atingir os bens dos administradores ou sócios da pessoa jurídica. Se, por um lado, o direito das sociedades visa a proteção da pessoa jurídica e a individualização do seu patrimônio com relação ao patrimônio dos sócios; por outro lado, essa técnica de separação pode dar margem a uma série de práticas abusivas ou fraudulentas, com o objetivo de ocultar bens da pessoa jurídica, "blindando-os" por meio da pessoa dos sócios ou vice-versa[20]. Assim, por exemplo, quando se estende os

[19] A doutrina estrangeira ao aplicar a teoria do alter ego, também chamada de piercing the corporate veil, analisa as circunstâncias decorrentes de diversas relações jurídicas existentes entre as partes, bem como de uma relação jurídica direta e determinante que justifique a sua aplicação. Ou seja, verifica-se uma identidade tamanha entre as partes ou um controle absoluto de uma parte com relação à outra, que as suas personalidades jurídicas passam a se confundir, de modo que se uma delas não for signatária da cláusula compromissória, ainda sim deverá se submeter ao procedimento arbitral. FARIA, Marcela Kohlbach de . *Participação de terceiros na arbitragem*. São Paulo: Quartier Latin, 2019.

[20] TEPEDINO, Gustavo; BARBOZA, Heloisa Helena; MORAES, Maria Celina Bodin de. p. 128. *Código Civil Interpretado: conforme a constituição da república*. Vol. I, 3ª ed. ver. e atual. São Paulo: Renovar, 2014.

efeitos da responsabilização imputada à pessoa jurídica para que os bens dos sócios sejam igualmente atingidos, não se está discutindo quem são as partes no litígio. É da sociedade, nesse caso, a responsabilidade em disputa, no entanto, atos fraudulentos, de confusão patrimonial ou de abuso da personalidade jurídica, autorizam que os efeitos dessa responsabilidade atinjam terceiros. Por certo, é corolário do direito ao contraditório que seja garantido ao terceiro a quem se pretende estender a responsabilidade a oportunidade de se manifestar no litígio, justamente para garantir a possibilidade de tal terceiro comprovar a inexistência de fatores que justifiquem a extensão dos efeitos da responsabilidade.

Igualmente, a possibilidade de requerimento de desconsideração da personalidade jurídica a qualquer tempo e em qualquer fase do processo, conforme autorizada pelo CPC/2015, corrobora a diferenciação ora proposta. Se mesmo depois da condenação da sociedade é possível a desconsideração da personalidade jurídica, por certo que não há discussão sobre quem são as partes na demanda em que se imputou a responsabilidade à pessoa jurídica. O incidente de desconsideração, portanto, amplia objetivamente a demanda para que o juiz decida sobre a possibilidade de extensão dos efeitos da responsabilidade, desde que verificada alguma das hipóteses legalmente previstas. Justamente por implicar a ampliação objetiva da demanda é que parte da doutrina, com a qual estamos de acordo, não admite o incidente de desconsideração da personalidade jurídica na forma prevista no CPC/2015 no âmbito da arbitragem.

No entanto, situação totalmente diversa é a análise da existência de fraude ou abuso de direito para a verificação de quais são as partes vinculadas à convenção de arbitragem. Trata-se de verificar, portanto, a quem deve ser imputada a responsabilidade – e, portanto, quem deverá ser parte no processo – e não a quem pode ser estendido os efeitos patrimoniais da responsabilidade.

Portanto, conclui-se que, ainda que, no entendimento manifestado desse trabalho, não se admita a desconsideração da personalidade jurídica propriamente dita no âmbito da arbitragem, é possível que os árbitros verifiquem a vinculação de terceiros não signatários à cláusula compromissória pela verificação de fraude ou abuso de direito diante da verificação de confusão de personalidades a ponto de se verificar uma verdadeira parte oculta que, apesar de não aparecer diretamente no litígio, é responsável por todas as tomadas de decisão que culminaram no seu surgimento.

Conclusões

Se por um lado o consentimento se revela como a pedra de toque da arbitragem, impossibilitando que terceiros que não manifestaram a sua concordância em participar do procedimento sejam chamados ao processo arbitral, por outro lado, verifica-se que esse consentimento não se revela única e exclusivamente pela assinatura da cláusula compromissória arbitral. Dessa forma, a não assinatura do contrato não afasta por completo o risco de alguém ser parte em um procedimento arbitral, sendo certo que outras formas de manifestação implícita de vontade, ou mesmo a confusão de personalidades, com a verificação da existência de um sujeito oculto na relação jurídica, poderá justificar a inclusão de um terceiro no procedimento arbitral.

No entanto, todos esses aspectos, bem como o momento adequado e a admissibilidade do terceiro não signatário, não só do ponto de vista material mas também sob a ótica processual, deverão ser considerados pelo árbitro ou tribunal arbitral no momento da integração do terceiro no procedimento arbitral.

Referências

CAPRASSE, Olivier. "A arbitragem e os grupos de sociedades". In: Revista de Direito Bancário e do Mercado de Capitais, vol. 21, jul./set. 2003.

DIDIER JR, Fredie; ARAGÃO, Leandro. A desconsideração da personalidade jurídica no processo arbitral. *In Arbitragem: Estudos sobre a Lei 13.129 de 26-5-2015.* Org. Francisco José Cahali; Thiago Rodovalho; Alexandre Freire. São Paulo: Saraiva, 2016.

FARIA, Marcela Kohlbach de. *Participação de terceiros na arbitragem.* São Paulo: Quartier Latin, 2019.

KONDER, Carlos Nelson. Contratos conexos: grupos de contratos, redes contratuais e contratos coligados. Rio de Janeiro: Renovar, 2006.

Lemes, Selma Maria Ferreira. Arbitragem Multiparte. Notas sobre o caso Ducto. *In: Revista Brasileira de Arbitragem.* São Paulo, n. 29, 2011, p. 210-211.

MELO, Leonardo de Campos. *Extensão da cláusula compromissória e grupos e sociedades: a prática arbitral CCI e sua compatibilidade com o Direito Brasileiro.* Rio de Janeiro: Forense, 2013.

MOURRE, Alexis. L'intervention des tiers à l'Arbitrage. In: Revista Brasileira de Arbitragem, vol. 1, n. 1, jun.-out. 2003, p. 80.

TEPEDINO, Gustavo; BARBOZA, Heloisa Helena; MORAES, Maria Celina Bodin de. p. 128. *Código Civil Interpretado: conforme a constituição da república.* Vol. I, 3ª ed. ver. e atual. São Paulo: Renovar, 2014.

WALD, Arnoldo. A Teoria dos Grupos de Sociedades e a Competência do Juízo Arbitral. *In: Revista de Direito Mercantil, industrial, econômico e financeiro.* São Paulo: Revista dos Tribunais, ano XXXV, jan-mar/1996.

8.

GARANTIAS E ALOCAÇÃO DE RISCOS NO FINANCIAMENTO DE LITÍGIOS POR TERCEIROS

Napoleão Casado Filho
João Victor Porto Jarske

Introdução

A arbitragem está se consolidando, nacional e internacionalmente, como um dos principais métodos de resolução de conflitos. Embora seu uso se dê, predominantemente, em disputas contratuais, comerciais e societárias, a arbitragem também é intensamente utilizada e debatida no âmbito dos investimentos, das relações de consumo e dos contratos de trabalho, sobretudo em questões e problemas internacionais.

Por outro lado, é cediço que a arbitragem, como forma de resolver disputas, não representa algo de genuinamente novo: sua existência remonta à mais pretérita antiguidade, quando não existia um Estado, em sua acepção moderna, capaz de dirimir as querelas e fazer valer as decisões "jurisdicionais" proferidas. Na verdade, ultrapassado o período em que reinava a autotutela e a lei do mais forte, a justiça privada, notadamente a arbitragem, tornou-se predominante, embora tenha passado por altos e baixos ao longo da história.

A partir do século XX, com a intensificação do comércio internacional e o aumento do número e da complexidade das relações comerciais, houve, proporcionalmente, um crescimento expressivo da quantidade de conflitos e de litígios. Isto, por sua vez, criou incentivos para que empreendedores ingressassem e desenvolvessem o "mercado da justiça", seja atuando como advogados, tornando o ambiente da arbitragem um espaço multicultural (e com múltiplas estratégias de advocacia, a exemplo do estilo adversarial, no qual os advogados estadunidenses são destaque), seja adotando um papel mais administrativo e regulatório, criando centros de arbitragem com normas procedimentais por vezes mais específicas para um dado setor, e sempre aprimorando-as.

O crescimento expressivo da arbitragem nas últimas décadas se deu também em razão das inúmeras vantagens proporcionadas pelo instituto: a possibilidade de escolher árbitros e câmaras arbitrais especializados nas questões controvertidas; a menor formalidade procedimental, quando comparada ao processo estatal; a maior facilidade de execução das sentenças, em se tratando de arbitragens internacionais; a irrecorribilidade das decisões, o que proporciona uma maior celeridade ao procedimento; e outras características afins.

Existe, porém, um elemento bastante sensível e relevante que, por vezes, ainda representa um entrave à adoção massiva da arbitragem: os seus custos. De acordo com estudo publicado pela School of International Arbitration, intitulado Corporate Choices in International Arbitration: Industry Perspectives, um dos principais critérios analisados pelos contratantes na hora de escolherem o método que será utilizado para a resolução de suas eventuais disputas é, justamente, o preço[1].

Embora a competição entre os advogados, árbitros e câmaras arbitrais tenha, recentemente, levado a uma sensível diminuição nos custos da arbitragem[2], ainda existem muitos problemas e dificuldades neste aspecto, sobretudo quando uma parte está financeiramente debilitada: a vinculância da cláusula arbitral é, então, contraposta à impecuniosidade da parte, sendo impossível, ao potencial ligitante, iniciar ou sustentar o procedimento arbitral por conta própria.

Surge, assim, a relevância do financiamento por terceiros, ou, na nomenclatura inglesa, o *third party funding* (TPF). Tratando-se de uma

[1] QUEEN MARY UNIVERSITY. *Corporate Choices in International Arbitration: Industry Perspectives*. 2013. Disponível em: http://www.arbitration.qmul.ac.uk/research/2013/. Acessado em 21 de outubro de 2021.

[2] Raouf, Mohamed Abdel. *Emergence of New Arbitral Centres in Asia and Africa: Competition, Cooperation and Contribution to The Rule of Law. In.:* Brekoulakis e outros (eds). The Evolution and Future of International Arbitration. Kluwer Law International, 2010, p. 323.

prática ainda pouco difundida no Brasil, o conceito de TPF é bastante intuitivo: trata-se de um método de financimento no qual um terceiro, que não é parte da disputa, financia as custas ou mesmo as condenações arcadas por uma das partes, normalmente a requerente na arbitragem[3].

No Brasil, não existem leis regulamentando, especificamente, o TPF, de modo que os contratantes têm ampla liberdade para dispor sobre os termos do financiamento. Por um lado, essa autonomia é bastante vantajosa aos *players* deste mercado, porque torna mais fácil o ingresso de novos financiadores e mais amplas as possibilidades de negociação; por outro lado, a falta de regras vinculantes torna necessário o desenvolvimento de diretrizes, instruções e regras de "boas-práticas", o que pode ser feito tanto pelas pessoas que estão imersas nesse tipo de negócio, através da autorregulação[4], quanto pelos doutrinadores e por instrumentos de *soft law*[5], sempre no ímpeto de que o financiamento seja conduzido dentro dos limites éticos e legais.

Dessa forma, o objetivo geral deste artigo é, exatamente, o de abordar o funcionamento do TPF, observando o papel garantidor do financiador,

[3] Steinitz, Maya. *Whose Claim Is This Anyway? Third-Party Litigation Funding.* 95 Minn. L. Rev., 2011, p. 1275-1276.

[4] Quando as próprias entidades, ou agentes de mercado, estabelecem suas diretrizes, regras de funcionamento e de fiscalização, na intenção de que, demonstrando ao mercado o cumprimento de certos padrões éticos e regulatórios, melhorem sua imagem e reputação e, assim, consigam um maior *marketshare.*

[5] Trata-se de um conjunto de normas de caráter persuasivo, que constituem um direito flexível. Embora não seja vinculante, a *soft law* tem funcionado muito bem para seus propósitos, sobretudo em ambientes notoriamente desregulamentados como é o arbitral. Isso se deve, sobretudo, em razão dos incentivos econômico-comportamentais para seu efetivo cumprimento, baseado na autonomia da vontade e na boa-fé. Nesse sentido, ver Gregório, Fernando da Silva. *Consequências sistêmicas da soft law para a evolução do direito internacional e o reforço da regulação global.* Revista de Direito Constitucional e Internacional, volume 95, 2016, p. 3. No âmbito do TPF, podemos destacar o *Code of Conduct for Litigation Funders,* elaborado pela Association of Litigation Funders of England & Wales, e a Proposta de um Código de Conduta para os Investidores em Arbitragem Internacional no Brasil, descrita em Casado Filho, Napoleão. *Arbitragem Comercial Internacional e Acesso à Justiça: o novo paradigma do third party funding.* Tese de doutorado em Direito das Relações Econômicas Internacionais. Orientador: Prof. Dr. Cláudio Finkelstein. Pontifícia Universidade Católica de São Paulo, 2014, p. 186-188.

ou *funder*, quanto ao acesso à Justiça arbitral. Também se inclui no escopo deste artigo examinar algumas inovações e tendências contemporâneas no âmbito do TPF e, ainda, analisar como se dá a alocação de riscos neste tipo de financiamento, examinando os mecanismos contratuais mais utilizados.

Este artigo adotará a metologia descritiva, a fim de ponderar sobre o funcionamento e a utilidade do TPF, discorrendo, ainda, sobre as balizas dentro das quais os contratos de financiamento de litígios são, normalmente, celebrados. Para este fim, serão adotadas fontes bibliográficas primárias, mormente a legislação brasileira e algumas regras editadas em âmbito internacional, bem como fontes secundárias, com ênfase na doutrina arbitral e contratualista, nacional e internacional.

1. O *third party funding* e o acesso à justiça arbitral

No Direito brasileiro, existe uma preocupação notória, de caráter eminentemente político e legislativo, com o princípio do acesso à Justiça: para além da inafastabilidade da jurisdição[6], a Constituição postula, em seu rol de direito fundamentais, a obrigação de o Estado prestar "assistência jurídica integral e gratuita aos que comprovarem insuficiência de recursos"[7].

É curioso que a Constituição de 1967 trazia a expressão "assistência judiciária", em contraposição ao termo "assistência jurídica", adotado pela Carta de 1988. Essa mudança – bastante sutil, é de se notar – é tida como uma alteração intencional e bastante simbólica por alguns doutrinadores, que argumentam ser dever do Estado garantir não apenas o acesso ao Judiciário, mas também a outros serviços jurídicos, a exemplo da consultoria e dos mecanismos extrajudiciais de resolução de conflitos[8].

Evidentemente que o acesso à Justiça, mormente em se tratando do direito à justiça gratuita, tem de ser ponderado e exercido dentro de cer-

[6] BRASIL. *Constituição da República Federativa do Brasil*. Brasília, DF: Senado Federal: Centro Gráfico, 1988, art. 5º, XXXV.

[7] BRASIL. *Constituição da República Federativa do Brasil*, cit., art. 5º, LXXIV.

[8] TORRES, Ana Flávia Melo. *Acesso à Justiça*. Disponível em: https://ambitojuridico.com.br/cadernos/direito-constitucional/acesso-a-justica/. Acessado em 19 de outubro de 2021.

tos limites, devendo ser rechaçadas as práticas deliberadamente abusivas que oneram, de maneira descabida e indecorosa, o Poder Judiciário.

Na arbitragem, porém, não é possível pleitear ao Estado, tampouco aos árbitros ou às Câmaras Arbitrais, a gratuidade processual, de forma que não existe ninguém a quem possa ser atribuído o *dever* de socorrer a parte financeiramente debilitada. Ao contrário da Justiça estatal, a arbitragem, como instituto, não tem a preocupação política de garantir o acesso aos que por ela optaram. Afinal, foram as próprias partes que, no momento da contratação, usufruíram de plena autonomia e liberdade contratual, e, portanto, são elas que devem arcar com suas escolhas[9].

Num cenário de impecuniosidade, entretanto, ficam um pouco mais nebulosas as possibilidades de atuação processual da parte que, embora tenha firmado uma cláusula arbitral, não tem recursos para dar início ao procedimento. Estaria, então, a cláusula arbitral tolhida de qualquer efeito, perdendo, completamente, seu caráter eminentemente vinculante?

Muito embora haja decisões nacionais e internacionais que respondem afirmativamente a esta questão[10], entendemos ser mais acertado dizer que não, a impecuniosidade não pode servir de fundamento para contornar a cláusula arbitral. As soluções que desconsideram o aspecto vinculante da cláusula compromissória carecem de técnica e de criatividade, afinal, o afastamento da cláusula arbitral deve ser apurado apenas com base na inadequação do negócio jurídico no momento da sua formação, e não de acordo avaliações feitas *a posteriori*.

Existe uma multiplicidade de soluções que podem ser adotadas num cenário de impecuniosidade: a adequação de uma cláusula arbitral mal redigida e inapropriada, a fim de torná-la compatível com as proporções financeiras e complexidade da disputa[11], por exemplo, poderia ser uma

[9] Casado Filho, Napoleão. *Arbitragem Comercial Internacional e Acesso à Justiça: o novo paradigma do third party funding*, cit., p. 80 e 195.

[10] TJPR, 1ª C. Cível, Apelação Cível nº 143104-5, 11.05.2016 Rel. Min. Ruy Cunha Sobrinho julg. 30.08.2016; também o caso Haendler & Natermann GmBH v. Janos Paczy, julgado pela English Court of Appeals, disponível em: http://www.newyorkconvention.org/11165/web /files/document/1/8/18523.pdf, acessado em 21 de outubro de 2021.

[11] Bundesgerichtsof, III ZR 33/00, Caso 404. Disponível em: http://www.dis-arb.de/. Acessado em 21 de outubro de 2021; também o caso Brower v. Gateway 2000 Inc., julgado

boa resposta para algumas situações excepcionais. Solução ainda mais inteligente, porém, seria a busca por um terceiro financiador.

Através do TPF, é possível que um terceiro, alheio ao procedimento arbitral, financie o conflito, arcando, por exemplo, com as custas administrativas da câmara arbitral, com os honorários dos advogados e dos árbitros, ou mesmo com outros gastos necessários para iniciar, conduzir e concluir o procedimento. Em troca, o terceiro financiador poderá receber seu investimento de volta, acrescido de juros, correção monetária e de um percentual sobre ganhos eventualmente auferidos pela parte financiada; noutros casos – mais incomuns – quando o *funder* está financiando a parte requerida numa arbitragem, ele pode ser remunerado com uma porcentagem da diferença entre a efetiva condenação da parte, e os valores pedidos pela parte requerente[12]; no caso de uma sentença desfavorável, porém, geralmente o investimento é perdido[13], e dependendo do que foi acordado, o terceiro financiador também poderá ter de arcar com as verbas sucumbenciais[14]. Trata-se, pois, de um financiamento de risco[15].

Para nós, brasileiros, que temos acesso a um Poder Judiciário relativamente barato, é intrigante constatar que o financiamento de terceiros não surgiu no escopo da arbitragem. Na verdade, seu histórico remonta ao custeio de processos levados à Justiça estatal, extremamente cara em alguns países, notadamente nos de *common law*, como os Estados Uni-

pela Suprema Corte de Nova York, disponível em: http://www.internetlibrary.com/cases/lib_case39.cfm/. Acessado em 21 de outubro de 2021.

[12] GOELER, Jonas Von. *Chapter 2: The Various Forms of Third-Party Funding in International Arbitration. Third-Party Funding in International Arbitration and its Impact on Procedure.* International Arbitration Law Library, Volume 35, p. 18. Outra situação possível em que o financiador investe na parte requerida é quando, por exemplo, essa parte tem um ativo valioso, como uma patente, podendo ser acordado, neste caso, que o *funder* seja remunerado pelos royalties advindos da patente, em troca de seu patrocínio na causa.

[13] Prefácio do livro *ICC Dossier: Third Party Funding in International Arbitration. In.:* CREMADES, Bernardo; DIMOLITSA, Antonias. Dossiers – ICC. Paris, 2013, p. 05.

[14] NIEUWVELD, Lisa Bench; SAHANI, Victoria Shannon. *Third-Party Funding in International Arbitration.* 2ª edição, Kluwer Law International, 2017, p. 01.

[15] CASADO FILHO, Napoleão. *Arbitragem Comercial Internacional e Acesso à Justiça: o novo paradigma do third party funding*, cit., p. 89.

dos[16]. Entretanto, passado esse estágio embrionário do TPF, a sua utilização em procedimentos arbitrais, sobretudo internacionalmente, foi considerada um dos maiores avanços contemporâneos à arbitragem[17]. Isso porque, além de ser utilizado de maneira estratégica, como uma ferramenta de *hedge* para administrar os custos, riscos e incertezas inerentes a qualquer litígio, o TPF é especialmente atrativo para aqueles que carecem de recursos financeiros suficientes para custear o procedimento arbitral. Lembre-se que os custos de arbitrar são, em regra, bastante elevados.

O TPF, portanto, representa uma ferramenta interessantíssima para garantir o acesso à Justiça arbitral e para proporcionar uma maior igualdade entre os litigantes: garantindo recursos financeiros suficientes para a parte que pretende arbitrar, o TPF possibilita-lhe usufruir de um bom representante legal e confere-lhe um maior "fôlego" para tolerar riscos, atributos tão caros à condução, com paridade de armas, das negociações e do próprio procedimento arbitral. Usado dessa forma, o financiamento por terceiros enseja o cumprimento bastante fidedigno ao princípio da igualdade das partes, instituído no art. 21, §2º da Lei 9.307/96[18].

Assim, considerada a multiplicidade de usos, vantagens e funcionalidades do TPF, essa ferramenta vem sendo intensamente testada, desenvolvida, debatida e, em alguns países, normatizada, a fim de que sejam esclarecidos seus limites e suas possibilidades de utilização. Em razão da atualidade e da relevância no tocante ao que foi desenvolvido pela legislação internacional, nesse aspecto, faz-se relevante debruçar-nos sobre o tema, ao que nos dedicamos no próximo tópico.

[16] Casado Filho, Napoleão. *Arbitragem Comercial Internacional e Acesso à Justiça: o novo paradigma do third party funding*, cit., p. 86.

[17] Hong Kong e Singapura, inclusive, adaptaram suas legislações para, expressamente, possibilitar o TPF. Cf. Álvarez, Omar Puertas; Triadú, Carlos Ara; et al. *Two's a crowd, three's a party: The coming of age of third-party funding in international arbitration*. Espanha: Arbitration Review, Revista del Club Español del Arbitraje, Wolters Kluwer España, Volume 2021 Issue 40, 2021, p. 25-41.

[18] *In verbis*: "serão, sempre, respeitados no procedimento arbitral os princípios do contraditório, da igualdade das partes, da imparcialidade do árbitro e de seu livre convencimento".

2. Tradições e inovações no âmbito do *third party funding*

Nem sempre o TPF foi visto com bons olhos: embora tenha-se dito que o financiamento por terceiros surgiu nos países de *common law*, em razão dos custos relativamente altos da Justiça estatal nessas jurisdições, essa mesma tradição jurídica continha princípios que, praticamente, impediam o desenvolvimento do TPF: tratavam-se das doutrinas da *maintenance*, *champerty* e *barratry*.

A *maintenance* e a *champerty*, apesar de serem institutos distintos, são correlacionados: a *maintenance* ocorre, basicamente, quando um terceiro, sem uma justa causa, fornece assistência financeira ao titular do caso, com quem não tem qualquer conexão ou interesse financeiro; a *champerty*, por outro lado, pode ser entendida como uma espécie de *maintenance*, com a ressalva de que, nesse caso, o terceiro que custeia o procedimento busca lucrar com uma parte dos ganhos eventualmente auferidos na ação. Enfim, a *barratry*, mais aplicada nos Estados Unidos, constitui a prática reiterada da *champerty*.

Em meados do século XIX, no Reino Unido, essas condutas eram vistas com bastante antipatia, pois eram tidas como contrárias à ordem pública: à época, temia-se que as pessoas mais ricas – os barões, por exemplo – pudessem investir nas causas juridicamente mais fracas no ímpeto de que seu poderio social e econômico fosse capaz de aumentar as chances de procedência da ação – ao menos aos olhos do juiz, que poderia "titubear" diante de uma situação econômica e socialmente delicada[19]. Ademais, também havia o receio de que o financiador pudesse exagerar os danos, suprimir as evidências, ou mesmo subornar as testemunhas[20], atrapalhando o devido processo legal.

A *maintenance* e a *champerty* foram descriminalizadas no Reino Unido apenas em 1967, com a edição do Criminal Law Act: até então, essas práticas eram consideradas um ilícito criminal e civil. Apesar disso, as duas doutrinas continuam a ser aplicadas como uma norma de ordem pública[21],

[19] Lowe, Rebecca. *Speculate and Arbitrate to Accumulate*. IBA Global Insight, 2013.

[20] Court of Appeal, Inglaterra e País de Gales, Juiz Lord Denning MR, Re Trepeca Mines, 1963, Ch 199.

[21] House of Lords, Reino Unido, Factortame v. Secretary of State for Transport, 1990, C-213/89.

inclusive no âmbito dos métodos privados de resolução de conflitos, em especial a arbitragem[22]. Usualmente, essa aplicação se dá quando o terceiro financiador se envolve de maneira excessiva na condução da lide, ou quando o *funder* pretende receber uma quantia desproporcionalmente alta da eventual indenização[23].

Essa "hostilidade" ao TPF não é exclusiva do Reino Unido: alguns estados da Austrália[24] e dos Estados Unidos[25], por exemplo, continuam apontando as consequências negativas da *maintenance* e da *champerty* como argumento para limitar a adoção do TPF, quando não para obstar, por completo, o uso dessa ferramenta, sobretudo quando se verificam, aos olhos do juiz, condições extremamente prejudiciais a uma das partes.

Aparentemente, esse "proibicionismo" do TPF em razão das doutrinas da *champerty* e da *maintenance* possuem um tom mais ético e moral do que propriamente jurídico, pois acabam obstando um acordo genuinamente lícito, celebrado voluntariamente entre duas partes absolutamente capazes. Cremos ser mais acurada a ideia de que os possíveis danos advindos do TPF – como a especulação judicial e as demandas frívolas – possam ser remediados através de outros institutos já presentes no direito civil – a exemplo da teoria da lesão e a litigância de má-fé. Sua proibição, ao revés, deve ser resguardada para verdadeiros ilícitos cíveis ou para as hipóteses de vícios do consentimento.

Justamente por se tratar de uma matéria ainda um tanto nebulosa, aceita apenas a contragosto por algumas jurisdições, tornou-se tendência, mais recentemente, que alguns países desenvolvessem normas específicas destinadas a regulamentar o TPF: Hong Kong, China e Singapura são bons exemplos disso.

[22] Chancery Division, Inglaterra e País de Gales, Bevan Ashford v. Geoff Yeandle, 1998, Ch. 239.

[23] Sauders, Nicholas. *Issues to consider in relation to third party funded claims*. 2020. Disponível em: https://www.brownejacobson.com/insurance/training-and-resources/legal-updates/2020/01/issues-to-consider-in-relation-to-third-party-funded-claims. Acessado em 03 de novembro de 2021.

[24] High Court of Australia, Austrália, Campbells Cash & Carry Pty Limited v. Fostif Pty Ltd, 2006, HCA 41.

[25] Supreme Court of Ohio, Estados Unidos, Rancman v. Interim Settlement Funding Corporation, 2001, CV 99 12 5160.

Em Hong Kong, a Lei de Mediação e Arbitragem foi alterada, em 2017, para incluir um capítulo exclusivo sobre TPF. Isso se deu justamente no ímpeto de que o financiamento por terceiros não fosse proibido pelas doutrinas da *maintenance* e da *champerty*, conforme mencionado explicitamente na parte preambular do documento, intitulado Arbitration and Mediation Legislation (Third Party Funding) (Amendment) Ordinance 2017[26].

É curioso notar que essa permissão não se aplica aos advogados que estejam atuando na causa e que, concomitantemente, desejem financiar a parte, seu cliente. Essa vertente do TPF continua proibida, consoante o item 98O da Emenda, o que é coerente com a definição de Third Party Funder nela estabelecida: alguém que é parte num acordo de financiamento de arbitragem, mas que não tem nenhum outro interesse na arbitragem senão o próprio acordo de financiamento.

Essa Emenda previu algumas diretrizes específicas para a contratação de terceiros financiadores, estabelecendo, em seu item 98Q, por exemplo, que os contratos de financiamento devem especificar: o grau de controle que o financiador terá com relação à arbitragem; se o terceiro financiador será responsável ou não por *adverse costs*, *insurance premiums*, *security for costs* ou outras responsabilidades financeiras; bem como as bases para o término contratual.

Ademais, todos os *funders* têm a obrigação de prestar contas a um órgão fiscalizador, indicado pelo Secretário da Justiça de Hong Kong. Enfim, a Emenda também estabeleceu o dever de revelação à parte financiada que, consoante os itens 98U e 98V, respectivamente, tem a obrigação de revelar o nome do third party funder, bem como a data do término do financiamento, caso isso ocorra.

Também é interessantíssimo apontar que, em Hong Kong, foi editado um Código de Conduta para os financiadores, documento assinado pela

[26] *In verbis*: "[a]n Ordinance to amend the Arbitration Ordinance and the Mediation Ordinance to ensure that third party funding of arbitration and mediation is not prohibited by the common law doctrines of maintenance and champerty (...)". HONG KONG. Arbitration and Mediation Legislation (Third Party Funding) (Amendment) Ordinance 2017. 2017. Disponível em: https://www.gld.gov.hk/egazette/pdf/20172125/es1201721256.pdf. Acessado em 04 de novembro de 2021.

então Secretária de Justiça, Teresa Y. W. Cheng, e publicado em dezembro de 2018[27]. Dentre suas determinações mais relevantes, destacam-se o dever de o financiador comprovar sua capacidade financeira, a qual pode ser demonstrada, dentre outros requisitos, pelo acesso a um capital mínimo de HK$ 20 milhões[28] (equivalente a quase R$ 15 milhões); bem como a regra de que, nos contratos de financiamento, conste cláusula delimitando a conduta do financiador[29], que não está autorizado a exercer controle sobre a condução da arbitragem mediante qualquer tipo de influência sobre as partes, seus advogados ou a instituição arbitral[30].

As regras estabelecidas por Hong Kong são bastante claras e úteis no tocante às delimitações conceituais e à própria conduta das partes envolvidas direta e indiretamente no financiamento, e provavelmente serão um estímulo para que contratos internacionais elejam uma câmara arbitral localizada neste território autônomo e escolham-no como a sede de uma eventual arbitragem. Hong Kong, aliás, já foi eleito um dos cinco melhores lugares do mundo para se arbitrar[31].

Ao lado de Hong Kong, Singapura, também no rol dos cinco melhores lugares para se arbitrar, aboliu os ilícitos cíveis da *maintenance* e da *champerty*, permitindo o uso do TPF em algumas situações[32]. Essa ferramenta, entretanto, só pode ser usada no âmbito das arbitragens internacionais[33], e só podem ser financiadores aqueles que tenham um capital

[27] HONG KONG. Code of Practice for Third Party Funding of Arbitration. 2018. Disponível em: http://gia.info.gov.hk/general/201812/07/P2018120700601_299064_1_1544169372716.pdf. Acessado em 04 de novembro de 2021.

[28] Ibid, item 2.5.2.

[29] Ibid. item 2.9.

[30] Ibid.

[31] WHITE & CASE. 2021 International Arbitration Survey: Adapting arbitration to a changing world. 2021. Disponível em: http://www.arbitration.qmul.ac.uk/media/arbitration/docs/LON0320037-QMUL-International -Arbitration-Survey-2021_19_WEB.pdf. Acessado em 09 de novembro de 2021.

[32] SINGAPURA. *Civil Law (Amendment) Act 2017*. Item 2, 5A. 2017. Disponível em: https://sso.agc.gov.sg/ Acts-supp/2-2017/. Acessado em 04 de novembro de 2021.

[33] SINGAPURA. *Civil Law (Third-Party Funding) Regulations 2017*. Item 3. 2017. Disponível em: https://sso.agc.gov.sg/SL-Supp/S68-2017/Published/20170224?DocDate=20170224. Acessado em 04 de novembro de 2021.

de, no mínimo, 5 milhões de dólares de Singapura[34] (cerca de 20 milhões de reais).

Assim como em Hong Kong, em Singapura os advogados não podem atuar como *funders* de seus clientes. Vale destacar que, em Singapura, advogados são proibidos até mesmo de executar os chamados "honorários de sucesso", sendo-lhes vedado celebrar um contrato no qual sua remuneração esteja condicionada, unicamente, à procedência da ação[35]. Ademais, o dever de revelação do terceiro financiador também foi objeto de destaque na normativa singapurense.

Também nesse país, é relevante mencionar que várias outras entidades privadas editaram normas e diretrizes para a boa condução dos contratos de TPF: a Law Society of Singapore, por exemplo, publicou, em abril de 2017, documento intitulado Guidance Note on Third Party Funding; o Singapore International Arbitration Centre, em suas Regras de Arbitragem de Investimento, dedicou um capítulo especial ao TPF; também o Singapore Institute of Arbitrators publicou suas Guidelines for Funding to Parties in Singapore-seated International Arbitrations. Esses documentos são extremamente interessantes, e bastante bem-vindos, pois contribuem para o maior esclarecimento e legitimidade do instituto.

Ainda nesses arredores geográficos, a China também começou a autorizar o TPF: a Investment Arbitration Rules of the China International Economic and Trade Arbitration Commission (CIETAC Investment Rules) facultou, expressamente, o uso do TPF, também conferindo bastante ênfase ao dever de revelação, algo que parece ser uma tendência praticamente uniforme entre os países estudados.

É evidente, portanto, que essas jurisdições orientais estão buscando atrair para si um maior número arbitragens, valendo-se, para esse fim, dos instrumentos regulatórios disponíveis. Dentre outras características positivas, a edição de um código de ética para os funders, ou dispositivos legais similares, proporciona uma uma maior clareza – e uma maior segurança jurídica – para com o financiamento por terceiros.

[34] Ibid, item 4.
[35] SINGAPURA. *Legal Profession Act.* Artigo 107(b). 2021. Disponível em: https://sso.agc.gov.sg/Act/ LPA1966?ProvIds=P1VIII-#pr107-. Acessado em 11 de novembro de 2021.

Já no Ocidente, a França, igualmente, se posicionou de modo favorável ao TPF: o "Conselho da Ordem de Paris" (Paris Bar Council) editou uma resolução na qual, expressamente, apoiou o uso racional do financiamento por terceiros, afirmando que essa ferramenta é benéfica tanto para as partes, quanto para os advogados. Foi feita a ressalva, porém, de que é dever do advogado representar o cliente, e não o financiador, de modo que os advogados não devem entrar em muitos detalhes sobre o caso com o *funder*, ao menos não na ausência da parte financiada.

Infelizmente, nem todas as inovações relativas ao TPF vieram para amparar e corroborar com o instituto: na Irlanda, por exemplo, o financiamento por terceiros ainda é bastante rechaçado. No caso Persona Digital Telephony Limited & Sigma Wireless Networks Limited v. Ministro das Empresas Públicas, Irlanda e o Advogado Geral (The Minister for Public Enterprise, Ireland and the Attorney General), a Suprema Corte da Irlanda sustentou que o TPF ainda é ilegal no âmbito de processos judiciais, fazendo referência expressa às doutrinas da *champerty* e *maintenance*. Parece-nos que essa é uma medida verdadeiramente contra produtiva, e caso a Irlanda queira se tornar uma referência no comércio internacional, essa hostilidade ao TPF certamente terá que mudar[36].

Em outras jurisdições, o TPF nem foi aprimorado, nem foi hostilizado. No Reino Unido, por exemplo, a "novidade" foi a resposta do Lord Keen, de Elie, a alguns questionamentos parlamentares sobre o TPF, na qual o jurista afirmou que o mercado do TPF seria relativamente novo, de modo que o governo ainda não teria tantas preocupações específicas sobre as atividades dos *funders*. Por isso, seria suficiente assegurar ao Parlamento de que o TPF estaria sob o escrutínio governamental, e que o instituto seria investigado caso houvesse necessidade[37].

Não obstante a inércia do Governo britânico, a tradicional Queen Mary University of London, em colaboração com o International Council for Commercial Arbitration, organizou uma "Força Tarefa" (Task Force)

[36] Beechey, John. *Overview of Recent Developments in Third-Party Funding. In.:* Kalicki, Jean Engelmayer; Raouf, Mohamed Abdel (eds), Evolution and Adaptation: The Future of International Arbitration. ICCA Congress Series, Volume 20, Kluwer Law International, p. 04.

[37] Beechey, John. *Overview of Recent Developments in Third-Party Funding*, cit., p. 03.

para estudar o tema do TPF, o que culminou num relatório bastante extenso, publicado em 2018[38]. Neste documento, foi prestigiada a crescente importância do TPF que, à época, estima-se, movimentava cerca de US$ 10 bilhões.

Também neste relatório, foi enfatizada, mais uma vez, a importância do dever de revelação da parte que contrata um terceiro financiador, contraposto à necessidade de se respeitar a confidencialidade do contrato de financiamento, mormente quanto aos pormenores desse acordo. Também ficou consagrado que, em regra, o fato de a parte estar sendo financiada por um terceiro não deveria prejudicá-la para efeito de eventuais ressarcimentos das custas da arbitragem.

A possibilidade de a parte financiada reaver seus gastos com o financiamento também foi endereçada neste relatório, sendo concluído que, em regra, o ressarcimento dependeria da legislação do lugar da arbitragem, mas deveria sempre estar sujeito ao princípio da razoabilidade. Quanto à ordem de *security for costs*, isto é, o dever de a parte financeiramente debilitada prestar garantia a fim de assegurar o pagamento de uma eventual sucumbência, o relatório delimitou que, em regra, essa ordem deve ser proferida sem considerar a existência de um contrato de financiamento.

Pois bem, essas foram algumas das novidades mais recentes no escopo do TPF. Em geral, a importância desse tema está se tornando cada vez mais evidente, de modo que as novas regras e diretrizes delimitando as margens de conduta e de atuação das partes, dos árbitros, das câmaras arbitrais e dos *funders* é bastante bem-vinda. O tempo – e o mercado – ainda irá responder quais dessas diretrizes são mais apropriadas e mais atrativas para as partes que pretendem arbitrar, e o TPF se mostrará, cada vez mais, como um instrumento importantíssimo para a justiça.

3. Alocação de riscos no contrato de *third party funding*

Embora tenha-se dito que o TPF é uma ferramenta interessantíssima para mitigar os efeitos da impecuniosidade de uma parte financeira-

[38] INTERNATIONAL COUNCIL FOR COMMERCIAL ARBITRATION. *Report of the ICCA-Queen Mary Task Force on Third-Party Funding in International Arbitration*. 2018. Disponível em: https://cdn.arbitration-icca.org/s3fs-public/document/media_document/Third-Party-Funding-Report%20.pdf. Acessado em 11 de novembro de 2021.

mente debilitada, o financiamento por terceiros nada mais é do que um instrumento de alocação de riscos, que serve para acobertar e, de certa forma, "travar" os custos intrínsecos de litigar. Afinal, o trabalho dos *funders* é, exatamente, o de diversificar e manejar os riscos advindos das demandas arbitrais potencialmente meritórias, algo que não pode ser feito com a mesma eficiência pela parte, ao menos não sem que lhe recaia uma intensa pressão financeira[39].

A fim de estabelecermos um parâmetro para seu funcionamento, é interessante comparar a alocação e a administração de riscos nos contratos de financiamento por terceiros com outras modalidades contratuais, notadamente com o contrato de seguros e os contratos desenvolvidos pela atividade bancária e financeira, usualmente tidos como mais semelhantes ou até mesmo equivalentes ao TPF.

Quanto à atividade securitária, embora os contratos de seguro tenham alguns pontos de intersecção com os contratos de financiamento, e apesar de algumas jurisdições, como a francesa[40], entenderem pela equivalência de ambos os institutos, parece-nos que ambas as modalidades contratuais são sensivelmente distintas.

Isso porque, pela definição civilista brasileira, nos contratos de seguro, o segurador fica obrigado a garantir um interesse legítimo do segurado contra riscos predeterminados, mediante o pagamento de um prêmio. Veja-se, portanto, que nos contratos de seguro, o prêmio é pago em razão da mera sujeição do segurado a um evento danoso, futuro e incerto. Caso concretizada, a eventualidade – ou sinistro – "prejudica" a seguradora, que deverá arcar, total ou parcialmente, com os custos desse dano.

No TPF, por outro lado, o investimento é remunerado, apenas e justamente, mediante a concretização de um evento futuro e incerto: a procedência da ação e o subsequente recebimento da indenização. Assim, enquanto nos seguros o pagamento do prêmio é algo intrínseco ao contrato, no TPF, a contrapartida é contingente e incerta, estando condicionada ao julgamento do tribunal.

[39] ÁLVAREZ, Omar Puertas; TRIADÚ, Carlos Ara; et al. *Two's a crowd, three's a party: The coming of age of third-party funding in international arbitration*, cit., p. 01.

[40] CASADO FILHO, Napoleão. *Arbitragem Comercial Internacional e Acesso à Justiça: o novo paradigma do third party funding*, cit., p. 139.

O raciocínio econômico do *funder* também é diferente do racional do segurador: este busca pulverizar o risco entre todos os segurados que participam da operação, mediante cálculos atuariais bastante complexos; enquanto o *funder*, embora consiga mitigar seus riscos com a diversificação de seus investimentos, não é capaz de pulverizá-lo como faz o segurador: seu lucro advém apenas da concretização da álea.

Enfim, o dever de informar, um dos aspectos da boa-fé objetiva presente em ambos os tipos de contrato, é bem mais premente nos contratos de seguro do que nos de financiamento: no TPF, o financiador se responsabiliza pela condução de uma extensa *due diligence* antes de realizar o investimento, sendo-lhe possível conhecer e avaliar, de antemão, as chances de sucesso e, com isso, concordar ou não com a assunção dos riscos. As partes e seus advogados, normalmente, prestam contas apenas das decisões mais importantes e mais estratégicas ao financiador.

Também não é usual que o racional econômico do terceiro financiador equivalha àquele adotado pelas instituições financeiras, afinal, não é em todo caso que o *funder* atua como um intermediário entre a pessoa que tem um capital excedente, a ser usado no investimento, e a pessoa que toma esse capital. Normalmente, o financiador trabalha com recursos próprios.

É oportuno observar, entretanto, que essa estrutura pode mudar, como, de fato, vem acontecendo Brasil afora, sendo possível que fundos de investimento captem recursos de pessoas privadas e decidam investir em arbitragens, enquadrando-se, aí sim, como Fundos de Investimento em Direitos Creditórios Não Padronizados[41].

Justamente por conta dessa atipicidade, e por ser um instrumento bastante versátil em suas possibilidades de uso, foram desenvolvidas várias formas de contratar o financiamento de terceiros: cessão de crédito, estipulação em favor de terceiros, cessão de posição contratual e cessão fiduciária de crédito são algumas das formas mais comuns, praticadas atualmente. Dentre essas, a cessão de crédito e a cessão fiduciária de crédito podem ser consideradas as mais apropriadas. Vejamos.

[41] Casado Filho, Napoleão. Arbi*tragem Comercial Internacional e Acesso à Justiça: o novo paradigma do third party funding*, cit., p. 147.

Na cessão de créditos, o cedente, credor da obrigação, transfere ao cessionário sua posição ativa numa relação obrigacional, independentemente de autorização do cedido, isto é, do devedor. A vantagem dessa modalidade contratual reside na possibilidade de que o crédito seja cedido de modo parcial, adequando-se à prática de mercado do TPF em que, usualmente, são cobradas frações diminutas do total do crédito, quase nunca superiores a 50%[42].

Na cessão de posição contratual, ocorre a substituição subjetiva do financiado pelo financiador, tanto nos direitos quanto nas obrigações contratuais. Essa modalidade, portanto, é menos adequada às necessidades do TPF, haja vista não ser razoável que o *funder* assuma os deveres contratualmente estabelecidos entre o financiado e a outra parte, contra a qual se litiga.

Essa mesma inadequação é encontrada na estipulação em favor de terceiros, modalidade contratual bastante comum nos seguros de vida, por exemplo, em que há a figura da seguradora (promitente), do segurado (estipulante) e do terceiro (beneficiário). Além das diferenças já descritas entre o contrato de seguro e o TPF, acrescente-se que, neste último, não há, de maneira clara, o envolvimento de três pessoas na relação contratual, ao revés: o ajuste é celebrado apenas entre um financiador e um dos polos da arbitragem.

Enfim, na cessão fiduciária de crédito, a parte financiada enquadra-se como devedor fiduciante, e o investidor, como credor fiduciário, de modo que a parte permanece com a propriedade dos créditos nela investidos sob uma condição resolutiva, usualmente o término do procedimento arbitral. Essa modalidade, que se distingue de uma simples cessão de crédito por se revestir da alienação fiduciária, tem a vantagem de garantir o crédito do *funder* no caso de uma eventual falência da parte financiada, sendo, provavelmente, a modalidade mais apropriada de financiar uma arbitragem.

Pois bem, antes de celebrar um desses contrato, as análises carreadas pelo *funder*, que age com verdadeiro investidor, costumam ser bastante desafiadoras: entram em jogo habilidades e especialidades não apenas

[42] Ibid, p. 168.

do escopo jurídico, mas também do âmbito financeiro. Afinal, o financiador irá avaliar as chances de procedência da demanda, o *quantum* de uma eventual condenação, o valor do investimento necessário, o tempo para a decisão e para a recuperação do investimento, a solvência da contraparte, a banca de advogados do financiado, além de vários outros elementos[43].

Em razão da complexidade de seu trabalho, bem como da necessidade de gerar os incentivos corretos para os atores envolvidos, sobretudo para os advogados, é comum que os terceiros financiadores celebrem contratos "acessórios" ao contrato de financiamento. É usual, por exemplo, que o *funder* requeira que a banca de advogados que patrocina a causa seja remunerada, ao menos parcialmente, pelo sucesso da ação, e não por horas trabalhadas. Isso ocorre a fim de minimizar os custos do investimento, bem como para certificar que os advogados também acreditam na causa, e que não serão remunerados simplesmente pelo tempo de trabalho ou pelas peças produzidas, mas sim pelo sucesso da ação, de modo que os interesses dos envolvidos ficam firmemente alinhados. Nessa mesma linha, os financiadores que se valem da estrutura societária de fundos de investimentos também costumam a aplicar seus próprios recursos pessoais no fundo, a fim de manter a coesão dos interesses e dos incentivos[44].

Acordos de prioridade também são comuns no âmbito dos contratos de TPF. Nesse tipo de ajuste, estipula-se quem irá receber, em qual ordem, bem como o *quantum*, no caso de procedência da ação. Tipicamente, a estrutura de pagamentos construída nesses contratos de prioridade estabelece, em primeiro lugar, o ressarcimento dos investimentos feitos pelo *funder*; seguido do retorno financeiro acordado com o financiador; depois o pagamento devido aos advogados, caso haja remuneração de sucesso; e, por último, os valores devidos à parte[45].

[43] Goeler, Jonas Von. *Chapter 2: The Various Forms of Third-Party Funding in International Arbitration. Third-Party Funding in International Arbitration and its Impact on Procedure*, cit., p. 02.
[44] Ibid, p. 11 e 17.
[45] Goeler, Jonas Von. *Chapter 2: The Various Forms of Third-Party Funding in International Arbitration. Third-Party Funding in International Arbitration and its Impact on Procedure*, cit., p. 17.

Os contratos de financiamento também podem prever, em alguns casos, a possibilidade de que o financiador exerça algum tipo de controle, embora sutil e indireto, sobre as decisões da parte financiada, a exemplo da indicação da banca de advogados, a sugestão do árbitro para compor o tribunal, bem como decisões relativas a transações, renúncias e acordos almejados pela parte. Também é comum que haja o dever de que a parte e seus advogados informem o *funder* sobre algumas decisões no curso da arbitragem, sobretudo em questões mais estratégicas. Por outro lado, é verdadeiramente incomum – e imensamente controversa – a possibilidade de o financiador, porventura, vetar alguma decisão tomada pela parte e seus advogados[46].

Outro instrumento de controle de risco usado pelos financiadores é a cláusula de rescisão. Os acordos de financiamento, geralmente, especificam tanto os motivos capazes de ensejar a rescisão contratual, quanto as consequências dessa rescisão. Essas cláusulas dependem muito das conjunturas específicas do financiamento, e podem variar desde a possibilidade de término discricionário pelo *funder*, até o término por *material adverse change*, quando a probabilidade de ganho da causa fica reduzida, por exemplo.

Usualmente, as rescisões sem justa causa permitirão à parte financiada ficar com os recursos nela investidos até o momento da rescisão, enquanto nas rescisões por justa causa, quando há o descumprimento de alguma cláusula material do contrato, o *funder* pode buscar reaver os valores que já investiu[47].

Outra prática bastante curiosa e usual nos contratos de financiamento é a de acordar numa cláusula arbitral, como forma de mitigar os riscos da atividade. Afinal, um tribunal estatal localizado no Reino Unido, por exemplo, seria muito mais propenso do que tribunal arbitral, a julgar como não executável um contrato de financiamento, sob fundamento das doutrinas da *champerty* e e *maintenance*.

É notório, portanto, que o poder econômico do financiador lhe dá certa margem para controlar o procedimento, mesmo que indiretamente. Contudo, embora existam esses mecanismos de controle, não é usual que

[46] Ibid, p. 12.
[47] Ibid.

haja muita interferência do financiador na condução do processo. Cada agente, seja ele parte, advogado ou *funder*, continua exercendo seu papel de maneira bem delimitada.

As atividades desempenhadas pelos *funders*, portanto, são bastante complexas – e bastante úteis. São várias as formas pelas quais o risco dessa atividade pode ser controlado e mitigado, e são igualmente diversas as cláusulas contratuais que podem ser acordadas nesse tipo de transação. Os financiadores, como qualquer investidor, estão à busca de diminuir as necessidades de aporte financeiro, ao mesmo tempo em que procuram maximizam as possibilidades de lucro. As ferramentas e estratégias contratuais ora estudadas, portanto, buscam exatamente por esse caminho de alinhar os interesses das partes, para que todas contribuam com o sucesso da demanda, enquanto são mitigados os riscos de possíveis perdas no curso do processo.

Conclusões

Neste artigo, foram abordados, de maneira bastante breve considerada a complexidade do tema, algumas noções gerais acerca do *third party funding*. No primeiro tópico, foram elencados aspectos introdutórios sobre o papel do terceiro financiador, sobretudo a sua relevância para a parte que, embora tenha celebrado uma cláusula arbitral, encontra-se numa situação de impecuniosidade, sem condições financeiras de iniciar e conduzir um procedimento arbitral de maneira eficiente.

Numa situação como essa, seria bastante pueril argumentar que a única solução possível seria esvaziar a cláusula arbitral de qualquer eficácia. Na verdade, é exatamente nesse tipo de cenário que o TPF tem a notória capacidade de tornar-se um instrumento de garantia de acesso à Justiça arbitral. Sua utilidade, porém, não se resume a isso: a coleção de usos e utilidades desse instituto são extremamente variados. Trata-se, em essência, de uma ferramenta de *hedge*, através da qual a parte administra os riscos de litigar.

No segundo tópico, então, foram examinados alguns aspectos históricos do TPF, mormente a época em que imperava o "proibicionismo" dessa ferramenta sob a doutrina da *champerty*, *maintenance* e *barratry*. Tempos atrás, havia um receio justificável de que pessoas ricas pudessem se valer de seu poderio financeiro para pressionar os juízes, as partes, as testemunhas e outras figuras envolvidas no processo a agirem e decidirem de maneira pouco parcial, de forma a causar turbulências na condução da demanda.

As razões que fundamentavam essa hostilidade ao TPF, entretanto, foram sendo gradualmente mitigadas ao longo do tempo, de modo que a maioria dos países, inclusive aqueles cujas jurisdições enquadram-se como *common law*, foram descriminalizando essa atividade. Atualmente, embora lugares como o Reino Unido, os Estados Unidos e a Austrália ainda se valham da doutrina da *champerty* para recusar eficácia aos contratos de financiamento, fato é que isso está se restringindo a casos em que há algum tipo de abuso do lado do *funder* ou da parte, a exemplo da cobrança de porcentagens incrivelmente altas de retorno sobre o investimento, ou o ajuizamento de demandas completamente frívolas.

Outros lugares, com destaque para Hong Kong, China e Singapura, vêm regulamentando o TPF e deixando claros os limites dentro dos quais essa ferramenta pode ser usada. Uma regulamentação bem-feita e bem estruturada pode proporcionar legitimidade e segurança jurídica ao instituto, e é bastante possível que seja exatamente esse o corolário das recentes inovações legislativas nesses países, sobretudo Hong Kong e Singapura, que já constam dentre os cinco melhores lugares para se arbitrar, em 2021.

Enfim, no terceiro tópico, foi abordado um pouco da lógica econômico-financeira dos contratos de TPF. Foram examinadas algumas semelhanças e diferenças entre o contrato de seguro, as atividades das instituições financeiras e os contratos de financiamento de terceiros. Também foram ilustradas as principais modalidades contratuais utilizadas com o propósito de financiar um procedimento, sendo destaque a cessão fiduciária de crédito.

O amálgama de usos possíveis do TPF, sobretudo na arbitragem, é algo genuinamente transformador para o modo como se pondera e se avalia o litígio. Se os custos são um dos principais elementos examinados pelas partes no momento de eleger o método de resolução de disputas, a possibilidade de custeio desse método, mormente num cenário futuro e contingencialmente adverso para a parte, também é incrivelmente relevante. Portanto, não é incomum que a partes, ao concordarem em assinar uma cláusula arbitral, queiram eleger um lugar que, além de ser reconhecidamente amigável à arbitragem, também seja simpático ao TPF.

Este artigo teve o ímpeto de contribuir com o estudo dessa ferramenta tão cara e, de certa forma, ainda tão nebulosa na esfera jurídica. O TPF é um instrumento absolutamente legítimo e imensamente útil àqueles que dele se valem, desde que dentro dos limites éticos e legais, e não existem dúvidas de que essa ferramenta deve ser estimulada, sobretudo nos locais que almejam se tornar referência na arbitragem e no comércio.

9. FLEXIBILIZAÇÃO DO PROCEDIMENTO ARBITRAL POR MEIO DE CONVENÇÃO E O RISCO ANTE O DEVIDO PROCESSO LEGAL

YURI MACIEL ARAUJO

Introdução: atributos distintivos do processo arbitral[1]

A arbitragem vem sendo reconhecida como um dos principais expoentes dos denominados meios adequados[2] de resolução de disputas[3], que

[1] O presente trabalho deriva de estudo anteriormente desenvolvido pelo autor em ARAUJO, Yuri Maciel. *Arbitragem e devido processo legal.* São Paulo: Almedina, 2021, obra que aborda os diferentes desdobramentos do devido processo legal no sistema arbitral.

[2] Com efeito, "a expressão *métodos alternativos* vem cedendo espaço para o termo *métodos adequados* (ou 'adequate/appropriate dispute resolution') a partir da constatação de que os conflitos são diferentes entre si, tanto em complexidade, quanto em peculiaridade – e, assim, requerem ferramentas distintas para serem solucionados. Ademais, os ADRs não são simples alternativas ao Judiciário, e tampouco esta deveria ser a única e ou a principal via de solução dos conflitos, como acontece em nosso país e na maior parte dos países de tradição civilista. Os ADRs são mecanismos baseados na especialização e adequação de cada método a certo tipo de disputa" (COELHO, Eleonora. Desenvolvimento da cultura dos métodos adequados de solução de conflitos: uma urgência para o Brasil. In: ROCHA, Caio Cesar Vieira; SALOMÃO, Luis Felipe. *Arbitragem e mediação*: a reforma da legislação brasileira. São Paulo: Atlas, 2017, p. 98).

[3] Na concepção de Mauro Cappelletti e Bryant Garth, o juízo arbitral estaria inserido entre os métodos de solução de conflitos dedicados a enfrentar, em especial, os óbices ligados à terceira onda do acesso à justiça, que "centra sua atenção no conjunto geral de instituições e mecanismos, pessoas e procedimentos utilizados para processar e mesmo prevenir disputas nas sociedades modernas" (CAPPELLETTI, Mauro; GARTH, Bryant. *Acesso*

abarcam todas as modalidades de solução de conflitos não diretamente vinculadas ao julgamento pelo Judiciário.[4]

Para que tenha assumido tamanha difusão e consolidação no direito brasileiro e internacional, singularizou-se em razão de três diferenças centrais em relação a outros meios jurisdicionais. São atributos distintivos que, em conjunto, permitem a sua qualificação como um sistema próprio e bem delineado,[5] e geram notável interesse nessa alternativa à jurisdição estatal.

A primeira característica consiste na peculiar atribuição do poder de julgar a terceiros indicados pelas próprias partes,[6] que não exercem a atividade no âmbito de uma função pública do Estado, tipicamente derivada do *ius imperium*, mas sim como decorrência da autonomia dos interessados.[7]

à justiça. Tradução de Ellen Gracie Northfleet. Porto Alegre: Sergio Antonio Fabris, 1998, p. 67). Os autores destacam, entretanto, que o alto custo da arbitragem poderia constituir barreira que inviabilizaria a sua ampla utilização (Ibid., p. 82-83).

4 Gouveia, Mariana França. *Curso de resolução alternativa de litígios*. Coimbra: Almedina, 2011, p. 18.

5 Este artigo parte dos conceitos desenvolvidos na Teoria dos Sistemas, elaborada pelo sociólogo alemão Niklas Luhmann (dentre muitas outras obras do autor, é digna de registro Luhmann, Niklas. *Sistemas sociais:* esboço de uma teoria geral. Petrópolis, RJ: Vozes, 2016). No Brasil, a concepção de sistemas de Luhmann, que já vinha sendo empregada em outros campos do direito, foi aplicada ao processo arbitral, de forma pioneira, pela obra de Parente, Eduardo de Albuquerque. *Processo arbitral e sistema*. São Paulo: Atlas, 2012, p. 40 et seq.

6 Na lição de Carlos Alberto Carmona, "[a] arbitragem – meio alternativo de solução de controvérsias através da intervenção de uma ou mais pessoas que recebem seus poderes de uma convenção privada, decidindo com base nela, sem intervenção estatal, sendo a decisão destinada a assumir a mesma eficácia da sentença judicial – é colocada à disposição de quem quer que seja, para solução de conflitos relativos a direitos patrimoniais acerca dos quais os litigantes possam dispor. Trata-se de mecanismo privado de solução de litígios, por meio do qual um terceiro, escolhido pelos litigantes, impõe sua decisão, que deverá ser cumprida pelas partes" (Carmona, Carlos Alberto. *Arbitragem e processo*: um comentário à Lei nº 9.307/96. São Paulo: Atlas, 2009, p. 31).

7 Cordeiro, António Menezes. *Tratado da arbitragem*: Comentário à Lei 63/2011, de 14 de dezembro. Coimbra: Almedina, 2015, p. 16.

Ao conferir tal poder a entes privados,[8] a arbitragem denota a superação da concepção tradicional[9] de que os meios adjudicativos de administração da justiça deveriam incumbir exclusivamente ao Estado,[10] representando a emergência de modelo de atuação direta da sociedade civil na resolução das controvérsias.[11]

Em uma segunda perspectiva, o processo arbitral também se distingue daquele conduzido na via estatal por extrair seu principal fundamento

[8] "Arbitration agreements remove disputes from our court system to a private system of justice, paid for by the participants" (MOSES, Margaret L. Privatized "Justice". *Loyola University Chicago*, n. 36, 2005, p. 535). Tradução livre: "Convenções de arbitragem removem as disputas de nosso sistema judicial para um sistema privado de justiça, pago pelos participantes".

[9] "Segundo o conhecimento convencional, somente o Estado pode exercer o seu poder sobre as pessoas e coisas situadas em seu território. O poder de pacificar os conflitos, aplicando o direito ao caso concreto, decorre da soberania, mas nem por isso deixa de sofrer influências ou restrições" (TIBURCIO, Carmen. *Extensão e limites da jurisdição brasileira*: competência internacional e imunidade de jurisdição. Salvador: JusPodivm, 2016, p. 137).

[10] Fala-se de "meios adjudicativos", porque nem mesmo no conceito mais tradicional de monopólio da administração da justiça poder-se-ia entender que todos os litígios existentes na sociedade seriam necessariamente resolvidos pelo Estado. Conforme bem observam Boaventura de Sousa Santos, Maria Manuel Leitão Marques e João Pedroso, "[c]omo todas as demais construções sociais, os litígios são relações sociais que emergem e se transformam segundo dinâmicas sociologicamente identificáveis. A transformação delas em litígios judiciais é apenas uma alternativa entre outras e não é, de modo nenhum, a mais provável ainda que essa possibilidade varie de país para país, segundo o grupo social e a área de interacção. Aliás, o próprio processo de emergência do litígio é muito menos evidente do que à primeira vista se pode imaginar. O comportamento lesivo de uma norma não é suficiente para, só por si, desencadear o litígio. A grande maioria dos comportamentos desse tipo ocorre sem que os lesados dêm conta do dano ou identifiquem o seu causador, sem que tenham consciência de que tal dano viola uma norma, ou ainda sem que pensem que é possível reagir contra o dano ou contra o seu causador. Diferentes grupos sociais têm percepções diferentes das situações de litígio e níveis de tolerância diferentes perante as injustiças em que elas se traduzem. Por esta razão, níveis baixos de litigiosidade não significam necessariamente baixa incidência de comportamentos injustamente lesivos" (SANTOS, Boaventura de Sousa; MARQUES, Maria Manuel Leitão; PEDROSO, João. *Os Tribunais nas sociedades contemporâneas*. Coimbra: Oficina do Centro de Estudos Sociais, 1995, p. 41-42).

[11] MAGALHÃES, José Carlos de. A arbitragem como forma de atuação da sociedade civil. *Revista de Arbitragem e Mediação*, v. 9, abr./jun.2006, p. 172.

e legitimação constitucional da autonomia privada,[12] e não do princípio geral da inafastabilidade da jurisdição.

Como observa Selma Ferreira Lemes, a autonomia conferida às partes corresponde à verdadeira *mola propulsora* da arbitragem. Está presente desde o primeiro momento, quando optam por submeter a demanda ao juízo arbitral, e dali em diante define como será conduzido todo o processo arbitral.[13]

De um lado, constitui-se como condição para a instituição da arbitragem, que não poderá ocorrer, de forma alguma,[14] sem lastro na vontade de todas as partes envolvidas. Ninguém poderá ser compelido a se vincular a disputa arbitral em razão de sua simples afinidade ou relação estreita com determinado litígio, já que isso implicaria flagrante ofensa ao direito fundamental de acesso ao Poder Judiciário.

De outro lado, vê-se que a autonomia privada também apresenta grande repercussão na forma como será conduzida a arbitragem e julgada a pretensão submetida aos árbitros, o que difere frontalmente da importância que lhe foi historicamente atribuída no processo judicial.[15]

[12] Barbosa Moreira observa que, no Brasil, a Lei nº 9.307/96 (doravante "Lei de Arbitragem Brasileira") concedeu espaço ainda mais amplo à vontade privada na arbitragem do que a legislação anterior, seja no que se refere ao poder do árbitro para decidir a lide, seja ao procedimento a ser observado, cf. BARBOSA MOREIRA, José Carlos. La nuova legge brasiliana sull'arbitrato. In: BARBOSA MOREIRA, José Carlos. *Temas de Direito Processual (sexta série)*. Rio de Janeiro: Saraiva, 1997, p. 278.

[13] LEMES, Selma M. Ferreira. Princípios e origens da lei de arbitragem. *Revista do Advogado*, v. 51, out./1997, p. 32.

[14] "In an international commercial arbitration, the arbitration agreement fulfils several important functions. The most important of these in the present context is that it shows that the parties have consented to resolve their disputes by arbitration. This element of consent is essential. Without it, there can be no valid arbitration" (REDFERN, Alan; HUNTER, J. Martin. *Law and practice of international commercial arbitration*. Londres: Sweet & Maxwell, 1986, p. 4). Tradução livre: "Em uma arbitragem comercial internacional, a convenção de arbitragem preenche várias funções importantes. A mais importante delas no presente contexto é que mostra que as partes consentiram em resolver suas disputas por arbitragem. Esse elemento do consenso é essencial. Sem ele, não pode haver arbitragem válida".

[15] Nessa dimensão, Robson Godinho manifestara, pouco antes da edição do novo Código de Processo Civil brasileira, editado em 2015, que "a autonomia privada – não é exagero afirmar – vem recebendo no processo civil estatal uma intolerância automática, uma

Na arbitragem, a liberdade conferida às partes é tão marcante, que não somente podem eleger a sede, o idioma, os julgadores e o procedimento a ser adotado (tendo a faculdade de optar, inclusive, por lei processual específica), como, no plano do direito substantivo, têm a prerrogativa de escolher, de comum acordo, a própria lei material que incidirá sobre a controvérsia.[16]

Por fim, o terceiro elemento que confere a qualidade de sistema ao processo arbitral corresponde à diferença entre os seus objetivos e aqueles inerentes ao processo estatal. Decorre, portanto, do entendimento de que, ainda que se insiram no mesmo quadro geral de pacificação de conflitos, as finalidades da arbitragem não são as mesmas perseguidas pela atividade jurisdicional do Estado.

Por certo, a verificação do ânimo que conduz as partes à celebração de uma convenção de arbitragem depende, em larga medida, da análise das circunstâncias que envolvem cada caso concreto.[17] Sem embargo, linhas

resistência irrefletida ou uma indiferença constante, como se, ao iniciar o processo, as partes renunciassem à liberdade jurídica" (Godinho, Robson Renault. A autonomia das partes e os poderes do juiz: entre o privatismo e o publicismo no processo civil brasileiro. In: Didier JR., Fredie; Nalini, José Renato; Ramos, Glauco Gumerato; Levy, Wilson (Coord.). *Ativismo judicial e garantismo processual.* Salvador: JusPodivm, 2013, p. 567). Mais recentemente, entretanto, a legislação processual brasileira abriu maior espaço para a celebração de convenções processuais atípicas entre as partes, ainda que permaneçam sujeitas, até mesmo em razão de raízes históricas, a controle mais estrito pelos magistrados do que aquele vislumbrado na experiência arbitral.

[16] Ao analisar o tema à luz do direito internacional privado, Nadia de Araujo sustenta que "[a] autonomia da vontade teria duas consequências: em primeiro lugar, permitiria às partes, com a escolha de suas próprias regras – como os *Princípios* – fugir das incertezas do resultado da utilização das regras de conflito de uma determinada lei nacional; e em segundo lugar, ver sua relação jurídica regida por regras materiais de fonte internacional, desnacionalizando-a por completo. Tal possibilidade talvez não fosse aceita por um juiz nacional em sede de ação judicial, daí a necessidade da utilização da cláusula arbitral, para que essa escolha seja respeitada na arbitragem" (Araujo, Nadia de. A nova lei de arbitragem brasileira e os 'princípios uniformes dos contratos comerciais internacionais', elaborados pelo UNIDROIT. In: Casella, Paulo Borba (Coord.). *Arbitragem*: a nova lei brasileira (9.037/96) e a praxe internacional. São Paulo: LTr, 1996, p. 97).

[17] Retoma-se, no ponto, a lição de Boaventura de Sousa Santos, Maria Manuel Leitão Marques e João Pedroso, pela qual: "[n]um complexo sistema de *feedback*, a avaliação da dimensão da lesão e os objectivos da reparação estão, como dissemos, em íntima interacção

gerais podem, ainda assim, ser traçadas para a definição das finalidades mais comumente associadas ao processo arbitral.

A primeira finalidade que as partes frequentemente pretendem alcançar por meio da submissão do litígio à instância arbitral corresponde à efetiva participação na construção da norma jurídica concreta que as irá vincular. Se, no Judiciário, é feita constante menção à existência de *deficit* democrático,[18] na arbitragem, este é superado pela ampla atuação das partes e pela prerrogativa de escolha do julgador e de eleição do procedimento, que elevam o direito de influência[19] a patamar ainda não alcançável na via judicial e lhe conferem acréscimo substancial de legitimidade decisória.

A segunda consiste no acesso a uma via mais célere e ágil para a prestação da tutela jurisdicional. O movimento de se furtar ao julgamento pelo Judiciário é historicamente conectado ao desejo de um processo menos longo e com menor incidência de recursos e outros desdobramen-

com os mecanismos de resolução à disposição do lesado e com a capacidade deste ou do próprio mecanismo para convocar ao processo de resolução o causador do dano. Pode-se dizer que todas as sociedades minimamente complexas têm à disposição dos litigantes um conjunto mais ou menos numeroso de mecanismos de resolução dos litígios, entendendo como tal todas as instâncias susceptíveis de funcionar como terceira parte, ou seja, como instâncias decisórias exteriores às partes em litígio. Variam enormemente segundo a oficialidade, a formalidade, a acessibilidade, a especialização, a eficácia, a eficiência, a distância cultural etc. Em geral, os tribunais tendem a ocupar um dos extremos em muitas destas dimensões. De todos os mecanismos de resolução de litígios disponíveis, tendem a ser os mais oficiais, os mais formais, os mais especializados e os mais inacessíveis. Quanto às outras dimensões, a sua posição varia muito de país para país e de área de litígio para área de litígio" (Santos, Boaventura de Sousa; Marques, Maria Manuel Leitão; Pedroso, João. *Os Tribunais nas sociedades contemporâneas*, cit., p. 48-49).

18 Marinoni, Luiz Guilherme; Arenhart, Sergio Cruz; Mitidiero, Daniel. *Novo curso de processo civil:* teoria geral do processo civil, volume I. São Paulo: Revista dos Tribunais, 2016, p. 468.

19 Sobre o direito de influência, Antonio do Passo Cabral defende que "[a] necessidade de que as decisões vinculativas (expressões de poder) sejam precedidas de debates pluralistas entre vários sujeitos reclama um elemento principiológico que confira dialeticidade e intersubjetividade ao procedimento: o contraditório moderno representa o direito de influir, a faculdade do cidadão de interferir nesses procedimentos e condicionar eficazmente a atuação dos demais sujeitos do processo" (Cabral, Antonio do Passo. *Nulidades no processo moderno*, 2.ed. Rio de Janeiro: Forense, 2010, p. 112).

tos. Essa circunstância bem alia esse método de solução de conflitos à rapidez ínsita às atividades comerciais.[20]

Em terceiro lugar, a arbitragem oferece a possibilidade de julgamento mais técnico, conduzido por julgadores especializados na questão controvertida[21] e com maior disponibilidade de tempo.

Na sequência, um quarto propósito ao qual se serve o processo arbitral expressa-se na criação de esfera cooperativa que, combinada com a celeridade do procedimento, permita a continuidade da relação comercial que deu origem ao litígio. Nesse ambiente mais propício ao diálogo, há inclusive maior propensão ao atingimento de solução amigável.[22]

Além disso, a confidencialidade é outra qualidade[23] normalmente[24] associada ao processo arbitral, porquanto permite que questões que não

[20] Em texto publicado originalmente em 1923, o jurista brasileiro Heitor Beltrão já sustentava que "o arbitramento commercial é um propulsor da riqueza e incentivador das trocas mercantis, visto como dá solução rápida, imparcial e economica às divergencias entre commerciantes; realiza a justiça-equidade que as praças desejam; combate os deshonestos; afugenta os desmoralizadores de mercados; vehicúla as correntes commerciaes; mantém a confiança; estimúla o intercambio mercantil internacional; permitte a maior economia de energia, tempo e dinheiro; evita inuteis irritações e sustem, assim, o credito" (BELTRÃO, Heitor. Recomendações (há quase um século). *Revista de Arbitragem e Mediação*, v. 33, abr./2012, p. 354, *sic*).

[21] Como acenou a ex-ministra do Supremo Tribunal Federal brasileiro Ellen Gracie, "[n]inguém haverá de negar que, em condições adequadas, a controvérsia entre partes que atuam em nicho especializado de atividade tem melhores condições de ser adequadamente solvida por um especialista naquele ramo de negócio do que por um generalista jurídico" (GRACIE, Ellen. A importância da arbitragem. *Revista de Arbitragem e Mediação*, v. 12, jan./2007, p. 14).

[22] Explorando a função da arbitragem como potencial catalisadora de acordos, ver WALD, Arnoldo. A arbitragem como indução de acordo entre as partes. *Revista de Arbitragem e Mediação*, v. 42, jul./set.2014, p. 133-140.

[23] "A confidencialidade é qualidade internacionalmente reconhecida do processo arbitral. Nesse sentido, a Comissão das Nações Unidas para o Direito do Comércio Internacional (*United Nations Comission on International Trade Law – UNCITRAL*), em suas *Notes on Organizing Arbitral Proceedings*, de 1996, reconhece, na primeira parte do item 31, que '*it is widely viewed that confidentiality is one of the advantageous and helpful features of arbitration*'. A *International Law Association*, por sua vez, em recente relatório sobre o tema, deixa claro que '*confidentiality is an important feature of international commercial arbitration*'" (FICHTNER, José Antonio. A confidencialidade no projeto da nova Lei de Arbitragem – PLS nº 406/2013.

se deseje tornar públicas (como segredos relativos a propriedade industrial e quaisquer outras informações relevantes das sociedades empresárias envolvidas) sejam julgadas e inteiramente resolvidas apenas entre os interessados.

A essas particularidades acrescem-se ainda a já mencionada prerrogativa de definição do direito material aplicável, o julgamento por equidade e outros tópicos que podem ser considerados vantajosos em cada caso concreto, como os custos totais do procedimento, o idioma, a eficácia transnacional da sentença arbitral[25] e a sede eleita para a arbitragem.

Assentadas, então, as três principais características da arbitragem, cumpre notar que o maior protagonismo conferido às partes permite que celebrem convenções sobre os aspectos mais variados do procedimento arbitral, influindo decisivamente não apenas no rito a ser seguido, como também em atributos da própria relação jurídico-processual, definindo os seus poderes, direitos, deveres, ônus e faculdades. Temas fundamentais para o deslinde da controvérsia são entregues à esfera negocial e abrem espaço, dentre outras medidas, para a sensível flexibilização do procedimento.

Questão da maior relevância, então, consiste em aferir *se há* e, neste caso, *qual seria* o limite às convenções processuais celebradas entre as partes, analisando-se os possíveis riscos que a flexibilização procedimental pode representar à obediência ao devido processo legal.

In: Rocha, Caio Cesar Vieira; Salomão, Luis Felipe. *Arbitragem e mediação*: a reforma da legislação brasileira. São Paulo: Atlas, 2015, p. 157).

[24] Apesar de ser uma característica geralmente atribuída à arbitragem, a confidencialidade não é obrigatória, tampouco está prescrita em lei no direito brasileiro.

[25] "É que a sentença arbitral – muito mais do que *a sentença judicial – possui uma ampla aceitabilidade no plano internacional*, especialmente em razão da ratificação da Convenção de Nova Iorque de 1958. [...] Isso significa que, caso a parte que tenha se sagrado vencedora da arbitragem tenha que executar a sentença arbitral em outro país, não há dúvida de que *a sentença arbitral possui maior trânsito internacional e maior facilidade de ser reconhecida e executada em outros países do que a sentença judicial*, o que traz para a parte vencedora maiores chances reais de satisfação do seu eventual direito de crédito e concretiza, assim, o princípio da efetividade do processo e permite a entrega da tutela jurisdicional plena" (Fichtner, José Antonio; Mannheimer, Sergio Nelson; Monteiro, André Luís. *Teoria geral da arbitragem*. Rio de Janeiro: Forense, 2019, p. 55).

1. O devido processo legal arbitral

Com o propósito de delimitar critérios normativos a serem adotados no exame de convenções processuais sobre o procedimento arbitral, cabe antes fixar premissa essencial: assim como o processo estatal, também o processo desenvolvido no âmbito da arbitragem deve, inequivocamente, obedecer aos ditames do *due process of law*.

Seguindo entendimento consagrado no plano internacional, a Lei de Arbitragem Brasileira outorga a criação do procedimento aos interessados, mas prevê categoricamente que sempre deverão ser respeitados os princípios do contraditório, da igualdade das partes, da imparcialidade do árbitro e de seu livre convencimento (cf. art. 21, §2º). A essa previsão ainda se soma, naturalmente, a observância aos demais princípios constitucionais que integram o conteúdo mínimo do devido processo legal, na medida em que aplicáveis a qualquer procedimento que envolva os valores vida-liberdade-patrimônio.[26]

Como é cediço, o devido processo legal consiste em preceito intimamente ligado à prestação de uma tutela jurisdicional adequada, que conjuga e reordena diversos outros princípios processuais a ele diretamente conectados e, por isso, constitui um dos principais exemplos de *sobreprincípios* no ordenamento pátrio.[27] O campo de atuação do devido processo legal é tão amplo, que, mesmo no processo civil tradicional, com séculos de pesquisa acadêmica, não há uniformidade de pensamento em relação à exata extensão e composição do princípio.

Nessa perspectiva, ao tratar das garantias da tutela jurisdicional efetiva, Leonardo Greco prescreve o atendimento a uma ampla relação de

[26] Gajardoni, Fernando da Fonseca. *Flexibilização procedimental*: um novo enfoque para o estudo do procedimento em matéria processual. São Paulo: Atlas, 2008, p. 100.

[27] Segundo Humberto Ávila, "como vários elementos necessários à promoção do ideal de protetividade já estão previstos na própria Constituição, quer por meio da previsão de ideais mais restritos (princípios da ampla defesa e do contraditório), quer por meio da previsão de comportamentos ou de prerrogativas (regras do juiz natural imparcial, da motivação, da publicidade e da proibição de prova ilícita), além daquelas funções, o princípio do devido processo legal procedimental, ao ascender à posição de sobreprincípio, exerce uma função rearticuladora relativamente a esses elementos já previstos, que tanto podem convergir, quanto divergir relativamente ao fim maior" (Ávila, Humberto. O que é "devido processo legal"? *Revista de Processo*, v. 163, set./2008, p. 58).

direitos que entende poderem ser sintetizados nas expressões *devido processo legal* ou *processo justo*. Sob o ângulo individual, indica as garantias do amplo acesso à justiça, da imparcialidade do julgador, da ampla defesa, dos direitos dos hipossuficientes, do juiz natural, da inércia, do contraditório, da oralidade, da coisa julgada e da possibilidade de renúncia à tutela jurisdicional. Por sua vez, sob o ângulo das garantias estruturais, refere a impessoalidade e a permanência da jurisdição, a independência dos juízes, a motivação das decisões, a igualdade concreta, a inexistência de obstáculos ilegítimos ao acesso à justiça, a efetividade qualitativa, o procedimento legal, flexível e previsível, a publicidade, a legalidade estrita no exercício do poder de coerção, a duração razoável, o duplo grau de jurisdição e a dignidade da pessoa humana.[28]

Se não é simples essa demarcação no processo estatal, a delimitação do núcleo do devido processo apresenta ainda maior complexidade no processo arbitral. Afinal, a todo o tempo, as variadas garantias precisam ser compatibilizadas, sopesadas e rearticuladas de acordo com as características essenciais desse método alternativo de solução de controvérsias.[29]

O grande cerne da questão reside, então, em apurar critérios para delimitar qual a exata extensão desses princípios constitucionais no processo arbitral. A indagação assume significativa importância porque, além de pautar toda a condução da arbitragem, o eventual desatendimento do

[28] Greco, Leonardo. O princípio do contraditório. In: Greco, Leonardo. *Estudos de Direito Processual*. Campos: Ed. Faculdade de Direito de Campos, 2005, p. 225-273.

[29] "[E]s indiscutible que el arbitraje tiene la vocación de asegurar, por sus propios métodos, la protección de esos mismos derechos fundamentales que son, frente al juez, objeto de garantías constitucionales, sin por ello *constitucionalizarse* directamente. Hay allí una suerte de fertilización recíproca: el arbitraje se abre a las garantías fundamentales, pero estas garantías están adaptadas a las necesidades propias del proceso arbitral y su recepción se hace por las técnicas y métodos del derecho privado" (Mourre, Alexis. Los méritos de la constitucionalización del procedimiento civil y del derecho del arbitraje, *Revista de Arbitragem e Mediação*, v. 15, out./2007, p. 130). Tradução livre: "É indiscutível que a arbitragem tem vocação para assegurar, por seus próprios métodos, a proteção desses mesmos direitos fundamentais que são, frente ao juiz, objeto de garantias constitucionais, sem por isso constitucionalizar-se diretamente. Há ali uma espécie de fertilização recíproca: a arbitragem se abre às garantias fundamentais, mas estas garantias estão adaptadas às necessidades próprias do processo arbitral e sua recepção se faz pelas técnicas e pelos métodos do direito privado".

devido processo tem aptidão até mesmo para servir como fundamento para a excepcional nulidade da sentença arbitral, como determina o art. 32, VIII, da Lei de Arbitragem Brasileira.[30]

Para respondê-la, contudo, é indispensável que antes se tenha em vista uma premissa básica de ordem constitucional.

A Constituição está no centro do ordenamento jurídico. Assim, em última instância, não há qualquer norma legal, ou mesmo relação negocial entre particulares, que não se submeta, sob o aspecto da validade jurídica, aos seus corolários. No entanto, os princípios constitucionais apresentam uma característica de enorme relevância: denotam, por sua simples estruturação como princípios, certa margem de indeterminabilidade e imprecisão.[31] Além disso, podem colidir entre si e demandar atividade de ponderação que sopese qual deva prevalecer, em maior grau, no caso concreto.[32] Nesse sentido, se é certo que a Constituição é sempre aplicável, o intérprete deve buscar meios, sob a égide do princípio da proporcionalidade,[33] de assegurar a sua unidade e máxima efetividade, conjugando a simultânea incidência de inúmeras normas, que por vezes adotam direções conflitantes.

Essa conjugação de princípios, decerto, recebe cores próprias no bojo da arbitragem. Nesse ponto, é imprescindível rememorar, como antes exposto, que o sistema do processo arbitral se singulariza basicamente por: (i) corresponder a método de composição de litígios conduzido por

[30] O mencionado art. 32, VIII, da Lei de Arbitragem Brasileira dispõe que será considerada nula a sentença arbitral se "forem desrespeitados os princípios de que trata o art. 21, § 2º, desta Lei".

[31] "Ora, o caráter descritivo do objeto – e a conduta a que ele faz referência – e a exigência de correspondência não estão presentes no caso dos princípios. Isso porque os princípios não descrevem um objeto em sentido amplo (sujeitos, condutas, matérias, fontes, efeitos jurídicos, conteúdos), mas, em vez disso, estabelecem um estado ideal de coisas que deve ser *promovido*; e, por isso, não exigem do aplicador um exame de correspondência, mas, em vez disso, um exame de *correlação* entre o estado de coisas a ser promovido e os efeitos decorrentes da conduta havida como necessária à sua promoção" (Ávila, Humberto. *Teoria dos princípios:* da definição à aplicação dos princípios jurídicos. São Paulo: Malheiros, 2014, p. 107).

[32] Alexy, Robert. *Teoria discursiva do direito.* Tradução de Alexandre Travessoni Gomes Trivisonno. Rio de Janeiro: Forense Universitária, 2014, p. 146.

[33] Ávila, Humberto. O que é "devido processo legal"?, cit., p. 51-53.

particulares, (ii) conferir intensa autonomia às partes, seja na escolha do árbitro ou na determinação do procedimento, e (iii) se orientar à consecução de finalidades específicas. São essas três características centrais que permitem diferi-lo de outros sistemas, devendo ser utilizadas para filtrar quaisquer influxos advindos do restante do ordenamento jurídico.

É dizer, se não há dúvidas de que os princípios constitucionais processuais são, via de regra,[34] plenamente aplicáveis ao processo arbitral, a sua exata conformação não é a mesma encontrada no processo civil tradicional.

A normativa da Constituição deve ser sempre harmonizada – enquanto não violar o núcleo essencial dos princípios aplicáveis – a essas peculiaridades do processo arbitral, sobretudo porque embasadas, em larga medida, na autonomia privada e na ampliação do acesso à justiça,[35] que também possuem envergadura constitucional.

Nessa ótica, não se poderá refutar a obediência ao devido processo legal na arbitragem. Porém, este terá desenho sensivelmente distinto daquele observável no processo civil judicial. A simplificação e a informalidade do procedimento não poderão corresponder a uma total exclusão

[34] De fato, unicamente será possível admitir que determinado princípio de ordem constitucional não incida sobre a arbitragem quando se referir exclusivamente à jurisdição estatal. É o caso, por exemplo, dos princípios do juiz natural e do duplo grau de jurisdição, que são dirigidos unicamente aos órgãos do Estado e não têm, por sua própria essência, compatibilidade com o processo arbitral. Partilhando dessa ordem de raciocínio, v. Ricci, Edoardo F. A impugnação da sentença arbitral como garantia constitucional (reflexões sobre a doutrina brasileira). *Revista de Processo*, v. 96, out./dez.1999, p. 20.

[35] Alexis Mourre observa que o desenvolvimento do pensamento jurídico partiu de uma acepção mais rígida que via o acesso à justiça como o direito de requerer a um tribunal para uma visão mais fluida, que o entendia como o direito a uma proteção concreta e efetiva aos direitos, que poderia ser propiciada pelo juízo arbitral (Mourre, Alexis. Los méritos de la constitucionalización del procedimiento civil y del derecho del arbitraje. *Revista de Arbitragem e Mediação*, v. 15, out./2007, p. 134). No mesmo sentido, Carmen Tiburcio atesta que, "[e]m um Estado de direito, é fundamental a existência de mecanismos aptos a permitirem que sejam atendidas as garantias estabelecidas pelo ordenamento jurídico, bem como para se promover a solução dos conflitos, não necessariamente pelo Poder Judiciário, mas por um órgão imparcial e adequado" (Tiburcio, Carmen. *Extensão e limites da jurisdição brasileira*: competência internacional e imunidade de jurisdição, cit., p. 139).

de garantias,[36] mas deverão ensejar rearranjo[37] do grau de intensidade que deve ser conferido a cada princípio que compõe o *due process*, de modo a não se distanciar das qualidades inerentes à referida via de resolução de conflitos.[38]

[36] Essa observação é relevante, porque a doutrina processual mais publicística frequentemente trata o tema com exacerbado ceticismo, correlacionando meios alternativos de resolução de disputas ao abandono de pretensões "garantísticas". É o que se extrai, por exemplo, da seguinte passagem de Barbosa Moreira: "Ao observador não deixará de acudir, com efeito, que é difícil, quiçá impossível, optar por certo gênero de ADR sem renunciar, em medida maior ou menor, quando nada a algumas das garantias cuja preservação se reputa indispensável na esfera judicial. De outra sorte, raciocinará ele, não se torna fácil saber a que ficariam reduzidas as decantadas vantagens da rapidez e da informalidade. Uma de duas, pensará com seus botões: ou se abandonam determinados escrúpulos 'garantísticos' na regulamentação dos meios alternativos, ou talvez não sobrem muitas razões de ordem prática para preferi-los ao processo tradicional. E concluirá que pretender assegurar naqueles o que neste se vê de mais precioso é algo assim como querer comer o bolo e, ao mesmo tempo, guardá-lo..." (Barbosa Moreira, José Carlos. Miradas sobre o processo civil contemporâneo. In: Barbosa Moreira, José Carlos. *Temas de Direito Processual (sexta série)*. Rio de Janeiro: Saraiva, 1997, p. 51-52).

[37] Ainda que sem partir do arcabouço teórico da Teoria dos Sistemas, que anima este estudo, Eduardo Arruda Alvim e André Ribeiro Dantas percorrem raciocínio similar e sugerem, inclusive, a criação de um Direito Processual Arbitral: "O ponto de equilíbrio entre esses dois vetores (informalidade e flexibilização versus garantias constitucionais) nem sempre é algo fácil de se obter. Para a obtenção desse ponto de equilíbrio – ou seja, para assegurar que a simplificação e informalidade inerentes à arbitragem não firam as garantias constitucionais do processo – não basta a mera transposição dos preceitos do processo civil para o processo arbitral, pois o Direito Processual Civil foi construído para regulamentar o processo estatal, necessariamente muito mais rígido e formal. Afigura-se, assim, existir espaço para a delimitação de um novo ramo do Direito Processual: o Direito Processual Arbitral, cujo escopo seria – fundamentalmente – a transposição e adaptação das garantias constitucionais do processo (já consolidadas no âmbito do processo civil), para a rica e peculiar realidade da arbitragem" (Alvim, Eduardo Arruda; Dantas, André Ribeiro. Direito processual arbitral: natureza processual da relação jurídica arbitral e incidência do Direito Constitucional Processual. *Revista de Processo*, v. 234, ago./2014, p. 382).

[38] O perigo é confundir o respeito ao devido processo legal com um "processualismo pelo processualismo", com propensão a desnaturar todo o processo arbitral, cf. Lotufo, Renan. Arbitragem: experiências e procedimentos. Da Grécia ao Brasil: um trajeto histórico-constitucional de experiências e procedimentos arbitrais. *Revista do Instituto dos Advogados de São Paulo*, v. 12, n. 23, jan./jun.2009. p. 287-296.

Com efeito, é preciso discernir uma noção de devido processo bastante diferenciada para a arbitragem, apta a oportunizar processo rápido, técnico, atento à vontade das partes e que, ao mesmo tempo, respeite um conteúdo garantístico mínimo. Não se pode efetuar, de forma acrítica, a mera transposição do *due process* aplicável à jurisdição do Estado para a jurisdição privada. A instância arbitral não pode ser engessada, nem receber influxos que atentem contra os seus desígnios básicos. Deve, ao revés, ser mesmo informal e flexível, mas, à sua maneira, propiciar amplo campo para que as partes possam desenvolver toda a sua capacidade discursiva e instrutória, conferindo ao árbitro a maior quantidade de elementos possível para o satisfatório deslinde da demanda.

O devido processo precisa ser reconstruído a partir dos alicerces próprios ao processo arbitral. Será somente por meio dessa operação, norteada pela efetiva e igualitária participação das partes na formação da decisão,[39] que se poderá falar propriamente em devido processo legal *arbitral*.[40] Fora disso, estar-se-á indevidamente enxergando o processo arbitral pelas lentes do judicial, comprometendo a valia da arbitragem

[39] Essa é a posição adotada por Rafael Francisco Alves: "quando se fala em devido processo legal na arbitragem, deve-se ter em mente que a sua imposição justifica-se apenas como meio de garantir a igualdade de participação de todos os envolvidos. Em outras palavras, a igualdade de participação é a justificativa para a imposição da observância dos princípios processuais na arbitragem. Sem efetiva participação, não há processo, não há arbitragem. A participação é, assim, o metro para se analisar a observância ou inobservância da garantia constitucional do devido processo legal, projetada também sobre a arbitragem" (ALVES, Rafael Francisco. O devido processo legal na arbitragem. In: JOBIM, Eduardo; MACHADO, Rafael Bicca (Coord.). *Arbitragem no Brasil*: aspectos jurídicos relevantes. São Paulo: Quartier Latin, 2008, p. 390).

[40] A expressão foi veiculada por PARENTE, Eduardo de Albuquerque. *Processo arbitral e sistema*, cit., p. 103-107. Neste trabalho, optou-se de igual modo por manter o uso do termo "legal", porquanto, ainda que não se esteja falando da estrita obediência à normativa *infraconstitucional* (que no processo arbitral é ainda menos relevante, diante da primazia das normas convencionais), o "devido processo legal" já está consagrado na doutrina do direito processual e é assim referido no plano constitucional. Sem prejuízo, é sempre válido recordar que, "[e]mbora o Texto Constitucional brasileiro fale, expressamente, em 'devido processo legal', não se pode ver neste princípio uma garantia de que se observará o devido processo *da lei*. O devido processo que o ordenamento jurídico brasileiro assegura é o *devido processo constitucional*" (CÂMARA, Alexandre Freitas. Dimensão processual do princípio do devido processo constitucional. *Revista Iberoamericana de Derecho Procesal*, v.

no ambiente de fórum multiportas de solução de controvérsias,[41] pelo qual se propugna que sejam postos à disposição dos cidadãos variados meios para dirimirem suas contendas, cada qual com características que o tornem adequado para determinados tipos de conflito.[42] Afinal, de nada adiantará disponibilizar meios jurisdicionais adequados aos litigantes, se tais métodos forem interpretados de forma muito similar à modalidade de heterocomposição conduzida pelo Estado e, em essência, a ela equivalerem.

1, jan.-jun/2015, p. 18). Poderia ser usada, portanto, a locução *devido processo constitucional arbitral* ou somente *devido processo arbitral*.

41 A expressão ganhou notoriedade após discurso de Frank Sander na *Pound Conference*, realizada ainda em 1976, cf. MOFFITT, Michael L. Before the Big Bang: the making of an ADR pioneer. *Harvard Negotiation Journal*, v. 22, issue 4, out./2006, p. 437-438. Em interessante relato, Frank Sander menciona, contudo, que o termo, em si, não havia sido cunhado originalmente por ele: "[a]pós aquela palestra na Pound Conference, no verão de 1976, uma das revistas da ABA [American Bar Association – Ordem dos Advogados dos Estados Unidos] publicou um artigo sobre essa conversa. Na capa da revista, uma grande quantidade de portas, representando o que chamaram de Tribunal Multiportas. Eu tinha dado um nome bem mais acadêmico: 'centro abrangente de justiça', mas muitas vezes o rótulo que se dá a uma ideia depende mais da divulgação e da popularidade dessa ideia. Assim, devo à ABA esse nome de fácil assimilação: Tribunal Multiportas" (CRESPO, Mariana Hernandez. Diálogo entre os professores Frank Sander e Mariana Hernandez Crespo: explorando a evolução do Tribunal Multiportas. In: ALMEIDA, Rafael Alves; ALMEIDA, Tania; CRESPO, Mariana Hernandez (Org.). *Tribunal Multiportas*: investindo no capital social para maximizar o sistema de solução de conflitos no Brasil. Rio de Janeiro: Editora FGV, 2012, p. 32).

42 Mariana Hernandez Crespo defende que "[o] Tribunal Multiportas é eficiente porque permite que as partes cheguem a uma solução relativamente barata e rápida. Essa solução é efetiva porque direciona as partes para o fórum mais apropriado para a resolução de seus conflitos, ampliando, de maneira geral, o nível de satisfação com o resultado e aumentando a probabilidade de implementação. E é funcional porque tem o potencial para liberar o Judiciário das ações que são mais apropriadas aos métodos alternativos de resolução de conflitos, mantendo no Judiciário apenas as ações que exigem processo público" (CRESPO, Mariana Hernandez. Perspectiva sistêmica dos métodos alternativos de resolução de conflitos na América Latina: aprimorando a sombra da lei através da participação do cidadão. In: ALMEIDA, Rafael Alves; ALMEIDA, Tania; CRESPO, Mariana Hernandez (Org.). *Tribunal Multiportas*: investindo no capital social para maximizar o sistema de solução de conflitos no Brasil, Rio de Janeiro: Editora FGV, 2012, p. 81).

Esclarecidos os fundamentos teóricos do devido processo legal arbitral, tem-se que a sua regulação e incidência ocorrerá precipuamente em três planos: (i) no controle das normas processuais a serem adotadas; (ii) no preenchimento de eventuais lacunas no procedimento; e (iii) na identificação de quais consequências advirão da transgressão de seus princípios informativos.[43] O presente artigo, como antecipado, é dedicado a analisar o primeiro aspecto.

2. Parâmetros para a válida flexibilização do procedimento

Como visto, a autonomia privada é alçada ao patamar de um dos pilares da arbitragem e, dentre outros desdobramentos, permite que os próprios litigantes sejam os responsáveis pela indicação do procedimento a ser seguido. O rito processual tende, por sua própria natureza, a ser flexível e franquear amplos meios de participação em todas as fases do processo arbitral.

A escolha de procedimento rente às peculiaridades do direito material constituirá, por certo, importante medida de eficiência e de prestígio ao contraditório, evitando movimentos inócuos no processo e abrindo espaço para contribuições efetivas das partes.

Nesse sentido, as partes ostentam franca autonomia para eleger diretamente o procedimento, solicitar a sua enunciação pelos árbitros ou adotar regulamentos de câmaras arbitrais. Em rigor, no bojo de um mesmo processo arbitral, o ordinário é que as normas processuais sejam estabelecidas de mais de uma maneira. O fato de incidir o regulamento de uma instituição de arbitragem não afasta habitualmente a necessidade de que determinadas questões processuais ainda tenham de ser deliberadas pelos sujeitos arbitrais. Esse esforço costuma ser concentrado no estágio de celebração do termo de arbitragem, mas pode ser conjugado

[43] Em linha similar, Rafael Francisco Alves sustenta que "são três os passos a serem dados, um em abstrato e dois em concreto. Deste modo, (i) o controle da escolha da regra processual em abstrato constitui passo preliminar e indispensável para que se possa, em concreto, (ii) desconsiderar o eventual descumprimento dessa regra, se não houver violação do devido processo legal e (iii), havendo tal violação, desconsiderá-la diante da ausência de prejuízo material para a parte" (ALVES, Rafael Francisco. O devido processo legal na arbitragem. In: JOBIM, Eduardo; MACHADO, Rafael Bicca (Coord.). *Arbitragem no Brasil*: aspectos jurídicos relevantes, cit., p. 386).

com outros atos no decorrer do feito, como manifestações conjuntas das partes sobre a formatação de uma perícia técnica ou ordens processuais emitidas pelos julgadores a respeito do itinerário a seguir cumprido para a exibição de documentos. As hipóteses são variadas.

Em todos esses casos, a convenção processual firmada entre as partes estará submetida a uma análise prévia e abstrata de validade, podendo, em cenários excepcionais, ser limitada ou afastada pelos árbitros. Serão admitidas, afinal, exclusivamente as disposições que se coadunarem com o devido processo legal arbitral, de modo que, a título ilustrativo, deverá ser eliminada qualquer previsão que restrinja demasiadamente o direito à produção de provas por uma das partes ou gere ofensa frontal à paridade de armas, tolhendo-lhe, por completo e sem justificativas idôneas, o direito de efetiva participação e influência.

Demais disso, é bem de ver que a referida avaliação não será praticada apenas em abstrato. Ao longo da arbitragem, também deverá ser analisado concretamente se o procedimento escolhido em momento antecedente prestigia ou, ao contrário, repudia as garantias do *due process*.

Em linha de princípio, é plenamente possível convencionar que: (i) um específico meio de prova não poderá ser produzido; (ii) a comprovação de determinada questão estará limitada ao campo da prova documental; (iii) não será lícita a nomeação de assistentes técnicos para acompanharem a produção da prova pericial; (iv) não será aberto prazo para alegações finais; (v) todas as provas orais serão produzidas em audiência única; (vi) estará obstada a realização de depoimentos pessoais de requerente e requerido; (vii) as petições do processo não poderão superar determinado limite de páginas;[44] e (viii) a exposição oral em audiência deverá ser realizada em certo limite de tempo.

As limitações são viáveis, em regra, porque o princípio do contraditório, que consiste em um dos mais essenciais corolários do devido pro-

[44] Giovanni Nanni bem esclarece que "as alegações escritas podem ter uma abrangência variada. Devido à base consensual, o tribunal arbitral, em conjunto com as partes, tem a possibilidade de estabelecer critérios aplicáveis às submissões escritas. Assim, em vez de petições com conteúdo e extensão livres, podem ser circunscritas, conforme o caso" (Nanni, Giovanni Ettore. Submissões escritas: a técnica do advogado em arbitragens. *Revista de Arbitragem e Mediação*, v. 52, jan./mar.2017, p. 411).

cesso legal, não é absoluto e pode ter seu âmbito de incidência reduzido diante da prevalência de outros princípios, como a autonomia privada.

De qualquer modo, será necessário averiguar se houve, *in concreto*, ofensa ao núcleo mínimo[45] do contraditório, que corresponde, no seio de procedimento marcado pela flexibilidade, ao resguardo de condições básicas para que o jurisdicionado possa participar do processo em condições de igualdade em relação à parte contrária e com verdadeira possibilidade de influenciar eficazmente a formação da decisão.[46]

[45] Como bem assevera Antonio do Passo Cabral, "a própria previsão de direitos fundamentais exige que lhes protejam o núcleo básico e conteúdo mínimo, caso contrário a previsão constitucional poderia ser aniquilada por outras fontes normativas como a lei e o contrato. Seria impensável uma disposição ou renúncia absoluta e incondicional às garantias fundamentais do processo. Até mesmo nos meios extrajudiciais de solução de conflitos, como a arbitragem, onde se aceitam maiores renúncias à ação e ao processo estatal, a compreensão disseminada é de que os direitos fundamentais processuais não podem ser totalmente abandonados. Vale dizer, procedimentos deformalizados de solução alternativa não significam ausência total de ordenação, previsibilidade e garantias próprias do devido processo. Assim, mesmo nestes procedimentos, devem-se respeitar princípios processuais básicos como boa-fé, independência e imparcialidade do terceiro decisor (árbitro, p.ex.), contraditório, dentre outros" (Cabral, Antonio do Passo. *Convenções processuais.* Salvador: JusPodivm, 2016, p. 336).

[46] No plano internacional, "[t]his duty of due process is described in various ways. Article 18 Model Law provides that 'parties shall be treated with equality and each party shall be given a *full opportunity* to present his case'. Belgian Law provides that the 'tribunal shall give each party *an opportunity* of substantiating his claims and of presenting his case.' English law mandates that each party must be given 'a *reasonable* opportunity of putting its case and dealing with that of its opponent.' The Model Law requiring a 'full opportunity' opts for greater rigidity in controlling proceedings than other systems which empower the tribunal to exercise flexibility to prevent parties abusing the process" (Lew, Julian D. M.; Mistelis, Loukas A.; Kroll, Stefan Michael. *Comparative International Commercial Arbitration.* Kluwer Law International, 2003, p. 526). Tradução livre: "[e]ste dever do devido processo é descrito de várias maneiras. O artigo 18 da Lei Modelo estabelece que 'as partes serão tratadas com igualdade e cada parte terá a oportunidade de apresentar o caso'. A lei belga prevê que 'o tribunal deve dar a cada uma das partes a oportunidade de fundamentar os seus pedidos e de apresentar o seu caso'. O direito inglês exige que a cada parte seja dada 'uma oportunidade razoável de colocar a sua causa e de lidar com a de seu oponente'. A Lei Modelo, ao requerer uma 'oportunidade completa', opta por uma maior rigidez no controle de procedimentos do que outros sistemas que habilitam o tribunal a flexibilizá-lo para impedir que partes abusem do processo".

Em todos esses cenários, é de se exigir postura ativa dos árbitros no que diz respeito à coibição das possíveis máculas no procedimento.

Nesse sentido, precisará ser declarada inválida qualquer restrição convencional que inviabilize, por vias transversas, a participação e influência efetiva das partes no diálogo processual, incidindo à espécie o comando do art. 21, §2º, da Lei de Arbitragem Brasileira, que estabelece o mandatório respeito ao contraditório, preceito de índole constitucional.[47]

Essa situação poderá ser observada, por exemplo, quando: (i) for excluída a produção do único meio de prova que seria apto a comprovar as alegações de uma das partes; (ii) a ausência de alegações finais impedir que as partes tenham chance de se manifestar sobre provas essenciais produzidas em audiência;[48] (iii) a redução de determinado prazo pro-

[47] Ao analisar o conteúdo e os limites atribuídos hodiernamente à autonomia privada, com enfoque no direito civil, Aline Terra esclarece que a autonomia não é mais vista como "um valor em si mesmo e passa a ser concebida como instrumento de promoção de finalidades constitucionalmente relevantes, como o são, a rigor, na esteira do que propugna a metodologia do Direito Civil-Constitucional, todos os institutos jurídicos". Sujeitando-se ao controle duplo de licitude e de merecimento de tutela, "a autonomia privada se afasta, assim, de conotações arbitrárias e voluntaristas, e assume feição solidarista, a ser exercida em conformidade com o princípio da solidariedade social. [...] Trata-se, em definitivo, da necessidade de conformação, em cada caso, dos atos de autonomia ao projeto constitucional" (TERRA, Aline de Miranda Valverde. *Cláusula resolutiva expressa*. Rio de Janeiro: Fórum, 2017, p. 19-23). Com as adaptações cabíveis, o mesmo raciocínio se aplica às disposições estabelecidas pelas partes no que concerne ao procedimento arbitral, sujeitando a sua validade aos predicados do devido processo legal, disposto no art. 5º, LIV, da CF, devidamente incorporado ao sistema arbitral.

[48] De modo análogo, Rafael Francisco Alves observa que deve prevalecer na seara probatória a "regra geral de que as partes, dentro do princípio da autonomia da vontade – que significa uma ampla liberdade de regulação do procedimento instrutório – não poderão estipular regras que violem o princípio do contraditório, o que ocorreria quando, a título ilustrativo, fossem estabelecidas regras que (a) cerceassem o direito de manifestação sobre as provas produzidas, (b) criassem critérios diferenciados para o deferimento das provas pleiteadas e (c) restringissem ou limitassem, de forma desigual, a participação dos envolvidos nos atos probatórios. Assim, ainda que as partes possam disciplinar a produção probatória, não podem restringir desigualmente o direito à prova em si mesmo, o qual constitui importante faceta do contraditório. De nada adianta ter ciência dos atos processuais, poder contradizê-los, sem, contudo, provar o que se alega" (ALVES, Rafael Francisco. O devido processo legal na arbitragem. In: JOBIM, Eduardo; MACHADO, Rafael Bicca (Coord.). *Arbitragem no Brasil*: aspectos jurídicos relevantes, cit., p. 405).

cessual inviabilizar a manifestação sobre tema relevante para a resolução da disputa; (iv) o limite de laudas pré-fixado para as petições do processo representar, na prática, a impossibilidade de que todas as alegações importantes sejam veiculadas em determinado momento processual.

Apenas não se pode descuidar de que o contraditório deve permitir a participação das partes, mas não impor que ela seja concretamente realizada.[49] Assim, em acréscimo ao critério da participação, também terá repercussão para a análise da validade da restrição o momento em que as partes a pactuaram.

Bem pensadas as coisas, o próprio exercício da autonomia privada na definição convencional de recortes ao contraditório poderá ser maculado caso as partes não tenham, a esse tempo, ciência de que tal limitação poderia ensejar a sensível redução das suas chances de êxito no processo.[50]

Por esse motivo, a análise da convenção de normas processuais que restrinjam predicados do devido processo legal arbitral também deverá se fundar no cotejo da *extensão* da limitação com o *momento* em que foi estipulada, a saber: (a) na cláusula compromissória; (b) no compromisso arbitral; (c) no início da arbitragem (formalizado no termo de arbitragem ou mesmo em simples ordem processual); ou (d) em período contemporâneo à época em que o ato restringido poderia, em condições regulares, ser praticado.

Ao firmarem cláusula compromissória, as partes normalmente não têm ainda a exata dimensão do litígio que poderá assolar a relação contra-

[49] Carneiro, Paulo Cezar Pinheiro. Comentários ao art. 9º. In: Wambier, Teresa Arruda Alvim (Coord.). *Breves comentários ao Novo Código de Processo Civil.* São Paulo: Revista dos Tribunais, 2015, p. 78.

[50] "Como todo ato de disposição, deve ser livre e consciente: livre, por não ter sido resultado de qualquer coação ou intimidação por parte de outro sujeito que, em razão da sua posição de superioridade em relação ao disponente, impõe-lhe a sua vontade para sujeitá-lo a um mal qualquer, ainda que justo; e consciente de que o ato de disposição pode lhe acarretar o julgamento desfavorável ou a perda do próprio direito material pleiteado em juízo" (Greco, Leonardo. Os atos de disposição processual – primeiras reflexões. In: Medina, José Miguel Garcia et al (Coord.). *Os poderes do juiz e o controle das decisões judiciais*: estudos em homenagem à Profa. Teresa Arruda Alvim Wambier. São Paulo: Revista dos Tribunais, 2008, p. 4).

tual. Nesse cenário, é natural que não saibam, com exatidão, quais restrições participativas decorrerão da definição de procedimento com tais ou quais características. Por isso, será *baixo* o grau de aceitação de entraves à sua participação concreta quando esses estiverem dispostos na cláusula arbitral ou no regulamento da instituição arbitral por ela indicada.

Por outro lado, será *médio* o grau de aceitação na hipótese em que a redução do contraditório se der no compromisso arbitral ou em consenso obtido ainda no início do procedimento. Afinal, apesar de ainda não terem total conhecimento de como o diálogo processual irá se desenrolar e de todos os argumentos que virão a ser postos, as partes já saberão, pelo menos, os contornos básicos da lide, podendo antever as repercussões mínimas da normativa processual de que estiverem se valendo.

Por último, será *alto* o grau de aceitação da restrição quando esta for pactuada em momento próximo ao período em que o ato seria efetivamente praticado. Isso, porque as partes terão conhecimento da dimensão atual do litígio e poderão ponderar quais elementos comunicativos serão necessários para que se influencie a convicção dos árbitros.

Assim, se poucos dias antes da data agendada para a audiência as partes optam por delimitar o tempo da exposição oral, excluir a possibilidade de inquirição de testemunhas ou prever que não será possível solicitar esclarecimentos ao perito a respeito do laudo já apresentado, a renúncia a alguma dimensão do contraditório será atual e, por isso, não representará violação ao seu núcleo participativo mínimo, equivalendo, essencialmente, ao simples não exercício de um direito ou faculdade processual.

Pelo que se expôs, o controle da validade da flexibilização do processo e das restrições convencionais ao contraditório deverá ser promovida pelos árbitros a partir da conjugação dos dois elementos acima descritos: (a) manutenção de meios efetivos de participação à disposição das partes; e (b) análise do conhecimento que as partes tinham acerca dos contornos do processo no momento em que optaram por flexibilizar o procedimento e restringir suas faculdades comunicativas.

Muito embora não seja possível definir regras estanques para a análise de convenções processuais, o que contrariaria a própria razão de ser da arbitragem, constituirão esses parâmetros seguros para que o procedimento arbitral, ainda que mantenha a desejável flexibilidade e atenção aos desejos das partes, não descuide do devido processo legal e constitua, assim, meio idôneo para a administração da justiça.

Caso haja ofensa grave ao direito de ampla participação e influência outorgado às partes, com a consumação de prejuízos efetivos aos seus interesses no processo, será possível, em caráter de exceção e mediante análise parcimoniosa do caso concreto, a anulação da sentença arbitral pelo juízo estatal, por ofensa aos corolários do devido processo legal arbitral.

Conclusões

A partir da análise desenvolvida a respeito do devido processo legal arbitral e de sua observância no âmbito de convenções processuais firmadas entre as partes, é possível firmar as seguintes conclusões:

(i) o devido processo legal é plenamente aplicável à esfera arbitral e a sua observância é de natureza mandatória pelas partes, gerando limitações à celebração de convenções processuais e, de um modo geral, à possibilidade de flexibilização do procedimento;

(ii) o processo arbitral, entretanto, se diferencia do processo estatal por três características essenciais, que correspondem a "filtros" necessários para a adequada interpretação e aplicação do devido processo legal arbitral: (a) a atividade jurisdicional é exercida no âmbito privado; (b) há extenso campo para a autonomia privada das partes; e (c) os objetivos perseguidos pela arbitragem não são os mesmos que animam o processo judicial;

(iii) pela própria natureza de tal método adequado de solução de conflitos, deve ser franqueada, então, a mais ampla possibilidade às partes de conformarem o procedimento e a própria relação jurídico-processual a ser desenvolvida no seio da arbitragem. São elas as protagonistas do processo, com aptidão para delimitar o rito a ser seguido, bem como definir os seus poderes, direitos, deveres, ônus e faculdades;

(iv) de forma excepcional, as convenções processuais poderão ser limitadas ou afastadas em controle de validade a ser exercido pelos árbitros, que deverão assegurar o conteúdo garantístico mínimo do devido processo legal;

(v) para tanto, o controle das normas processuais eleitas entre as partes deverá conjugar dois *standards* principais: (a) a preservação de meios efetivos para que as partes exerçam seus direitos de participação e influência no convencimento dos árbitros; e (b) a análise do conhecimento que as partes tinham acerca dos contornos do processo no momento em que foram estabelecidas restrições negociais aos seus direitos processuais; e

(vi) a eventual anulação da sentença arbitral pelo juízo estatal deverá, de qualquer forma, estar reservada a hipóteses de grave ofensa ao devido processo legal arbitral, como forma de prestigiar a arbitragem enquanto meio adequado e eleito pelas partes para a pacificação definitiva do conflito. Não cabe ao magistrado examinar o procedimento arbitral sob as lentes do processo judicial; deve ele, antes, reconhecer que se trata de sistema marcado mesmo pela maior flexibilização e pelo intenso respeito à autonomia dos litigantes.

10.
DUE PROCESS OF LAW, PARTY AUTONOMY AND RISKS IN INTERNATIONAL ARBITRATION

GIUDITTA CORDERO-MOSS

Introduction

Examining party autonomy in light of due process (or vice versa) is an interesting exercise. At first sight, there does not seem to be possibility for conflict between the two. On the one hand, party autonomy is the expression of the parties' consent: the parties agree to carry out the proceedings in a certain way, they agree that the tribunal shall apply certain rules of law, that the award shall be written in a certain way, etc. On the other hand, due process is the expression of the need to ensure that the fundamental procedural rights of the parties are preserved: that the parties are treated equally, that they are given the possibility to present their respective cases, etc. Party autonomy sets the basis for the arbitral tribunal's power, and due process sets the basis for the arbitral award's judicial effects. While an arbitral award infringing the parties' agreement is an award rendered without authority, an award infringing due process is an award that states do not give legal effects to. In both cases, the award runs the risk of being annulled or refused enforcement.

It is tempting to assume that a certain issue does not violate due process if the parties consented to that particular matter being dealt with in that particular way. Conversely, it is tempting to assume that due process may be violated by an arbitral tribunal that acts differently from how the parties agreed.

The apparent coincidence between party autonomy and due process, however, is at the origin of practices that expose the award, and arbitration in general, to serious risks.

Firstly, the illusion that what has been consented to by the parties cannot violate due process, may lead to invalid and unenforceable awards–for example, if the parties agreed that the award does not need to have any reasons.

Secondly, the fear to act independently of what the parties have agreed, may lead to rendering awards that violate fundamental principles and are thus invalid or unenforceable– for example, if the award applies the law chosen by the parties in the contract and violates fundamental principles in the legal system of the court. Also, it may expose the so-called due process paranoia: the proceedings are delayed due to the tribunal's desire to comply with each of the parties' procedural positions, including the unreasonable or unproportionate ones. This may, in turn, violate the other party's right to an efficient process.

Thirdly, practices that lead to violation of due process are detrimental not only to the award in the specific case, but also to arbitration in general. The award in the specific case is exposed to the risk of annulment or refusal of enforcement; arbitration in general is exposed to the risk that the legal systems' confidence in arbitration is eroded, and that courts restrict the scope of disputes that are deemed to be arbitrable. As known, the scope of arbitrability is determined by national law, and courts have recently shown a disturbing tendency to exclude arbitrability of certain types of disputes, for the purpose of limiting the risk that the law is not applied accurately or uniformly.

Elsewhere, I have examined how party autonomy may be restricted by national laws' public policy,[1] as well as by national laws' rule on arbitrability of disputes.[2] Here, I will draw on other works of mine on issues

[1] Cordero-Moss, Giuditta. *International Commercial Contracts*. Cambridge University Press 2014, pp. 243f; Cordero-Moss, Giuditta. 'EU Overriding Mandatory Provisions and the Law Applicable to the Merits', in: Franco Ferrari (ed.). *The impact of EU law on international commercial arbitration*. Juris 2017, pp. 317-349.

[2] Cordero-Moss, Giuditta. *International Commercial Contracts,* cit., pp. 257f.; Cordero-Moss, Giuditta. 'Mitsubishi: Balancing Arbitrability and Court Control', in: Horatia Muir

that are relevant to the relationship between party autonomy and due process.[3] This is meant to shed light on the risk of annulment and refusal of enforcement to which the award is exposed, if party autonomy is, or is not, followed by the arbitral tribunal.

The general basis is that the parties' agreement is binding for the arbitral tribunal; however, party autonomy is not unfettered. Following the parties' agreement does not automatically ensure compliance with due process; and acting independently of the parties' agreement does not necessarily violate due process. The arbitral tribunal needs to evaluate the legal framework to determine how to act in any specific case.

In section 1, I will make some introductory remarks on the sources applicable to arbitration, aimed at highlighting the role of party autonomy in arbitration. In sections 2 and 3, I will make some introductory remarks on the principle of due process, followed by some observations, in sections 4 and 5, on the relationship between the applicable legal framework and due process. Thereafter, I will present in section 6 one example in which the tribunal's full application of party autonomy may lead to invalid or unenforceable awards: the situation in which the arbitral tribunal follows the parties' agreement to render an award without reasons. In section 7, I will present one example in which the tribunal's actions independently of party autonomy are compatible with the principle of due process: the application by the tribunal of laws not pleaded by the parties.

1. Sources applicable to arbitration

Arbitration is regulated in three layers of sources that to a large extent create a circular hierarchy: at the bottom is the first layer, the arbitration agreement – which, in the case of investment arbitration, may be

Watt, Lucia Bíziková. Agatha Brandão de Oliveira and Diego Fernández Arroyo (eds.). *Global Private International Law, Adjudication without Frontiers.* Elgar 2019, 82-91.

[3] Cordero-Moss, Giuditta. 'Reasons in Arbitral Awards and Court Control', in: Antonio Crivellaro and Mélida N. Hodgson (eds.). *Dossier XVIII: Explaining why you lost: Reasoning in Arbitration.* ICC Institute of World Business, 2020, 93-122; Cordero-Moss, Giuditta. 'The Alleged Failure of Arbitration to Address Due Process Concerns: Is Arbitration under Attack?', in: *Stockholm Arbitration Yearbook 2021, forthcoming.*

replaced by the applicable instrument containing the host State's offer to arbitrate, such as a Bilateral Investment Treaty (BIT) or an Act on foreign investment, combined with the investor's acceptance of the offer implied in the investor's commencement of arbitral proceedings against the host state.[4]

The parties may subject the proceedings also to arbitration rules. Arbitration rules create the second layer. If the parties have chosen institutional arbitration, the applicable arbitration rules are those issued by the chosen institution, such as the International Chamber of Commerce (ICC) Rules of Arbitration, the London Court of International Arbitration (LCIA) Arbitration Rules, the Arbitration Institute of the Stockholm Chamber of Commerce (SCC) Arbitration Rules. If the parties have chosen ad hoc arbitration, they may have compiled their own arbitration rules, or they may have made reference to the UNCITRAL Arbitration Rules of 1976, revised in 2010 and updated in 2013.[5] In treaty-based arbitration, if the claimant has chosen arbitration under the framework of a treaty, the relevant rules will be applicable (such as the International Centre for Settlement of Investment Disputes (ICSID) Rules).

Arbitration rules may be considered to be an extension of the arbitration agreement: the parties' reference to these rules has the effect of incorporating the arbitration rules into the arbitration agreement. Arbitration rules have, therefore, the same status as a contract and may not derogate from the mandatory rules of the applicable arbitration law.

Arbitration law is the third layer of regulation and consists of state arbitration acts or other domestic sources, as well as of international conventions. Arbitration law is quite heterogeneous since it ranges from the uniform regulation contained in international conventions (of which the most notable for commercial arbitration is the 1958 New York Conven-

[4] See, for example, article 26(5) of the Energy Charter Treaty. More generally, *see* PAULSSON, Jan. 'Arbitration without privity', in: (1995) 10 *ICSID-Review- Foreign Investment Law Journal*, 232.

[5] At its 54th session, 23 June-16 July 2021, the UNCITRAL adopted a new version of the Arbitration Rules incorporating rules for expedited arbitration, see A/CN.9/LIV/CRP.1/Add.12.

tion on the Recognition and Enforcement of Foreign Arbitral Awards),[6] via the harmonising, but not binding 1985 UNCITRAL Model Law on International Commercial Arbitration (revised in 2006),[7] to the arbitration law prevailing in each country. In treaty-based arbitration, the arbitration law is given by the relevant treaty, such as the 1966 Washington Convention on the Settlement of Investment Disputes between States and Nationals of other States– the ICSID.[8] Arbitration law does not, as a general rule, contain a detailed regulation of the procedure to be followed in arbitral proceedings. It generally contains principles that can be seen as a framework for the more detailed arbitration rules. Arbitration law, more importantly, contains rules on the validity and enforceability of arbitral awards. It gives the courts the power to set aside an award and to refuse its recognition and enforcement. Such proceedings for challenging the validity of an award and for its recognition and enforcement are not the same as an appeal: the courts may only set aside an award or refuse its recognition and enforcement on the basis of an exhaustive list of restrictive grounds, and these grounds generally do not give the courts the power to review the tribunal's evaluation of facts or application of law. Challenge and enforcement proceedings, therefore, are not a review of the merits of the award. They are meant to preserve the most important procedural rights of the involved parties: shortly, they preserve due process.

The circularity among these three layers of sources follows from the fact that the formally highest layer, arbitration law, often provides for the primacy of the parties' agreement (and, by extension, of the arbitration

[6] Convention on the Recognition and Enforcement of Foreign Arbitral Awards (adopted 10 June 1958, entered into force 7 June 1959) UNTS 330 (New York Convention).

[7] At the time of writing, the UNCITRAL Model Law has been adopted in 85 states, *see* https://uncitral.un.org/en/texts/arbitration/modellaw/commercial_arbitration/status, last accessed 19 September 2021.

[8] Convention on the Settlement of Investment Disputes between States and Nationals of Other States (adopted 18 March 1965, entered into force 14 October 1966) UNTS 575 (ICSID Convention or Washington Convention). Investment arbitration has been the object of intense criticism, as is testified by decision of the UNCITRAL Commission in 2017 to entrust the Working Group III with the mandate to develop a proposal for reform of investor-state dispute resolution.

rules), thus putting at the top of the hierarchy the source that is formally at the bottom. This means that the conduct to be followed by the arbitral tribunal is primarily regulated in arbitration agreements and arbitration rules, that often are more detailed than arbitration laws. Otherwise, arbitration law generally gives wide discretion to the arbitral tribunals to conduct the proceedings as they deem fit.

However, arbitration agreements, arbitration rules and the tribunal's discretion need to comply with the rules on validity and enforceability of awards, which are given in arbitration law and international conventions.

Arbitral awards may be set aside or may be refused enforcement if certain fundamental principles were not respected during the process. Setting aside of arbitral awards is regulated by the national law of the country under the law of which the award was rendered; an instrument that successfully harmonized the arbitration law of over 80 countries is the UNCITRAL Model Law.[9] This applies both to commercial arbitration and to investment arbitration that is carried out under the rules designed for commercial arbitration, such as the UNCITRAL Arbitration Rules, the Arbitration Rules of the Stockholm Chamber of Commerce (SCC) or of the International Chamber of Commerce (ICC). For investment arbitration that is carried out under the ICSID Convention, annulment of awards is regulated in article 52 of the convention itself, without reference to national law.

Enforcement of awards is regulated by the New York Convention. The New York Convention applies to commercial awards, as well as to investment awards rendered under the procedural rules for commercial arbitration. For investment arbitration that is carried out under the ICSID Convention, enforcement of awards is regulated in the convention itself, which creates in article 54 an obligation to enforce the award as if it was a final court decision rendered in that state.

Arbitration law and conventions, therefore, give the mandatory borders for the tribunal's conduct. Within these borders, the arbitral tribunal enjoys a considerable discretion, that may be regulated in arbitration agreements and arbitration rules.

[9] UNCITRAL, 1985 Model Law on International Commercial Arbitration, revised in 2006, http://www.uncitral.org/pdf/english/texts/arbitration/ml-arb/07-86998_Ebook.pdf .

Arbitration agreements, arbitration rules and the tribunal's discretion may be integrated by sources of soft law – such as the IBA Guidelines on Conflicts of Interest in International Arbitration or the IBA Rules on the Taking of Evidence in International Arbitration,[10] the Prague Inquisitorial Rules on Taking of Evidence in International Arbitration,[11] or the UNCITRAL Notes on Organizing Arbitral Proceedings of 2016.[12]

Based on the foregoing, it can be observed that party autonomy has a central role in arbitration; however, for the sake of validity, recognition and enforceability of the arbitral award, party autonomy may not be considered to be an absolute, unfettered right. It must be exercised within the limits on due process imposed by arbitration law as minimum requirements to grant judicial effects to the award.

2. Due process: sources

Due process is a cornerstone for every adjudicative system, including arbitration. Each legal system has fundamental principles safeguarding the integrity and fairness of the process, often rooted in constitutional law. Also in international law, due process is deemed to be one of the generally recognized principles.[13]

While generally recognized at a transnational level, however, the notion of due process is elusive. An extensive comparative exercise, carried out by the UNIDROIT and the ALI and resulted in a soft law instrument on Transnational Civil Procedure, can give an idea of what procedural principles are generally recognised.[14] Among the principles

[10] Available respectively at https://www.ibanet.org/MediaHandler?id=e2fe5e72-eb14-4bba-b10d-d33dafee8918 and at https://www.ibanet.org/MediaHandler?id=def0807b-9fec-43ef-b624-f2cb2af7cf7b

[11] https://praguerules.com/upload/iblock/a00/a00568c6787a8bc955f4fdfe93db5a10.pdf

[12] UNCITRAL Notes on Organizing Arbitral Proceedings (2016), https://uncitral.un.org/sites/uncitral.un.org/files/media-documents/uncitral/en/arb-notes-2016-e.pdf

[13] See Kotuby, Charles T. Jr. and Sobota, Luke A. *General Principles of law and international due process*. Oxford University Press 2017, with extensive references.

[14] The text of the Principles and the accompanying commentary, adopted by the American Law Institute (ALI) in May 2004 and by the International Institute for the Unification of Private Law (UNIDROIT) in April 2004, is available at https://www.unidroit.org/english/principles/civilprocedure/ali-unidroitprinciples-e.pdf.

emphasized in this instrument, are the necessity to respect each of the parties' right to be heard,[15] the principle of equality of arms,[16] and the requirement that the adjudicating body be independent and impartial.[17] It can be readily accepted that these principles are an integral part of the concept of due process.[18] However, these notions are quite vague. While it may be relatively easy, in case of evident violations in a specific case, to determine whether the principle of due process was breached, it is more difficult to define on general terms the exact content of the principle of due process.

In 2021, using as a basis the UNIDROIT/ALI Principles, the UNIDROIT published, together with the European Law Institute (ELI), the ELI-UNIDROIT Model Rules of European Civil Procedure.[19] While based on the UNIDROIT/ALI principles, the UNIDROIT/ELI Rules are more detailed rules intended to be tailored to the European region. They consider existing legal instruments at EU level, European legal traditions, and current legal developments in Europe. They are meant to produce a framework of reference and source of inspiration for a broad range of actors, notably legislators and policymakers. Particularly relevant to the principle of due process are Rule 4, setting forth a general case management duty for the court, and Rule 5, stating the principle of proportionality.

Under the general case management duty, a court is responsible for active and effective case management, as well as for ensuring that parties enjoy equal treatment. Under the principle of proportionality, the court court must ensure that the dispute resolution process strikes a balance between efficiency and proper administration of justice, taking also in consideration the nature and complexity of the dispute.

[15] Article 5 of the ALI/UNIDROIT Principles of Transnational Civil Procedure.
[16] Article 3 of the ALI/UNIDROIT Principles of Transnational Civil Procedure.
[17] Article 1 of the ALI/UNIDROIT Principles of Transnational Civil Procedure.
[18] Kotuby, Sobota, *General Principles of law and international due process*, cit., 157-202, identify the following principles as the main content of the principle of due process: Notice and jurisdiction, impartiality and independence, procedural equality and right to be heard. condemnation of fraud and corruption, evidence and burden of proof, res judicata.
[19] The text is available at https://www.unidroit.org/instruments/civil-procedure/eli-unidroit-rules/

For arbitration, the principle of due process is enshrined, among other sources, in article 18 of the UNCITRAL Model Law, according to which "the parties shall be treated with equality and each party shall be given a full opportunity of presenting its case." Analogous requirements can be induced from the sources that permit to exercise judicial control on the decision rendered by an arbitral tribunal, and that were discussed in section 1.

All these sources determine the grounds upon which arbitral awards may be set aside or refused recognition and enforcement. These grounds are meant to prevent that awards are effective, if they have been reached as a result of unfair proceedings. Hence, it is possible to consider them as a measure of the due process principle in arbitration.

In a broader context, a possible basis to define due process may be found in the sources of international obligations for states. States may be deemed to have violated their international obligations if they permit and give effect to a process that disregarded certain fundamental principles.[20]

An obligation to grant access to a justice system capable of safeguarding certain fundamental principles can be found in international treaties on human rights. The European Convention on Human Rights[21] states, in article 6, that "everyone is entitled to a fair and public hearing within a reasonable time by an independent and impartial tribunal established by law."

However, these criteria cannot necessarily be identified with the content of the principle of due process. As the European Court of Human Rights (ECtHR) has repeatedly affirmed, some of the guarantees contained in article 6 can be waived,[22] as long as certain conditions are met

[20] On this basis, the ECtHR assessed Swiss law on arbitration in *Mutu and Pechstein v. Switzerland*, Decision of 2 October 2018, application no. 40575/10 and 67474/10, paras 62-67. See also *Beg S.p.A. v. Italy*, decision of 20 May 2021, application no. 5312/11.

[21] Convention for the Protection of Human Rights and Fundamental Freedoms (adopted 4 November 1950, entered into force 3 September 1953), UNTS 213 (ECHR).

[22] *Osmo Suovaniemi v. Finland*, Decision of 23 February 1999, Application No 31737, p. 4. *Mutu and Pechstein v. Switzerland* para 145; *Tabbane v. Switzerland*, Decision of 1 March 2016, Application no. 41069/12, paras 33-36.

– particularly, the waiver must be voluntary and clear.[23] An agreement to arbitrate fulfils the conditions for waiving the article 6 requirements, at least when the agreement is freely entered into by the parties.[24]

Some of the guarantees contained in article 6, however, cannot be waived, not even when arbitration has been chosen voluntarily by the parties.[25] It is fair to assume that these non-waivable guarantees constitute an important part of the principle of due process. Which guarantees are non-waivable, however, has not been specified by the ECtHR. Hence, the specific content of the principle of due process in arbitration escapes a clear definition on the basis of article 6.

Requirements similar to those contained in article 6 of the ECHR are to be found in the Universal Declaration of Human Rights,[26] which in article 10 reads: "Everyone is entitled in full equality to a fair and public hearing by an independent and impartial tribunal [...]."

Similarly, in the field of criminal procedure, the International Covenant on Civil and Political Rights[27] requires, in article 14, equality before the courts and tribunals and a fair and public hearing by a competent, independent and impartial tribunal established by law.

The above overview shows that the international sources set out the principle of due process in rather general terms. The legal sources specifically applicable to arbitration must, in principle, be assumed to comply with this general framework: The New York Convention and the ICSID Convention are treaties in force in, respectively, 168[28] and 164[29] states,

[23] *Tabbane v. Switzerland*, paras 26f. In *Mutu and Pechstein v. Switzerland*, paras 94 ff., the ECtHR confirms the distinction between voluntary and compulsory arbitration. The guarantees set forth in article 6 may be waived only in case of voluntary arbitration. See also *Beg S.p.A. v. Italy*, decision of 20 May 2021, application no. 5312/11.

[24] *Mutu and Pechstein v. Switzerland*, paras 95f.

[25] *Osmo v. Finland*, p 4.

[26] Universal Declaration of Human Rights (adopted by the UN General Assembly Resolution 217 A(III) of 10 December 1948).

[27] International Covenant on Civil and Policitcal Rights (adopted 16 December 1966 and entered into force 23 March 1976), UNTS 999.

[28] For an updated status, see https://uncitral.un.org/en/texts/arbitration/conventions/foreign_arbitral_awards/status2 last visited 19 September 2021.

[29] For an updated status, see https://icsid.worldbank.org/about/member-states/database-of-member-states last visited on 19 September 2021.

and the UNCITRAL Model Law is a soft law instrument adopted by the UNCITRAL and used as a model for arbitration law in 85 states.[30] This large support must be taken as a consensus that these instruments' conditions for validity, recognition and enforcement of awards are acceptable from the point of view of the states' more general obligations of safeguarding due process. To what extent this assumption is sound, will be discussed in section 5 below.

3. Due process: content

If, as discussed above, the rules on court control may be a useful framework to determine the content of the principle of due process, the main elements of the principle can be broadly summarised to be:

(i) The principle that each party must be heard, including the principle of equality of arms – an award rendered as a result of a proceeding that did not give each of the parties the possibility to present its case is not valid (article 34(2)(a)(ii) of the Model Law; articles 52 (1) (d) and (e) of the ICSID Convention) and not enforceable (article 36(1)(a)(ii) of the Model Law and article V(1)(b) of the New York Convention);

(ii) The principle of independence and impartiality of the tribunal – an award rendered by an arbitral tribunal that was not constituted in accordance with the parties' agreement or the applicable law, or as a result of proceedings that did not comply with the parties' agreement or the applicable procedural rules is not valid (article 34(2)(a)(iv) of the Model Law; articles 52 (1) (a) and (c) of the ICSID Convention and not enforceable (article 36(1)(a)(iv) of the Model Law and article V(1)(d) of the New York Convention);

(iii) The principle that the tribunal shall not exceed the power that the parties voluntarily conferred on it – an award rendered in excess of the jurisdiction granted on the arbitral tribunal is not valid (article 34(2)(a)(iii) of the Model Law; article 52 (1) (b) of the ICSID Convention) and not enforceable (article 36(1)

[30] For an updated status, see https://uncitral.un.org/en/texts/arbitration/modellaw/commercial_arbitration/status last visited on 19 September 2021.

(a)(iii) of the Model Law and article V(1)(c) of the New York Convention).

This is a distillate of the main safeguards contained in the sources on validity and enforceability of awards. The applicable provisions make it clear that judicial control is not meant to be an appeal. Judicial control is not the same as a review of the award on the merits, neither in respect of the assessment of facts nor in respect of the application of law. The direct consequence of this limitation of judicial control is that an award is final and binding, even if it contains errors of fact or errors of law. This is the basis upon which the system of arbitration, as we know it today, rests: international conventions, national laws, courts of law, legal doctrine and practitioners support the aim that arbitration is to be an effective and efficient means of dispute resolution. To achieve this aim, they widely recognize that awards must be final and binding. Effectiveness and efficiency of arbitration are important principles of arbitration law, and at the origin of the widespread arbitration-friendly attitude that has characterized legislation and case law in the past decades.

The provisions regulating judicial control on arbitral awards represent the limit of tolerance that legal systems have in respect of arbitral awards. They can, therefore, to a large extent be deemed to concretize the due process principle in arbitration.

The next sections 4 and 5 will discuss to what extent these requirements contained in the New York Convention, the UNCITRAL Model Law and the ICSID Convention are necessary or, respectively, sufficient basis to comply with due process.

4. Compliance with legal framework as a necessary condition of due process?

An award rendered in a process that did not comply with the requirements deriving from the rules on judicial control is not necessarily invalid or unenforceable, and thus does not necessarily violate the principle of due process.

As will be discussed immediately below, this is due not only to the circumstance that court control may be waived, but also to the fact that the guarantees contained in the legal framework are not necessarily absolute.

Some national laws, such as Belgian, French, Swedish and Swiss law, permit the parties to exclude in advance their right to challenge the validity of the arbitral award. By permitting to exclude challenge of the award, these legal systems give effect to awards that may or may not be in compliance with the requirements for validity of awards.

That waiver of challenge is compatible with article 6 of the ECHR has been confirmed by the ECtHR.[31] The ECtHR evaluated Swiss arbitration law, that permits to exclude court control on the award, and concluded that it did not violate article 6 of the ECHR. The Court considered that the possibility to exclude court control was justified by the intent to promote an efficient arbitration system in Switzerland. In the eyes of the ECtHR, the interest in promoting an efficient arbitral system outweighed the interests protected by article 6 of the convention. Hence, it is not necessarily a violation of due process, if an award does not meet general criteria for validity such as, for example, those set out in the Swiss Private International Law Act, which broadly correspond to the criteria for invalidity laid down in the UNCITRAL Model Law.

Furthermore, courts retain a discretion in the exercise of their control on the award. This confirms that the court's function as a safeguard of procedural principles does not respond to an absolute duty. Under article 34 of the UNCITRAL Model Law, courts may set aside an award on the basis of the listed annulment grounds, but are not obliged to do so. Likewise, article 52 (3) of the ICSID Convention gives the ad hoc committee the authority to annul an award on any of the grounds for annulment, but does not create an obligation to do so.

Likewise, under the New York Convention, courts may refuse recognition and enforcement of an award that presents the procedural or substantive flaws listed in article V, but are not obliged to do so.[32]Thus,

[31] *Tabbane v. Switzerland*, paras 33 to 36.

[32] In a past debate on this topic, this position was also supported by a linguistic argument, see PAULSSON, Jan. 'Rediscovering the N.Y. Convention: Further Reflections on Chromalloy', 12 *Mealey's International Arbitration Report* 4, 1997, 20-34, 24f. According to this argument, the English text («recognition and enforcement [...] may only be refused if [...]») could be seen as a basis for the courts' discretion, because of its use of the verb «may». In reality, the verb «may» is coupled with «only if», and is meant to express that the only allowed grounds for refusing recognition and enforcement are those listed in

an award that does not meet the requirements for recognition and enforcement derived from article V may nevertheless be recognized and enforced. It must be concluded that the award does not necessarily violate the principle of due process, even though it breaches some of the criteria set out in article V.

Moreover, the New York Convention permits states to apply their own law instead of the provisions of the convention, if domestic law is more favourable to the recognition and enforcement of the award.[33] If a state has a more arbitration-friendly regulation than article V, the award may be recognized and enforced on the basis of that state's law, and the New York Convention will not be deemed violated, although the criteria set out in article V may have been breached. Hence, the requirements for recognition and enforcement of awards that are listed in article V of the New York Convention do not represent minimum requirements that an award must meet to comply with the principle of due process.

It can be concluded that the principle of due process is not automatically violated even though the requirements laid down in the sources applicable to arbitration are not met, as long as these sources permit to give effect to the award on alternative bases. However, in these situations, the presumption that the due process principle was not violated may be weaker.

5. Compliance with the legal framework as a sufficient condition for due process?

The next question is whether arbitration may be deemed to give institutional guarantees of due process at least as long as it is carried out within the borders of what the applicable sources require for the validity and

the provision. The text, in other words, says nothing about the court's discretion to recognise and enforce an award notwithstanding that there is a ground for refusal. This is confirmed by a look at other language versions (I can only express a considered opinion on the French and the Russian versions, and also the Spanish version seems to suggest the same). Although the court's discretion may not necessarily be based on the language of the provision, there are good reasons for asserting it. If a process was flawed by a violation which is not very serious or which did not affect the outcome of the decision, reasons of effectiveness suggest that the award be recognized and enforced.

[33] New York Convention, article VII.

enforceability of an award. In other words: is due process automatically deemed to be safeguarded, if the requirements for validity and enforceability of the award are met?

Generally, it can be assumed that the structure created by the legal framework applicable to arbitration is sufficient to ensure the respect of due process. As was mentioned above, the large support of the New York Convention, the UNCITRAL Model Law and the ICSID Convention must be assumed to represent a consensus that states do not breach their obligations relating to due process when they give effect to an award that meets the requirements imposed by that legal framework. Where due process is infringed in the specific case, normally the system for review of the award by the courts or, in the case of ICSID awards, by ad hoc committees, permits to remedy.

The system of award review is meant precisely to safeguard the integrity and fairness of the process. The idea is that, notwithstanding the principle of finality of the awards, which is fundamental in arbitration law, there must be a possibility to review the award to ensure that fundamental principles have not been infringed in the process that led to the award. The two conflicting principles of awards' finality and need to safeguard basic procedural rights, have to be balanced against each other. The result of the balancing is the existing system of court and hoc control: the award is final in the merits, but it can be subject to control as far as due process issues are concerned.

In light of the growing criticism against arbitration,[34] however, it is appropriate to enquire whether it is legitimate to assume that the existing legal framework captures all issues related to due process, and whether it does so in an efficient way. Based on recent practice and doctrinal debate, it seems that there are several issues that may have relevance to due process, such as cost of the proceedings, efficiency, transparency, impartiality and independence of the arbitral tribunal, accuracy of the application of the law. Elsewhere,[35] I have examined some of these issues and sug-

[34] For references, see Cordero-Moss, Giuditta. 'The Alleged Failure of Arbitration to Address Due Process Concerns: Is Arbitration under Attack?', cit.

[35] Cordero-Moss, Giuditta. 'The Alleged Failure of Arbitration to Address Due Process Concerns: Is Arbitration under Attack?', cit.

gested that, while there certainly is potential for improvement, the possibility to do better is not equivalent to assuming that the present legal framework for arbitration violates due process.

Therefore, it can be concluded that compliance with the applicable law generally is a sufficient indication that due process has not been violated.

6. Compliance with party autonomy and risk of infringing due process: awards without reasons

After having examined the relationship between due process and the applicable legal framework, we can move to the relationship between due process and party autonomy. It was pointed out in section 1 that party autonomy derives its effects and scope from the applicable legal framework. Therefore, the simple fact that the parties consented to a certain issue is not necessarily sufficient to guarantee that due process is safeguarded. Also the applicable law must be considered.

An example of exercise of party autonomy that may turn out to infringe due process, is when the parties agree that the award needs not contain reasons. The parties may agree on this directly in the contract or indirectly, by choosing arbitration rules according to which the award needs not be reasoned, such as the Stockholm Rules for Expedited Arbitrations.

As I argued elsewhere,[36] the award's reasons are necessary to permit the court to exercise control over the compatibility of the award with public policy (if one adheres to the minimalist doctrine, according to which the controlling court owes deference to the evaluation of public policy issues made by the arbitral tribunal),[37] as well as over the arbitral tribunal's exercise of its power (particularly in case the tribunal consid-

[36] Cordero-Moss, Giuditta. 'Reasons in Arbitral Awards and Court Control', cit.

[37] For references on the minimalist and the maximalist approach, see Cordero-Moss, Giuditta. 'EU Overriding Mandatory Provisions and the Law Applicable to the Merits', cit., 328f.; Cordero-Moss, Giuditta. 'Achmea's Distinction between Investment and Commercial Arbitration, in: *The Future of Arbitration in Europe – Stockholm Centre for Commercial Law Skriftserie*, 36, 2020, 17-28.

ered sources different from the law chosen by the parties or the sources pleaded by the parties).

If the court adheres to the maximalist theory (according to which the court may independently evaluate whether the award infringes public policy or not), the award's reasons permit the court to develop its own evaluation of the public policy issue considering all elements that were considered by the arbitral tribunal. This applies also to the court's determination of the arbitral tribunal's jurisdiction, irrespective of whether the court follows the minimalist or the maximalist approach.

Furthermore, the award's reasons are important to permit the court to exercise control over the proceedings' compatibility with the right to be heard and other principles of due process. The reasons of the award, therefore, should not be sacrificed in the name of more efficient arbitration proceedings.

However, arbitration is under pressure to become a more efficient process. Recent developments such as the creation of the role of the emergency arbitrator testify to the desire to ensure that arbitration is capable of speedy responses to the needs of the parties. Many arbitration institutions have added rules for expedited proceedings to their rules for ordinary proceedings.[38] The UNCITRAL has adopted, in 2021, rules for ad hoc expedited arbitration.[39] Expedited proceedings are meant to be completed in a shorter time frame than ordinary proceedings. A number of measures permits a more expedited conduct of the proceedings: for

[38] See, for example, Appendix VI to the 2017 ICC Rules of Arbitration, regulating expedited procedures (https://cdn.iccwbo.org/content/uploads/sites/3/2017/01/ICC-2017-Arbitration-and-2014-Mediation-Rules-english-version.pdf.pdf); the 2017 Stockholm Rules for Expedited Arbitrations (https://sccinstitute.com/media/178161/expedited_arbitration_rules_17_eng__web.pdf); Chapter VII of the 2017 Rules on Arbitration of the Oslo Chamber of Commerce Arbitration Institute, on Fast-track Arbitration (https://www.chamber.no/wp-content/uploads/2015/07/Rules-2017-Arbitration-English.pdf); the 2013 Rules of Simplified Arbitration by the Danish Institute of Arbitration (https://voldgiftsinstituttet.dk/wp-content/uploads/2015/04/rules-of-simplified-arbitration-2013.pdf); the 2013 Rules for Expedited Arbitration of the Finland Chamber of Commerce (https://arbitration.fi/arbitration/rules/rules-for-expedited-arbitration/)

[39] Accessible at https://uncitral.un.org/sites/uncitral.un.org/files/media-documents/uncitral/en/uncitral_ear-e_website.pdf

example, the number of exchanges of submissions that are to take place between the parties may be reduced, the tribunal may be given the discretion to decide the case on the basis of written submissions only, the deadlines for writing the award may be reduced, etc.

The measures to enhance efficiency may also affect the reasons of the award. For example, under the Stockholm rules for expedited arbitration, the award is to state reasons only if one of the parties requests so.[40] This means that, under these rules, the base case is that an award needs not stating reasons.

Most rules for expedited arbitration have not gone as far, and awards are usually expected to state reasons even in expedited proceedings. The ICC Expedited Procedure Rules,[41] for example, do not permit to derogate from article 32 (2) of the Arbitration Rules, according to which awards must state the reasons upon which they are based.[42] As a matter of fact, the ICC Notes to the Parties and Arbitral Tribunals state that: "Any award under the Expedited Procedure Provisions shall be reasoned. Arbitral tribunals may limit the factual and/or procedural sections of the award to what they consider to be necessary to the understanding of the award, and state the reasons of the award in as concise a fashion as possible." In my experience as member of the ICC Court of Arbitration, the scrutiny of the draft awards rendered under the Expedited Procedures takes into consideration the need for an expedited processing, but is no less thorough in substance than for ordinary arbitration.

The UNCITRAL Working Group II on dispute resolution, which drafted the 2021 expedited rules for ad hoc arbitration, discussed at its 69th session in February 2019 whether it is desirable to eliminate the requirement that the award states the reasons for the decision.[43] The outcome of the discussion was not favourable to eliminating the require-

[40] Article 42 (1) of the 2017 Stockholm Rules for Expedited Arbitrations.

[41] See article 4 of Appendix VI to the ICC Arbitration Rules.

[42] See the ICC Notes to the parties and arbitral tribunals on the conduct of the arbitration, para 117.

[43] See the Report of Working Group II (Dispute Settlement) on the work of its sixty-ninth session (New York, 4–8 February 2019), A/CN.9/969, https://undocs.org/en/A/CN.9/969, at item No 7.

ment, but the simple fact that the matter was discussed, shows that any measures are contemplated for the purpose of enhancing efficiency.

In a similar vein, for ordinary (non-expedited) arbitration proceedings the UNCITRAL Model Law on International Commercial Arbitration permits the parties to agree that the award shall not state any reasons.[44] This is a less drastic solution than the described approach in the Stockholm rules for expedited arbitration. While the Stockholm rules for expedited arbitration require that one party actively requests that the award states reasons, the Model Law requires that both parties actively agree to exclude the reasons. This should be seen as a homage to the primacy of party autonomy, rather than as a measure to enhance efficiency. In the quest for efficiency that inspires contemporary arbitration, however, the possibility for the parties to agree on discarding the reasons may become an appealing option.

As mentioned above, however, the reasons of the award may be necessary for the purpose of rendering court control meaningful. Given that the award's reasons are necessary or important to permit court control, how can this be reconciled with the systems that permit the parties to agree that the award shall not state any reasons, or even that assume that awards shall not have reasons unless one party requests so? As an award that does not state reasons prevents or at least hampers court control, it must be assumed that an award without reasons will not be deemed acceptable by a court. Permitting the parties to exclude reasons may create considerable problems if the applicable arbitration law does not permit to exclude court control, and may create difficulties in case of enforcement.

In some systems, such as under Swedish law, awards do not need to state reasons,[45] and the parties furthermore are allowed to waive the right to challenge the validity of the award.[46] Therefore, the Stockholm rules are not inconsistent with the applicable arbitration law, when they assume that awards shall not have reasons unless one party requires so.

[44] Article 31 (2).

[45] According to article 31 of the Swedish Arbitration Act, the only mandatory requirements for an award are signature, seat and date.

[46] Article 51 of the Swedish Arbitration Act.

Under the Model Law, to the contrary, the parties may not waive their right to challenge the validity of the award. How can this be reconciled with the possibility that the Model Law gives to the parties to agree on having an award without reasons? When the reasons are necessary to evaluate the validity of the award, how to interpret the parties' agreement that the award shall not state reasons? Is it an indirect way of waiving the right to challenge, which, however, may not be waived under the applicable arbitration law? Or is it a reason to consider the award invalid, because it prevents the court from exercising control? The inconsistency in the system is evident.[47]

The same inconsistency applies to enforcement of the award: the New York Convention does not permit the parties to waive their right to resist enforcement.[48] The losing party may, of course, elect not to resist enforcement, thus achieving the same result as if it had waived the right to resist. However, an agreement in which a party commits itself in advance not to resist enforcement in case it loses, is not contemplated in the New York Convention. If an award is without reasons, therefore, there is a possibility that its enforceability is at risk.

The foregoing is an example of exercise of party autonomy that does not coincide with the principle of due process. It is not advisable for the parties to agree on an award without reasons. While it may be tempting to expedite the award by doing away with its reasons, the final result may be far less efficient than if the tribunal had been given some additional weeks to draft reasons – as the award may run the risk of being set aside or refused enforcement. If the award may not be carried out, it does not help much that it was rendered within a short timeframe.

[47] The Oslo Chamber of Commerce Rules of Arbitration, article 24 (4) have seen the difficulty and provide that the award shall state reasons, notwithstanding that the applicable Norwegian Arbitration Act permits the parties to agree to unreasoned awards: § 36 (6) of the 2004 Arbitration Act.

[48] Such a waiver may be possible through the application of article VII of the New York Convention. This provision permits the courts to apply national law if the result is more favourable to the enforcement of an award than the provisions of the New York Convention. If the national law of the place of enforcement permits the parties to waive their right to resist enforcement, therefore, article VII of the New Yok Convention permits to apply this more favourable rule. I am not aware of any national laws permitting such a waiver.

7. Compliance with party autonomy and risk of infringing due process: application of law not pleaded by the parties

Section 6 showed that following party autonomy does not necessarily mean that the award complies with due process. In this section, I will turn to a situation in which the award does not follow party autonomy, but nevertheless does not infringe due process.

As known, the arbitral tribunal has to decide the dispute that was submitted to it by the parties, within the limits of the submission's scope and according to the criteria agreed to by the parties. However, the tribunal has a considerable leeway as far as concerns the legal basis for the decision. This is often referred to as the principle of *Jura novit curia* (or *arbiter*). Elsewhere,[49] I commented on a comparative study showing that there is a general convergence among legal systems on certain main aspects of this principle.

The powers of the arbitral tribunal derive from the parties' will, expressed in the arbitration agreement, the terms of the contract and the pleadings. If the tribunal exceeds the power conferred upon it by the parties, the award may be set aside or refused enforcement. With regard to the legal arguments, however, the tribunal generally has full discretion to make legal inferences from the proven facts, to apply the governing law or, to a large extent, even to consider rules not belonging to the law chosen by the parties. Party autonomy or the parties' pleadings, therefore, do not restrict the tribunal's power to develop an independent legal reasoning. However, in many jurisdictions party autonomy and the parties' pleadings restrict the tribunal's possibility to order remedies that were not requested by the parties, even though these remedies follow from the tribunal's independent legal reasoning.

[49] Cordero-Moss, Giuditta. 'General Report on Jura Novit Arbiter', in: Cordero-Moss, Giuditta, Ferrari, Franco (eds.). *Jura Novit Curia in International Arbitration.* Juris 2018, pp. 463-487; Cordero-Moss, Giuditta. 'The Arbitral Tribunal's Power in Respect of the Parties' Pleadings as a Limit to Party Autonomy (On Jura Novit Curia and Related Issues)', in: Ferrari, Franco (ed.). *Limits to party autonomy in international commercial arbitration.* Juris 2016, pp. 289-330.

To a large extent, therefore, the arbitral tribunal may develop its own legal reasoning independently of the parties' pleadings, without running the risk of exceeding its power.

However, due process requires that the parties are given the possibility to be heard. This means that the tribunal is obliged to inform the parties of the basis on which it will take the decision, so that the parties are given the possibility to present their respective arguments. Violation of this principle may lead to the award being set aside or refused enforcement, although in a number of countries this applies only to factual circumstances, and not also to legal arguments.

The effect of party autonomy on the arbitral tribunal's power to develop a legal reasoning, therefore, should not be overestimated. There seems to be a wide consensus that the tribunal maintains the power to make its own inferences and develop its own legal reasoning quite irrespective of the interpretation of the contract made by the parties and of the legal sources pleaded by the parties. This applies within the framework of the law that has been chosen by the parties in the contract, but may even extend to rules that do not belong to the law chosen by the parties. To a lesser extent, the tribunal maintains the power to apply rules not belonging to the law chosen by the parties even in spite of the fact that the applicability of these rules has been expressly excluded by the parties.

The tribunal's power to consider laws not chosen by the parties (or even excluded by the parties) is relevant when the interests at stake are of particular significance for the affected society. Examples are rules against corruption or money laundering, competition law, regulations of import or export. In these areas, states usually issue overriding mandatory rules, or *lois de police*, and the underlying principles are often considered to be fundamental (public policy, or *ordre public*). Other areas where party autonomy is restricted for the sake of preserving third party rights and certainty of the legal system are company law, as well as the law regulating insolvency and encumbrances.[50] It is important to stress that there is no automatic coincidence between disregard of overriding mandatory

[50] For a more extensive reasoning see Cordero-Moss, Giuditta, *International Commercial Contracts,* cit., 247f.

rules and violation of public policy. However, it cannot be excluded that disregard of overriding mandatory rules results in a serious infringement of fundamental principles – and this may amount to a violation of public policy.

To avoid the risk of rendering an invalid and unenforceable award, therefore, the arbitral tribunal may decide to give consideration to rules that have not been chosen or pleaded by the parties.

It is noteworthy to stress that the tribunal's power to apply a law different from the one chosen by the parties is not completely discretionary. The criteria to be followed by the tribunal when determining the applicable law are, in various jurisdictions, those laid down in the private international law.

Admittedly, the relevance of private international law mechanisms in arbitration is not uncontroversial. Private international law has been, in my opinion unjustly, considered an excessively rigid and old-fashioned mechanism detrimental to the effectiveness of arbitration. On this basis, it has been discarded in various jurisdictions in favour of more flexible approaches meant to enhance the prominence of party autonomy – such as the *voie directe,* contained, inter alia, in article 1511 of the French Code of Civil Procedure, as well as in numerous Arbitration Rules – including also the UNCITRAL Rules.

The enthusiasm for this flexible approach, however, is not unanimous – complete flexibility is not necessarily the best solution when it comes to selecting the applicable law.

A first reason why a flexible approach is not necessarily desirable, is that it may lead to unpredictable results. If the arbitral tribunal is not guided by objective criteria when it determines the applicable law, the parties are not in a position to assess in advance their respective legal positions and thus to evaluate the advisability of initiating the arbitration. In some cases, determining the applicable law in advance is essential to the evaluation of whether to start an arbitral proceeding or not. For example, whether the applicable law will be Italian or Norwegian will decide whether a four years old claim is time barred or not, as the period of limitations is 10 years under Italian law and 3 years under Norwegian law. If the criteria for determining the applicable law are not objective, the parties are put in the paradoxical situation of having to initiate an arbitration to be able to assess whether there is at all a basis for initiating arbitration.

A second reason why a flexible approach to determining the applicable law is not necessarily desirable is that, without conflict of laws rules, the tribunal has no legal basis upon which it may consider rules of a law different from the law chosen by the parties. This becomes relevant when the choice of law made by the parties leads to disregarding overriding mandatory rules or principles of public policy in the law(s) that would be applicable if the parties had not made a choice of law. The tribunal may fear that, if it does not follow the parties' instructions, the award will be invalid or unenforceable for excess of power because, absent a foundation in the private international law, the tribunal has no basis to restrict the parties' choice.[51]

Furthermore, if the tribunal has no legal framework to contain or supplement the parties' choice, the result may be that arbitration lends itself to practices that violate fundamental principles in the international community. This is not desirable, at least for two reasons.

Firstly, it may lead to rendering an award that is invalid or unenforceable because it violates the court's public policy.

Secondly, it undermines the credibility of arbitration as a method for settling disputes – because it makes arbitration a means to evade applicable mandatory regulation of fundamental character. In a long-term perspective, this may lead to a less arbitration-friendly regime: if choosing arbitration permits the parties to circumvent important applicable regulations, this will inevitably lead to restricting the number of disputes which may be submitted to arbitration. It may be reminded here that the scope of arbitrability is defined on the national level and is therefore more easily prone to changes than the areas of arbitration law that are regulated by convention. The scope of what may be arbitrated started to expand with the famous second look-doctrine in the Mitsubishi case.[52] This expansion was based on the reliance that courts, while exercising

[51] For an extensive discussion and further references, see CORDERO-MOSS, Giuditta. 'The Arbitral Tribunal's Power in Respect of the Parties' Pleadings as a Limit to Party Autonomy (On Jura Novit Curia and Related Issues)', cit..

[52] *Mitsubishi Motors Corp. v Soler Chrysler-Plymouth, Inc.*, 473 U.S. 614 (1985).

judicial control in connection with enforcement of the award, would have the possibility to ensure that fundamental principles were not violated by the award. If arbitration consistently is used to circumvent applicable regulations based on fundamental principles, the risk is that this arbitration-friendly trend is reversed. The risk of backfiring is present especially in combination with the abovementioned minimalist doctrine, according to which courts should not have the power to independently evaluate whether an award violated fundamental principles, but should limit their control to verifying that the tribunal considered the matter. If the arbitral tribunal has no legal basis to consider overriding mandatory rules or fundamental principles other than those belonging to the law chosen by the parties, and if the courts have to pay deference to the arbitral tribunal's evaluation, arbitration runs the risk of being abused to evade the application of law or to disregard fundamental principles. Some national courts in Europe have already restricted arbitrability of disputes in certain areas precisely with the aim of ensuring that important regulation in those areas is accurately implemented, and the Advocate General of the European Court of Justice has repeatedly argued for the same approach.[53]

The intention, when restricting the arbitral tribunal's interference with party autonomy (and the courts' interference with the award), is to enhance arbitration and increase its effectiveness. The risk is that exactly the opposite result is obtained, i.e. that arbitration loses its credibility and, instead of being promoted, is restricted.

Conclusion

There is no question that party autonomy is central in arbitration. An arbitral tribunal is bound by the parties' agreement, and an award that

[53] For references, Cordero-Moss, Giuditta. 'EU Overriding Mandatory Provisions and the Law Applicable to the Merits', cit., 332f., quoting Belgian, English and German decisions, as well as opinions by the Advocate General of the EUCJ. See also, for a more recent decision in the same direction, Auernig, Katharina and Oberhammer, Paul. 'Jura Novit Arbiter in Austria, in Cordero-Moss, Giuditta, Ferrari, Franco (eds.). *Jura Novit Curia in International Arbitration*, cit., pp. 17-46, section III.3.

exceeds the scope of authority that the parties conferred on it is an invalid and unenforceable award.

This, however, does not mean that the arbitral tribunal does not have a margin of discretion on issues for which the parties have exercised their autonomy. Party autonomy cannot override the principle of due process, for the sake of the validity and enforceability of the award. Under some circumstances, the parties' consent is not a sufficient guarantee that due process is complied with – or it may even lead to infringing due process. The example presented in section 6 shows that the principle of due process may require that awards contain reasons, notwithstanding that the parties may have agreed on the contrary.

The example presented in section 7 shows that the principle of due process does not prevent an arbitral tribunal from developing its own legal reasoning independently of the parties' pleadings.

Recognising the tribunal's independence from party autonomy, as may be dictated or permitted by the principle of due process, is not detrimental to arbitration, quite to the contrary: it supports the role of arbitration as a credible method to settle disputes, and it thus contributes to counteracting emerging trends restricting the scope of arbitrability in the name of ensuring more accurate application of the law.

11.
RISCOS NA DISTRIBUIÇÃO DO ÓNUS DA PROVA E TEORIA DAS ESFERAS

João Marques Martins

1. Conceito e problemas do ónus da prova

I – A expressão "ónus da prova" identifica as regras jurídicas que são, por um lado, o instrumento metodológico e legitimador de que o julgador (juiz ou árbitro) se serve para decidir de mérito, quando se verifica um *non liquet*, e, por outro, ao valerem como critérios de distribuição pelas partes do risco de determinada alegação fáctica não ser provada, indicam-lhes os factos que têm interesse em provar.

Perante o *non liquet*, a precípua interrogação metodológica e axiológica não é "como decidir?", mas antes "tenho de decidir?". No âmbito do Direito Romano clássico, o julgador podia recorrer ao juramento de "*sibi non liquere*" (jurar que a situação de facto não estava clara) e, consequentemente, abster-se de julgar.[1] Hodiernamente, em regra, impõe-se ao decisor que, apesar da incerteza, tome uma decisão de mérito, uma que ponha termo ao processo e à disputa jurídica em causa.[2] Consequentemente, o "como decidir?" adquire o exclusivo da problematicidade. São ponderáveis respostas diversas. Entre elas, temos os critérios de decisão

[1] Laumen, "Kapitel 9 – Grundbegriffe der Beweislast", pp. 164-5.

[2] É o primado do decidir sobre o conhecer, na expressão de Castanheira Neves, *Questão-de-Facto – Questão-de-Direito ou O Problema Metodológico da Juridicidade*, p. 471.

que privilegiam uma versão em desfavor de outra: são as regras do ónus da prova.

Aponta-se habitualmente a infelicidade da utilização da palavra "ónus" neste contexto. Tem sido fixada a sua origem no "*onus probationis*" do processo de cognição do Direito Romano do período clássico tardio,[3] o qual foi sendo traduzido literalmente, tendo-se a terminologia sedimentado, até aos nossos dias, em ordenamentos jurídicos como o italiano (*onere della prova*), o alemão (*Beweislast*), o português e o brasileiro. Algo divergentemente, mas em tom aproximado, temos o "*burden of proof*" utilizado pelos sistemas de *Common Law* e a "*carga de la prueba*" em Espanha.

O fundamento da reserva semântica quanto à presença de "ónus" neste contexto seria o seguinte: em rigor, o entendimento comum que a ciência jurídica faz do instituto não corresponde a nenhum dos vários sentidos atribuíveis ao "ónus" da prova. Com "ónus" se identificaria uma situação jurídica em que, na mesma pessoa, se concentram uma posição passiva e outra ativa: outorga-se uma vantagem em contrapartida de um sacrifício.[4] Ora, no foro, nem a mais empenhada atividade probatória é garante do benefício (procedência ou improcedência da ação, conforme a posição do onerado); nem, inversamente, a abstenção de esforço probatório implica a não-obtenção desse mesmo benefício.[5]/[6] Logo, parece

[3] Laumen, "Kapitel 9 – Grundbegriffe der Beweislast", p. 167.

[4] Assim: Oliveira Ascensão, *Teoria Geral do Direito Civil – IV/5*, p. 100. Divergentemente, Menezes Cordeiro, *Tratado de Direito Civil – I*, pp. 918-9, propondo que a utilização do termo "ónus" deve cingir-se ao direito processual, sendo no direito substantivo substituído por encargo (ou ónus material).

[5] Elucidativamente, Castro Mendes, *Do Conceito de Prova em Processo Civil*, pp. 438-40, explica que o ónus da prova, se ónus fosse, seria imperfeito, pois, por força do princípio da livre apreciação da prova, o esforço probatório da parte não é condição suficiente para a formação da convicção do julgador, e incompleto, porquanto, em virtude dos princípios da aquisição processual e da oficialidade, aquele esforço não é condição necessária da formação da referida convicção. Se apreciadas sob uma perspetiva abstrata, as considerações de Castro Mendes são exatas. Mas, em concreto, num dado litígio, as diligências probatórias da parte interessada na fixação de um facto podem ser, e são-no frequentemente, condição necessária da formação da convicção do decisor (juiz ou árbitro).

[6] Na literatura oriunda dos sistemas de *Common Law*, é frequente associar-se o *burden of proof* a uma "responsabilidade" ou "obrigação" de provar. Nos sistemas romano-germânicos, há muito se detetou a imprecisão deste entendimento. Não está manifestamente

não se detetar o adequado sustentáculo essencial da esperada relação género-espécie e, em consequência, seria de rever a terminologia.

A designação tem-se mantido, mau grado esporádicos ensaios substitutivos, muitos deles convocando a noção de risco: *(i)* risco de fixação; *(ii)* risco de não esclarecimento; *(iii)* risco de indemonstrabilidade; *(iv)* risco do litígio.[7]

II – Debate-se frequentemente a natureza das regras do ónus da prova, designadamente pretendendo esclarecer se têm índole processual ou substantiva.[8] Para os apologistas da pertinência desta discussão, a dilucidação da dúvida é crucial para determinar a lei a que, num litígio cujo objeto seja uma relação material controvertida plurilocalizada, se subordina o ónus da prova: *lex fori* (*lex arbitri*) ou *lex causae*?[9] Em contexto de arbitragem, o problema tornar-se-ia particularmente saliente quando a lei aplicável ao procedimento não integrasse o ordenamento jurídico da lei aplicável ao mérito da causa.

Ponho muitas reservas a este modo de colocar a questão: consiste em sujeitar um problema da maior relevância, decisivo para a sorte do litígio, a uma opção classificatória, que deveria pretender-se mais como instrumento pedagógico do que como critério de solução de problemas.[10]

em causa uma obrigação ou uma responsabilidade, nem sequer, tudo bem entendido, um ónus. Antes, o que está em causa é um *interesse* em provar determinada alegação de facto para evitar a verificação do *risco* de falta de prova desse facto e as consequências associadas no que toca à sorte da lide. Sobre o problema da designação do ónus da prova, v., em particular, Castro Mendes, *Do Conceito de Prova em Processo Civil*, pp. 438-40 e Laumen, "Kapitel 9 – Grundbegriffe der Beweislast", pp. 167-8.

[7] Laumen, "Kapitel 9 – Grundbegriffe der Beweislast", pp. 167-8.

[8] Uma resenha das várias posições pode consultar-se em Cruz Almeida, "O Ónus da Prova em Direito Internacional Privado", pp. 280-300, Pedro Múrias, *Por uma distribuição fundamentada do ónus da prova*, pp. 28 e ss., e Prütting, "Kapitel 11 – Die non-liquet-Situation und die Normentheorie", pp. 241-2.

[9] Lê-se frequentemente que, nos países que adotam um sistema romano-germânico, o ónus da prova é visto como um problema de direito material, sendo uma questão processual nos ordenamentos jurídicos de *Common Law*; daí que o dilema da qualificação se tornaria ainda mais pungente quando os litigantes fossem oriundos destes dois sistemas.

[10] Neste sentido, Pedro Múrias, *Por uma distribuição fundamentada do ónus da prova*, p. 29, e Bonifácio Ramos, "Descoberta da prova na arbitragem, em especial a prova testemu-

A escolha da lei aplicável à distribuição do ónus da prova há de decorrer da estrutura e função axiológica desse instituo, e não de uma taxonomia apriorística, formalista, desprovida de validação.

Do meu ponto de vista, quando o problema do ónus da prova se coloca em contexto judicial ou arbitral, configura uma questão essencialmente processual, pois as regras que o constituem são funcionalizadas à repartição do risco de falta de prova de uma alegação de facto, determinando assim a decisão do julgador (juiz ou árbitro), e, consequentemente, indicando às partes os factos que têm interesse em provar, condicionando pois a sua conduta probatória. Configuraria, porém, um tremendo salto metodológico concluir que, assim sendo, a distribuição do ónus da prova é regulada pela *lex fori (ou lex arbitri)*. Olhemos antes de mais para a essência do problema: ao julgador cabe identificar os factos de cuja comprovação dependente a procedência da pretensão ou da defesa. Antecipando o provável resultado deste exercício, ficam as partes sabendo que factos têm interesse em provar. Ora, para realizar aquela tarefa, o julgador deverá, pelo menos, partir da norma (de direito material) que quadra a pretensão ou a defesa alegadas. Logo, a distribuição do ónus da prova obtém-se por meio da interpretação de regras contidas no contrato ou que integram a *lex causae*. Nem poderia ser de outro modo, a partir do momento em que ligamos a distribuição do ónus probatório aos pressupostos fácticos da (im)procedência da pretensão e da defesa.[11]

nhal, pericial e documental", pp. 34-43. Aliás, precisamente na literatura de arbitragem de referência, é possível encontrar posições que procuram enfraquecer a ligação entre a índole das regras de ónus da prova e o Direito aplicável à distribuição do ónus probatório. Por exemplo, Born, *International Commercial Arbitration*, p. 2315, sugere que o tribunal deve alocar o ónus da prova à luz do Direito substantivo aplicável e do processo adotado na arbitragem, podendo decidir não aplicar os critérios de distribuição do ónus probatório de um determinado ordenamento jurídico, mas antes criá-las *ad hoc*, moldando-as às circunstâncias jurídico-substantivas e jurídico-processuais do caso. Numa linha de que se aproxima o expendido em texto, *v.* Waincymer, *Procedure and evidence in international arbitration*, p. 765.

[11] Reiner, *Burden and General Standards of Proof*, pp.331-2, faz uma abordagem distinta para chegar a conclusão semelhante, aduzindo argumentos que nem têm que ver com a natureza das regras nem com qualquer aspeto metodológico. O A. sustenta que a lei substantiva deve regular o ónus da prova, porquanto, *inte alia*: *(i)* estas normas determinam quão difícil ou fácil é o reconhecimento da existência da pretensão; *(ii)* a lei material

Em suma: uma vez que as regras do ónus da prova projetam no processo o específico posicionamento relativo das partes numa determinada relação jurídica, tal como foi desejado pelo legislador material, trata-se de resolver um problema processual utilizando critérios plasmados no direito substantivo.

III – A literatura sobre arbitragem assinala com frequência a desconsideração a que tem sido votado o tema do ónus da prova, quer pelos comentadores, quer pela lei, quer ainda pelas decisões arbitrais.[12] As razões deste desinteresse são desconhecidas, sendo no entanto de excluir, como veremos, que derivem da aproblematicidade do tema.

Nas linhas seguintes, porquanto se lhes reconhece especial relevância no contexto da arbitragem, tentarei responder às seguintes questões: *(i)* num processo arbitral, como se reparte o risco da falta de prova? *(ii)* se o critério determinado na resposta anterior conduzir, no caso concreto, a um resultado iníquo, pode o árbitro alterá-lo ou utilizar outro?

2. Repartição do risco da falta de prova

I – O problema central do ónus da prova corresponde à seguinte pergunta: num processo arbitral (ou judicial), que parte corre o risco de ser prejudicada pelo *non liquet* a respeito de determinada alegação de facto?

A resposta há de ser um critério de solução cujo destinatário imediato é o decisor, que dele se servirá no momento da decisão. Mas a proposição normativa resultante atinge outros sujeitos e projeta-se para lá daquele momento, pois através dela passam as partes a conhecer o risco de improcedência da sua pretensão ou da sua defesa, no caso de se não fazer prova concludente sobre determinado facto.[13] Temos, então, o prisma objetivo

aplicável ao litígio está, por regra, definida desde a celebração do contrato, de modo que assim se favorece a previsibilidade quanto ao ónus da prova.

[12] *V.g.*: BORN, *International Commercial Arbitration*, pp. 2313; LEW, *Comparative International Commercial Arbitration*, p. 560; LANDOLT/NEAL, "Chapter 5: Burden and Standard of Proof in Competition Law Matters Arising in International Arbitration", p. 156.

[13] Por "defesa", na linha sob nota e de ora em diante, quero significar as exceções materiais, ou seja, factos que, não sendo metafisicamente incompatíveis com os alegados pelo demandante, impõem, se provados, uma decisão de mérito distinta da pretendida pelo demandante.

do ónus da prova forjando o seu prisma subjetivo, tal como a base de um poliedro condiciona a sua configuração.

Na literatura, observa-se com frequência que as indagações sobre o ónus da prova encetam pela pergunta sob o prisma subjetivo, a qual apresenta o seguinte aspeto: numa arbitragem, quais são os factos que o demandante e o demandado têm interesse em provar? Este modo de ver o problema não está essencialmente equivocado nem conduz obrigatoriamente a conclusões erradas, muito embora se lhe possa apontar a falha metodológica de não distinguir e não tratar separadamente as diferentes dimensões problemáticas. Todavia, como, sob a perspetiva objetiva e subjetiva, estamos tratando de duas faces (relacionadas) da mesma questão, o prejuízo não chega a ser relevante. Aliás, como certeiramente notou Musielak, a expressão ónus da prova já contém um elemento subjetivo, pois um ónus pressupõe quem o suporte.[14]

II – Pode afirmar-se com razoável exatidão que as normas sobre arbitragem tendem a abster-se de propor um critério para resolver o problema do ónus de prova. Quando isso acontece, prescrevem uma solução que, ao menos terminologicamente, se dirige à interrogação sob o prisma subjetivo. Veja-se o caso quase excecional do artigo 27/1 das Regras UNCITRAL, que dispõe o seguinte: "*cada parte tem o ónus da prova dos factos em que sustenta a sua pretensão ou a sua defesa*". As Regras de Praga, no artigo 7/1 (sob a epígrafe "*Iura Novit Curia*"!), contêm preceito semelhante.

Curiosamente, as Regras IBA nada dizem quanto ao ónus da prova. Tem sido sugerido que este silêncio se deve à sua pretensão *ecuménica*.[15] Porque nos países de *Common Law* as regras sobre o ónus da prova têm natureza processual, atribuindo-se-lhe índole substantiva nos ordenamentos jurídicos romano-germânicos, os autores das Regras IBA terão receado que a regulação deste tema implicasse tomar posição sobre aquele dilema e, em consequência, afastasse a utilidade generalizada daquelas regras.[16]

[14] *Die Grundlagen der Beweislast im Zivilprozeß*, p. 32.

[15] V., quanto a esta pretensão e alguns dos seus corolários, Nápoles, "As novas regras da IBA sobre produção de prova em arbitragem internacional", pp.108-10.

[16] Neste sentido, Trittmann, "The interplay between procedural and substantive law in international Arbitration", p. 12.

Mau grado a opção silenciosa do *legislador*, verifica-se em contexto de arbitragem um consenso alargado a respeito do seguinte princípio: ao autor cabe provar as alegações de facto que sustentam a sua pretensão, competindo ao demandado demonstrar as afirmações de facto que suportam a sua defesa.[17] Numa versão encurtada, mas igualmente *redonda*, poderá simplesmente ditar-se: cabe a cada qual provar o que alega (no brocardo latino, *qui affirmat incumbit probati*).

III – Recordemos a pergunta essencial: num processo arbitral, que parte corre o risco de ser prejudicada pelo *non liquet* a respeito de determinada alegação de facto? A resposta é a seguinte: salvo previsão legal ou convencional em sentido diverso, se a verificação do facto objeto da alegação for pressuposto da procedência da pretensão, é o demandante quem corre o risco; sendo antes o demandado quem corre o risco, se o facto for pressuposto da procedência da defesa.[18]

Mas isto é dizer pouco.

A primeira hesitação traduz-se na pergunta sobre a necessidade desta resposta. Poderia ser outra? Poderíamos propor uma outra solução? Sectorialmente, sim: pense-se na hipótese de se fixarem normativamente os danos decorrentes da violação de direitos de propriedade industrial.[19] Todavia, se a pretensão é erigir um princípio geral aplicável à maioria dos casos, não vejo que, coerentemente, outra solução fosse admissível. As ordens jurídicas são compostas por regras, as quais, estruturalmente, se compõem de antecedente e consequente, previsão e estatuição. A complexidade do antecedente/previsão e do consequente/estatuição varia muito, e dificilmente se nutre apenas de determinado preceito. Seja como for, aceitando ser esta a estrutura das regras que compõem os ordenamentos jurídicos, claro se torna que o consequente (seja a pretensão

[17] *V.g.*, Lew, p. 560, Blackaby, *Redfern and Hunter on International Arbitration*, p. 378 e Prevot, "The Taking of Evidence in International Commercial Arbitration: A Compromise Between Common Law and Civil Law", pp. 91-2.

[18] Trata-se, salvo imprecisão, da regra costumeira universal de que falava Zwerigert (v. Prütting, "Kapitel 11 – Die non-liquet-Situation und die Normentheorie", pp. 244-5).

[19] De que o artigo 347.º/5 do Código da Propriedade Industrial português é um bom exemplo.

ou a defesa) não opera se o antecedente se não puder considerar verificado. Para o Direito, "considerar verificado" deve ser como quem diz "considerar provado", pois se o julgador puder simplesmente escolher entre uma ou outra versão, por razões de verosimilhança, então nada distingue um processo judicial de um debate televisivo ou do processo solutivo da contenda entre dois irmãos presidida pelo progenitor. A prova enquanto fundamento da prevalência de uma versão sobre a outra é o elo que liga os sujeitos processuais numa comunicação significante. Sem a prova, resta a fé.

A segunda dúvida é a seguinte: onde podemos encontrar os pressupostos da pretensão e da defesa? Os pressupostos da procedência da pretensão e/ou da defesa encontram-se no direito material ou no negócio jurídico celebrado entre as partes (sempre que o Direito reconheça eficácia à autonomia da vontade). Novamente, a resposta dificilmente poderá ser diferente. Tanto é errado afirmar que há uma separação estrita entre direito substantivo e direito processual, como sustentar que inexiste diferença que autorize a separação conceptual. O Direito é uno. Todavia, nele podemos surpreender diferentes setores funcionais, distinguíveis, mas ligados e reciprocamente complementares, estabelecendo trocas permanentes, tal como sucede com a estratosfera e a mesosfera. Ora, é indiscutível que os pressupostos da pretensão e da defesa se encontram no sector do direito habitualmente designado "substantivo".

A terceira e última dúvida é seguramente a mais premente e desafiante: como se identificam os pressupostos da procedência da pretensão e da defesa? Através da interpretação do Direito. O decisor é colocado perante o caso, tal como lhe foi apresentado pelas partes. Do sistema extrairá a(s) norma(s) que determina(m) a procedência da pretensão e as que implicam a procedência da defesa. Fá-lo partindo da alegação fáctica das partes, pois está vinculado ao dispositivo. Torna ao sistema, que, em bom rigor, já permeou a alegação das partes e a análise que delas fez o decisor. Neste vaivém, identifica os pressupostos da pretensão do demandante e os da defesa do demandado. Haverá certamente casos de dúvida: certo facto é pressuposto da pretensão ou da defesa? Poderá o sistema no qual procura a solução resolver o problema (como sucede no artigo 342.º/3 do CC português), mas nem sempre assim será. Nestes casos, o princípio do agressor deve prevalecer, correndo o demandante, aquele que pretende a alteração do *status quo*, o risco de o facto se não provar.[20]

Poderá sugerir-se que quanto se acaba de expor nos aproxima da designada "teoria das normas". Mas não é assim. A solução preconizada por Rosenberg (e subsequentemente revista por Schwab, Leipold, Musielak e Prütting) para resolver o problema do sentido da decisão em caso de *non liquet* aponta caminhos metodológicos diferentes e mais detalhados do que a proposta acima expendida. A teoria das normas (mesmo a modificada) procura solucionar o problema do ónus da prova remetendo para a redação de preceitos legais, eventualmente assentando na estranhíssima suposição de que o legislador, em cada palavra, em cada critério geral e abstrato, tinha o ónus da prova em mente e, intencionalmente, o distribuiu. Ora, esta perspetiva das coisas não só soa a um formalismo axiologicamente vazio, como também assenta num pressuposto ficcional.[21] Quanto acima se propôs remete para a interpretação do *Direito*, e não de determinado *preceito* ou da *lei*. Podemos atribuir às linhas anteriores vaguidade, mas não o lapso de considerar que o critério de solução do caso se encontra preparado e enxuto num determinado preceito de certo diploma, no qual podemos ler a intenção legislativa de distribuição do ónus da prova. Na verdade, quanto acima vai escrito reflete apenas um certo entendimento sobre o modo de o Direito se revelar e realizar.

IV – A solução do *non liquet* através das regras do ónus da prova, independentemente da configuração que se lhes atribua, implica o seguinte problema metodológico: verificando-se a dúvida inarredável sobre a verificação ou não verificação de um facto essencial para a procedência da pretensão ou da defesa, em que situação de facto fundará o julgador a sua decisão da questão jurídica em causa?[22]

[20] Sobre o designado "princípio do agressor", v. PEDRO MÚRIAS, *Por uma distribuição fundamentada do ónus da prova*, pp. 105 e ss.

[21] Em Portugal, a demonstração da falta de fundamento axiológico-normativo da teoria das normas foi alcançada em termos muito convincentes por PEDRO MÚRIAS, na obra que se vem citando.

[22] Foi na Alemanha objeto de longo debate: *v.* PRÜTTING, "Kapitel 11 – Die non-liquet-Situation und die Normentheorie", pp. 237-40.

Uma hipótese divulgada é a seguinte: o julgador decide como se estivesse provado o facto contrário.[23] Esta solução, se devidamente aprofundada, revela-se aporética.

Por facto contrário pode entender-se todo aquele cuja verificação é metafisicamente incompatível com a existência do *facto duvidoso*. Assim sendo não há um, mas uma miríade de factos contrários. Exceto se pretendermos a existência de factos negativos. Nesse caso, resolve-se o problema da determinabilidade do facto contrário, mas recupera-se o problema metafísico dos factos negativos.

Julgo que este debate tem sido sobrevalorizado, enredando-se os autores em questiúnculas cuja relevância jurídica está por demonstrar, sendo certo que o interesse prático da discussão é pouco ou nenhum. Se o julgador não está em condições de afirmar que um facto pressuponente da procedência da pretensão se não verifica, a pretensão não procede. *Mutatis mutandis* para a defesa. Com isto se poderá criticar que o julgador não está, então, aplicando determinado preceito. Mas essa observação é inócua, pois ninguém duvidará que a decisão nesses termos é, ainda e plenamente, jurídica; ao caso, dir-se-á, está seguramente a aplicar-se o Direito.

3. A justiça do critério delineado e a (alternativa) teoria das esferas de risco

I – Mesmo supondo que é sempre viável extrair uma norma distributiva do ónus da prova utilizando o método descrito no número precedente, cabe indagar se desse modo chegaremos invariavelmente a uma solução justa. Ou seja: o que nos diz o *Direito* sobre aquela distribuição do risco de se não provar um facto? A dúvida é ainda mais pertinente hoje do que ontem, pois o desenvolvimento tecnológico introduziu, com frequência, complexidade e opacidade nas sequências fácticas relevantes para o processo, incrementando, por um lado, a relevância da prova pericial, e,

[23] Já assim MANUEL DE ANDRADE, *Noções Elementares de Processo Civil*, p. 197. Mas há propostas alternativas. ANTUNES VARELA/BEZERRA/NORA, *Manual de Processo Civil*, p. 450, sustentavam o seguinte: se o julgador mantém a dúvida sobre a verificação ou não-verificação de um facto, então, tem apenas de dar como inexistente esse facto.

por outro, a necessidade de repensar a justiça na distribuição do ónus probatório.

A resposta à aludida questão no sentido de que nem sempre a solução obtida segundo o método acima preconizado conduz à solução justa no caso concreto abre a porta a um dos mais estimulantes temas em matéria de ónus da prova: Que alternativas há? Que correções se impõem?

As propostas que têm merecido divulgação e mais acolhimento partem, em geral, do sistema distributivo acima proposto, procurando depois introduzir correções aplicáveis a um conjunto de casos-tipo, atendendo às suas especificidades. Por causa deste pano de fundo casuístico, pode depois perguntar-se se cabe ao juiz/árbitro decidir sobre a oportunidade da introdução das aludidas correções, ou, ao invés, este poder está exclusivamente alocado ao legislador. Optando-se por esta segunda via, o problema dissolve-se no tema das presunções legais ou da inversão legal do ónus da prova.[24]

II – Na segunda metade do século XX, na sequência de críticas à teoria das normas, foram, sobretudo na Alemanha, propostas diversas alternativas a esta tese dominante. A ideia que as une passa por submeter a repartição do ónus probatório já não a um sistema fixo e predeterminado, mas antes a princípios casuisticamente concretizáveis.[25] Entre estas propostas avulta, para quanto agora nos importa, a aplicação da teoria das

[24] De resto, pode suceder, e tem sucedido, algo próximo de um *tertium genus*: uma correção primariamente pretoriana vem posteriormente a ser integrada na lei.

[25] Por exemplo, Kegel (entre outros) propôs que o ónus da prova fosse distribuído de acordo com a probabilidade concreta da factualidade relevante. Ou seja, tomadas as circunstâncias do caso, caberia a cada parte a prova dos factos que lhe aproveitam e que sejam menos prováveis do que o seu contrário. Os problemas desta tese são evidentes, pois cria a aguda dificuldade de atribuir probabilidades às diferentes versões de facto. Estando indisponível um critério operativo e partilhável, as decisões atributivas e seus motes permaneceriam ocultas no espírito do decisor. Já no âmbito da responsabilidade civil e baseando-se na jurisprudência, Wahrendorf erigiu um conjunto de princípios que ditam o desvio às regras gerais do ónus da prova. Esta tese, porém, não resolve todos os problemas, mesmo no domínio da responsabilidade civil, sendo por isso inapta para instituir um critério geral (sobre estas e outras propostas, v. a recensão de Prütting, "Kapitel 11 – Die non-liquet-Situation und die Normentheorie", pp. 247-53).

esferas de risco ao problema da distribuição do ónus da prova, que coube, ao menos na sua versão mais conhecida, a Prölss.[26]

O A. parte da análise de decisões do *Reichsgericht* e do *Bundesgerichtshof* (até 1966), das quais retira que, por aplicação do princípio da distribuição do ónus da prova segundo as esferas de risco em casos de violação positiva do contrato (cumprimento defeituoso) e dos deveres de proteção, bem como em casos de *culpa in contrahendo*, o tribunal operava uma inversão do ónus da prova, fazendo impender sobre o réu o risco de subsistir a dúvida sobre se a violação era ou não imputável ao devedor.[27] Prölss não só sufraga esta prática, como sustenta que a mesma se não teria de conter nas hipóteses de responsabilidade contratual, devendo estender-se aos casos de responsabilidade civil extracontratual.[28] Ademais, diz Prölss, a inversão deve estender-se ao elemento objetivo do tipo, com isto, creio, alargando a inversão à própria e concreta sequência causal que vem a desembocar no dano.[29] E, de facto, como assinala Ribeiro de Faria, o BGH tem, em alguns casos, feito a distribuição do ónus da prova do nexo causal segundo o critério das esferas de risco.[30] Ou seja, a tese teria sobretudo aplicação em ações de responsabilidade (contratual ou extracontratual), visando particularmente os factos representativos da culpa, mas também a causalidade. Cumpre assinalar que, segundo o Prölss, para poder beneficiar da inversão do ónus da prova, o demandante teria de ser capaz de demonstrar que o dano sofrido teve origem na esfera de risco do demandando, e não na sua própria esfera de risco ou na de terceiros.[31]

[26] Recorde-se que a utilização da imagem das esferas de risco aplicadas ao Direito tem antecedentes. Veja-se, em particular, o caso do Direito Penal.

[27] Prölss, *Beweiserleichterungen im Schadensersatzprozeß*, pp. 65-70, 77-8.

[28] Musielak, "Beweislastverteilung nach Gefahrenbereichen. Eine kritische Betrachtung der Gefahrenkreistheorie des Bundesgerichtshofs", 482-4, embora a pretexto das críticas contundentes que desfere sobre esta tese, reconhece que a distribuição do encargo probatório segundo as esferas de risco vinha sendo aplicada pelo BGH também a casos de responsabilidade extracontratual.

[29] Prölss, *Beweiserleichterungen im Schadensersatzprozeß*, p. 79.

[30] Ribeiro de Faria, "Da prova na responsabilidade médica – Reflexões em torno do direito alemão", pp. 158-9. Entre nós, a distribuição do ónus da prova da causalidade segundo o critério das esferas de risco foi recentemente proposta por Mafalda Miranda Barbosa, pp. 1117 e ss.

[31] *Beweiserleichterungen im Schadensersatzprozeß*, p. 82.

Prölss propôs, por conseguinte, que a repartição do ónus probatório obedecia (e devia obedecer), dadas certas circunstâncias, ao critério das esferas de risco. Esta afirmação colocou-o perante três problemas: localizar tal regra no sistema, descrever o seu conteúdo axiológico e aclarar os conceitos de que a mesma se serve.[32]

Quanto ao primeiro, Prölss concluiu rapidamente que inexistia no Direito alemão uma regra geral que previsse a repartição do ónus da prova segundo esferas de risco. Calcorreando um percurso metodológico que se deixa questionar, identifica uma lacuna. A seu ver a regra proposta poderia ser reconduzida à própria ideia de justiça; tratar-se-ia de um imperativo de justiça. Com efeito, estando o processo gerador do risco sob domínio do demandado, impor ao autor a prova sobre a sequência fáctica conducente ao dano violaria o princípio da igualdade. Partindo deste ponto, Prölss afirma que a regra proposta, sendo decorrente da própria ideia de justiça, tem natureza suprapositiva.[33]

Quanto ao conteúdo axiológico, Prölss mobiliza dois argumentos fundamentais:

(i) *Estado de necessidade probatória.* Ocorre frequentemente que o lesado não tem qualquer acesso percetivo à zona de risco do potencial lesante, desconhecendo em absoluto o que nela ocorre. Nestes casos, nem a prova *prima facie* resolve a dificuldade, porquanto os processos causais gerados nessa zona de risco são ocultos para o lesado. Dir-se-á que o lesado está, nestes casos, num estado de necessidade probatória. Contrariamente, aquele a quem se imputa a lesão está em excelente posição para esclarecer a factualidade relevante, porquanto a mesma ocorreu na zona de risco que tem sob o seu domínio.

[32] Com efeito, uma regra jurídica só existe se fizer parte de um sistema de regras (não basta que se encontre no espírito do cientista do Direito). Depois, é fundamental que a regra tenha conteúdo axiológico, pois o Direito expressa-se através de uma escolha valorativa. Finalmente, a regra tem de ser operativa, pois a função primordial do Direito é resolver problemas práticos.

[33] *Beweiserleichterungen im Schadensersatzprozeß*, pp. 73-4

(ii) *Prevenção*. Se aquele que controla a esfera de risco à qual se pode imputar a ocorrência do dano souber que o prejuízo da falta de prova sobre alguns aspetos fundamentais do processo lesivo impenderá sobre o lesado, sentirá menos incentivos para prevenir a lesão. Inversamente, se a desvantagem decorrente da dúvida sobre a sequência causal recair sobre quem controla a esfera de risco, maior será o incentivo ao cuidado, assim se evitando danos. Realiza-se, desta forma, a função preventiva das regras de responsabilidade civil.[34]

Finalmente, quanto ao terceiro problema (operatividade da regra), Prölss procura responder à pergunta essencial: o que são as esferas de risco? A esfera de risco é, diz-nos, o espaço de vida do demandado potencialmente lesivo de terceiros e sobre o qual aquele tem fáctica ou juridicamente controlo. A esfera de risco é, portanto, integrada por todas as coisas móveis ou imóveis que o demandado possua, tanto relevando para estes efeitos os danos que as coisas causem, como os danos que nestas coisas ocorram (*v.g.*, queda de um cliente num estabelecimento comercial). Pertencem também à esfera de risco do demandado os espaços do mundo exterior que, num dado momento, o demandado tenha sob o seu domínio.[35]

III – Antes de atendermos às críticas que a proposta de Prörlss porventura merece, julgo oportuno observar que a tese (só) tem interesse no que respeita à prova dos factos representativos da violação do dever de cuidado externo e da causalidade. Adicionalmente, e salvo melhor opinião, a tese nutre-se de um específica perspetiva para interpretar juridicamente o fenómeno fáctico que subjaz ao problema da responsabilidade. Vejamos em que se traduz esta última afirmação, que é sobretudo decisiva quanto à prova da causalidade.

A situação responsabilizante deixa-se conceber segundo duas perspetivas: *(i)* criação e concretização de risco; *(ii)* processo causal. Antes de mais, pode disputar-se a necessidade de optar por uma delas. Não é de

[34] Prölss, *Beweiserleichterungen im Schadensersatzprozeß*, pp. 75-6.
[35] *Idem*, pp. 83-5

crer que se antagonizem; afinal, são duas faces de um mesmo segmento metafísico (do real). Em todo o caso, escolhendo, estaremos a condicionar terminológica, dogmática e probatoriamente o caminho subsequente.

Mas o que é, afinal, o risco? Em geral, "risco" (ou "perigo") identifica um conceito indeterminado erigível e utilizável em diversos contextos, sendo por estes cunhado. Tal fenómeno adaptativo ou personalizante sucede, seguramente, quando o conceito é chamado a desempenhar um papel no Direito. Numa aceção geral – não no sentido de conceito-matriz mas no de conceito significante em vários domínios –, "risco" refere uma situação (abstrata ou concreta) que, de acordo com determinado acervo de conhecimentos, contém ou consiste a/na causa potencial de um efeito (abstrato ou concreto).[36] Três esclarecimentos: *(i)* sendo o efeito um evento indesejado, o "risco" será negativamente conotado; *(ii)* o aludido acervo de conhecimentos poderá ser reconduzido ou ligar-se ao de regras de experiência, à ideia de regularidade veiculada pela expressão *id quod plerumque accidit*, etc.; *(iii)* o risco é fruto de uma determinada interpretação do real, tendo pois, conceptualmente, uma existência dependente do(s) sujeito(s) que o detetam.

Responsabilidade civil adentro, seria de postular:

- *(i)* precedendo a lesão (de um direito ou de um interesse) ou o incumprimento está o risco de eles se verificarem;
- *(ii)* a relação entre o real que subjaz ao risco de lesão ou de incumprimento e a lesão ou incumprimento não é simétrica: se houve lesão/incumprimento, ocorreu o risco de estes se verificarem; mas o inverso não é (metafisicamente) necessário;
- *(iii)* gráfica e metaforicamente, a existência do risco deixa-se simbolizar através da idealização de um círculo desenhado numa situação espaciotemporalmente determinada;
- *(iv)* a existência, a localização e a medida do raio do círculo podem ser objeto de controvérsia;
- *(v)* o risco pode ser visto como efeito de um comportamento;

[36] Adjetivando o substantivo, teremos "arriscado(a)" em vez de "risco", obtendo-se assim, talvez mais elucidativamente, o predicado da referida situação.

(vi) o risco de lesão/incumprimento pode, ou não, ter sido gerado pelo comportamento de uma pessoa diferente do lesado, a qual apenas se tem por criadora do risco se, e somente se, fosse, para ela, humanamente possível não tê-lo criado;

(vii) depois da criação, o criador do risco pode, ou não, ter ao seu alcance medidas aptas a diminuir ou, mesmo, eliminar o risco.

(viii) nos casos de omissão, o círculo de risco não foi criado pela conduta do putativo lesante/inadimplente; todavia, era para si humanamente possível diminuí-lo ou eliminá-lo.[37]

Aqui chegados, percebemos com simplicidade por que motivo a perspetiva sob a qual abordamos o evento responsabilizante tem um impacto probatório tão relevante. Com efeito, facilmente colocamos a perspetiva do risco patrocinando o lesado: ele terá *apenas* de provar, por exemplo, que o lesante/inadimplente criou um risco para o seu direito e que esse risco se verificou. Esta prova passará por convencer o decisor de que situação de risco *sub judice* é potencialmente causadora de danos do tipo que ele, demandante, sofreu. Quando optamos por interpretar o evento responsabilizante segundo o prisma da causalidade (e já não do risco), a questão complica-se: o autor terá de provar que o agente ou contraente, com a sua conduta, *causou* a lesão do direito.

[37] A distinção entre ações e omissões e, consequentemente, a caracterização de cada qual através da noção de risco tem tradição no Direito Penal. Stratenwerth adotava a seguinte formulação: ao agente deve ser imputada uma ação sempre que ele criou (ou aumentou) o perigo que vem a concretizar-se no resultado; uma omissão sempre que ele não diminuiu aquele perigo (v. Figueiredo Dias, *Direito Penal*, pp. 910-1). Há igualmente quem adote esta perspetiva no âmbito do Direito Civil. Segundo Deutsch / Ahrens, *Deliktsrecht*, pp. 18-9, é ação todo o comportamento que aumenta o perigo de verificação do resultado; e é omissão o comportamento que não eleva o perigo existente da sua ocorrência, o qual pode resultar de um fenómeno natural ou ter sido criado por terceiro. Numa certa perspetiva, pode dizer-se que a contraposição de Stratenwerth é tendencialmente normativa, sendo a de Deutsch e Ahrens metafísica.

IV – A proposta de Prölss, nas palavras de um dos seus principais críticos (Musielak), é cativante e convincente.[38] Todavia, se analisada com detalhe, encerra problemas que nunca foram totalmente debelados. Os óbices têm natureza conjetural e estrutural. Em contexto de arbitragem, interessam-nos sobretudo estes, pois aqueloutros são contextualizados pelo ordenamento jurídico.

Quanto às críticas conjeturais, direi apenas breves palavras. Quando se contrapõe comparativamente a teoria das esferas de risco a uma prática ou prescrição que regule o ónus da prova em função do disposto nas normas que acolhem a pretensão ou a determinam a procedência da defesa, escreve-se por referência a um determinado ordenamento jurídico, ou seja, à distribuição do ónus probatório em função do que dispõem as regras de direito substantivo desse ordenamento. Claro que, neste caso, o (in)sucesso e a (in)utilidade da tese são uma função do ordenamento jurídico onde que se pretende aplicá-la. Por exemplo, em Portugal, a teoria das esferas de risco teria interesse nulo se pretendêssemos aplicá-la à prova da culpa na responsabilidade contratual abrangida pela presunção do atrigo 799.º/1 CC. Mas poder-se-á discutir a sua pertinência quando a obrigação é de meios, e não de resultado, ou quanto ao ónus probatório do nexo causal, e já não apenas à culpa.[39] Na Alemanha, o debate terá outros contornos;[40] o mesmo sucedendo no Brasil, em Espanha, etc.

A tese das esferas de risco padece, porém, de problemas estruturais que importa assinalar, sendo três os essenciais: *(i)* vaguidade conceptual; *(ii)* petição de princípio; *(iii)* sobreposição de esferas de risco.

O conceito de esferas de risco, até pela sua natureza metafórica, dificilmente se deixa delimitar com rigor. A consequência desta dificuldade

[38] "Beweislastverteilung nach Gefahrenbereichen Eine kritische Betrachtung der Gefahrenkreistheorie des Bundesgerichtshofs", p. 466.

[39] Ainda aqui, porém, deve recordar-se que Menezes Cordeiro, num estudo muito convincente, sustentou que a presunção prevista no artigo 799.º CC abrange a causalidade (v. *Tratado de Direito Civil – IX*, p. 381).

[40] Veja-se, neste registo (embora não só), a crítica de Musielak à tese de Prölss, no artigo a que venho fazendo referência. Ribeiro de Faria, "Da prova na responsabilidade médica – Reflexões em torno do direito alemão", pp. 161-7, recenseou ainda as críticas de Larenz e Stoll

é a ductilidade operativa. Quanto menos definidos estão os limites de um conceito, mais difícil se torna dizer que trechos da realidade se lhe encontram subordinados. Quando conceitos desta estirpe são utilizados na construção de critérios de solução, o resultado prático é o endossamento ao decisor da tarefa de definir o conceito *para* o caso. Vertendo estas ideias para o problema de que nos ocupamos, teremos o julgador tomando uma decisão tão facilmente sustentável quanto dificilmente sindicável sobre a distribuição do ónus probatório.

A interpretação do evento responsabilizante sob a perspetiva do risco favorece uma petição de princípio. Ocorrendo o dano, teremos tendência (porventura corretamente) para afirmar que havia risco de o mesmo se verificar. Não deveria ser assim, pois ao Direito cabe distinguir entre o risco que é e que não é juridicamente relevante. Se a teoria carece desse critério, redunda numa apreciação de natureza meramente metafísica. Poderá contrapor-se com a dissolução desta dúvida, sustentando que, tendo ocorrido dano, o risco que o gerou é sempre juridicamente relevante. Mas então o debate passa a centrar-se exclusivamente em saber se a esfera de risco da qual provém o dano é a do demandado, a do demandante ou de um terceiro. Todavia, Prölss sustentava que cabia ao demandante demonstrar que o dano não provinha da sua esfera de risco nem da de terceiro.[41] De modo que a prova que se pede ao demandante eliminaria, ao menos quanto à causalidade, o tratamento favorável que se lhe pretende conferir.[42]

Musielak chama atenção para que as esferas de riscos não são estanques, podendo sobrepor-se. Ou seja, em determinados casos, as esferas de risco do demandante, do demandado e de terceiros são sobreponíveis. Nestes casos, é quase arbitrário imputar o dano à esfera de risco do demandado e com isso inverter o ónus da prova. Pense-se no exemplo da pessoa que cai no estabelecimento comercial de uma empresa, no qual circulam várias dezenas de outras pessoas em simultâneo. Enquanto se não apurar exatamente como ocorreu a queda, não é possível dizer a que esfera de risco se deve imputar o dano: O chão estava molhado? O lesado

[41] *Beweiserleichterungen im Schadensersatzprozeß*, p.82.

[42] Como também refere MUSIELAK, "Beweislastverteilung nach Gefahrenbereichen Eine kritische Betrachtung der Gefahrenkreistheorie des Bundesgerichtshofs", pp. 478-9.

tropeçou num saco deixado no chão por outro cliente? O lesado teve uma síncope? Num caso destes, atribuir ao proprietário do estabelecimento o ónus de provar que o acidente lhe não é imputável a título de culpa, mau grado o mesmo haja ocorrido no seu estabelecimento, é quando muito trocar uma iniquidade (a que porventura resultaria do *actori incumbit probatio*) por outra. Num outro exemplo, equacionemos um contrato de fornecimento entre sociedades comerciais situadas em diferentes países. Os bens são produzidos pela sociedade A, armazenados pela sociedade B, entregues para transporte terrestre à sociedade C, depois para transporte marítimo à sociedade D, posteriormente para transporte terreste à sociedade E, e finalmente entregues e armazenados pela sociedade F (a beneficiária do fornecimento). Posteriormente, são detetados vários defeitos nos bens fornecidos, não sendo possível determinar se a causa está na produção, no armazenamento ou no acomodamento durante o transporte. Podemos perguntar: de que serve a teoria das esferas de risco num caso como este? Em suma, a sobreposição das esferas de risco não pode ser estatisticamente desconsiderada. Nem a sua relevância problemática minorada, pois sempre que a sobreposição ocorre, a utilidade das esferas de risco para resolver o problema da distribuição do ónus da prova deixa-se questionar.

V – A tese apreciada aparenta virtudes, designadamente em termos de justiça e de âmbito de aplicação. Todavia, após investigação mais aprofundada, estas virtudes tornam-se duvidosas.

Dito e reconhecido isto, importa não esquecer que a teoria das esferas de risco visa, originariamente, corrigir a teoria das normas (que é uma versão sofisticada do princípio *actori incumbit probatio*), a qual padece igualmente de diversos problemas. Se os paladinos da teoria das normas só cedem perante uma teoria alternativa perfeita, sem falhas ou fragilidades, de repartição do ónus probatório, então nunca cederão. Uma teoria final, de resto, integrará vários modos de abordar o problema, que se integram e entrecruzam, em função das especificidades do caso, partindo sempre da princípio *actori incumbit probatio.*

De sorte que as críticas acima elencadas não impedem a persistência das duas perguntas cruciais: podem os árbitros alterar as regras do ónus da prova? (*infra* VI) Em que casos, é útil a teoria das esferas de risco? (*infra* VII)

VI – Inexistindo um código processual da arbitragem, sendo esparsas e incipientes as regras de arbitragem sobre o assunto, admitindo que o direito substantivo aplicável não integra a teoria das esferas de risco e supondo que o poder para regular a repartição do ónus probatório não lhes foi concedido por convenção das partes, a dúvida sobre se podem os árbitros alterar as regras do ónus da prova é plena de fundamento.[43]

Uma resposta negativa não há de fundar-se na circunstância de ao árbitro não assistir qualquer poder para modificar o direito material aplicável à composição do litígio. Já vimos que a distribuição do ónus da prova é um problema processual, e não substantivo: o que o tribunal estaria modificando seriam os critérios distributivos do ónus da prova, e não as normas materiais.

Dificilmente se pode sugerir uma resposta definitiva; ainda assim, é possível mobilizar vários argumentos de sentido negativo:

(i) A distribuição do ónus da prova de acordo com o princípio *actori incumbit probatio* favorece o *status quo* da situação jurídica sub-

[43] Do elenco hipotético excluí, por impertinência para responder à pergunta, a possibilidade de serem as próprias partes a alterarem as regras sobre o ónus da prova. Todavia, reconhece-se, sem reservas significativas, às partes a faculdade de convencionarem sobre as regras de distribuição do ónus da prova. Por exemplo: *(i)* num contrato de fornecimento, acorda-se que, denunciando o beneficiário do fornecimento a falta de conformidade de alguns bens, cabe ao fornecedor demonstrar que a conformidade se verifica; *(ii)* os contraentes convencionam que cabe à parte inadimplente demonstrar a inexistência de nexo causal entre o seu incumprimento e os danos alegados, e não ao contraente lesado a prova da verificação desse nexo causal. Estando em causa regras processuais, os limites a esta liberdade de disposição são os habitualmente impostos neste contexto: a convenção será válida, salvo se o seu conteúdo implicar a violação do princípio (processual) da igualdade. Para tomar uma decisão de invalidação, o desvio ao princípio da igualdade há de ser relevante e, além disso, porventura até mais pertinentemente, a aceitação da convenção pela parte prejudicada deverá ter resultado de um desequilíbrio das posições negociais dos contraentes, não estando associada à obtenção de uma vantagem correspetiva. Neste sentido, aprofundadamente, *v.* Blavi/Vial, "The Burden of Proof in International Commercial Arbitration: Are We Allowed to Adjust the Scales", pp. 51 e ss.

metida à arbitragem: ou seja, em abstrato, o demandante está sempre em desvantagem, pois, caso nenhuma das partes prove as alegações de facto controvertidas submetidas à apreciação dos árbitros, a ação é improcedente. De resto, perante a incapacidade probatória do demandante, o demandado está em condições de adotar uma posição meramente passiva. Ora, ao modificar as regras do ónus da prova, o árbitro estará a afetar a sorte do litígio, a bulir com o (des)equilíbrio pré-estabelecido;

(ii) A distribuição do ónus da prova não influencia apenas a conduta processual das partes. O registo que cada parte faz da fase pré-negocial e da execução do contrato é igualmente determinado, ainda que inconscientemente, pela distribuição do ónus da prova. Repare-se: quem paga tem interesse em obter um recibo; quem entrega o bem ou presta o serviço pretende uma declaração de receção ou de conformidade. Há, pois, sólidas razões de segurança jurídica que recomendam a manutenção da distribuição do ónus da prova com que as partes puderam contar;

(iii) Finalmente, o desequilíbrio iníquo, em concreto, da distribuição do ónus probatório poderá ser resolvido por outros meios, que não a remodelação *ab initio* das regras distributivas. Com efeito, poderá a parte onerada requerer à contraparte a produção de determinada prova e poderão os árbitros extrair inferências adversas da conduta do requerido não colaborante.[44]

Tudo quanto vai dito aconselha, portanto, os árbitros a absterem-se de alterar os critérios distributivos do ónus da prova, muito embora se não deva vedar absolutamente essa hipótese.

Haverá, todavia, certamente casos nos quais, logo à partida, se afigura evidente que, relativamente a determinado facto ou acervo fáctico, o controlo dos meios probatórios e de ciência pela parte demandada é tão ostensivo e exclusivo que, pretendendo subtrair o desfecho do processo a tal sortilégio, devem os árbitros inverter o ónus da prova. Ou seja, e assim regressamos a um dos fundamentos axiológicos da tese de Prölss, a inver-

[44] O que não implica uma inversão do ónus da prova.

são justifica-se pelo contributo concorrente de dois fatores: por um lado, o demandado tem o controlo exclusivo ou quase exclusivo dos meios de prova capazes de representar a factualidade em causa; por outro, o demandante não tem acesso aos meios nem ciência que lhe permitam prosseguir o desiderato probatório (encontra-se no tal estado de necessidade probatório).

Nestes casos, a teoria da esfera de risco poderá, dadas certas circunstâncias, ser útil e justificadamente utilizada.

VI – Quais são essas circunstâncias?

Porque falamos de risco, torna-se evidente que a tese há de mostrar a sua utilidade nos casos de responsabilidade civil (contratual e extracontratual).

Tal como acima se adiantou, o seu âmbito fáctico de aplicação visa, sobretudo, o nexo causal entre o dano e a conduta do contraente/agente, bem como a violação do dever de cuidado externo (culpa).

Quanto ao nexo de causalidade, a conveniência da teoria reflete-se nestes termos: o lesado consegue demonstrar que o dano efetivamente sofrido integra o tipo de danos que a esfera de risco gerada e/ou sob controlo do demandado é apta a provocar; todavia, não está em condições, pelas razões acima apontadas, de demonstrar que o prejuízo alegado foi efetivamente causado, pela, à conduta do contraente/agente. Nestes casos, poderá justificar-se inverter o ónus probatório, cabendo agora ao demandado demonstrar que o dano não provém da sua esfera de risco.

Mas a utilidade da tese das esferas de risco é porventura ainda mais premente no tocante à demonstração da violação do cuidado externo, sem a qual não opera o juízo de culpa do demandado, inexistindo consequentemente, na maioria dos casos, responsabilidade. Por cuidado externo entende-se a conduta traduzível nos factos hipotéticos e percecionáveis cuja adoção teria evitado a situação comportamental ilícita ou colocado o agente / o contraente inadimplente em condições de impedir a sua ocorrência.[45] A aludida conduta tanto pode ser uma ação, como uma abstenção de agir. Repare-se, agora, no seguinte: para alegar as refe-

[45] Tal como desenvolvido noutra ocasião (*v.* MARQUES MARTINS, *Prova por Presunções Judiciais na Responsabilidade Aquiliana*, pp. 214 e ss.).

ridas condutas e bem assim demonstrar a sua eficácia impediente torna-se necessário conhecer a sequência causal que é, afinal, a situação responsabilizante. Sem este conhecimento, o demandante estará alegando em abstrato, deitando mão de conjeturas processualmente irrelevantes. Pressuposto vai que a este desconhecimento por banda do demandante se opõe a ciência por parte do demandado, dado que o dano decorre da sua esfera de risco. Nestes casos, ainda que se não devam menosprezar as dificuldades, está mais acessível ao contraente/agente a prova de que adotou o cuidado devido em todos os momentos do processo causal, do que ao demandante a demonstração de que certa medida de cautela não foi, apesar de dever ter sido, adotada.

VIII – Decidindo os árbitros alterar a distribuição do ónus probatório, aplicando, por exemplo, o critério das esferas de risco, cabe perguntar se, e em que momento, deverão comunicar às partes a sua decisão. Por exemplo, podem (ou devem) os árbitros dar conta às partes, designadamente na conferência preparatória ou de gestão do processo, do seu entendimento sobre a distribuição do ónus probatório? As Regras de Praga [artigo 2/4, e) e i)] conferem-lhes esta faculdade.[46] As Regras IBA omitem qualquer referência a este ato. Nos principais regulamentos de arbitragem institucional não se deteta qualquer disposição a este respeito.[47] Sobra a hipótese de as partes poderem impor aos árbitros essa revelação.

As vantagens em termos de lealdade processual *para com as partes* e de preparação da arbitragem *pelas partes* são evidentes.[48] Particularmente

[46] Resta saber se esta norma permissiva chega a ser útil, dado que a mesma resulta evidente dos interesses e posições em jogo. A dúvida está antes em decidir se os árbitros são ou não *obrigados* a revelar o seu juízo.

[47] Alguns AA. identificam na revelação antecipada da distribuição do ónus probatório uma obrigação dos árbitros: assim me parecem de interpretar as palavras de Reymond, p.325; em termos mais concludentes, v. Reiner, *Burden and General Standards of Proof*, pp. 340 e 350, e Amaral, "Burden of Proof and Adverse Inferences in International Arbitration: Proposal for an Inference Chart", pp. 3 e 4.

[48] Não sendo de descurar as desvantagens. Os árbitros ficam antecipadamente vinculados a um certo entendimento que, ao menos na sua perspetiva, apenas será pertinente no momento da elaboração da decisão final, caso se verifique o *non liquet*. Acresce que a

nos casos em que os árbitros decidam adotar uma distribuição do ónus da prova com que as partes não possam razoavelmente contar, quer porque o tribunal pretende seguir um entendimento distinto do normalmente adotado sobre o problema quer porque o objeto do litígio é tão extravagante ou esotérico que as partes não podem apelar a casos semelhantes para encontrar um padrão estabilizado, a alteração das regras sobre a distribuição do ónus da prova tem de ser, tão cedo quanto possível, comunicada às partes. A conferência de gestão do processo parece ser o momento oportuno para este efeito.

Referências

Almeida, Geraldo da Cruz, "O Ónus da Prova em Direito Internacional Privado". *ROA*, 1994, 251-309;

Amaral, Guilherme Rizzo, "Burden of Proof and Adverse Inferences in International Arbitration: Proposal for an Inference Chart", Journal of International Arbitration, 28 (1), 2008, pp. 1-30;

Andrade, Manuel Augusto Domingues de, *Noções Elementares de Processo Civil.* C/ Colaboração: João de Matos Antunes Varela. Coimbra Editora (edição revista e atualizada por Herculano Esteves), 1979;

Ascensão, José de Oliveira, *Teoria Geral do Direito Civil – IV/V – Relações e Situações Jurídicas.* Associação Académica da Faculdade de Direito de Lisboa, 1993;

Blackaby, Nigel et al., *Redfern and Hunter on International Arbitration*, Oxford University Press (6.ª edição), 2015;

Blavi, Francisco / Vial, Gonzalo, "The Burden of Proof in International Commercial Arbitration: Are We Allowed to Adjust the Scales", in *Hastings International and Comparative Law Review*, 39, pp. 41-80;

Born, Gary B., *International Commercial Arbitration*, Kluwer Law International (2.ª edição), 2014;

Cordeiro, António Menezes, *Tratado de Direito Civil – I.* Almedina (4.ª edição reformulada e atualizada), 2012;

distribuição do ónus da prova pressupõe que os árbitros adquiram, precocemente, antes ainda de se encetarem as audiências, um conhecimento detalhado dos factos e da sua possível relevância jurídica.

Cordeiro, António Menezes, *Tratado de Direito Civil – IX – Direito das Obrigações (Cumprimento e não-cumprimento. Transmissão. Modificação e Extinção)*, Almedina (2.ª edição), 2016;

Deutsch, Erwin / Ahrens, Hans-Jürgen – *Deliktsrecht*. Carl Heymanns (4.ª edição revista e aumentada), 2002;

Dias, Jorge de Figueiredo, *Direito Penal – Parte Geral – Tomo I – Questões Fundamentais. A Doutrina Geral do Crime*. Coimbra Editora (2.ª reimpressão da 2.ª edição), 2012;

Faria, José Ribeiro de, "Da prova na responsabilidade médica – Reflexões em torno do direito alemão", in *Revista da Faculdade de Direito da Universidade do Porto*, I, 2004, pp. 115-95;

Landolt, Phillip / Neal, Barbara Reeves, "Chapter 5: Burden and Standard of Proof in Competition Law Matters Arising in International Arbitration", in Blanke, Gordon & Landolt, Phillip (coord.), *EU and US Antitrust Arbitration: A Handbook for Practitioners*, Kluwer Law International, 2011, pp. 155-78;

Laumen, Hans-Willi, „Kapitel 9 – Grundbegriffe der Beweislast". In: *Handbuch der Beweislast – Grundlagen*. Carl Heymanns (3.ª edição revista e aumentada), 2016, pp. 163-219;

Lew, Julian D. M. et al., *Comparative International Commercial Arbitration, Kluwer International* (2003);

Martins, João Marques, *Prova por Presunções Judiciais na Responsabilidade Civil Aquiliana*, Principia, 2017;

Mendes, João de Castro, *Do Conceito de Prova em Processo Civil*. Edições Ática, 1961;

Musielak, Hans-Joachim, "Beweislastverteilung nach Gefahrenbereichen Eine kritische Betrachtung derGefahrenkreistheorie des Bundesgerichtshofs", in *Archiv für die civilistische Praxis*, 176 Bd., H. 6. (1976), pp. 465-486;

Musielak, Hans-Joachim, *Die Grundlagen der Beweislast im Zivilprozeß*, De Gruyter, 1975;

Nápoles, Pedro Metello de, "As novas regras da IBA sobre produção de prova em arbitragem internacional", in *Revista Internacional de Arbitragem e Conciliação*, Ano III (2010), pp. 105-16;

Neves, António Castanheira, *Questão-de-Facto – Questão-de-Direito ou O Problema Metodológico da Juridicidade (Ensaio de uma Reposição Crítica) – I – A Crise*, Almedina, 1967;

Prevot, Clémence, "The Taking of Evidence in International Commercial Arbitration: A Compromise Between Common Law and Civil Law", *Dispute Resolution Journal*, 71(2), 2016, pp.74-94;

Prölss, Jürgen, *Beweiserleichterungen im Schadensersatzprozeß*, Verlag Versicherungswirtschaft, 1966;

Ramos, José Luís Bonifácio, "Descoberta da prova na arbitragem, em especial a prova testemunhal, pericial e documental", Revista de Direito e de Estudos Sociais, Ano LVI (4), 2015, pp. 29-67

Reiner, Andreas, *Burden and General Standards of Proof*, in *Arbitration International*, 10(3), 1994, pp. 328-40;

Trittmann, Rolf, "The interplay between procedural and substantive law in international Arbitration", in 14(1) *SchiedsVZ*, 2016, pp. 7-15;

Varela, João de Matos Antunes / Bezerra, J. Miguel / Nora, Sampaio e, *Manual de Processo Civil*. Coimbra Editora (2.ª edição revista e actualizada de acordo com o Decreto-Lei n.º 242/85), 1985;

Waincymer, Jeff, *Procedure and evidence in international arbitration*, Kluwer Law International, 2012.